四川省
大涼山イ族創世神話
調査記録

工藤 隆

大修館書店

1美姑遠景。中央の丘の上にある建物群が美姑中心地
2美姑へ向かう路上で、2頭の牛による闘いに、しばらく行く手を阻まれる
3村の歌い手に勒俄特依ほかの取材(以作村P58)

4

6

7

8

5

9

4取材を見物する女性たち。素朴な反応と明るい笑顔が鮮烈な印象的(以作村P51)
5幼児の帽子は、悪霊から頭を守るため(同P51)
6花嫁は15歳。村の青年に背負われて仮小屋へ運ばれて行く(三河村P85)
7竹垣で囲われた仮小屋に運ばれた花嫁(同P85)
8花婿(手前)は13歳の少年(同P90)
9村の広場には、結婚式のための酒樽がずらりと並ぶ(同P82)

⑩結婚式のあと、吊り橋を渡って村へ帰る花嫁たち(書布村のふもとP93)
⑪スニ(右端)への聞き書き(柳洪村P122)

12

13

14

12桃の花が咲く絶景地。鬼祓い儀礼を前にした大ビモ(書布村P97)
13殺した生け贄を一列に並べる。右側は依頼した家族(同P108)
14鶏の嘴から祭具(草鬼)に血を垂らし、ケガレを祓う(同P108)

15

15丘の上の取材で、勒俄特依を唱える大ビモ(拉木阿覚郷P178)
16歓迎の宴会。村人は次々に神話を歌う(核馬村P192)
17ご馳走の肉を食べる娘たち(同P190)
18宴会で[酒を勧める歌]を歌う大ビモ(同P238)
19この時期、どの家にも大量のトウモロコシが干されている(同)

⑳晴れ着に着替えて写真に収まる女性と子供たち(核馬村P202)
㉑広場での取材の傍ら、村人は分け隔てなく辺りにいる幼児の面倒をみる(同P187)
㉒大ビモの家に伝わる、経典とビモの儀礼用具の一部(同P207)

はじめに

1

本書は、「現地調査記録・中国四川省涼山地区美姑彝（メイグーイ）族文化（１）」（『大東文化大学紀要』第36号、1998.3)、「同（２)—創世神話・勒俄特依」(同第38号、2000.3)、「同（３)—創世神話・勒俄特依」(同第39号、2001.3)、「同（４)—創世神話・勒俄特依」（同第40号、2002.3）がもとになっている。今回単行本化するにあたっては、未発表分4160〜5680句を加えて「勒俄特依（ネウォテイ）」全句を完成させた。また、既発表文の全体を総点検して加筆・修正するとともに、新たに、第1回調査（1997.3.13〜3.21）の際の呪詞の一部の歌詞の日本語訳、第2回調査（2000.9.14〜9.20）の調査報告を加えるとともに、論文「神話の現場からみた古事記—中国四川省大涼山彝族の神話をモデルとして」(『アジア民族文化研究１』2002.3）を一部手を入れて加え、さらに創世神話「勒俄特依」のイ文字表記部分を追加するなどした。

私が、1994年から中国辺境の少数民族文化の調査を開始したのは、日本最古の書物『古事記』(712年）の生成過程をモデル的に把握するために、縄文・弥生段階的な文化に接触したいと思ったからであった。そのなかでも、まず第一に目標としたものは、生きている神話の実態を知ることにあった。しかし、1995年に雲南省白（ペー）族の生きている歌垣との衝撃的な出会いがあったために、歌垣の現場報告が先行することになった。その代表的なものが、「現地調査報告・中国雲南省剣川白族の歌垣（１)」(『大東文化大学紀要』第35号、1997.3)、「同（２)」(同第37号、1999.3)、ビデオ編付き単行本『中国少数民族歌垣調査全記録1998』(岡部隆志と共著、大修館書店、2000年）であった。ほかにも、『ヤマト少数民族文化論』(大修館書店、1999年)、『歌垣と神話をさかのぼる—少数民族文化としての日本古代文学』(新典社、1999年)、『中国少数民族と日本文化—古代文学の古層を探る』(勉誠出版、2002年)、工藤編『声の古代—古層の歌の現場から』(武蔵野書院、2002年）が刊行されたが、本書は、私の本来の目的であった生きている神話の現場調査資料を中心とした単行本としては第一号である。

本書の執筆方針は、歌垣の生の現場を伝えようとした『中国少数民族歌垣調査全記録 1998』と同じく、できるかぎり神話の現場を生々しく伝えることにある。一般に文化人類学の論文は、客観性を高めようという目的からだろうが、文化人類学の専門家以外の者にとっては取っつきにくいものになっている。抽象的な専門用語が多いだけでなく、論理の運び方や文体も、厳密さを重視するあまり禁欲的ないわば“冷たい”報告書になっている。

それに対して私の「調査記録」は、少々の論理の破綻や、文化人類学分野の論文の“定型”からの逸脱があったとしても、現場の生々しさをできるかぎり残そうとする“熱い”報告書を目指している。そして、“熱い”報告書である以上は、この種の報告書は、現場を撮影したビデオ映像とセットで、丸ごと公開されるべきだと私は考えている。したがって、『中国少数民族歌垣調査全記録 1998』と同じように、本書もまたビデオ編を同時刊行することにした。ビデオ映像は、現場性を伝えるための強力な武器となる。これからの基層文化の現場調査報告資料は、撮影可能な対象ならば、できるかぎりビデオ映像付きで後世に残すべきであろう。

また、現場の生々しさを伝えるためには、取材・調査の実際の進行具合をできるかぎり具体的に記述すべきである。これは、多くの場合、その調査資料のもとになった現場調査の実態を明かすことであるから、その現場調査自体の弱点を露呈することにもなるが、しかしその弱点を含めての報告資料であることを後世の人たちに伝える義務が研究者にはある。一般に文化人類学の論文は、研究者があたかも神の位置に立っているかのごとくに無謬性・客観性を強調するが、実態としては、わからないことでもわかったかのように装ったり、その研究者の論理に引き寄せて整えられてしまった資料なども含まれているのではないか。

というわけで、『中国少数民族歌垣調査全記録 1998』と同じく本書でも、取材の臨場感を伝えるために、独特のくふうをしている。たとえば、「工藤綾子の旅記録より」という一角があるのもそれである。工藤綾子は、編集者としてはプロだが、学者としての経歴はない。しかしだからこそ、研究者の気づかないような現場の生活感覚を敏感に受けとめる。その“素人”の感性や、編集者特有の、学界の大勢や学説にとらわれない好奇心もたいせつなのである。また、女性であるがゆえに可能な、ムラの女性たちとの交流も貴重である。男性である私一人だけの報告書ならば、本書の、ムラの女性たちの生活の部分についてはほとんど記述ができなかったであろう。

2

もう一つ付け加えれば、文化人類学者の報告と私のそれとのあいだには、少数民族文化から何を得ようとしているかに大きな違いがあるように思える。私の場合は、なによりもまず、『古事記』の古層の表現をモデル的に把握したいという欲求がある。それが、歌垣や神話に触れたときに、言葉表現に徹底的にこだわる私の調査記録スタイルを生み出している。『古事記』は、ヤマト族の少数民族的文化が大和国家という国家段階にまで継承されて完成した稀有な書物である。そして、この少数民族的文化と〈国家〉の融合形態は、21 世紀の現代日本にまで継承されているのだから、『古事記』の生成過程をモデル的にでも把握できなければ、現在にまで至る日本的なるものの本体がわからないというのが私の持論である。現「日本国憲法」の象徴天皇規定も、その根拠を源にまで遡れば『古事記』にたどり着く以外にない。しかしながら、天皇制論や日本論は無数にあるが、天皇制や日本的なるものについて、その根拠をなしている『古事記』から論を立てている人は皆無と言っていい。従来の天皇制論や日本論は、『古事記』の把握が恣意的、情緒的、後世的であるという“死角”を共有しているのである。そこで私は、日本人として生まれた以上、まず『古事記』の生成過程をモデル的に把握して、『古事記』の本体を浮かび上がらせるのが私の責務だと考えている。しかし、文化人類学は一般に〈世界〉のほうに向いているので、『古事記』の生成過程にはあまり興味がないのであろう。

なお、第Ⅲ章「神話の現場から見た古事記」は、『アジア民族文化研究 1 』からの転載だが、これは、「勒俄特依（ネウォテイ）」のような生きている神話の丸ごとの資料が、『古事記』の本質の把握にどのように貢献するのかの試みをしたものである。これによって、私がなんのために中国やアジアの辺境を歩き回っているのかの一端がわかるであろう。また、随所に「古事記への視点」というコラムを入れたのも、同じ関心からである。したがって、読者がこの「古事記への視点」だけを読み継いでいったとしても、従来の、文字世界と国境の内側だけの分析で見えていた『古事記』とはまったく違う、新たな『古事記』の世界が浮かび上がってくるはずである。

もちろん、文化人類学の専門家からは、少数民族文化資料を“安易に”『古事記』の分析に用いるのは良くないという声が聞こえてきそうだが、それでは“安易ではない”分析のし方の手本を文化人類学者が示してくれなければ困る。私は、長いあいだ文化人類学系統の学会にも所属してそういう手本の登場を待っていたが、ついに出会えなかった。そもそも、分析の基になる、本書の「勒俄（ネウォ）特依（テイ）」のように現場に密着した第一次資料自体が、少なくとも私の目の届く範囲内では姿を見せなかった。したがって、私はやむにやまれず自分で試行錯誤の道に足を踏み入れたのである。というわけで、私の主観としては、できるかぎり“安易ではない”方法をと思いながら現地資料を収集し、それを私なりの精一杯の努力で『古事記』の分析に援用したつもりである。私のこのような行動をきっかけに、文化人類学者も日本古代文学研究者も、私の仕事を乗り越えるような方向で新たな研究の地平を切り開いていって欲しいと切望する。その前提としては、特に若手研究者に望みたいが、日本の文化人類学者は『古事記』など日本古代文学を学び、日本古代文学研究者は文化人類学の研究方法を学びながら少数民族文化など原型的な文化の徹底したフィールド調査に入ることが不可欠である。

3

さて、1997 年 3 月に初めて大涼山美姑地区を訪問してから本書をまとめるまでに、6 年余を要した。短期特訓の中国語だけで初めて雲南省に入った 1994 年 9 月以来、私は少しずつ中国やアジアの辺境の調査経験を重ね、少数民族文化調査者としてそれなりに成長してきたと思う。中国語も少しは上達し、国際音声記号（国際音標）も自分で校正くらいはできるようになった。というわけで、この 6 年余は、私の調査能力、中国語・国際音声記号の能力の少しずつの成長の期間でもあったといえる。

とはいえ、このような報告資料については、それぞれの少数民族語を完璧に近い状態で習得してから発表に踏み切るべきだという批判があるであろう。あるいは、集落に 1 年くらいは住み着いて調査すべきだという批判もあるであろう。そういったことがわかったうえであえて私の側の事情を書けば、私にはそのような方法をとる人生の持ち時間の余裕がなかった。もし私が、20 代、30

代の研究者だったら、継続的に集落に居住し、中国語、国際音声記号、少数民族語（本稿の場合はイ語）にも習熟したうえで、資料発表に踏み切っただろう。しかし、初めて雲南省に入った1994年には私はすでに52歳になっていた。そのうえ、翌95年10月には、雲南省北部の摩梭人文化の調査の帰りに、乗っていたジープの転落事故に遭遇し、危うく難を逃れるという経験をした。もしあのときに死んでいたら、翌96年3月の帰国以後に発表された歌垣や神話の現場資料や、それらが指し示す新たな視点を取り込んだ単行本・論文および本書はいっさいこの世に存在しなかったことになる。

というわけで、私の場合は、まだ成長過程であると自覚しつつも、今の段階でできることを少しでもやっておこうと、まずは手持ちの報告資料を発表するという道筋を取らざるをえなかったのである。また、短期間での調査の水準を少しでも高めるために、より良い現地案内人、最良の通訳を探す人脈を重視した。また、効率よく現地の最高の歌い手・呪的専門家にたどり着くために、辺境の人脈に強い中国側研究者や研究組織の支援を受けた。そして、現地の民族委員会の人たちの協力も得ながら、集落の内部に入ったのである。

ところで、この方法には思わぬ利点があった。普通の文化人類学者の場合は、たとえばイ族の研究者として認められるには長い年月を要するので、多くの場合イ族だけの専門家にしかなれない。そのうえ、どれほど現地少数民族語に通じたとしても、現地人（ネイティヴ）の言語能力にはかなわない部分もあるに違いない。しかし私の場合は、もともとイ語も中国語も専門ではないので、イ族文化の調査のためには私がプロデューサーとなって研究チームを組織する以外にない。ということは、質の高い研究チームさえ組織できれば、どのような民族の調査もそれなりに可能だということになる。そのようにして、私の調査記録は、白族の歌垣から、本書のようなイ族の創世神話、また、のちに刊行が予定されている佤族文化、傈僳族の歌文化など、多岐に渡ることになったのである。

もちろん、それでも、集落に長期滞在して、中国語（タイ国の少数民族ならタイ語、ベトナム国のならベトナム語、ラオス国のならラオス語 etc.）、国際音声記号、少数民族語に習熟してからの研究には劣るところがあるだろう。しかし、先にも述べたように今の私にはここまでで精一杯なので、せめてビデオ映像記録を残しておくことにする。いつの日にか各少数民族の専門研究者が、そのビデオ映像記録からより正確なテキストを作り直す機会を得てくれればと願っている。

4

なお、第2回調査では、第1回調査の「現地調査記録・中国四川省涼山地区美姑彝族文化（1）」では歌の題名や概略だけだったものの一部について、摩瑟磁火（モソツホ）氏による中国語訳を入手できた。さらに翌2001年には、その第一次日本語訳が張正軍氏によって完成した。また、「勒俄特依（ネウォテイ）」全5680句の摩瑟磁火氏によるイ文字表記も完成したので、本書では、国際音声記号、中国語、日本語を並列するとともに、イ文字表記を巻末に併載できることになった。なおイ文字部分は、イ文字の活字の手配が日本国内では困難だったので、やむを得ず、摩瑟磁火氏の手書きのものを写真処理して巻末に一括掲載することにした。

また、「勒俄特依」の各部分は鬼祓い儀礼や宴会でも歌われたが、第2回調査の際には、「勒俄特依」の文字テキストの完成に合わせて、ビモに、文字資料と音声の対照ができるようにとあえてイ文字表記の「勒俄特依」を見ながら5680句を唱えて（歌って）もらい、それをすべてビデオ収録した。しかし、これは全体で約3時間半に及ぶので、市販するには長すぎる。したがって、本稿のビデオ編にはそのうちの一部分だけを収めるにとどめた。

本書のように、現場ビデオ編付きで創世神話資料が丸ごと公刊されるのは、おそらくは世界初であろう。したがって、本書のような第一次資料が、私の研究拠点である日本古代文学研究分野で積極的に受け止められるようになるには、かなりの時間が必要になるだろう。日本古代文学研究者たちが、私の言う［神話の現場の八段階］の《第一段階》（ムラの祭式で、一定のメロディーのもとに、伝統的な歌詞のまま歌う）に極めて近い神話に触れるのは、本書が初めてだということになる。したがって、こういった生きている神話を素材とした、〈古代の古代〉の日本列島民族の言語表現のモデル化もここからやっとスタートするのだから、これから長い時間が掛かるのは当たり前なのである。

また、本書の「勒俄特依（ネウォテイ）」のような第一次神話資料が、せめてあと四つくらいの少数民族についても発表されるようになれば、生きている神話の多様性が浮かび上がることだろう。もし、本書の「勒俄特依」に続くものが出てこないと、本書の「勒俄特依」が絶対化される危険性が生じる。創世神話には、一人が問いを発しもう一人が答えるという形で歌うものもある（ペー族の「創世紀」）など多様な形態がある。本書の「勒俄特依」に続くほかの民族の第一次神話資料の公開が待たれるところである。

それにしても従来の日本古代文学研究は、神話や歌垣の生きている現場を知らないがゆえに、安定した秩序を保ててきたとも言える。たとえて言えば、前近代の日本では、月にいるのはウサギか、ヒキガエルか、桂（木犀）の木の下の美人か、水桶を背負う男かといった議論はそれなりに現実感を持っていたかもしれない。しかし、近代科学が発達し、宇宙船が月に到達した現在では、それらはあくまでも幻想レベルの問題として論じられるべきものだと理解されるようになった。歌垣や神話の生きている現場の報告は、宇宙船の月面着陸ほどの劇的さではないにしても、類似する性格は持っている。今までは、それらの生きている現場を知らなかったからこそ、安心して、日本国内の、原型的なものがさまざまに変質したあとの、後世の、民謡・盆踊り・語り物・昔話（民話）などを手がかりにして〈古代〉をイメージすることができた。そのようにして形成された多くの後世的な“誤イメージ”を共有することで安定した議論ができていたのである。

このことは、日本古代文学研究の最先端にいると私が思っていた人たちでさえも、その多くが、日本の国境の外の神話資料や歌垣資料にかかわることに予想以上の警戒感を示したことで、事態の深刻さを私に悟らせた。日本には“生きている創世神話”も“生きている歌垣”もほとんど存在しないにもかかわらず、近隣地域の、ヤマト族（日本列島民族）と縄文・弥生期以来交流を持っていた可能性のある民族の本格的な創世神話や歌垣の実例に頼るよりも、変質後のものとはいえ日本国内の資料に頼っているほうが安心できるという心理が強いのである。

そこで、たとえば近代の遠野の昔話のようなものにモデルを求める研究者が多いが、それが全て無駄だとは言わないまでも、昔話は少なくとも原型的な古代の問題とはかなりな程度において異質なものであり、『古事記』の深層を把握するには不充分な資料である。『古事記』は、縄文・弥生期にまでさかのぼるムラ段階的な無文字の言語表現が、数百年あるいは数千年の時間を経て中国語文章体に遭遇し、それが国家段階に上昇することで誕生したのである。こういった『古事記』の、最低限でもムラ段階と国家段階の要素の“腑分け”をしなければならない。そのためには、ムラ段階で現に生きている神話のあり方からモデルを作ることが優先されなければならない。昔話は、神話の残影ではあるが神話ではないし、村に生きているという意味ではムラ段階だとしても、その村は全体として〈国家〉と拮抗する一つの宇宙を形成するほどの総体性を持たない。いわば、〈国家〉と拮抗する部分は日本国の国家神話にゆだね、その残りの部分を物語として語るのである。したがって、近代の昔話をモデルにすると、『古事記』生成過程の〈国家〉の問題がスッポリ落ちてしまうことになる。しかし、研究者のあいだで、現代ヤマト族（オキナワ民族・アイヌ民族を除く縄文・弥生期以来の日本人）には生きた神話が残存していないのだから、昔話モデルで済ませたいという願望に傾斜しがちな事情はよくわかるので、そういった現状に対して、本書が一つの突破口になることを祈りたい。

月の場合は、到達した宇宙船は、月には生物の痕跡がないことを報告した。つまり、月には先人たちが夢想していた何物もなかったのである。しかし逆に、アジア辺境の少数民族文化の場合は、私たちが夢想していたものよりも遥かに豊かで魅力的な歌垣や創世神話を残していたのである。私はそれらを「生身の世界遺産」と呼んでいるのだが、この貴重な人類遺産を私たちがどのように活用できるかということこそが、今後の課題なのである。

なお、第Ⅲ章「神話の現場から見た古事記」では、「勒俄特依（ネウォテイ）」そのほかのムラ段階的な歌表現から、どのような無文字社会の言語表現モデルが抽出され、それが『古事記』『日本書紀』などの分析にどのように応用されうるかについての一つの試みを示した。これについての本格的な作業は、私にとってもこれからの課題である。そもそも、こういった“生きている神話”資料には私自身もこの「勒俄特依」全5680句で初めて接したのである。とても私一人の手に負えるものではないというのが今の実感だ。したがって、多くの研究者がさまざまな視点からの分析を試みる必要があるだろう。

そうはいいながらも、現状でも「勒俄特依」全5680句から見えてきたものもそれなりにあるので、第Ⅲ章「神話の現場から見た古事記」を書いてみたわけである。なお、ほかにも、「勒俄特依」を援用して論理を組み立てた論文、単行本もある。それは、『中国少数民族と日本文化―古代文学の古層を探る』（勉誠出版、2002年）、「声の神話と文字の神話―古層モデルで古事記を読む」

（古代文学会叢書、工藤編『声の古代—古層の歌の現場から』武蔵野書院、2002年、所収）である。

最後に、『中国少数民族歌垣調査全記録 1998』に続いて本書がビデオ編付きという理想的な出版形態を取ることができ、そのうえこの種の学術書としては比較的低価格に抑えられたのは、前著の場合同様、大東文化大学の「研究成果刊行経費助成」を受け、「大東文化大学学術叢書」の一冊としての刊行が可能になったことによる。

また本書は、第1回調査（1997.3.13〜3.21）への段取りをつけてくれただけでなく同行もしてくれた李子賢氏をはじめ、イ族出身のイ族文化研究者摩瑟磁火（モソツホ）氏、嘎哈石者（ガハシジョ）氏、中国語から日本語への通訳・翻訳の張正軍氏、写真・取材・資料整理・編集・レイアウトの協力を得た工藤綾子との共同作業によって実現した。

中国やアジアの辺境の少数民族文化の研究においては、国際的な共同作業をいかに効率よく組織するか、そしてその成果を日本にも中国にもまた国際社会にも、いかにして人々の目に触れやすい形をとって発信していくかが重要である。少数民族文化の変質・消滅が急速に進んでいる現在、これは緊急の課題なのである。

なお、少数民族文化の第一次資料のビデオ映像付き単行本は、本書で、工藤・岡部隆志『中国少数民族歌垣調査全記録 1998』（2000年）、手塚恵子『中国広西壮族歌垣調査記録』（2002年）、遠藤耕太郎『モソ人母系社会の歌世界調査記録』（2003年）に続いて4冊目となった。すべて大修館書店からの出版である。歌資料の丸ごとの収録、ビデオ編の同時刊行という大胆な出版形態を、本書を含む全4冊で貫いてくれた大修館書店の玉木輝一氏に心から感謝したい。

2003年5月12日

工藤　隆

《用 語 解 説》

●大涼山のイ族

イ族の人口は約600万人で、中国55少数民族のなかでは4番目に多い。主に四川省、雲南省、貴州省、広西省などに分布。今回訪れた四川省涼山彝族自治州は、雲南省西北部（永寧、寧蒗など）のイ族の居住地域を「小涼山」と呼ぶようになったことから、それと区別して「大涼山」と呼ぶようになった。この大涼山のイ族文化の中心となるのが美姑のイ族文化で、生活、習慣、神話、儀礼、服飾などにおいて、他地域のイ族よりも抜きん出た原型性を保っている。その原因には、交通の不便さと筆舌に尽くしがたいほどの貧しさがあり、その結果近代文化の波及が著しく遅れ、古い文化が温存されたといえる。その点でこの一帯のイ族文化は、辿り着くのは困難だがフィールド調査の対象としては重要な地域である。

イ族はかつて、支配層の黒イ族と奴隷層の白イ族に分かれていたが、1949年の中華人民共和国成立以降の奴隷制度廃止により、昔のような厳しい婚姻規制や厳格な主従関係はなくなっている。しかし今でも、その人が「黒」か「白」かはみんなが知っていて、ゆるやかな規制として残っているようである。

なお、1997.3.13～3.21の第1回調査の際には、外国人がこの地域に入るためには、公安局に行って「外国人旅行証」を取得しなければならい「未開放地区」であった（→Ｐ５）。人民の極貧の生活を外国人に見せたくないという意識と、近代的法律による社会秩序が普及していないがゆえの治安の不安から外国人を保護するためとで、中国政府はこの地域に外国人が無断で立ち入るのを禁じていたのである。しかし、2000.9.14～9.20の第2回調査の際には、「外国人旅行証」の取得は不要になっていた。中国の改革開放路線の定着とともに、中国辺境調査の環境は確実に変わりつつある。もちろんこれは、一方で、辺境地域の文化の変質・消滅を早める作用も果たしているのだが。

●ビモ（畢摩）

祭祀を司るイ族の呪的専門家。神々と交流ができると信じられ、葬送、鬼（悪霊）祓いそのほか、さまざまな呪術を行なう。創世神話などの諸神話、局面に応じた呪詞・呪文（中国語では「○○経」と称される）を歌い（唱え）、それら神話や呪文を独特のイ（族）文字で筆記した経典を持っている。イ族の歴史・口誦文学、医術に精通し、イ族の文化遺産を継承する役目を果たしている。創世神話「勒俄特依（ネウォテイ）」を歌う資格を持つのは、原則としてビモだけ。各家の戸主はビモでもあることが多い。世襲制で息子に継承されるのが原則。畢摩の「畢」は「祭祀の際、呪文を唱えること」で、「摩」は「長老、大師」を意味する（張正軍「彝族の祭司―畢摩について」『沖縄と中国雲南省少数民族の基層文化の比較研究』沖縄県立芸術大学附属研究所、2001 年、所収）。

なお、「畢摩」はイ語では「ピマ」「ピモ」「ビマ」「ビモ」などと発音されているが、中国語側からの発音では「ビモ」が近いようであり、日本側でも「ビモ」が定着しているので、すべて「ビモ」とした。

●スニ

巫師。鬼（悪霊）と交流し、それを祓う呪術を行なうのが中心。イ文字経典は持っていない。羊の皮でできた太鼓を叩いて巫術を行なう。病気になってビモの呪的治療を受けたとき、たとえば「アサ」という鬼が憑いていることが判明すると、ビモが儀式をしてその人はその「アサ」を守り神（守護霊）として、以後スニになる（→P 16、P 122）。

●勒俄特依（ネウォテイ）

ビモが歌う（唱える、語る）創世神話。「特依（テイ）」は書物の意なので、省略して「勒俄（ネウォ）」とも言う。天地開闢、洪水氾濫、先祖の系譜、家族の系譜、死の起源そのほか、世界の始まりとそのあとの歴史を語る。葬式と先祖祭りでは死の起源の「黒勒俄」、結婚式では誕生の歴史の「白勒俄」を語る。「勒俄」の読みは、中国語だと「レウォ」に近いが、現地イ族の実際の発音では「ネウォ」に近いので、「勒俄（ネウォ）」とした。

●土司（トゥースー）

「元明清時代、少数民族の首領に世襲の官職を与え、その地の人民を支配させた制度。またこのような官職を授けられた人を示す。西南地区の少数民族を統治する施政官。」（『中国語大辞典』角川書店、1994年）

もくじ

■ コラム／古事記への視点

*【　】の部分は、工藤隆による補注など。

＊大涼山の「涼」は、中国では簡体字で「凉」と表記されているが、本書では本来の漢字である繁体字の「涼」に統一した。

*『古事記』『日本書紀』『風土記』は日本古典文学大系（岩波書店）からの引用。漢字を現代のものに改めたり、訓読文や現代語訳を一部変えるなどした。また、特別なものを除いて、旧漢字は新漢字に改めた。音注・割注などは原則として省略した。また、引用文中の【　】の部分は筆者が補ったものであり、下線も筆者が付けたものである。／は引用原文の改行を示す。

＊各日程冒頭の「工藤綾子の旅記録より」は、旅先での工藤綾子および工藤隆の取材メモ、ビデオ映像、録音記録、写真を確認して書かれたものである。

＊本書の標高数値は、工藤隆持参の高度計付き腕時計によるものであり、また、現地に到着した地点での測定であるため、その土地の公式測定地点での公式数値とは異なることがある。

＊為替レートは、原則として、当時の為替レート１元＝15円で計算している。

＊写真、本文レイアウト――工藤綾子

＊校正協力――土屋文乃

第Ⅰ章

第1回調査

1997.3.13～3.21

イ族の花嫁

1997年3月　大涼山美姑イ族文化調査日程表

日	日程と取材	宿泊
13日(木)	昆明駅12：55→西昌駅23：45（四川省の成都と雲南省の昆明をつなぐ「成昆鉄道」の上級席。トンネルが非常に多い）	涼山賓館
14日(金)	西昌公安局にて「外国人旅行証」を取得。美姑政府の車で西昌10：25→昭覚で昼食→美姑17：35→歓迎の宴会→美姑彝(イ)族畢摩文化研究センターで取材	美姑賓館
15日(土)	研究センターでビモ3人から〔聞き書き〕→美姑賓館で、別のビモ2人とその弟子から〔創世神話「勒俄特依(ネウォテイ)」の取材〕	美姑賓館
16日(日)	美姑賓館で前日のビモ2人から〔「勒俄特依」の続きと、呪文歌の取材〕→ビモによる〔生卵占い〕	美姑賓館
17日(月)	美姑9：25→洒庫郷以作村10：40〔「勒俄特依」、主人と客の歌の掛け合いの取材〕。嫁ぐ娘に村の女たちが歌う別れの歌と踊り	美姑賓館
18日(火)	美姑5：30→三河村5：45〔二組の結婚式を見学〕。美姑に戻り、朝食後10：35出発。約1時間かけて標高250mほどを登る。途中で吊り橋を渡る花嫁の一団に出会う。龍門郷書布村の山で4人のビモによる〔鬼祓い儀礼の取材〕。17：15下山。美姑着18：30	美姑賓館
19日(水)	美姑9：15→巴普鎮柳洪村9：35→美姑11：00。15：00〜17：00までモソツホ・ガハシジョ両氏と「勒俄特依」の出版に関する話し合い→20：00から〔スニの鬼祓い儀礼の取材〕	美姑賓館
20日(木)	美姑8：15→昭覚11：10→西昌14：55（下り坂でエンジンを切る危険な運転）	緑宝石大酒店
21日(金)	西昌10：40→昆明11：50（小型プロペラ機）	昆明飯店

取材・録画・録音／工藤隆
写真・取材補助・記録作成／工藤綾子
同行者／李子賢（雲南大学）
　　　　張正軍（雲南大学・中国語↔日本語の通訳）
現地案内人／嘎哈石者（ガハシジョ）（美姑彝族畢摩文化研究中心（センター））
　　　　　　摩瑟磁火（モソツホ）（美姑彝族畢摩文化研究中心・彝語↔中国語の通訳）

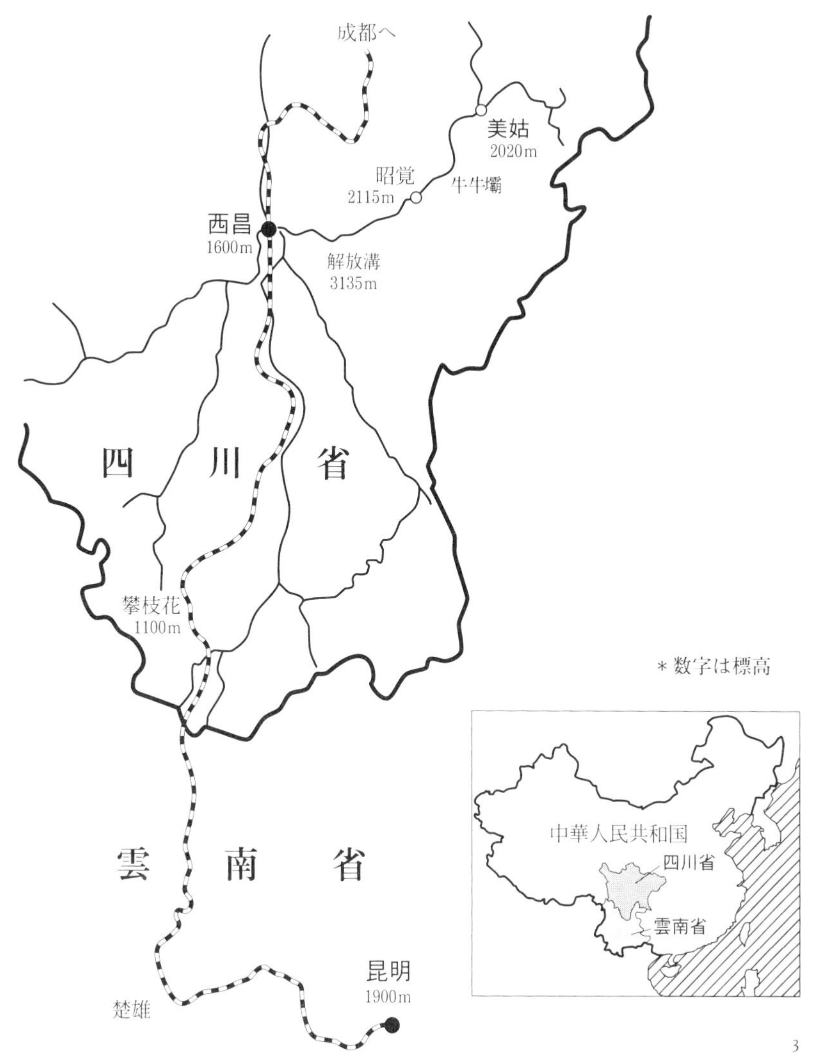

昆明から西昌へ――3月13日（木）

長くて暑い汽車の旅

昆明駅の軟臥席（上級座席）専用入り口で、李子賢、張正軍両氏と12：00に待ち合わせ。12：55発の成昆鉄道に乗る。列車は山あいを縫うように走るため、標高が激しく変わる。標高が下がると車内はムッと暑くなり、攀枝花辺り（標高1100m）では車内の気温約30℃、湿度も異常に高く蒸し暑い。トンネルは驚くほど多く、やっと車窓の景色を見ることができたと思うと、瞬く間にまたトンネルに入ってしまう。李氏によると、トンネルの数は100数十箇所あり、この鉄道の工事は困難をきわめたため、工事による犠牲者の総人数を鉄道の長さで割ると3㎞ごとに1人の命が奪われたことになるという。途中の駅に着くと、ホームには食品やタバコの売り子がいて昔懐かしい。

夕食は4人用コンパートメントの自室で、車内で購入した弁当を食べることにする。素朴なおかずだが、温かくておいしい。

20：15ごろ、長江（揚子江）の上流を渡る。23：45ごろ、ようやく西昌に到着。夜中なのにかなりの乗客が下車。駅前の狭い道に出迎えの車やタクシーなどが10数台待っている。出迎えに来ているはずの美姑の人がいないので、そのタクシーに乗って、予約を入れてあった涼山賓館（ホテル）に行く。

西昌（標高約1600m）は内陸地の四川省の都市だから、ホテルはかなり劣悪だろうと覚悟していたのだが、思いのほかきれいだった。どうして辺境の小さな地方都市にこんなに大きなホテルがあるのだろうかと、奇妙な感じがした。宿代は、外国人はツイン400元（6000円）、中国人は200元という、中国内陸部としては途方もない高額で、李氏、張氏ともに驚いていた。

宿泊手続きをしていると、私たちと行き違ってしまったという美姑からの迎えの人が、ロビーにやって来た。美姑イ族畢摩文化研究センターのガハシジョさんほか1名だ。部屋に入り、1：00ごろ就寝。

❖ 工藤綾子の旅記録より

西昌から美姑へ——3月14日（金）

美姑に入るための許可証

7：30起床。気温22℃。朝食後、美姑（メイグー）に行くための、美姑政府（役所）の車の運転手さんを紹介される。20代前半の女性だった。9：00ごろ、外国人が未開放地域に入る際に必要な「外国人旅行証」を入手するため、西昌公安局内にある「出入境管理所」に行く。公安局の中は撮影禁止で、例によって麻薬を取り締まる「禁毒事務所」もあり、少し張りつめた雰囲気だ。パスポートの番号を控えたりして書類を作成するので、思いのほか手間取った。

ホテルに戻って荷物を取り、運転手、李子賢氏、張正軍氏、ガハシジョ氏、私たち日本人2人の計6人で、10：25ごろ美姑に向かって出発。

12：00ごろ、最高地点3135mの解放溝（ジエファンゴウ）を通過。13：00ごろ、昭覚（チャオジュエ）（2115m）で昼食。イ族の中年女性が街角で釘を売る傍ら羊毛を紡いでいたので、糸と用具を5元で譲ってもらう。

昼食後14：50ごろ出発。牛牛壩（ニウニウバー）という、1949年まで奴隷売買の市が立っ

中华人民共和国
外国人旅行证
The People's Republic of China
Aliens' Travel Permit
字第 96007 号
No.

未開放地区へ入るための許可証

路上で、釘を売りながら糸を紡ぐ女性（昭覚）

ていたという町を通る。きょうは、ちょうど小規模の市が立っていて、なかなかの賑わいだ。

2頭の牛の闘いで立ち往生（➡映像1）

牛牛壩（ニウニウバー）から美姑へ向かう途中の山道で、2頭の牛が角を突き合わせて闘っているのに出くわした。道の片側は山で、反対側は10mくらい下に河原がある崖になっている。川の対岸には、牛、綿羊、ヤギなどが放牧されて草を食べている。緑らしい緑はほとんどなく、赤茶けた土に雑草が生えている程度の荒涼とした風景だ。

牛の闘いを遠くから眺めて待っていたが、なかなか決着がつかない。2頭は道の中央で激しく闘うので、車でそばを通り抜けるのも危なく、さらに待つことにする。20mほど離れた所からカメラやビデオを向けても、2頭は闘うのに夢中だ。車を降りて見物する私たちを、通りがかりの村人がめずらしそうに観察する。

しばらくすると反対側から1台の車がやって来て、牛のそばを通り抜けて行った。それではこちらも通り抜けようと車に乗り込んだ矢先、突然2頭は転がり落ちるように河原に降りて行った。(→口絵写真[2])

美姑での歓迎会

美姑（メイグー）着17：35。美姑賓館314号室に落ち着く。ホテルは予想外にきれいで、僻地の宿としては上出来の部類だ。シーツも寝具も清潔だし、部屋は明るく、窓ガラスはどこも割れていない。

トイレは和式の金隠しなしのタイプ。水洗レバーを押すと勢いよく水が出るから、もたもたしていると辺りがビシャビシャになり、足元が濡れてしまう。レバーを押したらサッと飛びのくのが要領だ。バスタブはなく、天井近くのブリキの箱に水を貯めて電気で温める形式のシャワーだが、ここ1か月間修理中とかで、全館、給湯設備は使用できないという。しかたなく毎日帰室後、大ヤカン2つに熱湯をもらうことにした。

18：30ごろ、美姑政府と美姑イ族畢摩文化研究センターが歓迎の宴を開いてくれた。食卓には、黒地に黄色と赤でイ族独特の模様を施した器類が並ぶ。鶏の煮物、平たい円形のそばパン、茹でたジャガイモ、豚肉など素朴な料理が並ぶ。副県長（女性）、研究センターのガハシジョ氏、モソツホ氏に、誰かわからない人たちも次々に加わり（誰かわからない人が何人もいるという状況は、中国辺境でのこの種の宴会ではよくあることだ）計９名と運転手さん。イ語の「酒を勧める歌」「客を迎える歌」「山歌」（→Ｐ８）などが歌われ、この種の歓迎宴会としてはバラエティーに富んだ、なかなか楽しい集まりになった。

宴会後、研究センターに行き、真っ暗な廊下（電気代節約のためだという）を歩いて部屋に行き、ビモの経典、鬼祓いの道具、呪具、儀礼のときの神枝の置き方図（→Ｐ10 写真）などを見せてもらった。21：11、取材終了。

❖ 工藤綾子の旅記録より

［美姑地区の概況］（副県長・劉甘娜氏の挨拶などからの要約）

◇総面積 2735km²。標高 2020m。主要作物はトウモロコシ、ソバ、麦。米は 1000 畝（ムー）と少ない（0.15 畝が１アール）。

◇年間収入 950 万元、支出 3000 万元で、赤字は毎年 2050 万元。涼山州から 1000 万元の補填を得ている。

◇総人口は 15 万 3 千人で、98%がイ族。

◇36 の郷と鎮がある。８片区工作委員会がそれらを管理している。郷の下に 291 の村と 1475 の自然村（自然にできている集落）がある。

◇中国でのイ族の総数は 600 万人強。そのほとんどが雲南省に居住している。四川省では大涼山地区が主で、イ族自治州としては中国で最大の規模。美姑・昭覚は特にイ族が多く、風俗、習慣、結婚、葬送儀礼などにイ族文化の特徴がよく伝えられている。

［美姑イ族文化の特徴］（以下、モソツホ氏、ガハシジョ氏の説明の要約）

◇大涼山地区ではビモ人口が一番多い。美姑の人口約 15 万人に対して約 6000 人ものビモがいる。

古事記への視点

■戸主は呪者であり、神話を語る人でもある

巧拙の差はあるにしても、この 6000 人がすべて創世神話を歌う（唱える）というのだから、驚異的だ。これは、第２回調査で訪問した核馬村では、総戸数 35 戸のうちの 32 戸にビモがいる（→Ｐ181）ことでもわかるように、特別な呪的専門家が少数だけ存在するのではなく、基本的に各家の戸主が同時に呪的専門家でもあるという形態になっているからである。

この形態をモデルとして原型的なヤマト族文化を推測するとすれば、定住生活が主流になる弥生期あたりにはこのような形態があり得たかもしれない。なお、池田源太「ポリネシアにおける口誦伝承の習俗と社会組織」（池田『伝承文化論攷』角川書店、1963 年）によれば、ニュージーランドの原住民マオリ人（族）の社会では、「司祭」の家は「族長らの長い系譜」を伝承する義務を持っていたが、「村の家々の長老や物識りたち」も自分の家の系譜と伝説を暗記しており、部族の首長もその家の系譜を常に暗記している必要があったという。

◇民間の呪的儀礼の伝統を大事にしている。ビモが大勢いるので、それらを上手に行なうことができる。ビモ文化の源流は美姑にある。

◇美姑には、良いイ語経典が集まっている。6000 人のビモが約 300 種類の経典（中国語では「～経」と訳される）を持っている。ビモたちが持っている経典の総数は、10 万巻に及ぶ。

古事記への視点

■文字の獲得だけでは、神話の統一は行なわれない

経典はイ文字で書かれているのだから、口承だけのものに比べれば異伝は少ないはずである。したがって、原本の違いはせいぜい 10 種類くらいだろうと推察していたので、約 300 種類と聞いたときには驚いた。

『日本書紀』の神代の巻の伝承が最大 12 種類（神代紀第五段）だから、『日本書紀』の神話伝承が、いかに伝承の整理・統合・消滅が進行したあとのものであるかを思い知らされる。ましてや、“たった一つの神話”で貫かれている『古事記』が、神話伝承としてはどれほど“異質”な存在であるかも思い知らされた。

『古事記』は［神話の現場の八段階］モデル（→Ｐ222）では《第七段階》の書物だとしたように、ムラ段階の神話の統合・衰滅が進み、都市と国家も成立するなかで、強固な「国家意志」によって覆われなければ登場しえなかったことになる。

◇イ族語言委員会、畢摩文化研究センターを作り、創世神話、民間伝承、経典などを集めて、その継承にも努めている。

［歓迎宴会の歌］

◎「酒を勧める歌」（全員の合唱）

「春と夏が会うとき（春と夏の季節の境い目）、一緒に一杯飲みましょう。月と太陽が会うとき（夕暮れ）、一緒に一杯飲みましょう。友達同士が会うとき、一緒に一杯飲みましょう。きょうは孔子が『朋（とも）遠方より来たる有り、また楽しからずや』と言っているように、一緒に一杯飲みましょう。きょう

は遠くから来られたご夫婦【工藤隆と工藤綾子を指す】と一緒に一杯飲みましょう」

古事記への視点

■酒を勧める歌には、神話叙述的なものとそうでないものがある

この「酒を勧める歌」は、くだけた雰囲気の中で歌う、だれでもが唱和できる単純な歌だった。第2回調査の際にビモが1人で歌ってくれた、神話的、叙事的な[酒を勧める歌]（→P240）とはだいぶ異なる。

◎「客を迎える歌」（副県長の歌）

「改革開放されてから、特に第11期第3回中央委員会全体会議【1978年、この時から鄧小平が復活】を通過してから、私たちイ族の婦人たちは豊かな生活を送ることができるようになりました。帽子、首飾り、衣服、スカート、靴まで新しく派手な物になりました。それは最近の良い政策のおかげです。新しい政策で私たち婦人は解放され、豊かな生活を過ごせるようになりました」

古事記への視点

■客を迎える歌にも、神話叙述的なものとそうでないものがある

この歌もまた、時事的な内容を盛り込んだ即興の歌詞である。客を迎える言葉でさえも、話すのではなく歌うところに、この地域の歌文化の根の確かさがある。

◎「山歌」（「愛」という題名の山歌、モソツホ氏が歌った）

「私は牛と羊が好きです【「牛と羊」はイ語では「財産」の意でも用いられる】。私は財産が好きです。服も好きです。イ族の特別きれいな服も好きです。友達も好きです。きょう遠方から来た友達も好きです」

Q（以下、特記した場合を除いてすべて工藤隆の質問）／もしこういう歌を山で歌っていて、相手がいればこれに歌を返してくれるか？

A（モソツホ氏）／これは歌垣のときに歌われる求愛の歌だが、きょうはここに工藤先生が来ているのでこういう歌詞になった。もし山の中でこういう歌を女性が聞けば、返事の歌をくれる。

◎「挨拶の歌」（別の青年の歌）

「二人が出会い、挨拶を交わします。お宅の家の人たちは元気ですか？

子供は楽しく過ごして遊んでいますか？　老人は食べ物に困っていませんか？農作物は豊作ですか？」

［畢摩文化研究センターでの取材］

◎神枝（かみえだ）

木の枝を地面に挿す。木の枝は神様の代表だ。枝を全部挿すには5、6畝（ムー）の面積が必要だ。挿し方にはいろいろ決まりがあり、何百種類もの挿し方がある。枝を挿すのは位の高いビモしかできない。儀礼の内容によって挿し方に違いがあり、挿し方はすべて陰と陽になっている。

◎ビモ調査資料

現在までに、4000人のビモの氏名、年齢、住所、経文の伝来・種類・名前の調査が終わり、その記録を作った。少ない人でも50冊、多い人は200冊くらいの経典を持っている。

美姑イ族畢摩文化研究センターに保管されている経典や神枝図など

創世神話「勒俄特依（ネウォテイ）」の取材①——3月15日（土）

7：30朝食。8：45～11：50まで、畢摩文化研究センターの一室にビモなど3人を招き、聞き書き（→P11）。ほかには、モソツホ氏、ガハシジョ氏、研究センターのスタッフ3人、当方4人（李子賢氏・張正軍氏・クドウ・私）の計12人。

聞き書き終了後、12：00、ホテルから2、3分の大きな食堂で食事をした。その際、「勒俄特依」は30年前に出版されたことがあるが、それには全編が掲載されていなく、完全なものではなかったという話を聞く。クドウは、「ぜひこれを機に、完全な形のものをまとめたい」という希望を述べた。

しばらく部屋で小休止し、14：45より美姑賓館の自室にて、別の大ビモ2人とその弟子による「勒俄特依」の取材に入る（→P20）。18：00取材終了。大ビモたちと夕食。

❖ 工藤綾子の旅記録より

《取材に応じてくれた人たち》

● 曲比紹莫（チョビショモ）氏(78歳)

美姑地区で最も有名なビモ。樹工（シューゴン）村の出身。ビモの儀礼や呪文は4人のビモから習った。主としてイ文字で書かれた本（経典）で勉強してきた。「本にはしっかりした基盤があるから」とのこと。歴史的に有名な伝説的ビモ阿蘇拉則（アスラジ）【5627句の「阿爾拉則（アルラジ）」と同じ】はこの人の先祖。彼は28代目。

● 呉其果果（ウチゴゴ）氏（66歳）

祖父はビモだが、この人自身はビモではない。政治協商会議副主席。

● 克其瓦加（クチヴァジャ）氏（59歳）

ビモ。左耳に長く垂らした赤い耳飾り（特に意味はないという）が印象的。

[勒俄特依（ネウォテイ）（黒勒俄・白勒俄）]

◎「勒俄」の概念

曲比紹莫氏

呉其果果氏

克其瓦加氏

「黒勒俄」＝主に起源を語る総綱（総則）。陽、雄、小、少。

「白勒俄」＝発展したあと（人類が登場したあと）の細かい部分。陰、雌、大、多。

◎「勒俄特依」は19の支系に分かれる（この「19」という数字は概数であり、「たくさんの」という意味）

①万物の起源（「万物」と称しているが、入っていないものもある）

さらに、水・ソバ・酒などの12種に分かれる（12種の内容は統一されていない）

②天地の移り変わり（天地演化）

③天地開闢（開天闢地）

④雷・稲妻（雷電）

〔概略〕

天も地もなかった。天地開闢のあとに、星が生まれ、露が降り、草が出て、草が腐って霧になった。霧が天に昇って雪になり、降って来た雪は12種類に分けられた。血がある6種類の動物と、血がない6種類の植物（「6」は「たくさん」の意の概数）になった。【第Ⅳ章「勒俄特依」の8［人類の起源］、9［雪族の十二人の子］参照】

天地開闢は2つの段階に分けられる。最初にできた天地は火事で焼けてしまったので、もう一度天地が創られた（モソツホ氏によると「この部分に関しては経典によって違いがある」とのこと）。2度の天地開闢ののちに万物が生まれた。

以下の答え（A／）は、曲比紹莫（チョビショモ）、呉其果果（ウチゴゴ）、克其瓦加（クチヴァジャ）各氏とモソツホ氏によるものだが、特別の場合を除いて明記しない。

Q／この19支系のなかの、どれかが黒でどれかが白ということか？

A／「黒勒俄」も「白勒俄」も19支系のなかに入っている。「黒勒俄」（死亡の歴史）は、葬式と先祖祀りのときに歌う。いわば死の起源。歴史的にどういう人がどういうふうに亡くなったか、ということを語っているのがほとんどなので、葬式と先祖祀りのときに歌う。「白勒俄」（天地開闢での、万物の生まれの歴史）は、結婚式で歌う。

Q／「勒俄特依」はどういうときに歌うのか？

A／①葬式のときには「黒勒俄」（死の起源＝どういう人がどう死んだか）を歌う。特に、老人が亡くなったとき、死者に天界へ行くための道を案内する。死の起源（黒勒俄）はレベルが高い「勒俄特依」だ。長さは短い。

②先祖を祀るときにも「黒勒俄」（死の起源）を歌う。霊棚（魂の小屋）を作ってビモが中に入り、外にいる普通の人と問答する。人類が生まれた昔のことを語る。人類の起源を語る。これも「黒勒俄」。むかし土司（トゥースー）（身分が高い）の家族なら21日間かかり、中等レベルの家族なら14日間かかった。今は普通3日間かかる。普通は冬に儀礼を行なう。一人の死者に一度だけ“超度”（経典を読み死者を苦界から救う）する。死んだ年に“超度”しなくてもよく、死んだ人たち（先祖）を一度にまとめて“超度”してもよい。

③結婚のときには「白勒俄」（生まれの歴史）を歌う。娯楽的、文芸的な内容の「白勒俄」儀礼を行なう。詩歌が多く、文芸的で長い。系譜のようなもの。万物誕生の創世神話。天地開闢。結婚し、子孫が生まれるようにということから人類の系譜が多い。生まれの歴史は、「勒俄」としてはレベルが低い。

Q／「黒勒俄」と「白勒俄」を、同時に一緒に歌う場合はあるか？

A／ない。白と黒は分けて歌う。

古事記への視点

■神話は局面によって使い分けられる

このように、「黒勒俄」と「白勒俄」という区別のある点も興味深い。もしかすると『古事記』『日本書紀』の神話も、いくつかの局面で使い分けられていたものが、その区別がわからなくなってただ並列的に並べられている可能性がある。『古事記』『日本書紀』の神話について考える際にも、このように"局面により神話が使い分けられた可能性"を想定する必要があるだろう。

[洪水神話]

洪水で3人の兄弟の一番下の弟、曲普篤慕（チョプジュム）（「勒俄特依（ネウォテイ）」の14［洪水が氾濫する］3246句初出）が生き残った。天へ行き天の神の娘と結婚して人間が生まれ、人類が多くなった。

古事記への視点

■兄妹の結婚に進まない洪水神話

一般に洪水神話は、洪水のあとに生き残るのは兄と妹の二人で、その兄と妹が結婚するのだが、この洪水神話では、生き残るのは男の三人兄弟で、その末の子が天の神の娘と結婚するというのだから、洪水神話にも兄妹始祖神話に進まない例のあることがわかる。

[ビモについて]

Q／黒イと白イのビモの違いはあるか？

A／今は知識の内容も能力も同じ。

歴史的背景としては、昔は黒イのビモは身分が高く、政治と祭祀を黒イのトップの人が握っていた。儀礼のし方を黒イのビモにしか教えないため、大きな儀礼は黒イが主宰してきたが、徐々に黒イはビモの儀礼がめんどうになり、白イにも教えるようになった。しかし今でも、大きな儀礼のときには、白イの能力が同じまたは上手でも、黒イが中心になって儀礼を行なう。ただし今では、白イが大きな儀礼を行なうこともできるようになった。

Q／一人のビモが葬式、先祖祀り、結婚式のそれぞれの「勒俄」を全部やっていいのか？

A／全部やっていいが、ビモによって得意な儀礼が違う。人によって葬儀の

「勒俄」が上手だったり、結婚の「勒俄」が上手だったりする。だから、結婚式には結婚の「勒俄」のうまい人を呼ぶと喜ばれる。

Q／収入面はどうか？

A／地位は高いが、収入の点では普通の労働者よりも貧乏な人が多い。お金を持っている人もいるが全体的には少ない。しかし、精神的には身分が高いと思われている。そのうえで、ビモによって収入が違う。

〈儀礼によるビモの収入〉

- 大ビモ／昔は綿羊１匹はもらえた。今では１回で百元ぐらい。生け贄にした動物の皮をもらえる。今でもお礼は多いほうで、収入のほとんどは儀礼から得ている。
- 中ビモ／お礼は少しあるが、普通の労働でも収入を得る。
- 小ビモ／お礼はほとんどないので、普通の労働だけで収入を得る。

＊大ビモは、先祖祀り•鬼祓い•呪(のろ)い、てんかんや肺結核などの祓いそのほかの儀礼ができる。（中ビモ、小ビモの儀礼の制限は取材落ち）

Q／経典はどこ（だれ）から伝わったか？

A／父親から息子へ。紙が破れる前にまた写す。経典本の保存は大切にしている。持っている経典の数が多いほど尊敬される。

Q／「勒俄特依(ネウォテイ)」はだれから教わったか？　文字無しでも歌えるか？

A／私（曲比紹莫(チョビショモ)）の場合４人のビモから、主にビモの儀礼を教わった。儀礼には「勒俄特依」に関係する内容のものがあるので、「勒俄特依」について少しずつわかるようになった。主には経典本で習った。「勒俄特依」の伝承は口承と経典本があるが、本によって習うほうが、基盤がしっかりしているということになる。

Q／ビモによって「勒俄特依」の内容が違うのはなぜか？　文字で伝えているものは違いが少なく、口承では違いが多くなるはずだ。文字で伝えているのになぜこんなに違うのか？

A／ビモには派系がある。経を写すときに写す人が真面目に写したかどうか【注／イ文字経典の誤写の問題】、自分の気持ちを加えたり、逆に削除したりした場合にも違ってくる。つまり各ビモの持っている“筆写本”が違ってくることになる。口承だけの場合はもっと違ってくるが、明快な調査はまだできていない。

［ビモとスニの相違点］

Q／ビモとスニの仕事の違いは？　双方が儀礼のことなどを教えあったりするか？

A／①どのようにしてビモやスニになるか

ビモは代々ビモなので、子々孫々に伝えていく。

スニにはそのような系譜関係はない。個別には親子でスニということもあるが、一般にはそういうことはなく、継承の制度はない。

②儀礼のやり方、または能力の違い

スニは自分の眼で、どの鬼（悪霊）がどういう悪いことをしているかを見ることができる。そして自分でそれを捕まえることができる。一方ビモは、（一般的な）経を読んで全般的に鬼を祓って病気を治す。

③経済状態

有名なスニは人気があるので収入が多いが、普通のスニは概して収入が少ない。

④スニの能力はどうやって身に付けるか

普通の人のときに病気になってビモの治療を受けた場合、ビモにどういう原因かを尋ねる。もしビモが「“阿散（アサ）”という鬼が憑いている」と判断したときは、ビモがある儀礼をして「“阿散”は悪いことをしないで、この人の守り神としてこの人を守ってください」と言う。その後、この人はスニになる。“阿散”は普通は鬼だが、儀礼をして供養するとスニの守り神になる。こういうふうにして、普通の人がスニになる。ビモになるには師が必要だが、スニには師はいなくてもよい。スニは、儀礼のことは直接的または間接的にビモから学んでいる。（→P122「スニからの聞き書き」参照）

⑤身分の違い

ビモの身分は高いが、スニの身分は低い。

［ビモの呪い（呪詛）と呪い返し］

呪（のろ）い返しは7月末～8月初め（旧暦）に集中的に行なう。平均すると、1家族で1年間に3回はやっている。

呪い返しはビモだけが行ない、スニは行なわない。ビモの行なう儀礼は多いがスニの儀礼は少ない。

スニは鬼と交流している（前述②参照）から、呪（のろ）いをかけることもできる。

ビモは神と交流している。ビモも、神を使って呪いをかけることもできる。泥で人形を作り、目を刺したり腰を刺すと相手の目や腰が痛くなるという呪いかけもある。

◎呪いをかけるとき

部族間の闘いのとき。闘いの前に呪いをかけて殺そうとする。

妻を奪われたり、家の物を盗まれたとき。

◎呪いをかけられたとき

かけられたと思ったら呪い返しをしないと、自分が破滅する。最初の呪い返しは盛大にやる。

古事記への視点

■呪術支配社会での呪い返しの重要性

日本古代においては、特に平安期の貴族たちが陰陽道的な呪術に強く縛られていたことが知られているが、縄文・弥生期を中心とする〈古代の古代〉のヤマト族のあいだでは、陰陽道のように体系化される以前の、アニミズム（広く自然界のすべてに精霊を感じる観念）とシャーマニズム（アニミズムを基盤とした呪術）が存在していたことだろう。美姑のイ族の呪い返しには、なんらかの形での道教の影響もあるかもしれないが、原始的なアニミズムとシャーマニズムの要素のほうをより強く感じる。

〈古代の古代〉のヤマト族にもイ族的な原始的なアニミズムとシャーマニズムが存在したかもしれないという立場に立てば、『古事記』にもその痕跡をいくつか指摘できる。

たとえば、黄泉の国神話において、死者イザナミが生者イザナキに向かって「あなたたちの世界の人を一日に千人殺すぞ」と言って脅したのは呪いであり、それに対してイザナキが「一日に千五百人が生まれるようにする」と言い返したのは呪い返しだったとしていい。あるいは、オオヤマツミがホノニニギに対して、「私の娘を二人献上したのは、イワナガヒメをそばに置けば、神の御子の命は永遠だろう、またコノハナノサクヤビメをそばに置けば、花のように栄えるだろう」とウケヒをして献上したのに、イワナガヒメだけは返してよこしたので、オオヤマツミが「これから神の御子の寿命は、木の花のように短くなるだろう」と呪いの言葉を発した結果、今に至るまで天皇の命は永遠ではなくなってしまったという。この場合は、呪いに対して呪い返しをしていない。呪い返しをしなかった場合には「自分が破滅する」事例の一つだとしていい。

◎蠱(ゲー)を操る呪い

本物の虫ではなく、心理的に誰かが飼っている虫のこと。這っている蛇のような形で空を飛ぶ。これを飼っている家族は皆に恐れられる。

【注：『漢日詞典』（吉林大学漢日詞典編輯部）によれば、蠱は「人を毒する毒虫」】

［招魂］

Q/呼吸が止まったとき、それを生き返らせようとする儀礼はあるか？

A（モソツホ氏）／ビモがやっている。やり方はいろいろで、私が知っているかぎりではこうだ。

亡くなった魂は、森の中、崖のある所、鬼のいる監獄、水の中のいずれかで迷っている。どこにいるかによって儀礼が違う。

人間は、呼吸が無くなれば死んだと判断する。死ぬ直前に亡くなりつつある魂を呼び返す方法は、探す（找魂経）、呼び返す（喊魂経）、請け出す（贖魂経）、奪って帰る（搶魂経）、招く（招魂経）がある。

［先祖祀り］

Q（李子賢氏）／先祖祀り（祭祖）はどのようにするのか。

A／昔は血縁がある家族を先祖の世界に送った。死者を送る儀礼は1度だけする。1回送ったら、あとはしない。この儀礼は冬に行なうが、必ずしも亡くなった年の冬とは限らない。もしも経済力などの理由などから、祖父やそのほかのまだ先祖送りの儀礼を行なっていなかった人がいる場合には、まとめて一緒に送ってもよい。

その儀礼をする場合は、魂の小屋（霊棚）を1つ作る。ビモはその中に入り、外にいる普通の人と互いに対話をする。最初はビモが言い、次に外の人が答える。人間はどこから生まれたかなどの問答をする。歌垣（対歌）のような問答が続く。この問答には、勝ったり負けたりがある。昔は、土司（身分が一番高い）やその家族が死んだときは21日間行なった。中等レベルの人は14日間。現在は3日間だ。

Q／葬儀のときに男と女でそのような問答をすることがあるか？

A／男同士はあるが、男と女のはない。人間はどこから生まれたかということだけでなくいろいろ歌う。

◎先祖を祀るときの歌

亡くなった人を送る儀礼はどのように生まれたかを説明する歌。

歌う人／曲比紹莫(チョビショモ)氏（56度の白酒(バイチウ)を飲みながら）、途中で克其瓦加(クチヴァジャ)氏に交代

《大まかな内容》「大昔、ビモは儀礼が下手だったので、足がない、手がない、耳がないなど、正常でない人間ばかりが生まれた。大ビモがちゃんとした儀礼を行なえるようになると、健康（正常）な人間が生まれ育つようになった」

①「スツスト【「勒俄特依(ネウォテイ)」との関係不明】の時代」最初の万物が生まれた時代

②「ニューニュー【「勒俄特依」との関係不明】の時代」

③「グオ」（1151句の格俄(クウォ)か）

④「モン【「勒俄特依」との関係不明】」

⑤「チョプ」（3215句の武勒曲普(ヴォルチョプ)か）

チョプには20人の息子がいる

⑥「チョプジュム」（3246句初出の曲普篤慕(チョプジュム)）

チョプジュムはイ族の先祖で、3人の息子がいた。長男は漢族になり、次男はチベット族になり、三男はイ族になった。このあとイ族の系譜に分かれた。

＊①～④の時代までは、ビモが儀礼を上手にできなかったので、不具者ばかりが生まれた。⑤の時代から正常な人が生まれるようになった。チョプとチョプジュムのあいだにはもっと世代（時代）があるかもしれない。

古事記への視点

■兄妹始祖神話の一変種か

この話は、一般に兄妹始祖神話が、2番目までは蛇や魚やムカデやただの肉の塊りなどが生まれると語ることとの関連で、興味深い。先に、この地域の洪水神話が兄妹始祖神話に結びついていない点に注目すべきだと述べたが（→P14）、実は根底では結びついていて、その要素の一部の「正常でない人間」という部分が変形してビモの起源伝承のなかに伝えられた可能性がある。

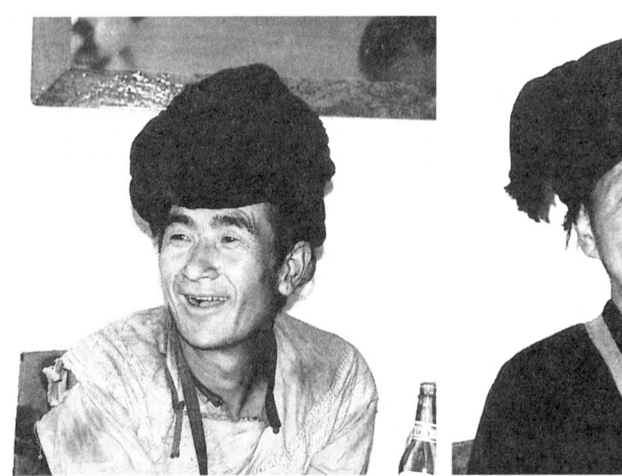

曲比拉果氏　　　　的惹洛曲氏

[「勒俄特依」や呪文歌を歌ってもらう]

《歌ってくれた人たち》

●曲比拉果（チョビラゴ）氏（51歳）

掩木郷苦夥莫村。大ビモ。西南民族学院（四川省）にも歌いに行ったことのある「勒俄特依」の名手。父は87歳で現役のビモ。笑顔がさわやか。マントに脚絆など伝統的なイ族の服装をまとい、着古したシャツはところどころ破れているが、風格じゅうぶん。ビモ修行中の3人の息子（長男は畢摩文化研究センターの一員で、今回の調査の案内役、第2回調査の際には独立して儀礼を執り行なっていた）の小ビモたちも好印象の青年。3月18日の鬼祓い儀礼（→P97）は、この大ビモと息子3人による。

●的惹洛曲（ディズロチョ）氏（50歳）

拉木阿覚郷核馬村。イ族語言委員会の特別招聘顧問。常に温和な雰囲気の大ビモ。歌も語りもたいへん上手。特に日本の祭文ふうの早口の語りはリズミカルで抜群。きちんと両足を前で揃え、最後までカバンを斜め掛けにしたまま、姿勢正しく歌った。何ごとにつけ礼儀正しい。彼には、第2回調査（2000.9.14〜9.20）の際にも歌ってもらい、核馬村の自宅に一泊させてもらった。（→P172）

●阿丕洛根（アピログ）氏（53歳）

炳途郷石普村。的惹洛曲（ディズロチョ）氏の弟子。ビモではないが、優れた歌い手・語り手。

「勒俄特依」

◆支系に分かれる前までの先祖の系譜

的惹洛曲（ディズロチョ）氏に続いて、その弟子の阿丕洛根（アピログ）氏が歌い、支系の部分は曲比拉果（チョビラゴ）氏が歌った（最初から正味1時間35分は暗誦だったが、途中から思い出せなくなって経典を見ながら歌った）。

習慣として、1段が終わるごとにいろいろと雑談をしてから次を歌う（これは1996年1月に取材した佤（ワ）族の創世神話「司崗里（スガンリ）」の歌い方と同じ）。

◆イ族の支系は6つに分けられる

貴州省に2つ、雲南省に2つ、四川省に2つ。ここではそのうちの四川省のイ族の系譜を歌っている。（17：45～48　17：51～53）

◆葬式のときの歌　　（17：54～55）

◆死の起源について　　（17：55～59）

創世神話「勒俄特依（ネウォテイ）」の取材②——3月16日（日）

神話に夢中になる人たち

8：45〜11：40まで、美姑賓館309号室にて昨日からの「勒俄特依」取材の続き（→P25）。きょうのメンバーは、大ビモ2人、モソツホ氏、李子賢氏、張正軍氏、クドウ、私、研究センターの若者など。

取材の途中、大ビモ、モソツホ氏などが、突然何かをめぐって議論をし始めた。話している言葉はイ語で、時々楽しそうに皆で声を挙げて笑ったり、1人が滔々としゃべり続けたり、口角泡を飛ばして議論は白熱している。1人が何か意見を言うと、「いやそれは、こうだ」、「こういう説もある」などと、意見は錯綜しているようだ。イ語が解らない4人はじっと待っていたのだが、一向に終わりそうもない。しびれを切らして議論の内容を確かめてもらうと、なんと神話の内容についてだという。大の男たちがあれほど夢中になって話していたのは、神話についてだった。しかも実に楽しそうに。ここではまだ創世神話が生活のなかで生きていると、肌で実感した。

混沌と貧しさの町

昼食後、美姑の町を散策する。ここはこれまで行った辺境の町のなかでもひときわ貧しく、至る所が汚れている。女性のスカート姿は皆無で、全員味気ない化学繊維のズボン。男女ともほとんどが、イ族独特の長い房（ふさ）付きマントを羽織っている。このマントは藍染めの濃紺か白っぽい生成（きな）り色で、その用途は、防寒服、寝るときの毛布、戸外で腰掛けるときの敷物の役割もする便利なものだという。

町には、歩きながら麺類を食べる若い女性、マントに包まれてしゃがみこむ人、所在なくブラブラ歩く人、路上物売りなどがいる。ときに大きな黒豚が餌を漁りながら人々の間を練り歩く。どんな辺境地でも、その中心地となる町には、若い女性向きの洋服屋とか、品数多い日用雑貨屋、電器屋、カセットテープ屋とか、それなりに気をそそられる店はあるものだが、ここにはあ

雑貨屋、食堂などが並ぶ中心地。歩きながら食事をする人もいる（美姑中心地）

にぎやかな広場に、何匹もの豚がうろついてゴミを漁っている（同）

▲寒々とした路上でジャガイモを売る女性（美姑中心地）

▲広場では、ペットボトルや酒の空き瓶なども売っている（同）

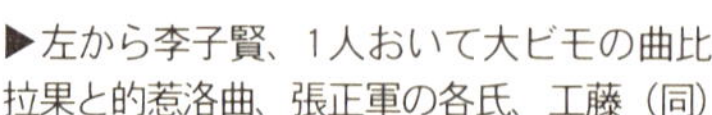

▶左から李子賢、1人おいて大ビモの曲比拉果と的惹洛曲、張正軍の各氏、工藤（同）

まり見当たらない。品数は少なく、店の規模は小さく、店の種類も少ない。娯楽性のある商品はほとんどないと言っていい。物売りは、砂糖きび、箒やバケツなどの日用雑貨、水槽代わりのドラム缶に入れた淡水魚、タドンのように丸く固めた赤砂糖、衣服、ヤギの皮などを売っている。空きビンやミネラルウォーターの容器、ペットボトルなどの空容器も売っていた。こういうものを中身ごと買うことさえできない貧しい層がいるのだろう。辺境の町でこうした空容器を売っているのを見たのは、今回が初めてだった。

14：40～18：40、再び「勒俄特依」の収録。最後に生卵による占い（生卵占い→P48）をしてもらった。

夜は雨になり、しんしんと冷えこんだ。

……………………………………………………

美姑賓館はこういう宿だ（この部分のみ、工藤隆の日記より）

朝6時前後から、中庭で大型トラックのエンジン掛けの轟音。宿泊客が大声で別の部屋の仲間を起こす声がする。カーッと痰吐きの音。6時30分より建物の外のスピーカーから、大音響でラジオ放送。

夜は中庭に面した向かい側の部屋のカラオケ屋（ホテルの一室を借り切っている）から、深夜12時ごろまで大ボリュームの蛮声が響く。

❖ 工藤綾子の旅記録より

8：50録音開始。「勒俄特依」の合間に、説明が入る。

◆チュクアロという英雄の話　（雑談なども含んで、8：56～9：35）

チュクアロ（「勒俄特依（ネウォテイ）」の10［支格阿龍（チュクアロ）］のこと）はとても神秘的な人だ。カラスの血が落ちて出てきた英雄で、人間と神の中間だ。翼を持っている馬に乗って空を翔んでどこへでも行ける英雄だ。この話にはいろいろなパターンがあるので、代表的なものを2、3話す。ここは歌う（唱える）のではなく話す。

（曲比拉果（チョビラゴ）氏は「暗唱ではできないので、本（イ文字で書いた経典）を見ながら読みます」と言い、肩掛け袋から老眼鏡を取り出して掛けた。「英雄史詩は結婚式のときに歌う白勒俄なので、20～30代のビモがよく歌う。私は年をとり、しばらく歌っていないため忘れてしまった」とのことだった）

◆ゼジソフ【「勒俄特依」との関係不明】という神についての話

「夫婦が野良仕事をしていた。その畑のかたわらに1本の桃の木があり、桃が2つ実っていた。夫は鍬を投げ上げてその2つの桃の実を落とした。1つを妻に与え、1つは自分が持った。妻は桃を一口食べた。夫は食べずに家に持ち帰った。妻の持ち帰った桃は女の子になったが、一口食べてあるので顔に傷がある。夫の桃は男の子になり、ゼジソフという英雄になった」

古事記への視点

■桃からの英雄の誕生

桃から英雄が誕生したというモチーフは、日本の桃太郎の話と共通する。昔話「桃太郎」が日本の内側でできあがったものか、あるいは中国など外国から入ってきたものかという議論があるが、もともと私たちが知っているあの大きな桃自体は、大陸の中国から入って来たものだという（日本列島にもともとあった桃は小粒のヤマモモだった）。

『古事記』では、イザナキが黄泉の国から脱出する際に、ヨモツヒラサカにあった桃の木から実を3つ取り、追撃してくる黄泉軍（よもついくさ）に投げつけて撃退したので、その桃にオホカムヅミのみことという名を与えたと語る。

これなども、ヤマトに根生いの神話のように見せて、実は桃自体も、また桃が災厄を祓うという観念も中国から移入したものである。おそらく、昔話「桃太郎」も、その根をたどれば中国大陸にたどり着き、たとえばイ族のこの「ゼジソフ」神話とも結びついてくるのではなかろうか。

以下の「雷と稲妻の神話」から「黒イ族の結婚の歴史」までは、基本的には「勒俄特依（ネウォテイ）」のどこかの部分に対応しているとのことだった。一つを歌い（唱え）終えるごとに休憩が入るので、私が今のはどういう内容の歌だったのかと尋ねると、たとえば、これは「雷と稲妻の神話」だというふうにモソツホ氏が簡略化して答えてくれた。するとこれは、「勒俄特依」の6［雷の起源］の一部を歌っていたことになる。何かの起源を問われたときには、「勒俄特依」のどこかに典拠を求めるということが一般的なのである。

ただし、なかには「有名な山々に棲んでいる神々の系譜」やほかのいくつかのように、第Ⅳ章の「勒俄特依」のなかに見えないものもあるようなので、第Ⅳ章の「勒俄特依」以外の伝承のなかの知識で歌う起源神話もあるということであろう。ということは、今回は一つ一つの翻訳までの段取りはつけられなかったのだが、いずれは以下に歌ってもらったものの内容と第Ⅳ章の「勒俄特依」の内容の一致点と相違点を検証する必要があるということでもある。（こういうときに、私自身が少数民族語に習熟していないことの弱点が出てくるわけだ。これらを翻訳してみようとするイ族文化研究の専門家が名乗り出てくれれば、私の手元にある録音テープ、ビデオ映像テープを喜んで提供したい）

◆雷と稲妻の神話　(10：10～　)

◆曇りと晴れの起源　(10：17～22)

◆空を支える木　(10：23～　)

◆結婚の歴史　(10：35～45)

◆鬼の起源　(　同上　)

◆３人の神の誕生について　(10：47～49)

◆馬の起源　(10：51～55)

◆鎧の起源　(10：55～　)

◆武器・刀についての起源　(11：01～03)

◆戦争の起源　(11：11～15)

◆超度の起源　(11：18～20)

「超度の起源」は「祭祀の起源」の中に入っている話。死んだ人の魂を向こうの世界に送ることの起源。

◆ビモの起源　(11：22～33)

「天地開闢からビモが生まれ、正常な人が生まれた……」というビモの起源の話。

◆水の起源　(11：39～42)

「水→霧→水→霧」と循環する話。

〈休憩・昼食〉午後は14：45開始

◆天上界のビモの話、地上界のビモの話　(14：45～50)

天上界・地上界のビモの系譜。天上界と地上界のビモが行事のやり方について論争した。地上界のビモが勝ち、そのあとは地上界のビモのやり方で行事を続けた。

◆星の起源　(15：00～03)

雲が星になった。(雲がどのように変わって星ができたのか、具体的な説明はなかった)

◆暦の話　(15：06～10)

＊李子賢氏の話／「他の民族の場合、万物の起源は天・地・山・川・木・人間の起源を語る。イ族の場合は、見えるものすべての起源を語るところがおもしろい。神話的な考え方が残っているということだ」

◆星と太陽と月のそれぞれの母親の話　(15：15〜22)

星・太陽・月、二十八宿という星の名前。陰と陽と五行の起源。天文の知識。八卦の話。どういうふうに時間を計算するかの、時間の計算のし方。

月が丸いか欠けているかで時間を計算する方法。

二十八宿が見られるのは10か月、残りは二十八宿が見られるようになるまで待つ2か月。

10か月めになると1年は終わりという10か月暦。

空に魔王がいて、それが死ぬと悪い日になる。これも暦に関係してくる。

◆虎の星が二十八宿を照らす　(15：33〜36)

◆有名な山々に棲んでいる神々の系譜　(15：38〜45)

これは厳密にいうと「勒俄特依(ネウォテイ)」には入っていないが、「勒俄特依」を歌うときは加えて歌ってもいいことになっている。

◆各家族が魂を送ることについての話　(16：00〜06)

各家族は亡くなった人の魂を岩の穴に送る。これが「超度」である。

板の霊牌の札（位牌）を岩のなかに置いておき、ほかの人には内緒にしておく。美姑にはいくつかの地域があり、各地域の部族の知識の違いにより先祖の魂の送り方も違う。

◆曲涅(チョニ)部族（20[曲涅(チョニ)と古候(グホ)の化け競べ]、21[歴史の系譜] 参照）**の、先祖の魂を送るときの歌**　(16：07〜　)

この部族にはいくつかの支系があり、どの支系はどういうところへ先祖を送って行くかを歌う。

◆古侯(グホ)部族（20[曲涅と古候の化け競べ]、21[歴史の系譜] 参照）**の、先祖の魂を送るときの歌**　(16：17〜24)

創世神話の一部をイ文字と漢字で記述した本、『古侯(公史篇)』（四川省民委文工作組、1980年）に詳しい。

◆黒イ族の結婚の歴史　(16：25〜27)

これを歌ったビモは白イだが、「白イ族の結婚の歴史」の歌は忘れてしまっ

たので、黒イ族の結婚の歴史のみを歌った。(16：30「勒俄特依」取材終了)

[呪文歌]

ここでは、さまざまな儀礼の場面で使われる呪文を依頼した。呪文の用いられる儀礼によって内容もメロディーも異なる。

以下の歌詞およびP63の「主人と客の歌の掛け合い」は、録音テープを聞いてモソツホ氏が中国語に翻訳し、その中国語訳に張正軍氏が第一次日本語訳をつけ、それをもとに私（工藤）が最終日本語訳を決定した。(　)のなかは、モソツホ氏の注記を参考にしながら私が加えたものである。国際音声記号と中国語部分はあまりに煩雑なので、第Ⅳ章の「勒俄特依（ネウォテイ）」のみに限定することにした。なお、「4379句参照」などとある場合の数字は、いずれも第Ⅳ章の「勒俄特依」の句の番号を示す。

①鬼を呪う歌　(16：32〜33)

1　パオイー
2　ホオーホオーホオ
3　朗々と一声（ひとこえ）叫ぶ
4　斯匹阿趕峠（スピアガ）
5　猛獣が家畜の群れを襲ったと思ったが
6　実は猛獣が襲ったのではなく
7　悪鬼に襲われたので叫んでいるのだ
8　阿紅留以（アホニジュ）(4379句参照) では
9　猟犬が探していると思ったが
10　猟犬が探しているのではなく
11　悪鬼が前を歩く
12　そのあと、泣き声で震えたと思ったが
13　実は泣き声で震えたのではなく
14　悪鬼が叫んでいるのだ
15　ビモが叫ぶ
16　主人が大声で叫ぶ
17　叫んで、天神と地神に報告しているのだ

18　叫んで、悪鬼を殴るのだ
19　叫んで、悪鬼の根を切るのだ
20　叫んで、法術を使って悪鬼を呪うのだ
21　叫んで、悪鬼の魂を捕らえて
22　その魂を投げるのだ

②魂を請け出すときの呪文（贖魂経）（16：37〜40）

1　ゾンゼケレ
2　オハ…ア…ハア
3　ビモ用の枝が三本あったと報告する
4　一本は魂を請け出す枝である
5　一本は魂と換える枝である
6　一本は魂を探す枝である
7　一本は魂を求める枝である
8　主人の家族は
9　魂を探し、魂と換えるために報告する
10　魂を探すために報告する
11　報告したあと
12　主人である私の家で
13　九人のスニが見たことがある
14　十人のビモが聞いたことがある
15　凡人は夢のなかで教えられ
16　魂が飛んで行ったそうだ
17　主人の魂は
18　上界の魯朶（ルト）（精霊：2999句初出）の白い監獄に閉じこめられて
19　もう三年三か月がたった
20　亡くなった両親の後を追って行った
21　斯乃（スレ）の花の監獄に閉じこめられているという
22　母覚（ムジ）（精霊：3013句初出）の黒い監獄に閉じこめられているという
23　主人の魂は
24　亡くなった父母に随（つ）いて行った
25　上弦の月と下弦の月のあいだの

26　古い家や廃墟をさまよっているという

27　古い垣根のそばでさまよっているという

28　主人の魂は

29　滅んだ氏族に随いて行った

30　三日三晩

31　村はずれの野菜畑をさまよっているという

32　辻のあたりをさまよっている

33　井戸のそばをさまよっているという

34　探せば見つかるようにと

35　追えば追いつけるようにと

36　請け出せば出てこられるようにと願っている

37　イー、「敵」（草で作った人形（ひとがた））を身代わりにして

38　黄色い鶏が主人の魂を牽（ひ）いて帰る

39　金と銀を賄賂に使い

40　トウモロコシの粒を賄賂の食べ物にし

41　綿羊で主人の魂を請け出す

42　現世のビモが鈴を鳴らすと

43　冥土にまで響く

44　現世で（ビモが）水鼓（法具）を叩くと

45　冥土にまで響く

46　現世でビモが呼ぶと

47　冥土でもはっきり聞こえる

48　主人の魂よ、早く戻って来てください

49　イ……オア

50　帰って来て、主人の魂よ、帰って来てください

③癩病（ハンセン病）を防ぐ呪文　（16：40〜43）

呪具による呪（まじ）ない。50年前に、この地域で癩病が流行したという。

1　スオーポホ

2　守れ、守りに来い

3　朗々と一声叫ぶ

4　斯匹阿趕（スピアガ）峠で

5　法術を使って呪（のろ）いを掛ける
6　呪ないをして呪い具で呪う
7　呪ないをして癩病の祟りを防ぐ
8　呪ないをして癩病を防ぐ
9　尼能（ニム）（23句初出、以下、11句まで各部族の名）よ、慕勺（ムシュ）
10　慕弥（ムミ）よ、格俄（クウォ）（1151句参照）
11　曲布（チョブ）が二十人で呪ないをする
12　そのあと、呪い返しをして癩病を防ぐ
13　呪い返しをして癩病の祟りを防ぐ
14　主人である私の家では
15　銅の刺股（さすまた）には威力がある（イ族の考えでは、癩病は雷と稲妻から生まれ、銅が雷を撃退することになっている）
16　四本の銅の刺股を呪い具として
17　四方で防ぐ
18　鉄の刺股には威力がある
19　四本の鉄の刺股を呪い具として
20　四方で防ぐ
21　飼い猫には威力がある
22　飼い猫の四本足で
23　四方を蹴って防ぐ
24　黒い塩には威力がある
25　黒い塩四斤（2 kg）を呪い具とする
26　土地の四方に埋める
27　木香（実が香水の原料になる木）の板に書いた神鷹には威力がある
28　木香の板に書いた神鷹四羽を呪い具とする
29　四方に置いてお守りとする
30　鷹の像には威力がある
31　四個の鷹の像を呪い具とする
32　四方を蹴って防ぐ
33　木香の板に書いた神鷹は歯が鋭い
34　鷹の像は爪が鋭い

35　守れ、守りに来い

36　白い紙には威力がある

37　白い紙一枚に

38　漢族地域の谷の白い紙一枚に

39　黒い墨で書いた字には威力がある

40　西昌の黒い墨で書いた字は一つながりである

41　前もってお守りの呪い具を作る

42　きょう呪い具を作る

43　敵から防ぐ呪い具とする

44　出呢維勒鳥(チュニヴォル)（孔雀か鳳凰）で

45　前もってお守りの呪い具を作る

46　きょう呪い具を作る

47　守れ、守りに来い

48　きょう、敵から防ぐ呪い具として呪う

49　支格阿龍(チュクアロ)（イ族の英雄的祖先：10［支格阿龍(チュクアロ)］参照）を呪い具とする人がきょう呪う

50　巴哈阿旨(バハアジュ)（人間を食べる、龍に似た動物：2173〜2314句参照）を呪い具とする人がきょう呪う

51　姿姿布乍(ズズブチャ)（美しい鳥）を呪い具とする人がきょう呪う

52　斯匹趕夥(スピカホ)（1637句初出）にコノテガシワと杉が二本ある

53　阿紅留以(アホニジュ)（4379句参照）にオオカリと雁が二羽いる

54　屋内の主人とビモは

55　守られて平安になる

56　守られて幸福になる

④敵（不潔な鬼）が一緒に食事をするのを防ぐ呪文　（16：44〜）

1　スオーポホ

2　パオー

3　守れ、守りに来い

4　朗々と一声叫ぶ

5　イー、呪ないをして一緒に食事することを防ぐ

6　呪ないをして一緒に飲むことを防ぐ

7　イー、一緒に食事し、飲むことを防ぐ
8　イー、一緒に食事することを防いで報告する
9　報告したあと
10　主人である私の家族は
11　一緒に食事し、飲むことを防ぐために報告に行く
12　一緒に飲み、食事しようとする者（敵）を追い払う
13　同じ井戸の水を飲むことを厳しく防ぐ
14　同じ道を歩くことを厳しく防ぐ
15　同じ杓子を使うことを厳しく防ぐ
16　同じ俎板の上の肉を食べることを厳しく防ぐ
17　同じ杯で酒を飲むことを厳しく防ぐ
18　オー、呪うと敵の角が折れる
19　呪うと敵の角が切れる
20　呪うと、敵の死体がころころ転がる
21　敵の死体が転々と落ちて行く

⑤債務を清算する呪文　（時間記録落ち）

1　イータァ
2　呪ないをして、債務を返して、主人の家族を儀礼に入れよう（主人の家族が触れた茶碗の水を、ビモが生け贄の動物に撒く）
3　ケガレを祓う、ケガレを祓う
4　ケガレを祓って、汚れを浄める
5　高い山の汚れを浄める
6　高い山のケガレを祓う
7　深い谷の汚れを浄める
8　深い谷のケガレを祓う
9　債務を返すために債務の実情を述べる
10　（意味不明）
11　博博（虚構の地名）の上のほうには神枝が九十組ある
12　九十だ、九組だ
13　ケガレを祓う神枝が八十組ある
14　八十だ、八組だ

⑥家族を水に触れさせ、法術でケガレを祓う呪文　（時間記録落ち）

1　ハアハーハア

2　法術（主人の家族が触れた茶碗の水を、ビモが生け贄の動物に撒(ま)く）を行なって悪業（他人が主人に送りつけた悪業）を囲む

3　法術を行なって悪業を返す

4　法術を行なって悪業を祓う

5　法術を行なって悪業を殺す

6　悪業を囲み、悪業を返し、汚(よご)れを浄めて、家族を儀礼に入れる

7　イーア

8　人間を食う悪鬼を遮って帰らせる

9　奇っ怪な病気を

10　難病を遮って帰らせる

11　北方の同族の兄の鬼を遮って帰らせる

12　南方の同族の弟の鬼を遮って帰らせる

13　オーア

14　これで悪業を祓う

⑦女の化物の魂を呼び寄せて退治する呪文　（16：49〜50）　（➡映像2）

1　イーハー

2　イーハー

3　呪ない用の枝を三本作る

4　一本は霊魂に、巡って行かせる枝である

5　一本は霊魂を案内する枝である

6　悪鬼よ、女の化け物のお前たちよ

7　後継ぎを絶つ女の化け物のお前たちよ

8　死者が子供を残す霊魂を追い払わないでくれ

9　もうもうたる霧の中に消えて行ってくれ

10　主人の子供を残す霊魂を追い払わないでくれ

11　大雨の中に消えて行ってくれ

12　雲と霧と一緒にやって来る

13　大雨と一緒にざあざあと降って来る

14　きょうは

15　徳布(ドゥブ)（阿哲(アジュ)部族のこと：4699句初出）の近親の家に隠すな

16　徳施(ドゥシ)（烏撒(ヴサ)部族のこと：4975句初出）の近親の家に隠すな

17　屋内の親族の家に隠すな

18　屋外の親族の家に隠すな

19　イー、来い、魂よ、来い

20　来い、魂よ、来い

⑧悪業を祓う呪文　（16：51〜52）

1　ハオーハオ

2　呪ない用の枝を三本作る

3　一本は悪業を囲む枝である

4　一本は悪業を探す枝である

5　一本は悪業を祓う枝である

6　一本は悪業を浄める枝である

7　イー、これで悪業を囲む

8　呪ないをして病気を囲む

9　呪ないをして病気を祓う

10　イー、ビモは空からやって来た

11　空は強い風を生んだ

12　九種類の鳥が飛んだように獣(けもの)を囲むと

13　走る猟犬のように雲のなかに消えてしまう

⑨先祖の魂を招いてご馳走する呪文　（16：55〜56）

1　イータァ

2　死者はもう世を去った

3　いい人だった祖母は世を去った

4　いい人だった祖父は世を去った

5　一戸に子孫が何千何百といる

6　一戸一戸の成員は

7　子孫が何千何百といる家族だ

8　うまい酒、良い料理が用意され

9　生け贄はもう倒れたので、自らを祭ってください

10　家族の名を挙げ、家族を水に触らせるとき

11　水に触って家族を儀礼に入れてケガレを祓う
12　イーハ
13　イーハ
14　イーハ
15　ケガレを祓って、ケガレを祓って
16　山の頂上でケガレを祓って
17　山の頂上の汚れを浄めた
18　谷の端でケガレを祓って
19　谷の端でケガレを祓った
20　（山の）頂上には九つの汚れがあり
21　九つの汚れを浄める
22　（谷の）端には七つのケガレがあり
23　七つのケガレを祓う
24　いい人だった祖母
25　いい人だった祖父の、全身の霊魂の骨のケガレを祓う
26　阿哲（アジュ）（イ族の歴史上有名な水西（シュシア）安氏土司：4699句初出、17［住む場所を探す］の注⑥0参照）の白い雄の綿羊を
27　生け贄にしてケガレを祓う
28　高い山で汚ない草を食べ
29　深い谷で汚ない水を飲んだのを浄める
30　楽々とケガレを祓う
31　浄めると
32　なくなった、ケガレがなくなった
33　ケガレを祓ったので全てよし

⑩先祖の魂に水を捧げて、別れる呪文　（16：57〜59）

「先祖の魂に酒を捧げるときの呪文」「先祖の魂に生け贄を捧げるときの呪文」もある。

1　イハーホオ
2　別れ、別れて
3　賠償として祭祀する
4　青と赤を分けて、現世を区画する

5　祭祀の儀礼は複雑だが、乱れていない

6　決まった次第通りにきちんと行なわれている

7　亡くなった篤慕（ジュム）（「曲普篤慕（チョプジュム）」と同じ、イ族の共同先祖：3246 句初出）の子孫

8　人は死んでもその名は残る

9　名前が残る

10　今

11　ビモの儀礼で、死者と生者を分ける（生者の魂が死者について行かないように、死者の魂と生者の魂を分離する、という意味）

⑪死の兆しの呪文　（17：00〜01）　（➡映像 3）

1　イーハ

2　亡くならないはずの者が亡くなった

3　足はあってももう歩けない

4　名前はあっても実体がない

5　死者は群れをなしている

6　イーハ

7　死を通知された者がもうやって来た

8　その前に予兆があった

9　烏（からす）が死の兆しを示した

10　午（うま）の日に兆しが見えた

11　神が兆しを示した

12　九種類の鳥が死の兆しを示した

13　大きな獣（けもの）が死の兆しを示した

14　鳥は対になって

15　やって来て死の兆しを示した

⑫他人からの呪いを返すときの呪文　（17：02〜05）　（➡映像 4）

早口問答風でメロディーなし。早口言葉のように聞こえる。

1　ハオーハオーハオ

2　空の雲の上には星の形が見える

3　その星の形は、きょう、吉兆を示している

4　深い谷で呪ないをする

5　きょうは呪ないをして呪い返しとする
6　大昔
7　地の神が防衛したので
8　猛虎は家畜を捕らえなかった
9　川が防衛したので
10　水の中の鬼は人間を捕らえなかった
11　野原が防衛したので
12　鷹は鶏を捕らえなかった
13　地の神が防衛しなければ、猛虎は家畜を捕らえに来る
14　川が防衛しなければ、水の中の鬼は人間を捕らえに来る
15　野原が防衛しなければ、鷹は鶏を捕らえに来る
16　法術を行なって神を招く
17　東方に青い煙が立ち上がっている（すでに東方の神を招くことになったことを示す）
18　西方にも青い煙が立ち上がっている
19　阿紅（アホ）（阿紅留以（アホニジュ）と同じか：4379句初出）にも青い煙が立ち上がっている
20　哧哧（チチ）にも青い煙が立ち上がっている
21　東方にも青い煙が立ち上がっている
22　西方にも青い煙が立ち上がっている
23　一地域の上のほうで
24　一地域の下のほうで
25　一地域のすべての神々を招いてくる
26　招いて呪い返しをする
27　大昔
28　東方の武俄助（ヴォウォチュ）（チベット族、あるいは「日本人」を指す）
29　西方の武迪波（ヴォディポ）（同）
30　すべてのビモ
31　すべての臣下
32　知っている人ならばその名前を知らせる
33　知らない人ならその人の概略を述べる
34　口が起こした災いを呪いで返す

35　地の神は何千何万といる
36　東方には月の父
37　西方には月の母
38　北方の同族の兄の地域の神
39　南方の同族の弟の地域の神
40　コノテガシワの林にいる三体の神
41　三層の崖にいる三体の神
42　三つの野原にいる三体の神
43　すべての神々の管轄地域から
44　私を助けて呪いを返してくれる
45　左側の徳布（ドゥブ）（阿哲（アジュ）部族のこと：4699句初出）の子孫
46　右側の徳施（ドゥシ）（烏撒（ヴサ）部族のこと：4975句初出）の子孫
47　古候（グホ）と曲涅（チョニ）（20［曲涅（チョニ）と古候（グホ）の化け競べ］、21［歴史の系譜］参照）の二つの部族
48　張氏族には十二戸
49　李氏族には十二戸
50　王には四十八
51　黒イ族は百二十
52　白イ族は数え切れない
53　イ族のすべての子孫が
54　口が起こした災いを呪いで返す
55　知っている人ならばその名前を知らせる
56　知らない人ならその人の概略を述べる

⑬死者を送ったあと生者が平穏な暮らしを取り戻す呪文　（17：06〜08）

（➡映像5）

死んだばかりの人の魂を送る歌。悲しそうなメロディー。

1　イータァ
2　死者はもう世を去った
3　雄の悪鬼と雌の化け物はもう世を去った
4　子孫は何千何百人と残っている
5　豚の肩胛骨で祭祀をし、家族を水に触れさせて儀礼に入れ、ケガレを

祓う

6　山の頂上でケガレを祓って

7　山の頂上で汚れを浄めた

8　谷の端でケガレを祓って

9　谷の端でケガレを祓った

10　（山の）頂上には九つの汚れがあり

11　九つの汚れを浄める

12　（谷の）端には七つのケガレがあり

13　七つのケガレを祓う

14　腰にケガレがあり

15　腰のケガレを祓った

16　イー、段取り通りに進む

17　順番通りに祭祀をする

18　哎哺（アイブ）（想像上の地名）の上のほうで祭祀をして繁栄を求める

19　（意味不明）

20　高い山は高い山である

21　平地は平地である

22　王の管轄地域が繁栄する

23　ちょうど尼木（ニム）（「黎姆（ニム）」儀礼と同じ、大型祖先祭祀：1062句初出）の季節である

24　その前に祭祀を行なうべきである

25　いや、その前では早すぎる

26　そのあとに祭祀を行なう

27　いや、そのあとなら遅すぎる

28　今年は尼木（ニム）にふさわしい年だ

29　ふさわしいのだから尼木をする

30　尼木ではお客にご馳走する

31　お客にご馳走して敵との戦いで支援してもらう

32　敵を殺して、牛を食べる

33　牛を食べて尼木をする

34　尼木をすれば、発展できる

35　お客にご馳走して、繁栄できる
36　克莫(クモ)（想像上の地名）の上に（…このあと意味不明）
37　（意味不明）
38　まず根がしっかりしていることを祝う
39　主人の根がしっかりしている
40　生殖能力が高くて繁栄したことを祝う
41　主人は子供をたくさん持って繁栄する
42　王の本(もと)は行政である
43　臣下の本は物事を議論することである
44　ビモの本は尼木(ニム)である

⑭死者の行く道を指し示す呪文（指路経）　（17：09〜11）　（➡映像 6）

1　イータァ
2　死者はもう世を去った
3　いい人だった祖母は世を去った
4　いい人だった祖父は世を去った
5　子孫が何千何百といる家族が残った
6　道を指し示し、家族を水に触らせ、家族を儀礼に入れてケガレを祓う
7　出発だ、出発
8　祖父よ、祖母よ、出発しよう
9　大きな屋敷を出て
10　治普梁子(ジュプネズ)（地名、以下同じ）を出て
11　達工爾苦(ダゴルク)が見えてきた
12　達工爾苦に到着し
13　必自史郷(ブズシュシャ)が見えてきた
14　必自史郷に到着し
15　巴以競口(バジュヤコ)が見えてきた
16　巴以競口に到着し
17　甘夥子威(カホズヴィ)が見えてきた
18　甘夥子威に到着し
19　甘夥以曲(カホジュチョ)が見えてきた
20　甘夥以曲に到着し

21　阿着瓦拖が見えてきた

22　阿着瓦拖に到着し

23　阿着瓦哦が見えてきた

24　阿着瓦哦に到着し

25　尼姆美姑が見えてきた

26　尼姆美姑は

27　古候（20［曲涅と古候の化け競べ］、21［歴史の系譜］参照）と道が分かれた所で

28　曲涅（同）と道が分かれた所である

29　白い道と黄色い道と黒い道の三本がある

30　黄色い道と赤い道は神と化け物の道だ

31　黒い道は悪鬼の道だ

32　白い道が先祖の霊魂の道である

33　陰と陽の分かれる所で

34　生者と死者は別れ

35　生者の霊魂は（生者の世界に）戻って来る

⑮羊の腹を割き、呪ないの盟約を結ぶ呪文　（17：12〜14）

生きている人たちの平安・安全を願うための歌。

家の主人に「手足が不自由な人がいるでしょうか」と聞く。「もういない」と答えると、「じゃあ、もうこれからは安全に生きられる」という意味。

1　アハーヘーハーヘ

2　順序を追って一歩一歩進む

3　順番どおりに尼木儀礼（「黎姆」儀礼と同じ、大型祖先祭祀）をする

4　哎哺（想像上の地名）の上のほうで祭祀をして繁栄を求める

5　（意味不明）

6　（意味不明）

7　人口を報告する

8　人口を報告したあと

9　嘎吱爾吐（繁殖促進の呪文の意）から生まれた子の

10　爾吐はきらきら輝く

11　嘎吱はきらきら輝く

12　嘎吱尼昇（ガジュネショ）から生まれた子の
13　尼昇（ネショ）はぴかぴか光る
14　我が主人の家族には
15　手足の不自由な人がまだいるか？
16　口が曲がり、斜眼の人がまだいるか？
17　生殖力の無くなった男がまだいるか？
18　もし、まだいれば
19　きょう羊の腹と一緒に切断してしまう
20　羊の腹と一緒に割（さ）いてしまう
21　（そうすれば）あなたの家は発展する
22　あなたの家は繁栄する
23　空の星は数えられるが
24　あなたの家の人口は数え切れない
25　羊の腹と一緒に割いてしまう
26　羊の腹を割き、呪ないの盟約を結ぶ

⑯魂を呼び戻す呪文　（17：16〜19）　（➡映像 7）

1　パオポー
2　ケガレを取り除く
3　イータ
4　主人の家の中で
5　魂を呼び戻し、家族を水に触らせ、家族を儀礼に入れてケガレを祓う
6　水を撒いて、ケガレを祓う
7　順序を追って少しずつ進む
8　順序どおりに法術を行なう
9　ケガレを一回祓うと
10　大地の夜が明ける
11　ケガレを二回祓うと
12　阿紅留以（アホニジュ）（4379 句参照）は平安になる
13　ケガレを三回祓うと
14　斯匹趕夥（スピカホ）（1637 句初出）で霜と雪が解ける
15　ケガレを四回祓うと

16　雁は空でうれしげに鳴く

17　ケガレを五回祓うと

18　故九度以（グジュドゥジュ）（地名か）で悪鬼の角が折れる

19　ケガレを六回祓うと

20　真っ白になり

21　ヒバリがさえずる

22　ケガレを七回祓うと

23　夜が明ける

24　雄鶏（おんどり）が鳴く

イ文字で書かれた経典を読む

25　ケガレを八回祓うと

26　村の周りの丘が明るくなる

27　ケガレを九回祓うと

28　すべてのケガレを祓ってしまう

29　鶏の血は甘い

30　鶏の肉のよい香りがケガレを取り除く

31　すべての器のケガレを取り除く

32　ハオーハ

33　主人の家で魂を呼び戻し、ケガレを祓う

⑰呼び戻した魂で福を招く呪文　（17：19〜21）　（➲映像 8）

1　イータア

2　山にコノテガシワがある

3　それを迎えて我が家に植える

4　空に月がある

5　それを迎えて私の頭の上に掛ける

6　牛と羊がモーモー、メーメーと鳴く

7　五穀の穂が尖っている

8　それを迎えて我が家に入れる

9　イータア

10　長生きの魂は十二（多いことを示す概数）種類ある

11　寿命がしっかりする

12　寿命が落ち着く
13　長生きさせる
14　長寿を得る
15　長生きで白髪が生える
16　長生きで歯が黄色くなる
17　千歳までの命を願う
18　百歳までの命を願う
19　約特斯尼(ゾテスネ)（人名）は
20　五回りで六十一歳になる
21　六回りで七十三歳になる
22　七回りで八十五歳になる
23　八回りで九十七歳になる
24　九回りで百二十歳になる
25　長生きの魂を我が家に与えよ
26　すべての福を主人の家に与えよ
27　五行には十二種類ある
28　火の父、火の母
29　木の父、木の母
30　鉄の父、鉄の母
31　土の父、土の母
32　水の父、水の母
33　五行の魂を我が家に与えよ
34　すべての福を主人の家に与えよ
35　吉爾(ジュル)（お守りの呪物：1259句初出）には十二種類ある
36　知識と文房具はあなたの家の吉爾である
37　ビモの道具はあなたの家の吉爾である
38　群れ集まる牛と羊はあなたの家の吉爾である
39　お客にご馳走し、敵を殺すことはあなたの家の吉爾である
40　吉爾は王に所属し
41　王は行政を司(つかさど)る
42　吉爾は臣下に所属し

43　臣下は物事を議論する
44　吉爾（ジュル）はビモに所属し
45　祖先祭祀をして安全を祈り、家のお守りになる
46　吉爾を主人の家に与えよ
47　すべての福を主人の家に与えよ

（ここからまだ2段落あるが、録音状態が悪いので翻訳できない）

⑱シーズー（意味不明）（17：22〜23）

小さい鬼が、人間の所に薬（鶏、豚、羊などの家畜の脂（あぶら））を取りにくる。そういう小さい悪い鬼を退治するときの歌。（「ダ、ダ、ダ、ダ」と聞こえる早口の部分は鬼の名前を言っている）

（録音状態悪く、翻訳できない）

⑲紛争のもとになった悪業を祓う呪文（17：26〜35）

村で紛争があって、それの調停をしているときに不公平になることがある。そういう悪い状態を子孫に残さないように、その悪い状態を退治する呪文。

（録音状態が悪いので、呪文の最後の部分の6句のみ翻訳）

1　（悪業を）松の実と一緒に投げてしまう
2　それを追い払って、徳布洛莫（ドゥブロモ）（地名、悪鬼や妖怪が集まる深い谷）に閉じこめる
3　徳布洛莫の中に追い込む
4　松の実は丸いので転がる
5　イー、無実の罪と錯誤の悪業を投げ込む
6　不倫の悪業を投げ込む

（17：40　呪文歌取材終了）

Q（李子賢氏）／米の種はどこから来たか？

A／人間界に残った男が天の神の娘と結婚した。娘が天から人間界に降りたとき、穀物の種を持って来た。稲の種だけは犬の尻尾に付いて来た。稲の穂は犬の尻尾に似ている。洪水があったとき、犬のからだに付いていた稲の種は流されてしまったが、尻尾に付いていた種は残った。

［生卵占い］（➲映像9）（→P160）

《用具》鶏の生卵・椀・ヨモギ・水・木の枝２本（箸代わり）

《手順》

①ビモは右手に卵、左手にヨモギを持ち、占ってもらう人の頭を卵で軽く触れたり撫でたりして、簡単にお祓いをする。続いて、占ってもらう人がその卵で自分の頭やからだを撫でる

②ビモが針で卵に穴を開ける

③占ってもらう人がその卵に息を吹き入れ、占ってもらう人はその卵で自分の頭やからだを３回撫でる

④水を入れた椀に卵を割り入れ、卵の白身が水の中で漂う様子（形状・色）、水面にできた泡などの状態を見る。ときどき箸で泡に触れたりする（この間に、代理の者がヨモギを戸外に投げ捨てる）

⑤割れた卵の殻を手に持ち、殻で水の表面を撫でつける

⑥黄身を殻で突いて崩し、水面に殻を浮かべ、殻が水面で回る様子などを見る

⑦殻を取り出して、箸で大胆に水をかき回す

⑧渦巻いている水面に再び卵の殻を投げ入れ、殻がどの方向で止まるかを見る

⑨占いの結果を言う

（特に④と⑥の状態を見て、当人の病名、当人への霊の取り憑きの理由、霊が当人の家を守るかどうかなどを占うという）

● 曲比拉果（チョビラゴ）氏が工藤隆を占った結果 ●

ほかの人が（この人の）悪口を言ったりするが、自分が強いから大丈夫。

魂が恍惚状態になることがある。

奥さんはこの人の中に棲んでいる。二人は大変相性がいい。

………………………………………………………

■占いのそれなりの説得性　　　　古事記への視点

私と私の妻を知る友人のあいだでは、この「結果」について、かなり当

たっていると言う人が多い。呪術主導の社会においては、占いの手段が、卵、鶏の骨その他いろいろではあっても、呪的専門家は日々に人間と社会の観察を重ねて、綜合的に状況を判断する洞察力を鍛えているのだと思う。そのような洞察力は現代社会においても局面に応じて随所で発揮されているものと通じているのである。

したがって、こういった占いが当たっていたからといって、これをあまり神秘化してはならない。これは、日本古代文学作品に出てくる呪術についても同じことが言えるのであって、それはその時代なりの綜合的な洞察力が発揮されている場面だと読む必要があるだろう。

なお、次の「的惹洛曲(ディズロチョ)氏が工藤綾子を占った結果」の前半部は、特段当たっているとも言えない。

● 的惹洛曲(ディズロチョ)氏が工藤綾子を占った結果 ●

手か足が悪いか、手が腫れる。それは、子供を埋めた土葬の所かどこかを踏んで、邪気が取り憑いたため。

邪気を祓うには、泥で作った3体の人形の、手、足、眼などを壊して、盆に載せて供え物をして唱える。そのあと、ほかの人に外へ持って行ってもらう。

この人は、魂が自分の中にしっかりいる。

……………………………………………

■縄文土偶との類似　　古事記への視点

縄文土偶の多くは、手、足、頭などが意図的にバラバラにされているが、イ族の、泥人形の一部を壊して病気を祓う呪術と通じる側面があったのかもしれない。可能性の一つとして検討する価値はあるだろう。

［生卵占い］

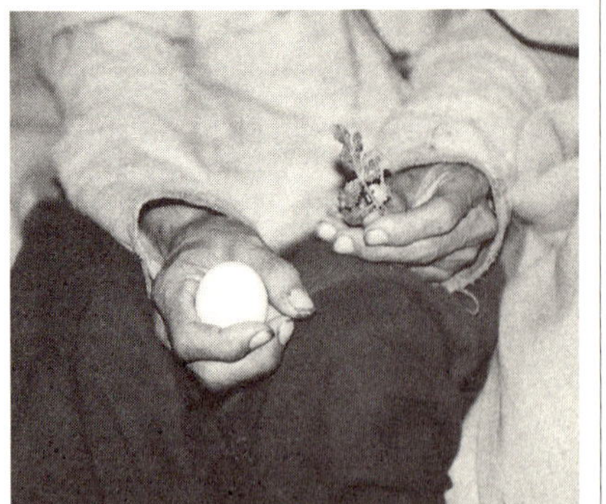

ビモはヨモギと卵を持ち、お祓いをする

白身の様子や気泡の状態などを見る

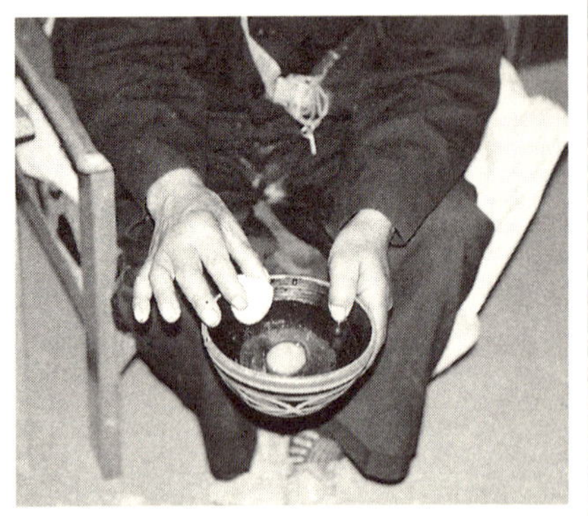

卵の殻を使い、表面をそっと撫でる

◀殻で黄身を崩し、水面に殻を浮かべて様子を見る

▲殻を取り出し、箸で混ぜる

▶殻を投げ入れ、殻の止まる位置を見る

生卵占いをする様子

以作村(イーズオ)で／「勒俄特依」・主人と客の歌掛け——3月17日（月）

弾ける笑顔

9：25美姑を出発、北へ向かう。40数km走り、10：27、車を降りる。村への道は、車を降りた道からの急坂の斜面を10数分登る。道らしい道は何もないから、そうと言われなければこの急斜面の上に村があることはまったく判らない。10：40、洒庫(サークー)郷以作村（標高2205m）に到着。村の入り口の広場に行くと、村人が大勢集まって来た。

イ族の典型的な家を見せてもらい（→P57)、村の入り口の広場で男性の歌い手（ビモではない）に「勒俄特依」を歌ってもらう（→P58)。ときどき白酒(バイチウ)を飲みながら、顔を真っ赤にして歌う。まわりには7、80人の人垣ができ、大にぎわいだ。さらに歌い手は、途中からやって来た中年男性と、「主人と客の歌の掛け合い」(→P63）を演じてくれた。

子供たちはカメラを見て、「わたしを撮って！」「ボクも……」と大騒ぎだ。私は一眼レフのカメラを2台下げていたのだが、一方で撮ったあともう一方のカメラで撮ろうとふとレンズを見ると、唾液でベタベタに濡れていることがたびたびあった。直接舐(な)めるわけではないのだろうが、私がファインダーを覗いているあいだに、もう一方のカメラのレンズを、手に唾を付けて触っていたらしい。そんな具合だから、200mmのズームレンズを覗かせてあげれば、驚いて目を丸くした子供たちとたちまち仲良しになれる。

少数民族の村では、終始つきまとう人懐こい子供が2、3人はいるものだが、このときもそうだった。赤い毛糸帽をかぶった10歳前後の少年と、黒目がちな瞳の12、3歳の少女だ。子供たちはほとんどが学校に行っていないらしく、中国語が通じない。不要になったフィルムケースをあげると、目を輝かせて奪うように手に取る。それはおそらく、彼らが生まれて初めて見る魅力的な密閉容器なのだと思う。しかし、だからといって子供同士が奪い合いをするようなことはけっしてない。

以作村から向かい側の村を望む。この辺りの村はだいたいこのような様子（以作村）

村の入り口で行なわれた取材には、ほとんどの村人が見物に集まった（同）

子供たちは、女の子も男の子も幼児の面倒をみる（同）

▲昼食のもてなしは、ゆでたジャガイモと菜っ葉のスープ（同）

◀英雄の印しである帽子。長く伸びた布の中には剣が入っているとされる（同）

些細なことにも興味を示す女性と子供たち。明るさと素朴な反応が印象的だ（以作村）

▲既婚女性は、子供を産むと盤帽という平たい蓋のような形の帽子をかぶる（同）

▶イ族は貧しくても誇り高く、男性には偉丈夫が多い（同）

嫁ぐ友との別れを惜しむ歌。静かな物悲しい歌に合わせ、体を揺するように踊る（同）

歌と踊りを見物する村人たち。小さな子供たちは馴れた手つきで煙草を吸う（同）

乳児は、頭に、赤地に黄色の刺繍を施した大きな帽子をかぶっている。これは、たいせつな頭に対する魔除けの意味を持っている。小学生くらいの子供が乳児を抱いたりあやしたり、大人も当たり前のようにほかの人の子供の面倒をみる。村全体が大きな家族という感じだ。

若い女性たちは、コロコロと朗らかによく笑う。ある女性の耳飾りがきれいだったので、身振りで「きれいだから写真を撮らせて」と言ったら、大騒ぎになってしまった。本人は恥ずかしがってキャーキャー騒ぎ、周りの女性たちは冷やかして歓声を挙げる。外国人は初めてなのか、私の一挙手一投足、持ち物など、すべてが注目の的のようだ。時々こちらをじっと凝視する眼にぶつかることがあるのだが、笑いかけると実に気持ちのいい笑顔が返ってくる。こちらが安全な人らしいと判ったときは、老人も若者も子供たちも、弾けるように輝く笑顔を見せる。特に女性と子供たちのは格別だ。

忘れられない村

彼らの服装は貧しく、着のみ着のままなのか、何年も洗濯していないように見える。老若男女ほとんどの人がイ族独特のマントを羽織り、継ぎはぎだらけでパッチワーク状になっているものが多い。お婆さんは魚のエイのような平らな黒い布製帽子にマントを羽織り、まるで魔法使いのようだ。村人の暮らしぶりも服装も驚くほど貧しいが、それを凌ぐほどの明るさと素朴さに胸を打たれる。

トイレは村の入り口近くの粗末な小屋にあり、便穴の上に足載せの板を渡してあるだけの簡便なもの。例によって扉無しで、村人がよく通る通路に面しているから丸見えだ。私がトイレに向かおうとしていると、子供がついて来そうになったが、だれかが気を利かせて止めてくれた。

お昼になると、茹(ゆ)でたジャガ芋と菜っ葉入りスープを出してくれた。遠来の客への精一杯のご馳走だった（➡映像11）。

若い女性4人が晴れ着に着替え、村の奥の広場で「哭嫁歌(クージャー)」を歌ってくれることになった。これは花嫁の友人たちが、嫁ぐ友との別れを惜しむ、物悲しいメロディーの歌だ。2人ずつ組んで身体を揺すりながら行ったり来たりして歌う（➡映像13）。大方が終わったとき、持参したタバコをお礼に差し出すと、皆で分け合って吸い始めた。娘たちはタバコを吸いながら、また歌い踊り始めた。驚いたことに、小学校2、3年生の子供や母親の膝の上の幼児までもがタバコを口にくわえる。さすがに幼児はくわえているだけだったようだが、子供同士、慣れた手つきで火を貸し借りして吸っている。その手つきが実に堂に入っていて、機会があれば子供たちもタバコを吸う習慣のあることがわかる。

いよいよ帰るとき、村の広場の端（道路からは60mくらいの高さの丘の上）まで10人ほどの村人が送って来てくれて、私たちの車がやって来るまでの20分近く、そのまま下を見下ろしながら待ち、別れ際になにか叫びながら手を振ってくれた（➡映像14）。

胸が痛むような極貧の村だったが、明るくて人懐こく、素朴で、気持ちの可愛い人たちだった。もう2度とここを訪れることはできないだろうが、おそらく一生忘れることはないだろうと思いつつ、車に揺られて美姑に戻る。

❖ 工藤綾子の旅記録より

[洒庫郷（サークー）以作村（イーズオ）の概況]

◇美姑の北へ40数km。村の下の道路（2145m）から山を10数分ほど登る。標高2205m。

◇人口424人。

◇94戸のうち、63戸の男主人がビモ。

[家の構造と意味]

以下は、ジュモゴポという名の49歳のビモの家を見学しつつ説明されたもの。この家は材木などの様子から見て、最近建てたもののようだ。

◇家の中心は囲炉裏（いろり）で、囲炉裏には五徳の役目をする3つの石が置いてあり、この上に鍋を置いて煮炊きをする。

◇戸口から見て一番奥は、主人であるビモが座る場所。客はそこに行ってはいけない。客がそこに足を踏み入れると、礼儀知らずと思われる。左側は客の座る場所で、奥のほうに年配者や身分の高い客が並び、戸口に近いほうに年下の者が並ぶ。女性は竈（かまど）のほうにいる。

◇奥のベッドには男主人（ビモ）が寝る。妻は台所用品置き場の隣り、左手に子供。客は梯子を昇って二階に寝る。この二階の部屋の下は、昔は家畜のいる所だった。外が寒いと家畜が死んでしまうため家の中に入（い）れたが、今は外に家畜小屋があるので家の中に家畜は入（い）れない。

◇先祖を祀る部屋は、右奥の、入り口に布が掛かっている所。正式には布ではなくてドアを作る。先祖の魂は竹の根に宿っているので、竹の根を加工して屋根のほうに掛けてある。先祖祀りはその部屋で行なう。

◇家の建築においても陰陽の理念があり、主人がいる奥は陽、戸口に近いほうは陰、入って左手客側（子供の寝床側）が上で陽、反対側（妻の寝床側）が下で陰。

◇穀物は大きな籠などに入れ、トウモロコシは梁（はり）などに掛けてある。貴重品は先祖を祀る部屋に置く。

《「勒俄特依」を歌ってくれた歌い手の男性の話》（50歳代半ば。ビモではない）

イ文字は3日間だけ習った。学校には入ったことがない。小さいときから「勒俄特依」がとても好きで、内容と歌い方はほかの人から口承で教えてもらった。ほかの人が歌っているときに聞き、次第に身につけるようになった。昔はいろいろな機会にこういう歌が歌われていて、人が死んだとき、結婚のとき、祭りのときなどいつも歌があって、そういう雰囲気のなかで独学で学んできた。

結婚、葬式、祭りのときに、（私は）呼ばれて歌う。（歌を）聞きたがる人がわりあい多い。息子にはいま教えているところだが、まだ全部は教えきっていない。

「勒俄特依」は、松明祭りと過年（年越し祭り）には歌わない。歌うのは、結婚式、葬式、先祖祭りのときだけだ。

「勒俄特依」（上記の歌い手が村の広場で歌ったもの）　　（➡映像10）

①天地開闢から人類の起源まで

神が天地を創造して、人類を誕生させた。神が天地を開いていろいろな物を作り、人間を残すための植物を作った。

②洪水が氾濫する

③人類が誕生してから、漢族・チベット族・イ族に分かれるまで

チョプジュム（3246句初出の曲普篤慕（チョプジュム））は天の神様の娘と結婚し、その妻は3人の男子を産んだ。3人の男子は口が不自由で言葉を話すことができなかった。鳥を発見して、どうすればよいのかを天の神に聞きに行かせた。天の神は教えてくれなかった。その鳥は天の神の話をこっそり聞いた。人間界に戻って知らせようと思ったが天の神が追って来て、鳥の尾を踏んで切った。だからその鳥は、今も尾が短い。

勒俄特依を歌う歌い手（以作村）

その鳥は人間界に戻って来て、チョプジュムに知らせた。湯を沸かして竹の葉を湯の中に入れ、その竹で3人の息子を打ったら話せるようになるという。その方法で3人の息子を打つと、長男は漢語が話せるようになり、次男はチベット語が話せるようになり、三男はイ語が話せるようになった。しかし、言葉が違うので兄弟だが互いに言葉が通じなかった。

3人の息子は、今度は家を分けた。漢族の長男は石で境を作り、平地を取った。次男のチベット族は草で境をして、野原を取った。三男のイ族は木で境を作り、山を取った。漢族の長男は山の下の平地の田圃のあるところに住んで、とても賢いことに火事を起こして山と野原を焼いてしまった。そして、それらの土地を全部取ってしまった。だからチベット族とイ族は、漢族に奪われてしまったので土地はない。

古事記への視点

■自民族の劣っている点を認める神話

自分たちの生活の貧しさや愚かさを認める神話である（→P511、15[天と地の結婚の歴史]注⑥⓪にも同系統の神話がある）。このような事例はイ族に限らず少数民族の神話一般に顕著である。私の調査した範囲内では、以下に示すように、哈尼(ハニ)族も佤(ワ)族も、自分たちがいま漢族に比べて貧しい生活を送っているのは、自分たちの愚かさに原因があるということを語る神話を持っている。これは、生活の現実に密着した“神話のリアリズム”である。

しかしこの現象は、一般に『古事記』のような国家段階の神話においては見られなくなる。それは、国家神話というものが、その〈国家〉および統治者の権威を高める方向の神話しか採用しないからであろう。したがって、『古事記』からは「自民族の劣っている点を認める神話」は排除されているはずであり、その結果としてムラ段階の神話には存在した“神話のリアリズム”が失われ、それが国際関係のように“政治のリアリズム”が求められる場面でも、願望・妄想を基準に動いていきがちな近代日本の行動形態の源になっている。

そういった、〈古代の近代〉以後の日本文化の本質を把握するためにも、中国少数民族などの生きている神話を素材とした、〈国家〉成立以前のヤマト族神話のモデル的復原が重要なのである。

◎哈尼(ハニ)族の神話例

①ハニ族には知恵がない理由

ハニ族はアピエサという女の神様に知恵をもらいに行った。アピエサは９つの籠に知恵を入れて与えた。持ち帰る途中でハニ族は遊んでいた。漢族もアピエサの所に行った。アピエサは９つの籠に入れた金(きん)を与えた。途中、ハニ族に出会ったとき、ハニ族は不公平だと思った。「知恵は空っぽで見えないが、漢族のもらった金は、実際におカネとして使えるものだ」と思った。漢族と相談して交換することにした。だから今、漢族は賢くて頭がいい。頭で考えて生活している。ハニ族は賢くないので、いま肉体労働で生活している。（歌ったもの。1996.2　雲南省金平県大老塘村での取材より）

②ハニ族には土地がない理由

ハニ族は早起きで勤勉で、草でたくさんの紐を作ってつなぎ、印しとして山にたくさん置いた。歩いた所にはこの紐を置き、自分のものにした土地は多いと思った。「草の紐がある所は私の土地だ。私の歩いた所には村があって、そこには鶏も犬もいて、鶏と犬が啼いている所も私の土地だ。こういうふうに土地を分けよう」と言った。

漢族は、「今はまだ早い。私はまだ印しをすべて置いていない。まだ用意ができていないので、待ってください」と言った。漢族は山の岩に印しを彫り、「この山は私の山だ」と言った。

3月になると、漢族の印し付けも終わった。その3月に山火事が起き、ハニ族の草の紐の印しは焼けてしまった。漢族はハニ族に言った「私は印しをもう用意したので、山を分けましょう」。

草は焼けてしまったが、岩の印しは残っているので、ハニ族の土地は何もなくなり、すべての土地は漢族のものになった。(同)

◎佤族の神話例

①ワ族が山の上で陸稲栽培しかできなくなった理由

ワ族は長男なのになぜ山の上に住んでいるのか。それは、天の神が洪水で流されて沈んだときに、人間が良い心を持っているか、悪い心を持っているか試した。天の神が、"沈んでいる私を助けてくれ"と長男のワ族に頼んだところ、ワ族は"いま陸稲の栽培で忙しい"と断わった。次に次男のタイ族に頼んだところ、"水田の仕事で忙しい"と断わられた。そこで天の神は、ワ族には"山の上で陸稲を作りなさい"、タイ族には"平地で水稲を作りなさい"と命じた。そこで、最後に三男の漢族に頼んだら救ってくれたので、天の神は、漢族だけは労働しなくても食べられるようにしてやった。(語ったもの。2002.9 雲南省孟連海東小寨での取材より)

②ワ族に文字がないことの理由

天の神が人間に文字を教えに来た。ワ族の村では、木の梢に雨が吹き込まない立派な鳥の巣ができていた。天の神が、これは誰が作ったのかと尋ねると、本当は鳥が作ったのに、ワ族は自分たちが作ったと答えた。また、干したヘチマをご飯を蒸す桶の下に敷いていたが、そのヘチマの繊維が編み目のような形に見えたので、天の神がこれは誰が編んだのかと尋ねると、本当は自然にできたものなのに、ワ族は自分たちが作ったと答えた。天の神は、ワ族は本当に賢い、自分が教えることは何もないと言って、文字を教えるのは漢族やほかの民族だけにした。だからワ族は文字を知らないのだ。(同。2002.9 雲南省孟連大芒糯村での取材より)

④イ族がここに移住して来た歴史

⑤結婚の歴史

- 最初は人間界の人と天の神の娘との結婚。
- 次は、人間界の結婚/古候(グホ)(20[曲涅(チョニ)と古候(グホ)の化け競べ]、21[歴史の系譜]参照)という家族と曲涅(チョニ)(同)という家族(の主人)は、もともとは二人の兄弟だった。この兄弟は仲が悪くて喧嘩をした。そのあと厳しい呪的儀礼を行なって仲良くなった。二つの家族は結婚を通して仲良くなった。これが人間界の結婚の始まりだ。

古事記への視点

■兄弟の家同士の結婚

兄弟が結婚を通して仲良くなるというのは、それぞれの息子と娘が結婚したということだろうか。実態としてのイ族の結婚は「交差イトコ婚」（→Ｐ84）であるから、この話は実態と合っていることになる。となれば、イトコ同士の結婚ということになるが、兄妹始祖神話の一変種として「イトコ始祖神話」を想定すべきなのだろうか。

◆天地開闢から二人の兄弟の家族が仲良くなるところまでで、「雌（白）の勒俄」が終わった。この「勒俄特依」は、昔はビモだけが歌う資格を持っていた。普通の歌い手は、こういう「勒俄特依」を歌うことは許されなかった。それ以外は、“年の歴史”“黒イ族の歴史”などであり、それらは「雄（黒）の勒俄」である。

◆結婚には「白勒俄」、葬式のときには「黒勒俄」を歌う

「白勒俄」と「黒勒俄」は内容によって分かれるのではなくて、歌う状況によって分かれる。

古事記への視点

■正反対の説明に出合った

これは、研究センターでの取材（3月15日①）での、「白勒俄と黒勒俄は内容によって分かれる」という説明と矛盾する。しかし、同じ地域の人々のなかに異なる説明のし方が同時存在するのも、生きている神話の多様性のしるしと受け取るべきであろう。ましてや『古事記』のように［神話の現場の八段階］モデル（→Ｐ222）では《第七段階》の書物の場合には、どれほど多くの矛盾が内包されているか計り知れないと考えるべきであろう。

◆過年（年越し祭り）と松明祭り

年越し（正月）には、年越しの歌を家族単位で歌う。料理を食べ、歌の上手な人を中心に家族揃って歌う。だれが歌ってもいい。

松明祭りは、村単位で行事をする。ビモは歌わない。歌は自由。

◆大涼山（美姑）のイ族と土司について

私たち大涼山のイ族は、雲南省の昭通（チャオトン）から移住してきた。雲南からやって来た最初の土司（トゥースー）は、さっき歌った「勒俄特依」の経典を山の岩の穴に隠しておいた。その内容は、土司に所属しているビモが歌うことで、民間に伝わっていった。

◆「結婚の歴史」に関する歌い手のコメント

⑤の「結婚の歴史」（「勒俄特依（ネウォテイ）」の15［天と地の結婚の歴史］であろう）を歌い終わったあと、「自分はこうやって歌っていますが、これは正しいかどうかわかりません。録音を持ち帰ったあとで研究して、よろしく訂正してください」と歌い手が言った。

古事記への視点

■生きている神話には絶対のテキストがない

これもまた、神話が生きていることの証（あかし）であろう。『古事記』のように、すでに〈国家〉が成立していて、「国家意志」と国家的権威を背景に成立した国家神話の場合は、神話は“たった一つ”であることを目指すが、ムラ段階の生きている神話の場合は、“たった一つ”の「絶対のテキスト」を突出させる権威の源がないので、多様であることにその本質がある。『古事記』神話は、ムラ段階の神話の多様性と国家段階の「絶対のテキスト」へ向かう志向との合体の上に成立したものであろう。

［主人と客の歌の掛け合い］（2人の歌い手が主人と客に分かれて演じてくれたもの）

（➡映像12）

［主人1］（1分47秒）

1　イー、囲炉裏の上座（かみざ）に
2　尊いお客様
3　嫁をもらった親戚
4　娘を嫁に行かせた親戚
5　イー、あなたの所は今年は順調か
6　今年は豊作だったか
7　イー、五穀の実る所に
8　雹（ひょう）はなかっただろうか
9　牧場では

10　虎や豹がのさばっていないか
11　人々が暮らしている所で
12　病人と死者は出なかったか
13　老人と子供が暮らしている所で
14　風の害とか調子の悪い所がないか
15　イー、私たちの所では
16　今年は
17　状況が変わってしまった
18　悪いほうに変わってしまった
19　イー、村の上の山は変わってしまった
20　牛と羊は、山を越えて行ったまま家畜小屋に戻らない
21　村の下の平地も変わってしまった
22　良い馬が通らない
23　井戸の水が火で焼けて干上がった一年だった
24　イー、鉄の鍋が鼠に食われた一年だった
25　丈夫な牛が鷹にさらわれた一年だった
26　雄鶏（おんどり）が崖に転落した一年だった
27　石の臼が風に飛ばされた一年だった
28　空気が水の底に潜った一年だった
29　臼が水面に浮いた一年だった
30　木は下に向いて延び
31　水が高い所に流れる一年だった
32　五穀が枯れて、野菜が一本しか残らない
33　家畜が死んで、猫が一匹しか残らない
34　野菜で酒を作っても酒にならないが
35　もし酒が作れれば
36　その酒でお客様にご馳走する
37　親戚に会えたので歌競べを楽しむ
38　親戚に会えたので弁論（「カザ」のこと→P 247）を楽しむ
39　家畜が死んで、猫が一匹しか残っていない
40　その猫を殺してお客様にご馳走するわけにはいかない

41　しかし猫を殺してお客様にご馳走してもいいのなら
42　それを殺して、上座（かみざ）の尊いお客様にご馳走する
43　親戚に会えたので歌競べを楽しむ
44　親戚に会えたので弁論を楽しむ
45　イー、私はこれからは黙ることにして
46　お客様に歌わせる
47　イー、親戚は親戚のことを話す
48　親戚は親戚のことを話す

［客１］（１分２秒）

1　イー、囲炉裏の下座（しもざ）に
2　座っている主人の皆様
3　あなたの話は本当だ
4　あなたの話は真実だ
5　まず最初に
6　イー、主人が話をしなければ
7　客は答えることができない
8　客である我が家族は
9　客になれば客の振る舞いをする
10　客は軽はずみな行ないをしない
11　肉を食べるとなれば肉を食べる
12　食べられないとすれば俎板（まないた）が悪いからだ
13　酒を飲むとなれば酒を飲む
14　飲んでも乱れない
15　客である我が家族は
16　イー、目をきらきら光らせて
17　見に来ようと準備している
18　（歓迎の）人がたくさんいれば帰る
19　人がたくさんいなければ帰らない
20　口の中が赤々となって
21　酒を飲みに来ようと準備している
22　飲まなければ帰らない

23　歯を輝かせて
24　肉を食べに来ようと準備している
25　うまい肉を食べたら帰る
26　食べられなければ帰らない
27　こんなことを言って正しいのかどうか
28　もしこんなことを言うことが良くないことならば
29　下座にいる主人の皆様
30　イー、上座の尊い客は
31　客になれば客の振る舞いをする
32　新しい客である我が家族は

［主人2］（2分30秒）

1　囲炉裏の上座（かみざ）にいる
2　尊いお客様
3　あなたの話は
4　話は嘘ではない
5　あなたの話は真実だ
6　あなたの話を
7　拾って木の股に挟む価値がある
8　鹿やノロジカを誘って耳を傾けさせ
9　崖に置く価値がある
10　蜜蜂を誘って耳を傾けさせ
11　川に入れる価値がある
12　水の中の魚に聞かせる
13　イー、我が家族はあなたの話を聞いても何も答えられない
14　話しはしても文にならない（どう答えたらいいかわからない）
15　イー、まず最初に
16　主人である我が家族は
17　家の内と外に座ってじっと考えた
18　イー、あの扉に
19　皮が生えて、それを剥（む）いて、尊いお客様に敷いて話ができればいいのに
20　イー、その扉は

21　皮や毛が生えるだけでなく
22　夜も昼も絶えず息をしている
23　イー、まず最初に
24　家の内と外に座って頭を絞って思案した
25　イー、あの敷居に
26　血があって、それを出して、尊いお客様にご馳走して話ができればいいのに
27　イー、あの敷居は
28　血があるだけでなく
29　イー、夜も昼も絶えず息をしている
30　イー、囲炉裏の下座のほうを行ったり来たりして頭を絞って思案した
31　イー、屋内の真ん中の柱に
32　骨髄があって、それを取り出して、尊いお客様にご馳走して話ができればいいのに
33　イー、その真ん中の柱は
34　骨髄があるだけでなく
35　イー、夜も昼もじっと立っている
36　イー、囲炉裏を囲んで頭を絞って思案した
37　イー、囲炉裏の鍋支え（五徳）に肉が載っていて
38　それを取り出して、尊いお客様にご馳走して話ができればいいのに
39　イー、囲炉裏の鍋支えに肉が載っているだけでなく
40　イー、夜も昼もずっと火に当たっている
41　真っ暗な囲炉裏のそばに立って
42　主人であるわが家族は
43　牛を殺して、尊いお客様にご馳走して話をしようとする
44　イー、去勢された牛を阿趕乃拖（アガレト）（831句初出）へ行かせた
45　牛肉を煮る鉄鍋は拉布俄着（ラブウォジョ）（今の西昌市）にしかない
46　牛を殺す湾曲した刀は大通りの上のほうにしかない
47　牛を叩く斧は大通りの下のほうにしかない
48　イー、いろいろな道具、器が各地に流れて行った
49　イー、羊を殺して、尊いお客様にご馳走して話をしようとする

50　去勢された大きな羊を昭通母古《チョトゥムグ》に行かせた
51　羊を叩く柴の棒は斯匹趕夥《スピカホ》（1637句初出）にしかない
52　いろいろな道具、器は各地に置かれていた
53　豚を殺して、尊いお客様にご馳走して話をしようとする
54　太った豚を阿紅《アホ》（阿紅留以《アホニジュ》と同じか：4379句初出）盆地に行かせた
55　豚を殺す長い刀は成都にしかない
56　イー、いろいろな道具、器は各地に置かれていた
57　鶏を殺して、尊いお客様にご馳走して話をしようとする
58　去勢された鶏を阿子以覚《アズジュジョ》に行かせた
59　鶏を入れる籠は馬史《マシュ》盆地に置いてあった
60　いろいろな道具、器は各地に置かれていた
61　イー、酸っぱい漬け物を煮て尊いお客様にご馳走しようとした
62　酸っぱい漬け物は奥の部屋の瓶《かめ》に入れてあった
63　イー、取り出さねばならない
64　イー、今夜の今
65　酸っぱい漬け物でお客様にご馳走する
66　酸っぱい漬け物に塩を入れても味が薄い
67　唐辛子を入れても味が薄い
68　イー、我が家は
69　イー、貧しい人が敵と戦うのと似ていて
70　槍はあっても弓と矢がない
71　馬に乗ろうとしても
72　馬はいても鞍がない
73　イー、貧しい人がお客様にご馳走するのと似ていて
74　塩はあっても唐辛子がない
75　イー、冗談を言ったり、弁論をする友達よ
76　上座にいる尊いお客さん
77　イー、今夜の今
78　イー、今夜は気分がよくて、水をうまい酒として（飲みながら）話そう
79　イー、親しく、仲良く、大根を肉として（食べながら）話そう
80　イー、野原の草を衣装として話そう

「主人と客の歌の掛け合い」。手前後ろ姿右から2人目と、円陣中央の煙草を吸う男性が歌う（以作村）

81　松の葉を敷き物にして話そう
82　一人に焼きパンを一つあげて話そう
83　今のところ
84　いろいろ恥ずかしい点が我が家にはある

［客2］（1分18秒）

1　イー、下座（しもざ）に座っている主人の皆様
2　座っているほかの皆様
3　あなたの話は本当だ
4　あなたの話は真実だ
5　我が家としては
6　尊い客としては
7　イー、主人が話をしなければ
8　客は答えることができない
9　私の考えでは
10　イー、人間界に風邪くらいの病気がなくなることはあったか

11　小さな病気は常にあるが
12　我が家は腕のいいビモを探した
13　腕のいいビモを探した
14　そののち
15　風邪などの病気はもう遠くの海に追い払われた
16　雹（ひょう）や豪雨がなくなることはあったか
17　天災は常にあるが
18　我が家の丈夫な男が山の頂上に立って
19　溝を九本切り開いて
20　洪水の流れを四方へ導いた
21　そののち
22　豚と鶏の生息地に鷹が侵入しないことはあったか
23　鷹は侵入するが
24　我が家は娘を三人、山の頂上に行かせ
25　鷹を大声で怒鳴りつけて空に飛び上がらせ
26　豚と鶏には大声で声を掛けて庭に入らせた
27　そののち
28　牛と羊の生息地に灰色の豹と赤い虎が侵入しないことはあったか
29　豹と虎は侵入するが
30　我が家は息子を三人、山の頂上に行かせ
31　虎を大声で怒鳴りつけて奥山へ追い込んだ
32　牛と羊には大声で声を掛けて平原へ行かせた

[主人3]（3分18秒）

1　ジャジシシ
2　私はもともと才能ある勇敢な男だ
3　囲炉裏の上座のほうで
4　弁論と歌競べをしている友よ
5　あなたの話は本当だ
6　あなたの話は真実だ
7　あなたと私二人は
8　研念瓦西（ニャニェヴァシ）では

9　崖は蜂を知らず
10　蜂も崖を知らず
11　両者は付き合っていない
12　ハイタカはそのわけを知っている
13　崖を蜜蜂に紹介し
14　蜜蜂に崖を紹介し
15　いま蜂は崖と縁を結んだ
16　西昌の邛海(チオンハイ)では
17　水は魚を知らず
18　魚も水を知らず
19　両者は付き合っていない
20　二匹のカワウソはそのわけを知っている
21　魚を水に紹介し
22　水を魚に紹介し
23　いま水は魚と縁を結んだ
24　必爾日諾(ビルズノ)では
25　コノテガシワは獣(けもの)を知らず
26　獣もコノテガシワを知らず
27　両者は付き合っていない
28　二羽の烏(からす)はそのわけを知っている
29　獣をコノテガシワに紹介し
30　コノテガシワを獣に紹介し
31　いまコノテガシワは獣と縁を結んだ
32　麻処熱支(マチュジジュ)では
33　竹は錦鶏(にしきどり)を知らず
34　錦鶏も竹を知らず
35　両者は付き合っていない
36　二羽の黄色い首の必俄(ビウォ)鳥は
37　竹を錦鶏に紹介し
38　錦鶏を竹に紹介し
39　いま竹は錦鶏と縁を結んだ

阿趕乃拖（アガレト）（831 句初出）では
檜（ひのき）は楢（なら）を知らず
楢も檜を知らず
両者は付き合っていない
雁はそのわけを知っている
檜を楢に紹介し
楢を檜に紹介し
いま楢は檜と縁を結んだ
孜孜濮鳥（ズズブヴ）（3256 句初出）では
糯（ノ）（古候（グホ）部族）は恒（ハ）（曲涅（チョニ）部族）を知らず
恒（ハ）も糯（ノ）を知らず
両者は付き合っていない
使いの者と仲介者はそのわけを知っている
糯を恒部族に紹介し
恒を糯部族に紹介し
いま糯は恒と縁を結んだ
そののち
今夜の今
大きな屋敷にいながら
親戚は別の親戚を知らず
別の親戚も親戚を知らず
両者は付き合っていない
使いの者と仲介者はそのわけを知っている
親戚と別の親戚を紹介し
今夜は親戚同士が縁を結んだ
イー、以上に述べたことが正しいかどうかはわからない
今夜の今
そののち
春の三月に
山頂のツツジの花が咲かなければ
三百匹の蜜蜂は集まることができない

71 譲夫火支（ノフホジュ）に
72 いろいろな草がなければ
73 十群れの牛と羊は一か所に集まれない
74 阿趕乃拖（アガレト）（831 句初出）に
75 大きな盆地がなければ
76 十頭の雄牛は同じ所を耕すことができない
77 撒爾迪坂（サルディポ）（4413 句初出）に
78 平原がなければ
79 三百羽のヒバリは一か所で鳴くことができない
80 達尼瓦趕（ダネヴァカ）に
81 蕨（わらび）がたくさん生えていなければ
82 三百匹の錦鶏は一か所で鳴くことができない
83 麻処熱支（マチュジジュ）に
84 広い面積の竹林がなければ
85 三百羽の山うずらは一か所で鳴くことができない
86 必爾日諾（ビルズノ）に
87 広い面積の杉林がなければ
88 三百匹の鹿とノロジカは一か所に集まれない
89 漢族地域の街道がなければ
90 人々は一か所に集まれない
91 イー、そののち
92 大きな屋敷にいながら
93 美人たちがいなければ
94 使いの者と仲介者は一か所に集まれない
95 もし使いの者と仲介者がいなければ
96 尊い親戚たちは一堂に集まれない
97 もし尊い親戚たちがいなければ
98 うまい酒は手に入らない
99 うまい酒がなければ
100 今夜は話も花咲かない

［客 3］（55 秒）

1　イー、弁論と歌競べをしている友よ
2　あなたの話は本当だ
3　あなたの話は真実だ
4　私の考えでは
5　拉布俄着（ラブウォジョ）（今の西昌市）には
6　大きな鉄鍋がない
7　犂（すき）の刃を鍛えられない
8　犂の刃がなければ
9　畑をうまく耕せない
10　いい畑がなければ
11　尊い親戚ができない
12　尊い親戚がいなければ
13　強敵を殺せない
14　強敵を殺せなければ
15　英雄は生まれない
16　そののち
17　私の考えでは
18　イー、今夜大きな屋敷には
19　若く元気な男たちがいる
20　冬に霜と雪がなければ
21　木の枝と竹の枝は一か所に集まれない
22　夏ににわか雨がなければ
23　十本の小川と溝は川になれない
24　小川と溝がなければ
25　腐った木と砕いた石は一か所に集まれない
26　今夜大きな屋敷に
27　姉妹たちがいなければ
28　尊い親戚たちは一堂に集まれない
29　話はしばらくこれで終わりとする

［神判について］（村人たち、モソツホ氏、研究センターの小ビモなどを交えて）

Q／神判は今もやっているか？

A／今もやっている。物をめぐっての紛争とか、お互いの主張に矛盾があるときにやっている。私（「勒俄特依」を歌ってくれた歌い手）の父はスーツージーという山の上で見たことがあると言っていた。自分は見たことがない。アクダスという家はマヘダスという人と、盗難事件のときに神判をした。アクダスは、マヘダスが自分の家の物を盗んだと主張した。しかしマヘダスは認めないので、ビモを呼んできて、神判を行なった。

焚火に鍬の鉄の部分を入れて真っ赤に焼き、疑われた人が手を出し、手の上に板を置き、その上に白い布を敷き、その上に鍬を置き、ビモの儀礼をして、３歩歩く。その鍬を捨てて布と板を取り出し、手を見て、火傷の痕があるかどうかを見て、それで判断する（注：この布と板は各自が持参するのだという）。火傷があれば〈盗んだ〉、火傷がなければ〈盗んでいない〉と判定される。

ビモの儀礼はとても複雑だ。神判のやり方にもいろいろあり、これは一つの例だ。

Q／ほかにはどんな方法があるか？

A／もう一つの方法は中国語で、撈油鍋（ラオヨウグオ）と言う。

大きな鍋に水を入れて沸かし、銀貨を入れる。手で銀貨を取り出す。無事に取り出せたら〈盗んでいない〉、取り出せないかまたは取り出せても火傷をしていたら〈盗んだ〉と疑われる。

古事記への視点

■クカタチとの類似性

「撈油鍋」というのだから、もともとは油の入っている鍋で行なったのかもしれない。いずれにしてもこれは、『日本書紀』応神天皇７年条や允恭天皇４年条に記載されたクカタチ（探湯、盟神探湯）と通じるものであろう。允恭４年条の細注には、「盟神探湯、此（これ）をば区訶陀智（くかたち）と云ふ。或いは泥（うひぢ）を釜（なべ）に納（い）れて煮沸（にわか）して、手を攘（かきはつ）りて、湯の泥を探（さぐ）る。或いは斧（をの）を火の色（いろ）に焼きて、掌（たなうら）に置（お）く。」とあり、美姑イ族の神判の、焼けた鍬、沸かした湯の例と類似している。この点から見ても、〈古代の古代〉のヤマト族文化をモデル的に把握する際に、イ族など中国少数民族文化の事例を援用することの正当性がうかがえるであろう。

Q／いつごろ見たか？

A／40年くらい前に、私（歌い手）の父から見たと聞いた。最近でもどこかにあるはずだが、この付近では見たことがない。

＊ここで、取材に同席していた畢摩文化研究ンターセの小ビモ（前日に「勒俄特依」を歌った大ビモ曲比拉果氏の長男）が「見たことがある」と口を挟んだ。

Q／どこでいつ見たのか？　どういう神判だったか？　（小ビモへの質問）

A／去年、美姑県の隣りの柳洪村（→P120）で見た。

その村では豚がいつも盗まれる。17～35歳までの男が全員疑われた。だれが盗んだかがわからなくて、村全体で神判の儀礼をした。このとき神判を行なったビモは“サァマ”という名前だ。真っ赤に焼いた石を持って来て、皆並んで審判を受けた。手に板を持ち、その上に布、その上に熱い石を載せて3歩歩く。すると、20番目の男の布が焼けてしまった。その人が盗んだと判断され、盗まれた豚はその人が全部賠償した。

神判を受ける前に、皆で「神判で決まったらその人は必ず賠償をする」という約束をしているので、その人は約束どおり全部の豚の賠償をした。事前にそういう約束をしているから、その人はその結果を受け入れた。

Q／ほかには？

A（モソツホ氏）／イ族では別のやり方もある。疑われた人が一握りの米を持ってくる。口の中で噛み、手の上に吐き出して、そのときの色で判断する。もしその上に赤い血が混ざっていれば、その人は盗んだと疑われる。

◆死者にあの世への道を指し示す儀礼

遺体を家の外側に置き、2人のビモのうちの1人が死者の行く道（死者の世界、先祖の世界への道）を指し示す。もう1人のビモは、家の中で、生きている家族の魂が死者の魂に連れて行かれないように呪文を唱える。

◆地震の神話

地面の下には4本の柱があり、地面を支えている。柱の下には水があり、水の中にはとても大きな龍がいる。ときどき龍が転がると水に波ができて柱が動く。柱が動くと地震が起こる。

空にいるいろいろの神様を集めて、どういうふうに天地開闢ができるかと相談した。ある神様がその方法に気づいて、人間界に降りて世界を作った。

＊李子賢氏の話／「これは複合的な神話である。動物が地を支えている神話と、柱が地を支えている神話の複合だ」

◆太陽と月の神話

太陽は針で人の目を刺す。これは夜と昼の関係で、太陽が皆から見られて恥ずかしいので、皆の目を刺すのだ。月は夜に出るので、見ている人がいないから恥ずかしくない。だから月は人間の目を刺さない。

古事記への視点

■太陽は男性、月は女性

あとで確認したところ、この地域の観念では、太陽は男性、月は女性だという。また、「1818 形は太陽と月のようであり」の「古事記への視点」でもコメントするように、この地域では「左の目が太陽の形」「右の目が月の形」とイメージされている。これは、『古事記』神話の、女神アマテラス（太陽）が左目から、男神ツクヨミ（月）が右目から生じたという伝承と符合する。

◆山の神

9人の神がいた。3人の神は天にいて、ほかの3人は真ん中にいて雨、稲妻、雷を管理している。残りの3人は人間界にいて山、川、水を作った。

山の神に具体的な名前はないが、各山には神がいて、その山を管理している。大きな山（たとえば龍の山とか）には神がいると信じられている。この辺りの小さな山には神がいるかどうかはわからない。ほんとうは各山に神がいるのだが、具体的な名前はない。

◆穀物の種について

穀物は、神の娘が人間界に嫁に来たとき盗んで持って来たものだ。持って来た種は2種類で、蔓菁（カブラ）と天の甘い蕎麦（ソバ）だ（昔この地方は稲を栽培していなかったので、「稲種を盗んで来た」とは言わない）。蔓菁と甘いソバを盗んで来たので、天の神は怒った。それで、ここでは甘いソバは主食にならない。蔓菁は煮ると水になってしまう【注：カブラは煮ると崩れてドロドロになることを指すか】。大根はあるが大きくはならない。神が怒っているので、ここの人はお腹いっぱいまで食べられない。収穫はなかなか難しい。

12 種類（概数）のものが空から自分で落ちてきた。初めに落ちたのは苦いソバだった。苦いソバの種は、突而山（トゥル）という山で最初に栽培した。

この 12 種類は必ずしも植物とはいえない。人間も動物（家畜）も植物（穀物の種）もある。

◆**人間が竹から生まれたという話はない**が、最初に生まれた男の兄弟は話ができないので、湯を付けた竹の葉で叩いた。叩くと話せるようになって、漢族、チベット族、イ族になった。そのために、亡くなった人の魂は竹に宿っている。

◆虎の神話についてはあるはずだが、覚えていない。空から雪が降って来て、雪から 12 種類のものが生まれた。そのなかに虎がいる。

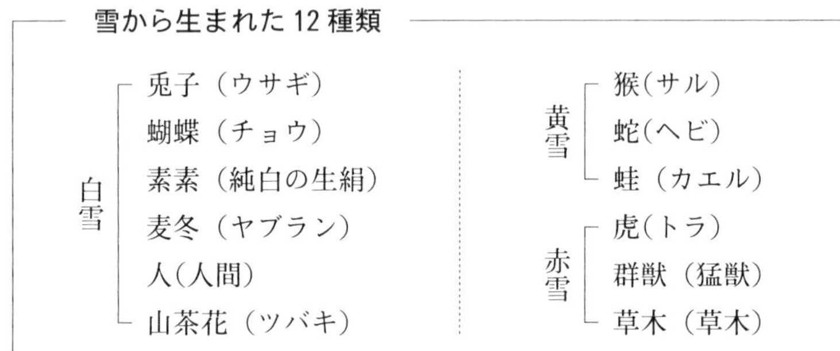

雪から生まれた 12 種類
白雪
兎子（ウサギ）
蝴蝶（チョウ）
素素（純白の生絹）
麦冬（ヤブラン）
人(人間)
山茶花（ツバキ）
黄雪
猴(サル)
蛇(ヘビ)
蛙（カエル）
赤雪
虎(トラ)
群獣（猛獣）
草木（草木）
＊白い雪、赤い雪、黄色い雪から上記の 12 種が生まれたとある。
『古侯（公史篇）』（四川省民族委員会彝文工作組、1980 年）P20 より

三河村の結婚式——3月18日（火）その①

朝の暗闇の中、準備は始まる

前日、結婚式があるという情報を得たので、5：30、真っ暗闇の中を車で三河(サンフー)村へと向かう。美姑から北へ約4kmの地点にその村がある。

辺りは、懐中電灯を照らせばようやく見えるというほどの真っ暗闇だ。道路脇の土手の急坂を登って村へ入る。

この日はイ族のカレンダーの未(ひつじ)の日に当たり、結婚式や祓いの儀礼が多く行なわれる日だという。この村でも、きょう2つの結婚式が行なわれるという。この村は花婿の村で、花嫁は自分の村から早朝にやって来る。イ族の場合は親が婚約者を決めることが多く、この二組もそうだった（結婚と婚礼の日取り→P84）。

結婚式のある家の近くに着くと、真っ暗闇の中で焚火を焚き、10人ほどの村人が火に当たっている。花嫁はまだ来ていない。私たちもしばらく火に当たって時間をつぶす。ここで、おさげ髪の小学校1、2年生くらいの女の子と知り合った。中国普通語が通じるから学校に行っているらしい。そういえば、この村の暮らしぶりはきのうの以作村より裕福に見える。この子はときどき私のそばにやって来る。大事そうにヒマワリの種を分けてくれた。

周囲を歩いてみるが、暗すぎて辺りに何があるのかわからない。近くにドラム缶ほどの大きさの水酒用の木製の樽が12、3個も並んでいる。結婚式ともなると、飲む量も半端な量ではない。

身支度をする花嫁（三河村）

花嫁の身支度と略奪婚の名残り

同じ村の別の結婚式にも行ってみる

夜明けの薄暗がりの中、焚火を焚いて結婚式が始まる（三河村）

ことにする。真っ黒い夜空に多少青みがさしてきて、なんとか楽に歩けるようになってきた。こちらにはもう花嫁が来ていて、簡素な仮小屋のようなところで花嫁衣装（花嫁の衣装→P84）の身仕度をしている。花嫁の周りには花嫁の村から一緒にやって来た付き添いの女性たちが8、9人いて、何くれとなく身仕度を手伝う。彼女たちもイ族の民族衣装をつけている。花嫁の準備には非常に手間が掛かっている。ちょっと気にしながらフラッシュを焚いて写真を撮ったら、「花嫁が恥ずかしがっているから……」とモソツホ氏に止められた。花嫁たちの所には、村人が、焼いた豚肉を藁に包んだり籠に載せて持って来たりするが、準備に忙しい彼女たちは食べるどころではないようだ。

広場には2～300人の村人がいて、あちこちで煮炊きをしたり、酒の準備をしたり、食べたりしている。幾人かの青年たちが、トウモロコシの幹や皮を積み上げた小山に座っていた。すると、青年が他の場所にいる娘の所に走って行き、嫌がる娘を引っぱってトウモロコシの幹や皮の小山の上に連れて来る。娘はもとの場所に逃げ帰る。男たちはまたさらいに行く。これを何度か繰り返しながら、男女とも楽しそうに遊んでいた。（略奪婚の名残りその1→P85）。

しばらくすると、この村の青年が花嫁を背負いにやって来た。花嫁にイ族

村人は広場のあちこちに腰を下ろし、暖を取りながらご馳走を食べる（同）

▲村人に配られる牛肉とそばパン（同）

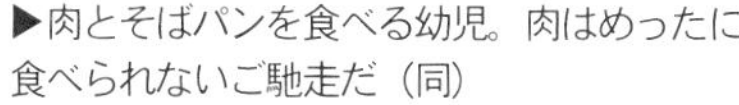

▶肉とそばパンを食べる幼児。肉はめったに食べられないご馳走だ（同）

の陣笠をかぶせ、背負って運び、花婿の家の隅に横たえさせた。家の中は裸電球が1つ。イ族の家は窓がほとんどないので、外の光は入り口からしか入らない。昼間は電気をつけないから真っ暗だ。花嫁は暗闇の中でじっと横たわっていた（**略奪婚の名残りその2→P85**）。

皆にふるまわれる料理は、焼いた牛肉とソバ粉でできた固いパン。肉は焚火で肉片をあぶって焼くだけだから、味はついていない。生焼けで、たっぷりと血が滲(にじ)んでいる。焼けた肉はお皿代わりの葉っぱの上に載せる。料理も器も素朴そのものだ。肉の焼け焦げで、だれの手も真っ黒だ。

飲み物は水酒だけで、私たちにも勧めてくれる。大きな洗面器での回し飲みだ。水酒は泥水の色をした濁り酒で、どうにも飲もうという気になれない。せっかくなので口だけをつける。アルコール度はビールくらいか？　水酒用の木の樽はドラム缶大で、中にはトウモロコシ、アワ、ヒエなどの雑穀が発酵させてあり、上は藁で覆ってある。樽の下の方にある穴の栓を抜き、竹製の管を刺して、そこから水酒を汲む（［**酒を勧める歌**］の26〜41句参照→P241）。樽一個で約150kgの雑穀が必要というから、木樽が12、3個あるということは全部で1.8トンの雑穀が必要ということになる。

広場では、焚火を5つ並べて焚いている（**➡映像15**）。おそらく、鬼祓い儀礼のときのと同じく（→P102）、結婚式儀礼の開始を天の神に告げるための焚火であろう。

最初の家に戻ると、花嫁はすでに来ていて、土手下で身仕度をしていた。例によって大きな帽子の装飾に手間取っている。10数人の付き添いの女性たちが花嫁の身仕度を手伝っている。こちらの花嫁の一団の所にも、焼いた肉が籠に入れて運ばれている。鍋蓋のような平たい帽子（盤帽：子供がいる既婚者の印し）をかぶった中年女性も1人手伝っている。その目の前で2人の青年が相撲を取り始めた。一種の奉納相撲になっているのかもしれない。昔は花嫁の付き添いの女性たちが「**花嫁の家族の系譜**」を歌わなければいけなかったそうだが、今は省略されているという。（**相撲**→P88）

相撲が終わると、1人の青年が花嫁を背負って歩いて行く。こちらの場合は花婿の家には行かず、この日のために近くに作ってある仮小屋に花嫁を連れて行った。（**略奪婚の名残りその3→P85**）

花婿は13歳、花嫁は15歳

さて、大勢の村人はあちこちに座り込んで飲食に夢中だ。広場にたむろしている人々の中にいると、張氏が「あの子が花婿だそうですよ」と言う。人込みの中に、私の胸ほどの身長もない男の子が、キョトンとした顔で立っている。あまりの予想外に、私は冗談だと思った。「これは冗談ではありません、本当のことです」と言う張氏の表情にも驚きがうかがえる。

背丈は120cm弱ほど。聞けば13歳だというが、日本でいえばせいぜい小学校2、3年生くらい。自分が花婿だという自覚はほとんどない様子だ。着古したTシャツにマントを着ているだけの格好なので、ほかの子供たちと何も変わらない（**結婚年齢→P90**）。

あまりの衝撃にしばらく言葉も出なかった。女性としてまず思ったのは、“花婿を初めて見たとき、花嫁はどう思ったのだろうか？”ということだった。花嫁は15歳だというが、年のわりに大人びた少女だ。結婚相手は親が決めるから、この日初めて花婿を見た可能性もある。しかし、そういった類いの質問は憚られてできなかった。そんなことではいけないと後で反省したが、このような大事な日に当の本人を前にすると、なかなか聞けないものだ。

クドウに花婿のことを知らせ、記念写真を撮る。クドウも予想外のことに驚いたようで、（こんなことは初めてなのだが）ビデオに収めるのをすっかり忘れてしまった。後で悔やんでいたが、あまりにも意外な事態に出合うと、えてしてそんなものなのかもしれない。

白熱する相撲大会（➡映像20）

しばらくすると、広場の真ん中に大勢の人垣ができ、相撲大会が始まった。2人の中年男性が取り仕切っていて、「さあ、下がって下がって」と人込みの中央に20畳ほどのスペースをあけ、ともすると狭くなりがちになるのを押し返している。周囲を100数十人の男性陣と子供が囲み、取り組みが始まる。

人垣の一番手前中央には、花婿が見物している。不思議なことに、女性は見物していない。たまに老婆が覗くぐらいだ。力士は20代の青年で、ときどきベルトが落ちてしまうのを気にしながら、かなり本気で相撲を取っている。熱心に見物していると、酒気を帯びて酔った中年男性が話し掛けてきた。「あいつは強いんだ」とか「今のは惜しかった」とか、さかんに私に説明しているようなのだが、こちらはイ語は解らない。にもかかわらず、彼は解説に夢中だ。“外国人にはイ語は解らない”ということが想像できないようだ。

こういうことは閉鎖的な村ほどよくある。

大方の人たちが相撲に興じているうち、花嫁はいつのまにか竹垣から出て、10人ほどの付き添いの女性たちと土手下で食事をしていた。しばらくすると、花嫁の一団は連れだって村から帰って行く。本来は実家に戻るのだが、この花嫁は実家が遠いのでもう少し近い所にある親戚の家に泊まり、そのあとで自分の村に帰るのだという。

❖ 工藤綾子の旅記録より

[結婚と婚礼の日取り]

この日はイ族のカレンダーの未(ひつじ)の日であった。未の日はイ族にとって縁起のよい日で、結婚式や祓いの儀礼が多く行なわれる。葬式はやらない。

イ族の結婚は婚礼当日から同居することはない。花嫁はしばらく自分の村に戻って暮らす。花婿がやって来たり、花嫁が婚家に行ったりして行き来するうち、子供ができたら、子供と一緒に花婿が自分の村に連れて帰る。子供ができると、女性は盤帽という平たい帽子をかぶる（→P54写真）。

花嫁は婚礼の日から数日間、婚家に泊まり、吉日に実家に戻る形態もあり、イ族の結婚形態は地域によってさまざまだという。

「涼山イ族の結婚」 宋恩常主編『雲南の少数民族』(日本放送出版協会、1990年)より

涼山彝族は奴隷制および封建制の婚姻に属し、きびしい身分内結婚の習俗があり、違反したものは慣例により重罰を受けなければならなかった。交差イトコ婚もまた盛んである。財産流出を阻止するために、レヴィレート婚を行なうことによって未亡人が夫の父系家族を離れないようにしている。

《交差イトコ婚》

交差イトコ、つまり父の姉妹の子供や母の兄弟の子供との婚姻をさす。父系社会の場合、母方交差イトコ婚、つまり男性から見ると母の兄弟（母方のオジ）の娘と結婚する場合が多く、循環婚の形態をとることもある。交差イトコとの結婚が優先されるのは、いくつかの単系外婚集団が安定した外婚関係を維持するためであると考えられる。

《レヴィレート婚》

夫が死亡したとき、妻がその兄弟（多くは弟）または近親者と再婚する慣習。集団間の関係を維持し財産の流出を防ぐとともに、未亡人とその子供の地位や集団への帰属を維持する働きがあるという。

[花嫁の衣装]

頭には大きなターバン風の帽子をかぶる。この準備は非常に手間が掛かり、

帽子は12、3cm幅の帯状の藍布をグルグル巻いて直径50cmほどの平たい円筒形にし、その上に赤い装飾テープを斜め掛けにする。帽子は鉢かずき姫のかぶり物のように大きい。

服は、プリーツスカートと刺繍が施されたイ族の上着で、その上からマントを掛ける。スカートは、イ族の若い女性が着る配色で、一番下が黒、その上の2色は赤とピンクまたは赤とオレンジなど、色鮮やかな組み合わせの3段接(は)ぎ。銀色の耳飾りも非常に大きい。身支度を手伝う娘たちもほぼ同じ衣装で、花嫁との違いは帽子だけだ。

[略奪婚の名残り] その1——村の男女の遊び（➡映像16）

村の広場の中央付近の、トウモロコシの幹や皮が積んである所に数人の青年がいた。彼らは個々に、ほかの場所にいる娘の所に走って行き、嫌がる娘を1人引っぱって青年たちのいる場所に連れて来る。そこで嫌がる娘を押さえこんだりしている。娘は嫌がるふりをしているが、恥ずかしがりながらも楽しそうだ。なんとか振りほどいて娘がもといた所に走り戻ると、今度は別の青年がほかの娘を奪ってくる。

これは略奪婚の真似で、この遊びは朝か夕方に多く、結婚式の日は特に多く行なわれるという。未婚・既婚を問わず、この遊びをするという。

[略奪婚の名残り] その2——花嫁を背負う・花婿の家に運ぶ（➡映像17）

村の青年が花嫁を背負い、花婿の家に連れて行く。家に着くと、家の中の暗い隅に花嫁を横たえさせる。真っ暗な室内に置かれた花嫁は、じっと横たわっている。花婿の家の入り口には竹と松で作った“門松”のようなものが飾られ、この家が新居であることを示している。門松は花嫁が家に入るとすぐに取り払われた。

家の前にいる青年の顔を見ると、右頬に墨がついていた。これは、花嫁を奪いに行ったとき花嫁側の女性たちが抵抗の印しとして付けたのだそうで、これも略奪婚の名残りだという。

花嫁の背負い方はいわゆる“おぶう”のではなく、青年の背中に横座りになるような形で、花嫁の上半身が立つ形になる。背負う青年と花嫁のからだは密着しない。

[略奪婚の名残り] その3——花嫁を背負う・仮小屋に運ぶ（➡映像19）

同じ村の別の結婚式の場合では、青年が花嫁を背負うまでは同じだが、こち

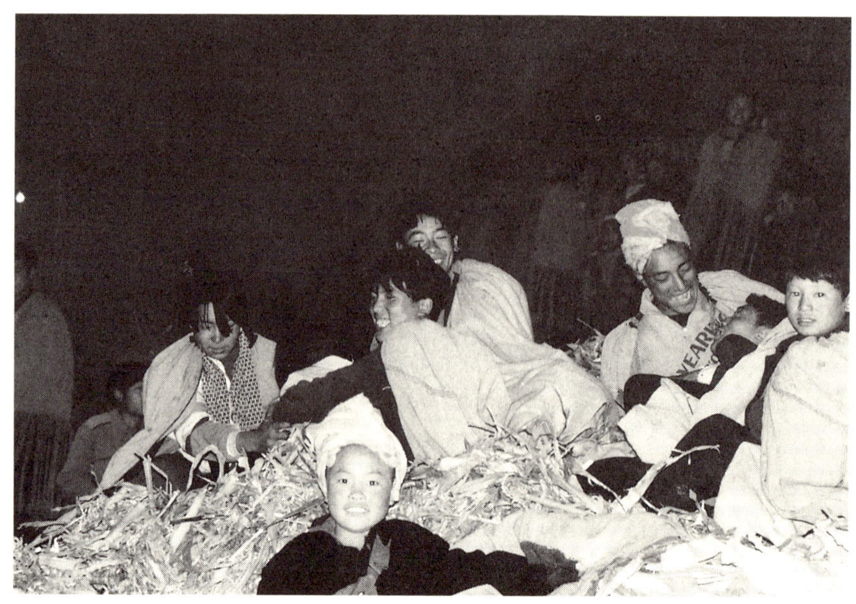

【略奪婚の名残り－1】手前少年の向こう側で、娘が2人の青年に押さえこまれている（三河村）

▲花婿の家の門松。細い松の木と割り竹3本などが横に渡してある（同）

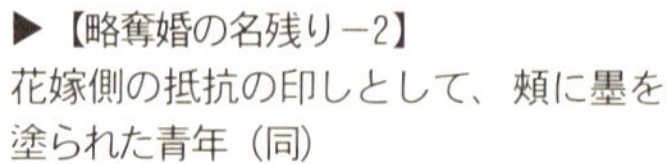

▶【略奪婚の名残り－2】
花嫁側の抵抗の印しとして、頬に墨を塗られた青年（同）

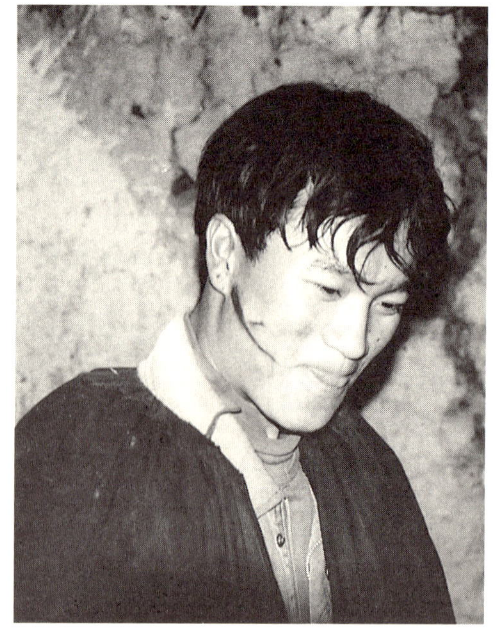

▲【略奪婚の名残り－3】
花婿側の青年に背負われた花嫁（同）

▼仮小屋に運ばれた花嫁（同）

▼松と竹垣で作られた仮小屋（同）

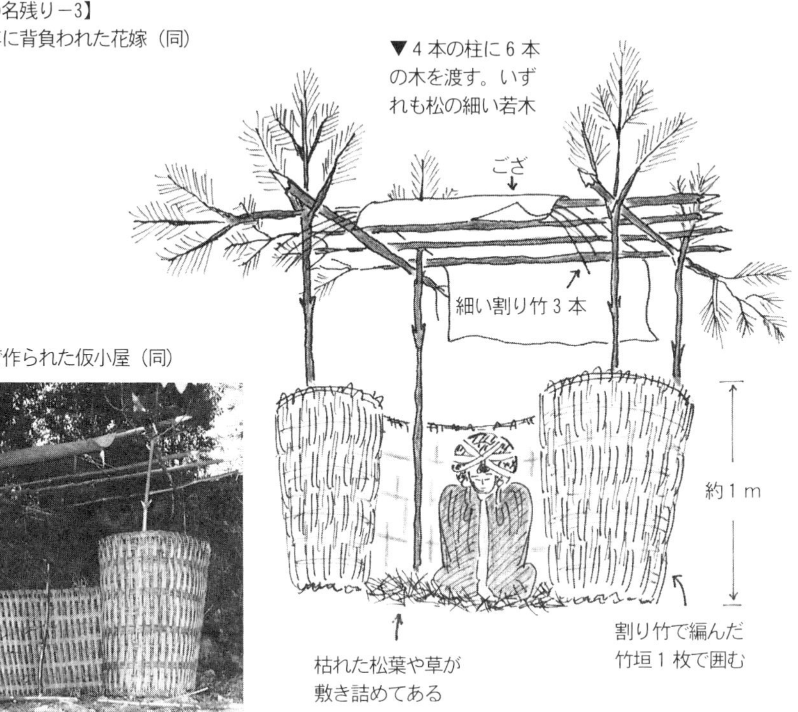
▼4本の柱に6本の木を渡す。いずれも松の細い若木
ござ
細い割り竹3本
約1m
枯れた松葉や草が敷き詰めてある
割り竹で編んだ竹垣1枚で囲む

らは連れて行った先は竹垣で囲まれた仮小屋だった。仮小屋は、4本の松の柱に6本の松を載せ、新居を示す竹垣の囲いで周囲を囲ってある（昔はイ族の家は竹垣の囲いが壁だったという）。下には松の枯れ葉などが敷きつめてある。花嫁が竹垣に入るとき、仮小屋の入り口で待ち受けていた男性が、花嫁の衣装から長い糸を取る。背負って来た男性が花嫁を竹垣の中に下ろし、一旦寝かせてから座らせる。その後、花嫁がこの仮小屋にいるあいだ、二人の青年が入り口に立つ。

古事記への視点

■「妻籠み」の「垣」

『古事記』に「八雲(やくも)立つ　出雲八重垣(いづもやへがき)　妻籠(つまご)みに　八重垣作る　その八重垣を」という歌があるが、これはスサノヲがクシナダヒメと婚姻するときの場面で歌われたことになっている。従来はこの「妻籠(つまご)み」と「垣」の関係がわからなかったが、このイ族の結婚式で花嫁を寝かせておく竹垣の囲いは、「妻を籠める」ための「垣」の民俗事例として、最初の実例の報告になるだろう。

[相撲]（➲映像18）

花嫁が、村から付き添ってくれた10数人の女性たちに身支度を手伝ってもらっている前で、腰に太い紐を巻いた村の青年2人が相撲を取り、それが終わると別の青年が花嫁を背負い、仮小屋に連れて行った。

古事記への視点

■相撲の儀礼性

『日本書紀』垂仁天皇七年七月七日条には、能見宿祢(のみのすくね)と当麻蹶速(たぎまのくゑはや)が天皇の前で「捔力(すまひ)」（相撲と同じ）を行なったとあり、奈良時代には毎年七月の宮中行事「相撲節(すもうのせち)」も定められた。宮中行事や神社の諸行事と相撲の結びつきは強く、それが現在の大相撲にまで継承され、大相撲はスポーツという側面だけではなく、呪術性、儀礼性を至る所に残している。

それにしても、イ族の結婚式での相撲の占める位置の大きさには驚かされた。花嫁を背負って運ぶ前に、儀礼的な相撲を取る。また、結婚式の余興の最もにぎやかなものも相撲である。相撲もまた、イ族文化とヤマト族文化の共通性の一つと見ていいだろう。

花嫁と花嫁の付き添いの女性たちの前で、村の青年が相撲をとる（三河村）

広場では、大勢の男たちに囲まれて相撲大会が行なわれた（同）

[結婚年齢]

この日の結婚式の、一組の花婿は13歳、花嫁は15歳であった。美姑のイ族は、中国という〈国家〉の法律の結婚規定（男22歳、女20歳）とは別次元で、独自の世界を維持していることになる。

この日に見学した二組ともそうだったが、子供のときに親が婚約者を決めることが多い。

古事記への視点

■結婚年齢の低さ

この結婚式で結婚した新郎新婦は、すぐに同居するわけではないので、ある意味では婚約式に近いものなのかもしれない。しかし、縄文・弥生的な前近代の共同体にあっては、平均寿命が30歳台と推測されるくらいに低かったこともあって、できるかぎり早く結婚して子供をたくさん得るということが重要であった。雲南省北部のモソ人母系社会でも、娘が男を部屋に入れる資格を持つ年齢は13歳である。『源氏物語』でも、光源氏は12歳で元服し、その年に16歳の葵の上と結婚している。現代日本のように平均寿命80歳前後、結婚は適齢期にこだわらない、あるいはしなくてもいい、女性も子供を産んでも産まなくてもいいというような社会の意識で考えていたのでは、〈古代の古代〉のヤマト族の結婚観にはたどり着けないだろう。

花婿はまだ13歳（手前中央）。大人の男たちに囲まれると、一段とあどけなさが目立つ（三河村）

結婚式を終えた15歳の花嫁（手前左端）。周囲にいる成人女性とほとんど変わらない（同）

書（シューブー）布村での鬼祓い儀礼――3月18日（火）その②

花嫁の一団に出会う（➡映像21）

9：30、三河村（サンフー）の結婚式のあと、美姑（メイグー）へ戻って遅い朝食をとる。鬼祓い儀礼を見学するために、10：35出発。1時間ほど川沿いの道を走る。車を降り、細い丸太の橋を渡って川沿いに30分ほど美姑の方向に戻って歩くと、先ほど、私たちには渡るのは無理だろうと判断して、渡るのを避けた大きな吊り橋の所に着いた。この吊り橋を渡れば、美姑からずっと近い所で車を降りることができて、川沿いに30分も歩く必要はなかったのだ。しかしこの吊り橋は渡した丸太がところどころ抜け落ちているから、鋼鉄ロープの上を渡らなくてはならない。川までの高さは3、4mだが流れは速く、足がすく

橋桁の丸太が抜け落ちた吊り橋を、花嫁（右から2番目）の一団が渡って来た（書布村のふもと）

む。慣れない私たちのために、モソツホ氏たちが気を遣って遠回りしてくれたのだ。

吊り橋のたもとから、ふと対岸を見ると、向こうから派手な衣装の女性たちが渡って来る。よく見るとそれはイ族の民族衣装を着た若い女性９人で、結婚式帰りの花嫁の一団だった。早朝に見た２つの結婚式の花嫁たちではないので、ほかの村の結婚式からの帰りだろう。ゆらゆらと揺られながら、丸太が抜け落ちた吊り橋を渡って来る。カメラを向けても、気にする様子はない。向こうは向こうで、見慣れない人たちがカメラとビデオを自分たちに向けるから、顔を寄せ合って何だろうと話しているようだ。

こちらに渡り切ったところで記念写真を撮り、あとで送ってあげることにした。それにしてもこの未(ひつじ)の日、美姑でいったい何組の結婚式があったのだろうか。

鬼祓い儀礼の山へ

さて、行く手はだんだん傾斜がきつい山道になる。案内のモソツホ氏たちは軽々と登って行くが、私たちにとっては思いがけない登山となってしまった。こういう調査では、現地の人からこれからどういう所へ行くのかなどの説明はないことが多いから、延々と続く山登りに閉口する。“せいぜいあの辺りの山の中腹だろう”と気を取り直してふうふう登って行くと、そこではないらしい。彼らは事も無げにどんどん登って行く。体力の限界を感じ始めたころ、見かねたのか途中で一休みしてくれた。あとで聞いたら、クドウもかなりつらかったという。つらいからといって、私だけここでやめるというわけにはいかない。帰りにも同じ場所を通るとは限らないし、通るにしても何時間後か判らないのだから。

１時間の登山で高度差約250mを一気に登り、ようやく目的地の龍門郷(ロンメン)書布(シューブー)村の、とある傾斜地に辿り着く。傾斜地の勾配は20～25度ぐらいか。標高2155m。見ると、傾斜地の一番上に、大ビモの曲比拉果(チョビラゴ)氏（３月15・16日に美姑賓館で神話を歌ってもらった→Ｐ20）がいるではないか。中国辺境では、日本で行動するときにはあたりまえの行き届いた配慮はほとんど期待できないから、来てみてようやくわかるということが多い。そばに彼の息子（畢摩文化研究センターに所属する彼の長男は、私たちを案内して一緒に登って来た）の小ビモたちがいて、手伝いをしている。

桃の花が咲くのどかな山の傾斜地。儀礼を始める前のビモと、左下に依頼した家族たち（書布村）

依頼した家の女主人。かつては鮮やかだった刺繍の色も、元の色が判らないほどに黒ずんでいる（同）

儀礼開始前の生け贄のヤギ、綿羊、子豚（手前の袋）、屋根の下にビモと鶏、右端は依頼した家族（同）

▲生け贄の解体に使う包丁を研ぐ家人（同）

◀草鬼を作る大ビモの息子（同）

傾斜地での鬼祓いの儀礼（➲映像 22）

大ビモは、このすぐそばの家の家族のために、鬼祓い（厄払い）の儀礼をするのだという。これは作づけなどをする季節（春）の始まりに、鬼（悪霊）などの邪気がつかないよう、収穫祈願の祓いをするのだという。傾斜地には1000本以上かと思われるたくさんの木の枝（神枝（かみえだ））が挿してある。神枝はさまざまな形に挿してあり、木の皮もむいてあったりなかったりで、それぞれに全部意味があるのだという。生け贄として、ヤギ、綿羊、黒い子豚、鶏が準備されている。正式にはこれに牛を加えるのだが今回は略したのだという。儀礼が始まる前、ヤギが逃げ出し、男たちが大慌てで追いかけて捕まえた。

見下ろせば、素晴らしいロケーションだ。遥か数十km先まで一望できる。あちこちに咲いている桃の花が、まだ緑少ない山に淡いピンク色を差し、そこだけがふんわりと華やぐ。まるで桃源郷のようだ。しかし、こういう風景は遠くから見るに限る。近よれば、痩せた赤土と乏しい緑にがっかりする。日差しは強く、衣服の上からもジリジリと肌を焦がす。

傾斜地の上のほうには、すでに8、9人の村人がいる。祓い儀礼を依頼した家のお婆さんが挨拶に来てくれた。着ているイ族衣装は、おそらくここ何年も着のみ着のままらしく、汚れで黒光りしている。マントも継ぎ接（は）ぎだらけだ。ビモへの謝礼や生け贄にお金がかかるというのに、どんなに貧しくても、祓いの儀礼だけはしっかり執り行なうのだ。彼らにとって、この儀礼の重要度がいかに高いかがわかる。

お婆さんの家は儀礼の場所から斜め下に50mほど降りたところにある。家の入り口には、鶏の羽のついた魔除けのようなものが掛かり、中庭にはたくさんの放し飼いのヤギがいる。中庭にいた赤ちゃんに、フィルムケースに小石を入れて、音の出るおもちゃ代わりにしてあげると、おぶっていた母親が嬉しそうににっこりと笑った。

家のすぐ前には、家畜が食べないように竹垣で囲んだ野菜畑があり、ニンニクや青菜が植えられている。少し離れた傾斜地の高い木にはハシゴが掛けてあり、木の二股を利用してたくさんのトウモロコシの皮が積み上げてある。これは家畜の冬の食料にするようだ。

❖ 工藤綾子の旅記録より

鬼祓い儀礼

1997年3月18日13：40～

《儀礼の執行者》

- 曲比拉果(チョビラゴ)氏（51歳）：拖木郷苦夥莫村。大ビモ。詳しくはP20参照。
- 小ビモ3人：大ビモ曲比拉果(チョビラゴ)氏の息子。長男（曲比爾日(チョビルズ)氏）は29歳で、美姑彝族畢摩文化研究センターの所属。今回の調査の案内役でもある。第2回調査では中ビモになり、独立して儀礼を執り行なっていた（→P149）。この儀礼には次男、三男も参加し、父親である大ビモの儀礼を見習い、ビモとして必要な過程の一部を手伝っていた。大ビモの声に合わせて経を唱え、休憩時間にも経の暗誦に余念がない、たいへん熱心な修行ぶりであった。
- 助手2人：ビモに必要な用具を渡したり、生け贄の血を神枝に撒(ま)いたり、生け贄の血を祭具に掛けたりなどの手助けをする。

［概略ほか］

◇龍門郷(ロンメン)書布村(シューブー)。人口800余人。儀礼の現地は標高2155m。

◇鬼祓いを依頼した家族：曲比洗鉄(チョビシュチェ)氏（主人）の7人家族。

◇儀礼はトウモロコシまたはソバの畑で行なう。今回はトウモロコシ畑。

◇ビモへの謝礼は4、50元が普通。ヤギの皮、綿羊の頭と皮はビモがもらう。

◇普通の場合、一つの家族は呪い返し（鬼祓い）を年に3回くらい行なう。そのほかには、病気になったとか、何かある度に必要に応じて行なう。

◇普通は生け贄は子豚と鶏くらいだが、今回のは生け贄が4種あるので中等レベル。もっと大きい呪い返しでは、これに牛が加わる。今回も牛を殺そうと思ったのだが、相談してやめたのだという。（どういう理由かは未確認。経済的理由か？）

◇儀礼の際の神枝の挿し方は、何百種類もある。

◇こういう呪術的な儀礼の「経」（呪文）は、107種類ある。

◇鬼祓いの儀礼では経を3回唱える。

1回目…生け贄が生きているとき

2回目…生け贄を殺すとき

3回目…茹でた肉を捧げるとき

◇3月18日は未(ひつじ)の日で比較的縁起のいい日。未の日は鬼祓いと結婚式を行なうが、病気治療の呪術は行なってはいけない。どういう日に何を行なうかは二十八宿で決めるが、願いごとによっても違う。

「二十八宿」（『中国歴史文化事典』新潮社、1998 年、より）

> 中国古代において、天象と太陽・月・五惑星の運行を観測するために、赤道・黄道付近から順に選択して観測点とした 28 の星官（せいかん）。

［儀礼の目的］

- この家にはからだの悪い人はいないので、どうしてもという目的はないのだが、そろそろ春なので、病気など悪いことの予防、豊作祈願をやっておこうということである。
- 先祖がいろいろな仕事をしてきたうえで何か不公平なことがあった場合、それが子孫に悪い影響を与えないようにと、予防するのも目的。

［神枝の説明］（➲映像 23）

以下は、儀礼が始まる前にモソツホ氏が傾斜地を歩きながら、地面に挿してある神枝を指し示して説明した内容。「この辺り」「これ」「あれ」「右側」などは、そのときの動きに合わせて指し示している言葉であるが、ここではそのまま記載した。なお、「左側」「右側」というのは、傾斜地の下から見ての位置を示している。

- 神枝の総数は 1000～1500 本くらいあるのではないか。
- 傾斜地の上のほうは天を意味し、この辺りには天の入り口がある。
- これは北斗七星で、天の親。
- 北斗七星の手前は天の父。向こうのちょっと緑色をしたのは地の母。天と地は対になっている。
- 傾斜地の両側に、なびいたように挿してある木の塊りも対になっている。
- 右側には建物のような形のものがあって、これは宇宙のシンボル。
- これは、「昴六星」（すばる）という名前の星。星にはイ族の名前がついているが、それらのすべてに中国語をあてるのは難しい。
- 真ん中辺りに 4 本の神枝の柱があるが、これは天を支えている柱。中央の柱（下半分は皮をむいていない枝）には、紐でくくった石が掛けてある。天地開闢のあと、4 本の柱が天を支えていることを表わしている。この柱は地を鎮めてもいる。（P 100 写真、P 101 図）
- 儀礼が終わる前に、依頼した家族の主人は決まったコースでこの中を歩く。

右側が終わったら、左側も決まったコースで歩く。

- アーチのような枝は、皮をむいてある白のと、むいていない緑のとがある。
- これ、あれ、あれ（と幾つかを指す）は、月を表わしている。
- 月にも、皮を半分しかむいていない枝と、全部むいてある白い枝と、全くむいていない緑の枝とがあり、それぞれに名前がついている。
- 向こうの竹のある所は、竹がたくさん茂っている山を表わし、草のある所は草が茂っている山を、シダの所はシダが茂っている山を表わしている。
- 茶碗の置いてある一角も１つのセットになっている。

　茶碗は必ず９個あり、茶碗には雑穀の砕いたものとゆで卵が入っている。卵は、着色が黄色のものと、ちょっと黒いものと、真っ黒いものとが入っている。

　卵は儀礼が終わるとむいて食べる。つまりからだに付いている汚いものはむいて捨ててしまうという意味がある。殻はからだに付いている汚いものを表わしていて、それをむいて捨てるという意味だ。

- 子鼠の巣がある。これは家の外にある巣で、あとで捨てる。

　真ん中に木があり、木の下には外から汲んできた水が入っている茶碗があり、この水は儀礼終了後、汲んできた所に捨てなければいけない。

　蛇の脱け殻（木に引っ掛けてある）もある。これには、「悪いことは蛇の皮のように脱いでしまった」という意味がある。

　子鼠の巣、水の入っている茶碗、蛇の脱け殻の３つはすべて、悪いことを捨てる意味がある。

- 左側と右側に一列に挿してある枝について。

　傾斜地の下のほうから見て左側は 99、右側は 88 ある。左側は竹があって竹の山のシンボル。右側は草があって草の山のシンボル。99 と 88 は概数で、多いという意味。

　これらの枝が挿してある列の、真ん中から下の辺りには横になっている枝が置いてあって、儀礼が終わるとき、依頼した家の主人が下から登って行き、右に置いてある枝は左に捨て、左に置いてある枝は右に捨てる。つまり要らないものは捨てるという意味がある。

- 傾斜地の下のほうに挿してある枝は緑の（皮をむいてない）枝、少し上は半分むいた枝、もっと上は全部の皮をむいた白い枝だ。これは、人間が汚い所

儀礼は種まき前のトウモロコシ畑で行なわれた。手前は神枝群、傾斜地の一番上にビモが座る（書布村）

さまざまな儀礼での神枝の挿し方は、何百種類もあるという（同）

●神枝が表わす自然の一例

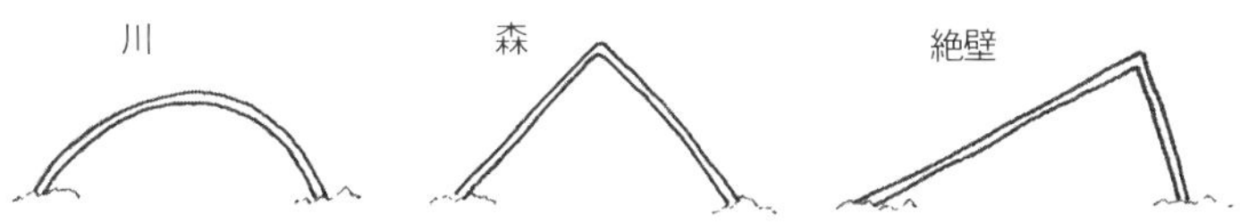

●神枝の一例（P100 右下参照）

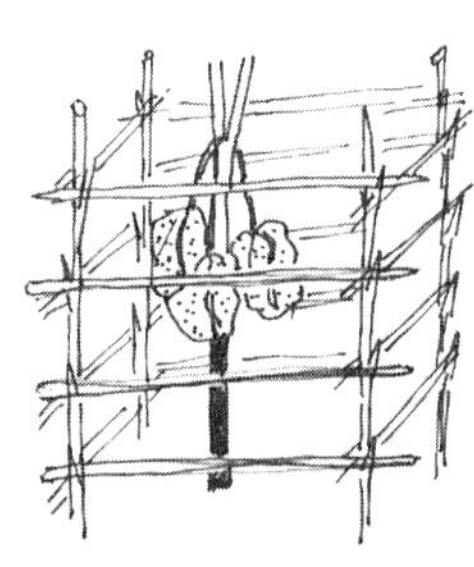

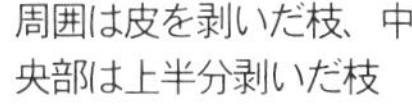
周囲は皮を剥いだ枝、中央部は上半分剥いだ枝

すぐ横には、草鬼2個をつけた神枝がある

からきれいな所、明るい所へ登って行くことを表わしている。

- ずっと上のほうの、星のある所は天上界。
- 真ん中の屋根形に組まれている枝の周りにある白い枝は、綿羊を表わしている。左側の黒い枝は、黒い牛を表わしている。
- 地面を掘って、その中に草の人形（草鬼）を2つ埋めてある。地面の上にも草の人形が1つ置いてある。これらは「百匹の虎」の意味。つまり山から野獣が家の近くに来ると、野獣から災難（債務）を受けるから、これらの人形で、百匹の虎、百匹の豹を殺して災難（債務）を消滅させる（清算する）。これ以後は野獣が家に来ないという意味がある。
- 傾斜地の一番上に縄が置いてある。これは、儀礼が終わるときにこの家の人が右手で一方の端を持ち、もう一方をビモが持って、真ん中を刀で切る。つまり、いろいろな鬼や災いはもうこの家族と切れてしまい、関係がなくなったということを意味する。
- 矛と弓矢がセットになっている。
- もう一つの小さい縄には9枚の鶏の羽がついていて、これもあとで切る。これは、鬼と関係がなくなったという意味を表わす。
- 四角い形の所は、罪人が入れられている黒い監獄（恐ろしい敵がいる所）。
- その下の三角形のものは監獄。一番下のは真っ暗な監獄で、儀礼をしてだんだん上の明るい所へ登って行く。

〈**儀礼の順序**〉13：40 開始

傾斜地の下のほうで、儀礼の開始を天の神に告げるための焚火を焚く。

家族は、傾斜地の下のほうから見て、ビモのいるすぐ右下に集まっている。

1　生け贄が生きているとき

◎ビモたちの経が始まる。

小ビモのうちの１人は手に鶏を１羽持っている。鶏は脚を縛られている。

◎助手が黒い瓢箪の杓子を、地面に挿した木の枝の上にかざして歩く。

◎ビモは「燙石経」を唱え続けている（➲映像 24）。

• 熱い石を黒い瓢箪の中に入れ、神枝のあいだをかざして歩く。

　これは、汚いものや悪いものを追い払う魔除けの意味で、そのための経を唱えている。

• 大ビモは、ザルに入った小さな白い木切れ（神枝と同じで、木の種類は決まっていない）を自分たちが座っている前の地面に撒く。木切れには金と銀の意味があり、撒いて鬼へ賄賂を与える意味がある。ザルの中には、木切れと一緒に砕いた穀物も入っている。

◎草の人形（草鬼）を綿羊の首に括り付ける。

　悪霊（鬼）の代わり。大ビモが前のほうに放り投げると、助手が綿羊の首に括り付ける。これで、綿羊が鬼を連れて行くことになる。

• 大ビモの後ろにある儀礼用の祭具に、ザルから木切れを撒く。

◎このとき唱えているのは、先祖から今までの債務を返す意味の「還債経」（→P34「⑤債務を清算する呪文」と同じ）。

• 途中から研究センターの小ビモ（長男）が加わる。

• 経は輪唱になったり揃ったり、メロディーが急に変わったりする。小ビモもときどき木切れを撒く。

• この家の庭先に女たちが７、８人休んでいる。家の前ではこの家の主人が、生け贄を殺すための刃物を研いでいる。

• 大ビモは、途中で経典を取り出して、見る。

2　生け贄を殺すとき　（➲映像 25）

〈**その１：生け贄を殺す**〉

①家族の周りを生け贄を３回まわらせる

春霞の絶景地。神枝群の一番下で焚火を焚き、天の神に儀礼の開始を知らせる（書布村）

▲大ビモのすぐ後ろにある儀礼用の祭具（同）

▶首に草鬼を括り付けられた綿羊（同）

傾斜地の下のほうから見てビモたちの斜め左下の位置に家族たちが集まって来て固まって座り、その周りを生け贄を曳いて右回りに歩かせる。ヤギ、綿羊、鶏、豚が、計4回家族の周りを（3回まわると聞いていたが実際には4回だった）回る。途中でヤギがいやがって逃げ出したので追いかけて捕まえ、今度は逃げないように後ろ脚をつかんで、前脚だけで歩かせる。

②鶏を家族の肩に触れさせる

左手に細い木の枝と鶏を持った助手の男が、家族それぞれの肩にそっと鶏を触れさせる（ケガレを鶏に移す）。

③生け贄のアーチの下を家族がくぐる

ヤギ・綿羊・黒豚・鶏を持ち上げてアーチ状に高くかかげ、その下を家族が通る。

④木の枝で生け贄の背中を叩く

生け贄を地面に降ろし、助手が鶏と一緒に持っていた細い枝で、各生け贄の背中を叩く。

⑤生け贄を殺す

• 綿羊は窒息死させる。

綿羊はむかし人間に衣服を与えてくれたので刃物は使わないとのこと。

古事記への視点

■生け贄殺しの理由づけの“物語”は多様である

このような理由づけは一種の“物語”でもあるので、地域や語る人によってしばしば変化する。たとえば、雲南省北部のイ族も生け贄儀礼で羊を窒息死させるが、それは「ゆっくりと殺すことでその身に人間のケガレを付着させて天に持っていってもらうため」だという（岡部隆志・遠藤耕太郎「中国雲南省小涼山彝（イ）族の『松明祭り』起源神話および『イチヒェ儀礼』」『共立女子短期大学文科紀要』第44号、2001年）。したがって、同じ一つの少数民族でも、村が変われば“説明の物語”は違ってくるし、ときには同じ一つの村の中でさえ人によって言うことに違いが出る。したがって、地域の限られた調査での一つの聞き書きを絶対化することは避けなければならない。ムラ段階の社会においては、神話が多様であるのと同じように、理由づけの“物語”すなわち起源神話も多様だということを前提にすべきであろう。

• ヤギは男4人がかりで殺す。2人が両脚を押さえ、1人は角（つの）を押さえる。1人が喉（のど）元を刃物で刺し、喉から流れ出る血は洗面器で受ける。何度も同じ所

経を唱える大ビモと3人の息子。手前には、生け贄の鶏、木切れを入れたザルがある（書布村）

を刺し、5分弱で絶命。ときどき眼球に指を触れる。最初は、目を閉じさせてやろうという気遣いかと思ったが、実は死んでいるかどうかを確認しているのだということがわかった。

- 黒い子豚は前脚と後ろ脚を2人で分担して持ち、前脚を持った男が刃物で喉を一刺しする。1分20秒で絶命、ヤギのと同じ洗面器に血を受ける。

古事記への視点

■のびやかに進行する生け贄殺し

ヤギの眼球に触れるのを、目を閉じさせてやろうという気遣いかと勘違いした私の感性は、生け贄儀礼の伝統を失った日本に育ち、生け贄儀礼に対する現実感覚を持たない者に共通のものであろう。私が実見したほかの事例も含めての印象だが、この生け贄殺しも、すべてがのびやかに、明るい雰囲気のなかで進行する。“残酷だ”という意識は、彼らにはほとんどないようだった。

実際私たちも、現場では残酷という印象をあまり受けなかった。しかし、のちにこの場面をビデオ映像で見た日本人の何人かが、「正視できない」と言うほどに衝撃を受けていたのは、“文化としての生け贄儀礼”に接する機会を、〈古代の近

家族を固めて座らせ、その周りを助手たちに曳かれた生け贄が右回りに歩く（書布村）

生け贄を持ち上げてアーチを作り、家族にその下をくぐらせる（同）

▲男４人に押さえられてヤギが殺される。左奥では綿羊が殺されている（同）

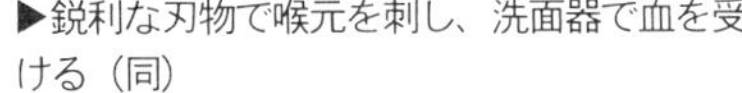

▶鋭利な刃物で喉元を刺し、洗面器で血を受ける（同）

◀子豚を殺し、洗面器で血を受ける（同）

代〉（6、700 年代）以後の日本人が失って久しいからであろう。

⑥生け贄を一列に並べる

大ビモの前、傾斜地の下から順に、頭を坂下側に向け、綿羊、ヤギ、黒豚の順に一列に並べる。

⑦神枝に血を撒く

助手が地面の神枝のあいだを歩き、木切れを使って神枝に洗面器の血をていねいに付けていく。

〈その２：鶏を殺して啼（な）かせる〉

①鶏を殺す

大ビモは鶏を左手に持つ。長いナイフで首の部分を乱暴に叩き、嘴（くちばし）からしたたり落ちる血を小さなボールに溜める。

②血を木の枝の祭具に垂らし、羽を付ける

鶏の嘴からしたたる血を木の枝で作った祭具にたっぷりと垂らし、血糊を利用して鶏の羽を祭具に付ける。一方で、少し太い木の枝 5、6 本にも血を垂らす。

③板と草鬼・祭具を神枝に取り付ける

草鬼を括り付けた長い板（10×80cm）と②の祭具を、地面に挿した神枝に取り付ける。

④草鬼を綿羊の体に載せる

草鬼に血を付け、綿羊のからだの上に載せる。

古事記への視点

■血はケガレではなく、力であった

この生け贄儀礼において、血は一貫してプラスの力を持つものとして扱われている。日本でも、700 年代の『播磨国風土記』の讃容（さよ）郡の条に、「妹玉津日女命（いもたまつひめのみこと）、生ける鹿（しか）を捕（と）り臥（ふ）せて、其の腹を割（さ）きて、其の血（ち）に稲種（いねま）きき」とあるのや、同賀毛（かも）郡の条に「吾（あ）は宍（しし）の血（ち）を以（も）ちて佃（たつく）る」とあるのは、〈古代の古代〉のヤマト族が生け贄動物の血を農耕儀礼に用いていた可能性を示す。

しかし、6、700 年代の〈古代の近代〉以後の日本では、血はもっぱらケガレとしてしか扱われなくなったのである。日本のように、血がケガレとして、一方的にマイナスの扱いを受けているのは、古代日本社会が古代なりの近代化の過程で生け贄儀礼を失ったことによる偏向であろう。

⑤死んだ鶏を啼かせる

◇1大ビモが鶏の翼の根元を切り開き、翼の根元の骨を切って骨の先を押し出す。骨の断面を吹いて空気を吹き込む。

◇2背中の部分を丹念に指で探り、ナイフの先で小さく切り開き、そこに口を当てて空気を吹き込むと、生きているときの鶏の啼き声と同じような音が少し出る。

◇3嘴を横に大きくナイフで切り開き、鶏の首を振って中の血を振り出し、翼の大羽を抜いて嘴の中に入れて血糊を出す。

◇4トサカをつまんで首を上に持ち上げ、その手を震わせながらさきほど切り開いた背中部分の穴に口を当てて息を吹き込むと、「グワ～～」と鶏の啼き声のような音がする。その音に合わせて周りの男たちが「ァオォ～～」と一斉に声を挙げる。

〈その3：鬼を祓う呪い返し〉（起点：0分として）

◎大ビモが鐘型の鈴を振り、ビモたちは経を唱え始める。

これは3月16日に録音した「④敵（不潔な鬼）が一緒に食事をするのを防ぐ呪文」(→P33）と同じ。

・輪唱形式と唱和をとり混ぜながら、かなりきれいなメロディーの経が続く。「ァオォ～～オ」というところは必ず唱和し、そのあと輪唱になる。再び「ァオォ～～」が来ると、さっと唱和。このあいだ、鈴はずっと大ビモが鳴らし続けている。(ここまでで、鬼を祓う呪い返しの始まりの起点から12分経過)

◎再び大ビモが鶏の背中の骨に息を吹き込み、鶏の啼き声の音を出す。男たちが奇声を挙げる。

前の辺りの地面に木切れを振り撒き、鈴が鳴り終わる。(同14分経過)

◎小ビモ（長男）が鶏を持って立ち上がり、家族の周りを回ってからさきほどのやり方で鶏の啼き声の音を出すと、周囲の男たちが「ァオォ～～」と奇声を挙げる（➡映像26)。そのあと、綿羊、ヤギ、子豚の順に並べてあった生け贄の最後部に鶏を並べる。(同15分経過)

◎再び鈴を鳴らし、経を唱える。鈴が一瞬鳴り止んでメロディーなしの経を唱え、再び鈴を鳴らし、やや早口の経に変わる。

◎大ビモが指示を出すと、小ビモ（長男）が木の枝を持って立ち上がり、縦に並べてある生け贄を木の枝で軽く叩く。ここで再度「ァオォ～～」という声

殺した生け贄を並べる。向こう側には依頼した家族が固まって座っている（書布村）

助手が、生け贄の血を神枝にていねいに塗り付けていく（同）

鶏を殺し、嘴からしたたり落ちる血を祭具に垂らす（同）

▲草鬼の両足の部分に血を付ける

草鬼に血を付け、綿羊のからだの上に載せる（同）

死んだ鶏を啼かせるため、注意深く細工をするビモ。息子や弟子が真剣に覗き込む（書布村）

右手でトサカを持ち、背中の穴に息を吹き込むと、死んだ鶏がまるで生きているかのように啼く（同）

鶏のトサカ、翼と尾の羽を使って、鳥形を作る（同）

助手が木の枝を遠くへ放り投げる。ヤギと子豚は解体のために運ばれ、綿羊だけが残っている（同）

が周囲の男たちから挙がり、小ビモは木の枝を下のほうに投げる。突然、経が止む。（同 19 分経過）

・小ビモがヤギを持ち上げようとし、周りの男が手伝いに駆け寄る。鶏はビモの所に運び、ヤギと子豚は 50m ほど下の家に運んで行く。綿羊だけが地面に残される。

◎もう一人の小ビモ（三男）が綿羊の向きを 90 度回転させ、綿羊のからだの上に木切れを載せる。助手が綿羊の足の裏の小さな肉片を削り落とす。これはビモの呪ないに必要なものなので、ビモが持ち帰る。

・小ビモ（長男）が鶏の首を切り、鶏を解体し、トサカと翼の羽と木の枝を使って鳥の形を作る。

◎ここでつぶやくような唱え方の経が始まる。メロディーはなし。（同 23 分経過）

◎大ビモは左手に木の枝、右手に器を持っている。透明の液体（水あるいは酒？）の入っている器を傍らの助手に渡すと、助手はそれを綿羊のからだに掛ける。

・ここでまた最初のころのようなきれいなメロディーの輪唱の経に戻る。（同 24 分経過）

　ビモの前には、あとで鬼の絵を書くための 10×80㎝ の板が置いてある。

◎大ビモが助手に木の枝を渡すと、助手がそれを地面の神枝の上にさっとかざす。そのあとすぐ、木の枝を遠くに放り投げる。（同 26 分経過）

◎大ビモが、ザルに入れた雑穀（米・豆・ソバを砕いたもの）を、自分の背後の地面に挿してある神枝に振りかける。同じメロディーの経が続く。これは、災いや不公平なことがここに残らないように、それを神々の世界に送ってしまうための経。（同 30 分経過）

◎大ビモの指示で、助手が綿羊の位置を変え、90 度回転させて頭を山の上の方向に向ける。（同 31 分経過）

・大ビモはときどき雑穀を撒く。たまに小ビモ（長男）も雑穀を撒く。

◎大ビモが、かなり頻繁に雑穀を撒く。再び助手に指示。綿羊の上にあった木切れと小枝を持って来させ、自分の背後に置く。ビモは立ち上がって綿羊の所まで歩いて行き、綿羊のからだを放り投げるようにしてまた向きを変えて横向きにする。

◎経が止む。これで呪（まじ）ないが終わった。（ここまで所要時間 35 分）

〈休憩時間：以下休憩中に行なわれていたこと〉

・先ほど削り取った綿羊の足の裏の肉片を、小ビモ（三男）が大事そうに葉っぱに包み、自分の荷物に入れた。
・このあと、依頼主の家で生け贄の解体をする。
・小ビモ（長男）が10×80cmの板に絵を描く。木の枝をペン代わりにし、生け贄の鶏の血と鍋の裏側のスス（墨でも良い）を混ぜたものを顔料にして描く。犬、猫、鶏の絵は、小さい鬼を表わしている。裏面は、イ文字の呪文でびっしり埋めつくす。これを鬼板という（➡映像27、映像28）。

3　茹でた肉を捧げるとき　（16：22再開）

◎「生け贄を神に捧げる経」が始まる。

・茹でた生け贄の肉のザルが、大ビモのそばに運ばれて来た。
・大ビモは後ろから細い棒を取り出し、肉片を棒に付ける。小ビモも手伝う。ほかの棒に大きな塊りの肉を突き刺す。
・大ビモが次々と指示を出す。助手が、鳥の長い羽やヘビの脱け殻のある辺りの神枝に真っ赤な肉片を千切って付ける。

〈儀礼はここで一旦終わり、茹でた肉を食べる（➡映像29）〉

・大ビモが自ら歩いて行き、肉の塊りを一番年長者らしい見物の老人に手渡す。
・ビモたちの前に、樽に入ったスープ、ザルに入った茹で肉の塊り、そばパンが運ばれて来る。長男の小ビモは相変わらず板の裏側にイ文字の呪文を書いている。
・家族も集まって来て一緒に食べる。
・鬼祓いの儀礼が終わったあと、村人が大ビモに「生卵占い」をしてもらいにやって来た。卵の入ったどんぶりの前に座り込み、村人は占いの結果を真剣に聞いていた。

このあと、儀礼は夜まで続くということだったが、私たちはそこまでの準備をしていなかったので帰途につくことにした。（これ以後の進行は、「第Ⅱ章　第2回調査2000.9.14～9.20」の「鬼祓い儀礼」の後半部が参考になるであろう）

17：15、下山開始。17：40、河原に着く。18：30、美姑に戻る。

ザルに入れた雑穀などを撒きながら、大ビモの経は続く（書布村）

生け贄の血と鍋の裏のススを混ぜて木の枝に付け、犬、猫、鶏などの絵を描く（同）

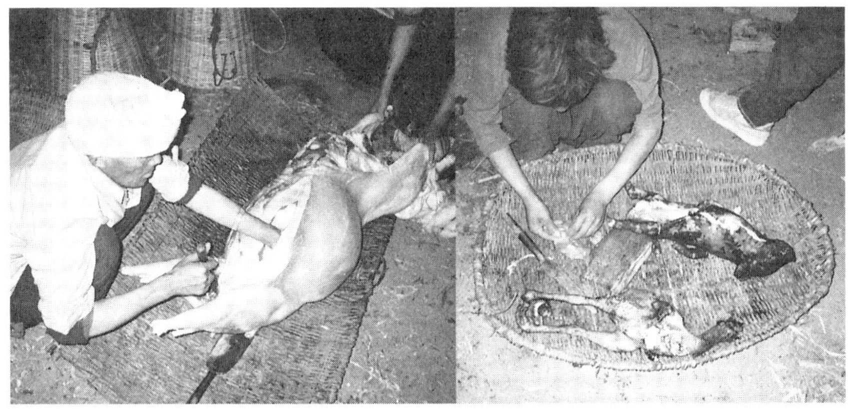

▲生け贄の解体。左はヤギ、右は子豚と鶏（同）

▶生け贄の生の肉片を棒に刺す（写真左）。神枝に肉片を突き刺す。手前は鳥の羽（写真右）

◀儀礼が一段落したとき、村人が生卵占いをしてもらいにやって来た（同）

鬼祓いを終えて　――3月18日（火）続き

大ビモの前で車座になり、茹でた肉、スープ、トウモロコシパンを食べる。大ビモが取り分けて、熱心に私たちに勧めてくれる。大ビモの爪先は3、4ミリ程伸びていて、その内側は汚れが詰まって真っ黒だが、こういう状況下ではそんな不潔さなどふっ飛んでしまう何かがある。勧めてくれる肉片をありがたく食べた。モソツホ氏は「大ビモと一緒に食事をするのは、たいへん縁起がいいことですよ」と言う。

クドウはこういった調査ではいつも極力健康状態に留意し、調査の継続を最優先させるようにしているので、こういうちょっと“危なそうなもの”はほとんど食べない。少数民族のお酒は強すぎたり自家製だったりするので、お酒を酌み交わす場面でも、「私は酒に弱いので……スミマセン」という態度で一貫している。やむを得ずお酒を飲まなくてはならないときは、同行の張氏が代わりに飲んでくれる。クドウはいつも快く引き受けてくれる張氏に感謝している。そんなわけで、この肉片も私と張氏が食べた。

大ビモの魅力

大ビモの息子たちは、3人とも父親似の好青年だ。ふと、彼らが背広を着、颯爽とオフィス街を歩いている姿を想像した。しかしここで彼らのやっている儀礼を見ていると、まるで縄文時代か弥生時代のまま時間が止まってしまっているように見える。ビモとしての儀礼を受け継ぐため、休憩時間に熱心に経典を暗誦している姿を見たとき、イ族文化の伝統の強さを感じさせられた。町に出てテレビを見れば、そこには近代生活が映し出されている。それでも彼らは、この近代以前の世界を出ることなく、呪術や祓いの儀礼の習得に精進して一生を終わるのだろうか。こういう共同体が、私たちの生きている社会と同じ時を刻みながら歴史を作っているのが不思議だ。

大ビモは、実に風格がある。シャツはあちこち破れて穴があき、ヨレヨレで薄汚れてはいるが、服装が粗末なことなど、彼がやっている儀礼を見ているといかにも些末なことに思えてくる。

それにしても、清潔で物質豊かな文明社会からやって来た私に、前近代社会に生きている大ビモは、なぜあんなに魅力的に見えたのだろう。それはきっと、私のいま住んでいる世界にはないものを彼が持っていたからに違いない。

美姑イ族社会の精神的な基軸は、ビモなしにはあり得ないのだ。大ビモがそこにいるだけで、イ族独自の文化を担っているという誇りが鮮烈に漂ってくる。外界からやって来た者にも、畏敬の念を抱かせてしまう魅力がある。

美姑のイ族は極貧だが、独自の伝統文化を断固として継承している民族には、その貧しさを凌ぐ精神の豊かさと、共同体の結束の強さがある。私はすっかり美姑贔屓になってしまった。

大ビモを囲み、肉、スープ、トウモロコシパンなどを食べる（書布村）

❖ 工藤綾子の旅記録より

スニからの聞き書き・スニの鬼祓い――3月19日（水）

金髪の理由

9：15、美姑賓館から徒歩20分の、巴普鎮（美姑の中心近く、標高2065m）柳洪村へ行くことにする。

きのう、美姑に入ったフランス人研究者が私たちの行動を知り、同行させてもらいたいとの申し出があったので、出発前、ホテルのロビーで合流する。彼は台北在住で、中国と台湾の少数民族の研究をしているということだった。

村へ行く途中、すれ違う村人たちは彼の金髪を見て、たいそう驚いている。村人のほとんどは欧米人を見たことがないらしく、青い眼や金髪、ピンク色の肌を見ると心底驚くようだ。とうとう2人の女性につかまって立ち話となった。立ち話といっても彼はイ語を理解できないから、女性2人が一方的に彼を前にしてしゃべっているようだ。様子を察して近寄って行ったモソツホ氏に、「この人は草ばかり食べているから、こういう髪の毛の色になったのか？」と尋ねたそうだ。「いや、彼は肉も食べるよ」とモソツホ氏が答えると、“自分たちと同じ食事をする人”だと知って安心していたという。

さて、目的の丘に辿り着くと、ワッと子供たちが集まって来た。モソツホ氏が少年の1人に何か言うと、その少年は少し離れた所から一抱え以上もある大きな草束を運んで来た。これを広げて腰掛け代わりにするというわけだ。モソツホ氏が少年にタバコをあげると、さっそく皆で分け合って吸い始めた。（→P123）

1人の少年の首にパチンコ（弾弓）が掛けられている。日本のとまったく同じ形だ。馬蹄形のきれいなシンメトリーで、使い込んだ木はすべすべと光っている。首に掛けているところを写真に撮ろうとしたら、その少年はめずらしくシャイで逃げてしまい、ほかの少年が代わってくれた。

スニの鬼祓い

スニがやって来た。いろいろ話した結果、今夜町外れの空き家でスニの儀礼をするから、生け贄の鶏が必要だという話になった。鶏の代金とお礼のお金（80元）を渡し、夜の再会を約してスニと別れた。

町に戻る道すがら、あちこちの林の木々に呪（まじ）ないの印しが掛けてあるのを見た。町なかの家の軒下にもある。美姑は、どこへ行っても町も村も山の中も呪ないだらけだ。草束だけのものもあれば、円形のものと生け贄の鶏の羽、草鬼などをまとめて括ってあるものもある。モソツホ氏が「あそこにも、ほらここにも……」と説明してくれる（→P122）。

パチンコを掛ける少年（柳洪村）

11：00ごろ美姑賓館に戻り、休憩。午後は15：00から17：00まで、美姑側のガハシジョ氏、モソツホ氏等と、「勒俄特依」の出版の話を進める。美姑側が、「どうせ活字にするのなら、今回録音にとったものよりもっと完全な『勒俄特依』を記録したい」という意向を示し、その方向で話が進んだ。取材方法や必要経費の件、また、出版するのは日本で、といったことを暫定的に取り決めた。現に生きている創世神話「勒俄特依」の貴重な記録化が実現しそうだ。畢摩文化研究センターが採集・録音をし、張氏が日本語への翻訳に協力してくれることになった。

（クドウ注：この日の打ち合わせから実に6年3か月の時間が過ぎ、ついに本書『四川省大涼山イ族創世神話調査記録』が完成したのである。これは、中国四川省涼山地区美姑と雲南省昆明と日本東京を結んでの、関係者全員のねばり強い情熱の持続がもたらした成果であった）

美姑滞在も今夜が最後ということで、夕食は送別会を兼ねた。モソツホ氏、ガハシジョ氏、曲比爾日（チョビルズ）氏（長男の小ビモ）ほかが参加。

19：45、真っ暗な道を懐中電灯の明かりを頼りに、町外れの廃屋に向かう。20：00、倒産した郷鎮企業の廃屋に着き、その中でスニの儀礼（→P125）を見る。

21：30、終了。美姑賓館に22：00ごろ戻る。美姑での調査、すべて終了。

❖ 工藤綾子の旅記録より

[呪(まじ)ないの印し]（美姑の雑木林、街角など各所にある）

- 草で作った「贖魂（魂を請け出す）」の呪符だという。
- 丸い円形の物を白い紙で包んであり、草鬼（今回見たものは4個ついていた）、草束、鶏の羽などを束ね、林のなかの木の、目の高さほどの所に掛けてある。
- 生け贄にする鶏は白い雄鶏である。
- 丸い円形のものは、儀式の太鼓の形状を表わしている。

美姑郊外の雑木林にあった呪ないの印し（柳洪村）

[スニからの聞き書き] 美姑(メイグー)県巴普(バープー)鎮柳洪(リウホン)村。海抜2065m。美姑から徒歩5分。

《答えてくれた人》

ジフラグ氏（52歳）。柳洪(リウホン)村（200戸、人口1840人余）。6年前にスニになった。

Q／なぜスニになったのか？

A／むかし結婚したが、子供が生まれなかった。子供がいないし、自分のからだも弱いのでスニになった。具体的にどういう病気か私にはわからないが、からだが疲れやすくて元気がなかった。ビモに儀礼をやってもらうと、「阿(ア)

散(サ)」という鬼がついていることがわかったのでさらに儀礼をしてもらい、アサを守り神としてスニになった。スニになったら子供も生まれ、からだも丈夫になった。

＊ここで、子供たちがモソツホ氏にタバコをねだる。もらった子供たちから歓声が挙がる。

スニと、スニになったあと授かった子供

古事記への視点

■前近代社会では、タバコは幸せな共同性のなかにある

一般に近代社会においてタバコには、“大人はいいが、子供は禁止”という規制がなされている。しかしこの地域のように、人々の意識が「タバコは良いもの」という共同性のなかにあると、“大人も子供も、男も女も吸ってよい”というふうになって、スッキリしている。一般に辺境の少数民族の村では、子供は労働力として大人同様に考えられている。その対等さがタバコにも貫かれていると見てもいいだろう。

一方で、現代日本の都市型の社会では、タバコの害が強調されるとともに、タバコの煙を吸いたくない“他者”への配慮が要求されるようになり、また子供の成長に対しての保護という観念も強調されるようになった。辺境の村のように低生産力の前近代社会で、隙間だらけの家や空き地だらけの生活圏の場合はほとんど問題にならなかったことが、コンクリートの建造物が一般化し、個人領域を尊重する志向の強まった近代都市型社会にあっては問題になる。

近年私が繰り返し書いているように、日本は、〈古代の近代〉の日本古代国家成立期以後一貫して、良い意味でも悪い意味でも少数民族的文化を色濃く残して現在に至っている。“他者”と自己をあまり区別しないというのもその特性の一つだが、それはタバコの吸い方においても顕著であった。しかし、辺境の少数民族の村では普通の、タバコについての幸せな共同性は、いかに少数民族的体質を継承している日本の近代化とはいえ、21 世紀に入るとともにさすがに維持できなくなっていくのであろうか。

いずれにしても、〈古代の古代〉のヤマト族文化をモデル的に復元するには、近代の都市型社会の生活感覚はかなりの部分で障害になると考えたほうがいい。

私のアサは、具体的には 2 人の人物の魂から成っている。その 1 人は私の死んだ父でスクアダと言う。もう 1 人はセオズゥクァと言い、むかし私（白イ族）を所有していた黒イ族の主人の名前だ。

私は病気がちだったので、ビモを呼んで占いをしてもらったら、「父親の魂と黒イ族の主人の魂が悪さをしているので、からだの具合が悪く、子供も生まれない」と言われた。そこでビモが儀礼をすると、悪さをしている 2 人が守り神に変わり、私はスニになった。スニとしての私の守り神は父親と黒イ族の主人だが、儀礼の際にはほかの神にも来てもらって手伝ってもらう。

＊李子賢氏の話／「アサは守り神というよりも、“からだに付着している霊魂（付神霊）”というニュアンスのほうがいい」

Q／スニの儀礼はだれに習ったのか？

A／ビモは血縁で引き継がれ、儀礼のやり方や「経」を習わなくてはいけないが、スニは習わなくてもいい。私はだれにも習っていない。

この近くに住むビモと付き合いがあり、仲がいい。ビモを尊敬しているが、儀礼を習うための師として付き合っているわけではない。ビモから習ったことはそれほど多くない。

＊李子賢氏の話／「スニは、ビモからは単発的に習うだけで、継続して何回も習うわけではない」

Q／「勒俄特依」を歌えるか？

A／「勒俄特依」は歌えない。暗唱できるのは、スニの源の経、スニの系譜、鬼祓いの呪文、山の神々の系譜だ。

Q／経、系譜、呪文を歌ってもらえるか？

A／鬼祓い儀礼は勝手に行なってはいけない。それに、生け贄がなければできない。

スニの系譜は、「いつどこにどういう有名なスニがいる」というふうに個々別々に語るだけで、異なるスニ同士の関連は出てこない（継続して辿れないという意味）。

＊李子賢氏の話／「スニの系譜は、蛙が跳んでいるのと同じように、話（系譜）がつながらない」

Q／1年にどのくらいの病人を治すのか？

A／1年に17、8回くらい、鬼を祓っている。冬に集中してやっている。ほかの季節は少ない。

昨年、こういう例があった。村で会計の仕事をしているナズェゲェポという人がいて、その家に3、4歳の子供がいた。その子供は熱があり食欲がなく、吐いたりして何も食べなかった。薬を飲んでも治らなかった。そこで私がナズェゲェポに頼まれて生卵占いをすると、レイクという鬼の悪さで病気になったということがわかった。

レイクはイ語では「背が低い犬」という意味だが、本当は犬ではなくて、火事か熱湯でやけどして死んだ4、5歳の子供だった。そういう死に方の場合は火葬にできないので、土葬にされた。豚を生け贄にしてそのレイクの霊を祀り、ナズェゲェポの子供からレイクを祓って病気を治した。その祀りの名前は「レグウ」という。

スニの鬼祓い

3月19日20：09～　巴普鎮（バープー）の倒産した郷鎮企業の建物の中で

◇生け贄は雄鶏1羽。

◇儀礼をする前にスニにタバコと酒を渡した。「タバコと酒を渡すのは、儀礼の前の決まった礼儀だ」とのこと。

◇スニ「きょうは、2人の日本人、フランス人、李子賢、張正軍のために、鬼を祓う」

◇ビモの儀礼は複雑で、神枝を地面にたくさん挿すが、スニの儀礼は単純だ。スニのレベルによっても儀礼の程度が違う。あるスニは長く呪文を唱えることができる（李子賢氏が半年前ここに来たときに見たスニは、何十分も呪文を唱えて踊っていたという）。

〈儀礼の順序〉

スニは部屋中央の壁ぎわに座り、その前に鬼板が置いてある。助手の少年が焚火に太鼓をかざす。太鼓の皮（ヤギの皮）を温めると音がよくなるからだ。

①熱い石を焚火の中から取り出して水の入った茶碗に入れ、スニの前に置く。座っている依頼者たちの周りを回り、石を屋外に捨てる。

②私たち依頼者の名前を一人一人、スニに知らせる。依頼者は固まって座らなくてはいけない。

③助手が鶏を持って私たちの周りを3回まわり、スニが鶏を殺す。

鶏の首の下に茶碗を置き、助手がナイフを渡す。スニは鶏の頭をナイフで無造作に叩いて殺し、流れ出る血を茶碗に受けて、草束に血を振り掛ける。死んだ鶏を、焚火の前の鬼板のそばに放り投げる。

＊鶏を殺しているあいだ、地元のイ族の参会者はほとんど関心を示さず、ときどき笑い声を挙げたりしながらおしゃべりをしている。

古事記への視点

■生け贄文化の喪失は、〈古代の近代〉以来の現象

このゆったりとのびのびと、明るい雰囲気のなかで生け贄が殺されていくというのは、前日（3月18日）の4人のビモによる鬼祓い儀礼のときの生け贄殺しの状況と同じ。また、スニの行動に合わせて「ァオォ〜〜」と声を挙げるところになると、タイミングを外さずにしっかり声を発している点も同じ。こういう儀礼が、彼らにとっては、当たり前でごく日常的なのものであることがうかがえる。

日本文化、特に最近の近代都市文明中心のそれは、制度的には大宝律令（701）以来、原則として祭式における生け贄の習俗を失ったこともあって、人間が生存すること自体に付きまとう根源的な残虐性に対するリアルな感覚を失っている。この現象は、『古事記』『日本書紀』においてもすでに顕著であるから、『古事記』『日本書紀』をそのまま〈古代の古代〉のヤマト族文化とすることはできない。

④スニは呪文（経）を唱えながら太鼓を叩く。

このときお金を渡すと神に喜ばれるということなので、助手に20元を渡した。

〈太鼓の形〉

1995年5月に訪問した雲南省伝習館（安寧）のイ族のスニ（女性）の太

鼓は団扇(うちわ)太鼓だったが、美姑のスニの太鼓は、曲った木の枝に蔓(つる)のような紐で太鼓が括り付けてあり、バチはS字型に湾曲して先端がT字型になっている。太鼓の厚さは約8cmで、中に小石か豆のような物が入っているらしく、太鼓を水平に大きく振りながら下面をバチで叩くと、「シャッ、シャッ」という音と「ドンドン」という音が同時に出る。普通、太鼓を持つときはバチで打つ皮面を垂直にするが、この太鼓は常に皮面が水平になるように持つ。

⑤アサ（スニに憑いている神霊）を呼ぶ。

次第にテンポが速くなり、スニが「ハァ、ハァ、ハァ」というような声を発すると、周囲の男たちから「ハア〜ッ」という奇声が挙がる。スニは立ち上がり、飛び跳ねるようにして回転したりしながら激しく踊る。ときどき片足を上げる。太鼓を叩くのをやめ、太鼓を激しく上下に振って「シャッ、シャッ」という音だけで激しく踊り、声が震え気味になった。トランス状態に入ったという印象（➲映像30）。（1分10秒）

突然終わる。

⑥スニは所定の位置に戻り、鶏がスニの前に運ばれてくる。スニは羽をむしり、何本かを傍らの草束（③で血を振り掛けた草束）に取り付ける。

死んだ鶏のからだを両手で押すと、二声「クゥ、クゥ」と声のような音が出た。

ビモの場合は、草束（祭具）と神枝を両方用いるが、スニの場合は神枝はなくてもいい。この草束にアサが付着しているからだという。

⑦助手が羽を取り除くために鶏を火の上であぶる。

しだいに羽が焼け、黒い丸焼きになっていくあいだ、スニは白酒(パイチウ)を飲んで休憩。スニが言う、「呼んできたアサは『ここにいる人たちは元気で病気もないのに、なぜ私を呼んだのか？』と尋ねている」「あるときはアサを何度呼んでも来なかった。山神の系譜、アサの系譜、いくつかの経を読んでも来ないことがあるが、今回は呪文を唱えたらすぐに来た」

⑧鶏を解体する。焼いた鶏の羽をむしり取り、助手が別室に持って行き、鶏の肉を細かく切り分ける作業に入る。翼→足→腹を切る。鶏肉の腹の中は真っ赤で生焼け。骨が固いので、叩いて切り分ける。バ〜ン、バ〜ンと音が室内に反響する。半生(なま)なので、余計に切りにくい。切った肉をさらに焚火で焼く。参会者は白酒を飲んでいる。

⑨助手の少年が、太鼓を温める。

スニは鶏の血と墨を混ぜたものを使って、退治する鬼の絵を鬼板に描く。(20：53)

⑩太鼓を叩きながら「スニの源の系譜」を唱える。音階があり、唱えるというより“歌う”という印象。(6分20秒)

⑪鶏肉を食べる。焼いた肉をまずスニに配り、次に依頼者に配る。

この肉には呪術的な意味があるので、依頼者は少しでもいいから食べなければならない。

⑫21：08に鬼板を外に捨てる。このとき「ァオォ～～」「ァオォ～～」と周囲の男が声を挙げる。

“鬼板に描いた鬼の絵と共に鬼を捨てた、これで我々は鬼と縁が切れた”という意味。

⑬「山の神々を招く歌」が始まる。⑩と同じメロディーを、座ったまま歌いつづける。途中から半音ほど上がり、訥々とした素朴な印象の歌になる。

5分経過後、突然テンポが速くなり、立ち上がって踊り始め、前と同じようなトランス状態。スニが立ち上がると同時に、周りの男たちが「ァオォ～～」「ァオォ～～」という声を発する。これは32秒で突然終わる。踊るのは、山の神々が来たからだそうだ。

スニが言う、「皆さんが来て、せっかくアサを呼んだのに、私は年を取っているのでからだが良く動かなくて、上手に踊れないので恥ずかしい」。

⑭スニは白酒を一口飲み、また歌が始まる。かなりゆっくりして訥々とした印象。

これは「これから起こる悪いことを予測する歌」。メロディーは同じ。次に、メロディーなしで太鼓のみがしばらく続く。

ときどき歌と太鼓を止(や)め、託宣風にしゃべる。以下はそのやりとり。

◆ 同席していたY氏（畢摩文化研究センターの若者）等についての占い

スニ「Yさんは何人家族か？」 →Y氏、答える

スニ「名前は？」 →Y氏、答える

Y氏「悪くて恐い夢を見るのはなぜですか？」

スニ「Yさんにはむかし1人の女友達がいたが、その娘と絶縁してから別の人と結婚した。もとの女友達がYさんに呪いの言葉を言っているので、

恐くて悪い夢を見るのだ」

スニ「こんどは日本人とフランス人について予測する」

太鼓と共に呪文の声続く

スニ「みなさん、からだは元気で丈夫です。問題ありません」

⑮草束を助手に渡す。助手は草束を持って依頼者の周りを回り、屋外へ捨てる。

21：30　終了

◇参会者との終了後の雑談から。

ある女性の夫の父親（注：前出の、このスニの主人だった黒イ族のセオズゥクァ）が亡くなり、その亡くなった父親がこのスニのアサになっている。その亡くなった父親の魂が、このスニの占いを管理しているのである。

◇スニが、生け贄に使った鶏の喉の骨を使って〈鶏の骨占い〉をした（鶏の骨占いは、ハニ族、ワ族など多くの少数民族が行なっている）。

スニ「この大きい骨はこっちを向いているからいい。外側を向いていると財産が儲からない。もしまた我々が会うチャンスがあるとすれば、それは4年後のことだ」

古事記への視点

■スニの占いは、ほぼ当たった

美姑を第2回調査で訪問したのは2000年9月だったので、このスニの占いの日から3年6か月後には、このスニとは会わなかったにしても美姑の人々との再会は果たせたことになる。「4年」と「3年6か月」の近似は、不思議といえば不思議、単なる偶然といえば偶然である。前述の「占いのそれなりの説得性」（→P48）にならって言えば、綜合的な洞察力に偶然が重なったということであろう。

◇（スニは帰ってしまった）スニが帰るとき見送ってはいけない。せっかく鬼を追い祓ったのに、鬼がここ（人を含む）に残ってしまうかもしれないからだ。スニと共に鬼は行くのだ。

◇呼ぶとすぐアサが来るかどうかはスニによって違う。

＊李子賢氏の話／「昨年ここに来た際に見たときのスニの鬼祓いでは、3回呼んでやっとアサが出て来たが、今回は1回で出て来た」

ナイフで鶏を殺すスニ。スニの横の草束には、スニの守り神であるアサが付いている（美姑中心地）

呪文を唱えながら太鼓を叩くスニ（同）

鶏を火にあぶり、焼いてから細かく切り分ける（同）

歌い、踊りながらトランス状態に陥るスニ。助手が草束を戸外に捨てに行き（写真右上）、儀礼終了

西昌へ戻る——3月20日（木）

またしても危険な車に

美姑発8：15。昭覚(2120m)着11：10。昼食後11：30出発。帰りの車はボロボロの北京ジープだった。計器類はほとんど壊れ、計器が塡(は)め込んであった穴がぽっかり開いている。右窓は開かない。後部座席の左ドアは内側から開けることはできない。ハンドル中央にあるクラクションは壊れている。クラクションは、ギアの軸にコードを這わせ、手作りで取り付けてある。だからクラクションを鳴らすためには、ハンドルから片手を離してギアに手を掛けなくてはならない。

クラクションの必要があるときは、見通しの悪いカーブだったり、追い越しを知らせたりするときだが、そういうときに片手運転になるわけで、さらに危険は増すことになる。道は片側が断崖の谷底だし、カーブミラーやガードレールは皆無だから危険きわまりない。カーブの度にヒヤヒヤすること数十回、しかし運を天にまかせる以外にない。そのうえこの運転手は、下り坂でエンジンを切ってしまう、いわゆるガソリン節約運転だった。瀘沽(ルグ)湖の帰りに遭遇したあのジープ転落事故（1995.10.28発生。私は右肩鎖骨骨折、クドウは右肩亜脱臼）のときと状況が似ている。

遠くに西昌の町が見えてきたとき、なんとかあそこまで無事に着いてほしいと祈るような気持ちだった。瀘沽湖のときほどこの運転手はスピードを出さなかったことと、瀘沽湖の道より急坂が少ないことが幸いだった。たいていの場合、こういう運転をする運転手は自前の車で営業している人が多く、少しでもガソリン代を節約しようと考えるようだ。

帰りも、一旦は美姑へ来たときと同じ政府（役所）の車にしようとしたのだが、この車は政府の車の半額という安さなのだという。もっともそれは、せいぜい1万円くらいの差なのだ。私たちがいつも私費で調査に来ることを知っている李氏たちは経済的なことを心配してくれ、気を利かせて安い車を探してくれたようだ。しかし、節約してはいけないところは、まさにこういうところだ。安かろう悪かろうは、車と運転手の質、両方にあてはまる。当たり前のことだがその場の状況に流されず、“命は一つ”ということを最優先で考えなくてはいけないと改めて痛感した。

西昌（シーチャン）（標高1645m）着14：55。この5日間の収穫はとても大きかったのだが、疲労も重なっていたし、無事西昌に着いて交通事故の不安から解放されて心底安堵した。

16：00〜18：00、町を散策。町の食堂で夕食。

ホテルは緑宝石大酒店といい、行きに泊まった宿泊料金の高いホテルの4分の1の値段（ツイン118元）で泊まることができた。設備はそれほど大差ない。小さな同じ町なのに、ここには“相場”という概念はまだないのだろうか。地方の町では、市場経済はまだほとんど機能していないように思う。

このホテルにはあまり外国人が泊まらないとみえて、「（クドウと私の）結婚証明書を見せてください」と言う。張氏が「彼らは外国人だから持っていませんよ」と答えていた。

13日以来、久々の入浴がうれしい。

❖ 工藤綾子の旅記録より

揺れる飛行機で昆明へ――3月21日（金）

落ちない飛行機

西昌空港発10：40、昆明着11：50の飛行機に乗る。そもそも昆明からは往復とも飛行機のはずだったが、行きの切符は取ることができず成昆鉄道で12時間かけてやって来たわけだ。帰りは張正軍氏の尽力でどうにか切符を確保できたので、たった1時間で帰ることができた。

飛行機は、かつて「運七」と呼ばれた軍の輸送機を改造した小さなプロペラ機だった。80人乗りくらい。座席は折りたたみ式で、空席は背もたれをあらかじめ前に倒しておく。客が座っていないと、着陸のときに前にバタバタと倒れるからだ。背もたれを前に倒せばその上に大量の荷物を積めるから、軍用機というのは効率よくできている。

「中国の軍用機は一度も落ちたことがありません。安心してください」と、李子賢氏と張氏が言う。私たちが小さな飛行機に不安を感じているかもしれないと察して、そう言ってくれたのかもしれない。しかし、ほんとうだろうか。中国の操縦士には軍隊出身者が多いので、操縦が確かで安全だと聞いたことがあるが、もしかしたら落ちても公表しないだけなのではないだろうか。瀘沽湖の帰りの交通事故のときの運転手も軍隊出身者で、彼は運転に関して自信満々だった。それなのに……。

乗客は中国人4、50人と、外国人は私たち2人。いよいよ離陸だ。すさまじいプロペラ機の大轟音。そういえば、昭和20～30年代に空から広告ビラを撒いていたプロペラ機がこれと同じ音だった。

血の気の引く上下動

離陸早々、パンとジュースが出た。プロペラ機はけっこう揺れるから、乗り物に弱い中国人があんなに食べて大丈夫かなあと思いつつ周りの乗客を眺めた。しだいに揺れはひどくなる。イヤハヤと肝を冷やしていると、飛行機は乱気流に入り、上下動の激しさにジワッと冷汗が出てくる。ディズニーランドのスペースマウンテンを思い出した。まさにあの恐さに匹敵する。しかし、あちらには地面があるがこちらにはない。機体がぐっと上がった直後、ガクッとずり落ちる。頭の血がスーッとなくなる感じだ。上昇するごとに機体は下がるから、そのつど身構える。しかし、下がるときに受けるショックはどうにも防げない。ここは3000mを越える山並みの上空なので、乱気流も一際激しくなるのだと後で知った。クドウは固く目をつぶり、一心に下を向いている。さっきまでパクパク食べていた客が、あちこちで吐き袋を使っている。一つでは足りなくて、ほかの席の袋まで使っている人もいる。

結局30分近く激しく上下に揺れ続け、ようやく昆明に到着。着いたあと、クドウは平衡感覚がおかしくなったのか立ち上がるのがやっとで、荷物を持つことすらできなかった。およそ半数の乗客が吐いていたようだ。乗降口か

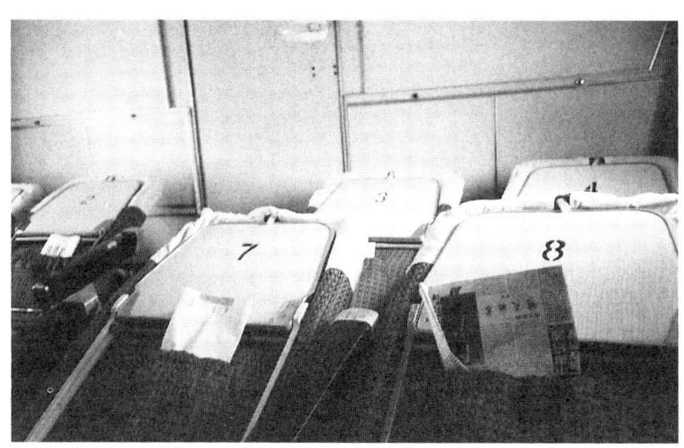

◀空席の背は、あらかじめ前に倒しておく。背を倒した上には、いざというときに荷物を積むこともできる

▶昆明・西昌間を飛ぶ飛行機の眼下には、標高3000mをゆうに超える山並みが続く

ら出ると、先に降りた客たちが芝生の上でも吐いている。
「あ～、恐かったですねえ。私、もう二度と乗りたくありません」と私が言うと、李氏も張氏も青ざめた顔で無言でうなずき返した。
昆明に戻ったあと、知り合いの日本商社の昆明駐在員にこの様子を話すと、「あぁ、あれですね。ボクは危険だから乗らないようにしています」との返事だった。
それにしてもあれほど「二度と乗らない」と決意したのに、クドウも私も2、3か月後には「また美姑に行こう。今度行くときは、酔い止めを飲もう」などと話しているのだから、美姑がいかに魅力的で収穫が大きかったかということだ。

❖ 工藤綾子の旅記録より

◎帰国して約2か月後の6月に入って、「美姑彝族畢摩文化研究中心（センター）」から、「《勒俄特依》を書物にする共同作業についての協議」という名称の正式の合意書が、張正軍氏経由で送られてきた。この時ついに、現代に生きている創世神話の活字化作業が本格的にスタートしたことになる。
◎なお、第2回調査の際には、西昌⇔昆明間の飛行便は運休していた（日本からインターネットで調べた時刻表では運航していることになっていたが）。したがって、このプロペラ機「運七」がその後どうなったのかはわからない。
2002年9月に、雲南省西南部の佤（ワ）族の文化の第2回調査を行なった。昆明への帰途、思茅（スーマオ）空港に着いてみると、昆明への便が、カナダから購入したという50人乗りの小型中古機に変更されたという。私は直ちに覚悟を決めて、用意していた乗り物酔いの薬を飲んだ。ところが、昆明からやって来た飛行機を見ると小さいとはいえジェット機で、飛び立ってみるとプロペラ機とは違ってさすがに安定感があり、強い揺れはほとんどなかった。改革開放後の中国経済の上昇は、こういうところにも及んでいるようだ。

第Ⅱ章

第2回調査

2000. 9. 14～9. 20

鬼祓いの儀礼をするビモ

2000年9月　大涼山美姑イ族文化調査日程表

日	日　程　と　取　材	宿泊
14日(木)	昆明14：38→成都16：00　成都20：30→西昌21：55（飛行機）	金橋酒店
15日(金)	西昌12：40→牛牛壩16：38〜16：50 〔葬儀見学〕→美姑17：25	美姑賓館
16日(土)	美姑7：30→牛牛壩8：07〜9：00 〔葬儀見学〕→美姑9：30 10：41〜17：28 〔中ビモ、曲比爾日氏による鬼祓いの儀礼取材〕	美姑賓館
17日(日)	美姑7：32→拉木阿覚郷9：00　9：38〜13：00〔大ビモ、的惹洛曲氏ほかへの「勒俄特依」録画取材〕　拉木阿覚郷15：38→大ビモの村17：10 17：48〜18：47〔大ビモ、中ビモへの「勒俄特依」録画取材〕　夜、大ビモの家で宴会	大ビモの家
18日(月)	7：25〜8：31〔大ビモ、中ビモへの「勒俄特依」録画取材〕 大ビモの村10：08→拉木阿覚郷11：00→美姑14：00	美姑賓館
19日(火)	美姑8：30→昭覚10：30→車故障→西昌15：15	金橋酒店
20日(水)	西昌10：10→成都11：00　成都12：40→昆明13：20（飛行機）	昆明飯店

取材・録画・録音／工藤隆

写真・取材補助・記録作成／工藤綾子

記録・記録整理補助／土屋文乃

同行者／張正軍（雲南大学・中国語↔日本語の通訳）

現地案内人／<ruby>摩瑟磁火<rt>モソツホ</rt></ruby>（涼山<ruby>彝<rt>イ</rt></ruby>族自治州語言文字工作委員会
・彝語↔中国語の通訳）

<ruby>嘎哈石者<rt>ガハシジョ</rt></ruby>（四川省美姑県教育局）

<ruby>曲比爾日<rt>チョビルズ</rt></ruby>（涼山彝族自治州語言文字工作委員会）

昆明から西昌へ――9月14日（木）

荷物はどこへ

今回の旅では、最初からちょっとしたトラブルに見舞われた。昨日（13日）午後、タイのバンコックから昆明（クンミン）空港に到着したとき、バンコックのドン・ムアン空港で預けた私のキャリーバッグ1個が、どこかほかの国に行ってしまったのだ。そのため、昨夜ときょうの午前中は、バッグに入っていたリバーサルフィルム、ネガフィルム、着替え、洗面具、化粧品などの必需品を買うため、ホテル周辺の店を駆け回るはめになった。

午後、成都（チョンドゥー）へ向かうため昆明空港に着いて再度問い合わせると、荷物はバングラディッシュのダッカに行ってしまい、現在はバンコックに戻って来ていると判った。しかしそれでは、きょうの美姑（メイグー）行きには到底間に合わない。昆明空港まで運び保管してもらうことにして、美姑に向かう。用途に合わせて準備した大量のフィルムを調査に持参できないのは、写真係としてはたいへんな痛手だがどうしようもない。それにしても通訳の張正軍氏がいなかったら、航空会社の係員と補償などの複雑な交渉をするのは困難だっただろう。

これまで私たちが利用したタイ航空のフライト数は、今回で計36回目になる。毎回、チェックインの際に、係員が荷物に行き先タグをつけるのを確認していても、こうした間違いは起こるようだ。航空会社の係員の説明によると、乗務員の荷物ではよくあることだという。利用頻度が高くなれば当然、その確率は高くなるわけだが、旅先で運悪く遭遇した者は大変な不便を強いられることになる。運良く荷物の行方がわかっても、旅程の関係上ピックアップできないことがあるからだ。今回、すべての調査が終わったあとに大量のフィルムが詰まった荷物を手にして、いささかうんざりした。とはいえ、戻ってきただけでも幸運と言うべきなのかもしれない。

14：38昆明発の中国西南航空で四川省の成都へ。成都着16：00。昆明（1900m）は気温25℃前後で快適だったが、成都は標高490mと低いためかなり暑く、気温30℃。西昌(シーチャン)行きの飛行機が出発するまでは4時間近くもあるので、空港前のクーラーつき喫茶店でお茶を飲んで時間をつぶす。

成都発20：30の四川航空に乗るが、出発が30分遅れたため西昌着は21：55。西昌は標高1500m、気温20℃。モソツホ氏が出迎えに来てくれた。西昌中心地の金橋酒店に投宿。部屋に入ると、タバコのにおいが、強く鼻をつく。持参した中国製電気蚊取り器の強い香りで対抗した。大きなゴキブリの来襲も受けつつ、23：40就寝。

❖ 工藤綾子の旅記録より

美姑へ・牛牛壩（ニウニウバー）で葬儀見学——9月15日（金）

母を亡くした青年

美姑（メイグー）へ行くためにモソツホ氏が手配した車の運転手が、たまたまきのう交通違反で運転免許を警察に取り上げられたという。このままでは美姑に運転して行くことができないということで、運転手は免許を取り戻すため朝から奔走していた。その手続きを待つあいだ、金橋酒店の一室でモソツホ氏、張正軍氏、クドウが、「勒俄特依（ネウォテイ）」の出版に関する打ち合わせをした。1997年の美姑調査の際に採録した「呪文歌」（→P29）などの録音テープを渡して、モソツホ氏に追加の翻訳を依頼する。

免許証を手にした運転手がようやく戻り、昼食をとって西昌（シーチャン）を12：40に出発。このときの一行は日本からのクドウ・私・土屋の3人、昆明から張氏、西昌からモソツホ氏、運転手、そしてほかにもう1人、見知らぬ青年が加わっていた。昨夜、美姑への途中の牛牛壩（ニウニウバー）という町の、その青年の母親が危篤だという報せがモソツホ氏に入り、急遽彼をこの車に同乗させて牛牛壩まで連れて行くことになったのだという。実はこの時点ですでに彼の母親は亡くなっていて、モソツホ氏と運転手はそれを知っていたのだが、本人には向こうに着くまでその事実を伏せておく配慮がなされていた。助手席にモソツホ氏、後部座席には日本からの3人、最後部の荷物のあいだに張氏とその青年が身を縮めて窮屈に座り、12：40美姑に向けて出発した。

西昌から美姑までは170km。途中、道路の拡幅工事が数十kmも続く。掘り起こされたり、車の轍で深くえぐられた道を、車底をこすらないよう注意しながら進んで行く。3年半前に来たときよりも道は悪くなっているという印象だ。拡幅工事が済めばもう少し快適に走れるようになるのかもしれないが、崖の補強工事は驚くほど簡単な処置しかしていないから、いずれまた次々と別の箇所が崩れるだろう。

15：30、昭覚（チャオジュエ）を通過。

16：38、新中国成立以前まで奴隷売買の市が立ったという牛牛壩（ニウニウバー）に到着。それまで一言もしゃべらずに、茫然と窓の外を見つめたり、ときに頭を抱え込んだりしていた青年は、沿道を埋め尽くす大勢の人々を見たとき、すでに母親が亡くなったことを察知したに違いない。道のあちこちではパンパンと爆竹がはじけ、女性たちのほとんど全員が葬儀のために民族衣装を着ている。青年は、黙ったまま素速く車を降りて人込みに消えて行った。

伝統の葬礼と葬送行進曲（➡映像 31）

私たちはモソツホ氏の案内で遺体が安置されている家屋に向かった。亡くなった女性は、20 歳ごろから役人として働き、この土地にも役人としてやって来たのだという。ほかの地方の出身者なので、牛牛壩の彼女の家は大きくない。そこで、沿道に面した大きな倉庫のような建物を借りて葬儀を行なうことになったのだという。ガランとして殺風景な 100 畳ほどの広さの室内の中央には木製のダブルベッドが置かれ、そこに遺体が安置されている。枕元の壁にはたくさんの民族衣装が掛けられ、枕元の台の上には黒地に赤と黄の模様のイ族食器が置かれ、食べ物が供えられている。遺体にはイ族の民族衣装（上着、スカート、濃紺マント）が掛けられている。上半身に大きな白い布、顔には陣笠風の帽子（盤帽）がかぶせられ、顔を見ることはできない。

遺体の周囲には哀悼歌を歌う女性たち。ベッドの裾には線香を立てるための洗面器がある（牛牛壩）

足元には灰を入れた大きな洗面器が置かれ、灰に立てた10数本の線香から煙が立ち昇り、部屋中に充満して白く漂っている。

遺体の周囲に座っている女性たちは口々にもの悲しいメロディーで歌っている。彼女たちの帽子が平たいお皿のような形をしていることから、彼女たちの多くは既婚者だとわかる。そのうち突然、スピーカーから大音量で西洋音楽の葬送行進曲が流れ出した。四川省奥地のイ族の葬儀には、何ともそぐわない。女性たちは遺体を取り囲んだままじっと座っているが、西洋音楽が流れると先ほどまでの歌はなくなってしまった。悲しみを逆撫でするような、ビリビリと音割れした大音量の葬送曲だけがただ響いている。

あすの午前中に葬儀があり、出棺は午前中に行なわれ、ビモも来るというので、それに合わせて再び訪れることにし、ここは美姑へ向かうことにした。

命がけのシャワー

16：50牛牛壩を出発、17：25美姑（標高1930m）へ着く。3年半前に訪れたときは美姑賓館しかなかったが、その向かい側に新しいホテルができていた。かつて美姑賓館に泊まったときは湯沸かし機能が全館故障中でシャワーが使えなかったのと、ホテル内のカラオケ屋がうるさかったので新ホテルをと希望したが、あいにく満室らしく、今回も美姑賓館に泊まることになった。

部屋に入り、今回は使えるという湯沸かし器の説明を受ける。便器、シャワー、洗面台は2畳ほどの洗面所にある。シャワーは、壁面にある水栓を開くと、天井近くに据えられているブリキ箱に水が溜まる仕組みになっていて、ブリキ箱の縁から水が溢れ落ちてきたら水道を止め、電気で湯を沸かす。電気のスイッチは通電部分の金属がむき出しになっている簡単な構造で、ガチャリと倒せばＯＮ、もとに戻せばＯＦＦ。服務員から取り扱いの注意を聞いた張氏は、「必ずこの黒い取っ手部分を持ってスイッチを入れてください。金属部分に手が触れれば死にますよ」と言ってスイッチを入れて見せてくれた。

荷物を解いてホテル前に出ると、入り口に嘎哈石者（ガハシジョ）氏が待っていてくれた。3年半ぶりの再会だ。18：30〜20：15までガハシジョ氏（以前はイ族畢摩研究センター、現在は教育局に所属）が所属する教育局主催の歓迎の宴に出席。

ホテルに戻ると室温は18℃、相変わらずのカラオケが聞こえてきた。

❖ 工藤綾子の旅記録より

葬儀見学・鬼祓い——9月16日（土）

葬儀を見学する

朝7：00、美姑賓館近くの食堂で朝食をとり、7：30美姑を出発、8：07牛牛壩に着く。きのう聞いた話では午前中に、[牛を殺す]、[生きている者の魂を呼び戻す]、[山に行く]、[牛肉を配る] の4つの行事が行なわれるということであった。しかし、私たちが着いたときにはすでに葬儀の3つの行事は終わってしまっていて、これから [牛肉を配る] 段階であった。モソツホ氏が地元の人から聞き出した話によると、普通は午前10：00ごろから一連の儀礼を始めるのだが、この葬儀は沿道で行なわれるため、車が少ない早朝に執り行なってしまったのだという。

沿道から4､5m高いすぐそばの土手の上で1人の男性が遺体を焼いていた。遺体の下には、男性は九層、女性は七層の薪を組むというが、道の下からはよく判らなかった。火葬の場所から7､8m離れた土手で、2人の若いビモが「経」を読んでいた。（→P146写真下）

沿道の様子を見学していると、道の中央辺りを1人の老人が、歌うように何かを唱えながら歩いて来た。頭の先端が尖ったイ族特有の陣笠をかぶり、藍染めの上下の衣装に濃紺のマントを羽織り、腰には刀を差している。いでたちから見て、間違いなくビモである。もの悲しいメロディーで歌うように唱えながら、ときどき自分の胸に手を当てて嘆く仕草をしている。モソツホ氏の説明によると、この女性が亡くなったことを知って駆けつけて来た人で、きのうから今朝への一連の儀礼に間に合わなかったため、今こうして嘆き悲しんでいるのだという。

肉配りを待つ人々（➡映像33）

儀礼は終わったのだが、沿道は大勢の人々で埋め尽くされている。牛肉配りを待っているのだという。沿道と牛肉配りの会場（おそらくふだんは市場が開かれる広場）を埋め尽くしている人々は、ざっと見て2000人以上はいたと思われる。この日に殺された牛は、なんと22頭ということであった。これだけ大勢の人に配るのだからその数は当然なのだろうが、葬儀にどれだけお金がかかるのだろうか。美姑の人々の貧しい暮らしぶりを考えると、途方もない大金であるに違いない。

牛肉配りの会場に入っていくと、中央付近に直径1mほどの大鍋が数個あり、これで肉を茹(ゆ)でたようだ。鍋のそばには血に染まった牛の頭や皮が無造作に積まれている。そばを歩くと、プンと血のにおいがする。そのすぐ横で、地面に腰を下ろした母親が乳児にお乳を吸わせている。血に染まった大量の牛の頭と乳飲み子に授乳する母親の姿が隣り合う光景は、近代都市社会に住み、家畜を殺す場面を見ることのない私にとって衝撃的だった。

8：30、肉とパン（トウモロコシで作った白パン）が配られ始める。肉とパンは広さ10畳ほどもあるビニールシートの上に大量に広げられ、中央には長い木の枝の杖を持った老人が立ち、杖で指図をしながら肉配りを取り仕切る。ときに指示に従わずに肉を取ろうとする者がいると杖を振り上げて激しく叱責するが、そういう不届き者はあまりいない。それぞれ集落単位で分けてもらっているとみえて、分配係の男5、6人が大きな飼料袋にスコップで肉とパンを詰め込んで村人に渡している。その詰め込み方に不公平があるからだろうか、ときどき老人の叱責が分配係の青年たちに飛ぶ。肉を待つ群衆の数は、配っても配っても一向に減らないように見える。一様に押し黙ったまま、じっと肉の分配作業を見つめている。彼らが、この前に肉を食べたのはいつのことだったのだろうか。

少し離れた屋根付きの一角で、私たちも少量の肉とパンを分けてもらった。殺した後すぐに茹でた牛肉は硬く、トウモロコシパンはぼそぼそとしている。肉や粉の旨味が感じられず、たくさん食べられるものではなかった。

鬼祓いの儀礼

9：00、牛牛壩を離れて、9：30美姑へ戻る。10：00に再び出発、徒歩でガハシジョ氏の義妹（奥さんの妹）夫婦の家に向かう。ここで中ビモ、曲比(チョビ)爾日(ルズ)氏による鬼祓い（反呪）の儀礼があるという。

儀礼が行なわれる家に行くと、前庭ではビモの弟子がかいがいしく準備をしていた。きょうの生け贄は、ヤギ、子豚、鶏だという。前庭の一番奥の突き当たりにヤギが繋がれ、弟子の近くに転がっている布袋に子豚が入ってい

イ族独特の陣笠にマント、長い太刀を差した老人が、歌いながら道を歩いて来た（牛牛壩）

沿道から上がった小高い丘の上で、遺体が焼かれる（同）

▲大量の肉とトウモロコシパンを分ける男たち（上）と、じっと肉の分配を待つ人々（同）

◀鮮血も生々しい牛の皮のすぐ横で、乳飲み子に授乳をする母親（同）

て、ときどき袋がモゾモゾと動く。そのすぐそばでは両足を結わえられた黒い鶏がうずくまり、地面に何かを見つけては最後の食事をついばんでいる。

第1回調査（97年）のときの鬼祓いは、広々とした山の傾斜地で行なわれたから、こんな街の中でも同じ儀礼ができるものなのか、半信半疑で儀礼の始まりを待った。第一、このコンクリート造りの家で神枝はどこに挿すのだろうか。神枝を挿すなら儀礼は屋外でやるのではないかと思い、前庭で働くビモの弟子に尋ねてみると、「神枝は山のほうに行って、そこで挿す」という答えだった。しかし、終わってみれば、神枝は地面に挿すことはせず、最初から最後まで屋内ですべての行事を終えた。

今回の儀礼は、美姑の中心地に近い町中（まちなか）の家で行なわれたわけだが、ヤギのような大きな生け贄を殺すのでさえ、土足で歩くコンクリート床とはいえ、一家が毎日団欒する居間でやってしまうのだ。美姑地区としてはかなり豊かな家庭であるらしく、居間にはテレビとオーディオセット、ソファがあった。そんな豊かな町の生活にあっても、鬼祓いの儀礼が当たり前に暮らしに溶け込んでいる有り様に驚いた。当地としては最新式のテレビやオーディオの傍らで、喉元を一刺しされたヤギが息絶えていく。洗面器になみなみと溜まった生け贄の血。文明の利器と並んだその光景は、忘れられない。

約7時間の長い儀礼のあいだ、ビモとして真剣に儀礼を取り仕切っていた曲比爾日（チョビルズ）氏の顔が、儀礼を終えた途端、普通の青年の顔になり笑顔が戻ってきた。「ごくろうさま」という感じで、家の主人が向かい側の席からビモにタバコを1本投げる。それを受け取り、おいしそうにタバコを吸うビモ。隣りにいる弟子やモソツホ氏にも主人からポンポンとタバコが投げられ、儀礼のあとの安堵感のなかで皆がタバコを吸い始める。そこにいた全員の緊張がほぐれ、笑いがこぼれた。主人と話を交わしながらビモはビールを飲む。ビモは隣りの弟子にもビールを手渡す。張氏がモソツホ氏に相談して30元をビモへ渡す。ビモからお返しのビールが戻ってきて、張氏はそれに口を付けて返礼。

美姑賓館に戻り休憩。19：45からの夕食タイムで、疲れをほぐす。

❖ 工藤綾子の旅記録より

〈葬儀取材〉

［ビモの経］

この儀礼を執り行なうビモは経典を持参せず、暗誦で「生きている者の魂を呼び戻す」ための経を唱えた。

［火葬］（➡映像 32）

イ族の葬儀は、正常死の場合は火葬で、葬儀の行なわれる家の近くの山で遺体を焼く。異常死の場合は土葬だという。

このときは、沿道のそばの土手の上で遺体を焼いていた。同じ土手の、火葬の場所から 7､8m 離れた所では、2 人の若いビモが「経」を読み上げている。

鬼祓い儀礼

2000 年 9 月 16 日 10：41〜17：28

《 儀礼の執行者 》

・曲比爾日（チョビルズ）氏（32 歳）：中ビモ。四川省涼山彝族自治州美姑県語言委員会

17 歳から（小ビモとして）儀礼をしてきた。父親は第 1 回調査で「勒俄特依」を歌ってくれた大ビモ曲比拉果（チョビラゴ）氏（→ P 20）。

北京中央民族大学に所属するビモ研究者の招聘により、年に 1 か月ほど同大学の聴講生として、仏教、イスラム教、道教など他の宗教の勉強もしている。そのかたわら、その研究者の手伝いもする。中国普通語はあまり得意ではない。

このビモは、1997 年の第 1 回調査の際には、大ビモの長男として助手を務めていたが、いまは中ビモとなり、独立して儀礼を執り行なっている。

［儀礼の目的］

災いを防ぐため。一家の平安を祈願し、他の人から陰口を叩かれたり、呪（のろ）いをかけられていないかと疑問を持っているとき、用心のために儀礼を行なう。周りの家々、隣りの家、遠い家からの、あるいは死んだ祖先の祟りがあるのではないかというとき、ビモを呼んで鬼祓いの儀礼をしてもらう。この家族の場合、時期は一定しないが毎年行なっている。

［依頼者の家族］

当主はガハシジョ氏の義妹の夫で、額其拉沖（ウォチラチョ）（30 歳）氏。美姑県計画生

育局の職員で、ラジオ放送関係の仕事もしている。家族は妻、娘（10歳前後)、息子（5歳前後）の4人。当主は鶏の羽を等間隔に挟んだ白い毛糸の輪と、麻の皮紐で作った輪を首に掛けている。男児は麻の皮紐の輪だけを掛け、妻と女児は白い毛糸の輪だけを掛けている。これらの紐は儀礼の終わりごろ鬼を祓うときに切り、それは鬼を祓ったことを意味する。

［儀礼の場所］

・儀礼が行なわれた家は、美姑の中心地から徒歩10分ほどの広い道路沿いに建っている。美姑一帯で言えば、非常に便利な町暮らしの家庭だ。家屋は道路から2mほど高い所にあり、道路から石段を登って木戸をくぐると、そこは15畳ほどの細長いコンクリート貼りの前庭になっている。

・前庭に面した家の戸口の上部には、呪（まじ）ないとしてたくさんの物が吊されている。最上部にヤギの角、中央に鐘が下がり、その上にキジの頭。両端には数種類の草を集めた草束がある。右端には昨年の儀礼で使った鶏の羽などを付けた棒が挿してある。単なる飾りとして掛けてあるキジの頭以外は、ビモの行なう儀礼と関係のある物だという。

・前庭では、ビモの弟子（助手）が儀礼に使う用具の準備をしている。木戸近くにある、ドラム缶を半分に切ったカマドで火を焚きながら、儀礼に使う木の枝を準備している。その隣りではこの家の主人が木材を細く割って儀礼に使う小さな木片を作っている。

［生け贄］

・この日の儀礼の生け贄はヤギと子豚と鶏で、いずれも雄（おす）である。

・イ族の生け贄はヤギではなく、綿羊を用いるのが正式だという。

［神枝］

・神枝はふつう、柳の木を用いる。

・神枝には、白（木の皮をむく）、黒（木の皮をむかない）、半白（半分だけむく）の3種類がある。

・今回の儀礼では神枝を挿さなかったが、屋内での儀礼で神枝を挿す必要があるときは、ジャガイモや固めた土に挿すこともあるという。

［草鬼］

ビモはさまざまな形の草鬼を作る。草鬼は主にワジュという草を使って作る。「ワ」は岩石、「ジュ」は草を意味し、「石のあるところに生えている草」

▲儀礼が始まる前の前庭。ビモの助手とこの家の主人が儀礼のための準備をしている（美姑中心地）

◀入り口の上には呪ないの品々がぶら下がっている（同）

草鬼（左写真）。草鬼を柳の枝で刺した矢鬼（右写真）（同）

の意。ワジュと麻で、草鬼を作る。草鬼は、ヤギを食う鬼（ヤギに乗っている鬼）、馬を食う鬼（馬に乗っている鬼）、女の鬼（「鬼板」に括り付けられる）、豚を食う鬼、鶏を食う鬼などである。柳の枝で草鬼を刺したもの（矢鬼）は、「鬼が白と半白の柳の矢に刺されて動けなくなっている」ことを表わす。（→ P 151 写真下右）

［儀礼が行なわれた部屋］

儀礼を執り行なうのは依頼主の家の居間で、そこはふだん一家の団欒や接客に使われる部屋である。居間への入り口が家屋の玄関にあたり、正面に大きなテレビとビデオデッキ、オーディオセットなどが置かれている。部屋の左壁面にソファ、左奥にはドアがあり、その奥は納戸。部屋の右にもドアがあり、次の部屋はベッドルーム、その奥は台所。儀礼をする居間の四隅を使い、2本の麻紐をクロスさせて掛ける。一方の麻紐には等間隔に柳の木片を挟み込み、もう1本には鶏の羽が挟んである。この麻紐は儀礼の終わりに切り、草鬼に掛けて遠くへ持って行く。

［ビモと家族が座る場所］

入り口から入って正面の、大きなテレビの左横にビモが座っている。ビモの右脇（ビモから見れば左脇）に、数々の神枝、草（ワジュ）の束、ビモが持参した儀礼用の用具などが壁に立てかけて置かれている。ビモの前には籠が置いてあり、中に広葉樹の葉のついた枝、鈴、草鬼、金銀を表わすという木片が入れてある。ビモの左脇には20代前半と思われるビモの弟子がいて、ビモの儀礼を熱心に見ている。

依頼主の家族4人は入り口から入って右手に座り、私たちを含む部外者は左側壁面とビモの正面壁面（入り口のすぐ横）に座る。ビモから見て左側に座ることのできるのは依頼主の家族だけで、これは儀礼が終わるまで厳しく守らねばならないと指示される。これは1997年春に山の上で見た大ビモの呪い返しでも同じだった。

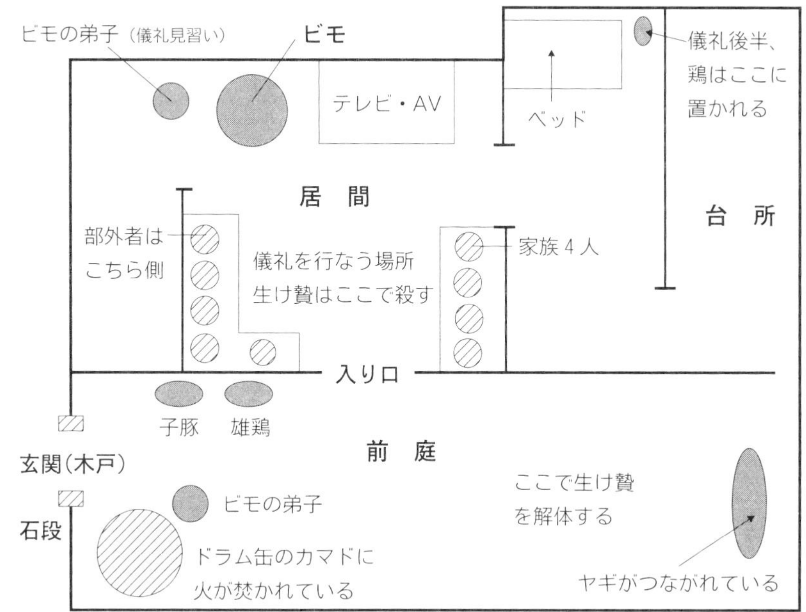

鬼祓い＝呪い返し（反呪）儀礼の主な進行	
11：41	煙祀（煙で神に儀礼の始まりを知らせる）
11：43	打醋湯（焼いた石で行事に使われるものを浄める）
	除穢経（人間やビモの道具や屋内のすべてのもののケガレを祓う）
11：50	ビモの先祖を称える経（内容：ビモの歴史）を唱える
11：51	女は右手、男は左手でザルの中の木片に触れる（家族を儀礼に入れる意）
	依頼主である家族の各々の名前を神に知らせる
11：56	山の神を招く経
12：04	反呪経（ほかに、神を招き、生け贄をささげる経も）
12：45	祛除孽業経（いろいろな悪事を祓う）
12：54	転脳殻（生け贄のヤギ、子豚、雄鶏の順に家族の周りを回す）
13：02	生け贄を、ヤギ、子豚、雄鶏の順に殺す。鶏の血を祭具にかける

13：09	死んだ鶏を啼かせ、反呪経ほか3つの経を唱える
13：27	儀礼中断、生け贄を解体する 中断中、前庭でビモによる生卵占い
15：28	ビモ、鬼板を作る
15：32	献茶経（神に茶を捧げる）を唱えながら祭具を作る
15：46	招魂経（生きている人の霊魂を呼び戻す）。招魂鶏と招魂草を使う
15：59	草鬼を弟子に渡す。弟子は家を出て北西の方向に捨てに行く 招魂鶏を隣の部屋のベッドの横に置く
16：13	ビモが生け贄の肉を食べ、続いてほかの人も食べる
16：28	食事が終わったことを神に報告する経
16：32	経を唱えながら草鬼を作り、鬼板に括り付ける
16：36	床に、祭具を投げ、焼けた炭を撒く（炭で鬼を焼く）
16：40	口に酒を含み、鬼板に吹き掛ける。招魂鶏を振り回す
16：49	家族が鬼板に唾を吐く（体中の悪いものを鬼に付けて追い出す）
16：50	鬼板、鶏を持った弟子が家族の周りを回り、鬼板を前庭に投げ捨てる
16：59	家族は首に掛けていた紐を切り取り、主人が手に持って家族の周りを回す（鬼との縁が切れた、鬼を祓った）
17：03	すべての悪いものと縁を切る経
17：16	天井の紐を取り外し、ビモと主人が持ってナタで中間を切る
17：20	紐で矢鬼を括り、鍋の中に入れて肉汁を注ぐ
17：21	矢鬼と鬼板を持った弟子が、家から離れたところに捨てに行く もう1人の弟子が家族の周りを酒と別の矢鬼を持って回り、酒を吹き掛ける
17：26	激しく鈴を振りながら経を唱える
17：28	儀礼終了

◎「煙祀」

前庭でビモの弟子が柳の枝とワジュという草を積んで火を点(つ)けると、かなりの量の煙が立ち昇る(11：41)。これによって、煙で天の神に儀礼の始まりを知らせる。

・前庭につながれていたヤギ、袋に入ったままの子豚、雄鶏が部屋の中に引き入れられる。

草に火を点けて、天の神に儀礼開始を知らせる(美姑中心地)

◎「打醋燙」

助手が焼けた石を容器に入れて持って来て、部屋の中でぐるりとかざし、熱い石で家を浄める。

◎「除穢経」

人間、ビモの道具、屋内のすべてのケガレを祓うための経が始まる（11：43)。

◎ビモの先祖を称(たた)える経を唱える。経の内容はビモの歴史（11：50 ごろ)。

・ビモが小さな木片の入った籠を主人に手渡すと、男性は左手、女性は右手でその木片に手を触れる（11：51)。依頼主の家族を儀礼のなかに入れることを意味する。

◎依頼主の家族の名前を神に知らせる。

・皮をむいた柳の木片と草鬼を床に投げる（11：52)。木片は金と銀を表わしており、これを鬼に賄賂として与えることを意味する。草鬼をヤギに付けて送るため、ヤギの首に括り付ける。このあとヤギは外に出されて入り口の所で弟子がヤギの綱を持って待機、雄鶏と袋に入ったままの子豚だけが部屋に残される。

◎山の神を招く経を唱える（11：56)。

経を唱えながら木片を床に投げる。

◎「反呪経」

モソツホ氏の説明によると、反呪（呪い返し）経を唱える際、神に「生け贄を受け取りに来てください」という意味の経も唱えたという。またきょうの儀礼では、呪文は全句ではなく、少しずつ一部分を選んで唱えているということだ（12：04)。

ビモはのんびりとしたテンポでときどき声を長く伸ばしながらゆったりと唱えている。唱えながら、ときどき傍らのビールを飲んで喉を潤す。途中、私たちを含む全員に昼食の麺がふるまわれ、ビモも昼食をとるため8分間中断、食後すぐに再開。

- 柳の枝の束を籠から取り出し、ビモの右手前にいる生け贄の鶏の上に載せる（12：35）。この枝束は生け贄や鬼を叩く棒と石を表わしていて、石を投げて殺す、または棒で叩いて殺すという意味がある。のちにこの枝束で生け贄や鬼を叩く。
- 金銀を表わす木片を投げる（12：43）。

◎「祛除孽業経（きょじょげつぎょう）」を唱える（12：45）。これは、いろいろな悪事を祓う呪文。

- 弟子に綱を引かれ戸口の所で待っていたヤギが、室内に連れてこられる（12：53）。ここで依頼者は固まって座り込む。妻が盛んに子供たちを呼び寄せる。主人と妻はイ族のマントを羽織り、子供たちを抱えるようにして4人固まってうずくまる。

◎**「転脳殻」**

ヤギを抱えた弟子が、時計回りの方向に7回、家族の頭上でヤギを回す（12：54）。このあと弟子が、ヤギを連れて戸口から出て行く。

別の弟子が麻袋から子豚を取り出し、キーキーと悲鳴を上げる子豚の頭を持って高く掲げ、家族の頭上をやはり時計回りに7回まわす（12：56）。

右手に**柳の枝束と雄鶏**を持ったモソツホ氏が、**家族の頭上を9回、時計回りに回す**。そのあと、それぞれの家族の背を雄鶏で触れる（12：56〜57）。

時計回りは「出て行く」、時計回りの反対は「入ってくる」を意味する。ここで時計回りに回すのは、悪いものが外に出て行く意味。（他の儀礼で）時計回りの反対に回すときは、良いものが入って来る意味となる。

依頼した家族の人数が少ない場合はこのように頭上で生け贄を回したり、頭上に掲げた生け贄の下をくぐらせたりするが、家族が多い場合はその周りを生け贄を回らせる。

主人が柳の枝束で、ヤギ、子豚、雄鶏の順に叩く（12：57）

◎**生け贄のヤギを殺す**（➡映像34）

ヤギの綱を手に戸口で待機していた弟子が、ヤギを室内に連れて来る。片手でヤギの角を持ち、もう片方の手でヤギの口先を持って、エイッと気合いを入れて床にひっくり返す。ヤギは暴れてすぐにからだを返すが、再びひっくり返される。暴れるヤギの足をモソツホ氏が押さえる。傍らで子豚がキーキーと啼き声を挙げている。依頼主の主人もヤギを押さえ、首の下側に洗面器を当てる。弟子が一気に首に刃物を立てる（12：59）。ヤギが苦しそうに低いうめき声を挙げる。子供たちは何かを食べながらのぞき込んで見ている。弟子と主人が交互に刃物を立てる。皆手慣れていて手際がいい。1分もしないうちに絶命。洗面器に血を受け終えたあと、ヤギは戸口に頭を向けて置かれる（13：02）。

◎生け贄の子豚を殺す

子豚の首の下に先の洗面器を当て、前足と後ろ足を1人の弟子が持ち、もう1人の弟子が鼻先を持って首に刃物を立てる（13：03）。キーキーと啼き声を立てて暴れていた子豚は、約40秒で絶命。血がある程度出たところで、ヤギの後ろに、やはり頭を戸口に向けて並べる（13：04）。子豚の上には柳の枝束は置かない。ヤギを殺し始めてから経は唱えられていなかったが、ここでビモの経が断続的に始まる。

◎生け贄の雄鶏を殺す

血の入った洗面器がビモの前に運ばれる。ビモは柳の枝で作った祭具（草鬼を柳の枝でがんじがらめに刺してある矢鬼2つ→P151写真下右）を取り出し、その枝束2つを主人が両手に1つずつ持つ。枝束の下には先の洗面器が置かれる。

ビモは生け贄の雄鶏を左手に、右手にナタを持ち、雄鶏の頭を力一杯叩く（13：06）。鶏は一撃で息絶える。鶏の嘴（くちばし）をナタで割（さ）き、したたる血を主人が持つ枝束に振りかける。枝の下に落ちる血は洗面器で受ける。途中、ビモは自分の左脇に置いてある別の枝束にも血をさっとかけ、再び丁寧に主人の持つ2つの枝束にかけていく。

次に鶏の羽をむしり、血の付いた2つの枝束に付ける（13：07）。羽は血液の粘りによって枝束に付着する。羽を付け終えると、弟子がその枝束をヤギの顔の先に縦に揃えて並べる。ヤギのからだの上に、葉付きの柳の小枝束が置かれる。

次に草鬼を括り付けた板を、やはりヤギの顔先に置く。皮をむいた太い柳の枝束にも血を付け、羽を付けてヤギの顔先に同様に並べる（13：08）。ビモは断続的に経を唱えながら、ときどき鈴を振る。

◎**死んだ鶏を啼かせ、3つの経を唱える**（13：09〜）（➲映像35）

鶏の背中をナタで強く叩き、背中の羽の一部を取って、口を当てて目安を付け、そこにナタの刃先を当てて穴を開ける。長い羽を1本抜き取って鶏の嘴(くちばし)に突っ込み、嘴の中や喉に溜まった血などを取り除いて通りを良くする。背中の穴に息を吹き込んで啼き声の出ることを確かめる（13：10）。

鶏を啼かせるのは鬼を祓うためだという。鬼は夜の世界のもの、鶏は朝を告げるものなので、鶏に朝を告げる啼き声をさせて鬼を追い払うのだという。

ビモの横にあった柳の葉のついた枝を鶏の上に置き、ザルに入っていた金銀を表わす木片を生け贄の置かれている戸口方向に投げると、周りの男たちが「オ〜ォ〜オ、オ〜ォ〜」と抑揚のある奇声を発する（13：11）。

ビモは**「反呪経」**（呪い返しの呪文）を唱えながら、鈴を絶え間なく振り続ける（13：11〜17）。

右手に葉付き柳の枝を持ちながら鶏の鶏冠(とさか)を持ち、左手で鶏の両脚を持って背中の穴に息を吹き込むと、「グワ〜ァ」と鶏の啼き声が出る（13：17）。同時に周りの男たちが「オ〜ォ〜オ、オ〜ォ〜オ」と応えて声を挙げる。これを2回繰り返す。家族の3歳くらいの男児も一人前に声を合わせている。金銀を表わす木片を投げ、柳の枝で床に置いた鶏の背を1回打ち（13：18）、再び鈴を振りながら経を唱える（13：19）。

ビモは、鶏の背の切れ込みの穴に指を入れたりして、鶏の啼き声の出具合を調べている。細いナイフで背中の穴をさらに開けて整えたのち、右手で鶏冠を持ち、左手で脚を掴(つか)んで、穴に息を吹き込む。今度は先ほどよりもう少し鶏らしい啼き声になった。同時に周りの男たちと男児が「オ〜ォ〜オ、オ〜ォ〜オ」と応える。金銀の木片を投げ、鶏を葉つきの柳枝で1回叩く。周りからは「オ〜ォ〜オ、オ〜ォ〜オ」の声（13：20）。

ビモは葉付きの柳枝を片手に持って経を唱えるが、ここでは鈴は鳴らさない。このときの経は**「生け贄を鬼に捧げる経」**かもしれないが、はっきりとはわからない。モソツホ氏の説明によると、そのあとは**「鶏の起源」**を唱えるという。

経を唱えながら細いナイフに付いた血糊を床に落ちた木の枝でこそぎ取り、鶏の背穴の周りの羽をさらに大きく整えた。

ビモの左手の椅子に座っていた家族は、一塊りになって床にしゃがむ（13：22)。ビモは立ち上がり、先と同様にして鶏を持ち、背中に息を吹き込むと「クワ〜ァ、クワ〜ァ〜ァ〜」と長々と啼かせ、今度はいっそう鶏らしい啼き声になった。雄鶏（おんどり）が朝を告げるときの啼き声そのものだ（13：23)。鶏を啼かせ続けながらビモは家族の周りを回る。周囲の男たちが奇声で応え、弟子が前庭の塀から道路に向かって幾つもの爆竹を鳴らす。激しい爆竹の音に耳を塞ぐ子供たち。男たちは奇声を何度も挙げる（13：24)。弟子がさらに幾つもの爆竹を道路に向かって鳴らす。

鶏が子豚の後ろ側に並べられる。爆竹を鳴らしていた弟子が、葉つきの柳枝で生け贄を叩き、最後にその枝を戸口の外（前庭）に投げる（13：25)。ビモの所に鶏が運ばれ、ヤギは前庭に出される。ビモが鶏の左右の翼の羽を根元から丸ごとむしり取ると、鶏と子豚も前庭に運ばれる。主人も上着を脱いでエプロンを掛け、手伝いのために前庭に向かう（13：27)。ここで儀礼はいったん中断。

◎生け贄の解体

前庭でヤギの解体が始まる（13：27〜)。

①胸の中央部分の皮を少し切り取る。

②睾丸を切り取り、その切り口から①の胸の切り口に向かって切り開く。

③後ろ脚の関節の所に切り込みを入れ、その切り口から脇の下に向かって皮を切り開く。前脚は関節の所にかなり入念に切り込みを入れ（かなりかたいようだ)、同様に脇の下に向かって開く。

④胸の切り開いた箇所から首の下へ切り開く（〜13：35)。

⑤皮を剥ぐ。皮と肉とのあいだに握り拳を入れ、かなりの力で剥いでいく。脚先は関節の所にナタで切り込みを入れ、折る（〜13：47)。

同時に、別の弟子と主人がドラム缶カマドのほうで鶏と子豚を解体している（13：43〜)。鶏は羽を火であぶって取り除く。子豚は血まみれなので水で洗い、毛を焼く。

ビモと子供たちを除く全員がかいがいしく立ち働くなかで、同じ前庭には次の儀礼で使う雄鶏が脚を縛られてうずくまっている。男児がその鶏を相手に遊んでいる。

古事記への視点

■「逆剥ぎ」とはなにか

『古事記』(神代記)で、「大嘗」を行なっているアマテラスに対してスサノヲがさまざまな妨害行為を行なうが、そのなかに「天の斑馬を逆剥ぎに剥ぎて」とある。この「逆剥ぎ」の「逆」は「栄」「坂」「境(い)」の可能性もあるが、さしあたり文字通りに「逆」と解釈する場合には、それでは逆ではない剥ぎ方はどういう剥ぎ方かという問題が出てくる。

この前庭でのヤギの解体を見ている限りでは、やはり剥ぎ方には一定の手順のあることがわかる。それは、その手順に従ったほうが皮がきれいに剥げるといった実用性が基本になっているのであろう。神代記の伝承の段階では、馬の正しい剥ぎ方がどのような手順としてイメージされていたのか、そのモデルに使えそうな剥ぎ方の実例を集める必要がある。

たとえばアイヌ民族のイオマンテでは、神々の世界に送るために殺したシマフクロウや熊を解体するときには、先祖伝来の伝統的な方式・手順を厳格に守らねばならなかったことが知られている。

ともかく、スサノヲの「逆剥ぎ」のように、そういった基本の手順に反した剥ぎ方をすると、不吉だとか、逆に強い呪力が生じるだとか、なにか、正負を問わずに特別な意味が付与されたのであろう。

◎生卵占い (→P48)

弟子や主人たちが生け贄の処理をしているあいだに、中年の女性が生卵占いをしてもらうことになった。この女性は儀礼の途中から前庭で待っていた人で、この家の妻の母親(ガハシジョ氏の義母)。60歳前後だろうか。イ族の民族衣装を着て、耳たぶが垂れるほどの耳飾りを2つも付けている。からだの具合が悪いので、ビモに生卵占いをしてもらうのだという。前庭の突き当たりにビモと向かい合って座り、生卵占いが始まった(13:52〜)。

①卵で、占ってもらう人の身体を撫でる。

②水を張ったドンブリに卵を割り入れる。

③卵の殻で黄身と水の表面を撫でつけ、卵の形状や泡の様子を見てかき回す。殻にドンブリの水を汲み入れて30cmほどの高さからドンブリの中に落とす。再び殻に水を汲んで上から落とし、卵の殻で水の表面を撫でつけて丹念に様子を見る。水の表面を撫でつけながらビモは占いの結果

を話す（13：53）。

④卵の殻で押して黄身を崩し、殻に水を入れてはドンブリに落とすことを3回繰り返す。卵の殻を水面に浮かべる。

⑤殻を取り出して枝でドンブリの水をかき回し、水が渦を巻いているときに殻を落とす。回転する水面で殻が回る（13：54）。

〈結果〉「身体に妖女鬼が付いているので、リュウマチの病気がある」とのこと。

「卵占い」 摩瑟磁火（モソツホ）「趕止と趕哈—美姑地区畢摩の宗教活動」（佐野賢治編『西南中国 納西族・彝族の民俗文化』勉誠出版、1999年）より

二通りの鶏卵占いがある。

新居の場所を選択する時、卵をひとつ取り、家の土台となる所を選び卵をゆでる。殻をむいた後、くぼみの形状を見て吉凶を占う。

各種疾病にかかると、卵をひとつ取り、病人の体に繰り返し撫でたり擦りつけ、同時に針で卵の先端に小さな穴をあけ、その穴へ病人に息を吹かせる。お椀一杯分の水を準備し、畢摩が左手で卵を取り、右手でヨモギの小枝を持ち、水に浸けて、卵の穴を拭い、関連語録を読んだ後、卵を水に入れ、各部分の形状・色と出た泡を見て、何の病気か、なぜ亡霊に取り憑かれたのか等を判断し、どのように治療すれば良いのか意見する。最後に箸で水を混ぜ、水が渦を巻いている時、その中に卵の殻をほうり込み、止まった際に指した方向を見て、病人の霊が家を守る（残る）かどうか考える。

◎ヤギの解体その後

皮を剥いだヤギの頭と皮、胸の骨の一部はビモにお礼として渡す。ヤギの内臓（胆嚢または肺）がビモの祭具の辺りに置かれた。これはあとの儀礼で使うようだ。

皮を剥いだヤギはさらに内側の皮を切り開いていく（13：54）。腹の皮をナイフで切り開くと、大きく膨らんだ袋が出てくる。その異様に大きな袋を引き剥がし、さらに腸も取り出す。股間の部分を切り開き、さらに解体は進む（13：57〜14：10）。**その後このヤギの肉は食べる。**

・15：32まで休憩。

古事記への視点

■低生産力社会で、肉を食べない動物生け贄は考えられない

生け贄儀礼を論じる際に、生け贄にされた動物を食べるか食べないかということ

が問題になる。食べないということは、その生け贄動物は単に神に供えられる供物として儀礼化され、完全に人間から分離されるということである。しかし、ムラ段階の社会では、殺した動物を食べないなどということは考えられない。今回の鬼祓い儀礼だけでなく、第1回調査の鬼祓い儀礼でも、生け贄のヤギ、綿羊、子豚、鶏の肉を茹でて食べた（→P115）。

日本国内では、ヤマト族の動物生け贄は、かつての諏訪神社の鹿殺し神事など特殊な事例を除いて、〈古代の近代〉（6、700年代）以後の日本では消滅した。縄文・弥生期にまで届く〈古代の古代〉のヤマト族の生け贄儀礼について考えるには、この美姑のイ族文化などからも学ぶことが必要であろう（詳しくは、工藤『中国少数民族と日本文化―古代文学の古層を探る』勉誠出版、2002年、参照）

・**鬼板を作る**（〜15：28）

休憩のあいだ、ビモは鬼板を作る。幅10cm弱×長さ60cmほどの板に生け贄の血とカマドの墨を混ぜて作った絵の具で、木の枝をペン代わりにして絵を描く。表側に犬、猫、鳥などの絵が描かれ、裏側には呪文。呪文は右から左へ横書きする。

・**鬼板の呪文**（大声で唱える）

呪文は中国語で「屋内的狗鬼出去、鍋荘辺的鶏鬼出去、房前屋後的呪符除去、房前的無子鬼出去、象水一様快点流去。暫写至此（家の中の犬鬼よ出て行け。囲炉裏の辺りの鶏鬼よ出て行け。家の前と後ろにある呪符よ消え去れ。家の前にいる子供のいない鬼よ出て行け。水が流れるように速く流れ去れ。まずは、ここまで（書いた）」。

モソツホ氏の説明によると、ここでの「呪符」とは周りのどの家かが家畜の骨で作った呪い道具のことで、それがこの家の前や後ろに埋められていることがある。もしそういうものが埋められているとすればこの家に対して災いをもたらすから、祓わなくてはならない。

◎**「献茶経」**を唱えながら、祭具を作る（15：32〜）

献茶経とは神に茶を捧げるときに唱える呪文。昔は茶を捧げたが、現在では生け贄の肉のスープを用いる。

ビモは経を唱えながら生け贄の**ヤギの肺をちぎって鬼板の絵の上に置いていく**。その絵は、犬、猫、鳥など（15：33）。

弟子が茹であがった肉を洗面器に入れて持って来た。ビモは洗面器の中からかなり大きな肉の塊りを3つ、左脇の祭具の辺りに取り出す。

経を唱えながら祭具を作り続ける。柳の枝の先端を細く削りその先に生け贄の鶏から折り取った翼を取り付け、**両方の翼を取り付けた柳の枝を十字に括って鳥の形を作る**。頭に当たる部分には鶏冠が付いている（15：35)。それをビモの左脇に置く。

草鬼を作り、先端にヤギの肺を付ける。これは「鬼に食べさせた」という意。ビモの左脇に置く（15：39)。

手に付いた肺の血を拭い、ビールを飲んで一休み。

・**白い塩、黒い塩、犬の毛、猫の毛、鍋を洗うための用具**（ササラのようなもの）の一部を包んで板絵の上に置き、草も一緒に巻き付ける。これも呪いを返すためのもの。草は「招魂草」といい「魂を招く儀式で必ず準備する草。野生のコヤブランという植物」（前出摩瑟磁火「趕止と趕哈—美姑地区畢摩の宗教活動」より）ということだ。

◎**「招魂経」**

この辺り一帯を浄め、生きている人の霊魂を呼び戻す呪詞（15：46〜)だが、きょうの儀礼の目的からは副次的な経。

これには招魂鶏（羽が黄色い雌鶏）と招魂草が使われる。

弟子が容器に水を入れて持って来て、ビモの前の熱い石の上にかけると、白く蒸気が立ち昇る。ビモの前には塩や動物の毛などを招魂草で括り付けた鬼板も置かれている。弟子が招魂鶏を前庭から運んで来ると、ビモは葉付きの柳の小枝と肺を付けた草鬼を一緒にまとめて右手に持つ。

「招魂経」は、これまでの経のようにゆったりとしたテンポでなく、ハイテンポでリズミカルな感じのものである。このなかでは、美姑のイ族が四川省や貴州省から移って来た道順なども歌われている。【この移動の歴史は「勒俄特依（ネウォテイ）」のなかにもあるので、鬼祓いの儀式の呪文歌の一部は創世神話「勒俄特依（ネウォテイ）」と重なり合っていることがわかる】

ここで主人側からビモにお礼のお金を渡す。金額は10元という決まりになっている。

経を唱え始めてすぐ、籠に入った金銀の木片を一つまみ取り、ビモの脇の祭具類に向かって投げ、右手の鶏もそちらに向けて振り上げる（15：46)。しばらく経を唱えたあと、再び左脇の祭具に向かって木片を投げ、鶏もそち

助手がヤギを抱え、うずくまって座る家族の頭上を時計回りに7回まわす（美姑中心地）

▲草鬼を刺した柳の束（矢鬼）に、鶏の嘴から血を垂らす（同）

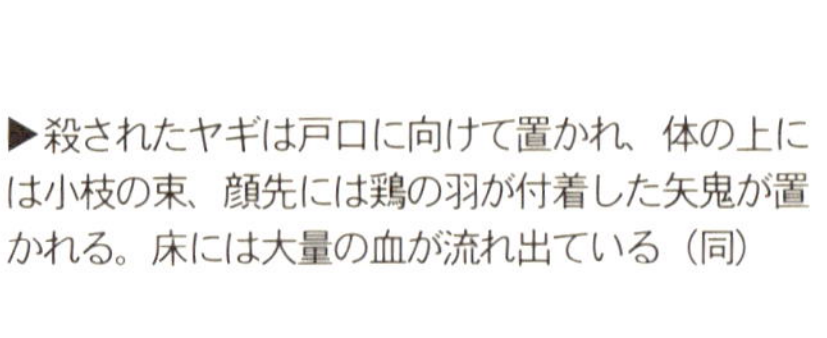

▶殺されたヤギは戸口に向けて置かれ、体の上には小枝の束、顔先には鶏の羽が付着した矢鬼が置かれる。床には大量の血が流れ出ている（同）

◀前庭で生け贄の解体が始まる（同）

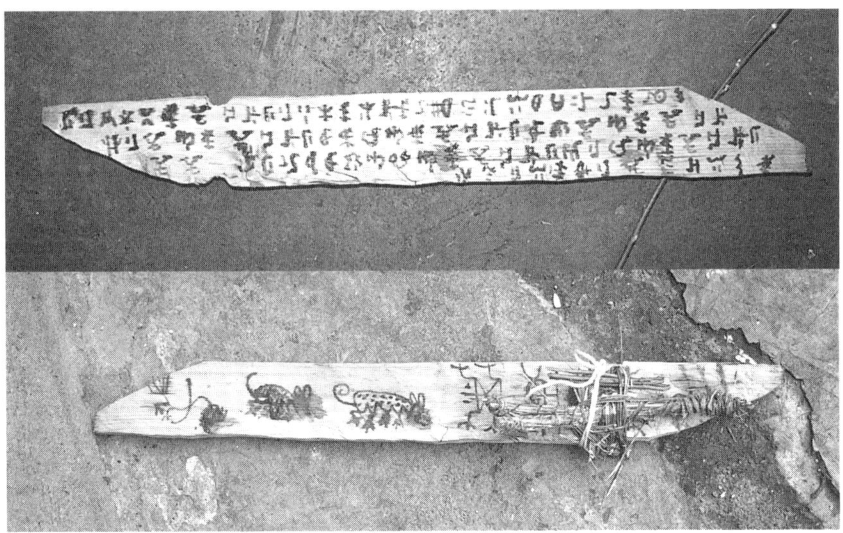

▲鬼板は、裏側にイ文字の呪文、表側には犬、猫、鳥などの絵が描かれている
　表側の犬、猫、鳥などの絵の部分に、ちぎったヤギの肺を置く（絵が血液で滲んでいる）。その横には草鬼が括り付けられている（同）

▶助手が、ヤギの肺が付いた草鬼を、はるか北西の方向に捨てに行く（同）

らに向けて振り上げ（15：49）、再び右手の鶏を上に向かって振り上げる（15：50）。振り上げた途端にヤギの肺が落ち、ビモはそれを枝に付け直す。左手についた血を拭うものを探すビモに、脇にいる見習いの弟子が紙くずを手渡すと、ビモはそれで手を拭う。

経が続いたあと、右手の鶏を振り上げる（15：52）。鶏は生きているのだが、両脚を縛られているので自由が利かず、おとなしい。傍らで男児が何やらぐずっている。なだめる母親の声。

◎ヤギの肺を付けた（「食べさせた」ことを意味する）草鬼を弟子に渡す。弟子は**草鬼を北西の方向へ送りに行く**（15：59）。北西の方向には鬼が住んでいる谷があるからだ。弟子は戸口の外に用意しておいたビニール袋にヤギの肺の付いた草鬼を入れ、それから道路に出て、北西の方向に運んで行った。弟子は、畑のある細い道を通り、細い川が流れている道の所まで行って、道脇に草鬼を置いて（捨てて）きた（16：04）。

弟子が草鬼を送りに行っているとき、ビモは招魂鶏を寝室の隅（南東の方向に当たり、草鬼を送りに行った方向の逆）に置いた。葉付きの柳の枝と招魂草は壁に掛ける。

◎**肉を食べる**（16：13）

生け贄を解体して茹でた肉とスープ、白いトウモロコシパンが出される。まずビモが食べ、そのあとに客が食べる。

◎**食事が終わったことを神に報告する経**（16：28～）

経を唱え、「晩ご飯を食べました、続いて儀礼をします」と神に報告する。ビモの前にはヤギの頭が置かれ、経が始まっても客の前には肉スープとパンが置かれたまま。ビモは経を唱えながら草鬼を作り始めた。仕上げた草鬼は先ほど経を書いた鬼板に草で括り付ける（16：32）。このとき唱えていた経は、「とても速く走れる神を呼んできて、鬼を祓う」という内容。

次いで、**鬼板に細い草（ワジュ）を折って巻き付ける**。「草を折る」のは、「鬼の腰を折る」意を表す。この細い板の棒は4本ある。このとき草を折り鬼板に巻き付けながら唱えていた経は、「鬼の腰を折って、鬼を祓う」という内容（16：35）。

◎4本の棒に草を巻き付け終わると、鈴を振りながら経を唱える。15秒ほどで鈴を振るのをやめ、あとは経だけを唱える。家族は傍らでにぎやかにおしゃべりに興じている。ビモが弟子に指示をすると、弟子が外から火の付いた炭を持って来る。ビモが先ほど草を巻いた**細い棒を床に投げ出すと、弟子がその辺りに炭を撒く**（炭で鬼を焼く意を表わす）。周囲の男たちから「オォ〜オ、オォ〜オ」の奇声が上がる（16：36）。そのあとすぐ、弟子は床に落ちた**細い棒を外に持って行き、前庭から道路に向かって投げ捨てる**（16：37）。

◎ビモが経を唱えながら、弟子に手振りで指示をすると、弟子が白い紐を数本と、茶碗を持って来る（16：40）。ビモは茶碗にビールを注ぎ、口に含んで鬼板に吹き掛ける。周囲の男たちから「オォ〜オ、オォ〜オ」の奇声。

隣室のベッドの横に置かれていた招魂鶏がビモに手渡される。ビモは鶏の両脚を掴んで持ち、空中でひと振りする（16：41）。再び鶏を空中に振り上げる（16：42）。鶏をビモの前に置く。これはビモの前に置くことで、神に見せていることを表わす。この鶏はビモが持ち帰るものなので殺さない。

ビモは**茶碗の酒を口に含み鬼板に掛け、鶏を空中に振り上げる**。周囲の男たちから「オォ〜オ、オォ〜オ」と奇声（16：44）。ビモはまた酒を口に含み鬼板に掛け、鶏を空中に振り上げる。周囲の男たちから奇声（16：46）。ここでビモの唱えている経は、音階の高低があってときどき長く伸ばして歌う、メロディーのはっきりしたもの。今度は酒を含まずに口だけで「シェーッ」と鬼板に息を吹き掛けて、鶏をひと振り。周囲の男たちから奇声（16：47）。

◎依頼した家族の主人が白い紐を持ってビモに近寄ると、ビモが鬼板を差し出す。主人は鬼板に白い紐を2回まわして結ぶ。ビモはその鬼板で自分の顔の鼻の辺りを撫でて、主人に手渡す（16：48）。**主人、妻、息子、娘の順に、鬼板に「ッペィー」と言いながら唾を吐いてはからだにこすりつける動作を3回繰り返す**（16：49）。これは、「鬼に唾を吐く、からだにこすりつけて、からだの中の悪いものを鬼に付けて追い出す」という意味を持つ。

◎家族はビモに向かって一塊りになって立つ。1人の弟子が右手に鬼板、左手に招魂鶏を持って上下に振り、もう1人の弟子が茶碗の酒を口に含んで霧のように吹き出しながら、**時計回りに3回、家族の周りを回る。回り終わったあと、鬼板を前庭のほうに投げ捨てる**（16：50）。このときのビモの経は、単調で静かな調子（16：52）。

ビモは傍らにあったヤギの頭の角（つの）を持ち、ナタで叩いて切り取る。かなり力のいる作業のようだ。この間も経を唱えている。（16：55）

◎生け贄を殺したときに作った、草鬼を刺した柳の枝に血を垂らし、鶏の羽を付けた矢鬼を傍らから取り、その上にヤギの角（切り取られた角2本は皮で繋がっている）を載せ、白紐で結わえる（16：56）。この**ヤギの角で鬼を追い出す**。

別の矢鬼2つに、草を折り曲げて巻いた（鬼の腰を折った）細い棒を括り付ける。もう一つの矢鬼に、生け贄の鶏の大きな羽で作った鳥形のものを括り付ける。こうして4つの祭具を完成させる（16：57）.

◎家族は首に掛けていた紐を切り取って外す。この紐を切ると、「鬼と縁が切れた」「鬼を祓った」ことになる。**主人は全員の紐を持ち、家族の周りを時計回りに3回まわす**（16：59）。それらの紐を受け取ったビモは、先に作った4つの矢鬼の祭具にそれぞれ巻き付ける。

小さめの2つの祭具を立て、そこへヤギの角を付けた祭具と鳥形の祭具を合わせて4本で支えて立てる（17：01）。この間、弟子2人が手伝い、ビモは経を唱えている。

◎ビモは籠の中の金銀（木片）を撒く、周囲から「オォ〜オ」の声。男児も一人前に声を出している。次に鶏を右手に持ってひと振りすると、周囲からまた奇声。

◎ビモは傍らの荷物から経典を取り出し、それを傍らに置き経を唱える。これは、**「すべての悪いものと縁を切る経」**（17：03）。右手には鬼板を持ち、経典を見ながら唱えている。ときどき声を伸ばして唱える、抑揚に富んだ経。合間に鶏に持ち替えて鶏を振ると、男たちの奇声（17：04）。今度は右手に鬼板、左手に鶏を持って振る。

周りの男たちはときどき大きな声で勝手に談笑。ビモは喉を潤すためにビールを飲んでは唱え続ける。右手に鶏を持って2度ほど振る。男たちの奇声（17：07）。鶏を振り、鬼板を立てて持つ。前庭で爆竹の音（17：10）。両手に経典を持ちながら唱え始める。あまり唱え慣れていない呪文だったようで、しっかり経典を見ている。経典を傍らに置き、右手で鶏をひと振りし、同時に左手で天井を指さす（17：16）。

◎天井に、十字形にクロスさせて掛けてあった紐（麻紐のあいだに均等に柳の木片を挟み込んだ紐と、鶏の羽を挟み込んだ麻紐）を主人と弟子、モソツホ氏が取り外す（17：16）。

麻紐を家族全員が両手で持ち、並んで立つ。

ビモは経を唱えながら陣笠ふうの帽子をかぶって立ち上がり、鶏を弟子に手渡し、手にナタを持つ。家族全員が並んで持つ紐の反対側の端をビモが持つと、周囲の男たちから「オォ〜オ、オォ〜オ」と盛んに声が挙がる。ビモは自分と主人とのあいだの**麻紐をナタで切る**（➡映像 36）。麻紐は 70cmほどの長さに切り取られた。前庭からは爆竹の音（17：18）。

弟子とモソツホ氏が、床に立ててあった矢鬼の祭具を取り上げ、ビモは次々**に紐を 70cmほどの長さに切っては、4つの矢鬼の祭具に順次巻き付けていき、最後の2本で4つの矢鬼をまとめて束ねる**。時々周囲から「オォ〜オ、オォ〜オ」の声と爆竹の音（17：20）。

すべての矢鬼に麻紐を巻き付けたあとは、残った麻紐を2つに切り、右手で持って家族の頭の周りを時計回りに1回まわす。その麻紐で4つの矢鬼をまとめて括る（17：20）。

◎熱く焼かれた鍋が運び込まれ、弟子がその周りを鶏と矢鬼を持って時計回りに3回まわす。周囲から盛んに「オォ〜オ、オォ〜オ」の声。矢鬼を鍋の中に置き、ビモが木の杓子でその中に肉汁を3回注ぐと、白く蒸気が立ち昇る。「オォ〜オ、オォ〜オ」の声と爆竹の音。

右手に鶏、左手に鬼板を持ったビモの指示で、**家族が固まって座ると、弟子が矢鬼を持ち、家族の頭上を時計回りに8回まわす**。爆竹と「オォ〜オ、オォ〜オ」の声。矢鬼を回し終わると同時に、ビモは左手の**鬼板を家族の脇の床**（ゆか）**に投げる**。弟子はすぐ鬼板を拾い上げ、右手に矢鬼、左手に鬼板を持って室外に出る（17：21）。弟子は戸口を出た所ですぐ鬼板を矢鬼の束の中に突き刺す。このあと、**家から離れた所の川のそばの道脇に矢鬼と鬼板を捨てに行った**。

もう1人の弟子は室内で家族の周囲を酒の入った茶碗と別の矢鬼を持って時計回りに回り、酒を吹き掛けて鬼を祓う。

モソツホ氏が鍋を持って前庭に出て、鍋をそこに覆（ふ）せる。

道路では別の男が激しく爆竹を鳴らす（17：22）。ビモは所定の位置に座って、盛んに経を唱えている。道路から、再び激しい爆竹の音。

◎ビモは謝礼にもらったものなどをしまいながらも、経を唱えている。

40秒間、激しく鈴を振る（17：26）。片づけをしながらも、経はまだ続い

4つの矢鬼を前にして、鶏を振り、「すべての悪いものと縁を切る経」を唱える（美姑中心地）

左上／天井の紐を外し、片端を家族が持ち、片端をビモが持って切る（同）
左／熱い鍋に矢鬼を入れ、肉汁を注ぐ（同）
上／助手が矢鬼と鬼板を遠くに捨てに行く（同）

ている。弟子が片づけを手伝う。ビモは、ホーローの容器に残っていた肉汁を杓子で周囲に数回撒(ま)いて中をからにし、杓子で容器をしばらくコツコツと叩いてから弟子に返す。儀礼終了（17：28）。

◎ビモはすべてのケガレを持ち帰るため、（鬼祓いを行なった家を）振り返らずに帰る（17：30）。

「勒俄特依」の取材・大ビモの村へ――9月17日（日）その①

拉木阿覚郷へ

7：00、美姑賓館前の食堂で朝食をとり（7：32）、拉木阿覚郷（ラームーアージュエ）へ向けて出発。一行は、私たち日本人3人と張正軍氏、モソツホ氏、ガハシジョ氏、中ビモの曲比爾日（チョビルズ）氏、美姑県語言委員会の青年挖西曲達（ヴァシチョダ）氏、大ビモの甥で拉木阿覚郷党書記の的日以博（ディズジュボ）氏の計9人である。

8：07きのう葬儀のあった牛牛壩（ニウニウバー）を通過。大きな川を越えてまもなく脇道に入り、9：00美姑県拉木阿覚郷（1375m）に到着。道路沿いに家が並び、小さな雑貨屋が数軒。道路から少し入った所に郷政府の建物があり、コンクリート広場のバスケットボール設備で数人の子供たちがバスケットボール遊びをしている。私たちはその一角にある待合室で大ビモの的惹洛曲（ディズロチョ）氏を待つことにした。予定では最初から大ビモの家に行くつもりだったのだが、拉木阿覚郷に着いてみると、大ビモの家はここから2、3時間かかる山奥だから私たちが行くのは大変だろうということで、大ビモがこの郷に来てくれることになっていた。大ビモはすでに到着しているという。

待合室で待つこと10分、はにかむような柔和な笑顔で、3年半前の雰囲気そのままに的惹洛曲（ディズロチョ）氏がやって来た。黒に近い濃紺の布をターバンのようにぐるぐる巻きにした帽子をかぶっている。布の端を細く伸ばし、その先端を広げてあるので、まるで鳥の羽を付けているように見える。

「勒俄特依（ネウォテイ）」のビデオ取材

ビデオ取材の場所は郷のはずれにある丘で、向かい側の山々が連なって見える見晴らしのよいトウモロコシ畑の中だ。この時期、トウモロコシはすでに刈り取られていて、周辺の家の軒下や屋根の上には、白い実のトウモロコシが大量に干されている。枯れたトウモロコシの茎が残る取材現場の畑には、放し飼いの鶏や牛のほか、畑を整理する幼児連れの若い母親、牛追いの少年などがいる。トウモロコシの茎の束がたくさん運び込まれ、取材用の椅子ができて準備完了。9：39、ビデオカメラでの撮影開始。

大ビモの前には白酒（バイチウ）とビール。周囲に集まってきた村人たちにもビールが振る舞われ、10代前半の少年もビールを飲んでいる。集まって来た村人は総勢21、2人。なかにはトウモロコシの茎をかじりながら大ビモの「勒俄特依」を聞く少年もいた。トウモロコシの茎はサトウキビほどではないが、噛むとやや甘い汁が出てきて、ほど良い水分補給とおやつ代わりになる。

枯れたトウモロコシの茎を整理する母親の横で、背中から下ろされてぐずる幼児がおぶい紐を手に泣いている。歌う大ビモの後ろ側を放し飼いの牛がノッタリと横切り、大人に注意された牛追いの少年が慌てて追い払う。そのような情景のなか、大ビモへの録画取材は続けられた。気温27℃。直射日光は非常に強く、じりじりと肌は焼け、座っているだけでも暑い。

ジャガイモの昼食

12：15、午前中の取材終了。

取材の合間の話し合いで、きょう一日ここでの録画取材では全部撮り終えることはできそうにないので、午後からはビモの村に行き、泊まりがけで続けようという話になった。大ビモが言うには、村はここから歩いて約40分の所だという。私たちの足ではおそらく1時間〜1時間半かかるだろうということだった。2、3時間の険しい山登りかもしれないと思っていた私たちだったが、1時間くらいなら多少困難な箇所があっても行くとクドウが結論を出した。

家陰を利用して、昼食が出される。茹でたジャガイモと菜っぱ入りスープだ。食事の順番は、客人、ビモ、そのほかの人という順に決まっているようだ。ジャガイモは塩も何もついていないが、ホクホクして味が濃く、とてもおいしい。スープはトウガラシが何本も浮いているから、かなり辛（から）そうだ。ためらっていると、スープは辛いから私たちには無理だろうと言われてやめる。イ族式のスープの飲み方は、大きな容器から木杓子で汁をすくって直接飲む。

この昼食のときから、大ビモの兄が加わった。彼もビモで、大ビモの家の隣りに住んでいるとのことだ。彼が首から掛けている黒い布袋が目に留まったので、何かと尋ねると、「これはお守りで、中には経典が入っている」という（**刺股**（さすまた）→P180）。

長々と続くビール宴会

12：45、昼食後、郷政府（役所）の部屋へ戻る。ここで何をするのかよくわからないまま待っていると、どうやら昼食を出してくれるのだという。先ほどのジャガイモとスープが昼食だと思っていたので、休憩したら少しでも早く録画取材を進めたかった。何しろ「勒俄特依」は5680句もあるのだから、そんなにのんびりはしていられない。しかし郷政府のほうでも何か昼食を用意したという。「いま鶏をつぶしているから、もうちょっと待って欲しい」と言われ、そのあと、延々とビール宴会が続くことになった。

郷政府の部屋にはいろいろな人が出入りしているが、総勢15人ほどが常時いた。最初は「乾杯」、「乾杯」の連呼から始まる。私たち一行の中の土屋だけが初めての美姑訪問ということで、大ビモが土屋のために歓迎の歌（「酒を勧める歌」）を歌ってくれた。あとでモソツホ氏が話したことによると、午前中の「勒俄特依」の取材では、ビデオが回っていて緊張したためか、大ビモの調子はいつもよりよくなかったが、この「酒を勧める歌」はたいへん上手だったそうだ。また、大ビモは乾杯をすることはめったになく、受ける側は名誉なことであるとのことだった。（[酒を勧める歌]→P 240）

あっという間にビール瓶が林立し、次々と栓が開けられていく。イ族は老若男女を問わずアルコールにめっぽう強いが、まるでジュースを飲んでいるかのような見事な飲みっぷりだ。さすがに一部の若者たちは酔いが回ったのか、疲れが出たのか、ほのかに赤く顔を染めてうたた寝をする者も出てきた。年輩の男性は決してそんなことはなく、ほとんど素面（しらふ）と変わらない。

さて、いつまで待っても昼食は出てこず、どんどん時間が経っていく。とうとう2時間が過ぎたころには、私たちは待ちくたびれて内心うんざりしてきた。ふだんはあっという間に料理ができることが多いのに、鶏料理になぜこんなに時間がかかるのだろうか。待ちくたびれている私たちを気遣ってか、拉木阿覚郷の党書記である大ビモの甥（的日以博（ディズジュボ）氏）が徐ろ（おもむろ）に立ち上がって朗々と歌い出した。体躯もいいが声も大きく、バリトン歌手のようによい声だ。これも歓迎の歌ということだった。

ご馳走を決める話し合い

ところで私たちがビール宴会で延々と昼食を待っているあいだ、大ビモとその兄とガハシジョ氏が広場の隅に腰を下ろし、頭を寄せ合って何やら真剣に話し合っている場面があった。いったい何を話しているのか気になっていたのだが、あとでガハシジョ氏の報告を聞いてみるとこういうことだった。

大ビモの村を私たちが訪問するにあたって、大ビモたちは「牛を１頭殺して（客人に）ご馳走する」と言ったそうだ。しかしガハシジョ氏は、「それなら、行かない」と応じた。ここの人たちにとって、牛１頭というのは年収なみの価格になる。そんなに負担を掛けられないというのがガハシジョ氏の考えだった。すると大ビモたちは「それでは、ヤギにする」と提案、ガハシジョ氏は「ヤギも要らない。鶏でいい。それとジャガイモやトウモロコシパンがあればいい。どうせあの人たち（私たちのこと）は野菜しか食べない。お酒はこっちから持って行く」といったやりとりだったようだ。

ガハシジョ氏は、第１回調査で私たちが美姑に来たときもそうであったように、私たちが肉料理にはろくに手を出さず、箸が進むのは野菜料理だと知っている。大ビモ兄弟とガハシジョ氏との押し問答が続いたあと、「牛は殺さないで鶏にする」ということで話はついたという。いくら客人は肉を食べないといっても、「ご馳走は肉」が当たり前なのだから、肉のない食事は考えられないのだろう。外国人の客人が村に来るというのに、それでは大ビモとしての面子も立たないのだろうし、結局は鶏に落ち着いて良かったと安堵した。私たちはガハシジョ氏の粘りある交渉に感謝した。それにしても、「牛でなければヤギを」、「ヤギでなければ鶏を」という想像もつかない選択肢の展開に、あらためて異世界に来たと実感した。

さて、ビール宴会を経ること２時間15分、15：00になってようやく昼食が運ばれてきた。出された食事は、茹でた鶏肉、茹でたジャガイモ、スープ、ご飯だった。ビモたちと郷の人たちは別の所で食事をする。

大ビモの住む核馬村へ（➡映像41、映像42、映像43）

遅い昼食を終え、15：38、ようやく拉木阿覚(ラームーアージュエ)郷（1375m）中心地から核馬(フーマー)村（1515m）へと出発。一行は大ビモ、中ビモ、ガハシジョ氏、モソツホ氏、研究センターの青年、私たち日本勢３人、張氏の計10人。

15：45、急勾配の坂をいったん標高差100mほどくだり、V字谷の底に流れる大きな川のたもとに出る。そこには全長70mはあろうかと思われる吊り橋があり、それを渡って再び急勾配の坂道を登る。

16：00、１度目の休憩。この休憩地のそばにイグサのように細長い草が生

この時期、至る所に、収穫を終えた大量のトウモロコシが干されている（拉木阿覚郷）

トウモロコシ畑で行なわれた勒俄特依の収録。右から大ビモ、モソツホ氏（同）

大ビモが住む核馬村へ。手前の吊り橋を渡り、休憩をとりつつ渓谷沿いを歩いて約1時間半

村人も、放牧中の牛、ヤギ、綿羊も、大岩のある渓流を軽々と渡って村に帰って行く

えているのを見て、モソツホ氏がきのうの鬼祓いのときにビモが草鬼を作るために用いた「ワジュ」という草（→P150）はこれだと教えてくれた。

16：26、出発から1.2kmほど歩いて2度目の休憩。標高1445m。大ビモたちは歩き慣れない私たちを気遣って程よく休憩をとってくれる。休憩地の近くにはたくさんのヤギが放牧されている。そのヤギの世話をしている数人の子供たちのうちの1人は、大ビモの末娘だという。ゆったりと休んでいると、先ほど拉木阿覚郷で別れた大ビモの兄が、早足の馬で追いついて来た。肩にはイ族のマント、背筋を伸ばして裸馬で颯爽と駆けてくる姿に、思わず見とれた。

さらにしばらく歩くと、大きな岩が集まった岩場があり、そこに渓流が流れていた。この渓流はもう少し下流で滝になっていて、その先は先ほど渡った吊り橋がある大きな川へ合流している。途中で出合った放牧中の家畜はちょうど家路を急ぐ時間帯となっていて、渓流を次々と渡って村に帰って行く。馬と牛は川の中に入って渡り、ヤギと綿羊と村人は岩から岩へ、流れの中の石から石へと軽々と跳んで渡って行く。私たちは流れの中の不安定な石の上を、対岸から手を差しのべてもらってようやく渡った。

16：54、3度目の休憩をとり、17：10、村に到着。出発から1時間半だった。昼下がりの焼けるような日差しも弱まり、景色を楽しみながらの快適な山登りだった。

❖ 工藤綾子の旅記録より

◆ビデオカメラによる撮影は、モソツホ氏による手書きのイ文字表記「勒俄特依」（本書巻末に全句併載した）を見ながらビモに唱えてもらう方法を取った。これは、本書収録の全句とビデオ映像の両方を刊行することによって、できるかぎり正確に原イ語テキストとメロディーを後世に伝えたかったからである。

最初は大ビモだけに唱えてもらったが、初めて見せられたイ文字表記資料だったためうまく読めなかったり、つっかえたりして歌のリズムが出なかった。そこで妥協案として、モソツホ氏が先に読み上げ、それを大ビモが耳で聞いて繰り返すという形を取った。この形の場合、歌うのに掛かった時間は、1人で歌うときに比べて2,3割くらい多くなっているのではないかと思われる（1人で歌うときでも句と句のあいだの小休止があるので、2人で歌っても単純に2倍にはならない。詳しくは、映像37〜40､44参照)。参考までに、各段のだいたいの時間を示す。総計すると、3時間27分27秒であった。

〔「勒俄特依」ビデオ撮影記録〕

9月17日 ―― 9：39〜12：15 丘の上での録画取材

1	開場白	(1〜35)	前口上	2分15秒
2	天地譜	(36〜78)	天と地の系譜(➡映像37)	2分08秒
3	開天闢地	(79〜327)	天地開闢(天と地を分ける)	18分37秒
4	改造大地	(328〜477)	大地を改造する(➡映像38)	5分19秒
5	日月譜	(478〜565)	太陽と月の系譜	3分10秒
6	雷電起源	(566〜631)	雷の起源(➡映像39)	2分14秒
7	創造生靈	(632〜798)	生物を創造する	5分30秒
8	人類的起源	(799〜1306)	人類の起源	16分27秒
9	雪族十二子	(1307〜1432)	雪族の十二人の子	4分26秒
10	支格阿龍	(1433〜2507)	支格阿龍(チュクアロ)(➡映像40)	34分10秒
11	阿留居日	(2508〜2638)	阿留居日(アニュジュズ)	4分24秒
	―― 同日、大ビモの村での取材。午後17：40 取材再開――			
12	呼日喚月	(2639〜2959)	太陽を呼び、月を呼ぶ	10分14秒
13	尋父買父	(2960〜3210)	父を探し、父を買う	8分51秒
14	洪水氾濫	(3211〜3698)	洪水が氾濫する(➡映像44)	16分30秒
15	天地婚姻史	(3699〜4159)	天と地の結婚の歴史	17分33秒
	―― 18：47 取材終了――			

9月18日 ―― 7：25 取材再開――

16	飲分別聰愚之水	(4160〜4244)	賢くなる水と愚かになる水を飲み分ける	3分27秒
17	尋找居住地	(4245〜4842)	住む場所を探す	21分18秒
18	祭盔祀甲	(4843〜4961)	兜と鎧の祭祀	4分41秒
19	渡江	(4962〜5022)	川を渡る	2分08秒
20	涅候互賽變	(5023〜5314)	曲涅(チョニ)と古候(グホ)の化け競べ	10分06秒
21	歴史譜系	(5023〜5314)	歴史の系譜	13分59秒

―― 8：31 取材終了――

◆「支格阿龍（チュクアロ）」の刺股（さすまた）

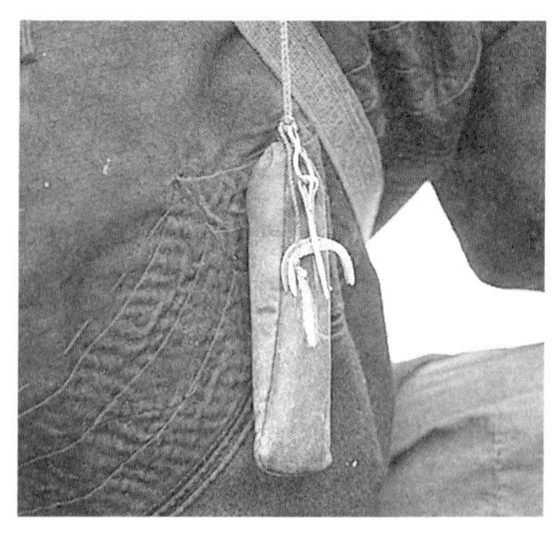
刺股と経典の入っている袋

大ビモの兄が首に掛けていたお守りの袋の外側には、小さな2つの金属製のものがぶら下がっていて、その1つは、「勒俄特依」に出てくる英雄支格阿龍（チュクアロ）が持っていた刺股（さすまた）を形取ったものだという。もう1つの紐の先には鷹の爪が付けてあって、これも支格阿龍を象徴しているという（支格阿龍の刺股は、10［支格阿龍］の1819句に「手に鉄の刺股を執り……」と出てくる）。

◆「酒を勧める歌」

「酒を勧める歌」を大ビモが歌ったあと、大ビモが掲げていた酒杯を土屋が飲み、今度は土屋が返杯をする。大ビモが歌った内容は、まず「酒の起源」について、次に乾杯する相手（ここでは土屋）についてことのことだったそうだ。詳しくは不明だが、「（土屋の）黒髪はとてもきれいだ……」といったような、姿の良さをたたえる内容があり、次に土屋の将来について「どんどん良くなって出世する……」と歌っていたという（この日の夜、大ビモの家を訪れた私たちに歌ってくれた別の［酒を勧める歌］については→P 240）

………………………………………………

■ 核馬村の生活 ■

［電気・水道・トイレはない］

村に電気、水道、トイレはないが、村全体は予想以上に清潔で、ゴミはほとんど落ちていない。家の中の灯りは柱に掛けた小さな菜種油ランプのみ。補充用の菜種油はミネラルウォーターのペットボトルに入れられていて、必要に応じて家の女性がランプに油を足す。窓がないので昼間でも家の中は暗いのだが、昼間にランプを点けることはない。夜、戸外では松明が灯りになる。

村の中央の広場には、どこからか水が引かれている。村人はその水をすべてに使う。トイレはないので、適当なところで用を足す。家陰に行ってもほかの家からは丸見えだったりするから、外部の者にとって場所探しは難しい。子供も含め、住民が用を足している姿を見なかったから、それとなく場所が決まっているのかもしれない。

豚は庭先などにいるが、2本の棒で首を挟まれていて動けないものが多いから、人糞を食べる「清掃」はできない。主に放し飼いの鶏が豚の代わりをしているのかもしれない。

[ビモ]

核馬村の総戸数は35戸、うち32戸にビモがいるから、ほとんどの家にビモがいることになる。ビモのいない3戸は、ビモである父親が早世してしまい、跡継ぎのビモが育たなかったからだという。つまり、本来なら全戸にビモがいたことになる。ビモ不在の家の理由は、跡継ぎの息子が生まれる前に父親のビモが死んでしまった場合、息子がいても教える前に父親が死んでしまった場合、あるいは跡継ぎの息子が生まれなかった場合などである。

なかにはビモが4人もいる家があるという。違う村の出身だが、今回鬼祓いの儀礼をした中ビモ（曲比爾日(チョビルズ)氏）の例でいえば、彼を含む兄弟3人と父親の大ビモが健在だから、彼の家にも4人のビモがいる。97年の取材のときには、大ビモの父も健在だったというから、合計5人のビモがいる家庭だったことになる。このように、美姑では1つの家族に数人のビモがいることは珍しいことではない。

核馬村に限らないが、ビモはだいたい3つの名前を持っているという。1つは公的な名前、1つは父から付けられた名前、もう1つは幼少時の愛称である。

［家の構造］

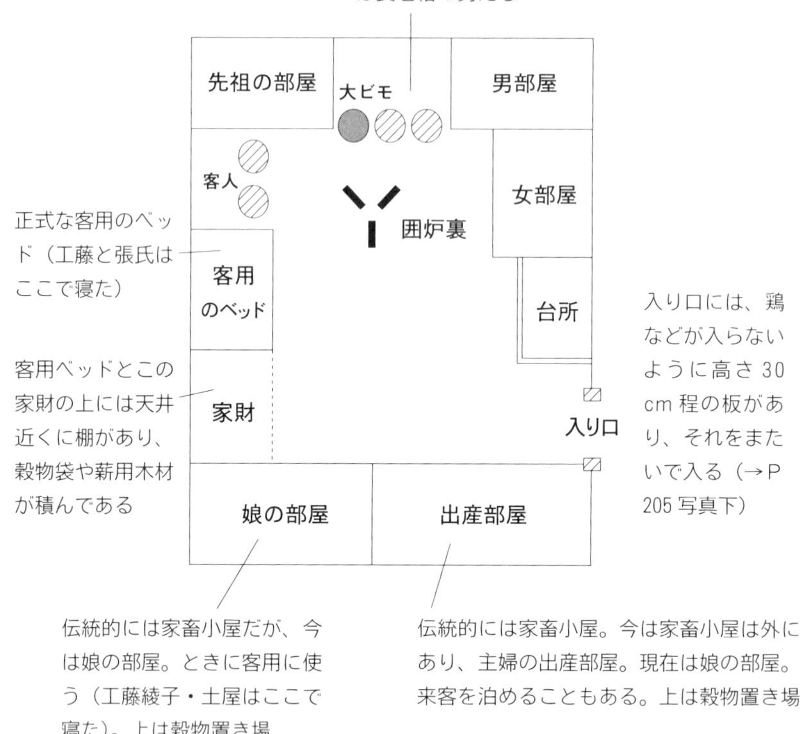

大ビモの右隣りには長老格の男たち
先祖の部屋
大ビモ
男部屋
客人
女部屋
囲炉裏
正式な客用のベッド（工藤と張氏はここで寝た）
客用のベッド
台所
入り口には、鶏などが入らないように高さ30cm程の板があり、それをまたいで入る（→P205写真下）
客用ベッドとこの家財の上には天井近くに棚があり、穀物袋や薪用木材が積んである
家財
入り口
娘の部屋
出産部屋
伝統的には家畜小屋だが、今は娘の部屋。ときに客用に使う（工藤綾子・土屋はここで寝た）。上は穀物置き場
伝統的には家畜小屋。今は家畜小屋は外にあり、主婦の出産部屋。現在は娘の部屋。来客を泊めることもある。上は穀物置き場

［囲炉裏］

家の入り口を入ると斜め奥に囲炉裏がある。囲炉裏は家の中心であり、重要な役割を果たしている。囲炉裏には「く」の字型の大きな石が3つ埋め込まれ、ここに鍋をのせる。『西南中国 納西族・彝族の民俗文化』（佐野賢治編、勉誠出版、1999年）によると、この五徳の役割をする3つの石は中国語では「鍋（グオ）荘（ジュアン）」と呼ばれ、家の新築後最初にこの「鍋荘」を作り、象徴的な意味を込めて火を焚き、鍋を掛けるということである。また、大涼山からの流れを汲む雲南省小涼山のイ族について紹介している『雲南の少数民族』（宋恩常主編、日本放送協会、1990年）では、「囲炉裏の火は料理を作ったり、照明や暖房として利用するので、一年中火を消さずにおく。〈鍋荘〉は神聖なものとされ、足

囲炉裏には、「く」の字型に曲がった大きな石が埋め込んであり、これが五徳の役目をする（核馬村）

で踏みつけたり、その上をまたいだりしてはならず、これに従わない者は必ず辱めにあうとされている」とある。

囲炉裏を中心に家人や客人の座る位置も決められている。囲炉裏の正面奥が大ビモの席で一番上位。その隣りに高い位のビモなど長老格の男性。囲炉裏の左（戸口からみて正面）は客人。そのほかの者は戸口側や台所側に座る。私たちが参加した大勢の村人が集まった宴会でも、女性が囲炉裏のすぐ前に座るようなことはけっしてない。女性は囲炉裏から離れた壁際にいる。

[その他の配置]

台所は入り口のすぐ横。簡素な棚に、バケツ、ホーローの小型洗面器（食器）、ザル、ペットボトルなど最小限のものがあるだけだ。

その隣りは女部屋、壁を白いペンキで塗りつぶし、黄色、赤、緑、黒の菱形模様で彩られている。女部屋の奥隣りが男部屋。ビモなど重要な男性の座る場所を挟んで、その反対側に先祖の部屋。

[女性と出産]

女性は結婚しても妊娠するまでは実家にいる。出産間近になると夫の家に行き、その家の出産部屋で子供を産む。たとえば大ビモの家には3人の既婚の娘がいるが、長女は子供がいるので夫の家に住んでいる。あとの2人はまだ子供がいないので、父親である大ビモの家に同居していて、夫が訪ねて来たり、夫の家に出向いたりする別居生活である。娘が実家で子供を産むと、出産の際の出血により、実家の老人が（あの世に）連れて行かれてしまうので、実家では産まないとのことである。

［イ族の帽子］

乳幼児がかぶる帽子は手の込んだ手仕事によるもので、赤地に黄色の刺繍が施された派手なものである。上部はノコギリの刃のような山切りカットで、その山形の各先端に赤い毛糸玉が付いている。そのように派手な帽子をかぶせる理由は、悪鬼が子供の頭に取り憑かないようにということからだという。

成人男性の場合、ビモのような格の高い人は、黒に近い藍染め布をターバンのように巻いている。着脱は帽子と同じで、いちいち巻いたりほどいたりするわけではない。巻いた黒い布の一端を細く撚（よ）って長く飛び出させた帽子をかぶっている人もいる。これは英雄の印しで、細い部分には剣が入っていると見立てられている。大ビモもこの帽子であった。

そのほかの成人男子はタオルを巻くのが一般的で、若い男は好んでピンクのタオルを巻く。頭に何も付けない人もいる。一般に少年たちは何もかぶっていないが、前頭部の髪だけを残して剃り落とした髪型がよく見られる。前頭部だけを残すのは、「前頭部を守る」意味があり、これは漢族にも見られる。

日常、大人の女性は頭に毛織物の格子柄の布を巻いている。少女たちの場合は、同様の布を巻く者も、何も巻いていない者もいる。子供がいる既婚女性は、鍋蓋の周囲を跳ね上げたような形の黒い帽子をかぶっている。子供がいない既婚女性が正装するときは、何層にも重ねた黒い布を頭頂部に載せ、その上を自分の長い髪を三つ編みにして括る。

このようにイ族の男女が頭を布で覆ったり帽子をかぶったりするのは、頭に精霊が宿っているからで、それを守るためだという。

［女性の衣装］

美姑のイ族女性は、くるぶしまである長い襞（ひだ）スカートをはいており、横4段に接（は）いである。その色には、未婚、既婚によって決まりがあるようだ。いずれも裾は既婚未婚を問わず黒。以前、雲南省小涼山地区の永寧や寧蒗で見たイ族の襞スカートはいずれも裾が白だった。市場のにぎわいのなかで、灰色に汚れきった裾白スカートの女性たちを見たことがある。それから見れば、裾黒スカートは汚れが目立たなくていい。この村の未婚女性は、裾が黒、その上が白、さらにその上が黒、最上段は赤で、既婚女性は裾が黒、その上の3色が赤やピンクなど派手な暖色系の組み合わせが多かった。年輩になると、裾は黒、上3色は青、紫、えんじ色など、ぐっと渋くなる。しかしこれは核馬村の例で、美姑のほかの村になると3段接ぎであったり、未婚でも白を使わないケースもある。裾が黒という共通点以外は、村によって決まりがあるようだ。

[食事]

美姑地域の主な農産物は、ジャガイモ、トウモロコシ、ソバ、麦である。彼らがよく出してくれる食事は、ジャガイモ、そばパン、菜っぱ入り唐辛子スープで、肉は、葬式や結婚式などの特別の日以外には食べない。

私たちのための歓迎の宴では、牛肉、鶏スープ煮、そばパン、ゆで卵であった。ただし、村人が食べていたパンは白かったからトウモロコシパンのようだ。そばパンのほうが上等らしいが、ずしんと重く、ボソボソして硬い。

[大ビモの家族]

大ビモ（的惹洛曲氏〔ディズロチョ〕）53歳。彝族語言委員会特別招聘顧問。妻は50歳前後。子供は、長女（既婚）、二女（既婚）、三女（既婚）、四女（未婚）、長男（未婚）の5人。

長女（32歳）は子供がいるので夫の家に住んでいるが、この日は私たちの来訪を知り実家にやって来た。婚家は同じ村か近くの村のようだ。二女（20歳前後か）と三女（10代後半か）は既婚だがまだ子供がいないので、大ビモの家に住んでいる。四女（10代前半）はこの村に来る途中で放牧をしていた娘で未婚。五番目は長男（12、3歳か）で大ビモの跡継ぎ。末っ子である長男はたいそう利発そうな少年だ。ほとんど髪を洗ったり櫛を入れたりしたことのないボサボサ頭の子供たちが多いなかで、彼だけはこざっぱりと整髪し、身ぎれいだった。この日のために小さな背広を着てお洒落をし、客人を迎えるための家事をかいがいしく手伝っていた。

核馬村での「勒俄特依」取材・歓迎の宴——9月17日（日）その②

歓迎の酒

村に着くと、大ビモの家は集落に入ってすぐの広場の横にあり、村内の様子を見る間もなく、すぐに家に迎え入れられた。家には囲炉裏の周囲に数人の男たちと、民族衣装を着た大ビモの娘が2人いた。1人の娘が、すりつぶした白い雑穀を発酵させたものを水で溶いた濁り酒を用意してくれた。この濁り酒は1997年の第1回調査の際の結婚式のときにも振る舞われた水酒だ。イ族は老若男女ともたいそう酒に強く、50数度の白酒（バイチウ）を早朝からドンブリで飲み、ビールはまるでジュースのように飲む。しかし、ふだんこのような自家製濁り酒を飲むのは見かけないから、この酒は特別なときに振る舞われるもののようである。

直径5、60cmもある大きなイ族模様が描かれた丸盆に、濁り酒が入った牛皮製のイ族ドンブリを載せ、大ビモの兄が私たちに勧めてくれた。舐めてみるとそれほど強くはないが、発酵させた雑穀を山の生水で溶いただけの酒なので、食あたりのことを考えると飲む気にはなれず、ちょっと口をつけただけにする。

村の広場での「勒俄特依」の取材

17：40、広場での取材が始まる。11［阿留居日（アニュジュズ）］（2508～2638）から15［天と地の結婚の歴史］（3699～4159）まで録画。

村のあちこちで、庭先、軒下、屋根の上などに、トウガラシ、トウモロコシ、ソバの実、クルミなどを干している。広場の横には小さな家屋があり、入り口の看板には漢字で「美姑県爾其郷子子哈小学」、軒先の板には漢字とイ文字で同様の名称が書いてある。「1994年9月1日開学」とあるから、まだできて間もない。

村の広場を使って、「勒俄特依」の録画が始まった。広場には、よちよち歩きの幼児から大人までおおぜいが見物に集まって来たが、大人と老人は男性ばかりだ。広場の向こう側で穀物の整理をしたり、たまたま馬を連れて通り過ぎる女性以外、成人女性の姿はない。例外は、私たちの様子をときどき見にやって来る大ビモの娘くらいのものだ。

成人女性は、とにかくよく働いている。電気も水道もない村のことだから、ビデオ取材となれば相当珍しいはずなのに、通りかかってもチラリと見るだけで立ち止まりもしない。いったい、この徹底した抑え方、距離の持ち方は何なのだろう。イ族社会での女性の社会的地位の低さからか、興味を示すことを抑える風潮ができ上がっていると感じた。この傾向は、この村のほとんどの成人女性に徹底していた。しかし、第1回調査の以作村では、あれほど女性たちは大らかに笑い、興味を隠すことなく純朴だったではないか（→P56）。欧米人の金髪を前に目を丸くしてしゃべりまくっていたではないか（→P120）。もしかすると、大ビモ（的惹洛曲（ディズロチョ）氏）への畏敬が、その客人である私たちへも向けられていたのかもしれない。しかし少女たちは実に屈託なく、興味津々といった雰囲気で目を輝かせる。

村人は、子供も大人も、なにくれとなく幼児の面倒を見ている。自分の子供や孫であるなしに関わらずだ。幼児も子供もぐずったり、はしゃいだりして騒ぐようなことはなく、じっと静かに私たちの取材の様子を見ている。

牛を殺す理由

ところでこの村に来る前、大ビモとその兄、ガハシジョ氏が話し合い、私たちの接待のために「牛やヤギは殺さず、鶏にする」と話がついていた件（→P175）だが、いつのまに話が変わったのか、「勒俄特依」の録画中、広場から10mほど離れた空き地で牛を殺してしまった。大きな斧で1頭の牛を殴り殺し、手際よく解体していく様子を見ながら張氏が推察して言うには、「村人全員に肉を配るには、牛でないと行き渡らないし、大ビモともなると、牛くらい殺さなければ面子も立たないからではないか」ということだった。

この大ビモは美姑でもとりわけ有名なビモであるし、外国からの客人を迎えるこの機会は、ふだん肉を食べる機会がない村人に肉を振る舞う得難いチャンスだ。それには大量の肉がいる。鶏では到底足りないのだと私たちはここで初めて気づき、彼らが牛にこだわった理由をようやく理解することができた。

近代社会では「訪問客」対「迎える主人」という単純な構造だから、客側

村の広場に面した家の前では、トウモロコシや唐辛子などを干していた（核馬村）

▲歓迎の濁り酒の準備をする大ビモの娘（同）

▶イ族特有の模様が施された器に、濁り酒を注いで勧めてくれた（同）

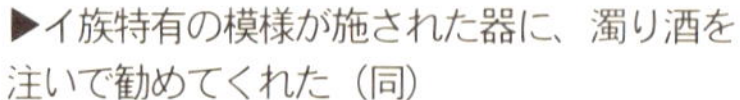

勒俄特依収録中、曲比爾日氏と交替した大ビモ（中央）は、寄ってきた幼児を優しく抱き寄せた（同）

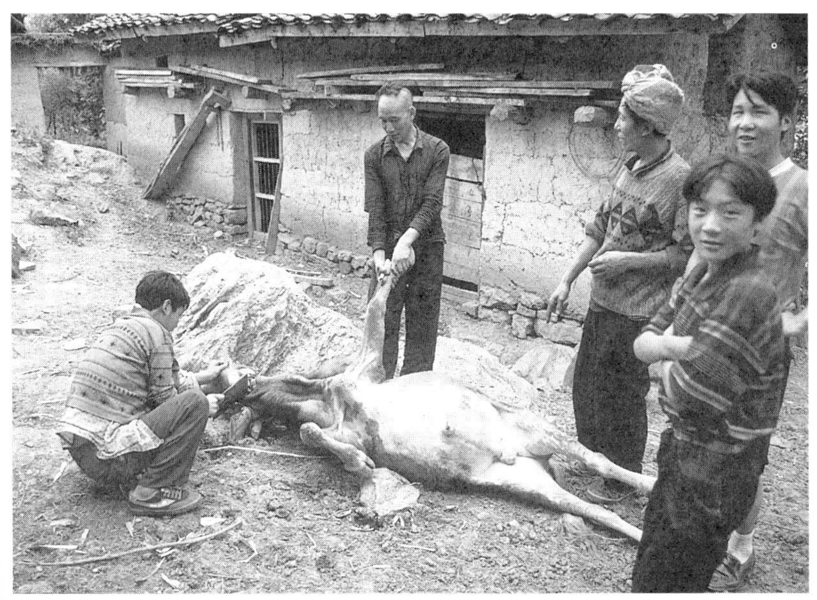

勒俄特依を収録している先の広場では、ご馳走のための牛１頭が殺され、解体された（同）

も主人側も相手のことだけに配慮すれば事が足りる。しかし生活のすべてを助け合うことによって秩序を維持する共同体では、葬儀、結婚式、祝い事などのすべてを共有して、村人全員が労力を提供すると同時に、その恩恵にもあずかるのが当たり前なのだ。めでたいときも悲しいときもご馳走や酒を分け合い、労働力を分け合う昔ながらの共同体のあり方を垣間見る思いがした。それなのに、私たちは自分たちへのご馳走のことばかりを考えていた。何とも面はゆい。近代都市生活者の想像力などは、だいたいこの程度のものだ。

クルミのおやつ

村人が牛を解体している傍ら、こちらの広場では、大勢の少年少女、幼児、男たちに囲まれて「勒俄特依」の録画が順調に進められていた。18：47、夕闇が迫って撮影が困難になったのを機に中止、明朝再開することにする。

取材の片づけをしていると、大ビモの兄が大量のクルミを持って戻って来た。クルミは日本でよく見る殻の薄い輸入品種と違い、殻が黒っぽく、とても固い。これでは手で割ることなど到底できないと思い、石の上に置いて大きな石で叩くと、殻は割れるが肝心の実まで潰れてしまう。不器用な割り方を見かねて、大ビモの兄が次々と割ってくれた。クルミは味が濃厚でおいしく、私たちに大人気だった。積極的に食べる私たちを見て、大ビモの兄は、“この人たちの好物はこういうものなのだ”とわかったらしい。さらにクルミを取りに行き、「もう、たくさん食べました」と断わるまで、次々に割って手渡してくれた。機材を片づけて引き上げたあとには、一面にたくさんのクルミの殻が散っていた。

肉を食べる村人たち（➡映像45）

19：30ごろから、大ビモの家の中で私たちのための歓迎の宴が開かれた。集まった村人たちは、皆よく酒を飲む。客人にも主人側にも、酒、酒、酒の振る舞いだ。ご馳走は、茹でた牛肉の塊り、鶏肉と菜っ葉のスープ、鶏肉のスープ煮、ゆで卵、直径15cm厚さ3cmほどの円形そばパンだった。食事の順番は、まず客人が食べ、次に主人である大ビモと主だった男性たち、続いてそのほかの男性たちの順である。

ご馳走を一通り少量ずつ食べたのち、20：50ごろ、いささか手持ちぶさたになったので、真っ暗闇な内庭に出てみることにした。実は、先ほどからずっと気になっていたのだ。入り口から見える内庭の一部は、食事をしている室内から見えていたのだが、そこに大勢の村人がじっとうずくまっているかのような異様な気配があったのだ。

内庭に行っていいものかどうか戸惑いながら、何気なく戸口に近づき内庭に足を踏み入れた途端、思わずその光景に息をのんだ。

細長い30畳ほどの内庭は、2本の小さな松明の明かりだけが頼りの暗闇だった。その闇の底に、人々がじっとうずくまっている。闇の暗さに目が慣れてくると、大勢の村人たちが土塀に沿って固まってしゃがんでいるのだと判った。ひと言もしゃべらない人々が50〜60人ほどいる。

内庭の突き当たりでは、数人の青年たちが取り仕切って肉とトウモロコシパンを配っている。彼らは、それを待っているのだ。すでに配られた肉を手にしている者も多い。地面に座り込んだ大勢の村人は、一様に押し黙って手に持った肉にかじりついている。目をこらしてよく見れば、中高年の男性はいない。肉を分けたり松明をかかげる青少年の男子のほかは、老婆から若い娘までの女性たち、あとは子供と幼児だけである（**生け贄と肉**→P195写真上）。

その光景に気圧(けお)されながら、クドウはビデオカメラを、私はカメラのレンズを向けた。遠慮がちに焚いたフラッシュに一瞬さらされた彼らの表情には、やや上気した様子が見てとれた。子供たちの服は真っ黒で、あちこちが破れ、汚れきった手は肉の脂(あぶら)にまみれて黒光りしている。クドウはビデオカメラのライトをつけてみたものの、すぐにやめてしまった。ここにはそぐわない異質な光で、この情景を照らし続ける気にはなれなかったようだ。内庭を照らすのは、松明の明かりだけに戻った。

ところで、この闇の中の群衆にこれほど鮮烈で異様な印象を持った理由の一つに、沈黙がある。大勢の村人は一様に押し黙って、肉を食べるか、あるいは肉の分配を待っている。思い返せばきのうの葬儀の際、町の広場で2000人以上の群衆が肉を待っていたときも、肉への視線の熱さと反比例するように、異様なまでの沈黙がその場を支配していた。私たちの常識では、これだけ大勢の人々が集まれば、子供のはしゃぎ回る声、幼児のぐずる声、女性たちのおしゃべりなど、さまざまなざわめきは避けられないものだが。

客を迎える喜びも、家族の死を見送る悲しみも個別化している近代都市社会の私たちには、すべてを分かち合う原始的共同体のあり方に、懐かしささえ感じる。この狭い共同体で一生暮らすのは息が詰まる思いもするだろうが、外界を知らない彼らには「息が詰まる」という意味さえわからないかもしれない。

歓迎の宴（➡映像 46、映像 47）

村人に肉やパンが行き渡り、家の中の人々もじゅうぶんに食べた 21：30 ごろから、酒だけの宴会が始まった。

最初に大ビモが歌ってくれたのは［**酒を勧める歌**］（→Ｐ240）だった。大ビモは、ビールが注がれたイ族の器（牛の皮で作った容器、漆の黒塗りに赤と黄色の模様）を手に持ち、胸の高さにずっとかかげたまま歌った。歌い終わると、その器を張氏に渡し、張氏が酒を飲み、続いて次々と客人が回し飲みをする。客人が飲み終わると今度は客人が大ビモに返杯する。ここでは張氏が私たち 4 人を代表して返杯した。

部屋の灯りは、柱に掛けた小さな菜種油ランプ 2 つだけで、暗闇に目が慣れてきてもかなり暗い。囲炉裏の火が灰に埋もれているせいもあるだろう。

大ビモと客人は囲炉裏の前にＬ字型に並び、その反対側に大勢の村人たちが座っている。囲炉裏近くに陣取っているのはほとんどが成人男性で、その周囲に少年たち、一番離れた壁際に女性たち。この配置は最後まで乱れることなく、皆それぞれが自ずと座る場所を厳格にわきまえているようだ。子供たちや女たちが囲炉裏の近くに来ることは決してなかった。

そうこうするうち、男たちが口々に声を挙げて賑やかになってきた。そのやりとりは、「〇〇、歌え」「いや、お前が歌え」などといった内容のようだ。そのうち、大ビモの隣りに座っているピンクのタオルを頭に巻いた男性（的惹烏哈氏、44 歳、ビモ）が歌い始めた。たった 1 分の短い歌だったが、あとでモソツホ氏に聞いたところによると、「**天と地の結婚の歴史**」だったという。

次に、村人には珍しく、黒ベストに白黒柄ネクタイ、ネクタイピンも付けた若い男性（吉爾日打氏、24 歳）が歌う。今夜は宴会があるというので、一張羅を着てきたようだ。5 分弱の長さを歌い、少し中断したあと再び歌い始めた。合計 10 分強。これは「**黒イ族の結婚の歴史**」だという。

大ビモの跡取り息子（12、3 歳か）が、歌っている男性の横で、栓を抜いたビール瓶を持って控えている。大ビモの息子はさすがにほかの子供たちより前に座っている。ここでいったん休憩。

頭にピンクのタオルを巻いたビモ（的惹烏哈（ディズヴァハ）氏）が茶碗に入れた白酒（パイチウ）を飲んでから、短い歌（1 分 20 秒）を歌う。続いて、再びネクタイの男性（吉（ジ）爾日打（ルズダ）氏）が「官印持ちの土司の歴史」を歌う（6 分間）。この男性はビモではないのだが、歌がうまい。今度はビールではなく、白酒を手にして歌っている。いずれにしても、だんだんビールでは物足りなくなると見える。

それまで皆の歌をにこやかに聞いていた大ビモが、約 12 分間、「天地開闢→生物を創造する→人類の起源→雪族の十二人の子→鼠の系譜→蚤の系譜→魚の系譜→茶の起源」を歌う。村人の歌と比べてみると、さすが大ビモの歌には、何ともいえぬ温かさと奥行きが感じられる。

約 4 分間、頭にピンクのタオルを巻いたビモが「馬の起源」を歌う。ここで少し休憩。22：24 より大ビモが「阿普阿散（アプワサ）（95 句に初出）の系譜」を歌う。これは、たった 22 秒で終わり。阿普阿散（アプワサ）はビモの守護霊（憑いている神）だという。続いて約 2 分間、先ほどの的惹烏哈（ディズヴァハ）氏が「タバコの起源」を歌う。この「タバコの起源」は、周りの皆がリクエストしたようだ。

次は 9 分間、ネクタイの男性（吉爾日打（ジルズダ）氏）が「支格阿龍（チュクアロ）」（10［支格阿龍（チュクアロ）］参照）を歌う。

このあと、口々に、あいつがあの歌を歌ったらいいじゃないかとか提案し合っているようだ。すると、ちょっと離れたところに座っていた灰色のタオル（ピンクが古びて灰色になった）を巻いた男性（吉朶偉哈（ジルヴィハ）氏）が、「イ族の分布史」「人類の起源」「洪水が氾濫する」「天と地の結婚の歴史」を約 14 分間歌った。

周りの子供たちを見ると、中学生くらいの少年も白酒（パイチウ）を飲んでいる。このあとも男たちは口々にいろいろ言い合って、歌は延々と続く気配であったが、明朝には「勒俄特依」の録画があるので、今夜はこの辺でお開きにしようということになった。

22：16、民族衣装を着た娘 2 人が歌と踊りを披露。3 年半前に別の村（1997.3.17、洒庫郷以作村、→P 55 写真上）で見た踊りと同じメロディーとステップで、もの悲しく静かな印象だ。からだを揺すりながら何回も行ったり来たり、たまに回転するだけの単調な踊りだ。まるで子守りのときに背中の子供を静かに揺すっているような簡単な動きである。

大ビモの家に集まった村人。左奥は台所用品を置く棚、正面中央に入り口、右奥は娘の部屋（核馬村）

▲歓迎のご馳走。手前は鶏肉と菜っ葉のスープ、奥は左から、鶏スープ煮、そばパン、牛肉（同）

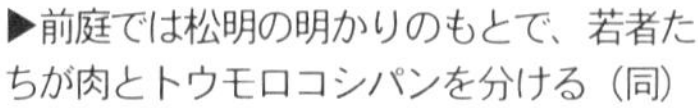

▶前庭では松明の明かりのもとで、若者たちが肉とトウモロコシパンを分ける（同）

分けられた肉とパンを手に、前庭でしゃがみ込んで食べる村人たち（同）

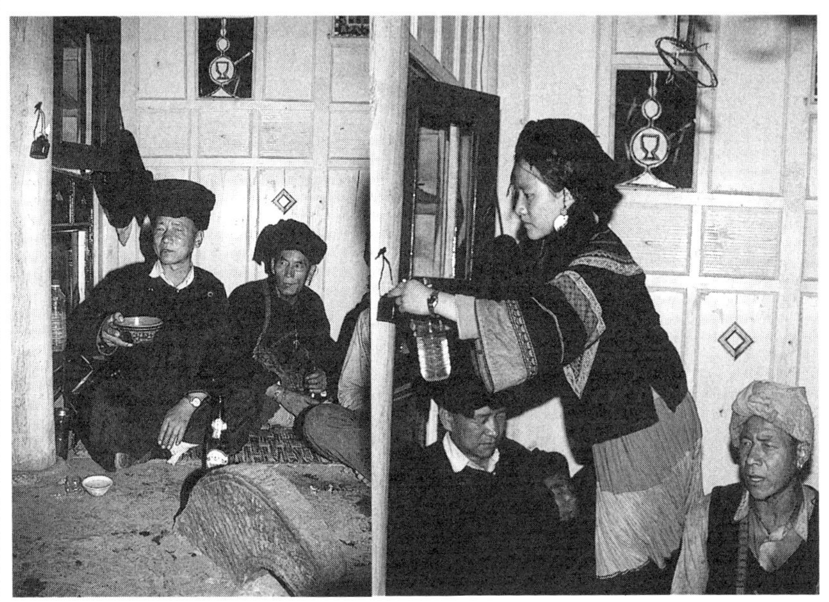

左端柱に小さなオイルランプ。ときどき、大ビモの娘がランプ下のペットボトルから油を足す（同）

大ビモの右隣りのビモは「天と地の結婚の歴史」、ネクタイの男性は「支格阿龍」などを歌った（核馬村）

中央に腰を下ろした20代の男性は、「人類の起源」、「洪水が氾濫する」などを歌った（同）

次に、私たち客人にも何か歌って欲しいとの要望があり、若い土屋に頼むことにした。言葉は通じないのだからテンポが速いほうがいいのではないかということから、「カラス」と「犬のお巡りさん」にした。やはりテンポの速い後者のほうが受けたように思う。彼らはテンポの速い歌をあまり聞いたことがないようだから、不思議な歌に聞こえたのかもしれない。

乞われて歌う土屋

さらに、私たちと同行した地元の客人にも歌って欲しいとの要望が出て、中ビモの曲比爾日（チョビルズ）氏が歌い踊るが、ほんの少しでやめてしまった。その踊りは、先の村の女性の歌と踊りとほぼ同じに見えた。中ビモは男性なのだから歌の内容は当然違うのだろうが、こちらから見ると、全部同じに見える。それほど動きが単純な踊りだ。

午前0時ごろ、宴会終了。

❖ 工藤綾子の旅記録より

古事記への視点

■ムラ段階の神話の果たしている役割の重さ

肉を分け合い、互いに助け合う原始的共同体の村のあり方がここにはあった。村の生活は、夜明けと共に起き、ある者は農作業をし、ある者は家畜の放牧に出る。そういったあまりにも単調な日常を維持するには、大ビモを頂点とする安定した秩序が必要なのかもしれない。そして、そのビモの権威を保証する中核に、ビモの歌う創世神話があるというところに、ムラ段階の神話の果たしている役割の重さがある。

◆ ［酒を勧める歌］（21：31～34）

大ビモによる、このときの［酒を勧める歌］の全句の日本語訳は、モソツホ氏からの聞き書きも含めてその全体を、第Ⅲ章「神話の現場から見た古事記」に収録した（→P240）。

古事記への視点

■創世神話がそのまま宴会歌になっていた

私が最も衝撃を受けたのは、この宴会で歌われた歌が、創世神話を中心とする〈起源神話〉ばかりだったということだ。宴会なのだから、宴会用の遊び歌などが主役になるのかと思っていたが、そうではなかった。神話好きの外国人のための特別サービスでこうなったということでもないようである。それが証拠に、ほとんどが本書収録の「勒俄特依（ネウォテイ）」の一節に関連する内容のものなのに、子供たちも、飽きる様子もなく食い入るように聞き入っていた。つまり創世神話は、子供も含めたこの村の老若男女のすべてにとって、〈娯楽〉でもあったのだ。

原初的な共同体における神話は、その共同体の精神的な〈核〉であると同時に、民族の歴史の知識の源泉であり、またレトリック（表現のワザ）と知力の競い合いを楽しませてくれる〈娯楽〉の役割も果たしているのだ。

『古事記』の原神話をイメージするときには、想像力をこういった、神話の綜合性にまで届かせる必要がある。

大ビモの家に泊まる――9月17日（日）その③

娘部屋で寝る

宴会が終わり、いよいよ寝ることになった。

客人のうちクドウと張氏は、囲炉裏のある広い土間の客用ベッドに2人で寝ることになり、私と土屋の女性陣は娘の部屋、また同行のほかの客人は穀物置きの部屋（階上）などに寝ることになった。

娘の部屋には小さな木製の手作りベッドが1つあり、おそらくふだんは二女が寝ているようだ。隣りにも娘の部屋があり、そこにも同様のベッドがある。

私と土屋が部屋に入ると、二女と三女、ときには大ビモの妻もやって来て、言葉が通じないのに何くれとなく世話を焼いてくれる。「女同士なんだから、この2人は私たちが面倒をみなくちゃ」と張り切っている様子だ。そのうちビールを持って来てくれ、“飲みなさい”と身振りで示す。寝る直前に水分を取って、夜中にトイレに行きたくなったら大変だ。村にはトイレがないから、真っ暗闇の中を一人で家の裏の草むらに行く以外ない。身振りで断わると、二女は指で自分の瞼の上下を挟んで目を閉じて見せ、“これを飲むと眠れるから”と身振りで示しながら熱心に勧めてくれる。そんなに言ってくれるならとビール瓶を受け取り、ほんのちょっと飲む。もっともっと飲みなさいと勧めるのを断わると、今度はゆで卵を持って来て勧める。とにかく世話をしなくちゃ、という気持ちに溢れている。

ゆで卵も断わると、“じゃ、ここに寝なさい”とベッドを勧める。靴を脱いで着の身着のまま、土屋が奥、私が手前に2人並んで横になると、ベッドの細い柱にランプを掛けてくれた。灯りは要らないと何度も身振りで示したのだが、点（つ）けておいていいのだと言う。ランプのオイルは貴重品だから、申し訳なさにかえって落ち着かないのだが、どう表現していいのか判らなかった。掛け布団はとても小さくて、肩を覆えば足が出、足を覆えば肩が出てしまう。私たちは1つの小さな布団にくるまって寝ることになった。

隣りの土間からは、だれか年輩の男性が大声でしゃべっているのが聞こえてくる。声から察するに大ビモではない。大ビモは物静かで上品で、辺りをはらうような威厳に満ちている。雑談にしても、あのように声高にしゃべることがないのだ。この大きな声は1：30ごろまで続いた。

夜中まで続く気遣い

寝つきが悪かった私は、そのあとも入れ替わり立ち替わりだれかが部屋に入って来るのを感じた。部屋の戸口に背を向けて寝ていたから、誰が入ってきたのか判らなかったが、複数の女性が入って来た。いったん別の人が消していったランプを、次の人が点けていく。次の人は、また消していく。そしてその都度、冷えないようにと掛け布団をやさしく整えてくれる。これは2：30ごろまで続き、そのあとはこちらが眠ってしまった。まるで病気の子供が母親に世話をされているかのようだった。疲労感と眠気のなかで味わったその心地よさは、忘れられない。

……………………………………………

ところで、あとでクドウに聞いたところによると、クドウと張氏は、客用の小さな木のベッドに、それぞれ頭を逆にして（互いに、顔のすぐ横に相手の足を見る態勢）で寝たという。窮屈だし、1mと離れていない囲炉裏の周りでは5、6人の男たちの大声のおしゃべりが深夜まで続いていたりで、けっして快適とは言えなかったが、疲れていたため、まもなく眠りについていたという。

これまで、「少数民族の家に泊まったら、一晩に百か所もダニに食われた」というような体験談をさんざん聞いていたので、実はクドウが寝る前に一番心配していたのはダニの襲撃だった。しかし翌朝目覚めてみれば、からだのどこも虫に食われていなくて、ホッとしたと言っていた。

❖ 工藤綾子の旅記録より

「勒俄特依」の取材・美姑へ戻る――9月18日（月）

朝の身支度

朝6：00すぎ、土間からの、人の気配で目が覚めた。ベッドに起き上がってふと下を見ると、私たちが寝たベッドのすぐ下の土間の地面の上に二女が寝ているではないか。冷たい土間にイ族のマントを掛けただけで、ぐっすり眠り込んでいる。昨夜遅くまで世話をしてくれていたから、まだ眠いのだろう。ベッドを私たちに貸して土間に寝てくれたのだと、その寝姿に感謝した。

ベッドの上でしばらく様子を窺っていると、6：30ごろ、ほかの部屋で寝ている人たちも一斉に起き始めた。広い土間に入って行くと、囲炉裏にはもう火が入り、周囲には何人かが集まって、白酒やビールを飲んでいる。こんな早朝からお酒を飲むとは、なんとお酒に強い人たちだろう。お酒を勧めてくれたが、断わった。

村の広場の水汲み場で顔を洗い内庭に戻った私と土屋は、庭の隅のほうに行って少しばかり化粧をした。この地は日差しがかなり強いので、できれば日焼け止めを兼ねて化粧したかったのだ。戸口に三女が出て来たが、私はかまわずにそのまま化粧を続けた。あまり隠しても悪いような気がしたからだ。

ついでに口紅もつけた。テレビもラジオもない生活なのだから、三女が口紅を見るのはもしかすると初めてかもしれない。どんなに住む世界が違っても、若い女性はおしゃれに敏感だ。彼女も例外ではなく、口紅をつける様子をチラチラ見ている。遠慮がちの視線ではあったが、興味津々の心の内は手に取るように見えた。

手に持った口紅を彼女に差し出し、“つけてみる？”と仕草で示してみた。彼女は身を捩(よじ)るように照れながら断わりの仕草を見せた。イ族の女性は口紅を禁じられているのかもしれないと、一瞬迷ったが、単なる遠慮かもしれないと思い、“遠慮は要らないわよ”と態度で示しながら、彼女の唇につけてみた。ちょっと驚きながらも、恥ずかしさからか表情が上気している。急いでウエストポーチから小さな鏡を取り出し、「哎呀、漂亮！（わぁ、きれい）」と中国語で言ってみた。彼女はおそらく中国語を理解できなかったと思うが、鏡に見入る目つきは真剣そのもので、自分の唇が見えた途端、緊張気味だった表情がフワッと溶けるように輝いた。

一方、土屋のほうは若い女性らしく、内庭のさらに隅のほうに行って、皆から隠れて化粧していた。彼女はアイシャドウも持参していて、そのブルーのシャドウには大きなラメが入っていたから、目元がキラキラと光って見える。娘たちは、あの不思議な化粧に気づいたとき、どんなに驚いて見入ったことだろうか。

早朝の録画

まだ早朝の冷え込みが残る広場で、7：25、「勒俄特依」の取材が再開された。途中、大ビモの三女がもぎたてのトマトを持って来てくれた。発育は不充分で実も固めだが、味はとてもおいしい。

録画しているあいだ、3人の少女が熱心にそばで見ていた。2人は10歳くらい、もう1人はもう少し年長だ。10歳くらいの2人はそれぞれ赤ちゃんを抱いたりおぶったりして子守りをしている。そのほかに彼女たちにまとわりつく2歳くらいの幼児もいて、少女たちは実によく幼な子たちの面倒をみている。

8：31、撮影終了。そばパン、牛肉、鶏肉、ゆで卵の朝食をとる。昨夜のご馳走を煮返して温めたものだ。大ビモを始め、数人の村人の食事には白酒が加わっている。

記念撮影

村を発つ前、大ビモの家族と記念写真を撮ろうと思いたった。娘たちはきょうはシャツにズボンの普段着だったので、せっかくだからきのう着ていた民族衣装を着てもらいたいと申し出ると、家族全員が一斉に着替えてくれて、大撮影会になってしまった。

娘たちはそれぞれ自室に入り、髪を結ったり衣装を着たりで大忙しだ。着替えの様子を覗くと、彼女たちの髪は腰までの長さで、真っ黒の美しい髪を2本の三つ編みにし、赤い毛糸で結わえる。耳には大きな耳飾りを下げ、首飾り、腰布、首に巻く刺繍布など、つぎつぎと身につけていく。

民族衣装を着た大ビモの妻と娘たち、そして子供たちも衣装に着替えて集まって来た。黄土色の土壁に囲まれた内庭に朝の陽光が差し込み、色鮮やかな民族衣装のスカートが揺れて、見違えるように華やいだ。昨夜、暗闇のなかに大勢の村人が沈み、黙々と肉を食べていたあのときとは打って変わった内庭になった。

ふと見ると、録画取材のあいだずっと傍らで見ていた3人の少女も、いつのまにか民族衣装に着替えている。写真を撮ると聞いて、一斉に家に戻って着替えてきたらしい。1人の少女の背中には、赤ちゃんがちゃんと括られている。大急ぎで赤ちゃんを背中から下ろして着替え、またおぶい直して戻って来たに違いない。慌ててめかし込んで来た少女たちの気持ちが可愛くて、思わず何度もシャッターを切った。

女子供たちのそんな様子をよそに、家の中では囲炉裏に火が焚かれ、その周りに、モソツホ氏、ガハシジョ氏、村人数人が座り込んで、白酒を飲みながら話している。部屋の壁には、97年に私たちが、日本から大ビモに送った取材時の記念写真が額に入れられて飾ってあった。

全員の支度が整い、乞われるままにいろいろな組み合わせで記念写真を撮った。帰国後、人数分のたくさんの写真を送ったから、大ビモの家族たちも3人の少女たちも、それぞれ写真を手にしていることだろう。

9：30ごろ、さあ帰ろうというときになって、大ビモの兄がビモの道具一式を土間の中央に出して見せてくれた。それは男部屋の隅にあった大きな木箱2つに入っていて、1つの箱には、経典や神枝の挿し方などの巻き物がざっと40本近くあった。もう1つには、さまざまな儀礼の際に使うビモの道具と太巻きの経典がたくさん入っていた（**ビモの経典と道具→P208写真上**）。

見送りの儀式（➡映像48）

いよいよ村を離れることになった。9：55、村の入り口に近い広場の端に、イ族模様の大きな木製丸盆が運ばれてきた。丸盆にはイ族の器5個を載せてある。器にビールが注がれたところで、9：56〜9：58まで、大ビモの別れの歌。大ビモを中央に、その兄とピンクのタオルのビモが両脇に座り、後ろ側には大勢の村人が立って見ている。

歌が終わったところで、村を出る私たちは形だけ酒を回し飲みし、村人もまた飲む。なかにはビールの代わりに白酒を飲む人もいる。

10：00、村人が村の入り口まで見送ってくれて、私たちは村を出る。途中

広場での録画を、傍らでずっと見ていた子守りの少女たち（核馬村）

勒俄特依の録画風景。ビデオカメラの向こう側がガハシジョ氏。左から２人目がモソツホ氏（同）

大ビモ夫婦と娘４人、長女の子供たち、中央に一人息子（同）

大ビモの家の前庭。屋根の下には朱赤色の独特の飾りがある。家の中は昼間でも真っ暗だ（同）

の畑を歩きながら、まだ数人が随（つ）いて来る。前夜歌ってくれたピンクのタオルのビモ、利発そうな大ビモの息子、子守りをしていた少女たちなど、名残り惜しそうに見送ってくれた。

大ビモたちと別れの酒を酌み交わす（核馬村）

10：08、村人と別れる。帰りは下りが多いのと、目的地までの距離がわかっているので足取りも軽く、2回の休憩をとっただけで、11：00、拉木阿覚郷に到着。郷の小学校に行き、しばらく校庭で待つ。学校は授業中だったので低学年の教室を覗くと、子供たちは教科書を手に中国語の勉強中だった。2人用の小さな机に男の子同士、女の子同士が並んで座っている。40歳前後の小学校の校長先生が私たちに食事を用意してくれるというので、近くにある彼の家に行き、しばらく待つことにする。鶏肉、ジャガイモ、ご飯という食事だった。

車の調達

14：00、美姑賓館に戻り、しばらく休憩。16：00ごろからホテルの部屋でモソツホ氏に、大ビモが村の宴会で歌った［酒を勧める歌］をビデオ映像を見ながら翻訳してもらう。

夕食は、モソツホ氏、ガハシジョ氏、中ビモの曲比爾日（チョビルズ）氏、美姑県語言委員会の青年挖西曲達（ヴァシチョダ）氏と、私たちの計8人で別れの宴会。中ビモは、あす私たちと一緒に西昌に行くとのことで、宴会を中座して車を探しに行った。彼が帰って来たあとわかったことによると、美姑でチャーターできる車は中国製の「重慶長安」という車高の低い車しかなかったので、やむをえずそれをチャーターしたという。同行の張氏は、「重慶長安という車は、昆明では一番性能が悪い車です。あの車で西昌まで行けるかどうか」と、さかんに心配する。その車の運転手は、西昌には何回も行ったことがあるから大丈夫だと太鼓判を押したそうだが、張氏は「運転手はチャーターしてほしいからそう言っているんです」と、不安を隠せない様子だ。

私たちには「重慶長安」という車がどんな車かわからないのでこの時点では何とも言い難かったが、その車しかチャーターできないというのならどうしようもない。ともかくあす中には西昌に戻り、あさっての飛行機には必ず乗らなければならないのだから。それにしても私たちがあす西昌に戻るのはずっと前からわかっていたことなのだから、もう少し早く良い車を手配することはできなかったのだろうか。

夜、ホテルの部屋でモソツホ氏に取材（取材記録は、第Ⅲ章「神話の現場から見た古事記」に収録→P 245)。

❖ 工藤綾子の旅記録より

◆ビモの経典と道具

大ビモの家には全部で100巻ほどの経典があるという。以下は、大ビモの説明を中ビモ（曲比爾日（チョビルズ）氏）がさらに詳しく補い、それをモソツホ氏が中国語で説明してくれたもの。

〈 占いの用具 〉

直径6 cmほどの木製の筒、一方の端は和バサミのように両端が尖っていて、筒の周囲には銅製の鎖紐がぎっしりと巻かれている。この筒はもう少し細いものもあって、こちらには銅製の針金が巻いてある。太い方の筒を開けてもらうと、中には16、7本のごく細い竹の棒が入っている。これは占いの道具だということで、実際にやってみせてくれた。

約2分間、大ビモは呪文を唱えながら筮竹（ぜいちく）を両手で持ってジャラジャラと鳴らし、もむようにして回している。途中で脇から茶碗に入れた白酒が出され、大ビモは呪文を唱えながらそれを飲む。竹の棒を3つの束に分け、1束をピンクのタオルのビモに渡す。残りの束を2つに分け、大ビモが数を数える。棒の数が奇数か偶数かで占うのだという。ピンクのタオルのビモが何ごとか大きな声でしゃべる。結果は「とてもよい」ということだった。

〈 神扇 〉

竹編みの円形の扇。葬儀の際、死者の霊魂を向こうの世界に送るときに使う。軸の部分には鷹、虎の彫刻がある。扇部分は、三角形を組み合わせた四角模様が編み出されている。説明によると、四角模様は普通7つ描かれてい

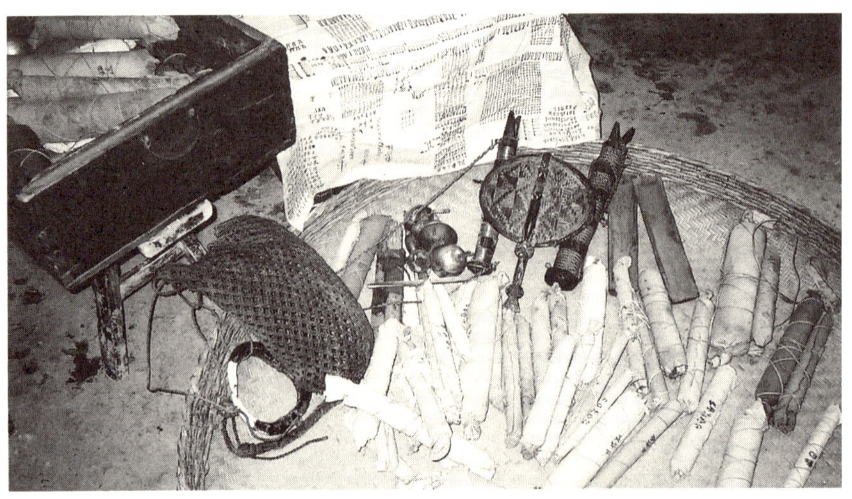

▲大ビモの家の大きな櫃には、代々伝わる経典、儀礼用具、神枝図などが詰まっている（核馬村）

◀呪文を唱えながら、筮竹で占ってくれた（同）

▶神扇。軸の上部の左側に鷹、右側に虎の彫刻が施されている（同）

る。この数は7つか9つかのどちらかで、一般的な正常死の場合、7つの四角模様の神扇を用いる。異常死の場合は9つの模様の神扇を用いる。死者が麻瘋病（ハンセン病＝癩病）で死んだ場合は、銅製の神扇を用いる。

柄の部分の鷹はイ語で「ピノチョロ」、虎はイ語で「ピオレニ」と言う。手で持つ部分は方形をしているのだが、方形の四面のそれぞれに細長い長方形の穴があいている。つまり方形部分は四本の柱のようになっており、これは「天を支える柱」の意味を持つ。方形部分の両端は平たい円形で、そこは「休憩のための水飲み場」を表わしている。柄の先端の三角形は（中国語にうまく訳せないが）、「神枝の林」を意味している。

西昌へ戻る長い道のり――9月19日（火）

不安を抱えつつ出発

朝7：00、腕時計の温度表示では室温は24℃もあるのに、美姑賓館の部屋はヒンヤリと底冷えがする。

8：00、美姑賓館の前の小さな食堂で朝食をとっていると、店の前に昨夜チャーターした「重慶長安」がやって来た。その車を見た途端、日本勢3人は言葉少なくなってしまい、昨夜の張氏の心配がようやく実感できた。「重慶長安」は軽自動車のワンボックスカーで、日本では、商店が近所のちょっとした配達に使う程度の車だった。車高は低く、タイヤはかなり細い。この車であの悪路を5時間かけて西昌に向かうのかと思うと、何とも心細くなってきた。

車は、最前部席が運転手席と助手席、後ろ2列は各2人掛けの計6人乗りで、最後部に荷物を置くスペースが少しある。一行は日本人3人、張氏、モソツホ氏、運転手、中ビモの計7人だから、1人超過になる。これはそもそも、中ビモが私たちの西昌行きに便乗することによる超過だ。辺境調査ではよくある成り行きだとはいえ、この華奢な車が1人超過の重量であの悪路を走れるのだろうかと、不安になった。車高が低いから、車底を悪路の石にこすってしまうのは目に見えている。とはいえ、当日になってもこの車しか調達できないのだからどうしようもない。

美姑賓館に戻って全部の手荷物を積み込み、ガハシジョ氏、挖西曲達（ヴァシチョダ）氏に見送られて、8：30出発。

不安は的中した

美姑を出て数十分ほど走った路上に、きのうの午後に拉木阿覚郷から美姑に戻るときはなかった巨大な石が落ちていた。直径2m以上もあろうか。落ちた場所は運良く道路の中央ではなく山側だったので、その脇を車が通り抜けることができる。通行中にこんな大石が落ちてきたらと想像するだけでも恐ろしい。

美姑付近には水田はなかったが、10：10 ごろから周辺の景色は水田風景になる。11：30、昭覚に到着。10：45 ごろから工事中の悪路となる。軽自動車で大丈夫だろうかと私たちの誰もが心配しながら進む。

途中、道はだんだん悪路になり、ぬかるみと大きな石を避けながらの運転になった。ひときわぬかるみがひどい場所に来ると、あちこちで車が通行に苦労している。すると、いつのまにか数人の男たちが現れ、盛んに私たちの車の運転手に何か声を掛けてきた。「ぬかるみを通り抜けるのに車を押すから、50 元出さないか」と言っているのだという。男たちはこの小さな車と乗っている人数を見て、断わっても断わっても声を掛けてくる。50 元といえば、日本円ではたった 750 円のことだが、現金収入の少ない当地では月収 100 元もあればかなりいいほうなのだから、その半額とは法外な金額だ。まさに人の足元（細タイヤ）を見るとはこのことだ。ぬかるみに塡（はま）れば彼らの思うつぼと、ヒヤヒヤしながら成り行きを見守った。しかし、運転手とモソツホ氏、それに後ろの席から中ビモも加勢して断わり続けるうち、車はなんとかぬかるみ道を通り抜けることができた（➡映像 49）。

11：45 ごろ、車底でガリガリッと大きな音がした。音から察するにかなり大きなダメージを受けたようだ。全員が降り、運転手はこすったと思われる後輪の辺りをさかんに覗くのだが、どこに損傷があるのかが判らない。全員乗り込んで恐る恐る走り出すと、今度は右後輪辺りで何かが大きくこすれる音がする。再び降りて調べると、右後輪のタイヤが後ろ側にずれてしまったようだ。運転手は自分の上着を道路に敷き、何度も車の下に潜って覗いては修理を試みるが、溶接しない限りは無理だと判断したようだ。修理ができる店を探しながら、だましだまし走り、ようやく 12：14、四開拉達（スケラダ）

故障した車をようやく修理屋の前につけることができた

（標高2105m。スケはイ語で「木の枝を切る」、ラダは「溝」という意味、「勒俄特依」の4430句にも出てくる地名）という小さな村に辿り着いた。

村の入り口に小さな修理屋を見つけたので、その前に車を止めた。店といっても土造りのごく小さな家屋で、看板一つあるわけではない。店の前には細くて浅い川があり、そのすぐ下流にはアヒルが10数羽泳いでいる。店先に車をつけるためには、客の車が細い川を横断しなければならない。客の車のために橋を架けようという気もないのだから、いかにも無頓着な店だ。溶接作業は30分ほどで終わった。

荒涼たる風景を行く

13：00出発。進むにしたがって辺りは次第に高原の風景になり、あちこちで綿羊の放牧が行なわれている。道の両側には、数十人の村人が所在なげに三々五々腰を下ろしている姿が見られた。彼らの近くでは焚き火が焚かれ、傍らには幼児が遊ぶ姿も見られるから、家族ぐるみでいるらしい。

次々と過ぎて行く車外の風景の中には、数匹の野犬が綿羊を咬み殺し、いっせいに腹の辺りにかぶりついて食べている光景もあった。数十頭の綿羊に対して見張り番はせいぜい3,4人しかいないから、いったん野犬に襲われたら諦めるしかないのだろう。殺伐とした風景の中を進む。

13：50ごろ、標高3075m地点を通過。モソツホ氏によると、3000mを越える土地ではジャガイモ、ソバ、麦の収穫が主になるという。

14：46、交通警察の取り締まりに出合い、6人乗りの車に7人も乗っていたことから1人超過の罰金20元を徴収される。

15：15、ようやく西昌着。西昌の町の中央にはイ族と人民解放軍の像があり、道には自転車タクシー（輪タク）が多い。ひと休みした後、ホテルの一室でモソツホ氏から聞き書き。

❖ 工藤綾子の旅記録より

[モソツホ氏から聞き書き]

鬼祓い儀礼

Q／今回（9/16）の鬼祓いと1997年（第1回調査）に山の上で見た鬼祓いには、どのような違いがあるのか。家の外と家の中という違いはあるが……。

A／目的から言うと、今回の鬼祓いは、別の村の誰かに悪口を言われたり、その主人の村の中で誰かに呪いを掛けられたり、あるいは周りの家で鬼祓いをしてその鬼が自分の家に逃げてくる心配があるときに執り行なう鬼祓い（反呪）で、そういった悪いものを追い返すことが目的だ。この鬼祓いは丑の日に行なうのが普通だ（今回も丁丑の日）。

1997年のときの鬼祓いは「還債」で、直訳すると「債務を返す、借りたものを返す」のが目的だった。借りたものというのは人から借りたものではない。鬼から借りたものか、神から借りたものかをまず判断し、鬼から借りたものは鬼に、神から借りたものは神に返さなければならない。もしこの債務を返さないと、その家の人が病気になったり、何か祟りがあったりなど、その家に対して悪いことが起きる。逆に、鬼や神に債務を返すとその家の人が元気になる。この鬼祓いは未の日に行なうのが普通だ。

星の占いと昴

Q／債務を返す場合は未の日で、今回の呪い返しの場合は丑の日なのか。

A／普通、未の日には病気を治すための儀礼をしてはいけない。1997年のときは病人がいなくて、債務を返すだけだったから未の日でも良かった。もしその家に病気の人がいれば未の日に行なってはいけない。

日にちの決定はとても複雑で、たとえば日が良くてもその家の人の都合もあるし、もっと大事な仕事があればできないし、役所に勤めている人の場合は（勤め人だから）土・日でないとできないだろう。また、ビモの儀礼の日にちの決め方は、十二支や干支によるほか、星との関係もある。たとえば豹の星は28あり、虎の星は10ある。儀礼の前の晩にその星がどういう形になっているか、虎と豹がどういう形になっているかという星の占いも関係があり、決め方は簡単ではない。

規模の大きくない儀礼だったら日にちの決め方は厳しくないが、大きな儀礼や、「先祖の霊魂を送って返す」などの儀礼では日にちの決め方が厳しい。

＊張正軍氏「美姑イ族の儀礼は膨大で複雑だから、モソツホ氏もすべてわかっているわけではないだろう。丑の日・未の日などについても、簡単にこうだと言うことができないようだ」

Q／昴六星つまり昴はイ族にとって大事な星か。この星は日本の神話にとって重要な星だ、という学説がある。

A／そうだ。北斗七星と同じくらい大事な星だ。星を数える場合はまず最初は北斗七星、その次が昴、次は別の星という順だ。

Q／イ族は昴を、何か別のものの姿に見立てることがあるか。

A／昴が一番最初に出て、その次に北斗七星が出る。昴はイ語ではチュクフと言い、「チュク」は昴、「フ」は龍という意味。北斗七星はイ語でサンニャンと言う。

Q／昴は六つの星が固まっているらしいが、それを何か動物に喩えていないか。

A／それは知らない。星に詳しいビモを1人知っている。彼ならいつ昴が出るかなどがわかる。

竹について

Q／工藤「現地調査記録・中国四川省涼山地区美姑（メイグー）彝（イ）族文化（1）」（『大東文化大学紀要』第36号、1998.3）のP189最上部の神話（本書→P78）で、「最初に生まれた男の兄弟は話ができないので、湯を付けた竹の葉で叩いた。叩くと話せるようになって、漢族、チベット族、イ族になった。そのために、亡くなった人の魂は竹に宿っている」とあるが、イ族にとって竹は特別の意味があるのか？

A／もちろん重要なものだが、雲南省のイ族には、竹から生まれたという伝承があるが、四川省涼山地区のイ族にはない。

Q／結婚式のとき花嫁が置かれる場所の垣も竹垣だったが、これも竹でなければいけないのか？

A／昔、イ族は竹で編んだ壁の家が多かったから。

Q／1997年（第1回調査）の結婚式で花嫁を置いた竹垣の内側に敷いたのは松の葉だったが、草の場合もあるか？

A／正式には松の葉を敷くが、草を敷いてもよい。柴は敷かない。

先祖の霊魂が竹に宿っていることについては、3つの伝承がある。

①「勒俄特依」の洪水神話によると、洪水が起こったとき、3人のうち1人が生き残った。その人が木の桶に乗って漕ぎ出すと、1つの山に辿り着いた。水が少なくなってきたので桶からからだを出してみると、足に竹の根（幹のすぐ下の短い根ではなく、その先にある長い根。洪水によって表面に出てきた）が絡みつき、右手は還魂草（霊魂を蘇らせる草）を掴んだので命が助かった（この部分は14［洪水が氾濫する］にはないが、15［天と

地の結婚の歴史」の冒頭部にある)。

②昔、イ語で耳は「ナポ」、鼻は「ナビ」、額は「ナカ」、こめかみ(太陽穴)は「ナゾ」といった。みんな「ナ」という言葉がついている。先祖の霊魂を向こうの世界(死後の世界)に渡すということは「ニム」という。「ニ」と「ナ」は子音が同じである。

昔、戦場で人が死ぬと、埋葬している時間もないので、「ナ」のつく場所の骨を少し取って袋に入れて持ち帰り、死んだ人の家の屋根の上に置く。ある日「ナ」という骨が入っている袋が屋根から落ち、それを鶏が食べた。その鶏を捕まえて殺し、その「ナ」という骨を取り出そうと思った。その骨で霊魂を向こうの世界に渡さねばならないからだ。その鶏を捕まえようとしたら、鶏は走って竹林に逃げた。その鶏は見つからなかった。それで、竹の根を取って先祖の霊魂が宿っているものとして祀ることにした。

③昔、父親と息子と2人で住んでいる家族がいた。父親は遠い所に旅に出たが、いつまで経っても戻らなかったので、息子は孤児になった。ある日、息子が山で羊を飼っていたところ、1匹の蜜蜂が飛んで来て息子の頭のところで飛び回っていた。蜜蜂は息子を案内して、竹林に入った。竹の根っこの所に着くと、蜜蜂が人間に変わって「あなたの父親はここで死にました」と教えた。息子は父親の霊魂は竹に宿っているはずだと思い、竹を取って帰って祀った。

「勒俄特依」について

Q/今回の「勒俄特依」テキストには、素晴らしいと思えることがある。1つは、わからない部分をわからないとしたまま記してある点だ。生きている神話には、本来、わからない部分があって当然だから。もう1つは、たくさんある注の中に「この解釈が必ずしも正確とは限らない」と記述しているものがあることだ。一般に学者はこういうことを書くのを恥じて、適当につじつまを合わせて書いてしまうことがある。こういった点で、モソツホ氏のテキストは、わからないことをそのままわからないと書き、「必ずしも正確とは限らない」と注記する姿勢が素晴らしいと感じた。

日本の『古事記』研究においても、日本の学者の多くは、すべてわかっているという態度で書いている。しかし『古事記』は、基(もと)になっている無文字段階の神話との関係がほとんどわからない書物だというのが私の立場なので、こうして中国少数民族の、生きている神話の研究に入ってきたのだ。その結果、「勒俄特依」でこういうテキストと注釈に出会い、私の『古事記』研究に少し自信を持てた。

A／この「勒俄特依」の本（テキスト）を作るにあたって、ガハシジョ氏がいろいろな資料を集めた。資料を集めてみると、ある本はここが欠けている、この本はここが欠けているということの連続だった。

神枝と生け贄について

Q／それこそが生きている神話の研究の基本的態度だと思う。モソツホ氏、ガハシジョ氏の仕事は信頼できるとわかる。

ところで、97年に来たとき、神枝の挿し方は何百種類もあるということだったが、今回の儀礼では神枝を挿さなかった。その理由は町中（まちなか）の家で挿す所がなかったからか？

A／今回の儀礼には神枝は全くなかったわけではなく、ビモの左側に立てかけてあったのが神枝だ。しかし、あれはビモのお守りの神枝だ。97年の儀礼とは儀礼の内容が違う。今回の儀礼は神枝を挿す必要がない儀礼だ。もしも神枝を挿す必要がある儀礼なら、家の中でも挿す。その方法は、囲炉裏や竈（かまど）の灰を床に置き、そこに挿す。あるいはジャガイモに挿す。あるいは山の畑の土を床に置き、それに挿す。今回の儀礼では必要がなかったのだ。必要なら、農村の場合は97年のように必ず土に挿す。

Q／97年の儀礼でも今回の儀礼でも死んだ鶏に啼き声を出させた。あれはどういう意味を持つのか、また、周りの人々が「ァオ～オ～」と声を挙げたが、あれはどういう意味か？

A／鶏を啼かせるのは、鬼を祓う意味がある。鶏の声は鬼を追い払うのだ。鬼は夜の世界のものだ。鶏が啼くと夜明けだから、鬼が帰ってしまうのだ。

Q／97年の儀礼でも今回の儀礼でも、生け贄の下を家族にくぐらせるのはなぜか？　また97年では、家族を一塊りに座らせ、周囲を生け贄に回らせるというやり方もあったが。

A／2つの意味がある。悪いものをヤギに付けて連れて行ってもらうため。もう1つは家族がヤギの下を通ると、家族がこの儀礼のなかに入ったという意味がある。

家族を一塊りに座らせ、生け贄を持ってその頭上をグルグル回すのにも同じ意味がある。人が少ない場合はくぐらせるが、人が多いときは全員をくぐらせるのが大変だから一塊りに座らせて、（ビモの弟子が）その周囲を生け贄を持って回る。

生け贄の回り方は、今回は時計回り（右回り）だった。この方向で回すのは「悪いものは（家の）外に出て行く」という意味。時計回りの逆は「いいものが（家の）中に入って来る」という意味だ。「転酒」と言って、お酒を順に飲むのも左回りだ。

Q／生け贄で牛を殺す場合には、牛は大きすぎて回せないはずだが……。

A／牛が生きているうちに家族の周りを歩かせる。

Q／生け贄には牛がいたほうがいいのか？

A／そのほうがいい、お客にご馳走する際にも牛があったほうがいい。

Q／97 年のとき、ヤギ、豚、綿羊などの生け贄の血は神枝に撒いて付けた。鶏の血は草鬼の束に付けた。生け贄によってその血の意味は違うのか？

A／この点は研究していないのでよくわからないが、だいたい意味は同じだろう。たとえば今回の儀礼では、全部の血を同じ洗面器に入れた。

西昌〜成都〜昆明へ——9月20日（水）

8：10、金橋酒店の玄関まで見送りに来てくれたモソツホ氏と別れ、空港へ。西昌発10：10、成都発12：40と飛行機を乗り継ぎ、13：20昆明着。

昆明空港で、バングラディッシュのダッカから戻ってきた私のトランクを受け取る。空港にいたタイ航空の事務員の話によると、今回の手違いのための補償金を昆明のタイ航空事務所で受け取ると、わずか300元（約4500円）だという。フィルムや着替えなどには20000円以上の出費があったから、ダメだとは思いながらも、一応抗議し、再考を求めた。

300元というのは中国の基準でのことらしいので、補償金は日本で受け取ることにし、そのための書類を書いてもらった。日本のタイ航空の話によると、荷物の一時紛失の補償規定はどの国で起きた場合でも一律100ドルだそうで、帰国後に12000円を受け取った。

❖ 工藤綾子の旅記録より

第Ⅲ章

神話の現場から見た古事記

大涼山彝族の創世神話をモデルとして

勒俄特依を唱える大ビモ

1　文字の神話と歌う神話

私たちはごく普通に「神話」という言葉を用いているが、その神話が現実に歌われたり、唱えられたり、語られたりしている現場を想像したことがあるだろうか。そして、現場で生きている神話と、私たちが普通に書物で読んでいる神話とのあいだにどのような違いがあるのか、考えたことがあるだろうか。

日本文学史の問題でいえば、その冒頭に位置する『古事記』(712年)は一般には神話の書物といわれているが、そのように文字で記述された神話と、『古事記』以前の無文字の時代に口誦で表出されていた神話とのあいだに違いはあるのか、ないのかといったことも、従来はほとんど恣意的な想像に任されてきた。

そのうえ、たとえ『古事記』以前の無文字の神話の実態について知ろうと思ったとしても、従来は、次に引用する金関寿夫の文章[1]も示しているように、生きている神話の現場に居合わせることは不可能だと考えられてきた。

ところでそのナバホ族にも、他の多くの民族同様、じつにすばらしい神話がある。それが本書に含まれている〈ナバホ族創世神話〉にほかならない。そしてこの神話は、著者の「序文」にもあるとおり、もともとワシントン・マシューズというすぐれた白人の民族学者が収集記録し、それを著者が再話したものである。そしてこれは、人間、天体、動植物のすべてが、いわば宇宙的一体感をもってこの世に生まれ出て、ゆっくりと一つの大きな「ネーション」を形作っていくいきさつを、一篇の壮大な叙事詩として物語っている。

しかしまず大事なことは、この物語は、こうして本の形に印刷されてはいても、本来は口承の物語であることだ。私たちが今こうした形で読むのは、文字というものを持たなかったナバホ族(インディアンの殆んどの部族には文字がなかった)が、代々口承で語り継いだ物語の英語による記録しかないからで、その点の事情は、今私たちが日本語で「読む」アイヌの『ユーカラ』の場合と、似通っている。

しかし物語の本来の生命(いのち)は、著者も指摘しているように、それを語る人の声の出し方、息の継ぎ方、休止(ポーズ)など、つまり今の言葉でいえばパフォーマンスという、いわばトータルな力にかかっている。しかもインディアンの詩や物語が、元来呪術的、祭式的色彩の濃いものである以上、本来ならば、その場に居合わせ、その神話を共有し、それが朗唱されるのを自分の耳でじかに聴くのが、おそらく一番望ましい。しかしそんなことは、文化的にも技術的にも、とてもできるはずはないから、私たちは、そのことに十分留意しながら、ゾルブロッド氏が英語で再話したもの（今の場合はそれをまた日本語化したもの）を、こうして「読む」しかないのである。それで失うものも多いが、それによって文学の最も原初的なものを、いくらかでも回復できることを希望したい。

確かに、この文章が言うように、基本的には神話の現場に居合わせるのは滅多にできないことだろうし、長いあいだ私も「そんなことは、文化的にも技術的にも、とてもできるはずはない」と考えていた。しかし、私が1994年以来中国辺境の少数民族の村をしばしば訪れるようになってから、この考えは誤りであることがわかってきた。そこではまだ、神話は歌われたり唱えられたりしながら、村の祭式や宴の席などで、生活の必需品として生きていたのである。

旧来の文化人類学者の時代には、生きた神話の現場は現在よりずっと豊富に存在していたに違いないが、それを丸ごと記録する手段がほとんどなかった。「ワシントン・マシューズというすぐれた白人の民族学者が収集記録」したとあるが、その時代（1800年代末）には、現在なら誰にでも携帯できる小型録音機やビデオカメラが存在していなかった。したがって、文字で書き取ったメモを整理し、記憶によってそれを補って報告資料を作ることしかできなかったはずである。

しかし、20世紀末から21世紀初頭の現在は状況がまったく違ってしまった。一研究者でも小型録音機と小型ビデオカメラを普通に入手でき、それらを現地に携行できる。その結果、現地の村の生活のなかに身を置き、神話の歌われる現場をそのままビデオに撮り、その映像と音声を繰り返し見ながら、その歌われている歌詞をまず現地語の発音を基本にして、国際音声記号などで文字化することができるようになった。その意味で、特に小型ビデオカメラの登場後とそれ以前とでは、無文字文化調査の質に決定的な違いが生じたと私は考える。極端な言い方をすれば、ビデオ映像付きの神話資料と、それ以前の、メモと記憶による神話資料とではその資料的価値に大きな差が出たとしていい。

そのうえ中国辺境の場合でいえば、新中国（1949年成立）が強力な国家統制を行なっていた1980年代までや、特に文化大革命（1966〜1976）の期間などには、中国政府の監視が厳しかったので研究者は辺境地域を自由に動くことはできなかったし、写真撮影でさえ禁止されることが多かったという。その点からいえば私は、中国の改革開放政策が軌道に乗り、辺境地域の外国人通行禁止が徐々に解除され始めた時代に調査活動を開始したので、比較的自由に取材・調査ができた。そのうえ、小型録音機と小型ビデオカメラも携行できたのだから、私がいかに幸運であったかがわかるだろう。

本章では、のちの「5 歓迎の宴で歌われた神話―［酒を勧める歌］」で、私が居合わせてビデオカメラで収録した、生きている神話の一例を紹介することにするが、その前に、その［酒を勧める歌］が、神話の表出されるどのような段階のものなのかを知るために、［神話の現場の八段階］モデルを再確認しておこう。

2 神話の現場の八段階

［神話の現場の八段階］は、まず工藤『ヤマト少数民族文化論』（大修館書店、1999年）に発表された。その各段階の背景には、いずれも現地調査の際に触れた現実の〈神話の現場〉の資料があるが、それらについては同書を参照してほしい。以下には、その修正版[(2)]を再掲載する。

この［神話の現場の八段階］モデルは、私が、もともとは日本最古の書物『古事記』（712年）の古層と新層を見分ける方法を模索するなかで発想したものである。しかし、『古事記』に限らず、世界の各地域、各時代の神話の現場の状況は、かなりな程度において類似した構造を持つと私は考えている。したがって、構造モデルとしての［神話の現場の八段階］は、個々の事例に応じた微調整を加えさえすれば、ギリシャ神話、中国神話そのほか、世界のさまざまな神話がどのような段階に当たるものなのかを測定する目安になると思われる。

なお、以下の《第一段階》から《第八段階》までのうちのいくつかは、しばしば同じ地域の同じ時代に、混在することがある。また、後発段階の神話が、先行段階の神話に影響を与えて変質させることもある。これは、交通の便が良くなって人的な交流が増えたり、ラジオ・テレビなどが普及しはじめたことによるところが大きい。近代化や観光化の進行とともに、ムラ段階の社会の閉鎖性が徐々に失われていくに従って、後発段階の神話がさまざまに浸透してくるのは当然である。

また、《第一段階》から《第八段階》までへの変遷は、神話が原型性を薄めていくことであるとはいえ、必ずしもその神話の本質的な部分までもが完全に消え失せるということではないことがある。神話の表出される現場は徐々に村の祭式の現場から遠ざかっていったにしても、神話の〈核〉にあたる部分は継承されていくということがあるからである。

そのことを踏まえたうえでだが、それでもなおその〈核〉でさえもが変わってしまっているのに、後世の人間にはそれが見抜けないということもしばしばあるだろう。

従来は、神話といっても、それがどのような段階の神話なのかを考慮しない研究者がほとんどだった。それは特に、後述するように、ギリシャ神話の引用に多い。

なお、以下の［神話の現場の八段階］はあくまでも、私なりの神話の現場体験から出た構造モデルでしかない。別の現場資料を基にすれば、これとは別の構造モデルが浮かび上がるかもしれない。すなわち、構造モデルは多様に構想できるはずのものなのだから、けっして以下の［神話の現場の八段階］モデルを絶対化してはならない。しかし、いずれにしても何らかの〈神話の現場〉モデルは持たなければ、縄文・弥生期以来の口誦の層を基盤に持つ『古事記』の分析はできない。『古事記』や世界の神話の研究を目指す者は、それぞれがそれぞれに〈神話の現場〉モデルを模索する必要がある。

《第一段階》（最も原型的）　ムラの祭式で、呪術師や歌い手が一定のメロディーのもとに、伝統的な歌詞のまま歌う（あるいは、唱える）。祭式と密接に結びついているうえに、聞き手の村人も歌詞にかなり詳しいのが普通。したがって、歌詞の固定度が最も高い。

《第二段階》　ムラの祭式でもきちんと歌える呪術師や歌い手が、外部の人の要請で特別に（つまり作為的に）歌う（唱える）。《第一段階》ほどではないが原型に近い歌い方をしてくれるので、歌詞の安定度はかなり高い。

《第三段階》　呪術師・歌い手が、メロディーはわかっていても歌詞を完全には思い出せない場合、歌詞を自分の言葉で変形させながら、語る。歌ほどのメロディーは持ってないが、ある一貫した語りの節(ふし)のようなものはある。歌詞の固定度はやや下がるが、かなり原神話に近い。

《第四段階》　聞き手の質問に答えたり、ほかの人に相談して内容を確認したりしながら説明する（話す）。この場合には、呪術師・歌い手に限らず、一般の長老、物知りといった人たちでもよい。歌詞の固定度はかなり減少し、外部の社会のさまざまな影響も受けやすくなり、別系統の神話が混じりこんだり、話し手の主観・個性による変化が大きくなる。文体は、説明・話しに適した“散文体”に変わっている。

《第五段階》　《第一段階》から《第四段階》までは基本的にムラ段階の神話だが、この《第五段階》では、いくつかのムラを統合したクニが登場している。ムラの祭式と密着していた神話は、複数のムラのあいだでも交流し、さらにはクニのレベルの神話として普遍性を高めて再構成されたものも登場したであろう。このときに、ムラ段階の神話はある量の変質をこうむるはずだが、しかしムラとの関係もまだ近いので、神話が完全にムラや祭式から分離されることはない。「語り部」のような口誦伝承の専門家が、クニの行政の中心部に常駐していた可能性がある。

《第六段階》　文字を使える人が、複数の歌い手や語り手や話し手から聞いたものを文字で記録し、またすでに文字で記録されていたものも参照しながら、それらを取捨選択して文字文章（一般には散文体）で編集する。多くは、この場合のものが最も内容豊富で、首尾が整った、完成度の高い神話になる。ムラ段階で生きている神話を、外部の目を意識したり、知識人の論理（筋道の通りやすい物語のほうへの傾斜など）を混じえたりしながら再編したもの。

《第七段階》（『古事記』はこの段階の書物）　もうすでにムラの祭式の現場は消滅していたり、ムラそのものが町になっていたりして、祭式やムラの現実と無関係に、神話だけが口誦の物語の一種として伝承されている。あるいは、その口誦の伝承もすでに消滅していて、ある程度まで文字表記に慣れた人物によって、多くは散文体中心の物語として文字で記録されている。そして、そういった口誦の物語や文字化された資料を収集して、一か所に集めようとする国家機関が登場している。そして、その国家の政策いわば「国家意志」

が、それらの資料に必要性を感じたときにその編纂が命じられ、官僚知識人がその任にあたる。《第五段階》のクニ段階の神話や《第六段階》のようにムラ段階と国家段階が直接に接触した段階の神話は、まだムラや祭式との結びつきを残していたが、この《第七段階》ではその結びつきがほとんどないので、編纂を貫く論理は、第一に国家意志、第二に編纂者(たち)の個人意志である。特に個人意志の介入の可能性が出てきたという意味で、ここにおいて初めて文学の領域に足を踏み入れたことになる。

《第八段階》《第七段階》で登場した『古事記』や『日本書紀』などが、文字と国家意志によって権威づけられた新たな「〈古代の近代〉の神話」となり、これが文字神話の起源となって、いわゆる「中世日本紀」と呼ばれるようなさまざまな変化形を生み出していくことになる。

この[神話の現場の八段階]モデルを指標とすれば、たとえば前出の〈ナバホ族創世神話〉の位置づけは以下のようになる。

それは、「もともとワシントン・マシューズというすぐれた白人の民族学者が収集記録し、それを著者が再話したもの」(前出注1書)だというから、ワシントン・マシューズはおそらく《第一段階》(最も原型的)の神話の現場に何度も居合わせたのであろう。しかし、その時代(1800年代末)には録音機やビデオカメラが存在していなかったので、文字で書き取ったメモを整理し、記憶によってそれを補って報告資料を作ることしかできなかった。この作業のなかですでに、その報告資料は、《第六段階》(文字を使える人が、複数の歌い手や語り手や話し手から聞いたものを文字で記録し、またすでに文字で記録されていたものも参照しながら、それらを取捨選択して文字文章、一般には散文体で編集する)のものになっている。そのうえ、その報告資料を基にして、「著者」(ポール・G・ゾルブロッド)が「再話した」というのだから、その《第六段階》の定義のうちの、「ムラ段階で生きている神話を、外部の目を意識したり、知識人の論理(筋道の通りやすい物語のほうへの傾斜など)を混じえたりしながら再編したもの」という側面もいっそう強まったのではないか。

3　周知の「ギリシャ神話」のほとんどは《番外の第九段階》

また、一般に私たちは、「神話」といえばその代表としてギリシャ神話を思い浮かべるが、しかしそのギリシャ神話が、上記の［神話の現場の八段階］モデルでいえば、どういった段階のものなのかはほとんど顧慮されないできた。以下に引用するのは、アポロドーロス『ギリシア神話』の訳者高津春繁の「まえがき」(3)の一節だが、私たちが普通に知っているギリシャ神話がいかに神話の現場から遠いものであるかを示す重要な指摘である。

> 本書の特徴は、著者がギリシア神話の伝承として拠ったところのものがすべて純粋に古いギリシアの著述によっているところにある。ことに巻末に付した固有名詞表によっても明らかなごとく、ヘーシオドスの『神統記』、プレキューデスおよびアクーシラーオスの神話および系譜学上の大著よりその骨子を取り、さらにアッティカ悲劇の伝承を用いている点で、これは従来日本において紹介せられた、一度ローマ文学、特にオヴィディウスの『転身譜(メタモルフォーセース)』(Metamorphoses）を経て、欧州近代文学に入ったものを要約したギリシア神話とは大いに異っている。オヴィディウスの『転身譜』はギリシア神話にかりて大衆むきの読物、ことに恋の物語を面白おかしく語ったものであって、その中に描かれている多くの愉(たの)しい情景はローマ帝政時代の日常生活のそれであり、その中に表出されている感情もまた同じくこの詩人の時代のソフィスティケーティッドなものである。これが近世初頭以来欧州における詩歌の好題材と考えられるにいたり、ギリシア神話は多くの詩人によって再び取りあげられ、これに近代的な感情が吹き込まれ、ヘレニズム時代の感傷主義によって変化した神話はここに再度の転身を行なった。日本に紹介せられたギリシア神話は主としてかかるものなのであって、例えばエンデュミオーンとかナルキッソスとかいうふうな、ギリシア神話英雄伝説の本筋からいえば大して重要ではないヘレニズム式恋物語が多く、かえってその中心となるべき諸英雄家の系譜はおろそかにせられ、なんということなしに甘ったるい肉感的なものに堕してしまっている。これは要するにオヴィディウスによって代表せられる、あの現世的な、感傷的な、甘美な、ややペシミ

スティクな神話以上のなにものでもない。

これに反してアポロドーロスの伝える神話伝説ははるかに峻厳な、ときとしては近代的感情にはあまりにも酷な、野蕃なものが多いのである。この書の中に語られている英雄伝説はその代りに真の意味での古典時代ギリシアの伝承を真面目に、忠実に伝えている。著者は神話の伝承に対して極めて僅かの例外を除けば、全然批判をせず、また異なる伝承間の比較や研究も行なわない。彼は平然として相反し相矛盾する伝承を語るのであって、したがって同じ物語に関して異る場所において異る伝承がしばしば語られる。これはおそらく典拠となった参考書や悲劇が異る筋を持っていたためであって、その矛盾に対する無神経とも言うべき著者の態度は驚くべきものがある。しかしこれは一方において著者が忠実に原典の筋を伝えていることの間接証明となるのであって、我々は原典の失われている多くの悲劇の筋に関してアポロドーロスをほとんど無条件に信用してもよいということを示している。なおここに特記したいのは、アポロドーロスは常に書物にのみよっている、ことにそれも悲劇とか叙事詩とかそのほかの標準的な著書に拠っていて、民間の伝承を自ら採集したりする人ではないことである。

（略）

本書の今一つの特徴は、系譜を骨子として書き綴られてある点で、これは紀元前六世紀に興ったギリシア系譜学の正統を踏襲したものである。したがって同じ伝説が非常に異る場所においてあるいは繰り返され、あるいは異る伝承が説かれている場合が多い。ギリシア英雄の系譜は神々のそれと密接に結ばれており、またこれが歴史時代の諸名家とつながっていることは、我が国の系譜と同一であって、実生活とも密接な関連を有し、そのために系譜学は古代においては重要な位置を占めていた。

要するに、一般に私たちが知っているギリシャ神話は、「ローマ文学」を経ることによって「ローマ帝政時代の日常生活」の情景に合うように、かつ「恋の物語を面白おかしく語ったもの」へと変質したものだという。そのうえ、その変質したギリシャ神話は、「近世初頭」以来ヨーロッパの「詩歌の好題材」として「多くの詩人によって再び取りあげられ」て「再度の転身」をこうむったのだという。

アポロドーロスの伝えたギリシャ神話は、《第六段階》（文字を使える人が、複数の歌い手や語り手や話し手から聞いたものを文字で記録し、またすでに文字で記録されていたものも参照しながら、それらを取捨選択して文字文章、一般には散文体で編集する）のものにやや近いのかもしれない。しかしながら、この《第六段階》に近いギリシャ神話も、のちに「ローマ文学」による変質をこうむると、《第七段階》（ムラの祭式やムラの現実と無関係に神話だけが口誦の物語の一種として伝承されていたり、散文体中心の物語として文字で記録されており、それが編纂者の個人意志によって変質され、文学の領域に足を踏み入れたもの）に転じたと思われる。しかもそれが「近世」の詩人たちによって再び変質させられたというのだから、その最後の段階のギリシャ神話、すなわち一般に知られているギリシャ神話は、［神話の現場の八段階］のさらにのちの段階の、いわば《番外の第九段階》（神話に素材を取った近代文学作品の前段階）にあたるものだと考えていい。近代文学作品の前段階とは、祭式の現場から切れ、ムラ段階の社会における共同体維持の実用的な役割を薄め、代わりに文字言語表現内での完結性と芸術性（虚構性・物語性）を強めるという意味である。

このギリシャ神話の文学性への傾斜を示す一例として、オルフェウス（オルペウス）神話を取り上げてみよう。まず、前出アポロドーロス『ギリシア神話』のなかのオルフェウス神話の全文をそのまま引用する。

［X］　カリオペーとオイアグロスから、しかし名義上はアポローンから、ヘーラクレースが殺したリノスおよび歌によって木石を動かした吟唱詩人オルペウスが生まれた。オルペウスはその妻エウリュディケーが蛇に噛まれてなくなった時に、彼女を連れ戻そうと思って冥府に降り、彼女を地上にかえすようにとプルートーンを説き伏せた。プルートーンはオルペウスが自分の家に着くまで途上で後を振りむかないという条件で、そうしようと約束した。しかし、彼は約を破って振り返り、妻を眺めたので、彼女は再び帰ってしまった。オルペウスはまたディオニューソスの秘教（ミュステーリア）を発見し、狂乱女（マイナデス）たちに引き裂かれてピエリアーに葬られた。

この簡潔な語り口が、そのまま口誦段階の原型的なギリシャ神話なのかどうかはわからない。しかし、「ギリシア神話英雄伝説の本筋」は「諸英雄家の系譜」が中心だった（同書・高津の「まえがき」）ということを前提にすれば、こういった物語的要素の部分は、文字で書き記すという際には副次的に扱われた部分なのかもしれない。もちろん、ホメーロスの『オデュッセイア』『イーリアス』（成立年代は紀元前十二世紀から七世紀のあいだまで諸説ある）のように、口誦の叙事詩だったのに、言語による豊富で詳細な描写を含んだ長大な詩句から成るものもあった(4)。これが、よく言われるように「吟遊詩人」による歌（あるいは語り）だったとすれば、観客（聞き手）の好みに応じて表現をさまざまに工夫したであろうから、すでに一種の〈芸能〉の段階に入っていた可能性が高い。[神話の現場の八段階] モデルでいえば、《第七段階》（すでにムラの祭式の現場は消滅していたり、ムラそのものが町になっていたりして、祭式やムラの現実と無関係に、神話だけが口誦の物語の一種として伝承されている）の神話が、芸能の素材へと転換して芸能者の持ち芸に転じていたのであろう。高津春繁が、ホメーロスの『オデュッセイア』『イーリアス』について、「叙事詩がまだ本当に生きていた頃には、詩人兼音楽家は自在に叙事詩言語を用いて、新しく物語を歌い出すことができたのであろう」と述べている(5)ように、それらは、一字一句を変えないことを原則とする《第一段階》（最も原型的）の神話からはかなり遠ざかった〈芸能〉だったのであろう。このことは、『オデュッセイア』(6)（第八巻）の歌詞のなかの、次のような一節からも推測される。

「あいや、おつきの方、これを、食べるよう、悲しみにみちたわたしからの挨拶としてデーモドコスにもっていってやっていただきたい。歌人の族(やから)は歌の女神(ムーサ)に歌の道を教えられ愛されているのだから、歌人は地上のすべての人間に尊ばれうやまわれているのだ」

こう言うと、従者はそれをもって、デーモドコス殿に手渡すと、かれは受け取って、心に喜んだ。みんなは自分の前にある馳走に手を出した。だがもう十分に飲み食いした時に、その時たくみにみちたオデュッセウスはデーモドコスに言った。

「デーモドコス、わたしはあなたをあらゆる人間にもましてほめたたえる。あなたの師はゼウスの姫のムーサか、それともアポローンに違いない。アカイア人(びと)の運命、かれらが何をおこない、どんな苦労困難をなめたかを、みんなまるで自分でその場にいたか、その場にいた人から聞いたかのように、まことに見事に語るからだ。だが、さあ、曲目を変えて、エペイオスがアテーネーの助けを得て作った木馬の製作をうたってくれ。そのたくらみの馬を勇士でみたして、かつて尊いオデュッセウスがトロイエーの城山に引き入れさせ、勇士たちはトロイエーを全滅させた。もしこれをわたしのために見事に語ることができたら、神があなたにいかに恵み深く霊感にみちた歌を教えられたかをただちにすべての人に語ろう」

こう言うと、歌人【デーモドコス】は神より霊感を得て、うたい始め、物語を展開した。

ここには、"客"の求めに応じて"芸能としての神話歌い"を演じる"芸能者"の姿がある。したがって、ホメーロスの『オデュッセイア』『イーリアス』は、［神話の現場の八段階］では、『古事記』登場の《第七段階》（祭式やムラの現実と無関係に、神話だけが口誦の物語の一種として伝承されている）を、さらに芸能の方向へと肥大させたものだったのかもしれない。『オデュッセイア』『イーリアス』の成立年代は紀元前十二世紀から七世紀のあいだまで諸説あるにしても、その時期にはすでにギリシャ人は〈国家〉を作り上げていたのであるから、この時期にすでに原型的なムラ的なギリシャ神話は、国家段階の、また都市的な神話へと変質していたのではないか。

したがって、前出のアポロドーロス（紀元前１世紀のローマの人とされる）は、「常に書物にのみよって」彼の『ギリシア神話』を執筆した（高津・前出「まえがき」）というが、その依拠した「書物」自体もすでに、［神話の現場の八段階］の《第七段階》にあたる水準にまで変質していたのではないか。

しかし、こういった簡潔な描写のギリシャ神話が、「ローマ文学」を経て「恋の物語を面白おかしく語ったもの」へと変質し、さらに「欧州近代文学」に入って変質を加える（高津）と、以下に引用する、グスターフ・シュヴァープ『ギリシア・ローマ神話Ⅰ』(7)のようなギリシャ神話になるのであろう。このオルフェウス神話が、いかに文字言語表現内での完結性と芸術性（虚構性・物語性）を強めたものになっているかを知っていただくために、長くなるがその全文を引用する。

なお、この書物のグスターフ・シュヴァープ自身による「序文」には、「わたしはとくに、嫌悪を催させるようなものは、すべて排除するように配慮した。そのため、非人間的な残酷なことが物語られている神話は、躊躇なくこれを省いた」と書かれていることに象徴されるように、この書物のギリシャ神話は、その作為性の強さという点から見て、［神話の現場の八段階］のさらに外に位置づけるべきものであり、あえていえば、最後の《第八段階》に近代的感性による改変まで加わった《番外の第九段階》にあたるものとしたほうがいい。私たちが一般に知っているオルフェウス神話とは、次のような内容の、まさにこの《番外の第九段階》のものなのであった。

［Y］ 類なき歌手オルペウスは、川の神でトラキアの王オイアグロスと、芸術の女神カリオペの息子であった。音楽の神アポロンはオルペウスに竪琴を贈った。オルペウスがその竪琴をかなでながら、美しい歌をうたうと、空の鳥、水のなかの魚、森の動物、それどころか木々や岩までも近よって、その妙なるメロディーに耳を澄ました。妻は美しい泉の妖精エウリュディケで、夫婦はたがいに心から愛し合っていた。しかし、二人の幸福はあまりにも短かった。なぜなら、婚礼の楽しい歌が消えたかと思うと、はやくも死が、花のような新妻を奪い去ったのだから。美しいエウリュディケは、友だちの妖精たちと緑の野原を散歩しているとき、草のなかに隠れていた毒蛇に、やわらかい踵を噛まれ、驚く友だちの腕にささえられて死んでしまった。

山々と谷には、妖精たちの嘆き悲しむ声が間断なく反響し、彼女らとともに、オルペウスはその悲しみを悲痛な歌に託して、嘆きかつ歌った。鳥たちや、賢い雄鹿、小鹿たちも、ひとり取り残されたオルペウスといっしょに、悲しむのであった。オルペウスはそのとき、とほうもない決心をした。身の毛もよだつ黄泉の国へ行き、冥府の王夫妻に哀願して、エウリュディケを返してもらおうというのである。オルペウスはタイナロン山の近くにある冥土の門を通って、降りて行った。まわりには死者の亡霊が漂って、恐ろしいかぎりであったが、ものすごい黄泉の国のまんなかを通って、青ざめた王座と、峻厳なその妻の前に進み出た。そして竪琴をとると、美しい弦の響きに合わせて歌った。

「ああ、黄泉の国の王たちよ、われに真実を語ることを許し、わが願いを慈悲をもちて聞きたまえ！　冥府の国に下り来しは、タルタロスを見んとする好奇心にあらず、また三つ頭の犬を捕えんためにもあらず。御身たちのもとに来たれるは、ああ、妻のためにこそ。いとしき妻は、毒蛇に噛まれて花の盛りに逝きたり。妻がわが家の誇りと喜びなりしは、わずかに数日のみ。計り知れぬ悲しみに耐えんとして、われは能うかぎりの努力をはらいしも、恋しき思いにこの胸は張り裂けんばかりなり。エウリュディケなくして、われはいかにせん。さればこそ、恐ろしくも神々しき死の神々よ、御身たちに嘆願するなれ！　この恐ろしき場所、打ち黙せる荒涼たる広野にかけて願う、エウリュディケを、最愛の妻をわれに返せ！　妻を自由の身となし、あまりにもはやく散りしその命をふたたび与えよ！　されど、そのことかなわずば、われもまた死者の列に加えよ、妻を伴わずば、われは帰らじ！」

オルペウスはこう歌いながら、竪琴をかき鳴らした。すると、血の失せた亡霊たちすらも耳を傾けて泣いた。罪ふかきタンタロスももはや逃げる水をとらえようとはせず、イクシオンが縛りつけられている、ごうごうたる火炎車も、その回転を止め、ダナオスの娘たちも、穴のあいた容器で水を汲む、むなしいほねおりをやめて、水瓶にもたれて聞きほれ、シシュポスは山の上に岩をころがす苦しみも忘れ、意地の悪い岩にすわって、哀れにも悲しい調べをそっと聞いていた。そして恐ろしい復讐の女神たちの頬にすら涙が流れ、ふきげんな冥府の王夫妻も、はじめて哀れを催したということである。ペルセポネがエウリュディケの亡霊を呼ぶと、よろめきながら近よって来た。

「さあ、連れてお帰り」と、死人の女王は言った。「けれど、覚えておおき、冥府の門を出てしまうまで、エウリュディケを少しも見なかったときにだけ、彼女はおまえのものになるのだよ。もしそれよりまえに、振り返って見たりすれば、この赦免は取りやめにするからね」

二人は、夜の恐怖につつまれながら、なにも言わず足を急がせて、暗い道を登った。そのとき、オルペウスは言いようのない恋しさにとらえられて、愛する妻の息づかいか、衣ずれの音が聞こえないかと耳をすました。——けれども、あたりは死のようにしんと静まりかえっていた。不安と恋しさに、自分をおさえることができず、思いきって後ろの妻のほうをちらと振り返って見た。すると、かわいそうに！　エウリュディケは、愛情をこめた目で、悲しそうにじっと見つめながら、深い地の底へふらふらともどって行った。オルペウスは必死になって、去り行く妻のほうに腕を伸ばした。しかし、何のかいもなかった！　エウリュディケは、ふたたび死んでゆくのである。彼女の姿はもうほとんど見えなくなった。

「さようなら、ごきげんよう！」と呼ぶ声が、遠くのほうからかすかに、消えるように聞こえた。

オルペウスは最初、悲痛と驚愕のあまり、凝然と立ちすくんでいたが、やがて暗い地の底へとふたたび走りこんで行った。しかしこんどは、渡守が暗い三途の川を渡すことを拒んだ。七日七晩、かわいそうなオルペウスは、飲まず食わずで、熱い涙を流しながら冥府の神々に慈悲を嘆願した。が、その願いは聞きいれられなかった。神々は二度とあわれんではくれなかった。オルペウスは心に深く恨みながら、しかたなく、トラキアのさびしい山の森に帰った。そして三年のあいだ人々との交際を避け、茫然とその日を過ごした。女たちの姿を見ることがいとわしかった。エウリュディケの美しい姿が、目に浮かんでくるからである。その嘆息はすべて妻に向けられ、竪琴のかなでる美しくも哀れな調べは、妻の思い出にささげられた。

あるとき、このすぐれた歌手が、とある影のない緑の丘にすわって歌いはじめた。すると森が動き、大きな木がだんだん近くによってきて、ついにその枝でオルペウスをおおい隠した。森の動物や、元気な鳥たちもそばにやってきて、丸く輪をつくって、すばらしい歌声に聞きほれていた。そのとき、酒神ディオニュソスの狂乱の祭りをおこなうトラキアの女たちが、群をなしてその丘に押しかけてきた。妻が死んで以来、あらゆる女をしりぞけていたオルペウスを、女たちは憎んでいた。女たちはいま、オルペウスを見つけた。狂乱の女たちの最初の一人が、「わたしたちをばかにする男があそこにいる！」と叫ぶと、女たちはたちまち狂気のように押しかけてきて、石や杖を投げつけた。

しばらくは、忠実な動物たちが歌手を守ってくれはしたが、その歌声が熱狂した女たちの怒号のなかにしだいに消えてゆくと、動物たちも驚いて森の茂みに逃げてしまった。そのとき、石が額にあたり、不幸なオルペウスは血を流しながら、緑の草の上に倒れた。そして、岩石や山の森を感動させた美しい声を持つ口から、その魂は逃げ去った。

狂暴な女たちの群れが立ち去ると、すぐに鳥たちがすすり泣きながら、はたはたと飛んで来た。岩や、ありとあらゆる獣たちも、悲しげに近寄り、泉や木の妖精(ニンフ)も、黒い衣を身にまとって、急いで集まってきた。そして、オルペウスの死を嘆きつつ、むごたらしく殺されたそのからだを、地に埋めた。しかし、首と竪琴とは、ヘブロス川のとうとうたる流れが拾いあげて、運び去った。が、その弦からは、依然として美しい悲嘆の声のようなものが響き、川の両岸は悲しい反響で低くそれに答えるのであった。川はオルペウスの首と竪琴とを海へ、それから、レスボス島の海岸まで運んだが、そこで敬虔(けいけん)な住民たちに拾いあげられ、首は埋葬され、竪琴は神殿にかけられた。この島がすばらしい詩人と歌手たちを輩出したのは、このためである。ここでは夜鶯(よるうぐいす)ですら、ほかのどこにも増して、美しくさえずって、神々しいオルペウスの墓をあがめた。しかし、オルペウスの魂は黄泉(よみ)の国へ漂いくだり、そこで最愛の妻と再会した。そして離れず、喜びにあふれて抱き合い、楽土(エリュシオン)の緑の野で、永遠に仲よく暮らした。

以上の物語は、夫婦の愛情物語として一貫している点でわずかの乱れもないという意味で、ほとんど近代文学としての「小説」と同じである。それはまさに、「ローマ文学」を経て「恋の物語を面白おかしく語ったもの」へと変質し、さらに「欧州近代文学」に入って変質を加えたギリシャ神話(前出アポロドーロス『ギリシア神話』の高津「まえがき」)なのであろう。《第一段階》(最も原型的)の神話としての明確な痕跡は、「この島がすばらしい詩人と歌手たちを輩出したのは、このためである」という、現在の事実を過去の物語によって説明する起源神話一般の手法に見られる程度である。

また、先に引用したアポロドーロス『ギリシア神話』のオルフェウス神話[X]では、「オルペウスはまたディオニューソスの秘教(ミュステーリア)を発見し、狂乱女(マイナデス)たちに引き裂かれてピエリアーに葬られた」とだけ述べられていて、オルフェウスの死の原因は亡き妻への彼の思慕とは結びつけられていない。

また、ロバート・グレイヴズ『ギリシア神話』[8]の場合は、以下に引用するように、エウリュディケの死という語り方自体が「後世」のものだとさえ述べている。

エウリュディケーが蛇にかまれて死に、その後オルペウスが彼女を日光のもとにつれもどそうとして失敗した話は、後世の神話にだけ出てくる。どうもこの話はあやまりつたえられたものらしく、オルペウスがタルタロスで歓迎をうけ、ここで彼の歌の調べに魅せられた蛇の女神ヘカテーまたはアグリオペー（略）がオルペウスの秘教会に加わったすべての死者たちに特権をあたえるところをえがいたいくつかの絵や、ディオニューソス——オルペウスはこの神につかえる祭司だった——が彼の母のセメレーをさがしもとめてタルタロスにくだってゆく（略）ところをえがいたいくつかの絵などを読みちがえたのであろう。また、蛇にかまれて死んだのはエウリュディケーのいけにえたちであって、エウリュディケー自身ではなかった（略）。

このロバート・グレイヴズの説や、アポロドーロスの伝えたオルフェウス神話［X］を前提にすれば、グスターフ・シュヴァープ『ギリシア・ローマ神話Ⅰ』のオルフェウス神話［Y］は、ほとんど近代文学作品だと言ってもいいくらいである。オルフェウス（オルペウス）が亡き妻を慕うあまり現世の女たちにいっさい関心を示さず、オルフェウスに相手にされなかった「トラキアの女たち」に「わたしたちをばかにする男」だと思われて恨みを買い、それが原因となって殺されたという「恋の物語」は、原型的なギリシャ神話とはほとんど無縁なものだったのではないか。

もちろん、もともとの口誦段階の原型的なギリシャ神話がグスターフ・シュヴァープ『ギリシア・ローマ神話Ⅰ』の［Y］的なオルフェウス神話で、それが簡略化されてアポロドーロス『ギリシア神話』のオルフェウス神話［X］になった可能性もまったくないわけではない。しかし、前出・高津の論理（アポロドーロス『ギリシア神話』の「まえがき」）やロバート・グレイヴズの説のように、事実はその逆だったと私は考えている。

4 オルフェウス神話と黄泉の国神話

この、グスターフ・シュヴァープ『ギリシア・ローマ神話Ⅰ』的なオルフェウス神話は、『古事記』『日本書紀』の黄泉の国神話の分析に援用されることが多い。しかしながら、そういったオルフェウス神話が「ローマ文学」と「欧州近代文学」による変質を受けた《番外の第九段階》の神話だとすれば、日本古代の黄泉の国神話との比較の際にも、その点に対する注意が必要だということになる。以下、『古事記』によってその本文を示す。

① 是に其の妹伊邪那美命を相見むと欲ひて、黄泉国に追ひ往きき。爾に殿の縢戸より出で向かへし時、伊邪那岐命、語らひ詔りたまひしく、「愛しき我が那迩妹の命、吾と汝と作れる国、未だ作り竟へず。故、還るべし。」とのりたまひき。爾に伊邪那美命答へ白ししく、「悔しきかも、速く来ずて。吾は黄泉戸喫為つ。然れども愛しき我が那勢の命、入り来坐せる事恐し。故、還らむと欲ふを、且く黄泉神と相論はむ。我をな視たまひそ。」とまをしき。如此白して其の殿の内に還り入りし間、甚久しくて待ち難たまひき。故、左の御美豆良に刺せる湯津津間櫛の男柱一箇取り闕きて、一つ火燭して入り見たまひし時、宇士多加礼許呂呂岐弖、頭には大雷居り、胸には火雷居り、腹には黒雷居り、陰には拆雷居り、左の手には若雷居り、右の手には土雷居り、左の足には鳴雷居り、右の足には伏雷居り、并せて八はしらの雷神成り居りき。

② 是に伊邪那岐命、見畏みて逃げ還る時、其の妹伊邪那美命、「吾に辱見せつ。」と言ひて、即ち豫母都志許売を遣はして追はしめき。爾に伊邪那岐命、黒御縵を取りて投げ棄つれば、乃ち蒲子生りき。是を摭ひ食む間に、逃げ行くを、猶追ひしかば、亦其の右の御美豆良に刺せる湯津津間櫛を引き闕きて投げ棄つれば、乃ち笋生りき。是を抜き食む間に、逃げ行きき。且後には、其の八はしらの雷神に、千五百の黄泉軍を副へて追はしめき。爾に御佩せる十拳剣を抜きて、後手に布伎都都逃げ来るを、猶追ひて、黄泉比良坂の坂本に到りし時、其の坂本に在る桃子三箇を取りて、待ち撃てば、悉に迯げ返りき。爾に伊邪那岐命、其の桃子に告りたまひしく、「汝、吾を助けしが如く、葦原中国に有らゆる宇都志伎青人草の、苦しき瀬に落ちて患ひ惚む時、助くべし。」と告りて、名を賜ひて、意富加牟豆美命と号ひき。

③ 最後に其の妹伊邪那美命、身自ら追ひ来りき。爾に千引の石を其の黄泉比良坂に引き塞へて、其の石を中に置きて、各対ひ立ちて、事戸を度す時、伊邪那美命言ひしく、「愛しき我が那勢の命、如此為ば、汝の国の人草、一日に千頭絞り殺さむ。」といひき。爾に伊邪那岐命詔りたまひしく、「愛しき我が那迩妹の命、汝然為ば、吾一日に千五百の産屋立てむ。」と

> のりたまひき。是を以ちて一日に必ず千人死に、一日に必ず千五百人生まるるなり。故、其の伊邪那美命を号けて黄泉津大神と謂ふ。亦云はく、其の追斯伎斯を以ちて、道敷大神と号くといふ。亦其の黄泉の坂に塞りし石は、道反之大神と号け、亦塞り坐す黄泉戸大神とも謂ふ。故、其の謂はゆる黄泉比良坂は、今、出雲国の伊賦夜坂と謂ふ。

このようにして死者の世界と生者の世界は完全に分断されてしまったわけだが、ここでまず注目されるのは、死者（イザナミ）と生者（イザナキ）とのあいだで、言葉の投げかけ合いが行なわれている点である。死者が「あなたたちの世界の人を一日に千人殺すぞ」という呪いの言葉を発して脅し、生者がそれに対抗する言葉を「一日に千五百人が生まれるようにする」と言い返した結果、両者の世界は分断され、また生者の側の世界では、“一日に千人死ぬが、一方で千五百人が生まれるので、生者の世界の人口は常に増えていく”状態が実現されたことになる。

しかし、イザナキがイザナミを生者の世界に連れ戻そうとする前半部を除けば、前出グスターフ・シュヴァープ『ギリシア・ローマ神話Ｉ』的なオルフェウス神話との類似点は少ない。また、その前半部の類似にしても、オルフェウス神話が、オルフェウスの心情を近代的な恋愛感情として描いているのとはだいぶ距離がある。

ただし、死者の世界に去った妻エウリュディケを奪還に行ったオルフェウスが、結局はそれに失敗して帰還するという点では、イザナキ・イザナミの黄泉の国神話と似ているともいえる。しかし、先に引用したロバート・グレイヴズの説（前出『ギリシア神話』より）のように、エウリュディケの死という語り方自体が「後世」のものだという立場に立てば、『古事記』の黄泉の国神話が「後世」のギリシャ神話と類似していることは、すなわち黄泉の国神話の「後世」性を示すものだということになってしまうだろう。

また、黄泉の国神話の場合は、死んだイザナミの「うじたかれ、ころろきて」という腐乱状態を目撃してから以後の後半部では、イザナキはただ恐れおののいて、逃げるばかりである。すなわち『古事記』の黄泉の国神話は、死霊を追い払おうとする「死霊との闘い」という要素を濃密に残している点で、グスターフ・シュヴァープ『ギリシア・ローマ神話Ｉ』的なオルフェウス神話よりも、はるかに古層に属するものだと言えるだろう[9]。

このように、［神話の現場の八段階］でいえばどの段階の神話なのかを考慮しないままに、漠然と「神話」という名称のなかに括って行なってきた従来の比較研究は、根本から考え直される必要がある。

5　歓迎の宴で歌われた神話―［酒を勧める歌］

さてここで、［神話の現場の八段階］モデルの《第一段階》（最も原型的）にあたる神話の実例を紹介しよう。その定義を再確認すれば、「ムラの祭式で、呪術師や歌い手が一定のメロディーのもとに、伝統的な歌詞のまま歌う（あるいは、唱える）。祭式と密接に結びついているうえに、聞き手の村人も歌詞にかなり詳しいのが普通。したがって、歌詞の固定度が最も高い」というものであった。以下に紹介するものは、外国からの訪問者である私たち一行のために歌ってくれた「酒を勧める歌」であるから、その現場は狭い意味での「祭式」には入らないかもしれないし、純粋な創世神話のような意味での「神話」の常識的な定義にも入らないかもしれない。しかし、歌詞の内容としては、酒がどのようにして得られたのか、酒はどのようにして造るのかという、酒の起源の語りと酒の造り方の語りが主体である。起源の語りは、それ自体がすでに起源神話一般の範疇に入っているし、造り方の語りは、小野重朗[10]や古橋信孝[11]の言う「生産叙事」（神に授けられた造り方の内容を具体的に語る）の神話そのものである。したがって、神話の歌われる原型的な現場では、宴会もまた祭式だし、「酒を勧める歌」もまた神話なのである。

2000年9月、彝族文化の調査のために中国四川省大涼山地区美姑に、1997年3月に続いて2度目の訪問をした。その際に、前回の訪問のときに私の宿泊所（美姑賓館）の部屋で創世神話を歌ってくれたビモ（呪的専門家）の的惹洛曲氏が、今回は私たち一行を山の上の集落の自宅に招いてくれた（9月17日、詳しくは第Ⅱ章「第2回調査 2000.9.14〜9.20」参照）。彼の村では、全35戸のうちの32戸の戸主がビモであり、それぞれ創世神話を歌うことができるという。この村には平地がほとんどないので水田稲作は導入されておらず、栽培しているのは麦・トウモロコシ・ジャガイモなどである。

ここでは、摩瑟磁火氏作成の、創世神話「勒俄特依」を彝族独自の文字で記

的惹洛曲氏による［酒を勧める歌］（核馬村）

述した紙を見ながら歌ってもらい、それをビデオに収録するのが目的だった。暗くなってきたので、18時47分に収録作業を切り上げ、残りは翌朝ということになった。

牛を1頭殺して村人へのご馳走とする（牛の経費は、同行者と運び上げたビール・タバコなどと共に訪問者の私側が持った。これは富める社会からの訪問者の義務である）。ビモの的惹洛曲（ディズロチョ）氏の家で私たちを歓迎する宴会が行なわれ、深夜0時ごろまで続いた。ここでは、私たち外来者への［酒を勧める歌］や、「黒イ族の結婚の歴史」や「官印持ちの土司（トゥースー）の歴史」、また「鼠の系譜」「蚤の系譜」「魚の系譜」「茶の起源」「馬の起源」「タバコの起源」などが次つぎに歌われた。歌い手は、ビモだけでなく、歌の得意な若者なども加わって、何人か交代しながら歌われた。宴会なのだから、宴会特有の遊び歌、戯（ざ）れ歌、余興歌などが出てくるのかと思っていたら、なんと、創世神話やさまざまな物・ことがらの起源神話の歌がそのまま“宴会歌”の役割を果たしていたのには驚かされた。しかも、灯芯の薄暗い明かりの中で、そういった神話歌を小さな子供たちもじっと聞きつづけているではないか。この村にはまだ電気が入っていないので、テレビはもちろんラジオもない。したがって、大人たち同様子供たちにとっても、歌う神話がそのまま“遊び歌”にもなっているのである。このように神話がそのまま遊び歌でもあるようなあり方については、私も、この生きている神話の現場に居合わせるまでは、想像すらできなかった。

以下に、このときに歌われた数々の神話歌のなかの、［酒を勧める歌］の全句の日本語訳を紹介しよう。これは、翌9月18日に美姑(メイグー)中心地に戻り、宿泊所の211号室でビデオ録画映像の再生を繰り返しながら翻訳したものである。

酒を勧める歌　（約2分50秒）　（➡映像46）

歌った人：的惹洛曲(ディズロチョ)（ビモ）
イ語↔中国語：摩瑟磁火(モソツホ)
中国語↔日本語：張 正 軍(チャンヂョンジュン)
中国語から日本語への最終翻訳：工藤隆

1　大昔
2　酒は万物が生まれた時に生まれた
3　万物が生まれた一番目
4　万物が生まれた二番目
5　（この句は意味がわからない）
6　（この句は意味がわからない）
7　麹の起源はこうだ
8　麹の生まれは陰と陽に関係があり
9　麹には父と母がいて
10　麹には十六種類がある
11　高い峰で生まれた麹は
12　放牧の人が持って帰った
13　沼で生まれた麹は
14　豚を飼う人が持って帰った
15　絶壁で生まれた麹は
16　ヤギを飼う人が持って帰った

17 こうして麹を持って来て

18 まず麹をお爺さんに渡すと

19 お爺さんは麹を穀物の中に入れて酒を造った

20 次に麹をお婆さんに渡すと

21 お婆さんは麹で酒を醸造した

22 三日たつとその酒は飲めるようになり

23 その酒はまだ苦いが甘かった

24 酒ができあがると

25 その味は崖の蜂のハチミツのように甘かった

26 酒を入れる桶ができたが

27 その桶の下から酒が流れ出るための

28 一つの管が必要なのだが

29 その管が見つからなかった

30 しばらくして竹の筒が見つかったので

31 その筒を酒の桶の下の穴に差し込むと

32 酒が流れてきた

33 スピカホ山に着いた

34 その山から三枚の木の板を割って持って帰った【その板で酒の桶を作るという意味だろう：モソツホ氏の説明】

35 山奥にいる熊の胆嚢(たんのう)を持って帰った

36 すると酒が甘くなる【その胆嚢をどう使うのかはわからない：モソツホ氏の説明、酒は肝臓に悪いのでそれを防ぐために熊の胆嚢を酒に入れて飲むのではないか：張正軍氏の説明】

37 酒を受ける杯(さかづき)を銅や鉄で作る

38 酒入れの器と壺を銅や鉄で作る

39 竹の筒や木で管を作り

40 桶の下に差し込んで酒を取り

41 【今この歌を歌っているビモが手に持っているような、イ族独特の】皮製の茶碗に酒を入れる

42 一杯目の酒は土司(トゥースー)【中央政府から任命された首長で、その民族の部落の酋長】に渡して飲ませ

▲【参考写真】婚礼が行なわれる村の広場に並んだ、客に振る舞うための酒樽（三河村→P82）

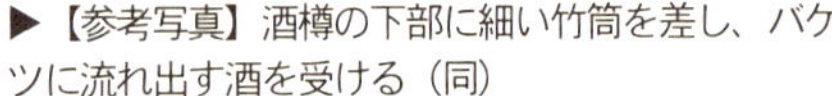

▶【参考写真】酒樽の下部に細い竹筒を差し、バケツに流れ出す酒を受ける（同）

43　生殖の能力が強くなるように祝う

44　空には数え切れないほど星があるが

45　実は空の星は無数ではなく有数だ

46　しかしあなた【ここおよび以下の「あなた」は土司を指している：モソツホ氏の説明】の家には人が無数にいる

47　（この句は意味がわからない）

48　空にあるもの、空と地との中間にあるものは有数だが

49　あなたの家の財産は無数だ

50　下（地上）にいる動物は生まれたり死んだりしていて

51　彼等の寿命は長くない
52　しかしこの酒を飲むとあなたの寿命は長くなる
53　あなたの寿命は長くなる
54　長生きになる
55　長生き、長生きだ
56　三六〇歳まで生きられる
57　六〇掛ける六歳生きられる
58　あなたを祝福して
59　この長い寿命をあなたに差し上げる
60　掌(てのひら)のある動物では皇帝様が一番で
61　皇帝様が一番長生きだ
62　彼も三六〇歳、六〇掛ける六歳
63　あなたを祝福して
64　皇帝様の長生きの寿命をあなたに差し上げる
65　蹄(ひづめ)のある動物では象が一番大きく
66　三六〇歳、六〇掛ける六歳
67　あなたを祝福して
68　一杯の酒で祝福し
69　その酒を竹林に撒(ま)くと
70　竹林にいる雌の雉はたくさんの子を産む
71　一羽が九〇〇〇羽を産み、二羽が八〇〇羽を産む【二羽のほうが数が少ないのは変だが、これは決まり文句だ：モソツホ氏の説明】
72　以上のものをあなたに福として差し上げる
73　一杯の酒で祝福し
74　その酒を崖に撒くと
75　崖にいる蜂の生殖能力が強くなって
76　一匹の蜂が九〇〇〇匹を産み、二匹の蜂が八〇〇匹を産む
77　一杯の酒で祝福し
78　その酒を川に撒くと
79　川にいる魚の生殖能力が強くなって
80　一匹の魚が九〇〇〇匹を産み、二匹の魚が八〇〇匹を産む

81 一杯の酒を頭に飲むと
82 あなたの頭がきれいになる
83 一杯の酒を肩に飲むと
84 あなたの肩がきれいになる
85 一杯の酒を足に飲むと
86 あなたの足がきれいになる
87 一杯の酒を鼻に飲むと
88 あなたの鼻がきれいになる
89 一杯の酒を口に飲むと
90 その酒が上の唇に入り
91 上の唇には雄の龍がいるようになる
92 下の唇に入り
93 下の唇には雌の龍がいるようになる【「龍がいる」は話が上手になる、饒舌になることのたとえ：モソツホ氏の説明】
94 質問されても舌がとても上手に答えられるようになる
95 一杯の酒を腰に飲むと
96 その酒が腰に入り
97 生殖能力が強くなり
98 男の精子と女の卵子がたくさんできる
99 あなたの生殖能力が強くなれば
100 息子も孫も生まれて家族の系譜を継ぐ人ができる
101 娘が生まれたら、娘が他の家族に嫁に入って
102 親戚が増える
103 息子が生まれたら、息子は錦鶏（にしきどり）のように頭を上げて
104 勇ましい英雄になる
105 娘の声はとても美しくなり
106 その声は竹鶏のようにきれいに聞こえる
107 一杯の酒を足に飲むと
108 その酒が足に入り
109 足が強くなって
110 一歩が二歩分に、二歩が四歩分になり

111 速く歩けるようになる
112 ビモは左手で酒を渡し
113 主人は右手を出して酒を受ける
114 ビモは左手で銅の杯を渡し
115 主人は右手の上に鉄の杯を載せ
116 鉄の杯で酒を受ける
117 祥瑞と幸福をあなたに差し上げる
118 あなたが一〇〇〇歳まで生きられるように祈り
119 あなたが一〇〇歳まで生きられるように祈る
120 あなたは髪の毛が真っ白になるまで
121 歯が黄色になるまで生きられる

この［酒を勧める歌］についてのモソツホ氏の評価

- 以上は、酒の起源を歌って客に酒を勧める歌である。ただし内容の正確さには欠けるところがあり、忘れたところがあると飛ばして歌っていた。
- この［酒を勧める歌］は、ビモが緊張していたため、あまり上手ではなかった。普段はもっとうまい【歌詞が正確だという意味】。昼間に拉木阿覚郷の役所の部屋で【同行の土屋を歓迎して】歌ったもの（→P180）はとても上手だった。

［モソツホ氏からの聞き書き］

Q／子供のころこういう歌を聞いているとき、一番何が楽しみだったのか。

A／小さい時にもビモの経【呪文、創世神話など】を聞いていた。私の父もビモだった。何が面白いかというと、儀礼で人が多く集まること、子供にとってはビモが唱えている経を聞いていても意味はわからないが、歌のメロディーとか音節とかがきれいに聞こえること、儀礼が終わると肉が食べられること、形のきれいな草鬼【草で作った呪物】を見られることだった。

子供としては賑やかな場所は好きなので、人がたくさんいる儀礼の所に行くのは楽しみだった。鬼についての経の内容、鬼の形や鬼の棲み家がどうなっているのかにも興味があった。

Q／昨夜は夜遅くまで子供たちが創世神話を聞いていたが、子供たちには意味がわかっていたのだろうか。

A／子供たちにはたぶん意味がわかっていなかっただろう。経などの意味は、ある年齢にならないとわからない。

しかし「チュクアロ」(「勒俄特依」の10「支格阿龍」) の神話は面白がって聞いていたと思う。きのうのように歌われた神話は聞き取れないだろうが、韻文ではなく散文のような形で話されれば意味はわかる。昨夜ネクタイを締めた若い人が歌っていたクチュ（イ語で「口から出た詩」という意味、漢字を当てると「克智」、「クス」ほか異なるイ語音になることもある）のようなのはわかりやすい。クチュは内容が面白く、譬えが多く使われている。

私の姉の子供は5歳くらいだが、クチュの一部分なら歌える。なぜかといえば、大人が歌っている内容を聞いていて可笑しいこと、たとえばヤギが口弦【弦を口ではじいて音を出す小楽器】を吹く、牛が大きなラッパを吹く、背の低い人が大きな長いコートを着るといった可笑しいことを子供が面白いと感じると、その部分を覚えてしまって、暗誦できるようになるからだ。特別に誰かから教えてもらったのではなく、他人が歌っているのを聞いているうちに自然に、あるいはテープを買ってきて聞いたりして覚えてしまう。クチュは面白いから、年齢が低くても長くたくさん歌える子供がいる。

Q／こういう夜の宴会で創世神話が歌われ、楽しんでいることにとても驚いた。普通はもっと余興の歌、遊びの歌、楽しむための宴会歌が歌われるものだが、ずっと創世神話を歌っていたのにはたいへん驚いた。

A／若い人は部分だけならほとんどの人が創世神話を歌えるし、普通の子供でも物語は知っている。

Q／創世神話と関係のない遊び歌は歌わないのか。普通の歌は歌わないのか。

A／クチュの中にも面白い歌がたくさんある。クチュと言っても幅が広い。クチュだけで一冊の本が出るくらいだ。嘎哈石者氏が四川民族出版社と契約してイ語でクチュの本を作っている。もう6冊出ていて、全部で12冊出る予定だ。賢い人は、その場に合わせて新しい内容を即興で歌うこともできる。

Q／「勒俄特依」の「チュクアロ」を歌うときには即興を入れてはいけないのか。

A／昨夜のような（歓迎の宴会の）場合と結婚式のような場合は、まず主人側から挨拶として歌い、客側がそれに応えて歌競べになるので、そういう場合はクチュをやる。昨夜はネクタイの人が一人で歌っていたが、本当は歌垣のようなやり方でやり、勝負がつかないと「勒俄特依」に移行する。天地開闢から順に一部分ずつを交互に歌う。どちらのほうが「勒俄特依」を詳しく知っているかで競う。【つまり「勒俄特依」の場合は、歌詞が決まっているので、即興の歌詞は加えないし、また決められた順番通りに「天地開闢から順に」歌わねばならない】

Q／「黒イ族の結婚の歴史」、「官印持ちの土司（トゥースー）の歴史」はクチュか。

A／それはクチュと「勒俄特依（ネウォテイ）」の中間で、どちらだとしてもいい。

「結婚の歴史」は黒イ族にも白イ族にもある。

イ族にはクチュと、もう一つカザがある。カザは弁論という意味であり、弁論は二人で弁論するのだから、歌詞の、決まった順番はないので、その場合の「勒俄特依」のたとえば「チュクアロ」は自由に何か即興を加えて歌ってもいい。たとえば互いに、「あなたはチュクアロができるか」「あなたは洪水神話ができるか」と試しに聞いてみて、「はい、できる」という答えが返ってくれば、そこでその段落を歌ってもらう。歌詞の、決まった順番はない。

クチュは文体という意味であり、クスと言われる場合もある。クスは直訳すると、冗談を言うという意味であるが、普通に話しているときの話し方ではなく、詩、韻文の形で冗談を言う。

イ族の社会には次のようなことわざがある。

「一番位が高くて知識のある人はカザ（弁論）をする。二番目の人はクス（冗談）をする。一番下手な人はニョニョをする（昨夜の宴会で二人の娘が踊りながら歌ったあの歌のようなもので、三流である）」

クチュは中身が豊富で、歌詞には歴史的な内容も入っている。歴史的知識がなければもちろん負ける。文学的な詩歌である。

Q／「勒俄特依（ネウォテイ）」は男しか歌ってはいけないのか。女性が歌っていいのはニョニョという三流の歌だけなのか。

A／ふつう女性は「勒俄特依」を歌ってはいけないが、特に優秀な人、知識が豊富な人は「勒俄特依」に詳しければ歌ってもいい。

クチュは女性でも、優秀な人なら歌ってもかまわない。昨夜のネクタイの人が歌っていたような歌なら女性でもかまわない。また、ビモの経を唱えられる女性もいる。

Q／工藤「現地調査記録・中国四川省涼山地区美姑彝（イ）族文化（２）」（『大東文

化大学紀要』第38号、2000.3）の「勒俄特依（ネウォテイ）」の「前書き」には、クチュ（「克智（クチュ）」）は厳密には「勒俄（ネウォ）」ではないと書かれている（→本書P276）が、やはりその通りか。

A／厳密に言えば、伝統的にクチュは「勒俄特依」の中に入っていない。しかし歌われる機会が重なっているし、近代的な今の人ははっきりその区別がわからないし、クチュを「勒俄特依」のなかに入れている人もいる。

なお「特依（テイ）」は「書物」（本）という意味。

6 ［酒を勧める歌］を分析する

摩瑟磁火（モソツホ）氏からの以上の聞き書きによれば、大人たちが歌っていた創世神話の正確な意味は子供たちには理解できないもののようだ。しかし、「歌われた神話は聞き取れないが、韻文ではなく散文のような形で話されれば意味はわかる」のであり、また、創世神話は「普通の子供でも物語は知っている」のだという。すなわち、私たちが普通に「神話」と呼んでいるものは「散文」の「物語」だが、このイ族のムラでは、そのようなものを知っていても、一人前の大人の知り方として認められていないということになる。

また、客を迎えた宴会の席で歌われる歌が創世神話や起源神話であり、それを子供たちまでがじっと聞きつづけている。ここでは、神話歌が同時に余興の歌、遊びの歌、楽しむための宴会歌になっている。

このような神話歌のあり方は、古くからの伝統を維持している少数民族文化の場合には一般的である。『天地楽舞』西南編(12) 15のプイ（布依）族の「ウンラオ（酒歌）」の解説にも、次のような報告がある。

ウンラオ（問佬）は冠婚葬祭や新築祝いなどに訪れた客を酒でもてなす時の歌で、酒歌とも称される。場合によって、祝い、哀悼、故事神話、生産知識などさまざまな内容が歌われるが、ここでは天地創造の神話が歌われている。このほか、「ひどい洪水の後、徳全と徳銀という名の兄と妹だけが生き残った。この2人は結婚して、肉の塊を生んだ。その塊を砕いたら大勢の子供になった」という洪水神話や田植えから稲刈り、脱穀を経て酒をつくるまでの全過程を歌う「造酒歌」などが伝承されている。

このような神話の現場の実態から考えれば、[神話の現場の八段階]モデルの《第一段階》(最も原型的)の定義、「ムラの祭式で、呪術師や歌い手が一定のメロディーのもとに、伝統的な歌詞のまま歌う(あるいは、唱える)。祭式と密接に結びついているうえに、聞き手の村人も歌詞にかなり詳しいのが普通。したがって、歌詞の固定度が最も高い」にも、その神話歌の社会的機能についての言及を加えておいたほうがいいのかもしれない。それは、イ族のこの[酒を勧める歌]やプイ(布依)族の「ウンラオ(酒歌)」が歌われる実際の場からわかるのは、ムラ段階で実用的に生きている神話歌は、その民族の歴史を教え、生産知識を教え、人生教訓を教え、村落社会を維持していくための社会的・政治的知識を教え、余興歌や遊び歌のように心を楽しませるなど、多様な役割を担っているからである。要するに、《第一段階》(最も原型的)の神話歌は、村落社会にとって実用的にも、娯楽的にも多くの機能を合わせ持ち、総合的な役割を帯びて存在しているのである。そしてもちろん、のちの〈文学〉〈芸能〉への萌芽も持っている。

いわゆる文学・芸能、広い意味での〈芸術〉は、《第一段階》の神話歌の、歴史、生産知識、人生教訓、社会的・政治的知識を教える実用性の側面をいちじるしく後退させ、かわりに、心を楽しませる虚構性や、表現自体を楽しむことなどの側面を肥大させることによって成立したと考えていい。

さて、[酒を勧める歌]の歌詞の内容に注目すれば、モソツホ氏によれば、「内容の正確さには欠けるところがあり、忘れたところがあると飛ばして歌っていた」ということなので、完全な神話テキストとして扱うことはできない。ただし、[神話の現場の八段階]モデルの《第七段階》(『古事記』はこの段階の書物)のように、「口誦の物語や文字化された資料を収集して、一か所に集めようとする国家機関が登場」していないかぎり、一般にムラ段階の神話の歌詞は、その歌われる機会(祭式・宴席など)、時刻、聞き手の階層その他さまざまな状況に応じて伸縮自在であり、また伝授してくれた"師"の伝承系統によっても違いが出るので、多様であることに特徴がある。ムラ段階で実用的に生きている神話はいわば"乱立状態"にあると言っていい。[13]

しかも、「この[酒を勧める歌]は、ビモが緊張していたため、あまり上手ではなかった。普段はもっとうまい。昼間に拉木阿覚郷の役所の部屋で歌ったものはとても上手だった」（モソツホ氏）ということからもわかるように、同じ一日のなかでも、また同じ種類の宴席でも緊張の度合いの強弱によって変化が生じることがある。こういったこともまた、生きている神話の、現場の実態であろう。

具体的に見れば、「3 万物が生まれた一番目」「4 万物が生まれた二番目」は、それぞれにその生まれた物の名があるはずだが、ここでは省略されている。また、「7 麹の起源はこうだ」のあとに「10 麹には十六種類がある」と歌っているにもかかわらず、実際には「11 高い峰で生まれた麹は」「13 沼で生まれた麹は」「15 絶壁で生まれた麹は」というふうに、「麹」の3種類にしか触れていない。

下に引用するように、同じくイ族の生きている神話「勒俄特依（ネウォテイ）」の例では、「○番目」とか「○種類」とか言う場合には「○番目は△△」とそれを具体的に述べ、また「○種類」と言った場合にはその全種類を説明するという特徴がある（詳しくは、第Ⅳ章の「勒俄特依」参照）。

（2［天と地の系譜］より）
57　水の起源はといえば
58　洪水の氾濫がまだ無かったころに
59　ある日不思議なことが起きた
60　神秘的なことが起きた
61　ある日奇妙なことが起きた
62　奇妙なことが起きた
63　ある日固い物が生じた
64　ある日土のような物が生じた
65　少しずつ出てきた
66　ある日水のような物が生じた
67　水が盛んに出てきた
68　一番目に水が生じて
69　二番目に水がザーザーと流れ
70　三番目に水から魚が生じて
71　四番目に魚が蛇に変わり

72　五番目は治日古(チーリーグー)（チュズク）
73　六番目は古正洛(グーチョンルオ)（クジュロ）
74　七番目は曲正洛(チウチョンルオ)（チョジュロ）
75　八番目は拉紅拉(ラーホンラー)（ロアラ）
76　九番目は恩治共(エンチーゴン)（グジュゴ）
77　十番目は祖治共(ズーチーゴン)（ズジュゴ）
78　これが天と地の系譜である

（3［天地開闢（天と地を分ける）］より）
103　銅と鉄の子供を四十八人派遣した
104　銅と鉄の取れる四か所を調べに行かせた
105　調べに行った一日目には
106　きらきら光り輝いていた
107　調べに行った二日目には
108　こうこうと明るかった
109　調べに行った三日目には
110　白くぴかぴか光っていた
111　調べに行った四日目には
112　深い青色になった
113　調べに行った五日目には
114　深い緑色になった
115　調べに行った六日目には
116　真っ赤になった
117　調べに行った七日目には
118　金色に輝いていた
119　調べに行った八日目には
120　まぶしく光っていた
121　調べに行った九日目には
122　元となる四体の子神がここで誕生した

以上のような創世神話の詩句の厳密さに比べれば、この、夜の宴席での［酒を勧める歌］の2～16句には省略が多いということがわかる。これは、一般に「酒を勧める歌」は広義での「神話」だとはいえ、宴席で歌われるという気楽さから省略などの自由度が高いのであろう。

さて、「18 まず麹をお爺さんに渡すと」から「41 皮製の茶碗に酒を入れる」までは、神に授けられた造り方の内容を具体的に語る「生産叙事」神話にあたる部分である。麹を使って醸造し（18～21）、3日たつと苦いが甘くなり（22、23）、完全にできあがるとハチミツのような甘さになる（24、25）。酒を入れる桶を作り（26）、桶の下に竹の管をつけ（27～31）、ついに飲めるようになった（32）。桶作りの材料にはスピカホ山（神聖視されている山なのであろう）の木の板を使い（33、34）、酒造りには熊の胆嚢を添加する（35、36）。酒を受ける杯（さかづき）や酒入れの器と壺は銅や鉄で作る（37、38）。桶の下の管の作り方を再確認する（39、40）。酒を飲む器は皮製の茶碗ということもある（41）。また酒の飲み方では、ビモは左手で酒や杯を渡し、主人（客）は右手でそれを受けるのが作法である（112～116）。

続いて、この酒を捧げる相手であるが、この［酒を勧める歌］では「土司（トゥースー）（中央政府から任命された首長で、その民族の部落の酋長）」（42）になっている。しかし46句からあとは「あなた」となっているので、その日に酒を勧められている客に対する呼びかけと受け取ってもかまわない表現になっている。いわば、首長に対する賛辞と客に対する賛辞が二重になっているのである。

また、この日の宴会では、ビモは、客の私たちを実際に迎えるこの家の主人でもある。したがって、ビモという、権威ある呪的専門家がそうでない一般人に祝福の呪的言葉を与えるという側面と、主人一般が客一般に縁起のいい言葉を与えて歓迎する側面とが、ここでも二重になっている。

さて、酒を飲むことの効用の中心は、生殖能力が強くなって家族がたくさん増え、子孫も繁栄すること（43～46、67～80、95～106）と、財産が増えること（47？～49）、寿命が長くなること（50～66、117～121）である。また、頭がきれいになる（81、82）、肩がきれいになる（83、84）、足がきれいになる（85、86）、鼻がきれいになる（87、88）、話が上手になる（89～94）、足が強くなって速く歩けるようになる（107～111）という効用もある。これらの背景には、万物が生まれた神聖なときに「（神聖な）父と母」から生まれた酒なのだから、絶大な「祥瑞と幸福」（117）を与えてくれるのだという観念が存在している。

ところで、「71 一羽が九〇〇〇羽を産み、二羽が八〇〇羽を産む」というふうに、合理的な計算とは矛盾する歌詞がある。これは、口誦の表現の内側での言い回しの心地よさが重視され、意味的な合理性は捨てられている例である。この言い回しは、「76 一匹の蜂が九〇〇〇匹を産み、二匹の蜂が八〇〇匹を産む」「80 一匹の魚が九〇〇〇匹を産み、二匹の魚が八〇〇匹を産む」でも繰り返されているように、口誦の表現としてかなり安定しているもののようだ。「一〇〇〇歳」（118）が次の句（119）では「一〇〇歳」に減じているのも同様の理由によるものであろう。

7 ［酒を勧める歌］から見える記紀歌謡

［酒を勧める歌］には、以上のような表現の特徴のほかにも、「頭に飲む」（81）、「肩に飲む」（83）、「足に飲む」（85）、「鼻に飲む」（87）、「口に飲む」（89）、「腰に飲む」（95）というふうに、身体の各部位を順に追っていく描写があり、これも口誦の表現様式の一つとして考えていいだろう。

この身体部位を順に追っていく描写は、文字で記録された中国古代神話にも存在する。以下に引用するような盤古（ばんこ）神話（必ずしも、もともとから漢族の神話だとも決められないようだ）や、中国少数民族のあいだに流布している同系統の神話にその事例が多い。

彼【盤古】が死に臨んだ時、突然全身に大変化が起った。彼が口から吐き出した息は風と雲になり、声は轟々たる雷鳴となり、左眼は太陽に、右眼は月に変り、手足と体は大地の四極と五方の名山に変り、血は河川に、筋は道に、肉は田畠に、髪と鬚は天上の星々に、皮膚と毛は草花樹木に、歯、骨、骨髄などはキラキラ光る金属、堅い石、まるい珠そして柔みのある玉となり、あの一番役に立たぬ汗は旱天の雨露となった[14]……。

この場合には、「息」「声」「血」「筋」「肉」「髪」「鬚」「皮膚」「毛」「歯」「骨」「骨髄」「汗」というふうに、生きている人間の肉体に属するすべてを網羅しようとしている。このように、人体の各部位、各属性を、追うようにして描写を持続させていくのは、口誦の神話の様式の一つであったとしていい。

このような観点に基づけば、『古事記』や『日本書紀』の、次に引用するような身体部位を順に追う描写も、おそらくはこういった口誦表現様式の残影と考えていいだろう。

殺さえし迦具土神の頭に成れる神の名は、正鹿山津見神。次に胸に成れる神の名は、淤縢山津見神。次に腹に成れる神の名は、奥山津見神。次に陰に成れる神の名は、闇山津見神。次に左の手に成れる神の名は、志芸山津見神。次に右の手に成れる神の名は、羽山津見神。次に左の足に成れる神の名は、原山津見神。次に右の足に成れる神の名は、戸山津見神。（神代記）

故、左の御美豆良に刺せる湯津津間櫛の男柱一箇取り闕きて、一つ火燭して入り見たまひし時、宇士多加礼許呂呂岐弖、頭には大雷居り、胸には火雷居り、腹には黒雷居り、陰には拆雷居り、左の手には若雷居り、右の手には土雷居り、左の足には鳴雷居り、右の足には伏雷居り、并せて八はしらの雷神成り居りき。（神代記）

又食物を大気津比売神に乞ひき。爾に大気津比売、鼻口及尻より、種種の味物を取り出して、種種作り具へて進る時に、速須佐之男命、其の態を立ち伺ひて、穢汚して奉進ると為ひて、乃ち其の大宜津比売神を殺しき。故、殺さえし神の身に生れる物は、頭に蚕生り、二つの目に稲種生り、二つの耳に粟生り、鼻に小豆生り、陰に麦生り、尻に大豆生りき。故是に神産巣日御祖命、茲れを取らしめて、種と成しき。（神代記）

月夜見尊、勅を受けて降ります。已に保食神の許に到りたまふ。保食神、乃ち首を廻して国に向ひしかば、口より飯出づ。又海に向ひしかば、鰭の広・鰭の狭、亦口より出づ。又山に向ひしかば、毛の麁・毛の柔、亦口より出づ。夫の品の物悉に備へて、百机に貯へて饗たてまつる。是の時に、月夜見尊、忿然りて作色して曰はく、「穢しきかな、鄙しきかな、寧ぞ口より吐れる物を以て、敢へて我に養ふべけむ」とのたまひて、廼ち剣を抜きて撃ち殺しつ。（略）保食神、実に已に死れり。唯し其の神の頂に、牛馬化為る有り。顱の上に粟生れり。眉の上に蚕生れり。眼の中に稗生れり。腹の中に稲生れり。陰に麦及び大小豆生れり。

（神代紀第五段の第十一の一書）

『古事記』や『日本書紀』は、［神話の現場の八段階］モデルでは《第七段階》の神話（祭式やムラの現実と無関係に神話だけが口誦の物語の一種として伝承されていたり、散文体中心の物語として文字で記録されており、それが国家の政策によって編纂され直したもの）にあたるものだが、しかし、歌う口誦の神話の語り口の一部は散文体文章の部分でも随所に残されていることがわかる。

この口誦の神話の語り口の残存は、一字一音表記の歌謡となるといっそうその傾向が強くなる。ここで、『古事記』や『日本書紀』の表現のなかから、一字一音表記でかつ「酒」にかかわるいくつかの歌について、この［酒を勧める歌］の表現の全体を構造モデルとして、その背景を考えてみることにしよう。

［A］　是に還り上り坐しし時、其の御祖息長帯日売命【神功皇后】、待酒を醸みて献らしき。爾に其の御祖、御歌曰みしたまひしく、

①この御酒は　我が御酒ならず　酒の司　常世に坐す　石立たす　少名御神の　神寿き　寿き狂ほし　豊寿き　寿き廻し　献り來し御酒ぞ　乾さず食せ　ささ

とうたひたまひき。如此歌ひて大御酒を献りたまひき。爾に建内宿祢命、御子【のちの応神天皇】の為に答へて歌曰ひけらく、

②この御酒を　醸みけむ人は　その鼓　臼に立てて　歌ひつつ　醸みけれかも　舞ひつつ　醸みけれかも　この御酒の　御酒の　あやにうた楽し　ささ

とうたひたまひき。此は酒楽【さかくら、さかほかひ、さかほき】の歌なり。

（仲哀天皇記）

［B］　皇太后、太子に大殿に宴したまふ。皇太后【神功皇后】、觴を挙げて太子【のちの応神天皇】に寿したまふ。因りて歌して曰はく、

①此の御酒は　吾が御酒ならず　神酒の司　常世に坐す　いはたたす　少御神

の　豊寿き　寿き廻し　神寿き　寿き狂ほし　奉り来し　御酒そ　あさず飲せ　ささ

武内宿祢、太子の爲に答歌して曰さく、

②此の御酒を　醸みけむ人は　その鼓　臼に立てて　歌ひつつ　醸みけめかも　此の　御酒の　あやに　うた楽し　ささ　（神功皇后紀）

これら［A］［B］については、すでに土橋寛によって、日本の民謡のなかの「勧酒歌」や武蔵の国杉山神社の「神寿歌」そのほかからの分析がなされている。[15]また、「琴歌譜」（平安初期前後成立か）に、「十六日節酒坐歌二」[16]として、［A］［B］の歌謡部分とほとんど同内容の歌が記録されており、少なくとも平安初期前後にこれら［A］［B］歌謡が、宮廷儀礼（「十六日節」）の場で「酒坐【さかくら、さかほかひ、さかほき】歌」として歌われていたらしいことがわかる。また、土橋も指摘しているように（注15同書）、朝鮮半島の民謡にも「勧酒歌」があり、漢時代（紀元前202〜後220）の中国の「楽府詩」にも酒を勧める歌がある。

このように、日本や朝鮮半島の民謡や文字文献からの研究はかなり充実した蓄積を持っているが、土橋ほかの従来の研究にただ一つ欠けていたのは、［神話の現場の八段階］モデルの《第一段階》（ムラの祭式で、呪術師や歌い手が一定のメロディーのもとに、伝統的な歌詞のまま歌う）の現場で実際に歌われている勧酒歌からの分析であった。

そこで本稿では、私の目の前でまさに“客（私）に酒を勧める”という実用的な目的で歌われたイ族の［酒を勧める歌］の表現構造に添って、［A］［B］歌謡を分析してみることにしよう。

「1　大昔」「2　酒は万物が生まれた時に生まれた」「3　万物が生まれた一番目」から「7　麹の起源はこうだ」「8　麹の生まれは陰と陽に関係があり」「9　麹には父と母がいて」までは、酒というものが、万物が生まれた神聖なときに「（神聖な）父と母」から麹が生まれ、その神聖な麹から酒が生まれたのだと、酒の神聖性を語る部分であろう。ただし、その「（神聖な）父と母」の具体的な名前については歌われていない。これについては再調査が必要だが、先にも述べたように、私たち外来者のために［酒を勧める歌］を歌ってくれたあとで、創世神話「勒俄特依」の各段のほかに、「鼠の系譜」「蚤の系譜」「魚の系譜」

「茶の起源」「馬の起源」「タバコの起源」などが次つぎに歌われたことでもわかるように、あらゆるものについての起源神話を持つイ族文化の傾向からいえば、おそらくはその「(神聖な）父と母」の名前そのほかについても具体的な描写は別に存在しているものと思われる。

一方［A］［B］歌謡も、①で「常世」（理想の他界）にいる「酒の司」（酒造りの頭領）である「少御神」が造ったものだというふうに、酒の神聖性を強調している。また、②の「この御酒を　醸みけむ人は　その鼓　臼に立てて　歌ひつつ　醸みけれかも　舞ひつつ　醸みけれかも」は、「醸む」が米を口で噛んで酒槽（酒造り用の桶）に吐き入れて発酵させることだから、この歌詞は酒の造り方の一部を歌っていることになる。また、「その鼓　臼に立てて　歌ひつつ　醸みけれかも　舞ひつつ　醸みけれかも」は、鼓を「臼」（米を搗く臼あるいは酒槽）の縁に立て（鼓を臼のように立てる、とする解釈もある)、呪術的な酒造り歌を歌い、また鼓と歌に合わせて舞いも舞いながら米を噛み、酒槽に吐き入れて発酵させたというように、この歌詞もまた、酒の造り方の一部を歌っていることになる。するとこれらは、先に述べた、小野重朗・古橋信孝の言う「生産叙事」（神に授けられた造り方の内容を具体的に語る）であることがわかる。ただし、イ族の［酒を勧める歌］の場合は、「22　三日たつとその酒は飲めるようになり」とか、酒を入れる桶と酒を流し出す管の作り方（26〜34、39、40)、酒を甘くするために「熊の胆嚢」を用いること（35、36)、杯や酒入れの壺などの材料のこと（37、38、41)、さらに酒を勧め、酒を受ける時の作法（「112　ビモは左手で酒を渡し」〜「116　鉄の杯で酒を受ける」）など、酒造りとその酒を飲む際の作法なども含めて、その描写は具体的かつ詳細である。これは、先に引用した、プイ（布依）族の「ウンラオ（酒歌)」（注12同書）では、「造酒歌」が、「田植えから稲刈り、脱穀を経て酒をつくるまでの全過程を歌う」内容のものであることとも通じるだろう。

要するに、［A］［B］歌謡は、酒の神聖な起源を語る部分と、神に教えられた酒の造り方を語る部分とから成るにしても、その実態は、イ族の［酒を勧める歌］やプイ（布依）族の「造酒歌」が酒造りや酒の享受の「全過程」を描写しているのに較べると、いちじるしく断片化されたものだということがわかる。おそらくは、縄文・弥生期にまで遡る〈古代の古代〉の日本列島においては、イ族の［酒を勧める歌］やプイ（布依）族の「造酒歌」のように「全過程」を描写する勧酒歌が存在していたものと思われるが、それが［神話の現場の八段階］モデルの《第一段階》（ムラの祭式で、呪術師や歌い手が一定のメロディーのもとに、伝統的な歌詞のまま歌う）の性格を徐々に失い、『古事記』『日本書紀』に記録される《第七段階》のころには、すでに「酒楽【さかくら、さかほかひ、さかほき】の歌」と固有名を与えられた短い芸能歌謡に転じていたものと思われる。ただし芸能歌謡とはいえ、勧酒歌の中核をなす、酒の神聖な起源と神に教えられた酒の造り方を語る部分だけは、凝縮された表現のなかで伝えたことになる。この凝縮された表現は、おそらくはクニ段階の上層社会（クニの宮廷）の宴席ですでに、狭い意味での宴会歌として芸能化していたと思われる。このクニ段階の宴会歌では、次に引用する［C］の歌謡部分のように、「少御神（すくなみかみ）」が造ったという部分が「大物主（おほものぬし）」の神が造ったとして歌われる伝承のものもあったのであろう。

［C］ 天皇（すめらみこと）、大田田根子（おほたたねこ）を以（も）て、大神（おほみわのかみ）を祭（いはひまつ）らしむ。是（こ）の日（ひ）に、活日（いくひ）自（みづか）ら神酒（みわ）を挙（ささ）げて、天皇に献（たてまつ）る。仍（よ）りて歌（うたよみ）して曰（い）はく、

此の神酒（みき）は 我（わ）が神酒ならず 倭成す（やまとなす） 大物主（おほものぬし）の 醸（か）みし神酒（みき） 幾久（いくひさ） 幾久

如此歌（かくうたよみ）して、神宮（かみのみや）に宴（とよのあかり）す。 （崇神天皇紀）

「少御神（すくなみかみ）」は別名をスクナヒコの神と言い、また「大物主（おほものぬし）」の神は別名をオオナムチの神と言い、このスクナヒコとオオナムチはしばしば〈対（つい）〉で行動する。したがって、神聖な酒を「醸（か）」んだ起源の神は、もともとはスクナヒコとオオナムチの両者であった可能性が高く、おそらくは、この両者が登場するより詳しい歌詞の勧酒歌が、〈古代の古代〉の日本列島には存在していたのだろう。

なお、［A］［B］は①歌謡と②歌謡の歌い手が交替して歌っている。中国少数民族の現場の神話においては、問いと答えの形式で歌う、あるいは単に分担ということで交替しながら歌うという、交互唱（歌の掛け合い）の形態を取るもののあることが知られている。したがって、［A］［B］の①歌謡と②歌謡は、おそらくはそういった交互唱の形態を継承したものであろう。

ところで、先にも述べたように、イ族の［酒を勧める歌］では、酒を捧げる相手は「土司（トゥースー）」（42）だが、46 句からあとは「あなた」となっているので、そ

の日に酒を勧められている客だともとれる表現になっている。首長に対する賛辞と客に対する賛辞が二重になっているのである。また、この［酒を勧める歌］を歌っているビモにおいては、ビモという権威ある呪的専門家が一般人に祝福の呪的言葉を与えるという側面と、主人一般が客一般に縁起のいい言葉を与えて歓迎する側面とが二重になっている。要するに、このイ族の［酒を勧める歌］では、祝福を与える側の主体や、祝福を与えられる側の対象は、この歌が歌われる局面に応じて、変換が可能だということになる。

それに対して［A］［B］の場合は、歌を献じているのは神功皇后で、献じられているのは「御子【のちの応神天皇】」に限定され、その「御子」の歌の代作を「建内宿祢命」が行なっていることになっている。すなわち、『古事記』『日本書紀』の段階では、後世の地の文の散文叙述が、本来の勧酒歌の、意味の自由さや、主体と対象の変換の自在さに制限を加えていることがわかる。このこともまた、『古事記』『日本書紀』が［神話の現場の八段階］モデルの《第七段階》の書物であることをよく示している。

さて、さらに変質が進めば、イ族の［酒を勧める歌］での「土司」が一般的な“主人”となり、歌い手が権威者としてのビモではなく放浪の芸能者へと転じて、後世の“門付け”の芸人になる。この場合は、歌い手は“主人”よりも下位の者、さらには“賎しき者”という位置づけになる。“芸能は賎しき者のわざ”という観念は、日本芸能の歴史を通じて700年代という〈古代の近代〉以来つい近年までを貫いてきたが、その表われはすでに、『古事記』『日本書紀』の記述のなかに多くの事例を見ることができる。以下に、そのなかから、宴席歌でかつ酒の描写を含む例を一つ挙げよう。この［D］の歌謡部は「蘆萑」「美にを　飲喫ふるかわ」「手掌も憀亮に」の部分を除いて一字一音表記ではないが、全体としては、歌われた歌詞の体裁を維持しているとしていい。

［D］　白髪天皇【清寧天皇】の二年の冬十一月に、播磨国司山部連の先祖伊予来目部小楯、赤石郡にして、親ら新嘗の供物を辨ふ（略）。適縮見屯倉首、新室に縦賞して、夜を以て昼に継げるに会ひぬ。（略）夜深け酒酣にして、次第舞ひ訖る。（略）是に、小楯、絃撫きて、秉灯せる者に命せて曰はく、「起ちて舞へ」といふ。是に、兄弟相譲りて、久に起たず。小楯、責めて曰はく、「何為れぞ太だ遅き。速に起ちて舞へ」といふ。億計

王【兄、のちの仁賢天皇】、起ちて舞ひたまふこと既に了りぬ。天皇【億計王の弟顕宗天皇、このときはまだ弘計王】、次に起ちて、自ら衣帯を整ひて、室寿して曰はく、

築き立つる　稚室葛根、築き立つる　柱は、此の家長の　御心の鎮なり。取り挙ぐる　棟梁は、此の家長の　御心の林なり。取り置ける　椽橑は、此の家長の　御心の斉なり。取り置ける　蘆萑は、此の家長の　御心の平なるなり。取り結へる　縄葛は、此の家長の　御寿の堅なり。取り葺ける　草葉は、此の家長の　御富の余なり。出雲は　新墾、新墾の　十握稲を、浅甕に　醸める酒、美にを　飲喫ふるかわ。吾が子等。脚日木の　此の傍山に、牡鹿の角　寿げて　吾が舞ひすれば、旨酒　餌香の市に　直以て買はぬ。手掌も憀亮に　拍ち上げ賜ひつ、吾が常世等。

（顕宗天皇即位前紀）

これは、「冬十一月」の「新嘗（にいなめ・しんじょう）」の宴席での出来事である。億計王と弟の弘計王（のちの顕宗天皇）は、25年前に雄略天皇に殺された父市辺押磐皇子の遺子で、今は身分を隠し名を改めて縮見屯倉首に仕えていた。この夜は、竈のそばにいて、あちこちの篝火の番をしていた。したがって、ここでの兄弟は“身分の賎しき者”として扱われているのであり、その“賎しき者”が、舞いを舞い、寿歌を歌うという〈芸能〉を演じていたことになる。

ここでは、寿歌を歌う者は“身分の賎しき者”、寿歌を捧げられる者は歌詞のなかでは「家長」で、現実には縮見屯倉首という地方首長である。イ族の［酒を勧める歌］では、歌い手は権威ある呪的専門家ビモ、歌を捧げられる者は歌詞のなかでは地方首長「土司」で、現実には遠来の客の私たちである。したがってこの［D］資料は、［神話の現場の八段階］モデルの《第一段階》の、ムラ段階の社会で実用的に生きていた神話歌が、ムラや祭式の場を離れて浮遊し、放浪の芸能者や“身分の賎しき者”の持ち芸へと転じていく流れをよく示したものだと言える。

［D］歌謡部の前半部「築き立つる　稚室葛根」から「此の家長の　御富の余なり」までは、新築祝いの際の寿歌「室寿」である。しかし、「出雲は新墾」で始まる後半部は、宴席を盛り上げるための宴会歌である。この後半部

に、「出雲は　新墾、新墾の　十握稲を、浅甕に　醸める酒」（出雲の開墾されたばかりの良い田でできた立派な稲を、浅い瓶で醸造した酒）というふうに、酒を讃める歌詞があるが、これは酒の起源を語り、その始まり以来継承されている酒造りのし方を語る「生産叙事」の簡略化されたものであろう。ここには、［A］「少名御神」、［B］「少御神」、［C］「大物主」という具体的な神名はないが、その宴席の酒が月並みの酒ではないということを語るために、その由緒を歌うという点では共通なものだとしていい。

8　古事記成立過程のモデル化が必要

以上、イ族の［酒を勧める歌］をモデルとして『古事記』『日本書紀』の歌謡と地の文の分析を試みたが、今後は、［神話の現場の八段階］モデルなどを駆使し、また特にムラ段階の社会で実用的に生きていた《第一段階》の神話歌の第一次資料を少しでも多く蓄積して、考察を深めていかなければならない。これからは、従来のように、［神話の現場の八段階］モデルの《第七段階》《第八段階》あるいは《番外の第九段階》（神話というよりも近代文学へとより強く傾斜したもの）の「ギリシャ神話」や、神話の歌われている〈現場〉を欠いた散文の概略神話に過度に依拠する状況を、少しずつ変えていかなければならない。それに応じて、『古事記』『日本書紀』の本質分析も少しずつ深まっていくものと思われる。『古事記』の「序」には次のようにある。

（略）是に天皇詔りたまひしく、「朕聞く、諸家の賷る帝紀及び本辞、既に正実に違ひ、多く虚偽を加ふと。今の時に当りて、其の失を改めずば、未だ幾年をも経ずして其の旨滅びなむとす。斯れ乃ち、邦家の経緯、王化の鴻基なり。故惟れ、帝紀を撰録し、旧辞を討覈して、偽りを削り実を定めて、後葉に流へむと欲ふ。」とのりたまひき。時に、舎人有りき。姓は稗田、名は阿礼、年は是れ廿八。人と為り聡明にして、目に度れば口に誦み、耳に払るれば心に勒しき。即ち、阿礼に勅語して帝皇日継及び先代旧辞を誦み習はしめたまひき。然れども、運移り世異りて、未だ其の事を行ひたまはざりき。（略）焉に、旧辞の誤り忤へるを惜しみ、先紀の謬り錯れるを正さむとして、和銅四年九月十八日を以ちて、臣安万侶に詔りして、稗田阿礼の誦む所の勅語の旧辞を撰録して献上せしむといへれば、謹みて詔旨の随に、子細に採り摭ひぬ。然れども、上古の時、言意並びに朴にして、文を敷き句を構ふること、字に於きて即ち難し。已に訓に因りて述べたるは、詞心に逮ばず、全く音を以ちて連ねたるは、事の趣更に長し。是を以ちて今、或は一句の中に、音訓を交へ用ゐ、或は一事の内に、全く訓を以ちて録しぬ。即ち、辞理の見え叵きは、注を以ちて明らかにし、意況の解り易きは、更に注せず。亦姓に於きて日下を玖沙訶と謂ひ、名に於きて帯の字を多羅斯と謂ふ、此くの如き類は、本の随に改めず。（略）

ここには［神話の現場の八段階］モデルの、いくつかの段階が姿を見せている。まず「諸家の賫る帝紀及び本辞」（各氏族が持っている、天皇系譜とつながる系譜神話と、物語伝承）は、《第五段階》（クニ段階の社会で、ある程度普遍性を高める再構成が進んだもの）のものが基盤になっており、神話の歌われる《第一段階》の現場は芸能化しながらも断片的に継承されていて、それが《第六段階》のように、文字で記述された文字神話になっていったものと思われる。この「帝紀及び本辞」が「既に正実に違ひ、多く虚偽を加ふ」というのは、天皇氏族を中心とする〈国家〉が成立していくのに応じて、各氏族が天皇権力との関係で有利になるような改変を加え始めていたというのだから、これは、《第八段階》のように、「文字と国家意志」によって権威づけられた天皇の神話を意識した行動が各氏族のなかで生じていたということだろう。

「帝紀を撰録し、旧辞を討覈して、偽りを削り実を定めて、後葉に流へむ」（天皇系譜とつながる系譜神話を編集記録し、物語伝承をよく調べて、誤りを正して後世に伝えよう）というのは、《第七段階》（国家の政策いわば「国家意志」によって神話資料の編纂が命じられ、官僚知識人がその任にあたる）の状況に対応している。

「稗田阿礼の誦む所の勅語の旧辞」は、この編纂事業が〈古代の近代〉の《第七段階》のものであるとはいえ、ムラ段階の《第一段階》的な神話への遡行の意志があったということであろう。この稗田阿礼が音声に乗せたという神話資料には、少ない量ながら、《第二段階》（ムラの祭式でも歌われているものを、祭式の場以外のところで歌う）、《第三段階》（歌えないが、節をつけて語る）、《第四段階》（散文体で話して説明する）のようなものもあったかもしれない。

しかし多くは、《第五段階》(クニの語り部などによって口誦される再構成された神話)のもの、あるいは《第六段階》(文字で記録されたもので、しかも再編・整理・統合の度合いの高い)のものだったと思われる。

また、「姓に於きて日下を玖沙訶と謂ひ、名に於きて帯の字を多羅斯と謂ふ、此くの如き類は、本の随に改めず」とあるように、「本の随に」というにふさわしい文字資料がかなりの分量で存在していたことを示すだろう。

繰り返すが、今後は、《第一段階》の神話歌の第一次資料を少しでも多く蓄積して、『古事記』『日本書紀』の本質分析を深めていかねばなるまい。

注

(1) ポール・G・ゾルブロッド『アメリカ・インディアンの神話 ナバホの創世物語』(金関寿夫・迫村裕子訳、大修館書店、1989年)の金関「訳者あとがき」より

(2) 工藤「現地調査記録・中国四川省涼山地区美姑彝族文化(2)―創世神話・勒俄特依」(『大東文化大学紀要』第38号、2000.3)に掲載した。

(3) アポロドーロス『ギリシア神話』(高津春繁訳、岩波文庫、1953年)の高津春繁の「まえがき」より

(4)『ホメーロス』(世界文学大系1、筑摩書房、1961年)

(5) 注(4)『ホメーロス』の「解説」(高津春繁)より

(6) 注(4)『ホメーロス』の『オデュッセイア』(高津春繁訳)

(7) グスターフ・シュヴァーブ『ギリシア・ローマ神話Ⅰ』(角信雄訳、白水社、1988年、原著は1837年)

(8) ロバート・グレイヴズ『ギリシア神話』(高杉一郎訳、紀伊國屋書店、1998年)

(9) この「死霊との闘い」の要素について、より詳しくは、工藤『中国少数民族と日本文化―古代文学の古層を探る』(勉誠出版、2002年)参照。

(10) 小野『南島の古歌謡』(ジャパン・パブリッシャーズ、1977年)

(11) 古橋『古代和歌の発生』(東京大学出版会、1988年)ほか

(12)『天地楽舞』西南編15(日本ビクター・中国民族音像出版社、1997年)

(13) 詳しくは第Ⅰ章「第1回調査 1997.3.13~3.21」参照。

(14) 袁珂『中国古代神話』(伊藤敬一・高畠穣・松井博光訳、みすず書房、1960年)

(15) 土橋『古代歌謡全注釈・古事記編』(角川書店、1972年)、同『古代歌謡全注釈・日本書紀編』(同、1976年)

(16) 日本古典文学大系『古代歌謡集』岩波書店、による。

(17) 詳しくは、工藤『日本芸能の始原的研究』(三一書房、1981年)参照。

第Ⅳ章

創世神話・勒俄特依

ビモの経典

本稿「勒俄特依」完成の経緯

「はじめに」や「第Ⅰ章　第1回調査　1997.3.13～3.21」でも述べたが、本章の「勒俄特依」完成までの経緯は、簡潔にまとめれば以下の通りである。

私は、第1回調査の際に、私の依頼でビモが歌ってくれた「勒俄特依（ネウォテイ）」を録画した。そのあとで、録画した「勒俄特依」をそのまま文字化して、中国語訳、日本語訳を付けた活字本を作りたいと申し出たところ、摩瑟磁火（モソツホ）・嘎哈石者（ガハシジョ）両氏が、“どうせなら、今回録画したものよりさらに内容の整った「勒俄特依」をまとめてみたい”と述べたので、私もそれに同意した。このようにして、イ語の発音をそのまま国際音標（国際音声記号）でしるし、それを中国語訳した「勒俄特依」がモソツホ・ガハシジョ両氏の手によって1997年11月28日に完成した（原稿はすべて手書き、中国語部分は簡体字だった）。それが翌98年に張正軍氏のもとに届き、張氏による第一次日本語訳（これもすべて手書き）が終了して私のところに送られて来たのは、1999年6月だった。それ以後、およそ3年半を費やして、私による最終日本語訳、簡体字から繁体字への変換、国際音声記号表記の確認が終了したのである。

ところで、本稿「勒俄特依」が、神話の文字化されたもの（歌われる神話の文字テキスト）として、どのような性格を持っているかについて簡単に述べておく。私は、[神話の現場の八段階]という視点を提唱している（詳しくは、工藤『ヤマト少数民族文化論』大修館書店、1999年、本書「第Ⅲ章　神話の現場から見た古事記」参照、→P222）ので、本稿の「勒俄特依」が、そのうちのどの段階にあたるものなのかについて触れておきたい。

この[神話の現場の八段階]にあてはめれば、本書の「勒俄特依」テキストは、《第二段階》（ムラ段階で現に生きている神話を、依頼に応じて歌ったもの）にあたる。しかし後出の[前書き]に述べられているように、本稿の「勒俄特依」は、すでに文字化されていた資料も参照して“最良のテキスト”を作成しようという意図のもとに、“編纂”されたものでもあるので、作業現場としては《第六段階》にあたる文字テキストだということになる。イ族の呪的専門家（ビモ）はいつのころからかイ族独自のイ文字で経典を記述してきた。

ただし、古代日本を考える場合には文字は国家段階のものという印象が強いが、イ族の場合、社会形態はムラ段階なのに文字も持っていたのである。しかし、美姑（メイグー）のイ族社会は、国家段階はおろかクニ段階への上昇もなかったので、ましてや《第七段階》の「国家意志」など持ちようもなかった。したがって、文字で神話を記述するといっても、それをたとえば『古事記』のような“権威あるたった一つの神話”へと上昇させていこうとする意志もないし、その作業のための専門機関も無い。したがって、［前書き］にもあるように「勒俄特依」のイ文字表記本が「土司（トゥースー）」という首長の家に伝えられていたにもかかわらず、その本が『古事記』『日本書紀』ほどの権威を持つことはなかったようだ。その結果、創世神話を歌える美姑の約 6000 人（全体の人口は約 15 万人）のビモと呼ばれる呪的専門家が、総計で約 10 万巻の経典を持ち、それらを分類すると約 300 種類もの系統になるという、いわば“神話の乱立”状態をもたらした。

したがって本稿「勒俄特依」は、依然として《第一段階》（ムラ段階の祭式と密着して歌われている）の神話が支配的であるイ族の社会に、制度的には中華人民共和国という国家段階の一機関である美姑彝族畢摩文化研究中心が接触して、誕生したものである。その際に、“乱立する神話”から一つの最良と思われる神話をまとめ上げようと意志するきっかけは、“外部”から与えられた。その意志は、20 世紀末の日本国から来た一人の知識人（クドウタカシ）の意志、すなわち近代社会の側の意志であったことになる。

私が強く要望した条件は、現に美姑地域でビモたちによってごく自然に歌われている「勒俄特依」にできるかぎり近い形のものを、忠実に文字化することである。繰り返しがどれほど多かろうと、それをそのまま載せる。前後から考えて話の筋が通らないところや矛盾するところがあっても、現在では意味不明になっているイ語表現があってもそのまま載せるというのが、私の「個人意志」である。

モソツホ・ガハシジョ両氏は、このような私の「個人意志」をよく理解したうえで、実践してくれた。したがってこの「勒俄特依」は、作業現場としては《第六段階》にあたるのだが、かなりな程度において《第一段階》のムラ段階祭式と密着した神話に近いものを、文字化できたと考える。ただし、厳密には本書の「勒俄特依」は、第 1 回調査の際に録画されたものとは一致しないので、映像・音声と共に保存すべきだという要請の出ることに備えて、第 2 回調査（2000.9.14〜9.20）の際に、文字化された本書の「勒俄特依」を忠実に歌ってもらって、それを録画する作業を行なった。

なお、この「勒俄特依」の全句数は5680句であった。この数字は、生きている創世神話がいかに膨大なものであるかをよく示している。しかし従来は、「神話」として報告されるもののほとんどは、[神話の現場の八段階] のどの段階のものなのかを明示していないし、実際に歌われるときの正確な句数も浮かび上がってこない。しかも、それらのほとんどは、《第四段階》(村人によって説明され、話された神話) の散文体のものを聞き書きして整理したものか、《第六段階》(文字を使いこなせる知識人によって記録・整理・再編された) の神話であり、しかもそれらは散文体で記述されるのが普通だから、歌詞の具体的な表現方法もわからない。もちろん、歌う (唱える) メロディーもリズムもわからない。これからは、本書の「勒俄特依」のように、できるかぎり《第一段階》(ムラ段階の祭式と密着して歌われている神話) に近いもので、かつその採集現場と文字化の過程を具体的に示した神話資料が求められる。

漢字表記と概略神話

＊中国語部分の漢字は、現在使用されている中国簡体字があまりに旧漢字と異なっているので、国境を越えた漢字文化圏全域において判読ができるように、漢字の伝統的な字体である繁体字・台湾漢字を原則とした。ただし、厳密には旧漢字の字体にも諸説・諸系統があるので、読み易さを重視して日本での一般的な通行体の水準にとどめ、徹底した正確さまでは求めなかった。たとえば、「者」は「者」、「寬」は「寛」、「隆」は「隆」、「黃」は「黄」、「歷」は「歴」、「靑」は「青」、「僊」は「仙」、「⻍」は「⻌」とするなどした。

＊イ語表現を活かすために、こなれない中国語・日本語になっている部分もある。

＊【　】内はすべて、文責工藤による補注、解説etc.である。

＊各段の最後部、「注」のあとの罫線で囲まれた部分の文章は、工藤がその段を簡略にまとめたものである。普通に「神話」と言われているものはこういった“概略神話”のことである。余分な繰り返しなどを省略し、文字文章の散文体でその段の〈核〉にあたる内容だけを記述する。言うまでもないことだが、このような概略神話では神話が歌われるときの表現形態がわからないので、話の〈核〉や話型や「神話素」のようなものはわかるにしても、『古事記』の古層の表現の全体像の復元のためのモデルとして用いることはできな

い。

ところで、私が以下の概略神話を作っていく過程は、韻文の歌詞から成る原テキストを素材とした、散文物語の“創作”作業でもあった。歌われる韻文を文字の散文に移し替え、しかも不要な繰り返しを短縮し、意味のわからない部分に補いを入れた。一方で、固有名詞の大部分はもともとのイ音（少数民族イ族の発音）で残し、また会話体の部分もなるべくそのまま残すなどのくふうをしているうちに、この作業はまさに『古事記』生成の過程の擬似体験であると感じた。もちろん『古事記』の場合は、［神話の現場の八段階］の《第一段階》から《第六段階》までを数百年から数千年の時間をかけて通過してきた書物だから、私の体験はそれらの時間をごく簡素化して凝縮したものである。しかし、生きている現場を失って話の〈核〉だけを散文体で伝えてできた『古事記』神話の本体に迫るには、それなりの有効性があると実感した。したがって、大づかみにいえば、私の作った概略神話の部分は現存『古事記』に対応し、韻文の原テキストは、今はモデル的にしか浮かび上がらない、ヤマト族の歌われた神話に対応するとしていいだろう。

実際には、『古事記』の生成過程は、イ族という単一民族の一貫した神話から概略神話を作成するのよりもはるかに複雑なものだったと思われる。それは、同じヤマト族とはいえ、さまざまな違いを持ったいくつもの民族の、しかもほとんどは断片化していたと思われる伝承資料を継ぎ接(は)ぎし、さらに口誦伝承と文字記録資料も合成するという過程が、数百年以上の時間のなかで進行した。したがって、『古事記』の古層を探る作業は、大げさでなく絶望的に困難なのである。試みに以下の概略神話の部分をまず読み、そこから韻文の原テキスト「勒俄特依(ネウォテイ)」を想像してみてほしいが、その際に感じる復元の困難さをはるかに上回る困難さが、『古事記』の生成過程の復元にはつきまとうのである。本書の、生きている創世神話の丸ごとの資料の公開が、その困難な作業の一つの突破口になることを期待している。

イ語音・中国語音とカタカナ表記

◆イ語を中国語の当て字で表記したものの読みは、現在の中国普通語の発音に近いカタカナ音（厳密には一致しない）を振り仮名で示し、（　）内に、国際音声記号の示すイ語発音に近いカタカナ音（これも厳密には一致しない）

を示した。

ただし、たとえば「勒俄特依《レーウォテーイー》（ネウォテイ）」や「支格阿龍《チーグォアーロン》（チュクアロ）」そのほかを、各章の注、概略神話や、本書の本文、などで用いるときには、イ語発音を優先して「勒俄特依《ネウォテイ》」「支格阿龍《チュクアロ》」などとした。

なお、「七地《しちじ》」のイ語は「sɿ̠^{21}mu^{33}シュム」で、「シュ」が「七」、「ム」が「地」の意の意訳である。文脈に応じて、また概略神話などにおいては、「七地の上のほう」は「上界」、「七地の下のほう」は「下界」と言い換えた。

- 中国語のカタカナ表記の場合には、「zhu」は「ヂュ」、「ju」は「ジュ」というふうに、タ行の濁音とサ行の濁音の区別を付けたが、イ語ではどちらも「ジュ」に統一した。
- イ語には「ndz」や「ŋg」など鼻濁音で始まる語が多いが、「ŋa」「ŋɯ」だけは特に「ガ」「グ」とした。
- 「wa」「wi」「wu」「we」「wo」にあたるイ語は、「wa」は「ワ」、「wo」は「ウォ」としたが、残りは「イ」「ウ」「エ」とした。
- 「va」「vi」「vu」「ve」「vo」にあたるイ語は、「ヴァ」「ヴィ」「ヴ」「ヴェ」「ヴォ」とした。
- 「ta」「ti」「tu」「te」「to」にあたるイ語は、「ti」「tu」だけは「ティ」「トゥ」とし、それ以外は「タ」「テ」「ト」とした。
- 「da」「di」「du」「de」「do」にあたるイ語は、「di」「du」だけは「ディ」「ドゥ」とし、それ以外は「ダ」「デ」「ド」とした。
- 国際音声記号の「55」「44」「33」「21」はそれぞれ声調を示し、単純化すれば「55」が最も高い音で「21」が最も低い音である。
- 「u̠」のように母音の下に「 ̠」のあるものは、のどの奥で破裂させる「声門音 Glottal」である。
- 「n̥」「m̥」の n 、m の下の「 ̥」は「無声 Voiceless」であることを示す。
- 1個の中国漢字には複数のイ語発音が存在することがある。たとえば、「勒俄特依《ネウォテイ》 nɯ^{33}ɣo^{33}t'ɯ^{21}ʑi^{33}」の「勒」には「ヌ」と発音される「nɯ^{33}」（2〜19、21、22、29、30、32、34句）と、「ル」と発音される「lɯ^{21}」（161句ほか多数）がある。涼山地区では n 音と l 音はしばしば重なり合うので、発音の実態としては、「ヌ」「ル」のどちらでもいいようである。したがって、「勒俄」には「勒俄《ヌウォ》」と「勒俄《ルウォ》」の二つの発音があるが、本テキストの1

［前口上］の「勒俄」では「nɯ^{33}ɣo^{33}」（ヌウォ）とn音になっている。しかし、現地での発音ではさらに異なる「ネウォ」と聞こえるので、「勒俄（ネウォ）」とした。

また「特」にも、「トゥ」と発音される「t'ɯ^{33}」（2319句ほか）、「テ」と発音される「t'æ^{33}」（4752句）があるが、書物の意の「特依」の現地での発音では「テ」と聞こえるので、「特（テ）」とした。「依」は「ʑi^{33}」なので「ジ」に近い発音のはずだが、現地での発音の実態では「イ」に近いので、「依（イ）」とした。

工藤の既発表論文・単行本の中では「勒俄特依」は、「勒俄特依（レーウォテーイー）」や「勒俄特依（レオテイ）」としてきたが、本書以後は「勒俄特依（ネウォテイ）」に統一する。

◆なお、イ語のカタカナ表記には限界があるので、より厳密な発音は国際音声記号で確認してほしい。また『彝漢字典』（雲南民族出版社、1995年）によれば、中心的なイ語のほかに「東部方言」「中部方言」のイ語があり、またイ文字にも「正体」のほかに「異体」があるという。さらに、国際音声記号での記述にも個人差があるので本テキストの国際音声記号表記は必ずしも絶対のものではないが、しかし大筋ではイ語発音に限りなく近いものとなっているとしていい。

◆「畢摩」はイ語では「ピマ」「ピモ」「ビマ」「ビモ」などがあるが、中国語側からは「ビモ」が近く、日本側でも「ビモ」が一般化しているので、すべて「ビモ」とした。

勒俄特依

諸本・諸文献との整理対照：摩瑟磁火（美姑彝族畢摩文化研究中心）・嘎哈石者（同）

イ語の国際音声記号表記とその中国語訳／イ文字表記／注釈：摩瑟磁火

中国語から日本語への翻訳：張正軍（雲南大学）

中国語から日本語への最終翻訳／簡体字から繁体字への変換／国際音声記号の最終調整／概略神話の作成：工藤隆

「勒俄特依」 本文

1	開場白	（ 1 ～ 35 ）	前口上
2	天地譜	（ 36 ～ 78 ）	天と地の系譜
3	開天闢地	（ 79 ～ 327 ）	天地開闢（天と地を分ける）
4	改造大地	（328 ～ 477）	大地を改造する
5	日月譜	（478 ～ 565）	太陽と月の系譜
6	雷電起源	（566 ～ 631）	雷の起源
7	創造生靈	（632 ～ 798）	生物を創造する
8	人類的起源	（799～1306）	人類の起源
9	雪族十二子	（1307～1432）	雪族の十二人の子
10	支格阿龍	（1433～2507）	支格阿龍
11	阿留居日	（2508～2638）	阿留居日
12	呼日喚月	（2639～2959）	太陽を呼び、月を呼ぶ
13	尋父買父	（2960～3210）	父を探し、父を買う
14	洪水氾濫	（3211～3698）	洪水が氾濫する
15	天地婚姻史	（3699～4159）	天と地の結婚の歴史
16	飲分別聰愚之水	（4160～4244）	賢くなる水と愚かになる水を飲み分ける
17	尋找居住地	（4245～4842）	住む場所を探す
18	祭盔祀甲	（4843～4961）	兜と鎧の祭祀

19	渡江	（4962～5022）	川を渡る
20	涅候互賽變	（5023～5314）	曲涅（チョニ）と古候（グホ）の化け競べ
21	歷史譜系	（5315～5680）	歴史の系譜

前言

“勒俄”是彝族最古老的文體名稱之一。在滇東北彝區彝文文獻的譯注中被音譯爲“儂依”、在貴州水西彝區的彝文文獻譯注中則音譯爲“弄恩”。這種文體歷史悠久、流傳廣氾、其藝術風格古朴典雅、深受廣大彝族群衆的喜愛。從“勒俄”一詞的語義上來看、有人認爲是指“通過口耳相傳下來的辭章”之義、而在我們看來、“勒”是指“臉面”、“俄”則爲“骨頭”之義、引伸可作“主幹”、“精髓”講、二者合則爲“面部之骨頭”、是詩歌語言中之精髓的意思。在歷史上、勒俄書一般掌握在土司手中、後來纔逐漸地在民間廣氾流傳開來、併在民間藝人的發揮中得到了進一步的發展。但由於歷史和地理的原因、在發展的過程中、其內容在不同方言的彝族地區產生了較大的變異。在涼山、牠的內容一般包括開天闢地、萬物的產生、人類的起源、英雄史詩（支格阿龍的傳説）、洪水氾濫、部族譜系的主幹（卽古候、曲涅二部的主幹譜系）等、但也有些地方將詳細的譜牒卽一般彝語所稱的“布此”和所謂的“克智”（一種説唱文學體裁）、以及“波潘”（敍述各種事物源流的文學形式）等也認作是“勒俄”的一部分。然而從嚴格的意義上講、這些都不是“勒俄”、而僅僅是從“勒俄”這棵“主幹”中分衍出來的“枝葉”。

在涼山、“勒俄”還有著自己獨特的分類系統、有些地區往往將“勒俄”分爲黑、花、白三種、據説、在老年人逝世的場合下演唱的爲黑勒俄、在送祖靈大典上演唱的爲花勒俄、在結婚的時候演唱的則爲白勒俄。在不同的場合下演唱的勒俄從內容到形式上都有些細微的差別、在演唱的方法及規則方面也有著一些禁忌。但在實際上、如今的“勒俄”主要還是由民間藝人在結婚的場合下演唱的多。在另一些地方、則將“勒俄”分爲公、母、子三種、有人認爲這主要是依據書的大小和內容的複雜或簡單而分的。內容最爲齊全、講述得最爲清楚的爲母勒俄、概述性地講述的爲公勒俄、部分性地講述或斷章取義的文本則爲子勒俄。有些地方則將從開天闢地到部族主幹譜系之間的內容稱爲公勒俄、而將一般的“布此”、“克智”、“波潘”等一概稱作爲母勒俄。另外、有一種“勒俄十九枝”的説法、是指“勒俄”包含的内容非常廣汜、不一定是具體的分類系統。

以上是関於“勒俄”的簡單介紹。下面介紹一下我們這部“勒俄特依”所依據的原始版本和一些參考文獻。

一　我們所依據的原始版本

文本一爲從美姑縣拖木鄉苦夥莫村曲莫以諾先生處收集來的手抄本。據書中記載、這本書原爲居住於今涼山甘洛縣一帶的宜地土司所有、後傳到今昭覺縣境的阿普吉收家（卽巴且黑彝）、再傳到現美姑縣洪溪區一帶的糾都乃烏（地名）之阿省爾特黑彝家族手中、又傳與現美姑縣候布乃拖區的阿候蘇呷黑彝、再傳到美姑縣峨曲古區覺趕乃拖（地名）的以甲克夥者手中、又傳與峨曲古區洛莫村一帶的優火尼惹氏、最後傳與本書抄者曲莫以諾氏。

文本二爲從美姑縣巴譜鎮吉曲瓦拖村的吉曲阿甲先生處收集而來。書之源流爲：最早爲阿都長官司所藏、後傳到沙瑪土司母克史阿尼手中、再由母克史阿尼之子母幾者手中傳到現布拖縣一帶的旨惹斯乙氏手中、又傳到一箇叫洛母比署的黑彝手中、再傳與瓦渣拉鐵氏、最後從瓦渣拉鐵氏那裡傳到吉曲阿甲手中。

文本三爲德昌縣德州鎮阿榮村六組的摩瑟・阿甘呷呷（卽本書的譯注者摩瑟磁火之父）的手筆、書的來源爲：由昭覺竹核一帶的竹核莫色土目家一箇叫領甘惹的人傳與一箇叫馬烏牛的黑彝、再傳到本書抄者手中。

文本四爲美姑縣語委嘎哈石者收藏、書的源流爲：原爲雷波華浪一帶的華浪土司所有、後傳與今雷波縣境的阿着土目、再傳到雷波縣上田壩鄉一箇叫嘎哈氏氏的人手中、再傳與本書的收藏者。

文本五爲從美姑縣甲谷區核瑪村一箇叫迪惹打突的先生那裡收集而來、沒有早期傳承情況的記載。

二　參考文獻

① 由美姑縣語委收集於七十年代的《勒俄特依》原始手抄本八部、但來源不明

② 由馮元慰整理、四川民族出版社一九八五年六月印刷出版的《勒俄特依》彝文版

③ 由冷光電先生整理翻譯、原中央民族学院民族語言研究所彝族歷史文獻編印室於一九八三年十一月編印的《母史傳》

④　由冷光電先生整理翻譯、原中央民族学院彝族歴史文獻室編印於一九八二年六月的《古候》

⑤　由冷光電先生初譯後再由馬海母呷、羅家修二同志整理校訂、四川省民委彝文工作組一九八〇年六月内部印刷的《古候・公史篇》

⑥　由馬明収集整理、一九八一年一月在涼山日報社印刷的《勒俄特依》彝文版

⑦　由金陽縣語委阿苦史格、俄母旨突二人収集整理、一九八八年五月内部印刷的《古候僚史》彝文版

⑧　由塩源縣語委収集整理、一九八六年五月内部印刷的《公勒俄》和《母勒俄》彝文版

⑨　由雷波縣語委吉比偉哈、阿火古機、吉祖體日等収集整理、一九八七年十月内部印刷的《克智・布此・勒俄》彝文版

⑩　由美姑縣語委収集整理、一九八五年十月内部印刷的《留夥波潘》彝文版

⑪　由嘎哈石者、吉爾體日、海來拉莫等同志一起収集整理、由美姑縣語委一九九一年内部印刷的《彝族歴史譜牒・勒俄篇》彝文版

儘管都是涼山地區的“勒俄”、但各地的文本在内容上都不盡相同、在這種異文繁多的情況下、儘管我們付出了很多努力、但畢竟由於水平有限、対“勒俄”没有很深的研究、所以這本書也會難免許多缺點。誠請專家的斧正。

最後、特別感謝以上所列各原始底本的収藏者和以上所列各本参考書的収集整理者。正是在他們卓有成効的工作之基礎上、我們纔得以順利地完成這本書。

譯注者

一九九七年十一月二十八日於美姑

［前書き］

「勒俄（ネウォ）【ヌウォ、レウォ、ルウォとも発音する】」は彝（イ）族の最も古い文体形式の一つを指す。雲南省東北部に居住するイ族のイ語文献の注では「儂依（ノイ）【ノジ、ロイ、ロジとも発音する】」と音訳され、貴州省の水西に居住するイ族のイ語文献の注では「弄恩（ノゲ）」と音訳されている。この文体形式は長い歴史を持ち、広く流布して伝承されている。その芸術性は古風、素朴かつ典雅であり、イ族の人々に深く好まれている。「勒俄」の意味は、“口と耳で伝承された文章”だという説があるが、私たち訳注者は、「勒」は“顔”で「俄」は“骨”であり、

派生して“幹”、“精髄”という意味になっていると考える。つまり、「勒」と「俄」の二者が合わさって“顔の骨”となり、これが詩歌の言葉の“精髄”という意味になっているのである。歴史的には、「勒俄」の本は一般に土司【元、明、清時代、中央政府から中国西南地区の少数民族出身者に与えられた、世襲の首長としての官職】が所有してきたが、のちには徐々に民間にも広がり、民間芸人の手を経てさらに発展してきた。しかし、歴史的および地理的な条件が違うので、「勒俄」が発展していく過程で、言葉に違いのあるイ族の居住地ではその内容に大きな変化が生じた。涼山では、その内容は一般に、天地開闢、万物の誕生、人類の起源、英雄の歴史物語（支格阿龍の伝説）、洪水の氾濫、主な部族の系譜（すなわち古候と曲涅という主たる二部族の系譜）などを含んでいる。ただし、ある地域では、詳しい系譜図、すなわち一般にイ語では「布此」と「克智」（一種の歌語り文学形式）、また「波潘」（各種の事物の源流を述べる文学形式）と称されるものなども、「勒俄」の一部分だとされている。しかし、厳密にいえばそれらは「勒俄」ではなく、「勒俄」という幹から出てきた枝と葉であるにすぎない。

涼山には、「勒俄」について独特な分類体系があり、ある地区ではしばしば「勒俄」を“黒勒俄”“花勒俄”“白勒俄”の三種に分けている。老人が死去したときに歌われるのが黒勒俄、先祖の霊の祀りで歌われるのが花勒俄、結婚式で歌われるのが白勒俄だという。異なるそれぞれの場合に歌われる「勒俄」は、その内容や形式において微妙な違いがあり、歌い方や歌の規則においても少々の禁止事項がある。ただし実際には、今の「勒俄」は主として、民間の芸人によって結婚式で歌われることが多い。また別の地域では、「勒俄」は“公【オス、男】勒俄”“母【メス、女】勒俄”“子勒俄”の三種に分けられており、それは本の厚い薄いと内容が複雑か簡単かによる分類だと言う人もいる。内容が最も整っていて、最も詳しく歌われているのは母勒俄で、概略的に歌われているのは公勒俄で、一部分だけのものあるいは一部分が欠けているものは子勒俄である。ある地域では、天地開闢から主な部族の系譜までの内容は公勒俄と称され、一般の「布此」「克智」「波潘」などは母勒俄と称されている。ほかに、「勒俄の十九の枝」という言い方もあるが、それは、「勒俄」に含まれている内容が非常に多いということを指しているのであり、必ずしも具体的な分類体系ではない。

以上、「勒俄」について簡単に紹介した。次に、私たちの手に成るこの「勒俄特依」の典拠になった原本といくつかの参考文献を紹介しておこう。

一　典拠とした原本

第一の本は、美姑県拖木郷苦夥莫村の曲莫以諾（チョモジュノ）氏から入手した写本である。この本の記載によれば、もともとこの本は、今の涼山甘洛県あたりに居住した宜地（リディ）土司が所有していたが、のちに今の昭覚県境の阿普吉収（アブジジショ）家（巴且（バチ）という黒イ族【黒イ族はかつて奴隷を所有していた支配階級。奴隷階級は白イ族と称された】）に伝わり、それが美姑県洪溪区あたりの糾都乃烏（チョドゥレヴ）（地名）に居住した阿省爾特（アショルテ）という黒イ族の家族に伝わり、さらに美姑県候布乃拖区の阿候蘇呷（アホスカ）という黒イ族に伝わり、つづいて美姑県峨曲古区の覚趕乃拖（ジョガレト）（地名）の以甲克夥（ジュジェクホ）という者に渡り、また峨曲古区の洛莫村あたりの優火尼惹（ヨホニズ）氏に伝わり、最後にこの本を書き写した曲莫以諾氏に伝えられたという。

第二の本は、美姑県巴譜鎮吉曲瓦拖村の吉曲阿甲（ジチョアジェ）氏から収集したものである。この本の伝わり方は次のとおりである。最初は阿都長（アドゥチャ）役所が所蔵していたが、のちに沙瑪（シャマ）土司の母克史阿尼（ムクシュアネ）に渡り、さらにその母克史阿尼の子の母幾者（ムジチャ）を経て今の布拖県に住んでいた旨惹斯乙（チュズスジ）氏に伝わり、また洛母比署（ロムピシュ）という黒イ族に伝わり、さらに瓦渣拉鉄（ヴァチャラチェ）氏に伝わり、最後に瓦渣拉鉄氏から吉曲阿甲（ジチョアジェ）氏に伝えられた。

第三の本は、徳昌県徳州鎮阿栄村六組の摩瑟（モソ）・阿甘呷呷（アガカカ）氏（この「勒俄特依」の訳注者である摩瑟磁火（モソツホ）の父）が書き写した本である。この本の伝わり方は次のとおりである。昭覚竹核あたりの竹核莫色土目（チュヒモシトゥム）家の領甘惹（リカズ）という人を経て馬烏牛（マヴニュ）という黒イ族に伝わり、さらにこの本を書き写した人に伝わった。

第四の本は、美姑県語言委員会の嘎哈石者（ガハシジョ）が所蔵している本である。この本の伝わり方は次のとおりである。もとは今の雷波華浪あたりの華浪（ホラ）土司が所有していたが、のちに今の雷波県境の阿着土目（アジョトゥム）氏に伝わり、さらに雷波県上田壩郷の嘎哈氐氐（ガハティティ）氏に伝わり、最後にこの本の所蔵者に伝わった。

第五の本は、美姑県甲谷区核瑪村の迪惹打突（ディズダトゥ）氏から入手したものだが、その前の伝承情況は記載されていない。

二　参考文献

①　美姑県語言委員会が70年代に収集した『勒俄特依』の写本が8冊あるが、出所は不明である。

②　馮元慰（フォンユアンウェイ）が整理した『勒俄特依』（イ語版）、四川民族出版社、1985年6月

③　冷光電（ロングアンディエン）が整理・翻訳した『母史伝』、もとの中央民族学院民族語言研究所彝族歴史文献編印室、1983年11月

④　冷光電が整理・翻訳した『古候』、もとの中央民族学院彝族歴史文献室、1982年6月

⑤　はじめに冷光電が翻訳したあとに馬海母呷（マヒムカ）、羅家修（ルオジャーシウ）の二人が整理・校訂した『古候・公史篇』（内部印刷）、四川省民族委員会彝文工作組、1980年6月

⑥　馬明（マーミン）が収集・整理した『勒俄特依』（イ語版）、涼山日報社、1981年1月

⑦　金陽県語言委員会の阿苦史格（アクシュク）、俄母旨突（ウォムチュトゥ）の二人が収集・整理した『古候僚史』（イ語版、内部印刷）、1988年5月

⑧　塩源県語言委員会が収集・整理した『公勒俄』と『母勒俄』（いずれもイ語版、内部印刷）、1986年5月

⑨　雷波県語言委員会の吉比偉哈（ジビヴォハ）、阿火古機（アホグジ）、吉祖体日（ジスティズ）らが収集・整理した『克智・布此・勒俄』（イ語版、内部印刷）、1987年10月

⑩　美姑県語言委員会が収集・整理した『留夥波潘』（イ語版、内部印刷）、1985年10月

⑪　嘎哈石者（ガハシジョ）、吉爾体日（ジルティズ）、海來拉莫（ヒレラモ）らが共同で収集・整理した『彝族歴史譜牒・勒俄篇』（イ語版、内部印刷）、美姑県語言委員会、1991年

同じ涼山地区の「勒俄」と言っても、各地に伝わっている本の内容はすべて同じというわけではない。異伝が非常に多いという情況下で私たちは大いに努力したが、結局は能力に限りがあるので、「勒俄」に対して徹底的に深い研究ができているわけではない。したがって、本書には多くの弱点があることを避けがたい。その場合には専門家諸氏による修正をお願いしたい。

最後に、以上にとりあげた原本の所蔵者と各参考文献の収集・整理者に、心から感謝したい。彼らの卓越した仕事の基礎があったおかげで、私たちは本書

を順調に完成させることができたのである。

翻訳・施注者

1997 年 11 月 28 日　美姑にて

勒俄特依（ネウォテイ）

1　ko^{33}mo^{44}ndo^{21}　［開場白①］［前口上］

1　i^{21}si^{21}ʂɿ^{44}ɑ^{33}ɖɯ^{44}　遠古的時候　　大昔

2　mu^{33}ha^{55}nɯ^{33}ɣo^{33}ʐɿ^{33}bo^{21}lo^{55}ʐɿ^{33}sɿ^{33}　上界勒俄爲宗教儀禮②　　上界の勒俄（ネウォ）（ヌウォ・レウォ・ルウォ）は宗教的な儀礼であった

3　mu^{33}dʐɿ^{44}nɯ^{33}ɣo^{33}ʐɿ̱^{33}p‘u̱^{21}lɯ^{33}ȵæ^{33}ȵi^{21}　下界勒俄多如牛毛和茅草
下界の勒俄は牛の毛や茅（かや）ほどに多かった

4　mu^{33}vu̱^{55}nɯ^{33}ɣo^{33}gɯ^{44}la^{33}ɖɯ^{21}zɯ^{33}si^{33}　天上勒俄日月爲其本
天上の勒俄の中心（主役・主題・根本）は太陽と月である

5　mu^{44}k‘ɯ^{33}nɯ^{33}ɣo^{33}ti^{33}tɕ‘u^{33}tɿ^{44}nɔ^{33}si^{33}　地下勒俄白雲黒雲爲其本
地上の勒俄の中心は白い雲と黒い雲である

6　mu^{33}ndʐɿ^{33}nɯ^{33}ɣo^{33}ɖu̱^{55}to^{33}zɯ^{44}dzɿ^{33}si^{33}　空間勒俄神鬼爲其本
空間の勒俄の中心は神と鬼である

7　ndi^{21}tɕ‘u^{33}nɯ^{33}ɣo^{33}tɕu̱^{55}zɯ^{33}zɯ^{44}dzi^{33}si^{33}　原野勒俄雲雀爲其本
野原の勒俄の中心は雲雀（ひばり）である

8　zu^{21}ho^{33}nɯ^{33}ɣo^{33}a^{44}nɔ^{33}la^{55}ndʐɿ^{33}vi^{55}　杉林勒俄猛虎爲其本
杉林の勒俄の中心は猛虎である

9　bu^{44}du̱^{33}nɯ^{33}ɣo^{33}va^{55}pu^{33}tso^{44}ki^{33}si^{33}　東方勒俄公鶏爲其本
東方の勒俄の中心は雄鶏（おんどり）である

10 bu33dɕi33nɯ33ɣo33bo33la33lo33ʐɿ33si33　西方勒俄大山深谷爲其本

西方の勒俄の中心は大きな山と深い谷である

11 bo33dʑɿ44nɯ33ɣo33bo33dʑi44tɕʻu44lo33lo33　大山勒俄大山白皚皚

大きな山の勒俄では大きな山が白く光っていた

12 lo33dʑɿ44nɯ33ɣo33lo33dʑɿ44ʂɿ44lo33lo33　深谷勒俄深谷黄燦燦

深い谷の勒俄では深い谷が金色に輝いていた

13 ndi21dʑɿ21nɯ33ɣo33ʐɿ33kʻi55a33ʐɿ33ʐɿ33　平壩勒俄水流爲其本

平らな盆地の勒俄の中心は水の流れである

14 va55ni33nɯ33ɣo33dʑi21ʑo33zɯ44dzi33si33　懸崖勒俄蜜蜂爲其本

断崖の勒俄の中心は蜜蜂である

15 ʐɿ33o55nɯ33ɣo33hɯ21ʂɿ33zɯ44dzi33si33　水流勒俄魚兒爲其本

水の流れの勒俄の中心は魚である

16 nda33ʂɿ33nɯ33ɣo33ʂu̱21pu33zɯ44dzi33si33　蕨叢勒俄錦鶏爲其本

蕨（わらび）の勒俄の中心は錦鶏（にしきどり）である

17 ma33ʂɿ33nɯ33ɣo33ha21pu33zɯ44dzi33si33　竹林勒俄竹鶏爲其本　　竹林の

勒俄の中心は竹鶏（たけどり）【山うずらの一種、竹林に生息】である

18 sɿ̱33tʻo55nɯ33ɣo33ȵu̱55mu33zɯ44dzi33si33　樹端勒俄猴子爲其本

木の梢の勒俄の中心は猿である

19 go21o21nɯ33ɣo33ɖɿ44ʂɿ33a44ʑi33si21　山脊勒俄狂風爲其本

山の尾根の勒俄の中心は暴風である

20 ʂɿ33dzɿ̱55ʂɿ̱21ʂɯ21po44　始初實勺③爲人本

最初は実勺（シーシャオ）（シュシュ）を人間の本とした

21 ʂɿ̱21ʂɯ21nɯ33ɣo33po44　實勺勒俄爲其本　　実勺の中心は勒俄である

22 nɯ33ɣo33tsʻi44gu33dʑæ33　勒俄十九枝　　勒俄には十九の枝ができ

23 ȵi33dzɿ̱55ȵi33ni33po44　然後尼能出　　そのあとに尼能（ニーノン）（ニニ）が誕生した

24 ȵi33ni33zɯ33tsʻi33ȵi44　尼能十二子　　尼能には十二人の子がいた

25 sɿ̱33dzu̱33tsʻi33ȵi44ɕi33　樹類十二種　　樹木には十二の種類があり

26 sɿ̱33ho21tɕʻi33dʑi33po44　籐類爲其本　　その中心は藤である

27 dʑu̱55ʑu̱33tsʻi33ȵi44ɕi33　人類十二種　　人間には十二種類あり

28 dʑu̱55dzu̱33a44mo33po44　母親爲其本　　その中心は母親である

29 nɯ33ɣo33po21sɔ33tʻa55　勒俄分三類　　勒俄は三種類に分けられ

30　nɯ^{33}ɣo^{33}a^{44}no^{33}nɯ^{33}　黑色勒俄呢　　黒勒俄は

31　nɔ^{33}mbo^{21}gu^{33}tɕ‘æ^{33}tı^{55}　萬物之源流　　万物の源であった

32　nɯ^{33}ɣo^{33}a^{33}dzi^{21}nɯ^{33}　花色勒俄呢　　花勒俄は

33　a^{44}dʑu^{33}t‘i^{33}ɖo^{44}k‘ɯ^{33}　獸類之起源　　獣（けもの）の源であった

34　nɯ^{33}ɣo^{33}a^{33}tɕ‘u^{33}nɯ^{33}　白色勒俄呢　　白勒俄は

35　dʑu̠^{55}dzu̠^{33}dʑu̠^{55}po^{21}tsı̠^{55}　人類之源流　　人類の源であった

古事記への視点

■5音重視のイ語表現と、5・7音重視のヤマト語表現の類似性

イ語は基本的に母音終わりである。したがって、ヤマト語（現代日本語から漢語・欧米語など外国語要素を除いたもので、〈古代の古代〉では中国国家との関係のなかで少数民族語に位置づけられる）と同じように音を数えることができる。すると、この［前口上］では、2～19句が9音、1、20～35句が5音である。しかし、次の2[天と地の系譜]では、58句が7音であることを除いて36～78句のすべてが5音である。全5680句では、そのほとんどが5音で、ときどき例外的に7音と9音（まれに11音）が混じるという構成になっている。したがって「勒俄特依（ネウォテイ）」は、リズミカルに歌われる（唱えられる）ものであると同時に、その各句が5音を基本とする奇数音の定型になっていることがわかる。

このことは、記紀歌謡（『古事記』『日本書紀』の一漢字一音表記のヤマト語歌謡）が5音と7音を主体としていて、かつヤマト歌（和歌）が5音と7音の組み合わせから成る定型に向かったこととの類似性を思わせる。ヤマト語の定型表現の分析も、イ族そのほかの中国少数民族の言語表現との比較研究が必要な段階にさしかかっているのであろう。

注

①　毎毎要講述勒俄之時都須首先講一段開場白。
勒俄（ネウォ）を語るときには必ず前口上を述べなければならない。

②　可能指叙述宗教儀禮的起源。
おそらく宗教儀礼の起源を語るという意味であろう。

③　實勺爲彝族遠古部落名、下文尼能亦然。
実勺（シュシュ）は古い時代のイ族の部落の名、次の尼能（ニニ）も同じ。

[前口上]

大昔、上界の勒俄(ネウォ)は太陽と月を中心とする儀礼だった。一方、下界の勒俄(ネウォ)の中心は、雲、神と鬼、雲雀(ひばり)、虎、雄鶏(おんどり)、山と谷、水、蜜蜂、魚、錦鶏(にしきどり)、竹鶏(たけどり)、猿、暴風だった。最初の実勺(シュシュ)部族の中心は勒俄(ネウォ)であり、その中心は人間だった。

勒俄(ネウォ)に十九の枝ができたあとに尼能(ニニ)が誕生し、尼能(ニニ)から十二人の子が生まれた。十二種類ある樹木の中心は藤、十二種類いる人間の中心は母親である。黒勒俄(ネウォ)は万物の源、花勒俄(ネウォ)は獣の源、白勒俄は人類の源であった。

2 mo^{33}mu^{33}ts‘ɿ̱^{55} [天地譜] [天と地の系譜] (➡映像 37)

36 i^{21}si^{21}ʂɿ^{44}a^{33}ɖɯ^{44} 遠古時候 大昔

37 mu^{33}vu̱^{55}ŋgɯ^{21}a^{21}bu^{33} 天空①無竅門 空には穴が無かった

38 mu^{33}vu̱^{55}dʐɿ^{33}dʐɿ^{33}dʐɿ^{44} 天空互連合 空は互いに繋(つな)がっていた

39 mu^{44}k‘ɯ^{33}ŋgɯ^{21}a^{21}bu^{33} 大地無竅門 大地には穴が無かった

40 mu^{44}k‘ɯ^{33}dʐɿ^{33}dʐɿ^{33}dʐɿ^{44} 大地互連合 大地は互いに繋がっていた

41 mu^{33}vu̱^{55}lɿ^{33}lo^{21}vi^{55} 天從四面合 空は四方に繋がっていた

42 mu^{44}k‘ɯ^{33}lɿ^{33}lo^{21}vi^{55} 地從四面合 大地は四方に繋がっていた

43 t‘o^{55}li^{33}mu^{33}ma^{21}dʑi^{21} 上無天 上には空が無かった

44 ma^{21}dʑi^{21}tʂɿ^{33}ma^{21}ndi^{55} 無天也無 星空も星も無かった

45 o^{55}li^{33}dɯ^{33}ma^{21}dʑi^{21} 下無地 下には大地が無かった

46 ma^{21}dʑi^{21}zɿ^{33}ma^{21}dzu̱^{33} 無地也無草 大地も草も無かった

47 dʑu̱^{55}li^{33}ho^{55}ma^{21}nga^{33} 中間無霧飄 中間に霧は漂っていなかった

48 gu̱^{21}gu^{44}mu^{33}ma^{21}dʑi^{21} 周圍無空間 周囲に空間が無かった

49 ti^{33}vi^{55}ti^{33}ma^{21}dʑi^{21} 既無所謂彼 あれも無く

50 tʂ‘ɯ^{33}vi^{55}tʂ‘ɯ^{33}ma^{21}dʑi^{21} 亦無所謂此 これも無く

51 næ^{33}ho^{21}ho^{21}ma^{21}dʑi^{21} 混混沌沌 混沌としていて

52 næ^{33}tʂa^{55}tʂa^{55}ma^{21}dʑi^{21} 溟涬鴻濛
煙霧が立ちこめてもうもうとしていた

53 ʂɿ^{21}lɿ^{21}mu^{33}dzɿ̱^{55}dzɿ̱^{55} 是時天生否? この時に空が生まれたのか?

54　ʂɿ^{21}lɿ^{21}mu^{33}dɯ^{21}dɯ^{21}　是時地出否？　この時に大地が生まれたのか？

55　ʂɿ^{33}dʐɿ̱^{55}ʂɿ^{33}dɯ^{21}li^{33}　萬物起源説　万物の起源の言い伝えによれば

56　ʂɿ̱^{21}mu^{33}ma^{21}dʐɿ̱^{55}sɿ^{33}　七地[2]尚未存　七地(しちじ)はまだ存在していなかった

57　ʐɿ^{33}dʐɿ̱^{55}ʐɿ^{33}dɯ^{21}li^{33}　水之起源呢　水の起源はといえば

58　ʐɿ^{21}tso^{33}ma^{21}go^{44}sɿ^{33}mo^{44}li^{33}　洪水尚未氾之前
洪水の氾濫がまだ無かったころに

59　tsʻɿ̱^{21}ȵi^{21}sɿ^{33}mu^{33}dʐɿ̱^{55}　一日神奇地發生　ある日不思議なことが起きた

60　sɿ^{33}kʻɯ^{21}kʻɯ^{21}mu^{33}dʐɿ̱^{55}　神秘秘地生　神秘的なことが起きた

61　tsʻɿ̱^{21}ȵi^{21}si^{33}mu^{33}dʐɿ̱^{55}　一日怪誕地發生　ある日奇妙なことが起きた

62　si^{33}kʻɯ^{21}kʻɯ^{21}mu^{33}dʐɿ̱^{55}　怪誕誕地生　奇妙なことが起きた

63　tsʻɿ̱^{21}ȵi^{21}ŋɯ^{33}mu^{33}dʐɿ̱^{55}　一日固體生[3]　ある日固い物が生じた

64　tsʻɿ̱^{21}ȵi^{21}tsa^{33}mu^{33}dʐɿ̱^{55}　一日似土生　ある日土のような物が生じた

65　tsa^{33}kʻɯ^{21}kʻɯ^{21}mu^{33}dʐɿ̱^{55}　片片然而生　少しずつ出てきた

66　tsʻɿ̱^{21}ȵi^{21}ʐɿ^{33}mu^{33}dʐɿ̱^{55}　一日似水生　ある日水のような物が生じた

67　ʐɿ^{33}kʻɯ^{21}kʻɯ^{21}mu^{33}dʐɿ̱^{55}　水浩浩而生　水が盛んに出てきた

68　ʂɿ^{33}dʐɿ̱^{55}ʐɿ^{33}nɯ^{33}tsʻɿ̱^{21}　是生水爲一　一番目に水が生じて

69　ʐɿ^{33}ho^{21}ho^{21}nɯ^{33}ȵi^{21}　水嘩嘩爲二　二番目に水がザーザーと流れ

70　ho^{21}ho^{21}ʂɿ^{33}nɯ^{33}sɔ^{33}　水生魚爲三　三番目に水から魚が生じて

71　ʂɿ̱^{21}mu^{33}tʂɿ̱^{21}ʐɿ̱^{55}lɿ^{33}　魚變蛇爲四　四番目に魚が蛇に変わり

72　tʂɿ̱^{21}ʐɿ^{55}ku^{44}nɯ^{33}ŋɯ^{33}　治日古乃五[4]　五番目は治日古(チーリーグー)（チュズク）

73　ku^{33}ndʐɯ^{21}lo^{21}nɯ^{33}fu̱^{55}　古正洛乃六　六番目は古正洛(グーヂョンルオ)（クジュロ）

74　tɕʻo^{55}ndʐɯ^{21}lo^{21}nɯ^{33}ʂɿ̱^{21}　曲正洛乃七　七番目は曲正洛(チウヂョンルオ)（チョジュロ）

75　lo^{21}a^{21}la^{55}nɯ^{33}hi^{55}　拉紅拉乃八　八番目は拉紅拉(ラーホンラー)（ロアラ）

76　ŋɯ^{33}dʐɿ^{44}go^{33}nɯ^{33}gu^{33}　恩治共乃九　九番目は恩治共(エンヂーゴン)（グジュゴ）

77　dzu^{33}dʐɿ^{44}go^{33}mu^{33}tsʻi^{33}　祖治共乃十　十番目は祖治共(ズーヂーゴン)（ズジュゴ）

78　tsʻɿ^{44}nɯ^{33}mo^{33}mu^{33}tsʻɿ̱^{55}　此乃天地譜　これが天と地の系譜である

注

① 這裡的天空和下文的大地、彝語稱爲“母烏母克”、有人認爲是指東方和西方、也有人認爲是指南北方、或曰東北方和西南方。這裡根據上下文的聯系、我們認爲譯爲天空和大地更爲合適。

ここの「天空」と次の「大地」は、イ語では「母烏母克（ムヴムク）」と言われ、東と西を指すという説、あるいは南と北を指すという説、あるいは東北と西南を指すという説がある。ここでは前後の文脈から、私たちは「天空」「大地」と訳すのが適当だと判断した。

② “七地”彝語稱爲“實母”、一般稱“實母母哈”時爲“上界”之義、稱“實母母紙”時指“下界”、可見“實母”爲一箇分界點、而從其語義上看、很可能是指七箇地方、故譯爲“七地”。

「七地（しちじ）（シュム）」は、イ語では「実母（シュム）」と言い、一般に「実母母哈（シュムムハ）」と称するときは「上界」を意味し、「実母母紙（シュムムチュ）」と称するときは「下界」を指す。それらの意味から考えれば、「実母」は一つの境目になっている。それはおそらく七つの地域を指していると思われるので、「七地」と訳したわけである。

③ 有的認爲這句是指“於白晝時發生”、也可理解爲“産生了五箇地方”、但據上下文理解、譯爲“産生固體”可能更適當。

「昼に生まれた」または「五つの地域が生まれた」とする人もいるが、前後の文脈に従えば、「固い物が生まれた」と訳すのが適当だろう。

④ “治日古”和下文“曲正洛”“拉紅拉”等爲音譯、其意較模糊、可能指從動物到禽類、又變爲獸類、再變爲人的過程。

「治日古（チュズク）」と以下の「曲正洛（チョジュロ）」「拉紅拉（ロアラ）」そのほかは音訳であり、その意味はよくわからない。おそらく動物から鳥類になり、また獣類に変わり、さらに人間へと変わる過程を指しているのだろう。

[天と地の系譜]

大昔、空にも大地にも穴が無く、空も大地もそれぞれが四方に繋がっていた。空も星も無く、大地も草も無く、中間に霧も無く、周囲に空間も無く、あれも無くこれも無く混沌としていて、煙霧が立ちこめていた。万物の起源の言い伝えによれば、七地（しちじ）はまだ存在していなかった。ある日、固い土のような物が生じ、さらに水が生じた。水がザーザーと流れ、水から魚が生じ、魚が蛇に変わり、あとは治日古（チュズク）、古正洛（クジュロ）、曲正洛（チョジュロ）、拉紅拉（ロアラ）、恩治共（グジュゴ）、祖治共（ズジュゴ）となった。これが天と地の系譜である。

3　mu^{33}vu̱^{55}mu^{44}tæ^{33}p‘u^{21}　[開天闢地]
[天地開闢(天と地を分ける)]

79　mu^{33}vu̱^{55}mu^{44}tæ^{33}a^{21}p‘o^{21}sɪ^{33}mo^{44}li^{33}　天地尚未開闢時

天と地がまだ分かれていなかった時

80 ʂɿ̱^{21}mu^{33}mu^{33}ha^{55}tɕo^{44}　七地之上方①　七地(しちじ)の上のほうには

81 sɿ^{33}zɯ^{33}lɿ^{33}ts'i^{33}hi^{55}bu^{21}dzu^{33}　住著四十八家神

四十八体の神が住んでいた

82 ʂɿ̱^{21}mu^{33}mu^{33}dʐɿ^{44}tɕo^{44}　七地之下方　七地の下のほうには

83 sɿ^{33}zɯ^{33}ȵi^{21}tsi^{44}lɿ^{33}bu^{21}dzu^{33}　住著二十四家神

二十四体の神が住んでいた

84 lɿ̱^{33}tɕɔ^{33}sɿ^{33}læ^{33}vu̱^{55}　大石板之下　大きな石の板の下には

85 pa^{33}k'ɯ^{33}a^{44}dʐɿ̱^{33}dzu̱^{33}　阿旨②神蛙居

阿旨(アーチー)（アジュ）という蛙神が住んでいた

86 pa^{33}k'ɯ^{33}a^{44}dʐɿ̱^{33}ȵi^{33}　阿旨神蛙呢　阿旨という蛙神は

87 gu^{33}k'u̱^{55}lɿ̱^{33}vu̱^{55}i^{55}ta^{33}lɿ^{33}　九年③居於石下噪　石の下で九年間も鳴き騒ぎ

88 gu^{33}ɖɯ^{21}lɿ̱^{33}vu̱^{55}i^{55}ta^{33}lɿ^{33}　九月居於石下鳴

石の下で九か月も鳴き騒いだ

89 ts'ɿ̱^{33}lɿ^{33}ts'ɿ̱^{21}mu^{33}lɿ^{33}ʂu^{44}k'a^{33}　以爲自然地鳴叫

自然に鳴いていると思ったが

90 mu^{33}vu̱^{55}mu^{44}tæ^{33}p'o^{21}mo^{33}　原來是爲開天闢地

実は天と地を分けるために

91 di^{44}ta^{33}lɿ^{33}dɯ^{21}lo^{44}　而鳴噪　鳴き騒いでいたのだ

92 （pa^{33}k'ɯ^{33}a^{44}dʐɿ̱^{33}ȵi^{33}）（阿旨神蛙呢④）（阿旨という蛙神は）

93 t'ɯ^{21}zɿ^{33}lɿ^{33}tɕ'i^{33}bu̱^{33}　寫了四封信　手紙を四通書き

94 ʂɿ̱^{21}mu^{33}mu^{33}dʑu̱^{55}tɕo^{44}　七地之中層⑤　七地の中層にいる

95 a^{21}p'u^{44}ɣa^{33}sa^{33}bɿ^{21}　傳給阿普阿散氏⑥　阿普阿散(アープーアーサン)（アプワサ）に渡した

96 a^{21}p'u^{44}ɣa^{33}sa^{33}nɯ^{33}　阿普阿散呢　阿普阿散は

97 dʐɿ̱^{21}zɯ^{33}lɿ^{33}ma^{33}tsɿ^{33}　派四隻鸚鵡⑦　オウムを四羽派遣し

98 t'ɯ^{21}zɿ^{33}lɿ^{33}tɕ'i^{33}si^{21}　帶著四封信　四通の手紙を持って行かせた

99 ʂɿ̱^{21}mu^{33}mu^{33}ha^{55}tɕo^{44}　七地之上方　七地の上のほうにいる

100 ŋɯ^{33}t'i^{55}ku^{33}ndzɿ^{33}bɿ^{44}　傳給恩梯古茲氏⑧

恩梯古茲(エンティーグーズー)（グティクズ）に渡した

101 ŋɯ^{33}t'i^{55}ku^{33}ndzɿ^{33}nɯ^{33}　恩梯古茲呢　恩梯古茲は

102 ma^{21}tsɿ^{33}lɿ^{33}li^{21}tsɿ^{33}　不派且來派⑨　派遣すべきでない者を派遣した

103 dzɿ^{33}zɯ^{33}xɯ^{33}zɯ^{33}lɿ^{33}ts'i^{33}hi^{55}ma^{33}tsɿ^{33}　派遣四十八箇銅鐵子⑩

銅と鉄の子供を四十八人派遣した

104 dʐɿ^{33}p'u^{21}xɯ^{33}p'u^{21}lɿ^{33}tɕo^{33}dʑi^{21}dɯ^{33}hɯ^{21}li^{33}ʂu^{44} 前去察看存有四片銅鐵床之處 銅と鉄の取れる四か所を調べに行かせた

105 mæ^{21}læ^{33}ts'ɿ̱^{21}tɕo^{33}hɯ^{21}li^{33}ʂu^{44} 首先一日去察看 調べに行った一日目には

106 zɿ^{21}si^{33}si^{33}mu^{33}dʑi^{21} 是爲笑熠熠 きらきら光り輝いていた

107 ɣa^{33}la^{33}ȵi^{21}ȵi^{21}hɯ^{21}li^{33}ʂu^{44} 然後二日去察看 調べに行った二日目には

108 bo^{21}lo^{33}lo^{33}mu^{33}dʑi^{44} 是爲亮堂堂 こうこうと明るかった

109 ɣa^{33}la^{33}sɔ^{33}ȵi^{21}hɯ^{21}li^{33}ʂu^{44} 然後三日去察看 調べに行った三日目には

110 tɕ'u^{44}lo^{33}lo^{33}mu^{33}dʑi^{21} 是爲白晃晃 白くぴかぴか光っていた

111 ɣa^{33}la^{33}lɿ^{33}ȵi^{21}hɯ^{21}li^{33}ʂu^{44} 然後四日去察看 調べに行った四日目には

112 vu̱^{55}lo^{33}lo^{33}mu^{33}dʑi^{44} 是爲藍幽幽 深い青色になった

113 ɣa^{33}la^{33}ŋɯ^{33}ȵi^{21}hɯ^{21}li^{33}ʂu^{44} 然後五日去察看 調べに行った五日目には

114 ɖo^{21}lo^{33}lo^{33}mu^{33}dɕi^{44} 是爲青幽幽 深い緑色になった

115 ɣa^{33}la^{33}fu^{55}ȵi^{21}hɯ^{21}li^{33}ʂu^{44} 然後六日去察看 調べに行った六日目には

116 n̥i^{44}ʑi^{33}ʑi^{33}mu^{33}dʑi^{21} 是爲紅彤彤 真っ赤になった

117 ɣa^{33}la^{33}ʂɿ̱^{21}ȵi^{21}hɯ^{21}li^{33}ʂu^{44} 然後七日去察看 調べに行った七日目には

118 ʂɿ^{44}lo^{33}lo^{33}mu^{33}dʑi^{21} 是爲黃燦燦 金色に輝いていた

119 ɣa^{33}la^{33}hi^{55}ȵi^{21}hɯ^{21}li^{33}ʂu^{44} 然後八日去察看 調べに行った八日目には

120 n̥i^{33}vɿ̱^{55}vɿ̱^{55}mu^{33}dʑi^{21} 是爲亮閃閃 まぶしく光っていた

121 ɣa^{33}la^{33}gu^{33}ȵi^{21}hɯ^{21}li^{33}ʂu^{44} 然後九日去察看 調べに行った九日目には

122 sɿ^{33}zɯ^{33}lɿ^{33}ʑɔ^{33}t'i^{55}ta^{33}ʑu̱^{33}dɯ^{21}lo^{44} 原來四位神子於此生 元となる四体の子神がここで誕生した

123 gɯ^{44}du^{33}la^{33}ŋgɯ^{44}tɕo^{44} 日出[11]東方呢 日が昇る東では

124 zu^{21}zɯ^{33}gu^{33}da^{33}ʑu̱^{33} 日惹[12]古達生 日惹古達（リールォグーダー）（ズズグダ）が誕生し

125 gɯ^{33}dɕi^{33}la^{33}ŋgɯ^{44}tɕo^{44} 日落西方呢 日の落ちる西では

126 ʂu̱^{55}zɯ^{33}ɖɿ^{33}da^{33}ʑu̱^{33} 書惹爾達生 書惹爾達（シュールォアルダー）（シュズルダ）が誕生し

127 zɿ^{44}o^{33}la^{33}ŋgɯ^{44}tɕo^{44} 水頭北方呢 水源である北では

128 sɿ^{33}zɯ^{33}ti^{33}ni^{33}ʑu̱^{33} 司惹氐尼生 司惹氐尼（スールォディーニー）（スズティニ）が誕生し

129 zɿ^{44}mu^{33}la^{33}ŋgɯ^{44}tɕo^{44} 水尾南方呢 水の出口である南では

130 a^{33}ɣo^{21}ʂu̠^{55}pu^{33}ʑu̠^{33} 阿俄書補生 阿俄書補（アーウォシューブー）(アウォシュプ)が誕生した

131 ʂɿ̠^{21}mu^{33}mu^{33}ha^{55}nɯ^{33} 七地上方呢 七地の上のほうには

132 ŋɯ^{33}t‘i^{55}ku^{33}ndzɿ^{33}dzu̠^{33} 恩梯古茲居
恩梯古茲（エンティーグーズー）（グティクズ）が住んでいて

133 ʂɿ̠^{21}mu^{33}mu^{33}dʑu̠^{55}nɯ^{33} 七地中層呢 七地の中層には

134 a^{21}p‘u^{33}ɣa^{33}sa^{33}dzu̠^{33} 阿普阿散居 阿普阿散（アープーアーサン）(アプワサ)が住んでいて

135 ʂɿ̠^{21}mu^{33}mu^{33}dʐɿ^{44}nɯ^{33} 七地下方呢 七地の下のほうには

136 dɯ^{33}bu^{33}a^{21}ɖɿ^{33}dzu̠^{33} 徳布阿爾居[13] 徳布阿爾（デーブーアーアル）(ドゥブアル)が住んでいた

137 ts‘ɿ^{33}ɣa^{33}mo^{44}gu^{21}dʑo^{44} 如此然之後 そののち

138 ŋɯ^{33}t‘i^{55}ku^{33}ndzɿ^{33}ȵi^{33} 恩梯古茲氏 恩梯古茲（エンティーグーズー）（グティクズ）は

139 mu^{33}vu̠^{55}mu^{44}tæ^{33}p‘o^{21}mo^{33}di^{44} 準備開天闢地焉
天と地を分ける準備をした

140 sɿ^{33}zɯ^{33}si^{44}zɯ^{33}ku^{33}la^{33}ndzi^{33} 通知神子仙子來商議
子神と仙女を呼んで来させようとした

141 ma^{21}tsɿ^{33}lɿ^{33}li^{21}tsɿ^{33} 不派且來派 派遣すべきでない者を派遣した

142 dɯ^{33}bu^{33}a^{21}ɖɿ^{33}tsɿ^{33} 派遣徳布阿爾氏 徳布阿爾（デーブーアーアル）(ドゥブアル)を派遣した

143 dɯ^{33}bu^{33}a^{21}ɖɿ^{33}ȵi^{33} 徳布阿爾呢 徳布阿爾は

144 va^{55}pu^{33}du^{33}ʂɿ^{33}dzɿ^{33} 駕御黃翅鶏 羽の黄色い鶏に乗り

145 t‘u̠^{33}lɿ̠^{33}bo^{44}o^{33}hi^{55} 突而山頭立[14] 突而（トゥーアル）（トゥル）山の頂上に立ち

146 zu^{21}zɯ^{33}gu^{33}da^{33}ku^{33} 傳日惹古達呢
日惹古達（リールォグーダー）（ズズグダ）に言い伝えると

147 zu^{21}zɯ^{33}gu^{33}da^{33}nɯ^{33} 日惹古達呢 日惹古達は

148 ʂu^{55}zɯ^{33}ɖɿ^{33}da^{33}ku^{33} 傳書惹爾達 書惹爾達（シュールォアルダー）(シュズルダ)に言い伝え

149 ʂu^{55}zɯ^{33}ɖɿ^{33}da^{33}nɯ^{33} 書惹爾達呢 書惹爾達は

150 a^{33}ɣo^{21}ʂu̠^{55}pu^{33}ku^{33} 傳阿俄書補 阿俄書補（アーウォシューブー）(アウォシュプ)に言い伝え

151 a^{33}ɣo^{21}ʂu̠^{55}pu^{33}nɯ^{33} 阿俄書補呢 阿俄書補は

152 sɿ^{33}zɯ^{33}ti^{33}ni^{33}ku^{33} 傳司惹氏尼 司惹氏尼（スールォディーニー）（スズティニ）に言い伝え

153 sɿ^{33}zɯ^{33}ti^{33}ni^{33}nɯ^{33} 司惹氏尼呢 司惹氏尼は

154 kɯ^{55}mo^{21}a^{21}ɖɿ^{33}ku^{33} 傳格莫阿爾[15] 格莫阿爾（グォモーアーアル）（クモアル）に言い伝え

155 kɯ^{55}mo^{21}a^{21}ɖɿ^{33}nɯ^{33} 格莫阿爾呢 格莫阿爾は

156 kɯ^{55}ȵi^{33}kɯ^{55}p'o^{21}ɖɯ^{21} 工匠有頗倫[16] 頗倫（ポル）という職人に

157 p'o^{21}ɖɯ^{21}a^{44}ʑi^{33}ku^{33} 傳頗倫阿以 頗倫阿以（ポルアジ）に言い伝え

158 p'o^{21}ɖɯ^{21}a^{44}ʑi^{33}ȵi^{33} 頗倫阿以呢 頗倫阿以は

159 a^{44}ʑi^{33}su^{44}næ^{33}ku^{33} 傳阿以蘇尼 阿以蘇尼（アジスネ）に言い伝え

160 a^{44}ʑi^{33}su^{44}næ^{33}nɯ^{33} 阿以蘇尼呢 阿以蘇尼は

161 su^{44}næ^{33}lɯ^{21}gɯ^{21}ku^{33} 傳蘇尼勒格 蘇尼勒格（スネルグ）に言い伝え

162 su^{44}næ^{33}lɯ^{21}gɯ^{21}nɯ^{33} 蘇尼勒格呢 蘇尼勒格は

163 ɖɿ^{44}ʂɿ^{33}a^{33}ɣo^{21}ku^{33} 傳爾史阿俄 爾史阿俄（ルシュアウォ）に言い伝え

164 ɖɿ^{44}ʂɿ^{33}a^{33}ɣo^{21}nɯ^{33} 爾史阿俄氏 爾史阿俄は

165 t'u̠^{33}lɿ̠^{33}hi^{55}vo^{21}ŋga^{33} 走過宇宙之八極[17] 宇宙の極地を行きめぐり

166 ʂɿ̠^{21}mu^{33}mu^{33}ha^{55}ɕi^{33} 到七地上方 七地の上のほうに着き

167 mæ^{21}læ^{33}ts'ɿ̠^{21}ȵi^{21}ndzi^{33}mu^{33}k'ɯ^{55} 當先一日議至昏

まず一日目には暗くなるまで話し合い

168 ts'ɿ^{21}hɔ^{33}ndzi^{33}mu^{33}t'i^{33} 一夜議至曉 一晩中、夜明けまで話し合った

169 ndzi^{33}lɯ^{33}ts'ɿ̠^{21}tɕi^{33}xɯ^{33} 殺了一頭商議牛 話し合い用の牛を一頭殺し

170 ndzi^{33}ndʐɿ^{33}ts'ɿ̠^{21}t'a^{33}ndo^{33} 喝了一壜商議酒

話し合い用の酒を一壷飲んだが

171 ts'ɿ̠^{44}ȵi^{33}ndzi^{33}ma^{21}dʑi^{21} 是日議未定 この日には合意できなかった

172 ɣa^{33}la^{33}sɔ^{33}ȵi^{21}ndzi^{33}mu^{33}k'ɯ^{55} 然後三日議至昏

そのあと三日間、暗くなるまで話し合い

173 sɔ^{33}ho^{55}ndzi^{33}mu^{33}t'i^{33} 三夜議至曉

三日間一晩中、夜明けまで話し合った

174 ndzi^{33}lɯ^{33}sɔ^{33}tɕi^{33}xɯ^{33} 殺了三頭商議牛 話し合い用の牛を三頭殺し

175 ndzi^{33}ndʐɿ^{33}sɔ^{33}t'a^{33}ndo^{33} 喝了三壜商議酒

話し合い用の酒を三壷飲んだが

176 ts'ɿ̠^{44}ȵi^{33}ndzi^{33}ma^{21}dʑi^{21} 是日議未定 この三日間には合意できなかった

177 ɣa^{33}la^{33}ŋɯ^{33}ȵi^{21}ndzi^{33}mu^{33}k'ɯ^{55} 然後五日議至昏

そのあと五日間、暗くなるまで話し合い

178 ŋɯ^{33}ho^{55}ndzi^{33}mu^{33}t'i^{33} 五夜議至曉

五日間一晩中、夜明けまで話し合った

179 ndzi^{33}lɯ^{33}ŋɯ^{33}tɕi^{33}xɯ^{33} 殺了五頭商議牛 話し合い用の牛を五頭殺し

180 ndzi^{33}ndzɿ^{33}ŋɯ^{33}t‘a^{33}ndo^{33} 喝了五壜商議酒
話し合い用の酒を五壺飲んだが

181 ts‘ɿ̠^{44}ȵi^{33}ndzi^{33}ma^{21}dʑi^{21} 是日議未定 この五日間には合意できなかった

182 ɣa^{33}la^{33}ʂɿ̠^{21}ȵi^{21}ndzi^{33}mu^{33}k‘ɯ^{55} 然後七日議至昏
そのあと七日間、暗くなるまで話し合い

183 ʂɿ̠^{21}hɔ^{33}ndzi^{44}mu^{33}t‘i^{33} 七夜議至曉
七日間一晩中、夜明けまで話し合った

184 ndzi^{33}lɯ^{33}ʂɿ̠^{21}tɕi^{33}xɯ^{33} 殺了七頭商議牛 話し合い用の牛を七頭殺し

185 ndzi^{33}ndzɿ^{33}ʂɿ̠^{21}t‘a^{33}ndo^{33} 喝了七壜商議酒
話し合い用の酒を七壺飲んだが

186 ts‘ɿ̠^{44}ȵi^{33}ndzi^{33}ma^{21}dʑi^{21} 是日亦未定 この七日間にも合意できなかった

187 ɣa^{33}la^{33}gu^{33}ȵi^{21}ndzi^{33}mu^{33}k‘ɯ^{55} 然後九日議至昏
そのあと九日間、暗くなるまで話し合い

188 gu^{33}ho^{55}ndzi^{33}mu^{33}t‘i^{33} 九夜議至曉
九日間一晩中、夜明けまで話し合った

189 o^{21}ȵi^{21}mi^{55}næ^{33}zɿ^{33} 前日美酒多 前の日にはおいしい酒がたくさんあり

190 mi^{55}næ^{33}gu^{33}tu̠^{33}zɿ^{33} 美酒九千數 おいしい酒は九壺もあった

191 ɣa^{33}ȵi^{44}ndzi^{33}lɯ^{33}xɯ^{33} 後日殺議牛
あとの日には話し合い用の牛を殺し

192 ndzi^{33}lɯ^{33}gu^{33}tɕi^{33}xɯ^{33} 議牛殺九頭 話し合い用の牛を九頭殺した

193 ts‘ɿ^{44}mu^{33}ndzi^{33}dʑi^{21}vo^{44} 是乃議定了 これでやっと合意できた

194 ŋɯ^{33}t‘i^{55}ku^{33}ndzɿ^{33}t‘u̠^{55} 恩梯古茲家 恩梯古茲（エンティーグーズー）（グティクズ）の家で

195 ma^{21}ndzi^{33}lɿ^{33}li^{21}ndzi^{33} 不議且來議
話し合うべきでない家で話し合った

196 ɖɿ^{44}ʂɿ^{33}a^{21}ɣo^{21}ndzi^{33} 爾史阿俄議 爾史阿俄（アルシーアーウォ）（ルシュアウォ）と話し合った

197 su^{44}næ^{33}lɯ^{21}gɯ^{21}bɿ^{21} 傳蘇尼勒格 蘇尼勒格（スーニーレーグォ）（スネルグ）に伝えて

198 su^{44}næ^{33}lɯ^{21}gɯ^{21}ndzi^{33} 蘇尼勒格議 蘇尼勒格と話し合った

199 a^{44}ʑi^{33}su^{44}næ^{33}bɿ^{21} 傳阿以蘇尼 阿以蘇尼（アーイースーニー）（アジスネ）に伝えて

200 a^{44}ʑi^{33}su^{44}næ^{33}ndzi^{33} 阿以蘇尼議 阿以蘇尼と話し合った

201 p‘o^{21}ɖɯ^{21}a^{44}ʑi^{33}bɿ^{21} 傳頗倫阿以 頗倫阿以（ポールンアーイー）（ポルアジ）に伝えて

202　p‘o^{21}ɖɯ^{21}a^{44}ʑi^{33}ndzi^{33}　頗倫阿以議　　頗倫阿以と話し合った

203　zu^{21}zɯ^{33}gu^{33}da^{33}bɿ^{21}　傳日惹古達　　日惹古達(リールォグーダー)（ズズグダ）に伝えて

204　zu^{21}zɯ^{33}gu^{33}da^{33}ndzi^{33}　日惹古達議　　日惹古達と話し合った

205　ʂu̱^{55}zɯ^{33}ɖɿ^{33}da^{33}bɿ^{44}　傳書惹爾達　　書惹爾達(シュールォアルダー)（シュズルダ）に伝えて

206　ʂu̱^{55}zɯ^{33}ɖɿ^{33}da^{33}ndzi^{33}　書惹爾達議　　書惹爾達と話し合った

207　a^{33}ɤo^{21}ʂu̱^{55}pu^{33}bɿ^{21}　傳阿俄書補　　阿俄書補(アーウォシューブー)（アウォシュプ）に伝えて

208　a^{33}ɤo^{21}ʂu̱^{55}pu^{33}ndzi^{33}　阿俄書補議　　阿俄書補と話し合った

209　sɿ^{33}zɯ^{33}ti^{33}ni^{33}bɿ^{44}　傳司惹氐尼　　司惹氐尼(スールォディーニー)（スズティニ）に伝えると

210　sɿ^{33}zɯ^{33}ti^{33}ni^{33}nɯ^{33}　司惹氐尼呢　　司惹氐尼は

211　dʐɿ^{33}lɿ̱^{33}xɯ^{33}lɿ̱^{33}lɿ^{33}ma^{33}po^{21}　滾下四箇銅鐵球　　銅と鉄の球(たま)を四個転がし

212　ʂɿ̱^{21}mu^{33}mu^{33}dʐɿ^{44}ʂa^{33}　到七地下方

【その四個が】七地の下のほうに着いた

213　dʐɿ^{33}p‘u̱^{21}xɯ^{33}p‘u̱^{21}gu^{33}ma^{33}ndʑæ^{33}　敲了九片銅鐵礦

さらに叩いて銅と鉄の鉱石を九個取り

214　kɯ^{55}mo^{21}a^{21}ɖɿ^{33}bɿ^{44}　給格莫阿爾　　格莫阿爾(グォモーアーアル)（クモアル）に与えた

215　kɯ^{55}mo^{21}a^{21}ɖɿ^{33}nɯ^{33}　格莫阿爾呢　　格莫阿爾が

216　k‘a^{21}p‘i^{55}ʐɿ̱^{21}ɖɿ^{21}mu^{33}ta^{33}dʐɿ^{33}　口腔作風箱　　口をふいごにすると

217　ʐɿ^{21}ɖɿ^{21}si^{33}go^{33}nbu^{33}　風箱如風鳴　　ふいごは風のように鳴り

218　tsɿ̱^{21}tɕ‘u^{33}ʐɿ^{33}ŋgo^{33}mu^{44}ta^{33}dʐɿ^{33}　唾液當作水　　つばを水として

219　ʂɯ^{33}tsɿ̱^{21}ho^{55}tɕ‘u^{33}tɯ^{44}　焠鐵起白霧

鉄に焼きを入れると白い霧が立ち上がり

220　ku̱^{21}tsɿ̱^{21}la^{33}t‘u̱^{33}mu^{44}ta^{33}dʐɿ^{33}　拳頭當鐵搥　　拳(こぶし)を金槌(かなづち)として

221　ʂɯ^{33}ndu̱^{21}mu^{33}tsɿ̱^{33}t‘i^{21}　打鐵如雷鳴　　雷鳴のように鉄を打ち

222　lo^{55}tʂɿ^{33}ka^{44}ȵæ^{33}mu^{44}ta^{33}dʐɿ^{33}　手指當火鉗　　手の指をペンチにして

223　ʂɯ^{33}ȵæ^{33}tsɔ^{33}gu̱^{21}gu̱^{21}　挾鐵靈巧巧　　巧みに鉄を挟み

224　ba^{21}tsɿ̱^{33}ʂɯ^{33}ti^{33}mu^{44}ta^{33}dʐɿ^{33}　膝蓋當鐵砧　　膝を金床(かなとこ)にして

225　ʂɯ^{33}t‘a^{55}mu̱^{21}ʐɿ̱^{21}pæ^{33}　擋鐵飛火星　　鉄を打つと火花が飛び

226　dʐɿ^{33}dʑæ^{33}ʂɯ^{33}dʑæ^{33}lɿ^{33}tɕi^{33}dzi^{33}　打製四根銅鐵叉

銅鉄製の刺股(さすまた)を四本鍛え上げ

227　sɿ^{33}zɯ^{33}lɿ^{33}ʑɔ^{33}bɿ^{21}　給四位神子　　四体の子神に与えた

228　ts‘ɿ̱^{21}tɕi^{33}dʐɿ^{33}la^{33}zu^{21}zɯ^{33}gu^{33}da^{33}bɿ^{21}　一根給日惹古達

一本を日惹古達（リールォグーダー）（ズズグダ）に与えると

229 bu̠^{44}du̠^{33}la^{33}ŋgɯ^{44}pʻo^{21}　開闢日出方　日の出るほうを切り開いた

230 bu^{44}du^{33}tsʻɪ̠^{21}ŋgɯ^{21}bu^{21}　東方開一門　東に門を一つ開け

231 bu̠^{21}sɪ^{33}a^{21}bu̠^{21}sɪ^{33}　似開似未開　開（ひら）くか開かぬかのときに

232 ɖɪ^{33}du̠^{33}tʻi^{55}ŋga^{33}la^{33}　自此起風來　そこから風が吹いてきた

233 tsʻɪ^{21}tɕi^{33}dzɪ^{33}la^{33}ʂu̠^{55}zɯ^{33}ɖɪ^{33}da^{33}bɪ^{44}　一根給書惹爾達

一本を書惹爾達（シュールォアルダー）（シュズルダ）に与えると

234 bu^{33}dʑi^{33}la^{33}ŋgɯ^{44}pʻo^{21}　開闢日落方　日の沈むほうを切り開いた

235 bu^{33}dʑi^{33}tsʻɪ̠^{21}ŋgɯ^{21}bu̠^{21}　西方開一門　西に門を一つ開け

236 bu̠^{21}sɪ^{33}a^{21}bu̠^{21}sɪ^{33}　似開似未開　開くか開かぬかのときに

237 ɖɪ^{33}du̠^{33}tʻi^{55}hi^{33}ngo^{33}　風遁入此間　そこに風が逃げこんだ

238 tsʻɪ̠^{21}tɕi^{33}dzɪ^{33}la^{33}sɪ^{33}zɯ^{33}ti^{33}ni^{33}bɪ^{21}　一根給司惹氏尼

一本を司惹氏尼（スールォディーニー）（スズティニ）に与えると

239 ʐɪ^{44}o^{33}la^{33}ŋgɯ^{44}pʻo^{21}　開闢水頭方　水源のほうを切り開いた

240 ʐɪ^{44}o^{33}tsʻɪ̠^{21}ŋgɯ^{21}bu̠^{21}　北方開一門　北に門を一つ開け

241 bu̠^{21}sɪ^{33}a^{21}bu̠^{21}sɪ^{33}　似開似未開　開くか開かぬかのときに

242 ʐɪ^{33}ʐɪ^{33}tʻi^{55}ŋga^{33}la^{33}　於此水流來　そこに水が流れてきた

243 tsʻɪ̠^{21}tɕi^{33}dzɪ^{33}la^{33}a^{33}ɤo^{21}ʂu̠^{55}pu^{33}bɪ^{21}　一根給阿俄書補

一本を阿俄書補（アーウォシューブー）（アウォシュプ）に与えると

244 ʐɪ^{44}mu^{33}la^{33}ŋgɯ^{44}pʻo^{21}　開闢水尾方　水の出口を切り開いた

245 ʐɪ^{44}mu^{33}tsʻɪ̠^{21}ŋgɯ^{21}bu̠^{21}　南方開一門　南に門を一つ開け

246 bu̠^{21}sɪ^{33}a^{21}bu̠^{21}sɪ^{33}　似開似未開　開くか開かぬかのときに

247 ʐɪ^{33}ʐɪ^{33}tʻi^{55}hi^{33}ŋgo^{33}　水遁入此去　水がそこに逃げこんだ

248 tsʻɪ̠^{33}ɤa^{33}mo^{44}gu̠^{21}dʑo^{44}　如此然之後　そののち

249 ŋɯ^{33}tʻi^{55}ku^{33}ndzi^{33}tɯ^{21}　恩梯古茲起

恩梯古茲（エンティーグーズー）（グティクズ）は立ち上がって

250 ʂɪ̠^{21}mu^{33}mu^{33}dzɪ^{44}hɯ^{21}　視察於下界　下界を視察し

251 mu^{33}vu̠^{55}mu^{44}tæ^{33}pʻo^{21}a^{21}dzi^{33}sɪ^{33}ʑi^{21}di^{44}　天地尚未開好云

天と地がまだ良く分かれていないと言った

252 dzɪ^{33}lɪ̠^{33}xɯ^{33}lɪ̠^{33}lɪ^{33}ma^{33}li^{33}　四箇銅鐵球　銅と鉄の四個の球は

253 ʂɿ^{21}mu^{33}mu^{33}dʐɿ^{44}dʐɔ^{33}ʑi^{21}sɿ^{33} 還在七地之下方

まだ七地の下のほうにある

254 ŋɯ^{33}tʻi^{55}ku^{33}ndzɿ^{33}tʻu̱^{55} 恩梯古茲家 恩梯古茲（エンティーグーズー）（グティクズ）は

255 ma^{21}tsɿ^{33}lɿ^{33}li^{21}tsɿ^{33} 不派且來派 派遣すべきでない者を派遣した

256 mu̱^{21}ko^{21}mu̱^{21}ndʑi^{33}tsɿ^{33} 駿馬來派遣 駿馬（しゅんめ）を派遣した

257 dʐɿ^{33}lɿ̱^{33}xɯ^{33}lɿ̱^{33}tsa^{55}ʐɿ^{33}ʂu^{44} 派去刨創銅鐵球[18]

銅と鉄の球を掘り出すために派遣した

258 tsa^{55}ȵi^{33}du̱^{33}da^{44}da^{33} 刨則刨出否？ 掘って、掘り出せたか？

259 tsa^{55}ȵi^{33}du̱^{33}ma^{21}da^{33} 刨也未能出 掘っても、掘り出せなかった

260 lɯ^{33}ho^{33}lɯ^{33}ʂɯ^{55}tsɿ^{33} 壯牛來派遣 丈夫な牛を派遣した

261 dʐɿ^{33}lɿ̱^{33}xɯ^{33}lɿ̱^{33}sɿ^{33}ʐɿ^{33}ʂu^{44} 派去發掘銅鐵球

派遣して銅と鉄の球を掘り出させた

262 sɿ^{44}ȵi^{33}du̱^{33}da^{44}da^{33} 掘則出來否？ 掘って、掘り出せたか？

263 sɿ^{44}ȵi^{33}du̱^{33}ma^{21}da^{33} 掘也未能出 掘っても、掘り出せなかった

264 vi^{55}ʂɿ^{33}vi^{55}nɔ^{33}tsɿ^{33} 黃猪黑猪來派遣 黄色い豚と黒い豚を派遣した

265 dʐɿ^{33}lɿ̱^{33}xɯ^{33}lɿ̱^{33}po^{21}ʐɿ^{33}ʂu^{44} 派去鼻拱鐵銅球

派遣して鉄と銅の球を鼻先でほじくらせた

266 po^{21}ȵi^{33}du̱^{33}da^{44}da^{33} 拱則拱出否？ ほじくって、ほじくり出せたか？

267 po^{21}ȵi^{33}du̱^{33}ma^{21}da^{33} 拱也未拱出 ほじくっても、ほじくり出せなかった

268 ʑo^{33}ʂɿ^{33}ʑo^{33}ni^{33}tsɿ^{33} 黃紅綿羊來派遣 黄色い綿羊と赤い綿羊を派遣した

269 dʐɿ^{33}lɿ̱^{33}xɯ^{33}lɿ̱^{33}nbæ^{33}ʐɿ^{33}ʂu^{44} 派去頂撞銅鐵球

派遣して銅と鉄の球にぶつからせた

270 nbæ^{44}ȵi^{33}du^{33}da^{44}da^{33} 撞則出來否？

ぶつかって、ぶつかることができたか？

271 nbæ^{44}ȵi^{33}du̱^{33}ma^{21}da^{33} 撞也撞不出

ぶつかっても、ぶつかることができなかった

272 ʑɛ^{33}ʂɿ^{33}ʑɛ^{33}ni^{33}tsɿ^{33} 黃鷄紅鷄來派遣 黄色い鶏と赤い鶏を派遣した

273 dʐɿ^{33}lɿ̱^{33}xɯ^{33}lɿ̱^{33}pʻo^{55}ʐɿ^{33}ʂu^{44} 派遣刨創銅鐵球

派遣して銅と鉄の球を掘り出させた

274 pʻo^{55}ȵi^{33}du̱^{33}da^{44}da^{33} 刨則刨出否？ 掘って、掘り出せたか？

275 pʻo^{55}ȵi^{33}du̱^{33}da^{44}vo^{44} 刨則刨出了 掘って、掘り出せた

276　dzɿ^{33}lɿ̠^{33}xɯ^{33}lɿ̠^{33}lɿ^{33}ma^{33}li^{33}　四箇銅鐵球　　銅と鉄の四個の球は

277　xo^{33}pi^{33}lɿ̠^{33}tʂɯ^{55}si^{21}　火比爾眞[19]將其帶

火比爾真（フオビーアルチェン）（ホピルチュ）がそれを持ち

278　kɯ^{55}mo^{21}a^{21}ɖɿ^{33}bɿ^{21}　帶給格莫阿爾氏　　格莫阿爾（グォモーアーアル）（クモアル）に渡した

279　kɯ^{55}mo^{21}a^{21}ɖɿ^{33}si^{21}　格莫阿爾將其帶　　格莫阿爾がそれを持ち

280　sɿ^{33}zɯ^{33}a^{33}ts'ɿ^{33}bɿ^{44}　帶給司惹阿此氏　　司惹阿此（スールォアーツー）（スズアツ）に渡した

281　sɿ^{33}zɯ^{33}a^{33}ts'ɿ^{33}si^{21}　司惹阿此將其帶　　司惹阿此がそれを持ち

282　sɿ^{33}zɯ^{33}ti^{33}ni^{33}bɿ^{21}　帶給司惹氏尼氏　　司惹氏尼（スールォディーニー）（スズティニ）に渡した

283　sɿ^{33}zɯ^{33}ti^{33}ni^{33}ȵi^{33}　司惹氏尼呢　　司惹氏尼は

284　sɿ^{33}zɯ^{33}lo^{44}sɿ^{33}zɯ^{33}　眞神呀眞神　　神のなかの神だった

285　ti^{33}ni^{33}lo^{44}ti^{33}ni^{33}　氏尼呀氏尼[20]　　氏尼（ディーニー）（ティニ）、ああ氏尼は

286　ts'ɿ̠^{21}ma^{33}ts'ɿ̠^{33}to^{21}bu^{44}du̠^{33}ndu̠^{21}　一球擊於日出方

球を一つ、日の昇るほうに投げた

287　bu^{44}du̠^{33}ts'ɿ̠^{33}ndu̠^{21}tʂɿ^{33}di^{21}bu̠^{21}　擊得東方豁然開

投げると東のほうがぱっと開いた

288　ts'ɿ̠^{21}ma^{33}ts'ɿ̠^{33}to^{21}bu^{44}dʑi^{33}ndu̠^{21}　一球擊於日落方

球を一つ、日の沈むほうに投げた

289　bu^{33}dʑi^{33}ts'ɿ̠^{33}to^{21}tʂɿ^{33}di^{21}bu̠^{21}　擊得西方豁然開

投げると西のほうがぱっと開いた

290　ts'ɿ̠^{21}ma^{33}ts'ɿ̠^{33}to^{21}zɿ^{44}o^{33}ndu̠^{21}　一球擊於水頭方

球を一つ、水源のほうに投げた

291　zɿ^{44}o^{33}ts'ɿ̠^{33}to^{21}tʂɿ^{33}di^{21}bu̠^{21}　擊得北方豁然開

投げると北のほうがぱっと開いた

292　ts'ɿ̠^{21}ma^{33}ts'ɿ̠^{33}to^{21}zɿ^{44}mu^{33}du̠^{21}　一球擊於水尾方

球を一つ、水の出口のほうに投げた

293　zɿ^{44}mu^{33}ts'ɿ̠^{33}to^{21}tʂɿ^{33}di^{21}bu̠^{21}　擊得南方豁然開

投げると南のほうがぱっと開いた

294　lɿ^{33}dzɿ^{44}lɿ^{33}ŋgɯ^{33}t'i^{55}ta^{33}bu^{33}　四方四門於此開

ここに四つの方角の四つの門が切り開かれた

295　ts'ɿ̠^{33}ɣa^{33}mo^{44}gu̠^{21}dʑo^{44}　如此之後呢　　そののち

296 sɿ^{33}zɯ^{33}ti^{33}ni^{33}ȵi^{33} 司惹氏尼氏[21] 司惹氏尼《スールォディーニー》（スズティニ）は

297 kɯ^{55}mo^{21}a^{21}ɖɿ^{33}tsɿ^{33} 派格莫阿爾 格莫阿爾《グォモーアーアル》（クモアル）を派遣した

298 kɯ^{55}mo^{21}a^{21}ɖɿ^{33}ȵi^{33} 格莫阿爾呢 格莫阿爾は

299 dʐɿ^{33}l̠ɿ^{33}xɯ^{33}l̠ɿ^{33}lɿ^{33}ma^{33}si^{21} 利用四箇銅鐵球
四個の銅と鉄の球を利用して

300 dʐɿ^{33}la^{33}li^{55}xɯ^{33}la^{33}li^{55}gu^{33}tɕi^{33}dzɿ^{33} 打製九根銅鐵撬
九個の銅と鉄の金《かな》てこを作り

301 sɿ^{33}zɯ^{33}ti^{33}ni^{33}bɿ^{21} 給司惹氏尼 司惹氏尼に与えた

302 sɿ^{33}zɯ^{33}ti^{33}ni^{33}ȵi^{33} 司惹氏尼呢 司惹氏尼は

303 dzɿ^{33}li^{55}xɯ^{33}li^{55}si^{21} 帶著銅鐵撬 銅と鉄の金てこを持って

304 mu^{33}no^{21}mu^{33}li^{55}li^{33} 是去撬天地 天と地をこじあけに行った

305 mu^{33}li^{55}ŋɯ^{33}ȵa^{55}ndo^{21} 撬天至上界 天をこじあけて上界に押し上げた

306 mu^{33}dʑi^{21}vu̠^{55}lo^{33}lo^{33} 蒼天藍幽幽 天が深い青色になった

307 mu^{33}li^{55}ŋɯ^{33}dʐɿ^{44}ʂa^{33} 撬地入下界 地をこじあけて下界に押し下げた

308 dɯ^{33}dʑi^{21}ni̠^{44}ʑi^{33}ʑi^{33} 大地平坦坦 大地が平らになり

309 p‘u̠^{21}tu̠^{33}zi^{44}lɿ^{33}bo^{33} 撐天柱四根 四本の柱で天を支え

310 mu^{44}lɿ^{33}di^{21}ɣa^{33}tu̠^{33} 天地四方撐 天と地の四つの方角が支えられ

311 bu^{44}du̠^{33}la^{33}ŋgɯ^{44}tɕo^{44} 日出東方呢 日が昇る東のほうは

312 mu^{33}vu̠^{55}xɯ^{21}ndʐɿ̠^{21}bo^{33}la^{33}tu̠^{33} 東方赫智山來撐
東は赫智《フォヂー》（フジュ）山で支え

313 bu^{33}dʑi^{33}la^{33}ŋgɯ^{44}tɕo^{44} 日落西方呢 日が沈む西のほうは

314 mu^{44}k‘ɯ^{33}xɯ^{21}ni^{21}bo^{33}la^{33}tu̠^{33} 西方赫尼山來撐
西は赫尼《フォニー》（フニ）山で支え

315 ʐɿ^{44}o^{33}la^{33}ŋgɯ^{44}tɕo^{44} 水頭北方呢 水源の北のほうは

316 ni^{21}mu^{33}ho^{55}sa^{33}bo^{33}la^{33}tu̠^{33} 黎母夥薩山來撐
黎母夥薩《リームーフオサー》（ニムホサ）山で支え

317 ʐɿ^{44}mu^{33}la^{33}ŋgɯ^{44}tɕo^{44} 水尾南方呢 水の出口の南のほうは

318 xɔ^{33}mu^{33}ti^{44}ts‘i^{33}bo^{33}la^{33}tu̠^{33} 華母點蒼山來撐
華母点蒼《ファムーディエンツァン》（ホムティツ）山で支え

319 mu^{33}vu^{55}mu^{44}dɯ^{33}t‘a^{55}pu̠^{33}la^{33}ndʐɯ^{44}tu̠^{33} 爲了天地不再翻而撐
天と地が再びひっくり返ることのないように支え

320　p‘u̠^{21}ŋgo^{33}tɕa^{33}lɪ^{33}tɕi^{33}　構架天地梁四根　　天と地の梁(はり)を四本組み立て

321　mu^{44}lɪ^{33}di^{21}ɣa^{33}ŋgo^{33}　天地四方來架構　　天と地の四つの方角に組み立て

322　gɯ^{44}du̠^{33}gɯ^{33}dʑi^{33}ʐo^{55}ta^{33}ŋgo^{33}　東西交叉架

東西に梁を交差させて組み立て

323　ʐɪ^{44}o^{33}ʐɪ^{44}mu^{33}ʐo^{55}ta^{33}ŋgo^{33}　南北交叉架

南北に梁を交差させて組み立て

324　mu^{33}vu^{55}mu^{44}dɯ^{33}t‘a^{55}pu̠^{33}la^{33}ndʐɯ^{44}ŋgo^{33}　爲了天地不再翻而架

天と地が再びひっくり返ることのないように組み立て

325　p‘u̠^{21}zɪ̠^{33}lɪ̠^{33}lɪ^{33}ma^{33}　鎮地石四塊　　地を鎮める四個の石を

326　mu^{44}lɪ^{33}di^{21}ɣa^{33}zɪ̠^{33}　四方來鎮壓　　四つの方角に鎮め

327　mu^{33}vu^{55}mu^{44}dɯ^{33}t‘a^{55}pu̠^{33}la^{33}ndʐɯ^{44}zɪ̠^{33}　爲了天地不再翻而鎮

天と地が再びひっくり返ることのないように鎮めた

注

① “七地之上方”指上界、下文“七地之下方”指下界。

「七地之上方」は上界を指し、後句の「七地之下方」は下界を指す。

② 阿旨爲神蛙的名字。

阿旨(アジュ)は蛙神の名前である。

③ 九年和下文九月指很長很長的時間。

「九年」と次の句の「九月」は非常に長い時間を意味する。

④ 這一句原文中無、是我們根據上下文関系増添上去的、故加上括弧。

この一句は原文には無く、前後の文脈の関係で付け加えたので、括弧をつけた。

⑤ 指上界和下界之間。

上界と下界の中間を指す。

⑥ 関於阿普阿散、有時又稱爲“神神阿普”、但這兩箇名字是否指同一箇神也很難斷定。另外、阿普阿散是居於中層還是上界、也有不同的説法。

阿普阿散(アプワサ)についていえば、ときには「神神阿普(シュシュアプ)」と称されるが、両者が同一の神かどうかは断定できない。ほかにも、阿普阿散(アプワサ)が中層の神か上界の神かについても、説が分かれる。

⑦ 有些文本中則説“派了四箇銅鐵的兒子”。

ある文献では「銅と鉄の子供を四人派遣した」となっている。

⑧ 恩梯古茲、有時稱爲昊梯古茲、其語義指“天上的大官”、可稱作“天君”或“上帝”、有些書上譯爲“天官司”、也有的譯爲“古茲天神”。

恩梯古茲(グティクズ)は昊梯古茲(ホティクズ)とも称され、「天上の大官」か「天君」あるいは「上帝」という意味であり、「天官司」あるいは「古茲天神（クズ）」と訳している文献もある。

⑨　這句話的本義是指不該派遣者被派遣、意指行爲很神奇。

この言葉は、派遣すべきでない者が派遣されることを意味し、その真の意味は神の行為が非常に不可思議であることを示している。【神は、常人には測り知れないような深い知恵を持っているということを示している】

⑩　銅鐵子卽銅和鐵的兒子、可能也是神一類的。

「銅鉄子」は銅と鉄の子供のことだが、これも神の一種類だろう。

⑪　彝語以日出指東方、日落指西方、水頭指北方、水尾指南方。

イ語では、「日が昇る」のは東、「日が落ちる」のは西、「水源」は北、「水の出口」は南を指す。

⑫　日惹古達和下文書惹爾達、司惹氏尼、阿俄書補皆爲神名。

日惹古達（ズズグダ）と後句の書惹爾達（シュズルダ）、司惹氏尼（スズティニ）、阿俄書補（アウォシュブ）はすべて神の名前。

⑬　德布阿爾似是神又似非神。

德布阿爾（ドゥブアル）は神に似ているが、神に似ていない面もある。

⑭　突而山是一座非常重要的山、許多重大的事情都在此山上發生。牠的位置是在天上？抑或空間？或者大地上？很難斷定。另、突而一詞在彝語裡有“宇宙”之義、突而山也許可稱作“宇宙山”。

突而（トゥル）山は非常に重要な山であり、大事な事柄がたくさんこの山の上で生じた。その位置が天上か、天と地の中間か、地上かは判断がとても難しい。また、「突而」という言葉は、イ語では「宇宙」の意味があるので、「突而山」は「宇宙山」だと言うことも可能だろう。

⑮　格莫阿爾的“格莫”指工匠師傅、阿爾爲其名。也可譯作阿爾匠師、此人爲後世工匠之祖師。

格莫阿爾（クモアル）の「格莫」は職人の師匠の意味で、「阿爾」は名前である。「阿爾師匠」と訳してもいい。この人は後世に職人の開祖となった。

⑯　頗倫爲匠人名、以下頗倫・阿以・蘇尼・勒格爲工匠連名。

頗倫（ポル）は職人の名であり、以下の頗倫阿以（ポルアジ）、阿以蘇尼（アジスネ）、蘇尼勒格（スネルグ）、も職人の名で、連名【前代の人物の名前の後部を、次の代の名前の前部に付ける】になっている。

⑰　此句或可譯作“經過突而山”。因“突而”有宇宙之義、“海維”也有“八極”之義、故譯爲此。

この句は「突而山を越える」と訳すこともできる。「突而（トゥル）」には宇宙という意味があり、「海維（ヒヴォ）」にも「八極」の意味があるので、このように訳した。

⑱　刨創、指馬用蹄踢地。下文牛去發掘是用牛角去掘。

「刨創」は、馬がひづめで地面を蹴ること。次の句の牛の「発掘」は、牛が角で掘ること。

⑲　這裡的火比爾眞和下文的司惹阿此皆爲神名、大部分文本中無此二神。

この火比爾真（ホビルチュ）と次の司惹阿此（スズアツ）は共に神の名であるが、ほとんどの文献にはこの二神が載っていない。

⑳　這是感嘆句。

これは感嘆句である。

㉑　有些文本中説這裡應爲恩梯古茲、但根據上下文來推斷、爲司惹氏尼更爲合適。

ある文献では恩梯古茲(グティクズ)だとしているが、前後の文脈からは司惹氏尼(スズティニ)のほうが適当である。

[天地開闢（天と地を分ける）]

天と地がまだ分かれていなかった時、上界には四十八体の神が、下界には二十四体の神が住んでいた。大きな石の板の下には阿旨(アジュ)という蛙神が住んでいて、天と地を分けるために九年と九か月も鳴き騒いだ。阿旨(アジュ)はオウムを四羽派遣して、七地の中層にいる阿普阿散(アブワサ)と、七地の上のほうの上界にいる恩梯古茲(グティクズ)に四通の手紙を渡した。恩梯古茲(グティクズ)は銅と鉄の子供を四十八人派遣して、銅と鉄の取れる四か所を調べさせた。【銅と鉄の子供たちは】調べに行った先で一日目にはきらきら光り輝き、二日目にはこうこうと明るくなり、三日目には白くぴかぴか光り、四日目には深い青色になり、五日目には深い緑色になり、六日目には真っ赤になり、七日目には金色に輝き、八日目にはまぶしく光り、九日目には元となる四体の子神が誕生した。

東では日惹古達(ズズグダ)が誕生し、西では書惹爾達(シュズルダ)が誕生し、北では司惹氏尼(スズティニ)が誕生し、南では、阿俄書補(アウォシュブ)が誕生した。上界には恩梯古茲(グティクズ)が住み、七地の中層には阿普阿散(アブワサ)が住み、七地の下のほうの下界には徳布阿爾(ドゥブアル)が住んでいた。

そののち恩梯古茲(グティクズ)は、徳布阿爾(ドゥブアル)を、天と地を分けるために子神と仙女を呼びに行かせた。徳布阿爾(ドゥブアル)は黄色い鶏に乗って突而山(トゥル)の頂上に立ち、日惹古達(ズズグダ)に言い伝えると日惹古達(ズズグダ)が書惹爾達(シュズルダ)に言い伝えという具合に、阿俄書補(アウォシュブ)、司惹氏尼(スズティニ)、格莫阿爾(クモアル)に伝わり、さらに職人の頗倫阿以(ボルアジ)、阿以蘇尼(アジスネ)、蘇尼勒格(スネルグ)を経て爾史阿俄(ルシュアウォ)に伝わった。爾史阿俄(ルシュアウォ)は宇宙の極地を通って上界に着き、一日目には牛を一頭殺し、酒を一壺飲んで昼も夜も話し合ったが合意できなかった。さらに三日間、牛三頭、酒三壺で昼も夜も話し合ったが合意できず、さらに五日間、牛五頭、酒五壺で昼も夜も話し合ったが合意できず、さらに七日間、牛七頭、酒七壺で昼も夜も話し合ったが合意できず、しかし、さらに九日間、牛九頭、酒九壺で昼も夜も話し合ったら、やっと合意できた。

恩梯古茲(グティクズ)の家で爾史阿俄(ルシュアウォ)と話し合った。続いて、蘇尼勒格(スネルグ)、阿以蘇尼(アジスネ)、頗(ボ)

倫阿以（ルアジ）、日惹古達（ズズグダ）、書惹爾達（シュズルダ）、阿俄書補（アウォシュプ）と話し合った。最後に司惹氏尼（スズティニ）と話し合おうと伝えると、司惹氏尼（スズティニ）は銅と鉄の球（たま）を四個、下界まで転がした。さらに九個の銅と鉄の鉱石を取って格莫阿爾（クモアル）に与えると、格莫阿爾（クモアル）は口をふいごにし、つばを水として鉄に焼きを入れ、拳（こぶし）を金槌（かなづち）として鉄を打ち、手の指をペンチにして鉄を挟み、膝を金床（かなとこ）にして鉄を打ち、銅鉄製の刺股（さすまた）が四本できた。一本を日惹古達（ズズグダ）に与えると、日の出る東のほうを切り開き、そこから風が吹いて来た。一本を書惹爾達（シュズルダ）に与えると、日の沈む西のほうを切り開いた。一本を司惹氏尼（スズティニ）に与えると、水源のある北のほうを切り開き、そこから水が流れて来た。一本を阿俄書補（アウォシュプ）に与えると、水の出口のある南のほうを切り開いた。

そののち恩梯古茲（グティクズ）は下界を視察して、天と地がまだ良く分かれていないと言った。まだ下界にある銅と鉄の四個の球を掘り出すために、駿馬（しゅんめ）を派遣したが掘り出せなかった。次に丈夫な牛を派遣したが、掘り出せなかった。次に黄色い豚と黒い豚、次に黄色い綿羊と赤い綿羊を派遣したが、掘り出せなかった。最後に黄色い鶏と赤い鶏を派遣すると、やっと掘り出せた。

銅と鉄の四個の球は火比爾真（ホビルチュ）がそれを持ち、格莫阿爾（クモアル）に渡した。格莫阿爾（クモアル）はそれを司惹阿此（スズアツ）に渡した。司惹阿此（スズアツ）はそれを司惹氏尼（スズティニ）に渡した。神のなかの神司惹氏尼（スズティニ）が球を一つ、日の昇るほうに投げると東のほうがぱっと開き、球を一つ、日の沈むほうに投げると西のほうがぱっと開き、球を一つ、水源のほうに投げると北のほうがぱっと開き、球を一つ、水の出口のほうに投げると南のほうがぱっと開いた。

そののち格莫阿爾（クモアル）は、四個の銅と鉄の球で九個の金（かな）てこを作り司惹氏尼（スズティニ）に与えた。司惹氏尼（スズティニ）がその金てこで天を上界に押し上げると、天は深い青色になり、地を下界に押し下げると、大地が平らになった。四本の柱で天を支え、東は赫智山（フジュ）で支え、西は赫尼山（フニ）で支え、北のほうは黎母夥薩山（ニムホサ）で支え、南は華母点蒼山（ホムティツ）で支え、天と地の梁（はり）を四本組み立て、天と地の四つの方角に組み立て、東西に梁を交差させて組み立て、南北に梁を交差させて組み立て、四個の石を四つの方角に鎮め、天と地がひっくり返ることのないようにした。

4　mu^{44}dæ^{33}ɤa^{44}dæ^{33}　［改造大地］［大地を改造する］

（➡映像 38）

328　mu^{33}vu̱^{55}mu^{44}tæ^{33}li^{33}　開天闢地呢　　天と地を分けたのは

329　sɿ^{33}zɯ^{33}ti^{33}ni^{33}pʻo^{21}　司惹氏尼開　　司惹氏尼《スールォディーニー》（スズティニ）だった

330　mu^{44}dæ^{33}ɤa^{44}dæ^{33}li^{33}　改造大地呢　　大地の改造は

331　sɿ^{33}zɯ^{33}ʑo^{21}tsu^{33}dæ^{33}　司惹約祖改①　　司惹約祖《スールォユエズー》（スズゾツ）が行なった

332　sɿ^{33}zɯ^{33}ʑo^{21}tsu^{33}a^{21}da^{33}sɿ^{33}mo^{44}li^{33}　司惹約祖尚未立業前

司惹約祖が仕事を始める前

333　ʂɿ̱^{21}mu^{33}mu^{33}ha^{55}tɕo^{44}　七地之上方　　七地《しちじ》の上のほうで

334　ŋɯ^{33}tʻi^{55}ku^{33}ndzɿ^{33}tʻu̱^{55}　恩梯古茲家　　恩梯古茲《エンティーグーズー》（グティクズ）は

335　bu^{21}li^{33}mu^{33}bu^{21}vo^{44}　“天地雖也開

「天と地は分けられつつあるとはいえ

336　pʻi^{44}li^{33}mu^{33}ma^{21}pʻi^{33}ʑi^{21}sɿ^{33}　但未闢天地”云云

まだ天と地は切り開かれていない」と言った

337　ʐɿ^{44}o^{33}pʻu̱^{21}ma^{21}dzi^{33}　“北方未闢開好

「北のほうがうまく切り開かれていない

338　ʐɿ^{44}mu^{33}pʻi^{33}ma^{21}ta^{33}　南方未闢開

南のほうがうまく切り開かれていない

339　bu̱^{44}du̱^{33}bo^{21}ma^{21}ʂɿ^{33}　東方無光輝　　東のほうには光りが無い

340　bu^{33}dʑi^{33}nɔ^{33}ma^{21}m̥u̱^{55}　西方未黒暗②　　西のほうはまだ暗くなれない

341　mu^{33}gu^{33}tsɿ̱^{55}ma^{21}tæ^{33}　空間未區分　　空間はまだ区分されていない

342　dʑu̱^{55}dzu̱^{33}pʻu̱^{21}ma^{21}ɤɯ^{21}ʑi^{21}sɿ^{33}　尚無生靈居所焉

そこにはまだ生物（動物と植物）がいない（無い）

343　ma^{21}pʻi^{33}ma^{21}ndzɯ^{33}vo^{44}ʑi^{21}di^{44}　不闢不美觀”云云

きちんと切り開かれていない」と言った

344　ma^{21}tsɿ^{33}lɿ^{33}li^{21}tsɿ^{33}　不派且來派　　派遣すべきでない者を派遣した

345　mu^{33}vu̱^{55}go^{21}o^{21}tsɿ^{33}　天上各紅來派遣　　天にいる各紅《グォホン》（ゴオ）を派遣した

346　go^{21}o^{21}a^{44}ʑi^{33}tsɿ^{33}　各紅阿以③來派遣　　各紅阿以《グォホンアーイー》（ゴオアジ）を派遣した

347　lɯ^{33}sɿ^{33}lɯ^{33}si^{33}lɿ^{33}tɕi^{33}no^{21}　驅趕四神牛　　神の牛を四頭走らせ

348　mu^{44}lɿ^{33}di^{21}ɤa^{33}mo^{33}　犂於四方地　　四つの方角の土地を耕させ

349 sɿ^{33}vi^{55}si^{33}vi^{55}lɿ^{33}ma^{33}no^{21}　驅趕四神猪　　神の豚を四匹走らせ

350 mu^{44}lɿ^{33}di^{21}ɣa^{33}pʻi^{33}　開闢於四方　　四つの方角を切り開かせた

351 mu^{33}pʻi^{33}mu^{33}pʻi^{33}mu^{33}　闢地闢地兮　　大地を開きに開いて

352 mu^{33}dʑu̠^{33}lɿ^{33}dʑu̠^{33}pʻi^{33}　闢出四地洞④　　大地の穴を四つ切り開き

353 mu^{33}ŋgɯ^{21}lɿ^{33}ŋgɯ^{21}pʻi^{33}ta^{33}lo^{44}　大地四門開成了

大地の四つの門を開き終えた

354 zʅ^{44}o^{33}ȵi^{33}pʻu^{21}dzi^{33}　北方已闢好　　北のほうが切り開かれ

355 zʅ^{44}mu^{33}ȵi^{33}pʻi^{33}dzi^{33}　南方已闢好　　南のほうが切り開かれた

356 tsʻɿ̠^{33}ɣa^{33}mo^{44}gu^{33}dʑo^{44}　如此之後呢　　そののち

357 tʻo^{55}li^{33}mu^{33}dʑi^{21}vu̠^{55}　上面天灰灰　　上のほうが灰色になったが

358 mu^{33}dʑi^{21}vu̠^{55}ma^{21}dzi^{33}　灰灰不完美　　灰色が完全ではなかった

359 tʂɿ^{33}dzu̠^{33}ȵi^{33}ma^{21}ndʑo^{33}　星辰不均匀　　星が不揃いであった

360 ho^{55}ȵi^{33}nɔ^{33}dzɿ̠^{55}dzɿ̠^{21}　霧也黒沈沈　　霧も黒々としていた

361 ha^{44}ȵi^{33}nɔ^{33}dɯ^{21}dɯ^{21}　雨也暗淡淡　　雨も薄暗かった

362 o^{55}li^{33}dɯ^{33}dʑi^{21}fi^{33}　下面大地寛　　下のほうでは大地が広々と

363 dɯ^{33}dʑi^{21}fi^{33}ma^{21}dzi^{33}　寛敞未完美

広々としていたが完全ではなかった

364 ŋɯ^{33}tʻi^{55}ku^{33}ndzɿ^{33}tʻu̠^{55}　恩梯古茲家　　恩梯古茲（グティクズ）は

365 pu̠^{33}la^{33}kɯ^{55}mo^{21}a^{21}ɖɿ^{33}tsɿ^{33}　轉而派遣格莫阿爾氏

格莫阿爾（クモアル）を派遣して

366 dzʅ^{33}tʻɯ^{21}bu^{21}xɯ^{33}tʻɯ^{21}bu^{21}gu^{33}tɕi^{33}dzɿ^{33}　打製九根銅鐵棒

銅と鉄の棒を九本鍛え上げた

367 dzʅ^{33}vo^{21}zɯ^{33}xɯ^{33}vo^{21}zɯ^{33}gu^{33}pʻi^{33}dzɿ^{33}　打製九把銅鐵斧

銅と鉄の斧を九本鍛え上げた

368 dzʅ^{33}tsɿ̠^{55}mo^{21}xɯ^{33}tsɿ̠^{55}mo^{21}gu^{33}tɕi^{33}dzɿ^{33}　打製九把銅鐵鋤

銅と鉄の鋤を九本鍛え上げた

369 mu^{44}dæ^{33}ʑo^{21}tsu^{33}zɯ^{33}gu^{33}bɿ^{21}　製給造地約祖神九子⑤

大地造りの約祖（ゾツ）神の九人の子に作って与えた

370 sɿ^{33}zɯ^{33}ʑo^{21}tsu^{33}ȵi^{33}　司惹⑥約祖呢　　司惹約祖（スズゾツ）は

371 mu^{44}dæ^{33}ɣa^{44}dæ^{33}li^{33}mo^{33}di^{44}　要去改造大地焉　　大地を改造しに行った

372 xɯ^{21}tɯ^{21}dʐɿ^{33}ȵa^{55}nɯ^{33}　晨早前後呢　　夜明けのころに

373 nɯ^{33}hi^{21}ŋa^{33}hi^{21}po^{55}　你爭並我論　　我先にと論じ合った

374 gɯ^{21}dzi^{33}dʐɿ^{33}ȵa^{55}nɯ^{33}　下午前後呢　　午後には

375 nɯ^{33}dæ^{33}ŋa^{33}dæ^{33}po^{55}　你爭我趕修　　我先にと改造しに急いだ

376 bo^{33}no^{21}ɣa^{33}bo^{33}du^{44}　遇山則造山　　山に出合えば山を改造し

377 lo^{33}no^{21}ɣa^{33}lo^{33}ndʑæ^{33}　遇谷則造谷　　谷に出合えば谷を改造した

378 ts'ɿ̱^{21}lo^{33}du̱^{21}bo^{33}dʑi^{44}　一片造成山　　一つの山を造って

379 ʑo^{33}ho^{33}p'u̱^{21}mu^{33}ta^{33}　作爲牧羊處　　羊の牧場とした

380 ts'ɿ̱^{21}lo^{33}du̱^{21}dʑo^{21}dʑi^{21}　一片造成原　　一つの野原を造って

381 lɯ^{33}kɯ^{21}p'u^{21}mu^{33}ta^{33}　作爲鬥牛場　　闘牛場とした

382 ts'ɿ̱^{21}lo^{33}du̱^{21}dʑa^{21}gu̱^{21}　一片造成壩　　一つの盆地を造って

383 tʂ'ɯ^{33}tsɿ^{33}p'u̱^{21}mu^{33}ta^{33}　作爲栽秧場　　苗代とした

384 ts'ɿ̱^{21}lo^{33}ndu̱^{21}tɕa^{33}tɕɔ^{33}　一片造成坡　　一つの坂を造って

385 ŋgɯ^{33}tɕ'i^{21}p'u̱^{21}mu^{33}ta^{33}　作爲撒蕎場　　蕎(そば)畑とした

386 ts'ɿ̱^{21}lo^{33}ndu̱^{21}læ^{44}tɕæ^{33}　一片成山脊　　山の尾根を一つ造って

387 si^{55}ŋgɯ^{21}p'u̱^{21}mu^{33}ta^{33}　作爲打戰場　　戦場とした

388 ts'ɿ̱^{21}lo^{33}ndu̱^{21}la^{33}da^{33}　一片造成溝　　一つの溝を造って

389 ʐɿ^{33}ʐɿ^{33}dɯ^{33}mu^{33}ta^{33}　作爲水流處　　水の流れ道とした

390 ts'ɿ̱^{21}lo^{33}ndu̱^{21}go^{21}o^{21}　一片成埡口　　山の口を一つ造って

391 ɖɿ^{33}ŋga^{33}dɯ^{33}mu^{33}ta^{33}　作爲通風處　　風の通り道とした

392 ts'ɿ̱^{21}lo^{33}ndu̱^{21}tɕ'æ^{55}t'ɔ^{33}　一片爲千拖⑦

千拖(チェントゥオ)（チェト）という一つの台地を造って

393 ts'o^{33}i^{55}p'u̱^{21}mu^{33}ta^{33}　作爲居住處　　居住地とした

394 mu^{33}gu̱^{55}mu^{33}tsɿ^{55}tæ^{33}　大地得區劃　　大地は区切られた

395 ts'ɿ̱^{33}ɣa^{33}mo^{44}gu̱^{21}dʑo^{44}　如此之後呢　　そののち

396 ʂɿ̱^{21}mu^{33}mu^{33}dʐɿ^{44}tɕo^{44}　七地之下方　　七地(しちじ)の下のほうには

397 mu^{33}tɕ'u^{33}to^{21}tɕ'u^{33}p'o^{21}　大地蒼茫茫　　大地が果てしなく広がり

398 mu^{33}dʑi^{21}tɕ'u^{33}mu^{33}dʑi^{44}　大地白　　大地が白くなり

399 lo^{33}dʑi^{21}ʂɿ^{33}mu^{33}dʑi^{44}　深谷黄　　深い谷が黄色になり

400 ndi^{21}dʑi^{21}ts'u̱^{55}mu^{33}dʑi^{21}　平原灰　　野原が灰色になり

401 ho^{55}dʑi^{21}zɿ^{33}mu^{33}dʑi^{44} 霧成水 霧が水になり

402 ha^{33}dʑi^{44}ɖɿ^{33}mu^{33}dʑi^{21} 雨成風⑧ 雨が風になった

403 ʂɿ̱^{21}mu^{33}ŋɯ^{33}ha^{55}tɕo^{44} 七地之上方 七地の上のほうでは

404 ŋɯ^{33}t'i^{55}ku^{33}ndzɿ^{33}t'u̱^{55} 恩梯古茲家 恩梯古茲（エンティーグーズー）（グティクズ）が

405 pu̱^{33}la^{33}kɯ^{55}mo^{21}a^{21}ɖɿ^{33}tsɿ^{33} 轉而派遣格莫阿爾氏

格莫阿爾（グォモーアーアル）（クモアル）を派遣して

406 dzɿ^{33}ʑɛ^{44}sɿ̱^{33}xɯ^{33}ʑɛ^{44}sɿ̱^{33}gu^{33}tsi^{33}dzɿ^{33} 打製九把銅鐵箒

銅と鉄の帚（ほうき）を九本鍛え上げた

407 sɿ^{33}mo^{21}si^{33}mo^{21}gu^{33}ʑɔ^{33}bɿ^{21} 製給九箇神仙女

作って九人の女神に与えると

408 p'u̱^{21}dæ^{33}a^{44}lɿ^{33}ni^{44}gu^{33}ʑɔ^{33} 改田阿爾九神女⑨

改田阿爾（ガイティエンアーアル）（プデアル）の九人の女神は

409 dzɿ^{33}sɿ̱^{33}xɯ^{33}sɿ̱^{33}si^{21} 帯著銅鐵箒 銅と鉄の帚を持って

410 mu^{33}sɿ^{33}mu^{33}ʂo^{33}ʂu^{44} 清掃大地去 大地を掃除しに行った

411 mu^{33}sɿ̱^{33}ŋɯ^{33}ȵa^{55}ŋgu̱^{55}ɣa^{33}ʂa^{33} 將天朝上掃

空を帚で上のほうに掃き上げると

412 mu^{33}dʑi^{21}vu̱^{55}lo^{33}lo^{33} 天空藍幽幽 空が青々となり

413 mu^{33}tɕ'u^{33}ʂo^{21}ʑi^{33}ʑi^{33} 蒼天廣袤袤 青い空が果てしなく広がった

414 mu^{33}sɿ̱^{33}ŋɯ^{33}dzɿ^{44}ts'ɿ̱^{21}ɣa^{33}ʂa^{33} 將地朝下掃

大地を帚で下のほうに掃き下げると

415 dɯ^{33}dʑi^{21}ni^{44}ʑi^{33}ʑi^{33} 大地廣闊闊 大地は広々と

416 tsa^{33}næ^{33}fi^{33}lɿ^{21}lɿ^{21} 黒地蒼茫茫 黒い大地が果てしなく広がった

417 ts'ɿ̱^{33}ɣa^{33}mo^{44}gu̱^{21}dʑo^{44} 如此之後呢 そののち

418 ʂɿ̱^{21}mu^{33}mu^{33}dʑu̱^{55}tɕo^{44} 七地之中層 七地（しちじ）の中層では

419 a^{21}p'u^{33}ɣa^{33}sa^{33}tɯ^{21} 阿普阿散起 阿普阿散（アープーアーサン）（アプワサ）が立ち上がり

420 vɿ^{33}lo^{55}dzɿ^{33}dʑæ^{33}si^{21} 左手執銅叉 左手に銅の刺股（さすまた）を持ち

421 ʑi^{33}lo^{55}xɯ^{33}dʑæ^{33}si^{21} 右手執鐵叉 右手に鉄の刺股を持って

古事記への視点

■先に「左」、あとに「右」の、対の共通性

「左」「右」という対が用いられるときには必ず「左」が先で「右」が後である。これは『古事記』神話でも、「投げ棄(う)つる左(ひだり)の御手(みて)の手纏(たまき)に成れる神の名は、(略) 次に投げ棄つる右の御手の手纏に成れる神の名は、(略)」(神代記)、「天照大御神(あまてらすおほみかみ)の左の御美豆良(みみづら)に纏かせる (略)、亦右の御美豆良に纏かせる (略)」(神代記) そのほか事例が多い。

422 pu̠^{33}lo^{44}mu^{33}ɤa^{33}dæ^{33}　轉而改造於大地　　地上での改造に向かった
423 mu^{33}pu̠^{33}mu^{33}vu̠^{55}ʂa^{33}　翻天上空中　　天をめくると空は
424 mu^{33}vu̠^{55}ho^{55}dʑi^{21}tɕʻu^{33}　天上霧潔白　　空には白い霧がかかった
425 mu^{44}dæ^{33}ɤa^{33}tʂɪ^{33}ti^{55}　修天又安星　　天を修繕し、星を配置すると
426 tʂɪ^{33}dzu̠^{33}ni^{33}pʻi^{44}pʻi^{21}　星辰亮熠熠　　星はきらきらと光った
427 mu^{33}pu̠^{33}mu^{33}dʐɪ^{44}ndo^{21}　翻地到下界　　地をめくって下界に着くと
428 mu^{33}dʐɪ^{44}ndi^{21}dʑi^{21}nɔ^{33}　下界平原黑　　下界の平原は黒々としていた
429 ha^{33}pu̠^{33}mu^{44}kʻɯ^{33}ʂa^{33}　覆雨下大地　　雨が大地を覆い
430 mu^{44}kʻɯ^{33}ʐɪ^{33}xɯ^{21}xɯ^{21}　大地水洋溢　　大地には水が溢れた
431 ɖɪ^{33}pu̠^{33}go^{21}o^{21}ʂa^{33}　轉風入埡口　　山の口に風を向け
432 go^{21}o^{21}ɖɪ^{33}su̠^{33}su̠^{33}　埡口風颼颼　　山の口に風がびゅうびゅう吹いた
433 mu^{33}li^{55}tsu^{21}mu^{33}ta^{33}　集土成堆堆　　土を集めて積み上げると
434 bo^{33}dʑi^{44}tɔ^{33}li^{21}li^{21}　成山巍峨峨　　高く聳(そび)え立つ山となった
435 lo^{33}pu̠^{33}no^{55}ɤa^{33}ta^{33}　移谷至彼域　　谷を彼方(かなた)に移すと
436 lo^{33}no^{55}ʂo^{21}ʑi^{33}ʑi^{33}　深谷深幽幽　　谷は暗いほどに深くなった
437 ndi^{21}ndʑo^{33}gu^{55}ɤa^{33}ta^{33}　整原於中部　　中央で野原を整えると
438 ndi^{21}dʑi^{21}gu̠^{21}lɪ̠^{21}lɪ̠^{21}　平原平坦坦　　野原は平らになった
439 tɕa^{33}tɕɔ^{33}ʂo^{21}ʑi^{33}ʑi^{33}　斜坡長又長　　斜めの坂があまりにも長いので
440 va^{55}pu̠^{33}no^{55}ɤa^{33}ta^{33}　移崖至彼域　　崖を彼方に移すと
441 va^{55}dʑi^{21}ȵi^{33}pʻo^{44}pʻo^{44}　懸崖高峻峻　　崖は高く険しくなった
442 lɪ̠^{33}pu̠^{33}ndi^{21}tʻɔ^{33}ta^{33}　移石到平原　　石を平野に移すと
443 lɪ̠^{33}dʐɔ^{33}nɔ^{33}ndʑæ^{33}ndʑæ^{33}　石塊黑壓壓　　石は黒々と積み重なった
444 sɪ^{33}zɯ^{33}ti^{33}ni^{33}ȵi^{33}　司惹氏尼氏　　司惹氏尼(スールォディーニー)(スズティニ)は
445 a^{44}ʑi^{33}su^{44}næ^{33}tsɪ^{33}　派阿以蘇尼　　阿以蘇尼(アーイースーニー)(アジスネ)を派遣し
446 bo^{44}tʻu̠^{33}a^{33}ɖɪ^{33}ŋgo^{33}　鑽山以取風　　山に穴を開け、風を通し

447　ɖɿ^{33}ŋgo^{33}dʑu̱^{55}ɤa^{33}ʂa^{33}　引風到世間　世の中に風を引き入れた

448　ɖɿ^{33}p‘u̱^{33}ŋgo^{33}si^{33}si^{33}　風吹涼爽爽　風が爽やかに吹いた

449　su^{44}næ^{33}lɯ^{21}gɯ^{21}tsɿ^{33}　派蘇尼勒格　蘇尼勒格(スーニーレーグォ)（スネルグ）を派遣し

450　lɿ̱^{33}nbi^{55}ɤa^{33}ʐɿ^{33}tsi^{44}　敲石以裝水　石を叩いて水を入れると

451　ʐɿ^{33}ʐɿ^{33}tsɿ̱^{55}gæ^{33}gæ^{33}　水流斷又連

水の流れは途切れたり繋がったりした

452　ts‘ɿ̱^{33}ɤa^{33}mo^{44}gu̱^{21}dʑo^{44}　如此之後呢　そののち

453　ŋɯ^{33}t‘i^{55}ku^{33}ndzɿ^{33}tɯ^{44}　恩梯古茲起

恩梯古茲(エンティーグーズー)（グティクズ）が立ち上がり

454　ʂɿ̱^{21}mu^{33}mu^{33}dʐɿ^{44}hɯ^{21}　視察於下界　下界を視察した

455　ʐɿ^{33}ʐɿ^{33}o^{33}ma^{21}bi^{21}　水源未分流　水源では川はまだ分かれていなかった

456　ʐɿ^{44}mu^{33}ŋgɯ^{21}a^{21}la^{33}　水尾未匯合

水の出口では川はまだ合流していなかった

457　ho^{55}bo^{33}t‘u̱^{33}a^{21}la^{33}　霧昇未繞山

霧は昇ったがまだ山を覆ってはいなかった

458　ha^{33}mu^{33}bi^{21}a^{21}la^{33}　有雨未降來　雨があるのに降ってこなかった

459　ʐɿ^{33}pu̱^{33}ŋgu̱^{55}ɤa^{33}ʐɿ^{33}　水往高處流　水が上流に流れて行き

460　sɿ̱^{33}pu̱^{33}i^{44}ts‘ɿ^{33}dzu̱^{33}　樹木朝下長　樹木が下に伸びて行った

461　mu^{44}li^{33}dæ^{33}ma^{21}dzi^{33}ʑi^{21}sɿ^{33}　大地尚未改造好

大地の改造はまだ終わっていなかった

462　tɕo^{33}lo^{44}p‘u̱^{21}mo^{21}p‘u̱^{21}si^{33}kɯ^{21}　轉由普莫普色來改造

また普莫普色(プーモープースォ)（プモプシ）によって改造されることになった

463　p‘u̱^{21}ndzɿ^{33}p‘u̱^{21}a^{21}mo^{21}　普茲普阿莫[10]　普茲普阿莫(プーズープーアーモー)（プズプアモ）は

464　hæ^{55}gu̱^{33}la^{33}tɕɔ^{33}si^{21}　帶著大彎刀　大きな曲り刀を持って

465　mu^{44}lɿ^{33}di^{21}ɤa^{33}hi^{55}　直立於四方　四つの方角に立ち

466　k‘ɯ^{21}gɯ^{21}sɔ^{33}tɕo^{33}tɕo^{33}　巡回轉三圈　三回巡って視察した

467　mu^{33}gu^{33}mu^{33}gu^{33}ʐɿ̱^{55}　是來割地脈[11]　大地の脈を切りに来た

468　mu^{33}gu^{33}ts‘ɿ̱^{21}ɤa^{33}ʐɿ̱^{55}　地脈朝下割　大地の脈を下に向かって切った

469　mu^{33}gu^{33}ʐɿ̱^{55}ɤa^{33}nɯ^{33}　割了地脈後　大地の脈を切ったあと

470　lo^{33}dæ^{33}ts‘ɿ^{21}ɤa^{33}ʂu^{33}　谷地往下伸　谷は下に向かって伸びた

471 mu^{33}ŋgɯ^{21}ts‘ɿ̱^{21}ɤa^{33}ndʐu̱^{33} 地門朝下閉 大地の門は下に向かって閉じた
472 ʐɿ^{44}mu^{33}ts‘ɿ̱^{21}ɤa^{33}bi^{21} 水尾朝下指 水の出口は下に向かった
473 ʐɿ^{33}ʐɿ^{33}ts‘ɿ̱^{21}ɤa^{33}ʐɿ^{33} 水往低處流 水が下流に流れて行った
474 ʐɿ^{33}k‘ɯ^{33}ts‘i^{21}li^{21}li^{21} 水沿齊整整⑫ 水が川に沿って整然と流れて行った
475 mu^{44}dæ^{33}ŋgu̱^{55}ɤa^{33}ta^{33} 翻土朝上立 土をひっくり返して上に立てると
476 sɿ̱^{33}dzu̱^{33}ŋgu̱^{55}ɤa^{33}dzu̱^{33} 樹木朝上長 樹木が上に向かって伸びて行き
477 sɿ̱^{33}dzu̱^{33}nɔ^{33}mu̱^{55}mu̱^{21} 樹林莽蒼蒼
森の木々は見渡すかぎり青々と茂った

注

① “司惹”、音譯、其義爲“神子”、約祖爲其名。
「司惹(スズ)」は音訳であり、その意味は「子神」である。約祖(ゾツ)はその名前。

② 以上四句指各箇方向都尚未開闢得十分完美。
以上の四つの句は、東西南北の各方向がまだ完全に切り開かれていないことを指す。

③ “各紅”爲神名、“阿以”爲小孩之義、所以可能是一箇孩童神。
「各紅(ゴオ)」は神名であり、「阿以(アジ)」は子供の意味であるから、【各紅阿以(ゴオアジ)は】幼童神であろう。

④ 地洞與天門相應。
「地洞」と「天門」は対応している。

⑤ 有些文本中則説是“四爾神九子”。
ある文献では「四爾(スル)神の九人の子」となっている。

⑥ 有些文本中説爲“約祖九神子”。
ある文献では「約祖(ゾツ)の九人の子神」となっている。

⑦ 千拖、彝語音、指山頂高處的小壩。
千拖(チェト)はイ語の音訳であり、山の頂上の高地にある小さな台地を指す。

⑧ 以上五句指還不太正常。
以上の五句は、大地がまだ正常な状態になっていないことを指す。

⑨ 有些文本中説衹有三箇神女。
ある文献では、女神は三人しかいない。

⑩ 普茲普阿莫和上句普莫普色爲一人、其義可能指神之王后、也許是阿普阿散的妻子。
普茲普阿莫(プズプアモ)と上の普莫普色(プモプシ)は同じ神であり、その意味は神の妃である。もしかすると阿普阿散(アプワサ)の妻かもしれない。

⑪ 地脈、指大地的血脈。

「地脈」は、大地の血脈を指す。

⑫ 指水已形成河流沿著既定的路綫前進、河畔的水位很齊整。

水はすでに川を形成し、決まった水路に沿って進み、河畔の水位も安定していることを意味する。

[大地を改造する]

天と地を分けたのは司惹氏尼（スズティニ）であり、大地を改造したのは司惹約祖（スズゾツ）だった。司惹約祖（スズゾツ）が仕事を始める前、上界で恩梯古茲（グティクズ）は「天と地は分けられつつあるとはいえ、まだ天と地は切り開かれていない」と言った【251句参照】。「北も南もうまく切り開かれておらず、東には光りが無く、西は暗くなれないし、空間はまだ区分されておらず、生物（動物と植物）もいない（無い）」と言って、天の各紅阿以（ゴオアジ）を派遣した。各紅阿以（ゴオアジ）は、神の牛四頭に四つの方角の土地を耕させ、神の豚四匹に四つの方角を切り開かせた。北も南も、大地の四つの方角が切り開かれた。

そののち、上界は灰色が不完全で、星も不揃いで、霧も黒々としていて、雨も薄暗かった。下界は大地が広々としていたが不完全だった。恩梯古茲（グティクズ）は格莫阿爾（クモアル）を派遣して、銅と鉄の棒と斧と鋤（すき）を九本ずつ鍛え上げて、大地造りの司惹約祖（スズゾツ）の九人の子に与えた。司惹約祖（スズゾツ）（の九人の子）は互いに話し合って、大地を改造しに行った。山と谷を改造し、山を造って羊の牧場に、野原を造って闘牛場に、盆地を造って苗代に、坂を造って蕎（そば）畑に、尾根を造って戦場に、溝を造って水の流れ道に、山の口を造って風の通り道に、千拖（チェト）という台地を造って居住地にし、大地は区切られた。

そののち、下界では、大地が果てしなく広がり、大地が白くなり、深い谷が黄色になり、野原が灰色になり、霧が水になり、雨が風になった。上界では、恩梯古茲（グティクズ）が格莫阿爾（クモアル）を派遣して、銅と鉄の帚を九本鍛え上げて九人の女神に与えると、改田阿爾（ブデアル）の九人の女神は銅と鉄の帚を持って大地を掃除しに行った。空を帚で掃き上げると青い空が、大地を帚で掃き下げると黒い大地が果てしなく広がった。

そののち七地（しちじ）の中層では、阿普阿散（アブワサ）が左手に銅の刺股（さすまた）を持ち、右手に鉄の刺股を持って地上での改造に向かった。天をめくると空に白い霧がかかり、天を修繕して星を配置すると星がきらきら光り、地をめくると下界の平原は黒々となり、雨を降らせると大地に水が溢れ、山の口に風を向けると風がびゅうびゅう吹き、土を集めて積み上げると聳え立つ山となり、谷を移すと谷は暗いほどに深くなり、中央で野原を整えると野原は平らになり、坂があまりに長いので崖を移すと崖は高く険しくなり、石を平野に移すと石は黒々と積み重なった。司惹氏尼（スズティニ）は阿以蘇尼（アジスネ）を派遣し、山に穴を開けて風を通すと風が爽やかに吹いた。蘇尼勒格（スネルグ）を派遣し、石を叩いて水を入れると水の流れは途切れたり繋がったりした。

そののち、恩梯古茲（グティクズ）が下界を視察すると、水源で川は分かれず、水の出口では川は合流していなかった。霧は昇ったが山を覆わず、雨はあるのに降ってこなかった。水は上流に流れて行き、樹木は下に伸びて行った。大地の改造はまだ終わっていなかったので、再び普莫普色（プモプシ）、またの名は普茲普阿莫（プズプアモ）によって改造されることになった。大きな曲り刀を持って四つの方角に立ち、三回巡って視察して、大地の脈を下に向かって切ると、谷は下に向かって伸び、大地の門は下に向かって閉じ、水が下流に流れて行き、川の中を整然と流れて行った。土をひっくり返して上に立てると、樹木が上に向かって伸びて行き、森の木々は見渡すかぎり青々と茂った。

5　gɯ^{33}ɖɯ^{21}tsʻɿ̠^{55}　［日月譜］［太陽と月の系譜］

478　i^{21}si^{21}ʂɿ^{44}a^{33}ɖɯ^{44}　遠古時候　大昔
479　mu^{33}dæ^{33}lo^{44}hi^{33}nɯ^{33}　改造大地後　大地が改造されたあと
480　ȵi^{21}nɯ^{33}gɯ^{33}a^{21}mo^{33}　白天不見日　昼間に太陽が見えなかった
481　si^{44}nɯ^{33}ɖɯ^{21}a^{21}mo^{33}　夜晩不見月　夜には月が見えなかった
482　sɔ^{33}tʻa^{33}tʂɿ^{33}a^{21}mo^{33}　未見索塔星[1]　索塔（スオター）（ソタ）星も見えなかった
483　ȵɔ^{33}ni^{33}lɿ^{33}a^{21}mo^{33}　未見了尼爾　了尼爾（リャオニーアル）(ニョニル)星も見えなかった
484　ʂɿ̠^{21}mu^{33}nɔ^{33}dzɿ̠^{55}dzɿ̠^{55}　世界黒暗暗　世界は真っ暗だった
485　ʂɿ̠^{21}mu^{33}nɔ^{33}dɯ^{21}dɯ^{21}　世界黒沈沈　世界は黒々としていた
486　ʂɿ̠^{21}mu^{33}mu^{33}ha^{55}tɕo^{44}　七地之上方　七地（しちじ）の上のほうで
487　ŋɯ^{33}tʻi^{55}ku^{33}ndzɿ^{33}tʻu̠^{55}　恩梯古茲家　恩梯古茲（エンティーグーズー）（グティクズ）は
488　sɿ^{33}mu^{33}dzɿ^{33}　駕神馬　神馬に乗り
489　sɿ^{33}lɯ^{33}no^{21}　驅神牛　神牛を走らせ
490　tʻi^{55}ȵi^{33}dʐɿ^{33}lo^{44}li^{33}　要去也得去

行く必要があれば行かねばならないし

491 ma^{21}t‘i^{55}dʐɿ^{33}lo^{44}li^{33} 不去也得去 行かないつもりでも行かねばならず

492 ma^{21}tsɿ^{33}lɿ^{33}li^{21}tsɿ^{33} 不派且來派 派遣すべきでない者を派遣した

493 p‘u̠^{21}ndzɿ^{33}p‘u̠^{21}mo^{21}tsɿ^{33} 派遣普茲普莫氏 普茲普莫(プズプモ)を派遣し

494 p‘u̠^{21}mo^{21}na^{33}lɿ^{33}tsɿ^{33} 普莫派喃爾 普莫(プモ)は喃爾(ナル)を派遣し

495 na^{33}lɿ^{33}dʑæ^{33}dʑæ^{33}tsɿ^{33} 喃爾派吉吉 喃爾は吉吉(ジェジェ)を派遣し

496 dʑæ^{33}dʑæ^{33}ɖɿ^{33}ʂɿ^{33}tsɿ^{33} 吉吉派爾石 吉吉は爾石(ルシュ)を派遣し

497 ɖɿ^{33}ʂɿ^{33}a^{33}ɣo^{21}tsɿ^{33} 爾石派阿俄② 爾石は阿俄(アウォ)を派遣した

498 ɖɿ^{44}ʂɿ^{33}a^{33}ɣo^{21}ȵi^{33} 爾石阿俄呢 爾石と阿俄は

499 pa^{33}k‘ɯ^{33}a^{44}dʐɿ̠^{33}tsɿ^{33} 派神蛙阿旨③ 神蛙阿旨(パクアジュ)を派遣した

500 pa^{33}k‘ɯ^{33}a^{44}dʐɿ̠^{33}ȵi^{33} 神蛙阿旨呢 神蛙阿旨は

501 o^{44}li^{33}ʂɿ^{33}o^{33}ndi^{55} 頭部爲蛇頭 頭は蛇

502 ku^{44}li^{33}hi^{55}ku^{33}dzu̠^{33} 軀體爲獸軀 からだは獣で

503 si^{44}li^{33}ti^{55}si^{33}dzu̠^{33} 生著鷂足爪 鷂の爪を持ち

504 dʑu̠^{55}li^{33}tɕ‘u^{33}bo^{33}vi^{55} 腰間掛銀帶 腰には銀の帯を掛け

505 gɯ^{33}ɖɯ^{21}tɕa^{33}ʑu^{33}si^{44} 帶著日月棒④ 太陽と月の棒を身に着けていた

506 bo^{44}o^{33}lo^{44}o^{33}tɕi^{21} 徘徊山谷間 山と谷をめぐり

507 næ^{33}zɿ^{33}bo^{33}ɣa^{33}ȵi^{33} 座在大江旁 大きな川のほとりに座り

508 næ^{33}zɿ^{33}bo^{33}ɣa^{33}tɯ^{21} 大江旁邊起 大きな川のほとりに立ち上がり

509 tsɿ̠^{21}tʂ‘o^{21}tʂ‘o^{21}ɣa^{33}i^{55} 居於沼澤間 沼地や湿地のあいだに暮らし

510 tsɿ̠^{21}tʂ‘o^{21}tʂ‘o^{21}ɣa^{33}tɯ^{21} 沼澤之間起 沼地や湿地のあいだに立ち上がり

511 vɿ^{33}ɣa^{21}hi^{55}zi^{33}ndzu̠^{33} 左方依於柱 左側は柱に寄り掛かり

512 ʑi^{21}a^{21}ɖɯ^{21}bo^{33}tsɿ^{33} 右方傍於山⑤ 右側は山に寄り掛かり

513 gɯ^{33}du̠^{33}gɯ^{33}ɣa^{33}tsɿ^{21} 日出依於日 太陽が出ると太陽に寄り掛かり

514 ɖɯ^{21}du̠^{33}ɖɯ^{21}ɣa^{33}tsɿ^{21} 月出傍於月 月が出ると月に寄り掛かり

515 tʂɿ^{33}du̠^{33}tʂɿ^{33}ɣa^{33}tsɿ^{21} 星出靠於星 星が出ると星に寄り掛かり

516 gɯ^{33}no^{21}gɯ^{33}ɣa^{33}tʂɿ^{33} 是來煉太陽⑥ このとき造り上げた太陽は

517 gɯ^{33}tʂɿ^{33}ti^{33}t‘o^{55}dʑi^{33} 煉日雲上飛

造り上げた太陽は雲の上を飛び回った

518 ti^{33}t‘o^{55}ʂɿ^{33}ts‘a^{33}zi^{33} 雲上輝光耀 雲の上は光りが一杯だった

519 gɯ^{33}zɯ^{33}kɯ^{55}ts‘i^{33}kɯ^{55} 太陽九十九 太陽を九十九個

520 ts‘ɪ̱^{21}ȵi^{21}gɯ^{33}dæ^{33}li^{33} 一日來造日 一日で太陽を造った
521 vɪ^{33}lo^{55}gɯ^{33}fu^{55}ʑu^{33} 左手取六日 左手で六個の太陽を取り
522 gɯ^{33}zɯ^{33}fu^{55}ʑu^{33}p‘u^{21} 六日來拴縛 六個の太陽を縛りつけた
523 ȵi^{21}nɯ^{33}gɯ^{33}fu^{55}du̱^{33} 白天六日出 昼には六個の太陽が出て
524 gɯ^{33}du̱^{33}tɕo^{33}lɪ^{21}lɪ^{21} 日出反復復 太陽が繰り返し繰り返し出た
525 gɯ^{33}ȵi^{33}nɯ^{33}mu^{33}gu^{33} 日出則天穩 太陽が出ると天が安定した
526 ɖɯ^{21}no^{21}ɖɯ^{21}ɣa^{33}tsi^{21} 是來鍛月出 このとき造り上げた月は
527 ɖɯ^{21}tsi^{21}ti^{33}vu̱^{55}dʑi^{33} 造月雲下飛 造った月は雲の下を飛び回った
528 ti^{33}vu̱^{55}bo^{21}ʂɪ^{33}tɕ‘u^{33} 雲下月光耀 雲の下は月の光りが一杯だった
529 ɖɯ^{21}zɯ^{33}hi^{55}ts‘i^{33}hi^{55} 月亮八十八 月を八十八個
530 ts‘ɪ̱^{21}ȵi^{21}ɖɯ^{21}dæ^{33}li^{33} 一日造月亮 一日で月を造った
531 ʑi^{33}lo^{55}ɖɯ^{21}ʂɪ̱^{21}ʑu^{33} 右手取七月 右手で七個の月を取り
532 ɖɯ^{21}ɣa^{33}ʂɪ̱^{21}ʑu^{33}p‘u^{21} 七月來固定 七個の月を固定した
533 si^{44}nɯ^{33}ɖɯ^{21}ʂɪ̱^{21}du̱^{33} 夜晚七月出 夜には七個の月が出た
534 ɖɯ^{21}du̱^{33}tɕo^{33}ho^{21}ho^{21} 月出反復復 月が繰り返し繰り返し出た
535 ɖɯ^{21}ȵi^{33}nɯ^{33}ts‘a^{33}ts‘a^{33} 有月則温暖 月があれば暖かだった
536 tʂɪ^{33}no^{21}ɣa^{33}tʂɪ^{33}ti^{55} 是來將星造 このとき造った星を
537 tʂɪ^{33}dʑi^{44}mu^{33}gu̱^{33}dzu̱^{33} 造星天空掛 造った星を空に掛けた
538 tʂɪ^{33}du̱^{33}ni^{44}sɪ^{33}sɪ^{33} 星辰亮閃閃 星がきらきらと輝いていた
539 tʂɪ^{33}zɯ^{33}ʂɪ^{21}ts‘i^{33}ʂɪ^{21} 星辰七十七 星を七十七個
540 ts‘ɪ̱^{21}ȵi^{21}tʂɪ^{33}ɣa^{33}dæ^{33} 一日造星辰 一日で星を造った
541 ȵɔ^{33}n̥i^{33}lɪ^{33}du̱^{33}la^{33} 了尼爾出來 了尼爾(リャオニーアル)(ニョニル)星も出てきた
542 tʂ‘ɪ̱^{55}k‘u̱^{33}fu̱^{55}du̱^{33}la^{33} 痴苦呼出來
痴苦呼(チークーフー)(チュクフ:昴(すばる)星)星も出てきた
543 ʂa^{21}ȵɛ^{21}ʂɪ̱^{21}du̱^{33}la^{33} 刹念什出來 刹念什(シャーニエンシー)(シャニェシュ)星も出てきた
544 tɕo^{55}ndɯ^{21}gu̱^{21}du̱^{33}la^{33} 糾徳故出來 糾徳故(ジウデーグー)(チョドゥグ)星も出てきた
545 tɕo^{55}ndzi^{33}bo^{33}du̱^{33}la^{33} 糾争波出來[7] 糾争波(ジウチョンボー)(チョジボ)星も出てきた
546 tʂɪ^{33}dzu̱^{33}tʂɪ^{33}tæ^{33}tu^{33} 星辰層疊疊 星は互いに重なり合って
547 tʂɪ^{33}dzu̱^{33}ni^{33}p‘i^{44}p‘i^{21} 星辰亮熠熠 星はきらきらと輝いていた
548 dɯ^{33}vu̱^{55}zɪ^{33}dzu̱^{33}vu^{21}bo^{21}ȵi^{33} 大地長草可盡數
地上の草は数えられたが

549　tʂɿ^{33}dzu̠^{33}vu^{21}ma^{21}bo^{21}　星辰無盡數　星は数え切れなかった

550　tsʻɿ̠^{33}ɣa^{33}gu̠^{21}dʑo^{44}nɯ^{33}　如此之後呢　そののち
551　ȵi^{21}nɯ^{33}gɯ^{33}fu̠^{55}du̠^{33}　白天出六日　昼には六個の太陽が出て
552　si^{44}nɯ^{33}ɖɯ^{21}ʂɿ̠^{21}du̠^{33}　夜晚出七月　夜には七個の月が出た
553　gɯ^{33}tʻi^{55}nɯ^{33}tʻɯ^{55}ku^{33}　需日則呼日⑧
太陽が必要なときには太陽を呼び出し
554　gɯ^{44}du̠^{33}bo^{21}la^{33}kɯ^{44}　日出光爲首⑨　太陽が出るとその光りが頭となった
555　ɖɯ^{33}tʻi^{55}nɯ^{33}ɖɯ^{21}sa^{33}　需月則喚月　月が必要なときには月を呼び出し
556　ɖɯ^{44}du̠^{33}bo^{21}la^{33}dʑu̠^{55}　月出光爲腰　月が出るとその光りが腰となった
557　tʂɿ^{33}tʻi^{55}nɯ^{33}tʻʂɿ^{33}dzu̠^{33}　要星則喊星　星が必要なときには星を呼び出し
558　tʂɿ^{33}du̠^{33}bo^{21}la^{33}mu^{33}　星辰光爲尾　星の光りが尾となった
559　gɯ^{33}fu^{55}ɖɯ^{21}ʂɿ̠^{21}ȵi^{33}　六日七月呢　六個の太陽と七個の月は
560　næ^{33}ʐɿ^{33}bo^{33}ɣa^{33}tɯ^{44}　大江旁邊起　大きな川のほとりに立ち上がり
561　mo^{33}mu^{33}tsʻi^{33}o^{33}xa^{55}　普照於大地　大地を隅々まで照らした
562　mu^{33}fɿ̠^{55}mu^{33}ɖo^{21}nɯ^{33}　東方西方呢　東と西を
563　gɯ^{33}fu̠^{55}ɖɯ^{21}ʂɿ̠^{21}ŋga^{33}　六日七月過
六個の太陽と七個の月が渡って行き
564　mu^{33}kʻɯ^{55}mu^{33}tʻi^{55}nɯ^{33}　白晝黒夜呢　明るい昼と暗い夜が
565　gɯ^{33}fu^{55}ɖɯ^{21}ʂɿ̠^{21}tsɿ̠^{55}　六日七月分
六個の太陽と七個の月により分けられた

注

① “索塔星”和“了尼爾”皆爲星座名。
「索塔星（ソタ）」も「了尼爾（ニョニル）」も星の名前である。

② 以上喃爾・吉吉・爾石・阿俄皆爲神名、也可連名爲普莫喃爾・喃爾吉吉・吉吉爾石・爾石阿俄。
以上の喃爾（ナル）・吉吉（ジェジェ）・爾石（ルシュ）・阿俄（アウォ）はすべて神の名前であり、普莫喃爾（プモナル）・喃爾吉吉（ナルジェジェ）・吉吉爾石（ジェジェルシュ）・爾石阿俄（ルシュアウォ）を「連名」と理解してもいい。

③ 這箇角色有的地方説爲司惹氏尼、也有的説爲阿留居日、或説阿約惹曲、各説不一。
この（神蛙阿旨（パクアジュ）という）神は、司惹氏尼（スズティニ）あるいは阿留居日（アニュジュズ）（2510 句初出）あるい

は阿約惹曲(アゾズチョ)（2963句初出）と称されることもあり、文献により違いがある。

④　日月棒、可能是指安日月用的某種工具。

「日月棒」とは、おそらく太陽と月を空に配置するときに用いる道具であろう。

⑤　這句和前一句的意義比較模糊、似乎是指依傍於某物。

この句と前の一句は意味がはっきりせず、なにかの物に寄り掛かることを指しているようである。

⑥　好像是指用某種金屬來鍛造日月。

何かの金属で太陽と月を造り上げるという意味のようである。

⑦　以上痴苦呼・刹念什・糾德故・糾爭波皆爲星座名。痴苦呼爲昴六星、刹念什爲北斗七星。

以上の痴苦呼(チュクフ)・刹念什(シャニェシュ)・糾徳故(チョドゥグ)・糾争波(チョジボ)はすべて星の名前である。痴苦呼(チュクフ)は「昴六星」（すばる星）、刹念什(シャニェシュ)は北斗七星である。

⑧　此句和下文“需月則喚月”、“要星則喊星”三句的語義模糊、可能指需要時就可隨時呼喚出來。

この句と下の「需月則喚月」「要星則喊星」の三句は意味がはっきりしないが、必要なときにはいつでも呼び出せるということのようである。

⑨　這句和下文“月出光爲腰”、“星辰光爲尾”相呼應、首、腰、尾是指光的強度有分别。

この句と下の「月出光爲腰」「星辰光爲尾」は互いに呼応しており、「頭」「腰」「尾」は光の強度の違いを意味している。

［太陽と月の系譜］

大昔、大地が改造されたあとも、昼に太陽が見えず、夜に月が見えず、索(ソ)塔(タ)星も了尼爾(ニョニル)星も見えず、世界は真っ暗だった。上界で恩梯古茲(グティクズ)は、神馬に乗り、神牛を走らせ、普茲普莫(ブズブモ)を派遣し、普茲普莫(ブズブモ)は喃爾(ナル)を派遣し、喃爾(ナル)は吉吉(ジェジェ)を派遣し、吉吉(ジェジェ)は爾石(ルシュ)を派遣し、爾石(ルシュ)は阿俄(アウォ)を派遣し、爾石(ルシュ)と阿俄(アウォ)は神蛙阿旨(パクアジュ)を派遣した。神蛙阿旨(パクアジュ)は頭は蛇、からだは獣(けもの)で、鶻(はいたか)の爪を持ち、銀の帯、太陽と月の棒を身に着け、山と谷をめぐった。大きな川のほとりに座り、立ち、沼地や湿地で暮らし、左側は柱に寄り掛かり、右側は山に寄り掛かり、太陽が出ると太陽に寄り掛かり、月が出ると月に寄り掛かり、星が出ると星に寄り掛かった。

造り上げた太陽は雲の上を飛び回ったので、雲の上は光りが一杯だった。太陽を九十九個、一日で造り、左手で六個の太陽を取って縛りつけたので、昼には六個の太陽が出て天が安定した。造り上げた月は雲の下を飛び回ったので、雲の下は月の光りが一杯だった。月を八十八個、一日で造り、右手で七個の月を取って固定したので、夜には七個の月が出たので暖かだった。造り上げた星は空に掛けたので、空にきらきら輝いた。星を七十七個、一日で造ると、痴苦呼星（昴星）・刹念什星・糾徳故星・糾争波星が出てきて、星たちは互いに重なり合ってきらきらと輝いた。地上の草は数えられたが、星は数え切れなかった。

そののち、昼には六個の太陽が出て、夜には七個の月が出た。太陽が必要なときに太陽を呼び出すとその光りが頭となり、月が必要なときには月を呼び出すとその光りが腰となり、星が必要なときに星を呼び出すとその光りが尾となった。六個の太陽と七個の月は、大きな川のほとりに立ち上がって大地を隅々まで照らした。東と西を六個の太陽と七個の月が渡って行き、明るい昼と暗い夜が六個の太陽と七個の月により分けられた。

6　mu^{33}tsɿ̱^{33}go^{33}pʻa^{55}　［雷電起源］［雷の起源］（➲映像 39）

566　i^{21}si^{21}ʂɿ^{44}a^{33}ɖɯ^{44}　遠古時候　大昔
567　di^{21}a^{21}lɯ^{33}mu^{33}ni^{33}　迪阿勒之女　迪阿勒（ディアル）の娘は
568　zɯ^{33}lɿ^{33}lo^{44}ma^{21}ɣɯ^{21}　未得育子女　子供を育てることができず
569　tsʻɿ̱^{33}kʻɯ^{33}ho^{33}ȵa^{55}pʻu^{21}　被縛於上界　上界に縛りつけられた
570　ȵo^{33}ŋɯ^{33}pʻu̱^{21}a^{21}mo^{21}　公正的女王　公正な女王は
571　li^{33}ho^{44}ʂɿ̱^{21}mu^{33}na^{33}　祈求於上蒼　天に向かって祈願した
572　mo^{21}kʻɯ^{33}pʻi^{21}di^{21}si^{33}　慕克匹底來指引　慕克匹底（モクピディ）の案内で
573　tʂʻɿ̱^{55}lɿ̱^{55}zɯ^{33}kɯ^{33}mo^{33}　見到痴爾惹格氏①　痴爾惹格（チュルズク）に会った
574　dzi^{33}a^{21}ndzu^{21}ȵi^{33}dzu̱^{33}　遇則留青髻②　遇則（ジア）は青い髻を結った
575　ndzu^{21}ȵi^{33}ȵi^{33}mu^{33}vi^{55}　青髻指向天　青い髻は空を指していた
576　dzi^{33}a^{21}ndzu^{21}ʂɿ^{33}dzu̱^{33}　遇則留黄髻　遇則は黄色い髻を結った
577　ndzu^{21}ʂɿ^{33}ʂɿ^{33}mu^{33}vi^{55}　黄髻指向天　黄色い髻は空を指していた
578　dzi^{33}a^{21}ndzu^{21}ndʐu̱^{33}tɕʻu^{33}　遇則留白髻　遇則は白い髻を結った
579　ndʐɿ^{44}ku̱^{33}hi^{55}ɣɯ^{33}ȵi^{33}
580　ȵi^{33}mu^{33}li^{33}mu^{33}vu̱^{55}　｝③（中国語に翻訳できない）
581　ho^{33}næ^{33}ʂɿ^{33}ndo^{33}lɯ^{33}
582　mo^{33}mu^{33}a^{33}nɔ^{33}mu^{33}　天空灰暗暗　空は灰色に曇っていた

583　ti^{33}tɕ‘u^{33}tʂa^{55}ɣa^{33}ŋga^{33}　走過白雲層　　白い雲の層を通り

584　ti^{33}nɔ^{33}ɖo^{21}ɣa^{33}ɕi^{33}　到達黒雲層[4]　　黒い雲の層に着いた

585　mu^{33}tsɪ̠^{33}mu^{33}vu̠^{55}ndi^{55}　天上有雷電　　空には雷があり

586　si^{44}nɯ^{33}ɖi^{55}p‘u^{21}p‘u^{21}　夜間電閃閃　　夜に稲妻が光った

587　mu^{33}tsɪ̠^{33}ʂɪ^{33}ti^{33}dzu̠^{33}　雷電生獨脚　　雷は一本足で

588　mu^{33}tsɪ̠^{33}o^{33}ti^{33}ndi^{55}　雷電長獨頭　　雷は一つ頭だった

589　bɪ^{21}lɪ^{21}ɖi^{55}mu^{33}tɕ‘o^{33}　　（中国語に翻訳できない）

590　vɪ^{33}lo^{55}ʂɯ^{33}tɕ‘u^{33}si^{44}　左手執鐵棒　　左手は鉄棒を持ち

591　ʑi^{33}lo^{55}t‘o^{55}du^{33}si^{21}　右手拿撃具[5]　　右手には叩く道具を持ち

592　mu^{33}tsɪ̠^{33}mu^{33}hi^{55}tɕ‘o^{33}　雷電随雲霧　　雷は雲と霧に随（つ）いて行き

593　lo^{55}kɯ^{55}mu^{33}su^{33}tsɪ̠^{55}　巧匠來製造[6]　　腕利きの職人が雷を造った

594　kɯ^{55}su^{33}ȵɔ^{33}tɕ‘i^{21}to^{44}　巧匠能障目[7]

腕利きの職人は他人に見られないようにして

595　mu^{33}tsɪ̠^{33}mu^{33}vu̠^{55}ndi^{55}　雷電掛於天　　雷を空に掛けた

596　mu^{33}vu̠^{55}ȵi^{21}tsɪ̠^{33}tsɪ̠^{33}　天空閃霹靂　　空には雷鳴と稲光りが満ちた

597　ts‘ɪ̠^{21}tsɪ̠^{33}ku^{33}lɪ^{33}hi^{55}　轟隆隆而立　　ごろごろと鳴って、立ち

598　ts‘ɪ̠^{21}tsɪ̠^{33}ku^{33}lɪ^{33}tɯ^{44}　轟隆隆而起　　ごろごろと鳴って、出発した

599　vɪ̠^{21}ndzæ^{21}ho^{55}ʂɪ^{33}hi^{55}　左方伴黄霧而居　　左には黄色い霧を伴って住み

600　vɪ̠^{21}ndzæ^{21}ho^{55}ʂɪ^{33}tɯ^{21}　左方伴黄霧而起

左に黄色い霧を伴って出発した

601　ʑi^{21}ndzæ^{21}ho^{33}ȵa^{55}hi^{55}　右方伴氣流而居　　右には気流を伴って住み

602　ʑi^{21}ndzæ^{21}ho^{33}ȵa^{55}tɯ^{21}　右方伴氣流而起　　右に気流を伴って出発した

603　ku^{33}lɪ^{33}bo^{44}dʑæ^{33}hi^{55}　隆隆如山倒而居

ごろごろと山が崩れるように住み

604　ku^{33}lɪ^{33}bo^{44}dʑæ^{33}tɯ^{21}　隆隆如山倒而起

ごろごろと山が崩れるように出発した

605　tɕa^{55}tɕa^{33}la^{21}dʑæ^{21}hi^{55}　佳假拿甲[8]立

佳仮拿甲（ジャージャーナージャー）（チャチャラジェ）に立ち

606　tɕa^{55}tɕa^{33}la^{21}dʑæ^{21}tɯ^{21}　佳假拿甲起　　佳仮拿甲を出発した

607　ma^{21}pu^{33}ho^{33}k‘ɯ^{33}hi^{55}　芒補山峰立　　芒補（マンブー）（マプ）山峰に立ち

608　ma^{21}pu^{33}ho^{33}k‘ɯ^{33}tɯ^{21}　芒補山峰起　　芒補山峰を出発した

609 ti33tɕ‘u33bo33ȵa55hi55 白雲山上立 白い雲の山の上に立ち
610 ti33tɕ‘u33bo33ȵa55tɯ21 白雲山上起 白い雲の山の上を出発した
611 ti33ʂɿ33bo33ȵa55hi55 黄雲山上立 黄色い雲の山の上に立ち
612 ti33ʂɿ33bo33ȵa55tɯ21 黄雲山上起 黄色い雲の山の上を出発した
613 dʑu̠55mu33so33ka33tɕ‘o33 （中国語に翻訳できない）
614 ti44nɔ33bo33k‘ɯ33hi55 黑雲山上立 黒い雲の山の上に立ち
615 ti44nɔ33bo33k‘ɯ33tɯ21 黑雲山上起 黒い雲の山の上を出発した
616 ha33sɿ33sɔ33t‘u33tɕ‘o33 伴著三陣雨 三度の雨を伴って
617 mu33vu̠55mu33ku33ndzɿ33ɣa33ɕi33 天空鳴響雷之時 空に雷鳴が轟いた時
618 la33ȵi44ho55ʂɿ33tɕ‘o33 來時黄霧隨 来た時には黄色い霧が随いて来た
619 go33ȵi21ɖɿ33ʂɿ33tɯ44 歸則起狂風 帰りには暴風が荒れ狂い
620 li44ȵi33ni44zi33zi33 去時紅殷殷 去る時には深い赤になり
621 la44ȵi33tɕ‘u44lo33lo33 來時白晃晃 来た時には白く光った
622 o33li55mo33mu33hɯ21 擧頭望天宇 空を仰ぎ見ると
623 ȵɔ33sɿ33gɯ33ɣa33dza55 雷眼瞥太陽[9] 雷の目が太陽をちらっと見た
624 lo55dʐɯ21sɿ33o33ŋo55 擧手抓樹端 手で梢（こずえ）をつかむと
625 sɿ33o33tu̠33di21tʂ‘ɿ33 樹端篤然斷[10] 梢はぽきんと折れた
626 k‘ɯ33ndi55va55ɣa33ndzɿ̠55 開口咬岩石 口を開けて岩を咬み
627 va55ndzɿ55lɿ33di21dʑɔ33 咬岩嘩然倒 岩を咬むと音を立てて倒れた
628 ʂɿ33dʐɯ44mu33ɣa33ndʑu̠33 投足蹬大地 足で大地を踏み
629 mu33ndʑu̠33lɿ33vo21ndo21 蹬地向四方 大地を四方に向かって踏んだ
630 xɯ33ɕi33ts‘i33ȵi44ɕi33 鐵具十二類 鉄の道具は十二種類あった
631 ts‘ɿ̠44læ33mu33tsɿ̠33go33p‘a55ŋɯ33 此乃雷電之起源
これが雷の起源であった

注

① 以上七句、其義很爲晦澁、這裡衹是望文生義的翻譯、有可能根本上就是錯誤的。另外、這幾句話與下文似沒有直接的聯系、所以這幾句話是否屬於該段的內容、也很難説。

以上の七つの句は、意味が大変わかりにくいので、ここでは字面に頼ったあて推量の翻訳になっているから、もしかすると根本的に誤っている可能性もある。また、この七つの句はあとの部分との直接の関係もないようなので、これらの句が

［雷の起源］の段に属するものかどうかも、必ずしも確定できない。

② 可能是指痴爾惹格氏、此名在勒俄中僅此一見。髻是彝族人留在頭頂前方的髪髻。史稱“椎髻”、俗稱“天菩薩”。這句和以下相同格式的幾句話的翻譯也不一定準確。

（遇則（ジア）は）おそらく痴爾惹格（チュルズク）を指していると思われるが、この名前は「勒俄（ネウォ）」ではここにしか出てこない。「髻（まげ）」はイ族が頭の前部に結う髻であり、昔は「椎髻」（槌の形をした髻（まげ））と称され、一般には「天菩薩」と言われている。この句と以下のいくつかの同じ型の句の翻訳も、必ずしも正確とは言えない。

③ 空白的表示我們不能翻譯、存疑。

空白の部分は、私たちには翻訳ができなかったので、未解決のままにしておく。

④ 是甚麼到達黒雲層、不清楚。

黒い雲の層に着いたのがだれなのかは不明。

⑤ 擊具指用以打擊的工具。

「擊具」は叩くための工具。

⑥ 指雷電是由能工巧匠打製而成的。彝人認爲雷電是刀、斧一類的東西。

雷は、腕利きの職人が造ったものだという意味。イ族は、雷・稲妻は刀や斧と同類のものだと考えている。

⑦ 可能指巧匠能運用技術讓人看不見他的製品雷電。

おそらく、職人が、ある技術を用いて、自作の雷と稲妻が他人に見られないようにしているという意味だろう。

⑧ 佳假拿甲和下句芒補山峰皆爲虚擬的地名。

佳仮拿甲（チャチャラジェ）と次の芒補（マブ）山峰は虚構の地名。

⑨ 瞥太陽、可能指對太陽不屑一顧。

「瞥太陽」（太陽をちらっと見た）は、蔑（さげす）みを含んだまなざしで太陽をにらむことだろう。

⑩ 這句中的“篤”爲象聲詞、按彝語音譯。

この句のなかの「篤（トゥ）」は擬声語で、イ語の音訳である。

［雷の起源］

大昔、迪阿勒（ディアル）の娘は子供を育てられなかったので、上界に縛りつけられた。公正な女王が天に向かって祈願すると、慕克匹底（モクビディ）の案内で痴爾惹格（チュルズク）に会えた。

遇則（ジア）の青い髻（まげ）も黄色い髻も空を指していたが、遇則（ジア）は白い髻も結った。（579～581句意味不明）灰色の空の白い雲の層を通り、黒い雲の層に着いた。空には雷があり、夜に稲妻が光った。雷は一本足で、一つ頭だった。（589句意味不明）左手に鉄棒を、右手に叩く道具を持っていた。雷は雲と霧に随（つ）いて行く。腕利きの職人が雷を造り、他人に見られないようにして雷を空に掛けると、空には雷鳴と稲光りが満ちた。ごろごろと鳴り、左に黄色い霧を伴い、右に気流を伴い、山が崩れるように出発した。佳仮拿甲（チャチャラジェ）、芒補（マブ）山峰を経て、白い雲の山を経て、黄色い雲の山を経て、（613句意味不明）黒い雲の山を出発した。三度の雨と共に雷鳴が轟いた時、黄色い霧が随いて来たが、帰りには暴風が荒れ狂って真っ赤になった。雷が来た時には白く光ったので、空を仰ぎ見ると雷の目が太陽をちらっと見た。【雷が】手で梢（こずえ）をつかむと梢はぽきんと折れ、口を開けて岩を咬むと岩は音を立てて倒れた。【雷は】足で大地を四方に向かって踏んだ。鉄の道具は十二種類あった。これが雷の起源であった。

7　dʑu̱^{55}ts‘u̱^{33}ŋga^{55}tɕ‘i^{21}　［創造生靈①］［生物を創造する］

632　ts‘ɿ^{33}ɣa^{33}mo^{44}gu̱^{21}dʑo^{44}　如此之後呢　　そののち

633　dæ^{44}li^{33}mu^{44}dæ^{33}vo^{44}　“天地改造畢　　「天と地の改造は終えたが

634　dʑu̱^{55}ŋga^{55}ma^{21}tɕ‘i^{21}ma^{21}ts‘u̱^{33}sɿ^{33}　動物植物尚未造

動物と植物はまだ造られていない

635　ma^{21}ts‘u̱^{33}ma^{21}ndzɯ^{33}sɿ̱^{33}vo^{44}di^{44}　不造不美觀”云云

造らないと美しくない」と言った

636　dɯ^{33}bu^{33}a^{21}ɖɿ^{33}ȵi^{33}　徳布阿爾氏　　徳布阿爾（デーブーアーアル）（ドゥブアル）は

637　a^{33}ɣo^{21}ʂu^{55}pu^{33}tsɿ^{33}　派阿俄書補②　　阿俄書補（アーウォシューブー）（アウォシュプ）を派遣して

638　dʑu̱^{55}ts‘u̱^{33}ŋga^{55}tɕ‘i^{21}ʂu^{44}　去創造生靈

生物（動物と植物）を造りに行かせた

639　ŋɯ^{33}dʐɿ^{44}sɿ̱^{33}dzu̱^{44}dzu̱^{33}　下界有樹否？　　下界に木はあったか？

640　ŋɯ^{33}dʐɿ^{44}sɿ̱^{33}ma^{21}dzu̱^{33}　下界無樹木　　下界に木は無かった

641　ma^{21}dzu^{33}ma^{21}ndzɯ^{33}di^{44}　“無樹不美觀”云云

「木が無いと美しくない」と言った

642　a^{33}ɣo^{21}ʂu̱^{55}pu^{33}ȵi^{33}　阿俄書補呢　　阿俄書補（アーウォシューブー）（アウォシュプ）は

643　ɖu̱^{55}mi^{55}to^{33}ʑu^{33}ndi^{55}　帯上花斗笠　　きれいな竹笠を持ち

644　a^{33}mi^{55}tɕa^{33}ʑu^{33}dzɿ^{33}　騎著花木杖　　きれいな木の杖に乗り

645　bu̱^{33}bu̱^{33}dzi^{21}ʑu^{33}si^{44}　花緑緑者帯　　きれいな緑のものをからだに着けて

646 dʑæ^{33}dʑæ^{33}ɖɿ^{55}ʑu^{33}ndi^{55} 亮閃閃者帶[3]
きらきら輝くものをからだに着けて
647 ʂu̠^{55}vɿ^{44}t'u^{33}ʑu^{33}pɿ^{21} 栢籖筒[4]來帶
コノテガシワ（ヒノキ科の常緑樹）の儀礼用の筒を持ち
648 k'u^{33}ɖɯ^{21}vo^{33}ʑu^{33}ndi^{55} 梱法笠來戴 柏(カシワ)の儀礼用の笠をかぶり
649 tɕo^{33}lo^{44}ʂɿ̠^{21}mu^{33}a^{33}mu^{33}ha^{55} 到達七地之上方 七地の上のほうに着いた
650 mi^{55}mi^{55}a^{21}bo^{33}vu̠^{55} 冥冥山[5]之下 冥冥（ミミア）山の下で
651 sɿ̠^{33}xo^{33}gu^{33}xo^{33}ko^{33} 九片森林中 九つの森林から
652 sɿ̠^{33}xo^{33}ts'ɿ̠^{21}xo^{33}tsɿ̠^{55} 分出一片林 一つの林を分けて
653 sɿ̠^{33}ɕi^{21}sɔ^{33}ndzɿ^{33}ʑu^{33} 抓三把樹籽 木の種を三つまみ取り
654 ʂɿ̠^{21}mu^{33}mu^{33}dʐɿ^{44}ʂa^{33} 鋪灑到下界 下界に撒き散らした
655 sɿ̠^{33}ɕi^{21}sɔ^{33}ndzɿ^{33}su^{33} 三把樹籽呢 三つまみの木の種は
656 ts'ɿ̠^{21}pu^{33}ha^{33}tɕ'i^{33}no^{21} 一把隨雨降 一つまみは雨と一緒に降って来て
657 ʐɿ^{33}ndzi^{33}ʐɿ^{44}ka^{33}ndo^{21} 落於水域畔 水辺に落ち
658 sɿ̠^{21}ʑi^{33}sɿ̠^{21}ka^{33}sɔ^{33}ha^{33}p'u̠^{21} 生出桃李三百株 桃と李の木が三百本生えた
659 ʂɔ^{33}mo^{21}ʂɔ^{33}zɯ^{33}sɔ^{33}ha^{33}dzi^{33} 遇到漢族婦幼三百人
漢族の婦人と幼児三百人のものになった
660 ts'ɿ̠^{21}pu^{33}ɖɿ^{33}tɕ'i^{33}no^{21} 一把隨風降 一つまみは風と一緒に降りて来て
661 mu^{33}dʑu̠^{33}mu^{33}zɿ^{33}ndo^{21} 落於半山腰 山の中腹に落ち
662 k'u^{33}ts'ɿ^{21}t'ɯ^{33}ho^{33}lo^{44} 成爲松和梱 松とカシワになった
663 t'ɯ^{33}p'u^{21}sɔ^{33}ha^{33}p'u^{21} 松樹三百片 松林は三百区域になった
664 vi^{33}mo^{21}sɔ^{33}ha^{33}dzi^{33} 遇到斧頭三百柄 三百本の斧で伐採された
665 ko^{33}lo^{33}p'i^{21}bu̠^{33}ȵi^{33} 樹心有花紋 木の中心には模様（年輪）があった
666 p'u̠^{21}k'ɯ^{33}lɿ^{33}tɕa^{33}lo^{44} 祖闢給孫燒 祖父は孫のために薪を割って焼き
667 p'a^{55}k'ɯ^{33}zɯ^{33}tɕa^{33}lo^{44} 父闢給子燒 父は子のために薪を割って焼いた
668 ts'ɿ̠^{21}pu^{33}ɖɿ^{33}mi^{44}no^{21} 一把隨風降 一つまみは風と一緒に降りて来て
669 bo^{44}o^{33}bo^{33}t'o^{55}ndo^{21} 落於山峰上 山の上に落ちた
670 zu^{21}zɯ^{33}ʂu^{55}zɯ^{33}sɔ^{33}ha^{33}p'u̠^{21} 杉樹栢樹三百片
杉林とコノテガシワ林は三百区域になった
671 sɿ̠^{33}tɕi^{21}sɿ̠^{33}bi^{21}li^{33} 樹木得繁衍 樹木はしだいに増えていった
672 sɿ̠^{33}mo^{21}vo^{21}lɯ^{33}ki^{33} （中国語に翻訳できない）

673　zu^{21}ho^{33}sɿ̱^{33}dzu̱^{33}zɿ^{33}　杉林樹之長　杉林は茂った

674　zu^{21}ɣa^{33}dʑu̱^{55}dzu̱^{44}dzu̱^{33}　杉林有生靈？　杉林に生物(動物)はいたか？

675　zu^{21}ɣa^{33}dʑu̱^{55}ma^{21}dzu̱^{33}　杉林無生靈　杉林に生物(動物)はいなかった

676　zu^{21}ʂɿ^{33}nɔ^{33}dzɿ̱^{55}dzɿ̱^{21}　杉林陰森森　杉林は薄暗くて気味が悪かった

677　a^{33}ɣo^{21}ʂu̱^{55}pu^{44}ȵi^{33}　阿俄書補呢　阿俄書補《アーウォシューブー》（アウォシュプ）は

678　pu̱^{33}lo^{21}ŋɯ^{33}ȵa^{55}ŋgo^{33}　轉向上界取　また上界へ取りに行って

679　tsʻæ^{33}ŋgo^{33}zu^{21}ɣa^{33}ʂa^{33}　牽鹿放杉林　鹿を引いて来て杉林に放すと

680　zu^{21}ʂɿ^{33}bo^{21}lo^{33}lo^{33}　杉林亮堂堂　杉林は明るくなった

681　tsʻæ^{33}zɯ^{33}kʻa^{33}ma^{21}ɣɯ^{21}　鹿子無食糧　鹿には食べ物が無かったので

682　tʂʻɿ^{44}lɯ^{33}zɯ^{44}dzi^{33}ʑu^{33}　抓一對麃麞　ノロジカを二頭捕らえて

683　tsʻæ^{33}ndʑæ^{33}kʻa^{33}mu^{44}ta^{33}　作爲鹿之食　鹿の食べ物にすると

684　tsʻæ^{33}zɯ^{33}gɯ^{33}ɖi^{55}ɖi^{55}　鹿崽自在玩　子鹿は思いのままに遊んだ

685　zu^{21}ɣa^{21}dʑu̱^{55}dzu̱^{33}lo^{44}　杉林自此有生靈
杉林にはこの時から生物（動物）がいることになった

686　ŋɯ^{33}dzɿ^{44}zɿ^{33}dzu̱^{44}dzu̱^{33}　下界有草否？　下界には草があったか？

687　ŋɯ^{33}dzɿ^{44}zɿ^{33}ma^{21}dzu̱^{33}　下界未長草
下界にはまだ草が生えていなかった

688　a^{33}ɣo^{21}ʂu̱^{55}pu^{33}ȵi^{33}　阿俄書補呢　阿俄書補《アーウォシューブー》（アウォシュプ）は

689　tɕo^{33}li^{33}ʂɿ̱^{21}mu^{33}a^{33}mu^{33}ha^{55}　前往七地之上方　七地《しちじ》の上のほうへ行き

690　mi^{55}mi^{55}a^{21}bo^{33}vu̱^{55}　冥冥山之下　冥冥《ミンミン》（ミミア）山の下の

691　zɿ̱^{33}xo^{33}gu^{33}xo^{33}ko^{33}　九片草叢中　九つの草むらのなかから

692　zɿ̱^{33}xo^{33}tsʻɿ̱^{21}xo^{33}tsɿ̱^{55}　分出一叢來　一つの草むらを分けてもらった

693　zɿ̱^{33}ɕi^{21}sɔ^{33}ndzɿ^{33}ɕæ^{33}　抓三把草呢　草の種を三つまみ取り

694　ʂɿ̱^{21}mu^{33}mu^{33}dzɿ^{44}ʂa^{33}　鋪灑於下界　下界に撒き散らした

695　tsʻɿ̱^{21}pu^{33}ɖɿ^{33}mi^{44}no^{21}　一把隨風降　一つまみは風と一緒に降りて来て

696　zɿ^{33}gu^{44}zɿ^{44}ka^{33}ndo^{21}　落於水域畔　水辺に落ち

697　du^{33}dzu^{33}ka^{44}ɕæ^{33}lo^{44}　爲都祖甘憲⑥　都祖甘憲《ドゥーズーガンシエン》（ドゥズカセ）になった

698　tsʻɿ̱^{21}pu^{33}ɖɿ^{33}tɕʻi^{33}no^{21}　一把被風吹　一つまみは風に吹き下ろされて

699　gu^{33}tsʻi^{44}gu^{33}ho^{33}ndo^{21}　落於高原間　高原に落ち

700　ndzɿ^{33}tɕʻi^{21}zɿ^{33}ho^{33}lo^{44}　是爲山中草　山の中の草になった

701　ts‘ɿ̠^{21}pu^{33}ha^{33}mi^{44}no^{21}　一把被雨帶　　一つまみは雨に連れられて
702　mu^{33}dʑu̠^{55}mu^{33}zɿ^{33}ndo^{21}　落於半山腰　　山の中腹に落ち
703　hi^{44}k‘ɯ^{33}nda^{44}bo^{33}lo^{44}　是爲蒿草和蕨草　　ヨモギと蕨（わらび）になった
704　ʐɿ^{33}dzu̠^{33}sɔ^{33}ha^{33}p‘u̠^{21}　草類三百片　　草類は三百区域に生えた
705　ndi^{21}tɕ‘u^{33}zɿ^{33}dzu̠^{33}k‘o^{21}　原野草生處　　野原の、草の生えている所には
706　ndi^{21}ɤa^{21}dʑu̠^{55}dzu̠^{44}dzu̠^{33}　原野有生靈？
野原には生物（動物）がいたか？
707　ndi^{21}ɤa^{21}dʑu̠^{55}ma^{21}dzu̠^{33}　原野無生靈
野原には生物（動物）がいなかった
708　ndi^{21}ɤa^{21}nɔ^{33}dzɿ̠^{55}dzɿ̠^{21}　原野暗淡淡　　野原は薄暗かった
709　a^{33}ɤo^{21}ʂu̠^{55}pu^{44}ȵi^{33}　阿俄書補呢　　阿俄書補（アーウォシューブー）（アウォシュプ）は
710　pu̠^{33}lo^{21}mu^{33}ha^{55}ŋgo^{33}　轉向上界取　　また上界へ取りに行き
711　tɕu̠^{55}ŋgo^{33}ndi^{21}ɤa^{33}ʂa^{33}　捉取雲雀放原野　　雲雀（ひばり）を捕らえて野原に放すと
712　ndi^{21}tɕ‘u^{33}bo^{21}lo^{33}lo^{33}　原野亮堂堂　　野原は明るくなった
713　tɕu̠^{55}zɯ^{33}k‘a^{33}ma^{21}ɤɯ^{21}　雲雀無食糧　　ヒバリには食べ物が無かったので
714　tʂa^{33}pu^{33}zɯ^{44}dzi^{33}ʑu^{33}　抓一對螞蚱　　イナゴを二匹捕らえて
715　tɕu̠^{55}zɯ^{33}k‘a^{33}mu^{44}ta^{33}　作爲雲雀食　　ヒバリの食べ物にすると
716　tɕu̠^{55}ndza^{33}zɿ̠^{33}lɿ̠^{33}lɿ̠^{33}　雲雀得歡唱　　ヒバリは楽しく歌を歌った
717　ndi^{21}tɕ‘u^{33}dʑu̠^{55}dzu̠^{33}lo^{44}　原野自此有生靈
野原にはこの時から生物（動物）がいることになった

718　ŋɯ^{33}dʐɿ^{44}ʐɿ^{33}ʐɿ^{44}ʐɿ^{33}　下界有水否？　　下界には水があったか？
719　ŋɯ^{33}dʐɿ^{44}ʐɿ^{33}ma^{21}ʐɿ^{33}　下界没有水　　下界には水が無かった
720　a^{33}ɤo^{21}ʂu̠^{55}pu^{33}ȵi^{33}　阿俄書補呢　　阿俄書補（アーウォシューブー）（アウォシュプ）は
721　tɕo^{33}lo^{44}ʂɿ̠^{21}mu^{33}a^{33}mu^{33}ha^{55}　前往七地之上方　　七地の上のほうへ行き
722　mi^{55}mi^{55}a^{21}bo^{33}vu̠^{55}　冥冥山之下　　冥冥（ミンミン）（ミミア）山の下で
723　ʐɿ^{33}tɕi^{33}ʐɿ^{33}t‘ɔ^{33}li^{33}　尋水求水去　　水を探しに行った
724　ʐɿ^{33}xo^{33}gu^{33}xo^{33}ko^{33}　九片水域中　　九つの水域のなかから
725　ʐɿ^{33}xo^{33}ts‘ɿ̠^{21}xo^{33}tsɿ̠^{55}　取一片水域　　一つの水域を取り
726　ʐɿ^{33}ɕi^{21}sɔ^{33}mo^{33}ŋgo^{33}　引三股細水　　三本の小川を引いて
727　ʂɿ̠^{21}mu^{33}mu^{33}dʐɿ^{44}ʂa^{33}　放入下界中　　下界に流れ込ませると

728 zɿ^{33}zɿ^{33}sɔ^{33}ha^{33}p‘u̠^{21}　水流三百片　水は三百の区域で流れた
729 lɿ̠^{33}nbi^{55}ɣa^{33}zɿ^{33}tsi^{44}　敲石來裝水　石を叩いて水を入れると
730 zɿ^{33}zɿ^{33}ho^{33}p‘o^{44}p‘o^{21}　水流汽蓬蓬　流れる水から水蒸気が立ち上がり
731 a^{21}mo^{21}ʂu̠^{33}zɿ^{33}ki^{55}　海水爲最大　海水の量は最大となった
732 zɿ^{33}ɣa^{21}dʑu̠^{55}dzu̠^{44}dzu̠^{33}　水中有生靈？　水中に生物（動物）はいたか？
733 zɿ^{33}ɣa^{21}dʑu̠^{55}ma^{21}dzu̠^{33}　水中無生靈　水中に生物（動物）はいなかった
734 a^{33}ɣo^{21}ʂu̠^{55}pu^{44}ȵi^{33}　阿俄書補呢　阿俄書補（アーウォシューブー）（アウォシュブ）は
735 pu̠^{33}lo^{21}ŋɯ^{33}ȵa^{55}ŋgo^{33}　轉向上界取　また上界へ取りに行き
736 ʂo^{33}ŋgo^{33}zɿ^{33}ɣa^{33}ʂa^{33}　捉獺放水中　獺（かわうそ）を捕らえて水の中に放すと
737 zɿ^{33}ɣa^{33}vɿ̠^{55}ɖɔ^{33}ɖɔ^{33}　水域蕩漾漾　水域では水面がゆらゆら動いた
738 ʂo^{44}zɯ^{33}k‘a^{33}ma^{21}ɣɯ^{21}　水獺無食糧
カワウソには食べ物が無かったので
739 hɯ^{21}zɯ^{33}zɯ^{44}dzi^{33}ʑu^{33}　捉一對小魚　小魚を二尾捕らえて
740 ʂo^{44}zɯ^{33}k‘a^{33}mu^{44}ta^{33}　作爲水獺食　カワウソの食べ物にすると
741 ʂo^{44}zɯ^{33}ɖi^{55}dʑo^{33}dʑo^{33}　水獺自在游　カワウソは思いのままに泳いだ
742 zɿ^{33}ɣa^{21}dʑu̠^{55}dzu̠^{33}lo^{44}　水域自此有生靈
水域にはこの時から生物（動物）がいることになった

743 ŋɯ^{33}dzɿ^{44}lɿ̠^{33}dʐɔ^{33}dʐɔ^{33}　下界有石否？　下界に石はあったか？
744 ŋɯ^{33}dzɿ^{44}lɿ̠^{33}ma^{21}dʐɔ^{33}　下界無石頭　下界に石は無かった
745 a^{33}ɣo^{21}ʂu̠^{55}pu^{33}ȵi^{33}　阿俄書補呢　阿俄書補（アーウォシューブー）（アウォシュブ）は
746 tɕo^{33}li^{33}ʂɿ̠^{21}mu^{33}a^{33}mu^{33}ha^{55}　轉向七地之上方　また七地の上のほうに行き
747 mi^{55}mi^{55}a^{21}bo^{33}vu̠^{55}　冥冥山之下　冥冥（ミンミン）（ミミア）山の下で
748 va^{55}xo^{33}gu^{33}xo^{33}ko^{33}　九片懸崖中　九つの崖から
749 va^{55}xo^{33}ts‘ɿ̠^{21}xo^{33}tsɿ̠^{55}　取一片懸崖　一つの崖を取り
750 lɿ̠^{33}ɕi^{21}sɔ^{33}ndzɿ^{33}ɕæ^{33}　抓三把石子　三つまみの石をつかんで
751 ʂɿ̠^{21}mu^{33}mu^{33}dzɿ^{44}ʂa^{33}　鋪灑於下界　下界に撒き散らし
752 lɿ̠^{33}dʐɔ^{33}sɔ^{33}ha^{33}p‘u̠^{21}　石頭三百片　石の区域は三百になった
753 va^{55}ni^{33}gu^{33}dʐɯ^{33}lo^{44}　懸崖九座立　九つの崖が聳え立った
754 va^{55}ɣa^{33}dʑu̠^{55}dzu̠^{33}dzu̠^{33}　崖間有生靈？　崖には生物(動物)がいたか？
755 va^{55}ɣa^{33}dʑu̠^{55}ma^{21}dzu̠^{33}　崖間無生靈　崖には生物(動物)がいなかった

756 va^{55}ʂɿ^{33}nɔ^{33}ŋɯ^{21}ŋɯ^{21}　懸崖暗淡淡　　崖は薄暗かった

757 a^{33}ɣo^{21}ʂu̲^{55}pu^{44}ȵi^{33}　阿俄書補呢　　阿俄書補《アーウォシューブー》（アウォシュプ）は

758 pu̲^{33}lo^{21}ŋɯ^{33}ȵa^{55}ŋgo^{33}　轉向上界取　　また上界に取りに行き

759 dʑi^{33}ŋgo^{33}va^{55}ɣa^{33}ʂa^{33}　放蜂入懸崖　　崖の中に蜂を放すと

760 va^{55}ʂɿ^{33}bo^{21}lo^{33}lo^{33}　懸崖亮堂堂　　崖は明るくなった

761 dʑi^{21}ʑo^{33}k'a^{33}ma^{21}ɣɯ^{21}　蜜蜂無食糧　　蜜蜂には食べ物が無かったので

762 ʑo^{44}mu^{33}zɯ^{44}dzi^{33}ʑu^{33}　捉一對蒼蠅　　ハエを二匹捕らえて

763 dʑi^{21}ʑo^{33}k'a^{33}mu^{44}ta^{33}　作爲蜜蜂食　　蜜蜂の食べ物にすると

764 dʑi^{21}ʑo^{33}lɿ^{33}gu̲^{21}gu̲^{21}　蜜蜂嗡嗡鳴　　蜜蜂はぶんぶんと音を立てた

765 va^{55}ɣa^{33}dʑu̲^{55}dzu̲^{33}lo^{44}　懸崖自此有生靈

崖にはこの時から生物（動物）がいることになった

766 ndzi^{21}ko^{33}ndzi^{21}ko^{33}vo^{33}　邊沿且邊沿　　端また端に

767 ʑo^{44}mu^{33}ndzi^{21}ko^{33}vo^{33}　蒼蠅飛邊沿　　ハエは端に沿って飛んで行った

768 gu̲^{33}ko^{33}gu̲^{33}ko^{33}lɿ^{33}　中間呢中間　　中間また中間で

769 dʑi^{21}ʑo^{33}gu̲^{33}ko^{33}lɿ^{33}　蜜蜂中間鳴　　蜜蜂は中間で鳴いた

770 ʑo^{44}mu^{33}vo^{44}ȵi^{33}dʑi^{33}dza^{33}k'a^{33}　蒼蠅飛舞爲蜂食

ハエが飛ぶと蜜蜂に食べられた

771 ma^{21}vo^{33}dʑi^{33}dza^{33}k'a^{33}　不飛亦蜂食　　飛ばなくても蜜蜂に食べられた

772 ts'ɿ̲^{33}ɣa^{33}mo^{44}gu̲^{21}dʑo^{44}　如此之後呢　　そののち

773 ŋɯ^{33}t'i^{55}ku^{33}ndzɿ^{33}tɯ^{44}　恩梯古茲起

恩梯古茲《エンティーグーズー》（グティクズ）は立ち上がり

774 ŋɯ^{33}ha^{55}sɔ^{33}tɕo^{33}tɕo^{33}　上界轉三圈　　上界を三回巡った

775 ts'ɿ̲^{21}p'i^{33}tʂɿ^{33}ndi^{55}ȵi^{33}　一處有星辰　　一か所には星があるが

776 ts'ɿ̲^{21}p'i^{33}tʂɿ^{33}ma^{21}ndi^{55}　一處無星辰　　一か所には星が無い

777 ŋɯ^{33}dzɿ^{44}sɔ^{33}tɕo^{33}tɕo^{33}　下界轉三圈　　下界を三回巡った

778 ts'ɿ̲^{21}lo^{33}sɿ̲^{33}dzu̲^{33}ȵi^{33}　一處有樹木　　一か所には木があるが

779 ts'ɿ̲^{21}lo^{33}sɿ̲^{33}ma^{21}dzu̲^{33}　一處無樹木　　一か所には木が無い

780 ts'ɿ̲^{21}lo^{33}bo^{33}dʑi^{44}ȵi^{33}　一處有山立　　一か所には山が聳えているが

781 ts'ɿ̲^{21}lo^{33}bo^{33}ma^{21}dʑi^{21}　一處無山立　　一か所には山が無い

782 tæ^{44}p'ɔ^{33}zɿ^{33}dzu̲^{33}ȵi^{33}　一半有草叢　　半分には草むらがあるが

783　tæ^{44}p‘ɔ^{33}ʐɿ^{33}ma^{21}dzu̱^{33}　一半無草叢　　半分には草むらが無い

784　tæ^{44}p‘ɔ^{33}ndi^{21}dʑi^{21}ȵi^{33}　一半有平原　　半分には平野があるが

785　tæ^{44}p‘ɔ^{33}ndi^{21}ma^{21}dʑi^{21}　一半無平原　　半分には平野が無い

786　tæ^{44}p‘ɔ^{33}dʑu̱^{55}dzu̱^{44}ȵi^{33}　一半有生靈　　半分には生物（動物）がいるが

787　tæ^{44}p‘ɔ^{33}dʑu^{55}ma^{21}dzu̱^{33}　一半無生靈　　半分には生物（動物）がいない

788　mu^{33}dʑi^{21}mu^{33}dʑi^{44}p‘u̱^{33}　有點不正常⑦　少しばかり正常さを欠いていた

789　a^{21}ɖɿ^{33}pu^{33}ʑɛ^{33}ʑo^{33}　斑鳩來抓鶏　　斑鳩（しらこばと）は鶏を捕った

790　pu^{33}la^{33}o^{33}mu^{33}tɕ‘o^{21}di^{21}to^{33}　轉而丈量其首尾

今度は頭から尾までを測った

791　o^{33}a^{21}tɕ‘o^{33}si^{33}ʂɿ^{33}　首端未成形　　頭のほうはまだ形ができていなかった

792　lɯ^{33}ts‘ɿ̱^{21}dzi^{33}ma^{21}lɿ̱^{55}　一對牛不足　　一対の牛が不足したので

793　lɯ^{33}ts‘i^{33}lɯ^{33}vi^{55}xɯ^{33}　殺了十頭牛　　十頭の牛を殺した

794　sɿ̱^{33}dʑu̱^{55}ȵi^{21}p‘i^{33}lɿ^{33}　兩根常木不足量

二本の普通の木では測れなかったので

795　sɿ̱^{33}ndʐɿ^{33}lɿ^{33}p‘i^{33}bɿ^{21}　四根奇木來丈量　　四本の珍しい木で測った

796　tɕ‘u^{33}xo^{55}ŋo^{55}ta^{33}nbæ^{33}　張銀弓來射　　銀の弓で射た

797　ʂɿ^{33}hi^{33}tɕa^{33}ta^{33}nbæ^{33}　搭銀箭來射　　銀の矢で射た

798　dʐɿ^{33}lɿ̱^{33}xɯ^{33}lɿ̱^{33}ŋo^{55}ɣa^{33}zɿ̱^{33}　銅球鐵球用來鎮　　銅の球と鉄の球で鎮めた

注

① 這箇題目的彝語本義爲創造動物和植物、故譯爲創造生靈。但從本段的内容上看、其所創造的不僅是生物、也包括無生物、如石頭等。

この題名は、イ語では動物と植物を創造するという意味なので、「創造生霊」と訳した。しかし、その内容から見れば、造ったものは生物だけではなく石などの無生物も含まれている。

② 有些文本中則説阿俄書補又派了阿留居日氏去創造生物。

ある文献には阿俄書補（アウォシュプ）また阿留居日（アニュジュズ）（2510 句初出）を派遣して、生き物の創造に行かせたとある。

③ 以上四句指穿帶著各種花花緑緑的飾物、帶著各種工具前往、其中“騎著花木杖”可能指拄著杖當作馬騎。

以上の四つの句は、いろいろの鮮やかできれいな飾り物やさまざまな工具を携えて進んで行くという意味であり、「騎著花木杖」は杖を突くことを馬に乗ることに当てているのであろう。

④　這裡的籤筒和下句的法笠是畢摩的法具。

この「籤筒」と次の「法笠」はビモが儀礼を行なうときの道具である。

⑤　虚擬的山名。

虚構の山の名。

⑥　都祖甘憲、一種草名、可食。

都祖甘憲（ドゥズカセ）は草の名、食用可。

⑦　此句以下這一段、其位置難以斷定、放於這裡也不一定準確、所以此句前面的部分是獨立的、不一定要直接聯系起來。另、對這一段的翻譯、僅爲望文生義之見、不一定準確。

この句以下の段落は、その置くべき場所を決めるのが難しく、ここに置いても必ずしも正しいとは言えない。したがって、この句は前の部分からは独立していて、必ずしも直接には繋がらない。また、この段落の翻訳に対しては、字面に頼ったあて推量であり、必ずしも正確というわけではない。

［生物を創造する］

そののち、徳布阿爾（ドゥブアル）は「天と地の改造は終えたが、動物と植物はまだ造られていない、造らないと美しくない」と言って、阿俄書補（アウォシュブ）に生物（動物と植物）を造りに行かせた。下界に木が無かったので、阿俄書補（アウォシュブ）は「木が無いと美しくない」と言って、きれいな竹笠を持ち、きれいな木の杖に乗り、きれいな緑のものときらきら輝くものを身に着け、コノテガシワの筒を持ち、カシワの笠をかぶり、上界に着いた。冥冥山（ミミア）の下で九つの森林から一つの林を分け、木の種を三つまみ取って下界に撒き散らすと、一つまみの木の種は雨と一緒に降って来て水辺に落ち、桃と李の木が三百本生え、漢族（ハン）の婦人と幼児三百人のものになった。一つまみは風と一緒に降りて来て山の中腹に落ちて松とカシワになり、松林が三百区域になって、三百本の斧で伐採された。木の中心には模様（年輪）があり、祖父は孫のために薪を割って焼き、父は子のために薪を割って焼いた。一つまみは風と一緒に降りて来て山の上に落ち、杉林とコノテガシワ林が三百区域になった。樹木はしだいに増えていき、(672句意味不明)、杉林が茂った。しかし、杉林に生物（動物）はおらず、薄暗くて気味が悪かった。阿俄書補（アウォシュブ）はいったん上界に戻り、鹿を牽いて来て杉林に放すと杉林は明るくなった。ノロジカを二頭捕らえて鹿の食べ物にすると、子鹿は思いのままに遊び、杉林にはこの時から生物（動物）がいることになった。

下界にはまだ草が生えていなかったので、阿俄書補（アウォシュプ）は上界へ行き、冥冥山（ミミア）の下の九つの草むらのなかから一つを分けてもらった。草の種を三つまみ取り下界に撒き散らすと、一つまみは風と一緒に降りて来て水辺に落ち、都祖甘憲草（ドゥズカセ）になった。一つまみは風に吹き下ろされて高原に落ち、山の中の草になった。一つまみは雨に連れられて山の中腹に落ち、ヨモギと蕨（わらび）になった。草類は三百区域に生えたが、野原の、草の生えている所には生物（動物）がおらず、薄暗かった。阿俄書補（アウォシュプ）はまたいったん上界に戻り、雲雀（ひばり）を捕らえて来て野原に放すと野原は明るくなった。イナゴを二匹捕らえてヒバリの食べ物にすると、ヒバリは楽しく歌を歌い、野原にはこの時から生物（動物）がいることになった。

下界にはまだ水が無かったので、阿俄書補（アウォシュプ）は上界へ行き、冥冥山（ミミア）の下で水を探した。九つの水域の中から一つの水域を取り、三本の小川を引いて下界に流れ込ませると、水は三百の区域で流れた。石を叩いて水を入れると、流れる水から水蒸気が立ち上がり海水の量は最大となった。

水中に生物（動物）はいなかったので、阿俄書補（アウォシュプ）はまた上界へ取りに行き、獺（かわうそ）を捕らえて来て水の中に放すと水面がゆらゆら動いた。小魚を二尾捕らえてカワウソの食べ物にすると、カワウソは思いのままに泳ぎ、水域にはこの時から生物（動物）がいることになった。

下界にはまだ石が無かったので、阿俄書補（アウォシュプ）はまた上界へ行き、冥冥山（ミミア）の下で、九つの崖から一つの崖を取り、三つまみの石をつかんで下界に撒き散らすと、石の区域は三百になった。

九つの崖が聳え立ったが、崖には生物（動物）がおらず、薄暗かった。阿俄書補（アウォシュプ）はまた上界に取りに行き、蜜蜂を崖の中に放すと崖は明るくなった。ハエを二匹捕らえて蜜蜂の食べ物にすると、蜜蜂はぶんぶんと音を立てて飛び、崖にはこの時から生物（動物）がいることになった。ハエは端に沿って飛び、蜜蜂は中間で鳴き、ハエが飛ぶと蜜蜂に食べられた、飛ばなくても蜜蜂に食べられた。

そののち、恩梯古茲（グティクズ）は上界を三回巡った。一か所には星があるが、一か所には星が無い。下界を三回巡った。一か所には木があるが一か所には木が無く、一か所には山が聳えているが一か所には山が無く、半分には草むらがあるが半分には草むらが無く、半分には平野があるが半分には平野が無く、半分には生物（動物）がいるが半分には生物（動物）がいなかったので、まだ正常ではなかった。斑鳩（しらこばと）は鶏を捕った。

今度は頭から尾までを測ると、頭はまだ形ができていなかった。一対の牛が不足したので十頭の牛を殺した。二本の普通の木では測れなかったので、四本の珍しい木で測った。銀の弓で射た、銀の矢で射た、銅の球と鉄の球で鎮めた。

8　dʑu̱^{55}bo^{33}dʑu̱^{55}p'a^{55}　［人類的起源］［人類の起源］

799　ts'ɿ̱^{33}ɤa^{33}mo^{44}gu̱^{21}dʑo^{44}　如此過後呢　そののち

800　ŋɯ^{33}dʐɿ^{44}dʑu̱^{55}dzu̱^{44}dzu̱^{33}　下界有人否？　下界には人間がいたか？

801　dʑu̱^{55}dzu̱^{33}bo^{21}ma^{21}gɯ^{33}　下界還無人　下界には人間がまだいなかった

802　ʂɿ̱^{21}mu^{33}mu^{33}ha^{55}nɯ^{33}　七地上方呢　七地（しちじ）の上のほうには

803　kɯ^{21}bo^{33}lɿ^{33}bo^{33}dzu̱^{33}　有四棵格樹①　四本の格（グォ）（ク）樹があり

804　kɯ^{21}bo^{33}lɿ^{33}bo^{33}su^{33}　四棵格樹上　四本の格樹の上には

805　kɯ^{21}ko^{55}lɿ^{33}ko^{55}ndi^{55}　有四棵格枝　四本の格枝があり

806　kɯ^{21}ko^{55}lɿ^{33}ko^{55}su^{33}　四根格枝上　四本の格枝の上には

807　kɯ^{21}pu^{33}lɿ^{33}pu^{33}dʐɿ̱^{21}　有四朶格花　四輪の格花があり

808　kɯ^{21}pu^{33}lɿ^{33}pu^{33}su^{33}　四朶格花上　四輪の格花の上には

809　kɯ^{21}ma^{33}lɿ^{33}ma^{33}ndi^{55}　長四箇格果　四個の格果が実り

810　kɯ^{21}ma^{33}lɿ^{33}ma^{33}su^{33}　四箇格果呢　四個の格果は

811　ts'ɿ^{21}ma^{33}ts'i^{33}lɿ̱^{55}ts'i^{33}la^{33}mu^{33}　一箇下落且下落
　一個が落ちまた落ちて行き

812　gɯ^{33}ʂɿ̱^{21}ts'u̱^{55}k'ɯ^{33}ndo^{21}　落於日光層　日光の層に落ちた

813　gɯ^{33}ʂɿ̱^{21}ts'u̱^{55}k'ɯ^{33}ts'i^{33}　日光層上掉　日光の層の上に落ちて

814　ti^{33}tɕ'u^{33}tɕ'u^{33}k'ɯ^{33}ndo^{21}　落於白雲層　白い雲の層に落ちた

815　ti^{33}tɕ'u^{33}tɕ'u^{33}k'ɯ^{33}ts'i^{33}　白雲層上掉　白い雲の層の上に落ちて

816　ti^{33}ʂɿ^{33}ʂɿ^{33}k'ɯ^{33}ndo^{21}　落於黃雲層　黄色い雲の層に落ちた

817　ti^{33}ʂɿ^{33}ʂɿ^{33}k'ɯ^{33}ts'i^{33}　黃雲層上掉　黄色い雲の層の上に落ちて

818　ti^{44}nɔ^{33}ɖo^{21}k'ɯ^{33}ndo^{21}　落於黑雲層　黒い雲の層に落ちた

819　ti^{44}nɔ^{33}ɖo^{21}k'ɯ^{33}ts'i^{33}　黑雲層上掉　黒い雲の層の上に落ちて

820　ho^{55}tsʻɿ^{33}tsʻɿ^{33}kʻɯ^{33}ndo^{21}　落於濛濛霧之中

ぼんやりと霞んだ霧の中に落ちた

821　ho^{55}tsʻɿ^{33}tsʻɿ^{33}kʻɯ^{33}tsʻi^{33}　濛濛霧上掉　ぼんやりと霞んだ霧の上に落ちて

822　ha^{33}mi^{44}mi^{44}kʻɯ^{33}ndo^{21}　落於綿綿雨之中　長々と続く雨の中に落ちた

823　ha^{33}mi^{44}mi^{44}kʻɯ^{33}tsʻi^{33}　綿綿雨中掉　長々と続く雨の中に落ちて

824　tʻu̠^{33}lɿ̠^{33}bo^{44}o^{33}ndo^{21}　落於突而山頂上　突而（トゥーアル）（トゥル）山の頂上に落ちた

825　mbo^{33}lɿ̠^{55}mbo^{33}la^{33}mu^{33}　滾落且滾落　転がりに転がって

826　tʻu̠^{33}lɿ̠^{33}bo^{33}dʑu^{55}ndo^{21}　落於突而山腰上　突而山の中腹に落ちた

827　tʻu̠^{33}lɿ̠^{33}bo^{33}dʑu̠^{55}nbo^{33}　突而山腰掉　突而山の中腹に落ちて

828　tʻu̠^{33}lɿ̠^{33}bo^{33}ʂɿ^{33}ndo^{21}　落於突而山脚下　突而山の麓に落ちた

829　tʻu̠^{33}lɿ̠^{33}bo^{33}ʂɿ^{33}tsʻi^{33}　突而山脚滾　突而山の麓で転がって

830　ʂɿ^{21}mu^{33}mu^{33}dʐɿ^{44}tɕo^{44}　七地之下方　七地（しちじ）の下のほうの

831　a^{33}ga^{33}læ^{55}tʻɔ^{33}ndo^{21}　落於阿趕乃拖②　阿趕乃拖（アーガンナイトゥオ）（アガレト）に落ちた

832　sɔ^{33}kʻu̠^{55}mu^{33}tʻo^{55}dʐu̠^{33}　地上置三年　地上に置くこと三年

833　tsʻɿ̠^{33}dʐu̠^{33}tsʻɿ̠^{33}ni^{33}ni^{33}　置此發芽否？　そこに置いて芽が出たか？

834　tsʻɿ̠^{33}dʐu̠^{33}tsʻɿ̠^{33}ma^{21}ni^{33}　置此未發芽　そこに置いても芽は出なかった

835　sɔ^{33}kʻu̠^{55}mu^{33}o^{55}i^{55}　三年置土中　土の中に三年埋めた

836　tsʻɿ̠^{33}i^{55}tsʻɿ̠^{33}ni^{44}ni^{33}　置此發芽否？　そこに埋めて芽が出たか？

837　tsʻɿ̠^{33}i^{55}tsʻɿ̠^{33}ni^{33}lo^{44}　置此發芽了　そこに埋めたら芽が出た

838　ma^{21}ni^{33}lɿ̠^{55}ni^{33}ni^{33}　神奇地發芽　不思議なことに芽が出た

839　kɯ^{21}lɯ^{21}ȵɔ^{33}sɿ^{33}ni^{33}　萌生一棵格勒了史籐③

一本の格勒了史（グォリーリャオシー）（クルニョシュ）という藤が芽生えた

840　kɯ^{21}lɯ^{21}ȵɔ^{33}sɿ^{33}zɯ^{33}　格勒了史惹　格勒了史は心が動いて

841　i^{33}tɕʻo^{55}dʑu̠^{55}dʑi^{21}la^{33}mo^{33}di^{44}　欲變成人焉　人間になりたくなった

842　dzu̠^{44}li^{33}di^{21}dʐɿ^{44}dzu̠^{33}　生長於坎下

（藤蔓は）土手（畦（あぜ））の下で大きくなって

843　tɕi^{21}li^{33}di^{21}ha^{55}tɕi^{21}　牽連於坎上　土手の上に這い登り

844　di^{21}ha^{55}ʐɿ̠^{33}o^{33}tɕi^{21}　坎上連草頭　土手の上の草につながった

845　ʐɿ̠^{33}o^{33}hi^{44}kʻɯ^{33}tɕi^{21}　草頭連蒿枝　草から蓬（よもぎ）につながり

846　hi^{44}kʻɯ^{33}nda^{33}o^{33}tɕi^{21}　蒿枝連蕨草　ヨモギから蕨（わらび）につながり

847　nda^{33}ho^{33}ma^{33}o^{33}tɕi^{21}　蕨草連竹端　ワラビから竹の梢につながり

848　ma^{33}o^{33}zu^{21}o^{33}tɕi^{21}　竹端連杉端　竹の梢から杉の梢につながり

849　zu^{21}o^{33}ʂu̠^{55}o^{33}tɕi^{44}　杉端連栢端
杉の梢からコノテガシワの梢につながり

850　ʂu̠^{55}o^{33}ho^{55}ʂɪ^{33}tɕi^{21}　栢端連於霧　コノテガシワの梢から霧につながり

851　ho^{55}ʂɪ^{33}mu^{33}vu̠^{55}ɕi^{33}　霧昇達於天　その霧が昇って(藤蔓は)天に達した

852　mu^{33}vu̠^{55}tʻi^{44}lɪ^{33}pu^{33}　天上體爾布④　天上の体爾布(ティーアルブー)（ティルプ）は

853　tʻi^{33}lɪ^{44}tʻi^{33}o^{33}tɕʻu^{33}　體爾體白頭⑤　体爾(ティーアル)(ティル)は白髪頭の老人を生んだ

854　o^{33}tɕʻu^{33}gɯ^{33}vu̠^{55}:i^{55}　白頭住日下　老人は太陽の下に住み

855　o^{33}tɕʻu^{33}gɯ^{33}ŋgɯ^{21}bu^{33}　白頭日下没　老人は太陽の下で死んだ

856　tʻi^{33}lɪ^{44}tʻi^{44}o^{33}nɔ^{33}　體爾體黑頭　体爾は黒髪頭の人を生んだ

857　ɔ^{33}nɔ^{33}ɖɯ^{21}vu̠^{55}:i^{55}　黑頭住月下　黒髪頭の人は月の下に住み

858　ɔ^{33}nɔ^{33}ɖɯ^{21}vu̠^{55}bu^{33}　黑頭月下没　黒髪頭の人は月の下で死んだ

859　tʻɪ^{33}lɪ^{44}ti^{33}o^{33}ʂɪ^{33}　體爾體黄頭　体爾は金髪頭の人を生んだ

860　o^{33}ʂɪ^{33}ti^{33}vu̠^{55}:i^{55}　黄頭居星下　金髪頭の人は星の下に住み

861　o^{33}ʂɪ^{33}ti^{33}vu̠^{55}bu^{33}　黄頭星際没　金髪頭の人は星と星のあいだで死んだ

862　tʻɪ^{33}li^{44}tʻi^{33}mu^{33}ȵo^{44}　體爾體母留⑥　体爾は母留(ムーリウ)（ムニョ）を生んだ

863　mu^{33}ȵo^{44}zɯ^{33}gu̠^{33}ʑɔ^{33}　母留九子出　母留には九人の子が生まれた

864　tʻo^{55}li^{33}lɯ^{21}tʂɪ^{33}zɯ^{33}sɔ^{33}ʑɔ^{33}　上方勒紙三子生⑦
上のほうでは勒紙(レーチー)（ルチュ）という三人の子を生み

865　tsʻɪ^{33}la^{33}mu^{33}vu̠^{55}dæ^{33}　牠來修天界　彼らが天界を修理した

866　mu^{33}vu̠^{55}dæ^{33}tʂɪ^{33}tsʻu̠^{33}　修天安星辰　天界を修理して星を配置したが

867　tʂɪ^{33}tsʻu̠^{33}ȵi^{33}ma^{21}dʐɪ^{33}　安星亦非眞
星を配置したのは本当の目的ではなく

868　tsʻɪ̠^{33}la^{33}mu^{33}vu̠^{55}dzu̠^{33}　是來居天界　それで天界に住み着き

869　mu^{33}vu̠^{55}tʻi^{55}tsʻo^{33}dʑi^{21}　成爲天界人⑧　天界の人になり

870　dʑu̠^{55}va^{33}gu̠^{21}li^{33}ko^{44}ta^{33}ndi^{55}　腰帶纏於頸　腰帯は首に巻きつけた

871　dʑu̠^{55}ɣa^{33}ʂɪ̠^{21}ʂɯ^{21}zɯ^{33}sɔ^{33}ʑɔ^{33}　中間實勺三子出⑨
中間の世界では実勺(シーシャオ)（シュシュ）という三人の子を生み

872　tsʻɪ^{33}la^{33}mu^{33}dʑu̠^{55}dæ^{33}　牠來修中間　彼らが中間の世界を修理した

873　mu^{33}dʑu̠^{55}dæ^{33}ʐɪ̠^{33}tsʻu̠^{33}　中間來植草　中間の世界に草を植えたが

874　ʐɪ̠^{33}tsʻu̠^{33}ȵi^{33}ma^{21}dʐɪ^{33}　植草也非眞　草を植えたのは本当の目的ではなく

875　tsʻɿ̠^{33}la^{55}mu^{33}dʑu̠^{55}dzu̠^{33}　是來居世間　それで人間界に住み着き

876　mu^{33}dʑu̠^{55}vo^{21}lɯ^{33}tsʻo^{33}　世間武洛人[10]　人間界の武洛(ウールオ)(ヴォル)人になり

877　dʑu̠^{55}va^{33}dʑu̠^{55}ko^{33}ndi^{55}　腰帶纏腰間　腰帯は腰に巻きつけた

878　o^{55}li^{33}a^{33}dʑa^{33}zɯ^{33}sɔ^{33}ʑɔ^{33}　下面阿假三子出
下のほうで阿仮(アージャー)(アジャ)という三人の子を生み

879　tsʻɿ^{33}la^{33}dɯ^{33}vu̠^{55}dæ^{33}　牠來修地下　彼らが地上を修理した

880　dɯ^{33}vu̠^{55}dæ^{33}ndi^{21}dʑi^{21}　地下修平原　地上で平原を修理したが

881　ndi^{21}dʑi^{21}ȵi^{33}ma^{21}dʐɿ^{33}　修原亦非眞
平原を修理したのは本当の目的ではなく

882　tsʻɿ̠^{33}la^{33}dɯ^{33}vu̠^{55}dzu̠^{33}　是來居地下　それで地上に住み着き

883　dɯ^{33}vu̠^{55}dɯ^{33}tsʻo^{33}dʑi^{21}　爲地下小人　地上にいる小さい人になり

884　dʑu̠^{55}va^{33}ʂɿ^{33}li^{33}ko^{44}ta^{33}ndi^{55}　腰帶纏於頸　腰帯は首に巻きつけた

885　tsʻɿ̠^{33}ɣa^{33}mo^{44}gu̠^{21}dʑo^{44}　如此之後呢　そののち

886　ʂɿ̠^{21}mu^{33}mu^{33}dʑu̠^{55}tɕo^{44}　七地之中層　七地(しちじ)の中層では

887　a^{21}pu^{44}ɣa^{33}sa^{33}zɯ^{33}　阿普阿散氏　阿普阿散(アープーアーサン)(アプワサ)が

888　pʻu^{21}pʻu^{21}ni^{33}ni^{33}zɯ^{33}　普普尼尼惹　普普尼尼惹(プープーニーニールォ)(ププニニズ)が

889　mo^{21}mo^{21}dzu̠^{33}dzu̠^{33}zɯ^{33}　莫莫祖祖惹[11]　莫莫祖祖惹(モーモーズーズールォ)(モモズズズ)が

890　kʻu̠^{33}sɿ̠^{33}bo^{33}ȵa^{55}nɯ^{33}　苦斯山[12]上呢　苦斯(クースー)(クス)山の上で

891　lɯ^{33}tsʻɿ̠^{21}dzɿ^{33}ʑu^{33}xɯ^{33}　殺了一對牛　一対の牛を殺し

892　kʻu̠^{33}sɿ̠^{33}bo^{33}dʐɿ^{44}nɯ^{33}　苦斯山下呢　苦斯山の麓で

893　lɯ^{33}si^{33}lɿ^{33}ga^{55}xɯ^{33}　四肢分四分　(その牛を)四つに分けて

894　mu^{33}vu̠^{55}mu^{33}a^{33}ku^{33}　呼喚於上蒼　空(の神様)に祈願すると

895　vo^{33}mu^{33}ha^{33}zɿ^{33}dʑi^{21}　上蒼降雨水[13]　空(の神様)は雨を降らせてきた

896　ʂɿ̠^{21}mu^{33}mu^{33}ha^{55}tɕo^{44}　七地之上方　七地の上のほうから

897　dʑu̠^{55}go^{33}ndzi^{21}tɕi^{33}tsʻi^{33}　落下一流星[14]　流れ星が一つ落ち

898　ŋɯ^{33}dʑæ^{33}dʑi^{55}læ^{33}ndo^{21}　落於恩吉吉乃[15]
恩吉吉乃(エンジージーナイ)(グジェジレ)という所に落ちて

899　tɕʻo^{55}la^{33}tu̠^{55}mu^{33}dʑa^{33}　變作火燃燒　火になって燃えた

900　gu^{33}ȵi^{21}dʑa^{33}mu^{33}kʻɯ^{55}　九天燃至昏　九日目の夕方まで燃えた

901　gu^{33}ho^{55}dʑa^{33}mu^{33}tʻi^{33}　九夜燃至曉　九日目の明け方まで燃えた

古事記への視点

■「日」と「夜」を対にする表現の共通性

この「九天」「九夜」（九日九夜）という表現は、“～日間”と言う場合の定型表現であり、1298、1299、4857、4858 句にも見えている。これは、『古事記』における「日八日夜八夜（ひやかよやよ）を遊びき」（神代記、アメノワカヒコの葬送の場面）や「日日（かが）なべて　夜（よ）には九夜（ここのよ）　日（ひ）には十日（とをか）を」（景行天皇記）など、「日」と「夜」をセットにする表現と共通している。

902　ȵi^{21}dʑa^{33}ku^{44}ȵæ^{33}ȵæ^{33}　白日烟嫋嫋

昼には煙りがゆらゆらと立ちのぼり

903　sɿ^{44}dʑa^{33}bo^{21}lo^{33}lo^{33}　夜晩亮堂堂　　夜にはこうこうと明るかった

904　mo^{33}mu^{33}ts'ɿ̠^{21}mu^{33}dʑa^{33}　天上也在燒　　天上でも燃えていた

905　mu^{44}dɯ^{33}ts'ɿ̠^{21}mu^{33}dʑa^{33}　地下也在燒　　地上でも燃えていた

906　n̥o^{55}p'o^{21}mu^{44}tʂɿ^{33}ndi^{55}　對面有火災　　向こうでは火災があり

907　tʂ'a^{21}p'o^{55}mu^{33}bo^{33}va^{55}　這面受烤炙

こちらでは焼かれたり炙（あぶ）られたりした

908　ɕɿ^{44}mu^{33}dʑa^{33}dʑi^{44}dʑi^{33}　知其何以燃？

なぜ燃えていたか、知ってるか？

909　dʑu̠^{55}dʑi^{21}la^{33}mi^{44}dʑa^{33}　爲要變成人類而燃燒

人間に変わろうとして燃えていた

910　ŋga^{55}dʑi^{21}la^{33}mi^{44}dʑa^{33}　爲要變成生靈而燃燒

生き物に変わろうとして燃えていた

911　p'u̠^{21}dʑi^{21}la^{33}mɿ^{44}dʑa^{33}　爲要變成先祖而燃燒

先祖になろうとして燃えていた

912　p'a^{55}dʑi^{21}la^{33}mi^{44}dʑa^{33}　爲要變成先妣而燃燒

女性の先祖になろうとして燃えていた

913　dʑa^{33}lɿ̠^{55}dʑa^{33}la^{33}mu^{33}　燃燒且燃燒　　燃えに燃えて

914　dʑa^{33}la^{33}a^{33}ts'ɿ̠^{21}la^{33}　不斷朝下燒　　絶え間なく下へと燃えつづけた

915　ts'ɿ̠^{21}la^{33}a^{33}tɕ'o^{55}la^{33}　下來起變化　　下で変化が起き始めた

916　tɕ'o^{55}lɿ̠^{55}tɕ'o^{55}la^{33}mu^{33}　變幻且變幻　　変わりに変わって

917　kɯ^{21}ɣo^{21}zɯ^{44}dzi^{33}ʑu̠^{33}　產生一對格俄惹[16]

一対の格俄惹（グォウォルォ）（クウォズ）が生まれた

918 dɯ^{33}vo^{55}a^{44}lɿ̱^{33}lɿ̱^{33} 恰似小土猪 小さい豚のようなものが生まれた

919 ɖɿ^{33}p'u̱^{33}si^{33}go^{33}go^{33} 風起冷颼颼
冷たい風がびゅうびゅうと吹き始めた

920 dʑu̱^{55}dʑi^{21}ŋga^{55}dʑi^{21}la^{33}da^{44}da^{33} 能成生靈人類否？
生き物、人間になれたか？

921 dʑu̱^{55}dʑi^{21}ŋga^{55}dʑi^{21}la^{33}ma^{21}da^{33} 生靈人類未能成
生き物、人間にはまだなれなかった

922 p'u̱^{21}dʑi^{21}ʂɿ̱^{21}dʑi^{21}la^{33}da^{44}da^{33} 能成人類先祖否？
人間の先祖になれたか？

923 p'u̱^{21}dʑi^{21}ʂɿ̱^{21}dʑi^{21}la^{33}ma^{21}da^{33} 人類先祖未能成
人間の先祖にはまだなれなかった

924 ts'ɿ̱^{33}ɣa^{33}mo^{44}gu^{33}dʑo^{44} 如此之後呢 そののち

925 ʂɿ̱^{21}mu^{33}mu^{33}ha^{55}tɕo^{44} 七地之上方 七地（しちじ）の上のほうで

926 ŋɯ^{33}t'i^{55}ku^{33}ndzɿ^{33}t'u̱^{55} 恩梯古茲家 恩梯古茲（エンティーグーズー）（グティクズ）は

927 mo^{21}læ^{33}ts'ɿ̱^{21}ȵi^{21}nɯ^{33} 首先一日呢 まず一日目には

928 xɯ^{33}pu^{33}xɯ^{33}mo^{21}tsɿ^{33} 派鐵公鐵母[17] 鉄の男と鉄の女を派遣して

929 ʂɿ̱^{21}mu^{33}mu^{33}dzɿ^{44}ʂa^{33} 到七地下方 七地の下のほうに行かせ

930 ts'ɿ̱^{33}tɕ'o^{55}dʑu̱^{55}dʑi^{21}ʂu^{44}mo^{33}di^{44} 望牠變成人類焉
彼らが人間に変わることを望んだが

931 xɯ^{44}ȵi^{33}xɯ^{33}mu^{33}dʑi^{21} 鐵就成爲鐵 （しかし）鉄は鉄にしかなれず

932 dʑu̱^{55}dʑi^{21}la^{33}ma^{21}da^{33} 不能成人類 人間にはなれなかった

933 ɣa^{33}la^{33}ts'ɿ̱^{21}ȵi^{21}nɯ^{33} 然後一日呢 次の日には

934 sɿ̱^{33}pu^{33}sɿ̱^{33}mo^{21}tsɿ^{33} 派木公木母 木の男と木の女を派遣して

935 ʂɿ̱^{21}mu^{33}mu^{33}dzɿ^{44}ʂa^{33} 到七地下方 七地の下のほうに行かせ

936 ts'ɿ̱^{33}tɕ'o^{55}dʑu̱^{55}dʑi^{21}ʂu^{44}mo^{33}dɿ^{44} 望牠變成人類焉
彼らが人間に変わることを望んだが

937 sɿ̱^{44}ȵɿ^{33}sɿ̱^{33}mu^{33}dʑi^{44} 木就成爲木 木は木にしかなれず

938 dʑu̱^{55}dʑi^{21}la^{33}ma^{21}da^{33} 不能成人類 人間にはなれなかった

939 ɣa^{33}la^{33}ts'ɿ̱^{21}ȵi^{21}nɯ^{33} 然後又一日 また次の日には

940　tu̠^{55}pu^{33}tu^{55}mo^{21}tsɿ^{33}　派火公火母　　火の男と火の女を派遣して

941　ʂɿ̠^{21}mu^{33}mu^{33}dzɿ^{44}ʂa^{33}　到七地下方　　七地の下のほうに行かせ

942　ts'ɿ̠^{33}tɕ'o^{55}dʑu̠^{55}dʑi^{21}ʂu^{44}mo^{33}di^{44}　望牠變成人類焉

彼らが人間に変わることを望んだが

943　tu̠^{55}ȵi^{33}tu^{55}mu^{33}dʑi^{44}　火就成爲火　　火は火にしかなれず

944　dʑu̠^{55}dʑi^{21}la^{33}ma^{21}da^{33}　未能成人類　　まだ人間にはなれなかった

945　ɣa^{33}la^{33}ts'ɿ̠^{21}ȵi^{21}nɯ^{33}　然後又一日　　また次の日には

946　tsa^{33}pu^{33}tsa^{33}mo^{21}tsi^{33}　派土公土母　　土の男と土の女を派遣して

947　ʂɿ̠^{21}mu^{33}mu^{33}dzɿ^{44}ʂa^{33}　到七地下方　　七地の下のほうに行かせ

948　ts'ɿ̠^{33}tɕ'o^{55}dʑu̠^{55}dʑi^{21}ʂu^{44}mo^{33}di^{44}　望牠變成人類焉

彼らが人間に変わることを望んだが

949　tsa^{44}ȵi^{33}tsa^{33}mu^{33}dʑi^{44}　土就成爲土　　土は土にしかなれず

950　dʑu̠^{55}dʑi^{21}la^{33}ma^{21}da^{33}　不能成人類　　人間にはなれなかった

951　ɣa^{33}la^{33}ts'ɿ̠^{21}ȵi^{21}nɯ^{33}　然後又一日　　また次の日には

952　lɿ̠^{33}pu^{33}lɿ̠^{33}mo^{21}tsɿ^{33}　派石公石母　　石の男と石の女を派遣して

953　ʂɿ̠^{21}mu^{33}mu^{33}dzɿ^{44}ʂa^{33}　到七地下方　　七地の下のほうに行かせ

古事記への視点

■繰り返し句の一部が欠落する

本来ならここには「望牠變成人類焉　彼らが人間に変わることを望んだが」があるはずだが、なんらかの理由で欠落している。こういった欠落は『古事記』でも、「天照大御神(あまてらすおほみかみ)、先(ま)づ建速須佐之男命(たけはやすさのをのみこと)の佩(は)ける十拳剣(とつかつるぎ)を乞(こ)ひ度(わた)して、三段(みきだ)に打ち折りて、奴那登母母由良爾(ぬなとももゆらに)、天(あめ)の真名井(まなゐ)に振り滌(すす)ぎて、佐賀美邇迦美(さがみにかみ)て、吹き棄(う)つる気吹(いぶき)の狭霧(さぎり)に成れる神の御名(みな)は……」（神代記のウケヒ神話）のうちの下線部が徐々に省略されていくなどの事例がある。詳しくは、工藤「声の神話と文字の神話―古層モデルで古事記を読む」（工藤編『声の古代―古層の歌の現場から』武蔵野書院、2002年）参照。

954　lɿ̠^{44}ȵi^{33}lɿ̠^{33}mu^{33}dʑi^{44}　石就成爲石　　石は石にしかなれず

955　dʑu̠^{55}dʑi^{21}la^{33}ma^{21}da^{33}　不能成人類　　人間にはなれなかった

956　ɣa^{33}la^{33}ts'ɿ̠^{21}ȵi^{21}nɯ^{33}　然後又一日　　また次の日には

957　zɿ^{33}pu^{33}zɿ^{33}mo^{21}tsi^{33}　派水公水母　　水の男と水の女を派遣して

958 ʂɿ̠21mu33mu33dɕɿ44ʂa33 到七地下方 七地の下のほうに行かせた

959 tsʻɿ̠33tɕʻo55dʑu̠55dʑi21ʂu44mo33di44 望牠變成人類焉

彼らが人間に変わることを望んだが

【本来ならここには「水就成爲水 水は水にしかなれず」「不能成人類 人間にはなれなかった」があるはずだが、なんらかの理由で欠落している】

960 ʂɿ̠21mu33mu33ha55nɯ33 七地之上方 七地の上のほうから

961 ɖɿ33pu33ha33mo44tɯ21 風公雨母降 風の男と雨の女が降りて来た

962 ti33ʂɿ33ti33ni33tɕʻo33 黄雲随紅雲 黄色い雲が赤い雲に随(つ)いて来た

963 ho55tɕʻu33ɖɿ33o33tsɿ̠21 白霧随風頭 白い霧が風に随いて来た

964 ʂɿ̠21mu33mu33dʐɿ44ɕi33 到七地下方 七地の下のほうに着き

965 tɕʻo55lɿ̠55tɕʻo55la33mu33 變幻且變幻 変わりに変わって

966 tɕʻo55la33zu21bo33zɯ33kɯ33ʑu̠33 變成日波惹格氏⑱

日波惹格(リーボールォグォ)(ズボズク)に変わった

967 zu21bo33zɯ33kɯ33ȵi33 日波惹格呢 日波惹格は

968 tsɿ̠21tsʻɿ̠33ka33di33mu44 一代火炕高 一代目は囲炉裏(いろり)ほどの高さだった

969 ȵi21tsʻɿ̠33ka55lɿ̠21mu̠21 兩代鍋莊高 二代目は鍋掛け石ほどの高さだった

970 sɔ33tsʻɿ̠55mo21tʻu̠21mu̠21 三代門坎高

三代目は家の敷居ほどの高さだった

971 lɿ33tsʻɿ̠55tsʻo33ȵi33mu44 四代人座高

四代目は人が座ったほどの高さだった

972 ŋɯ33tsʻɿ̠33tsʻo33hi55mu̠21 五代人立高

五代目は人が立ったほどの高さだった

973 fu̠55tsʻɿ̠33tʻɯ33pʻu̠21mu̠21 六代高如松 六代目は松ほどに高くなった

974 ʂɿ̠21tsʻɿ̠33ʂu̠55bo33mu44 七代高如栢

七代目はコノテガシワほどに高くなった

975 hi55tsʻɿ̠33bo44o33mu̠21 八代齊山峰 八代目は山の峰と同じ高さになった

976 gu33tsɿ̠55mo33mu33ɕi33 九代達天界 九代目は空まで高くなった

977 zu21bo33zɯ33kɯ33ȵi33 日波惹格呢 日波惹格(リーボールォグォ)(ズボズク)は

978 ŋɯ21lɯ21a33ŋɯ44lɯ44 揺揺又提提⑲ ゆらゆらと揺れ動いて

979 dɕu̠55ʑi33a21dʑu̠55ʑi33 偏偏又倒倒 傾いたり倒れたりして

980 so55ȵæ33a21so55ȵæ33 奄奄又喘喘 息絶えだえになって喘ぎ

981 ku̠21sɪ33a21ku̠21lɪ̠21　似動又非動　動きそうで動かなかった

982 dʑu̠55dʑi21la33ma21da33　不能成人類　人間にはなれなかった

983 o33a21tʂa55tʂa55kʻɯ33　頭上棲鴉鵲　頭に烏(からす)と鵲(かささぎ)が棲(す)み着いた

984 na21po33hæ33lɪ̠33kʻɯ33　耳朶巣蝙蝠　耳たぶには蝙蝠(こうもり)が巣を作った

985 na21bi55sɪ̠55sɪ̠21kʻɯ33　鼻孔巣甲蟲　鼻の穴には甲虫が巣を作った

986 ɪ55vu33dʑo21bi21kʻɯ33　腋窩巣松鼠

脇の下のくぼみにはリスが巣を作った

987 tɕʻɔ33bu21dʑi21tsɪ33kʻɯ33　肚臍巣鳥兒　へそには鳥が巣を作った

988 dʑu̠55ɣa33dʑi21ʑo33kʻɯ33　腰間巣蜜蜂　腰には蜜蜂が巣を作った

989 dʑi55gu33a21ɖɪ33kʻɯ33　膝窩巣斑鳩

膝の下のくぼみには斑鳩(しらこばと)が巣を作った

990 ʂɪ33xa55bu̠21vu̠55kʻɯ33　足板巣螞蟻　足の裏には蟻が巣を作った

991 dʑu̠55dʑi21ŋga55dʑɪ21la33da44da33　能否成人類？　人間になれたか？

992 dʑu̠55dʑi21ŋga55dʑi21la33ma21da33　未能成人類

まだ人間にはなれなかった

993 tsʻɪ̠33ɣa33mo44gu̠21dʑo44　如此之後呢　そののち

994 zu21bo33zɯ33kɯ33tʻu̠55　日波惹格家　日波惹格(リーボールォグォ)（ズボズク）は

995 ma21tsɪ33lɪ33li21tsɪ33　不派且來派　派遣しないはずの者を派遣した

996 bu44ȵi33bu33ɣa33zɯ33　蟲子呀蟲子　虫だよ、虫

997 bu44ȵi33mo21ɣa33tsɪ33　蜘蛛蟲來派　蜘蛛(くも)を派遣した

998 ʂɪ̠21mu33mu33ha55tɕo44　七地之上方　七地の上のほうで

999 ŋɯ33tʻi55ku33ndzɪ33na33　請教恩梯古茲氏

恩梯古茲(エンティーグーズー)（グティクズ）に教えてもらい

1000 bu44ȵi33mo21ɣa33zɯ33　蜘蛛蟲子呢　蜘蛛は

1001 bu33ɕi33vo55ɣa33li33　織蛛絲而上　蜘蛛の糸を織って上に向かった

1002 ŋɯ33tʻɪ55ku33ndzɪ33tʻu̠55　恩梯古茲家　恩梯古茲は

1003 bu33ʂu33bu33fi33di44　“邪蟲怪蟲”云[20]　「怪しい虫だ」と言って

1004 vɪ33lo55bu33zɯ33ɕu33　左手捉蜘蛛　左手で蜘蛛を捕らえ

1005 ʑɪ33lo55bu33zɯ33kʻæ33　右手掐蜘蛛　右手で蜘蛛をつまんでちぎり

1006 o33tsʻɪ̠55zu21ɣa33ʂa33　掐頭棄杉林　頭をちぎって杉林に捨てた

1007 mu^{33}ts'ɿ̱^{55}va^{55}ɣa^{33}ʂa^{33}　掐尾棄懸崖　　尾をちぎって崖に捨てた

1008 dʑu̱^{55}ts'ɿ̱^{55}zɿ^{33}ɣa^{33}kɯ^{44}　掐腰棄於水　　腰をちぎって川に捨てた

1009 ŋɯ^{33}t'i^{55}ku^{33}ndzɿ^{33}ȵi^{33}　恩梯古茲呢　　恩梯古茲は

1010 ȵɔ^{33}sɿ̱^{21}bu^{33}ʑæ^{55}vu^{33}　眼睛受蛛毒[21]　　目に蜘蛛の毒を受けた

1011 t'u^{44}mu^{33}ts'ɿ̱^{21}li^{21}di^{44}　不知爲何因　　原因がわからなかったので

1012 k'u̱^{55}no^{21}k'u̱^{55}si^{33}li^{33}　是去求卜算　　占ってもらいに行った

1013 pɿ^{33}ʂɯ^{21}pi^{33}na^{33}li^{33}　請教畢摩[22]去　　ビモに教えてもらいに行き

1014 ŋɯ^{21}pɿ^{33}a^{21}dzɿ^{33}na^{33}　請教恩畢阿孜氏[23]

恩畢阿孜《エンピーアーズー》（グピアズ）に教えてもらった

1015 ŋɯ^{21}pi^{33}a^{21}dzɿ^{33}ȵi^{33}　恩畢阿孜呢　　恩畢阿孜は

1016 t'ɯ^{21}zɿ^{33}ʂɯ^{33}dɿ̱^{55}pi^{55}　取出經書袋　　経典の袋を取り出して

1017 mæ^{21}læ^{33}ts'ɿ̱^{21}dzi^{33}ȵi^{21}tɕi^{33}p'u̱^{33}　首先翻兩頁

まずページを二枚開いてみたが

1018 t'ɯ^{21}zɿ^{33}ndo^{21}ma^{21}ndi^{55}　經書無明文

経典にははっきりした答えが載っていなかった

1019 ma^{33}ndza^{33}do^{21}ma^{21}zi^{21}　聖字不存義　　聖なる文字には意味が無かった

1020 ɣa^{33}la^{33}ȵi^{21}dzi^{33}lɿ^{33}tɕ'i^{33}p'u̱^{33}　然後翻四頁

そこでページを四枚開いてみると

1021 t'ɯ^{21}zɿ^{33}ȵi^{33}ndo^{21}ndi^{55}　經書有明文

経典にははっきりした答えが載っていた

1022 ma^{33}ndza^{33}ȵi^{33}do^{21}zi^{21}　聖字含箴言

聖なる文字には戒めの言葉が含まれていた

1023 ʂɿ̱^{21}mu^{33}mu^{33}dzɿ^{44}tɕo^{44}　"七地之下方　　「七地の下のほうの

1024 zu^{21}bo^{33}zɯ^{33}kɯ^{33}t'u̱^{55}　日波惹格家　　日波惹格《リーボールォグォ》（ズボズク）のところで

1025 tsɿ^{33}zɯ^{33}na^{33}vi^{33}bɿ^{21}ʑi^{21}di^{44}　使者致病焉"　　使者が病気になっている」

1026 ŋɯ^{33}ti^{55}ku^{33}ndzɿ^{33}ȵi^{33}　恩梯古茲呢　　恩梯古茲《エンティーグーズー》（グティクズ）は

1027 ts'ɿ̱^{33}gɯ^{33}lo^{44}vɿ^{33}hi^{33}　聽到此言後　　この言葉を聞いて

1028 zu^{21}ȵi^{33}gu^{33}gu̱^{55}tɕo^{44}　於杉林之中　　杉林の中で

1029 tʂ'ɿ^{44}lɯ^{33}zɯ^{44}dzi^{33}ndu̱^{21}　打一對麃麞　　一対のノロジカを捕らえ

1030 k'ɯ^{33}mu^{33}zɯ^{44}dzi^{33}tʂa^{33}　給一對獵犬　　一対の猟犬に与え

1031 zu^{21}ɣa^{33}o^{33}ʂɯ^{21}li^{33}　杉林去找頭[24]　　杉林へ（蜘蛛の）頭を探しに行かせた

1032 o^{33}ʂɯ^{21}li^{33}o^{33}ɣɯ^{21}　尋頭也得頭　頭を探すと、頭が見つかった

1033 va^{55}n̥i^{33}gu^{33}gu̱^{55}tɕo^{44}　懸崖絶壁間　絶壁で

1034 ʑo^{44}mu^{33}zɯ^{44}dzɪ^{33}ndu̱^{21}　打一對蒼蠅　一対のハエを捕らえ

1035 dʑi^{21}ɕo^{33}zɯ^{44}dzi^{33}tʂa^{33}　送給蜜蜂食　蜜蜂に食べさせた

1036 va^{55}ɣa^{33}mu^{33}ʂɯ^{21}li^{33}　懸崖去尋尾　崖へ(蜘蛛の)尾を探しに行かせた

1037 mu^{33}ʂɯ^{21}ȵɪ^{33}mu^{33}ɣɯ^{21}　尋尾也得尾　尾を探すと、尾が見つかった

1038 næ^{33}ʐɪ^{33}gu^{33}gu̱^{55}tɕo^{44}　大江之中呢　大きな川では

1039 hɯ^{21}ʂɪ^{33}zɯ^{44}dzi^{33}ndu̱^{21}　打一對小魚　一対の小さな魚を捕らえ

1040 ʂo^{44}zɯ^{33}zɯ^{44}dzi^{33}tʂa^{33}　送給水獺食　カワウソに食べさせた

1041 ʐɪ^{33}ɣa^{33}dʑu̱^{55}ʂɯ^{21}li^{33}　水中去尋腰
水の中へ（蜘蛛の）腰を探しに行かせた

1042 dʑu̱^{55}ʂɯ^{21}dʑu̱^{55}ma^{21}ɣɯ^{21}　尋腰未得腰
腰を探したが、腰はまだ見つからなかった

1043 tsʻɪ̱^{33}ɣa^{33}lo^{44}gu̱^{21}dʑo^{44}　如此之後呢　そののち

1044 ŋɯ^{33}tʻi^{55}ku^{33}ndzɪ^{33}tʻu̱^{55}　恩梯古茲家　恩梯古茲（エンティーグーズー）（グティクズ）は

1045 bu^{44}ȵi^{33}mo^{21}mu^{33}ɕu^{33}dɕu̱^{55}mu^{44}ta^{33}　蜘蛛尾部連作腰[25]
蜘蛛の尾を（頭に）くっつけて腰にした

1046 tɕʻu^{33}dzɪ^{33}bu^{33}ku̱^{33}vo^{55}　製銀裹蟲身　銀で包んで虫の身体を作り

1047 ʂɪ^{33}dzɪ^{33}bu^{33}ʂɪ^{33}lɪ̱^{33}　製金裹蟲足　金で包んで虫の足を作り

1048 dʐɪ^{33}dzɪ^{33}bu^{33}ȵɔ^{33}tsi^{21}　製銅裝蟲眼　銅で包んで虫の目を作り

1049 tɕʻu^{33}la^{33}ʂɪ^{33}ɕi^{33}ŋgo^{33}　金綫銀綫牽　金の糸、銀の糸で繋（つな）いだ

1050 bu^{44}ȵi^{33}bu^{33}ɕi^{33}mu^{33}　蟲也吐其絲　虫は糸を吐いて

1051 tso^{55}lo^{21}ŋɯ^{33}dʐɪ^{44}ʂa^{33}　接連到下界[26]　下界まで繋がった

1052 bu^{44}ȵi^{33}mo^{21}ɣa^{33}zɯ^{33}　“蜘蛛小蟲子　「蜘蛛よ、小さな虫よ

1053 ȵi^{21}nɯ^{33}ho^{33}du̱^{33}bo^{33}　春季上高山　春は高い山に登れ

1054 ȵi^{33}ndo^{33}kʻa^{33}ma^{21}gæ^{33}　春季糧莫斷
（そうすれば）春には食料がなくならない

1055 tsʻu^{44}nɯ^{33}ho^{33}dʑi^{21}bo^{33}　冬季下山來　冬は山を下（くだ）り

1056 ʑɪ^{33}vu̱^{55}ʑɪ^{33}pʻɪ̱^{33}dʐɪ̱^{21}　懸掛屋簷下　軒下に巣を作れ

1057 sɪ^{33}ndo^{33}kʻa^{33}ma^{21}gæ^{33}　飲血莫斷炊[27]”

血を飲めば食べ物はなくならない」（と恩梯古茲(グティクズ)が言った）

1058 bu^{44}ȵɿ^{33}mo^{21}lɿ^{21}tɕ‘u^{33}　蜘蛛頸部白　　蜘蛛の首は白い

1059 a^{33}ɖɯ^{44}tɕ‘u^{33}lo^{44}su^{33}　古時頸就白　　昔から首が白い

1060 a^{21}mu^{33}tɕ‘u^{33}ʑɿ^{21}sɿ^{33}　現在亦白色　　今も白い

1061 ŋɯ^{33}dʐɿ^{44}zu^{21}bo^{33}zɯ^{33}kɯ^{33}t‘u̠^{55}　“下界日波惹格家

「下界の日波惹格(リーボールォグォ)（ズボズク）は

1062 dʑu̠^{55}ni^{21}ŋga^{55}ni^{21}gu^{33}gɯ^{33}mu^{33}　爲哭生靈九黎姆[28]

生き物のために泣いて黎姆(リームー)（ニム）儀礼を九回行ない

1063 tʂo^{55}tɕ‘u^{33}tʂo^{55}nɔ^{33}gu^{33}gɯ^{33}xo^{21}　白穢黒汚除九次[29]

白い穢(けが)れ、黒い穢れを九回祓い

1064 ni^{21}mu^{33}ndʐɿ^{33}vi^{21}ɖo^{33}ʑi^{44}nɯ^{33}　黎姆求興旺之後

繁栄祈願の黎姆儀礼をすれば

1065 dʑu̠^{55}dʑi^{21}ŋga^{55}dʑi^{21}la^{33}ʑi^{21}di^{44}　就將成爲人類焉[30]”

すぐに人間になる」（と恩梯古茲(グティクズ)が言った）

1066 ts‘ɿ̠^{33}ɣa^{33}mo^{44}gu^{33}dʑo^{44}　如此之後呢　　そののち

1067 zu^{21}bo^{33}zɯ^{33}kɯ^{33}t‘u̠^{55}　日波惹格家　　日波惹格は

1068 ni^{21}mu^{33}ndʐɿ^{33}vi^{21}ɖo^{33}mo^{33}di^{44}　“要作黎姆求興旺”云云[31]

「繁栄祈願の黎姆儀礼をする」と言った

1069 ʂɿ̠^{21}mu^{33}mu^{33}dʐɿ^{44}nɯ^{33}　七地之下方　　七地(しちじ)の下のほうには

1070 ni^{21}mu^{33}pɿ^{33}ma^{21}ɣɯ^{21}　黎姆無畢摩　黎姆儀礼のできるビモがいなかった

1071 ni^{21}mu^{33}pi^{33}ʐɿ^{33}li^{33}　黎姆大畢摩　　黎姆儀礼のできる大ビモは

1072 ho^{33}ȵa^{55}ŋɯ^{21}dzɿ^{33}dzu̠^{33}　上界有恩孜[32]　　天上界に恩孜(エンズー)（恩畢阿孜(グビアズ)）がいる

1073 ho^{33}kɯ^{21}t‘i^{33}ȵa^{55}tɕo^{44}　上面天界中　　上の天上界へ

1074 ŋɯ^{21}bo^{21}su^{33}ma^{21}ɣɯ^{21}　無人可去請畢摩

ビモを招きに行ける人はいなかった

1075 ma^{21}ɣɯ^{21}li^{33}ma^{21}ŋɯ^{33}　原非無人去

もともとから行ける人がいなかったわけではない

1076 ȵa^{55}kɯ^{55}ȵa^{55}li^{21}li^{21}　怪獸呀怪獸　　怪獣だ、怪獣

1077 ȵa^{55}vi^{55}ndʑi^{33}ɣa^{33}zɯ^{33}　怪獸豪猪仔　　ヤマアラシという怪獣の子が

1078 i^{33}bo^{21}li^{33}mo^{33}di^{44}　牠去請也焉　　それが招きに行った

1079 tɕo^{55}mo^{21}tʻɯ^{33}ɣa^{33}li^{33}　駕著雄鷹去[33]　雄鷹(おす)に乗って行った

1080 tɕʻæ^{33}la^{33}ŋɯ^{21}mo^{21}hi^{55}　跳到恩孜前

飛んで恩孜(エンズー)（恩畢阿孜(グピアズ)）の前にたどり着き

1081 bo^{21}la^{33}ŋɯ^{21}bo^{21}la^{33}　“來請來請你　「あなたを招きに来ました

1082 ʂɿ̱^{21}mu^{33}mu^{33}dʐɿ^{44}tɕo^{44}　七地之下方　七地の下のほうでは

1083 zu^{21}bo^{33}zɯ^{33}kɯ^{33}tʻu̱^{55}　日波惹格家　日波惹格(リーボールォグォ)（ズボズク）は

1084 dʑu̱^{55}dʑi^{21}la^{33}ma^{21}da^{33}　未能變成人　まだ人間になれないでいるので

1085 ŋɯ^{21}bo^{21}dzu̱^{33}ni^{21}mu^{33}　請你黎姆求興旺

あなたに繁栄祈願の黎姆儀礼をしていただきたい

1086 ndʐɿ^{33}vi^{21}ɖo^{33}mo^{33}di^{44}　黎姆求發展”云云

発展祈願の黎姆儀礼を」と言った

1087 ŋɯ^{21}pi^{33}a^{21}dʐɿ^{33}ȵi^{33}　恩畢阿孜氏　恩畢阿孜(エンビーアーズー)（グピアズ）は

1088 ȵa^{55}ʂu^{33}ȵa^{55}fi^{33}nɯ^{33}tʂʻɿ^{21}li^{21}　“邪獸怪獸你一員

「お前は邪悪な怪獣ではないか

1089 nɯ^{21}ȵa^{55}ndʐɿ^{33}ma^{21}dʑo^{33}　你上無君王？

お前より上に王はいないのか？

1090 nɯ^{21}ȵa^{55}mo^{21}ma^{21}dʑo^{33}　你上無臣子？

お前より上に（王の）臣下はいないのか？

1091 nɯ^{33}tɯ^{21}ŋa^{33}bo^{44}la^{33}　由你來請我！[34]”　なぜお前が招きに来たのだ！」

1092 ŋɯ^{21}ȵa^{55}tʻu^{44}mu^{33}dzɔ^{33}　恩[35]旁有甚麼？

恩(エン)（恩畢阿孜(グピアズ)）のそばに何があったのか？

1093 ŋɯ^{21}ȵa^{55}dza^{33}mo^{21}dzɔ^{33}　恩旁有麵粉　恩のそばに小麦粉があった

1094 dza^{33}mo^{21}va^{33}ɣa^{33}pʻu̱^{55}　抓麵粉來灑　小麦粉をつまんで撒(ま)くと

1095 vi^{55}ndʑi^{55}pʻu̱^{55}ȵɔ^{33}vɿ̱^{55}　豪猪灑花臉　ヤマアラシに隈取(くまど)りができた

1096 a^{33}ɖɯ^{44}ȵi^{33}ȵɔ^{33}vɿ̱^{55}　古時就花臉　大昔から隈取りをしていて

1097 a^{21}mu^{33}ȵi^{33}ȵɔ^{33}vɿ̱^{55}　現在也花臉　今も隈取りをしている

古事記への視点

■「だから今も……なのだ」という語り口

このように、神話のなかで起きたあることが原因で「だから今も○○は……なのだ」という語り口は、起源神話におけるごく一般的な様式である。こういった部分は、子供も含めたその場の“聴き手”には「なるほど」と思わせる効果のあるものだったろう。

『古事記』（神代記）にも、たとえばオホヤマツミの神が献上した娘のイハナガヒメを、ホノニニギが父親の元に送り返してしまったときに、オホヤマツミはこれを恥じて、「イハナガヒメは返してよこしたので、これから神の御子の寿命は、木の花のように短くなるだろう」と呪ったので、その結果として、今に至るまで、天皇の命は長くはないのだ、とする伝承がある。しかし『古事記』の場合は、こういった例は「勒俄特依（ネウォテイ）」ほどには多くない。『古事記』神話は国家段階の文字神話になる段階で、“聴き手”からの反応を計算するという〈場〉の側面を弱め、こういった語り口を徐々にそぎ落としてきたのであろう。

1098 vi^{55}ndʑi^{55}ts‘ɿ̱^{33}gu̱^{33}lo^{33}ɣa^{33}vu̱^{33}　豪猪逃入深谷中

ヤマアラシは深い谷に逃げ込んだ

1099 ndo^{21}si^{21}ndo^{21}ma^{21}tɕo^{33} 有去無回話　逃げたきりで報告に帰って来ない

1100 ȵa^{55}kɯ^{55}ȵa^{55}li^{21}li^{21}　怪獸呀怪獸　怪獣だ、怪獣

1101 ȵa^{55}t‘ɯ^{21}ɖɯ^{21}ɣa^{33}zɯ^{33}　怪獸野兎子　兎（うさぎ）という怪獣が

1102 i^{33}bo^{21}li^{33}mo^{33}di^{44}　牠去請也焉　それが招きに行った

1103 t‘ɯ^{33}ʂɿ^{33}a^{21}ɖɯ^{21}zɯ^{33}　松林野兎子　松林の兎が

1104 tɕo^{55}mo^{21}t‘ɯ^{33}ɣa^{33}li^{33}　駕著雄鷹去　雄鷹（おす）に乗って行った

1105 tɕ‘æ^{33}la^{33}ŋɯ^{21}mo^{21}hi^{55}　跳到恩孜前

飛んで恩孜（エンズー）（恩畢阿孜（グピアズ））の前にたどり着き

1106 ŋa^{33}la^{33}ŋɯ^{21}bo^{21}la^{33}　“來請來請你　「あなたを招きに来ました

1107 ʂɿ̱^{21}mu^{33}mu^{33}mu^{33}dʐɿ^{44}tɕo^{44}　七地之下方　七地の下のほうでは

1108 zu^{21}bo^{33}zɯ^{33}kɯ^{33}t‘u̱^{55}　日波惹格家　日波惹格（リーボールォグォ）（ズボズク）は

1109 dʑu̱^{55}dʑɿ^{21}la^{33}ma^{21}da^{33}　未能成人類　まだ人間になれないでいるので

1110 ŋɯ^{21}bo^{21}dzu̱^{33}ni^{21}mu^{33}　請你黎姆求興旺

あなたに繁栄祈願の黎姆儀礼をしていただきたい

1111 ndʐɿ^{33}vi^{44}ɖo^{33}mo^{33}di^{44}　黎姆求發展”云云

発展祈願の黎姆儀礼を」と言った

1112 ŋɯ^{21}pi^{33}a^{21}dzɿ^{33}ȵi^{33}　恩畢阿孜呢　恩畢阿孜（エンビーアーズー）（グピアズ）は

1113 ȵa^{55}ʂu^{33}a^{33}ȵa^{55}fi^{33}　“邪獸呀怪獸　「邪悪な怪獣だ、怪獣

1114 nɯ^{33}ȵa^{55}ndzɿ^{33}ma^{21}dʑo^{33}　你上無君嗎？

お前より上に王はいないのか？

1115 nɯ^{33}ȵa^{55}mo^{21}ma^{21}dʑo^{33}　你上無臣嗎？

お前より上に（王の）臣下はいないのか？

1116 nɯ^{33}tɯ^{21}ŋa^{33}bo^{44}la^{33}　由你來請我！”

なぜお前が招きに来たのだ！」（と言った）

1117 ŋɯ^{21}ȵa^{55}tʻu^{44}mu^{33}dʐɔ^{33}　恩旁有甚担？

恩《エン》（恩畢阿孜《グビアズ》）のそばに何があったのか？

1118 ŋɯ^{21}ȵa^{55}tʻɯ^{21}bu^{21}dʐɔ^{33}　恩旁有木棒　恩のそばに木の棒があった

1119 tʻɯ^{21}bu^{21}ʂɿ^{33}læ^{33}tʂɿ̠^{55}　木棒撃兎足　木の棒で兎の足を殴ると

1120 a^{21}ɖɯ^{21}ndu̠^{21}tɕʻæ^{33}pæ^{33}　將兎打拐腿　兎を叩くと足曲がりになった

1121 a^{33}ɖɯ^{44}tɕʻæ^{33}pæ^{33}su^{33}　古時就拐腿　大昔から足曲がりで

1122 a^{21}mu^{33}pæ^{33}ʑi^{21}sɿ^{33}　現在仍拐腿　だから今も足曲がりである

1123 a^{21}ɖɯ^{21}gu̠^{33}lo^{44}tʻɯ^{33}ʂɿ^{33}tsi^{21}　兎子逃入松林間　兎は松林に逃げ込んだ

1124 ndo^{21}si^{21}ndo^{21}ma^{21}tɕo^{33}　有去無回話　逃げたきりで報告に帰って来ない

1125 tsʻɿ̠^{33}ɣa^{33}lo^{44}gu̠^{21}dʑo^{44}　如此之後呢　そののち

1126 va^{55}kɯ^{55}va^{55}li^{21}li^{21}　怪禽呀怪禽　怪鳥だ、怪鳥

1127 va^{55}ʂu̠^{21}pu^{33}ɣa^{33}zɯ^{33}　怪禽野錦鶏　怪鳥のニシキドリが

1128 tɕo^{55}mo^{21}tʻɯ^{33}ɣa^{33}lɿ^{33}　駕著雄鷹去　雄鷹に乗って行った

1129 tɕʻæ^{33}la^{33}ŋɯ^{21}mo^{21}hi^{55}　跳到恩孜前

飛んで恩孜《エンズー》（恩畢阿孜《グビアズ》）の前にたどり着き

1130 ŋa^{33}la^{33}ŋɯ^{21}bo^{21}la^{33}　“我來請你來　「あなたを招きに来ました

1131 ʂɿ̠^{21}mu^{33}mu^{33}dzɿ^{44}tɕo^{44}　七地之下方　七地の下のほうでは

1132 zu^{21}bo^{33}zɯ^{33}kɯ^{33}tʻu̠^{55}　日波惹格家　日波惹格《リーボールォグォ》（ズボズク）は

1133 dʑu̠^{55}dʑi^{21}la^{33}ma^{21}da^{33}　未能成人類　まだ人間になれないでいるので

1134 ŋɯ^{21}bo^{21}dzu̠^{33}ni^{21}mu^{33}　請你來黎姆　あなたに黎姆《リームー》（ニム）儀礼をして

1135 ndzɿ^{33}vi^{44}ɖo^{33}mo^{33}di^{44}　祈求昌旺焉”

繁栄を祈願していただきたい」（と言った）

1136 ho^{33}ȵa^{55}ŋɯ^{21}pi^{33}ȵi^{33}　天界恩畢呢　天上界の恩畢《エンビー》（恩畢阿孜《グビアズ》）は

1137 va^{55}ʂu^{33}a^{21}va^{55}fi^{33}　“邪禽兔怪禽　「邪悪な鳥だ、怪鳥

1138 nɯ^{33}ȵa^{55}ndzɿ^{33}ma^{21}dʑo^{33}　你上無君嗎？

お前より上に王はいないのか？

1139 nɯ^{21}ȵa^{55}mo^{21}ma^{21}dɕo^{33}　你上無臣嗎？

お前より上に（王の）臣下はいないのか？

1140 nɯ^{33}tɯ^{21}ŋa^{33}bo^{44}la^{33}　由你來請我！”

なぜお前が招きに来たのだ！」（と言った）

1141 ŋɯ^{21}ȵa^{55}t‘u^{44}mu^{33}dʐɔ^{33}　恩旁有甚物？

恩《エン》（恩畢阿孜《グピアズ》）のそばに何があったのか？

1142 ŋɯ^{21}ȵa^{55}k‘ɯ^{21}t‘ɯ^{33}dʐɔ^{33}　恩旁有大刀　　恩のそばに大きな刀があった

1143 k‘ɯ^{21}t‘ɯ^{33}bo^{33}lo^{33}tɕɔ^{33}　大刀擊於臉

大きな刀でニシキドリの顔を切ると

1144 ʂu̠^{21}pu^{33}tɕɔ^{33}bo^{21}ni^{33}　錦鶏臉變紅　　ニシキドリの顔は赤くなった

1145 a^{33}ɖɯ^{44}bo^{21}ni^{33}lo^{44}　古時就臉紅　　大昔から顔が赤く

1146 a^{21}mu^{33}ni^{33}ɕɿ^{21}sɿ^{33}　現在也臉紅　　今も顔が赤い

1147 ʂu̠^{21}pu^{33}ts‘ɿ̠^{33}gu̠^{33}lo^{33}ɤa^{33}vu̠^{33}　錦鶏逃入深山中

ニシキドリは深い山に逃げ込んだ

1148 ndo^{21}si^{21}ndo^{21}ma^{21}tɕo^{33} 有去無回話　　逃げたきりで報告に帰って来ない

1149 ts‘ɿ̠^{33}ɤa^{33}mo^{44}gu̠^{21}dʑo^{44}　如此過後呢　　そののち

1150 ŋɯ^{33}t‘i^{55}ku^{33}ndzɿ^{33}t‘u^{44}　恩梯古茲家　　恩梯古茲《エンティーグーズー》（グティクズ）は

1151 kɯ^{33}ndzɿ^{33}kɯ^{21}ɤo^{33}tsɿ^{33}　古茲派格俄

古茲《グーズー》（恩梯古茲《グティクズ》）が格俄《グォウォ》（クウォ）を派遣し

1152 kɯ^{21}ɤo^{33}ʂa^{33}ʂa^{33}tsɿ^{33}　格俄派閃散[36]　　格俄が閃散《シャンサン》を（シャシャ）派遣し

1153 pi^{33}ŋɯ^{33}a^{21}dzɿ^{33}bo^{21}　去請阿孜畢

阿孜《アーズー》（アズ：恩畢阿孜《グピアズ》）ビモを招きに行かせた

1154 kɯ^{21}ɤo^{33}ʂa^{33}sa^{33}ȵi^{33}　格俄閃散呢　　格俄と閃散は

1155 lɿ^{33}mu^{33}ti^{55}ɕu^{33}dzɿ^{33}　駕著鷹前往　　鷹に乗って先に進んだ

1156 tɕ‘æ^{33}la^{33}ŋɯ^{21}mo^{21}hi^{55}　跳到恩畢前

飛んで恩孜《エンズー》（恩畢阿孜《グピアズ》）ビモの前にたどり着き

1157 ŋa^{33}la^{33}ŋɯ^{21}bo^{21}la^{33}　“我來請恩畢　　「恩孜ビモを招きに来ました

1158 ʂɿ̠^{21}mu^{33}mu^{33}dʐɿ^{44}tɕo^{44}　七地之下方　　七地の下のほうでは

1159 zu^{21}bo^{33}zɯ^{33}kɯ^{33}t‘u̠^{55}　日波惹格家　　日波惹格《リーボールォグォ》（ズボズク）が

1160 tɕʻo55mu33tɕʻo55dzi21dzi21　卽將要變化[37]　間もなく人間に変わるでしょう

1161 l̠ɿ55zɿ33kʻa33ɤa33tsʻɿ33　清水來漱口　清い水で口を漱ぎ

1162 dʑi33zɿ33ʑi21ɤa33xo21　潔水來清洗　清潔な水できれいに洗い

1163 ni21mu33ndzɿ33vi44ɖo33vo44nɯ33　黎姆求興旺

黎姆（ニム）儀礼で繁栄祈願をしていただければ

1164 dʑu̠55dʑi21la33ʑi21di44　則將變成人類焉　間もなく人間に変わるでしょう

1165 ŋɯ21bo21dzu33ni21mu33　請你爲興旺而黎姆

あなたに繁栄祈願の黎姆儀礼をしていただきたい

1166 ndʐɯ33vi21ɖo33mo33dɿ44　爲發展而宴客焉[38]

発展のために客をもてなします

1167 ŋɯ21la33nɯ33ni21mu33　你來則黎姆

あなたが来て黎姆儀礼をしていただきたい

1168 ma21la33mu33ma21to21o44di44　不來不能作也焉

あなたが来ないと誰もできません

1169 ŋɯ21pi33a21dzɿ33tʻu̠55　恩畢阿孜家　恩畢阿孜（グピアズ）よ

1170 ma21bo21pi33dʑo44dʑo33　有無不請自來的畢摩

招かれないのに自分から来るビモがいるか

1171 ma21bo21pi33ma21dʑo33　没有不請自來的畢摩

招かれないのに自分から来るビモはいない

1172 ma21bo21pi33dʑo33nɯ33　若有不請的畢摩

もしも招かれないビモがいたとしても

1173 ma21la33pi33ma21dʑo33　没有請而不來的畢摩

招かれたのに来ないビモはいない

1174 ma21la33pi33dʑo33nɯ33　若有請而不來的畢摩

もしも招かれたのに来ないビモがいたとしても

1175 ni21mu33la33tsʻɿ̠21ȵi21　牠日別處去黎姆

いつか別の場所に行って黎姆儀礼をすることになる

1176 vɿ44tʻu33tʂʻɿ44nɯ33tʂʻɿ33　若非籤筒斷

もしも籤入れの筒が割れないとしても

1177 ɖɯ21vo33tɕʻæ55nɯ33tɕʻæ55　就是法笠裂[39]　儀礼用の笠が壊れる

1178 ma21bo21kɯ55dʑo44dʑo33　有無不請自來的工匠

招かれないのに自分から来る職人がいるか

1179 ma^{21}bo^{21}kɯ^{55}ma^{21}dʑo^{33}　没有不請自來的工匠

招かれないのに自分から来る職人はいない

1180 ma^{21}bo^{21}kɯ^{55}dʑo^{44}nɯ^{33}　若有不請的工匠

もしも招かれない職人がいたとしても

1181 ma^{21}la^{33}kɯ^{55}ma^{21}dʑo^{33}　没有請而不來的工匠

招かれたのに来ない職人はいない

1182 ma^{21}la^{33}kɯ^{55}dʑo^{44}nɯ^{33}　若有請而不來的工匠

もしも招かれたのに来ない職人がいたとしても

1183 kɯ^{55}la^{33}mu^{33}ts'ɿ̠^{21}ȵi^{21}　牠日別處去作工

いつか別の場所に行って作業をすることになる

1184 ʂɯ^{33}dzɿ^{33}ʂɯ^{33}ti^{33}dʑæ^{55}　打鐵鐵砧裂　鉄を打ったが金床が割れ

1185 ʂɯ^{33}ndu̠^{21}ʂɯ^{33}lɿ̠^{33}dʑæ^{55}　製鐵工具裂”

製鉄用の工具が割れる」(と言った)

1186 ŋɯ^{21}pi^{33}a^{21}dzɿ^{33}ȵi^{33}　恩畢阿孜呢　恩畢阿孜(エンビーアーズー)(グピアズ)は

1187 ts'ɿ̠^{33}gɯ^{33}lo^{44}vɿ^{33}hi^{33}　一聽此言後　それを聞くと

1188 ho^{33}ȵa^{55}ma^{33}sɔ^{33}p'u̠^{21}　上界三片竹　天上界の三本の竹を

1189 ma^{21}k'ɯ^{33}ma^{33}sɔ^{33}da^{33}　不剖竹三棵[40]　三本の竹を割らないままで

1190 ma^{33}da^{33}sɔ^{33}da^{33}dzi^{55}　砍來竹三節　竹を三節(ふし)切り

1191 o^{33}a^{21}sɔ^{33}da^{33}su^{33}　頭部三節呢　上の三節は

1192 lo^{55}vɿ^{33}sɔ^{33}tsi^{33}ts'ɿ̠^{55}　削三把竹籤[41]　削って三つまみの竹の籤(ひご)にして

1193 pi^{44}zɯ^{33}sɔ^{33}ʑɔ^{33}bi^{21}　給三箇畢徒[42]　ビモの三人の弟子に与えた

1194 mu^{33}a^{21}sɔ^{33}da^{33}su^{33}　尾部三節呢　下の三節は

1195 ɖɯ^{21}vo^{33}sɔ^{33}ma^{33}mu^{33}　編三箇法笠　三つの儀礼用の笠に編み

1196 pi^{44}zɯ^{33}sɔ^{33}ʑɔ^{33}ti^{55}　三箇畢徒帶　ビモの三人の弟子が被(かぶ)った

1197 dʑu̠^{55}a^{21}sɔ^{33}da^{33}su^{33}　中間三節呢　中の三節では

1198 tɕ'i^{44}k'ɯ^{33}sɔ^{33}ma^{33}mu^{33}　作三箇法扇[43]　三つの儀礼用の扇を作り

1199 pi^{44}zɯ^{33}sɔ^{33}ʑɔ^{33}bɿ^{21}　給三箇畢徒　ビモの三人の弟子に与えた

1200 ŋɯ^{21}la^{33}ho^{33}vu̠^{55}la^{33}　恩自旻天來

恩畢阿孜(エンビーアーズー)(グピアズ)は空からやって来た

1201 ho^{33}vu̠^{55}sɿ^{33}mu^{33}dzu̠^{33}　旻天有斯母[44]

空には斯母《スームー》（スム：木の枝のペン）があって

1202 sɿ^{33}mu^{33}tu^{33}lɿ^{21}lɿ^{21} 斯母直挺挺 その斯母は真っ直ぐな物である

1203 ŋɯ^{21}la^{33}tʻi^{33}vu̠^{55}ŋga^{33} 恩自提地來 恩畢阿孜は大地からやって来て

1204 tʻɿ^{33}vu̠^{55}ŋɯ^{33}ga^{33}dzu̠^{33} 提地有恩甘 大地には恩甘《エンガン》（グガ：呪具）があり

1205 ŋɯ^{33}ga^{33}tʂɿ^{33}si^{55}si^{55} 恩甘怪誕誕 その恩甘は奇怪な物である

1206 ŋɯ^{21}la^{33}ȵa^{55}ɣa^{33}la^{33} 恩自上方來 恩畢阿孜は上のほうからやって来て

1207 ȵa^{55}ɣa^{33}sɿ^{33}dzi^{33}tsʻu̠^{33} 上方架金橋 上のほうに金の橋を掛け

1208 ȵa^{55}ɣa^{33}tʂo^{55}ni^{21}mu^{33} 上方爲除穢黎姆

上のほうで穢《けが》れ祓いの黎姆儀礼をした

1209 ŋɯ^{21}la^{33}dʐɿ̠^{21}ɣa^{33}la^{33} 恩自下方來 恩畢阿孜は下のほうからやって来て

1210 dʐɿ^{33}la^{33}xɯ^{33}dzi^{33}tsʻu̠^{33} 下方架銅橋 下のほうに銅の橋を掛け

1211 dʐɿ̠^{21}a^{21}ȵu̠^{55}ni^{21}mu^{33} 下方爲除癆黎姆

下のほうで結核除《よ》けの黎姆儀礼をした

1212 ŋɯ^{21}la^{33}gu̠^{55}ɣa^{33}la^{33} 恩自中間來

恩《エン》（恩畢阿孜《グピアズ》）は中間からやって来て

1213 gu̠^{55}ɣa^{33}tɕʻu^{33}dzi^{33}tsʻu̠^{33} 中間搭銀橋 中間に銀の橋を掛け

1214 gu̠^{55}a^{33}vo^{33}ni^{21}mu^{33} 中間爲興人黎姆

中間で人間を創り出す黎姆《リームー》（ニム）儀礼をした

1215 ni^{21}mu^{33}va^{55}ma^{21}ɣɯ^{21} 黎姆無禽類 黎姆儀礼用の鳥類はいなかった

1216 ma^{21}ɣɯ^{21}li^{33}ma^{21}ŋɯ^{33} 無禽乃非眞

（しかし）鳥がいないというのは本当ではなかった

1217 mu^{33}gu̠^{33}va^{55}tsɿ^{33}tsʻu̠^{33} 空中捉禽鳥 空中で鳥を捕らえた

1218 va^{55}tsɿ^{33}tsʻu̠^{33}ma^{21}ŋɯ^{33} 亦非空中禽

（しかし）またもや空中の鳥ではなかった

1219 ŋga^{21}vu̠^{55}ʑæ^{33}di^{21}ŋɯ^{33} 乃爲簷下鷄 実は軒下の鶏であった

1220 tʻɯ^{33}kʻæ^{33}ŋgu^{33}ma^{21}dʑi^{21} 砍松不能作神枝㊺

松を切っても神枝は作れなかった

1221 ma^{21}dʑi^{21}li^{33}ma^{21}dʐɿ^{33} 並非不能成

（しかし）またも、作れないのではなかった

1222 tɕʻu^{33}ɣa^{21}sɿ^{33}ŋgu^{33}dʑi^{44} 乃成金銀枝 実は金と銀の枝になった

1223 sɿ̠^{21}a^{21}tɕo^{33}ŋgu^{33}tsʻu̠^{33} 詛呪神枝插㊻ 呪《のろ》いの神枝を挿《さ》し

1224 tɕʻu^{33}la^{33}sɿ^{33}ŋgu^{33}tsʻu̠^{33}　金枝銀枝插　　金の枝、銀の枝を挿した

1225 tʂʻɿ^{33}a^{21}lɯ^{33}ma^{21}dzæ^{55}　不用麂麞作犧牲

ノロジカを生け贄にするのではなく

1226 ȵi^{33}a^{21}ʑo^{33}di^{21}dzæ^{55}　牛羊作犧牲　　牛と羊を生け贄にした

1227 ʂu^{33}la^{33}ha^{33}ma^{21}pʻu̠^{21}　未用野鷄拴　　雉(きじ)を（神枝に）繋(つな)ぐのではなく

1228 li^{21}ʑi^{33}va^{55}di^{21}pʻu^{21}　家中鷄來拴[47]　　家の鶏を繋いだ

1229 tʂo^{55}tɕʻu^{33}tʂo^{55}nɔ^{33}sɔ^{33}gɯ^{33}xo^{21}　黒汚白穢除三次

黒い穢(けが)れと白い穢れを三回祓い

1230 ȵu̠^{55}ni^{21}ʐɯ^{21}ni^{21}sɔ^{33}gɯ^{33}mu^{33}　爲除癆孽三黎姆

疫病除けの黎姆儀礼を三回行ない

1231 dzu^{33}la^{33}ndʐɯ^{21}ni^{21}sɔ^{33}gɯ^{33}mu^{33}　爲了興旺三黎姆

繁栄祈願の黎姆儀礼を三回行なった

1232 ŋɯ^{21}la^{33}dzu^{33}ni^{21}mu^{33}li^{21}hi^{33}　恩來黎姆求發展之後

恩(エン)（恩畢阿孜(グビアズ)）が発展祈願の黎姆儀礼を行なったあと

1233 zu^{21}bo^{33}zɯ^{33}kɯ^{33}tʻu̠^{55}　日波惹格家　　日波惹格(リーボールォグォ)（ズボズク）の

1234 o^{33}a^{21}tʂa^{55}tʂa^{55}kʻɯ^{33}su^{33}lɿ̠^{55}　頭上棲鴉鵲者除

頭に棲み着いた烏と鵲(かささぎ)を取り除いて

1235 sɿ̠^{33}dzu̠^{33}gu^{33}ɣa^{33}ʂa^{33}　棄於樹林中　　林に捨てた

1236 na^{21}bi^{55}sɿ̠^{21}sɿ̠^{21}kʻɯ^{33}su^{33}lɿ̠^{55}　鼻孔巢甲蟲者除

鼻の穴に巣を作った甲虫(こうちゅう)を取り除いて

1237 lo^{33}gu^{44}la^{33}da^{33}ʂa^{33}　棄於溝谷間　　溝に捨てた

1238 na^{21}po^{33}hæ^{33}lɿ̠^{21}kʻɯ^{33}su^{33}lɿ̠^{55}　耳朶棲蝙蝠者除

耳たぶに棲み着いた蝙蝠(こうもり)を取り除いて

1239 va^{55}ʑi^{33}nɔ^{33}ɣa^{33}tsi^{21}　放於崖洞中　　崖の洞穴に投げこんだ

1240 i^{55}vu^{33}dʑo^{21}bi^{21}kʻɯ^{33}su^{33}lɿ̠^{55}　腋窩巢松鼠者除

脇の下のくぼみに巣を作ったリスを取り除いて

1241 sɿ̠^{33}sɿ^{33}sɿ̠^{33}lo^{55}ʂa^{33}　棄於樹枝上　　木の枝の上に捨てた

1242 tɕʻɔ^{33}bu^{21}dʑi^{21}tsɿ^{33}kʻɯ^{33}su^{33}lɿ̠^{55}　肚臍巢鳥兒者除

へそに巣を作った鳥を取り除いて

1243 di^{21}ko^{21}di^{21}ȵɔ^{33}ʂa^{33}　棄於埂坎間　　土手（畦）に捨てた

1244 dʑu̠^{55}ɣa^{33}dʑi^{21}ʑo^{33}kʻɯ^{33}su^{33}lɿ̠^{55}　腰間蜜蜂巢者除

腰に巣を作った蜜蜂を取り除いて

1245 va^{55}ni^{33}gu^{33}gu̱^{55}ʂa^{33} 棄於懸崖間 崖に捨てた

1246 ndʑi^{55}gu^{33}a^{21}ɖɪ^{33}k'ɯ^{33}su^{33}lɪ̱^{55} 膝窩巢斑鳩者除

膝の下のくぼみに巣を作った斑鳩(しらこばと)を取り除いて

1247 sɪ̱^{33}tʑɔ^{33}lo^{33}vu̱^{55}ʂa^{33} 放於深林中 奥深い林に投げ込んだ

1248 ʂɪ^{33}xa^{55}bu^{21}vu^{55}k'ɯ^{33}su^{33}lɪ̱^{55} 足板巢螞蟻者除

足の裏に巣を作ったアリを取り除いて

1249 tsa^{33}nɔ^{33}bo^{33}ɣa^{33}ʂa^{33} 棄於黑土中 黒い土の中に捨てた

1250 ts'ɪ̱^{33}ɣa^{33}mo^{44}gu^{21}dʑo^{44} 如此之後呢 そののち

1251 zu^{21}bo^{33}zɯ^{33}kɯ^{33}ȵi^{33} 日波惹格氏 日波惹格(リーボールォグォ)（ズボズク）の

1252 ʐɪ^{44}li^{33}k'u^{33}ho^{33}ʐɪ^{33} 大則福祿大 得た幸せは実に大きく

1253 k'u^{33}ho^{33}ʂu̱^{55}ni^{55}pu^{33} 福祿如松栢[48]

その幸せは松とコノテガシワの如くであった

1254 ʂu̱^{55}ni^{55}æ^{33}dzu^{21}dzu^{21} 栢樹青蒼蒼 コノテガシワは青々と茂り

1255 t'ɯ^{33}ni^{21}ko^{55}xɯ^{33}xɯ^{33} 青松勁挺挺

青い松は力強く真っ直ぐに立っていた

1256 t'ɯ^{33}ʂɪ^{33}vi^{55}ŋɯ^{33}næ^{33} 松林福祿多 松林は多くの恵みに満ち

1257 t'ɯ^{33}o^{33}mbu^{33}su̱^{33}su̱^{33} 松林繁茂茂 松林は鬱蒼と茂り

1258 t'ɯ^{33}p'i^{21}ndʐa^{55}li^{33}dzɪ^{55} 松林很美麗 松林はとても美しかった

1259 ndʐa^{55}li^{33}dzɪ^{21}lɪ^{21}ndʐa^{55} 美呢吉爾[49]美 美しいよ、吉爾(ジーアル)(ジュル)が美しい

1260 dzɪ^{21}lɪ^{21}vi^{55}ɖo^{33}pu̱^{33} 吉爾助宴客[50] 吉爾は客のもてなしの助けになる

1261 ʂu̱^{55}dzu̱^{33}ʂɪ^{33}vɪ^{33}kɯ^{44} 栢樹並榈樹 コノテガシワの木とカシワの木では

1262 sɪ̱^{33}vu̱^{55}mu^{33}tɕ'u^{33}ndi^{55} 榈樹衝雲霄 カシワの木は雲にまで届いた

1263 zu^{21}bo^{33}zɯ^{33}ts'ɪ̱^{21}dzi^{33} 日波惹[51]一對

一対の日波惹(リーボーグォ)（ズボズ：日波惹格(ズボズク)）の木は

1264 ma^{21}t'i^{33}nɯ^{33}ma^{21}dʑi^{21} 不説則不知 言わなければわからないが

1265 t'i^{44}nɯ^{33}kɯ^{21}ʐɪ^{33}bu^{33} 説則生格以[52]

言ったらすぐに格以(グォイー)（クジュ）が生まれた

1266 t'i^{44}nɯ^{33}fɪ^{33}ʐɪ^{33}bu^{33} 説則生分以

言ったらすぐに分以(フェンイー)（フィジュ）が生まれた

1267 kɯ^{21}ʐɿ^{33}bu^{33}su^{33}dʐɿ̱^{55}　産格以者興　　格以が生まれると繁栄し

1268 fi^{33}ʐɿ^{33}bu^{33}su^{33}dɯ^{21}　生分以者旺　　分以が生まれると繁栄した

1269 zu^{21}bo^{33}zɯ^{33}kɯ^{33}ȵi^{33}　日波惹格呢　　日波惹格は

1270 o^{55}a^{21}zu^{21}ndʑi^{21}li^{33}gu^{33}dʑæ^{33}　下面杉根分九簇

下では杉の根を九つの群れに分け

1271 dʑu̱^{55}a^{21}zu^{21}ʂɿ^{33}li^{33}gu^{33}pa^{33}　中間杉桿有九度

中間では杉の幹を九度分ほど太くし

1272 t‘o^{55}a^{21}zu^{21}ko^{55}li^{33}gu^{33}ko^{55}　上面杉枝分九埡

上では杉の枝を九本の股に分けた

1273 zu^{21}ko^{55}ts‘ɿ̱^{21}ko^{55}tʂ‘ɿ^{33}　斷一棵杉枝　　杉の枝を一本切ると

1274 a^{33}ga^{33}læ^{55}t‘ɔ^{33}ndo^{21}　落於阿趕乃拖[53]　　阿趕乃拖（アーガンナイトゥオ）（アガレト）に落ちた

1275 ts‘ɿ̱^{33}la^{33}tsa^{55}t‘o^{55}sɔ^{33}k‘u̱^{55}dʐɔ^{33}　三年置地表　　三年間地表に置かれ

1276 zu^{21}ɖi^{55}mu^{44}sɔ^{33}k‘u̱^{55}　日曬雨淋的三年

三年間日に晒（さら）され、雨に濡れつづけ

1277 ts‘ɿ̱^{33}la^{33}tsa^{33}o^{55}sɔ^{33}k‘u̱^{55}i^{55}　三年埋土中　　土の中に三年埋められ

1278 zu^{21}tʂ‘ɿ̱^{21}mu^{44}sɔ^{33}k‘u̱^{55}　腐爛的三年　　腐ること三年

1279 zu^{21}tʂ‘ɿ̱^{21}ho^{33}tɯ^{21}la^{33}　杉腐産生氣[54]　　杉が腐って気が生じ

1280 ho^{33}tɯ^{21}mu^{33}vu̱^{55}li^{33}　氣昇入天空　　気は昇って空に入り

1281 mu^{33}vu̱^{55}tʂ‘ɿ^{33}dʑi^{21}la^{33}　天空降露來[55]　　空から露が降りて来た

1282 tʂɿ^{33}dʑi^{21}ʐɿ̱^{33}ni^{33}la^{33}　降露潤草生　　降りた露は草を潤し

1283 ʐɿ̱^{33}ni^{33}ʐɿ^{33}tʂ‘ɿ̱^{21}la^{33}　草生草腐爛　　草が茂って草が腐り

1284 ʐɿ̱^{33}tʂ‘ɿ̱^{21}hi^{55}p‘a^{55}la^{33}　草腐産生霧　　草が腐って霧が生じた

1285 hi^{55}pæ^{33}mu^{33}vu̱^{55}vu^{33}　霧昇入空際　　霧は昇って空の際（きわ）に入り

1286 mu^{33}vu̱^{55}vo^{33}dʑi^{21}la^{33}　天空降雪來　　空から雪が降って来て

1287 vo^{33}dʑi^{21}no^{55}tsi^{21}la^{33}　降雪爲其肉[56]

降って来た雪がその（日波惹格（ズボズク）の）肉になった

1288 hi^{55}tɯ^{21}ha^{33}dʑi^{44}la^{33}　霧昇則降雨　　霧が昇ると雨が降って来て

1289 ha^{33}dʑi^{44}sɿ^{33}tsi^{21}la^{33}　降雨爲其血　　降って来た雨がその血になった

1290 lo^{33}no^{55}ndʑo^{55}tɯ^{21}la^{33}　深谷氷裂落　　深い谷に氷が割れて落ち

1291 ndɕo^{55}tɯ^{21}ɤo^{33}tsi^{21}la^{33}　結氷爲其骨　　氷がその骨になった

1292 mu^{33}vu̱^{55}tʂɿ^{33}ts‘i^{33}la^{33}　天上星墜落　　空から星が落ち

1293 tʂɿ^{33}ts'i^{33}ȵɔ^{33}tsi^{21}la^{33}　星落爲其目　　星が落ちてその目になった

1294 lo^{33}no^{55}ɖɿ^{33}p'u̠^{33}la^{33}　深山起風來　　奥深い山から風が吹いて来て

1295 ɖɿ^{44}p'u̠^{33}so^{55}tsi^{21}la^{33}　起風爲其氣　　吹いて来た風がその息になった

1296 vo^{33}ŋɯ^{33}sɔ^{33}bo^{33}dʑi^{21}　降下三陣雪[57]　　雪が三度降って来た

1297 ʂɿ^{21}mu^{33}mu^{33}dʐɿ^{44}dʐɔ^{33}　降到下界中　　下界に降(ふ)って来て

1298 gu^{33}ȵi^{21}dʐɿ^{33}mu^{33}k'ɯ^{55}　九日化至昏　　九日目の夕方までかかって溶け

1299 gu^{33}ho^{55}dʐɿ^{44}mu^{33}t'i^{33}　九夜化至曉　　九晩目の明け方までかかって溶け

1300 dʑu̠^{55}dʑi^{21}la^{33}mɿ^{44}dʐɿ^{33}　爲要變成動物而融化　　動物になるために溶けた

1301 ŋga^{55}dʑi^{21}la^{33}mi^{44}dʐɿ^{33}　爲要變成植物而融化　　植物になるために溶けた

1302 p'u^{21}dʑi^{21}la^{33}mi^{44}dʐɿ^{33}　爲要變成人祖而融化

人間の始祖になるために溶けた

1303 p'a^{55}dʑi^{21}la^{33}mi^{44}dʐɿ^{33}　爲要變成人而融化　　人間になるために溶けた

1304 tɕ'o^{55}lɿ̠^{55}tɕ'o^{55}la^{33}mu^{33}　變幻且變幻　　変わりに変わって

1305 tɕ'o^{55}la^{33}vo^{33}ndʐɯ^{33}dʑi^{21}　變化作雪族[58]　　雪族に変わった

1306 vo^{33}ndʐɯ^{33}zɯ^{33}ts'i^{33}ȵi^{44}　雪族十二子　　雪族には十二人の子がいた

注

① “格樹”、“格”爲音譯、樹爲意譯。“格”是指“格分”、“格分”則指男女生殖器、也卽陰陽；“格”爲陽界、“分”爲陰道。“格”還有“種子”之義、故“格樹”可譯爲“種子樹”。據其牠一些經文記載、世間所有事物皆從此“格樹”而生。以下格枝、格花、格果皆本於此。

「格(ク)樹」の「格」は音訳で、樹は意訳である。「格」は「格分(クフィ)」とも言われ、「格分」は男女の生殖器、すなわち陰陽のことであり、「格」は男根、「分(フィ)」は膣である。また、「格」には「種(たね)」の意味もあるので、「格樹」は「種の木」と訳すこともできる。ある別の経典によれば、世の中の万物はすべてこの「格樹」から生まれたのだという。以下の「格枝」「格花」「格果」は皆これ【格樹】をもとにしている。

② 阿趕乃拖、大致在今貴州省威寧縣一帶、有的文本中則認爲是落於名爲“着着利迪”的一箇地方。

阿趕乃拖(アガレト)はだいたい今の貴州省威寧県あたりで、ある文献によると、「着着利迪(ジョジョリティ)」という名の場所の一地方に落ちたのだという。

③ “格勒了史”爲一種籐本植物、纏於樹上寄生。

格勒了史(クルニョシュ)とは藤科の植物であり、木に巻きついて寄生する。

④ 體爾布、彝語音、其義不解、從下文中可看出、牠生出白頭、黒頭等一些神或人。

体爾布(ティルブ)はイ語の音訳であり、意味は不明。下の句によれば、それから白い髪、黒い髪などの神あるいは人が生まれたことがわかる。

⑤　指從此產生出一箇白頭的人或神、白頭指老年人。

それ（体爾布）から一人の白い髪の人あるいは神が生まれたという意味であり、「白い髪（頭）」とは老人のことである。

⑥　母留、音譯、義爲幼子。

母留は音訳であり、幼児のことである。

⑦　勒紙三子爲母留九子中的三箇、下文實勺三子、阿假三子亦然。

「勒紙という三人の子」は「母留の九人の子」のうちの三人であり、以下の「実勺三子」「阿仮三子」も同じである。

⑧　有些文本中則說成爲天上的神。

ある文献には、天上の神になったとある。

⑨　中間其實也就是人世間。

「中間」は、実際には人間界のことである。

⑩　武洛爲音譯、武洛人也就是世人。

武洛は音訳であり、武洛人も中間の世界の人間である。

⑪　這句和前一句是音譯、是描寫阿普阿散的、但可能無實際意義、不能翻譯。

この句と前の一句は音訳であり、阿普阿散のことを指しているが、実際には意味が無いようであり、翻訳不可能である。

⑫　苦斯山、山名。

苦斯山は、山の名。

⑬　這句和前兩句的翻譯不一定準確、也許是指殺牛祭天、然後向上蒼祈禱。

この句と前の二句の翻訳は必ずしも正確とは言えない。もしかすると牛を殺して天を祭り、空（の神）に祈願することを指しているのかもしれない。

⑭　有些文本中則說落下一根祖靈牌。

ある文献では、先祖の霊の位牌が落ちたとなっている。

⑮　恩吉吉乃爲地名、音譯。

恩吉吉乃は地名で、音訳である。

⑯　格俄惹、音譯、可能指某種低級動物。

格俄惹は音訳であり、ある種の低級動物を指しているのであろう。

⑰　有的文本作銅公銅母、有的作銀公金母、都指五行中的金屬。

ある文献では「銅の男」「銅の女」となっており、また別の文献では「銀の男」「金の女」ともなっており、いずれも五行のなかの金属を指している。

⑱　日波惹格、音譯。日波可能是杉樹之義、惹格指愚蠢的兒子。但民衆一般將日波惹格擬人化、看成一箇人或神。

日波惹格は音訳であり、日波は杉の木、惹格は愚鈍な子供を指しているようだ。ただしイ族は一般に、日波惹格を擬人化して、人間あるいは神と見なしている。

⑲　因爲太高、所以搖搖擺擺。

高くなり過ぎたので、揺れ動くのである。

⑳　指蜘蛛的到來有些邪怪、是不祥的預兆。

蜘蛛がやって来るのは異常で怪しいことを指し、悪い兆しだという。

㉑　彝族認爲蜘蛛會射出一種有毒的液體、若進入眼睛則會致瞎。

イ族は、蜘蛛が毒液を吐き出すことができて、その毒液が目に入ると失明すると考えている。

㉒　畢摩是彝族的祭師、掌握著豐富彝文經典、從事祭祀等活動。

ビモはイ族の祭師であり、イ語の経典をたくさん持ち、祭祀などに従事する。

㉓　恩畢阿孜、有時稱“恩阿孜”、也稱“恩孜”、傳爲遠古時代的天界之畢摩、有父子三人。

恩畢阿孜（グビアズ）は「恩阿孜（グアズ）」「阿孜（アズ）」とも称され、太古の時代に天界にいたビモであり、父と子の三人だったと伝えられている。

㉔　指讓獵犬喫飽後派其去找蜘蛛的頭。

猟犬が満腹になってから、蜘蛛の頭を探しに行かせたという意味。

㉕　指已失掉了腰部、直接將頭尾互接。彝族認爲蜘蛛無尾就是這箇原因。

腰が見つからないので、頭と尾を直接くっつけたという意味。蜘蛛に尾が無いのはこれが原因だったとイ族は考えている。

㉖　使蜘蛛回歸大地。

蜘蛛を大地に帰らせたということ。

㉗　引號内的句子爲恩梯古茲的呪語、他一説就會靈驗。

「　」の中の言葉は恩梯古茲（グティクズ）の呪文であり、彼の言葉は不思議にも必ずそのようになる。

㉘　九黎姆、指作九次黎姆、黎姆爲音譯、是彝族爲了超度逝去的祖妣之靈而作的一種大型道場。

「九黎姆」は黎姆（ニム）を九回行なうことを指し、黎姆は音訳で、イ族が、逝去した先祖の母親の霊を供養するために行なう大規模な儀礼のことである。

㉙　除白穢黒汚也是彝族的宗教儀禮。

白い穢れ、黒い穢れを祓うのもイ族の宗教儀礼である。

㉚　引号内爲恩梯古茲對日波惹格指點迷津。

「　」の中の言葉は、日波惹格（ズボズク）が道筋を間違えないようにと恩梯古茲（グティクズ）が指示したのである。

㉛　関於這次黎姆、不同文本中的記載不盡相同。有的文本中認爲這次黎姆是在一箇叫“阿糾阿撮”的人之時代；有的則認爲是在著名的史爾俄特時代（詳後）、作黎姆的目的是爲了娶妻尋父、並認爲所請的爲天界畢摩昊畢史楚和地界畢摩提畢乍穆。

この黎姆（ニム）儀礼は、文献により記載に違いがある。ある文献では、この黎姆儀礼は阿糾阿撮（アチョアツォ）という人の時代のことだとあり、別の文献には、有名な史爾俄特（シュルウォトゥ）【2974

句に初出】時代（詳しくは後文）のことだとされ、黎姆の目的は妻を娶り、父を探すことであり、また招かれたビモは天界のビモ昊畢史楚【3881、4653句ほか】と地上のビモ提畢乍穆【4654句に初出】だったという。

㉜　恩孜、見前面注㉓。

恩孜は、前注㉓参照。

㉝　指豪猪不能去、而鷹能飛、故駕之而去。

ヤマアラシは自分では行けないが、鷹は飛べるので、それに乗って行ったわけである。

㉞　指恩孜認爲來請者地位太低、不配來請牠、故不悦。

恩孜は、使者の地位があまりに低いので、自分を招きに来る者としてふさわしくないと感じて不愉快になっているのである。

㉟　恩就是恩孜畢摩。

恩は恩孜ビモのことである。

㊱　格俄和閃散爲天界的神。

格俄と閃散は天上界の神である。

㊲　可能指即將要變成人。

間もなく人間に変わろうとしているということだろう。

㊳　宴客、一方面指黎姆時招待來賓、一方面指招待祖妣的靈魂。

「客をもてなす」は、黎姆儀礼に招待した来賓に対して、また招き寄せた先祖の亡き母の霊に対するものである。

㊴　以上三句指若請而不來、對畢摩自身不好。

以上の三句は、もし招かれても来ないときには、ビモ自身にとっても不利になるということを意味している。

㊵　指一般情況不剖開來用。

普通は割らないままで用いるという意味。

㊶　竹籤是畢摩法具之一、裝於籤筒中。用以占卜。

「竹の籤」はビモの儀礼用の道具の一つで、籤筒の中に入れてある。占いに用いる。

㊷　畢徒指小畢摩、也卽畢摩的徒弟。

「ビモの弟子」は「小ビモ」のことであり、ビモの徒弟である。

㊸　法扇也是畢摩的法具、形似扇子、有竹編的和銅質的兩種。

「儀礼用の扇」もビモが儀礼に用いる道具であり、形は扇子に似ている。竹編みと銅製の二種類がある。

㊹　這裡的斯母和下文的恩甘都是畢摩的法具、“斯母”可能指用木條作的蘸水筆、“恩甘”則可能指畢摩的其牠一些法具。

この斯母と次の句の恩甘はいずれもビモの儀礼用の道具であり、「斯母」はおそらく木の細い枝で作ったインクつけペンであろう。「恩甘」はおそらくビモの儀礼用の道具の一つであろう。

㊺　神枝指彝族畢摩作法時插在地上以代表天地、日月星辰及各種自然物的樹枝。
神枝(かみえだ)とはイ族のビモが儀礼をするときに地面に挿すもので、天・地・太陽・月・星および各種の自然物を象徴している。

㊻　畢摩的神枝按儀式的需要、不同的儀式插的不一樣、這裡的詛呪神枝就是指在行詛呪時插的神枝。
ビモの神枝(かみえだ)は儀礼に欠かせないものであるが、それぞれの儀礼により挿し方が違う。この呪いの神枝は呪(のろ)いの儀礼のときに挿す神枝である。

㊼　指將鷄拴於神枝上、這種拴在神枝上的在作儀式後不殺掉、僅作供牲、一般譯作“拴牲”、區別於要殺掉的犧牲。
神枝に鶏を繋ぐことについていえば、このように神枝に繋いだ動物は儀式が終わったあとに殺されることはなく、供えられるだけなので、一般に「繋ぐ生け贄」と訳して、殺される生け贄と区別している。

㊽　以上一段指福祿象松栢一様生機勃勃。
上の一段は、「福禄（恵み）」が松とコノテガシワのように生命力に満ちていることを意味している。

㊾　吉爾是一種法寶、相當於護身符一類的東西、可護佑人興旺發達。
吉爾(ジュル)は一種の呪宝で、お守りのような物であり、人間の繁栄と発展を守ってくれる。

㊿　指吉爾可幇助人更好宴請賓客、廣交朋友。
吉爾(ジュル)の助けで客をさらに上手にもてなすことができ、交友が広がるという意味。

51　日波本來爲杉樹之義、這裡用以和松栢相比擬。
日波(ズボ)はもともと杉の木の意味なので、ここでは松・コノテガシワとの比較をしたのである。

52　“格以”和下句的“分以”分別指精子和卵子。關於“格分”見前面注①。
「格以(クジュ)」は精子、下の句の「分以(フィジュ)」は卵子のことである。「格分(クフィ)」については前の注①参照。

53　有些文本中則説落於“阿尼山脚”。
ある文献では、「阿尼(アニ)山の麓」に落ちたとなっている。

54　有些文本中則説杉腐後變成霧。
ある文献では、杉が腐ったあと霧になったとある。

55　有些文本中説降下的是“格分”的“格”。
ある文献では、降りて来たのは「格分(クフィ)」の「格(ク)」だったという。

56　指雪降落於日波惹格身上、而日波惹格爲杉樹、雪慢慢地演變爲其肌肉。下文雨爲其血、氷爲其骨、風爲其氣、皆意指日波惹格即將變成人了。
雪が日波惹格(ズボズク)のからだの上に降るというのは、日波惹格(ズボズク)は杉の木のことだから、雪がゆっくりとその肉に変わっていったという意味。以下の句では、雨が日波惹格(ズボズク)の血となり、氷が骨に、風が息になっており、いずれも「日波惹格」が間もなく人間に変わることを意味している。

㊼　有的文本説降下了紅雪、白雪和黄雪。有的則直接説從霧昇入空中時就降下這三陣雪、所以也就没有中間的那些説法。

ある文献では、赤い雪、白い雪、黄色い雪が降って来たとある。また、ある文献では、霧が空に昇るとすぐにそれぞれ異なる三種類の雪が降って来たとなっており、中間について触れることはない。

㊽　雪族、彝語稱爲“維整”、基本義可能指“雪衍”、也卽從雪衍生出萬物之義。

雪族はイ語では「維整」で、基本的な意味は「雪から発展する」ということであり、雪から万物が生まれ出たという意味である。

［人類の起源］

そののち、下界には人間がまだいなかった。上界の四本の格樹の四本の枝には四輪の花があり、四個の果物が実った。その一個が日光の層に落ち、次に白い雲の層を経て黄色い雲の層に、さらに黒い雲の層の上に落ち、霞んだ霧の中に落ち、長々と続く雨の中に落ち、突而山の頂上に落ちた。そこから転がって突而山の中腹から麓に落ち、麓から下界の阿趕乃拖に落ちた。地上に三年置いても芽が出なかったが、土の中に三年埋めたら格勒了史という藤の芽が出た。格勒了史は人間になりたいと思い、土手（畦）の下で大きくなって土手の上に這い登り、土手の上の草につながった。草から蓬につながり、ヨモギから蕨に、ワラビから竹の梢に、竹の梢から杉の梢に、杉の梢からコノテガシワの梢に、コノテガシワの梢から霧につながり、その霧が昇って天に達した。すると天上の体爾布が白髪頭の老人を生み、その老人は太陽の下に住み、太陽の下で死んだ。また体爾布が黒髪頭の人を生み、その人は月の下に住み、月の下で死んだ。また体爾布が金髪頭の人を生み、その人は星の下に住み、星と星のあいだで死んだ。また体爾布が母留を生むと、母留には九人の子が生まれ、上のほうで生まれた勒紙という三人の子が天界を修理して星を配置し、天界に住み着き、腰帯を首に巻きつけた。中間で生まれた実勺という三人の子が中間の世界を修理して草を植え、人間界に住み着いて武洛人になり、腰帯を腰に巻きつけた。下のほうで生まれた阿仮という三人の子は地上を修理して平原を整え、地上に住み着いて小さい人になり、腰帯を首に巻きつけた。

そののち、七地の中層では阿普阿散が、普普尼尼惹が、莫莫祖祖惹が、苦斯山の上で一対の牛を殺し、麓でそれを四つに分けて空の神に祈願すると、空の神は雨を降らせてきた。上界から流れ星が一つ、恩吉吉乃（グジェジレ）という所に落ちて燃え、九日目の夕方、九日目の明け方まで燃えた。昼には煙りがゆらゆらと立ちのぼり、夜にはこうこうと明るく、上界でも下界でも燃えた。向こうでも燃え、こちらでも焼かれたり炙（あぶ）られたりした。それは、人間に、生き物に変わろうとして、先祖に、女性の先祖になろうとして燃えていたのだ。絶え間なく下へと燃えつづけ、下で変化が起き始め、変わりに変わって一対の格俄惹（クウォズ）が生まれ、小さい豚のようなものが生まれ、冷たい風がびゅうびゅうと吹き始めた。しかし、生き物、人間にはまだなれず、人間の先祖にはまだなれなかった。

そののち、上界で恩梯古茲（グティクズ）は、一日目には鉄の男と鉄の女を下界に行かせて彼らが人間に変わることを望んだが、鉄は鉄にしかなれず、人間にはなれなかった。次の日には木の男と木の女を行かせたが、木は木にしかなれず、人間にはなれなかった。また次の日には火の男と火の女を行かせたが、火は火にしかなれず、人間にはなれなかった。また次の日には土の男と土の女を行かせたが、土は土にしかなれず、人間にはなれなかった。また次の日には石の男と石の女を行かせたが、石は石にしかなれず、人間にはなれなかった。また次の日には水の男と水の女を行かせたが、【水は水にしかなれず、人間にはなれなかった】。

上界から風の男と雨の女が降りて来て、黄色い雲が赤い雲に随（つ）いて来た、白い霧が風に随いて来た。下界に着き、日波惹格（ズボズク）（杉の木の神）に変わった。日波惹格（ズボズク）は、一代目は囲炉裏（いろり）ほどの高さで、二代目は鍋掛け石ほどの高さで、三代目は家の敷居ほどの高さで、四代目は人が座ったほどの高さで、五代目は人が立ったほどの高さで、六代目は松ほどの高さで、七代目はコノテガシワほどの高さで、八代目は山の峰と同じ高さで、九代目は空まで高くなった。日波惹格（ズボズク）はゆらゆらと揺れ動いて、傾いたり倒れたりし、息絶えだえになって喘ぎ、動きそうで動かず、人間にはなれなかった。日波惹格（ズボズク）の頭に烏（からす）と鵲（かささぎ）が棲（す）み着き、耳たぶに蝙蝠（こうもり）が巣を作り、鼻の穴に甲虫（こうちゅう）が巣を作り、脇の下のくぼみにリスが巣を作り、へそに鳥が巣を作り、腰に蜜蜂が巣を作り、膝の下のくぼみに斑鳩（しらこばと）が巣を作り、足の裏に蟻が巣を作ったが、やはり人間にはなれなかった。

そののち、日波惹格（ズボズク）は七地の上のほうに蜘蛛（くも）を派遣した。蜘蛛は蜘蛛の糸を織って上に向かったが、恩梯古茲（グティクズ）は、「怪しい虫だ」と言って左手で蜘蛛を捕らえ、右手で蜘蛛をつまんでちぎり、頭を杉林に捨て、尾を崖に捨て、腰を川に捨てた。恩梯古茲（グティクズ）は、目に蜘蛛の毒を受けたが、原因がわからなかったのでビモの恩畢阿孜（グピアズ）に占ってもらいに行った。恩畢阿孜（グピアズ）は、経典の袋を取り出してページを二枚開いてみたが、経典にははっきりした答えが無く、聖なる文字には意味が無かった。そこでページを四枚開いてみると、経典にははっきりした答えがあり、聖なる文字には「下界の日波惹格（ズボズク）の家で使者が病気になっている」ということを示す言葉があった。恩梯古茲（グティクズ）は、この言葉を知ると、杉林の中で一対のノロジカを捕らえて一対の猟犬に与え、杉林へ（蜘蛛の）頭を探しに行かせた。頭を探すと、頭が見つかった。絶壁で一対のハエを捕らえて蜜蜂に食べさせ、崖へ（蜘蛛の）尾を探しに行かせた。尾を探すと、尾が見つかった。大きな川では一対の小さな魚を捕らえてカワウソに食べさせ、水の中へ（蜘蛛の）腰を探しに行かせた。腰を探したが、腰は見つからなかった。

そののち、恩梯古茲（グティクズ）は、蜘蛛の尾を（頭に）くっつけて腰にして、銀で包んで虫（蜘蛛）の身体を作り、金で包んで足を作り、銅で包んで目を作り、金の糸、銀の糸で繋（つな）ぐと、虫は糸を吐いて下界まで繋がった。「蜘蛛よ、小さな虫よ、春は高い山に登れ、春には食料がなくならない。冬は山を下（くだ）り、軒下に巣を作れ、血を飲めば食べ物はなくならない」と恩梯古茲（グティクズ）は言った。だから、蜘蛛は昔から首が白く、今も白い。また、「下界の日波惹格（ズボズク）は、生き物のために泣いて黎姆（ニム）儀礼を九回行ない、白い穢（けが）れ、黒い穢れを九回祓えばすぐ人間になる」と言った。

そののち、日波惹格（ズボズク）は、黎姆（ニム）儀礼をすると言った。しかし、下界には黎姆（ニム）儀礼のできるビモがいなかったので、ヤマアラシに天上界の恩畢阿孜（グピアズ）ビモを招きに行かせた。ヤマアラシは雄（おす）鷹に乗って恩畢阿孜（グピアズ）の前に飛んで行き、「あなたを招きに来ました。下界では日波惹格（ズボズク）がまだ人間になれないでいるので、あなたに繁栄祈願の黎姆（ニム）儀礼をしていただきたい」と言った。恩畢阿孜（グピアズ）は、「お前は邪悪な怪獣ではないか、お前より上に王や（王の）臣下はいないのか？　なぜお前が招きに来たのだ！」と言った。恩畢阿孜（グピアズ）が、そばにあった小麦粉をつまんで撒（ま）くとヤマアラシに隈取（くまど）りができた、だからヤマアラシは大昔から隈取りをしていて、今も隈取りをしているのだ。ヤマアラシは深い谷に逃げ込んだまま、報告に帰って来なかった。

次に、兎(うさぎ)が雄(おす)鷹に乗って招きに行った。恩畢阿孜(グビアズ)に、「あなたを招きに来ました。下界では日波惹格(ズボズク)がまだ人間になれないでいるので、あなたに黎姆(ニム)儀礼をしていただきたい」と言った。恩畢阿孜(グビアズ)は、「お前は邪悪な怪獣ではないか、お前より上に王や（王の）臣下はいないのか？　なぜお前が招きに来たのだ！」と言った。恩畢阿孜(グビアズ)が、そばにあった木の棒で兎の足を殴ると、兎の足が曲がってしまった。だからウサギは大昔から足曲がりで、今も足曲がりである。ウサギは松林に逃げ込んだまま、報告に帰って来ない。

そののち、ニシキドリが雄鷹に乗って招きに行った。恩畢阿孜(グビアズ)に、ヤマアラシと兎と同じように言うと、恩畢阿孜(グビアズ)は同じように「なぜお前が招きに来たのだ！」と言って、そばにあった大きな刀でニシキドリの顔を切ると、ニシキドリの顔は赤くなった。だからニシキドリは大昔から顔が赤く、今も顔が赤いのだ。ニシキドリは深い山に逃げ込んだまま、報告に帰って来ない。

そののち、恩梯古茲(グティクズ)は格俄(クウォ)を派遣し、格俄(クウォ)が閃散(シャシャ)を派遣して恩畢阿孜(グビアズ)を招きに行かせた。格俄(クウォ)と閃散(シャシャ)は鷹に乗って行き、恩畢阿孜(グビアズ)に、「あなたを招きに来ました、下界では日波惹格(ズボズク)が間もなく人間に変わるでしょう。清い水で口を漱(すす)ぎ、黎姆(ニム)儀礼をしていただけば、間もなく人間に変わるでしょう。黎姆(ニム)儀礼は、あなたが来ないと誰もできません。招かれたのに来ないビモはいない、招かれたのに来ない職人はいない」と言った。恩畢阿孜(グビアズ)はそれを聞くと、上界の三本の竹を三節(ふし)切り、上の三節は削って三つまみの竹の籤(ひご)にして三人の弟子に与えた。下の三節は三つの笠に編み三人の弟子が被(かぶ)った。中の三節では三つの扇を作って三人の弟子に与えた。恩畢阿孜(グビアズ)が空からやって来ると、空には木の枝のペンがあり、大地からやって来ると、大地には呪具があった。恩畢阿孜(グビアズ)は、上のほうからやって来ると上に金の橋を掛けて、穢(けが)れ祓いの黎姆(ニム)儀礼をし、下のほうからやって来ると下に銅の橋を掛けて、結核除(よ)けの黎姆(ニム)儀礼をし、中間からやって来ると中間に銀の橋を掛けて、人間を創り出す黎姆(ニム)儀礼をした。軒下の鶏を捕らえ、金と銀の呪(のろ)いの神枝(かみえだ)を挿(さ)し、牛と羊を生け贄にした。神枝(かみえだ)に鶏を繋いで、黒い穢(けが)れと白い穢れを三回祓い、疫病除けを三回行ない、繁栄祈願を三回行なった。恩畢阿孜(グビアズ)が発展祈願の黎姆(ニム)儀礼を行なったあと、日波惹格(ズボズク)の頭に棲み着いた鳥と鵲(かささぎ)を取り除いて林に捨て、鼻の穴に巣を作った甲虫(こうちゅう)を取り除いて溝と谷に捨て、耳たぶに棲み着いた蝙蝠(こうもり)を取り除いて崖の洞穴に投げ込み、脇の下のくぼみに巣を作ったリスを取り除いて木の枝の上に捨て、へそに巣を作った鳥を取り除いて土手(畦)に捨て、腰に巣を作った蜜蜂を取り除いて崖に捨て、膝の下のくぼみに巣を作った斑鳩(しらこばと)を取り除いて深い林に投げこみ、足の裏に巣を作った蟻を取り除いて黒い土の中に捨てた。

そののち、日波惹格(ズボズク)の得た幸せは実に大きく、その幸せは松とコノテガシワの如くであった。コノテガシワは青々と茂り、青い松は力強く真っ直ぐに立っていた。松林は鬱蒼と茂り、とても美しかった。素晴らしいお守りだ。カシワの木は雲にまで届き、一対の杉の木からは格以(クジュ)(精子)と分以(フィジュ)(卵子)が生まれ、繁栄した。日波惹格(ズボズク)は、下では杉の根を九つの群れに分け、中間では杉の幹を九度分ほど太くし、上では杉の枝を九本の股に分けた。杉の枝を一本切ると阿趕乃拖(アガレト)に落ち、三年間地表で日に晒(さら)され、雨に濡れつづけ、また土の中に三年埋められて腐り、杉が腐って気が生じ、気は昇って空に入り、空から露が降りて来た。降りた露は草を潤し、草が茂って草が腐り、霧が生じた。霧は昇って空の際(きわ)に入り、空から雪が降って来て、雪が日波惹格(ズボズク)の肉になった。霧が昇ると雨が降って来て、雨が日波惹格(ズボズク)の血になった。深い谷に氷が割れて落ち、氷が骨になった。空から星が落ち、星がその目になった。奥深い山から風が吹いて来て、風が息になった。雪が三回降って来て、九日目の夕方、明け方までかかって溶け、動物になるために溶け、植物になるために溶け、人間の始祖になるために溶け、人間になるために溶け、変わりに変わって雪族に変わった。雪族には十二人の子がいた。

9 vo^{33}ndʐɯ^{33}zɯ^{33}tsʻɿ^{33}ȵɿ^{44} [雪族十二子] [雪族の十二人の子]

1307 vo^{33}ndʐɯ^{33}zɯ^{33}tsʻi^{33}ȵi^{44} 雪族十二子 雪族には十二人の子がいて

1308 sɿ^{33}ȵi^{33}su^{33}fu̠^{55}ɕi^{33} 有血的六種 血があるのは六種類である

1309 gu^{33}va^{55}gu^{33}ho^{21}vo^{33}ndʐɯ^{33}zɯ^{33} 九禽九鳥雪族子
たくさんの鳥類も皆雪族の子である

1310 kɯ^{33}ȵa^{55}kɯ^{33}sɿ^{33}vo^{33}ndʐɯ^{33}zɯ^{33} 九獣九獵雪族子
たくさんの獣類も皆雪族の子である

1311 du^{33}ndi^{55}du^{33}mu^{33}dʑi^{44}　生翅爲翅類①　翼を持つのは翅(し)類とする
1312 du^{33}ndi^{55}a^{21}ɣo^{21}ʂo^{33}　翅類無盡數　翅類は数え切れないほどいる
1313 ts'ɪ̠^{44}ȵi^{33}vo^{33}ndʐɯ^{33}zɯ^{33}　此爲雪衍子　これは雪から生まれた子である
1314 va^{55}ndi^{55}va^{55}mu^{33}dʑi^{44}　生掌爲掌類　掌(てのひら)付きのは掌(しょう)類とする
1315 va^{33}ndi^{55}a^{21}ɣo^{21}ʂo^{33}　掌類無盡數　掌類は数え切れないほどいる
1316 ts'ɪ̠^{44}ȵi^{33}vo^{33}ndʐɯ^{33}zɯ^{33}　此亦雪衍子　これも雪から生まれた子である
1317 bi^{55}ndi^{55}bi^{55}mu^{33}dʑi^{44}　生蹄爲蹄類　蹄(ひづめ)付きのは蹄(てい)類とする
1318 bi^{55}ndi^{55}a^{21}ɣo^{21}ʂo^{33}　蹄類無盡數　蹄類は数え切れないほどいる
1319 ts'ɪ^{44}ȵi^{33}vo^{33}ndʐɯ^{33}zɯ^{33}　此亦雪衍子　これも雪から生まれた子である
1320 ts'ɪ̠^{21}ndʐɯ^{21}lo^{21}nɯ^{33}pa^{33}　一種乃爲蛙　第一種類は蛙である
1321 pa^{33}ho^{33}sɔ^{33}mo^{33}go^{33}　灰蛙分三類　灰色蛙は三種類に分けられる
1322 tsɪ̠^{21}xo^{33}læ^{55}t'ɔ^{33}ti^{21}　居於沼澤間　沼に棲(す)んでいる
1323 pa^{33}ho^{33}zɯ^{33}zɪ^{33}go^{33}　灰蛙長子出　灰色蛙の長男が生まれて
1324 o^{55}pa^{33}ȵɔ^{33}ŋgu^{33}dʑi^{21}　成爲凸眼蛙　目が飛び出た蛙になり
1325 tsa^{33}nɔ^{33}xo^{33}ɣa^{33}ti^{21}　居於黑土中　黒い土の中に棲み着いた
1326 pa^{33}ho^{33}zɯ^{33}ka^{55}li^{33}　灰蛙次子出　灰色蛙の次男が生まれて
1327 o^{44}pa^{33}tɕ'i^{33}ni^{33}dʑi^{21}　成爲赤腿蛙　足の赤い蛙になり
1328 tsɪ̠^{21}xo^{33}gu^{33}ɣa^{33}ti^{21}　居於沼澤中　沼に棲み着いた
1329 pa^{33}ho^{33}zɯ^{21}ȵo^{21}li^{33}　灰蛙幼子出　灰色蛙の末っ子が生まれて
1330 o^{44}pa^{33}dzɪ^{21}lɪ^{21}dʑi^{21}　成爲吉爾蛙②　吉爾(ジーアル)（ジュル）蛙になり
1331 li^{21}ʑi^{33}ʂɪ^{33}vu^{55}ti^{21}　居於屋宅中　住居の中に棲み着いた
1332 pa^{33}ɕi^{21}sɔ^{33}ha^{33}p'u^{44}　蛙類三百片　蛙類は三百の地域に分布している
1333 ȵi^{21}ndʐɯ^{21}lo^{21}nɯ^{33}ʂɪ^{33}　兩種乃爲蛇　第二種類は蛇である
1334 ʂɪ^{33}ŋɯ^{33}zɯ^{33}sɔ^{33}go^{33}　蛇也分三類　蛇も三種類に分けられる
1335 tsa^{33}nɔ^{33}bo^{33}vu̠^{55}ti^{21}　居於黑土間　黒い土の中に棲んでいる
1336 ʂɪ^{33}ŋɯ^{33}zɯ^{33}zɪ^{33}li^{33}　蛇類長子呢　蛇類の長男は
1337 lɪ^{33}zɯ^{33}ʂɪ^{33}ni^{33}dɕi^{21}　成爲小龍蛇③　小さな龍蛇(りゅうじゃ)になり
1338 va^{55}ni^{33}gu^{33}ɣa^{33}ti^{21}　居於懸崖間　崖に棲み着いた
1339 ʂɪ^{33}ŋɯ^{33}zɯ^{33}ka^{55}go^{33}　蛇類次子出　蛇類の次男が生まれて
1340 ʂɪ^{33}ko^{33}bo^{33}du̠^{55}dɕi^{21}　成爲花蟒蛇　莽蛇(うわばみ)になり
1341 tsa^{33}bo^{33}xo^{33}ɣa^{33}ti^{21}　居於土層中　土の中に棲み着いた

1342 ʂɿ^{33}ŋɯ^{33}zɯ^{21}ȵo^{21}go^{33}　蛇類之幼子　　蛇類の末っ子は

1343 bu^{33}tɕɔ^{33}k‘ɯ^{33}ni^{33}dɕi^{21}　成紅嘴花蛇　　口の赤い蛇になり

1344 tsa^{33}xo^{33}læ^{33}vu̱^{55}ti^{21}　居於土層間　　土の中に棲み着いた

1345 ʂɿ^{33}ɕi^{21}sɔ^{33}ha^{33}p‘u̱^{21}　蛇類三百片　　蛇類は三百の地域に分布している

1346 sɔ^{33}ndʐɯ^{21}lo^{21}nɯ^{33}ti^{55}　三種乃爲鴟　　第三種類は鷂(はいたか)である

1347 tɿ^{55}næ^{33}zɯ^{33}sɔ^{33}go^{33}　鴟也分三類　　ハイタカも三種類に分けられる

1348 mu^{33}gu̱^{33}bo^{33}ȵa^{55}ti^{21}　居於高峰頂　　高い峰に棲んでいる

1349 ti^{55}ho^{33}zɯ^{33}zɿ^{33}li^{33}　鴟類之長子　　ハイタカ類の長男は

1350 du^{33}ndi^{55}vo^{33}mu^{33}dʑi^{21}　翅類之皇帝　　翅(し)類の皇帝であり

1351 mu^{33}gu̱^{33}ti^{55}zɯ^{33}dʑi^{44}　爲天空巨鴟　　空を飛ぶ巨大なハイタカとなって

1352 ti^{33}tɕ‘u^{33}bo^{33}ɣa^{33}ti^{21}　居於白雲間　　白い雲の中に棲み着いた

1353 ti^{55}ho^{33}zɯ^{33}ka^{55}li^{33}　鴟類之次子　　ハイタカ類の次男は

1354 du^{33}ndi^{55}ndzɿ^{33}mo^{21}dʑi^{21}　翅類之君王　　翅類の王であり

1355 ʂu̱^{55}ȵi^{33}vo^{21}lɯ^{33}dʑi^{21}　乃成爲孔雀④　　孔雀(くじゃく)になり

1356 tæ^{44}p‘ɔ^{33}ʂɔ^{33}nɔ^{33}ti^{21}　居於彼域大海中　　遠い彼方の大海に棲み着いた

1357 ti^{55}ho^{33}zɯ^{21}ȵo^{21}li^{33}　鴟類之幼子　　ハイタカ類の末っ子は

1358 mu^{33}vu̱^{55}gu̱^{21}sɿ^{33}dʑi^{44}　爲天上大雁　　空を飛ぶ大きな雁であり

1359 du^{33}ndi^{55}su^{44}zɿ^{33}dʑi^{21}　翅類之長者　　翅類のリーダーであり

1360 gu̱^{21}tʂ‘o^{21}tʂ‘o^{21}ho^{33}ti^{21}　故讐讐夥⑤居

故讐讐夥(グーチョウチョウフオ)(グチョチョホ)に棲み着いた

1361 ti^{55}ɕi^{21}sɔ^{33}ha^{33}p‘u^{44}　鴟類三百片

ハイタカ類は三百の地域に分布している

1362 lɿ^{33}ndʐɯ^{21}lo^{21}nɯ^{33}ɣo^{33}　四種乃爲熊　　第四種類は熊である

1363 lo^{44}gu^{33}zu^{21}ɣa^{33}ti^{21}　居於杉林中　　杉林に棲んでいる

1364 ɣo^{33}nɔ^{33}zɯ^{33}sɔ^{33}go^{33}　熊也分三類　　熊も三種類に分けられる

1365 ɣo^{33}nɔ^{33}zɯ^{33}zɿ^{33}li^{33}　熊類之長子　　熊類の長男は

1366 ts‘æ^{33}ndʑæ^{33}xo^{33}tɕ‘u^{33}dʑi^{21}　成白角花鹿　　角の白い鹿になり

1367 zu^{21}nɔ^{33}bo^{33}vu̱^{55}ti^{21}　居於杉林山　　杉林の山の中に棲み着いた

1368 ɣo^{33}nɔ^{33}zɯ^{33}ka^{55}li^{33}　熊類之次子　　熊類の次男は

1369 vɿ^{33}ni^{33}tɕ‘æ^{33}bu̱^{33}dʑi^{44}　成花腿豺狼　　足のきれいなヤマイヌと狼になり

1370 ndɿ^{21}ʂi^{33}gu^{33}ɣa^{33}ti^{21}　居於原野間　　野原に棲み着いた

1371 ɣo^{33}nɔ^{33}zɯ^{21}n̥o^{21}li^{33}　熊類之幼子　　熊類の末っ子は
1372 vo^{55}si^{21}pa^{33}vɿ̠^{55}dʑi^{21}　成爲豪猪仔　　子ヤマアラシになり
1373 lo^{33}gu^{44}la^{33}da^{33}ti^{21}　居於溝谷間　　溝に棲み着いた
1374 ɣo^{33}ɕi^{21}sɔ^{33}ha^{33}p'u^{21}　熊類三百片　　熊類は三百の地域に分布している
1375 ŋɯ^{33}ndʐɯ^{21}lo^{21}nɯ^{33}bu^{33}　五種乃爲蟲　　第五種類は虫である
1376 bu^{33}zɯ^{33}sɔ^{33}mo^{33}go^{33}　蟲也分三類　　虫も三種類に分けられる
1377 li^{21}ʑi^{33}va^{55}tɕa^{33}ti^{21}　居於房屋旁　　家屋のそばに棲んでいる
1378 bu^{33}ŋɯ^{33}zɯ^{33}zɿ^{33}go^{33}　蟲類之長子　　虫類の長男は
1379 dʑi^{21}du^{33}o^{21}ʂɿ^{33}dʑi^{21}　成爲黄頭巨蜂　　頭の黄色い大きな蜂になり
1380 lo^{44}gu^{33}va^{55}ʂɿ^{33}ti^{21}　居於懸崖間　　崖に棲み着いた
1381 bu^{33}ŋɯ^{33}zɯ^{33}ka^{55}go^{33}　蟲類之次子　　虫類の次男は
1382 ɕo^{44}mu^{33}la^{33}mo^{55}dʑi^{21}　成爲大蒼蠅　　大きな蝿になり
1383 ndi^{21}tɕ'u^{33}ʂɿ^{33}ɣa^{33}ti^{44}　居於平原間　　平野に棲み着いた
1384 bu^{33}ŋɯ^{33}zɯ^{21}n̥o^{21}go^{33}　蟲類之幼子　　虫類の末っ子は
1385 t'ɯ^{21}bu^{21}a^{21}ʂɿ^{33}dʑi^{21}　乃成爲黄蜂　　スズメバチになり
1386 li^{21}ʑi^{33}bu̠^{55}tɕɔ^{33}ti^{21}　居於草叢間　　草むらに棲み着いた
1387 bu^{33}ɕi^{21}sɔ^{33}ha^{33}p'u̠^{21}　蟲類三百片　　虫類は三百の地域に分布している
1388 fu̠^{55}ndʐɯ^{21}lo^{21}nɯ^{33}n̥u̠^{55}　六種乃爲猴[6]　　第六種類は猿である
1389 n̥u̠^{55}ni^{33}sɔ^{33}mo^{33}go^{33}　猴類分三類　　猿類は三種類に分けられる
1390 n̥u̠^{55}ho^{33}n̥u̠^{55}ni^{33}dzi^{44}　乃爲灰猴和赤猴　　灰色の猿と赤い猿になり
1391 sɿ̠^{33}ʂɿ^{33}lo^{33}vu̠^{55}ti^{21}　居於樹林中　　林の中に棲み着いた
1392 n̥u̠^{55}ni^{33}sɔ^{33}ha^{33}p'u^{44}　猴類三百片　　猿類は三百の地域に分布している

【第六種類の猿では、長男、次男、末っ子という表現が簡略化されている。以下、簡略化がいちじるしい】

1393 sɿ^{33}a^{21}n̥i^{33}su^{33}fu̠^{55}ɕi^{33}　無血的六種　　血の無いものは六種類ある
1394 gu^{33}sɿ̠^{33}gu^{33}lɿ̠^{33}vo^{33}ndʐɯ^{33}zɯ^{33}　九石九木雪衍子
たくさんの石や木は雪の子である
1395 bo^{44}o^{33}bo^{33}t'o^{55}dzu̠^{33}su^{33}vo^{33}ndʐɯ^{33}zɯ^{33}　生於山峰山頭者爲雪衍子
山の峰や山の頂上に生まれたものは雪の子である
1396 tɕa^{33}gu^{44}tɕa^{33}tɕɔ^{33}dzu̠^{33}su^{33}vo^{33}ndʐɯ^{33}zɯ^{33}　生於斜坡者爲雪衍子

斜面に生まれたものは雪の子である

1397 lo^{33}gu^{44}la^{33}da^{33}dzu̱^{33}su^{33}vo^{33}ndʐɯ^{33}zɯ^{33}　生於溝谷者爲雪衍子

溝に生まれたものは雪の子である

1398 tsɿ^{21}xo^{33}pa^{33}ȵɔ^{33}dzu̱^{33}su^{33}vo^{33}ndʐɯ^{33}zɯ^{33}　生於沼澤間者雪衍子

沼に生まれたものは雪の子である

1399 ʐɿ^{33}tsɿ^{44}ʐɿ^{33}da^{33}dzu̱^{33}su^{33}vo^{33}ndʐɯ^{33}zɯ^{33}　生於小溪旁者雪衍子

小川のそばに生まれたものは雪の子である

1400 di^{21}bu^{33}di^{21}ȵɔ^{33}dzu̱^{33}su^{33}vo^{33}ndʐɯ^{33}zɯ^{33}　生於埂坎上者雪衍子

土手の上に生まれたものは雪の子である

1401 tsʻɿ̱^{21}ndʐɯ^{21}lo^{21}nɯ^{33}ʐɿ̱^{33}　一類乃爲草　第一種類は草である

1402 ʐɿ̱^{21}dʑu^{21}o^{33}nɔ^{33}go^{33}　黒頭草桿生　先の黒い草が生まれ

1403 ndi^{21}tɕʻu^{33}gu^{33}ɣa^{33}ti^{21}　生長於原野間　野原に生えている

1404 ʐɿ̱^{33}ɕi^{21}sɔ^{33}ha^{33}pʻu̱^{21}　草類三百片　草類は三百の地域に分布している

1405 ȵi^{21}ndʐɯ^{21}lo^{21}nɯ^{33}ʂu̱^{55}　兩種乃爲栢　第二種類はコノテガシワで

1406 bo^{44}o^{33}bo^{33}tʻo^{55}ti^{21}　生長於山峰　山の峰に生えている

1407 ʂu̱^{55}ɕi^{21}sɔ^{33}ha^{33}pʻu̱^{21}　栢類三百片

コノテガシワ類は三百の地域に分布している

1408 sɔ^{33}ndʐɯ^{21}lo^{21}nɯ^{33}pʻu̱^{55}　三種乃爲蒲　第三種類は蒲(がま)で

1409 tsɿ̱^{21}xo^{33}pa^{33}ȵɔ^{33}ti^{21}　生於沼澤間　沼に生えている

1410 lɿ^{33}ndʐɯ^{21}lo^{21}hi^{44}kʻɯ^{33}　四種乃爲蒿　第四種類は蓬(よもぎ)で

1411 di^{21}ku^{33}di^{21}ȵɔ^{33}ti^{21}　生於埂坎間　土手（畦）に生えている

1412 hɿ^{44}kʻɯ^{33}sɔ^{33}ha^{33}pʻu̱^{21}　蒿類三百片　蓬類は三百の地域に分布している

1413 ŋɯ^{33}ndʐɯ^{21}lo^{21}pa^{33}la^{55}　五種爲泡桐　第五種類は桐で

1414 lo^{44}gu^{33}lo^{33}va^{55}ti^{21}　生於深山中　奥山に生えている

1415 pa^{33}la^{55}sɔ^{33}ha^{33}pʻu^{44}　泡桐三百片　桐は三百の地域に分布している

1416 fu^{55}ndʐɯ^{21}lo^{21}lɯ^{21}ho^{21}　六種爲血籐　第六種類は血藤(ちふじ)という藤で

1417 sɿ̱^{33}ʂɿ^{33}va^{55}tɕɔ^{33}ti^{21}　生於林木間　林に生えている

1418 lɯ^{21}ho^{21}sɔ^{33}ha^{33}pʻu̱^{21}　血籐三百片　血藤は三百の地域に分布している

1419 vo^{33}ndʐɯ^{33}zɯ^{33}tsʻi^{33}ȵi^{44}　雪族十二子　雪族の十二人の子のうち

1420 tsʻi^{44}tsɿ^{33}ni^{21}ma^{21}mu^{33}　十一不黎姆　十一人の子は黎姆(リームー)（ニム）儀礼

【8［人類の起源］の注㉘参照】をしなかった

1421 ni^{21}ma^{21}mu^{33}su^{33}go^{33}　不黎姆者亡　　黎姆儀礼をしなかった者は死んだ

1422 ts‘i^{44}tsɿ^{33}tɕ‘o^{55}ʐɿ^{33}gu^{44}　十一過河變

十一人の子は川を渡ると変わってしまった

1423 ma^{21}gu̠^{21}vo^{21}lɯ^{33}ts‘o^{33}　未渡者爲武洛人　　川を渡らない者は武洛(ウールオ)(ヴォル)人【8[人類の起源]の注⑩によれば「中間の世界の人間」】になった

1424 ni^{21}mu^{33}su^{33}la^{33}dzu^{33}　黎姆者來興　　黎姆儀礼をした者は繁栄し

1425 ni^{21}mu^{33}su^{33}dʑu̠^{55}dʑi^{21}　黎姆者成人　　黎姆儀礼をした者は人間になった

1426 dʑu^{55}dʑi^{21}su^{33}dʐɿ̠^{55}ʑi^{33}　成人者能言　　人間になった者は言葉を話せる

1427 dʐɿ̠^{55}a^{21}ha^{33}gæ^{33}gæ^{33}　巧語靈巧巧　　言葉を巧みに操れる

1428 t‘i^{33}a^{21}ha^{33}ʑi^{33}ʑi^{33}　音韻和美美　　声がとても美しい

1429 dʐɿ̠^{55}ʑi^{33}su^{33}p‘u̠^{21}dʑi^{21}　巧語者爲先祖

言葉を巧みに操れる者が先祖になった

1430 p‘u̠^{21}dʑi^{21}kɯ^{55}ts‘i^{33}kɯ^{55}　先祖九十九　　先祖は九十九人いる

1431 ha^{33}ʑi^{33}su^{33}p‘ɿ^{33}dʑi^{21}　韻語者爲先妣

声がきれいな者は女性の先祖になった

1432 p‘ɿ^{33}dʑi^{21}ʂɿ̠^{21}ts‘i^{33}ʂɿ^{44}　先妣七十七　　女性の先祖は七十七人いる

注

① 彝族將動物分爲翅類、掌類和蹄類。翅類卽有翅膀的飛禽類。掌類爲生掌的動物、包括單蹄的馬等、蹄類爲双蹄類動物。

イ族は動物を翅(し)類、掌(しょう)類、蹄(てい)類に分ける。翅類は翼で飛ぶ鳥類、掌類は掌(てのひら)付きの動物で蹄(ひづめ)が一つの馬などを含む。蹄類は蹄が二つの動物である。

② 吉爾蛙是一種非常小的蛙、牠可成爲“吉爾”卽能護佑人家。

吉爾(ジュル)蛙とはとても小さい蛙の一種であるが、「吉爾」【8[人類の起源]の注㊾によれば、「吉爾」はお守りのような呪宝】になると人々を守護することができるようになる。

③ 小龍蛇是一種很小的蛇、不會咬人、彝人認爲牠會對人有益。有些文本中則説蛇類長子成爲龍王。

「小さな龍蛇(りゅうじゃ)」とはとても小さい蛇の一種であるが、人を咬まないので人間には有益な存在だとイ族の人々は考えている。ある文献では、蛇類の長男が龍王になったとされている。

④ 有的人認爲應該是鳳凰。

鳳凰であるという説もある。

⑤　故讐讐夥、地名、據説爲大雁集中之地。
故讐讐夥(グチョチョホ)は地名であり、大きな雁が集中的に棲息している所だという。

⑥　有些文本中則説“六種乃爲人”。另一些文本則説“六種乃爲猴、猴變成爲人”。
ある文献では「第六種類は人間である」となっている。また別の文献では、「第六種類は猿であり、その猿が人間になった」となっている。

[雪族の十二人の子]

雪族には十二人の子がいて、血があるのは六種類である。鳥類も獣類も皆雪族の子である。翼を持つ翅(し)類も、掌(てのひら)付きの掌(しょう)類も、蹄(ひづめ)付きの蹄(てい)類も雪から生まれた子である。

第一種類は蛙で、灰色蛙は三種類に分けられる。沼に棲(す)んでいたが、長男は目が飛び出た蛙になり、黒い土の中に棲み着いた。次男は足の赤い蛙になり、沼に棲み着いた。末っ子はお守りの吉爾(ジュル)蛙になり、住居の中に棲み着いた。蛙類は三百の地域に分布している。

第二種類は蛇で、蛇も三種類に分けられる。黒い土の中に棲んでいたが、長男は小さな龍蛇(りゅうじゃ)になり、崖に棲み着いた。次男は莽蛇(うわばみ)になり、土の中に棲み着いた。末っ子は口の赤い蛇になり、土の中に棲み着いた。蛇類は三百の地域に分布している。

第三種類は鷂(はいたか)で、ハイタカも三種類に分けられる。高い峰に棲んでいたが、長男は翅類の皇帝であり、空を飛ぶ巨大なハイタカとなり、白い雲の中に棲み着いた。次男は翅類の王であり、孔雀(くじゃく)になり、遠い彼方の大海に棲み着いた。末っ子は大きな雁であり、翅類のリーダーとなり、故讐讐夥(グチョチョホ)に棲み着いた。ハイタカ類は三百の地域に分布している。

第四種類は熊で、熊も三種類に分けられる。杉林に棲んでいたが、長男は角の白い鹿になり、杉林の山の中に棲み着いた。次男は足のきれいなヤマイヌと狼になり、野原に棲み着いた。末っ子はヤマアラシになり、谷に棲み着いた。熊類は三百の地域に分布している。

第五種類は虫で、虫も三種類に分けられる。家屋のそばに棲んでいたが、長男は頭の黄色い大きな蜂になり、崖に棲み着いた。次男は大きな蝿になり、平野に棲み着いた。末っ子はスズメバチになり、草むらに棲み着いた。虫類は三百の地域に分布している。

第六種類は猿で、猿も三種類に分けられる。灰色の猿と赤い猿になり、林の中に棲み着いた。猿類は三百の地域に分布している。

血の無いものは六種類ある。石や木は雪の子で、山の峰や山の頂上で、斜面で、谷で、沼で、小川のそばで、土手の上で生まれたものは雪の子である。

第一種類は草で、先の黒い草が野原に生えている。草類は三百の地域に分布している。第二種類はコノテガシワで、山の峰に生えている。コノテガシワ類は三百の地域に分布している。第三種類は蒲で、沼に生えている。第四種類は蓬で、土手（畦）に生えている。蓬類は三百の地域に分布している。第五種類は桐で、奥山に生えている。桐は三百の地域に分布している。第六種類は血藤という藤で、林に生えている。血藤は三百の地域に分布している。

雪族の十二人の子のうち、十一人は黎姆儀礼をしなかったので死に、川を渡ったとき変わってしまった。川を渡らない者は武洛人になった。黎姆儀礼をした者は繁栄し、人間になった。人間になった者は言葉を話せるようになり、声がとても美しい。言葉を巧みに操れる者が先祖になった。先祖は九十九人いる。声がきれいな女性が先祖になった。女性の先祖は七十七人いる。

10　tʂɿ^{44}kɯ^{33}a^{44}lɿ^{33}　［支格阿龍］　［支格阿龍］

1433 i^{21}si^{21}ʂɿ^{44}a^{33}ɖɯ^{44}　遠古的時候　大昔

1434 su^{33}tɕʻu^{33}mu^{33}tɕʻu^{33}fu̠^{33}　白人白天婚①　白い人と白い空が結婚した

1435 su^{33}nɔ^{33}mu^{33}nɔ^{33}fu̠^{33}　黑人黑天婚　黒い人と黒い空が結婚した

1436 mu^{33}nɔ^{33}zu^{21}ho^{33}fu̠^{33}　黑天與杉婚　黒い空は杉と結婚した

1437 zu^{21}ho^{33}va^{55}bo^{33}fu̠^{33}　杉與岩互婚　杉は岩と結婚した

1438 va^{55}bo^{33}næ^{33}ʐɿ^{33}fu̠^{33}　懸崖大江婚　崖は大きな川と結婚した

1439 næ^{33}ʐɿ^{33}hɯ^{21}ʂɿ^{33}fu̠^{33}　大江與魚婚　大きな川は魚と結婚した

1440 hɯ^{21}ʂɿ^{33}zu^{21}ho^{33}fu̠^{33}　魚與杉林婚　魚は杉林と結婚した

1441 zu^{21}ho^{33}gɯ^{33}ɖɯ^{21}fu̠^{33}　杉與日月婚　杉は太陽と月と結婚した

1442 gɯ^{33}ɖɯ^{21}bo^{33}ʐɿ^{33}fu̠^{33}　日月大山婚　太陽と月は大きな山と結婚した

1443 bo^{33}ʐɿ^{33}lo^{33}ŋɯ^{33}fu̠^{33}　大山深谷婚　大きな山は深い谷と結婚した

1444 lo^{33}ŋɯ^{33}ʂɿ^{44}si^{33}ʑu̠^{33}　深谷生史色　深い谷は史色（シュシ）を生んだ

1445 lo^{33}ŋɯ^{33}ʂɿ^{44}si^{33}ʑu^{33}　深谷生史色　　深い谷は史色を生んだ

1446 mu^{33}vu̠^{55}gu̠^{21}ʂɿ^{33}bɿ^{21}　嫁母烏故史[2]

（史色は）母烏故史{ムーウーグーシー}（ムヴグシュ）に嫁いだ

1447 mu^{33}vu̠^{55}lɿ^{33}zɯ^{33}ɕu̠^{33}　東北生龍子　　東北で龍の子を生んだ

1448 mu^{44}k'ɯ^{33}lɿ^{33}zɯ^{33}ti^{21}　西方龍子居　　西のほうに龍の子が住んだ

1449 mu^{44}k'ɯ^{33}lɿ^{33}zɯ^{33}ʑu̠^{33}　西方生龍子　　西のほうで龍の子を生んだ

1450 næ^{33}zɿ^{33}lɿ^{33}zɯ^{33}ti^{21}　大江龍子居　　大きな川に龍の子が住んだ

1451 hɯ^{21}ʂɿ^{33}lɿ^{33}ndʐa^{55}pa^{33}　魚與龍和諧　　魚は龍と仲が良かった

1452 hɯ^{21}bu^{33}lɿ^{33}gɯ^{21}tɕ'o^{21}　小魚龍戲伴　　小さい魚は龍と一緒に遊んだ

1453 hɯ^{21}zɯ^{33}lɿ^{33}ɕæ^{33}t'ɯ^{33}　魚仔爲龍食　　魚の子は龍の食べ物になった

1454 næ^{33}zɿ^{33}lɿ^{33}zɯ^{33}ʑu̠^{33}　大江生龍子　　（史色は）大きな川で龍の子を生んだ

1455 va^{55}nɿ^{33}li^{33}zɯ^{33}ti^{21}　懸崖龍子居　　崖に龍の子が住んだ

1456 lɿ^{33}mo^{21}lɿ^{33}ndʐa^{55}pa^{33}　巨石與龍諧　　大きな石は龍と仲が良かった

1457 lɿ^{33}zɯ^{33}lɿ^{33}gɯ^{21}tɕ'o^{21}　小石龍戲物　　小さな石は龍の遊び道具になった

【ここでは、「蜜蜂は龍と仲が良かった」という句が脱落している】

1458 dɕi^{21}ʑo^{33}lɿ^{33}ɕæ^{33}t'ɯ^{33}　蜜蜂爲龍食　　蜜蜂は龍の食べ物になった

1459 va^{55}ni^{33}lɿ^{33}zɯ^{33}ʑu̠^{33}　懸崖龍子生　　崖で龍の子が生まれた

1460 zu^{21}ho^{33}lɿ^{33}zɯ^{33}ti^{21}　杉林龍子居　　杉林に龍の子が住んだ

1461 ts'æ^{33}zɯ^{33}lɿ^{33}ndʐa^{55}pa^{33}　鹿與龍和諧　　鹿は龍と仲が良かった

1462 tʂ'ɿ^{44}zɯ^{33}lɿ^{33}gɯ^{21}tɕ'o^{21}　麂子龍戲伴　　ノロジカは龍と一緒に遊んだ

1463 lɯ^{21}zɯ^{33}lɿ^{33}ɕæ^{33}t'ɯ^{33}　麞子爲龍食　　ノロジカは龍の食べ物になった

1464 zu^{21}ho^{33}lɿ^{33}zɯ^{33}ʑu̠^{33}　杉林生龍子　　杉林で龍の子が生まれた

1465 gu̠^{21}tʂ'o^{21}tʂ'o^{21}ho^{33}dʑi^{21}　嫁故讐讐夥[3]

故讐讐夥{グーチョウチョウフオ}（グチョチョホ）に嫁いで

1466 gu̠^{21}tʂ'o^{21}tʂ'o^{21}ho^{33}nɯ^{33}　故讐讐夥呢　　故讐讐夥で

1467 gu̠^{21}mo^{21}a^{44}dzɿ̠^{33}ʑu̠^{33}　故莫阿支生　　故莫阿支{グーモーアーヂー}（グモアジュ）を生み

1468 gu̠^{21}ʂi^{33}mu^{33}v'u^{55}dʑi^{21}　嫁故史母烏　　故史母烏{グーシームーウー}（グシュムヴ）に嫁いで

1469 mu^{33}vu̠^{55}mu^{33}ku^{33}ʑu̠^{33}　母烏母古生　　母烏母古{ムーウームーグー}（ムヴムク）を生み

1470 o^{33}n̥i^{33}ti^{55}du^{33}dʑi^{21}　嫁歐尼鴟家　　欧尼鴟{オウニーチー}（オニティ）に嫁いで

1471 ti^{55}ni^{33}lɿ^{33}tɕɔ^{33}ʑu̠^{33}　鴟尼爾覺生　　鴟尼爾覚{チーニーアルジュエ}（ティニルチョ）を生み

1472 zɿ^{44}o^{33}li^{21}li^{33}dzi^{21}　嫁以歐利利　　以欧利利{イーオウリーリー}（ジュオリリ）に嫁いで

1473 li^{21}li^{33}ma^{44}tɕ‘i^{33}ʑu̠^{33}　利利瑪柒生　　利利瑪柒（リリマチ）を生み

1474 ndʑi^{55}ʑi^{33}ʂɔ^{33}nɔ^{33}dʑi^{21}　嫁精以紹諾　　精以紹諾（ジジショノ）に嫁いで

1475 ʂɔ^{33}nɔ^{33}a^{44}dʑu^{33}ʑu̠^{33}　紹諾阿覺生　　紹諾阿覚（ショノアジュ）を生み

1476 vo^{21}ndzæ^{21}ɖo^{55}tɕ‘u^{33}dʑi^{21}　嫁武則洛曲

武則洛曲（ヴォゼロチュ）に嫁ぐと

1477 ɖo^{55}tɕ‘u^{33}ni^{33}ndʐa^{55}ʑu̠^{33}　洛曲生美女

洛曲（ロチュ）に美しい娘が生まれ

1478 ti^{33}ʂɿ^{33}ʂɔ^{33}nɔ^{33}dʑi^{21}　嫁抵史紹諾　　抵史紹諾（ティシュショノ）に嫁いで

1479 ʂɔ^{33}nɔ^{33}ma^{33}tɕa^{33}ʑu̠^{33}　紹諾瑪吉生　　紹諾瑪吉（ショノマチャ）を生み

1480 o^{33}lɿ^{33}dzi^{21}vo^{21}dʑi^{21}　嫁歐爾則維　　欧爾則維（オルジヴォ）に嫁いで

1481 dzi^{21}vo^{21}ni^{33}mo^{21}ʑu̠^{33}　則維尼莫生　　則維尼莫（ジヴォニモ）を生んだ

1482 o^{21}dʐo^{33}nda^{21}zɿ̠^{55}dʑi^{21}　嫁俄着達日　　俄着達日（オジョダズ）に嫁ぐと

1483 nda^{21}zɿ̠^{55}mo^{21}ʂɿ^{44}si^{33}　達日莫史色　　達日莫史色（ダズモシュシ）が

1484 tsɿ̠^{55}tsɿ̠^{33}a^{21}mu^{33}ʑu̠^{33}　生資資阿母　　資資阿母（ツツアム）を生んだ

1485 tsɿ̠^{55}a^{21}mu^{33}ki^{33}du^{33}dʑi^{21}　資資阿母嫁到官人家

資資阿母は役人の家に嫁ぎ

1486 ki^{33}a^{21}mu^{33}p‘u̠^{21}du^{33}dʑi^{21}　官家女嫁到濮人家

役人の家の娘は濮（プ）【河南省の県名】人に嫁ぎ

1487 p‘u̠^{21}mo^{21}ni^{44}sɔ^{33}ʑɔ^{33}　濮家生三女　　濮人の家では三人の娘が生まれた

1488 p‘u̠^{21}mo^{21}tʂɿ^{33}ma^{33}tʂɿ^{33}du^{33}dʑi^{21}　濮莫旨瑪嫁旨家

濮莫旨瑪（プモチュマ）は旨（チュ）家に嫁いだ

1489 p‘u̠^{21}mo^{21}nda^{33}ko^{55}nda^{33}du^{33}dʑi^{21}　濮莫達公嫁達家

濮莫達公（プモダコ）は達（ダ）家に嫁いだ

1490 p‘u̠^{21}mo^{21}ni^{44}zɿ̠^{33}fu̠^{33}si^{33}ta^{33}　濮莫尼日待閨中

濮莫尼日（プモニジュ）は閨房（女部屋）にいた

1491 p‘u̠^{21}mo^{21}ni^{44}zɿ̠^{33}ȵi^{33}　濮莫尼日呢　　濮莫尼日は

1492 ʑi^{55}tɕ‘u^{33}ts‘ɿ̠^{21}xo^{33}si^{21}　拿著一架白織機　　白い機織り道具を持ち

1493 li^{33}lo^{44}ŋga^{21}vu̠^{55}ȵi^{33}　座於屋簷下　　軒下に座って

1494 ʑi^{55}xo^{33}ʂɿ^{33}mo^{33}di^{44}　要架織機焉　　機織り道具を組み立てようと

1495 sɔ^{33}ȵi^{21}sɔ^{33}ho^{55}ʂɿ^{33}　架三天三夜　　三日三晩組み立てた

1496 ʑi^{55}ʂɿ^{33}ʑi^{55}dʑi^{21}dʑi^{33}　織機架起否？　　織機はでき上がったか？

1497 ʑi^{55}ʂɿ^{33}ʑi^{55}ma^{21}dʑi^{21}　織機未架起　　織機はでき上がらなかった

1498 ɣa^{33}la^{33}tsʻɿ̠^{21}ȵi^{21}nɯ^{33}　然後一日呢　　そこで翌日

1499 tʂa^{55}tʂa^{55}dʑi^{55}læ^{33}ȵi^{33}　張張埡口座　　ゆったりと峠に座って

1500 ʂɿ̠^{21}ȵi^{21}ʂɿ̠^{21}hɔ^{33}ʂɿ^{33}　架七天七夜　　七日七晩組み立てたが

1501 ɕi^{55}ʂɿ^{33}ɕi^{55}ma^{21}dʑi^{21}　織機未架成　　織機はでき上がらなかった

1502 ɣa^{33}la^{33}tsʻɿ̠^{21}ȵi^{21}nɯ^{33}　然後又一日　　そこでまた翌日

1503 li^{33}lo^{44}tʻu̠^{33}lɿ̠^{33}bo^{44}o^{33}ȵi^{33}ta^{33}ʂɿ^{33}　來到突而山頭架

突而(トゥーアル)（トゥル）山の頂上に行って組み立てた

1504 tʻu̠^{33}lɿ̠^{33}bo^{44}o^{33}nɯ^{33}　突而山頭呢　　突而山の頂上では

1505 ho^{33}pʻu^{44}ndi^{21}li^{21}li^{21}　高峰出平原　　高い峰が平原になっていた

1506 bo^{33}tɕi^{44}ʂo^{21}ʑi^{33}ʑi^{33}　山勢很雄偉　　山はとても雄大で

1507 hi^{55}ʂɿ^{33}bo^{44}kʻɯ^{33}tɕi^{21}　霧昇繞山峰　　霧が立ち昇って峰を覆っていた

1508 pʻu̠^{21}mo^{21}ni^{44}zɿ̠^{33}ȵi^{33}　濮莫尼日呢　　濮莫尼日(プーモーニーリー)（プモニジュ）は

1509 gu^{33}ȵi^{21}gu^{33}ho^{55}ʂɿ^{33}　架九天九夜　　九日九晩組み立てて

1510 ʑi^{55}ʂɿ^{33}ʑi^{55}dʑi^{21}vo^{44}　織機架起了　　織機は立ち上がった

1511 tsʻɿ̠^{33}ɣa^{33}la^{33}gu̠^{21}dʑo^{44}　如此之後呢　　そののち

1512 pʻu̠^{21}mo^{21}ni^{44}zɿ̠^{33}ȵi^{33}　濮莫尼日氏　　濮莫尼日は

1513 sɔ^{33}kʻu̠^{55}ʑi^{55}xo^{33}ʂɿ^{33}　三年架織機　　三年間で織機を組み立てた

1514 sɔ^{33}ɖɯ^{21}ʑi^{55}dʑæ^{33}tu^{33}　三月擧織椿④　　三か月で織り杭(くい)を立てた

1515 ʑi^{55}tʂʻɿ^{21}bo^{44}o^{33}ȵi^{33}　織布於山峰　　峰の上で機織りをした

1516 no^{55}pʻo^{21}ʑi^{55}kʻɯ^{33}tʻo^{55}　彼方立織椿　　そこに織り杭を立てた

1517 ʑi^{55}kʻɯ^{33}mu^{33}tʂɿ^{33}dzu̠^{33}　織椿閃如星　　織り杭は星のように輝いていた

1518 tʂʻa^{21}pʻo^{55}ʑi^{55}xo^{33}ʂɿ^{33}　此方立織架　　こちらには機織り棚を立てた

1519 ʑi^{55}xo^{33}ʂɿ^{33}dɯ^{21}dɯ^{21}　織機花嘭嘭　　パンパンと音を立てて機を織り

1520 ʑi^{55}mo^{21}tɕo^{55}du^{33}ɖi^{55}　織板⑤翻飛如鷹翅

機織りの板は鷹の翼のように飛び回り

1521 ʑi^{55}pu̠^{33}dʑi^{21}ʑo^{33}ŋga^{33}　穿梭如蜂舞　　梭(ひ)は蜂のように舞い

1522 ʑi^{55}sɿ̠^{55}ndu̠^{21}ndu̠^{21}tɕʻæ^{33}　梭子跳不斷　　梭は絶えず跳ね回り

1523 ʑi^{55}ni^{33}si^{33}si^{33}tɕi^{44}　紅綫架彩虹　　赤い糸で虹を織った

1524 tʻu̠^{33}lɿ̠^{33}bo^{44}o^{33}nɯ^{33}　突而山頭呢　　突而山の頂上では

1525 mu^{33}vu̠^{55}ti^{55}tsʻɿ̠^{21}dzi^{33}　東方鴟⑥一對　　東のほうで一対の鷂(はいたか)が

1526 ti^{55}ho^{33}lo^{33}ɣa^{33}la^{33} 自深谷而來 深い谷から飛んで来た

1527 mu^{44}kʻɯ^{33}ti^{55}tsʻɿ̱^{21}dzi^{33} 西方鴟一對 西のほうで一対のハイタカが

1528 tʂɿ^{21}ŋɯ^{33}bo^{33}ɣa^{33}la^{33} 治恩山⑦上來 治恩[チーエン](チュグ)山の上から飛んで来た

1529 sɔ^{33}pʻɿ̱^{33}ti^{55}tsʻɿ̱^{21}dzi^{33} 所匹⑧鴟一對 所匹[スオピー]（ソピ）の一対のハイタカが

1530 nda^{33}ho^{33}bo^{33}ɣa^{33}la^{33} 達紅山上來 達紅[ダーホン](ダホ)山の上から飛んで来た

1531 ŋɯ^{33}dʐɿ^{44}ti^{55}tsʻɿ̱^{21}dzi^{33} 恩旨鴟一對 恩旨[エンチー](グジュ)の一対のハイタカが

1532 ȵu^{33}lɿ^{33}vi^{55}ɣa^{33}la^{33} 尼爾威處來 尼爾 威[ニーアルウェイ](ニュルヴィ)から飛んで来た

1533 ti^{55}lɿ^{33}lɿ^{33}ma^{33}li^{33} 四隻巨鴟呢 四羽のハイタカが

1534 ʂu̱^{55}dzu̱^{33}bo^{33}ȵa^{55}la^{33} 杉林山上來 杉林の山から飛んで来た

1535 pʻu̱^{21}mo^{21}ni^{44}zɿ̱^{33}ȵi^{33} 濮濮莫尼日呢 濮莫尼日[プーモーニーリー]（プモニジュ）は

1536 ti^{55}hɯ^{21}li^{33}mo^{33}di^{44} 要去看鴟焉 ハイタカを見に行こうとした

1537 ti^{55}gɯ^{21}li^{33}mo^{33}di^{44} 要去老鴟焉 ハイタカをからかいに行こうとした

1538 ti^{55}sɿ^{33}sɔ^{33}tʻɔ^{33}tsʻi^{33} 鴟血落三滴 ハイタカの血が三滴落ちた

1539 pʻu̱^{21}mo^{21}ni^{44}zɿ̱^{33}zo^{21} 落於濮莫尼日身 濮莫尼日のからだに落ちた

1540 ma^{21}zo^{21}lɿ^{33}lɿ^{33}zo^{21} 不該落處落 落ちてはならない所に落ちた

1541 tsʻɿ̱^{21}tʻɔ^{33}o^{33}ɣa^{33}zo^{21} 一滴落於頭 一滴が頭に落ちて

1542 ɔ^{33}tʂɿ̱^{55}gu^{33}tæ^{33}ŋga^{33} 穿透辮九層 九層の下げ髪を通り抜けた

1543 tsʻɿ̱^{21}tʻɔ^{33}dʑu̱^{55}ɣa^{33}zo^{21} 一滴落於腰 一滴が腰に落ちて

1544 ʂɿ^{33}tɕi^{33}gu^{33}tæ^{33}ŋga^{33} 穿透九層氈 九層のフェルト布を通り抜けた

1545 tsʻɿ̱^{21}tʻɔ^{33}mu^{33}ɣa^{33}zo^{21} 一滴落於尾 一滴が尾に落ちて

1546 mbo^{33}mu^{33}gu^{33}tæ^{33}ŋga^{33} 穿透九層裙 九層のスカートを通り抜けた

1547 pʻu̱^{21}mo^{21}ni^{44}zɿ̱^{33}ȵi^{33} 濮莫尼日呢 濮莫尼日は

1548 ʂɿ̱^{21}ȵi^{21}tsʻi^{44}sɔ^{33}dʑi^{21} 七至十三日之時 七日目から十三日目までは

1549 ma^{21}lɿ^{33}lɿ^{33}mu^{33}dʑi^{44} 有些不正常 少しからだの具合が悪かった

1550 ʂu^{33}la^{33}fi^{33}ŋɯ^{33}ŋgu^{33} 以爲是邪怪⑨ これは邪悪な怪物のせいだと思い

1551 pi^{33}n̥a^{33}li^{33}mo^{33}di^{44} 請教畢摩去 ビモのところに教えを乞いに行った

1552 li^{33}lo^{44}li^{33}lo^{44}mu^{33} 行行且行行 歩きに歩いて

1553 kʻæ^{33}o^{33}sɔ^{33}tɕo^{33}tɕo^{33} 寨首轉三趟 村の前を三回まわったが

1554 kʻæ^{33}o^{33}pi^{33}ma^{21}ɿ^{55} 寨首無畢摩 村の前にはビモはいなかった

1555 ɕi^{33}tʻi^{55}pu̱^{33}ma^{21}tʻi^{55} 失望地返回 がっかりして戻った

1556 ɣa^{33}la^{33}tsʻi^{44}sɔ^{33}dʐɿ^{21}ko^{33}nɯ^{33} 然後十三日之後⑩ それから十三日して

1557 o^{33}ŋɯ^{21}ŋɯ^{21}mu^{33}dʑi^{21}　似有些頭昏　少しめまいがしたので

1558 ma^{21}kɯ^{55}ma^{21}ɕɿ^{33}ŋgu^{33}　以爲不正常　からだの具合が変だと思った

1559 ma^{21}tsɿ^{33}li^{33}li^{21}tsɿ^{33}　不派且來派　派遣すべきでない者を派遣した

1560 va^{55}du^{33}va^{55}ɣa^{33}tsɿ^{33}　派了一隻鳥　一羽の鳥を派遣した

1561 tsɿ^{33}no^{44}pi^{33}ku^{33}li^{33}　前去請畢摩　ビモを招きに行かせた

1562 k‘æ^{33}mu^{33}sɔ^{33}tɕo^{33}tɕo^{33}　寨尾轉三趟　村の後ろを三回まわったが

1563 k‘æ^{33}mu^{33}pi^{33}ma^{21}i^{55}　寨尾無畢摩　村の後ろにはビモはいなかった

1564 k‘æ^{33}dʑu̠^{55}sɔ^{33}tɕo^{33}tɕo^{33}　寨腰轉三圈　村の真ん中を三回まわったら

1565 k‘æ^{33}dʑu̠^{55}pi^{33}i^{55}lo^{44}　寨腰有畢摩　村の真ん中にはビモがいた

1566 pi^{21}mo^{21}a^{44}p‘u^{33}ʑi^{33}ma^{21}dʑo^{33}　畢摩師長不在家　ビモ先生は留守で

1567 pi^{44}zɯ^{33}ka^{55}ka^{55}ʑi^{33}dʑo^{33}lo^{44}　畢徒呷呷卻在家

ビモの弟子の呷呷（シャーシャー）（カカ）が在宅していた

1568 pi^{44}zɯ^{33}ka^{55}ka^{33}ȵi^{33}　畢徒呷呷呢　ビモの弟子の呷呷は

1569 o^{33}a^{21}mbæ^{33}ka^{33}mbæ^{33}da^{55}k‘o^{33}　下面墊著幹氈席　下にフェルトを敷き

1570 dʑu̠^{55}ɣa^{33}ɣo^{21}mbo^{21}k‘o^{33}　中間氈爲褥

あいだに敷き布のフェルトを敷き

1571 t‘o^{55}a^{21}dzæ^{33}ɖɿ^{33}k‘o^{33}　上面再墊上毛皮　その上にまた毛皮を敷いた

1572 tʂ‘ɿ^{44}la^{33}lɯ^{33}ȵæ^{33}k‘o^{33}　麂麞毛來墊　ノロジカの毛皮を敷いた

1573 la^{55}ndʐɿ^{33}tɕi^{33}bu^{33}hi^{33}　虎皮掛於側　（からだの）脇に虎の皮を掛け

1574 vɿ^{33}lo^{55}t‘ɯ^{21}ʐɿ^{33}si^{21}　左手拿經書　左手に経典を持ち

1575 ʑi^{33}lo^{55}tɕ‘i^{44}k‘ɯ^{33}si^{21}　右手執法扇　右手に儀礼用の団扇（うちわ）を持ち

1576 ɖu̠^{55}mi^{55}to^{33}ʑu̠^{33}ndi^{55}　帶著花法笠　儀礼用の笠を被り

1577 pi^{33}ɣo^{21}ko^{44}ȵi^{33}lo^{44}　座著誦經書　座ったまま経典を唱えた

1578 va^{55}du^{33}va^{55}ɣa^{33}zɯ^{33}　鳥兒使者呢　使者の鳥は

1579 pi^{44}zɯ^{33}ka^{55}ka^{33}n̥a^{33}　問畢徒呷呷　ビモの弟子の呷呷（シャーシャー）(カカ)に尋ねた

1580 pi^{44}zɯ^{33}ka^{55}ka^{33}ȵi^{33}　畢徒呷呷呢　ビモの弟子の呷呷は

1581 tʂɿ^{33}mo^{21}sɿ^{33}ɣa^{33}ɕi^{33}　到達櫃子旁　物入れ箱のそばに座った

1582 vɿ^{33}lo^{55}tʂɿ^{33}k‘ɯ^{33}p‘o^{21}　左手揭櫃蓋　左手で物入れ箱の蓋を開け

1583 ʑi^{33}lo^{55}tʂɿ^{33}xa^{55}ŋo^{33}　右手掐櫃底　右手で物入れ箱の底を探り

1584 t‘ɯ^{21}ʐɿ^{33}zɯ^{33}ɖɿ̠^{55}pi^{55}　取出經書袋　経典入れの袋を取り出し

1585 mæ^{21}læ^{33}ts‘ɿ̠^{21}dzi^{33}ȵi^{21}tɕ‘i^{33}p‘u̠^{33}　首先翻兩頁

まずページを二枚開いたが

1586 t‘ɯ^{21}zɿ^{33}ndo^{21}ma^{21}ndi^{55}　經書無話語　経典には何も書いていなかった

1587 ma^{33}ndza^{33}ndo^{21}ma^{21}zi^{21}　墨汁未留言　墨の跡も無かった

1588 ɣa^{33}la^{33}ȵi^{21}dzi^{33}lɿ^{33}tɕ‘i^{33}p‘u̠^{33}　然後翻四頁　そこでページを四枚開いた

1589 ȵi^{21}tɕ‘i^{33}lo^{55}k‘u^{33}ta^{33}　兩頁翻於外　外側にページを二枚開き

1590 ȵi^{21}tɕ‘i^{33}lo^{55}hi^{33}ta^{33}　兩頁翻於内　内側にページを二枚開くと

1591 t‘ɯ^{21}zɿ^{33}ȵi^{33}ndo^{21}ndi^{55}　經書有明文

経典にはっきりしたことが書いてあった

1592 ma^{33}ndza^{33}ȵi^{33}ndo^{21}zi^{21}　聖字含箴言

聖なる文字に戒めの言葉が含まれていた

1593 ʂu^{33}la^{33}fi^{33}ŋɯ^{33}di^{44}ta^{33}t‘i^{33}　“此乃邪怪焉”　「これは邪悪な怪物である」

1594 ɣa^{33}la^{33}sɔ^{33}dzi^{21}fu̠^{55}tɕ‘i^{33}p‘u̠^{33}　然後翻六頁　次にページを六枚開いた

1595 sɔ^{33}tɕ‘i^{33}lo^{55}k‘u^{33}ta^{33}　三頁翻於外　外側にページを三枚開き

1596 sɔ^{33}tɕ‘i^{33}lo^{55}hi^{33}ta^{33}　三頁翻於内　内側にページを三枚開くと

1597 kɯ^{21}la^{33}fi^{33}ŋɯ^{33}di^{44}ta^{33}t‘i^{33}　“此乃生育福”云云

「これは出産を順調にする」と書いてある

1598 ɣa^{33}la^{33}lɿ^{33}dzi^{21}hi^{55}tɕ‘i^{33}p‘u̠^{33}　然後翻八頁　次にページを八枚開いた

1599 lɿ^{33}tɕ‘i^{33}lo^{55}k‘u^{33}ta^{33}　四頁翻於内　内側にページを四枚開き

1600 lɿ^{33}tɕ‘i^{33}lo^{55}hi^{33}ta^{33}　四頁翻於外　外側にページを四枚開くと

1601 dʑu̠^{55}la^{33}ŋga^{55}ŋɯ^{33}di^{44}ta^{33}t‘i^{33}“此乃人生之福焉

「これは人生を幸せにする

1602 dzæ^{33}ko^{55}ho^{33}bo^{33}si^{21}　取神枝來插　神枝（かみえだ）を挿（さ）し

1603 ʑæ^{33}ma^{55}tɕ‘u^{33}ʑu^{33}pa^{33}　起用白母鶏　白い雌鶏（めんどり）を生け贄にし

1604 kɯ^{21}la^{33}fi^{33}zɿ^{33}k‘u̠^{55}ʑi^{44}nɯ^{33}　召喚生育魂之後

出産の霊を呼び寄せたあとに

1605 sɿ^{33}la^{33}si^{44}zɯ^{33}ts‘ɿ̠^{21}li^{21}ʑu̠^{33}mo^{33}di^{44}　將要出生一箇神子焉”

間もなく一人の神の子が生まれる」

1606 ɣa^{33}la^{33}gu^{33}gu̠^{21}ha^{33}ȵi^{44}tsi^{33}ko^{33}nɯ^{33}　然後九輪一百二十日之時[11]

そのあと百二十日が過ぎたときに

1607 pi^{33}bo^{44}li^{33}mo^{33}di^{44}　要請畢摩焉　ビモを招きに行くことにした

1608 ma^{21}tsɿ^{33}lɿ^{33}li^{21}tsɿ^{33}　不派且來派　派遣すべきでない者を派遣した

1609 dʑi33du̠33dʑi33ɣa33tsɿ33 派遣大赤蜂 大きくて赤い蜂を派遣し
1610 pi21mo21a44pʻu33bo21 前去請畢摩 ビモを招きに行かせた
1611 pi21mo21a44pʻu33ȵi33 畢摩師長呢 ビモ先生は
1612 pi44zɯ33ka55ka33ʂɿ̠21 帯著畢徒來 ビモの弟子と一緒に来た
1613 ʂu̠55dzu̠33bo33ȵa55ŋga33 走過栢林山 コノテガシワの林の山に行って
1614 ʂu̠55vɿ44tʻu33ʑu33pɿ21 栢籤筒來取 コノテガシワの籤(ひご)の筒を取って来た
1615 kʻu33dzu̠33bo33ȵa55ŋga33 走過棡林山 カシワの林の山に行って
1616 kʻu33ɖɯ21vo33ʑu33ndi55 棡法笠來取 儀礼用のカシワの笠を取って来た
1617 ma33dzu̠33bo33ȵa55ŋga33 走過竹林山 竹の林の山に行って
1618 ma33lo55vɿ33ʑu33si44 竹法籤來取 竹の籤(ひご)を取って来た
1619 xɔ33mu33lɔ33gu̠55ŋga33 走過漢區時 漢(ハン)族の地域に行ったときには
1620 tʻɯ21zɿ33tɕʻu33ʑu33si44 白色紙來取 白い紙を取って来た
1621 la55bu33o21dzo33ŋga33 走過西昌時
西昌(シーチャン)【四川省東南部の都市名】に行ったときには
1622 ma33ndza33nɔ33ʑu33si44 黒墨汁來取 墨汁(ぼくじゅう)を取って来た
1623 tɕa33ga33sɔ33tsi21ŋga33 走過三條街 三つの町に行って
1624 bu̠33bu̠33dzi21ʑu33si44 花緑緑者取 鮮やかな花を取って来た
1625 mu33dʑi21ba33gu̠55ŋga33 走過低凹處 凹(くぼ)んだ低地に行って
1626 mu̠21dʑi33tɕu33ʑu33si44 將法鈴⑫來取 儀礼用の鈴を取って来た
1627 ȵi21ti21go21o21ŋga33 野猪山上過 猪の山に行って
1628 ȵi33dʐɿ33ʑu33ɣa33ndi55 野猪牙來取 猪の歯を取って来た
1629 pi33tɯ44si33ʑi33ɕi33 來到主人家 主人の家に到り
1630 kɯ21la33fi33zɿ̠33kʻu̠55 召喚生育魂 出産の霊を呼び寄せた
1631 mu44kʻu33ŋgu33sɔ33bo33 木香枝三根 木香(ムーシアン)(ムク)の枝を三本
1632 vo21vɿ33ŋgu33sɔ33bo33 維日枝三根⑬ 維日(ウェイリー)(ヴォヴ)の枝を三本
1633 hɔ33ka55ŋgu33sɔ33bo33 白楊枝三根 ポプラの枝を三本
1634 mu44kʻu33sɿ̠33ʑi21ta33 木香作木衛⑭ 木香をお守りの木とし
1635 hɔ33ka55sɿ̠33ndʐu̠33ta33 白楊作木鎖 ポプラを木の鍵とし
1636 vo21vɿ33sɿ̠33lo21ta33 維日作柵欄 維日を柵とした
1637 sɿ33pʻɿ̠55ka33ho33tɕo44 斯匹甘夥⑮方 斯匹甘夥(スーピーガンフオ)(スピカホ)には
1638 ʂu̠55la33ɖɿ33ȵi21bo33 栢與櫟兩棵 コノテガシワと櫟(くぬぎ)が二本あり

1639 ʂu̠^{55}ȵi^{33}ɖo^{21}tɕu̠^{33}tɕu̠^{33}　栢樹也青青　コノテガシワは青々と茂り

1640 ɖɪ^{44}ȵi^{33}ko^{55}ȵæ^{33}ȵæ^{33}　櫟樹也蒼蒼　クヌギも鬱蒼と茂っていた

1641 a^{55}ho^{21}ȵo^{33}ʐɿ^{33}tɕo^{44}　阿紅留以方　阿紅留以《アーホンリウイー》（アホニョジュ）には

1642 gu̠^{21}la^{33}vu̠^{33}ȵi^{21}ma^{33}　鴻與雁兩箇　鴻《おおかり》と雁が二羽いて

1643 gu̠^{21}ȵi^{33}ku^{44}t‘u^{33}t‘u^{33}　雁也聲聲鳴　雁が激しく啼き

1644 vu̠^{44}ȵi^{33}dʑæ^{44}tɕ‘æ^{33}tɕ‘æ^{33}　鴻也飛翩躚　オオカリもひらひらと飛んだ

1645 li^{21}ʑi^{33}ʂɪ^{33}vu̠^{55}tɕo^{44}　宅中室内呢　家の中には

1646 pi^{33}la^{33}si^{33}ȵi^{21}bu^{21}　畢和主兩方　ビモと主人がいて

1647 pi^{44}ȵi^{33}gu̠^{21}lɪ^{21}lɪ^{21}　畢摩輕松松　ビモはくつろぎ

1648 si^{44}ȵi^{33}ʐɿ^{21}si^{33}si^{33}　主人笑熠熠　主人は明るく笑っていた

1649 pi^{21}mo^{21}pi^{44}zɯ^{33}ȵi^{33}　畢師和畢徒　ビモ先生とビモの弟子は

1650 kɯ^{21}ʐɿ^{33}fi^{33}ʐɿ^{33}k‘u̠^{55}ɣa^{33}nɯ^{33}　召喚生育魂之後
出産の霊を呼び寄せたあとに

1651 pi^{33}tɯ^{44}vo^{21}k‘ɯ^{33}go^{55}　離去將門関　家を出て、門を閉め

1652 dzɪ̠^{33}mɔ^{33}ɣa^{33}bɪ^{44}lo^{44}　吉祥留於後[16]　めでたいことを屋内に残した

1653 ts‘ɪ̠^{33}ɣa^{33}gu̠^{21}dʑo^{44}nɯ^{33}　如此之後呢　そののち

1654 p‘u̠^{21}mo^{21}ni^{44}ʐɪ̠^{33}ȵɪ^{33}　濮莫尼日氏　濮莫尼日《プーモーニーリー》（プモニジュ）は

1655 ʂɯ^{21}tɯ^{21}hi^{55}tɕ‘u^{33}tɯ^{44}　早晨白霧起　朝、白い霧が立ち上がったとき

1656 bu̠^{21}dzi^{33}a^{44}lɪ^{33}ʑu̠^{33}　下午生阿龍　（その日の）午後に阿龍《アーロン》を生んだ

1657 tʂɪ^{44}kɯ^{33}a^{44}lɪ^{33}ȵi^{33}　支格阿龍呢　支格阿龍《ヂーグォアーロン》（チュクアロ）は

1658 k‘u̠^{55}ȵi^{33}lɪ^{33}k‘u̠^{55}ʑu̠^{33}　出生於龍年
辰【「辰」は「龍」と同じ】の年に生まれた

1659 ɖɯ^{21}ȵi^{33}lɪ^{33}ɖɯ^{21}ʑu̠^{33}　出生於龍月　辰の月に生まれた

1660 ȵi^{21}ȵi^{33}lɪ^{33}ȵi^{33}ʑu̠^{33}　出生於龍日　辰の日に生まれた

1661 ɕi^{44}ȵi^{33}lɪ^{33}di^{33}xo^{33}ɕi^{33}　命宮屬龍方[17]　運勢は辰の方角に属し

1662 mi^{44}ȵi^{33}a^{44}lɪ^{33}mi^{33}　名也叫阿龍　名も阿龍《アーロン》（アロ：支格阿龍《チュクアロ》）である

1663 ʑu̠^{33}lo^{21}mo^{44}ts‘ɪ̠^{21}hɔ^{33}　出生那一夜　生まれたその夜には

1664 mo^{21}ȵi^{21}ndo^{33}ma^{21}na^{33}　不願吸母乳　母の乳を吸いたくなかった

1665 ʑu̠^{33}lo^{21}mo^{44}ȵi^{21}hɔ^{33}　出生後二夜　生まれてから二日目の夜には

1666 mo^{21}mu̠^{55}i^{55}ma^{21}na^{33}　不願同母眠　母と共に寝たくなかった

1667 ʑu̠^{33}lo^{21}mo^{44}sɔ^{33}ho^{55}　出生後三夜　生まれてから三日目の夜には

1668 mo^{21}ndza^{33}dzɯ^{33}ma^{21}na^{33}　不願喫母食
母の作った食べ物を食べたくなかった

1669 ʑu̠^{33}lo^{21}mo^{44}lɪ^{33}ho^{55}　出生後四夜　生まれてから四日目の夜には

1670 mo^{21}vi^{55}ga^{55}ma^{21}na^{33}　不願衣母衣　母の作った着物を着たくなかった

1671 ȵɔ^{33}p‘o^{21}ma^{33}vu̠^{55}ɖu̠^{55}　睜眼望天空　空に向かって目を見開いて

1672 gɯ^{33}zɯ^{33}tɕ‘u^{33}mu^{33}ɖu̠^{55}　太陽來欣賞　太陽を楽しげに見詰めた

1673 ȵɔ^{33}tɕo^{33}mu^{44}k‘ɯ^{33}hɯ^{21}　轉眼察大地　目を転じて大地を見回し

1674 mu^{44}k‘ɯ^{33}dzu̠^{33}mu^{33}hɯ^{21}　人間來觀察⑱　人間界を観察した

1675 ŋo^{33}mu^{33}ŋo^{33}ko^{33}ʂɯ^{44}　哭哭又啼啼　泣きに泣いて

1676 gu^{33}ȵi^{21}ŋo^{33}mu^{33}k‘ɯ^{55}　九天哭至昏　九日のあいだ暗くなるまで泣いた

1677 gu^{33}ho^{55}ŋo^{33}mu^{33}t‘i^{33}　九夜哭至曉　九日のあいだ夜が明けるまで泣いた

古事記への視点

■母との別れとそれ故の号泣—スサノヲ神話とのあまりの類似

「九天」「九夜」の「九」は“たくさんの”の意でもあるから、ここは“長い間泣き続けた”という意味である。なぜ長い間泣いたかの直接的な理由はわからないが、1699句に「母に捨てられた」とあるので、母との別れ、母からの自立が原因になっているのであろう。だとすれば、支格阿龍(チュクアロ)の号泣は、『古事記』神話で、「妣(はは)(亡き母)の国」を慕って「八拳須心(やつかひげむね)の前(さき)に至るまで」(長い間という意の常套表現)激しく泣いたスサノヲと通じるものがある。支格阿龍(チュクアロ)という武勇に優れた英雄と、スサノヲというこれまた荒々しい英雄的神の“幼年期”の形象において、どちらもが母との別れとそれ故の号泣を語るというこのあまりの類似性をどのように受け止めるべきなのだろう。これは地域・時代が違っても神話には似たような語り口が生じるということなのか、あるいは、〈古代の古代〉のある時期に、このような語り口の神話を持った民族とヤマト族とのあいだになんらかの実態的な交流があったということなのか、簡単に結論は下せそうにない。

1678 ts‘ɿ̠^{33}ɤa^{33}mo^{44}gu̠^{21}dʑo^{44}　如此之後呢　そののち

1679 ni^{44}zɿ̠^{33}i^{55}mɔ^{21}mɔ^{33}ko^{33}nɯ^{33}　尼日作一夢　尼日(ニーリー)(ニジュ)は夢を見た

1680 bu^{33}dʑi^{33}sɔ^{33}lo^{33}tɕo^{44}　“西方三谷中　「西のほうの三つの谷の中にいる

1681 t‘ɯ^{33}bi^{21}a^{21}mo^{21}ȵi^{33}　特別阿莫⑲呢　特別阿莫(テービエアーモー)(トゥビアモ)が言うには

1682 t‘u^{44}mu^{33}ts‘ɪ̠^{21}li^{21}ŋɯ^{33}　‘是箇甚物呢[20]　《いったい何という物だろう

1683 sɪ^{33}mu^{33}si^{33}mu^{33}ʑu̠^{33}　神奇地出生　神秘の誕生をしたのだから

1684 mu̠^{21}ʂɪ^{33}ɣa^{33}ȵi^{44}nɯ^{33}　待到將來呢　将来には

1685 ts‘ɪ̠^{33}dʑo^{33}ts‘o^{33}ndʑi^{21}tʂɪ̠^{33}　會來割我根　私の根を切りに来るだろう

1686 ts‘ɪ̠^{33}dʑo^{33}ts‘o^{33}ndʑi^{21}ku̠^{21}　會來掘我本’　私の根を掘りに来るだろう》

1687 t‘a^{21}bɔ^{21}a^{21}mo^{21}li^{33}　特別阿莫呢　特別阿莫は

1688 ma^{21}tsɪ^{33}lɪ^{33}li^{21}tsɪ^{33}　不派且來派　派遣すべきでない者を派遣した

1689 t‘a^{21}bɔ^{21}ȵo^{21}ȵo^{21}tsɪ^{33}　遣其幼子來　末っ子を派遣した

1690 ni^{44}zɪ̠^{33}ȵi^{21}mo^{21}ɕi^{55}ndzi^{33}ndʑɔ^{33}　準備咬食尼日母子焉”
尼日(ニーリー)（ニジュ）母子を食べに来た」

1691 ni^{44}zɪ̠^{33}ȵi^{21}mo^{21}ȵi^{33}　尼日母子兩　尼日母子二人は

1692 i^{55}ȵi^{33}mu^{33}su̠^{33}su̠^{33}　驚醒於惡夢　恐ろしい夢から目が醒めて

1693 ko^{33}lo^{33}ho^{21}ho^{21}dʑi^{33}　五内如噴湧　五臓が噴き出るごとくに

1694 t‘u̠^{44}dɯ^{33}si^{21}dɯ^{33}mu^{33}　且裹且環抱　巻きこんだり抱えたり

1695 di^{21}la^{33}ʂa^{44}dɯ^{33}mu^{33}　且推且遣行[21]　押したり行かせたりした

1696 dʑi^{44}dɯ^{33}ndo^{21}dɯ^{33}mu^{33}　跌跌又喘喘　転がったり喘(あえ)いだり

1697 si^{21}lo^{44}si^{21}lo^{44}mu^{33}　行行且行行　歩きに歩いた

1698 sɪ^{33}mu^{33}va^{55}ʑi^{33}ŋga^{33}　通過神仙岩室旁　神仙の岩屋のそばを通り過ぎて

1699 a^{44}lɪ^{33}ni^{44}zɪ̠^{33}tʂɪ̠^{21}　阿龍被母棄　阿龍(アーロン)（支格阿龍(チュクアロ)）は母に捨てられた

1700 va^{55}ni^{33}gu^{33}ɣa^{33}ʂa^{33}　拋於懸崖間　崖に捨てられた

1701 mo^{21}zɯ^{33}t‘i^{55}ta^{33}dʑæ^{33}　母子於此離　母と子はそこで別れた

1702 mo^{21}ȵi^{33}mo^{21}mu^{33}bo^{33}　母走母之路　母は母の道を歩いて行った

1703 dʑæ^{44}tɕ‘æ^{33}tɕ‘æ^{33}mu^{33}bo^{33}　心歉歉而去
済まないと思いながら進んで行った

1704 zɯ^{44}ȵi^{33}zɯ^{33}mu^{33}i^{55}　子睡子的覺　子供は子供だけで寝た

1705 mi^{21}ho^{21}ho^{21}mu^{33}i^{55}lo^{44}vo^{44}　慢慢睡着了　だんだんに眠ってしまった

1706 sɪ^{33}mu^{33}va^{55}ʑi^{44}ȵi^{33}　神仙岩室呢　神仙の岩屋は

1707 va^{55}ku^{33}va^{55}li^{33}ʂo^{33}　懸崖也高峻　険しく切り立った崖にあり

1708 dʑi^{21}ʑo^{33}dʑi^{33}li^{33}ʂo^{33}　蜜蜂也遠行　蜜蜂も遠くから飛んで来た

1709 va^{55}ʂɪ^{33}ni^{33}p‘o^{44}p‘o^{21}　懸崖很陡峭　崖はとても険しく

1710 va^{55}ɣa^{33}lɪ^{33}dzu̠^{33}lo^{44}　崖邊有龍居　崖の縁(ふち)には龍が棲(す)んでいた

1711 a^{44}lɿ^{33}i^{44}ȵi^{33}lɿ^{33}zɯ^{33}ŋɯ^{33}ʑi^{21}di^{44}　阿龍自稱亦龍子
阿龍は自分は龍の子だと言った

1712 lɿ^{33}ho^{21}a^{44}lɿ^{33}sɿ̱^{21}dɯ^{21}lo^{44}　阿龍識龍語　阿龍は龍の言葉がわかる

1713 lɿ^{44}ȵi^{33}lɿ^{33}mo^{33}gu^{33}　龍見阿龍悦　龍は阿龍を見て喜んだ

1714 lɿ^{33}mo^{33}ȵɔ^{33}tɕu̱^{33}tɕu̱^{33}　見則目炯炯　見るとすぐ目がきらきら光った

1715 a^{44}lɿ^{33}lɿ^{33}mo^{33}gu^{33}　阿龍見龍歡　阿龍は龍を見て喜び

1716 lɿ^{33}mo^{33}mi^{21}ho^{21}ho^{21}　見龍禮彬彬　龍を見て慎ましやかになった

1717 ts'ɿ̱^{33}ɣa^{33}gu̱^{21}dʑo^{44}nɯ^{33}　如此之後呢　そののち

1718 tʂɿ^{44}kɯ^{33}a^{44}lɿ^{33}ȵɿ^{33}　支格阿龍氏　支格阿龍（チーグォアーロン）（チュクアロ）は

1719 sɿ̱^{55}ȵi^{33}lɿ^{33}ȵi^{21}ndo^{33}　渴則飲龍乳　のどが渇くと龍の乳を飲み

1720 mi^{55}ȵi^{33}lɿ^{33}ndza^{33}dzɯ^{33}　飢則食龍食　お腹が空くと龍の食べ物を食べ

1721 gɔ^{44}ȵi^{33}lɿ^{33}vi^{55}ga^{55}　寒則衣龍衣　寒くなったら龍の着物を着た

1722 tʂɿ^{44}kɯ^{33}a^{44}lɿ^{33}ȵi^{33}　支格阿龍呢　支格阿龍（チーグォアーロン）（チュクアロ）よ

1723 mo^{21}la^{33}zɯ^{33}dʑæ^{33}du̱^{33}　母與子分離　母親と子が別れるのは

1724 ma^{21}kɯ^{55}ma^{21}ʑi^{33}du̱^{33}　實在不應該　実に、あってはならないことだ

1725 zɯ^{33}la^{33}mo^{21}dʑæ^{33}du̱^{33}　子與母分離　子と母親が別れるのは

1726 ma^{21}ȵo^{33}ma^{21}gɯ^{33}du̱^{33}　實在不道德　実に、道徳に反することだ

1727 ʑu̱^{33}lo^{21}mo^{44}ts'ɿ̱^{21}k'u̱^{33}　出生後一年　生まれて一年後には

1728 vi^{55}ɖu̱^{55}su^{33}ɣa^{33}ba^{33}　追隨牧猪童　豚飼いに随（つ）いて行き

1729 zɿ̱^{21}du^{33}hi^{33}mu^{33}dæ^{33}　草桿作爲箭　草の茎で矢を作り

1730 ma^{33}p'ɿ̱^{55}xo^{55}mu^{33}si^{21}　竹片當弓帶　竹を弓として身に着け

1731 di^{21}ko^{21}di^{21}li^{21}tʂ'o^{21}　流竄埂坎間　土手（畦）で遊び回った

1732 dʑi^{21}tsɿ^{33}ȵɔ^{33}ni^{33}mbæ^{33}　射吉子鳥兒[22]　吉子（ジーズー）（ジツ）鳥を射ると

1733 ma^{21}zo^{21}lɿ^{33}li^{21}zo^{21}　不中且來中　当たってはならないところに当たった

1734 tsɿ̱^{55}ku^{33}tʂ'ɿ^{33}ɣa^{33}zo^{21}　射中鳥頸椎　鳥の首に当たった

1735 tsɿ̱^{55}ȵæ^{33}p'u̱^{21}p'u̱^{21}lɿ^{33}　鳥羽片片飛　鳥の羽は一本一本と飛び

1736 tsɿ̱^{55}sɿ^{33}t'ɔ^{33}t'ɔ^{33}ts'i^{33}　鳥血滴滴落　鳥の血は一滴一滴と落ち

1737 tsɿ̱^{55}mo^{33}li^{21}li^{21}mbo^{33}　鳥屍團團滾　鳥の死骸はころころ転がった

1738 ʑu̱^{33}ɣa^{21}mo^{44}ȵi^{21}k'u̱^{33}　出生後兩年　生まれて二年後には

1739 bu^{33}ɖu̱^{55}su^{33}ɣa^{33}ba^{33}　追隨牧羊人　羊飼いに随（つ）いて行き

1740 sɿ̠^{33}ŋo^{55}xo^{55}mu^{33}si^{21}　彎木作爲弓　木を曲げて弓を作り

1741 ma^{33}du^{33}hi^{33}mu^{33}si^{44}　竹桿當作箭　竹の幹で矢を作り

1742 gu̠^{21}ts'u^{21}gu̠^{21}lɯ^{21}tɕo^{33}　巡轉於坡嶺　坂や峰を巡り

1743 ʂu^{33}la^{33}ha^{33}zɯ^{33}mbæ^{33}　射錦鷄竹鷄　錦鶏（にしきどり）や山鶉（やまうずら）を射て

1744 ma^{21}zo^{21}lɿ^{33}li^{21}zo^{21}　不中且來中　当たってはならないところに当たった

1745 ʂu^{33}ku^{33}tʂ'ɿ^{33}ɤa^{33}zo^{21}　射中野鷄頸　雉の首に当たった

1746 ʂu^{33}ȵæ^{33}p'u^{21}p'u^{21}dʑi^{33}　鷄毛片片飛　鳥の羽毛は一枚一枚と飛び

1747 ʂu^{33}sɿ^{33}t'ɔ^{33}t'ɔ^{33}ts'i^{33}　鷄血滴滴落　雉の血は一滴一滴と落ち

1748 ʂu^{33}mo^{33}li^{21}li^{21}mbo^{33}　鷄屍團團滾　鳥の死骸はころころ転がった

1749 lɿ^{33}k'u̠^{55}ŋɯ^{33}k'u̠^{55}lo^{44}hi^{33}nɯ^{33}　四歲五歲以後呢　四、五歳になると

1750 ts'ɿ̠^{33}ʑu̠^{33}ts'ɿ̠^{21}zɿ^{44}dʑi^{21}　已往長大了　もう大人になり

1751 ga^{44}ʂu^{33}su^{33}ɤa^{33}ba^{33}　追隨出門人　旅に出る人に随（つ）いて行った

1752 mu^{33}li^{21}ts'ɿ̠^{21}t'ɯ^{33}nɯ^{33}　那種年紀時　そんな（幼い）年なのに

1753 ɖo^{21}bo^{21}tæ^{21}sɿ̠^{55}dʑi^{21}　手臂如杵棒　腕は杵（きね）のように太く

1754 ʂɿ^{33}li^{33}ti^{33}zi^{33}dʑi^{21}　小腿粗如柱　脛（すね）は柱のように太かった

1755 zu^{21}ho^{33}gu^{33}ɤa^{33}ŋga^{33}　走過杉林間　杉林を通り

1756 tʂ'ɿ^{44}la^{33}lɯ^{21}zɯ^{33}mbæ^{33}　射殺麂與麞　ノロやノロジカを射（い）殺し

1757 ma^{21}zo^{21}lɿ^{33}lɿ^{33}zo^{21}　不中且來中　当たってはならないところに当たった

1758 hi^{55}ku^{33}tʂ'ɿ^{33}ɤa^{33}zo^{21}　射中致命點　命取りのところに当たった

1759 hi^{55}ȵæ^{33}p'u̠^{21}p'u̠^{21}tɯ^{21}　獸毛簇簇飛

獣（けもの）の毛はいくつかの塊りとなって飛び

1760 hi^{55}sɿ^{33}t'ɔ^{33}t'ɔ^{33}ts'i^{33}　獸血滴滴落　獣の血は一滴一滴と落ち

1761 hi^{55}mo^{33}li^{21}li^{21}mbo^{33}　獸屍團團滾　獣の死骸はころころ転がった

1762 ʑu̠^{33}a^{21}gu^{33}k'u̠^{55}ts'i^{33}k'u^{55}lo^{44}hi^{33}nɯ^{33}　出生九歲十歲以後呢

生まれてから九、十歳になると

1763 sɿ^{33}xo^{55}si^{33}xo^{55}si^{21}　神弓奇弓帶　神聖で霊妙な弓を持ち

1764 sɿ^{33}hi^{33}si^{33}hi^{33}si^{21}　神箭奇矢帶　神聖で霊妙な矢を持ち

1765 sɿ^{33}ɕæ^{33}si^{33}ɕæ^{33}ga^{55}　神盔奇甲披　神聖で霊妙な鎧（よろい）かぶとを身に着け

1766 lo^{44}gu^{33}lo^{33}va^{55}tɕo^{33}　遊蕩深山中　奥山を駆け巡り

1767 ma^{21}dzi^{33}lɿ^{33}li^{21}dzi^{33}　不遇且來遇　出合ってはならないものに出合った

1768 lo^{44}gu^{33}zɿ̠^{55}zɯ^{33}dzi^{33}　遇深山豹子　奥山の豹に出合った

1769 zɿ̠^{55}ndʐɿ^{33}tsʻɿ̠^{21}bu̠^{55}tʂʻɿ̠^{55}　剥一張豹皮　豹の皮を一枚剥いだ

1770 lo^{33}dʑo^{44}gu^{33}ɤa^{33}tɕo^{44}　遊蕩深谷中　深い谷を駆け巡り

1771 ma^{21}dzi^{33}li^{33}li^{21}dzi^{33}　不遇且來遇　出合ってはならないものに出合った

1772 lo^{33}a^{21}ɤo^{33}nɔ^{33}dzi^{33}　遇深谷黒熊　深い谷の黒い熊に出合った

1773 ɤo^{33}ndʐɿ^{33}tsʻɿ̠^{21}bu̠^{55}tʂʻɿ̠^{55}　剥一張熊皮　熊の皮を一枚剥いだ

1774 sɿ̠^{33}sɿ^{33}gu^{33}ɤa^{33}tɕo^{44}　林木深處呢　奥深い林で

1775 sɿ^{33}ʂɿ^{33}ȵu̠^{55}zɯ^{33}dzi^{33}　密林遇猴子　密林の中で猿に出合った

1776 ȵu̠^{55}ndʐɿ^{33}tsʻɿ̠^{21}bu̠^{55}tʂʻɿ̠^{55}　剥一張猴皮　猿の皮を一枚剥いだ

1777 tʂɿ^{44}kɯ^{33}a^{44}lɿ^{33}ȵi^{33}　支格阿龍呢　支格阿龍(チーグォアーロン)（チュクアロ）は

1778 gu^{33}hi^{55}gu^{33}ʂɿ^{21}ndʐɿ^{33}　各種走獣皮　いろいろの獣の皮を

1779 gu^{33}ho^{21}gu^{33}va^{55}ndʐɿ^{33}　各類禽鳥皮　いろいろの鳥の皮を

1780 ʐɯ^{21}la^{33}ʐɯ^{21}la^{33}mu^{33}　収集収集兮　集めに集めて

1781 sɿ^{21}la^{33}vi^{55}mu^{33}tsɿ̠^{55}　用來作衣裳　それらで衣裳を作った

1782 la^{55}ndʐɿ^{33}ni^{33}bo^{33}mu^{33}　虎皮作内襯　虎の皮を当て布にし

1783 zɿ̠^{55}ndʐɿ^{33}mbo^{33}lo^{55}mu^{33}　豹皮作衣袖　豹の皮を上着の袖にし

1784 ɤo^{33}ndʐɿ^{33}i^{21}mo^{21}mu^{33}　熊皮作前胸　熊の皮を胸掛けとし

1785 tʂʻɿ^{44}ndʐɿ^{33}lo^{55}kʻɯ^{33}mu^{33}　麂皮作袖口　ノロの皮を袖口の布とし

1786 ha^{33}ndʐɿ^{33}ʐo^{55}o^{33}mu^{33}　竹鶏皮爲紋飾　山鶉(やまうずら)の皮を紋章とし

1787 ʂu^{33}ndʐɿ^{33}tɕi^{21}zɯ^{33}ŋgo^{33}　錦鶏皮作花邊　錦鶏(にしきどり)の皮を縁飾りとし

1788 ȵu̠^{55}ndʐɿ^{33}li^{33}pʻi^{55}mu^{33}　猴皮作背領　猿の皮を襟とし

1789 ʂo^{33}ndʐɿ^{33}li^{33}kʻo^{44}mu^{33}　獺皮作領子　カワウソの皮を襟とし

1790 hæ^{33}ndʐɿ^{33}si^{21}zɯ^{33}tsi^{21}　鼠皮填補漏　鼠の皮で縫い繕(つくろ)った

1791 vi^{55}mu^{33}ʂɿ^{33}bu̠^{33}bu̠^{33}　好衣花緑緑　その衣裳は派手やかで

1792 ga^{55}ndʐa^{55}ʂɿ^{44}zɿ̠^{33}zɿ̠^{33}　好裳亮閃閃　その衣裳はぴかぴか煌(きら)めいた

1793 ŋgo^{33}ȵi^{21}tsʻa^{44}ɖɔ^{33}ɖɔ^{33}　寒時温暖　寒いときには暖かで

1794 tsʻa^{33}ȵi^{44}ŋgo^{44}si^{33}si^{33}　熱時涼爽　暑いときには涼しかった

1795 o^{33}tɕʻu^{33}tsʻɿ̠^{33}mo^{33}kʻɯ^{33}po^{33}hɯ^{33}　少年見此驚獃獃

少年はそれを見て驚いて頭がぼおっとなった

1796 o^{33}nɔ^{33}tsʻɿ^{33}mo^{33}di^{21}ho^{33}tsi^{21}　老人見此嘆嘖嘖

老人はそれを見て声を挙げて賞賛した

1797 tsʻɿ̠^{33}tɕo^{33}tsʻɿ̠^{21}ku^{33}hɯ^{21}　轉眼察自身　目を転じて自分の姿を見ると

1798 ts‘ɿ̱^{21}ku^{33}ts‘ɿ̱^{21}li^{33}ʂo^{33}　頸子高又俊　首が長くて立派で

1799 ts‘ɿ̱^{33}tɕo^{33}ts‘ɿ̱^{21}mu^{33}hɯ^{21}　轉而察其脚　目を転じて自分の足を見ると

1800 ts‘ɿ̱^{21}mu^{33}ts‘ɿ^{21}vɿ^{33}ndʐa^{55}　脚部更美麗　足はもっと美しかった

1801 tʂɿ^{44}kɯ^{33}a^{44}lɿ^{33}ȵi^{33}　支格阿龍呢　支格阿龍(チーグォアーロン)（チュクアロ）が

1802 tɕ‘æ^{55}t‘u̱^{33}lo^{55}læ^{44}gu̱^{33}　手臂張強弓　腕で強い弓を引くと

1803 tɕ‘æ^{55}ʂɿ^{33}lɿ^{33}gu̱^{21}gu̱^{21}　弓弦響嘣嘣　弓の弦の音がパーンと響いた

1804 lo^{55}li^{33}mbæ^{33}pu̱^{33}ndi^{55}　前臂帶護手　二の腕に腕当てを着け

1805 lo^{55}li^{33}po^{21}gɯ^{21}gɯ^{21}　前臂壯實實　二の腕が屈強であり

1806 hi^{33}ŋgo^{33}ndzu^{21}ma^{33}tʂ‘a^{33}　抽箭插於髻　髻(まげ)に矢を挿しこむと

1807 ndzu^{21}ma^{33}pu^{33}lɿ^{21}lɿ^{21}　頭髻果纍纍　髻がしっかりまとまった

1808 tʂɿ^{44}kɯ^{33}a^{44}lɿ^{33}ȵi^{33}　支格阿龍呢　支格阿龍は

1809 dʑi^{21}li^{33}ts‘o^{33}mu^{33}dɕi^{44}　模樣呈人形　人間の形になり

1810 ku^{44}li^{33}la^{55}mu^{33}ku^{33}　嘯則如虎嘯　虎のようにうなり声を挙げ

1811 bu^{44}li^{55}zɿ̱^{55}mu^{33}bu^{33}　嚎則如狼嚎　狼のように吼(ほ)えた

1812 ɖi^{55}nɯ^{33}mu^{44}k‘ɯ^{33}ɖɿ^{55}　閃閃於南方　南のほうで光ると

1813 bo^{21}nɯ^{33}mu^{33}vu̱^{55}bo^{21}　光耀及北方　その光が北のほうにまで届いた

1814 ȵi^{44}nɯ^{33}bo^{44}zɯ^{33}su̱^{21}　座則如小山　座ると小さな山のようであり

1815 tɯ^{21}nɯ^{33}hi^{55}tɕ‘u^{33}dʑi^{21}　起則如霧昇

立ち上がれば立ちのぼる霧のようであった

1816 la^{55}ʑu^{33}mu^{33}mu^{33}dzɿ^{33}　捉虎當馬駕　虎を捕らえて馬代わりに乗り

1817 du̱^{55}ʂɿ^{33}dza^{33}mu^{33}dzɯ^{33}　劇毒取作食　猛毒のものを取って食べ物にした

1818 bu^{33}ku^{33}ɖɯ^{21}xo^{33}dzu̱^{33}　形象如日月[23]　形は太陽と月のようであり

古事記への視点

■左目が太陽、右目が月は、アジア全域の神話交流の証しか

注㉓によれば、この句の正確な表現は、「左の目が太陽の形になり、右の目が月の形になった」である。これは、『古事記』神話の、アマテラス（太陽）が左目から、ツクヨミ（月）が右目から生じたという伝承と符合する。ペー族の「創世紀(記)」でも左目が太陽になり、右目が月になったと語るし、古代中国の盤古神話でも、盤古の左目が太陽に、右目が月に変じているので、かなり古い時代から日本列島を含むアジア全域での神話の交流があったと考えるべきなのであろう。

1819 ʂa^{33}dʑæ^{33}t'ɯ^{21}bu^{21}si^{21}　手執鐵叉子　手に鉄の刺股（さすまた）を執り
1820 dʐɿ^{33}vi^{55}hæ^{21}k'ɔ^{33}si^{21}　肩挎銅網兜　肩に銅の網袋を掛け
1821 dʐɿ^{33}pu̠^{33}ɔ̠^{21}lɿ̠^{33}ndi^{55}　頭帶銅盔帽　頭に銅のお碗型かぶとをかぶり
1822 du^{33}t'i^{55}nɯ^{33}mu^{33}ku^{33}　擧手則雷鳴　手を挙げると雷が鳴った
1823 ȵɔ^{33}ts'ɿ̠^{33}nɯ^{33}ha^{33}dʑi^{44}　眨眼則下雨　まばたきをすると雨が降った
1824 ʂɿ^{33}dʐɯ^{44}nɯ^{33}mu^{33}lɿ̠^{33}　跺足則地震　足をドンと踏むと地震が起きた

1825 ts'ɿ̠^{33}ɣa^{33}la^{33}gu̠^{21}dʑo^{44}　如此過後呢　そののち
1826 tʂɿ^{44}kɯ^{33}a^{44}lɿ^{33}ȵi^{33}　支格阿龍氏　支格阿龍（チーグォアーロン）（チュクアロ）は
1827 sɿ^{33}mu^{33}a^{33}ni^{44}ʑu^{33}　娶神女阿妮　神女の阿妮（アーニー）（アニ）を娶（めと）り
1828 tæ^{44}p'ɔ^{33}k'ɯ^{33}k'u^{33}i^{55}　居於大海此方　海のこちら側に住んだ
1829 sɿ^{33}mu^{33}a^{33}vu̠^{55}ʑu^{33}　娶仙女阿烏　神女の阿烏（アーウー）（アヴ）を娶り
1830 tæ^{44}p'ɔ^{33}k'ɯ^{33}hɿ^{33}i^{55}　居於大海彼方　海のあちら側に住んだ
1831 sɿ^{33}mu^{33}du^{44}tæ^{33}dzɿ^{33}　駕著多層翅神馬[24]　幾重もの翼のある神馬に乗り
1832 tæ^{44}p'ɔ^{33}ʂu^{33}t'o^{55}tɕi^{21}　往返大海上　海の上を行ったり来たりした
1833 a^{33}nɿ^{44}a^{33}vu̠^{55}ȵi^{44}　阿妮和阿烏　阿妮（アーニー）（アニ）と阿烏（アーウー）（アヴ）は
1834 do^{21}tɕa^{55}ha^{33}li^{33}bɿ^{21}　來將協議定　話し合って協議をまとめた
1835 ʂɿ̠^{21}ȵi^{21}ts'i^{44}sɔ^{33}dʑi^{21}　“七至十三日　「七日から十三日のうちに
1836 tʂɿ^{44}kɯ^{33}a^{44}lɿ^{33}ȵi^{33}　支格阿龍氏　支格阿龍（チーグォアーロン）（チュクアロ）は
1837 ŋɯ^{44}ȵi^{33}ts'ɿ̠^{21}tɕo^{33}pu̠^{33}　是也要返回　都合が良ければ帰るべきだし
1838 ma^{21}ŋɯ^{33}ts'ɿ̠^{21}tɕo^{33}pu̠^{33}　不是也返回[25]”　都合が悪くても帰るべきだ」
1839 ɣa^{33}la^{33}ts'ɿ̠^{21}ȵi^{21}nɯ^{33}　後來一日呢　そののち、ある日のこと
1840 mu^{33}ȵi^{21}tɕa^{55}su^{33}ndʐɿ̠^{33}　日子違協議　(滞在の)期間の約束に違反した
1841 sɿ^{33}mu^{33}a^{33}vu^{55}ȵi^{33}　神女阿烏呢　神女の阿烏は
1842 ts'ɿ̠^{33}la^{33}a^{33}ni^{33}ndzu̠^{33}　嫉妬於阿妮　阿妮を妬（ねた）み
1843 mu^{33}du^{33}ts'ɿ̠^{21}tæ^{33}ȵæ^{33}　剪一層馬翅　馬の翼を一重切ってしまった
1844 sɿ^{33}mu^{33}a^{33}ni^{44}ȵi^{33}　神女阿妮呢　神女の阿妮は
1845 vɿ̠^{55}mo^{21}lo^{44}vɿ̠^{55}mo^{21}　姐姐呀姐姐　“姉は、姉は
1846 mu^{33}ȵi^{21}tɕa^{55}su^{33}ndʐɿ̠^{33}　日子協議破　(滞在)期間の約束を破った”と
1847 ts'ɿ̠^{33}ndzu̠^{33}zi^{33}li^{33}li^{33}　嫉妬心狠狠　妬み心が激しくなり
1848 du^{33}tæ^{33}ȵi^{21}tæ^{33}ȵæ^{33}　剪兩層馬翅　馬の翼を二重（ふたえ）切ってしまった

1849 tʂı^{44}kɯ^{33}a^{44}lı^{33}ȵi^{33}　支格阿龍呢　　支格阿龍《チーグォアーロン》（チュクアロ）は

1850 ʂı̱^{21}ȵi^{21}ts‘i^{44}sɔ^{33}dʑi^{21}ko^{33}nɯ^{33}　七至十三日之時

七日から十三日のうちに

1851 sı^{33}mu^{33}du^{33}tæ^{33}dzı^{33}　駕著多層翅神馬　　幾重もの翼のある神馬に乗り

1852 tæ^{44}p‘ɔ^{33}ʂu̱^{21}mo^{21}ŋga^{33}　飛行大海上　　海の上を飛び

1853 la^{33}lo^{44}la^{33}lo^{44}mu^{33}　飛行且飛行　　飛びに飛んで

1854 ʂu̱^{33}mo^{21}gu^{33}ɤa^{33}ɕi^{33}　到達海中央　　海の真ん中に来ると

1855 sı^{33}mu^{33}du^{44}tæ^{33}ȵi^{33}　多翅神馬呢　　幾重もの翼のある神馬は

1856 tʂı̱^{33}tʂı̱^{33}sɔ^{33}lo^{55}ka^{33}　撲撲三展翅　　翼を三度バタバタと広げて

1857 tʂı̱^{33}tʂı̱^{33}sɔ^{33}ko^{33}æ^{33}　嘶嘶鳴三蹄　　三度いなないた

1858 tʂı^{44}kɯ^{33}a^{44}lı^{33}ȵi^{33}　支格阿龍呢　　支格阿龍《チーグォアーロン》（チュクアロ）は

1859 xo^{33}di^{44}xo^{33}ma^{21}zi^{21}　無處可攀手　　手で掴まるところがどこにもなくて

1860 ba^{33}di^{44}ba^{33}ma^{21}ts‘ı̱^{55}　無處可依靠　　寄りかかるところもなかった

1861 mu^{33}ts‘i^{33}ʂu̱^{33}ɤa^{33}tsi^{21}　神馬没大海　　神馬は海に沈み

1862 a^{44}lı^{33}t‘i^{55}ta^{33}ȵi^{21}　阿龍於此沈　　阿龍《アーロン》（支格阿龍《チュクアロ》）も沈んだ

1863 a^{33}vu̱^{55}a^{33}ni^{33}ȵi^{44}　阿烏和阿妮　　阿烏《アーウー》（アヴ）と阿妮《アーニー》（アニ）は

1864 nɯ^{33}tɯ^{21}ŋa^{33}bo^{44}mu^{33}　互相通知後　　互いに知らせあったあと

1865 ȵɔ^{33}bı^{33}ʂı̱^{33}ʂı̱^{33}ka^{33}　悲傷涙如湧　　悲しさに涙が湧き出た

tʂı^{44}kɯ^{33}a^{44}lı^{33}mu̱^{21}mi^{55}　支格阿龍的事跡[26]　　支格阿龍《チュクアロ》がなしとげたこと

1866 tʂı^{44}kɯ^{33}a^{44}lı^{33}a^{21}nda^{33}sı^{33}mo^{44}li^{33}　支格阿龍尚未立業前

支格阿龍がまだ仕事を始めていなかったころ

1867 ʂı̱^{21}mu^{33}mu^{33}dzı^{44}tɕo^{44}　七地之下方　　七地《しちじ》の下のほうは

1868 a^{21}kɯ^{55}li^{21}si^{33}si^{33}　神奇呀神奇　　不可思議また不可思議であり

1869 kɯ^{55}la^{33}sɔ^{33}si^{33}si^{33}　非常地奇怪　　まことに奇妙で怪しげだった

1870 a^{33}ho^{33}ȵo^{33}lı^{33}lı^{33}　似乎爲童話　　童話の世界のようだが

1871 ta^{55}dʑi^{33}ta^{55}ta^{55}lı^{33}　但又很眞實　　しかし事実であった

1872 bu^{33}dɯ^{33}ta^{55}ta^{55}lı^{33}　確有其故事　　確かにその物語の世界では

1873 mu^{33}dʑi^{21}mu^{33}dʑi^{44}p‘u̱^{33}　一切皆反常　　すべてが普通とは逆であった

1874 zı̱^{21}dʑu^{21}tʂ‘ɯ^{33}ma^{33}ndi^{55}　草桿結穀子　　草の茎に穀物が実った

1875 hi^{44}kɯ^{33}dzi^{55}ma^{33}ndi^{55}　蒿枝結香椒　　蓬(よもぎ)の枝にはピーマンが実った

1876 ʂɪ^{33}ʑu̱^{33}di^{21}ko^{21}fu^{21}　蛇如埂坎粗　　蛇は畦（土手）のように太かった

1877 pa^{33}ʑu̱^{33}lɪ̱^{33}bo^{21}mu^{44}　蛙大如石堆

蛙は積み重ねた石のように大きかった

1878 a^{33}tsɪ^{33}ku̱^{21}tsɪ̱^{21}zɪ̱^{21}　跳蚤大如拳　　蚤(のみ)は拳(こぶし)のように大きかった

1879 ʑo^{44}mu^{33}a^{21}ɖɪ^{33}zɪ̱^{21}　蒼蠅如斑鳩　　ハエは斑鳩(しらこばと)のように

1880 bu̱^{21}vu̱^{55}tɯ^{21}ɖɯ^{21}zɪ̱^{21}　螞蟻如野兎　　蟻は野ウサギのように

1881 tʂa^{33}pu^{33}lɯ^{33}ʂɯ^{55}zɪ^{44}　螞蚱大如牛　　イナゴは牛のように大きかった

1882 tʂɪ^{44}kɯ^{33}a^{33}lɪ^{33}da^{33}hi^{33}nɯ^{33}　支格阿龍立業後

支格阿龍(チーグォアーロン)（チュクアロ）が仕事を始めたあとは

1883 mu^{33}lɪ̱^{55}ʂɪ^{33}o^{33}dzɪ̱^{21}　將馬拴於樹　　馬を木につなぎ

1884 ts'ɪ̱^{21}ȵi^{21}ʂɪ^{33}ndu̱^{21}ndʑo^{33}　一日將蛇打　　ある日蛇を殴って

1885 ʂɪ^{33}ndu̱^{21}lo^{55}tʂɪ^{33}xo^{44}　打蛇細如指　　蛇を指のように細くなるまで殴り

1886 ndu̱^{21}lo^{21}di^{21}vu̱^{55}zɪ̱^{33}　打入埂坎下　　土手（畦）の下に放り込んだ

1887 ts'ɪ̱^{21}ȵi^{21}pa^{33}ndu̱^{21}ndʑo^{33}　一日將蛙打　　ある日蛙(かえる)を殴って

1888 pa^{33}ndu̱^{21}lo^{55}bu^{33}zɪ̱^{21}　打蛙小如掌

蛙を手のひらのように小さくなるまで殴り

1889 ndu̱^{21}lo^{21}di^{21}t'ɔ^{33}zɪ̱^{33}　打入埂坎上　　土手（畦）の上に放り上げた

1890 ts'ɪ̱^{21}ȵi^{21}ʑo^{44}mu^{33}ndu̱^{21}　一日打蒼蠅　　ある日ハエを殴って

1891 ʑo^{44}mu^{33}ndu̱^{21}du^{33}tæ^{33}　打折蒼蠅翅　　ハエを羽が折れるまで殴り

1892 ndi^{21}tɕ'u^{33}gu^{33}ɣa^{33}zɪ̱^{33}　打入原野間　　野原に放り込んだ

1893 ts'ɪ̱^{21}ȵi^{21}bu^{21}vu̱^{55}ndu̱^{21}　一日打螞蟻　　ある日蟻を殴って

1894 bu^{21}vu̱^{55}ndu̱^{21}dʑu̱^{55}gu̱^{33}　螞蟻打彎腰　　蟻を腰が曲がるまで殴り

1895 tsa^{33}nɔ^{33}bo^{33}ɣa^{33}zɪ̱^{33}　打入黒土間　　黒い土の中に放り込んだ

1896 ts'ɪ̱^{21}ȵi^{21}tʂa^{33}pu^{33}ndu̱^{21}　一日打螞蚱　　ある日イナゴを殴って

1897 tʂa^{33}pu^{33}ndu̱^{21}ʂɪ^{33}gu̱^{55}　螞蚱打彎足　　イナゴを足が曲がるまで殴り

1898 bu̱^{55}gu^{33}ʂɪ^{33}ɣa^{33}zɪ̱^{33}　打入草叢中　　草むらの中に放り込んだ

mu^{33}tʂɪ̱^{33}tɕa^{33}tɕ'i^{21}　収拾雷電　　雷をやっつける

1899 i^{21}si^{21}ʂɪ^{44}a^{33}ɖɯ^{44}　遠古時候　　大昔

1900 a^{44}lɿ^{33}a^{21}da^{33}sɿ^{33}mo^{44}li^{33}　阿龍未立業之前

阿龍(アーロン)（支格阿龍(チュクアロ)）がまだ仕事を始めていなかったころ

1901 mu^{33}vu̠^{55}mu^{33}tsɿ̠^{33}ȵi^{33}　天上的雷電　　天上の雷は

1902 ȵi^{21}nɯ^{33}ts‘o^{33}ku^{33}gɯ^{33}ma^{21}hi^{55}　白天不容人叫喚

昼間に人間が叫び声を挙げるのを許さず

1903 si^{44}nɯ^{33}va^{33}mbu^{33}gɯ^{33}ma^{21}hi^{55}　夜晩不容鶏鳴叫[27]

夜に鶏が啼(な)き声を挙げるのを許さなかった

1904 ts‘o^{33}dʑo^{33}ts‘o^{33}mu^{33}ndzæ^{33} 有人擊於人　人間がいれば人間に落雷した

1905 bo^{44}o^{33}ɖu̠^{55}su^{33}ȵi^{33}ma^{21}ʑi^{21}　不論牧於山頭者

もちろん山の上で牧畜をする人にも

1906 lo^{33}dʑo^{44}mo^{33}su^{33}ȵi^{33}ma^{21}ʑi^{21}　不論耕於谷地者

もちろん谷で耕作をする人にも

1907 k‘ɯ^{33}dʐɿ^{33}pu^{33}lɿ^{21}lɿ^{21}ȵi^{33}ndzæ^{33}　脣齒齊整整者也來擊

口と歯がきちんと整っている人にも落雷した

1908 ʂa^{21}ɖa^{55}ni^{44}dʑæ^{33}dʑæ^{33}ȵi^{33}ndzæ^{33}　童裙紅艷艷者也來擊

艶(あで)やかなスカートを穿いた人にも落雷した

1909 ndzu^{21}t‘i^{21}xɯ^{21}ŋɯ^{21}ŋɯ^{21}ȵi^{33}ndzæ^{33}　椎髻壯實實者也來擊

髻(まげ)を結った丈夫な人にも落雷した

1910 ɔ^{21}lɿ̠^{33}tɕo^{55}nɔ^{21}vo^{44}ȵi^{33}ndzæ^{33}　帽子如鷹飛者也來擊[28]

鷹のように飛べる帽子をかぶった人にも落雷した

1911 lɿ̠^{33}dɕo^{33}lɿ̠^{33}mu^{33}ndzæ^{33}　有石擊於石　　石があれば石に落雷し

1912 lɿ̠^{33}nɿ^{33}ʐɿ^{33}ndzi^{21}dzu̠^{33}ȵi^{33}ndzæ^{33}　水邊小石子也擊

水辺の小石にも落雷し

1913 lɿ̠^{33}su̠^{33}li^{21}ɕi^{33}dʐɔ^{33}ȵi^{33}ndzæ^{33}　室内磨石也來擊

家の中の挽き臼にも落雷し

1914 lɿ̠^{33}tɕ‘u^{33}bo^{44}o^{33}dʐɔ^{33}ȵi^{33}ndzæ^{33}　山頭白石也來擊

山の頂上の白い石にも落雷し

1915 sɿ̠^{33}dʑo^{33}sɿ̠^{33}mu^{33}ndzæ^{33}　有樹擊於樹　　木があれば木に落雷し

1916 li^{21}ʑi^{33}xo^{44}sɿ̠^{33}di^{33}ma^{21}ʑi^{21}　不論院中之柵欄　　もちろん庭の柵にも

1917 lo^{33}no^{55}dʐɿ^{33}p‘u^{21}di^{33}ma^{21}ʑi^{21}　不論深谷之林莽

もちろん深い谷にある林にも

1918 va^{55}ko^{33}tʂɪ^{33}sɪ̱^{33}di^{33}ma^{21}ʑi^{21}　不論懸崖之馬桑　　もちろん崖の桑にも

1919 ndi^{21}ko^{33}ʂɔ^{33}mɔ^{33}di^{44}ma^{21}ʑi^{21}　不論原野杜鵑樹

もちろん野原のツツジにも

1920 bo^{44}o^{33}ʂu̱^{55}bo^{33}di^{44}ma^{21}ʑi^{21}　不論山頭之栢樹

もちろん山の上のコノテガシワの木にも

1921 ȵi^{33}dʑo^{33}ȵi^{33}mu^{33}ndzæ^{33}　家畜也來擊　　家畜にも落雷し

1922 li^{21}ʑi^{33}va^{33}ʂɯ^{55}mo^{44}ȵi^{33}ndzæ^{33}　室内閹鷄也來擊

家の中の去勢ニワトリにも落雷し

1923 va^{55}ko^{33}dzɪ̱^{55}ʂɪ^{33}mo^{44}ȵɪ^{33}ndzæ^{33}　懸崖山羊也來擊　　崖のヤギにも落雷し

1924 bo^{44}o^{33}bu^{33}tɕʻu^{33}mo^{44}ȵɪ^{33}ndzæ^{33}　山頭綿羊也來擊

山の上の綿羊にも落雷し

1925 ndi^{21}ɣa^{33}lɯ^{21}ho^{21}mo^{33}ȵi^{33}ndzæ^{33}　原野壯牛也來擊

野原の丈夫な牛にも落雷し

1926 tsɪ̱^{21}xo^{33}vɪ^{55}bu^{33}mo^{44}ȵɪ^{33}ndzæ^{33}　沼澤猪仔也來擊

沼地にいる子豚にも落雷し

1927 hi^{55}dʑo^{33}hi^{55}mu^{33}ndzæ^{33}　野獸也來擊　　獣(けもの)にも落雷した

1928 zu^{21}ɣa^{33}tʂʻɪ^{44}lɯ^{33}di^{33}ma^{21}ʑi^{21}　不論杉林之麂麞

もちろん杉林のノロジカにも

1929 lo^{33}no^{55}ɣo^{44}zɯ^{33}di^{33}ma^{21}ʑi^{21}　不論深谷熊仔　　もちろん深い谷の子熊にも

1930 sɪ̱^{33}tʻo^{55}ȵu̱^{55}zɯ^{33}di^{33}ma^{21}ʑi^{21}　不論樹端之猴仔　もちろん木の梢の子猿にも

1931 zɪ^{33}o^{55}hɯ^{21}zɯ^{33}dɪ^{33}ma^{21}ʑɪ^{21}　不論水中之魚兒　　もちろん水中の子魚にも

1932 ndi^{21}ko^{33}tɕu̱^{55}tʂʻɪ^{33}di^{33}ma^{21}ʑi^{21}　不論原野之雲雀

もちろん野原のヒバリにも

1933 di^{21}tʻɔ^{33}ʂɪ^{44}ȵi^{33}ndzæ^{33}　埂上蛇來擊　　土手（畦）の上の蛇にも落雷し

1934 di^{21}o^{55}pa^{33}ȵi^{33}ndzæ^{33}　埂下蛇也擊　　土手の下の蛇にも落雷した

1935 mu^{33}vu̱^{55}mu^{33}tsɪ̱^{33}nɯ^{33}tsʻɪ̱^{21}li^{21}　一箇天上的雷電　　空の上の雷は

1936 dʑu̱^{55}dzu̱^{33}tsʻɪ^{33}mo^{33}ŋɯ^{21}　讓世間厭煩[29]　　世の中から嫌われてしまった

1937 tʂɪ^{44}kɯ^{33}a^{44}lɪ^{33}da^{33}hi^{33}nɯ^{33}　支格阿龍立業後

支格阿龍(ギーグォアーロン)（チュクアロ）が仕事を始めたあと

1938 tsɪ̱^{33}ʑu^{33}tsɪ̱^{21}ʂɯ^{21}bo^{33}mo^{33}di^{44}　要去尋雷捉電焉

雷を探して捕らえに行くことにした

1939 li^{33}lo^{44}li^{33}lo^{44}mu^{33}　前行且前行　　進みに進んで

1940 hi^{44}k'ɯ^{33}bo^{33}ɣa^{33}ɕi^{33}　到達海克山　　海克（ヒク）山に到着し

1941 ma^{21}dzi^{33}li^{33}li^{21}dzi^{33}　奇遇呀奇遇　　思いがけなくも出合ったことには

1942 hi^{44}k'ɯ^{33}lɯ^{33}nɔ^{33}dzi^{33}　遇海克黒牛[30]　　海克（ヒク）黒牛に出合った

1943 t'i^{33}la^{33}a^{44}lɿ^{33}kɯ^{33}　訴諸於阿龍

（海克黒牛は）阿龍（アロ：支格阿龍）に言った

1944 ʂɿ̠^{21}mu^{33}ŋɯ^{33}dʐɿ^{44}li^{33}　“七地之下方　　「七地の下のほうにいる

1945 ts'o^{33}dʑo^{33}ko^{44}dʑo^{33}su^{33}　世間所有人　　世の中すべての人は

1946 lo^{55}ka^{33}tʂɿ̠^{33}tʂɿ̠^{33}ɕæ^{33}　撃掌響撲撲　　手をパチパチと叩き

1947 ɔ^{21}lɿ̠^{33}tʂɿ̠^{33}tʂɿ̠^{33}tʂɿ̠^{55}　甩帽響嘰嘰　　帽子を振ってパタパタ響かせ

1948 di^{33}ndu^{44}di^{33}ɕæ^{33}ndʑɔ^{33}　搥胸又抓胸[31]

胸を叩いたり胸をつかんだりしている

1949 k'ɯ^{33}li^{33}a^{33}ku̠^{33}ʂɿ̠^{33}　有狗來狂吠　　犬がけたたましく吠えて

1950 ho^{33}bu^{33}ɖo^{21}bo^{21}ku^{33}　呼喚日和月　　太陽と月を呼ぶ

1951 gɯ^{33}ȵo^{33}hi^{44}k'ɯ^{33}ku^{33}o^{44}di^{44}　呼喚格留海克焉[32]”

格留海克（グニョヒク）を呼ぶ」

1952 tʂɿ^{44}kɯ^{33}a^{44}lɿ^{33}ȵi^{33}　支格阿龍呢　　支格阿龍（チュクアロ）は

1953 hi^{44}k'ɯ^{33}lɯ^{33}nɔ^{33}tɕo^{44}　告海克黒牛　　海克（ヒク）黒牛に言った

1954 ʂɿ̠^{21}mu^{33}mu^{33}dʐɿ^{44}tɕo^{44}　“七地之下方　　「七地の下のほうにいる

1955 ts'o^{33}ȵo^{33}ts'o^{33}gɯ^{33}ɕi^{21}gɯ^{33}ȵi^{33}　安分守己的人們

己れの本分を守る人たちが

1956 mu^{33}vu̠^{55}mu^{33}tʂɿ̠^{33}ndzæ^{33}　被雷電所撃　　雷に打たれた

1957 ta^{33}mu^{33}tʂɿ̠^{33}ŋɯ^{44}ȵi^{33}　就算可設雷　　たとえ雷があっていいとしても

1958 t'i^{21}mu^{33}tʂɿ̠^{33}ma^{21}ŋɯ^{33}　也非可放雷”　　雷を野放しにしてはいけない」

1959 tʂɿ^{44}kɯ^{33}a^{44}lɿ^{33}ȵi^{33}　支格阿龍氏　　支格阿龍（チュクアロ）は

1960 li^{33}lo^{44}gɯ^{33}ȵo^{33}bo^{33}ɣa^{33}ɕi^{33}　到達格留山　　格留（グニョ）山に到着し

1961 ma^{21}dzɿ^{33}lɿ^{33}li^{21}dzi^{33}　奇遇呀奇遇　　思いがけなくも出合ったことには

1962 gɯ^{33}ȵo^{33}lɯ^{33}tɕ'u^{33}dzi^{33}　遇格留白牛[33]　　格留（グニョ）白牛に出合った

1963 mu^{33}vu̠^{55}mu^{33}tʂɿ̠^{33}ȵi^{33}　“天上雷電呢

【支格阿龍が尋ねた】「空の上のほうにいる雷は

1964 t‘u44mu33ts‘ɿ̱21li21ŋɯ33　乃爲何許物？　どういう物なのか？
1965 i55li33k‘a55vo44i55　居住於何方？　どこに居住しているのか？
1966 dzu̱44li33k‘a55vo44dzu̱33　生存於何處？”　どこで暮らしているのか？」
1967 gɯ33ȵo33lɯ33tɕ‘u33ȵi33　格留白牛呢　格留《グォリウ》（グニョ）白牛は
1968 tʂɿ44kɯ33a44lɿ33tɕo44　告支格阿龍　支格阿龍《ヂーグォアーロン》（チュクアロ）に言った
1969 gɯ33mu33gɯ33ko33li33　“據其所聞呢　「聞いたところによると
1970 i55li33ti33tɕ‘u33bo33ɤa33i55　宿於白雲山　白雲山に居住し
1971 gɯ21li33ti33ʂɿ33ɖo21t‘o55gɯ21　遊於黃雲層　黄色い雲の層で遊び
1972 dzu̱44li33ti44nɔ33ɖo21ɤa33dzu̱33　居於黑雲層”　黒い雲の層で暮らしている」

1973 tʂɿ44kɯ33a44li33ȵi33　支格阿龍呢　支格阿龍《ヂーグォアーロン》（チュクアロ）は
1974 ti33tɕ‘u33bo33ȵa55ŋga33　經過白雲山　白雲山を越え
1975 ti33ʂɿ33bo33ɤa33tʂ‘o21　沿著黃雲層　黄色い雲の層に沿い
1976 ti44nɔ33ɖo21t‘o55tʂɿ̱55　越過黑雲層　黒い雲の層を通り過ぎ
1977 tɕ‘o55ʐɿ33tɕ‘o33la33mu33　變幻且變幻　変わりに変わり
1978 a33ho33ts‘ɿ̱21ma33dʑi21　變作一童子　子供に変わって
1979 mo33mu33bo33ko33ɕi33　到達天地山[34]　天地山に着いた
1980 mu33tsɿ̱33a44p‘u33ȵi33　雷電爺爺呢　雷爺さんは
1981 bu21ku21ʐɿ21ɖɿ̱55mu33　口腔作風箱　口を鞴《ふいご》にして
1982 lo55tʂɿ33ka44ȵæ33mu33　手指作火箝　手の指を火ばさみとして
1983 ku̱21tsɿ̱21la33t‘u̱33mu33　拳頭當鎚子　拳《こぶし》を金槌《かなづち》として
1984 ba21tsɿ̱33ʂɯ33ti33mu33　膝蓋作砧板　膝を金床《かなとこ》として
1985 fu33la33dzɿ44dɯ33mu33　邊燒邊打擊　焼きながら打って鍛えた
1986 ʂɯ33ndu̱21mu̱21zɿ̱21pæ33　打鐵流火星　鉄を打つと火花が飛んだ
1987 dzɿ33la33tsɿ̱21dɯ33mu33　邊打邊焠水　打ちながら焼き入れをした
1988 ʂɯ33tsɿ̱21vu̱55su̱33su̱33　焠水聲嗞嗞[35]
焼き入れをするとヒューヒューと音を立てた
1989 tʂɿ44kɯ33a44lɿ33ȵi33　支格阿龍氏　支格阿龍《ヂーグォアーロン》（チュクアロ）は
1990 a44p‘u33lo44a44p‘u33　“爺爺呀爺爺　「爺さんよ、爺さん
1991 t‘u44mu33ts‘ɿ̱21li21dzɿ33　打擊何許物？　何を鍛えているのか？
1992 dzɿ33lo44k‘a55vo44sa33　製來作甚麽？”　作って何に使うのか？」

1993 mu^{33}tsɿ̠^{33}a^{44}p‘u^{33}ȵi^{33}　雷電爺爺呢　　雷爺さんは

1994 a^{44}lɿ^{33}tɕo^{44}ma^{21}hɯ^{21}　没有看阿龍　　阿龍(アーロン)（支格阿龍(チュクアロ)）を見ないでいた

1995 a^{33}ho^{33}fu̠^{21}bi^{21}ndi^{55}　聽來似童聲　　子供のような声が聞こえてきたので

1996 hæ^{33}sɿ̠^{55}n̥a^{33}ʂu^{44}k‘a^{33}　以爲是好奇　　子供の好奇心だと思った

1997 hæ^{33}ŋo^{21}la^{33}gu^{33}tæ^{33}　萬萬没想到　　まったく気がつかず

1998 a^{44}lɿ^{33}ho^{33}ma^{21}lo^{33}　没想爲阿龍　　阿龍とは気がつかなかった

1999 mu^{33}tsɿ̠^{33}a^{44}p‘u^{33}ȵi^{33}　雷電爺爺呢　　雷爺さんは（言った）

2000 ʂɿ̠^{21}mu^{33}ŋɯ^{33}ha^{55}tɕo^{44}　“七地之上方　　「七地(しちじ)の上のほうにいる

2001 ŋɯ^{33}t‘i^{55}ku^{33}ndzɿ^{33}t‘u̠^{55}　恩梯古茲家　　恩梯古茲(エンティーグーズー)（グティクズ）は

2002 tsɿ^{44}zɯ^{33}sɔ^{33}p‘u̠^{33}dʑi^{21}　派三次使者　　使者を三回派遣して

2003 ʂɿ̠^{21}mu^{33}ŋɯ^{33}dʐɿ^{44}tɕo^{44}　到七地下方　　七地の下のほうに行かせた

2004 a^{44}lɿ^{33}mi^{44}ma^{33}da^{33}　阿龍很厲害　　阿龍(アーロン)（支格阿龍(チュクアロ)）はとても力が強いので

2005 ts‘ɿ̠^{33}da^{33}ts‘o^{33}ts‘ɿ̠^{33}kɯ^{33}　讓人很驚奇　　人をとても驚かせ

2006 gɯ^{33}la^{33}ɖɯ^{21}zɯ^{33}mbæ^{33}　射日又射月

太陽を（弓で）射、また月を射るのだから

2007 ta^{33}mu^{33}ts‘o^{33}ma^{21}ŋɯ^{33}　不能留的人

留まらせるわけにはいかない人なので

2008 dʐɿ̠^{55}ȵi^{33}dʐɿ̠^{55}mu^{33}ndzæ^{33}　小的也要擊　　小さくても雷を落とし

2009 ts‘i^{21}li^{21}li^{21}mu^{33}ndzæ^{33}　齊整整而擊　　一斉に雷を落とす

2010 ma^{21}ŋɯ^{33}di^{44}vo^{44}nɯ^{33}　若不如此呢　　もしそうしておかないと

2011 ts‘ɿ̠^{33}da^{33}ts‘o^{33}ndʑi^{21}ku̠^{21}　他來掘我根　　彼は私の根を掘りに来る

2012 ʂɿ̠^{21}ȵi^{21}ts‘i^{44}sɔ^{33}nɯ^{33}　七至十三日　　七日から十三日のうちに

2013 ts‘ɿ̠^{33}t‘i^{44}ma^{21}ta^{33}vo^{44}　不能再放過[36]”

二度と逃がさないようにしなければならない」

2014 tʂɿ^{44}kɯ^{33}a^{44}lɿ^{33}ȵi^{33}　支格阿龍呢　　支格阿龍(ヂーグォアーロン)（チュクアロ）は（言った）

2015 a^{44}p‘u^{33}lo^{44}a^{44}p‘u^{33}　“爺爺呀爺爺　　「爺さんよ、爺さん

2016 ni^{55}mu^{33}ni^{55}ɣɯ^{33}li^{33}　你的力量呢　　あなたの力を

2017 ga^{33}du^{33}li^{33}dʑo^{44}dʑo^{33}　甚物可抵擋？”　　防ぎ止める物は何ですか？」

2018 mu^{33}tsɿ̠^{33}a^{44}p‘u^{33}ȵi^{33}　雷電爺爺呢　　雷爺さんは（言った）

2019 ʂɯ^{33}zo^{21}ʐu̠^{33}lɿ^{33}lɿ^{33}　“遇鐵聲嘩嘩　「鉄に落ちるとガラガラッと音を立て

2020 lɿ̠^{33}zo^{21}p‘ɿ̠^{55}ʐa^{33}ʐa^{33}　遇石石粉碎　　石に落ちると石が砕け

2021 dʐɿ^{33}zo^{21}ts'ɿ̱^{55}tɕ'ɔ^{33}tɕ'ɔ^{33}　遇銅則消隱”

（しかし）銅に落ちると消えてしまう」

2022 tʂɿ^{44}kɯ^{33}a^{44}lɿ^{33}ȵi^{33}　支格阿龍呢　　支格阿龍は

2023 dʐɿ^{33}zo^{21}ts'ɿ̱^{55}tɕ'ɔ^{33}tɕ'ɔ^{33}　“遇銅則消失”

「（雷は）銅に落ちると消えてしまう」と

2024 na^{33}lo^{44}dʑi^{44}t'ɔ^{33}t'ɔ^{33}　聽得很明白　　はっきり聞いて

2025 ʂu̱^{55}lo^{21}dʑi^{44}tʂɿ̱^{33}tʂɿ̱^{33}　記得很清楚　　しっかり覚えた

2026 tʂɿ^{44}kɯ^{33}a^{44}lɿ^{33}ȵi^{33}　支格阿龍呢　　支格阿龍（チーグォアーロン）（チュクアロ）は

2027 pu̱^{33}lo^{21}ŋɯ^{33}dʐɿ^{44}ɕi^{33}　轉而到下界　　下界に戻り

2028 ma^{21}tsɔ^{33}lɿ^{33}li^{21}tsɔ^{33}　不找且來找　　探すべきでない者を探した

2029 kɯ^{55}mo^{21}a^{21}ɖɿ^{33}tsɔ^{33}　找格莫阿爾　　格莫阿爾（グォモーアーアル）（クモアル）を探した

2030 dʐɿ^{33}ndu̱^{21}dʐɿ^{33}la^{33}dzɿ^{33}　打銅且製銅　　銅を鍛えて銅を作り

2031 dʐɿ^{33}vi^{55}hæ^{21}k'ɔ^{33}dzɿ^{33}　打製銅網兜　　銅の網袋を作った

2032 dʐɿ^{33}pu̱^{33}ɔ^{21}lɿ̱^{33}dzɿ^{33}　打製銅帽盔　　銅のお碗型かぶとを作った

2033 dʐɿ^{33}vi^{55}ʂo^{33}bo^{33}dzɿ^{33}　打製銅蓑衣　　銅の蓑を作った

2034 dʐɿ^{33}ndu̱^{21}t'ɯ^{21}bu^{21}dzɿ^{33}　打製銅棒棒　　銅の棒を作った

2035 ʂɿ̱^{21}ȵi^{21}ts'i^{44}sɔ^{33}nɯ^{33}　七至十三日　　七日から十三日のあいだ

2036 mu^{33}vu̱^{55}mu^{33}k'ɯ^{33}ȵi^{33}　立於天地間　　天と地のあいだに立って

2037 dʐɿ^{33}pu̱^{33}ɔ^{21}lɿ̱^{33}ndi^{55}　帶著銅帽盔　　銅のお碗型かぶとを被（かぶ）り

2038 dʐɿ^{33}vi^{55}ʂo^{33}bo^{33}ga^{55}　穿著銅蓑衣　　銅の蓑を着て

2039 vɿ^{33}lo^{55}hæ^{21}k'ɔ^{33}si^{21}　左手提銅網　　左手に銅の網袋を持ち

2040 ʑi^{33}lo^{55}t'ɯ^{21}bu^{21}si^{21}　右手拿銅棒　　右手に銅の棒を持ち

2041 tɕo^{33}lo^{44}mu^{33}gu̱^{33}ɖu̱^{55}　轉眼察太空　　目を転じて大空を見上げた

2042 mu^{33}tsɿ̱^{33}a^{44}p'u^{33}ȵi^{33}　雷電爺爺呢　　雷爺さんは

2043 ti^{33}tɕ'u^{33}ɖo^{21}ɤa^{33}hi^{55}　立於白雲層　　白い雲の層に立った

2044 a^{44}lɿ^{33}di^{44}ta^{33}t'i^{33}　阿龍報其名　　阿龍は名前を告げてから

2045 mbo^{55}lo^{21}lɿ̱^{33}ɤa^{33}i^{55}　藏於石頭後　　岩の後ろに隠れた

2046 mu^{33}tsɿ^{33}a^{44}p'u^{33}ȵi^{33}　雷電爺爺呢　　雷爺さんは

2047 ma^{21}tsɿ^{33}lɿ^{33}li^{21}tsɿ^{33}　不派且來派　　派遣すべきでない者を派遣した

2048 mu^{33}tsɿ̱^{33}ka^{55}ka^{33}tsɿ^{33}　派雷電甘甘[37]　　雷電甘甘（ガンガン）（カカ）を派遣した

2049 ti^{33}tɕ‘u^{33}ɖo^{21}ɤa^{33}tɯ^{21}　白雲層中起　　白い雲の層の中から

2050 ti^{33}ʂɿ^{33}ɖo^{21}ɤa^{33}ŋga^{33}　穿過黃雲層　　黄色い雲の層を通り抜け

2051 ti^{44}nɔ^{33}ɖo^{21}t‘o^{55}hi^{55}　立於黑雲端　　黒い雲の端に立ち

2052 la^{55}ta^{33}ts‘ɿ̱^{21}lɔ^{33}t‘i^{21}　用力來一撃　　力を入れて雷を落とした

2053 ma^{21}zo^{21}lɿ^{33}li^{33}zo^{21}　不中且來中　　当たるべきでない物に当たった

2054 lɿ̱^{33}nɔ^{33}a^{21}mo^{21}zo^{21}　撃中大黑石　　大きな黒い石に当たった

2055 lɿ̱^{33}li^{55}mu^{33}gu̱^{33}dzu̱^{33}　炸石飛太空　　砕かれた石は大空に飛んで行き

2056 mu^{44}li^{33}di^{21}ɤa^{33}xo^{21}　回響於四方　　音が四方に響き渡った

2057 tʂɿ^{44}kɯ^{33}a^{44}lɿ^{33}ȵi^{33}　支格阿龍呢　　支格阿龍（チーグォアーロン）（チュクアロ）は

2058 tɯ^{21}la^{33}hi^{55}dɯ^{33}mu^{33}　起來穩穩立　　ゆっくりと立ち上がって

2059 o^{21}di^{21}ts‘ɿ̱^{21}ko^{33}ku^{33}　“噢”然叫一聲　　「おっ」と叫び

2060 mu^{33}ȵæ^{33}ȵæ^{33}ɤa^{33}xo^{21}　聲震於太空　　その声が大空を震わせた

2061 mu^{33}tsɿ̱^{33}a^{44}p‘u^{33}ȵi^{33}　雷電爺爺呢　　雷爺さんは

2062 kɔ^{33}lɔ^{33}mu̱^{55}ɕæ^{33}ɕæ^{33}　火冒三丈遠　　かっとなって

2063 lɿ^{33}ndzæ^{33}lɿ^{33}ma^{21}zo^{21}　撃龍未撃中

龍（ロン）（支格阿龍（チュクアロ））に雷を落とそうとしたが当たらずに

2064 lɿ̱^{33}ndzæ^{33}p‘ɿ̱^{55}ʐa^{33}ʐa^{33}　卻把石撃碎　石に当たって（石を）細かく打ち砕き

2065 di^{21}ndzæ^{33}p‘u^{21}lɿ^{21}lɿ^{21}　撃硬嘩嘩倒

硬い石は打たれてガラガラッと音を立てて倒れた

2066 ts‘ɿ̱^{33}ɤa^{33}la^{33}gu̱^{21}dʑo^{44}　如此過後呢　　そののち

2067 mu^{33}tsɿ̱^{33}a^{44}p‘u^{33}ȵi^{33}　雷電爺爺呢　　雷爺さんは

2068 ma^{21}tsɿ^{33}lɿ^{33}li^{21}tsɿ^{33}　不派且來派　　派遣すべきでない者を派遣した

2069 ti^{44}nɔ^{33}ts‘ɿ̱^{21}ndzɿ^{33}tsi^{33}　遣一團黑雲　　一群れの黒い雲を派遣した

2070 tɿ^{44}nɔ^{33}ts‘ɿ̱^{21}ndzɿ^{33}ȵi^{33}　那團黑雲呢　　その黒い雲は

2071 la^{33}lo^{44}ŋɯ^{33}dʐɿ^{44}ɕi^{33}　降來到下界　　下界に降りて来て

2072 ts‘ɿ̱^{33}la^{33}lɿ^{33}tɕo^{44}hi^{21}　告諸於阿龍　　阿龍（アーロン）（支格阿龍（チュクアロ））に言った

2073 lɿ̱^{33}ɤa^{33}li^{33}t‘a^{55}mba^{33}　“莫藏於石後　　「石の後ろに隠れるな

2074 mba^{44}nɯ^{33}ʂo^{33}to^{33}ʑa^{55}　隱匿則害羞　　隠れるのは恥である

2075 xɯ^{33}nɯ^{33}ndɿ^{21}ɤa^{33}hi^{55}　強則立於原　　強い者なら野原に立て

2076 t‘i^{55}nɯ^{33}ndi^{21}ɤa^{33}dzɿ^{33}　硬則居平壩”

丈夫な者なら平らな盆地にいるべきだ」

2077 tʂɿ44kɯ33a44lɿ33ȵi33　支格阿龍呢　支格阿龍(チーグォアーロン)（チュクアロ）は

2078 ndi21tɕ'u33gu33ɣa33tɕo44　在原野之上　野原にいて

2079 sɿ̱33k'i33sɔ33k'i33t'o55　插三簇木樁　三群れの木の杭(くい)を挿(さ)し

2080 xɯ33p'u̱21gu33ma33mu̱55　蓋九箇鐵鍋　（その上に）九個の鉄の鍋をかぶせ

2081 ʂɿ21ȵi21ɣa33ts'i44sɔ33　七至十三日　七日から十三日のあいだ

2082 ʂɯ21tɯ21dʐɿ33ȵa55nɯ33　晨早前後呢　夜明け前後には

2083 ɖɿ33no55ha33mi44kɯ21　吹風又下雨　風が吹き雨が降って

2084 ti33tɕ'u33o21li55du̱33　白雲已散盡　白い雲がすっかり消えた

2085 bu21dzi33dʐɿ33ȵa55nɯ33　下午前後呢　午後の前後には

2086 mu33vu̱55nɔ33lɿ33lɿ33　天空烏黑黑　空が真っ黒になり

2087 mu33ku33mu33tsɿ̱33t'i21　雷起響霹靂　雷がごろごろと鳴り響いた

2088 mu44k'ɯ33nɔ33dzɿ̱55dzɿ̱21　大地黑沈沈　大地が真っ黒になり

2089 dzi33sɿ33ha33ma33pæ33　冰雹到處跳　雹(ひょう)が至る所に降り

2090 ka33dzu̱33ts'i21li21li21　莊稼全倒踏　農作物がすべて倒れた

2091 ʂɿ33ʐɿ33di21ʐɿ33po21　水流到處漫　水が至る所にあふれ

2092 hɯ33tɕ'u33lɿ̱33ka33ȵæ33　白魚夾石隙　白い魚が石の割れ目に挟まれた

2093 mu33tsɿ̱33a44p'u33ȵi33　雷電爺爺呢　雷爺さんは

2094 mu33tsɿ̱33ka55ka33ʂɿ̱21　帶雷電甘甘　雷電甘甘(ガンガン)（カカ）を連れて

2095 ti33tɕ'u33ɖo21ɣa33tɯ21　起自白雲層　白い雲の層から

2096 ti33tɕ'u33ɖu̱55bu21mu33　白雲當作笠　白い雲を笠とし

2097 ti33ʂɿ33ɖo21ɣa33ŋga33　穿透黃雲層　黄色い雲の層を通り抜け

2098 ti33ʂɿ33mu33mu33dzɿ33　黃雲當馬駕　黄色い雲を馬として乗り

2099 ti44nɔ33ɖo21ɣa33hi55　立於黑雲層　黒い雲の層に立ち

2100 ti44nɔ33ʂo33bo33mu33　黑雲作蓑衣　黒い雲を蓑として着て

2101 mu33tsɿ̱33lo55p'ɔ33ts'i̱33　手執著雷塊　手に雷の塊りを取った

2102 tʂɿ44kɯ33a44lɿ33ȵɿ33　支格阿龍氏　支格阿龍(チーグォアーロン)（チュクアロ）は

2103 dzɿ33pu̱33ɔ21lɿ̱33ndi55　帶著銅盔帽　銅のお碗型かぶとを被(かぶ)り

2104 ɔ33ma33ʂɿ44lɔ33lɔ33　頭頂亮閃閃　頭のてっぺんがピカピカ光った

2105 dzɿ33vi55ʂo33bo33ga55　身披銅蓑衣　からだに銅の蓑を着て

2106 ts'i33bo33dʑæ44lɔ33lɔ33　頭髮閃耀耀　髪の毛がピカッと光った

2107 vɪ^{33}lo^{55}hæ^{21}k‘ɔ^{33}si^{21}　左手提網兜　左手に（銅の）網袋を持ち

2108 lo^{55}li^{33}gɯ^{21}ta^{33}ta^{33}　手臂壯實實　腕は丈夫であった

2109 ʑi^{33}lo^{55}t‘ɯ^{21}bu^{21}si^{21}　右手執銅棒　右手に銅の棒を取り

2110 ndu̱^{21}du^{33}nɔ^{33}lɪ^{21}lɪ^{21}　工具黑沈沈　（これらの）道具は黒々としていて

2111 ndi^{21}tɕ‘u^{33}ʂɪ^{33}ɣa^{33}ȵi^{33}　座於原野上　（支格阿龍は）野原に座っていた

2112 mu^{33}tsɪ̱^{33}a^{44}p‘u^{33}ȵi^{33}　雷電爺爺呢　雷爺さんは

2113 mæ^{21}læ^{33}ts‘ɪ̱^{21}lɔ^{33}ndzæ^{33}　首先擊一下

（支格阿龍に）まず一度雷を落とした

2114 p‘ɪ̱^{55}ʐa^{33}ʐa^{33}mu^{33}dʑi^{44}　一擊亮閃閃　一度落とすとピカピカ光ったが

2115 a^{44}lɪ^{33}lɪ̱^{33}a^{21}ts‘ɪ̱^{33}　阿龍不動搖　阿龍（アーロン）（支格阿龍（チュクアロ））は少しも動かなかった

2116 ɣa^{33}la^{33}ts‘ɪ̱^{21}lɔ^{33}ndzæ^{33}　然後擊一下　そこでまた雷を落としたが

2117 ni^{44}lo^{33}lo^{33}mu^{33}dʑi^{44}　二擊紅殷殷　二度目に雷を赤々と落としたが

2118 a^{44}lɪ^{33}lɪ̱^{33}a^{21}ts‘ɪ̱^{33}　阿龍不動搖　阿龍（アーロン）（支格阿龍（チュクアロ））は少しも動かなかった

2119 ɣa^{33}la^{33}ts‘ɪ̱^{21}lɔ^{33}ndzæ^{33}　然後擊一下　そこでまた雷を落としたら

2120 ts‘ɪ̱^{33}ndu^{21}xɯ^{33}ɣa^{33}zo^{21}　擊中於鐵鍋　鉄の鍋に落ちた

2121 ndʑa^{55}la^{33}o^{33}ɣa^{33}zo^{44}　穿透中龍頭　龍（ロン）（支格阿龍（チュクアロ））の頭を通り抜け

2122 ʑo^{21}la^{33}hæ^{21}k‘ɔ^{33}vu^{33}　跌落於網中　（銅の）網の中に落ちて倒れた

2123 mu^{33}tsɪ̱^{33}ka^{55}ka^{44}ȵi^{33}　雷電甘甘呢　雷電甘甘（ガンガン）（カカ）は

2124 hɔ^{33}la^{33}mu^{33}ɣa^{33}ndo^{21}　滑落於地上　地上に滑り落ちたが

2125 tɯ^{21}la^{33}mu^{33}gu̱^{33}vu̱^{33}　起而昇太空　立ち上がって空に昇った

2126 tʂɪ^{44}kɯ^{33}a^{44}lɪ^{33}ȵi^{33}　支格阿龍氏　支格阿龍（チーグォアーロン）（チュクアロ）は

2127 k‘ɔ^{33}mu^{33}sɔ^{33}lo^{55}ŋgo^{33}　網尾拉三下　網の端を三回引っ張って

2128 ŋɯ^{21}di^{44}sɔ^{33}lo^{55}t‘u̱^{21}　用力搖三下　力を入れて三回引っ張って

2129 hæ^{21}k‘ɔ^{33}læ^{33}ʂu^{55}kɯ^{21}　收網將雷捉　網の中に雷を捕らえた

2130 mu^{33}tsɪ̱^{33}a^{44}p‘u^{33}ȵi^{33}　雷電爺爺呢　雷爺さんは

2131 pæ^{33}lo^{44}pæ^{33}ma^{21}da^{33}　跳也無法跳　跳ねようとしても跳ねらず

2132 ndʐɪ^{21}lɪ^{33}ndʐɪ^{21}ma^{21}ŋɯ^{33}　逃也逃不掉

逃げようとしても逃げられなかった

2133 tʂɪ^{44}kɯ^{33}a^{44}lɪ^{33}ȵi^{33}　支格阿龍氏　支格阿龍（チーグォアーロン）（チュクアロ）は

2134 ndu̱^{21}dɯ^{33}na^{44}dɯ^{33}mu^{33}　邊打邊質問　殴りながら問いただした

2135 i^{21}ȵi^{21}lo^{44}hi^{33}nɯ^{33}　“從今以後呢　「いま以後は

2136 ts‘o^{33}ndzæ^{33}la^{44}la^{33}sɪ^{33}　不要撃人否？”

人に落雷してはならない、どうだ？」

2137 mu^{33}tsɪ̱^{33}a^{44}p‘u^{33}ȵɪ^{33}　雷電爺爺呢　雷爺さんは

2138 i^{21}ȵi^{21}lo^{44}hi^{33}nɯ^{33}　“從今日以後　「きょう以後は

2139 a^{21}la^{33}dʐɪ^{33}a^{21}la^{33}o^{44}di^{44}　再也不敢來”云云

二度と来ることはない」と言った

2140 lo^{55}ʂɪ^{33}ti^{33}ku^{33}tɕ‘i^{21}　手脚齊下跪　手足をそろえて跪(ひざまず)き

2141 k‘ɯ^{33}ts‘i^{33}li^{33}dʐɪ^{44}ndo^{21}　投降於龍前　龍(ロン)（支格阿龍(チュクアロ)）の前に降伏した

2142 ts‘ɪ̱^{33}ɣa^{33}gu̱^{21}dʑo^{44}nɯ^{33}　如此過後呢　そののち

2143 tʂɪ^{44}kɯ^{33}a^{44}lɪ^{33}ȵi^{33}　支格阿龍氏　支格阿龍(ヂーグォアーロン)（チュクアロ）は

2144 tɕa^{55}mu^{33}tɕa^{55}lɪ^{33}go^{33}　嚴格地規定　厳しい決まりを作った

2145 ts‘o^{44}ndzæ^{33}li^{33}ma^{33}dʐɪ^{44}　不準再撃人

二度と人間に落雷してはいけないと

2146 n̥a^{33}mu^{33}n̥a^{33}lɪ^{33}go^{33}　詳細來詢問　詳しく問いただした

2147 na^{33}ŋɯ^{33}ts‘ɪ^{33}ȵi^{44}ɕi^{33}su^{33}n̥a^{33}　疾病十二類來問

十二種類の病気について尋ね

2148 na^{33}ɕi^{44}bu̱^{55}ts‘ɪ^{33}n̥a^{33}　奇病怪藥來詢問

奇病や不思議な薬について問いただし

2149 bu̱^{55}ts‘ɪ^{33}ts‘ɪ^{33}ȵi^{44}ɕi^{33}su^{33}t‘i^{33}mi^{44}ta^{33}　藥物十二類也來告之[38]

（雷爺さんは）十二種類の薬について告げると

2150 mu^{33}tsɪ̱^{33}a^{44}p‘u^{33}ȵi^{33}　雷電爺爺呢　雷爺さんは

2151 p‘o^{33}mu^{33}p‘o^{33}tɕɪ^{44}sɪ^{33}　專門想逃跑　もっぱら逃げようとしていた

2152 a^{44}mɔ^{33}sɔ^{33}ko^{33}ʂɪ̱^{33}　“啊唷”叫三聲　「エイ、ヤッ」と三回叫んで

2153 hæ^{21}k‘ɔ^{33}ka^{55}dʑu̱^{33}li^{33}　自網底而逃　網の底から逃げ出した

2154 tʂɪ^{44}kɯ^{33}a^{44}lɪ^{33}ȵi^{33}　支格阿龍呢　支格阿龍(ヂーグォアーロン)（チュクアロ）が

2155 hæ^{33}ŋo^{21}la^{33}gu^{33}tæ^{33}　萬萬没想到　夢にも思わなかったことだった

2156 tɕo^{33}la^{33}o^{55}tɕo^{21}hɯ^{21}　轉而察下面　下のほうを調べてみたら

2157 k‘ɯ^{44}li^{33}ts‘ɪ̱^{21}ma^{21}gu^{33}dɯ^{21}lo^{44}　原來網口未收緊

もともと網の口をしっかり閉じてなかった

2158 mu^{33}tsɪ̱^{33}a^{44}p‘u^{33}ȵi^{33}　雷電公公呢　雷（雷爺さん）は

2159 ts‘ɪ̱^{33}t‘i^{21}t‘i^{55}ta^{33}dɪ̱^{33}　被牠放跑了　そこから逃げ出したのだ

2160 n̥a^{33}no^{44}ʂɿ^{33}bi^{55}dzi^{33}　問到裂足病　足裂け病について尋ねると

2161 ʂɿ^{33}bi^{55}pi^{55}ʑo^{55}di^{44}　裂足“兵優”焉　足が裂けると「ピュー」だと言う

2162 ndo^{21}ma^{33}ŋɯ^{33}ʂu^{44}k‘a^{33}　以爲是言語　（答えの）言葉だと思ったが

2163 dʑi^{33}fu^{33}ŋɯ^{33}dɯ^{21}lo^{44}　原爲飛行聲[39]　実は飛ぶ音であった

2164 na^{33}ŋɯ^{33}ts‘i^{33}ȵi^{44}ɕi^{33}　疾病十二類　十二種類の病気は

2165 ma^{21}k‘a^{55}du^{33}dʑo^{44}dʑo^{33}　甚麼不可治　何でも直せないものはなかった

2166 ma^{21}k‘a^{55}du^{33}ma^{21}dʑo^{33}　甚麼都可治　何でも直せるようになった

2167 ts‘ɿ̱^{33}ɣa^{33}gu̱^{21}dʑo^{44}nɯ^{33}　從那以後呢　そのとき以後

2168 ʂɿ̱^{21}mu^{33}mu^{33}dʐɿ^{44}tɕo^{44}　七地之下方　七地（しちじ）の下のほうでは

2169 gu^{33}va^{55}gu^{33}ho^{21}ko^{44}dʑo^{33}su^{33} 所有的九禽九獸　すべての鳥類と獣（けもの）類が

2170 gu^{33}sɿ̱^{33}gu^{33}lɿ̱^{33}ko^{44}dzu̱^{33}su^{33}　所有的九木九石　すべての木と石が

2171 k‘a^{33}ʐɿ^{33}k‘a^{33}sa^{33}sa^{33}　到處喜悦悦　至る所で喜び

2172 k‘a^{33}dzu̱^{33}ɖo^{21}tɕu̱^{33}tɕu̱^{33}　到處茂盛盛　至る所で盛んであった

ba^{21}ha^{33}a^{44}dʐɿ̱^{33}ʂɿ^{33}　**收拾巴哈阿旨[40]**　**巴哈阿旨（バハアジュ）をやっつける**

（➡映像40）

2173 tʂɿ^{44}kɯ^{33}a^{44}lɿ^{33}ȵi^{33}　支格阿龍呢　支格阿龍（チーグォアーロン）（チュクアロ）は

2174 mu^{33}tsɿ̱^{33}ʑu^{33}ɣa^{33}nɯ^{33}　捉雷電之後　雷を捕らえたあと

2175 sɿ^{33}mu^{33}si^{33}mu^{33}dzɿ^{33}　騎神馬　聖なる馬に乗り

2176 sɿ^{33}ɕæ^{33}si^{33}ɕi^{33}ga^{55}　披神甲　聖なる鎧（よろい）を着け

2177 sɿ^{33}xo^{55}si^{33}xo^{55}si^{21}　彎神弓　聖なる弓を引き

2178 sɿ^{33}k‘ɯ^{33}si^{33}k‘ɯ^{33}ʂɿ̱^{21}　帶神犬　聖なる犬を連れ

2179 tæ^{44}p‘ɔ^{33}xɔ^{33}nɔ^{33}tɯ^{21}　自大海中起[41]　海の中から

2180 dʑu̱^{55}dzu̱^{33}ndi^{21}ɣa^{33}ɕi^{33}　到達人世間　人間界にやって来た

2181 li^{21}ʑi^{33}ʂɿ^{33}vu̱^{55}nɯ^{33}　宅中室下呢　家の中や部屋の下から

2182 mo^{21}ŋo^{33}zɯ^{33}ŋo^{33}tɕ‘i^{44}　母子齊啼哭　母と子の泣き声が聞こえてきた

2183 t‘u^{44}mu^{33}ts‘ɿ̱^{21}li^{21}ŋo^{33}ʂu^{44}k‘a^{33}　啼哭乃爲何？　なぜ泣いているのか？

2184 ba^{21}ha^{33}ŋo^{33}dɯ^{21}lo^{44}　因巴哈哭泣
巴哈（バーハー）（バハ：巴哈阿旨（バハアジュ））が原因で泣いている

2185 ba^{21}ha^{33}a^{44}dʐɿ̱^{33}ȵi^{33}　巴哈阿旨呢　巴哈阿旨（バーハーアーチー）（バハアジュ）はといえば

2186 ts‘o^{33}p‘a^{55}ts‘ɿ̱^{33}ndo^{33}go^{33}　男子被牠吞　男たちが彼に呑まれていた

2187 ts‘o33mo21ts‘ɿ̱33ndo33go33 女子被牠食 女たちが彼に食われていた

2188 ts‘o33vɿ̱55ts‘ɿ̱33ndo33go33 族人被牠吞 家族の人たちが彼に吞まれていた

2189 ts‘o33ȵi33ts‘ɿ̱33ndo33go33 親人被牠食 親戚の人たちが彼に食われていた

2190 tʂɿ44kɯ33a44lɿ33ȵi33 支格阿龍呢 支格阿龍[チーグォアーロン]（チュクアロ）は

2191 ts‘ɿ̱33gɯ33lo44vo33hi33 聽説如此後 そのことを聞いてから

2192 kɔ33lɔ33mu̱55ɓæ33ɓæ33 五内憤懣懣 怒りでいっぱいになり

2193 ba21ha33ʑu33mo33di44 要捉巴哈焉 巴哈[バーハー](巴哈阿旨[バハアジュ])を捕らえようとした

2194 li33lo44li33lo44mu33 前行且前行 前に進みに進んで

2195 a44dʑi33bo33ko33ɓi33 到達烏鴉山 烏[からす]の山に行き

2196 ma21dzi33lɿ33li21dzi33 不遇且來遇 出合うべきでない者に出合った

2197 ha33nɔ33zɯ44dzi33dzi33 遇一對烏鴉 一対のカラスに出合った

2198 ha33nɔ33a44dʑi33tɕo44 問諸於烏鴉 カラスに尋ねた

2199 ts‘o33ndo33ba21ha33li33 “吞人的巴哈 「人を吞む巴哈[バーハー]（巴哈阿旨[バハアジュ]）は

2200 k‘a55ko33i55dʑi44dʑi33 可知居何方？” どこに住んでいるのか？」

2201 ha33nɔ33a44dʑi33ȵi33 黑色烏鴉呢 黒いカラスは（答えた）

2202 ts‘o33ndo33ba21ha33li33 “吞人的巴哈 「人を吞む巴哈[バーハー]（巴哈阿旨[バハアジュ]）は

2203 tæ44p‘ɔ33ʂɔ33nɔ33dʑo33 居於大海中 海にいる

2204 ts‘ɿ̱33i55ts‘ɿ33ȵi33li33 所宿所住呢 居住地はといえば

2205 xɔ33nɔ33bo33ko33i55 大海山上宿 海の山の上に住んでいる

2206 bu33la33gɯ21dɯ33li33 所遊所玩呢 遊びの場所はといえば

2207 t‘u̱33lɿ̱33bo33ko33gɯ21 突而山上玩 突而[トゥーアル]（トゥル）山の上で遊び

2208 hi55la33ndʑɔ44dɯ33li33 所站所立呢 立つ場所はといえば

2209 li33t‘u44li33tɕo33hi55 海邊來站立 海辺に来て立つ

2210 zɿ33ʂɯ44zɿ33ndo33li33 尋水飲水呢 水を飲む場所はといえば

2211 lo44o33k‘a21no55la44dɯ33ndo33 深山幽谷中去飲 山奥の谷に行って飲む

2212 ts‘o33go55ts‘o33ndo33li33 捉人喫人呢
人を捕らえて食うときの場所といえば

2213 dʑu̱55dzu̱33dɯ33ko33ndo33 人世間來吞” 人間界に来て吞む」

2214 tʂɿ44kɯ33a44lɿ33ȵi33 支格阿龍呢 支格阿龍[チーグォアーロン]（チュクアロ）は

2215 ȵi33gɯ33ȵɿ33mu33tɯ21 聞則卽起程 それを聞くとすぐ出発した

2216 xɔ33nɔ33bo33ɣa33tɯ21 大海山上起 海の山の麓から

2217 xɔ^{33}nɔ^{33}bo^{33}dʑu̱^{55}ɕi^{33}　達大海山腰　海の山の中腹へ

2218 xɔ^{33}nɔ^{33}bo^{33}dʑu̱^{55}tɯ^{21}　大海山腰起　海の山の中腹から

2219 xɔ^{33}nɔ^{33}bo^{44}o^{33}ɕi^{33}　達大海山頂　海の山の頂上に着いた

2220 bo^{33}dzɿ^{33}va^{55}dʑu^{33}bu^{33}　山側有岩洞　山のかたわらには洞窟があり

2221 va^{55}dʑu^{33}nɔ^{33}ho^{21}ho^{21}　岩洞陰幽幽　洞窟は不気味に薄暗かった

2222 tɕo^{33}la^{33}dʑu̱^{33}ɣa^{33}hɯ^{21}　轉而察於洞　ぐるりと回って洞窟を調べた

2223 ba^{21}ha^{33}a^{21}mo^{21}ȵi^{33}　巴哈之母呢　巴哈（巴哈阿旨）の母は

2224 p‘u̱^{21}ʂu^{33}ma^{44}bo^{33}lɿ̱^{33}　尾巴纏於竹　尾を竹にまといつかせ

2225 ȵɔ^{33}ma^{33}ʂɿ^{44}lɔ^{33}lɔ^{33}　眼睛圓睜睜　目を丸く見開き

2226 so^{55}ʂa^{33}hi^{55}tɕ‘u^{33}tɯ^{44}　出氣起白霧　息を吐けば白い霧が立ち

2227 k‘ɯ^{33}dʑæ^{33}ni^{44}lo^{33}lo^{33}　張嘴紅殷殷　口を開けばどす黒い赤であり

2228 ka^{21}ŋa^{33}to^{33}lo^{33}ho^{33}　口腔深幽幽　口の中は奥まで深く

2229 dzɿ^{33}ma^{33}mɿ^{55}ʑi^{33}ʑi^{33}　牙齒尖利利　歯は尖って鋭く

2230 lɿ^{21}t‘ɿ^{21}tɕ‘u^{44}dʑo^{33}dʑo^{33}　咽喉白晃晃　咽喉はきらきらと光っていた

2231 tʂɿ^{44}kɯ^{33}a^{44}lɿ^{33}ȵi^{33}　支格阿龍氏　支格阿龍（チュクアロ）は

2232 tɕ‘o^{55}la^{33}tɕ‘o^{55}la^{33}mu^{33}　變幻且變幻　姿を変えまた変えて

2233 lɿ^{33}pu^{33}k‘ɯ^{33}ni^{33}dʑi^{21}　變成赤嘴龍　口の赤い龍に姿を変えた

2234 ba^{21}ha^{33}a^{44}dzɿ̱^{33}ȵi^{33}　巴哈阿旨呢　巴哈阿旨（バハアジュ）は

2235 lɿ^{33}mo^{33}zɿ^{44}dɿ̱^{33}dɿ̱^{33}　見龍驚慌慌　その龍を見て驚きあわてた

2236 ts‘ɿ̱^{33}la^{33}ba^{21}ha^{33}na^{33}　是來問巴哈

（支格阿龍は）巴哈（巴哈阿旨）に尋ねた

2237 ba^{21}ha^{33}a^{44}p‘u^{33}t‘i^{33}　“巴哈公公呀　「巴哈（巴哈阿旨）おじよ

2238 nɯ^{33}ɕi^{44}ts‘ɿ̱^{21}tɕi^{33}ȵi^{33}　厲害的你啊　恐ろしいやつだ、あんたは

2239 ts‘o^{33}mu^{33}nɯ^{33}ndo^{33}go^{33}　衆人被你呑

たくさんの人があんたに呑まれてしまった

2240 kɔ^{33}dzɿ^{44}kɔ^{33}su^{33}ŋɯ^{33}　確實很強大　確かにとても強い

2241 ga^{33}du^{33}li^{33}dʑo^{44}dʑo^{33}　害怕甚麼物？”　なにか怖いものはあるか？」

2242 ba^{21}ha^{33}a^{44}dzɿ̱^{33}ȵi^{33}　巴哈阿旨呢　巴哈阿旨（バハアジュ）は

2243 gɯ^{33}du^{33}li^{33}ma^{21}dʑo^{33}　“甚麼也不怕　「なにも怖いものはない

2244 lɿ̱^{33}dzi^{33}lɿ̱^{33}mu^{33}no^{21}　遇石將石滾　石に出合っても石を転がす

2245 sɿ̱^{33}dzi^{33}sɿ̱^{33}mu^{33}tʂ‘ɿ^{33}　遇木將木折　木に出合っても木を折る

2246 tu̠^{55}dzi^{33}tu̠^{55}mu^{33}n̠o^{33} 遇火將火吹” 火に出合っても火を吹き消す」

2247 tʂɿ^{44}kɯ^{33}a^{44}lɿ^{33}ȵi^{33} 支格阿龍呢 支格阿龍（チュクアロ）は

2248 pu̠^{33}ta^{33}a^{44}dʐɿ̠^{33}n̠a^{33} 轉而問阿旨 あらためて阿旨（アジュ）に尋ねた

2249 tu̠^{55}dʑa^{33}tu̠^{55}ndo^{44}ndo^{44} “能吞火舌否？”

「燃え上がった炎を呑むことはできるか？」

2250 ba^{21}ha^{33}a^{44}dʐɿ̠^{33}ȵi^{33} 巴哈阿旨呢 巴哈阿旨（バハアジュ）は

2251 dɯ^{33}dʑi^{33}hi^{21}ma^{21}na^{33} 不敢説眞話

本当のことを言おうとはしなかった

2252 tʂɿ^{44}kɯ^{33}a^{44}lɿ^{33}ȵi^{33} 支格阿龍氏 支格阿龍（チュクアロ）は

2253 ŋo^{21}lo^{44}dɕi^{21}lo^{44}ɕi^{33} 越想越明白 考えるにつれてはっきりわかってきた

2254 pu̠^{33}la^{33}xɔ^{33}nɔ^{33}ɕi^{33} 回到大海中 海に戻り

2255 li^{21}ʑi^{33}a^{44}mo^{33}tɕo^{44} 告之於人母 人間の母親に知らせた

2256 ma^{33}ku^{33}ma^{33}xo^{33}p‘o^{33}ɖi^{44}ts‘ɿ̠^{21}ma^{33}ʂɯ^{21} 找一箇竹編的坡利[42]

竹編みの坂利（ポリ：楕円形の入れ物）を一つ探し

2257 ti^{55}mu^{33}ti^{55}væ^{33}ts‘ɿ̠^{21}li^{21}ʂɯ^{21} 找一把火燎草 火燃え草を一束探し

2258 tɯ^{21}la^{33}dʑo^{21}ko^{33}hi^{55} 站立於平壩 平らな盆地に立って

2259 o^{21}di^{21}sɔ^{33}ko^{33}ku^{33} “噢”然叫三聲 「おお」と三回叫び

2260 tso^{33}di^{21}sɔ^{33}tɕ‘æ^{33}tɕ‘æ^{33} 忽地跳三下 突然三回跳ねて

2261 a^{44}lɿ^{33}di^{44}ta^{33}t‘i^{33} 阿龍報其名 阿龍（支格阿龍）は名を名乗った

2262 ba^{21}ha^{33}a^{44}dʐɿ̠^{33}ȵi^{33} 巴哈阿旨呢 巴哈阿旨（バハアジュ）は

2263 ts‘ɿ̠^{33}ʂɯ^{21}ts‘ɿ̠^{33}ma^{21}ɣɯ^{21} 準得遇契機[43] 幸いに良い機会に恵まれたと

2264 ko^{33}lo^{33}ʐɿ^{21}ku^{21}ku^{21}mu^{33}la^{33} 内心暗發笑而來 心のなかで密かに笑った

2265 tʂɿ^{44}kɯ^{33}a^{44}lɿ^{33}ȵi^{33} 支格阿龍呢 支格阿龍（チュクアロ）は

2266 lo^{55}dʐɯ^{21}p‘o^{33}ɖi^{44}ʑu^{33} 伸手取坡利 手を伸ばして坂利（ポリ）を取り

2267 dʑæ^{33}gu̠^{21}sɿ^{33}ɣa^{33}ndo^{21} 放於院壩上 盆地の庭に置き

2268 lo^{55}tʂɿ^{33}ka^{44}ȵæ^{33}dæ^{33} 手指當火箝 指を火挟みとして

2269 tu̠^{55}ts‘ɿ^{33}væ^{33}ɣa^{33}tsi^{21} 取火燒燎草 火種を取って草を燃やした

2270 ba^{21}ha^{33}a^{44}dʐɿ̠^{33}ȵi^{33} 巴哈阿旨呢 巴哈阿旨（バハアジュ）は

2271 p‘u^{21}di^{21}ts‘ɿ̠^{21}lɔ^{33}no^{33} “普”地吹一下 「プー」と吹いて

2272 tu^{55}sɿ^{33}nɔ^{33}ʐɿ̠^{21}tɕ‘ɔ^{33} 火熄黑沈沈 火を消したので真っ暗になった

2273 ba^{21}ha^{33}a^{44}dʐɿ̠^{33}ȵi^{33} 巴哈阿旨呢 巴哈阿旨（バハアジュ）は

2274 mæ^{33}læ^{33}ts‘ɿ̱^{21}lɔ^{33}tʂɿ̱^{55}　先來吸一下　まずちょっと息を吸い込み

2275 ʑɿ^{33}si^{33}hɯ^{21}ta^{33}tʂɿ̱^{55}　對著房屋吸　家に向かって息を吸い込むと

2276 ts‘ɿ̱^{33}tʂɿ̱^{55}p‘u̱^{33}ɖɿ̱^{33}ɖɿ̱^{33}　房屋墜揺揺　家は揺れて倒れんばかりになった

2277 ɤa^{33}la^{33}ts‘ɿ̱^{21}lɔ^{33}tʂɿ̱^{55}　然後吸一下　また息を吸い込み

2278 a^{44}lɿ^{33}hɯ^{21}ta^{33}tʂɿ̱^{55}　對著阿龍吸

阿龍《アーロン》（支格阿龍《チュクアロ》）に向かって吸い込むと

2279 ts‘ɿ̱^{33}tʂɿ̱^{55}p‘u̱^{33}ɖɿ̱^{33}vo^{33}　阿龍墜揺揺

阿龍《アーロン》（支格阿龍《チュクアロ》）は揺れて倒れんばかりになった

2280 ɤa^{33}la^{33}ts‘ɿ̱^{21}lɔ^{33}tʂɿ̱^{55}　然後吸一下　そのあとまた息を吸い込んだ

2281 p‘o^{33}ɖi^{44}ɕi^{21}ma^{33}ȵi^{33}　那箇坡利呢　あの坂利《ポーリー》（ポリ）は

2282 ndʑæ^{33}gu̱^{21}ʂɿ^{33}ɤa^{33}dʐɔ^{33}　置於院壩中　盆地の庭に置かれていて

2283 ʂɿ^{33}mu^{33}ʂa^{33}nɔ^{33}vi^{55}　包著黒氈子　黒いフェルトに包まれていたので

2284 a^{44}lɿ^{33}a^{21}lo^{21}su̱^{21}　似乎象阿龍　阿龍《アーロン》（支格阿龍《チュクアロ》）によく似ていた

2285 ɔ^{33}ma^{33}ʂɿ^{44}k‘ɔ^{33}vo^{55}　頭頂金燦燦　頭のてっぺんが金色に輝き

2286 tɯ^{21}la^{33}t‘u̱^{33}mu^{33}hi^{55}　挺挺然而立　背をぴんと伸ばして立っており

2287 a^{44}lɿ^{33}a^{21}lo^{21}su̱^{21}　似乎象阿龍　阿龍《アーロン》（支格阿龍《チュクアロ》）によく似ていた

2288 ba^{21}ha^{33}a^{44}dʐɿ̱^{33}ȵi^{33}　巴哈阿旨呢　巴哈阿旨《バーハーアーヂー》（バハアジュ）は

2289 a^{44}lɿ^{33}ŋɯ^{33}ho^{33}lo^{33}　以爲是阿龍　それが阿龍《アーロン》（支格阿龍《チュクアロ》）だと思い

2290 la^{55}ta^{33}ts‘ɿ̱^{21}lɔ^{33}tʂɿ̱^{55}　用力吸一口　力を入れて一口吸い込んだ

2291 p‘o^{33}ɖi^{44}hɯ^{21}ta^{33}tʂɿ̱^{55}　對著坡利吸　坂利《ポーリー》（ポリ）に向かって吸い込んだ

2292 p‘o^{33}li^{44}vo^{33}lɯ^{33}lɯ^{33}　坡利團團轉

坂利《ポーリー》（ポリ）はごろごろと転がりながら

2293 p‘o^{21}p‘o^{21}dʑi^{33}mu^{33}li^{33}　撲撲飛進去　バタバタと飛んで行って

2294 tʂɿ̱^{55}lo^{44}ka^{21}ŋa^{33}tsi^{21}　吸進口腔中　口の中に吸い込まれ

2295 ȵi^{21}lo^{44}li^{21}dʐɿ̱^{21}vu^{33}　呑進咽喉裡　咽喉《のど》に呑み込まれた

2296 ba^{21}ha^{33}a^{44}dʐɿ̱^{33}ȵi^{33}　巴哈阿旨呢　巴哈阿旨《バーハーアーヂー》（バハアジュ）は

2297 ha^{55}ha^{33}sɔ^{33}ko^{33}ʐɿ^{33}　哈哈笑三聲　ハハハと三回笑った

2298 a^{44}lɿ^{33}lo^{44}a^{44}lɿ^{33}　“阿龍呀阿龍　「阿龍《アーロン》（支格阿龍《チュクアロ》）よ、阿龍

2299 ts‘o^{33}sɿ^{33}ts‘o^{33}si^{33}zɯ^{33}　神人啊奇人　神にして奇なる人よ

2300 gi^{55}t‘ɯ^{33}i^{21}mi^{33}ɕi^{33}　今日該你絶”　きょうお前は死ななければならない」

2301 ts‘ɿ̱^{33}ɤa^{33}la^{33}gu̱^{21}dʑo^{44}　如此過後呢　そののち

2302 ʂɿ̠^{21}mu^{33}ma^{21}tʻi^{33}sɿ^{33}　七地尚未曉

七地（しちじ）（シュム）の夜がまだ明けていなかったころ

2303 va^{55}pu^{33}ma^{21}ku^{33}sɿ^{33}　雄鶏尚未鳴　雄鶏（おんどり）が啼く前

2304 tʻi^{33}dʑi^{21}ma^{21}tɕʻu^{44}sɿ^{33}　開曉尚未明　暁ではあるがまだ暗かった時に

2305 ba^{21}ha^{33}a^{44}dzɿ̠^{33}ȵi^{33}　巴哈阿旨呢　巴哈阿旨（バーハーアーヂー）（バハアジュ）は

2306 i^{21}mo^{21}go^{55}læ^{33}læ^{33}　肚子很疼痛　お腹がとても痛くなった

2307 ka^{21}ŋa^{33}mu^{33}ku^{33}tɯ^{21}　口中冒青烟　口から青い煙が出てきた

2308 ba^{21}ha^{33}ȵo^{21}ȵo^{21}ȵi^{33}　巴哈幼子[44]呢　巴哈（バーハー）（巴哈阿旨（バハアジュ））の幼い子は

2309 tsʻɿ̠^{33}ku̠^{33}tɕʻi^{33}si^{21}si^{21}　嚇得抖顫顫　驚いてぶるぶる震えて

2310 tsʻɿ̠^{33}gu̠^{33}tʻi^{55}ŋga^{33}bo^{33}　於此逃跑了　走って逃げて行ってしまった

2311 ba^{21}ha^{33}a^{44}dzɿ̠^{33}ȵi^{33}　巴哈阿旨呢　巴哈阿旨（バーハーアーヂー）（バハアジュ）は

2312 gi^{55}mu^{33}tʻi^{55}tʻi^{33}lo^{44}　如此而絶亡　このようにして絶命した

2313 tsʻɿ̠^{33}ɤa^{33}lo^{44}hi^{33}nɯ^{33}　從那以後呢　このときからのち

2314 ba^{21}ha^{33}ko^{33}ma^{21}dʑo^{33}　巴哈不再出

巴哈（バーハー）（巴哈阿旨（バハアジュ））は二度と姿を現わさなかった

古事記への視点

■人間を食う魔物を退治する英雄―スサノヲ神話との類似

この〔巴哈阿旨（バハアジュ）をやっつける〕の骨格は、『古事記』（神代記）のスサノヲのヤマタノヲロチ退治神話と酷似している。アシナヅチ・テナヅチ夫婦が、その娘クシナダヒメがヤマタノヲロチに食われることで嘆き悲しんでいるところにスサノヲがやって来て、知恵を働かしてヲロチを退治するというものだが、「2181 家の中や部屋の下から」「2182 母と子の泣き声が聞こえてきた」「2184 巴哈阿旨（バハアジュ）が原因で泣いている」という情景もそっくりだ。

外部からやって来た英雄が人間を食う魔物を退治するという語り口が、神話の世界的な普遍性の問題なのか、直接的な交流の結果なのか、論議を深める必要がある。

gɯ^{44}mbæ^{33}ɖɯ^{21}mbæ^{33}　射日射月　太陽と月を射る

2315 i^{21}si^{21}ʂɿ^{44}a^{33}ɖɯ^{44}　遠古的時候　大昔

2316 gɯ^{33}fu̠^{55}ɖɯ^{21}ʂɿ̠^{21}du̠^{33}hi^{33}nɯ^{33}　六日七月出來後

六個の太陽と七個の月が出てきたあと

2317 ʂɿ̠^{21}mu^{33}mu^{33}dʐɿ^{44}tɕo^{44}　七地之下方　七地（しちじ）の下のほうでは

2318 lɿ^{21}kɯ^{21}ko^{33}ndi^{55}sɿ^{33}　勒格已死亡　勒格（レーグォ）（ルク）はすでに死んでいた

2319 tʻɯ^{33}bi^{21}ko^{33}gæ^{33}sɿ^{33}　特別已死亡[45]　特別（テービエ）（トゥビ）はすでに死んでいた

2320 sɿ̠^{33}ŋɯ^{33}li^{21}li^{21}go^{33}　樹類皆枯絶　木はすべて枯れてしまった

2321 ho^{33}sɿ̠^{33}nda^{33}ma^{21}go^{33}　野生梨未絶

（しかし）野生の梨はまだ絶えていない

2322 ma^{21}go^{33}ȵi^{33}ma^{21}dʐɿ^{33}　未絶也不眞

いや、絶えていないというのは本当ではない

2323 gɯ^{33}ɖɯ^{44}du̠^{33}nɯ^{33}go^{33}　日月出則絶　太陽と月が出ると絶えてしまった

2324 ʐɿ^{33}ŋɯ^{33}li^{21}li^{21}go^{33}　水流皆枯竭　水はすべて涸（か）れてしまった

2325 tsɿ̠^{21}xo^{33}ʐɿ^{33}ma^{21}go^{33}　沼澤水未竭　（しかし）沼の水はまだ涸れていない

2326 ma^{21}go^{33}ȵi^{33}ma^{21}dʐɿ^{33}　未竭已是僞

いや、涸れていないというのは本当ではない

2327 gɯ^{33}ɖɯ^{21}du̠^{44}nɯ^{33}go^{33}　日月出則竭　太陽と月が出ると涸れてしまった

2328 lɿ̠^{33}ŋɯ^{33}li^{21}li^{21}go^{33}　石類皆絶亡　石はすべて無くなってしまった

2329 pʻi^{21}su^{33}lɿ̠^{33}ma^{21}go^{33}　磨石未絶亡

（しかし）挽き臼の石はまだ無くなっていない

2330 ma^{21}go^{33}ȵi^{33}ma^{21}dʐɿ^{33}　未絶也是假

いや、無くなっていないというのは本当ではない

2331 gɯ^{33}ɖɯ^{44}du̠^{33}nɯ^{33}go^{33}　日月出則絶

太陽と月が出ると無くなってしまった

2332 bu̠^{55}ŋɯ^{33}li^{21}li^{21}go^{33}　草類皆絶亡　草はすべて絶えてしまった

2333 pʻa^{55}tɕʻi^{33}tɕʻu^{33}ma^{21}go^{33}　帕柒草[46]未絶　帕柒（パーチー）（パチ）草は絶えていない

2334 ma^{21}go^{33}ȵi^{33}ma^{21}dʐɿ^{33}　未絶也不眞

いや、絶えていないというのは本当ではない

2335 gɯ^{33}ɖɯ^{21}du̠^{33}nɯ^{33}go^{33}　日月出則絶　太陽と月が出ると絶えてしまった

2336 ka^{33}ŋɯ^{33}li^{21}li^{21}go^{33}　稼穡皆絶亡　農作物はすべて絶えてしまった

2337 mu̠^{21}lɿ^{21}tsʻu^{33}ma^{21}go^{33}　麻籽未絶亡　（しかし）麻の種は絶えていない

2338 ma^{21}go^{33}ȵi^{33}ma^{21}dʐɿ^{33}　未絶也不眞

いや、絶えていないというのは本当ではない

2339 gɯ^{33}ɖɯ^{44}du̠^{33}nɯ^{33}go^{33}　日月出則絶　太陽と月が出ると絶えてしまった

2340 ȵi^{33}ŋɯ^{33}li^{21}li^{21}go^{33}　畜類皆絶亡　家畜はすべて死んでしまった

2341 a^{44}tʂʻʅ^{33}lɔ^{44}dɔ^{33}di^{33}ma^{21}go^{33}　猫兒未絶亡

（しかし）子猫はまだ死んでいない

2342 ma^{21}go^{33}ȵi^{33}ma^{21}dʐʅ^{33}　未絶亦非眞

いや、死んでいないというのは本当ではない

2343 gɯ^{33}ɖɯ^{21}du̱^{33}nɯ^{33}go^{33}　日月出則絶　太陽と月が出ると死んでしまった

2344 hi^{55}ŋɯ^{33}li^{21}li^{33}go^{33}　獸類皆絶亡　獣(けもの)はすべて死んでしまった

2345 lɯ^{21}pu^{33}tʂʻɔ^{33}tɕʻu^{33}di^{33}ma^{21}go^{33}　花膚公麞未絶亡

（しかし）皮膚がきれいな雄(おす)のノロジカはまだ死んでいない

2346 ma^{21}go^{33}ȵi^{33}ma^{21}dʐʅ^{33}　未絶也不眞

いや、死んでいないというのは本当ではない

2347 gɯ^{33}ɖɯ^{44}du̱^{33}nɯ^{33}go^{33}　日月出則絶　太陽と月が出ると死んでしまった

2348 va^{55}ŋɯ^{33}li^{21}li^{21}go^{33}　禽類皆絶亡　鳥はすべて死んでしまった

2349 dʑi^{21}tsɿ^{33}ȵɔ^{33}ni^{33}di^{33}ma^{21}go^{33}　紅眼吉子鳥未絶

（しかし）目の赤い吉子(ジーズー)（ジツ）鳥はまだ死んでいない

2350 ma^{21}go^{33}ȵi^{33}ma^{21}dʐʅ^{33}　未絶亦非眞

いや、死んでいないというのは本当ではない

2351 gɯ^{33}ɖɯ^{21}du̱^{33}nɯ^{33}go^{33}　日月出則絶　太陽と月が出ると死んでしまった

2352 ʂʅ̱^{21}mu^{33}mu^{33}dʐʅ^{44}tɕo^{44}　七地之下方　七地(しちじ)の下のほうには

2353 ma^{21}go^{33}du^{33}dʑo^{44}dʑo^{33}　有無未絶者？　まだ死んでない者はいるのか？

2354 ma^{21}go^{33}du^{33}ma^{21}dʑo^{33}　沒有未絶者　まだ死んでない者はいない

2355 di^{21}o^{55}ʂʅ^{33}ȵi^{33}go^{33}　坎下蛇也絶　土手（畦）の下の蛇も死んだ

2356 di^{21}tʻɔ^{33}pa^{33}ȵi^{33}go^{33}　坎上蛙也絶　土手の上の蛙も死んだ

2357 sɿ̱^{33}tʻo^{55}ȵu̱^{55}ȵi^{33}go^{33}　樹端猴也絶　木の梢(こずえ)の猿も死んだ

2358 ʐʅ^{33}o^{55}hɯ^{44}ȵi^{33}go^{33}　水中魚也絶　水の中の魚も死んだ

2359 mu^{33}gu̱^{33}tɿ^{55}ȵi^{33}go^{33}　天空鵰也絶　空の鷂(はいたか)も死んだ

2360 da^{33}vu̱^{55}hæ^{44}ȵi^{33}go^{33}　土中鼠也絶　土の中のネズミも死んだ

2361 lo^{33}a^{21}la^{55}ȵi^{33}go^{33}　深山虎也絶　山奥にいる虎も死んだ

2362 ndi^{21}a^{21}tɕu^{55}ȵɿ^{33}go^{33}　原中雲雀絶　野原のヒバリも死んだ

2363 va^{33}ndi^{55}tsʻɿ̱^{33}mo^{33}ŋɯ^{21}　掌類因此傷　掌(てのひら)付きの動物はそれで悲しんだ

2364 bi^{55}ndi^{55}ts‘ɿ̱^{33}mo^{33}nda^{55}　蹄類因此嘆　蹄（ひづめ）付きの動物はそれで嘆いた

2365 dʑo^{33}mu^{33}dʑo^{33}di^{33}ʂa^{33}　生存很艱難

生存を維持することはとても難しかった

2366 ɖu̱^{55}mu^{33}mo^{33}ma^{21}tɕ‘i^{21}　農業牧業廢

農業も牧畜もできなくなってしまった

2367 dʐo^{33}dʐo^{33}i^{55}lɿ^{33}ɕi^{33}　苟且地偸生

しかたなくその日暮らしで生きていた

2368 ts‘ɿ̱^{33}ɣa^{33}gu̱^{21}dɕo^{44}nɯ^{33}　如此過後呢　そののち

2369 tʂɿ^{44}kɯ^{33}a^{44}lɿ^{33}ȵi^{33}　支格阿龍氏　支格阿龍（チーグォアーロン）（チュクアロ）は

2370 ŋo^{21}mu^{33}ŋo^{21}lɿ^{33}go^{33}　胡思又怪想　あれやこれやと考えをめぐらした

2371 gɯ^{44}mbæ^{33}ɖɯ^{21}mbæ^{33}ŋo^{21}　想要射日月

太陽も月も（弓で）射ようと思った

2372 sɿ^{33}xo^{55}si^{33}xo^{55}t‘u̱^{33}　張神弓　聖なる弓を引き

2373 sɿ^{33}hi^{33}si^{33}hi^{33}ŋgo^{33}　抽神箭　聖なる矢をつがえ

2374 sɿ^{33}ɓæ^{33}si^{33}ɓæ^{33}vi^{55}　披神甲　聖なる鎧を身に着け

2375 mæ^{21}læ^{33}ts‘ɿ̱^{21}ȵi^{21}nɯ^{33}　當先一日呢　最初の一日目には

2376 nda^{33}dzu̱^{33}gu^{33}ȵa^{55}tɕo^{44}　蕨叢山之上　蕨（わらび）の生えている山の上で

2377 nda^{33}t‘o^{55}hi^{55}ta^{33}mbæ^{33}　立於蕨草端來射　蕨の先に立って射たが

2378 gɯ^{33}mbæ^{33}gɯ^{33}ma^{21}zo^{21}　射日未射中　太陽を射ても当たらず

2379 ɖɯ^{21}mbæ^{33}ɖɯ^{21}ma^{21}zo^{21}　射月未射中　月を射ても当たらなかったので

2380 lo^{55}dʐɯ^{21}nda^{33}o^{33}tʂ‘i^{33}　伸手折蕨草　手を伸ばして蕨を折ると

2381 nda^{33}o^{33}o^{33}ku̱^{21}ku̱^{21}　蕨草頭低低　蕨の高さがぐんと低くなった

2382 ɣa^{33}la^{33}ts‘ɿ̱^{21}ȵi^{21}mbæ^{33}　然後一日射　その翌日にも射て

2383 sɿ̱^{21}ɣo^{33}gu^{33}ɣa^{33}tɕo^{44}　桃樹林之中　桃の林の中で

2384 vo^{55}mo^{21}sɿ̱^{21}ɣo^{33}i^{33}tɕ‘i^{44}hi^{55}ta^{33}mbæ^{33}　立於桃樹端來射

桃の梢に立って射たが

2385 gɯ^{33}mbæ^{33}gɯ^{33}ma^{21}zo^{21}　射日未射中　太陽を射ても当たらず

2386 ɖɯ^{21}mbæ^{33}ɖɯ^{21}ma^{21}zo^{21}　射月未射中　月を射ても当たらなかったので

2387 ʂɿ^{33}dʐɯ^{44}sɿ̱^{21}ɣo^{33}ndʑu̱^{33}　投足蹬桃枝　足で桃の枝を蹴ると

2388 o^{33}ʑu̱^{33}mu^{33}kɯ^{44}dzu̱^{33}　頭尾相纏生　梢と根が巻き付いてしまった

2389 ɣa^{33}la^{33}ts‘ɿ̱^{21}ȵi^{21}mbæ^{33}　然後一日射　その翌日にも射て

2390 t‘u̠^{33}lɿ̠^{33}ʐɿ^{44}ka^{33}tɕo^{44}　突而水溝邊　　突而（トゥーアル）（トゥル）川の畔（ほとり）で

2391 tʂɿ^{33}sɿ̠^{33}i^{33}tɕ‘i^{44}hi^{55}ta^{33}mbæ　立於馬桑端來射　　桑の梢に立って射たが

2392 gɯ^{33}mbæ^{33}gɯ^{33}ma^{21}zo^{21}　射日未射中　　太陽を射ても当たらず

2393 ɖɯ^{21}mbæ^{33}ɖɯ^{21}ma^{21}zo^{21}　射月未射中　　月を射ても当たらなかったので

2394 lo^{55}dʐɯ^{21}sɿ^{33}o^{33}ŋo^{55}　舉手彎樹端　　手を挙げて桑の木の梢を曲げると

2395 tʂɿ^{33}ʑu̠^{33}nda^{33}tɕɔ^{33}tɕɔ^{33}　桑樹矮如蕨　　桑は蕨のように小さくなった

2396 ɣa^{33}la^{33}ts‘ɿ̠^{21}ȵɿ^{21}mbæ^{33}　然後一日射　　その翌日にも射て

2397 t‘u̠^{33}lɿ̠^{33}bo^{33}ʂɿ^{33}tɕo^{44}　突而山脚邊　　突而（トゥーアル）（トゥル）山の麓で

2398 ma^{33}t‘o^{55}hi^{55}ta^{33}mbæ^{33}　立於竹端射　　竹の先に立って射たが

2399 gɯ^{33}mbæ^{33}gɯ^{33}ma^{21}zo^{21}　射日未射中　　太陽を射ても当たらず

2400 ɖɯ^{21}mbæ^{33}ɖɯ^{21}ma^{21}zo^{21}　射月未射中　　月を射ても当たらなかったので

2401 lo^{55}dʐɯ^{21}ma^{33}o^{33}ʂɔ^{33}　伸手颳竹端　　手を伸ばして竹の先を削ると

2402 ma^{33}o^{33}ko^{55}xɯ^{33}xɯ^{33}　竹端枝葉茂

竹の先には枝と葉が茂るようになった

2403 ɣa^{33}la^{33}ts‘ɿ̠^{21}ȵi^{21}mbæ^{33}　然後一日射　　その翌日にも射て

2404 t‘u̠^{33}lɿ̠^{33}bo^{33}dʑu̠^{55}tɕo^{44}　突而山腰上　　突而（トゥーアル）（トゥル）山の中腹で

2405 t‘ɯ^{33}t‘o^{55}hi^{55}ta^{33}mbæ^{33}　立於松端射　　松の梢に立って射たが

2406 gɯ^{33}mbæ^{33}gɯ^{33}ma^{21}zo^{21}　射日未射中　　太陽を射ても当たらず

2407 ɖɯ^{21}mbæ^{33}ɖɯ^{21}ma^{21}zo^{21}　射月未射中　　月を射ても当たらなかったので

2408 ɦi^{33}ŋgo^{33}sɿ̠^{33}o^{33}k‘ɯ^{33}　拔劍剖樹端　　剣を抜いて松の梢を切って

2409 t‘ɯ^{33}k‘æ^{33}ts‘ɿ̠^{55}ma^{21}ni^{33}　砍松莫再生

松を切ってそれ以上伸びないようにした

2410 ɣa^{33}la^{33}ts‘ɿ̠^{21}ȵi^{21}mbæ^{33}　然後一日射　　その翌日にも射て

2411 t‘u̠^{33}lɿ̠^{33}bo^{44}o^{33}tɕo^{44}　突而山頂上　　突而（トゥーアル）（トゥル）山の頂上で

2412 mɔ^{33}t‘o^{55}hi^{55}ta^{33}mbæ^{33}　立於杜鵑頂上射　　ツツジの先に立って射たが

2413 gɯ^{33}mbæ^{33}gɯ^{33}ma^{21}zo^{21}　射日未射中　　太陽を射ても当たらず

2414 ɖɯ^{21}mbæ^{33}ɖɯ^{21}ma^{21}zo^{21}　射月未射中　　月を射ても当たらなかったので

2415 ʂɿ^{33}dʐɯ^{44}mɔ^{33}o^{33}tu̠^{55}　投足蹬樹端　　足でツツジの先を蹴ると

2416 ʂɔ^{33}mɔ^{33}ʑu̠^{33}dɯ^{33}bi^{21}　杜鵑長得矮　　ツツジは小さくなった

2417 ts‘ɿ̠^{33}ɣa^{33}mo^{44}gu^{33}dʑo^{44}　如此之後呢　　そののち

2418 tʂɿ^{44}kɯ^{33}a^{44}lɿ^{33}ȵi^{33}　支格阿龍呢　　支格阿龍（チーグォアーロン）（チュクアロ）は

2419 gɯ^{33}ɖɯ^{21}a^{21}ku̠^{33}dzɯ^{33}　讐恨於日月　　太陽と月を恨み

2420 gɯ^{33}ndzu̠^{33}ku^{44}tʂɿ̠^{33}tʂɿ̠^{33}　恨日叫直直

恨んで太陽に、厳しい口調で叫び

2421 ɖɯ^{21}ndzu̠^{33}ho^{21}di^{21}di^{21}　恨月吼幽幽

恨んで月に、声を押し殺すようにして吼（ほ）えた

2422 mu^{33}ndʐa^{33}k‘a^{33}tʂɿ^{44}li^{33}mo^{33}di^{44}　要去勘察土地焉

大地を視察に行くことにした

2423 ʐɿ^{44}o^{33}ʐɿ^{44}mu^{33}hɯ^{21}ta^{33}ndʐa^{33}　勘測南北方

南と北のほうを視察に行くことにした

2424 ts‘ɿ̠^{44}ȵi^{33}ga^{33}ma^{21}bu^{33}　未得其道路

（しかし）そこへの道が見つからなかった

2425 bu̠^{44}du̠^{33}bu^{33}dʑi^{33}hɯ^{21}ta^{33}ndʐa^{33}　勘測東西方

東と西のほうを視察に行くことにした

2426 ts‘ɿ̠^{44}ȵi^{33}ga^{33}ma^{21}bu^{33}　仍然未得道

（しかし）やはりそこへの道が見つからなかった

2427 tʂɿ^{44}kɯ^{33}a^{44}lɿ^{33}ȵi^{33}　支格阿龍呢　　支格阿龍（チュクアロ）は

2428 ȵo^{33}lɿ^{33}ku^{44}tʂɿ̠^{33}tʂɿ̠^{33}　祈道叫直直

道（正義）を祈願して、厳しい口調で叫び

2429 gɯ^{33}mo^{55}ho^{21}di^{21}di^{21}　求理吼幽幽[47]

理（道理）を求めて、声を押し殺すようにして吼えた

2430 t‘o^{55}li^{33}mu^{33}tɕ‘u^{33}p‘a^{55}　上方蒼天父　　上にいる空の父

2431 ȵo^{33}p‘a^{55}tɕ‘u^{33}ndzu^{21}dzu̠^{33}　“道父”蓄銀髻

「道（正義）の父」は銀の髻（まげ）を結い

2432 o^{55}li^{33}tsa^{33}næ^{33}mo^{21}　下方黑地母　　下にいる大地の母

2433 ȵo^{33}mo^{21}ʂɿ^{33}t‘æ^{33}ndi^{55}　“理母”帶金帕

「理（道理）の母」は金色のハンカチを持っていた

2434 ȵo^{33}lɿ^{33}gɯ^{33}k‘u^{33}tɕ‘i^{21}　祈道訴於日

正義を祈願して（「道の父」に）太陽を訴え

2435 ȵo^{33}lɿ^{33}ɖɯ^{21}pi^{33}t‘i^{33}　求理訴於月[48]

道理を求めて（「理の母」に）月を訴えた

2436 ʂɯ^{21}ʂɯ^{21}na^{33}bo^{33}kɯ^{44}　通報於神神　神神（シェンシェン）（神神阿普（シュシュアプ））に報告すると

2437 ʂɯ^{21}ʂɯ^{21}a^{44}p'u^{33}ȵi^{33}　神神阿普[49]呢　神神阿普（シェンシェンアープー）（シュシュアプ）は

2438 tɯ^{21}la^{33}hi^{55}dɯ^{33}mu^{33}　立即站起來　直ちに立ち上がり

2439 ȵo^{33}lɪ^{33}ȵɪ^{33}ȵo^{33}bɪ^{21}　祈道則賜道　正義を祈願すると正義を与え

2440 gɯ^{33}mo^{55}ȵi^{33}gɯ^{33}bɪ^{44}　求理則賜理　道理を求めると道理を与えた

2441 ni^{33}su^{33}gɯ^{33}mbæ^{33}ɖɯ^{21}mbæ^{33}li^{33}　"你去射日射月時

「お前が太陽と月を射に行くとき

2442 mu^{33}gu^{33}ʂɯ^{21}ta^{33}mbæ^{33}　找著地心上來射

大地の中心を探してそこを射れば

2443 mbæ^{44}nɯ^{33}zo^{21}dɯ^{33}gu^{44}　射則可中焉"　射れば必ず当たる」(と言った)

2444 tʂɪ^{44}kɯ^{33}a^{44}lɪ^{33}ȵi^{33}　支格阿龍呢　支格阿龍（チーグォアーロン）（チュクアロ）は

2445 ʂu̠^{55}lo^{21}dʑæ^{44}t'ɔ^{33}t'ɔ^{33}　記得很清楚　しっかり記憶した

2446 mu^{33}vu̠^{55}mu^{33}k'ɯ^{33}ʐo^{55}ta^{33}mbæ^{33}　東方西方交叉射

東と西で代わる代わる射た

2447 mbæ^{33}lo^{44}tɕo^{55}t'u̠^{33}mu^{33}gu̠^{33}zo^{21}　射到昭通地心上[50]

昭通（チャオトン）（チョトゥ）という大地の中心に向かって射た

2448 mu^{33}fɪ̠^{55}mu^{33}ɖo^{21}ʐo^{55}ta^{33}mbæ^{33}　南北交叉射

南と北で代わる代わる射た

2449 mbæ^{33}lo^{44}tɕo^{55}t'u̠^{33}mu^{33}gu̠^{33}zo^{21}　射到昭通地心上

昭通（チャオトン）（チョトゥ）という大地の中心に向かって射た

2450 a^{21}dʐɪ^{33}di^{44}vo^{44}nɯ^{33}　如果不相信

もしも（あなたがこれを）信用できないと言うのなら

2451 a^{21}mu^{33}lɪ̠^{33}sa^{55}dʐɔ^{33}ʑi^{21}sɪ^{33}　如今還有其神跡

今でもまだその聖なる痕跡が残っている

2452 ts'ɪ̠^{33}ɣa^{33}la^{33}gu̠^{21}dʑo^{44}　如此過後呢　そののち

2453 tʂɪ^{44}kɯ^{33}a^{44}lɪ^{33}ȵi^{33}　支格阿龍氏　支格阿龍（チーグォアーロン）（チュクアロ）は

2454 li^{33}lo^{44}tɕo^{55}t'u̠^{33}mu^{33}gu̠^{33}ɕi^{33}　到達昭通地心上

昭通（チャオトン）（チョトゥ）という大地の中心に着いた

2455 tɕo^{55}t'u̠^{33}mu^{33}gu̠^{33}nɯ^{33}　昭通地方呢　昭通という所には

2456 bo^{33}ŋɯ^{33}mu^{33}tɕɔ^{33}tɕɔ^{33}　群山巍巍立　山々が聳（そび）え立っていた

2457 mu^{44}su^{33}ts'ɪ̠^{21}ma^{33}dʑo^{33}　高者僅一座　(本当に)高いのは一つだけだが

2458 tɕo^{55}t‘u̱^{33}bo^{44}o^{33}nɯ^{33}　昭通山峰呢　（その）昭通(チャオトン)（チョトゥ）山には

2459 ʂu̱^{55}bo^{33}t‘i^{55}dzu̱^{33}su^{33}　栢樹生於此　コノテガシワが生え

2460 ʂu̱^{55}ʂɿ^{33}li^{33}gu^{33}pa^{33}　栢根有九把　コノテガシワの根は九束あって

2461 ʂu̱^{55}ʂɿ^{33}ndɯ^{21}tsɿ^{33}tsɿ^{33}　根部粗又壯　根は太くて丈夫であった

2462 ʂu̱^{55}o^{33}li^{33}gu^{33}li^{33}　栢端有九度

コノテガシワの梢(こずえ)は（仰角が？）九度ほどあり

2463 ʂu̱^{55}o^{33}ko^{55}ȵæ^{33}ȵæ^{33}　栢枝長又直

コノテガシワの枝は長くて真っ直ぐであった

2464 o^{44}li^{33}tʂa^{55}tʂa^{55}k‘ɯ^{33}　樹端棲鴉鵲　梢には烏(からす)と鵲(かささぎ)が棲(す)み

2465 dʑu̱^{55}ɣa^{33}a^{21}ɖɿ^{33}k‘ɯ^{33}　樹腰棲斑鳩　木の中ほどには斑鳩(しらこばと)が棲み

2466 ndʑi^{21}ɣa^{21}zɿ̱^{55}zɯ^{33}k‘ɯ^{33}　樹根豹子居　木の根の所には豹が棲み

2467 ʂu̱^{55}t‘o^{55}tɕo^{55}nɔ^{21}vo^{33}　樹上雄鷹飛　木の上を雄(おす)の鷹が飛び

2468 ʂu̱^{55}lo^{55}o^{44}dʑu^{33}gɯ^{21}　樹枝狐狸戲　木の枝では狐が遊び

2469 ʂu̱^{55}ʂɿ^{33}tʂ‘ɿ^{44}lɯ^{33}pæ^{33}　樹旁麅麞遊　木のそばではノロジカが遊んだ

2470 tʂɿ^{44}kɯ^{33}a^{44}lɿ^{33}ȵi^{33}　支格阿龍呢　支格阿龍(チーグォアーロン)（チュクアロ）は

2471 li^{33}lo^{44}ʂu̱^{55}t‘o^{55}hi^{55}　立於栢樹端　コノテガシワの梢に立って

2472 tɕ‘æ^{55}t‘u̱^{33}lo^{55}læ^{44}gu̱^{33}　手臂輓強弓　腕で強い弓を引いた

2473 lo^{55}li^{33}po^{21}gɯ^{21}gɯ^{21}　手臂壯實實　腕は丈夫であった

2474 hi^{33}ɣo^{33}bɿ^{21}nda^{33}tɕi^{21}　箭桿如矛桿　矢の柄は槍の柄のようであり

2475 bɿ^{21}da^{33}tʂɿ^{33}si^{33}si^{33}　長桿直挺挺　その長い柄は真っ直ぐ伸びていた

2476 hi^{33}ŋgo^{33}ndzu^{21}ma^{33}tʂ‘a^{33}　抽箭插於髻

矢を引き出して髻(まげ)に挿し込んだので

2477 ndzu^{21}ma^{33}pu^{33}lɿ^{21}lɿ^{21}　頭髻果纍纍　髻に重なり刺さった

2478 mæ^{21}læ^{33}ts‘ɿ̱^{21}lo^{55}mbæ^{33}　當先射一箭　まず矢を一本射た

2479 sɿ^{33}xo^{55}ŋo^{55}ta^{33}mbæ^{33}　張神弓來射　聖なる弓を引いて射

2480 sɿ^{33}hi^{33}tɕa^{33}ta^{33}mbæ^{33}　搭神箭來射　聖なる矢をつがえて射

2481 hi^{44}ȵi^{33}hi^{44}mu^{33}li^{33}　箭頭直往前　矢の先が真っ直ぐ前に進み

2482 li^{33}gu̱^{21}gu̱^{21}mu^{33}li^{33}　響嘣嘣而出　ブンブンと音を立てて飛び

2483 dɿ^{21}ɣa^{33}xo^{33}ʐɯ^{33}ʐɯ^{33}　聲振於路旁　その音が道に響き渡ったが

2484 gɯ^{33}mbæ^{33}gɯ^{33}zo^{21}zo^{33}　射日射中否？

その矢は太陽に当たったか、どうだ？

2485 gɯ^{33}mbæ^{33}gɯ^{33}zo^{21}vo^{44}　射日射中了　　その矢は太陽に当たった

2486 ɣa^{33}la^{33}ts'ɿ̱^{21}lɔ^{33}mbæ^{33}　然後射一箭　　そのあと矢をもう一本射た

2487 si^{33}xo^{55}ŋo^{55}ta^{33}mbæ^{33}　張神弓來射　　聖なる弓を引いて射

2488 si^{33}hi^{33}tɕa^{33}ta^{33}mbæ^{33}　搭神箭來射　　聖なる矢をつがえて射

2489 hi^{44}ȵi^{33}hi^{33}mu^{33}li^{33}　箭頭直往前　　矢の先が真っ直ぐ前に進み

2490 bɿ^{33}lɿ^{33}lɿ^{33}mu^{33}li^{33}　直挺挺而去　　真っ直ぐ飛んで行き

2491 lo^{33}a^{21}xo^{33}ʐɯ^{44}ʐɯ^{44}　聲振於山谷　　その音が山の谷に響き渡ったが

2492 ɖɯ^{21}mbæ^{33}ɖɯ^{21}zo^{21}zo^{21}　射月射中否？

その矢は月に当たったか、どうだ？

2493 ɖɯ^{21}mbæ^{33}ɖɯ^{21}zo^{21}vo^{44}　射月射中了　　その矢は月に当たった

2494 gɯ^{33}mbæ^{33}gɯ^{33}ti^{33}dzi^{33}　射日剩獨日　　太陽を一つだけ残した

2495 gɯ^{33}ti^{33}ȵɔ^{33}dʑi^{33}dzi^{33}　祇剩斜眼日[51]　　眼を斜めにした太陽だけを残した

2496 ɖɯ^{21}mbæ^{33}ɖɯ^{21}ti^{33}dzi^{33}　射月剩獨月　　月を一つだけ残した

2497 ɖɯ^{21}tɿ^{33}p'a^{33}p'ɿ̱^{33}dzi^{33}　獨月剩半邊　　半分欠けている月を残した

2498 gɯ^{33}fu̱^{55}ɖɯ^{21}ʂɿ̱^{21}li^{33}　六日七月呢　　六つの太陽と七つの月は

2499 tʂɿ^{44}kɯ^{33}a^{44}lɿ^{33}mbæ^{33}　支格阿龍射　　支格阿龍（チーグァアーロン）(チュクアロ)が射落として

2500 ʂɿ̱^{21}mu^{33}mu^{33}dʐɿ^{44}tɕo^{44}　七地之下方　　七地（しちじ）の下のほうの

2501 lɿ̱^{33}tɕɔ^{33}sɿ^{33}ɣa^{33}zɿ̱^{33}　鎮於石板下　　石の下に鎮めた

2502 tʂɿ^{44}kɯ^{33}a^{44}lɿ^{33}ȵi^{33}　支格阿龍呢　　支格阿龍は

2503 lo^{55}dʐɯ^{21}ʂu̱^{55}o^{33}si^{55}　伸手擢栢頂

手を伸ばしてコノテガシワの梢を引っ張った

2504 ʂu̱^{55}dzu̱^{33}gu^{33}p'u̱^{21}ɖo^{33}　栢林九片生[52]　　（このようにして）コノテガシワの林が九つの地域に生えることになった

2505 ʂu̱^{55}bo^{33}ʑu̱^{33}tɕa^{33}dʐo^{33}　栢樹長得直　　（このようにして）コノテガシワは真っ直ぐに伸びることになった

2506 a^{33}ɖɯ^{44}ʑu̱^{33}tɕa^{33}dʐo^{33}　古時就很直

（こういうわけでコノテガシワは）昔も真っ直ぐだったし

2507 a^{21}mu^{33}dʐɔ^{33}ʑi^{21}sɿ^{33}　如今亦很直　　今も真っ直ぐなのである

古事記への視点

■複数の太陽と月を射落とす要素が、日本神話には無い

すでに見てきたように、支格阿龍神話とスサノヲ神話にはいくつかの類似点があったが、しかし、決定的な違いもある。それは、複数の太陽と月が出て、それを支格阿龍が矢で射落とすという要素が『古事記』神話には無い点である。この要素は、アメノイハヤト神話においても、洞穴に隠れた太陽（と月）を雄鶏を啼かせて呼び出すという中国少数民族の神話と大筋では一致しているのに、複数の太陽・月を射落とすという要素だけが『古事記』神話には無い。『古事記』神話に欠落があるのか、あるいはまったく別系統の神話なのか、論議を深めねばならない。

注

① 指白色的人與白色的天互爲婚姻、下一句同。
白い色の人と白い色の空が結婚したという意味。次の一句も同じ。

② 毋烏故史、從語義上來看、似指天空大雁、前一句史色爲人名。
毋烏故史は、その意味からみれば、空の大きな雁を指すようである。前の句の史色は人名である。

③ 這句的故譬譬夥和下面故史毋烏、以歐利利等皆爲地名或某家族名。而故莫阿支、毋烏毋古等則既似人名、有時又象是地名。
この故譬譬夥【9［雪族の十二人の子］の注⑤参照】と次の故史毋烏・以欧利利などはすべて地名あるいは家族の名である。しかし、故莫阿支・毋烏毋古は人名のようでもあるが、ときには地名のようでもある。

④ 織樁可能指織布時立的木樁。
織り杭は、機織りをするときに立てる木の杭であろう。

⑤ 織板爲一根約二尺長的木板、寬約四寸、用以撑開互相交叉的上下兩層綫。
機織りの板は長さが約2尺【1尺は約33 cm】で幅が約4寸【10寸で1尺】の木の板である。上下に交差している二層の糸を支えるのに用いる。

⑥ 這裡的鴟、有人認爲是鵰、有人則認爲是鷹。
この鷂は、ある人は鷲だとし、ある人は鷹だとしている。

⑦ 這裡的治恩山和下文達紅山、尼爾威皆爲地名。
この治恩山と以下の句の達紅山・尼爾威はすべて地名である。

⑧ 所匹、音譯、可能指三片地域。
所匹は音訳であり、三つの地域を指しているようだ。

⑨ 指尼日中了鴟血後有些異常、以爲是不祥的徵兆。
尼日はハイタカの血がからだに落ちたあと具合が悪くなったので、これは不吉な兆候だと思ったという意味である。

⑩ 十三日爲虛指、其實是一段時日之後的意思。
「十三日」は正確な表現ではなく、正確にはしばらくのちという意味である。

⑪　指懷孕的時間。

妊娠の時間を指す。

⑫　法鈴爲畢摩作法時用的鈴鐺。下文野猪牙也是畢摩的鎮魔器。

「儀礼用の鈴」はビモが儀礼をするときに用いる鈴である。下の句の「猪の歯」もビモが鬼（悪霊）を鎮めるための道具である。

⑬　指用這些樹插神枝作儀式。“維日”爲音譯、是一種與木香同類的樹。

それらの木を神枝（神聖な枝）として挿して儀式を行なう。維日は音訳であり、木香と同じ種類の木である。

⑭　木衛、是指用木作防衛、“作木衛”是彝族的一種宗教儀禮、這裡指即要生小孩、爲小孩防疫之義。下文木鎖、木柵欄皆爲用木作的防衛用具。

「木衛」とは、木で作った防衛（悪霊除けの）物のことである。「お守りの木とする」はイ族の一種の呪的儀礼であり、ここではこれから生まれてくる赤ん坊を疫病から守ることである。下の句の「木の鍵」「柵」も木で作られた防衛用具である。

⑮　斯匹甘夥爲山名、與下文的阿紅留以相對、阿紅留以指今横貫涼山的安寧河。

斯匹甘夥は山の名前であり、以下の句の阿紅留以と向かい合っており、阿紅留以はいま涼山地区を流れている安寧川である。

⑯　彝族畢摩作完儀式離開主人家時、須將門帶上、言要將吉祥“関”於屋中留給主人家。

イ族のビモは儀式を終えて主人の家を出るときには、めでたいことが主人の家に残るように戸を閉めなければならない。

⑰　龍方爲東南方向。

「辰の方角」は東南である。

⑱　指支格阿龍從小就眼光很高、預示著他的遠大志向。

支格阿龍は小さいときから眼力にすぐれ、彼が遠大な志を持つことを予知させたということ。

⑲　“特別”又稱“勒格特別”、是傳説中一種巨大的動物、浮於天空中、有公、母、子三箇“特別阿莫”就是“母特別”。

「特別」は「勒格特別」とも称され、伝説上の巨大動物であり、空に浮かんでいる。「特別阿莫」には雄、雌、子の三つがあるが、（ここのは）「雌特別」である。

⑳　單引號内爲“母特別”的話。

《　》内は「雌特別」の言葉である。

㉑　指尼日因慌張而想把阿龍遺棄。

尼日は慌てたので、支格阿龍を捨てようと思ったのである。

㉒　吉子、音譯、爲一種灰斑的小鳥。

吉子は音訳で、灰色の斑模様の小鳥のことである。

㉓　這句的眞正的形象説法是“左眼生日形、右眼有月象”、此爲畢摩經書中所云。

この句は、ビモの経典の中の正確な言い方では、「左の目が太陽の形になり、右の目が月の形になった」となっている。

㉔ 指有著多層翅膀的神馬。

幾重もの翼を持つ神馬のことである。

㉕ 指阿龍在一箇妻子處衹能待一定時間、時間一到、無論怎樣都要轉移。

支格阿龍が一人の妻の所に滞在できる時間は決められているので、その時間が来ると、どんなことがあっても（もう一人の妻の所に）移って行かなければならないのである。

㉖ 支格阿龍的事跡這箇題目是我們加上去的、原本中没有這種明確的題目。

「支格阿龍がなしとげたこと」というこの題目は、私たち（訳注者）が付け加えたものであり、原文にはこのように明確な見出しはない。

㉗ 這句和前一句指衹要聽到人叫和鷄鳴、雷電就立刻打擊。

この句と前の句は、雷が人間の叫び声や鶏の啼き声を聞くとすぐに落雷するということを意味している。

㉘ 以上四句、第一句指擊於兒童、第二句指未成年的少女、第三句指老頭、第四句指老娘。

上の四つの句は、第一句が子供に落雷するという意味、第二句が成年前の少女に落雷するという意味、第三句が老人に落雷するという意味、第四句が祖母【老女】に落雷するという意味である。

㉙ 這句的本義爲讓生靈皆厭煩。

この句の意味は、生き物すべてに嫌われるということである。

㉚ 海克、可能指月神、那裡可能有一頭黑牛。前面海克山之海克亦然。

海克とは月の神（のいる所）を指すようであり、そこには一頭の黒い牛がいるようである。前の句の海克山の海克も同じ。

㉛ 以上三句是很傷心的表現。

以上の三句は、とても悲しい気持ちになっていることの表現である。

㉜ 格留海克、指日神和月神。這裡的意思是呼喚日月神來主持公道。

格留海克は太陽の神と月の神を指す。ここでは、太陽の神と月の神を呼んできて、“正しい道理を主張してください”と頼むことである。

㉝ 與上文海克黑牛相對出現了格留白牛。

上の句の海克黑牛と対応して格留白牛が出現した。

㉞ 天地山、虛擬的山名。

天地山という山名は虛構の名である。

㉟ 彝族認爲雷電呈刀斧等形、這裡就是指雷電爺爺正在打製這些東西。

イ族は、雷が刀や斧の形をしていると思っている。ここでは、雷の爺さんが（鉄を）打ってそれらを作っているという意味である。

㊱ 引號內這一段指恩梯古茲派人來命令雷電爺爺將支格阿龍打死。

「　」の中は、恩梯古茲は人を派遣して、雷爺さんが支格阿龍が死ぬまで雷を落とすように命令したという意味である。

㊲ 雷電甘甘、甘甘爲擬人化的名字、可能是雷電爺爺的孫子或兒子。

雷電甘甘の甘甘は、擬人化した名前であり、おそらくは「雷爺さん」の孫か息子であろう。

㊳ 指雷公已同意告訴阿龍各種藥物。以上三句指支格阿龍向雷公詢問藥物和疾病的情況。

雷は支格阿龍にさまざまな薬について教えることに同意した。以上の三つの句は、支格阿龍が雷に薬と病気について尋ねる場面である。

㊴ 以上幾句指支格阿龍正在詢問疾病的情況、剛問到足裂開該用甚麼藥時、雷公就跑掉了、飛走時發出“兵優”一聲、阿龍以爲是藥名、誰知實爲飛行之聲。

上のいくつかの句は、まさに支格阿龍が病気のことを尋ねている状態を示している。足裂けに効く薬について尋ねているときに雷が逃げ出し、飛んで行くときに「兵優」(ピュー)という音を立てた。支格阿龍は薬の名だと思ったが、意外にも実は雷が飛んで行く音であった。

㊵ 巴哈是傳説會喫人的一種大動物、阿旨爲其名。

伝説によれば巴哈は人間を食べる大きな動物であり、阿旨はその名前である。

㊶ 這裡所説的大海彝語稱“滇帕紹諾”、有学者認爲即今滇池。

この「大海」はイ語では「滇帕紹諾」と言い、研究者によっては今の「滇池」【現在の雲南省昆明市郊外にある湖】のことだとする。

㊷ 坡利、音譯、是一種用竹編成橢圓筒形的器物、收口、用以裝糧食等。

「坡利」は音訳であり、竹編みの楕円形の器物のことである。開き口を閉じられるようになっており、食料などを入れる。

㊸ 指阿龍自己送上門來、這是找都找不到的好事。

阿龍が自分でやって来たのだから、これは滅多にない良い機会だということになる。

㊹ 指巴哈阿旨的兒子。

巴哈阿旨の息子を指す。

㊺ 這句中的“特別”和上句的“勒格”即“勒格特別”、見前面注⑲。

ここの「特別」と上の句の「勒格」は「勒格特別」と同じである(注⑲参照)。

㊻ “帕柒”爲音譯、一種草名。

帕柒は音訳で、草の名前である。

㊼ 這裡的求理和祈道之義爲祈求公道。下文的“道父”和“理母”指掌握公道的神之父和母。

ここの「理を求める」「道を求めて祈る」とは、正義、公平を求めて祈願するということである。次の句の「道の父」「理の母」も、正義、公平を司る神である父と母の意である。

㊽ 訴於日月、指祈求公道、起訴日月。

「太陽と月を訴える」とは、正義、公平を求めて（「道の父」と「理の母」に）太陽と月を訴えることである。

㊾　神神阿普和上句的“神神”皆爲音譯、神神阿普好象也就是“阿普阿散”。
神神阿普も上の句の「神神」も音訳であり、神神阿普はまた「阿普阿散」【3〔天地開闢（天と地を分ける）〕95 句に初出】によく似ている。

㊿　昭通地、彝語稱“糾吐母古”、其實指今雲南昭通、彝族先民認爲此地乃爲大地之中心。
昭通はイ語で「糾吐母古」と言い、現在の雲南省の昭通を指している。昔のイ族はここを大地の中心だとしていた。

51　獨日因害羞不敢正視、故斜眼。下文半邊月是指月缺。
ただ一つの太陽は恥ずかしさのあまり、真正面から見る勇気がないので、眼を斜めにしたのである。下の句の「半分の月」は月が欠けていることを指す。

52　九片指很多。支格阿龍站於栢端射中日月很高興、故讓牠發展。
「九つの」は多いという意味である。支格阿龍はコノテガシワの梢に立って太陽と月を射落とせて喜んだので、コノテガシワを高く伸びるようにしたのである。

［支格阿龍］

大昔、白い人と白い空が、黒い人と黒い空が結婚した。黒い空は杉と、杉は岩と、崖は大きな川と、大きな川は魚と、魚は杉林と、杉は太陽と月と、太陽と月は大きな山と、大きな山は深い谷と結婚した。深い谷は史色を生み、史色は母烏故史に嫁ぎ、東北で龍の子を生み、龍の子は西のほうの大きな川に住んだ。魚は龍と遊んだが、龍の食べ物になった。史色は大きな川で龍の子を生み、龍の子は崖に住んだ。石は龍と仲が良かったが、龍の遊び道具になった。蜜蜂は龍の食べ物になった。崖で龍の子が生まれ、杉林に住んだ。鹿は龍と遊んだが、龍の食べ物になった。杉林で龍の子が生まれた。

史色は故讐讐夥に嫁いで故莫阿支を生み、故史母烏に嫁いで母烏母古を生み、欧尼鴎に嫁いで鴎尼爾覚を生み、以欧利利に嫁いで利利瑪染を生み、精以紹諾に嫁いで紹諾阿覚を生み、武則洛曲に嫁ぐと洛曲に美しい娘が生まれ、抵史紹諾に嫁いで紹諾瑪吉を生み、欧爾則維に嫁いで則維尼莫を生み、俄着達日に嫁ぐと達日莫史色に資資阿母が生まれ、資資阿母は役人の家に嫁ぎ、役人の家で生まれた娘は濮人に嫁ぎ、濮人の家では三人の娘が生まれ、濮莫旨瑪は旨家に嫁ぎ、濮莫達公は達家に嫁ぎ、濮莫尼日は閨房（女部屋）にいた。濮莫尼日は白い機織り道具を持ち、軒下で三日三晩機織り道具を組み立てようとしたが、織機はでき上がらなかった。翌日は峠に座って七日七晩組み立てたができ上がらなかった。また翌日突而山（トゥル）の頂上で九日九晩組み立てると、織機は立ち上がった。そののち三年間で織機を組み立て、三か月で織り杭（くい）を立て、突而山（トゥル）の頂上で機織りをした。織り杭は星のように輝いた。パンパンと音を立てて機を織り、機織りの板は鷹の翼のように飛び回り、梭（ひ）は蜂のように舞い、赤い糸で虹を織った。

突而山（トゥル）の頂上では、それぞれ一対のハイタカが東の深い谷から、西の治恩（チュゲ）山から飛んで来て、所匹（ソビ）のハイタカが達紅（ダホ）山から、恩旨（ゲジュ）のハイタカが尼爾威（ニュルヴィ）から飛んで来た。四羽のハイタカが杉林の山から飛んで来た。濮莫尼日（プモニジュ）がハイタカを見に行くと、濮莫尼日（プモニジュ）のからだにハイタカの血が三滴落ちた。一滴が頭に落ちて九層の下げ髪を通り抜け、一滴が腰に落ちて九層のフェルト布を通り抜け、一滴が尾に落ちて九層のスカートを通り抜けた。濮莫尼日（プモニジュ）はからだの具合が悪くなったので、ビモを探したに行ったがビモはいなかった。十三日が過ぎて少しめまいがしたので、一羽の鳥にビモを招きに行かせた。村の真ん中にはビモがいたが留守で、弟子の呷呷（カカ）が在宅していた。呷呷（カカ）は敷き布のフェルトの上にノロジカの毛皮を敷き、（からだの）脇に虎の皮を掛け、左手に経典、右手に団扇（うちわ）を持ち、笠を被り、座ったまま経典を唱えた。呷呷は左手で物入れ箱の蓋を開け、右手で箱の底を探り、経典入れの袋を取り出して、ページを二枚開いたが、何も書いていなかった。ページを外側と内側に二枚ずつ開くと、聖なる文字で「これは邪悪な怪物である」とあった。次にページを外側と内側に三枚ずつ開くと、「これは出産を順調にする」と書いてあった。次にページを外側と内側に四枚ずつ開くと、「これは人生を幸せにする、神枝（かみえだ）を挿（さ）し、白い雌鶏（めんどり）を生け贄にし、出産の霊を呼び寄せたあとに、間もなく一人の神の子が生まれる」とあった。百二十日後に、大きくて赤い蜂にビモを招きに行かせた。ビモは、林に行って籤（ひご）の筒のコノテガシワと、笠のカシワと、籤（ひご）の竹を取ってきた。漢（ハン）族の地域では白い紙を、西昌（シーチャン）では墨汁（ぼくじゅう）を、三つの町では鮮やかな花を、凹（くぼ）んだ低地では鈴を、猪の山では猪の歯を手に入れてきて、主人（依頼人）の家に行って出産の霊を呼び寄せた。木香（ムク）と維日（ヴォヴ）とポプラの枝を三本ずつ用意した。斯匹甘夥（スピカホ）山ではコノテガシワと櫟（くぬぎ）が青々と茂り、阿紅留以（アホニョジュ）では鴻（おおかり）と雁が啼きながら飛んだ。家の中にはビモと主人がいて、ビモはくつろぎ、主人は明るく笑っていた。ビモと弟子は出産の霊を呼び寄せたあとに家を出て、門を閉め、めでたいことを屋内に残した。そののち濮莫尼日（プモニジュ）は、朝、白い霧が立ち上がったときの午後に支格阿龍（チュクアロ）を生んだ。

支格阿龍（チュクアロ）は、辰の年の、辰の月、辰の日に生まれた。生まれたその夜には母の乳を吸いたくなかった。二日目の夜には母と共に寝たくなかった。三日目の夜には母の作った食べ物を食べたくなかった。四日目の夜には母の作った着物を着たくなかった。空に向かって目を見開いて太陽を楽しげに見詰め、目を転じて大地を見回して人間界を観察した。泣きに泣いて、九日九夜泣いた。そののち濮莫尼日（プモニジュ）は、「西の三つの谷にいる特別阿莫（トゥビアモ）は、《いったい何という物だろう、神秘の誕生をしたのだから、将来は私の根を切りに来るだろう》と言って、末っ子を派遣して、濮莫尼日（プモニジュ）母子を食べに来た」という夢を見た。母子二人は恐ろしい夢から醒めて、転がったり喘（あえ）いだりしながら歩きに歩き、神仙の岩屋のそばを通ったときに、支格阿龍（チュクアロ）は母に捨てられた。母は済まないと思いながらも母の道を歩いて行った。子は眠ってしまっていた。岩屋は切り立った崖にあり、蜜蜂も遠くから飛んで来た。崖の縁（ふち）には龍が棲（す）んでいたので、支格阿龍（チュクアロ）が自分は龍の子だと言うと、龍は支格阿龍（チュクアロ）を見て喜んだ。支格阿龍（チュクアロ）も龍を見て喜んだ。そののち、支格阿龍（チュクアロ）は、龍の乳を飲み、龍の食べ物を食べ、龍の着物を着た。

支格阿龍（チュクアロ）は、生まれて一年後には豚飼いに随（つ）いて行き、草の茎で矢を作り、竹を弓として身に着け、土手（畦）で遊び回った。吉子（ジツ）鳥を射ると、鳥の首に当たって羽が飛び、鳥の血は一滴一滴と落ち、鳥の死骸はころころ転がった。生まれて二年後には、羊飼いに随（つ）いて行き、木を曲げて弓を作り、竹で矢を作り、坂や峰を巡った。錦鶏（にしきどり）や山鶉（やまうずら）の首を射て、羽と血が落ちて鳥の死骸が転がった。四、五歳になるともう大人になり、旅に出る人に随（つ）いて行った。幼いのに腕は杵（きね）のように太く、脛（すね）は柱のように太かった。杉林で、ノロやノロジカを射（い）殺し、獣（けもの）の毛が飛び、血が落ち、死骸が転がった。九、十歳になると、神聖で霊妙な弓と矢を持ち、神聖で霊妙な鎧（よろい）かぶとを身に着けて奥山を駆け巡り、豹や熊や猿の皮を剥いだ。支格阿龍（チュクアロ）は、獣や鳥の皮を集めに集めて衣裳を作った。虎の皮を当て布にし、豹の皮を上着の袖にし、熊の皮を胸掛けとし、ノロの皮を袖口の布とし、山鶉（やまうずら）の皮を紋章とし、錦鶏（にしきどり）の皮を縁飾りとし、猿の皮を襟とし、カワウソの皮を襟とし、鼠の皮で縫い繕（つくろ）った衣裳は派手やかで、ぴかぴか煌（きら）めき、寒いときには暖かで、暑いときには涼しく、少年も老人も声を挙げて賞賛した。首も足も美しかった。

支格阿龍（チュクアロ）は、腕で強い弓を引くと弦がパーンと響き、腕当てを着けた二の腕は屈強であり、髻（まげ）に矢を挿しこむと髻がしっかりまとまった。支格阿龍（チュクアロ）は人間の形になり、虎のようにうなり、狼のように吼（ほ）えた。南で光ると光が北にまで届き、座ると小さな山のようであり、立ち上がれば立ちのぼる霧のようであった。虎を捕らえて馬代わりに乗り、猛毒のものを取って食べた。左の目は太陽の形で、右の目は月の形だった。手に鉄の刺股（さすまた）を執り、肩に銅の網袋を掛け、頭に銅のお碗型かぶとをかぶり、手を挙げると雷が鳴り、まばたきすると雨が降り、足を踏むと地震が起きた。

そののち、支格阿龍（チュクアロ）は、神女の阿妮（アニ）を娶（めと）って海のこちら側に住み、神女の阿烏（アヴ）を娶って海のあちら側に住んだ。幾重もの翼のある神馬に乗り、海の上を行ったり来たりした。阿妮（アニ）と阿烏（アヴ）は話し合って、「七日から十三日のうちに支格阿龍（チュクアロ）は都合が良くても悪くても帰るべきだ」と決めた。しかし、ある日、約束違反が起きた。阿烏（アヴ）は阿妮（アニ）を妬（ねた）み、馬の翼を一重切ってしまった。阿妮（アニ）は“姉は約束を破った”と妬み、馬の翼を二重（ふたえ）切ってしまった。支格阿龍（チュクアロ）は、七日から十三日のうちに神馬に乗り、海の上を飛びに飛んで海の真ん中に来たとき、神馬は翼を三度バタバタと広げて三度いなないた。支格阿龍（チュクアロ）は、掴（つか）まるところも寄りかかるところもなかった。神馬は海に沈み支格阿龍（チュクアロ）も沈んだ。阿烏（アヴ）と阿妮（アニ）は互いに知らせあったが、悲しくて涙が出た。

支格阿龍（チュクアロ）がなしとげたこと

支格阿龍（チュクアロ）がまだ仕事を始めていなかったころ、下界はまことに奇妙で怪しげな世界だった。そこではすべてが普通とは逆で、草の茎に穀物が実り、蓬（よもぎ）にはピーマンが実った。蛇は畦（土手）のように太く、積み重ねた石のように大きかった。蚤は拳（こぶし）のように大きく、ハエは斑鳩（しらこばと）のように、蟻は野ウサギのように、イナゴは牛のように大きかった。支格阿龍（チュクアロ）が仕事を始めたあとは、馬を木につなぎ、蛇を指のように細くなるまで殴り、土手（畦）の下に放り込んだ。蛙を手のひらのように小さくなるまで殴り、土手（畦）の上に放り上げた。ハエを羽が折れるまで殴り、野原に放り込んだ。蟻を腰が曲がるまで殴り、黒い土の中に放り込んだ。イナゴを足が曲がるまで殴り、草むらの中に放り込んだ。

雷をやっつける

大昔、支格阿龍がまだ仕事を始めていなかったころ、天上の雷は昼間に人間が叫ぶのと、夜に鶏が啼くのを許さなかった。山の上で牧畜をする人にも、谷で耕作をする人にも落雷した。口と歯がきちんと整っている人にも、艶やかなスカートの人にも、髷を結った丈夫な人にも、鷹のように飛べる帽子をかぶった人にも落雷した。もちろん石にも、水辺の小石にも、家の中の挽き臼にも、山の頂上の白い石にも落雷し、木にも、庭の柵にも、深い谷の林にも、崖の桑にも、野原のツツジにも、山の上のコノテガシワの木にも、家畜にも、家の中の鶏にも、崖のヤギにも、山の上の綿羊にも、野原の丈夫な牛にも、沼地の子豚にも、獣にも落雷した。もちろん杉林のノロジカにも、深い谷の子熊にも、木の梢の子猿にも、水中の魚の子にも、野原のヒバリにも、土手（畦）の上の蛇にも、土手の下の蛇にも落雷した。空の上の雷は世の中から嫌われてしまった。

支格阿龍が仕事を始めたあと、雷を探して捕らえに行くことにした。海克山に到着すると、出合った海克黒牛が言った、「下界にいるすべての人は、手をパチパチと叩き、帽子を振ってパタパタ響かせ、胸を叩いて悲しんでいる。犬が吠えて太陽と月を呼ぶ」と。支格阿龍は海克黒牛に言った、「下界にいる人たちが雷に打たれた。雷を野放しにしてはいけない」と。格留山に到着すると、出合った格留白牛に尋ねた、「空の上にいる雷はどういう物で、どこで暮らしているのか？」と。格留白牛が答えた、「聞いたところでは、白雲山に居住し、黄色い雲の層で遊び、黒い雲の層で暮らしている」と。

支格阿龍は、白雲山を越え、黄色い雲の層に沿い、黒い雲の層を通り過ぎ、子供に姿を変えて天地山に着いた。雷爺さんは、口を鞴にし、手の指を火ばさみとし、拳を金槌とし、膝を金床とし、焼きながら打って鉄を鍛えると火花が飛んだ。焼き入れをするとヒューヒューと音を立てた。支格阿龍は、「爺さんよ、爺さん、何を鍛えて何に使うのか？」とたずねたが、雷爺さんは支格阿龍を見ないでいた。子供のような声が聞こえてきたので、子供の好奇心だと思い、それが支格阿龍だとはまったく気がつかなかった。雷爺さんは言った、「上界にいる恩梯古茲は使者を三回下界に行かせた。支格阿龍は力が強いので太陽と月を射るのだから、留まらせるわけにはいかない人なので、一斉に雷を落としてやっつける。そうしておかないと彼は私の根を掘りに来る。七日から十三日のうちに逃がさないようにしなければならない」と。

支格阿龍は言った、「爺さんよ、あなたの力を防ぎ止める物は何ですか？」と。雷爺さんは言った、「鉄に落ちるとガラガラッと音を立て、石に落ちると石が砕けるが、銅に落ちると消えてしまう」と。支格阿龍（チュクアロ）は、「雷は銅に落ちると消えてしまう」としっかり覚えた。

支格阿龍（チュクアロ）は下界に戻り、格莫阿爾（クモアル）を探して、銅を鍛えて銅を作り、銅の網袋、銅のかぶと、銅の蓑、銅の棒を作った。七日から十三日、天と地のあいだに立ち、銅のかぶとを被（かぶ）り、銅の蓑を着て、左手に銅の網袋、右手に銅の棒を持ち、大空を見上げた。雷爺さんは白い雲の層に立った。支格阿龍（チュクアロ）は名前を告げてから岩の後ろに隠れた。雷爺さんが派遣したは雷電甘甘（カカ）は、白い雲の層の中から黄色い雲の層を通り抜け、黒い雲の端に立ち、力を入れて雷を落とすと、大きな黒い石に当たり、砕けた石は大空に飛んで行き、音が四方に響き渡った。支格阿龍（チュクアロ）はゆっくりと立ち上がって「おっ」と叫ぶと、その声が大空を震わせた。雷爺さんはかっとなって、支格阿龍（チュクアロ）に雷を落とそうとしたが当たらずに、石に当たって硬い石がガラガラッと音を立てて倒れた。

そののち、雷爺さんが派遣した黒い雲が下界に降りて来て、支格阿龍（チュクアロ）に言った、「石の後ろに隠れるのは恥である、強い者なら野原に立て、丈夫な者なら平らな盆地にいるべきだ」。支格阿龍（チュクアロ）は野原にいて三群れの木の杭（くい）を挿（さ）し、九個の鉄の鍋をかぶせると、七日から十三日、夜明けには風が吹き雨が降って、白い雲がすっかり消えた。午後には空が真っ黒になって雷が鳴り響き、大地が真っ黒になって雹（ひょう）が降り、農作物が倒れ、水が至る所にあふれ、白い魚が石の割れ目に挟まれた。雷爺さんは雷電甘甘（カカ）を連れて、白い雲の層から白い雲を笠として黄色い雲の層を通り抜け、黄色い雲を馬としてその上に乗り、黒い雲の層に立ち、黒い雲を蓑として着て、手に雷の塊りを取った。支格阿龍（チュクアロ）は銅のかぶとを被（かぶ）っていたので、頭のてっぺんがピカピカ光った。からだに銅の蓑を着ていたので、髪の毛がピカッと光った。左手の銅の網袋と右手の銅の棒は黒々としていて、支格阿龍（チュクアロ）は野原に座っていた。雷爺さんは支格阿龍（チュクアロ）にまず一度雷を落としたが、ピカピカ光っただけで支格阿龍（チュクアロ）は少しも動かなかった。そこでまた雷を赤々と落としたが支格阿龍（チュクアロ）は少しも動かなかった。そこでまた雷を落としたら鉄の鍋に落ちた。雷電甘甘（カカ）は支格阿龍（チュクアロ）の頭を通り抜け、銅の網の中に落ちて倒れて地上に滑り落ちたが、立ち上がって空に昇った。しかし、支格阿龍（チュクアロ）は網の端を力を入れて三回引っ張って、網の中に雷を捕らえた。雷爺さんは、跳ねようとしても跳ねられず、逃げようとしても逃げられなかった。支格阿龍は殴りながら問いただした、「いま以後は人に落雷してはならない、どうだ？」。雷爺さんは、「きょう以後は二度と来ることはない」と言った。手足をそろえて跪いて降伏した。そののち支格阿龍は、二度と人間に落雷してはいけないと命じた。次に、十二種類の病気について尋ねると、雷爺さんは十二種類の薬について告げたあと、「エイ、ヤッ」と三回叫んで網の底から逃げ出した。足裂け病について尋ねると、足が裂けると「ピュー」だと答えたように思ったが、実は飛ぶ音であった。十二種類の病気は何でも直せるようになった。そのとき以後七地の下のほうでは、すべての鳥類、獣類、木、石が至る所で喜び、盛んであった。

巴哈阿旨をやっつける

支格阿龍は、雷を捕らえたあと、聖なる馬に乗り、聖なる鎧を着け、聖なる弓を引き、聖なる犬を連れ、海の中から人間界にやって来た。家の中から母と子の泣き声が聞こえてきたので、「なぜ泣いているのか？」と尋ねると、「巴哈阿旨という怪物に、男たちも女たちも家族の人たちも親戚も食われたからだ」と答えた。それを聞いた支格阿龍は怒りでいっぱいになり、巴哈阿旨を捕らえようとして鳥の山に行き、一対のカラスに尋ねた、「巴哈阿旨はどこに住んでいるのか？」、黒いカラスが「海にいる、海の山の上に住み、突而山の上で遊び、海辺に立つ。水は山奥の谷に行って飲み、人間は人間界に来て食う」と答えた。それを聞いた支格阿龍はすぐ出発し、海の山の麓から中腹へ、中腹から頂上に着くと、不気味で薄暗い洞窟があった。洞窟では巴哈阿旨の母が、尾を竹にまといつかせ、目を丸く見開き、息を吐けば白い霧が立ち、口を開けばどす黒い赤であり、口の中は奥まで深く、歯は尖って鋭く、咽喉はきらきらと光っていた。支格阿龍が口の赤い龍に姿を変えると、巴哈阿旨は龍を見て驚きあわてた。支格阿龍が「巴哈阿旨おじよ、恐ろしいやつだ、あんたは。たくさんの人があんたに呑まれてしまった。あんたは確かにとても強いが、なにか怖いものはあるか？」と尋ねると、「なにも怖いものはない、石は転がし、木は折り、火は吹き消す」と答えた。支格阿龍が、「炎を呑むことはできるか？」と尋ねると、巴哈阿旨は本当のことを言おうとしない。支格阿龍は海に戻って、竹編みの坂利（楕円形の入れ物）と火燃え草を探し、平らな盆地に立って「おお」と三回叫び、三回跳ねて名を名乗ると、巴哈阿旨（バハアジュ）は良い機会に恵まれたと心のなかで笑った。支格阿龍（チュクアロ）は坂利（ポリ）を盆地に置き、指を火挟みとして火種を取って草を燃やした。巴哈阿旨（バハアジュ）は「プー」と吹いて火を消したので真っ暗になった。続いて、家に向かって息を吸い込むと家は揺れて倒れんばかりになり、支格阿龍（チュクアロ）に向かって吸い込むと支格阿龍（チュクアロ）は揺れて倒れんばかりになった。あの坂利（ポリ）は黒いフェルトに包まれ、てっぺんが金色に輝き、背をぴんと伸ばして立っていたので支格阿龍（チュクアロ）によく似ていた。巴哈阿旨（バハアジュ）はそれを支格阿龍（チュクアロ）だと思い、力を入れて吸い込むと、坂利（ポリ）はごろごろ転がってバタバタと飛び、口の中に吸い込まれた。巴哈阿旨（バハアジュ）はハハハと三回笑い、「支格阿龍（チュクアロ）よ、きょうお前は死ななければならない」と言った。そののち雄鶏（おんどり）が鳴く前、まだ暗かった時に巴哈阿旨（バハアジュ）はお腹が痛くなり、口から青い煙が出てきた。巴哈阿旨（バハアジュ）の幼い子は驚いてぶるぶる震え、走って逃げて行ってしまい、巴哈阿旨（バハアジュ）も絶命した。このときからのち、巴哈阿旨（バハアジュ）は二度と姿を現わさなかった。

太陽と月を射る

大昔、六個の太陽と七個の月が出てきたあと、下界では勒格特別（ルクトゥビ）（巨大動物）が死に、木も枯（か）れてしまい、野生の梨も絶えてしまった。水もすべて涸れ、石もすべて無くなり、草も、農作物も、家畜も、獣も、鳥もすべて絶えてしまった。土手（畦）の上の蛙も、土手の下の蛇も死に、木の梢（こずえ）の猿も、水の中の魚も、空の鷂（はいたか）も、土の中のネズミも、山奥の虎も、野原のヒバリも死んだ。掌（てのひら）付きの動物も蹄（ひづめ）付きの動物も嘆き悲しんだ。農業も牧畜もできなくなってしまい、やっとのことで日々を生きていた。

支格阿龍（チュクアロ）はいろいろ考えた末に、太陽も月も弓で射落とすことにした。聖なる弓を引き、聖なる矢をつがえ、聖なる鎧を身に着け、一日目には蕨（わらび）の山の蕨の先に立って射たが、太陽にも月にも当たらなかったので、蕨を折ると蕨がぐんと低くなった。翌日には桃林の桃の梢に立って射たが当たらなかったので足で桃の枝を蹴ると、梢と根が巻き付いてしまった。その翌日には突（トゥ）而（ル）川の畔（ほとり）の桑の梢に立って射たが当たらなかったので桑の木の梢を曲げると、桑は蕨のように小さくなった。その翌日にも突而（トゥル）山の麓の竹の先に立って射たが当たらなかったので竹の先を削ると、竹の先には枝と葉が茂るようになった。その翌日には突而（トゥル）山の中腹の松の梢に立って射たが当たらなかったので剣を抜いて松の梢を切ると、松はそれ以上伸びられなくなった。その翌日には突而山の頂上のツツジの先に立って射たが当たらなかったのでツツジの先を蹴ると、ツツジは小さくなった。

そののち、支格阿龍は太陽と月を恨み、太陽と月に向かって吼えて、大地の南と北、東と西に視察に行こうとしたが、そこへの道が見つからなかった。支格阿龍は正義と道理を求めて、空の正義の父と大地の道理の母に、太陽と月を訴えた。すると、神神阿普は直ちに正義と道理を与え、「太陽と月を射るとき、大地の中心を探してそこを射れば必ず当たる」と言った。支格阿龍はこれをしっかり記憶して、東と西、南と北で代わる代わる、昭通という大地の中心に向かって射た。もしもあなたがこれを信用できないと言うのなら、今でもまだその聖なる痕跡が残っているよ。

そののち、支格阿龍は昭通に行った。昭通には山々が聳え立っていたが、最も高い昭通山には根の太い、コノテガシワが生え、高い梢には烏と鵲が棲み、中ほどには斑鳩が、根の所には豹が棲み、木の上を雄の鷹が飛び、枝では狐が遊び、木のそばではノロジカが遊んだ。支格阿龍がコノテガシワの梢に立って強い弓を引き、髻に挿し込んだ槍の柄のように長い矢を引き出して一本射た。聖なる矢はブンブンと音を立てて飛び、その音が道に響き渡ったが、その矢は太陽に当たったか、どうだ？　その矢は太陽に当たった。もう一本射ると、聖なる矢は真っ直ぐ飛んで行き、その音が谷に響き渡ったが、その矢は月に当たったか、どうだ？　その矢は月に当たった。眼を斜めにした太陽を一つだけ残し、半分欠けている月を一つだけ残した。射落とした太陽と月は七地の下のほうの石の下に鎮めた。支格阿龍は手を伸ばしてコノテガシワの梢を引っ張ったので、コノテガシワの林が九つの地域に生えることになり、コノテガシワは真っ直ぐに伸びることになり、コノテガシワは昔も真っ直ぐだったし、今も真っ直ぐなのである。

11　a^{33}ȵu̱^{55}dʑu^{33}zɿ^{55}　［阿留居日］①　［阿留居日］

2508 i^{21}si^{21}ʂɿ^{44}a^{33}dɯ^{44}　遠古的時候　　大昔

2509 dʑu̱^{55}dzɿ̱^{55}dʑu̱^{55}dɯ^{21}li^{33}　人類起源呢　　人類の起源は

2510 a^{33}ȵu̱^{55}dʑu^{33}zɿ̱^{55}go^{33}　阿留居日始　　阿留居日(アニュジュズ)に始まる

2511 vo^{33}ndzɯ^{33}a^{21}ʂɿ^{33}ts'ɿ̱^{21}　武正②阿史一

第一世代は武正阿史(ウーチョンアーシー)（ヴォジュアシュ）

2512 a^{21}ʂɿ^{33}ndʐɯ^{21}ho^{21}ȵi^{21} 阿史鄭紅二　第二世代は阿史鄭紅(アーシーチョンホン)（アシュジュホ）

2513 ndʐɯ^{21}ho^{21}vo^{33}mu^{33}sɔ^{33} 鄭紅武咪三

第三世代は鄭紅武咪(チョンホンウーミー)（ジュホヴォム）

2514 vo^{33}mu^{33}fu̱^{21}bi^{21}li^{33} 武咪復必四　第四世代は武咪復必(ウーミーフービー)（ヴォムフビ）

2515 fu̱^{21}bi^{21}tsɿ̱^{21}ts'i^{21}ŋɯ^{33} 復必自才五　第五世代は復必自才(フービーズーツァイ)（フビツチ）

2516 tsɿ̱^{21}ts'i^{21}vɿ^{33}p'i^{21}fu̱^{55} 自才日皮六　第六世代は自才日皮(ズーツァイリーピー)（ツチヴプ）

2517 vɿ^{33}p'i^{21}bo^{33}mu^{33}ʂɿ̱^{21} 日皮波母七　第七世代は日皮波母(リーピーボームー)（ヴピボム）

2518 bo^{33}mu^{33}mo^{33}mu^{33}hi^{55} 波母慕彌八　第八世代は波母慕弥(ボームームーミー)（ボムモム）

2519 mo^{33}mu^{33}nɔ^{33}di^{21}gu^{33} 慕彌諾地九　第九世代は慕弥諾地(ムーミーヌオディー)（モムノディ）

2520 nɔ^{33}di^{21}tɕa^{55}tɕa^{33}ts'i^{33} 諾地佳假十

第十世代は諾地佳仮(ヌオディージャージャー)（ノディチャチャ）である

2521 tɕa^{55}tɕa^{33}mu^{33}vu̱^{55}ts'ɿ̱^{21} 佳假母烏③一

【その次の】第一世代は佳仮母烏(ジャージャームーウー)（チャチャムヴ）

2522 mu^{33}vu̱^{55}kɯ^{33}zɿ̱^{55}ȵi^{21} 母烏格日二　第二世代は母烏格日(ムーウーグォリー)（ムヴクズ）

2523 kɯ^{33}zɿ̱^{55}kɯ^{33}tʂa^{33}sɔ^{33} 格日格張三　第三世代は格日格張(グォリーグォチャン)（クズクチャ）

2524 kɯ^{33}tʂa^{33}ha^{33}mu^{33}lɿ^{33} 格張哈母四　第四世代は格張哈母(グォチャンハームー)（クチャハム）

2525 ha^{33}mu^{33}a^{21}su^{33}ŋɯ^{33} 哈母阿蘇五　第五世代は哈母阿蘇(ハームーアースー)（ハムアス）

2526 a^{21}su^{33}p'u^{21}mi^{55}fu^{55} 阿蘇濮咪六　第六世代は阿蘇濮咪(アースープーミー)（アスプミ）

2527 p'u̱^{21}mi^{55}tʂa^{33}tʂɿ^{33}ʂɿ̱^{21} 濮咪張紙七　第七世代は濮咪張紙(プーミーチャンチー)（プミチャチュ）

2528 tʂa^{33}tʂɿ^{33}tʂa^{33}ti^{55}hi^{55} 張紙張氏八

第八世代は張紙張氏(チャンチーチャンディー)（チャチュチャティ）

2529 tʂa^{33}ti^{55}a^{33}ȵu̱^{55}gu^{33} 張氏阿留九

第九世代は張氏阿留(チャンディーアーリウ)（チャティアニュ）

2530 a^{33}ȵu̱^{55}dʑu^{33}zɿ̱^{55}ȵi^{33} 阿留居日呢　阿留居日(アーリウジューリー)（アニュジュズ）は

2531 dʑi^{21}li^{33}ts'o^{33}mu^{33}dʑi^{44} 形體爲人體　姿は人間だが

2532 ku^{44}li^{33}ȵu̱^{55}mu^{33}ku^{33} 聲音如猴子　声は猿の如くであった

2533 sɿ̱^{33}mi^{21}vi^{55}mu^{33}ga^{55} 樹蘿當衣穿　キダイコンの蔓(つる)を着物として着て

2534 lɿ̱^{33}mi^{21}dza^{33}mu^{33}dzɯ^{33} 石蘿當糧食　イシガガイモを食料として食べた

2535 ȵɔ^{33}ndi^{55}ga^{33}ma^{21}hɯ^{21} 有眼不看路　目はあるが道を見ず

2536 k'ɯ^{33}ndi^{55}ȵu^{33}a^{21}dzɯ^{33} 有嘴不喫肉　口はあるが肉を食べず

2537 lo55ndi55ȵo21a21mu33　有手不勞作　手はあるが手仕事をしなかった
2538 ɣo33dʑi21sɿ̱33o33zɿ̱55　如熊纏樹枝　熊のように木の枝にまつわりつき
2539 ȵu̱55dʑi21sɿ̱33o33dɔ33　如猴爬樹端　猿のように木の梢によじ登った
2540 dʑu̱55dʑi21la33ma21da33　不能成爲人　人間にはなれなかった

2541 ts'ɿ̱33ɣa33mo44gu̱21dʑo44　如此過後呢　そののち
2542 dʑu33zɿ̱55zɯ33ʂɿ̱21ʑu̱33　居日七子出[4]
居日（ジュズ）から七人の子が生まれた
2543 dʑu33zɿ̱55ȵi33ni33go33　居日尼能出[5]　居日から尼能（ニニ）が生まれた
2544 ȵi33ni33mu33ts'ɿ̱21ts'ɿ̱21　尼能母次一　第一世代は尼能母次（ニニムツ）
2545 mu33ts'ɿ̱21dɯ33ɣa33ȵi21　母次德阿二　第二世代は母次德阿(ムツドゥワ)
2546 dɯ33mu33li21nɯ33sɔ33　德母利爲三　第三世代は德母利（ドゥムリ）
2547 li21a21ku33nɯ33lɿ33　利阿古乃四　第四世代は利阿古（リアク）
2548 ku33ŋɯ33sɿ33nɯ33ŋɯ33　古恩斯爲五　第五世代は古恩斯（クグス）
2549 sɿ33vu̱55dzɿ̱33nɯ33fu̱55　斯烏孜爲六　第六世代は斯烏孜（スヴズ）
2550 dzɿ̱33a33tɕo33nɯ33ʂɿ̱21　孜阿糾乃七　第七世代は孜阿糾（ズアチョ）
2551 tɕo33a21du̱33nɯ33hi55　糾阿都乃八　第八世代は糾阿都（チョアドゥ）
2552 du33sɿ33dzɿ55nɯ33gu33　都斯自乃九　第九世代は 都 斯自（ドゥスズ）
2553 dzɿ̱55a33p'u33nɯ33ts'i33　自阿普爲十[6]　第十世代は自阿普(ズアプ)である
2554 ȵi33ni33ts'ɿ33ts'ɿ̱55dzu33　尼能爲十代　尼能（ニニ）は十世代いた
2555 ȵi33ni33sɿ̱21ma21dzɿ̱33　尼能識未深　尼能は知識が多くなかった
2556 ȵi33ni33ni21ma21mu33　尼能不黎姆
尼能は（先祖済度の）黎姆（ニム）儀礼をしなかった
2557 ȵi33ni33vi21ma21ɖo33　尼能不宴客　尼能は客にご馳走をしなかった
2558 ȵi33ni33ts'i33ts'ɿ̱55dzu44ta33gi55　尼能生存十代而絶亡
尼能は十世代生存したあと滅んだ
2559 o44dʑu33ȵi33ni33k'ɯ33　狐狸尼能犬　尼能犬科の狐は
2560 ȵi33ni33gi55ɣa33nɯ33　尼能絶亡後　尼能が絶滅したあと
2561 o44dʑu33ti33vo33tɕ'i21lo44vo44　狐狸獨闖蕩
狐は独りで放浪して歩き回った
2562 ɣa44nɯ33dʑu33zɿ̱55kɯ21ɣo33go33　然後居日格俄出

そのあと居日格俄《ジューリーグォウォ》（ジュズクウォ）が生まれた

2563 ho^{33}vu̱^{55}zɿ^{33}nɯ^{33}tsʻɿ̱^{21}　夥烏以乃一　第一世代は夥烏以《フオウーイー》（ホヴジュ）

2564 zɿ^{44}o^{33}bu^{33}nɯ^{33}ȵi^{21}　以歐布乃二　第二世代は以欧布《イーオウブー》（ジュオブ）

2565 bu^{33}ɤo^{33}zɿ̱^{21}nɯ^{33}sɔ^{33}　布歐日乃三　第三世代は布欧日《ブーオウリー》（ブウォズ）

2566 zɿ̱^{21}vu̱^{55}dzɿ̱^{33}nɯ^{33}lɿ^{33}　日烏孜乃四　第四世代は日烏孜《リーウーズー》（ズヴズ）

2567 dzɿ̱^{33}vu^{55}tʂɿ^{33}nɯ^{33}ŋɯ^{33}　孜烏紙乃五　第五世代は孜烏紙《ズーウーチー》（ズヴチュ）

2568 tʂɿ^{33}vu̱^{55}sɿ̱^{33}nɯ^{33}fu̱^{55}　紙烏斯乃六　第六世代は紙烏斯《チーウースー》（チュヴス）

2569 sɿ̱^{33}ndzi^{33}zɿ̱^{55}nɯ^{33}ʂɿ̱^{21}　斯孜日乃七　第七世代は斯孜日《スーズーリー》（スジジュ）

2570 zɿ̱^{33}tsʻɿ̱^{21}tsʻɿ̱^{21}nɯ^{33}hi^{55}　日次次乃八　第八世代は日次次《リーツーツー》（ジュツツ）

2571 tsʻɿ̱^{21}bo^{33}bo^{33}nɯ^{33}gu^{33}　次波波乃九　第九世代は次波波《ツーボーボー》（ツボボ）

2572 kɯ^{21}ɤo^{33}gu^{33}tsʻɿ̱^{55}dzu^{33}　格俄為九代　格俄《グォウォ》（クウォ）は九世代いた

2573 kɯ^{21}ɤo^{33}sɿ̱^{21}ma^{21}dzɿ̱^{33}　格俄識未深　格俄は知識が多くなかった

2574 kɯ^{21}ɤo^{33}ŋo^{21}ma^{21}ʑæ^{33}　格俄想不周

格俄は緻密に考えることをしなかった

2575 kɯ^{21}ɤo^{33}tʂɿ^{21}ma^{21}ŋgu̱^{21}　格俄不治本⑦

格俄は根本を治める儀礼をしなかった

2576 kɯ^{21}ɤo^{33}mo^{33}ma^{21}ʂo^{33}　格俄不淨屍

格俄は屍《しかばね》を清める儀礼をしなかった

2577 kɯ^{21}ɤo^{33}gu^{33}tsʻɿ̱^{55}dʑi^{21}ta^{33}gi^{55}　格俄生存九代絶

格俄は九世代生存したあと滅んだ

2578 la^{55}ni^{33}kɯ^{21}ɤo^{33}kʻɯ^{33}　赤狼格俄犬　格俄犬科の赤い狼は

2579 kɯ^{21}ɤo^{33}gi^{55}ɤa^{33}nɯ^{33}　格俄絶亡後　格俄が絶えたあと

2580 la^{55}ni^{33}ti^{33}vo^{33}tɕʻi^{21}lo^{44}vo^{44}　赤狼獨遊蕩

赤い狼は独りで放浪して歩き回った

2581 tsʻɿ̱^{33}ɤa^{33}dʑu^{33}zɿ̱^{55}ʂɿ̱^{21}ʂɯ^{21}go^{33}　然後居日實勺出

そのあと居日実勺《ジューリーシーシャオ》（ジュズシュシュ）が生まれた

2582 zu^{21}o^{33}tɕʻu^{33}nɯ^{33}tsʻɿ̱^{21}　日歐曲乃一　第一世代は日欧曲《リーオウチウ》（ズオチュ）

2583 o^{33}tɕʻu^{33}ʂɔ^{33}nɯ^{33}ȵi^{21}　歐曲紹乃二　第二世代は欧曲紹《オウチウシャオ》（オチュショ）

2584 ʂɔ^{33}gɯ^{33}ʑu^{33}nɯ^{33}sɔ^{33}　紹更雨乃三　第三世代は紹更雨《シャオガンユー》（ショグズ）

2585 gɯ^{33}ʑu^{33}ʑu^{33}nɯ^{33}lɿ^{33}　更雨雨乃四　第四世代は更雨雨《ガンユーユー》（グズズ）

2586 ʑu^{33}ʑu^{33}ʂɯ^{21}mo^{21}a^{21}ku̱^{33}ŋɯ^{33}　雨雨甚莫阿古五

第五世代は雨雨甚莫阿古〔ユーユーシェンモーアーグー〕（ズズシュモアク）

2587 a^{21}ku̠^{33}tu̠^{33}nɯ^{33}fu̠^{55}　阿古都乃六　　第六世代は阿古都〔アーグードゥー〕（アクトゥ）

2588 ma^{21}tu̠^{33}ni^{33}nɯ^{33}ʂɿ̠^{21}　麻都尼乃七　　第七世代は麻都尼〔マードゥーニー〕（マトゥニ）

2589 ni^{33}a^{21}bo^{33}nɯ^{33}hi^{55}　尼阿波乃八[8]　　第八世代は尼阿波〔ニーアーボー〕（ニアボ）

2590 ʂɿ̠^{21}ʂɯ^{21}hi^{55}ts'ɿ̠^{33}dzu̠^{33}　實勺為八代　　実勺〔シーシャオ〕（シュシュ）は八世代いた

2591 ʂɿ̠^{21}ʂɯ^{21}ni^{21}a^{21}mu^{33}　實勺不黎姆

実勺は（先祖済度の）黎姆〔リームー〕（ニム）儀礼をしなかった

2592 ʂɿ̠^{21}ʂɯ^{21}vi^{21}a^{21}ɖo^{33}　實勺不宴客　　実勺は客にご馳走をしなかった

2593 ʂɯ^{21}ʂɯ^{21}ʂɿ̠^{21}a^{21}ɕi^{33}　實勺不娶媳　　実勺は（息子に）嫁をとらなかった

2594 ʂɿ̠^{21}ʂɯ^{21}ni^{33}a^{21}tʂɿ̠^{21}　實勺不嫁女　　実勺は娘を嫁に行かせなかった

2595 ʂɿ̠^{21}ʂɯ^{21}ʂɿ̠^{21}ma^{21}dzɿ^{33}　實勺識未深　　実勺は知識が多くなかった

2596 ʂɿ̠^{21}ʂɯ^{21}ŋo^{21}ma^{21}ʑæ^{33}　實勺想不周

実勺は緻密に考えることをしなかった

2597 ʂɿ̠^{21}ʂɯ^{21}hi^{55}ts'ɿ̠^{33}dʑi^{21}ta^{33}gi^{55}　實勺生存八代絶

実勺は八世代生存したあとに滅んだ

2598 ku̠^{55}mbu^{33}ʂɿ̠^{21}ʂɯ^{21}ʑæ^{33}　鴣母[9]實勺鶏

鴣母〔グームー〕（クブ）という実勺〔シーシャオ〕（シュシュ）鶏は

2599 ʂɿ̠^{21}ʂɯ^{21}gi^{55}ɣa^{33}nɯ^{33}　實勺絶亡後　　実勺が絶えたあと

2600 ku̠^{55}mbu^{33}ȵi^{33}lɿ^{33}tʑ'i^{44}lo^{44}vo^{44}　鴣母獨專鳴　　独りで啼き続けた

2601 ɣa^{44}nɯ^{33}dʑu^{33}zɿ^{55}mo^{33}mu^{33}go^{33}　然後居日慕彌出

そのあと居日慕弥〔ジューリームーミー〕（ジュズモム）が生まれた

2602 mu^{33}mu^{33}zɿ^{33}nɯ^{33}ts'ɿ̠^{21}　母母以乃一　　第一世代は母母以〔ムームーイー〕（ムムジュ）

2603 zɿ^{33}vu̠^{55}lɿ^{33}nɯ^{33}ȵi^{21}　以烏爾乃二　　第二世代は以烏爾〔イーウーアル〕（ジュヴル）

2604 lɿ^{33}zɿ^{33}dʑo^{33}nɯ^{33}sɔ^{33}　爾以糾乃三　　第三世代は爾以糾〔アルイージウ〕（ルジュジョ）

2605 dʑo^{33}zɿ^{33}ndzɿ^{33}nɯ^{33}lɿ^{33}　糾以孜乃四　　第四世代は糾以孜〔ジウイーズー〕（ジョジュズ）

2606 ndzɿ^{33}a^{44}p'u^{33}nɯ^{33}ŋɯ^{33}　孜阿普乃五　　第五世代は孜阿普〔ズーアープー〕（ズアプ）

2607 p'u^{21}ɣo^{33}vu^{33}nɯ^{33}fu̠^{55}　普俄烏乃六　　第六世代は普俄烏〔プーウォウー〕（プウォヴ）

2608 vu^{33}ʑæ^{33}tɕo^{55}nɯ^{33}ʂɿ̠^{21}　烏研糾乃七　　第七世代は烏研糾〔ウーイエンジウ〕（ヴゼチョ）

2609 tɕo^{55}ʂɿ̠^{21}ndʐa^{55}tʂɿ^{33}hi^{55}　糾史張紙八

第八世代は糾史張紙〔ジウシーチャンチー〕（チョシュジャチュ）

2610 mo^{33}mu^{33}ts'i^{33}ts'ɿ̠^{55}dzu̠^{44}ta^{33}gi^{55}　慕彌生存十代絶[10]

慕弥（ムーミー）（居日慕弥（ジュズモム））は十世代生存したあと絶えた

2611 mo^{33}mu^{33}sɿ̠^{21}ma^{21}dzɿ̠^{33}　慕彌識未深　慕弥は知識が多くなかった

2612 mo^{33}mu^{33}ŋo^{21}ma^{21}ʑæ^{33}　慕彌想不周

慕弥は緻密に考えることをしなかった

2613 mo^{33}mu^{33}ʂɿ̠^{21}a^{21}ɕi^{33}　慕彌不娶媳　慕弥は（息子に）嫁をとらなかった

2614 mo^{33}mu^{33}ni^{33}a^{21}tʂɿ̠^{21}　慕彌不嫁女　慕弥は娘を嫁に行かせなかった

2615 mo^{33}mu^{33}ni^{21}ma^{21}mu^{33}　慕彌不黎姆

慕弥は（先祖済度の）黎姆儀礼をしなかった

2616 mo^{33}mu^{33}tʂɿ^{21}ma^{21}ŋgu̠^{21}　慕彌不治本

慕弥は根本を治める儀礼をしなかった

2617 mo^{33}mu^{33}mo^{33}ma^{21}ʂo^{33}　慕彌不淨屍

慕弥は屍を清める儀礼をしなかった

2618 a^{21}ɖɿ^{33}mo^{33}mu^{33}ʑæ^{33}　斑鳩慕彌鶏　慕弥鶏である斑鳩（しらこばと）は

2619 mo^{33}mu^{33}gi^{55}ɣa^{33}nɯ^{33}　慕彌絶亡後　慕弥が滅んだあと

2620 a^{21}ɖɿ^{33}lo^{33}ɣa^{33}ts'i^{33}lo^{44}vo^{44}　斑鳩流落深山中

シラコバトは奥山を放浪した

2621 ts'ɿ̠^{33}ɣa^{33}dʑu^{33}zɿ̠^{55}ho^{33}a^{21}go^{33}　然後夥阿二十二代出

そのあと夥阿（フオアー）（ホア）が二十二世代生まれた

2622 ho^{33}a^{21}ȵi^{21}tsi^{33}ȵi^{44}su^{33}gi^{55}　夥阿二十二代亡

その夥阿の二十二世代も死んでしまった

2623 ts'ɿ̠^{33}ɣa^{33}p'u̠^{21}su^{33}dzu̠^{33}　然後濮蘇出　そのあと濮蘇（プースー）（プス）が生まれた

2624 p'u̠^{21}su^{33}zɯ^{33}fu̠^{55}dzu̠^{33}　濮蘇六子出[11]　濮蘇に六人の子が生まれた

2625 p'u^{21}su^{33}vi^{55}o^{33}dzu̠^{33}　猪頭濮蘇出[12]　豚頭の濮蘇が生まれた

2626 vi^{55}o^{33}zɯ^{33}ŋɯ^{33}dzu̠^{33}　猪頭五子出　豚頭の子が五人生まれたが

2627 vi^{55}o^{33}zɯ^{33}ŋɯ^{33}gi^{55}　猪頭五子絶　その五人の子は死んでしまった

2628 tɕ'æ^{33}ʑæ^{33}lo^{55}fu̠^{55}dzu̠^{33}　癱足六手出[13]

足が不自由で手が六本ある子が生まれた

2629 lo^{55}fu̠^{55}zɯ^{33}lɿ^{33}dzu̠^{33}　六手四子出　手が六本の子から四人の子が生まれた

2630 lo^{55}fu̠^{55}zɯ^{33}lɿ^{33}gi^{55}　六手四子絶

手が六本の子のその四人の子は死んでしまった

2631 tɕa^{55}tʂa^{33}li^{33}ni^{33}dzu̠^{33}　赤頸佳張出[14]

首の赤い佳張（チャチャ）が生まれた

2632 li^{33}ni^{33}zɯ^{33}sɔ^{33}dzu̠^{33}　赤頸三子出　（佳張は）首の赤い子を三人産んだが

2633 li^{33}ni^{33}zɯ^{33}sɔ^{33}gi^{55}　赤頸三子絶　首の赤い三人の子は死んでしまった

2634 ʐɪ^{33}mi^{55}zɯ^{33}n̠ʑi^{21}dzu̠^{33}　以咪二子出　以咪（ジュミ）が子を二人産んだが

2635 ʐɪ^{33}mi^{55}zɯ^{33}n̠ʑi^{21}gi^{55}　以咪二子絶　以咪のその二人の子は死んでしまった

2636 lɪ^{33}ʂɪ^{33}zɯ^{33}ts'ɪ̠^{21}go^{33}　爾史一子出　爾史（ルシュ）が子を一人産んだが

2637 lɪ^{33}ʂɪ^{33}zɯ^{33}ts'ɪ̠^{21}gi^{55}　爾史一子絶　爾史のその子は死んでしまった

2638 dʑu̠^{55}gɪ^{55}dʑu̠^{55}go^{33}dʑu^{33}zɪ̠^{55}a^{21}ʑo^{21}dzi^{33}　人類絶亡僅剩阿留居日氏

ただ阿留居日（アニュジュズ）だけを残して、人間は滅んだ

注

① 阿留居日、音譯、爲神人名、“阿留”爲猴子之義、可能是半人半猴的神。

阿留居日は音訳であり、神人の名前である。「阿留」の意味は猿であるが、おそらくは半分人間、半分猿の神であろう。

② “武正”即前面雪族十二子中“雪衍”之義、指人類譜系從此開始。

武正とは前出［雪族の十二人の子］の中の「雪衍（雪から生まれた）」の意味であり、人類の系譜はここから始まったのである。

③ 在許多文本中、阿留居日的譜系從此開始。

ほとんどの文献では、阿留居日の系譜はここから始まっている。

④ 有些文本中無居日七子之説、且並不認爲下文尼能、格俄等居日之子。

ある文献では、阿留居日の七人の子の記載がなく、また下の句の尼能・格俄らが阿留居日の子だという認識もない。

⑤ 有些文本記載在尼能之前還有過兩代、第一代叫“阿四研爾爾、阿莫巴此此”、義爲非死非活、没有眼睛可看世界的某種低等生物、後來喫人的“巴哈”（見前面）。第二代爲“蘇曲有歐”和“蘇尼威歐”、指“羊頭白人和猪頭黒人”、後來變爲喫人的妖婆“撮則阿莫書利胡”。經這兩代後纔出現尼能、且並不認爲尼能爲居日之子。

ある文献では、尼能の前にまだ二つの世代があり、その第一世代は「阿四研爾爾、阿莫巴此此」という、死んでいるのでも生きているのでもなく、物を見る目も持たない低級動物であり、のちには人間を食べる「巴哈阿旨」（10［支格阿龍］注㊵参照）となったという。そして、その第二世代は、「蘇曲有欧」と「蘇尼威欧」と称され、「頭が羊の白い人と頭が猪の黒い人」であり、のちに人間を食べる「撮則阿莫書利胡」という妖怪の老婆になった。これらの二つの世代の次に尼能が出現するとするが、やはりその尼能を阿留居日の子だとは認識していない。

⑥ 另一些文本中記載的尼能之譜系與此不同。其中的一説法爲：尼能徳——徳苦

苦——苦母斯——斯恩恩——孜阿突——突阿以——以阿四——四阿孜——孜阿紙。又一種説法則衹有五代：恩母斯——斯烏孜——孜孜糾——糾阿才。由於這些名字意義模糊、或許可能根本就没有意義、故不同文本所載都不盡相同、很難説那一種更爲準確。

ほかのある文献に載っている尼能の系譜はこれと異なっている。そのうちの一説では、「尼能徳——徳苦苦——苦母斯——斯恩恩——孜阿突——突阿以——以阿四——四阿孜——孜阿紙」となっている。もう一説では、「恩母斯——斯烏孜——孜孜糾——糾阿才」となっている。これらの名前の意味ははっきりしないし、本当は特に意味もないのかもしれないので、いくつかの文献のうちのどれが正確と決めるのは困難である。

⑦　不治本、彝語音“治麻故”、“治”是指“根本”、“麻故”就是不用畢摩來爲保護“根本”而作些儀式、指不作必要的一些宗教儀禮。下文不淨屍是指不爲逝去的先祖作淨化超度之禮。

「不治本（根本を治める儀礼をしない）」はイ語では「治麻故」と言い、「治」は「根本」の意、「麻故」は、ビモを呼び寄せてその「根本」を治める儀礼をしないこと、つまり行なうべき儀礼をしないことを意味している。次の句の「不浄屍（屍を清める儀礼をしない）」とは、世を去った先祖を清め、その霊を済度することを意味する。

⑧　另一説則從第三代起的名字與這裡的不同、爲“紹黎俄——紹俄紹——紹正爾——爾雨勒——勒吉莫——莫都都”。

別の一説では、第三世代からの名前はここに述べた系譜と違って、「紹黎俄——紹俄紹——紹正爾——爾雨勒——勒吉莫——莫都都」となっている。

⑨　鴣母、音譯、一種鳥名。

鴣母は音訳で、鳥の名前である。

⑩　有些文本則説慕彌衹有七代、也有的説衹有六代。

ある文献には、慕弥は七世代だけだとあり、また別の説では六世代だけだとしている。

⑪　從濮蘇六子以下、其牠文本中没有説哪一代有幾子、也卽哪一代活了幾世的情況、這裡採録僅爲一家之見。

濮蘇の六人の子以下について、ほかの文献では、どの世代が何人の子を産み、どの世代が何世代続いたのかといった状況については書かれていない。ここでは、ただ一つの説だけを採録した。

⑫　猪頭濮蘇、卽長著猪頭的濮蘇、彝語稱濮蘇威歐、有学者認爲濮蘇卽濮人的祖先。

「猪頭濮蘇」とは豚のような頭をした濮蘇であり、イ語では濮蘇威欧と言う。濮蘇は濮人【濮は河南省の県名】の先祖だとする研究者もいる。

⑬　癱足六手是一種足部癱瘓、長有六隻手的人。

「癱足六手」とは、足が不自由で、手が六本ある人間のことである。

⑭　赤頸卽紅膀子、佳張爲音譯。下文以咪二子和爾史一子的“以咪”和“爾史”爲音譯、不明其義。

「赤い首」とは赤い肩の事であり、佳張は音訳。下の句の「以咪の二人の子」「爾史の一人の子」の「以咪」「爾史」も皆音訳であり、その意味は不明。

［阿留居日］

大昔、人類の起源は阿留居日に始まる。第一世代は武正阿史、第二世代は阿史鄭紅、第三世代は鄭紅武咪、第四世代は武咪復必、第五世代は復必自才、第六世代は自才日皮、第七世代は日皮波母、第八世代は波母慕弥、第九世代は慕弥諾地、第十世代は諾地佳仮である。その次の第一世代は佳仮母烏、第二世代は母烏格日、第三世代は格日格張、第四世代は格張哈母、第五世代は哈母阿蘇、第六世代は阿蘇濮咪、第七世代は濮咪張紙、第八世代は張紙張氏、第九世代は張氏阿留である。第十世代の阿留居日は、人間のからだに猿の如き声で、キダイコンの蔓を着物として着て、イシガガイモを食べ、目はあるが道を見ず、口はあるが肉を食べず、手はあるが手仕事をせず、熊のように木の枝にまつわりつき、猿のように木の梢によじ登ったので、人間にはなっていなかった。

そののち、阿留居日から七人の子が生まれた。第一世代は尼能母次、第二世代は母次徳阿、第三世代は徳母利、第四世代は利阿古、第五世代は古恩斯、第六世代は斯烏孜、第七世代は孜阿糾、第八世代は糾阿都、第九世代は都斯自、第十世代は自阿普で、尼能は十世代だった。尼能は知識が多くなく、先祖済度の黎姆儀礼をせず、客にご馳走をせず、十世代で滅んだ。

尼能犬科の狐は尼能が絶滅したあと、独りで放浪して歩き回り、そのあと居日格俄が生まれた。その第一世代は夥烏以、第二世代は以欧布、第三世代は布欧日、第四世代は日烏孜、第五世代は孜孜烏紙、第六世代は紙烏斯、第七世代は斯孜日、第八世代は日次次、第九世代は次波波で、格俄は九世代だった。格俄は知識が多くなく、緻密に考えることもせず、根本を治める儀礼も、屍を清める儀礼もせず、九世代で滅んだ。

格俄犬科の赤い狼は格俄が絶えたあと、独りで放浪して歩き回り、そのあと居日実勺が生まれた。その第一世代は日欧曲、第二世代は欧曲紹、第三世代は紹吏雨、第四世代は吏雨雨、第五世代は雨雨甚莫阿古、第六世代は阿古都、第七世代は麻都尼、第八世代は尼阿波で、実勺は八世代だった。実勺は黎姆(ニム)儀礼をせず、客にご馳走をせず、息子に嫁をとらず、娘を嫁に行かせず、知識が多くなく、緻密に考えることをしなかったので、八世代で滅んだ。

実勺(シュシュ)鶏は実勺が絶えたあと、独りで鳴き続け、そのあと居日慕弥(ジュズモム)が生まれた。その第一世代は母母以(ムムジュ)、第二世代は以烏爾(ジュヴル)、第三世代は爾以糾(ルジュジョ)、第四世代は糾以孜(ジョジュズ)、第五世代は孜阿普(ズアプ)、第六世代は普俄烏(プウォヴ)、第七世代は烏研糾(ヴゼチョ)、第八世代は糾史張紙(チョシュジャチュ)、居日慕弥(ジュズモム)は十世代生存したあと絶えた。居日慕弥(ジュズモム)は知識が多くなく、緻密に考えることをせず、息子に嫁をとらせず、娘を嫁に行かせず、黎姆儀礼をせず、根本を治める儀礼も屍を清める儀礼もしなかった。

慕弥(モム)鶏である斑鳩(しらこばと)は居日慕弥(ジュズモム)が絶えたあと、奥山を放浪し、そのあと夥(ホ)阿(ア)が二十二世代生まれたが、その二十二世代も滅んでしまった。そのあと濮(プ)蘇(ス)が生まれ、その濮蘇に六人の子が生まれた。豚頭の濮蘇が五人生まれたが、その五人は死んでしまった。次に、足が不自由で手が六本ある子が生まれ、その子から四人の子が生まれたが、その四人は死んでしまった。首（肩）の赤い佳張(チャチャ)も生まれ、首の赤い子を三人産んだが、その三人は死んでしまった。以咪(ジュミ)も生まれ、子を二人産んだがその二人は死んでしまった。爾史(ルシュ)も生まれ、子を一人産んだがその一人は死んでしまった。阿留居日(アニュジュズ)だけを残して、人間は滅んだ。

12　gɯ^{44}ku^{33}ɖɯ^{21}ti^{55}［呼日喚月］［太陽を呼び、月を呼ぶ］

2639 gɯ^{33}fu̱^{55}ɖɯ^{21}ʂɪ̱^{21}ȵi^{33}　六日和七月　六つの太陽と七つの月は

2640 tʂɪ^{44}kɯ^{33}a^{44}lɪ^{33}ʑu^{33}　既被阿龍捉　すでに阿龍(アーロン)(支格阿龍(チュクアロ))に捕らえられ

2641 ʂɪ̱^{21}mu^{33}mu^{33}dʐɪ^{44}tɕo^{44}　七地之下方　七地(しちじ)の下のほうにある

2642 lɪ̱^{33}tɕɔ^{33}ʂɪ^{33}vu̱^{55}zɪ̱^{33}hi^{33}nɯ^{33}　鎮於石板下之後　石盤の下に鎮めたあとは

2643 gɯ^{33}ti^{33}ȵɔ^{33}dʑi^{33}ȵi^{33}　剩下斜眼日　斜視の太陽だけが残り

2644 ts'ɪ̱^{33}p'o^{33}go^{55}nɔ^{33}vu^{33}　遁入彼域中　その太陽は彼方(かなた)に隠れた

2645 ɖɯ^{21}ti^{33}p'a^{33}p'ɪ̱^{33}ȵi^{33}　剩下半邊月　半月だけが残り

2646 ts'ɪ̱^{33}p'o^{33}gɯ^{33}ɣa^{33}ŋgo^{55}　也隨日而隱　太陽に従って隠れた

2647 ȵi^{21}nɯ^{33}gɯ^{33}zɯ^{33}sɪ^{33}　白天無日光　昼には太陽の光がなく

2648 si^{44}nɯ^{33}ɖɯ^{21}zɯ^{33}sɪ^{33}　夜來無月光　夜には月の光がなかった

2649 gu^{33}ȵi^{21}mu^{33}a^{21}k'ɯ^{55}　九天未黃昏　九日間、夕暮れがなかった

2650 gu^{33}ho^{55}mu^{33}a^{21}tʻi^{33}　九夜未開曉　九日間、暁がなかった

2651 ʂɿ̠^{21}mu^{33}nɔ^{33}dzɿ̠^{55}dzɿ̠^{21}　世間黒沈沈　世の中は黒く沈んでいた

2652 a^{44}mo^{33}lɯ^{21}gɯ^{21}ȵi^{33}　阿媽勒格①呢　阿媽勒格（アーマーレーグォ）（アモルグ）は

2653 tsʻɿ̠^{33}la^{33}ŋga^{21}vu̠^{55}ȵi^{33}　座於屋簷下　軒下に座り

2654 ŋɯ^{21}lɯ^{33}ŋɯ^{44}lɯ^{44}ȵi^{33}　揺揺又倒倒　揺れたり倒れたりしていた

2655 va^{33}ʂɯ^{55}a^{33}ŋgo^{55}ȵi^{33}　花硝的閹鶏　去勢された派手な模様の鶏も

2656 tsʻɿ̠^{33}la^{33}ŋga^{21}vu̠^{55}dʑo^{33}　也來簷下玩　軒下で遊んでいた

2657 ŋɯ^{21}lɯ^{33}ŋɯ^{44}lɯ^{44}dʑo^{33}　偏偏又倒倒　横を向いたり倒れたりしていた

2658 ʂu̠^{55}to^{55}ȵu^{33}xo^{33}tʂʻa^{33}ta^{33}mu^{33}mo^{44}dzɯ^{33}　牛角點火來耕地
牛の角に火を灯し、地を耕した

2659 tsʻɿ̠^{33}ɤa^{33}gu̠^{21}dʑo^{44}nɯ^{33}　如此過後呢　そののち

2660 ʂɿ̠^{21}mu^{33}mu^{33}ha^{55}tɕo^{44}　七地之上方　七地の上のほうにいる

2661 ŋɯ^{33}tʻi^{55}ku^{33}ndzɿ^{33}tʻu̠^{55}　恩梯古茲家　恩梯古茲（エンティーグーズー）（グティクズ）は

2662 ma^{21}tsɿ^{33}lɿ^{33}li^{21}tsɿ^{33}　不派且來派　派遣すべきではない人を派遣した

2663 a^{33}ȵu̠^{55}dʑu^{33}zɿ̠^{55}tsɿ^{33}　派遣阿留居日氏
阿留居日（アーリウジューリー）（アニュジュズ）を派遣した

2664 ʂɿ̠^{21}mu^{33}mu^{33}dzɿ^{44}tɕo^{44}　七地之下方　七地の下のほうへ

2665 gɯ^{44}ku^{33}ɖɯ^{21}ti^{55}ʂu^{44}　呼日喚月去　太陽と月を呼びに行かせた

2666 a^{33}ȵu̠^{55}dʑu^{33}zɿ̠^{55}ȵi^{33}　阿留居日呢　阿留居日は

2667 o^{33}a^{21}ndzu^{21}ni^{33}tsʻu̠^{33}　頭上蓄紅髻　頭に赤い髻（まげ）を結い

2668 ndzu^{21}ni^{33}ni^{33}mu^{33}vi^{55}　紅髻紅艶艶　その赤い髻は鮮やかに赤く

2669 dʑu̠^{55}a^{21}ndzu^{21}ʂɿ^{33}tsʻu̠^{33}　腰間纏黄帯　腰に黄色い帯を巻き付け

2670 ndzu̠^{21}ʂɿ^{33}ʂɿ^{33}mu^{33}vi^{55}　黄帯黄燦燦　その黄色い帯は光り輝いていた

2671 mu^{33}a^{21}ndzu^{21}tɕʻu^{33}tsʻu̠^{33}　脚部裹白腿　脚に白い脛（すね）当てを巻き付け

2672 ndzu̠^{21}tɕʻu^{33}tɕʻu^{33}mu^{33}vi^{55}　白腿白晃晃
その白い脛当てはきらきら光っていた

2673 tsʻɿ̠^{21}dʑo^{21}ʂɿ^{33}mu^{33}tɯ^{44}　立刻來啓程　すぐに旅立ち

2674 li^{33}lo^{44}li^{33}lo^{44}mu^{33}　前行且前行　進みに進んで

2675 tʻu̠^{33}lɿ̠^{33}bo^{33}ʂɿ^{33}ɕi^{33}　達突而山脚　突而（トゥーアル）（トゥル）山の麓に着いた

2676 tʻu̠^{33}lɿ̠^{33}bo^{33}ʂɿ^{33}ȵu^{33}　突而山脚呢　突而山の麓で

2677 tɕʻu^{33}dæ^{33}tɕʻu^{33}la^{33}tʻu̠^{33}　打銀作材料　銀を精錬して材料とした

2678 ʂɿ^{33}dæ^{33}ʂɿ^{33}la^{33}tʻu̠^{33}　製金作材料　金を精錬して材料とした

2679 tɕʻu^{33}ʑi^{33}ʂɿ^{33}ʑi^{33}tsʻu̠^{33}　建金屋銀屋　金の家、銀の家を建てた

2680 tɕʻu^{33}la^{33}ʂɿ^{33}gɔ^{33}ga^{55}　披金裝銀裝　金の衣、銀の衣を着た

2681 lɯ^{33}ʂɯ^{55}tɕʻu^{33}ʑu^{33}ɖo^{33}　取用白閹牛祭祀
去勢された白い牛を生け贄にした

2682 lɯ^{33}ʂɯ^{55}fu̠^{55}ʑi^{21}di^{21}ko^{33}nɯ^{33}　閹牛呼一[2]呢
呼一（フーイー）（フジ）という去勢された牛は

2683 tʻa^{55}xɯ^{33}i^{33}tʻa^{55}xɯ^{33}　“莫殺莫殺我　「殺さないでくれ、殺さないでくれ

2684 tʻa^{55}ɖo^{33}i^{33}tʻa^{55}ɖo^{33}　莫祭莫用我來祭　私を生け贄にしないでくれ

2685 ȵi^{21}nɯ^{33}gɯ^{33}ku^{33}bo^{33}　白天願去喚日出　昼に太陽を呼びに行き

2686 gɯ^{33}ku^{33}to^{44}zi^{33}zi^{33}mo^{33}di^{44}　呼日輝燦燦　きらきら光る太陽を呼び出す

2687 si^{44}nɯ^{33}ɖɯ^{21}ku^{33}bo^{33}　夜晩願去喚月出　夜には月を呼びに行き

2688 ɖɯ^{21}ku^{33}bo^{21}lo^{33}lo^{33}mo^{33}di^{44}　喚月亮堂堂”
堂々と立派な月を呼び出す」（と言って）

2689 mæ^{33}læ^{33}tsʻɿ̠^{21}ko^{33}mbu^{33}　當先鳴一聲　早速、一声鳴いた

2690 gɯ^{33}ku^{33}mi^{44}di^{44}mbu^{33}　爲呼日而鳴　太陽を呼び出すために鳴いた

2691 lɿ^{33}gu̠^{21}gu̠^{21}mu^{33}mbu^{33}　一鳴聲哞哞　モーモーと鳴いた

2692 tsʻɿ̠^{33}mbu^{33}gɯ^{33}ma^{21}du̠^{33}　鳴後日未出　鳴いても太陽は出て来なかった

2693 ɣa^{33}la^{33}tsʻɿ̠^{21}ko^{33}mbu^{33}　然後鳴一聲　そこでもう一度鳴いた

2694 ɖɯ^{21}ku^{33}mi^{44}di^{44}mbu^{33}　爲喚月而鳴　月を呼び出すために鳴いた

2695 ho^{21}di^{21}di^{21}mu^{33}mbu^{33}　一鳴聲幽幽　かすかに一声鳴いた

2696 tsʻɿ̠^{33}mbu^{33}ɖɯ^{21}ma^{21}du̠^{33}　鳴後月未出　鳴いても月が出て来なかった

2697 a^{33}ȵu̠^{55}dʑu^{33}zɿ^{55}ȵi^{33}　阿留居日呢　阿留居日（アーリウジューリー）（アニュジュズ）は

2698 lo^{55}lɿ̠^{33}lɿ̠^{33}a^{21}ŋɯ^{33}　並非想殺牠　その牛を殺したいわけではなかったが

2699 bu^{21}ku^{21}ndi^{55}ɣa^{33}pʻo^{33}　狠下心來殺　思い切って（心を鬼にして）殺した

2700 ndu̠^{21}lo^{44}tʻi^{55}ta^{33}ɖo^{33}　殺牛來祭祀　牛を殺して生け贄にした

2701 ȵu^{33}xo^{33}mu^{33}vu̠^{55}hɯ^{21}　牛角指向天　牛の角は天を指し

2702 mu^{33}tɕʻu^{33}pʻa^{55}su^{33}ʑa^{21}lɿ̠^{55}ta^{33}　護衛[3]蒼天父　青い天である父に報告した

2703 ȵu^{33}ʂɿ^{33}tsa^{33}ɣa^{33}ndʑu̠^{33}　牛足踮於土　牛の足は土を踏み

2704 tsa^{33}næ^{33}mo^{21}su^{33}ʑa^{21}lɿ̠^{55}ta^{33}　護衛黑地母

黒い大地である母に報告した

2705 ȵu^{33}ȵɔ^{33}gu̱^{55}ɣa^{33}hɯ^{21}　牛眼看中間　牛の眼は真ん中を見て

2706 vo^{21}lɯ^{33}ts'o^{33}ʑa^{21}lɿ̱^{55}　護衛世上人　世の中の人に報告した

2707 ʑa^{21}lɿ̱^{55}gɯ^{33}ka^{55}ta^{33}　護衛帯護符④　お守りをつけた

2708 lɯ^{33}ȵo^{33}lɯ^{33}gɯ^{33}nɯ^{33}ts'ɿ̱^{21}tɕi^{33}　難得的好牛　貴重な牛である

2709 gɯ^{33}ɖo^{33}a^{33}gɯ^{33}ɕi^{44}　祭日啊祀日　太陽を祀り

2710 ɖɯ^{21}ɖo^{33}ɣa^{33}ɖɯ^{21}ɕi^{44}　祭月啊祀月　月を祀り

2711 lɯ^{33}sɿ^{33}lɿ^{33}kɯ^{21}vo^{33}　抓四把牛血　牛の血を四塊り掴(つか)み

2712 mu^{44}lɿ^{33}di^{21}ko^{33}p'u̱^{55}　舗灑於四方　四方に撒(ま)き散らした

2713 lɯ^{33}o^{33}lɯ^{33}tɕi^{33}pi^{55}　牛腎和牛胰　牛の腎臓と膵臓に

2714 tʂ'o^{21}tʂ'o^{21}lɿ^{33}tɕi^{33}tʂɿ̱^{33}　取四根雟雟⑤

雟雟(チョウチョウ)（チョチョ：竹製の籤(ひご)）を四本取り

2715 mu^{44}lɿ^{33}dʐɿ^{44}ko^{33}tʂ'a^{33}　天地四方插　天と地の四方に挿し

2716 lɯ^{33}ȵæ^{33}lɿ^{33}ndzu^{33}tʂɿ̱^{33}　拔四簇牛毛　四束の牛の毛を抜き

2717 mu^{44}lɿ^{33}di^{21}ɣa^{33}ʂa^{33}　鋪散於四方　四方に撒き散らした

2718 lɯ^{33}o^{33}lɯ^{33}ʂɿ^{33}k'æ^{33}　砍牛頭和牛脚　牛の頭と足を切り

2719 mu^{44}lɿ^{33}dʐɿ^{44}ko^{33}ʂa^{33}　抛向於四方　四方に捨てた

2720 lɯ^{33}ndʐɿ^{33}lɿ^{33}bu̱^{55}tʂ'ɿ̱^{55}　剥四張牛皮　四枚の牛の皮を剥ぎ

2721 mu^{44}lɿ^{33}di^{21}ɣa^{33}gɔ^{33}　張掛於四方　四方に掛けた

2722 ȵɔ^{33}tɕo^{33}gɯ^{33}ɣa^{33}hɯ^{21}　擧目察於日　目を上げて太陽を探した

2723 k'ɯ^{33}tɕo^{33}ɖɯ^{21}ɣa^{33}ku^{33}　張口喚於月　口を開けて月を呼んだ

2724 gɯ^{44}ȵi^{33}du̱^{33}ma^{21}na^{33}　呼日日不出　呼ばれても太陽は出てこなかった

2725 ɖɯ^{21}ȵi^{33}du̱^{33}ma^{21}na^{33}　喚月月不出　呼ばれても月は出てこなかった

2726 ts'ɿ̱^{33}ɣa^{33}la^{33}gu̱^{21}dʑo^{44}　如此過後呢　そののち

2727 a^{33}ȵu̱^{55}dʑu^{33}zɿ̱^{55}ȵi^{33}　阿留居日氏　阿留居日(アーリウジューリー)（アニュジュズ）は

2728 li^{33}lo^{44}li^{33}lo^{44}mu^{33}　前行且前行　前へ前へと歩いた

2729 t'u̱^{33}lɿ̱^{33}bo^{33}dʑu̱^{55}ʑi^{33}　達突而山腰　突而(トゥーアル)（トゥル）山の中腹に着いた

2730 t'u̱^{33}lɿ̱^{33}bo^{33}dʑu̱^{55}nɯ^{33}　突而山腰呢　突而山の中腹で

2731 dʐɿ^{33}dæ^{33}dʐɿ^{33}la^{33}t'u̱^{33}　打銅作材料　銅を精錬して材料とした

2732 xɯ^{33}dæ^{33}xɯ^{33}la^{33}t'u̱^{33}　製鐵作材料　製鉄をして材料とした

2733 dʐɿ^{33}ʑi^{33}xɯ^{33}ʑi^{33}ts'u̠^{33}　建鐵屋銅屋　鉄の家と銅の家を建てた

2734 dʐɿ^{33}vi^{55}xɯ^{33}vi^{55}ga^{55}　穿銅裝鐵裝　銅の衣を着、鉄の衣をまとった

2735 bu^{33}na^{55}tɕ'u^{33}ʑu^{33}ɖo^{33}　起用白閹羊來祭
去勢された白い綿羊を生け贄として祀ろうとした

2736 bu^{33}na^{55}tɕ'u^{44}zɯ^{33}di^{21}ko^{33}nɯ^{33}　白閹綿羊説
去勢された白い綿羊が言った

2737 t'a^{55}ɖo^{33}i^{33}t'a^{55}ɖo^{33}　“莫祭莫用我來祭　「私を生け贄にしないでくれ

2738 t'a^{55}xɯ^{33}i^{33}t'a^{55}xɯ^{33}　莫殺莫殺我　私を殺さないでくれ

2739 ȵi^{21}nɯ^{33}gɯ^{33}ku^{33}bo^{33}mo^{33}di^{44}　白天願去呼日出　昼に太陽を呼びに行き

2740 gɯ^{33}ku^{33}to^{44}zi^{33}zi^{33}　日出輝燦燦　太陽が出れば明るくなる

2741 si^{44}nɯ^{33}ɖɯ^{21}ku^{33}bo^{33}mo^{33}di^{44}　夜晩願去喚月出　夜には月を呼びに行き

2742 ɖɯ^{21}ku^{33}bo^{21}lo^{33}lo^{33}　月出亮堂堂”　月が出れば明るくなる」

2743 bu^{33}na^{55}tɕ'u^{44}zɯ^{33}ȵi^{33}　白閹綿羊呢　その去勢された白い綿羊は

2744 mæ^{21}læ^{33}ts'ɿ̠^{21}ko^{33}mo^{33}　首先鳴一聲　早速、一声啼いた

2745 gɯ^{33}ku^{33}mi^{44}di^{44}mo^{33}　爲呼日而鳴　太陽を呼び出すために啼いた

2746 mo^{33}ʑæ^{33}ʑæ^{33}mu^{33}dʑi^{21}　一鳴幽柔柔　かすかに一声啼いた

2747 ts'ɿ̠^{33}mo^{33}gɯ^{33}ma^{21}du̠^{33}　鳴後日未出　鳴いても太陽は出て来なかった

2748 ɤa^{33}la^{33}ts'ɿ̠^{21}ko^{33}mo^{33}　然後鳴一聲　それからもう一度啼いた

2749 ɖɯ^{21}ku^{33}mi^{44}di^{44}mo^{33}　爲喚月而鳴　月を呼び出すために啼いた

2750 ha^{33}dʑæ^{33}dʑæ^{33}mu^{33}mo^{33}　鳴聲憂威威
その鳴き声は恐れで悲しげだった

2751 ts'ɿ̠^{33}mo^{33}ɖɯ^{21}ma^{21}du̠^{33}　鳴後月未出　鳴いても月は出て来なかった

2752 a^{33}ȵu̠^{55}dʑu^{33}zɿ̠^{55}ȵi^{33}　阿留居日呢　阿留居日は

2753 p'o^{33}ts'ɿ̠^{21}p'o^{33}go^{33}go^{33}　無法又無計　どうしようもなかった

2754 bu^{33}ȵo^{33}bu^{33}gɯ^{33}ma^{33}　難得的綿羊　その貴重な綿羊を

2755 lo^{55}lɿ̠^{33}lɿ̠^{33}a^{21}ŋɯ^{33}　並非想殺牠　殺したいわけではなかったが

2756 bu^{21}ku^{21}ndi^{55}ɤa^{33}p'o^{33}　狠下心來殺　思い切って(心を鬼にして)殺した

2757 bu^{33}xo^{33}mu^{33}vu̠^{55}hɯ^{21}　羊角指向天　綿羊の角は天を指し

2758 mu^{33}tɕ'u^{33}p'a^{55}su^{33}a^{33}ʑa^{21}lɿ̠^{55}　護衛蒼天父　青い天である父に報告した

2759 bu^{33}ʂɿ^{33}tsa^{33}ɤa^{33}ndʑu̠^{33}　羊足踏於土　綿羊の足で土を踏み

2760 tsa^{33}næ^{33}mo^{21}su^{33}a^{33}ʑa^{21}lɿ̠^{55}　護衛黑地母　黒い大地である母に報告した

2761 bu^{33}ȵɔ^{33}gṵ^{55}ɤa^{33}hɯ^{21}　羊眼望中間　　綿羊の眼は真ん中を見て

2762 vo^{21}lɯ^{33}ts‘o^{33}ʑa^{21}lɿ̱^{55}　護衛世間人　　世の中の人に報告した

2763 ʑa^{21}lɿ̱^{55}gɯ^{33}ka^{55}ta^{33}　護衛帯護符　　お守りをつけた

2764 bu^{33}tɕ‘u^{33}ʑu^{33}la^{33}ɖo^{33}　殺羊來祭祀　　綿羊を殺して祀った

2765 gɯ^{33}ɖo^{33}a^{21}gɯ^{33}ʑi^{33}　祭日啊祀日　　太陽を祀り

2766 bu^{33}tɕ‘u^{33}ʑu^{33}la^{33}ɖo^{33}　殺羊來祭祀　　綿羊を殺して祀った

2767 ɖɯ^{21}ɖo^{33}a^{33}ɖɯ^{21}ʑi^{33}　祭月啊祀月　　月を祀り

2768 bu^{33}sɿ^{33}lɿ^{33}kɯ^{21}va^{33}　抓四把羊血　　綿羊の血を四塊り掴み

2769 mu^{44}lɿ^{33}dʐɿ^{44}ko^{33}p‘ṵ^{55}　鋪灑於四方　　綿羊の血を四方に撒き散らした

2770 bu^{33}ȵæ^{33}lɿ^{33}ndzu^{33}tʂɿ̱^{33}　搯四簇羊毛　　四束の綿羊の毛を引き抜き

2771 mu^{44}lɿ^{33}di^{21}ɤa^{33}ʂa^{33}　鋪散於四方　　四方に撒き散らした

2772 bu^{33}o^{33}bu^{33}tʑi^{33}pi^{55}　取羊腎羊胰　　綿羊の腎臓と膵臓は

2773 tʂ‘o^{21}tʂ‘o^{21}lɿ^{33}tʑi^{33}tʂɿ̱^{33}　取四根讐讐　　｜讐讐《チョウチョウ》（チョチョ）を四本取り

2774 mu^{44}lɿ^{33}dʐɿ^{44}ko^{33}tʂ‘a^{33}　插立於四方　　四方に挿し

2775 bu^{33}ʂɿ^{33}bu^{33}lo^{55}lɿ^{33}p‘ɔ^{33}k‘æ^{33}　砍四隻羊脚　　綿羊の足を四本切り

2776 mu^{44}lɿ^{33}dʐɿ^{44}ko^{33}ʂa^{33}　放置於四方　　四方に置き

2777 bu^{33}xo^{33}ȵi^{21}p‘o^{33}dʑɔ^{33}　砍兩隻羊角　　綿羊の角を二本切り

2778 mu^{33}fɿ̱^{55}mu^{33}ɖo^{21}ʂa^{33}　棄於南北方　　南北に捨てた

2779 a^{33}ȵṵ^{55}dʑu^{33}zɿ̱^{55}ȵi^{33}　阿留居日氏　　阿留居日は

2780 ȵɔ^{33}tɕo^{33}gɯ^{33}ɤa^{33}hɯ^{21}　擧目察於日　　目を上げて太陽を探した

2781 gɯ^{44}ts‘i^{33}ts‘i^{33}mu^{33}ku^{33}　虔誠地呼喚　　敬虔な心で太陽を呼んでみた

2782 gɯ^{33}ku^{33}gɯ^{33}ma^{21}dṵ^{33}　呼日日不出　　太陽は呼ばれても出て来なかった

2783 k‘ɯ^{33}tɕo^{33}ɖɯ^{21}ʑa^{33}ku^{33}　張口喚於月　　口を開けて月を呼んでみた

2784 ȵo^{44}k‘o^{33}k‘o^{33}mu^{33}ku^{33}　小心地呼喚　　用心深く呼んだ

2785 ɖɯ^{21}ku^{33}ɖɯ^{21}ma^{21}dṵ^{33}　喚月月不出　　月は呼ばれても出て来なかった

2786 ts‘ɿ̱^{33}ɤa^{33}gṵ^{21}dʑo^{44}nɯ^{33}　如此之後呢　　そののち

2787 a^{33}ȵṵ^{55}dʑu^{33}zɿ̱^{55}ȵi^{33}　阿留居日氏　　｜阿留居日《アーリウジューリー》（アニュジュズ）は

2788 li^{33}lo^{44}li^{33}lo^{44}mu^{33}　前行且前行　　前へ前へと歩いた

2789 t‘ṵ^{33}lɿ̱^{33}bo^{44}o^{33}ʑi^{33}　達突而山頭　　｜突而《トゥーアル》（トゥル）山の頂上に着いた

2790 t‘ṵ^{33}lɿ̱^{33}bo^{44}o^{33}nɯ^{33}　突而山頭呢　　突而山の頂上で

2791 sɿ̠^{33}dæ^{33}sɿ̠^{33}la^{33}t‘u̠^{33}　砍木作材料　木を切って材料とした

2792 ma^{33}dæ^{33}ma^{33}la^{33}t‘u̠^{33}　砍竹作材料　竹を切って材料とした

2793 sɿ̠^{33}ʑi^{33}ma^{33}ʑi^{33}ts‘u̠^{33}　建竹屋木屋　竹の家と木の家を建てた

2794 sɿ̠^{33}la^{33}ma^{33}gɔ^{33}ga^{55}　穿竹裝木裝　竹の衣と木の衣を着て

2795 va^{55}pu^{33}tɕ‘u^{33}ʑu^{33}ɖo^{33}mo^{33}di^{44}　要取白公鶏來祭也焉

白い雄鶏(おんどり)を生け贄にしようとした

2796 va^{55}pu^{33}tso^{44}kɯ^{33}ȵi^{33}　公鶏總格⑥呢　総格(ゾングォ)（ツォク）という雄鶏は

2797 ts‘ɿ̠^{33}la^{33}dʑu^{33}zɿ̠^{55}ko^{33}　是來勸居日　居日に勧めた

2798 t‘a^{55}ɖo^{33}i^{33}t‘a^{55}ɖo^{33}　“莫祭莫用我來祭　「私を生け贄にしないでくれ

2799 t‘a^{55}xɯ^{33}i^{33}t‘a^{55}xɯ^{33}　莫殺莫殺我　私を殺さないでくれ

2800 ȵi^{21}nɯ^{33}gɯ^{33}ku^{33}bo^{33}　白天願去呼日出　昼に太陽を呼びに行き

2801 gɯ^{33}ku^{33}to^{44}zi^{33}zi^{33}mo^{33}di^{44}　日出輝燦々　太陽が出れば明るくなる

2802 si^{44}nɯ^{33}ɖɯ^{21}ku^{33}bo^{33}　夜晚願去喚月出　夜には月を呼びに行き

2803 ɖɯ^{21}ku^{33}bo^{21}lo^{33}lo^{33}mo^{33}di^{44}　月出亮堂堂”

月が出れば明るくなる」（と言って）

2804 va^{55}pu^{33}tso^{44}kɯ^{33}ȵi^{33}　公鶏總格呢　総格(ゾングォ)（ツォク）という雄鶏は

2805 mæ^{21}læ^{33}ts‘ɿ̠^{21}ts‘i^{21}ku^{33}　首先鳴一段　早速、一声啼いた

2806 mu^{33}tɕ‘u^{33}p‘a^{55}su^{33}na^{33}bo^{33}kɯ^{44}　通報蒼天父

青い天である父に報告した

2807 gɯ^{33}ku^{33}gɯ^{33}ma^{21}du̠^{33}　呼日日不出　呼ばれても太陽は出て来なかった

2808 ɖɯ^{21}ku^{33}ɖɯ^{21}ma^{21}du̠^{33}　喚月月不出　呼ばれても月も出て来なかった

2809 ɤa^{33}la^{33}ts‘ɿ̠^{21}ts‘i^{21}ku^{33}　然後鳴一段　それからもう一度啼いた

2810 tsa^{33}næ^{33}mo^{21}su^{33}na̠^{33}bo^{33}kɯ^{44}　通報黑地母

黒い大地である母に報告した

2811 du̠^{33}la^{33}gɯ^{33}du̠^{33}la^{33}　“出來日出來　「太陽が出て来て

2812 du̠^{33}la^{33}ɖɯ^{21}du̠^{33}la^{33}　出來月出來　月が出て来て

2813 a^{21}la^{33}di^{44}vo^{44}nɯ^{33}　若不再出來　もしまた出て来なければ

2814 lɯ^{33}ʂɯ^{55}tɕ‘u^{33}ʑu^{33}ɖo^{33}　既已用牛祭　牛を生け贄にして祀ったのに

2815 bu^{33}na^{55}tɕ‘u^{33}ʑu^{33}ɖo^{33}　既已用羊祀　綿羊を生け贄にして祀ったのに

2816 ŋa^{33}ɕi^{44}ɕi^{21}ma^{33}ȵi^{33}　可憐的我啊　かわいそうな私も

2817 ʑu^{33}la^{33}xɯ^{33}mi^{44}ta^{33}　已將被殺掉”　殺されてしまう」

2818 gɯ^{44}ȵi^{33}gɯ^{33}tɕo^{44}lɿ^{33}　祈求於太陽　　太陽にお願いした

2819 ɖɯ^{21}ȵi^{33}ɖɯ^{21}tɕo^{21}mo^{55}　祈求於月亮　　月にお願いした

2820 gɯ^{44}ȵi^{33}gɯ^{33}ndo^{21}hi^{21}　日也來發言　　太陽はこう答えた

2821 gɯ^{33}la^{33}ɖɯ^{21}tɕʻo^{33}du̱^{33}　“日可隨月出　「太陽が月のあとに出てもいいが

2822 tsʻɿ̱^{44}ȵi^{33}a^{44}lɿ^{33}tɕa^{33}ʐɿ^{33}di^{33}　祇是怕阿龍”　　ただ阿龍(アーロン)(支格阿龍(チュクアロ))が恐い」

2823 ɖɯ^{21}ȵi^{33}ɖɯ^{21}ndo^{21}hi^{21}　月也來發言　　月も答えた

2824 ɖɯ^{21}la^{33}gɯ^{33}tɕʻo^{33}du̱^{33}　“月可隨日出　「月が太陽のあとに出てもいいが

2825 tsʻɿ^{44}ȵi^{33}a^{44}lɿ^{33}tɕa^{33}ʐɿ^{33}di^{33}　祇是怕阿龍”　　ただ阿龍が恐い」

2826 va^{55}pu^{33}tso^{44}kɯ^{33}ȵi^{33}　公鷄總格呢　　総格という雄鶏は

2827 pu̱^{33}lo^{21}a^{44}lɿ^{33}na^{33}　轉而問阿龍　　転じて阿龍に聞いた

2828 tʂɿ^{44}kɯ^{33}a^{44}lɿ^{33}nɯ^{33}　支格阿龍呢　　支格阿龍(チーグォアーロン)(チュクアロ)は(言った)

2829 ma^{21}tɕa^{33}dʐɿ^{33}ma^{21}tɕa^{33}　“莫怕且莫怕　「恐がることはない

2830 gɯ^{33}mbæ^{33}ɖɯ^{21}mbæ^{33}li^{33}　射日射月呢　　太陽と月を射たのは

2831 dʑu̱^{55}dʑo^{33}ho^{33}pʻo^{44}pʻo^{21}　爲世間繁榮　　世の中の繁栄のため

2832 dʑu̱^{55}dʑo^{33}ni^{44}ʑi^{33}ʑi^{33}　爲世間發展　　世の中の発展のためだ

2833 gɯ^{33}la^{33}ɖɯ^{21}zɯ^{33}ȵi^{33}　太陽和月亮　　太陽と月は

2834 ȵi^{21}nɯ^{33}gɯ^{33}zɯ^{33}du̱^{33}　白天太陽出　　昼は太陽が出て

2835 dʑu̱^{55}dzu̱^{33}zɯ^{33}lɿ^{33}bɿ^{44}　普照於人間　　世の中をあまねく照らし

2836 dzu̱^{33}mi^{44}ndʐa^{33}mi^{44}du̱^{33}　爲了人類興旺出來　　人類の繁栄のために出る

2837 si^{44}nɯ^{33}ɖɯ^{21}zɯ^{33}du̱^{33}　夜晚出月亮　　夜は月が出て

2838 dʑu̱^{55}dzu̱^{33}zɯ^{33}lɿ^{33}bɿ^{44}　普照於人間　　世の中をあまねく照らし

2839 pʻi^{21}mi^{44}ɖo^{33}mi^{44}du̱^{33}　爲了人類文明而出來　　人類の文明化のために出る

2840 ŋo^{21}ɕi^{44}ɕi^{21}gɯ^{33}ȵi^{33}　粗心的我啊　　私はうかつで

2841 ŋo^{21}la^{33}tsʻɿ̱^{21}pʻæ^{33}tsɿ̱^{55}　没有想周到　　いろいろ行き届かなかった

2842 pʻæ^{33}tsɿ̱^{55}nɯ^{33}ndzi^{33}ȵo^{33}　如今好商量　　今はよく相談しよう

2843 gɯ^{33}la^{33}ɖɯ^{21}mbæ^{33}li^{33}　射日射月時　　太陽と月を射たとき

2844 ma^{21}ndzi^{33}tsʻɿ̱^{21}nɯ^{21}ndi^{55}　未商我的錯

相談しなかったのは私の間違いだった

2845 ma^{21}ʐɿ^{33}ȵi^{21}nɯ^{21}ndi^{55}　没量爲我錯⑦

打ち合わせをしなかったのも私の間違いで

2846 ndi^{55}dʐɿ^{33}ndi^{55}mu^{33}ndi^{55}　全是我的錯　　すべては私の間違いだった

2847 sɿ̠^{21}vo^{33}ndi^{55}mu^{33}ndi^{55} 桃樹結果一樣錯[8] 桃が実るのも間違いで

2848 sɿ̠^{21}ka^{33}ndi^{55}mu^{33}ndi^{55} 李樹結果一樣錯 スモモが実るのも間違いで

2849 pu^{33}lɿ^{21}lɿ^{21}mu^{33}ndi^{55} 果纍纍而錯

果実がたわわに実るのも間違いだった

2850 ts'ɿ̠^{44}ȵi^{33}du̠^{33}zo^{44}di^{44} 如今該出了” 今は出るべきだ」

2851 va^{55}pu^{33}tso^{44}kɯ^{33}ȵi^{33} 公鷄總格呢 総格（ゾングォ）（ツォク）という雄鶏は

2852 gɯ^{33}la^{33}ɖɯ^{21}zɯ^{33}tɕo^{44} 向著日和月 太陽と月に向かって

2853 ȵi^{21}nɯ^{33}gɯ^{33}zɯ^{33}du̠^{33} “白天太陽出 「昼は太陽が出て

2854 gɯ^{33}zɯ^{33}ti^{33}mu^{33}du̠^{33} 日出獨日出 太陽が一人で出て

2855 si^{44}nɯ^{33}ɖɯ^{21}zɯ^{33}du̠^{33} 夜晚月亮出 夜は月が出て

2856 ɖɯ^{21}zɯ^{33}ti^{33}mu^{33}du̠^{33} 月出獨月出 月が一人で出て

2857 tʂɿ^{44}kɯ^{33}a^{44}lɿ^{33}ȵi^{33} 支格阿龍呢 支格阿龍（チーグォアーロン）（チュクアロ）は

2858 ma^{21}mbæ^{33}gɯ^{33}ma^{21}mbæ^{33} 再也不射日

もう再び太陽を射ることはしない

2859 ma^{21}mbæ^{33}ɖɯ^{21}ma^{21}mbæ^{33}vo^{44}di^{44} 再也不射月也焉

もう再び月を射ることはしない

2860 ŋa^{33}ɕi^{44}ɕi^{21}ma^{33}ȵi^{33} 作爲我箇人 私個人としては

2861 va^{55}pu^{33}ndzu^{21}gu^{33}dʑæ^{33} 鷄冠有九椏 鶏冠（とさか）を九つに

2862 va^{55}ndzu^{21}gu^{33}tɕa^{55}tɕa^{55} 刻我冠來定[9] 鶏冠を刻んで約束しよう

2863 gu^{33}ʑi^{55}gu^{33}ɕi^{33}t'a^{55} 九針九綫定 九本の針、九本の糸で約束しよう

2864 ma^{21}p'u̠^{33}la^{33}ndʐɯ^{44}ta^{33} 不可違協議”

約束を破らないようにしよう」（と言った）

2865 ts'ɿ̠^{33}ɣa^{33}mo^{44}gu̠^{21}dʑo^{44} 如此過後呢 そののち

2866 va^{33}pu^{33}tso^{44}kɯ^{33}ȵi^{33} 公鷄總格呢 総格（ゾングォ）（ツォク）という雄鶏は

2867 ȵɔ^{44}li^{33}bu^{44}du̠^{33}ɖu̠^{55} 擧目望東方 目を上げて東方を望み

2868 ʂɿ^{44}li^{33}tsa^{33}kɯ^{44}ndʑu̠^{33} 穩立於大地 大地にしっかりと立ち

2869 du^{33}o^{33}sɔ^{33}lo^{55}ka^{33} 嘭嘭三展翅 翼をパンパンパンと三回広げ

2870 va^{55}pu^{33}ku^{44}tʂɿ̠^{33}tʂɿ̠^{33} 鷄鳴聲宏宏 大きな声で啼いた

2871 ku^{33}dʑo^{33}ku^{33}ɖi^{55}tɕ'i^{21} 且鳴且活動[10] 歩きながら啼いた

2872 va^{55}du^{33}ka^{44}tʂɿ̠^{33}tʂɿ̠^{33} 鷄翅聲嘰嘰 羽根がチーチーと音を立て

2873 va^{55}mu^{33}tsi^{44}zu^{33}zu^{33}　鶏尾伸直直　尾はまっすぐに伸びて

2874 ku^{44}dɯ^{33}li^{44}dɯ^{33}mu^{33}　且鳴且前行　啼きながら前に歩いた

2875 du̱^{33}la^{33}gɯ^{33}du̱^{33}la^{33}　出來日出來　出た、太陽が出て来た

2876 gɯ^{44}ȵi^{33}gɯ^{33}mu^{33}du̱^{33}　太陽已出來　もう太陽が出た

2877 to^{44}zi^{33}zi^{33}mu^{33}du̱^{33}　輝燦燦而出　キラキラと輝いて出た

2878 du̱^{33}a^{21}ɖɯ^{21}du̱^{33}la^{33}　出來月出來　出た、月が出て来た

2879 ɖɯ^{21}ȵi^{33}ɖɯ^{21}mu^{33}du̱^{33}　月亮已出來　もう月が出た

2880 bo^{21}lo^{33}lo^{33}mu^{33}du̱^{33}　亮堂堂地出　堂々と立派に出た

2881 ɖɯ^{21}ȵi^{33}gɯ^{33}hi^{33}tsɿ^{33}　月也與日偕　月は太陽と一緒に

2882 ɖɯ^{21}ȵi^{33}gɯ^{33}tɕʻo^{33}du̱^{33}　随日而出來　太陽に随いて出て来た

2883 gɯ^{44}ȵi^{33}ɖɯ^{21}hi^{33}tsɿ^{33}　日也與月偕　太陽は月と一緒に

2884 gɯ^{33}la^{33}ɖɯ^{21}tɕʻo^{21}du̱^{33}　随月而出來　月に随いて出て来た

2885 du̱^{44}li^{33}du̱^{33}la^{33}vo^{44}　出則出來了　出ることは出たが

2886 ȵi^{21}ho^{55}tsɿ̱^{55}ma^{21}tæ^{33}ʑi^{21}sɿ^{33}　晝夜尚未分
昼と夜はまだ分けられていなかった

2887 tsʻɿ̱^{33}ɤa^{33}mo^{44}gu^{33}dʑo^{44}　如此過後呢　そののち

2888 va^{55}pu^{33}tso^{44}kɯ^{33}ȵi^{33}　公鶏總格呢　総格（ツォク）という雄鶏は

2889 ʂɯ^{21}tɯ^{21}sɔ^{33}tsʻi^{21}ku^{33}　晨早鳴三段　朝三回啼いて

2890 gɯ^{33}dzɿ^{33}gɯ^{33}tʑa^{33}ku^{33}　迎日接日出　太陽が出てくるのを迎える

2891 ma^{55}ɖɯ^{21}sɔ^{33}tsʻi^{21}ku^{33}　中午鳴三段　正午に三回啼いて

2892 gɯ^{33}zo^{55}gɯ^{33}tɕi^{33}ku^{33}　祭日祀日出　太陽が出てくるのを祀り

2893 bu^{21}dzi^{33}sɔ^{33}tsʻi^{21}ku^{33}　下午鳴三段　午後には三回啼き

2894 gɯ^{33}ʂɿ̱^{21}gɯ^{33}ʂa^{33}ku^{33}　是爲日送行　太陽が沈むのを送る

2895 tsʻɿ̱^{33}ɤa^{33}gu̱^{21}dʑo^{44}nɯ^{33}　如此過後呢　そののち

2896 gɯ^{44}ȵi^{33}gɯ^{33}hæ^{33}vu̱^{33}　太陽也高興　太陽も喜び

2897 gɯ^{33}zɯ^{33}ti^{33}mu^{33}du̱^{33}　日出日獨出　太陽は一人で出た

2898 ɖɯ^{21}ȵi^{33}ɖɯ^{21}hæ^{33}vu̱^{33}　月亮也高興　月も喜び

2899 ɖɯ^{21}zɯ^{33}ti^{33}mu^{33}du̱^{33}　月出月獨出　月も一人で出た

2900 va^{55}pu^{33}tso^{44}kɯ^{33}ȵi^{33}　公鶏總格呢　総格という雄鶏は

2901 mæ^{21}læ^{33}tsʻɿ̱^{21}tsʻi^{21}ku^{33}　首先鳴一段　早速啼いてみた

2902 gɯ^{33}ku^{33}gɯ^{33}du̠^{44}du̠^{33}　呼日日出否？　太陽が呼び出されたか？

2903 gɯ^{33}ku^{33}gɯ^{33}du̠^{33}la^{33}　呼日日出來　太陽は呼び出された

2904 ȵi^{21}nɯ^{33}gɯ^{33}zɯ^{33}du̠^{33}　白天太陽出　昼は太陽が出て

2905 gɯ^{33}zɯ^{33}ti^{33}mu^{33}du̠^{33}　太陽單獨出　太陽は一人で出た

2906 gɯ^{33}zɯ^{33}dʑu̠^{55}tsʻu̠^{33}ta^{33}　攔腰截太陽[11]　途中、太陽を遮(さえぎ)ったので

2907 mu^{33}kʻɯ^{33}mu^{33}tʻi^{33}tsɿ̠^{55}　白晝黑夜分　昼と夜が分けられた

2908 ɣa^{33}la^{33}tsʻɿ̠^{21}tsʻi^{21}ku^{33}　然後鳴一段　次に啼き続けて

2909 ɖɯ^{21}ku^{33}ɖɯ^{21}du̠^{44}du̠^{33}　喚月月出否？　月を呼んだら月は出たか？

2910 ɖɯ^{21}ku^{33}ɖɯ^{21}du̠^{33}la^{33}　喚月月出來　月を呼んだら月は出た

2911 si^{44}nɯ^{33}ɖɯ^{21}zɯ^{33}du̠^{33}　夜晚月亮出　夜は月が出て

2912 ɖɯ^{21}zɯ^{33}ti^{33}mu^{33}du̠^{33}　月亮單獨出　月は一人で出た

2913 ɖɯ^{21}zɯ^{33}dʑu̠^{55}tsʻu̠^{44}ta^{33}　攔腰截月亮　途中、月を遮ったので

2914 mu^{33}ʐɿ^{33}mu^{33}dɔ^{33}tsɿ̠^{55}　上弦下弦分[12]　上弦と下弦の月に分けられた

2915 tʂɿ^{44}kɯ^{33}a^{44}lɿ^{33}ȵi^{33}　支格阿龍氏　支格阿龍(ジーグォアーロン)（チュクアロ）は

2916 xɯ^{33}ʑi^{55}tsʻɿ̠^{21}tsi^{33}ʑu^{33}　取一把鐵針　鉄の針を一握り取り

2917 gɯ^{33}ti^{33}ȵɔ^{33}dʑi^{33}bɿ^{44}　送給斜眼日　斜視になった太陽に与えた

2918 ȵi^{21}nɯ^{33}gɯ^{33}la^{33}ɖu̠^{55}　白天察太陽　昼は太陽を見守り

2919 gɯ^{33}pʻo^{21}ɖɯ^{21}la^{33}ɖu̠^{55}　日團圞來察　丸い太陽を見守り

2920 tʑʻu^{44}dʑo^{33}dʑo^{33}mu^{33}ɖu̠^{55}　很清晰地察　つまびらかに見た

2921 ŋga^{33}ʑi^{33}ʑi^{33}mu^{33}dʑi^{21}　看來很沈著[13]

落ち着いて動いているように見えた

2922 xɯ^{33}lɿ̠^{33}tsʻɿ̠^{21}ma^{33}ʑu^{33}　取一箇鐵塊　鉄の塊りを一つ取り

2923 ɖɯ^{21}ti^{33}pʻa^{33}pʻɿ̠^{33}bɿ^{44}　送給半邊月　半分欠けた月に与えた

2924 si^{44}nɯ^{33}ɖɯ^{21}la^{33}ɖu̠^{55}　夜來觀月亮　夜は月を見守り

2925 ɖɯ^{21}mu^{33}ni^{33}la^{33}ɖu̠^{55}　月亮女來看　女性である月を見

2926 bo^{21}dʑo^{33}dʑo^{33}mu^{33}ɖu̠^{55}　很明晰地看　つまびらかに見た

2927 lɿ^{21}ti^{21}ti^{21}mu^{33}dʑi^{21}　看來很穩健　落ち着いて力強く見えた

2928 tsʻɿ̠^{33}ɣa^{33}gu̠^{21}dʑo^{44}nɯ^{33}　如此過後呢　そののち

2929 ʂɿ̠^{21}mu^{33}tʻi^{33}la^{33}vo^{44}　七地開曉了　七地(しちじ)に暁があるようになった

2930 tʻi^{33}dʑi^{21}tɕʻu^{33}la^{33}vo^{44}　曉開天明了　暁になって夜が明けた

2931 ʑæ^{33}k‘u̠^{33}mu^{33}t‘i^{33}li^{33}　室内天亮時　室内でも夜が開けると

2932 ʑæ^{33}k‘u̠^{33}bo^{21}dʑo^{33}dʑo^{33}　室内亮堂堂　室内は明るくなった

2933 ka^{55}k‘ɔ^{33}mu^{33}t‘i^{33}li^{33}　炕内[14]天亮時　囲炉裏の内側に夜が明けると

2934 ka^{55}lɿ̠^{21}ʂɿ^{44}tsu^{33}tsu^{33}　鍋莊[15]容光光　鍋の支え石が明るくなった

2935 ka^{44}p‘ɔ^{33}mu^{33}t‘i^{33}li^{33}　炕外天明時　囲炉裏の外側に夜が明けると

2936 ɖo^{21}si^{33}bu̠^{33}ma^{33}du̠^{33}　柱子無斑紋　柱に斑紋がなくなった

2937 ŋga^{21}vu̠^{55}mu^{33}t‘i^{33}li^{33}　簷下天明時　軒下に夜が明けると

2938 va^{33}ʂɯ^{55}dʑo^{33}mu^{33}sa^{33}　閹鶏遊自在　去勢された鶏が自在に遊ぶ

2939 ndi^{21}tɕ‘u^{33}mu^{33}t‘i^{33}li^{33}　原野天明時　野原に夜が明けると

2940 tɕu̠^{55}zɯ^{33}ndza^{33}tɯ^{44}tɕ‘i^{44}　雲雀得歡唱　ヒバリが楽しく歌う

2941 nda^{33}ʂɿ^{33}mu^{33}t‘i^{33}li^{33}　蕨叢天明時　蕨の草むらに夜が明けると

2942 ʂu̠^{21}pu^{33}tso^{33}dʑo^{33}tɕ‘i^{44}　錦鶏已高鳴　錦鶏が声高く啼く

2943 ma^{33}ʂɿ^{33}mu^{33}t‘i^{33}li^{33}　竹林天明時　竹林に夜が明けると

2944 ha^{21}pu^{33}tʂ‘ɿ̠^{33}mu^{33}sa^{33}　竹鶏正好鳴　竹鶏がいい具合に啼く

2945 nɔ^{33}zɿ^{33}mu^{33}t‘i^{33}li^{33}　江河天明時　川で夜が明けると

2946 hɯ^{21}ʂɿ^{33}ɖi^{55}dʑo^{33}tɕ‘i^{44}　魚兒自在游　魚が自在に泳ぐ

2947 va^{55}ni^{33}mu^{33}t‘i^{33}li^{33}　懸崖天明時　崖で夜が明けると

2948 dʑi^{21}ʑo^{33}ŋga^{33}su̠^{33}su̠^{33}　蜜蜂涌如潮　蜜蜂が潮のように飛んで来る

2949 zu^{21}ho^{33}mu^{33}t‘i^{33}li^{33}　杉林天明時　杉林に夜が明けると

2950 tʂ‘ɿ^{44}lɯ^{33}pæ^{33}dʑo^{33}tɕ‘i^{44}　麂麞在歡跳　ノロジカが楽しく飛び跳ねる

2951 gɯ^{33}ʂɿ^{33}lo^{33}dʑo^{44}zo^{21}　日光照深谷　日光が深い谷を照らし

2952 bu̠^{55}ɖu̠^{33}ho^{33}p‘u^{44}p‘u^{21}　牧場茂盛盛　牧場は青々と茂り

2953 ȵi^{33}ʑo^{33}pæ^{33}dʑo^{33}tɕ‘i^{44}　牛羊在歡跳　牛や羊は楽しげに飛び跳ねる

2954 gɯ^{33}ʂɿ^{33}bo^{44}o^{33}zo^{21}　日光照山頭　日光は山の頂上を照らし

2955 ʂu̠^{55}ho^{33}ɖɔ^{33}dɯ^{21}dɯ^{21}　栢樹輕輕揺　コノテガシワはそよそよと揺れる

2956 ŋgo^{55}pu^{33}tɕ‘u^{44}zɿ̠^{33}zɿ̠^{33}　白鶴白花花　白い鶴は美しく白い

2957 gɯ^{33}ʂɿ^{33}dʑo^{21}ko^{33}zo^{21}　日光照平壩　日光は盆地を照らし

2958 ka^{33}dzu̠^{33}ndʑo^{33}lo^{33}lo^{33}　莊稼平坦坦[16]　農作物は平らかに育ち

2959 dʑu̠^{55}dzu̠^{33}dʑo^{33}sa^{33}tɕ‘i^{44}　人世得安樂　この世は安らかで楽しくなった

■アメノイハヤト神話との類似と相違

この部分の骨格は、支格阿龍(チュクアロ)に射落とされて最後に残った一つずつの太陽と月が、支格阿龍(チュクアロ)を恐れて突而山(トゥル)に姿を隠して世界が真っ暗になったため、雄鶏を派遣して太陽と月を呼び出して世界に夜と昼の秩序が回復した、というものである。したがって、『古事記』のアメノイハヤト神話は、月の存在が無い点を除けば、この支格阿龍(チュクアロ)神話とほぼ一致しているとしていい。支格阿龍(チュクアロ)の役割はスサノヲが果たしている。

しかし、すでに見てきたように、複数の太陽と月を矢で射落とすという要素がアメノイハヤト神話には無いという決定的な違いもある。もしかするとこれは、支格阿龍(チュクアロ)が矢で射落とすという行為が、スサノヲの場合はアマテラス（太陽）の神事（ニイナメ）の妨害というふうに転換されているのかもしれない。また、月の存在が無い点は、『古事記』神話ではツクヨミ（月）の活躍する場面がほとんど無いことでもわかるように、皇祖神アマテラスという観念が支配的になっていたためにツクヨミ（月）の存在が消されているのかもしれない。

また、『日本書紀』（神代紀第五段第十一の一書）には、ツクヨミ（月）がウケモチの神を殺したのでアマテラス（太陽）が激怒し、それ以後は太陽と月は別々に暮らすことになったとする伝承がある。これは、太陽と月の対立神話であり、この月の部分がスサノヲに変換されれば、『古事記』のアマテラスとスサノヲの対立関係になる。しかし、タイ、インドなどアジアの神話には、三人兄弟あるいは三人姉妹の上二人が太陽と月になって幸せに暮らし、できの悪い末っ子がそれを妬んで時々太陽と月に悪さを仕掛けることで日蝕と月蝕が起きるとする神話もある。この場合には、太陽・月連合とその敵対者という関係になり、支格阿龍(チュクアロ)神話に近づく。するとスサノヲは、スサノヲ＝ツクヨミ（月）とも読めるし、スサノヲ≒支格阿龍(チュクアロ)とも読めるということになる。

以上のように、どうやら『古事記』神話は、源も複数あったのかもしれないし、その変遷・形成の過程もかなり複雑な道筋をたどったものと思われる。少数民族の神話資料を中心に、より論議を深めていく必要がある。

注

① 阿媽勒格、是虛設的一位母親之名。
阿媽勒格(アモルグ)は、一人の虚構の母親の名前である。

② 呼一爲閹牛之名。
呼一(フジ)は、去勢された牛の名前である

③　這裡的護衛是指在宗教意義上的護衛、即先作通報、以免錯傷。

ここの「護衛」の意味は、間違って殺さないように前もって知らせるという、宗教的な意味での護衛である。

④　護符、原文的是指一件道義上的衣服、穿上後可受保護。

護符とは、原文の意味では、道徳的な衣服であって、それを着ればお守りになるというものである。

⑤　讐讐爲音譯、指一種挿於肉上的小竹籤、這裡指將讐讐挿於牛腎和牛脺祭祀於神靈。

讐讐は音訳であり、肉に挿す竹製の小さな籤である。ここでは讐讐を牛の腎臓と脺臓に挿し込み、神を祀るという意味である。

⑥　總格爲公鷄之名。

総格は、雄鶏の名前。

⑦　指射日月前没有提前商量就魯莽行了、全是阿龍的錯。

太陽と月を射る前に前もって相談しないまま無鉄砲に行動したのは、全くもって阿龍の間違いである。

⑧　這句和以下兩句本不可翻譯、因爲這衹是一種詩歌形式上的需要、前幾句的“錯”這箇意思在彝語裡稱爲“氏”、結果的“結”字也稱“氏”、所以這裡是爲了諧音纔引出這幾句、從意義上没有直接的聯系。

この句と次の二つの句は、本当は翻訳できない。というのは、それらは単に詩の形を整えるためのものだからだ。前のいくつかの句に出ている「錯（間違い）」と「結果（果物が実る）」の「結」は、イ語ではすべて「氏」という発音であり、ここでは漢字の発音の近いものに合わせるため、意味から見れば、直接に関係がないこれらいくつかの句が出ているわけである。

⑨　彝族在定協議時可刻木爲盟、這裡指將鷄冠刻爲九椏而定協議。彝族認爲公鷄冠上的缺口卽由此而來。下句“九針九綫定”的意義模糊、結合後面的内容來看、可能是指取針給太陽、取綫給月亮。因爲太陽很害羞、故取針給牠作爲刺人眼的工具、以防人眼察看、而月亮衹剩半邊、故須用綫來縫補。

イ族は契約を結ぶとき、木を刻んで誓いを立てることがある。ここでは鶏の鶏冠を九つの股状に裂いて刻み、契約を結ぶことを意味する。雄鶏の鶏冠にある裂け目はここに由来するとイ族は思っている。次の句の「九本の針、九本の糸で約束しよう」の意味は曖昧で、後ろの文脈から見れば、針を太陽に、糸を月に与えるのだろうと（訳者＝摩瑟磁火は）考えている。太陽は恥ずかしがって、そのもらった針で人の眼を刺す。すると、人は（太陽を）見ることができなくなる。月は半分欠けているから、糸で縫い繕う必要がある。

⑩　這一句很不好翻譯、從語感上來看、是指鷄鳴時非常用頸的樣子。

この句は中国語に訳すのが難しい。ニュアンスから理解すれば、鶏が首を伸ばして精一杯に啼く様子を指している。

⑪　指讓太陽晚上不再出來。

夜にはけっして太陽が出ないようにするという意味である。

⑫　指上弦月和下弦月。

上弦の月と下弦の月を指す。

⑬　這一句和下面“看來很穩健”這兩句不好理解、可能是指日和月都非常穩健、可以靠得住。

この句と次の句は理解しにくい。たぶん太陽も月も穏健で、頼りになるという意味であろう。

⑭　彝族室內設火炕、火炕朝裏屋方向爲炕內、相反方向爲炕外。

イ族の家の中には囲炉裏があり、奥の間に向かうのは囲炉裏の内側、その反対のほうに向かう（入り口付近）のを囲炉裏の外側という。

⑮　鍋莊是立在火炕周圍的石樁、以此架鍋。

この「鍋荘」とは、囲炉裏の中に立てられている、鍋を支える石の柱のことである。

⑯　形容五穀長得很好、一片平坦。

五穀が元気に育って、平穏に見える様子。

[太陽を呼び、月を呼ぶ]

六つの太陽と七つの月はすでに支格阿龍（チュクアロ）に捕らえられ、下界の石盤の下に鎮められた。あとには、斜視の太陽だけが残り、彼方（かなた）に隠れ、残った半月も太陽に従って隠れた。そこで、昼には太陽の光がなく、夜には月の光がなかった。九日間、夕暮れも暁もなく、世の中は黒く沈んでいた。阿媽勒格（アモルグ）母さんは軒下に座り、派手な模様の鶏も軒下で遊ぶしかなく、農耕も牛の角に火を灯してしかできなかった。

そののち、上界にいる恩梯古茲（グティクズ）は、阿留居日（アニュジュズ）に太陽と月を呼びに行かせた。阿留居日（アニュジュズ）は頭に赤い髻（まげ）を結い、腰に黄色い帯を巻き付け、脚に白い脛（すね）当てを巻き付けて旅立ち、突而山（トゥル）の麓に着いた。麓で金と銀を精錬して金の家、銀の家を建て、金の衣、銀の衣を着た。生け贄にする白い去勢牛は、「殺さないでくれ、私を生け贄にしないでくれ、昼に太陽を呼びに行き太陽を呼び出す、夜には月を呼びに行き月を呼び出す」と言って、太陽を呼び出すためにモーモーと鳴いたが、太陽は出て来なかった。次に月を呼び出すために鳴いたが、月は出て来なかった。阿留居日（アニュジュズ）はその牛を殺したいわけではなかったが、心を鬼にして殺して生け贄にした。牛の角は天を指し、青い天である父に報告し、牛の足は土を踏み、黒い大地である母に報告し、牛の眼は真ん中を見て、世の中の人に報告した。太陽と月を祀り、牛の血を四塊り掴（つか）んで四方に撒（ま）き散らした。牛の腎臓と膵臓に竹籤（ひご）を四本挿し、牛の毛を四方に撒き散らし、牛の頭と足を切って四方に捨て、四枚の牛の皮を剥いで四方に掛けて、太陽と月を呼んだが、太陽も月も出て来なかった。

そののち、阿留居日（アニュジュズ）は突而（トゥル）山の中腹に着き、中腹で鉄と銅を精錬して鉄の家、銅の家を建て、鉄の衣、銅の衣を着た。生け贄の白い去勢綿羊は、「私を生け贄にしないでくれ、私を殺さないでくれ、昼に太陽を呼びに行き、太陽が出れば明るくなる、夜には月を呼びに行き、月が出れば明るくなる」と言って、太陽を呼び出すために鳴いたが、太陽は出て来なかった。次に月を呼び出すために悲しげに鳴いたが、月は出て来なかった。阿留居日（アニュジュズ）はその綿羊を殺したいわけではなかったが、心を鬼にして生け贄にした。綿羊の角は天を指し、青い天である父に報告し、綿羊の足は土を踏み、黒い大地である母に報告し、綿羊の眼は真ん中を見て、世の中の人に報告した。太陽と月を祀り、綿羊の血を四塊り掴（つか）んで四方に撒（ま）き散らした。綿羊の腎臓と膵臓に竹籤（ひご）を四本挿し、綿羊の毛を四方に撒き散らし、綿羊の足を切って四方に置き、綿羊の角を二本切って南北に捨てた。阿留居日（アニュジュズ）は太陽と月を呼んだが、太陽も月も出て来なかった。

そののち、阿留居日（アニュジュズ）は突而（トゥル）山の頂上に着き、頂上で竹の家と木の家を建てた、竹の衣と木の衣を着た。生け贄の総格（ツォク）という名の白い雄鶏（おんどり）は、「私を生け贄にしないでくれ、私を殺さないでくれ、昼に太陽を呼びに行き、太陽が出れば明るくなる、夜には月を呼びに行き、月が出れば明るくなる」と言って一声啼き、青い天である父に報告したが、太陽も月も出て来なかった。もう一度啼いて、黒い大地である母に「太陽と月が出てこなければ牛と綿羊を生け贄にして祀ったのに、私まで殺されてしまう」と報告した。太陽と月にお願いすると、太陽は「太陽が月のあとに出てもいいが支格阿龍（チュクアロ）が恐い」と答え、月は「月が太陽のあとに出てもいいが支格阿龍（チュクアロ）が恐い」と答えた。支格阿龍（チュクアロ）は、「恐がることはない、太陽と月を射たのは世の中の繁栄のためだ、昼は太陽が出て夜は月が出る。太陽と月を射たとき、【太陽、月と】相談しなかったのは私の間違いだった。桃が実るのも間違いで、スモモが実るのも間違いで、果実がたわわに実るのも間違いだった。だから今は出るべきだ」と言った。そこで雄鶏は太陽と月に向かって、「昼は太陽が一人で出て、夜は月が一人で出れば、支格阿龍（チュクアロ）はもう再び太陽と月を射ることはない。私は鶏冠（とさか）を九つに刻んで約束しよう、九本の針、九本の糸で約束しよう、約束は破らない」と言った。

そののち、雄鶏は東を見て翼をパンパンパンと三回広げ、大きな声で啼いた。羽根がチーチーと音を立て、尾はまっすぐに伸びて、啼きながら前に歩くと、出た、太陽がキラキラと輝いて出た、出た、月が堂々と立派に出た。月は太陽と一緒に、太陽は月と一緒に出て来た。出ることは出たが、昼と夜はまだ分けられていなかった。

そののち、雄鶏は、朝三回啼いて太陽が出て来るのを迎え、正午に三回啼いて、太陽を祀り、午後には三回啼いて、太陽が沈むのを送った。すると太陽は喜び、一人で出るようになり、月も喜び、一人で出るようになった。雄鶏が啼くと、昼に太陽が一人で出た。途中、太陽を遮ったので昼と夜が分けられた。次に啼くと、夜に月が一人で出るようになり、途中、月を遮（さえぎ）ったので上弦と下弦の月に分けられた。支格阿龍（チュクアロ）は鉄の針を一握り取り、斜視になった太陽に与え、丸い太陽を見守った。鉄の塊りを一つ取り、半分欠けた月に与え、女性である月を見守った。

そののち、下界に暁があるようになり、夜が開けると室内でも明るくなり、囲炉裏の鍋の支え石も、柱も明るくなった。夜が明けると軒下では鶏が自在に遊び、野原ではヒバリが楽しく歌い、蕨の草むらでは錦鶏（にしきどり）が声高く啼き、竹林では竹鶏がいい具合に啼き、川では魚が自在に泳ぎ、崖では蜜蜂が潮のように飛び、杉林ではノロジカが楽しく飛び跳ねる。日光が深い谷を照らし、牧場は青々と茂り、牛や羊は楽しげに飛び跳ねる。日光は山の頂上を照らし、コノテガシワはそよそよと揺れる。白い鶴は美しく白く、日光は盆地を照らし、農作物は平らかに育ち、この世は安らかで楽しくなった。

13 p'a^{55}vɿ̱^{33}p'a^{55}ʂɯ^{21} ［尋父買父］① ［父を探し、父を買う］

2960 i^{21}si^{21}ʂɿ^{44}a^{33}ɖɯ^{44} 遠古的時候 大昔

2961 dʑu̱^{55}gi^{55}dʑu̱^{55}go^{33}li^{33} 衆生絶亡後 生き物が絶滅したあと

2962 dʑu^{33}zɿ̱^{55}a^{21}ʑo^{21}dzi^{33} 剩居日阿約②

居日阿約（ジューリーアーユエ）（ジュズアゾ）が生き残った

2963 a^{21}ʑo^{21}zɯ^{33}tɕʻo^{33}go^{33}　阿約惹曲出　｜阿約惹曲《アーユエルォチウ》（アゾズチョ）が生まれ

2964 zɯ^{33}tɕʻo^{33}ho^{33}a^{21}go^{33}　惹曲夥阿出　｜惹曲夥阿《ルォチウフオアー》（ズチョホア）が生まれ

2965 ho^{33}a^{21}ʂɿ^{33}dzɿ̱^{55}go^{33}　夥阿史茲出　｜夥阿史茲《フオアーシーズー》（ホアシュズ）が生まれた

2966 ʂɿ^{33}dzɿ̱^{55}ʂɿ^{33}la^{21}tsʻɿ̱^{21}　史茲史拿一　第一世代は｜史茲史拿《シーズーシーナー》（シュズシュラ）

2967 ʂɿ^{33}la^{21}ndzɿ^{33}ɤa^{21}ȵi^{21}　史拿孜阿二　第二世代は｜史拿孜阿《シーナーズーアー》（シュラズワ）

2968 ndzɿ^{33}ɤa^{21}di^{21}li^{21}sɔ^{33}　孜阿迪利三　第三世代は｜孜阿迪利《ズーアーディーリー》（ズワディリ）

2969 di^{21}li^{21}su^{44}næ^{33}lɿ^{33}　迪利蘇尼四　第四世代は｜迪利蘇尼《ディーリースーニー》（ディリスネ）

2970 su^{44}næ^{33}a^{33}ʂu̱^{55}ŋɯ^{33}　蘇尼阿書五　第五世代は｜蘇尼阿書《スーニーアーシュー》（スネアシュ）

2971 a^{33}ʂu̱^{55}a^{33}ɤo^{33}fu̱^{55}　阿書阿俄六　第六世代は｜阿書阿俄《アーシューアーウォ》（アシュアウォ）

2972 a^{33}ɤo^{33}ʂu̱^{55}pu^{33}ʂɿ̱^{21}　阿俄書補七　第七世代は｜阿俄書補《アーウォシューブー》（アウォシュプ）

2973 ʂu̱^{55}pu^{33}ʂɿ^{21}lɿ^{21}hi^{55}　書補史爾八　第八世代は｜書補史爾《シューブーシーアル》（シュプシュル）

2974 ʂɿ^{21}lɿ^{21}ɤo^{44}tʻɯ^{33}gu^{33}　史爾俄特九③　第九世代は｜史爾俄特《シーアルウォテー》（シュルウォトゥ）

2975 ʂɿ^{21}lɿ^{21}ɤo^{44}tʻɯ^{33}ȵi^{33}　史爾俄特世　史爾俄特の時代には

2976 gu^{33}tsʻɿ̱^{55}zɯ^{33}ʑu̱^{33}pʻa^{55}a^{21}mo^{33}　九代生子不見父④
子孫が九世代生まれたが父は見当たらなかった

2977 pʻa^{55}vɿ^{33}li^{33}mo^{33}di^{44}　要去買父焉　父を買いに行こうとした

2978 pʻa^{55}ʂɯ^{21}li^{33}mo^{33}di^{44}　要去尋父焉　父を捜しに行こうとした

2979 tsɿ^{33}su^{33}gu^{33}ʑɔ^{33}tɕʻo^{33}　帶九箇隨從　お供を九人連れて行った

2980 tɕʻu^{33}o^{55}gu^{33}tsi^{33}si^{21}　帶九把銀勺　銀の匙を九本持って行った

2981 ʂi^{33}o^{55}gu^{33}tsi^{33}si^{44}　帶九把金勺　金の匙を九本持って行った

2982 tɕʻu^{33}mo^{44}gu^{33}tɕa^{33}tɕa^{33}　馱九馱⑤碎銀
九頭の家畜の背に細かい銀を運んで行った

2983 ʂɿ^{33}mo^{44}gu^{33}tɕa^{33}tɕa^{33}　馱九馱碎金
九頭の家畜の背に細かい金を運んで行った

2984 o^{44}dʑu^{33}tɕʻu^{33}tɕa^{33}no^{21}　狐狸來馱銀　狐は銀を運んだ

2985 a^{21}ɖɯ^{21}ʂɿ^{33}tɕa^{33}no^{44}　野兎來馱金　野ウサギは金を運んだ

2986 mu^{33}kʻo^{33}lɯ^{33}ʂɯ^{55}ʐɿ^{21}su^{33}no^{21}　趕著駿馬和壯牛
良い馬と丈夫な牛を走らせ

2987 ȵi^{33}ʑo^{33}vi^{55}pa^{33}po^{21}su^{33}no^{21}　趕著肥猪和壯羊
肥った豚と丈夫な羊を走らせた

2988 ʂɯ^{21}tɯ^{21}dʐɿ^{33}ȵa^{55}nɯ^{33}　晨早時分呢　朝早く

2989 va^{55}pu^{33}ku^{44}tʻɯ^{33}tɯ^{21}　雄鷄鳴則起　雄鶏が啼くと起き

2990 li^{33}lo^{44}li^{33}lo^{44}mu^{33}　前行前行兮　前に歩きに歩いた

2991 ndi^{21}tɕʻu^{33}gu^{33}ɣa^{33}ŋga^{33}　走過原野間　野原を通り過ぎると

2992 ndi^{21}tɕʻu^{33}tsʻɿ^{33}pʻi^{21}ȵi^{33}　原野此平⑥呢　野原にいる此平[ツーピン]（ツピ：精霊）は

2993 tʑu̠^{55}tʂʻɿ^{33}zɯ^{44}dzi^{33}ʑu^{33}　捉一對雲雀　一対のヒバリを捕まえ

2994 ʂɿ^{21}lɿ^{21}ɣo^{44}tʻɯ^{33}ɖo^{33}　招待史爾俄特氏

史爾俄特[シーアルウォテー]（シュルウォトゥ）をもてなした

2995 ʂɿ^{21}lɿ^{21}ɣo^{44}tʻɯ^{33}ȵi^{33}　史爾俄特呢　史爾俄特は

2996 ɖo^{33}ʑu^{33}ȵi^{33}ma^{21}na^{33}　不願受其宴　その宴に出席したくなかった

2997 ɖo^{33}dzɯ^{33}ȵi^{33}ma^{21}na^{33}　不願喫其宴

その宴のご馳走を食べたくなかった

2998 zu̠^{21}dzu̠^{33}bo^{33}ȵa^{55}ŋga^{33}　走過杉林間　杉林を通り過ぎると

2999 zu^{21}ȵi^{33}ɖu̠^{55}to^{33}zɯ^{33}　杉林魯朶呢　杉林にいる魯朶[ルードゥオ]（ルト：精霊）は

3000 tʂʻɿ^{44}lɯ^{33}zɯ^{44}dzi^{33}ʑu^{33}　捉一對麅麞　一対のノロジカを捕まえ

3001 ʂɿ^{21}lɿ^{21}ɣo^{44}tʻɯ^{33}ɖo^{33}　招待史爾俄特氏　史爾俄特をもてなした

3002 ʂɿ^{21}lɿ^{21}ɣo^{44}tʻɯ^{33}ȵi^{33}　史爾俄特呢　史爾俄特は

3003 ɖo^{33}ʑu^{33}ȵi^{33}ma^{21}na^{33}　不願受其宴　その宴に出席したくなかった

3004 ɖo^{33}dzɯ^{33}ȵi^{33}ma^{21}na^{33}　不願享其宴

その宴のご馳走を食べたくなかった

3005 va^{55}ni^{33}gu^{33}ɣa^{33}ŋga^{33}　走過懸崖間　崖を通り過ぎると

3006 va^{55}mu^{33}sɿ^{33}ɖi^{55}ȵi^{33}　懸崖死領呢　崖にいる死領[スーリン]（スリ：精霊）は

3007 dʑi^{21}ʑo^{33}zɯ^{44}dzi^{33}ʑu^{33}　捉一對蜜蜂　一対の蜜蜂を捕まえ

3008 ʂɿ^{21}lɿ^{21}ɣo^{44}tʻɯ^{33}ɖo^{33}　招待史爾俄特氏

史爾俄特[シーアルウォテー]（シュルウォトゥ）をもてなした

3009 ʂɿ^{21}lɿ^{21}ɣo^{44}tʻɯ^{33}ȵi^{33}　史爾俄特呢　史爾俄特は

3010 ɖo^{33}ʑu^{33}ȵi^{33}ma^{21}na^{33}　不願受其宴　その宴に出席したくなかった

3011 ɖo^{33}dzɯ^{33}ȵi^{33}ma^{21}na^{33} 不願享其宴　その宴のご馳走を食べたくなかった

3012 næzɿ^{33}gu^{33}ɣa^{33}ŋga^{33}　走過江河間　川を通り過ぎると

3013 næ^{33}zɿ^{33}mu^{33}ndʑi^{44}ȵi^{33}　江河母覺呢　川にいる母覚[ムージュエ]（ムジ：精霊）は

3014 hɯ^{21}sɿ^{33}zɯ^{44}dzi^{33}ʑu^{33}　捉一對魚兒　一対の魚を捕まえ

3015 ʂɿ^{21}lɿ^{21}ɣo^{44}tʻɯ^{33}ɖo^{33}　招待史爾俄特氏　史爾俄特をもてなした

3016 ʂɿ21lɿ21ɣo44tʻɯ33ȵi33　史爾俄特呢　史爾俄特は

3017 ɖo33ʑu33ȵi33ma21na33　不願受其宴　その宴に出席したくなかった

3018 ɖo33dzɯ33ȵi33ma21na33　不願享其宴　その宴のご馳走を食べたくなかった

3019 li33lo44li33lo44mu33　行行且行行　歩きに歩いて

3020 ni21dzu̠33gu33ȵa55ʑi33　到達彝人郷　イ族の郷に到着した

3021 ȵu33si33ɔ33ɖu̠55zɯ44dzi33ʑu33　抓取一對小黄牛
一対の小さい黄牛を捕まえ

3022 ʂɿ21lɿ21ɣo44tʻɯ33ɖo33　招待史爾俄特氏　史爾俄特をもてなした

3023 ʂɿ21lɿ21ɣo44tʻɯ33ȵi33　史爾俄特呢　史爾俄特は

3024 ɖo33ʑu33ȵi33ma21na33　不願受其宴　その宴に出席したくなかった

3025 ɖo33dzɯ33ȵi33ma21na33　不願享其宴　その宴のご馳走を食べたくなかった

3026 ni21dzu̠33gu33ɣa33tɯ21　從彝區啓程　イ族地区を旅立ち

3027 xɔ33dzu̠33bo33ȵa55ʑi33　到達漢人郷　漢《ハン》（ホ）族の郷に到着した

3028 vɿ33a21tsɿ̠21ku̠21tɕʻu33　左方白錦緞[7]　左に白い錦の布

3029 ʑi21ɣa21tʑa33tʂɿ33ʂɿ33　右方黄絲綢　右に黄色い絹の布

3030 xɔ33dzu̠33bo33ȵa55tɯ21　從漢區啓程　漢族地区を旅立ち

3031 va55ŋgɯ21kʻɯ21dʐɿ21ɕi33　達瓦更克治[8]
瓦更克治《ワーガンケーチー》（ヴァグクジュ）に到着した

3032 va55ŋgɯ21kɯ21dʐɿ21nɯ33　瓦更克治呢　瓦更克治では

3033 ʂo̠33ni33dzo33dzo33　樹端紅艶艶　木の梢が赤くあでやかであった

3034 tʂu33tʂu33ŋɯ33ʂu44kʻa33　以爲是珍珠　宝石だと思って

3035 vɿ33lo55tsʻɿ̠21kɯ21ʂɔ33　左手抓一把　左手で一つまみ取ったら

3036 a21ndʑi55ŋɯ33dɯ21lo44　原來是阿吉[9]
それは阿吉《アージー》（アジ：木の一種）であった

3037 ʑi33lo55tsʻɿ̠21kɯ21ʂɔ33　右手抓一把　右手で一つまみ取ったら

3038 su21su21ŋɯ44dɯ33lo44　原來是索索
それは索索《スオスオ》（スス：木の一種）であった

3039 va55ŋgɯ21kʻɯ21dʐɿ21tɯ21　瓦更克治起　瓦更克治を旅立ち

3040 va55ŋgɯ21kʻɯ21ha33ʑi33　達瓦更克哈　瓦更克哈《ワーガンケーハー》(ヴァグクハ)に到着した

3041 va55ŋgɯ21kʻɯ21ha33tɯ21　瓦更克哈起　瓦更克哈を旅立ち

3042 tsʻɿ̠21dʐo33tsʻi33dʐo33ʑi33　十程作爲一程走[10]

十の道程を一の道程として歩いた

3043 a^{21}dʐo^{21}ndi^{21}tsɔ^{33}ŋga^{33}　走過阿着迪總

阿着迪総(アーチャオディーゾン)（アジョディツォ）を過ぎ

3044 ts‘ɿ^{21}tʂ‘o^{21}ts‘i^{33}tʂ‘o^{21}ŋga^{33}　一餐當十餐而行[11]　一食で十食の道を歩いた

3045 gu̱^{21}tʂ‘o^{21}tʂ‘o^{21}ho^{33}ŋga^{33}　走過故讐讐夥

故讐讐夥(グーチョウチョウフオ)（グチョチョホ）を通り過ぎ

3046 tʂa^{55}tʂa^{55}læ^{44}tʑæ^{33}ŋga^{33}　走過張張利吉

張張利吉(チャンチャンリージー)（チャチャレチェ）を通り過ぎ

3047 a^{21}dʑo^{21}ho^{33}mu^{33}tʂɿ^{55}　穿過阿覺夥母　阿覚夥母(アージュエフオムー)(アジョホム)を通って

3048 ʑo^{44}mu^{33}dʑi^{55}læ^{33}ʑi^{33}　達優母吉利　優母吉利(ヨウムージーリー)（ゾムジレ）に到着した

3049 ʑo^{44}mu^{33}dʑi^{55}læ^{33}tɯ^{21}　優母吉利起　優母吉利より

3050 ʂɿ^{21}mu^{33}mu^{33}ȵa^{55}ʑi^{33}　達七地上方　七地(しちじ)の上のほうに到達した

3051 ʂɿ^{21}mu^{33}mu^{33}ȵa^{55}nɯ^{33}　七地上方呢　七地の上のほうでは

3052 tɕo^{33}ʐi^{44}tɕo^{33}la^{33}mu^{33}　轉來又轉去　さまざまな方向に進んで

3053 tʑo^{33}lo^{44}ʑi^{33}mo^{44}ʂɿ^{33}ɣa^{33}ɕi^{33}　轉而到達一屋旁　一軒の家の側(そば)に着いた

3054 ndzɿ^{33}a^{21}di^{33}ndu^{44}t‘u̱^{55}　孜阿迪度家[12]

孜阿迪度(ズーアーディードゥー)（ズアディドゥ）の家であった

3055 di^{21}ndu̱^{21}ʑi^{33}a^{21}dʑo^{33}　迪度不在家　迪度は留守であったが

3056 ʂɿ^{44}si^{33}ʑi^{33}dʑo^{33}lo^{44}　史色[13]卻在家　史色(シースォ)（シュシ）は家にいた

3057 di^{21}ndu̱^{21}ʂɿ^{44}si^{33}ȵi^{33}　迪度史色呢　迪度史色(ディードゥーシースォ)（ディドゥシュシ）は

3058 ʑi^{55}tʂ‘ɿ^{21}t‘i^{55}ȵi^{33}lo^{44}　正在此織布　機(はた)を織っていた

3059 tɯ^{21}la^{33}ts‘ɿ^{21}ndo^{21}t‘i^{33}　起而發一言　立ち上がってこう言った

3060 mu^{44}k‘ɯ^{33}su^{44}ɔ^{33}ɖi^{55}　“下界的表哥

「下界からの兄【姓の異なる従兄弟の兄】よ

3061 nɯ^{33}bo^{33}k‘a^{55}bo^{33}mi^{44}　你要去何方？　どこへ行くのか？

3062 k‘ɯ^{55}lo^{21}i^{21}mi^{33}nɯ^{33}　天時已近晩　もう遅くなって

3063 k‘ɯ^{55}ȵi^{33}ŋo^{21}du^{33}ŋgɯ^{21}　天昏宿我家

暗くなってきたから、我が家に泊まりなさい

3064 ma^{21}k‘ɯ^{55}ŋo^{21}du^{33}ŋgɯ^{21}　未昏宿我家[14]

暗くなくても我が家に泊まりなさい

3065 dʑu^{55}zɯ^{33}di^{33}ma^{21}k‘ɯ^{55}　行人不知昏　旅人は夕暮れを知らず

3066 li^{21}ʑi^{33}mo^{33}nɯ^{33}k‘ɯ^{55}　見屋則知昏[15]　家を見たら夕暮れに気づく

3067 dʑi^{21}ʑo^{33}di^{44}ma^{21}k‘ɯ^{55}　蜜蜂不知昏　蜜蜂は夕暮れを知らず

3068 va^{55}ni^{33}mo^{44}nɯ^{33}k‘ɯ^{55}　見懸崖則昏　崖を見たら夕暮れに気づく

3069 ha^{33}nɔ^{33}di^{44}ma^{21}k‘ɯ^{55}　烏鴉不知昏　カラスは夕暮れを知らず

3070 zu^{21}ho^{33}mo^{44}nɯ^{33}k‘ɯ^{55}　見杉林則昏　杉の林を見たら夕暮れに気づく

3071 tʑu̠^{55}zɯ^{33}di^{44}ma^{21}k‘ɯ^{55}　雲雀不知昏　ヒバリは夕暮れを知らず

3072 ndi^{21}tɕ‘u^{33}mo^{44}nɯ^{33}k‘ɯ^{55}　見原野則昏　野原を見たら夕暮れに気づく

3073 hɯ^{21}ʂɿ^{33}di^{44}ma^{21}k‘ɯ^{55}　魚兒不知昏　魚は夕暮れを知らず

3074 næ^{33}ʐɿ^{33}mo^{44}nɯ^{33}k‘ɯ^{55}　見江河則昏　川を見たら夕暮れに気づく

3075 va^{55}zɯ^{33}di^{44}ma^{21}k‘ɯ^{55}　禽鳥不知昏　鳥類は夕暮れを知らず

3076 sɿ̠^{33}o^{33}mo^{44}nɯ^{33}k‘ɯ^{55}　見樹端則昏　木の梢を見たら夕暮れに気づく

3077 ȵi^{33}ʑo^{33}di^{44}ma^{21}k‘ɯ^{55}　牛羊不知昏　牛や羊は夕暮れを知らず

3078 xo^{33}ʂɿ^{33}mo^{44}nɯ^{33}k‘ɯ^{55}　見圈巣則昏　巣を見たら夕暮れに気づく

3079 hi^{33}mu^{33}su^{33}ma^{21}k‘ɯ^{55}　辦事者不昏　仕事をする人は夕暮れを知らず

3080 li^{21}ʑi^{33}mo^{33}nɯ^{33}k‘ɯ^{55}　見屋則知昏　家を見たら夕暮れに気づく

3081 k‘ɯ^{55}lo^{21}i^{21}mi^{33}nɯ^{33}　既晩之今宵　今夜はもう遅い

3082 k‘ɯ^{55}ȵi^{33}ŋo^{21}du^{33}ŋgɯ^{21}　天昏宿我宿
　暗くなってきたから我が宿に泊まりなさい

3083 ma^{21}k‘ɯ^{55}ŋo^{21}du^{33}ŋgɯ^{21}ga^{33}bu^{33}　未昏宿我家纔對”
　暗くなくても我が家に泊まりなさい」

3084 ʂɿ^{21}lɿ^{21}ɤo^{44}t‘ɯ^{33}ȵi^{33}　史爾俄特呢　史爾俄特（シーアルウォテー）（シュルウォトゥ）は

3085 pu̠^{33}lo^{21}ts‘ɿ^{21}ndo^{21}t‘i^{33}　轉而答一言　転じてこう答えた

3086 mu^{33}vu̠^{55}su^{44}a^{33}za^{55}　“天界之表妹
　「天にいる妹【姓の異なる従姉妹の妹】よ

3087 ŋa^{44}li^{33}ʂɿ̠^{21}mu^{33}mu^{33}dʐɿ^{44}tɕo^{44}　我乃七地之下方
　私は七地の下のほうにいる

3088 ʂɿ^{21}lɿ^{21}ɤo^{44}t‘ɯ^{33}ŋɯ^{33}　史爾俄特氏　史爾俄特である

3089 gu^{33}ts‘ɿ̠^{55}zɯ^{33}ʑu̠^{33}p‘a^{55}a^{21}mo^{33}　九代生子不見父
　子が九世代生まれたが、父親はいない

3090 p‘a^{55}vɿ^{33}li^{33}mu^{33}vu̠^{55}　買父到天上　天に父を買いに来た

3091 p‘a^{55}ʂɯ^{21}li^{33}mu^{44}k‘ɯ^{33}　找父於地上　大地で父親を探した

3092 hæ^{33}pʻɪ^{33}ŋgo^{44}tʂɿ̠^{33}tʂɿ^{33}　心酸寒凛凛　切ない思いで胸が一杯で

3093 hælɪ^{21}ŋgo^{33}tsʻi^{33}tsʻi^{33}　傷心憂威威　悲しく、つらい

3094 pʻa^{55}vɪ^{33}pʻa^{55}ʂɯ^{21}ndʑɔ^{33}　尋父買父去　父を探し、父を買いに行く

3095 kʻɯ^{55}lo^{21}i^{21}mi^{33}nɯ^{33}　既晩之今日　きょうは遅くなったが

3096 kʻɯ^{55}ȵi^{33}ma^{21}ŋgɯ^{21}vo^{44}　天昏也不宿　暗くなっても泊まらない

3097 ma^{21}kʻɯ^{55}ma^{21}ŋgɯ^{21}vo^{44}　未昏也不宿了”　暗くなくても泊まらない」

3098 ndzɪ^{33}ni^{33}ʂɪ^{44}si^{33}ȵi^{33}　史色公主呢　史色(シースォ)（シュシ）王女は

3099 tsʻɿ̠^{33}gɯ^{33}lo^{44}vɪ^{33}hi^{33}　聞聽此言後　その話を聞いて

3100 ha^{55}ha^{33}sɔ^{33}ko^{33}ʑi^{33}　哈哈笑三聲　ハハハと笑った

3101 mu^{44}kʻɯ^{33}su^{44}ɔ^{33}ɖi^{55}　“下界的表哥　「下界からの兄よ

3102 ŋa^{33}ndʑɔ^{33}xɔ^{33}mu^{33}ɕi^{33}　我遊到漢區

私は漢(ハン)（ホ）族地区へ遊びに行ったとき

3103 ʑɪ^{44}ȵi^{33}fu^{33}ti^{33}dzu̠^{33}su^{33}ŋa^{33}mo^{33}ndzo^{44}　見過獨角的水牛

角が一本しかない水牛を見たことがある

3104 ŋa^{33}ndʑɔ^{33}ni^{21}mu^{33}ɕi^{33}　我遊到彝鄉　私はイ族の郷へ遊びに行ったとき

3105 lɯ^{33}nɔ^{33}na^{33}ti^{33}ndi^{55}su^{33}ŋa^{33}mo^{33}ndzo^{44}　見過獨耳的黃牛

耳が一つしかない黄牛を見たことがある

3106 ni^{21}la^{33}xɔ^{33}mu^{33}tɕo^{44}　彝區和漢鄉　イ族地区と漢族の郷で

3107 mo^{21}vɪ^{33}mo^{21}ʂɯ^{21}ndʑɔ^{33}su^{33}li^{33}mo^{33}ndzo^{44}　見過尋母買母者

母親を探し、母親を買う人に会ったことがある

3108 pʻa^{33}vɪ^{33}pʻa^{55}ʂɯ^{21}ndʑɔ^{33}su^{33}mo^{33}ma^{21}ndzo^{21}　未見尋父買父者

父親を探し、父親を買う人に出会ったことはない

3109 mu^{44}kʻɯ^{33}su^{44}ɔ^{33}ɖi^{55}　下界的表哥　下界からの兄よ

3110 tʂɪ^{33}la^{33}kæ^{33}ndo^{21}tʻi^{33}　出一段謎語　謎々を出して

3111 ma^{21}tʂɪ^{33}ma^{21}kæ^{33}nɯ^{33}　如若猜不出　当て損ねたら

3112 pʻa^{55}vɪ^{33}pʻa^{55}ʂɯ^{21}li^{33}ma^{21}to^{21}　買父尋父不可能

父を探し、父を買うことはできない

3113 tʂɪ^{33}la^{33}kæ^{33}to^{44}nɯ^{33}　若能猜得出　謎々を当てることができたら

3114 nɯ^{21}pʻa^{55}ŋa^{33}hi^{21}nɯ^{44}kɯ^{33}mo^{33}　我可告你如何去找父

如何にして父を探せばいいか教えてあげよう

3115 ma^{21}lɿ̠^{55}kʻɯ^{33}sɔ^{33}tsʻu̠^{33}　不獵三群狗　狩猟をしない三群れの犬

3116 ma^{21}mbu^{33}ʑæ^{33}bo^{21}ni^{33}　不鳴紅頬鶏　　啼かない頬の赤い鶏
3117 ma^{21}tɕa^{33}sɿ̱^{33}sɔ^{33}da^{33}　不燒木三桿　　燃えることがない三本の棹
3118 ma^{21}dzɯ^{33}ts‘ɯ^{33}sɔ^{33}tɕi^{21} 不食鹽三塊　　食べることができない三塊りの塩
3119 ma^{21}tʂ‘ɿ̱^{21}ʑi^{55}sɔ^{33}xo^{33}　不織機三架　　織ることができない三台の機《はた》
3120 ma^{21}mbæ^{33}ʂa^{33}sɔ^{33}ʑo^{21}　不彈毛三兩
打つことができない三両の毛【1両は50グラム】
3121 ts‘ɿ̱^{44}li^{33}mu^{33}ɕi^{44}t‘i^{33}　此等爲何物？　　それは何であろう？
3122 vi^{55}ɕæ^{33}sɔ^{33}ha^{33}bo^{33}　盔甲三百付　　兜と鎧が三百組
3123 o^{33}ɣa^{33}t‘u^{44}mu^{33}ndzɿ^{33}　頭部甚麼皮？　　兜は何の皮であろう？
3124 dʑu̱^{55}su^{33}t‘u^{44}mu^{33}ndzɿ^{33}　腰部甚麼皮？
真ん中辺りは何の皮であろう？
3125 mu^{33}ɣa^{21}t‘u^{44}mu^{33}ndzɿ^{33}　尾部甚麼皮？”　　裾は何の皮であろう？」
3126 ʂɿ^{21}lɿ^{21}ɣo^{44}t‘ɯ^{33}ȵi^{33}　史爾俄特呢　　史爾俄特《シーアルウォテー》（シュルウォトゥ）は
3127 tʂɿ^{33}la^{33}kæ^{33}ma^{21}to^{21}　未能猜此謎　　その謎々を解くことができず
3128 ȵɔ^{33}bɿ^{33}sɔ^{33}t‘ɔ^{33}ts‘i^{33}　傷心三滴涙　　悲しくて涙を三滴流した
3129 pu̱^{33}lo^{21}va^{55}ŋgɯ^{21}k‘ɯ^{21}dʑɿ̱^{21}ɕi^{33}　返回瓦更克治
瓦更克治《ワーガンケーチー》（ヴァグクジュ）に戻り
3130 t‘i^{33}lo^{44}ni^{21}mo^{21}ɣo^{33}ɖo^{21}kɯ^{33}　告訴俄儂[16]妹
俄儂《ウォノン》（ウォロ）という妹に言い聞かせたら
3131 ni^{21}mo^{21}ɣo^{33}ɖo^{21}hi^{21}ko^{33}nɯ^{33}　俄儂妹妹説　　俄儂妹はこう言った
3132 ma^{21}tsɿ̱^{55}mu^{44}zɯ^{33}nɯ^{33}　“我的兄長啊　　「我が兄よ
3133 tʂ‘ɿ̱^{55}sɿ^{33}li^{33}ma^{21}zo^{21}　且莫來担憂　　憂い悲しまないでください
3134 ŋa^{33}kæ^{33}nɯ^{44}kɯ^{33}mo^{33}　我猜給你聽
その謎々の答えを教えてあげましょう
3135 ma^{21}lɿ̱^{55}k‘ɯ^{33}sɔ^{33}ts‘u̱^{33}　不獵三群狗　　狩猟をしない三群れの犬は
3136 lo^{33}ɣa^{33}o^{44}dʑu^{33}t‘i^{33}　爲深谷狐狸　　深い谷にいるキツネです
3137 ma^{21}mbu^{33}ʑæ^{33}bo^{21}ni^{33}　不鳴紅頬鶏　　啼かない頬の赤い鶏は
3138 nda^{33}ʂɿ^{33}ʂu̱^{21}pu^{33}t‘i^{33}　蕨叢之錦鶏　　蕨の草むらにいる錦鶏《にしきどり》です
3139 ma^{21}tɕa^{33}sɿ̱^{33}sɔ^{33}da^{33}　不燒木三桿　　燃えることのない三本の棹は
3140 ʑi^{33}vu̱^{55}ni^{21}dʑu^{21}t‘i^{33}　屋頂之竹靈[17]　　屋根に置いてある竹製の位牌です
3141 ma^{21}dzɯ^{33}ts‘ɯ^{33}sɔ^{33}tɕi^{21}　不食鹽三塊

食べることのできない三塊りの塩は

3142 lo^{33}no^{55}tʻu̱^{21}tu̱^{21}tʻi^{33}　深谷之氷棍　深い谷にあるつららです

3143 ma^{21}tʂʻɿ^{21}ʑi^{55}sɔ^{33}xo^{33}　不織機三架　織ることができない三台の機は

3144 mu^{33}vu̱^{55}si^{33}si^{33}tʻi^{33}　天空之彩虹　空の虹です

3145 ma^{21}mbæ^{33}ʂa^{33}sɔ^{33}ʑo^{21}　不彈毛三兩　打つことができない三両の毛は

3146 bo^{44}o^{33}hi^{55}tɕʻu^{33}tʻi^{33}　山頭之白霧　山の頂上に漂う白い霧です

3147 vi^{55}ʑæ^{33}sɔ^{33}ha^{33}bo^{33}　盔甲三百付　三百組の兜と鎧は

3148 o^{33}ɣa^{21}tsʻæ^{33}mo^{21}dʑa^{55}ni^{33}ndʐɿ^{33}　頭部棗色母鹿皮

兜の皮はナツメ色で、雌鹿の皮です

3149 dʑu̱^{55}ɣa^{21}vo^{55}ȵi^{33}li^{33}bu^{44}ndʐɿ^{33}　腰部野猪頸子皮

真ん中辺りの皮は豚の首の皮です

3150 mu^{33}ɣa^{21}ʐɿ^{44}ȵi^{33}ba^{21}tsɿ̱^{33}ndʐɿ^{33}　尾部水牛膝蓋皮”

裾の皮は水牛の膝の皮です」

3151 ʂɿ^{21}lɿ^{21}ɣo^{44}tʻɯ^{33}ȵi^{33}　史爾俄特呢　史爾俄特（シーアルウォテー）（シュルウォトゥ）は

3152 gɯ^{33}mu^{33}gɯ^{33}ma^{21}mu^{33}　不待説完話　話し終わるのを待たずに

3153 ȵi^{33}gɯ^{33}ȵi^{33}mu^{33}tɯ^{44}　立即來啓程　すぐに旅立った

3154 tʻi^{33}lo^{44}ʂɿ^{44}si^{33}kɯ^{33}　告之於史色　史色（シースォ）（シュシ）に（答えを）告げた

3155 ndzɿ^{33}ni^{33}ʂɿ^{44}si^{33}nɯ^{33}　史色公主説　史色王女は言った

3156 mu^{44}kʻɯ^{33}su^{44}ɔ^{33}ɖi^{55}　“下界的表哥　「下界からの兄よ

3157 nɯ^{21}pʻa^{55}tsʻo^{33}a^{21}dʑo^{33}　無人超越你　あなたの右に出る者はいません

3158 kæ^{44}læ^{33}kæ^{33}to^{21}vo^{44}　猜謎猜中了　謎々は解けました

3159 no^{21}ni^{21}kʻa^{55}ko^{33}ta^{33}　你家靈牌放何處？”

あなたの家族の位牌はどこに祀ってありますか？」

3160 ʂɿ^{21}lɿ^{21}ɣo^{44}tʻɯ^{33}nɯ^{33}　史爾俄特呢　史爾俄特は（言った）

3161 ni^{21}mu^{33}ʐɿ^{33}ko^{33}tsi^{21}mi^{44}ȵi^{33}　“想將靈牌度入水中去[18]

「位牌を水の中に入れて済度しようと思うが

3162 ʐɿ^{33}vu̱^{55}ndʑu̱^{33}dʑo^{44}dɯ^{33}　水中魆所居　水中は鬼の居所だから

3163 ni^{21}tsi^{21}dɯ^{33}ma^{21}ŋɯ^{33}　不宜放靈牌　位牌を入れてはいけない

3164 ni^{21}mu^{33}zu^{21}ɣa^{33}ta^{33}mi^{44}ȵi^{33}　想將靈牌度杉林

位牌を杉林で祀ろうと思うが

3165 zu^{21}ɣa^{33}hi^{55}dʑo^{44}dɯ^{33}　杉林獸所居　杉林には獣が棲むから

3166 ni^{21}ta^{33}dɯ^{33}ma^{21}ŋɯ^{33}　並非置靈處　　位牌を置くところではない

3167 ni^{21}mu^{33}bo^{44}o^{33}ta^{33}mi^{44}ȵi^{33}　欲要度靈入山峰

位牌を山の峰で祀ろうと思うが

3168 bo^{44}o^{33}ɖɪ^{33}ŋga^{33}dɯ^{33}　山峰風太緊　　山の峰は風が強いから

3169 ni^{21}ta^{33}dɯ^{33}ma^{21}ŋɯ^{33}　不宜放靈牌”　　位牌を置いてはいけない」

3170 ndzɪ^{33}ni^{33}ʂɪ^{44}si^{33}hi^{21}ko^{33}nɯ^{33}　史色公主説

史色(シースォ)（シュシ）王女は（言った）

3171 nɯ^{33}pu̠^{33}ʂɪ̠^{21}mu^{33}mu^{33}dʐɪ^{44}tɕo^{44}　“你要回到下界去

「あなたは下界に戻って

3172 dʑu̠^{55}ni^{21}ŋga^{55}ni^{21}mu^{33}　黎姆求興旺

繁栄祈願の（先祖済度の）黎姆儀礼をし

3173 dzu̠^{33}ni^{21}ndʐɯ^{21}ni^{21}mu^{33}　黎姆求發達　　黎姆儀礼で発展を求め

3174 ŋgo^{33}lo^{21}xa^{55}bo^{33}tʂʻa^{33}　招靈插於裏屋間[19]

霊を呼び返し、位牌を奥の部屋で供養し

3175 xo^{21}lo^{21}ʑi^{33}vu̠^{55}ti^{55}　爲靈除穢掛屋頂　霊のため穢れを払い、屋根に掛け

3176 pi^{33}lo^{21}va^{55}ko^{33}tsi^{21}　超度靈魂入岩洞　　霊を洞窟に入れて済度する

3177 tsʻɪ^{33}mu^{33}lo^{44}ɣa^{33}nɯ^{33}　如此作之後　　このようにしたあとで

3178 ʂɪ̠^{21}ʑu^{33}dzi^{44}tsʻu̠^{33}li^{33}ʑi^{44}nɯ^{33}　娶妻成家庭　　妻を娶り、家庭を作れば

3179 zɯ^{33}ʑu̠^{33}pʻa^{55}mo^{33}la^{33}ʑi^{21}di^{44}　則將生子見父親[20]”

子が生まれ、父に会えるようになる」

3180 ʂɪ^{21}lɪ^{21}ɣo^{44}tʻɯ^{33}ȵi^{33}　史爾俄特呢　　史爾俄特(シーアルウォテー)（シュルウォトゥ）は

3181 pu̠^{33}lo^{21}ŋɯ^{33}dʐɪ^{44}ɕi^{33}　返回下界來　　下界に戻り

3182 ni^{21}mu^{33}tsʻɪ̠^{33}lo^{44}hi^{33}　重新來黎姆

あらためて（祖先祭祀の）黎姆(リームー)（ニム）儀礼をした

3183 sɔ^{33}kʻu̠^{55}ʂɪ̠^{21}ʑu^{33}ʂa^{33}　三年娶妻子　　三年間、妻を娶ろうとしたが

3184 ʂɪ̠^{21}ʑu^{33}dɯ^{33}ma^{21}ɣɯ^{21}　無處可娶妻　　妻を娶れる場所がなかった

3185 pu̠^{33}lo^{21}ŋɯ^{33}ha^{55}ɕi^{33}　返回到上界　　上界に戻り

3186 ndzɪ^{33}ni^{33}ʂɪ^{44}si^{33}tɕo^{44}　告訴於史色　　史色(シースォ)（シュシ）に告げた

3187 mu^{33}vu̠^{55}su^{44}a^{33}za^{55}　“上界之表妹　　「上界の妹よ

3188 ŋa^{44}li^{33}ʂɪ̠^{21}mu^{33}mu^{33}dʐɪ^{44}tɕo^{44}　我在七地之下方　　私は七地の下のほうで

3189 sɔ^{33}k‘u̠^{55}ʂɿ̠^{21}ʑu^{33}ʂa^{33}　三年找妻子　　嫁を三年探したが

3190 ʂɿ̠^{21}ʑu^{33}dɯ^{33}ma^{21}ɤɯ^{21}　無處可娶妻　　嫁を娶れる場所がない

3191 nɯ^{44}ʑu^{33}ga^{33}bu^{33}di^{33}　祇好娶你了”

あなたを嫁に娶るほかない」（と言った）

3192 ndzɿ^{33}ni^{33}ʂɿ^{44}si^{33}ȵi^{33}　史色公主呢　　史色王女は

3193 pu̠^{33}la^{33}ts‘ɿ̠^{21}ndo^{21}t‘i^{33}　轉而答一言　　こう答えた

3194 mu^{44}k‘ɯ^{33}su^{44}ɔ^{33}ɖi^{55}　“下界之表哥　　「下界からの兄よ

3195 a^{44}tʂ‘ɿ^{33}ts‘i^{33}ʂɿ^{44}k‘u̠^{33}　少女十七歳　　乙女（私）は十七歳で

3196 i^{55}p‘u̠^{21}t‘i^{55}a^{21}p‘u̠^{21}　此田非我田　　この田は私の田ではない

3197 i^{55}ȵo^{33}t‘i^{55}a^{21}ȵo^{33}　此地非我地[21]　　この地は私の地ではない

3198 ts‘ɿ̠^{33}li^{33}ŋɯ^{33}ʑi^{21}ko^{33}　既管是如此　　たとえそうだとしても

3199 a^{44}tʂ‘i^{33}k‘a^{33}ndʐa^{55}ndʐa^{55}　少女再漂亮　　乙女がいくらきれいだとしても

3200 i^{55}p‘u^{33}i^{33}a^{21}ŋgo^{21}　自己不議自己之禮錢[22]

自分で自分の結納金の額を決めてはいけない

3201 nɯ^{33}pu̠^{33}ʂɿ̠^{21}mu^{33}mu^{33}dzɿ^{44}tɕo^{44}　請你回到七地之下方

七地の下のほうへ戻り

3202 t‘ɯ^{33}mo^{21}a^{33}la^{55}ṇa^{33}zɿ^{33}di^{44}　求教特莫阿拉氏”[23]

特莫阿拉《テーモーアーラー》（トゥモアラ）に教えてもらいなさい」

3203 t‘ɯ^{33}mo^{21}a^{33}la^{55}ȵi^{33}　特莫阿拉呢　　特莫阿拉は

3204 ni^{33}p‘u^{33}t‘i^{55}ta^{33}ŋgo^{21}　是來議禮錢　　結納金について相談した結果

3205 ȵi^{33}su^{33}ȵi^{33}ndʐɯ^{33}bɿ^{21}　坐者給坐錢　　座ったままの人にはお金を出し

3206 hi^{55}su^{33}hi^{55}dza^{33}tʂa^{33}　站者給飯喫[24]　　立ったままの人にはご馳走をし

3207 ŋgɯ^{21}dʐɯ^{33}mu̠^{21}ko^{21}nɔ^{33}su^{33}bɿ^{21}　族人給駿馬[25]

嫁の親族には良い馬を与え

3208 tɕo^{33}dʐɯ^{33}la^{21}bu^{33}nɔ^{33}su^{33}bɿ^{44}　隨從給壯牛　　お供には丈夫な牛を与えた

3209 ndzɿ^{33}ni^{33}ʂɿ^{44}si^{33}t‘i^{55}ta^{33}ʑu^{33}　史色公主於此娶

（史爾《シュル》俄特《ウォトゥ》は）史色王女を娶った

3210 ɤo^{44}t‘ɯ^{33}vo^{21}lɯ^{33}t‘i^{55}ta^{33}ʑu̠^{33}　俄特武勒於此生[26]

俄特武勒《ウォテーウーレー》（ウォトゥヴォル）が生まれた

古事記への視点

■父親探しと道行きのモチーフ

この13[父を探し、父を買う]は、全体が“父親探し”のモチーフになっている。これは、『播磨国風土記』(託賀郡)の、道主日女命が父親のわからない子を産んだので、神々を集めてその子に酒を捧げさせると、天目一命が父親だとわかったという伝承と通じる。また、史爾俄特の子孫が延々と旅を続けて行くモチーフは、記紀歌謡や万葉歌にしばしば見られる“道行”表現と通じる。

注

① 這一段屬於黑勒俄、主要運用於爲祖先作黎姆超度儀式之時、因爲其内容涉及到黎姆儀式的起源。但一般的勒俄書中都有這一段、並且也可在一般場合下運用、可見其使用的範圍得到了擴張。

この［父を探し、父を買う］の段は黒勒俄に属し、主に先祖を済度する儀礼に使われ、その内容は祖先祭祀の儀礼の起源にふれる。しかし、普通の勒俄の本にも載っていて、普通の場合にも歌えるから、その使用範囲が拡大されたと理解することもできる。

② 居日阿約爲阿留居日的後代、二者屬於連名、以下惹曲、夥阿等從理論上講皆爲人名、但其中一些名字認眞考察起來可能是時代的名稱、如“史茲”一名、很可能是指萬物產生的時代。

居日阿約は阿留居日の子であり、二人の名は連名である。以下の惹曲、夥阿などは、理論的には人名だが、本格的に調べてみたところによると、ある名前はおそらく時代を指す名前であろう。例えば「史茲」という名前は、万物誕生の時代を意味しているのかもしれない。

③ 史爾俄特在這裡表現爲人名、但據貴州的彝文獻、史爾俄特是遠古時候的意思。

史爾俄特は、ここでは人間の名前であるが、貴州省のイ族の文献によると、それは「大昔」という意味である。

④ 有人認爲這是指没有父親的母權制時代。另據不同的文本所載、到史爾俄特世的譜系和代數不盡相同。一種說法是從武正（雪衍之義)→史拿→孜阿→迪利→蘇尼→阿書→阿俄→史爾→俄特八代不見父；一種説法是：武正→史拿→孜阿→迪利→蘇尼→阿書→阿俄→阿古→史爾→俄特九代不見父；一種説法爲：俄特→都孜→孜阿→迪利→蘇尼→阿書→阿俄六代不見父；一種説法爲：孜一→迪利→蘇尼→阿書→阿俄四代不見父；有的則認爲：居日→孜一→迪利→阿書→阿俄→書補→阿史→史爾→俄特八代不見父。很難辨別這些説法中哪種更爲準確。

これは父親がいない母権制時代のことだとする人がいる。また、文献により、史爾俄特までの系譜と世代数が違う。一説では、武正（「雪」の子）のあとの史拿→

孜阿→迪利→蘇尼→阿書→阿俄→史爾→俄特という八世代には父親がいない。また別の一説では、武正のあとの史拿→孜阿→迪利→蘇尼→阿書→阿俄→阿古→史爾→俄特という九世代には父親がいない。別の一説では、俄特のあとの都孜→孜阿→迪利→蘇尼→阿書→阿俄という六世代には父親がいない。一説では、孜一のあとの迪利→蘇尼→阿書→阿俄の四世代には父親がいない。また、居日のあとの孜一→迪利→阿書→阿俄→書補→阿史→史爾→俄特という八世代には父親がいない。これらのうちのどれがより正確かは、判断しかねる。

古事記への視点

■系譜の異伝の多さ

以上のように異伝が多いということは、口頭伝承のなかに完全に正確な系譜を求めることの不可能さを示している。このことは、『古事記』や『日本書紀』の系譜を読む際にも考慮されるべきであろう。

⑤ 九馱指用九箇牲畜馱著的東西、九代表多。

「九馱」は、九頭の家畜が背負う荷物を意味する。九は多いという意味である。

⑥ 此平爲居於原野間的鬼或神之名。下文魯朶、母覺、死領分別爲樹林間、江河中、懸崖間的鬼或神之名。

此平は野原に棲む鬼、あるいは神の名前である。次の魯朶、母覚、死領は、それぞれ、林、川、崖に棲む鬼、あるいは神の名前である。

⑦ 可能是指得到錦緞之義。

おそらく錦の布を手に入れたという意味であろう。

⑧ 瓦更克治和下文瓦更克哈、故讐讐夥、張張利吉、阿覺迪總、阿覺夥母、優母吉利等皆爲地名。

瓦更克治および以下の句の瓦更克哈、故讐讐夥、張張利吉、阿着迪総、阿覚夥母、優母吉利は、すべて地名である。

⑨ 阿吉、音譯、樹名、長著紅色的果實、可食。下文索索也是樹名。

阿吉は音訳であり、木の名前である。成長すると赤い実をつけ、食べられる。下の句の索索も木の名前である。

⑩ 指將十段路衹當作一段走、形容走得很快。

十段の道を一段で行くことを指し、とても速く歩くことのたとえである。

⑪ 指喫一頓飯就走過該喫十頓飯纔走完的地方。

一食で、十食もかかるほどの遠い道を歩いてしまったという意味。

⑫ 孜阿迪度、音譯、迪度爲人名、孜阿指酋長或土司。孜阿迪度爲上界的一箇酋長或土司。

孜阿迪度は音訳であり、迪度は人の名前、孜阿は酋長あるいは土司を意味する。孜阿迪度はつまり、上界にいる酋長あるいは土司【土司：元・明・清の時代、中国西南地域の少数民族の首長で、世襲の官爵を与えられた者】である。

⑬ 史色爲迪度之女。

史色(シュシ)は迪度(ディドゥ)の娘である。

⑭ 指行人在路上、天晚了就該借宿、但因史色有留意、所以就算天未晚也要留宿。

旅人は、夜暗くなれば宿に泊まらなければならない。ここでは史色(シュシ)は彼を引き留めたいので、夜暗くなくても泊まるべきであると言っている。

⑮ 指行人不知道天已晚、但見到房屋就應該知道要留宿、即應知道自己的歸宿。以下各種飛禽走獸皆如此。

旅人は夜暗くなったのに気がつかないものだが、家を見れば、泊まらなければならないと気づくだろうということ。つまり、自分の落ち着く所を知るようになるということで、以下の鳥類、獣類も同じ。

⑯ 俄儂、女子名。

俄儂(ウォロ)は女性の名前である。

⑰ 竹靈、彝族以竹根代表靈、將先祖的靈魂招來附於竹根並將竹根裝於一根小木椿之中便成靈牌、掛於屋頂經常祭祀。

「竹霊」とは、イ族が竹の根を霊の表われとすること。竹の根（そこには、招かれて来た先祖の霊がいる）を小さい木の杭に入れ、それを位牌として屋根の上に掛けて常に祭祀する。

⑱ 度入、指超度到某處去。此句之義卽把祖先的靈魂超度到水中。

「度入」はそれぞれの場所に行って先祖の霊を済度すること。この句の意味は先祖の霊を水中に送って済度することである。

⑲ 卽將靈牌插於裏屋墻上、下句指除穢後昇到屋頂上去。

位牌を奥の間の壁に掛けること。次の句は、穢れを祓ってから（位牌を）屋根の上に掛けることである。

⑳ 有的文本中則戴有史色公主的如下一段話：“送靈到山頭、山頭爲風口、風大傷靈頭、讓人不吉利；送靈到山腰、山腰死領居（死領見前面註）、死領傷靈腰、讓人不平安；送靈到山脚、山脚死爾（鬼名）居、死爾挖靈根、令人不安寧；你去重新來黎姆、重新來宴客、靈牌掛杉端、杉林有竹筍、竹筍一排排、子孫一排排；靈牌放岩洞、岩間有蜜蜂、母蜂掛岩頂、蜂仔岩下玩、祖輩可見孫、父親可見子。”另外、有些文本將畢摩史上著名的一次爭論卽昊畢史楚和提畢乍穆的爭論（這箇内容詳見後面“尋找居住地”段）也放在此處。

ある文献には、史色(シュシ)王女が言った次のような話が載っている。「霊を山の頂上に送ると、山の頂上は風の通り口であり、強い風が霊の頭を傷つけ、人々の縁起が悪くなる。霊を山の中腹に送ると、そこには死領(スリ)（注⑥参照）という鬼がいて、霊の腰を傷つけ、人々を不安にさせる。霊を山の麓に送ると、そこには死爾(スル)という鬼がいて、霊の根を掘り、人々を落ち着かせない。あなたがあらためて（祖先祭祀の）黎姆(ニム)儀礼を行ない、あらためて客にご馳走し、位牌を杉の梢に掛ければ、杉林にある筍がずらりと並び、子孫もずらりと（たくさん）生まれる。位牌を岩の洞窟に置くと、岩に蜜蜂がおり、母親である蜂は岩の上にいて、蜂の子は岩の下で遊び、祖父は孫を見、父は子を見ることができる」。また、ある文献では、ビモの歴史上有名な昊畢史楚（3881、4653 句ほか）と提畢乍穆（4654 句に初出）の論争（17［住む場所を探す］参照）も、ここに載っている。

㉑ 指姑娘十七歲就該出嫁了、娘家的土地已不再屬於她。

娘は十七歳になると嫁に行くべきで、実家の土地は彼女の所有地にはならないという意味。

㉒ 指不該自己來定娶自己時應該給多少禮錢。

自分の結婚のときの結納金の額は自分で決めてはいけない。

㉓ 特莫阿拉、人名、可能指媒人。

特莫阿拉は人の名前であり、仲人であろう。

㉔ 這兩句指見者有分、坐著的商議結婚事宜、要給報酬。站著旁聽的也要以肉食招待。

この二句は、見た人は自分の分け前を得、座って結婚のことを相談した人にはお礼を出し、立ちながら聞いている人にも、肉料理でご馳走するという意味。

㉕ 指給妻子的父系親屬卽族人一匹駿馬作爲禮物。下句指給送新娘前來但要返回的人們一頭牛。以上皆爲彝族結婚儀禮中不可缺少的環節。

妻の父方の親戚には、良い馬をお礼として一頭与える。次の句の意味は、花嫁を送って来て帰らなければならない人には、牛を一頭与えることである。以上はイ族の結婚儀礼に不可欠な行為である。

㉖ 武勒卽俄特之子。另外、有些文本中説史爾俄特娶的妻子不是史色、而是先娶一箇叫阿尺妮乍的爲妻、因不和、又娶一箇叫烏瑪史青的爲妻再生武勒。另外一種説法則認爲史爾俄特世爲兄妹成婚時期、故有一些相関的故事、大致是説因世上無人、僅剩兄妹倆。爲繁衍人類不得不婚、但先在山上滾下上下兩箇磨盤、若最後相合則婚、不合則不婚、又以針綫棄於水、若綫自然穿於針中則婚、否則不婚。經試驗後、磨盤相合、針綫成付、故兄妹爲婚、俄特娶妹妹俄儂生武勒。

武勒は俄特の子供である。また、ある文献によると、史爾俄特が娶った娘は史色ではなく、最初に娶ったのは阿尺妮乍であったが、仲が悪いので、また烏瑪史青という女性と結婚して、武勒が生まれたのだという。また、別の文献によると、史爾俄特の時代は兄妹婚の時代であったので、それに関する物語が残っている。その粗筋は以下の通り。「この世に人間がいなくなったので、唯一残った兄妹は人類を繁殖させるために結婚しなければならない。まず、山から挽き臼の上下二つを転がして、その二つが最後に合えば結婚し、合わなければ結婚しない。また、針と糸を水の中に捨てて、その糸が自然に針の穴に入れば結婚し、入らなければ結婚しない。それを試した結果、臼が合い、糸が針の穴に入ったので、兄妹は結婚した。すなわち俄特は妹である俄儂を娶り、武勒が生まれたわけである」。

［父を探し、父を買う］

大昔、生き物が絶滅したあと居日阿約（ジュズアゾ）が生き残り、阿約惹曲（アゾズチョ）が生まれ、惹曲夥阿（ズチョホア）が生まれ、夥阿史茲（ホアシュズ）が生まれた。その第一世代は史茲史拿（シュズシュラ）、第二世代は史拿孜阿（シュラズワ）、第三世代は孜阿迪利（ズワディリ）、第四世代は迪利蘇尼（ディリスネ）、第五世代は蘇尼阿書（スネアシュ）、第六世代は阿書阿俄（アシュアウォ）、第七世代は阿俄書補（アウォシュブ）、第八世代は書補史爾（シュブシュル）、第九世代は史爾俄特（シュルウォトゥ）で、史爾俄特（シュルウォトゥ）には子孫が九世代生まれたが父は見当たらなかったので、父を買いに、父を探しに、お供を九人連れて行った。銀と金の匙を九本ずつ持ち、九頭ずつの家畜の背に細かい銀と金を運び、狐が銀を運び、野ウサギが金を運んだ。良い馬と丈夫な牛と肥った豚と丈夫な羊を走らせた。朝早く雄鶏が啼くと起き、歩きに歩いて野原を通り過ぎると、野原の精霊此平（ツビ）は一対のヒバリを捕まえて史爾俄特（シュルウォトゥ）をもてなした。しかし史爾俄特（シュルウォトゥ）はその宴に出席したくなかったし、その宴のご馳走を食べたくなかった。杉林では精霊魯朶（ルト）が一対のノロジカを捕まえて、崖では精霊死領（スリ）が一対の蜜蜂を捕まえて、川では精霊母覚（ムジ）が一対の魚を捕まえて史爾俄特（シュルウォトゥ）をもてなしたが、史爾俄特（シュルウォトゥ）はどの宴にも出席したくなかったし、その宴のご馳走を食べたくなかった。さらに歩きに歩いてイ族の郷に到着すると、一対の小さい黄牛を捕まえて史爾俄特（シュルウォトゥ）をもてなしたが、史爾俄特（シュルウォトゥ）はその宴に出席したくなかったし、その宴のご馳走を食べたくなかった。イ族地区を旅立ち、漢（ハン）族の郷に到着すると、左に白い錦の布、右に黄色い絹の布があった。漢族地区を旅立ち、瓦更克治（ヴァグクジュ）に到着すると、阿吉（アジ）と索索（スス）の木の梢が赤くあでやかだった。瓦更克治（ヴァグクジュ）を旅立ち、瓦更克哈（ヴァグクハ）に到着し、瓦更克哈（ヴァグクハ）を旅立ち、阿着迪総（アジョディツォ）を過ぎ、故讐讐夥（グチョチョホ）を過ぎ、張張利吉（チャチャレチェ）を過ぎ、阿覚夥母（アジョホム）を過ぎ、優母吉利（ゾムジレ）を通って七地（しちじ）の上のほうに到達した。

七地（しちじ）で一軒の家の側に着くと、そこは酋長の孜阿迪度（ズアディドゥ）の家であった。孜阿迪度（ズアディドゥ）は留守だったが、機（はた）を織っていた娘の史色（シュシ）は言った「下界からの兄よ、もう暗くなってきたから、我が家に泊まりなさい、旅人は家を見たら夕暮れに気づき、蜜蜂は崖を見たら夕暮れに気づき、カラスは杉の林を見たら夕暮れに気づき、ヒバリは野原を見たら夕暮れに気づき、魚は川を見たら夕暮れに気づき、鳥は木の梢を見たら夕暮れに気づき、牛や羊は巣を見たら夕暮れに気づき、仕事をする人は家を見たら夕暮れに気づく。今夜はもう遅いから我が宿に泊まりなさい」。史爾俄特（シュルウォトゥ）は、「上界にいる妹よ、私は下界にいる史爾俄特（シュルウォトゥ）である。子が九世代生まれたが父親がいないので、上界に父を買いに来た。大地で父親を探して、切ない思いで胸が一杯だ。父を探し、父を買いに行く。きょうは遅くなったが泊まらない」と答えた。史色（シュシ）は、ハハハと笑って、「下界からの兄よ、私が漢（ハン）族地区へ遊びに行ったとき、角が一本しかない水牛を見たことがあり、イ族の郷へ遊びに行ったとき、耳が一つしかない黄牛を見たことがある。イ族地区と漢族の郷で、母親を探し、母親を買う人に会ったことがあるが、父親を探し、父親を買う人に出会ったことはない。下界からの兄よ、私の出す謎に答えられなかったら父を探し、父を買うことはできない、答えられたら父の探し方を教えてあげよう。狩猟をしない三群れの犬、啼かない頬赤の鶏、燃えない三本の棹（さお）、食べられない三塊りの塩、織ることができない三台の機（はた）、打つことができない三両の毛は何であろう？鎧と兜があって、兜の皮、真ん中辺りの皮、裾の皮は何であろう？」と言った。史爾俄特（シュルウォトゥ）は、謎を解くことができず、悲しくて涙を三滴流した。瓦更克治（ヴァグクジュ）に戻り、妹の俄儂（ウォロ）に聞かせたら、俄儂（ウォロ）は、「我が兄よ、悲しまないでください、謎の答えを教えてあげましょう。狩猟をしない三群れの犬は、深い谷にいるキツネです。啼かない頬赤の鶏は、蕨の草むらにいる錦鶏（にしきどり）です。燃えない三本の棹は、屋根の竹の位牌です。食べられない三塊りの塩は、深い谷にあるつららです。織ることができない三台の機は、空の虹です。打つことができない三両の毛は、山の頂上に漂う白い霧です。鎧と兜で、兜の皮はナツメ色の雌鹿の皮で、真ん中辺りの皮は豚の首の皮で、裾の皮は水牛の膝の皮です」と言った。史爾俄特（シュルウォトゥ）は、それを聞いてすぐに旅立って、史色（シュシ）に答えを告げたところ、史色（シュシ）は、「下界からの兄よ、あなたの右に出る者はいません、謎は解けました。あなたの家の位牌はどこに祀ってありますか？」と言った。史爾俄特（シュルウォトゥ）は、「水の中は鬼の居所だから位牌を入れてはいけない。杉林には獣が棲むから位牌を置いてはならない、山の峰は風が強いから位牌を置いてはいけない」と言った。史色（シュシ）は、「あなたは下界に戻って先祖済度の黎姆（ニム）儀礼をし、祖霊を呼び返して位牌を奥の部屋で供養する。祖霊のために穢れを払ってから屋根に掛け、祖霊を洞窟に入れて済度したあとで妻を娶り、家庭を作れば、子が生まれ、父に会えるようになる」と言った。史爾俄特（シュルウォトゥ）は下界に戻り、先祖済度の黎姆（ニム）儀礼をしたが、三年間、妻を娶ることができなかった。そこで上界に戻って、史色（シュシ）に、「上界の妹よ、私は下界で嫁を三年探したが出会えなかったので、あなたを嫁にする以外にない」と言った。史色（シュシ）は、「下界からの兄よ、私は十七歳で、この田は私の田ではない、たとえ私の田だとしても、いくら美人だとしても、自分で自分の結納金の額を決めてはいけない、下界に戻り、仲人の特莫阿拉（トゥモアラ）に教えてもらいなさい」と言った。特莫阿拉（トゥモアラ）は、結納金は、座ったままの人にはお金を出し、立ったままの人にはご馳走をし、嫁の親族には良い馬を与え、お供には丈夫な牛を与えた。史爾俄特（シュルウォトゥ）は史色（シュシ）を娶り、俄特武勒（ウォトゥヴォル）が生まれた。

14 ʂɿ̱^{21}mu^{33}zɿ^{21}tso^{33}mbɿ̱^{55} ［洪水氾濫］［洪水が氾濫する］

（➲映像 44）

3211 i^{21}si^{21}sɿ^{44}a^{33}ɖɯ^{44} 遠古的時候 大昔

3212 vo^{33}ndʐɯ^{33}ʂɿ^{33}lɿ^{21}go^{33} 武正史爾出
武正史爾（ウーチョンシーアル）（ヴォジュシュル）が生まれた

3213 ʂɿ^{33}lɿ^{21}ɤo^{44}t'ɯ^{33}go^{33} 史爾俄特出
史爾俄特（シーアルウォテー）（シュルウォトゥ）が生まれた

3214 ɤo^{44}t'ɯ^{33}vo^{21}lɯ^{33}go^{33} 俄特武勒出
俄特武勒（ウォテーウーレー）が（ウォトゥヴォル）生まれた

3215 vo^{21}lɯ^{33}tɕ'o^{55}p'u^{33}go^{33} 武勒曲普[①]出
武勒曲普（ウーレーチウプー）（ヴォルチョプ）が生まれた

3216 tɕ'o^{55}p'u^{33}di^{21}ʂɿ̱^{21}dʐɿ̱^{33} 曲普知識多 曲普（チウプー）（武勒曲普（ヴォルチョプ））は知識に富み

3217 tɕ'o^{55}p'u^{33}di^{21}ŋo^{21}ʑæ^{33} 曲普想得周 曲普は緻密に考えた

3218 vo^{21}lɯ^{33}tɕ'o^{55}p'u^{33}zɿ^{33} 武勒曲普世 武勒曲普（ウーレーチウプー）（ヴォルチョプ）は

3219 ʂu̱^{55}dzu̱^{33}bo^{33}ȵa^{55}ŋga^{33} 走過栢林山 コノテガシワの山を越え

3220 ʂu̱^{55}vɿ̱^{55}t'u^{33}ʑu^{33}pɿ^{44} 栢籤筒來帶 コノテガシワの籤（ひご）の筒を持ち

3221 k'u̱^{33}dzu̱^{33}bo^{33}ȵa^{55}ŋga^{33} 走過槲林山 カシワの山を越え

3222 k'u̱^{33}ɖɯ^{21}vo^{33}ɕu^{33}ndi^{55} 槲法笠來戴 カシワの笠を被り

3223 ɖɿ^{33}dzu̱^{33}bo^{33}ȵa^{55}ŋga^{33} 走過櫟林山 櫟（くぬぎ）の山を越え

3224 ɖɿ^{33}tɕ'i^{44}k'ɯ^{33}ʑu^{33}si^{44} 櫟法笠來帶 クヌギの笠を持ち

3225 ma^{33}dzu̱^{33}bo^{33}ȵa^{55}ŋga^{33} 走過竹林山 竹の山を越え

3226 ma^{33}lo^{55}vɪ^{33}ʑu^{33}gɯ^{21}　取竹籤來用　　竹の籤を持ち

3227 tɕʻo^{55}pʻu^{33}la^{33}ni^{21}mu^{33}　曲普來黎姆

曲普（武勒曲普）は祖先祭祀の黎姆（ニム）儀礼を行ない

3228 tɕʻo^{55}pʻu^{33}la^{33}vi^{21}ɖo^{33}　曲普來宴客　　曲普は客にご馳走をした

3229 tɕʻo^{55}pʻu^{33}ȵæ^{33}tsɿ̱^{55}ȵæ^{33}ki^{55}ȵi^{21}bu^{21}　曲普尼姿尼革兩部

曲普尼姿（チョプネツ）、尼革（ネキ）という二つの部族は

3230 gɯ^{44}du̱^{33}la^{33}ŋgɯ^{44}dzu̱^{33}　居住於東方　　東に住み

3231 pʻi^{55}ni^{55}a^{21}ndʐa^{33}ȵi^{21}bu^{21}dʑi^{21}　成爲匹尼阿張兩部

匹尼（ピニ）、阿張（アジャ）という二つの部族になった

3232 tɕʻo^{55}pʻu^{33}du̱^{33}sɿ̱^{33}du̱^{33}lɿ̱^{33}ȵi^{21}bu^{21}　曲普都斯都爾兩部　　曲普都斯（チョプドゥス）、都爾（ドゥル）という二つの部族は

3233 gɯ^{33}dʑi^{33}la^{33}ŋgɯ^{44}dzu̱^{33}　居住於西方　　西に住み

3234 ʐɿ^{44}tʂʻɯ^{33}va^{55}li^{21}ȵi^{21}bu^{21}dʑi^{21}　成爲以車瓦利兩部

以車（ジュチュ）、瓦利（ヴァリ）という二つの部族になった

3235 tɕʻo^{55}pʻu^{33}a^{33}tsɿ^{33}a^{33}vo^{33}ȵi^{21}bu^{21}　曲普阿子阿外兩部

曲普阿子（チョプアツ）、阿外（アヴォ）という二つの部族は

3236 ʐɿ^{44}mu^{33}la^{33}ŋgɯ^{44}dzu̱^{33}　居住於南方　　南に住み

3237 vu̱^{55}sɿ^{33}vu̱^{55}li^{21}ȵi^{21}bu^{21}dʑi^{21}　成爲烏斯烏來兩部[2]

烏斯（ヴス）、烏来（ヴリ）という二つの部族になった

3238 a^{44}pʻa^{33}hi^{21}ko^{33}nɯ^{33}　另一説法呢　　一説には

3239 tɕʻo^{33}pʻu^{33}zɯ^{33}fu^{55}go^{33}　曲普六子出

曲普（チョプ）には六人の子が生まれた

3240 tsʻɿ̱^{21}ma^{33}pʻi^{21}kʻɯ^{33}pʻi^{21}dzɯ^{33}gi^{55}　其一以鬭瓦板[3]爲業而亡

一人は瓦の板を割ることを生業としたが死んだ

3241 tsʻɿ̱^{21}ma^{33}ma^{33}mu^{33}ma^{33}dzɯ^{33}gi^{55}　其一以竹工爲業而亡

一人は竹細工を生業としたが死んだ

3242 tsʻɿ̱^{21}ma^{33}nda^{33}mu^{33}nda^{33}dzɯ^{33}gi^{55}　其一以挖蕨草爲業而亡

一人は蕨取りを生業としたが死んだ

3243 tsʻɿ̱^{21}ma^{33}dʑi^{33}tʻu̱^{33}dʑi^{33}dzɯ^{33}gi^{55}　其一以獵蜂爲業而亡

一人は蜂捕りを生業としたが死んだ

3244 tsʻɿ̱^{21}ma^{33}hi^{55}ŋgo^{55}hi^{55}dzɯ^{33}gi^{55}　其一以狩獵爲業而亡

一人は狩猟を生業としたが死んだ

3245 ts‘ɿ̱21ma33hɯ33ŋgo55hɯ33dzɯ33gi55　其一以捕魚爲業而亡

一人は魚捕りを生業としたが死んだ

3246 tɕ‘o55p‘u33dʑu̱55mu33dzi33　祇剩曲普篤慕氏[4]

曲普篤慕（チウプードゥームー）（チョプジュム）しか生き残らなかった

3247 tɕ‘o55p‘u33dʑu̱55mu33n̥i33　曲普篤慕呢　曲普篤慕は

3248 ndzu21t‘i21tɕo55xo33ʂɿ33　頭髻彎又長　髻（まげ）が曲がっていて長かった

3249 ɖa55ʂɿ33tsa33kɯ21tu̱55　褲足掃於地　ズボンの裾が地に垂れ

3250 ʂɿ33nɔ33ts‘i33tæ33vi55　披十層黑氈　十層にもなる黒いフェルトを掛け

3251 p‘ɿ̱33lo21li33dzi33si33　威武又雄壯　威風堂々と勇壮であった

3252 ndzi55su33ʑu33mo33di44　要娶相配的妻子

自分にふさわしい妻を娶ろうとした

3253 ɣo21tʂ‘ɿ21ni33ndʐa55ʑu33　娶了俄其妮張氏[5]

俄其妮張（ウォチーニーチャン）（ウォチュニジャ）を嫁にした

3254 zɯ33ŋɯ33sɔ33ʑɔ33ʑu̱33　生三箇兒子　子が三人生まれた

3255 dʑu̱55mu33zɯ33sɔ33go33　篤慕三子出[6]

篤慕（ドゥームー）（曲普篤慕（チョプジュム））の三人の子が生まれた

3256 i55li33dzɿ̱21dzɿ̱21p‘u̱21vu̱55i55　居住於孜孜濮烏[7]

孜孜濮烏（ズーズープーウー）（ズズプヴ）に住み

3257 n̥o21li33a33ga33læ55t‘ɔ33mu33　耕於阿趕乃拖地

阿趕乃拖（アーガンナイトゥオ）（アガレト）で耕した

3258 ts‘ɿ̱33ɣa33mo44gu̱21dʑo44　如此過後呢　そののち

3259 ʂɿ̱21mu33mu33ha55tɕo44　七地之上方　七地（しちじ）の上のほうにいる

3260 ŋɯ33t‘i55ku33ndzɿ33t‘u̱55　恩梯古茲家　恩梯古茲（エンティーグーズー）（グティクズ）は

3261 su33nɔ33vi55o33dzu̱33su33tsɿ33　派遣猪頭的黑人[8]　豚頭の黒い人を派遣した

3262 ʂɿ̱21mu33mu33dzɿ44tɕo44　到七地下方　七地の下のほうへ行かせた

3263 ɖɿ33ʂɯ21vo33ʂɯ21li33　收税收租去　租税を取りに行かせた

3264 su33nɔ33vi55o33n̥i33　猪頭黑人呢　豚頭の黒い人は

3265 o44li33la55o33ndi55　頭部如虎頭　頭が虎のごとく

3266 ku44li33zɿ̱55ku33dzu33　軀幹如豹軀　身体が豹のごとく

3267 dʑu̠^{55}li^{33}ts‘o^{33}dʑu̠^{55}ndi^{55}　腰部爲人腰　腰が人間のごとく

3268 ʂɿ^{44}li^{33}ti^{55}si^{33}dzu̠^{33}　足部長鷂爪　足には鷂(はいたか)の爪が生えている

3269 lɪ^{21}kɯ^{21}ku^{33}ɣo^{33}dzu̠^{33}　爲爬然大物　大きな爬虫類であった

3270 dʑu̠^{55}zɯ^{33}di^{44}ŋɯ^{44}ŋɯ^{33}　是否爲人子　人間の子であったか

3271 dʑu̠^{55}zɯ^{33}di^{44}ma^{21}ŋɯ^{33}　並不是人子　いや、まったく違う

3272 zu^{21}ȵi^{33}tɕo^{44}ɣa^{33}li^{33}　前往杉林間　杉林に行ったら

3273 zu^{21}ȵi^{33}nɔ^{33}tʂu^{21}tʂu^{21}　杉林陰森森　杉林は不気味に薄暗くなった

3274 næ^{33}hi^{55}tɕo^{44}ɣa^{33}li^{33}　前往懸崖間　崖に行ったら

3275 næ^{33}hi^{55}tʂ‘a^{21}tʂ‘a^{21}gæ^{33}　懸崖嘩嘩倒　崖はガラガラと崩れてしまった

3276 næ^{33}ʐɿ^{33}tɕo^{44}ɣa^{33}li^{33}　前往大江中　大きな川に行ったら

3277 næ^{33}ʐɿ^{33}t‘i^{21}t‘i^{21}sɿ̠^{55}　大江干涸死　大きな川は涸(か)れてしまった

3278 dʑu̠^{55}mu^{33}zɯ^{33}sɔ^{33}ȵi^{33}　篤慕三子呢　篤慕(ドゥームー)（曲普篤慕(チョプジュム)）の三人の子は

3279 dʑu̠^{55}ʂu^{33}dʑu̠^{55}fi^{33}ŋɯ^{33}su^{44}k‘a^{33}　以爲邪人怪人焉　奇怪な人間だと思い

3280 ndu̠^{21}lo^{21}sɔ^{33}nɔ^{33}bo^{33}vu̠^{55}ti^{21}　打死葬於龍頭山[9]　殺して龍頭山に埋めた

3281 ɣa^{33}lɿ̠^{55}ɣa^{33}la^{33}tɕo^{44}　荏荏其苒苒　月日が経つのは早いもので

3282 ʂɿ̠^{21}ȵi^{21}ts‘i^{44}sɔ^{33}dʑi^{21}ko^{33}nɯ^{33}　七至十三日之時

七日から十三日経ったときに

3283 ŋɯ^{33}t‘i^{55}ku^{33}ndzɿ^{33}t‘u̠^{55}　恩梯古茲家　恩梯古茲（グティクズ）は

3284 su^{33}nɔ^{33}vɿ^{55}o^{44}ȵi^{33}　猪頭黑人呢　豚頭の黒い人が

3285 li^{44}ȵi^{33}ma^{21}pu̠^{33}vo^{44}　有去無回了　行ったきりで戻って来ないのは

3286 t‘u^{44}mu^{33}dʑi^{21}n̥ɯ^{44}di^{44}　可知其爲何　なぜであろうと思った

3287 kɯ^{33}ndzɿ^{33}kɯ^{21}ɣo^{33}tsɿ^{33}　古茲派格俄[10]

古茲(グーズー)（恩梯古茲(グティクズ)）は格俄(グォウォ)（クウォ）を派遣した

3288 kɯ^{21}ɣo^{33}ʂa^{33}sa^{33}tsɿ^{33}　格俄派閃散　格俄は閃散(シャンサン)（シャサ）を派遣した

3289 ʂa^{33}sa^{33}a^{21}lɿ^{33}tsɿ^{33}　閃散派阿爾　閃散は阿爾(アーアル)（アル）を派遣した

3290 ʂa^{33}sa^{33}a^{21}lɿ^{33}ȵi^{33}　閃散阿爾呢　閃散と阿爾は

3291 lɿ^{33}mu^{33}ti^{55}ʑu^{33}dzɿ^{33}　立卽駕著鷂　すぐに鷂(はいたか)に乗り

3292 tɯ^{21}li^{33}ŋɯ^{33}ha^{55}tɯ^{21}　自上界出發　上界を出発し

3293 ɕi^{44}li^{33}ŋɯ^{33}dʑɿ^{44}ɕi^{33}　到達於下界　下界に着いた

3294 bo^{33}ŋɯ^{33}ʐi^{33}su^{33}ku^{33}　呼喊於大山　大きな山に向かって叫んだ

3295 xɔ^{33}mu^{33}ti^{44}ts‘i^{33}ku^{33}　華母底才山來喚

華母底才（ファムーディーツァイ）（ホムティチ）山に向かって叫んだ

3296 va^{21}ndzæ^{21}ɖu̠^{55}tɕ‘u^{33}ku^{33}　武則洛曲山來喚

武則洛曲（ウーゼールオチウ）（ヴァゼルチュ）山に向かって叫んだ

3297 ʂa^{33}ma^{55}ma^{55}ho^{33}ku^{33}　沙瑪瑪夥山來喚

沙瑪瑪夥（シャーマーマーフオ）（シャママホ）山に向かって叫んだ

3298 ku^{33}lo^{44}ts‘ɿ̠^{21}ndo^{21}t‘i^{33}　喚來進一言　　叫んで一言言った

3299 ŋa^{44}li^{33}ʂɿ̠^{21}mu^{33}mu^{33}ha^{55}tɕo^{44}　“我乃七地之上方

「おれたちは七地の上のほうにいる

3300 ʂa^{33}sa^{33}a^{21}lɿ^{33}ŋɯ^{33}　閃散阿爾氏　　閃散と阿爾だ

3301 su^{33}nɔ^{33}vi^{55}o^{33}ȵi^{33}　猪頭黒人呢　　豚頭の黒い人は

3302 ŋɯ^{33}dʐi^{44}ɖɿ^{33}ʂɯ^{21}li^{33}　到下界収税　　下界へ税を取りに

3303 li^{33}lo^{44}ma^{21}pu̠^{33}vo^{44}　有去無回了　　行ったきりで戻って来ない

3304 ʂɿ̠^{21}mu^{33}mu^{33}dʐɿ^{44}tɕo^{44}　七地之下方　　七地の下のほうにある

3305 bo^{33}ʐɿ^{33}lo^{33}ŋɯ^{33}ɤo^{33}　大山深谷們　　大きな山と深い谷たちよ

3306 su^{33}nɔ^{33}vi^{55}o^{44}li^{33}　猪頭黒人呢　　豚頭の黒い人を

3307 su^{33}k‘u^{33}ȵi^{33}no^{21}k‘u^{33}　別人偸了也算你們偸

他の人が盗んだとしても、お前たちが盗んだことにする

3308 no^{21}k‘u^{33}ȵi^{33}no^{21}k‘u^{33}o^{44}di^{44}　你們偸了也算你們偸[11]”

お前たちが盗んだとしても、お前たちが盗んだことにする」

3309 bo^{33}ʐɿ^{33}lo^{33}ŋɯ^{33}ȵi^{33}　大山深谷們　　大きな山と深い谷たちは

3310 pu̠^{33}lo^{21}ts‘ɿ̠^{21}ndo^{21}t‘i^{33}　轉而答一言　　転じてこう答えた

3311 a^{21}k‘u^{33}lo^{44}a^{21}k‘u^{33}　“未偸呀未偸　　「盗んだことはない

3312 a^{21}dʐɿ^{33}lo^{44}a^{21}dʐɿ^{33}　冤枉啊冤枉”　　それは濡れ衣だ」

3313 bo^{33}ʐɿ^{33}lo^{33}ŋɯ^{33}ȵi^{33}　大山深谷呢　　大きな山と深い谷は

3314 tɕa^{55}mu^{33}tɕa^{55}lɿ^{33}go^{33}　奇術作盟誓　　奇怪な術で誓いを立てた

3315 sɿ̠^{33}lo^{33}mo^{44}ʑu^{33}tɕa^{55}　刻木爲盟誓[12]　　木を刻んで誓いを立てた

3316 ndʐɯ^{21}mu^{33}ndʐɯ^{21}lɿ^{33}go^{33}　奇奇來神判　　霊妙な神判で

3317 ndʐɯ^{21}ʑu^{33}dʐɿ^{33}dʐɿ^{33}po^{44}　求神來裁判　　神に願って裁判しようとした

3318 tɕ‘u^{33}su^{33}tɕ‘u^{33}su^{33}ʑu^{33}　是來分黒白[13]　　黒と白を分け

3319 tɕ‘u^{33}ʑu^{33}dʐɿ^{33}dʐɿ^{33}po^{44}　分辨黒和白　　黒と白を弁別し

3320 tɕa^{55}ʑu^{33}tɕ‘u^{33}ts‘ɿ̠^{55}hi^{33}　盟誓神判後　　誓いを立てて神判をしたあと

3321 bo^{33}ʐɿ^{33}lo^{33}ŋɯ^{33}ȵi^{33}　大山深谷呢　大きな山と深い谷は
3322 mi^{55}ndi^{55}mi^{55}mu^{33}lɿ̠^{55}　有穢穢已除⑭　穢れを祓い
3323 tɕ‘u^{33}di^{44}tɕ‘u^{33}si^{33}ʂo^{33}　至此得清白　今や清められた
3324 va^{21}ndzæ^{21}ɖu̠^{55}tɕ‘u^{33}bo^{33}　武則洛曲山　武則洛曲(ウーゼールオチウ)(ヴァゼルチュ)山では
3325 kɯ^{33}sɿ̠^{33}kɯ^{33}lɿ^{33}dzu̠^{33}ȵi^{33}tɕ‘u^{33}　九石九木清白白　石と木は皆清められた
3326 kɯ^{33}va^{55}kɯ^{33}ho^{33}dʑo^{44}ȵi^{33}tɕ‘u^{33}　九禽九獸清白白
鳥類と獣類は皆清められた
3327 ʂa^{33}ma^{55}ma^{55}ho^{33}bo^{33}　沙瑪瑪夥山　沙瑪瑪夥(シャーマーマーフオ)（シャママホ）山では
3328 o^{21}ȵi^{21}ʂɿ^{33}xɯ^{33}xɯ^{33}　前日黄燦燦　前の日は金色に輝き
3329 ɣa^{33}ȵi^{44}ʂɿ^{33}xɯ^{33}xɯ^{33}　後日黄燦燦　次の日も金色に輝いた
3330 xɔ^{33}mu^{33}ti^{44}ts‘i^{33}bo^{33}　華母底才山　華母底才(ファムーディーツァイ)（ホムティチ）山では
3331 o^{21}ȵi^{21}ndɯ^{21}tsɿ^{33}tsɿ^{33}　前日繁茂茂　前の日はうっそうと茂り
3332 ɣa^{33}ȵi^{44}ndɯ^{21}tsɿ^{33}tsɿ^{33}　後日繁茂茂　次の日もうっそうと茂った

3333 ts‘ɿ̠^{33}ɣa^{33}mo^{44}gu^{21}dʑo^{44}　如此過後呢　そののち
3334 ʂɿ̠^{21}mu^{33}mu^{33}dʐɿ^{44}tɕo^{44}　七地之下方　七地の下のほうでは
3335 ha^{33}nɔ^{33}bu^{33}tʂa^{33}ku̠^{33}　有一隻烏鴉　一羽のカラスが
3336 li^{33}lo^{44}li^{33}lo^{44}mu^{33}　前行前行兮　前へ前へと飛んで行った
3337 ʂɿ̠^{21}mu^{33}mu^{33}ha^{55}tɕo^{44}　七地之上方　七地の上のほうでは
3338 ŋɯ^{33}t‘i^{55}ku^{33}ndzɿ^{33}t‘u̠^{55}　恩梯古茲家　恩梯古茲(エンティーグーズー)（グティクズ）の家の
3339 xo^{21}ʑi^{21}i^{33}tɕ‘i^{44}ȵi^{33}　立於柵欄上　柵の上に立ちながら
3340 o^{21}di^{21}sɔ^{33}ko^{33}vo^{55}　“噢”然鳴三聲⑮　「カア、カア、カア」と三回啼いた
3341 ŋɯ^{33}t‘i^{55}ku^{33}ndzɿ^{33}ȵi^{33}　恩梯古茲呢　恩梯古茲は
3342 va^{55}ʂu^{33}va^{55}fi^{33}ʑi^{33}　怪禽邪禽臨　怪しげな鳥が来たが
3343 t‘u^{44}mu^{33}tʂ‘ɿ^{21}li^{21}di^{44}　不知因何事　なぜ来たのかはわからなかった
3344 tɯ^{21}la^{33}tʂɿ^{33}mo^{21}hi^{55}　起而到櫃前　物入れ櫃(ひつ)の前に行き
3345 xo^{33}di^{21}tʂɿ^{33}k‘ɯ^{33}li^{55}　“哄”然揭櫃蓋
「わっ」と声を挙げて物入れ櫃の蓋を開け
3346 vɿ^{33}lo^{55}tʂɿ^{33}k‘ɯ^{33}p‘o^{21}　左手開櫃門　左手で物入れ櫃の抽き出しを開け
3347 ʑi^{33}lo^{55}tʂɿ^{33}xa^{55}ŋo^{33}　右手掐櫃底　右手で物入れ櫃の底を探り
3348 ha^{33}t‘i^{33}t‘ɯ^{21}ʐɿ^{33}pi^{55}　取出百解經⑯　百解経を取り出し

3349 ha^{33}t‘i^{33}t‘ɯ^{21}zɿ^{33}ȵi^{33}　百解經上呢　　百解経には

3350 t‘ɯ^{21}zɿ^{33}ȵi^{33}ndo^{21}ndi^{55}　經書有明文　　はっきりした答が載っていた

3351 ma^{33}ndza^{33}ȵi^{33}ndo^{21}zi^{21}　聖字含箴言

聖なる文字に次のような戒めの言葉があった

3352 tʂa^{33}ku̱^{33}zɯ^{44}dzi^{33}ndu̱^{21}　“捉一對螞蚱　　「イナゴを二匹捕らえ

3353 ha^{33}nɔ^{33}zɯ^{44}dzi^{33}to^{21}ʑi^{44}nɯ^{33}　侍餵於烏鴉之後

カラスに餌として食べさせれば

3354 ts‘ɿ̱^{21}ndo^{21}ts‘ɿ̱^{33}t‘i^{33}la^{33}ʑi^{21}di^{44}　牠會説出來意焉”

カラスはやって来たわけを話し出すだろう」

3355 ŋɯ^{33}t‘i^{55}ku^{33}ndzɿ^{33}ȵi^{33}　恩梯古茲呢　　恩梯古茲は

3356 tʂa^{33}ku̱^{33}zɯ^{44}dzi^{33}ndu̱^{21}　打一對螞蚱　　イナゴを二匹捕らえ

3357 ha^{33}nɔ^{33}zɯ^{44}dzi^{33}to^{21}　侍餵於烏鴉　　カラスに餌として食べさせると

3358 ha^{33}nɔ^{33}zɯ^{33}ts‘ɿ̱^{21}dzi^{33}　那隻烏鴉呢　　そのカラスは

3359 tɯ^{21}la^{33}ts‘ɿ̱^{21}ndo^{21}t‘i^{33}　起而發一言　　飛び立ってこう言った

3360 su^{33}nɔ^{33}vi^{55}o^{33}dzu̱^{33}su^{33}li^{33}　“猪頭黑人者　　「豚頭の黒い人が

3361 ʂɿ̱^{21}mu^{33}mu^{33}dʐɿ^{44}tɕo^{44}　七地之下方　　七地の下のほうで

3362 dʑu̱^{55}mu^{33}zɯ^{33}sɔ^{33}ndu̱^{21}　篤慕三子將其斃

篤慕《ドゥームー》（曲普篤慕《チョブジュム》）の三人の子に殺されて

3363 ʂɔ^{33}nɔ^{33}bo^{33}ɣa^{33}ti^{21}o^{44}di^{44}　埋於龍頭山”云云

龍頭山に埋められた」と言った

3364 ŋɯ^{33}t‘i^{55}ku^{33}ndzɿ^{33}ȵi^{33}　恩梯古茲呢　　恩梯古茲《エンティーグーズー》（グティクズ）は

3365 ts‘ɿ̱^{33}gɯ^{33}lo^{44}vɿ^{33}hi^{33}　聽到此話後　　その話を聞いたあと

3366 dʑu̱^{55}mu^{33}zɯ^{33}sɔ^{33}t‘u^{55}　篤慕之三子　　篤慕の三人の子に対して

3367 a^{21}ku̱^{33}dzɯ^{33}o^{44}di^{44}　讓人切齒焉　　恨み憤《いきどお》った

3368 gɯ^{33}ɖɯ^{21}ku^{33}ȵo^{33}tsɿ̱^{55}　請日來公正　　公正を期するため、太陽を招いた

3369 hi^{44}k‘ɯ^{33}ku^{33}gɯ^{33}ki^{55}　請月來裁定　　裁定をするため、月を招いた

3370 sɿ̱^{21}la^{33}mo^{33}zɿ^{33}ku^{33}　請知識高人　　知恵に富んだ賢者を招いた

3371 ndzɿ^{33}la^{33}mo^{21}kɯ^{21}ndzi^{33}　議於大君臣　　王と臣下に訴えた

3372 ʂɿ̱^{21}mu^{33}mu^{33}dʐɿ^{44}tɕo^{44}　“七地之下方　　「七地の下のほうにいる

3373 dʑu̱^{55}mu^{33}zɯ^{33}sɔ^{33}t‘u̱^{55}　篤慕之三子　　篤慕の三人の子を

3374 ta^{33}mu^{33}ts‘o^{33}ma^{21}ŋɯ^{33}o^{44}di^{44}　不能繞恕焉”　許すことはできない」
3375 dʑu̱^{55}mu^{33}zɯ^{33}sɔ^{33}nɯ^{33}　篤慕之三子呢　篤慕の三人の子には
3376 p‘u̱^{21}bo^{21}ȵo^{33}bo^{44}li^{33}　有田有地呢　田も畑もあった
3377 a^{33}ga^{33}læ^{55}t‘ɔ^{33}bo^{21}　在阿趕乃拖　阿趕乃拖(アーガンナイトゥオ)（アガレト）にあった
3378 lı^{33}bo^{21}dʑi^{33}bo^{44}li^{33}　有奴有僕呢　奴僕がいた
3379 dʑi^{44}zɯ^{33}ɔ^{21}ndzı̱^{55}bo^{21}　有禿頭僕人　頭の禿げた奴僕がいた
3380 ȵi^{33}bo^{21}ʑo^{33}bo^{44}li^{33}　有牛有羊呢　牛も羊もいた
3381 ȵi^{21}mo^{21}dʐa^{33}bu̱^{33}bo^{21}　有頭花母牛　きれいな頭の雌牛が一頭いた
3382 ȵi^{21}mo^{21}dʐa^{33}bu̱^{33}ȵi^{33}　花花母牛呢　きれいな雌牛は
3383 ma^{21}ʑu̱^{33}lı^{33}li^{21}ʑu̱^{33}　不生且來生　産むはずのないない牛を産んだ
3384 lɯ^{33}nɔ^{33}a^{21}dʐa^{33}ʑu̱^{33} 生黒牛阿乍[17]　阿乍(アーチャー)（アジャ）という黒い牛を産んだ
3385 lɯ^{33}nɔ^{33}a^{21}dʐa^{33}ȵi^{33}　黒牛阿乍呢　阿乍という黒い牛は
3386 xo^{33}ndi^{55}tɕ‘u^{44}dʑo^{33}dʑo^{33}　有角尖利利　尖って鋭い角を持ち
3387 bi^{55}ka^{33}ni^{44}ʑi^{33}ʑi^{33}　双蹄也尖尖　二つの蹄(ひづめ)も尖っていた
3388 ȵɔ^{33}ma^{33}ʐı^{21}t‘i^{21}ho^{21}　眼睛似湖水　目は湖水のごとく
3389 ȵɔ^{33}tsi^{33}sı̱^{33}gu^{33}tɕ‘u̱^{33}　眉毛似森林　眉は森林のごとく
3390 lo^{55}ʂı^{33}tsa^{33}zɯ^{33}gɯ^{21}　前脚刨於地　前足は地を掘り
3391 tʂı^{33}ʂı^{33}ga^{33}p‘u^{33}pi^{33}　後脚揚塵土　後ろ足は土埃りを上げた
3392 ts‘ı̱^{21}ȵi^{21}ʐı^{33}ndo^{33}li^{33}　一日去飲水　ある日、水を飲みに行くと
3393 ʂo^{44}xo^{33}gu^{33}ma^{33}sı̱^{55}　九箇湖泊涸　九つの湖が涸(か)れてしまった
3394 ts‘ı̱^{21}ȵi^{21}ʐı̱^{33}ɕæ^{33}li^{33}　一日去喫草　ある日、草を食べに行くと
3395 ʐı̱^{33}p‘u̱^{21}gu^{33}ndzı^{33}go^{33} 九片草叢竭　九つの地域の芝草が枯れてしまった
3396 ts‘ı̱^{21}ȵi^{21}fu^{44}su^{33}li^{33}　一日去磨角　ある日、角を磨きに行くと
3397 di^{21}bu^{33}gu^{33}tɕi^{33}go^{33}　九條埂坎塌　九本の堤が崩れてしまった
3398 ts‘ı̱^{21}ȵi^{21}lɯ^{33}kɯ^{21}li^{33}　一日去鬪牛　ある日、闘牛に行くと
3399 lɯ^{33}mo^{33}gu^{33}tɕi^{33}mbo^{33}　九頭牛屍滾　九頭の牛が死んで転がった

3400 ts‘ı̱^{33}ɤa^{33}mo^{44}gu̱^{21}dʑo^{44}　如此過後呢　そののち
3401 ma^{21}ts‘i^{33}lı̱^{55}tʂa^{33}ts‘i^{33}　不落且來落　落ちるはずのない物が落ちた
3402 mu̱^{21}dʑi^{33}ʂı^{44}tʂa^{33}ts‘i^{33} 落下一塊母吉史[18]　母吉史(ムージーシー)（ムジシュ）が一つ落ちた
3403 ma^{55}mu^{33}dʑi^{55}læ^{33}ndo^{21}　落於馬母接乃[19]　馬母接乃(マームージエナイ)（マムジレ）に落ちた

3404 du̠^{55}su^{33}ɣɯ^{21}si^{44}la^{33}　被牧人撿回　牧人がそれを拾って持ち帰った

3405 si^{21}la^{33}ndzɿ^{33}zɯ^{33}po^{21}　拿給君王看　王に見せたが

3406 ndzɿ^{33}zɯ^{33}ts‘ɿ̠^{33}ma^{21}sɿ̠^{21}　君王不認識　王はわからなかった

3407 ndzɿ^{33}sɿ̠^{21}tu̠^{33}lɿ̠^{33}lɿ̠^{33}　君識亂發令　王は混乱して勝手に法令を出した

3408 si^{21}la^{33}mo^{21}zɯ^{33}po^{21}　拿給臣子看　家来に見せたが

3409 mo^{21}zɯ^{33}ts‘ɿ̠^{33}ma^{21}sɿ̠^{21}　臣子不認識　家来もわからなかった

3410 mo^{21}sɿ̠^{21}ha^{33}ʑi^{33}ʑi^{33}　臣知言滔滔
家来は知ってることをただしゃべりつづけた

3411 si^{21}la^{33}pi^{44}zɯ^{33}po^{21}　拿給畢摩看　ビモに見せたが

3412 pi^{44}zɯ^{33}ts‘ɿ̠^{33}ma^{21}sɿ̠^{21}　畢摩不認識　ビモもわからなかった

3413 pi^{33}sɿ̠^{21}li^{33}t‘ɯ^{21}zɿ^{33}　畢摩識經書　ビモは経書ならわかる

3414 si^{21}la^{33}dʐo^{21}dʐo^{21}po^{21}　拿給凡人看　普通の人に見せたが

3415 dʐo^{21}dʐo^{21}ts‘ɿ^{33}ma^{21}sɿ̠^{21}　凡人不認識　普通の人もわからなかった

3416 ts‘ɿ̠^{33}sɿ̠^{21}ts‘ɿ̠^{21}du̠^{55}ŋɯ^{33}　凡人知耕牧　普通の人は農耕や牧畜ならわかる

3417 si^{21}la^{33}kɯ^{55}zɯ^{33}po^{21}　拿給工匠看　職人に見せた

3418 kɯ^{55}zɯ^{33}di^{44}ȵɔ^{33}t‘ɔ^{33}　匠人才目明　職人は才能があり

3419 kɯ^{55}zɯ^{33}di^{44}sɿ̠^{21}dzɿ̠^{33}　匠人知識多　職人は知識に富み

3420 kɯ^{55}zɯ^{33}di^{44}lo^{55}ʑi^{33}　匠人手靈巧　職人は手が器用だった

3421 si^{21}la^{33}li^{33}k‘o^{33}tɕi^{21}　用以製犂鏵　そこで鋤(すき)の刃を作った

3422 zu^{21}zɯ^{33}gu̠^{33}da^{33}mu^{33}　栢樹作主幹[20]　コノテガシワで鋤の柄を作った

3423 ʂu̠^{55}zɯ^{33}nɔ^{33}bo^{33}mu^{33}　杉樹作補綴　杉の木を綴じ合わせた

3424 sɿ̠^{33}gu̠^{55}ts‘ɿ̠^{21}dzɿ̠^{33}dæ^{33}　作一付犂頭　鋤の頭を作り

3425 li^{33}k‘o^{33}ts‘ɿ̠^{21}tɕi^{33}ti^{55}　配一把鏵口　それに刃を付けた

3426 ʂɔ^{33}mɔ^{33}lɯ^{33}la^{33}ta^{33}　索瑪作犂彎
索瑪(スオマー)（ショモ）という木で鋤の曲がり柄を作り

3427 a^{21}ndʑi^{55}lɯ^{33}ʑæ^{44}sɿ̠^{33}　阿吉作楔子　阿吉(アージー)（アジ）という木で楔(くさび)を作り

3428 ma^{21}ȵo^{21}lɯ^{33}ŋgo^{33}tɕi^{44}　竹繩當犂繩　竹の縄を鋤の縄にして

3429 ma^{33}ʂɿ^{33}lɯ^{33}no^{21}tɕa^{33}　黄竹趕牛鞭　黄色い竹を牛の鞭(むち)にした

3430 dʑi^{44}zɯ^{33}o^{33}ndzɿ̠^{21}ȵi^{33}　禿頭僕人呢　頭の禿げた奴僕は

3431 lɯ^{33}nɔ^{33}a^{21}dʐa^{33}no^{21}　趕黑牛阿乍　阿乍(アーチャー)（アジャ）という黒い牛を走らせ

3432 a^{33}ga^{33}læ^{55}t‘ɔ^{33}mo^{33}　犂於阿趕乃拖地

阿趕乃拖〔アーガンナイトゥオ〕（アガレト）の畑を耕した

3433 o^{21}ȵi^{21}mo^{33}ta^{33}lo^{44}　前日所犂處　（しかし）前日耕した所は

3434 ɤa^{33}ȵi^{44}pu̠^{33}ta^{33}lo^{44}　後日便復原

次の日には元の状態に戻ってしまったので

3435 dʑi^{33}a^{21}ho^{33}lo^{33}ho^{33}　奴也不敢回　奴僕は帰る勇気がなかった

3436 dʑi^{44}zɯ^{33}o^{33}ndzɿ^{21}ȵi^{33}　禿頭僕人呢　頭の禿げた奴僕は

3437 mu^{44}mo^{33}dɯ^{33}ko^{33}ho^{33}　藏於耕地處　畑に姿を隠した

3438 p'u̠^{44}ȵi^{33}ho^{33}lo^{33}ho^{33}　僕人也不回　奴僕は帰らなかった

3439 zɿ̠^{33}tɕi^{21}dɯ^{33}ko^{33}ho^{33}　匿於種草處　草むらに姿を隠した

3440 dʑi^{44}zɯ^{33}o^{33}ndzɿ̠^{21}ma^{21}pu̠^{33}vo^{44}　禿頭僕人未歸了

頭の禿げた奴僕は帰らなかった

3441 dʑu̠^{55}mu^{33}zɯ^{33}sɔ^{33}ȵi^{33}　篤慕三子呢　篤慕〔ドゥームー〕（曲普篤慕〔チョブジュム〕）の三人の子は

3442 t'u^{44}mu^{33}dʑi^{21}n̥ɯ^{44}di^{44}　不知爲何故　その原因がわからなくて

3443 ŋgo^{55}lo^{21}ɤa^{33}ta^{33}ʂɯ^{21}　追來找奴僕　奴僕を捜しに来て

3444 dʑi^{44}zɯ^{33}o^{33}ndzɿ̠^{21}ɤɯ^{21}　找到禿頭奴　頭の禿げた奴僕を見つけた

3445 dʑi^{44}zɯ^{33}o^{33}ndzɿ^{21}ȵi^{33}　禿頭奴僕呢　頭の禿げた奴僕は

3446 o^{21}ȵi^{21}mo^{33}ta^{33}lo^{44}　“前日將也犂　「前日に鋤で耕した畑は

3447 ɤa^{33}ȵi^{21}pu̠^{33}ta^{33}lo^{44}ʑi^{21}di^{44}　後日被翻覆”云云

次の日には元に戻ってしまった」と言った

3448 dʑu̠^{55}mu^{33}zɯ^{33}sɔ^{33}ȵi^{33}　篤慕三子呢　篤慕の三人の子は

3449 mu^{33}tɕ'u^{21}li^{33}mo^{33}di^{44}　要去守田焉　田を守りに行った

3450 mu^{33}p'o^{44}li^{33}mo^{33}di^{44}　要去護地焉　畑を守りに行った

3451 zɯ^{33}zɿ^{33}ʂu̠^{33}tʂ'a^{33}si^{21}　長子拿長矛[21]　長男は長い矛〔ほこ〕を持ち

3452 li^{33}lo^{44}mu^{33}o^{33}tɕ'u^{21}　守於田地首　田畑の前を守っていた

3453 zɯ^{33}ka^{55}ʑi^{55}mo^{21}si^{21}　次子拿大刀　次男は大きな刀を持ち

3454 li^{33}lo^{44}mu^{33}dʑu̠^{55}t'u̠^{21}　守於田地腰　田畑の真ん中を守っていた

3455 zɯ^{21}ȵo^{21}t'ɯ^{21}bu^{21}lo^{55}dzɿ^{33}si^{44}　幼子拿著短木棒　末っ子は短い棒を持ち

3456 li^{33}lo^{44}mu^{33}mu^{33}tɕ'u^{21}　守於田地尾　田畑の後ろを守っていた

3457 si^{33}tʂɿ^{44}lɿ^{21}t'i^{33}t'i^{33}　夜沈沈時分　夜が深くなったとき

3458 ʂɿ̠^{21}mu^{33}bo^{21}dʑa^{33}tɯ^{44}　大地放光芒　大地がキラキラと光った

3459 ʂɿ̠^{21}mu^{33}mu^{33}ha^{55}tɕo^{44}　七地之上方　七地の上のほうでは

3460 ŋɯ33t‘i55ku33ndzɿ33t‘u̱55　恩梯古茲家　　恩梯古茲(エンティーグーズー)（グティクズ）が
3461 ma21tsɿ33lɿ33li21tsɿ33　不派且來派　　派遣すべきでない人を派遣した
3462 a33ga33ʑa33k‘u̱33nɯ33ts‘ɿ̱21li21　阿趕研苦爲一員
阿趕研苦(アーガンイエンクー)（アガザク）は一番目
3463 vo55mo21p‘ɿ21dzɿ33nɯ33ȵi21li21　無尾母猪爲兩員　　尾のない雌豚は二番目
3464 lo33no55ŋgo55pu44nɯ33sɔ33li21　深山仙鶴爲三員　　山奥の鶴は三番目
3465 sɿ33mu33si33ni33nɯ33lɿ33li21　神女仙女爲四員　　神女の仙女は四番目である
3466 a33ga33ʑa33k‘u̱33ȵɿ33　阿趕研苦氏　　阿趕研苦は
3467 ʂu̱55vɿ̱44t‘u33ʑu33pɿ44　背著栢籤筒　　コノテガシワ製の籤(ひご)入れの筒を背負い
3468 k‘u33ɖɯ21vo33ʑu33ndi55　戴著栩法笠　　カシワ製の笠を被(かぶ)り
3469 ʂɿ33ni33lo33go55si21　手執金釘耙　　手に金のマグワを取り
3470 mo21pu̱33mo21ndo21mu33　前邊往前翻　　前の土を前へひっくり返し
3471 ɣa44pu̱33ɣa33ndo44mu33　後面往後翻㉒　　後ろの土を後ろにひっくり返した
3472 tsa33pu̱33læ33vu̱55tsi21　翻土入地下　　土をひっくり返して地下に入れた
3473 vo55mo21p‘ɿ21dzɿ33ȵi33　無尾母猪呢　　尾のない雌豚は
3474 mo21sɿ33mo21ndo21mu33　前邊往前拱　　前の土を前へ(鼻で)突き上げた
3475 ɣa44sɿ33ɣa33ndo44mu33　後面往後拱
後ろの土を後ろへ（鼻で）突き上げた
3476 sɿ33mu33si33ni33ȵi33　神女仙女呢　　神女の仙女は
3477 dʐɿ33ni33ʑæ44sɿ̱33si21　帶著銅掃箒　　銅の箒を持ち
3478 mo21sɿ̱33mo21ʂa33mu33　前邊往前掃　　前の土を前へ掃いた
3479 ɣa44sɿ̱33ɣa44ʂa33mu33　後面往後掃　　後ろの土を後ろへ掃いた
3480 tsa33sɿ̱33ni33bo33bo33　將地掃平坦　　田畑を掃いて平らにした
3481 lo33no55ŋgo55pu33tɕ‘u33　深谷仙鶴呢　　深い谷の鶴は
3482 k‘ɯ33li33tɕ‘u33tsɔ33si21　帶著銀鈎子　　銀のかぎ型の物を持ち
3483 mo21tsɿ33mo21ʂa33mu33　前邊也來種　　前にも蒔き
3484 ɣa44tsɿ33ɣa44ʂa33lo44　後面也來種　　後ろにも蒔き
3485 ʐɿ̱33tsɿ̱33ndi21t‘ɔ33ts‘u̱33　將草種於地㉓　　田畑に草の実を蒔いた
3486 dʑu̱55mu33zɯ33sɔ33ȵi33　篤慕三子呢　　篤慕(ドゥームー)（曲普篤慕(チョプジュム)）の三人の子は
3487 no21lo21t‘i55ta33ʑu33　群起去捉拿　　一斉に立ち上がって捕まえに行った
3488 lo33no55ŋgo55pu33ts‘ɿ̱33p‘o33lo33ɣa33vu33　仙鶴跑入深山中

神の鶴は山奥に駆け込んだ

3489 vo55mo21p‘ɪ21dzɪ33ts‘ɪ̱33p‘o33lo33ɣa33vu33　母猪跑入深谷中

雌豚は深い谷に駆け込んだ

3490 sɪ33mu33si33ni33ts‘ɪ̱33gu̱33mu33vu̱55tsi21　仙女昇入太空中

仙女は空に飛び上がった

3491 a33ga33ʑa33k‘u̱33nɯ33　阿趕研苦呢　阿趕研苦（アーガンイエンクー）（アガザク）は

3492 mo21o21tɕ‘u44ko33ko33　白髮已蒼蒼　もう髪の毛は真っ白で

3493 p‘o44ȵi33p‘o33ma21to21　逃也未能逃　逃げられなかった

3494 ts‘o33ʑu33t‘i55ndo21lo44　未逃被捉拿　逃げられずに捕まえられた

3495 dʑu̱55mu33zɯ33zɿ33nɯ33　篤慕長子呢　篤慕の長男は

3496 ʑu33lo21si55mo33di44　主張將他殺　彼を殺せと主張した

3497 dʑu̱55mu33zɯ33ɖæ33nɯ33　篤慕次子呢　篤慕の次男は

3498 ʑu33lo44ndu̱21mo33di44　主張將他打　彼を殴れと主張した

3499 dʑu̱55mu33zɯ21ȵo21nɯ33　篤慕幼子呢　篤慕の末っ子は

3500 hi33ȵo21ma21dʑo33nɯ33　如若沒有了　もし（理由が）なければ

3501 tsa33pu̱33ȵi33ma21la33　不會來翻地

田畑をひっくり返しに来ないはずであろう

3502 ʑu33lo21n̥a33mo33di44　主張來問詢　尋ねよと主張した

3503 ʑu33lo44t‘i55ta33n̥a33　是將他來問　それで彼に尋ねた

3504 a33ga33ʑæ33k‘u̱33ȵi33　阿趕研苦呢　阿趕研苦（アーガンイエンクー）（アガザク）は

3505 tɯ21la33ts‘ɪ̱21ndo21t‘i33　起而發一言[24]　立ち上がって答えた

3506 dʑu̱55mu33zɯ33sɔ33t‘u̱55　“篤慕之三子　「篤慕の三人の子よ

3507 na33ts‘æ33mu33n̥a33ta33　好好地聽著　ちゃんと聞きなさい

3508 ʂɪ̱21mu33mu33ha55tɕo44　七地之上方　七地の上のほうで

3509 ŋɯ33t‘i55ku33ndzɪ33t‘u̱55　恩梯古茲家　恩梯古茲（エンティーグーズー）（グティクズ）は

3510 su33nɔ33vi55o33ndi21　爲猪頭黑人　豚頭の黒い人のため

3511 ʂu̱33xo33gu33ma33p‘i33　開放九箇海　九つの海を切り開き

3512 ʂɪ̱21mu33mu33dʐɪ44ʂa33mo33di44　放於七地下方焉　七地の下の方へ流し

3513 ɖu̱55mu33ȵi33ma21zo21　不必再牧畜　もう牧畜をする必要はない

3514 mo33tɕ‘i21ȵi33ma21zo21　不必再耕作　もう耕作をする必要はない

3515 ȵu33ȵi21mu33ku33ku33　牛日將鳴雷　丑（うし）の日に雷が鳴り

3516 la^{55}ȵi^{21}mu^{33}ɣo^{21}ɣo^{21}　虎日将響雷　寅の日に雷が鳴り響き

3517 t'ɯ^{21}ɖɯ^{21}mu^{33}ndzu̱^{33}ndzu̱^{33}　兎日天陰霾　卯の日に天気がどんよりとし

3518 lɿ^{33}ȵi^{21}lɿ^{33}pu^{33}ha^{33}sɿ^{33}zo^{55}　龍日龍公降暴雨
辰の日に龍の王が豪雨を降らせ

3519 ʂɿ^{33}ȵi^{44}ʂɿ^{33}ʐɿ^{33}di^{21}li^{21}po^{21}　蛇日水流将滾滾
巳の日に水がこんこんと流れ

3520 mu^{33}ȵi^{21}ʂɿ̱^{21}ts'i^{33}ŋɯ^{33}la^{33}tɕo^{33}　馬日一切皆反常
午の日にはすべてが異常な状態になり

3521 ʑo^{33}ȵi^{44}ʂɿ̱^{21}mu^{33}ʐɿ^{21}tso^{33}mbɿ̱^{55}　羊日洪水氾世間
未の日に洪水が大地に氾濫する

3522 ŋɯ^{33}t'i^{55}ku^{33}ndzɿ^{33}t'u̱^{55}　恩梯古茲家　恩梯古茲の家で

3523 ndzɿ^{33}mo^{21}nɯ^{33}ts'ɿ̱^{21}ʑɔ^{33}　君王乃一人　王が一人目

3524 a^{21}k'u̱^{21}nɯ^{33}ȵi^{21}ʑɔ^{233}　阿苦[25]乃二人　阿苦（アク）が二人目

3525 a^{33}ga^{33}nɯ^{33}sɔ^{33}ʑɔ^{33}　阿趕乃三人　阿趕（アガ）が三人目

3526 dʑi^{33}si^{33}dʐɿ^{44}tɕ'o^{33}ta^{33}　主僕一起來　主人と奴僕はともに来て

3527 mo^{21}o^{21}lɿ̱^{33}ȵa^{55}bo^{44}ta^{33}hɯ^{21}mo^{33}di^{44}　站在莫歐洛尼山上看”云
莫欧洛尼（モオルニャ）山に立って眺める」と言った

3528 dʑu̱^{55}mu^{33}zɯ^{33}sɔ^{33}nɯ^{33}　篤慕三子呢　篤慕（曲普篤慕）の三人の子は

3529 k'ɯ^{21}mu^{33}mi^{44}ʑi^{21}di^{44}　“應該怎麼辦？”云云
「どうしたらいいだろう？」と聞いた

3530 a^{33}ga^{33}ʑa^{33}k'u̱^{33}nɯ^{33}　阿趕研苦呢　阿趕研苦（アガザク）は

3531 dʑu^{55}mu^{33}zɯ^{33}ʐɿ^{33}li^{33}　“篤慕長子呢　「篤慕の長男は

3532 zɯ^{33}da^{33}ts'ɿ̱^{21}li^{21}ŋɯ^{33}　是箇好男兒　好男子で

3533 zɯ^{33}ŋo^{33}ma^{33}, zɯ^{33}ʑæ^{33}ma^{33}　強男子、壯男子　強い男、丈夫な男だから

3534 zɯ^{33}kɔ^{33}tʂɿ^{33}kɔ^{33}tsɿ̱^{55}　強者作強櫃　強い人は丈夫な物入れ櫃を作り

3535 ʂɯ^{33}mbo^{33}ʂɯ^{33}tʂɿ^{33}tsɿ̱^{55}　用鐵作鐵櫃　鉄で鉄の物入れ櫃を作り

3536 ʂɯ^{33}k'a^{33}mu̱^{55}ɣa^{33}i^{55}　居於櫃中用鐵蓋　物入れ櫃の中で鉄の蓋を被り

3537 tsɿ̱^{55}du^{33}ʂɯ^{33}ho^{33}li^{33}k'u^{44}tsi^{21}　鐵具農具裝於内
鉄の道具、農具を中に入れ

3538 lɿ^{21}ma^{33}k'a^{33}ma^{33}li^{33}hi^{44}ta^{33}　種子糧食放於外[26]　種と食料は外に置き

3539 ts'ɿ̱^{55}bu̱^{33}ʑɔ^{33}la^{33}li^{33}k'u^{44}tsi^{21}　山羊綿羊裝於内　ヤギと綿羊を中に入れ

3540 vo^{55}ʑi^{21}va^{33}ʑi^{21}li^{33}hi^{44}ta^{33}　衛猪衛鷄[27]放於外

お守りの豚とお守りの鶏は外に置き

3541 bo^{33}k‘a^{33}mu^{44}ko^{33}tsɿ̠^{21}　傍於最高的山側　　一番高い山の傍らに寄り

3542 lo^{33}k‘a^{33}no^{55}ɣa^{33}i^{55}　居於山側深谷中　　山の傍らの深い谷に住めばよい

3543 dʑu̠^{55}mu^{33}zɯ^{33}ɖæ^{33}li^{33}　篤慕次子呢　　篤慕の次男は

3544 za^{33}hɔ^{33}ts‘ɿ̠^{21}li^{21}ŋɯ^{33}　是箇賢男兒　　賢い男で

3545 zɯ^{33}ndʐa^{55}ma^{33}，zɯ^{33}væ^{33}ma^{33}　美男子、俊男兒

美男子で、才知に優れた男だから

3546 ts‘o^{33}ndʐa^{55}tʂɿ^{33}ndʐa^{55}tsɿ̠^{55}　美人居好櫃

美しい人は良い物入れ櫃に住み

3547 dʐɿ^{33}mbo^{33}dʐɿ^{33}tʂɿ^{33}tsɿ̠^{55}　用銅作銅櫃[28]　　銅で銅の物入れ櫃を作り

3548 dʐɿ^{33}k‘a^{33}mu̠^{55}ɣa^{33}i^{55}　居於銅櫃用銅蓋

銅の物入れ櫃の中で銅の蓋を被り

3549 tsɿ̠^{55}du^{33}ʂɯ^{33}ho^{33}li^{33}k‘u^{44}tsi^{21}　鐵噐農具裝於內

鉄の道具、農具を中に入れ

3550 lɿ^{21}ma^{33}k‘a^{33}ma^{33}nɯ^{33}hi^{44}ta^{33}　種子口糧放於外　　種と食料は外に置き

3551 tʂ‘ɿ̠^{55}bu̠^{33}ʑɔ^{33}la^{33}li^{33}k‘u^{44}tsi^{21}　山羊綿羊裝於內　　ヤギと綿羊を中に入れ

3552 vo^{55}ʑi^{21}va^{33}ʑi^{21}li^{33}hi^{44}ta^{33}　衛猪衛鷄放於外

お守りの豚とお守りの鶏は外に置き

3553 bo^{33}k‘a^{21}mu^{44}ko^{33}tsɿ̠^{21}　傍於高山側　　高い山の傍らに寄り

3554 lo^{33}k‘a^{21}no^{55}ɣa^{33}i^{55}　居於深谷中　　深い谷に住めばよい

3555 dʑu̠^{55}mu^{33}zɯ^{21}ȵo^{21}li^{33}　篤慕之幼子　　篤慕の末っ子は

3556 zɯ^{33}kɯ^{33}ts‘ɿ̠^{21}ma^{33}ŋɯ^{33}　一箇蠢男兒　　愚かな男で

3557 zɯ^{33}di^{33}ma^{33}，zɯ^{33}ndɯ^{33}ma^{33}　愚男人、笨男人

まぬけな男で、のろまな男だから

3558 sɿ̠^{33}mbo^{33}sɿ̠^{33}tʂɿ^{33}tsɿ̠^{55}　用木作木櫃　　木で木の物入れ櫃を作り

3559 sɿ̠^{33}k‘a^{33}mu̠^{55}ɣa^{33}i^{55} 居於木櫃蓋木蓋　木の物入れ櫃の中で木の蓋を被り

3560 tsɿ̠^{55}du^{33}ʂɯ^{33}ho^{33}li^{33}hi^{44}ta^{33}　鐵噐農具裝於外

鉄の道具、農具を外に置き

3561 lɿ̠^{21}ma^{33}k‘a^{33}ma^{33}li^{33}k‘u^{33}tsi^{44}　種子糧食裝於內　　種と食料は中に入れ

3562 tʂ‘ɿ̠^{55}bu̠^{33}ʑɔ^{33}la^{33}hi^{44}ta^{33}　山羊綿羊放於外　　ヤギと綿羊を外に置き

3563 vo^{55}ʑi^{21}vɔ^{33}ʑi^{21}li^{33}k‘u^{33}tsi^{44}　衛猪衛鶏放於内
お守りの豚とお守りの鶏は中に入れ
3564 bo^{33}k‘a^{21}mu^{44}ko^{33}i^{55}　居於最高山　一番高い山に住み
3565 va^{33}tɕ‘i^{21}tɕ‘u^{44}ma^{33}ŋgu̱^{33}　撿一白鶏蛋　白い卵を一個拾い
3566 i^{55}vu^{33}li^{33}ɣa^{33}tsi^{21}　裝入腋窩中　脇の下に入れ
3567 ʑæ^{33}mo^{21}fu̱^{44}di^{33}fu̱^{33}　母鶏抱蛋時　雌鳥(めんどり)が卵を抱いているとき
3568 tʂɿ^{33}k‘ɯ^{33}ndʐu̱^{33}di^{44}ndʐu̱^{33}　櫃蓋要関緊　物入れ櫃の蓋をしっかり閉め
3569 ʑæ^{33}zɯ^{33}tsɿ^{33}di^{44}tsɿ^{33}　鶏仔出殼時　雛が孵(かえ)ったとき
3570 tʂɿ^{33}k‘ɯ^{33}p‘o^{21}di^{33}p‘o^{21}　將木櫃揭開”
木の物入れ櫃の蓋を開ければよい」(と言った)
3571 a^{33}gɯ^{33}ʑa^{33}k‘u̱^{33}ȵi^{33}　阿趕研苦呢　阿趕研苦(アーガンイエンクー)(アガザク)は
3572 ndo^{21}hi^{21}gu̱^{21}dʑo^{44}nɯ^{33}　説完此番話　こう言い終えると
3573 dʐɿ̱^{21}li^{33}ŋɯ^{33}ȵa^{55}vu^{33}　昇入上界中　上界に昇って行った
3574 ts‘ɿ̱^{33}ɣa^{33}gu̱^{21}dʑo^{44}nɯ^{33}　如此之後呢　そののち
3575 a^{21}dʐɿ^{33}li^{33}dʐo^{33}dʐo^{33}　此言已應驗　(阿趕研苦(アガザク)が)言ったとおりになった
3576 ȵu^{33}ȵi^{21}mu^{33}ku^{33}ku^{33}　牛日來鳴雷　丑(うし)の日に雷が鳴り
3577 la^{55}ȵi^{21}mu^{33}ɣo^{21}ɣo^{21}　虎日將響雷　寅の日に雷が鳴り響き
3578 t‘ɯ^{21}ɖɯ^{21}mu^{33}ndzu̱^{33}ndzu̱^{33}　兎日天陰霾　卯の日に天気がどんよりとし
3579 lɿ^{33}ȵi^{21}lɿ^{33}pu^{33}ha^{33}sɿ^{33}zo^{55}　龍日龍公降暴雨
辰の日に龍の王が豪雨を降らせ
3580 ʂɿ^{33}ȵi^{44}ʂɿ^{33}ʐɿ^{33}di^{21}li^{21}po^{21}　蛇日水流已滾滾
巳の日にすでに水がこんこんと流れ
3581 mu^{33}ȵɿ^{21}ʂɿ̱^{21}ts‘i^{33}ŋa^{33}la^{33}tɕo^{33}　馬日一切皆反常
午(うま)の日にはすべてが異常な状態になり
3582 ʑo^{33}ȵi^{44}ʂɿ̱^{21}mu^{33}ʐɔ^{21}tso^{33}mbɿ̱^{55}　羊日世間氾洪水
未(ひつじ)の日に洪水が大地に氾濫した
3583 næ^{33}zɿ^{33}mu^{44}dɯ^{33}ȵo^{21}　洪水漫大地[29]　大地は洪水で覆われた

3584 ts‘ɿ̱^{33}ɣa^{33}mo^{44}gu^{33}dʑo^{44}　如此過後呢　そののち
3585 ŋɯ^{33}t‘i^{55}ku^{33}ndzɿ^{33}t‘u̱^{55}　恩梯古茲家　恩梯古茲(エンティーグーズー)(グティクズ)は
3586 mo^{21}læ^{33}ts‘ɿ̱^{21}ȵi^{21}nɯ^{33}　當先一日呢　最初の日

3587 tsu̠^{55}zɯ^{33}ho^{33}lɿ^{44}lɿ^{44}su^{33}tsɿ^{33}　唆人聲嘰嘰者來派遣

うるさくしゃべって人を唆(そそのか)す者を派遣し

3588 ʂɿ̠^{21}mu^{33}mu^{33}dʐɿ^{44}hɯ^{21}li^{33}ʂu^{44}　派去察看七地之下方

七地(しちじ)の下のほうへ巡察に行かせた

3589 pu̠^{33}la^{33}ŋɯ^{33}ha^{55}tsu̠^{55}　轉而唆上界　　転じて上界に報告した

3590 ʂɿ̠^{21}mu^{33}mu^{33}dʐɿ^{44}tɕo^{44}　“七地之下方　　「七地の下のほうでは

3591 dʑo^{33}du^{33}li^{33}ma^{21}dʑo^{33}　没有甚麼事　　何の問題もなく

3592 ɖu̠^{55}ʑi^{33}ɖu̠^{55}ka^{33}tɕʻu^{44}zɿ̠^{33}zɿ̠^{33}ʑi^{21}sɿ^{33}　屋宅仍然白晃晃

家屋は相変わらず真っ白で

3593 pʻa^{55}li^{33}ʂa^{33}mbæ^{33}ʂa^{33}tɕʻi^{21}kɯ^{33}ʑi^{21}sɿ^{33}　男人仍在彈毛又擀氈

男は相変わらず毛を打ってフェルトを作り

3594 mo^{21}li^{33}ʑi^{55}tʂʻɿ^{21}dʑi^{33}tʻi^{33}kɯ^{44}ʑi^{21}sɿ^{33}　女人仍在織布又作衣

女は相変わらず機織りをして着物を作っている

3595 zɯ^{44}li^{33}xo^{55}mbæ^{33}xo^{55}gɯ^{21}a^{44}lɿ̠^{33}lɿ̠^{33}　男孩仍在練弓又玩箭

男の子は相変わらず弓の練習をし、矢で遊び

3596 ni^{44}li^{33}vi^{55}gu̠^{55}ga^{55}tʂʻa^{33}a^{44}lɿ̠^{33}lɿ̠^{33}　女孩仍在縫衣又試衣

女の子は相変わらず着物を縫ったり、着てみたりしている

3597 ȵi^{21}nɯ^{33}va^{33}mbu^{33}a^{44}lɿ̠^{33}lɿ̠^{33}　白天公鶏仍在鳴

昼は雄鶏(おんどり)が相変わらず啼いていて

3598 si^{44}nɯ^{33}kʻɯ^{33}vo^{55}a^{44}lɿ̠^{33}ɿ̠^{33}　夜晚狗兒仍在吠”

夜は犬が相変わらず吠えている」

3599 ŋɯ^{33}tʻi^{55}ku^{33}ndzɿ^{33}ȵi^{33}　恩梯古茲家　　恩梯古茲は

3600 ku^{33}mu^{33}ɖi^{55}ɔ^{33}dzɿ^{33}　騎著黒尾驢　　黒いロバに乗り

3601 tɯ^{21}la^{33}ŋɯ^{33}dʐɿ^{44}hɯ^{21}　起來察下界　　下界を視察に来た

3602 zɿ^{44}o^{33}hɯ^{21}ȵi^{33}ndʑo^{33}lo^{33}lo^{33}　看水頭也平坦坦[30]

流れの源も平らなのが見え

3603 zɿ^{44}mu^{33}hɯ^{21}ȵi^{33}ndʑo^{33}lo^{33}lo^{33}　看水尾也平坦坦

流れの先も平らなのが見え

3604 zɿ^{33}dʑu̠^{55}hɯ^{21}ȵi^{33}ndʑo^{33}lo^{33}lo^{33}　看中間亦平坦坦

流れの中間も平らなのが見えた

3605 bo^{33}dzi^{33}lo^{33}dzi^{33}li^{33}　可見的山頭

（以下のような）山の頂上も見ることができた

3606 va^{21}ndzæ^{21}ɖu̠^{55}tɕʻu^{33}bo^{33}　武則洛曲山　　武則洛曲（ヴァゼルチュ）山は

3607 ɖu̠^{55}ma^{33}ʐɿ̠^{21}ma^{33}dzi^{33}　祇剩戒指那麼大一點[31]

たった指輪ほどの大きさになった

3608 xɔ^{33}mu^{33}ti^{44}tsʻi^{33}bo^{33}　華母底才山　　華母底才（ホムティチ）山は

3609 ti^{44}tsʻi^{33}ʐɿ̠^{21}ma^{33}dzi^{33}　祇剩杵臼那麼大一點

たった挽き臼ほどの大きさになった

3610 mu̠^{21}xo^{33}pa^{33}ȵɔ^{33}bo^{33}　母夥巴了山　　母夥巴了（ムホパニョ）山は

3611 mu̠^{21}xo^{33}ʐɿ̠^{21}ma^{33}dzi^{33}　祇剩馬圈那麼大一點

たった馬小屋ほどの大きさになった

3612 ʂɔ^{33}nɔ^{33}a^{44}dʑu^{33}bo^{33}　紹諾阿糾山　　紹諾阿糾（ショノアジュ）山は

3613 a^{44}dʑu^{33}ʐɿ̠^{21}ma^{33}dzi^{33}　祇剩狐狸那麼大一點

たったキツネほどの大きさになった

3614 ʂa^{33}ma^{55}ma^{55}ho^{33}bo^{33}　沙瑪瑪夥山　　沙瑪瑪夥（シャママホ）山は

3615 mo^{55}ʑɔ^{21}gu^{33}tʂʻa^{33}hi^{55}dɯ^{33}dzi^{33}　祇剩九箇士兵可站處

ただ九人の兵士が立てる所だけ残った

3616 a^{21}dzɿ^{33}nda^{33}ko^{55}bo^{33}　阿茲達公山　　阿茲達公（アズダコ）山は

3617 nda^{44}bo^{33}dzu̠^{44}dɯ^{33}dzi^{33}　祇剩蕨草那麼大一點

たった蕨ほどの大きさになった

3618 tʂɿ^{33}lɿ^{33}tʂɿ̠^{21}zɿ̠^{55}bo^{33}　治爾治日山　　治爾治日（チュルチュズ）山は

3619 tʂɿ^{33}zɿ̠^{55}ʐɿ^{21}ma^{33}dzi^{33}　祇剩豹子那麼大一點

たった豹ほどの大きさになった

3620 ɤo^{21}tʂʻɿ^{21}mu^{33}o^{33}bo^{33}　俄喫母歐山　　俄喫母欧（ウォチュムオ）山は

3621 mu^{33}o^{33}ʐɿ̠^{21}ma^{33}dzi^{33}　祇剩馬頭那麼大一點

たった馬の頭ほどの大きさになった

3622 i^{55}mu^{33}dzi^{21}mu^{33}bo^{33}　英母則母山　　英母則母（イムジム）山は

3623 dzi^{33}mu^{33}ʐɿ̠^{21}ma^{33}dzi^{33}　祇剩鼓槌那麼大一點

たった太鼓のばちほどの大きさになった

3624 ɕæ^{33}kʻɯ^{33}mu^{33}tɕʻu^{33}bo^{33}　憲克母曲山　　憲克母曲（セクムチュ）山は

3625 ɕæ^{44}tsʻu̠^{33}ʐɿ̠^{21}ma^{33}dzi^{33}　祇剩盔甲那麼大一點

たった鎧兜ほどの大きさになった

3626 mu^{33}tɕʻi^{33}lɯ^{33}hi^{55}bo^{33}　母請勒海山　母請勒海《ムーチンレーハイ》（ムチルヒ）山は

3627 lɯ^{21}pu^{33}tʂʻɔ^{33}tɕʻu^{33}ʐɿ̱^{21}ma^{33}dzi^{33}　祇剩一隻麞子可站處

ただ一頭のノロジカが立てる所だけ残った

3628 o^{33}lɿ^{33}dzi^{21}vo^{21}bo^{33}　歐爾則維山　欧爾則 維《オウアルゼーウェイ》（オルジヴォ）山は

3629 dzi^{33}ma^{33}ʐɿ̱^{21}ma^{33}dzi^{33}　祇剩氷雹那麽大一點

たった雹《ひょう》ほどの大きさになった

3630 i^{55}a^{21}ŋɯ^{33}xa^{55}bo^{33}　英啊恩哈山　英啊恩哈《インアーエンハー》（イアグハ）山は

3631 i^{55}ma^{33}ʐɿ̱^{21}ma^{33}dzi^{33}　祇剩玉米那麽大一點

たったトウモロコシほどの大きさになった

3632 vo^{21}kɯ^{21}tʂʻɿ̱^{55}kʻu̱^{55}bo^{33}　維格痴苦山　維 格痴苦《ウェイグォチークー》（ヴォクチュク）山は

3633 tʂʻɿ^{55}ma^{33}ʐɿ̱^{21}ma^{33}dzi^{33}　祇剩山羊那麽大一點

たったヤギほどの大きさになった

3634 mu^{33}zi^{55}ʂɔ^{33}ho^{33}bo^{33}　母熱紹夥山　母熱 紹 夥《ムールォシャオフオ》（ムジショホ）山は

3635 mu^{44}ma^{33}hi^{55}dɯ^{33}dzi^{33}　祇剩一馬可站處

ただ一頭の馬が立てる所だけ残った

3636 ʂu̱^{55}dzu̱^{33}va^{55}kɯ^{33}bo^{33}　書祖瓦根山　書 祖瓦根《シューズーワーガン》（シュズヴァク）山は

3637 ʂu̱^{55}bo^{33}dzu̱^{44}dɯ^{3}dzi^{33}　祇剩杉樹可站處

ただ杉の木が立てる所だけ残った

3638 ni^{21}mu^{33}ho^{55}sa^{33}bo^{33}　黎母夥散山　黎母夥散《リームーフオサン》（ニムホサ）山は

3639 ni^{21}ma^{33}hi^{55}dɯ^{33}dzi^{33}　祇剩彝人可站處

ただイ族が立てる所だけ残った

3640 ɕi^{44}ndzi^{33}tʻa^{21}gu̱^{55}bo^{33}　西則塔古山　西則塔古《シーゼーターグー》（シジタグ）山は

3641 tʻa^{33}ma^{33}ʐɿ̱^{21}ma^{33}dzi^{33}　祇剩松果那麽大一點

たった松の実ほどの大きさになった

3642 mo^{21}mo^{21}la^{55}ni^{33}bo^{33}　莫莫拉尼山　莫莫拉尼《モーモーラーニー》（モモラニ）山は

3643 la^{55}ma^{33}hi^{55}dɯ^{33}dzi^{33}　僅剩一虎可站處

ただ一頭の虎が立てる所だけ残った

3644 tʂʻu^{33}tɕʻu^{33}ndʐa^{55}ndʐa^{21}bo^{33}　出曲張張山

出 曲 張 張《チューチウチャンチャン》（チュチュジャジャ）山は

3645 tʂu^{33}bo^{33}dzu̱^{44}dɯ^{33}dzi^{33}　祇剩刺樹可生處

ただ棘の木の生える所だけ残った

3646 a^{21}bu^{33}ts‘æ^{33}lo^{33}bo^{33}　阿布才洛山　　阿布才洛[アーブーツァイルオ]（アブツェロ）山は

3647 ts‘æ^{33}ma^{33}hi^{55}dɯ^{33}dzi^{33}　衹剩一鹿可站處

ただ一頭の鹿が立てる所だけ残った

3648 mu^{33}vu̱^{55}xɯ^{21}ndʐɿ^{21}bo^{33}　母烏赫治山　　母烏赫治[ムーウーフォチー]（ムヴフジュ）山は

3649 vo^{55}ma^{33}hi^{55}dɯ^{33}dzi^{33}　衹剩一猪可站處

ただ一頭の豚が立てる所だけ残った

3650 mu^{44}k‘ɯ^{33}xɯ^{21}ni^{21}bo^{33}　母克赫尼山　　母克赫尼[ムーケーフォニー]（ムクフニ）山は

3651 k‘ɯ^{44}ma^{31}hi^{55}dɯ^{33}dzi^{33}　衹剩一犬可站處

ただ一匹の犬が立てる所だけ残った

3652 gɯ^{44}du̱^{33}hi^{55}tɕ‘u^{33}bo^{33}　格都海曲山　　格都海曲[グォドゥーハイチウ]（グドゥヒチュ）山は

3653 tɕ‘u^{44}ma^{33}ta^{44}dɯ^{33}dzi^{33}　衹剩銀錠大

たった銀の塊りほどの大きさになった

3654 ʂɔ^{33}mu^{33}tɕi^{21}vu̱^{55}bo^{33}　紹母積烏山　　紹母積烏[シャオムージーウー]（ショムチヴ）山は

3655 ʂɔ^{44}ma^{33}hi^{55}dɯ^{33}dzi^{33}　衹剩漢人可站處[32]

ただ漢族の人が立てる所だけ残った

3656 ts‘ɿ̱^{33}ɤa^{33}mo^{44}gu̱^{21}dʑo^{44}　如此過後呢　　そののち

3657 ŋɯ^{33}t‘i^{55}ku^{33}ndzɿ^{33}ȵi^{33}　恩梯古茲呢　　恩梯古茲[エンティーグーズー]（グティクズ）は

3658 ʂɿ̱^{21}mu^{33}mu^{33}dʐɿ^{44}tɕo^{44}　七地之下方　　七地の下のほうには

3659 dzi^{33}du^{33}ȵi^{33}ma^{21}dʑo^{33}　已經無所剩

残る場所はほとんどなくなってしまったので

3660 no^{55}kɔ^{33}kɔ^{33}o^{44}di^{44}　“太過夥了”云　　「やりすぎた」と言って

3661 ma^{21}tsɿ^{33}lɿ^{33}li^{21}tsɿ^{33}　不派且來派　　派遣すべきでない者を派遣した

3662 mo^{21}k‘o^{33}a^{55}ȵa^{33}tsɿ^{33}　派慕魁阿研[33]　　慕魁阿研[ムークイアーイエン]（モコアニャ）を派遣した

3663 dzɿ^{33}ndzɿ^{33}la^{33}ta^{33}mu^{33}　打銅作犂彎　　銅を鍛えて鋤[すき]を作った

3664 xɯ^{33}ʂo^{33}li^{33}k‘o^{33}mu^{33}　鎔鐵製鏵口　　鉄を溶かして鋤の刃を作った

3665 dzɿ^{33}vi^{55}lɯ^{33}ŋgo^{33}mu^{33}　扛銅牽著牛　　銅を担[かつ]ぎ、牛を牽[ひ]き

3666 ʂɿ^{33}ni^{33}ʂɿ̱^{33}gu̱^{55}mu^{33}　背黃金犂架　　黄金の鋤を背負い

3667 lɯ^{33}nɔ^{33}ɔ^{33}du̱^{55}no^{21}　趕花頭黑牛　　きれいな頭の黒い牛を走らせ

3668 zɿ^{44}o^{33}ŋgu̱^{55}ɤa^{33}p‘i^{33}　水頭往上開　　川の源を上に向かって開き

3669 zɿ^{44}mu^{33}ts‘ɿ̱^{21}ɤa^{33}p‘i^{33}　水尾往下開　　川の出口を下に向かって開き

3670 zɿ^{33}dʑu̱^{55}no^{55}ɤa^{33}p‘i^{33}　水腰往側開　　川の中間を両側に向かって開いた

3671 mo^{21}k‘o^{33}a^{55}ȵa^{33}ȵi^{33}　慕魁阿研呢　　慕魁阿研《ムークイアーイエン》（モコアニャ）は

3672 mu^{33}fı̱^{55}tɕo^{44}ɣa^{33}hi^{33}　站立於北方　　北に立って

3673 dʐı^{33}dzı^{33}ʐı^{33}dʐu̱^{33}ti^{55}　製銅作水匣　　銅で水門を作り

3674 xɯ^{33}dzı^{33}ʐı^{33}dzi^{33}ts‘u̱^{33}　打鐵架水橋　　鉄を打って川に桟橋を架けたので

3675 t‘u̱^{33}lı^{33}ʐı^{33}ma^{2}ʐı^{33}　突而山上無水流[34]

突而《トゥーアル》（トゥル）山の上には水が無くなった

3676 mu^{44}k‘ɯ^{33}tɕo^{44}ɣa^{33}hi^{55}　站立於西方　　西に立って

3677 dʐı^{33}dzı^{33}ʐı^{33}dʐu̱^{33}ti^{55}　製銅作水匣　　銅で水門を作り

3678 xɯ^{33}dzı^{33}ʐı^{33}dzi^{33}ts‘u̱^{33}　打鐵架鐵橋　　鉄を打って川に桟橋を架けたので

3679 t‘u̱^{33}lı̱^{33}ʐı^{33}ma^{21}ʐı^{33}　突而山上無水流　　突而山の上には水が無くなった

3680 mu^{33}ɖo^{21}tɕo^{44}ɣa^{33}hi^{55}　站立於南方　　南に立って

3681 dɯ^{33}ndʐu̱^{33}p‘i^{33}ti^{55}　將地鎖來安[35]　　大地に鍵《かぎ》をつけて安定させ

3682 ʐı^{44}mu^{33}ts‘ı̱^{21}ɣa^{33}p‘i^{33}　水尾往下開　　川の出口を下に向かって開くと

3683 næ^{33}ʐı^{33}t‘i^{33}ɣa^{33}ŋga^{33}　大河往下流　　大河は下に向かって流れて行ったが

3684 lı̱^{33}ni^{33}ʐı^{440}zɯ^{33}ŋgɯ^{21}　分散爲小溪　　小さな川へと分かれてしまい

3685 lı̱^{33}tɕɔ^{33}ʂı^{33}vu̱^{55}ʐı̱^{33}　消失石板下　　岩盤の下で消滅した

3686 ts‘ı̱^{33}ɣa^{33}mo^{44}gu̱^{21}dʑu^{44}　如此之後呢　　そののち

3687 dʑu̱^{55}mu^{33}dʑu̱^{55}sı^{33}li^{33}　篤慕篤斯呢[36]　　篤慕篤斯《ドゥームードゥースー》（ジュムジュス）は

3688 ʂɯ^{33}mbo^{33}ʂɯ^{33}tʂı^{33}i^{55}　居於鐵櫃中　　鉄の物入れ櫃の中にいて

3689 ʐı^{33}lı̱^{33}ʐı^{33}vu̱^{55}tsi^{21}　被捲入水底　　水の底に巻き込まれ

3690 dʑu̱^{55}mu^{33}dʑu̱^{55}sı^{33}gi^{55}　篤慕篤斯絶　　篤慕篤斯は死んだ

3691 dʑu̱^{55}mu^{33}dʑu̱^{55}lı^{33}nɯ^{33}　篤慕篤爾呢　　篤慕篤爾《ドゥームードゥーアル》（ジュムジュル）は

3692 dzı^{33}mbo^{33}dzı^{33}tʂı^{33}i^{55}　居於銅櫃中　　銅の物入れ櫃の中にいて

3693 ʐı^{33}ȵo^{21}ʐı^{33}vu̱^{55}tsi^{21}　被捲入水底　　水の底に巻き込まれ

3694 dʑu̱^{55}mu^{33}dʑu̱^{55}lı^{33}gi^{55}　篤慕篤爾亡　　篤慕篤爾は死んだ

3695 dʑu̱^{55}mu^{33}vu^{44}vu^{33}nɯ^{33}　篤慕吾吾呢　　篤慕吾吾《ドゥームーウーウー》（ジュムヴヴ）は

3696 sı̱^{33}mbo^{33}sı̱^{33}tʂı^{33}i^{55}　居於木櫃中　　木の物入れ櫃の中にいて

3697 ʐı^{33}no^{21}ʐı^{33}t‘o^{55}bu^{33}　漂於水面上　　水の上を漂い

3698 bu^{33}la^{33}t‘u^{33}lı̱^{33}bo^{44}o^{33}ndo^{21}　漂到突而山上頂上[37]

突而《トゥーアル》（トゥル）山の頂上に流れ着いた

■兄妹始祖神話に向かわない洪水神話

アジアの洪水神話では、兄と妹の二人だけが生き残るとするものが一般的だが、ここでは生き残ったのは三人兄弟の末弟一人だとしている。ペー族の「創世紀（記）」では、洪水のあとに生き残ったのは盤古と盤生という二人兄弟だと語る。洪水神話にもいくつかの変化形があったと考えるべきであろう。

■末っ子が生き残る観念の共通性

生き残ったのが三人兄弟の末弟（篤慕吾吾（ジュムヴヴ））一人だとしていることでもわかるように、末の息子や末の娘が重視される観念は、「勒俄特依（ネウォテイ）」の全体において顕著である。18[鎧と兜の祭祀]でも、普夥（プホ）の三人の子のうちで、生き残ったのは末っ子の普夥吉咪（プホジミ）だけである。実態としても、涼山イ族は末っ子が家に残り、財産権、戸主権を継承する。こういった末子相続制は、イ族に限らず中国西・南部少数民族には一般的である。

『古事記』でも、ウガヤフキアヘズとタマヨリビメのあいだに生まれた、イツセ、イナヒ、ミケヌ、ワカミケヌ四兄弟のうちで、イナヒとミケヌは早くに「他界」へ行き、イツセは戦死というわけで、地上で活躍して初代の王になったのは末っ子のワカミケヌ（神武天皇）だけである。

注

① 曲普爲“六祖”之義、即彝族的六箇祖先。據貴州彝文典籍記載、彝族六祖爲篤慕六子、慕雅切和慕雅考最大、爲彝族武、乍兩部之祖、慕雅臥和慕雅熱次之、爲今居於涼山的候涅、合即古候、曲涅兩部之祖、慕克克和慕齊齊最小、爲彝族布、默兩部之祖。涼山彝族的文獻中記載了有六祖那麼一箇時代、但具體情況不很清楚、各種文本中所載不盡相同、故関於六祖的認識比較混亂、我們可以在後文中進一步見到這種情況。另、六祖在涼山經常稱爲“曲布”、爲“曲普”的變音。

曲普（チョブ）は「六祖」つまりイ族の六人の先祖を意味する。貴州省のイ族文献によると、イ族の六人の先祖は曲普篤慕（チョブジュム）の六人の子のことであり、一番上は慕雅切（ムアチ）と慕雅考（ムアコ）で、イ族の武（ヴォ）、乍（ジャ）という二つの部族の先祖である。次の子は慕雅臥（ムアヴ）と慕雅熱（ムアジ）であり、いま涼山に住む候（ホ）、涅（ニ）、すなわち古候（グホ）、曲涅（チョニ）という二つの部族の先祖である。末っ子は慕克克（ムクク）と慕斉斉（ムチチ）であり、イ族の布（ブ）、默（モ）という二つの部族の先祖である。涼山のイ族文献には六人の先祖を一時代とする記載があるが、文献によって違いもあるので、六人の先祖に対する具体的な認識には混乱があり、詳しくはわからない。このような状態はのちの句にも見られる。また、六祖は涼山では普通「曲布（チョブ）」と称されており、それは「曲普（チョブ）」の訛ったものである。

② 以上列擧曲普六部、大部分文本中没有此記載、又與貴州記載的在名字上相異、故不一定準確、僅作參考。

上に列挙した曲普（チョブ）六部族はほとんどの文献に記載されていないし、貴州省の文献にある名前とも違っているので、必ずしも正確とは言えないが、ただ参考までに記載した。

③ 瓦板指闢木成板、用以蓋屋的木板。

瓦の板は木を割って作った板で、屋根を葺くための木の板である。

④ 以上所記六部也是無具體所指、難以相信。另外、按貴州彝文典籍的記載、篤慕生六子纔爲六祖、這裡反而將篤慕作爲六祖之一、顯然也是不正確。又據一些文本的記載、以上所列“以……爲業而亡”等諸部乃爲篤慕之子、並認爲應該是篤慕九子、以上所列六部絶亡、僅剩三箇卽爲涼山所謂的篤慕三子、関於篤慕三子的情況詳見後文。

以上の六部族は、具体的には何も指していないので信頼しがたい。また、貴州省のイ族文献には、篤慕（ジュム）が産んだ六人の子供は六つの部族の先祖になったとあるが、ここでは篤慕（ジュム）も六人の先祖の一人になっていて、これも明らかに不正確である。またある文献によると、以上の「……を生業としたが死んだ」という諸部族は篤慕（ジュム）の九人の子であるべきで、以上の六つの部族が絶えたあと、涼山に伝えられている「篤慕（ジュム）の三人の子」が生き残ったのである。「篤慕（ジュム）の三人の子」について詳しくは、のちの句に見える。

⑤ 俄其妮張、女子名。

俄其妮張（ウォチュニジャ）は女子の名。

⑥ 這裡的篤慕三子與貴州所謂篤慕六子相矛盾。

ここでの曲普篤慕（チョブジュム）の三人の子と貴州省の文献にある「篤慕（ジュム）の六人の子」とは矛盾している。

⑦ 孜孜濮烏爲彝族未分支前的居住地名、據考在今雲南會澤和昭通之間一帶。下句中的阿趕乃拖可能在今貴州威寧一帶。

孜孜濮烏（ズズプヴ）はイ族がいくつかの部族に分かれる前に住んでいた場所の地名であり、調査によるとそこは、今の雲南省の会沢と昭通のあいだの一帯である。次の句の阿趕乃拖（アガレト）はおそらく今の貴州省の威寧あたりであろう。

⑧ 指長著猪頭的黑人。

豚の頭を持っている黒い人という意味。

⑨ 龍頭山卽今涼山美姑的最高峰。

龍頭山は今の涼山美姑の最も高い山である。

⑩ 有一種説法是派了羊頭白人。

また一説では、羊の頭を持った白い人だとも言う。

⑪ 無論是誰偸了都應由你們負責。

だれが盗んだとしてもお前たちに責任がある、という意味。

⑫ 彝族有一種刻木爲盟的儀式。

イ族には、木を刻んで誓いを立てる儀礼がある。

⑬ 指分出有理者和無理者、偸則爲黑、未偸爲白。這句前後的幾句話是在描述某種神判儀式的過程。

正しい者と正しくない者とを分別し、盗んだ人は黒、盗まなかった人は白とする。このあたりの句は、ある種の神判の儀礼の様子を描いている。

⑭ 指受到懷疑而不潔、既已分出是非就除掉不潔的汚穢了。

疑われて穢れたが、その是非が明らかになったことでその穢れは除かれたという意味。

⑮ 烏鴉鳴叫表示有預兆。

烏の啼き声はなにかの予兆である。

⑯ 百解経是一種可以解釋各種疑難問題的經書。

百解経は、さまざまな難問を解くことができる経書である。

⑰ 阿乍爲牛的名字。

阿乍(アジャ)は牛の名前である。

⑱ 母吉史、音譯。可能指隕落的金屬。

母吉史(ムジシュ)は音訳であり、おそらくは空から落下した隕石のような金属であろう。

⑲ 馬母接乃爲地名。

馬母接乃(マムジレ)は地名である。

⑳ 一些文本中則認爲用樺樹作犂架。

ある文献では、樺の木で鋤の柄を作ったとなっている。

㉑ 大部分文本中説三子皆拿著木棒去守田。

ほとんどの文献では、三人の子は皆木の棒を持って田畑を守ったとなっている。

㉒ 指將犂過的地翻過來復原。

鋤で耕した田畑の土が元の状態に戻ってしまったという意味。

㉓ 在這一段之中、有的文本中並沒有説阿趕研苦氏、祇説有一箇白髮蒼蒼的老者前來、帶著野猪和仙女。有些文本中則説有一箇叫乍補俄爾的人前來、這人長著鐵角、帶著銅帽、披著鐵簑衣、帶著銅棒來翻地。在一些文本中、白鶴被一種叫斯爾的鳥代替。

この一段について、ある文献では阿趕研苦(アガザク)はいなくて、ただ白髪の老人が猪と仙女と共にやって来たとあるだけである。またある文献では、乍補俄爾(ジャブウォル)という人が来て、頭に鉄の角を付け、銅の帽子を被り、鉄の蓑を着て、銅の棒で土をひっくり返したとある。またある文献では、白い鶴の代わりに斯爾(スル)という鳥が出ている。

㉔ 有些文本中説發話者爲仙鶴。

ある文献では、発言者は神の鶴になっている。

㉕ 阿苦和下句阿趕皆爲人名。

阿苦(アク)と次の句の阿趕(アガ)はすべて人名である。

㉖ 這裡前後幾句指將重的東西裝在裡面、輕的放在外面。

ここの前後のいくつかの句は、重い物は内側に入れ、軽い物は外に置くという意味である。

㉗ 所謂衛猪和衛鶏、是指用猪和鶏來作特定的宗教儀禮後、鶏和猪不殺掉、反而好好的喂養、在鶏和猪的身上作上記號、則此猪和鶏既經畢摩作法、就會有一種護衛主人家人平安的能力、故稱衛鶏和衛猪。

お守りの豚とお守りの鶏というのは、豚と鶏で特定の宗教儀礼を行なったあと、その鶏と豚を殺さずに大事に飼育して、そのからだに印しをつけると、ビモが儀礼を行なったあとのその鶏と豚は、主人の家族の平安を守る力を持ったことになるので、お守りの豚とお守りの鶏と呼ぶのである。

㉘ 有些文本中則認爲是石櫃。另據一些文本記載、他們作的是床而不是櫃。

ある文献では、石の物入れ櫃である。また別の文献では、彼らが作ったのは寝台であり、物入れ櫃ではない。

㉙ 有些文本中描寫洪水氾濫時說："牛日天反常、虎日來鳴雷、兎日來下雨、馬日洪水氾、水流昇入天、羊日水獺老鼠喫松葉、猴日樹枝飛於天、鶏日抱蛋二十一日、鶏仔出殼了、洪水就退潮"。有的則說"羊日亂成一團、猴日水面昇入天"。又有的說"恩梯古茲家、牛日虎日呢、驅四箇神猪、拱開四箇大海、海水來氾濫"。

ある文献では洪水の氾濫の描写は「丑の日に天気が異常になり、寅の日に雷が鳴り、卯の日に雨が降り、午の日に洪水が氾濫して水が天にまで昇って行き、未(ひつじ)の日にカワウソとネズミが松の葉を食べ、申(さる)の日に木の枝が空を飛び、酉(とり)の日に21日間抱いた卵から雛が孵り、ついに洪水が無くなった」となっている。別の文献は、「未の日に大きく乱れ、申の日に水面が天にまで届いた」としている。また別の文献では「恩梯古茲(グティクズ)が丑の日と寅の日に神聖な豚を四頭派遣し、(その四頭の豚が)四つの大きな海を掘ったので、海水があふれて洪水になった」となっている。

㉚ 平坦是指水面平坦、因爲水位太高、很少有冒出水面的東西。

「平ら」とは、水面が高すぎて、水面に出るものが滅多にないので、水面が平らに見えるという意味である。

㉛ 這裡列擧的某一座山名和這座山上剩下的一點一樣大的東西的名字間至少是有一箇諧音字的。如武則洛曲山這箇名之中"洛"就與戒指的彝音"洛瑪"之"洛"字諧音。

ここに例として挙げた山の名とその山の上に残った小さな物の名とは、少なくとも一つの文字の発音が同じか近い。たとえば武則洛曲(ヴァゼルチュ)山の「洛(ル)」は、指輪という意味のイ語「洛瑪(ルマ)」の「洛(ル)」と発音が同じである。

㉜ 以上山名是從不同文本中輯録下來的。

以上の山の名は、いくつかの別々の文献のものを(合わせて)収録した。

㉝ 慕魁阿研爲人名。

慕魁阿研(モコアニャ)は人名。

㉞ 這句或可理解作“宇宙無水流”。

この句は「宇宙には水が無くなった」と理解してもいいかもしれない。

㉟ 可能指在地門上安鎖。

大地の門に鍵を掛ける意であろう。

㊱ 篤斯爲篤慕長子名、下文篤爾爲次子名、吾吾幼子之名。

篤斯は曲普篤慕の長男の名で、のちの句の篤爾は次男、吾吾は末っ子の名である。

㊲ 有些文本中載爲漂到莫歐洛尼山。

ある文献では、漂って流れ着いたのは莫欧洛尼山だったとしている。

[洪水が氾濫する]

大昔、武正史爾が生まれ、史爾俄特が生まれ、俄特武勒が生まれ、武勒曲普が生まれた。武勒曲普は知識に富み、緻密に考えて、コノテガシワの山のコノテガシワの籤の筒を持ち、カシワの山のカシワの笠を被り、櫟の山のクヌギの笠を持ち、竹の山の竹の籤を持ち、祖先祭祀の黎姆儀礼を行ない、客にご馳走をした。曲普尼姿、尼革という二つの部族は東に住み、匹尼、阿張という二つの部族になった。曲普都斯、都爾という二つの部族は西に住み、以車、瓦利という二つの部族になった。曲普阿子、阿外という二つの部族は南に住み、烏斯、烏来という二つの部族になった。一説には曲普には六人の子が生まれた。生業は、一人は瓦の板を割ること、一人は竹細工、一人は蕨取り、一人は蜂捕り、一人は狩猟、一人は魚捕りだったが、皆死んで、生き残ったのは曲普篤慕だけだった。曲普篤慕は髷が曲がっていて長く、ズボンの裾が地に垂れ、十層にもなる黒いフェルトのマントを掛け、威風堂々と勇壮であった。俄其妮張を嫁にして、三人の子が生まれた。孜孜濮烏に住み、阿趕乃拖で耕した。

そののち、上界の恩梯古茲は、豚頭の黒い人を派遣して、下界へ租税を取りに行かせた。豚頭の黒い人は、頭が虎のごとく、身体が豹のごとく、腰が人間のごとく、足には鷂の爪が生えている、大きな爬虫類であった。杉林は不気味に暗く、崖はガラガラと崩れ、大きな川は涸れてしまった。曲普篤慕の三人の子は、奇怪な奴だと思い、殺して龍頭山に埋めた。七日から十三日経ったときに、恩梯古茲は、豚頭の黒い人が行ったきりで戻って来ないのはなぜだろうと思って、格俄を派遣し、格俄は閃散と阿爾を派遣した。閃散と阿爾は鷂に乗り上界から下界に着くと、華母底才山に向かって叫び、武則洛曲山、沙瑪瑪夥山に向かって叫んだ、「おれたちは上界の閃散と阿爾だ、豚頭の黒い人が下界へ税を取りに行ったきりで戻って来ない、下界の大きな山と深い谷よ、豚頭の黒い人をお前たちが隠したな」。大きな山と深い谷は、「隠したことはない、それは濡れ衣だ」と答えて、木を刻んで誓いを立て、黒と白を弁別する神判をしたあと、穢れを祓って清められた。武則洛曲山では、石も木も、鳥も獣も皆清められた。沙瑪瑪夥山は金色に輝き、華母底才山は木々がうっそうと茂った。

そののち、下界では一羽のカラスが飛び立ち、上界の恩梯古茲の家の柵の上で「カア、カア、カア」と三回啼いた。恩梯古茲は、物入れ櫃の蓋を開け、底を探って百解経を取り出すと、百解経には「イナゴを二匹捕らえてカラスに食べさせれば、カラスはやって来たわけを話し出すだろう」とあった。恩梯古茲がそのようにすると、カラスは「豚頭の黒い人が下界で曲普篤慕の三人の子に殺されて、龍頭山に埋められた」と言った。

恩梯古茲はそれを聞いて激怒したが、公正を期するため太陽を招き、裁定をするため月を招き、知恵に富んだ賢者も招いて王と臣下に訴えた、「下界の曲普篤慕の三人の子を許すことはできない」と。三人の子には、阿趕乃拖に田も畑もあったし、頭の禿げた奴僕も、牛も羊も、雌牛もいた。その雌牛は阿乍という黒い牛を産んだ。その黒い牛の角も蹄も尖っていて、目は湖水のごとく、眉は森林のごとく、前足は地を掘り、後ろ足は土埃りを上げた。水を飲むと九つの湖が涸れてしまい、草を食べると九つの地域の芝草が枯れてしまい、角を磨くと九本の堤が崩れてしまい、闘牛で戦うと九頭の牛が死んで転がった。

そののち、隕石のようなものが馬母接乃に落ち、牧人がそれを拾って持ち帰って王と家来に見せたが、王にも家来にもその正体はわからず、ビモにも普通の人にも見せたがわからなかった。職人に見せると、職人は知識に富み、手も器用だったので、鋤の刃を作り、コノテガシワで鋤の柄を作って杉の木を綴じ合わせた。鋤の頭を作って刃を付け、鋤の曲がり柄と楔を作り、竹の縄を鋤の縄にし、黄色い竹を牛の鞭にした。頭の禿げた奴僕は黒い牛を走らせて、阿趕乃拖の畑を耕した。しかし、耕した所は次の日には元に戻ってしまったので、奴僕は力を落として畑に姿を隠した。曲普篤慕の三人の子が捜しに来て奴僕を見つけると、奴僕は「鋤で耕した畑は次の日には元に戻ってしまった」と言った。三人の子の長男は長い矛（ほこ）を持って田畑の前を守り、次男は大きな刀を持って田畑の真ん中を守り、末っ子は短い棒を持って田畑の後ろを守った。夜が深くなったとき、恩梯古茲（グティクズ）が上界から阿趕研苦（アガザク）と、尾のない雌豚と、鶴と、神女の仙女を派遣した。阿趕研苦（アガザク）はコノテガシワの籤（ひご）入れ筒を背負い、カシワの笠を被（かぶ）り、金のマグワで土をひっくり返した。尾のない雌豚は土を鼻で突き上げ、神女の仙女は銅の箒で土を掃いて田畑を平らにし、鶴は銀のかぎ型の物を持って田畑に草の実を蒔いた。曲普篤慕（チョブジュム）の三人の子は一斉に立ち上がって捕まえに行った。鶴は山奥に駆け込み、雌豚は深い谷に駆け込み、仙女は空に飛び上がったが、阿趕研苦（アガザク）は年を取っていたので捕まってしまった。曲普篤慕（チョブジュム）の長男は彼を殺せと主張し、次男は彼を殴れと主張し、末っ子は田畑をひっくり返しに来た理由を尋ねるべきだと主張した。そこで彼に尋ねると、阿趕研苦（アガザク）は答えた、「曲普篤慕（チョブジュム）の三人の子よ、上界で恩梯古茲（グティクズ）は、豚頭の黒い人のために九つの海を切り開き、下界へ流したので、もう牧畜も耕作もする必要はない。丑（うし）の日と寅の日に雷が鳴り響き、卯の日に天気がどんよりとし、辰の日に龍の王が豪雨を降らせ、巳（み）の日に水がこんこんと流れ、午（うま）の日にはすべてが異常な状態になり、未（ひつじ）の日に洪水が大地に氾濫する。しかし、恩梯古茲（グティクズ）の家の王と二人の奴僕は共に莫欧洛尼山（モオルニャ）に立つだろう」と。そこで三人の子は「どうしたらいいだろう？」と聞くと、阿趕研苦（アガザク）は「長男は強い男だから丈夫な鉄の物入れ櫃（ひつ）を作り、その中で鉄の蓋（ふた）を被（かぶ）り、鉄の道具、農具を中に入れ、種と食料は外に置き、ヤギと綿羊を中に入れ、豚と鶏は外に置き、一番高い山の深い谷に住めばよい。次男は才知に優れた男だから質の良い銅の物入れ櫃を作り、その中で銅の蓋を被り、鉄の道具、農具を中に入れ、種と食料は外に置き、ヤギと綿羊を中に入れ、豚と鶏は外に置き、高い山の深い谷に住めばよい。末っ子はまぬけでのろまな男だから木の物入れ櫃を作り、その中で木の蓋を被り、鉄の道具、農具を外に置き、種と食料は中に入れ、ヤギと綿羊を外に置き、豚と鶏は中に入れ、一番高い山に住み、雌鶏（めんどり）が卵を抱いているとき物入れ櫃の蓋をしっかり閉め、雛が孵（かえ）ったとき物入れ櫃の蓋を開ければよい」と、こう言い終えると上界に昇って行った。

そののち、阿趕研苦（アガザク）が言ったとおりになった。丑の日に雷が鳴り、寅の日に雷が鳴り響き、卯の日に天気がどんよりとし、辰の日に龍の王が豪雨を降らせ、巳の日にはすでに水がこんこんと流れ、午の日にはすべてが異常な状態になり、未の日には洪水が大地に氾濫し、大地は洪水で覆われた。

そののち、恩梯古茲（グティクズ）はよくしゃべる者を派遣して、下界に巡察に行かせると、その報告では「下界では何の問題もなく、家屋は相変わらず白く、男は毛を打ってフェルトを作り、女は機織りをして着物を作っている。男の子は相変わらず弓の練習をし、矢で遊び、女の子は相変わらず着物を縫ったり、着てみたりしている。昼は雄鶏（おんどり）が相変わらず啼き、夜は犬が相変わらず吠えている」ということだった。

そこで恩梯古茲（グティクズ）は、黒いロバに乗って下界を視察に行った。流れの源も先も中間も平らなのが見えた。武則洛曲（ヴァゼルチュ）山は指輪ほどに小さくなり、華母底才（ホムティチ）山は挽き臼ほどに小さくなり、母夥巴了（ムホバニョ）山は馬小屋ほどに小さくなり、紹諾阿斜（ショノアジュ）山は狐ほどに小さくなり、沙瑪瑪夥（シャママホ）山は九人の兵士が立てる所だけ残り、阿茲達公（アズダコ）山は蕨（わらび）ほどに小さくなり、治爾治日（チュルチュズ）山は豹ほどに小さくなり、俄喫母欧（ウォチュムオ）山は馬の頭ほどに小さくなり、英母則母（イムジム）山は太鼓のばちほどに小さくなり、憲克母曲（セクムチュ）山は鎧兜ほどに小さくなり、母請勒海（ムチルヒ）山は一匹のノロジカが立てる所だけ残り、欧爾則維（オルジヴォ）山は雹（ひょう）ほどに小さくなり、英啊恩哈（イアグハ）山はトウモロコシほどに小さくなり、維格痴苦（ヴォクチュク）山はヤギほどに小さくなり、母熱紹夥（ムジショホ）山は一頭の馬が立てる所だけ残り、書祖瓦根（シュズヴァク）山は杉の木が立てる所だけ残り、黎母夥散（ニムホサ）山はイ族が立てる所だけ残り、西則塔古（シジタグ）山は松の実ほどに小さくなり、莫莫拉尼（モモラニ）山は一頭の虎が立てる所だけ残り、出曲張張（チュチュジャジャ）山は棘（とげ）の木の生える所だけ残り、阿布才洛（アブツェロ）山は一頭の鹿が立てる所だけ残り、母烏赫治（ムヴフジュ）山は一頭の豚が立てる所だけ残り、母克赫尼（ムクフニ）山は一匹の犬が立てる所だけ残り、格都海曲（グドゥヒチュ）山は銀の塊りほどに小さくなり、紹母積烏（ショムチヴ）山は漢族の人が立てる所だけ残った。

そののち、恩梯古茲（グティクズ）は、下界には残る場所がほとんどなくなってしまったので「やりすぎた」と言って、慕魁阿研（モコアニャ）を派遣した。慕魁阿研（モコアニャ）は、銅を鍛えて鋤（すき）を作り、鉄を溶かして鋤の刃を作り、銅を担（かつ）ぎ、牛を牽（ひ）き、黄金の鋤を背負い、頭の黒い牛を走らせ、川の源と出口と中間を開いた。慕魁阿研（モコアニャ）は、北と西で銅の水門を作り、鉄で川に桟橋を架けたので、突而（トゥル）山の上には水が無くなった。南では、大地に鍵（かぎ）をつけて安定させ、川の出口を下に向かって開くと、大河は下に向かって流れて行ったが、小さな川へと分かれてしまい、岩盤の下で消滅した。

そののち、長男の篤慕篤斯(ジュムジュス)は鉄の物入れ櫃の中にいて、水の底に巻き込まれて死んだ。篤慕篤爾(ジュムジュル)は銅の物入れ櫃の中にいて、水の底に巻き込まれて死んだ。篤慕吾吾(ジュムヴヴ)は木の物入れ櫃の中にいて水の上を漂い、突而(トゥル)山の頂上に流れ着いた。

15 ŋɯ33dʐɿ44ŋɯ33ȵa55fu̱33 [天地婚姻史]
[天と地の結婚の歴史]

3699 tsʻɿ33ɣa33mo44gu̱21dʑo44 如此過後呢 そののち
3700 dʑu̱55mu33vu44vu33ȵi33 篤慕吾吾氏 篤慕吾吾(ドゥームーウーウー)(ジュムヴヴ)は
3701 ʑæ33vu̱33ȵi21tsi33tsʻɿ44ȵi21dʑi21ko33nɯ33 抱蛋二十一天時
卵を二十一日間抱いたあと
3702 ʑæ33zɯ33tsɿ33di44tsɿ33 鶏仔出殻了 雛が孵(かえ)った
3703 tʂɿ44kʻɯ33pʻo21di21pʻo21 揭開木櫃蓋 木の物入れ櫃の蓋(ふた)を開け
3704 tʻu̱33l̠ɿ33bo44o33hi55 突而山頭立 突而(トゥーアル)(トゥル)山の頂上に立ったが
3705 ʂɿ33ndi55tu̱55ma21ɣɯ21 無處可站立 立っている場所が無くて
3706 vu44vu33a21lɯ21sɿ33 吾吾差點亡 吾吾(ウーウー)(ヴヴ)は危うく死にそうになった
3707 ma33ndʑi44sɿ33læ33gu̱33 竹根輓其足 竹の根がその足を引き止め
3708 ma33ndʑi44a21lɯ21mu33 竹根救其命 竹の根が吾吾(ウーウー)(ヴヴ)の命を救った
3709 lo55ndi55zi21ma21ɣɯ21 無處可攀手 手でよじ登れる場所が無くて
3710 vu44vu33a21lɯ21sɿ33 幾乎至死地 危うく死にそうになった
3711 zɿ33zɿ̠33lo55læ44ʑu̱33 魂草①輓其臂 魂草(たまくさ)がその腕を引き止め
3712 zɿ33zɿ̠33a21lɯ21mu33 魂草救其命 魂草が吾吾の命を救った
3713 tsʻɿ̠33hi33gu̱21dʑu44nɯ33 從如此以後呢 そののち
3714 ni21mu33zɿ̠33sɯ21li33 黎姆招魂時
(祖先祭祀の)黎姆(リームー)(ニム)儀礼を行なうとき
3715 zɿ33zɿ̠33ma33ndʑi44po21mu33ta33 魂草竹根不可缺②
魂草、竹の根は欠くべからざるものになった
3716 dʑu̱55mu33vu44vu33ȵi33 篤慕吾吾氏 篤慕吾吾は
3717 tʻu̱33l̠ɿ33bo33tʻo55ȵi33 座於突而山頂上 突而山の頂上に座り

3718 tʑo^{33}lo^{44}zɿ^{33}ndzi^{33}hɯ^{21}　轉而察水畔

（目を）転じて水のほとりを眺めたら

3719 zɿ^{44}sɪ^{33}sɪ^{33}mu^{33}dʑi^{21}　洪水近於涸　洪水が間もなく引いてしまった

3720 tʂɪ^{33}mo^{21}nɔ^{33}si^{33}ʂo^{33}　木櫃墨黑黑　木の物入れ櫃は真っ黒になり

3721 zɿ^{33}no^{21}zɿ^{33}ndzi^{33}ta^{33}　靠於水沿邊　水のほとりに寄りついた

3722 vu^{44}vu^{33}la^{33}tʂɪ^{33}p‘o^{21}　是來將櫃開　そこで物入れ櫃を開けて

3723 vɪ^{33}lo^{55}tʂɪ^{33}k‘ɯ^{33}p‘o^{21}　左手開櫃門　左手で物入れ櫃の扉を開けた

3724 ʑi^{33}lo^{55}tʂɪ^{33}xa^{55}ŋo^{33}　右手搯櫃底　右手で物入れ櫃の底を探り

3725 mo^{21}li^{33}ts‘ɪ̱^{21}lɔ^{33}ŋo^{33}　首先搯一下　まず探ってみたら

3726 vi^{21}zɯ^{33}ts‘ɪ̱^{21}p‘i^{33}ɣɯ^{21}　搯出一小斧　小さい斧を探り出した

3727 ɣa^{33}la^{33}ts‘ɪ̱^{21}lɔ^{33}ŋo^{33}　然後搯一下　また探ってみたら

3728 ʑi^{44}vu^{33}ts‘ɪ̱^{21}tsɪ̱^{33}ɣɯ^{21}　得一把煙桿　キセルを一本探り出した

3729 ɣa^{33}la^{33}ts‘ɪ̱^{21}lɔ^{33}ŋo^{33}　然後搯一下　また探ってみたら

3730 ndʑi^{33}tɕ‘u^{33}ts‘ɪ̱^{21}tɕi^{33}ɣɯ^{21}　得一桿矛槍　槍を一本探り出した

3731 tʂɪ^{33}ndzæ^{33}tɕa^{33}sɪ̱^{33}mu^{33}　燒櫃作柴火　物入れ櫃を薪にして焼こうとして

3732 lɪ^{33}zɪ̱^{55}lɪ^{33}zɪ̱^{55}fu̱^{33}　石與石摩擦　石と石をこすり合わせたが

3733 mu̱^{21}tu̱^{55}ko^{33}ma^{21}du̱^{33}　火種未産生　火種は出なかった

3734 xɯ^{33}zɪ̱^{55}lɪ̱^{33}zɪ̱^{55}fu̱^{33}　鐵與石摩擦　鉄と石をこすり合わせたら

3735 mu̱^{21}tu̱^{55}ko^{44}du̱^{33}la^{33}　火種得以出　火種が取り出せた

3736 zɪ̱^{21}du^{33}mu̱^{21}tu̱^{55}ts‘ɪ^{33}　乾草取火種　干し草で火種を取り

3737 a^{33}tʂa^{55}sɪ̱^{33}ku̱^{21}ŋgu̱^{33}　喜鵲撿細柴　鵲（かささぎ）は細い柴を拾い

3738 ʑi^{44}vu^{33}ŋgu̱^{33}la^{33}tɕa^{33}　撿煙桿來燒　キセルを拾って焼いた

3739 kɯ^{33}ȵa^{55}kɯ^{33}ʂɪ^{33}zɿ^{33}no^{21}la^{33}　九獸九獵浮水來

九種類の獣（けもの）が水に浮かんでやって来たので

3740 ts‘ɪ^{33}ts‘ɪ^{33}tɕ‘o^{21}mu^{31}ta^{33}　救之當朋友　それらを救い出して友達にした

3741 kɯ^{33}va^{55}kɯ^{33}ho^{33}zɿ^{33}si^{21}la^{33}　九禽九鳥浮水來

九種類の鳥が水に浮かんでやって来たので

3742 ts‘ɪ̱^{33}ts‘ɪ^{33}tɕ‘o^{21}mu^{33}ta^{33}　救出作爲伴　それらを救い出して連れにした

3743 bu^{33}ŋɯ^{33}li^{21}li^{21}zɿ^{33}si^{21}la^{33}　諸般蟲類浮水來

いろいろな虫が水に浮かんでやって来たので

3744 ts‘ɪ^{33}lo^{44}tɕ‘o^{21}mu^{33}ta^{33}　救出當朋友　救い出して友達にした

3745 a^{44}hæ^{33}zɿ^{33}si^{21}la^{33}　鼠被水沖來　ネズミが水に流されて来たので

3746 ts‘ɿ^{33}lo^{44}mu̱^{21}tu̱^{55}ko^{33}　救出來烤火　救い出して火に当たらせて暖めた

3747 bu^{33}ʂɿ^{33}zɿ^{33}si^{21}la^{33}　蛇被水沖來　蛇が水に流されて来たので

3748 ts‘ɿ^{33}lo^{44}mu̱^{21}tu̱^{55}ko^{33}　救出來烤火　救い出して火に当たらせて暖めた

3749 ɔ^{44}pa^{33}zɿ^{33}si^{21}la^{33}　蛙被水沖來　蛙が水に流されて来たので

3750 ts‘ɿ^{33}lo^{44}mu̱^{21}tu^{55}ko^{33}　救出來烤火　救い出して火に当たらせて暖めた

3751 a^{44}dʑi^{33}zɿ^{33}si^{21}la^{33}　烏鴉浮水來　カラスが水に浮かんでやって来たので

3752 ts‘ɿ^{33}lo^{44}mu̱^{21}tu̱^{55}ko^{33}　救出來烤火　救い出して火に当たらせて暖めた

3753 xo^{55}tɕi^{33}k‘æ^{33}lo^{44}a^{44}dʑi^{33}to^{21}　拔出喝吉草③來餵烏鴉

喝吉(フージー)（ホチ）草を抜いてカラスの餌にした

3754 a^{21}mu^{33}vu^{33}xa^{55}n̡i^{33}ʑi^{21}sɿ^{33}　如今還在鴉腸中

（だから喝吉草は）今でもカラスの腸の中にあるのだ

3755 dʑi^{21}ʑo^{33}zɿ^{33}si^{21}la^{33}　蜜蜂浮水來　蜜蜂が水に浮かんでやって来たので

3756 ts‘ɿ^{33}la^{33}mu̱^{21}tu^{55}ko^{33}　救出來烤火　救い出して火に当たらせて暖めた

3757 a^{33}tʂu^{55}zɿ^{33}si^{21}la^{33}　喜鵲浮水來　カササギが水に浮かんでやって来たので

3758 ts‘ɿ^{33}lo^{44}mu̱^{21}tu̱^{55}ko^{33}　救出來烤火④　救い出して火に当たらせて暖めた

3759 mu^{33}ku^{33}ʑi^{44}vu^{33}fu̱^{21}tʂa^{33}tɯ^{21}　冒出一股細如煙桿的青煙

キセルのように細く、青い煙が一筋立ち

3760 ʂɿ̱^{21}mu^{33}mu^{33}ha^{55}ʑu̱^{33}　昇入七地之上方

七地(しちじ)の上のほうに向かって立ち昇った

3761 ʂɿ̱^{21}mu^{33}mu^{33}ha^{55}nɯ^{33}　七地之上方　七地の上のほうで

3762 ŋɯ^{33}t‘i^{55}ku^{33}ndzɿ^{33}t‘u̱^{55}　恩梯古茲家　恩梯古茲(エンティーグーズー)（グティクズ）は

3763 ʂu̱^{21}pu^{33}zɯ^{44}dzi^{33}tsɿ^{33}　派一對錦鷄⑤　一対の錦鷄(にしきどり)を派遣した

3764 ŋɯ^{33}dzɿ^{44}hɯ^{21}zɿ^{33}ʂu^{44}　去下界察看　下界へ視察に行かせた

3765 tɕo^{33}lo^{44}ŋɯ^{33}n̡a^{55}t‘i^{33}　轉而報上界　転じて上界に報告した

3766 t‘u̱^{33}lɿ̱^{33}bo^{44}o^{33}tɕo^{44}　七地之下方　七地の下のほうでは

3767 mu^{33}ku^{33}ʑi^{44}vu^{33}fu^{21}tɕi^{33}du̱^{33}ʑi^{21}sɿ^{33}　尚冒一股煙桿細的煙

まだキセルのように細い煙が一筋立っていた

3768 ŋɯ^{33}t‘i^{55}ku^{33}ndzɿ^{33}nɯ^{33}　恩梯古茲呢　恩梯古茲は

3769 dʑu̱^{55}mu^{33}vu^{44}vu^{33}n̡i^{33}　篤慕吾吾氏　篤慕吾吾(ドゥームーウーウー)（ジュムヴヴ）を

3770 gi^{55}mu^{33}tsʻo^{33}ma^{21}ŋɯ^{33}　不可能絶亡　　滅ぼすことができないので

3771 pu̱^{33}la^{33}tsɿ^{44}zɯ^{33}sɔ^{33}ʑu̱^{33}tsɿ^{33}　轉而派三箇使者　　使者を三人派遣して

3772 vu^{44}vu^{33}ʑu^{33}li^{33}ʂu^{44}　去捉拿吾吾[6]　　吾吾(ウーウー)（ヴヴ）を捕らえに行かせた

3773 dʑu̱^{55}mu^{33}vu^{44}vu^{33}ȵi^{33}　篤慕吾吾呢　　篤慕吾吾には

3774 tʂɿ̱^{55}dzɿ^{33}tʂʻɿ̱^{55}bu̱^{33}nɔ^{44}ma^{33}dzi^{33}　還剰一隻黒色公山羊

まだ一頭の黒い雄(おす)ヤギが残っており

3775 vi^{33}dzi^{33}vi^{55}mo^{21}a^{33}ʂɿ^{33}dzi^{33}　還剰一隻黄色老母猪

まだ一頭の年取った黄色い雌(めす)豚が残っていたので

3776 vi^{55}mo^{21}a^{33}ʂɿ^{33}si^{55}　殺黄色母猪　　黄色い雌豚を殺して

3777 tsɿ^{44}zɯ^{33}sɔ^{33}ʑɔ^{33}tʂa^{33}　宴請三使者　　三人の使者にご馳走した

3778 tʂʻɿ̱^{55}bu̱^{33}nɔ^{44}ma^{33}ʑu^{33}　捉黒色山羊　　黒いヤギを捕らえて

3779 tsɿ^{44}zɯ^{33}sɔ^{33}ʑɔ^{33}bɿ̱^{21}　送給三使者[7]　　三人の使者に贈り

3780 ŋɯ^{33}ȵa^{55}ndzɿ^{33}a^{21}mu^{33}　“上界君王女　　「上界の王女よ

3781 ŋɯ^{33}dʐɿ^{44}lɿ^{33}du^{33}dʑi^{33}la^{33}lɿ^{33}　請求嫁到下界來[8]”

下界へ嫁に来てください」（と言った）

3782 ŋɯ^{33}tʻi^{55}ku^{33}ndzɿ^{33}ȵi^{33}　恩梯古茲呢　　恩梯古茲(エンティーグーズー)（グティクズ）は

3783 ŋɯ^{33}dʐɿ^{44}fu̱^{33}ma^{21}na^{33}　不願與下界爲婚

娘を下界に嫁に行かせたくなかった

3784 tsʻɿ̱^{33}ɣa^{33}mo^{44}gu̱^{21}dʑo^{44}　如此之後呢　　そののち

3785 dʑu̱^{55}mu^{33}vu^{44}vu^{33}ȵi^{33}　篤慕吾吾氏　　篤慕吾吾(ドゥームーウーウー)（ジュムヴヴ）は

3786 ŋɯ^{33}tʻi^{55}ku^{33}ndzɿ^{33}tʻu̱^{55}　恩梯古茲家　　恩梯古茲(エンティーグーズー)（グティクズ）に対して

3787 a^{21}ku̱^{33}dzɯ^{33}o^{44}di^{44}　讓人切齒焉　　歯ぎしりして口惜しがった

3788 pu̱^{33}la^{33}tɕʻo^{21}di^{21}to^{33}　轉而組織朋友們　　頭を切り換えて友達を集め

3789 sɿ^{33}ȵi^{33}ko^{33}ndi^{55}ndzi^{33}　一起來商議　　一緒に相談した

3790 lɿ^{33}mo^{44}tʻæ^{33}mo^{21}li^{33}　商議組長[9]呢　　相談の座長は

3791 zɯ^{33}zɿ^{33}a^{44}mu̱^{33}ŋɯ^{33}　爲阿母老大[10]

阿母(アームー)（アム：イ語で長男の意）蛙に決めた

3792 tɯ^{21}la^{33}tsʻɿ̱^{21}ndo^{21}tʻi^{33}　起而發一言　　（阿母(アム)蛙が）立ち上がって発言した

3793 a^{21}sɿ^{33}sɔ^{33}bu^{21}dʐɿ^{44}to^{33}dzu̱^{33}mo^{33}di^{44}　“未死的動物要團結起來

「まだ死んでない動物は団結しなければならない

3794 ʂɿ̱^{21}ʑu^{33}dʑu̱^{55}mu^{33}vu^{44}vu^{33}bɿ̱^{21}mo^{33}di^{44} 娶妻給篤慕吾吾焉

篤慕吾吾《ドゥームーウーウー》（ジュムヴヴ）に嫁を娶《めと》ろう

3795 ho^{33}dʐʅ^{44}ho^{33}ȵa^{55}tɕo^{44} 上界與下界 上界と下界は

3796 po^{55}lo^{21}fu̱^{33}lo^{21}mu^{33}mo^{33}di^{44} 邊爭邊婚姻也焉[11]

一方では争い、一方では結婚の話を進めよう

3797 ndzɿ^{33}a^{21}mu^{33}ni^{44}tʻɔ^{33}ʑu^{33} 娶妮拖公主[12] “妮拖《ニートゥオ》（ニト）王女を嫁とし

3798 vu^{44}vu^{33}bɿ̱^{21}mo^{33}di^{44} 嫁篤慕吾吾云

篤慕吾吾の嫁にする”と（私は）言う

3799 ŋa^{44}li^{33}li^{33}ma^{21}to^{21} 吾無能上去 私は上界へ行けない

3800 li^{33}to^{44}la^{33}kɯ^{55}ko^{33} 若能去上界 もし上界へ行けるようなら

3801 ho^{33}ʂu^{33}lɯ^{33}fi^{33}to^{55}mo^{33}di^{44} 使其牛馬邪亂焉[13]”

牛や馬に災いをもたらすぞ」

3802 a^{44}hæ^{33}di^{21}ko^{33}nɯ^{33} 老鼠發一言 ネズミが（次のように）言った

3803 ŋa^{44}li^{33}li^{33}ma^{21}to^{21} “我不能上去 「私は上界へ行けない

3804 li^{33}to^{44}la^{33}kɯ^{55}ko^{33} 若能上去妮 もし上界へ行けるようなら

3805 ha^{33}tʻi^{33}tʻɯ^{21}zɿ^{33}ndzɿ̱^{55}mo^{33}di^{44} 將其百解經來咬[14]”

そこの百解経を齧《かじ》るぞ」

3806 bu^{33}ʂɿ^{33}di^{21}ko^{33}nɯ^{33} 蛇也發一言 蛇が（次のように）言った

3807 ŋa^{44}li^{33}li^{33}ma^{21}to^{21} “我不能上去 「私は上界へ行けない

3808 li^{33}to^{44}la^{33}kɯ^{55}ko^{33} 若能上去妮 もし上界へ行けるようなら

3809 zɯ^{33}ti^{33}tʻu̱^{33}mo^{33}di^{44} 將其獨子咬[15]” 彼（恩梯古茲《グティクズ》）の一人っ子を咬むぞ」

3810 dʑi^{21}ʑo^{33}di^{21}ko^{33}nɯ^{33} 蜜蜂發一言 蜜蜂が（次のように）言った

3811 i^{44}li^{33}li^{33}ma^{21}to^{21} “我也去不了 「私も行けない

3812 li^{33}to^{44}la^{33}kɯ^{55}ko^{33} 若能上去呢 もし上へ行けるようなら

3813 a^{21}mu^{33}ni^{44}tʻɔ^{33}tsʻɿ̱^{55}mo^{33}di^{44} 去蟄妮拖公主去”

行って妮拖《ニートゥオ》（ニト）王女を（刺して）冬眠させてしまうぞ」

3814 a^{44}dʑi^{33}hi^{21}ko^{33}nɯ^{33} 烏鴉發一言 カラスが（次のように）言った

3815 ŋa^{44}li^{33}li^{33}ma^{21}to^{21} “我也去不了 「私も行けない

3816 li^{33}to^{44}la^{33}kɯ^{55}ko^{33} 若能上去呢 もし上へ行けるようなら

3817 ho^{33}ŋgɯ^{33}lɯ^{33}ŋgɯ^{33}to^{55}mo^{33}di^{44} 使其牛馬生事焉[16]”

そこの牛や馬に悪いことが起きるようにするぞ」

3818 a^{33}tʂa^{55}di^{21}ko^{33}nɯ^{33}　喜鵲發一言　カササギが（次のように）言った
3819 ŋa^{44}li^{33}li^{35}ma^{21}to^{21}　“我也不能去　「私も行けない
3820 li^{33}to^{44}la^{33}kɯ^{55}ko^{33}　若能上去呢　もし上へ行けるようなら
3821 dza^{33}bu̠^{33}ȵi^{21}ma^{33}ȵi^{33}　讓其將粑粑⑰　そこの餅を
3822 ɖa^{44}du̠^{33}bo^{33}mi^{44}di^{44}　蒸過頭也焉”　蒸しすぎて駄目にさせてしまうぞ」
3823 ndzi^{33}lo^{44}ndzi^{33}dʑi^{21}vo^{44}　商議已定了　相談がまとまった

3824 ts'ɿ̠^{33}ɤa^{33}gu̠^{21}dʑu^{44}nɯ^{33}　如此過後呢　そののち
3825 si^{55}tsɿ̠^{55}si^{55}to^{21}mu^{33}　準備去戰鬥　戦いに行こうと準備した
3826 si^{55}ndʑi^{33}ma^{21}ɤɯ^{21}li^{33}　没有矛槍呢　矛や槍がなかったが
3827 dʑi^{21}ʑo^{33}pɿ^{21}dɯ^{21}lo^{44}　蜜蜂有矛槍　蜜蜂は矛と槍を持っていた
3828 ndzɿ̠^{55}su^{33}ma^{21}ɤɯ^{21}li^{33}　能去囓咬者　齧るほうは
3829 a^{44}hæ^{33}ŋgo^{33}dɯ^{21}lo^{44}　老鼠最厲害　ネズミが最も恐ろしかった
3830 t'u̠^{33}su^{33}ma^{21}ɤɯ^{21}li^{33}　能去咬傷者　咬むほうは
3831 bu^{33}ʂɿ^{33}ŋgo^{33}dɯ^{21}lo^{44}　毒蛇最厲害　毒ヘビが最も恐ろしかった
3832 du̠^{55}ts'ɿ^{33}ma^{21}ɤɯ^{21}li^{33}　没有毒藥呢　毒薬はなかったが
3833 bu^{33}ʂɿ^{33}pɿ^{21}dɯ^{21}lo^{44}　毒蛇有獨藥　毒ヘビだけは毒薬を持っていた
3834 su^{21}ts'ɿ^{33}ma^{21}ɤɯ^{21}li^{33}　没有激素呢　ホルモン剤はなかったが
3835 a^{44}dʑi^{33}sɿ̠^{21}dɯ^{21}lo^{44}　烏鴉識激素⑱
カラスはホルモン剤のことを知っていた
3836 k'a^{55}ts'ɿ^{33}ma^{21}ɤɯ^{21}li^{33}　没有解藥呢　解毒剤はなかったが
3837 a^{33}tʂa^{55}sɿ̠^{21}dɯ^{21}lo^{44}　喜鵲知解藥　カササギは解毒剤のことを知っていた
3838 dʑu̠^{55}mu^{33}vu^{44}vu^{33}ȵi^{33}　篤慕吾吾呢　篤慕吾吾（ドゥームーウーヴー）（ジュムヴヴ）は
3839 ma^{21}tsɿ^{33}lɿ^{33}li^{21}tsɿ^{33}　不派且來派　派遣すべきでない者を派遣した
3840 va^{55}nɔ^{33}tsɿ^{33}ʂu^{33}li^{33}　派一隻巨禽⑲　大きな鳥を一羽派遣した
3841 bu^{33}ʂɿ^{33}va^{55}nɔ^{33}ku^{21}li^{33}gu̠^{33}　蛇纏巨禽頸　蛇は大きな鳥の首に巻き付き
3842 a^{44}hæ^{33}va^{55}nɔ^{33}du^{44}tsu̠^{33}ȵæ^{33}　鼠夾禽翅間　ネズミは鳥の翼に挟まり
3843 dʑi^{21}ʑo^{33}va^{55}nɔ^{33}ʂu^{33}ko^{33}dʐɿ̠^{21}　蜜蜂掛於巨禽尾
蜜蜂は大きな鳥の尾に引っ掛かり
3844 nɯ^{33}li^{33}ŋa^{33}li^{33}mbu̠^{55}　爭先恐後地前往　先を争って前に進んだ
3845 pu^{33}di^{21}ŋɯ^{33}dʐɿ^{44}tɯ^{21}　“布”地來啓程　「布（ブー）（プ）」という場所を出発し

3846 xo^{33}di^{21}ŋɯ^{33}ȵa^{55}ʑi^{33}　“轟”然到上界　「どん」と音を立てて上界に着いた

3847 ha^{33}nɔ^{33}ʑi^{33}hi^{55}li^{33}　烏鴉去立屋　カラスは屋根に立ち

3848 a^{33}tʂa^{55}ʑi^{33}ndʐɿ̱^{55}li^{33}　喜鵲去纏屋[20]　カササギは屋敷の周りを飛び回り

3849 ɔ^{44}pa^{33}fi^{33}lɿ^{33}li^{33}　青蛙顯邪兆　蛙は凶兆を表わし

3850 bu^{33}ʂɿ^{33}lɿ̱^{33}bo^{21}i^{55}　毒蛇居石隙[21]　毒ヘビは石の隙間に棲(す)み

3851 a^{44}hæ^{33}ʑi^{33}vu̱^{55}ȵi^{33}　老鼠藏屋頂　ネズミは屋根に隠れ

3852 dʑi^{21}ʑo^{33}xa^{55}bo^{33}dʐɿ^{21}　蜜蜂掛裏屋　蜜蜂は奥の間に止(と)まった

3853 ŋɯ^{33}t‘i^{55}ku^{33}ndzɿ^{33}t‘u̱^{55}　恩梯古茲家　恩梯古茲(エンティーグーズー)（グティクズ）の所に

3854 ʂɿ̱^{21}mu^{33}mu^{33}dʐɿ^{44}tɕo^{44}　七地之下方　七地(しちじ)の下のほうから

3855 gu^{33}bi^{55}gu^{33}ndzu̱^{33}tɯ^{44}　九邪九恠起
邪悪で怪しげな者が九種類やって来た

3856 tʑo^{55}nɔ^{33}va^{33}ndʐɿ̱^{55}la^{33}　雄鷹來叼鷄　雄鷹は鶏をくわえ

3857 zɿ̱^{55}la^{55}ȵi^{33}ʑu^{33}la^{33}　虎狼來擊畜　虎と狼は家畜を食った

3858 a^{44}dʑi^{33}ʑi^{33}hi^{55}la^{33}　烏鴉來立屋　カラスは屋根に立ち

3859 a^{33}tʂa^{55}ʑi^{33}ndʐɿ̱^{55}la^{33}　喜鵲來纏屋　カササギは屋敷の周りを飛び回り

3860 ɔ^{44}pa^{33}ʑi^{33}ɕi^{33}la^{33}　青蛙進屋來　蛙は家の中に入り

3861 ʂu^{33}p‘a^{55}ku^{44}t‘u̱^{33}t‘u̱^{33}　邪父叫直直　邪悪な父は叫びつづけ

3862 ʂu^{33}mo^{21}dʑæ^{44}tɕ‘æ^{33}o^{44}di^{44}　恠母恠誕誕[22]　怪しげな母は奇怪だった

3863 ŋɯ^{33}t‘i^{55}ku^{33}ndzɿ^{33}ȵi^{33}　恩梯古茲呢　恩梯古茲は

3864 tʂɿ̱^{33}tʂɿ̱^{33}bɔ^{33}bɔ^{33}na^{33}　萎萎靡靡病　疲れ切って病み衰えた

3865 ȵi^{21}dʑo^{33}k‘ɯ^{55}ma^{21}na^{33}　白天難以忍至昏　昼間は夕方まで我慢できず

3866 k‘ɯ^{55}dʑo^{33}t‘i^{33}ma^{21}na^{33}　夜晚難以忍至曉[23]
夜には翌日の朝まで我慢できなかった

3867 t‘u^{44}mu^{33}tʂ‘ɿ^{21}li^{21}di^{44}　知其爲何否？　なぜそうなのかわかるか？

3868 ha^{33}t‘i^{33}t‘ɯ^{21}zɿ^{33}pi^{55}ta^{33}hɯ^{21}　要取百解經來看
百解経を手に取って読もうとしたら

3869 t‘ɯ^{21}zɿ^{33}a^{44}hæ^{33}ndzɿ̱^{55}　經書被鼠咬　経本はネズミに齧られていた

3870 ŋgo^{55}lo^{21}t‘i^{55}ta^{33}ka^{33}　是來将鼠打　そこでネズミを殴ろうとしたら

3871 hæ^{33}p‘o^{33}lɿ̱^{33}dʑu̱^{33}vu^{33} 鼠逃入石隙　ネズミは石の隙間に逃げ込んだので

3872 ŋgo^{55}no^{21}lɿ̱^{33}dʑu̱^{33}ɕi^{33}　追到石隙旁　石の隙間まで追って行ったら

3873 ndzɿ^{33}lo^{55}bu^{33}ʂɿ^{33}t‘u̱^{33}　手被毒蛇咬[24]　手を毒ヘビに咬まれた

3874 ʑi^{33}vu̠^{55}ni^{21}dʑu^{21}ȵi^{33}　屋頂祖靈牌　　屋根の先祖の位牌も

3875 a^{44}hæ^{33}ndzɿ̠^{55}dɯ^{21}lo^{44}　也被鼠咬壞[25]　　ネズミに齧られて壊れてしまった

3876 ndzɿ^{33}a^{21}mu^{33}ni^{44}t'ɔ^{33}ȵi^{33}　妮拖公主呢　　妮拖（ニートゥオ）（ニト）王女も

3877 dʑi^{21}ʑo^{33}ts'ɿ̠^{55}ko^{33}ti^{55}　也被蜜蜂蟄

蜜蜂に（刺されて）冬眠させられてしまった

3878 ŋɯ^{33}t'i^{55}ku^{33}ndzɿ^{33}t'u̠^{55}　恩梯古茲家　　恩梯古茲（エンティーグーズー）（グティクズ）は

3879 na^{33}vi^{33}bɿ^{21}li^{33}hi^{33}　受憂得病後　　苦しめられて病気になったあと

3880 pi^{33}no^{21}pi^{33}n̥a^{33}li^{33}　請教畢摩去　　ビモに教えを請いに行った

3881 ho^{33}pi^{33}ʂɿ^{33}tsu^{33}n̥a^{33}　請教於昊畢史楚[26]

昊畢史楚（ハオビーシーチュー）（ホピシュツ）に教えを請うた

3882 ho^{33}pi^{33}ʂɿ^{33}tsu^{33}ȵi^{33}　昊畢史楚呢　　昊畢史楚は

3883 vɿ^{33}lo^{55}tʂɿ^{33}k'ɯ^{3}p'o^{21}　左手開櫃門　　左手で物入れ櫃の扉を開け

3884 ʑi^{33}lo^{55}tʂɿ^{33}xa^{55}ŋo^{33}　右手掐櫃底　　右手で物入れ櫃の底を探った

3885 t'ɯ^{21}zɿ^{33}ʂɯ^{33}dɿ̠^{55}pi^{55}　取出經書袋　　経本入れの袋を取り出し

3886 tʂɿ^{33}la^{33}kæ^{44}dɯ^{33}mu^{33}　邊看邊解釋　　読みながら(次のように)解釈した

3887 na^{33}vi^{33}bɿ^{21}su^{33}li^{33}　"讓你得病者　　「あなたを病気にしたのは

3888 ʂɿ̠^{21}mu^{33}mu^{33}dʐɿ^{44}tɕo^{44}　七地之下方　　七地の下のほうにいる

3889 dʑu̠^{55}mu^{33}vu^{44}vu^{33}ŋɯ^{33}ʑi^{21}di^{44}　篤慕吾吾焉

篤慕吾吾（ドゥームーウーウー）（ジュムヴヴ）である

3890 sɿ̠^{21}lɿ^{33}ts'i^{33}ȵi^{44}ɕi^{33}　知識十二類[27]　　知識には十二種類あり

3891 ŋɯ^{33}dʐɿ^{44}vu^{44}vu^{33}ʂɿ̠^{21}　下界吾吾知　　下界の吾吾（ウーウー）（ヴヴ）は知っている

3892 na^{33}ts'ɿ^{33}ts'i^{33}ȵi^{44}ɕi^{33}　藥物十二類　　薬には十二種類あり

3893 vu^{44}vu^{33}n̥a^{33}li^{33}di^{44}　去問吾吾去"　　行って吾吾に聞きなさい」

3894 ŋɯ^{33}t'i^{55}ku^{33}ndzɿ^{33}ȵi^{33}　恩梯古茲呢　　恩梯古茲は

3895 kɯ^{33}ndzɿ^{33}kɯ^{21}ɣo^{33}tsɿ^{33}　古茲派格俄

古茲（グーズー）（恩梯古茲（グティクズ））は格俄（グォウォ）（クウォ）を派遣し

3896 kɯ^{21}ɣo^{33}ʂa^{33}sa^{33}tsɿ^{33}　格俄派閃散　　格俄は閃散（シャンサン）（シャサ）を派遣し

3897 ʂa^{33}sa^{33}a^{21}lɿ^{33}tsɿ^{33}　閃散派阿爾　　閃散は阿爾（アーアル）（アル）を派遣して

3898 ŋɯ^{33}dʐɿ^{44}vu^{44}vu^{33}n̥a^{33}　請教吾吾去　　吾吾に教えを請うた

3899 vu^{44}vu^{33}di^{21}ko^{33}nɯ^{33}　篤慕吾吾呢　　篤慕吾吾は（言った）

3900 na^{33}vi^{33}bɿ̠^{21}ma^{21}ʂu̠^{55}o^{44}di^{44}　"致病之事記不清也焉"[28]

「（古茲を）病気にさせたことは忘れてしまっていた」

3901 ʂa^{33}sa^{33}a^{21}lɪ^{33}ȵi^{33}　閃散阿爾呢　　閃散と阿爾は

3902 ndzɪ^{33}t'u̠^{55}na^{33}ho^{55}sa^{33}ʑi^{44}nɯ^{33}　“若將君家病治好

「もしも王の病気を治せたら

3903 ndzɪ^{21}a^{21}mu^{33}ni^{44}t'ɔ^{33}bɪ^{21}ʑi^{21}di^{44}　要將妮拖公主下嫁焉”

妮拖（ニートゥオ）（ニト）王女と結婚させます」（と言った）

3904 dʑu̠^{44}mu^{33}vu^{44}vu^{33}ȵi^{33}　篤慕吾吾呢　　篤慕吾吾は

3905 du^{33}mu^{33}du^{33}ma^{21}ndi^{55}　又没有翅膀　　翼がないので

3906 ŋɯ^{33}ha^{55}li^{33}ma^{21}to^{21}o^{44}di^{44}　去不了上界云云　　上界に行けないと言った

3907 ŋɯ^{33}t'i^{55}ku^{33}udzɪ^{33}t'u̠^{55}　恩梯古茲家　　恩梯古茲（エンティーグーズー）（グティクズ）は

3908 dʐɪ^{33}la^{33}xɯ^{33}zi^{33}tu̠^{33}　架起銅鐵柱　　銅と鉄の柱を立て

3909 ʂɪ̠^{21}mu^{33}mu^{33}dʐɪ^{44}ts'u^{33}　通到下界去　　下界まで通らせた

3910 tʑ'u^{33}la^{33}ʂi^{33}ɕi^{33}ŋgo^{33}　金綫銀綫牽　　金の糸、銀の糸を繋（つな）いで

3911 ʂɪ̠^{21}mu^{33}mu^{33}dʐɪ^{44}tɕi^{21}　繫於兩界間[29]　　二つの世界を結びつけた

3912 dʑu̠^{55}mu^{33}vu^{44}vu^{33}ȵi^{33}　篤慕吾吾呢　　篤慕吾吾（ドゥームーウーウー）（ジュムヴヴ）は

3913 ŋɯ^{33}dʐɪ^{44}ŋɯ^{33}ȵa^{55}tɕi^{21}　往返於兩界　　二つの世界を行き来した

3914 bu̠^{55}ts'ɪ^{33}sɔ^{33}ɕi^{44}si^{21}　帶著三類藥　　三種類の薬を持ち

3915 li^{33}lo^{44}ndzɪ^{33}na^{33}ho^{55}　前去治君病　　王の病気を治しに行った

3916 mæ^{21}læ^{33}ts'ɪ̠^{21}ȵi^{21}nɯ^{33}　當先一日呢　　最初の一日は

3917 li^{33}ȵi^{44}k'a^{55}ts'ɪ^{33}ho^{55}　去時給好藥　　着いたときに、よく効く薬を与えた

3918 pu̠^{33}ȵi^{21}su^{21}ts'ɪ^{33}ho^{55}　歸時敷激素　　帰るときにはホルモン剤を塗った

3919 ɤa^{33}la^{33}ts'ɪ̠^{21}ȵɪ^{21}nɯ^{33}　然後一日呢　　その次の日には

3920 li^{33}ȵi^{21}su^{21}ts'ɪ^{33}ho^{55}　去時敷激素　　着いたときにはホルモン剤を塗り

3921 pu̠^{33}ȵi^{21}k'a^{55}ts'ɪ^{33}ho^{55}　歸時敷好藥　　帰るときには、よく効く薬を塗った

3922 bu^{33}ʂɪ^{33}t'u̠^{33}su^{33}nɯ^{33}　受蛇毒處呢　　毒ヘビに咬まれた所は

3923 lɯ^{33}ʂo^{33}si^{21}la^{33}ho^{55}　用麝香來治　　麝香（じゃこう）で治った

3924 dʑi^{21}ʑo^{33}ts'ɪ̠^{55}su^{33}nɯ^{33}　被蜂螫處呢

蜂に刺され（て冬眠させられ）た所は

3925 ɖɪ^{33}vo^{33}si^{21}la^{33}ho^{55}　續斷草來治　　続断草（ナベナ草）で治った

3926 ni^{21}dʑu^{21}hæ^{33}ndzɪ̠^{55}li^{33}　靈牌被咬者　　齧られた先祖の位牌には

3927 hæ^{33}tʂ'ɪ^{33}tʂ'ɪ^{21}li^{21}ʂɯ^{21}　抓一顆鼠糞　　ネズミの糞を一握り取り

3928 si^{21}la^{33}pi^{44}k‘ɯ^{33}zo^{21}　請畢摩施法　ビモに法事をしてもらい

3929 kɯ^{55}lo^{55}ŋga^{33}ɣa^{33}nɯ^{33}　請工匠製作　職人に作ってもらった

3930 ni^{21}dʑu^{21}hæ^{33}tʂ‘ɿ^{33}tso^{33}　鼠糞接斷靈[30]
ネズミの糞で、切断された霊を迎えた

3931 ndzɿ^{33}na^{33}t‘i^{55}ts^{33}sa^{33}　古茲於此癒　古茲はこれで病気が治った

3932 ŋɯ^{33}t‘i^{55}ku^{33}ndzɿ^{33}ȵi^{33}　恩梯古茲呢　恩梯古茲《エンティーグーズー》（グティクズ）は

3933 tɕ‘o^{55}mu^{33}tɕ‘o^{55}dzi^{21}dzi^{21}　陰謀詭計多　悪知恵に長《た》けていた

3934 na^{33}ŋgu^{44}sa^{33}ɣa^{33}nɯ^{33}　治好病之後　病気が治ったあと

3935 pu̠^{33}lo^{21}ts‘ɿ̠^{21}ndo^{21}t‘i^{33}　轉而發一言　約束を変えて(次のように)言った

3936 a^{21}mu^{33}a^{21}bɿ^{21}sɿ^{33}vo^{44}di^{44}　“女兒又不嫁”云云[31]
「娘を嫁に行かせない」と言った

3937 dʑu̠^{55}mu^{33}vu^{44}vu^{33}ȵi^{33}　篤慕吾吾呢　篤慕吾吾《ドゥームーウーウー》（ジュムヴヴ）は

3938 ŋo^{21}la^{33}tɕi^{44}dɯ^{33}mu^{33}　思前又想後　考えに考えた末に

3939 zɯ^{33}ʐɿ^{33}a^{44}mu^{35}tsɿ^{33}　派阿母老大　阿母《アームー》（アム）蛙を派遣して

3940 li^{33}lo^{44}su^{21}ts‘ɿ^{33}ho^{55}　前去敷激素　ホルモン剤を塗りに行かせた

3941 na^{33}lo^{44}kɔ^{33}lo^{21}ɕi^{33}　越病起厲害　病気がひどくなって

3942 ŋɯ^{33}t‘i^{55}ku^{33}ndzɿ^{33}ȵi^{33}　恩梯古茲呢　恩梯古茲は

3943 mu^{33}du^{33}ʂɯ^{21}ma^{21}ɣɯ^{21}　毫無辦法了　どうしようもなくなって

3944 pu̠^{33}lo^{21}ts‘ɿ̠^{21}ndo^{21}t‘i^{33}　轉而發一言　前言を翻して(次のように)言った

3945 a^{21}mu^{33}ni^{44}ʐɿ^{33}li^{33}　“大女兒呢　「長女には

3946 ni^{44}p‘u^{33}ʂɿ^{33}bɿ^{44}la^{33}　用金作聘禮[32]　金で結納の物を作りなさい

3947 ka^{55}ȵi^{33}ʂɿ^{33}ka^{55}mi^{44}　嫁粧也金裝　金の服を着せて嫁に行かせる

3948 a^{21}mu^{33}ni^{44}ɖæ^{33}li^{33}　二女兒呢　次女は

3949 ni^{33}p‘u^{33}tɕu^{33}bɿ^{21}la^{33}　用銀作聘禮　銀で結納の物を作りなさい

3950 ka^{55}ȵi^{33}tɕ‘u^{33}ka^{55}mi^{44}　嫁時穿銀裝　銀の服を着せて嫁に行かせる

3951 a^{21}mu^{33}ni^{33}ȵo^{21}li^{33}　小女兒呢　末の娘は

3952 kɯ^{44}ȵi^{33}kɯ^{33}mu^{33}ʑu̠^{33}　生得愚又蠢　生まれつき愚か者だから

3953 ni^{44}p‘u^{33}ȵi^{33}ma^{21}zo^{21}　不必給礼錢　結納の物は要らない

3954 ka^{55}ȵi^{33}mu̠^{21}p‘a^{33}ka^{33}mu^{33}di^{44}　嫁粧也穿麻布焉”
麻布を着せて嫁に行かせる」

3955 dʑu̠^{55}mu^{33}vu^{44}vu^{33}ȵi^{33}　篤慕吾吾呢　篤慕吾吾《ドゥームーウーウー》（ジュムヴヴ）は

3956 pu̠33la33a44mu̠33tsɪ33　轉而派阿母　また阿母（アームー）（アム）蛙を派遣し

3957 li33lo44k‘a55ts‘ɪ33ho55　前去敷好藥　よく効く薬を塗りに行かせた

3958 ŋɯ33t‘i55ku33ndzɪ33ȵi33　恩梯古茲呢　恩梯古茲は

3959 ȵi21nɯ33sa33li33lɯ33mo33lɿ̠55a21mu33　白天希望未解耕牛前就癒[33]

昼間は牛で耕すのが終わる前に治ってほしかった

3960 ʂɯ21tɯ21sa33lɪ33va55pu33ku33a21mu33　晨早但願鶏未鳴就癒

朝は鶏が啼（な）く前に治ってほしかった

3961 k‘ɯ55mo21sa33li33tʂɪ33dzu̠33ku33a21mu33　晩上但願星未出則癒

夜は星が出る前に治ってほしかった

3962 dʑu̠55mu33vu44vu33nɯ33　篤慕吾吾呢　篤慕吾吾は

3963 tɕ‘u33ʂɪ33ɣɯ21ma21to21　“不能得金銀　「金や銀がないので

3964 bɪ21ȵi33ni33ȵo44bɪ21　請將幼女嫁　末の娘を嫁にもらいたい

3965 ka55ȵi33mu̠21p‘a33ka55zo44di44　嫁粧穿麻布即可”

嫁入りの服は麻布にする」（と言った）

3966 t‘i55ta33ndzɪ33a21mu33ni44t‘ɔ33ʐu33　於此娶妮拖公主

このようにして妮拖（ニートゥオ）（ニト）王女を娶った

3967 dʐu̠55mu33vu44vu33bɪ21　嫁篤慕吾吾　篤慕吾吾の嫁になった

3968 tʂɿ̠55bu̠33lɯ21ho21mo33nɯ33tɕ‘æ33　山羊見血籐則跳[34]

ヤギは血藤という藤を見ると喜んで飛び跳ねた

3969 vi55bu33ga55ni33mo44nɯ33dzu̠33　猪仔見紅則發情[35]

子豚は赤い物を見ると発情した

3970 a21mu33sa55vu33mo44nɯ33zɿ33　女兒見丈夫則笑

娘は夫を見ると笑顔になった

3971 a21mu33sɔ33ʑɔ33su33　三箇女兒呢　三人の娘は

3972 ɔ33nɔ33ʂɿ̠21ɣa33la33　黒頭[36]嫁過來　（髪の毛が）黒い頭（の娘）が嫁に来た

3973 ŋga21nɔ33mo21t‘u̠21mu33　苦蕎作陪嫁

苦いソバを嫁入りの時に持って来て

3974 si21la33ŋɯ33dʂɪ44tɕ‘i21　撒蕎於下界　ソバを下界にばらまいたので

3975 ŋgɯ33dzu̠33sɔ33ha33p‘u44　蕎麦三百片　ソバは三百地域で生えた

3976 ŋga21nɔ33po21mu33ta33　苦蕎爲基本[37]　苦いソバは基本になる物であった

3977 o33tɕ‘u33tʂ‘ɯ33a33la33　白頭私奔來[38]

（髪の毛が）白い頭（の娘）は駆け落ちして来た

3978 ŋgɯ^{21}tʂʻɪ^{33}kʻu^{33}si^{44}la^{33}　偷了甜蕎來　　甘いソバを盗んで来た

3979 ɔ^{33}zu̱^{55}ba^{33}a^{33}la^{33}　花頭跟了來　　ごましお頭（の娘）も一緒に来た

3980 mu̱^{21}lɪ̱^{21}zu̱^{55}ba^{33}la^{33}　麻子隨著來　　麻の実も随いて来た

3981 vo^{21}lɪ^{21}kʻu^{33}si^{44}la^{33}　偷了菜子來[39]　　菜の花の種も盗んで来た

3982 ʂɪ̱^{21}la^{33}ɕi^{33}tsʻɪ̱^{21}ȵi^{21}　結婚的時候　　結婚式を行なったとき

3983 ȵi^{33}su^{33}ȵi^{33}dʐɯ^{33}bɪ^{44}　座者給座錢　　座っている人にはお礼のお金を出し

3984 hi^{55}su^{33}hi^{55}dza^{33}tʂa^{33}　站者給飯喫　　立っている人にはご飯を出した

3985 kɯ^{33}ȵa^{55}kɯ^{33}ʂɪ^{33}di^{33}ma^{21}tʂa^{33}　九獸九獵未得食

九種類の獣には食べ物がなかった

3986 kɯ^{33}va^{55}kɯ^{33}ho^{33}di^{33}ma^{21}ʂu̱^{55}　九禽九鳥被遺忘

九種類の鳥類は忘れられてしまった

3987 bu^{21}di^{33}bu^{21}ɖɪ^{21}dza^{33}ma^{21}tsʻɪ̱^{55}　諸般蟲類未得食

さまざまな虫にも食べ物がなかった

3988 fu̱^{33}dʐɯ^{33}bɪ^{21}ko^{33}nɯ^{33}　給禮錢之時　　お礼のお金を出すとき

3989 bu^{33}si^{55}dʐɯ^{33}ma^{21}bɪ^{21}　小蟲未得錢　　小さな虫はお金をもらえなかった

3990 fu̱^{33}dza^{33}tʂa^{33}ko^{33}nɯ^{33}　喫婚宴之時　　披露宴のとき

3991 bu^{21}vu̱^{55}dza^{33}ma^{21}tʂa^{33}　螞蟻未得食　　蟻にも食べ物がなかった

3992 bu^{33}si^{55}a^{21}ku̱^{33}dzɯ^{33}　小蟲很生氣　　小さな虫はとても怒った

3993 di^{21}bu^{33}di^{21}ɣa^{33}tʻu̱^{33}　挖埂又掘坎　　田の畦や畑の台地を掘った

3994 xɯ^{33}zi^{33}ʂɪ^{33}la^{33}tʻu̱^{33}　挖掘鐵柱基　　鉄の柱の根もとを掘った

3995 bu^{21}vu̱^{55}a^{21}ku̱^{33}dzɯ^{33}　螞蟻很生氣　　蟻はとても怒った

3996 bu̱^{21}vu̱^{55}dʐɪ^{33}ɕi^{33}pʻu^{33}　螞蟻解銅綫　　蟻は銅の糸をほどき

3997 bu̱^{21}di^{33}xɯ^{33}ʂɪ^{33}ku̱^{21}　蟲子掘柱足　　虫は柱の根もとを掘った

3998 tɕʻu^{33}la^{33}xɯ^{33}ʂɪ^{33}tʻi^{55}ta^{33}gæ^{33}　金綫銀綫於此斷

金の糸、銀の糸が断ち切られ

3999 dʐɪ^{33}la^{33}xɯ^{33}zi^{33}tʻi^{33}ta^{33}dʑɔ^{33}　銅柱鐵柱於此倒　　銅の柱、鉄の柱が倒れた

4000 ŋɯ^{33}dʐɪ^{44}ŋɯ^{33}ha^{55}tɕo^{44}　上界與下界　　上界と下界との

4001 fu̱^{33}ga^{33}tʻi^{55}ta^{33}gæ^{33}　婚姻於此斷　　婚姻関係が断ち切られた

4002 ts‘ɿ̱^{33}ɣa^{33}mo^{44}gu̱^{21}dʑo^{44}　如此過後呢　そののち

4003 dʑu̱^{55}mu^{33}vu^{44}vu^{33}ȵi^{33}　篤慕吾吾氏　篤慕吾吾（ドゥームーウーウー）（ジュムヴヴ）は

4004 ʂɿ̱^{21}ŋɯ^{33}sɔ^{33}ʑɔ^{33}su^{33}　帶著三箇妻　三人の妻を連れて

4005 ʂɿ̱^{21}lɿ̱^{55}ʂɿ̱^{21}la^{33}mu^{33}　帶來帶來兮　連れて、連れてやって来た

4006 dzɿ̱^{21}dzɿ̱^{21}p‘u̱^{21}vu̱^{55}dzu̱^{33}　帶到孜孜濮烏來居住[40]

孜孜濮烏（ズーズープーウー）（ズズプヴ）にたどり着いて、住み着いた

4007 ʂɿ̱^{21}ɕi^{33}sɔ^{33}k‘u̱^{55}dʑi^{21}ko^{33}nɯ^{33}　娶妻三年後　妻を娶って三年がたち

4008 zɯ^{33}kɯ^{33}sɔ^{33}ʑɔ^{33}ʑu̱^{33}　生三箇愚子[41]　愚かな子が三人生まれた

4009 dʑu̱^{55}mu^{33}vu^{44}vu^{33}t‘u^{44}　篤慕吾吾家　篤慕吾吾は

4010 va^{55}ŋɯ^{33}va^{55}li^{21}tsɿ^{33}　派一箇禽鳥　鳥を一羽派遣し

4011 ha^{33}nɔ^{33}ts‘ɿ̱^{21}li^{21}tsɿ^{33}　派一箇烏鴉　カラスを一羽派遣し

4012 ŋɯ^{33}ha^{55}n̥a^{33}li^{33}su^{44}　向上界請教[42]　上界に教えを請うた

4013 ha^{33}nɔ^{33}a^{44}dʑi^{33}ȵi^{33}　林間的烏鴉　林に棲むカラスは

4014 su^{33}ŋgo^{55}xɯ^{44}dzɿ^{33}xa^{55}ko^{33}tsi^{21}　被驅趕入黑鍋底

黒い鍋の底に追い払われたので

4015 a^{44}dʑi^{33}a^{21}mu^{33}nɔ^{33}ʑi^{21}sɿ^{33}　烏鴉如今仍烏黑[43]

カラスは今でも真っ黒なのだ

4016 ɣa^{33}la^{33}ʂɿ̱^{21}ɖɿ^{33}tsɿ^{33}　然後派斯爾[44]　それから斯爾（スーアル）（スル）鳥を派遣したが

4017 su^{33}ŋgo^{55}tæ^{44}pu̱^{33}læ^{33}vu̱^{55}ŋga^{33}　斯爾被驅到菜板

斯爾は俎板（まないた）の上に追い出されて

4018 mo^{21}pu^{21}ʂɯ^{33}ni^{33}zɿ̱^{55}　鳥啄染紅血　嘴（くちばし）が赤い血で染まったので

4019 a^{21}mu^{33}ni^{33}ʑi^{21}sɿ^{33}　現在仍紅色　今でも赤いのだ

4020 ɣa^{33}la^{33}a^{44}dʑu^{33}tsɿ^{33}　然後派狐狸　それから狐を派遣したが

4021 tæ^{21}sɿ̱^{55}tʂɿ̱^{21}la^{33}ndu̱^{21}　用杵棒來打　杵（きね）で殴られ

4022 a^{44}dʑu^{33}ndu̱^{21}ȵi^{55}gu̱^{33}　狐狸受擊變醜陋

狐は殴られて醜く変わってしまったので

4023 a^{21}mu^{33}gu̱^{33}ʑi^{21}sɿ^{33}　現在亦醜陋　今でも醜いのだ

4024 ɣa^{33}la^{33}a^{21}ɖɯ^{21}tsɿ^{33}　然後派兎子　それから兎を派遣したが

4025 ka^{44}ȵæ^{33}tʂɿ̱^{21}la^{33}ndu̱^{21}　用火鉗來擊　火ばさみで殴られ

4026 a^{21}ɖɯ^{21}ndu̱^{33}na^{33}bi^{33}　將兎鼻打缺　兎の鼻が削られたので

4027 a^{21}mu^{33}bi^{33}ʑi^{21}sɿ^{33}　現在亦缺鼻　今でも鼻が欠けているのだ

4028 ɣa^{33}la^{33}a^{33}tʂa^{55}tsɿ^{33}　然後派喜鵲　それから鵲(かささぎ)を派遣したが

4029 ts‘ɿ̱^{33}ŋgo^{55}dza^{33}mo^{21}gu̱^{21}　被驅趕入麵粉間　小麦粉の中に追い払われ

4030 a^{33}tʂa^{33}du^{33}dzi^{21}lo^{44}　喜鵲翅膀被染花
カササギの羽がきれいに染められたので

4031 a^{21}mu^{33}dzi^{21}ʑi^{21}sɿ^{33}　現在也花翅　羽が今もきれいなのだ

4032 ɣa^{33}la^{33}ʑi^{33}tɕ‘u^{44}tsɿ^{33}　然後派以曲[45]　それから以曲(イーチウ)（ジチュ）鳥を派遣した

4033 a^{44}p‘u^{33}ʑi^{33}tɕ‘u^{44}ȵi^{33}　以曲爺爺[46]呢　以曲爺さんは

4034 li^{33}lo^{44}ʑi^{33}tɕ‘u^{33}ndzɿ^{33}　穿過白屋隙[47]　白い部屋の隙間を通り抜け

4035 nɔ^{33}lo^{21}k‘ɔ^{33}bo^{21}ʂɿ^{33}ɣa^{33}i^{55}　隱藏竹籃中　竹籠の中に隠れ

4036 i^{55}mu^{33}i^{55}dʐo^{33}dʐo^{33}　隱藏且隱藏[48]　隠れ、また隠れた

4037 va^{55}pu^{33}dʐɿ̱^{33}di^{21}ku^{44}t‘ɯ^{33}nɯ^{33}　雄鷄鳴叫時　雄鶏(おんどり)が啼いたとき

4038 ku^{33}ndzɿ^{33}ʂɿ̱^{21}mo^{21}nɯ^{33}　古茲之妻子　古茲(グーズー)（恩梯古茲(グティクズ)）の妻は

4039 tɯ^{21}la^{33}ku^{33}ndzɿ^{33}n̥a^{33}　起來問古茲　古茲に尋ねた

4040 dʑi^{44}li^{33}nɯ^{33}dʑi^{44}dʑi^{33}　“你可知其因？
「あなたはその原因を知っているのか？

4041 dʑi^{44}li^{33}dʑi^{33}vo^{44}nɯ^{33}　若知其究竟
もしそのいきさつを知っているのなら

4042 ɕi^{44}mu^{33}ma^{21}t‘i^{33}di^{44}　爲何不告知”　なぜ教えてくれないのか」

4043 ku^{33}ndzɿ^{33}ts‘ɿ̱^{21}ndo^{21}t‘i^{33}　恩梯古茲說　恩梯古茲(エンティーグーズー)（グティクズ）は言った

4044 ni^{44}ʂa^{33}bu^{44}mu^{33}dʑo^{33}　“女苦在婆家　「娘は嫁ぎ先の家で苦しんでいる

4045 lo^{55}si^{33}va^{33}gu̱^{55}fu̱^{33}　指甲擦竹簸[49]　指の爪は竹の箕(み)で擦(こす)られて剝(む)けた

4046 dʑu̱^{55}mu^{33}vu^{44}vu^{33}t‘u̱^{55}　篤慕吾吾家　篤慕吾吾(ドゥームーウーウー)（ジュムヴヴ）は

4047 ma^{21}ȵo^{33}su^{33}ts‘ɿ̱^{33}mu^{33}　作了不該作之事　するべきでないことをした

4048 ma^{21}gɯ^{33}su^{33}ts‘ɿ̱^{33}mu^{33}　作了不應作之事　してはならないことをした

4049 ts‘ɿ̱^{33}la^{33}a^{21}mu^{33}tʂ‘ɯ^{33}　他來拐我女　私の娘を誘拐した

4050 lɿ^{21}ma^{33}ba^{33}ɣa^{33}tʂ‘ɯ^{33}　且將種子偸　また種も盗んだ

4051 vo^{21}lɿ^{21}di^{21}a^{33}tʂ‘ɯ^{33}　菜子被偸去　野菜の種を盗んだ

4052 ʂɿ̱^{21}mu^{33}mu^{33}dʐɿ^{44}tɕo^{44}　七地之下方　七地(しちじ)の下のほうでは

4053 vo^{21}pɿ̱^{21}lɿ̱^{33}pɿ̱^{21}li^{33}　菜葉生石塊[50]　野菜の葉から石の塊りが生まれた

4054 vo^{21}dzɯ^{33}zɿ^{33}dzɯ^{33}li^{33}　蘿蔔當草食　大根は草として食べた

4055 ŋgɯ^{21}tʂ‘ɯ^{33}di^{21}ɣa^{33}tʂ‘ɯ^{33}　苦蕎種也去　苦いソバを蒔いたが

4056 tɕʻi^{21}ȵi^{33}ʂa^{33}bu^{33}ŋgo^{55} 下種被蟲食 種は虫に食われてしまった

4057 dzu̠^{44}ȵi^{33}o^{33}tɕʻu^{33}tɕʻu^{33} 生生頭白白[51]

伸びると先が白くなり（白い花が咲き）

4058 zɿ̠^{55}ȵi^{33}tsʻo^{33}ɖa^{33}ŋgo^{55} 割時丟人魂 刈ると人間の魂が失われ

4059 dzɿ^{44}ȵi^{33}tsʻo^{33}mo^{33}tɕi^{33} 打則出人命[52]

ソバの実を取ろうとすると人間の命が消える

4060 dzɯ^{44}ȵi^{33}tʂo^{21}ma^{21}so^{55} 喫則不算糧 食べても食料にはならない

4061 mu̠^{21}lɿ̠^{21}ba^{33}ɣa^{33}tʂʻɯ^{33} 麻子跟了去 麻の実が（娘に）随いて行った

4062 ka^{33}dzu̠^{33}mu^{33}tɕɔ^{33}tɕɔ^{33} 稼穡一片片 一本一本取り入れをするが

4063 ka^{33}ŋɯ^{33}mu̠^{21}lɿ̠^{21}mu^{33} 麻子爲最孬 麻の実は最も悪い

4064 mu̠^{21}lɿ̠^{21}dza^{33}ma^{21}dʑi^{21} 麻子不成糧 麻の実は食料にならない

4065 ni^{33}lɿ̠^{55}bu^{44}mu^{33}tsʻɿ̠^{55} 放女到夫家 娘を婿の家に行かせ

4066 dʑi^{21}sa^{33}ma^{21}sa^{33}xo^{21} 管她苦或甜 彼女の生活が苦しくても楽でも

4067 ndzu̠^{33}la^{33}ʑæ^{33}zɿ^{33}di^{33} 心中恨他家 （私は)心のなかで彼を恨んでいる

4068 tsʻɿ^{44}li^{33}ma^{21}ŋɯ^{44}nɯ^{33} 若非如此呢 もしそうでなければ

4069 hi^{55}nɔ^{33}bo^{33}vu̠^{55}tɕo^{44} 黒雲山上去 黒雲山の上に行き

4070 ma^{21}ȵo^{21}sɔ^{33}da^{33}dzi^{55} 砍三節青竹 青い竹を三節切り

4071 sɔ^{33}da^{33}sɔ^{33}ga^{55}po^{33} 三節三處爆 三節の竹を三か所で弾けさせ

4072 zɯ^{33}kɯ^{33}sɔ^{33}ʑɔ^{33}kɯ^{33} 爆給三箇愚子聽

弾けさせて三人の愚かな子に聞かせ

4073 lɿ̠^{33}ni^{33}zɿ^{44}zɯ^{33}tɕo^{44} 石板水澗中 石板（スレート）で谷川の水を

4074 zɿ^{33}ŋɯ^{33}sɔ^{33}pu^{33}kʻi^{55} 舀來三桶水 桶三つ分の水を汲み

4075 zɿ^{33}ŋgɯ^{33}sɔ^{33}pʻu̠^{21}ŋgɯ^{33} 燒三鍋開水 鍋三つの湯を沸かし

4076 zɯ^{33}kɯ^{33}sɔ^{33}ʑɔ^{33}lo^{33}ʑi^{44}nɯ^{33} 燙於三箇愚子後

湯を三人の愚かな子に掛ければ

4077 mi^{21}ndo^{21}mi^{21}dzɿ̠^{55}la^{33}ʑi^{21}di^{44} 自己會説自己話”云云

自分で話せるようになる」と言った

4078 a^{44}pʻu^{33}ʑi^{33}tɕʻu^{44}ȵi^{33} 以曲爺爺呢 以曲（ジチュ）爺さんは

4079 ndo^{21}dʑi^{33}i^{33}gɯ^{33}vo^{44}ʑi^{21}di^{44} 聽到眞話云

（恩梯古茲が）本音を言ったのを聞いて

4080 bi^{55}la^{33}ka^{33}dzɿ^{44}ndo^{21} 出來到屋中 部屋の中に出て来た

4081 ŋɯ33t'i55ku33ndzɿ33ȵi33　恩梯古茲呢　恩梯古茲(エンティーグーズー)（グティクズ）は

4082 ŋgo55lo21t'i55ta33ʑu33　起來捉以曲

立ち上がって以曲鳥を捕らえようとした

4083 p'u̠21ʂu33ts'o33ʑu33tʂɿ̠33　尾毛被擼光

（以曲鳥(ジチュ)は）尻尾(しっぽ)の毛をすっかりむしり取られてしまったので

4084 a33ɖɯ44p'ɿ̠21ma21dzɿ33　古時有尾毛　昔は尻尾の毛があったのに

4085 a21mu33p'ɿ̠21dzɿ33lo44　如今無尾毛　今は尻尾の毛が無い

4086 p'o33lo44xɯ44dʐɿ33la21vu̠55ndzɿ33　逃過鍋底下　鍋の底に逃げたので

4087 a33ɖɯ44a33tɕ'u33su33　古時爲白鳥　昔は白い鳥だったのに

4088 a21mu33a44nɔ33lo44　如今也變黑　今は黒く変わってしまった

4089 a44p'u33ʑi33tɕ'u44ȵi33　以曲爺爺呢　以曲爺さんは

4090 pu̠33lo21ŋɯ33dzɿ44ɕi33　回到下界中　下界に戻り

4091 t'i33lo44vu44vu33kɯ33　告知於吾吾　吾吾(ウーウー)（篤慕吾吾(ジュムヴヴ)）に報告した

4092 dʑu̠55mu33vu44vu44ȵi33　篤慕吾吾呢　篤慕吾吾(ドゥームーウーウー)（ジュムヴヴ）は

4093 ts'ɿ̠33gɯ33lo44vɿ33hi33　聽到此言後　その報告を聞いたあと

4094 ȵi33gɯ33ȵi33mu33tɯ21　聞則卽起程　聞くとすぐ出発した

4095 hi55nɔ33bo44o33tɕo44　黑雲山上去　黒雲山の上に行き

4096 ma21ȵo21sɔ33da33dzi55　砍三節青竹　青い竹を三節(ふし)切り

4097 po33la33zɯ33kɯ33sɔ33ʑɔ33kɯ33　爆給三箇愚子聽

弾けさせて三人の愚かな子に聞かせ

4098 lɿ̠33ni33zɿ44zɯ33tɕo44　石板水澗中　石板で谷川の水を

4099 æ33tʂ'ɿ̠55sɔ33pu33k'i55　舀來三桶水　桶三つ分の水を汲み

4100 ŋgɯ33lo44zɯ33kɯ33sɔ33ʑɔ33lo33　燒開燙於三箇愚子身

沸かした湯を三人の愚かな子のからだに掛けると

4101 mi21læ33zɯ33zɿ33dzɿ̠55　首先長子來説話　まず長男が話せるようになり

4102 ɣo21dzɿ̠55ɣo21do21di44　“俄茲俄朶[53]”云

「俄茲俄朶(ウォズーウォドゥオ)（ウォズウォド）」と言った

4103 tʑ'æ33la33mo21t'u̠21i33tɕ'i44ȵi33　跳來座在門坎上

飛び上がって敷居に座り

4104 ba21tsɿ̠33mu44ku33ti33　双脚齊下跪　両足をそろえて跪(ひざまず)き

4105 o21dzu21p'u̠21p'o44dʑi21　成藏人之祖　チベット族の先祖になった

4106 ɣa^{33}la^{33}zɯ^{33}ɖæ^{33}dzɿ̱^{55}　然後次子來説話　次に次男が話せるようになり

4107 a^{44}tsɿ^{33}ki^{33}ʑi^{21}di^{44}　“阿子改一”云　「阿子改一(アーズーガイイー)（アツキジ）」と言った

4108 tɕʻæ^{33}la^{33}ma^{44}tɕɔ^{33}i^{33}tɕʻi^{44}ȵi^{33}　跳來座在竹蓆上[54]

飛び上がって竹の蓆(むしろ)に座り

4109 nɔ^{33}su^{33}pʻu̱^{21}pʻo^{44}dʑi^{21}　成彝人之祖　イ族の先祖になった

4110 ɣa^{33}la^{33}zɯ^{21}ȵo^{21}dzɿ̱^{55}　然後幼子來説話　次に末っ子が話せるようになり

4111 pi^{44}tsɿ^{33}li^{33}ki^{33}di^{44}　“比子利革”云　「比子利革(ビーズーリーグォ)（ピツリキ）」と言った

4112 tɕʻæ^{33}la^{33}ka^{55}lɿ̱^{21}o^{33}tsʻi^{44}ȵi^{33}　跳來座於鍋樁上[55]

飛び上がって囲炉裏(いろり)の石台に座り

4113 hæ^{33}ŋga^{55}pʻu^{21}pʻo^{44}dʑi^{21}　成漢人[56]之祖　漢族の先祖になった

4114 vu^{44}vu^{33}zɯ^{33}sɔ^{33}ȵi^{33}　吾吾三子呢　吾吾(ウーウー)（篤慕吾吾(ジュムヴヴ)）の三人の子は

4115 tʻi^{44}ȵi^{33}dzɿ^{33}ma^{21}sɿ̱^{21}　話語不相通　互いに言葉が通じなくて

4116 sɔ^{33}bu̱^{21}sɔ^{33}di^{44}go^{33}　三家各東西　三人はそれぞれ東西に別れて住んだ

4117 vu^{44}vu^{33}sɿ^{33}ʂa^{33}li^{33}o^{21}dzu^{21}　吾吾斯閃[57]爲藏族

吾吾斯閃(ウーウースーシャン)（ヴヴスシャ）はチベット族になった

4118 o^{21}dzu^{21}dʑu̱^{55}pʻu^{33}zɿ^{33}　藏人貴腰飾

チベット族は腰飾りを大事にしていた

4119 bɿ^{33}tɕi^{21}dʑu̱^{55}mu^{33}ndi^{55}　用帛作腰帶　絹織物で腰帯を作り

4120 sɿ̱^{33}kʻi^{33}mu^{33}sa^{55}tsu^{33}　木樁作柵欄　杭で柵を作り

4121 ho^{33}mu^{33}sɔ^{33}tso^{55}dzu^{33}　居於二半山　中くらいの山に住み着き

4122 kʻu^{44}li^{33}o^{21}dzu^{21}di^{44}　域内稱藏人　その地域内ではチベット族と言い

4123 hi^{44}li^{33}la^{33}ma^{33}di^{44}　域外稱喇嘛　その地域の外ではラマと言う

4124 o^{21}dzu^{21}gu^{33}vo^{21}mu^{33}　藏人分九片　チベット族は九つの支系に分かれ

4125 mu^{33}gu^{33}tæ^{33}ko^{33}dzu̱^{33}　居於九域中　九つの地域に住み着いた

4126 tʻi^{44}ȵi^{33}vo^{33}lo^{55}lo^{55}　據説有武羅羅

聞くところによると（部族は）、武羅羅(ウールオルオ)（ヴォロロ）

4127 vo^{33}si^{33}ʂɿ^{33}　武色史　武色史(ウースォシー)（ヴォシシュ）

4128 vo^{33}la^{33}ma^{33}　武喇嘛　武喇嘛(ウーラーマー)（ヴォラマ）

4129 vo^{33}pʻa^{33}pʻɿ̱^{33}　武帕匹　武帕匹(ウーパーピー)（ヴォパプ）

4130 vo^{33}di^{21}tʻɔ^{33}　武迪拖　武迪拖(ウーディートゥオ)（ヴォディト）

4131 vo^{33}di^{21}po^{33}　武迪本　武迪本(ウーディーベン)（ヴォディポ）

4132 vo^{33}tʂɿ^{33}dzɿ^{33}　武旨孜　武旨孜（ウーチーズー）（ヴォチュズ）

4133 vo^{33}tʂɿ^{33}ko^{33}　武旨拱　武旨拱（ウーチーゴン）（ヴォチュコ）

4134 vo^{33}dʐɿ^{33}dʐɿ^{33}　武紙紙　武紙紙（ウーチーチー）（ヴォジュジュ）

4135 vo^{33}bo^{33}du̠^{33}　武波都　武波都（ウーボードゥー）（ヴォボドゥ）

4136 vo^{33}tʻi^{55}ni^{21}　武梯尼　武梯尼（ウーティーニー）（ヴォティニ）

4137 vo^{33}a^{21}ndi^{21}　武阿地　武阿地（ウーアーディー）（ヴォアディ）

4138 vo^{33}tʻi^{33}ho^{33}　武挺夥　武挺夥（ウーティンフオ）（ヴォティホ）

4139 vo^{33}a^{21}ʂɿ^{33}　武阿史　武阿史（ウーアーシー）（ヴォアシュ）

4140 vo^{33}di^{21}ku^{33}　武迪古[58]　武迪古（ウーディーグー）（ヴォディク）がいるという

4141 vu^{44}vu^{33}ki^{55}tsɿ̠^{21}li^{33}nɔ^{33}su^{33}　吾吾格自乃彝族

吾吾格自（ウーウーグォズー）（ヴヴキツ）はイ族になった

4142 nɔ^{33}su^{33}o^{33}pʻu^{33}zɿ^{33}　彝人貴頭飾　イ族は頭飾りを大事にしていた

4143 ndzu^{21}ma^{33}ʂɿ^{44}kʻɔ^{33}vo^{55}　黄金飾髪髻　黄金を髻（まげ）の飾りにし

4144 zɿ̠^{33}bo^{33}mu^{33}sa^{55}tsu^{33}　草結作田界　草を結んで田の境界にし

4145 gu^{33}tsʻi^{44}gu^{33}ho^{33}dzu̠^{33}　居於高山上　高い山に住み着いた

4146 hi^{44}li^{33}a^{21}bu^{33}a^{21}lɿ^{33}di^{44}　域外阿布阿爾焉

その地域の外では阿布阿爾（アーブーアーアル）（アブアル）と称され

4147 kʻu^{44}li^{33}gu^{33}xo^{33}tɕʻo^{55}ni^{21}di^{44}　域内古候曲涅焉

その地域内では古候曲涅（グーホウチウニエ）（グホチョニ）と称された

4148 nɔ^{33}su^{33}tsʻɿ̠^{21}vo^{21}mu^{33}　彝族爲一片　イ族は一塊りになり

4149 mu^{33}tsʻɿ̠^{21}tæ^{33}ko^{33}dzu̠^{33}　居於一域中　一つの地域に住み着き

4150 vu^{44}vu^{33}la^{55}ʑi^{21}li^{33}hæ^{33}ŋga^{55}　吾吾拉一爲漢人

吾吾拉一（ウーウーラーイー）（ヴヴラジ）は漢族になった

4151 hæ^{33}ŋga^{55}ʂɿ^{33}pʻu^{33}zɿ^{33}　漢人貴足飾[59]　漢族は足飾りを大事にしていた

4152 ʂɿ^{33}ni^{33}tsɿ^{33}lɿ^{33}ti^{55}　足部掛金鈴　足に金の鈴を掛け

4153 lɿ̠^{33}bo^{21}mu^{33}sa^{55}tsu^{33}　壘石作田界　石を積んで田の境界にして

4154 dʑo^{21}dʑi^{21}kʻa^{33}ŋɯ^{33}tsʻɿ̠^{33}ɣɯ^{21}lo^{44}　所有平壩歸爲其所有[60]

平地はすべて自分たちのものにした

4155 hæ^{33}ŋga^{55}sɔ^{33}vo^{21}mu^{33}　漢人分三片　漢族は三つの塊りになり

4156 mu^{33}sɔ^{33}tæ^{33}ko^{33}dzu̠^{33}　居於三域中　三つの地域に住み着いた

4157 ʂɔ^{33}go^{33}tsʻi^{33}n̠i^{44}ɕi^{33}　漢人十二種[61]　漢族は十二の支系に分かれ

4158 ʂɔ^{33}tɕʻu^{33}ʂɔ^{33}nɔ^{33}lo^{44}　黑漢與白漢[62]　　黒い漢族と白い漢族があり

4159 ʂɔ^{33}dzu̠^{33}mu^{33}lɿ^{44}di^{21}ɣa^{33}pʻu̠^{55}　漢人居四面八方
漢族は四方八方に住み着いた

注

① 魂草是彝族擧行招魂儀禮時必備的一種草、這裡按彝語義將牠翻譯爲魂草以便理解、其實是指野麦冬草。

魂草はイ族が霊魂の呼び返し儀礼を行なうときに不可欠の草である。ここでは理解しやすくするためにイ語の意味によって魂草と訳したが、実はヤナギボウキのことである。

② 據説今彝族擧行超度祖靈大典時爲何必備竹根和魂草就是本於此。

今イ族が祖霊を済度する儀礼には竹根と魂草が不可欠だというが、それはここに由来する。

③ 喝吉草、喝吉爲音譯、到底指甚麼草不太清楚。

喝吉（ホチ）草の喝吉（ホチ）は音訳であるが、結局のところどういう草なのかははっきりしない。

④ 在一些文本中則認爲被水沖過來的動物是有先後順序的、而這種順序就是今十二生肖紀日法的起源。鼠被沖來的那天就是子日、牛被沖來那天爲丑日、以此類推至十二天。

ある文献では、水に流されてきた動物には順序があって、それは今の十二支紀日法の起源であると考えられている。ネズミが流されて来た日は子の日、牛が流されて来た日は丑の日である。これに準じて類推すれば十二日になる。

⑤ 有些文本中則説派一種叫斯諾谷谷的鳥。

ある文献には、斯諾谷谷（スノググ）という鳥が派遣されたとある。

⑥ 一些文本中記載：恩梯古茲説吾吾既已死裡逃生、那就請他到上界來、但吾吾不願前往。

ある文献によれば、篤慕吾吾（ジュムヴヴ）が命拾いしたので、恩梯古茲（グティクズ）は“それでは上界に来てください”と誘ったが、篤慕吾吾（ジュムヴヴ）は行くことを望まなかったという。

⑦ 帶有行賄的意思。

賄賂を使ったことを意味する。

⑧ 指吾吾請求古茲之女。

篤慕吾吾（ジュムヴヴ）が恩梯古茲（グティクズ）の娘を（嫁として）要求したという意味。

⑨ 這句話的本義是指能够主持議會的長老。

ここでは会議を取りしきることのできる長老を指す。

⑩ 阿母爲彝族男孩的拝行名中之長者名、但阿母老大在這裡是指青蛙、彝族認爲蛙動物之老大。

阿母（アム）はイ族では長男を指す名であるが、ここでは蛙の意である。イ族は蛙を動物の中の長男だと考えている。

⑪　這句指在互爭鬪中進行聯姻、也卽古茲不願嫁女、下界應努力去爭取。

この句の意味は、互いに戦いながら婚姻の話を進めること。すなわち、恩梯古茲(グティクズ)は娘を嫁に行かせたくないので、下界のほうは努力して、争ってでも嫁を取るようにしなければならないということである。

⑫　妮拖公主卽古茲之女。

妮拖(ニト)王女は恩梯古茲(グティクズ)の娘である。

⑬　邪亂指邪兆、卽降災於其牛馬之義。

「邪乱」とは悪い兆しのことであり、牛や馬に災いが降りかかることを意味する。

⑭　有些文本則説去咬古茲家的祖靈牌。

ある文献では、“恩梯古茲(グティクズ)の先祖の位牌を齧る”となっている。

⑮　有些文本中則説咬古茲、有的則説咬古茲之妻。

ある文献では“恩梯古茲(グティクズ)を咬む”となっており、また別の文献では“古茲の妻を咬む”となっている。

⑯　烏鴉可以前去叫喪、顯出兇兆、則其牛馬會生事。

カラスが先に行って死について叫ぶと、悪い兆しがはっきり出て、そこの牛や馬に悪いことが起きる。

⑰　喜鵲的意思可能是指去破壞古茲家的人作飯、使其將飯作壞。

カササギが言ったのは、恩梯古茲(グティクズ)の家の人のご飯作りを妨害して、そのご飯を駄目にしてしまうことであろう。

⑱　這裡的激素指能激起其病加重藥物。

ここで言うホルモン剤は、病気をさらに悪くさせる薬のことである。

⑲　有的文本中則説這隻巨禽爲鷹或鴟、或説烏鴉。

文献によっては、この大きな鳥は鷹あるいは鴟(はいたか)、またはカラスである。

⑳　烏鴉立屋、喜鵲纏屋皆爲邪兆。

カラスが屋根に立つこと、カササギが屋敷の周りを飛び回ることは、いずれも悪い兆しである。

㉑　有些文本則説毒蛇居於火塘旁。

ある文献では、毒ヘビは囲炉裏のそばに棲んでいることになっている。

㉒　邪父恠母卽指邪恠之父母、邪恠卽邪兆。

「邪悪な父」「怪しげな母」の「邪悪」「怪しげ」とは、悪い兆しが出ることである。

㉓　指病得難以忍受、時間過得太慢。

病気が我慢できないくらいに悪く、時間の過ぎるのが遅いという意味である。

㉔　這裡是指古茲的手被咬、但另一些文本則説爲古茲之子被咬。

ここは、恩梯古茲(グティクズ)が手を咬まれたということを指す。ただし別の文献では古茲の子が咬まれたことになっている。

㉕　這是很不吉利的事。

これはとても不吉なことである。

㉖ 昊畢史楚是傳説中的天界大畢摩。有的文本中則説請教於恩畢阿孜氏。

昊畢史楚（ホビシュツ）は伝説では天界にいる偉大なビモである。ある文献では、恩畢阿孜（グビアズ）に教えを請うたとある。

㉗ 指各種門類的知識。

いろいろな方面の知識のことである。

㉘ 這是吾吾的故意推托之辭、指已經記不清給古茲致病的事、言下之意是你的病不是我引起的。

これは篤慕吾吾（ジュムヴヴ）が口実のために言った言葉であり、恩梯古茲（グティクズ）を病気にさせたことを忘れたという言葉の裏の意味は、あなたの病気は私のせいではないということである。

㉙ 在另一些文本中、天地間的交通是在同意聯姻之後的事。

別の文献では、天と地のあいだの交通（が可能になったの）は、結婚に合意したあとのことだとなっている。

㉚ 彝族以一小節竹根代表祖靈。這裡是祖靈既被鼠咬、則以鼠糞代之、讓畢摩施法後請匠人重新製作靈牌。這幾句頗有戲弄的意味。

イ族は竹の根の一節（ひとふし）を祖霊の象徴としている。ここでは祖霊の位牌がネズミに齧られたので、ネズミの糞をその位牌の代わりとして供養し、ビモに法事をしてもらったあと職人にあらためて位牌を作り直してもらうのである。以上のいくつかの句には、（恩梯古茲（グティクズ）を）からかう意味がある。

㉛ 大多數文本中則無這種反復無常的情況。

大多数の文献には、このようにすぐ変わってしまう状態については書かれていない。

㉜ 指吾吾須以金來作聘禮纔行、下句指嫁時娘家也會讓她披金而來。

篤慕吾吾（ジュムヴヴ）は金の結納物を持っていかなければならないという意味。次の句は、嫁に行かせるとき実家が金の服を着て行かせるという意味。

㉝ 指希望早癒、未解耕牛前指晚飯前、即牛在耕作時應収工的時間前。

早く治ってほしいとは、牛で耕し終わる前すなわち仕事じまいの前、つまり晩ご飯の前ということである。

㉞ 指山羊喜食血籐、見則歡跳。

ヤギは血藤という藤が大好物なので、それを見ると喜んで跳ねるという意味。

㉟ 指猪見到紅色的東西就會發情。但這句翻譯可能不準確、也許根本就不是這箇意思。

ブタは赤い物を見ると発情することを指す。ただし、この句の翻訳は正しくないかもしれない。もしかすると、根本的に違う意味なのかもしれない。

㊱ 指小女年輕、頭髮烏黑。下文花頭指二女兒年齢偏大、頭髮已花、白頭指大女兒、已經白髮老娘了。

末の娘は若いので髪が真っ黒であるという意味。下の句の「花頭（ごましお頭）」は次女の年齢がもっと高くて髪が白くなってきていること、長女の「白い頭」は白髪の老女になっていたことを示す。

㊲　指苦蕎最重要。

苦いソバは最も大事な物だという意味。

㊳　指跟著妹妹私奔而來。

妹に随いてこっそりと駆け落ちして来たという意味。

㊴　據另一些文本記載、嫁下來的幾箇爲："合莫嫁過來、涅與候之母；候莫也來臨、武與胡之母；匹以隨著來、布與默之母；涅候二長子、武胡爲次子、布默爲幼子"。以上所記、"合莫""候莫""匹以"可能皆爲女子名、涅候、布默、武胡卽爲彝族六祖、與貴州的說法僅略有差異而已。

別の文献によると嫁に来た娘は次の通り。「合莫は嫁に来て、涅と候の母になった。候莫も嫁に来て、武と胡の母になった。匹以も随いて来て、布と默の母になった。涅と候の二人は長男、武と胡は次男、布と默は三男であった」。これによると、「合莫」「候莫」「匹以」は皆女子の名であり、涅と候、布と默、武と胡はイ族の六人の先祖のようである。貴州省の文献とは少し違いがある。

㊵　有些文本中則說衹娶了妮掩公主到下界來住。

妮掩王女だけ娶って下界に住み着いたとする文献もある。

㊶　愚子卽愚蠢的兒子、不會說話。另外、據一箇文本的記載爲："篤慕幼子呢、帶著白頭妻、帶到下界域外居、阿布阿爾兩部出、阿布有六子、阿爾有七子……帶著花頭妻、帶到中間地帶來居住、母爾揚丹兩部出、左方爲德布、右方爲德施……帶著黑頭妻、居於此域中、生吾吾三子、長子爲漢族、次子爲藏族、幼子爲彝族……"。以上所記、德布氏和德施氏爲彝族六祖中的布、默兩部、已無疑問、於此推見這裡所記可能卽六祖的情況、但不很清楚。

愚かな子とは、愚鈍で、口の利けない子供のことである。ほかに、ある一つの文献には　次のような記載がある。「篤慕（曲普篤慕）の末っ子は、（髪の毛が）白い頭の妻を連れて下界の域外に居住し、阿布と阿爾という二つの部族になった。阿布には子供が六人、阿爾には子が七人いる。……ごましお頭の妻を連れて真ん中の地域に居住し、母爾と揚丹という二つの部族になった。左側は德布、右側は德施である。……（髪の毛の）黒い頭の妻を連れてこの地域に居住し、吾吾（篤慕吾吾）の三人の子が生まれた。長男は漢族になり、次男はチベット族になり、末っ子はイ族になった。……」以上の記載によれば、德布と德施はイ族の六人の先祖のうちの、布と默という二つの部族の先祖であることが確実である。ここ（この文献）からは六人の先祖の情況が推測できるかと思われるが、しかしあまり明確な記載ではない。

㊷　指請教爲甚麼會生愚蠢的兒子、該怎麼辦等問題。

なぜ愚かな子が生まれるのか、どうすればいいのかといった問題について、教えを請うことである。

㊸ 即指烏鴉從此變黑。

カラスはこのようにして黒くなったという意味。

㊹ 斯爾一種鳥名。

斯爾(スル)は鳥の名前である。

㊺ 以曲是一種非常小的鳥、淺黑、無尾、常在屋子周圍或小溝之間。“以曲”的語義是指“守屋子”、可能因此鳥常在屋旁而得名。

以曲(ジチュ)はあるとても小さな鳥のことであり、少し黒く、尾が無く、常に家屋の周囲あるいは小川を飛ぶ。「以曲」は「家を守る」という意味であり、この名前はこの鳥が常に家屋の近くにいることによるのであろう。

㊻ 以曲如老頭一様守屋、故稱爺爺。

以曲(ジチュ)は老人のように家を守っているので、爺さんと称されたのであろう。

㊼ 指穿過古茲家的白色的屋子之隙進入家中。

恩梯古茲(グティクズ)の家の白い部屋の隙間を通り抜けて、家の中に入ったという意味。

㊽ 有些文本則説藏於屋頂的瓦縫間。

ある文献では、屋根の瓦のあいだに隠れたとしている。

㊾ 指女人揉麵團、指甲掌被竹簸擦斷、很辛苦。

小麦粉の練り団子を作るとき、爪や掌が竹の箕に擦られて剝(む)け、とても苦しんでいるという意味。

㊿ 這裡的菜指圓根蘿蔔、故曰生石塊、因爲蘿蔔似石塊、下句即指喫蘿蔔就象喫草一様。由於當初古茲説了這些話、蘿蔔纔永遠不能作爲一種糧食。下文中苦蕎和麻子也是由於古茲所説的話應驗而成如今的様子。

ここの野菜は、根の丸い（カブのような）大根を指す。この大根が石の塊りに似ているので、野菜から石の塊りが生まれたと言ったのである。次の句は、大根を食べるのは草を食べるのと同じだということを意味する。初めに恩梯古茲(グティクズ)がこのように言ったので、大根は永遠に食料の仲間に入ることができなくなった。のちの句の苦いソバと麻の種も、恩梯古茲(グティクズ)が言ったとおりになって今のような形になったのである。

51 喩指苦蕎開花的様子。

苦いソバの開花の様子の比喩である。

52 指打蕎子時出些人命、上一句可能指讓人失掉靈魂、緣由不明。

ソバの実を打つ人間の命が失われることがあるという意味で、前の一句は人間の霊魂を失わしめるという意味だろうが、根拠はよくわからない。

53 “俄茲俄朵”爲藏語、下文“阿子改一”爲彝語、“比子利革”爲漢語。

「俄茲俄朵(ウォズウォド)」はチベット語、以下の「阿子改一(アツキジ)」はイ語、「比子利革(ビツリキ)」は漢語である。

54 彝族以竹蓆鋪於室内以座於上面。

イ族は竹の蓆（むしろ）を室内に敷き、その上に座る。

55 在彝人看來座於鍋樁上是很不懂規架的。

イ族の見方では、囲炉裏の石台に座るのは習わしを知らないことになる。

56 在一些文本中則認爲漢人爲老大、藏人爲老二、彝族最小、也有一些文本上說彝族爲老大、藏族爲老二、漢人爲老三。又有文本說老三爲苗族或白族。

ある文献では、漢族は長男、チベット族は次男、イ族は末っ子であり、別の文献では、イ族は長男、チベット族は次男、漢族は末っ子である。また別の文献では、末っ子はミャオ族あるいはペー族になっている。

57 “斯閃”爲吾吾之長子、“拉一”爲次子、“格自”爲幼子。

「斯閃（スシャ）」は吾吾の長男、「拉一（ラジ）」は次男、「格自（キツ）」は末っ子である。

58 今涼山彝族認爲這些是藏人的部族譜系、但其實這些很可能是指彝族內部某箇支系的分支情況。

いま涼山に住むイ族は、これらはチベット族の部族の系譜だと認識しているが、実はイ族内部のそれぞれの支系が、支系に分かれていったときの情況を示しているものでもあろう。

59 有一種觀點認爲彝族貴頭飾、爲老大、藏人爲老二、故貴腰飾、漢人爲老三、故貴足飾。

イ族は頭飾りを大事にしているので長男であり、チベット族は腰飾りを大事にしているので次男、漢族は足飾りを大事にしているので末っ子であるという見方もある。

60 在吾吾三子分田時、規定準先作了標記土地就準得、彝族急燥、打草結爲田標、藏人以釘木樁作田標、漢人壘石作田標。後來漢人運用詭計、放火燒山、草結全部無存、彝族就沒有了田、衹好住到高山上去。木樁燒剩了一點、藏人得了點土地、但不够、故居於二半山、漢人的壘石未燒、故平地之田皆歸漢人所得云。

篤慕（ジュムヴヴ）吾吾の三人の子が田を分配するとき、先に印しを付けた場所がその人に属すると決めた。イ族はせっかちだから、草を結んで田の境界の印しにした。チベット族は杭を打ち込んで田の境界の印しにした。漢族は、石を積んで田の境界の印しにした。あとで漢族は策略をめぐらして火を放って山を焼くと、草の結び目は焼けてしまったのでイ族の田は無くなってしまい、しかたなく高い山の上に住むことになった。杭は少し焼け残ったので、チベット族は田を少し手に入れたが、それだけでは足りないので中くらいの山に住むことになった。漢族が作った積み石は焼けなかったので、平地にある田はすべて漢族のものになったということだ。

61 指漢人也分爲許多種。

漢族もたくさんの支系に分かれたことを指す。

62 指漢人也象白彝和黑彝一様分爲黑白兩種。

白イ族と黒イ族と同じように、漢族も黒と白の二種に分かれたことを指す。

［天と地の結婚の歴史］

そののち、篤慕吾吾（ジュムヴヴ）は卵を二十一日間抱いて、雛が孵（かえ）った。木の物入れ櫃の蓋（ふた）を開けて突而山（トゥル）の頂上に立ったが、立っている場所が無くて危うく死にそうになった。しかし、竹の根が彼の足を引き止めて命を救った。手でよじ登れる場所が無くて危うく死にそうになったが、魂草（たまくさ）が彼の腕を引き止めて命を救った。そののち、祖先祭祀の黎姆（ニム）儀礼を行なうとき、竹の根と魂草は欠くべからざるものになった。篤慕吾吾（ジュムヴヴ）は突而山（トゥル）の頂上に座り、水のほとりを眺めると間もなく、洪水が引いた。真っ黒になった物入れ櫃を開けて底を探り、小さい斧とキセルと槍を一本ずつ取り出した。物入れ櫃を薪にしようと思って石と石をこすり合わせたが火は出ず、鉄と石をこすり合わせたら火が出たので、干し草で火種を取った。カササギは細い柴とキセルを拾って火を付けた。九種類の獣（けもの）と九種類の鳥といろいろな虫が水に浮かんでやって来たので、救い出して仲間にした。ネズミと蛇と蛙とカラスが水に流されて来たので、救い出して火に当たらせて暖めた。カラスには喝吉（ホチ）草を抜いて餌にしたので、喝吉（ホチ）草は今でもカラスの腸の中にあるのだ。蜜蜂とカササギが水に浮かんでやって来たので、救い出して火に当たらせて暖めた。

上界に向かって、青い煙がキセルのように細く一筋立ち昇った。恩梯古茲（グティクズ）は一対の錦鶏（にしきどり）を下界へ視察に行かせた。錦鶏（にしきどり）は、下界ではまだキセルのように細い煙が一筋立っていると報告した。恩梯古茲（グティクズ）は篤慕吾吾（ジュムヴヴ）を滅ぼすことができないので、三人の使者に篤慕吾吾（ジュムヴヴ）を捕らえに行かせた。篤慕吾吾（ジュムヴヴ）にはまだ一頭の黒い雄（おす）ヤギと一頭の年取った黄色い雌（めす）豚が残っていたので、黄色い雌豚を殺して三人の使者にご馳走し、黒いヤギを三人の使者に贈り、「上界の王女よ、下界へ嫁に来てください」と言った。恩梯古茲（グティクズ）は 娘を下界に嫁に行かせたくなかった。

そののち篤慕吾吾（ジュムヴヴ）は恩梯古茲（グティクズ）に対して、歯ぎしりして口惜しがった。友達を集めて相談すると、座長の阿母（アム）蛙が発言した、「生き残った動物は団結しなければならない。篤慕吾吾（ジュムヴヴ）に嫁を娶（めと）ろう。上界と下界は、争うことはあったにしても一方では結婚の話を進めよう、“妮拖（ニト）王女を篤慕吾吾（ジュムヴヴ）の嫁にする”と私は言う。私は上界へ行けないが、もし行けるようなら牛や馬に災いをもたらすぞ」と。続いてネズミが、「私は上界へ行けないが、もし行けるようなら百解経を齧ってしまうぞ」と言った。次に蛇が、「私は上界へ行けないが、もし行けるようなら、恩梯古茲の一人っ子を咬むぞ」と言った。また蜜蜂が、「私も行けないが、もし行けるようなら、妮拖王女を刺して冬眠させてしまうぞ」と言った。さらにカラスが、「私も行けないが、もし行けるようなら、牛や馬に悪いことが起きるようにするぞ」と言った。最後にカササギが、「私も行けないが、もし行けるようなら、餅を蒸しすぎて駄目にさせてしまうぞ」と言った。相談がまとまった。

そののち、戦いの準備をした。矛や槍はなかったが、蜜蜂が矛と槍を持っていた。ネズミの武器は齧る歯だ。毒ヘビは毒薬を持っていた。カラスはホルモン剤のことを、カササギは解毒剤のことを知っていた。篤慕吾吾は大きな鳥を一羽派遣した。蛇はその鳥の首に巻き付き、ネズミは翼に挟まり、蜜蜂は尾に引っ掛かって進んで行った。布という場所を出発し、音を轟かせて上界に着いた。カラスは屋根に立ち、カササギは屋敷の周りを飛び回り、蛙は凶兆を表わし、毒ヘビは石の隙間に棲み、ネズミは屋根に隠れ、蜜蜂は奥の間に止まった。

恩梯古茲の所には、下界から怪しげな者が九種類やって来た。雄鷹は鶏を食い、虎と狼は家畜を食った。カラスは屋根に立ち、カササギは屋敷の周りを飛び回り、蛙は家の中に入り、悪い兆しが次々と現れた。恩梯古茲は疲れ切って病み衰え、昼も夜も我慢ができなくなった。百解經を読もうとしたら、経本はネズミに齧られていた。そこでネズミを殴ろうとしたら、ネズミは石の隙間に逃げ込んだので、石の隙間まで追って行ったら、手を毒ヘビに咬まれた。屋根の先祖の位牌もネズミに齧られてしまい、妮拖王女も蜜蜂に刺されて冬眠させられてしまった。恩梯古茲は病気になったあと、ビモの昊畢史楚に教えを請いに行った。昊畢史楚は左手で物入れ櫃の扉を開け、右手で底を探って、経本入れの袋を取り出し、読んで次のようなことがわかった、「あなたを病気にしたのは、七地の下のほうにいる篤慕吾吾である。篤慕吾吾は、薬には十二種類あることを知っているので、下界に行って彼に聞け」。恩梯古茲は格俄と閃散と阿爾を派遣して、篤慕吾吾に教えを請うた。篤慕吾吾は、「恩梯古茲を病気にさせたことは忘れてしまっていた」と言った。閃散と阿爾は、「もしも王の病気を治してくれたら、妮拖王女と結婚させます」と言った。篤慕吾吾は、「翼がないので上界に行けない」と言った。そこで恩梯古茲（グティクズ）は、銅と鉄の柱を立てて下界まで通らせ、金の糸、銀の糸で上界と下界を結びつけたので、篤慕吾吾（ジュムヴヴ）は三種類の薬を持ち、上界に王の病気を治しに行った。最初の日には、着いたときにはよく効く薬を与え、帰るときにはホルモン剤を塗った。次の日には、着いたときにはホルモン剤を塗り、帰るときにはよく効く薬を塗った。毒ヘビに咬まれた所は麝香（じゃこう）で治り、蜂に刺された所はナベナ草で治った。齧られた先祖の位牌には、ネズミの糞を一握り取ってビモに法事をしてもらい、職人に作り直してもらった。恩梯古茲（グティクズ）の病気はこれで治ったが、彼は悪知恵に長（た）けていたので、病気が治ったあと、約束を変えて「娘は嫁に行かせない」と言った。そこで篤慕吾吾（ジュムヴヴ）は、知恵を働かせて阿母（アム）蛙を派遣し、ホルモン剤を塗らせた。すると病気がひどくなった恩梯古茲（グティクズ）は、仕方なく前言を翻して、「長女には金で結納の物を作り、金の服を着せてくれれば嫁に行かせる。次女には銀で結納の物を作り、銀の服を着せてくれれば嫁に行かせる。末の娘は生まれつき愚か者だから、結納の物は不要で、麻布を着せてくれるだけで嫁に行かせる」と言った。そこで篤慕吾吾（ジュムヴヴ）は阿母（アム）蛙に、よく効く薬を塗りに行かせた。恩梯古茲（グティクズ）は、少しでも早く治ってほしかった。篤慕吾吾（ジュムヴヴ）は、「金や銀がないので、末の娘を嫁にもらいたい、嫁入りの服は麻布にする」と言って、妮拖王女を娶（めと）った。すると、ヤギは藤を見て喜んで飛び跳ね、子豚は赤い物を見て発情し、娘は夫を見て笑顔になった。

恩梯古茲（グティクズ）の三人の娘のうちの、髪の黒い末娘が嫁に来た。嫁入りの時に、苦いソバを持って来て下界にばらまいたので、ソバは三百地域で生えた。苦いソバは生活の基本になる穀物であった。白髪の長女は末娘に随（つ）いて来て、甘いソバを盗んで来た。ごましお頭の次女も一緒に来て、麻の実と菜の花の種を盗んで来た。

結婚式では、座っている人にはお礼のお金を出し、立っている人にはご飯を出したが、九種類の獣には食べ物がなく、九種類の鳥も忘れられ、虫にも食べ物がなかった。小さな虫はお金をもらえなかったし、披露宴のとき蟻にも食べ物がなかったので、小さな虫はとても怒り、田の畦や畑の台地を掘り、鉄の柱の根もとを掘った。蟻も怒り、銅の糸をほどいた。虫は柱の根もとを掘り、金の糸、銀の糸が断ち切られ、銅の柱、鉄の柱が倒れ、上界と下界の婚姻関係が断ち切られた。

そののち、篤慕吾吾（ジュムヴヴ）は三人の妻を連れて孜孜濮烏（ズズプヴ）にたどり着き、三年後に愚かな子が三人生まれた。篤慕吾吾（ジュムヴヴ）は、カラスを一羽上界に派遣して教えを請うたが、カラスは黒い鍋の底に追い払われたので、今でも真っ黒なのだ。次に斯爾鳥（スル）を派遣したが、斯爾鳥（スル）は俎板（まないた）の上に追い出されて嘴（くちばし）が血で染まったので、今でも嘴（くちばし）が赤いのだ。次に狐を派遣したが、杵（きね）で殴られて醜く変わってしまったので、狐は今でも醜いのだ。次に兎を派遣したが、火ばさみで殴られて鼻が削られたので、兎は今でも鼻が欠けているのだ。次にカササギを派遣したが、小麦粉の中に追い払われて羽がきれいに染められたので、カササギの羽は今もきれいなのだ。次に以曲鳥（ジチュ）を派遣すると、以曲鳥（ジチュ）は部屋の隙間を通り抜けて、竹籠の中に隠れた。雄鶏（おんどり）が啼（な）いたとき恩梯古茲（グティクズ）の妻は夫に、「あなたがもしなにかいきさつを知っているのなら、なぜ教えてくれないのですか」と尋ねた。恩梯古茲（グティクズ）は、「娘は嫁ぎ先の家で苦しんでいる。指の爪が竹の箕（み）で擦（こす）られて剥（む）けた。篤慕吾吾（ジュムヴヴ）は私の娘を誘拐し、穀物と野菜の種も盗んだ。七地（しちじ）の下のほうでは、野菜の葉から石の塊りが出、大根は草となった。苦いソバを蒔いたが、種は虫に食われてしまい、伸びても白い花が咲き、ソバの実を取ろうとすると人間の魂と命が消えるから、食料にはならない。麻の実の取り入れをしても、麻の実は食料にならない。私は、娘たちの生活が苦しくても楽でも、彼を恨む。しかし、黒雲山の上に行き青い竹を三節（ふし）切り、それを三か所で弾（はじ）けさせて三人の愚かな子に聞かせ、谷川の水を三つの桶分汲み、三つの鍋に湯を沸かし、その湯を三人の愚かな子に掛ければ言葉を発するようになる」と言った。以曲鳥（ジチュ）は、恩梯古茲（グティクズ）が本音を言ったのを聞いて部屋の中に出て来た。恩梯古茲（グティクズ）が捕らえようとして尻尾（しっぽ）の毛をむしり取たので、以曲鳥（ジチュ）は今は尻尾の毛が無く、鍋の底に逃げたので今は黒く変わってしまったのだ。

以曲鳥（ジチュ）が下界に戻って報告すると、篤慕吾吾（ジュムヴヴ）はすぐ出発して黒雲山の上に行き、青い竹を三節（ふし）切り、弾けさせて三人の愚かな子に聞かせ、谷川の水を三つの桶分汲み、三つの鍋に沸かした湯を三人の愚かな子のからだに掛けると、まず長男が話せるようになり、チベット語で「俄茲俄朶（ウォズウォド）」と言って敷居に座り、両足をそろえて跪（ひざまず）き、チベット族の先祖になった。次に次男が話せるようになり、イ語で「阿子改一（アツキジ）」と言って竹の蓆（むしろ）に座り、イ族の先祖になった。次に末っ子が話せるようになり、漢語で「比子利革（ピツリキ）」と言って囲炉裏（いろり）の石台に座り漢族の先祖になった。篤慕吾吾（ジュムヴヴ）の三人の子は互いに言葉が通じず、それぞれ東西に別れて住んだ。

長男の吾吾斯閃（ヴヴスシャ）はチベット族になった。チベット族は絹織物で作った腰飾りを大事にし、杭で柵を作り、中くらいの山の地域内ではチベット族と言い、その地域の外ではラマと言い、チベット族は九つの支系に分かれ、九つの地域に住み着いた。部族は、武羅羅（ヴォロロ）、武色史（ヴォシシュ）、武喇嘛（ヴォラマ）、武帕匹（ヴォパプ）、武迪拖（ヴォディト）、武迪本（ヴォディボ）、武旨孜（ヴォチュズ）、武旨拱（ヴォチュコ）、武紙紙（ヴォジュジュ）、武波都（ヴォボドゥ）、武梯尼（ヴォティニ）、武阿地（ヴォアディ）、武挺夥（ヴォティホ）、武阿史（ヴォアシュ）、武迪古（ヴォディク）があるという。

次男の吾吾格自（ヴヴキッ）はイ族になった。イ族は黄金の髻（まげ）飾りを大事にし、草を結んで田の境界にし、高い山の地域内では古候（グホ）、曲涅（チョニ）と言い、その地域の外では阿布（アブ）、阿爾（アル）と言い、イ族は一塊りになって一つの地域に住み着いた。

末っ子の吾吾拉一（ヴヴラジ）は漢族になった。漢族は金の鈴を掛けた足飾りを大事にし、石を積んで田の境界にして、平地はすべて自分たちのものにした。漢族は三つの塊りになり、三つの地域に住み着いた。漢族は十二の支系に分かれ、黒い漢族と白い漢族があり、四方八方に住み着いた。

16 kɯ^{33}la^{33}ʑi^{33}zɿ^{33}to^{21}［飲分別聰愚之水］［賢くなる水と愚かになる水を飲み分ける］

4160 i^{21}si^{21}ʂɿ^{44}a^{33}ȡɯ^{44}　遠古時候　大昔

4161 tɕ'o^{33}pu^{33}dʑu̱^{55}mu^{33}zɿ^{33}　曲普篤慕世　曲普篤慕（チウプードゥームー）(チョプジュム)の時代

4162 la^{55}mbu^{33}la^{33}ts'ɿ̱^{21}ȵi^{21}　虎嘯一聲呢　虎が一声吼（ほ）えると

4163 mo^{33}mu^{33}ti^{33}dzi^{33}dʑi^{21}　天空降氷雹　空から雹（ひょう）が降った

4164 zɿ̱^{55}dʑu^{33}la^{33}ts'ɿ̱^{21}ȵi^{21}　豹嚎一聲呢　豹が一声吼えると

4165 go^{21}o^{21}ȡɿ^{33}ʂɿ^{33}tɯ^{44}　山脊起狂風　峠から強風が吹いてきた

4166 ȵu̱^{55}ʑu̱^{33}ɣo^{33}ʑu̱^{33}li^{33}　猴類熊類多　猿も熊もたくさんいて

4167 sɿ̱^{33}ʂɿ^{33}ts'ɿ̱^{33}ma^{21}ndi^{33}　森林不足居　森には棲（す）み家が足りなかった

4168 ʂɿ^{33}ŋɯ^{33}pa^{33}ʑu̱^{33}li^{33}　蛇類蛙類呢　蛇や蛙は

4169 di^{21}o^{55}di^{21}t'ɔ^{33}ts'ɿ̱^{33}ma^{21}ndi^{33}　坎上坎下不足居

畦の上でも畦の下でも棲み家が足りなかった

4170 ʂo^{33}ʑu̱^{33}hɯ^{33}ʑu̱^{33}li^{33}　水獺和魚類　カワウソや魚は

4171 ʐɿ^{33}vu̠^{55}ʐɿ^{33}k'ɯ^{33}ts'ɿ̠^{33}ma^{21}ndi^{33}　水域不足居

水の中に棲み家が足りなかった

4172 bo^{44}ȵi^{33}bo^{33}di^{21}nbu^{33}　山也在吼叫　山も吼えていた

4173 lo^{44}ȵi^{33}lo^{33}di^{21}ʂɿ̠^{33}　谷也在嚎叫　谷も吼えていた

4174 kɯ^{33}va^{55}kɯ^{33}ho^{33}ȵi^{33}　九禽九獸呢　九種類の鳥と九種類の獣が

4175 mbu^{33}la^{33}ho^{33}dʑo^{33}tɕ'i^{44}　吼聲雜嚎聲　吼えに吼えた

4176 kɯ^{33}sɿ̠^{33}kɯ^{33}lɿ̠^{33}ȵi^{33}　九石九木呢　九種類の石と九種類の木も

4177 ts'ɿ̠^{33}mbu^{33}ts'ɿ̠^{33}ho^{33}tɕ'i^{44}　也在亂嚎叫　大声で吼えていた

4178 ʂɿ̠^{21}mu^{33}mu^{33}ha^{55}tɕo^{44}　七地之上方　七地の上のほうには

4179 ŋɯ^{33}t'i^{55}ku^{33}ndzɿ^{33}t'u̠^{55}　恩梯古茲家

恩梯古茲（グティクズ）が（いたが）

4180 ʂɿ̠^{21}mu^{33}mu^{33}dʐɿ^{44}nɯ^{33}　七地下方呢　七地の下のほうには

4181 tɕ'o^{55}su^{33}a^{21}ɣo^{21}ʂo^{33}　狡猾者無數

ずるがしこい者が数え切れないほどいて

4182 dzi^{21}su^{33}ga^{33}ga^{33}kɔ^{33}o^{44}di^{44}　詭譎者無數也焉

奇怪な者が数え切れないほどいて

4183 bu^{33}zɯ^{33}bu^{33}mu^{33}kɔ^{33}　爬蟲也逞強　爬虫類も威嚇していて

4184 du̠^{33}zɯ^{33}du̠^{33}mu^{33}kɔ^{33}　飛蟲也嗡鳴　飛ぶ虫もぶんぶんと鳴いて

4185 ts'ɿ̠^{44}ȵi^{33}a^{21}ku^{33}dzɯ^{33}　眞讓人切齒　人間は本当に憤り口惜しがった

4186 kɯ^{33}la^{33}ʑi^{33}ʐɿ^{33}to^{21}mo^{33}di^{44}　飲用分別聰愚水也焉

（ずるがしこく奇怪な者たちは人間に）賢くなる水と愚かになる水を別々に飲ませた

4187 ts'ɿ̠^{21}ȵi^{21}kɯ^{33}ʐɿ^{33}p'o^{55}　一日送愚昧之水　ある日には愚かになる水を送り

4188 ts'ɿ̠^{21}ȵi^{21}ʑi^{33}ʐɿ^{33}p'o^{55}　一日送智慧之水　ある日には知恵の水を送った

4189 t'u̠^{33}lɿ̠^{33}bo^{44}o^{33}ta^{33}　放突而山頭　突而（トゥル）山の頂上に置き

4190 ha^{55}li^{33}tɕ'u^{33}la^{33}sɿ^{33}tʂɯ^{21}ta^{33}　上方放置金銀盞

上のほうに金と銀の杯を置き

4191 sɿ̠^{21}ʐɿ^{33}mo^{33}ʐɿ^{33}ŋɯ^{33}ʑi^{21}di^{44}　有知有識之水焉　そこに知識の水を注いだ

4192 dʑu̠^{55}ɣa^{33}dʐɿ^{33}la^{33}xɯ^{33}tʂɯ^{21}ta^{33}　中間放置銅鐵盞

中腹に銅と鉄の杯を置き

4193 ʑi^{33}ʐɿ^{33}pi^{33}ʐɿ^{33}ŋɯ^{33}ʑi^{21}di^{44}　有禮有慧之水焉　礼儀と知恵の水を注いだ

4194 dʐɿ̠^{21}a^{21}sɿ̠^{33}la^{33}ma^{33}tʂɯ^{21}ta^{33}　下面放置竹木盞　麓には竹と木の杯を置き

4195 kɯ^{33}la^{33}ʑi^{33}zɿ^{33}ŋɯ^{33}ʑi^{21}di^{44}　分別聰愚水也焉

賢くなる水と愚かになる水を別々に注いだ

4196 kɯ^{33}la^{33}ʑi^{33}zɿ^{33}to^{21}ts'ɿ̠^{21}ȵi^{21}　飲用智愚水之日

賢くなる水と愚かになる水を飲む日に

4197 kɯ^{33}va^{55}kɯ^{33}ho^{33}k'a^{33}dʑo^{33}tɯ^{21}　九禽九獸皆前往

九種類の鳥と九種類の獣(けもの)は皆行って

4198 t'u^{33}lɿ̠^{33}bo^{44}o^{33}dʑu^{44}　到突而山頭　突而山の頂上に着いた

4199 gu^{33}sɿ̠^{33}gu^{33}lɿ̠^{33}k'a^{33}ŋɯ^{33}tɯ^{21}　九木九石皆前往

九種類の木と九種類の石は皆行って

4200 t'u̠^{33}lɿ̠^{33}bo^{33}dʑu̠^{55}dʑu^{44}　聚突而山腰　突而山の中腹に集まった

4201 dʑu̠^{55}la^{33}vo^{33}ts'o^{33}k'a^{33}ŋɯ^{33}tɯ^{21}　世間人們皆前往

世の中の人間たちは皆行って

4202 t'u̠^{33}lɿ̠^{33}bo^{33}ʂɿ^{33}dʑu^{44}　聚突而山脚　突而山の麓に集まった

4203 zɯ^{33}zɿ^{33}a^{44}mu̠^{33}nɯ^{33}　阿母老大呢　阿母(アームー)（アム）蛙は

4204 ga^{44}ʂu^{33}li^{33}ma^{21}ndʑi^{33}　走路走得慢　ゆっくり、ゆっくり歩いた

4205 gu^{33}hi^{55}gu^{33}ʂɿ̠^{21}ȵi^{33}　九禽九獸呢　九種類の鳥と九種類の獣は

4206 nɯ^{33}da^{33}ŋa^{33}da^{33}tu̠^{55}　你爭我趕踏過去①

我先にと（阿母蛙を）踏みつけて進んで行った

4207 gu^{33}sɿ̠^{33}gu^{33}lɿ̠^{33}ȵi^{33}　九石九木呢　九種類の石と九種類の木も

4208 nɯ^{33}da^{33}ŋa^{33}da^{33}tɕ'æ^{33}　你爭我趕跨過去

我先にと（阿母蛙を）跨(また)いで進んで行った

4209 dʑu̠^{55}la^{33}vo^{33}ts'o^{33}ȵi^{33}　世間人們呢　世の中の人間たちは

4210 nɯ^{33}da^{33}ŋa^{33}da^{33}po^{55}　你爭我趕跪過去

我先にと（阿母蛙を）膝で打って進んで行った

4211 su^{33}tu̠^{55}ga^{33}dzɿ^{33}tsi^{21}　被踏於路旁②

（阿母蛙は）踏まれて道端に押し出された

4212 a^{44}p'u^{33}dʑu̠^{55}mu^{33}zɯ^{33}　篤慕爺爺呢③　篤慕(ドゥームー)（曲普篤慕(チョプジュム)）爺さんは

4213 ts'ɿ̠^{33}tɔ^{33}ga^{33}ha^{33}ta^{33}　將牠撿來放到路上放④

（阿母蛙を）拾い上げて道の上に置いた

4214 kɯ^{33}zɿ^{33}ʑi^{33}zɿ^{33}li^{33}　分別聰愚之水呢

賢くなる水と愚かになる水の分け方を

4215 a^{44}mu̠^{33}sɿ̠ndo^{21}lo^{44}　原來阿母知其實　阿母はもとから知っていたので

4216 tɯ^{21}la^{33}ts‘ɿ̠^{21}ndo^{21}t‘i^{33}　起而發一言⑤　立ち上がってこう言った

4217 ts‘o^{33}mbo^{44}ts‘o^{33}da^{33}zɯ^{33}　“賢人啊好人　「賢き人よ、良き人よ

4218 dzɿ̠^{21}a^{21}sɿ̠^{33}tʂɯ^{21}ndo^{33}　請飲下方木盞水

下のほうの木の杯《さかずき》の水を飲みなさい

4219 sɿ̠^{33}tʂɯ^{21}li^{33}ʑi^{33}zɿ^{33}　木盞之中乃智水　木の杯の中の水は知恵の水である

4220 da^{44}nɯ^{33}ȵi^{21}ko^{33}tsi^{33}ŋa^{44}ta^{33}　最好留一點給我”

私にも少し残しておいてくれるといいのだが」

4221 kɯ^{33}sɿ̠^{33}kɯ^{33}lɿ̠^{33}ȵi^{33}　九木九石呢　九種類の木と九種類の石は

4222 sɿ^{21}la^{33}mo^{33}zɿ^{33}di^{44}　欲求有智慧　知恵を手に入れようとして

4223 la^{33}lo^{44}tsu̠^{33}ko^{33}ndo^{33}　來到源頭飲　源（頂上）に来て飲み

4224 ʂɿ^{33}tʂɯ^{21}ʑu^{33}la^{33}ndo^{33}　取金盞來飲　金の杯を取って飲んだ

4225 ndo^{33}lo^{44}bu̠^{33}ma^{21}dzɿ̠^{55}　飲後不能語　飲んだら話せなくなった

4226 dzu̠^{33}lo^{44}bi^{21}ma^{21}ɣo^{21}　生存不繁榮　生存はしても繁栄はしなくなった

4227 kɯ^{33}va^{55}kɯ^{33}ho^{33}ȵi^{33}　九禽九獸呢　九種類の鳥と九種類の獣《けもの》は

4228 ʑi^{33}la^{33}p‘i^{33}mo^{33}di^{44}　欲求能賢慧　賢さと知恵を得ようとして

4229 la^{33}lo^{44}dʑu̠^{55}ɣa^{33}ndo^{33}　來到中部飲　中腹に来て飲み

4230 tɕ‘u^{33}tʂɯ^{21}ʑu^{33}la^{33}ndo^{33}　取銀盞來飲　銀の杯を取って飲むと

4231 dzɿ̠^{55}lo^{21}tsɿ̠^{55}ma^{21}tæ^{33}　發音不清晰　発音が不明瞭になった

4232 ho^{21}li^{33}ga^{33}ma^{21}sɿ̠^{21}　有語無其義　話はしても意味のない言葉だった

4233 dʑu̠^{55}a^{33}vo^{33}ts‘o^{33}li^{33}　世間人類呢　世の中の人間は

4234 a^{44}p‘u^{33}dʑu̠^{55}mu^{33}ʂɿ̠^{21}　由篤慕帶領　篤慕《ドゥームー》（曲普篤慕《チョプジュム》）に案内されて

4235 la^{33}lo^{44}mu^{33}ɣa^{33}ndo^{33}　來到尾部飲　麓に来て飲み

4236 sɿ̠^{33}tʂɯ^{21}ʑu^{33}ta^{33}ndo^{33}　取木盞來飲　木の杯を取って飲むと

4237 vo^{33}ts‘o^{33}ts‘ɿ̠^{33}ndo^{33}ʑi^{33}　飲後獲聰明　飲んだら賢くなった

4238 zɯ^{33}zɿ^{33}a^{44}mu̠^{33}li^{33}　阿母老大呢　阿母《アームー》（アム）蛙は

4239 ts‘ɿ̠^{33}la^{33}mu^{33}ɣa^{33}zɿ̠^{33}　最後來掃尾　最後にやって来て

4240 sɿ̠^{33}tʂɯ^{21}xa^{55}ko^{33}ʑo^{55}　舔於木盞底　木の杯の底（に残った水）をなめると

4241 ɔ^{44}pa^{33}fu̠^{21}li^{21}bi^{21}　青蛙鼓喉噪　蛙は喉をふくらませてやかましく鳴き

4242 dzɿ̠^{55}mi^{44}ndo^{21}ma^{21}dʑi^{21}　欲言不成語

話そうとしても言葉にならなかった

4243 a^{33}ɖɯ^{44}tsʻɿ̠^{21}mu^{33}mbu^{33} 古時如此噪

(蛙は) 昔からこのようにやかましく

4244 a^{21}mu^{33}tsʻɿ̠^{21}mu^{33}mbu^{33} 現在亦如此[⑥] 今もまたそうなっている

注

① 指都踩在青蛙身上過去、下文“跨過去”也指跨過青蛙而去、“跪過去”指無人理會青蛙而去。

皆が蛙のからだの上を踏んで進んで行ったという意味。次の句の「跨いで過ぎて行った」も蛙を跨いで行ったという意味で、「膝で打って進んで行った」は蛙が進んでいるのを理解する人間はだれもいなかったという意味。

② 指其牠事物都你爭我趕地前往、把青蛙擠到一邊。

ほかの動物はみな我先に進んで行き、蛙は道の外側に押し出されたという意味である。

③ 因篤慕爲彝族之祖、故稱爺爺。

篤慕(ジュム)(曲普篤慕(チョブジュム))はイ族の先祖であるから、爺さんと呼ばれたのである。

④ 路上方與路下方相比爲更高層次的方位、這裡指篤慕好心地將青蛙抱來放在上方。

道の上は道の下よりも位置が高いので、これは篤慕(ジュム)(曲普篤慕(チョブジュム))が好意で蛙を抱えて上のほうに置いたという意味である。

⑤ 指青蛙説話。

蛙が言葉を話したのである。

⑥ 彝族認爲青蛙一直鼓著喉嚨一動一動的、是在詛呪人類忘恩負義。

蛙が喉をゆっくりふくらませているのは、人間が恩義を忘れたことを呪っているからだとイ族は考えている

[賢くなる水と愚かになる水を飲み分ける]

大昔、曲普篤慕(チョブジュム)の時代、虎が一声吼えると空から雹(ひょう)が降り、豹が一声吼えると峠から強い風が吹き、猿も熊もたくさんいて、森には棲(す)み家が足りなかった。蛇や蛙は畦の上でも下でも棲み家が足りなかった。カワウソや魚は水中に棲み家が足りなかった。山も谷も吼えていた。九種類の鳥と九種類の獣(けもの)も、九種類の石と九種類の木も吼えていた。上界には恩梯古茲(グティクズ)がいたが、下界にはずるがしこい奇怪な者が数え切れないほどいて、爬虫類も威嚇し、飛ぶ虫もぶんぶんと鳴いていたので、人間は本当に口惜しい思いをしていた。ずるがしこく奇怪な者たちは人間に、賢くなる水と愚かになる水を別々に飲ませ

た。ある日には愚かになる水を、ある日には知恵の水を送った。突而山(トゥル)の頂上に金と銀の杯(さかずき)を置いて知識の水を注ぎ、中腹に銅と鉄の杯を置いて礼儀と知恵の水を注ぎ、麓には竹と木の杯を置いて賢くなる水と愚かになる水を別々に注いだ。賢くなる水と愚かになる水を飲む日に、九種類の鳥と九種類の獣(けもの)は皆突而山(トゥル)の頂上に着き、九種類の木と九種類の石は突而山(トゥル)の中腹に集まり、人間たちは皆突而山(トゥル)の麓に集まった。阿母蛙(アム)はゆっくり歩いたので、九種類の鳥と九種類の獣も、九種類の石と九種類の木も、人間たちも、我先にと蛙を踏みつけたり、跨(また)いだり、膝をぶつけたりしながら進んで行った。

篤慕(ジュム)(曲普篤慕(チョブジュム))は、踏まれて道端に押し出された阿母蛙(アム)を拾い上げて道の上に置いた。阿母蛙(アム)は、賢くなる水と愚かになる水の見分け方をもとから知っていたので、立ち上がってこう言った、「賢き人よ、良き人よ、麓の木の杯(さかずき)の水を飲みなさい、木の杯の中の水は知恵の水である、私にも少し残しておいてくれるといいのだが」。九種類の木と石は、知恵を手に入れようとして頂上に行って、金の杯を取って飲むと話ができなくなり、繁栄もしなくなった。九種類の鳥と獣(けもの)は、知恵を得ようとして中腹に行って、銀の杯を取って飲むと発音が不明瞭になり、話はしても意味のない言葉だった。人間たちは篤慕(ジュム)に案内されて麓に行き、木の杯(さかずき)を取って飲むと賢くなった。阿母蛙(アム)は最後にやって来て、木の杯の底に残った水をなめたが、喉(のど)をふくらませてやかましく鳴くだけで、話そうとしても言葉にならなかった。そこで蛙は昔からこのようにやかましく、今もまたそうなっているのだ。

17 ndzı^{33}dzu^{33}pu^{21}ʂɯ^{21} ［尋找居住地[1]］ ［住む場所を探す］

4245 ʑi^{21}si^{21}ʂı^{44}a^{33}ɖɯ^{44} 遠古時候 大昔

4246 dʑu̠^{55}dzı̠^{55}dʑu^{55}dɯ^{21}li^{33} 人類起源時 人類が誕生した時

4247 dʑu̠^{55}mu^{33}vu^{44}vu^{33}go^{33} 篤慕烏烏出 篤慕烏烏(ドゥームーウーウー)（ジュムヴヴ）が誕生し

4248 vu^{44}vu^{33}ki^{55}tsı̠^{21}go^{33} 烏烏格自出 烏烏格自(ウーウーグォズー)（ヴヴキツ）が誕生し

4249 go^{33}lı̠^{55}go^{33}la^{33}mu^{33} 發展且發展 発展に発展して

4250 p‘u^{21}xo^{33}zɯ^{33}sɔ^{33}go^{33} 普夥三子出[2] 普夥(プーフオ)（プホ）の子が三人生まれた

4251 p‘u^{21}xo^{33}zɯ^{33}sɔ^{33}ȵi^{33} 普夥三子世 普夥の三人の子の世代は

4252 mu^{33}dʑi^{21}mu^{44}tʂ‘ɯ^{33}li^{33}mo^{33}di^{44} 遷徙找住地

住む場所を探して移動して行った

4253 tɯ^{21}li^{33}ndzɿ^{21}dzɿ^{21}p'u^{21}vu^{55}tɯ^{21}　孜孜濮烏來起程
孜孜濮烏《ズーズープーウー》（ズズプヴ）に出発した

4254 mo^{55}ho^{33}mo^{55}n̥i^{33}ʐɿ^{33}　浩浩蕩蕩起　激しい勢いで出発した

4255 dzɿ̱^{21}dzɿ̱^{21}kɯ^{21}dzi^{21}tʂ'o^{21}　沿著孜孜山　孜孜《ズーズー》（ズズ）山に沿って

4256 sɿ̱^{33}o^{33}t'i^{55}vo^{33}zo^{21}　達斯俄梯維③　斯俄梯維《スーウォティーウェイ》（スオティヴォ）に着いた

4257 sɿ̱^{33}o^{33}t'i^{55}vo^{33}tʂ'ɯ^{33}　斯俄梯維起　斯俄梯維から

4258 sɿ̱^{33}o^{33}ŋɯ^{33}vo^{33}zo^{21}　達斯俄恩維　斯俄恩維《スーウォエンウェイ》（スオグヴォ）に着き

4259 sɿ̱^{33}o^{33}ŋɯ^{33}vo^{21}tʂ'ɯ^{33}　斯俄恩維起　斯俄恩維から

4260 sɿ̱^{33}dʐ'ɿ̱^{21}a^{21}vu^{21}zo^{21}　達斯治阿維　斯治阿維《スーヂーアーウェイ》（スジュアヴォ）に着き

4261 sɿ̱^{33}dʐ'ɿ̱^{21}a^{21}vu^{21}tʂ'ɯ^{33}　斯治阿維起　斯治阿維から

4262 la^{21}pa^{33}sa^{33}to^{33}zo^{21}　達拉巴三東　拉巴三東《ラーパーサンドン》（ラパサト）に着き

4263 la^{21}pa^{33}sa^{33}to^{33}tʂ'ɯ^{33}　拉巴三東起　拉巴三東から

4264 ndzɿ^{33}a^{21}ȵo^{21}ndi^{21}zo^{21}　達孜阿留地　孜阿留地《ズーアーリウディー》（ズアニョディ）に着き

4265 ndzɿ^{33}a^{21}ȵo^{21}ndi^{21}tʂ'ɯ^{33}　孜阿留地起　孜阿留地から

4266 nɔ^{33}ʐɿ^{33}p'u^{21}ʂu̱^{33}zo^{21}　達諾以平山④　諾以平山《ヌオイーピンシャン》（ノジュプシュ）に着き

4267 nɔ^{33}ʐɿ^{33}p'u^{21}ʂu̱^{33}tʂ'ɯ^{33}　諾以平山起　諾以平山から

4268 ʑi^{55}mo^{21}dzi^{21}vo^{21}zo^{21}　達英莫則俄　英莫則俄《インモーゼーウォ》（ジモジヴォ）に着いた

4269 ʑi^{55}mo^{21}dzi^{21}vo^{21}nɯ^{33}　英莫則俄呢　英莫則俄では

4270 ndzɿ^{33}ndo^{21}lɿ^{33}ma^{21}n̥a^{33}　君令民不行
王が命令しても民《たみ》は行なわなかった

4271 k'ɯ^{33}ʑɛ^{33}ts'ɿ̱^{21}dzɿ̱^{33}ndu̱^{21}　打一對鷄犬⑤　鶏と犬を一匹ずつ捕らえ

4272 ʂa^{33}ga^{33}ga^{33}dʐɿ^{33}ti^{55}　掛大路下方　広い道の下ほうに掛けておき

4273 ndzɿ^{33}ku^{33}ndzɿ^{33}li^{21}du̱^{33}　重振君之勢　王の権威を高めた

4274 ho^{33}lɯ^{33}ts'ɿ̱^{21}dzɿ̱^{33}ndu̱^{21}　打一對牛馬　牛と馬を一頭ずつ捕らえ

4275 ʂa^{33}ga^{33}ga^{33}ha^{33}ti^{55}　掛大路上方　広い道の上に掛けておき

4276 zu^{21}ho^{33}gu^{33}ɣa^{33}ti^{55}　掛於杉林中　杉の林の中に掛けておき

4277 tʂ'ɿ^{33}a^{21}lɯ^{33}di^{21}ti^{55}　麅與麞來分　ノロとノロジカを分けた

4278 zɿ̱^{55}a^{21}la^{55}ɣa^{33}ti^{55}　虎與豹來分　虎と豹を分けた

4279 ʂu^{33}a^{21}ha^{33}ɣa^{33}ti^{55}　錦鷄竹鷄別　錦鶏《にしきどり》と竹鶏《たけどり》を区別した

4280 dʑi^{33}a^{21}si^{33}di^{21}ti^{55}　主與奴來分　主人と奴僕を分けた

4281 gu̠^{21}a^{21}vu̠^{33}di^{21}ti^{55}　君與民來分　　王と民を分けた

4282 ndzɪ^{33}do^{21}lɪ^{33}na^{33}lo^{44}　君令是得行

（そこで）王の命令が行なわれるようになった

4283 p‘u^{21}xo^{33}zɯ^{33}sɔ^{33}ȵi^{33}　普夥三子呢　　普夥(プーフオ)（プホ）の三人の子は

4284 p‘u^{21}ndʐa^{33}du^{33}ʑu^{33}si^{44}　帶著丈田具　　田を測る道具を持ち

4285 ȵo^{33}ndʐa^{33}du^{33}ʑu^{33}si^{44}　帶著量地噐　　畑を測る器具を持ち

4286 p‘u^{21}ʂɯ^{21}li^{33}mo^{33}di^{44}　要去尋田焉　　田を探しに行った

4287 ȵo^{33}ʂɯ^{21}li^{33}mo^{33}di^{44}　要去找地焉　　畑を探しに行った

4288 ʑi^{55}mo^{21}dzi^{21}vo^{21}tʂ‘ɯ^{33}　英莫則俄起　　英莫則俄(インモーゼーウォ)（ジモジヴォ）から

4289 mi^{21}t‘i^{21}bo^{33}vo^{55}hi^{55}　達民提山下[6]　　民提(ミンティー)（ミティ）山の麓に着いた

4290 mi^{21}t‘i^{21}bo^{33}vo^{55}nɯ^{33}　民提山下呢　　民提山の麓では

4291 ha^{55}li^{33}zu^{21}tɛ^{33}tu^{33}　上方杉林深　　上のほうは杉林が深く

4292 dʐɪ̠^{21}li^{33}lo^{33}du̠^{21}no^{55}　下方溝谷深　　下のほうは溝が深い

4293 ndzɪ^{33}dzu^{33}p‘u^{21}ma^{21}ŋɯ^{33}　不宜君來住　　王が住むのには相応(ふさわ)しくない

4294 su^{33}tʂ‘ɯ^{33}t‘i^{55}ti^{21}ȵi^{33}　他人遷於此　　ほかの人はここに移住したが

4295 ndzɪ^{33}tʂ‘ɯ^{33}t‘i^{55}ma^{21}ti^{21}　君卻不遷此　　王はここには住まない

4296 mi^{21}t‘i^{21}bo^{33}vo^{55}tʂ‘ɯ^{33}　民提山下起　　民提(ミンティー)（ミティ）山の麓に立って

4297 ka^{55}lɪ̠^{21}mo^{21}bo^{33}mo^{33}　見甘兒莫波[7]　　甘兒莫波(ガンアルモーボー)（カルモボ）を見た

4298 ka^{55}lɪ̠^{21}mo^{21}bo^{33}nɯ^{33}　甘兒莫波呢　　甘兒莫波では

4299 pu̠^{33}ho^{33}pu^{33}ni^{33}ndi^{55}　灰冠雜紅冠[8]

灰色の冠と赤い冠が混じっているから

4300 su^{44}mu^{33}k‘u^{33}tɕ‘i^{21}dɯ^{33}　君子受氣處　　王がいじめられる所である

4301 su^{33}ts‘ɪ̠^{21}vu̠^{55}mbu^{44}dɯ^{33}　小人叫囂處

卑しい人間が騒ぎ立てる場所である

4302 ʑi^{33}tʂ‘ɯ^{33}ti^{55}ma^{21}ti^{21}　君不遷至此　　王はここには住まない

4303 ka^{55}lɪ̠^{21}mo^{21}bo^{33}hi^{55}　甘兒莫波立　　甘兒莫波(ガンアルモーボー)（カルモボ）に立って

4304 ku^{33}tsɪ^{33}dʑa^{21}gu̠^{21}mo^{33}　見古子平壩[9]

古子(グーズー)（クツ）という平らな盆地を見た

4305 ku^{33}tsɪ^{33}dʑa^{21}gu^{21}nɯ^{33}　古子壩上呢　　古子盆地では

4306 ma^{33}ʐɪ̠^{55}dʑi^{21}ɖi^{21}mu^{33}　砍竹作笛子　　竹を切って笛を作り

4307 hi^{44}k‘ɯ^{33}tsɪ^{33}lɪ^{33}pɪ̠^{21}　蒿枝掛鈴鐺　　蓬(よもぎ)の枝に鈴を掛ける

4308 zɿ^{21}dʑu^{21}mu^{21}tʂ‘u^{33}ɖi^{55}　草桿如矛槍　　草の茎は矛や槍の如くであり
4309 ndzɿ^{33}dzu^{33}p‘u^{21}ma^{21}ŋɯ^{33}　不宜君來住　　王の住まいには相応しくない
4310 ku^{33}tsɿ^{33}dʑa^{21}gu̠^{21}hi^{55}　古子壩上立　　古子(グーズー)（クツ）盆地に立って
4311 ndʑi^{55}ʑi^{33}ko^{21}dzi^{21}mo^{33}　見精以格則[10]　　精以格則(ジンイーグォゼー)（ジジコジ）を見た
4312 ndʑi^{55}ʑi^{33}ko^{21}dzi^{21}nɯ^{33}　精以格則呢　　精以格則には
4313 sɿ̠^{33}k‘ɛ^{33}ho^{33}dzi^{21}dzi^{21}　樹樁成排排　　木の杭が立ち並んでいる
4314 ha^{33}nɔ^{33}ma^{21}ȵi^{33}dɯ^{33}　烏鴉不此居　　カラスはここに住まないし
4315 ʑi^{33}tʂ‘ɯ^{33}t‘i^{55}ma^{21}ti^{21}　我也不到此　　私もここには住まない
4316 ndʑi^{55}ʑi^{33}ko^{21}dzi^{21}tʂ‘ɯ^{33}　精以格則起　　精以格則(ジンイーグォゼー)（ジジコジ）を出発し
4317 ɖa^{33}gu̠^{33}ʑi^{33}da^{33}mo^{33}　見拉古以達[11]　　拉古以達(ラーグーイーダー)（ラグジダ）を見た
4318 ɖa^{33}gu̠^{33}ʑi^{33}da^{33}nɯ^{33}　拉古以達呢　　拉古以達では
4319 ha^{55}li^{33}bo^{33}dʑi^{44}ndzɿ^{33}ku^{33}zɿ̠^{33}　上方有山壓君威
上のほうには王の権威を押さえつける山があり
4320 sɿ^{33}ʑi^{33}a^{33}mo^{44}ndzɿ^{33}ku^{33}zɿ̠^{33}　斯葉阿莫壓君威
斯葉阿莫(スーイエアーモー)（スジアモ）が王の権威を押さえつける
4321 dzɿ̠^{21}li^{33}dʑo^{21}dʑi^{21}ndzɿ^{33}ʂɿ^{33}ts‘ɿ^{33}　下方有壩攔君足
下のほうには王の足を阻む土手があり
4322 dzi^{21}o^{21}dʑo^{21}dʑi^{21}ndzɿ^{33}ʂɿ^{33}ts‘ɿ^{44}　則俄有壩攔君足
則俄(ゼーウォ)（ジオ）にある土手が王の足を阻む
4323 ndzɿ^{33}dzu^{33}p‘u^{21}ma^{21}ŋɯ^{33}　不宜君來住　　王の住まいには相応しくない
4324 ʑi^{33}tʂ‘ɯ^{33}t‘i^{55}ma^{21}ti^{21}　君不遷於此　　王はここに移住しない
4325 ɖa^{33}gu̠^{33}ʑi^{33}da^{33}hi^{55}　拉古以達立　　拉古以達(ラーグーイーダー)（ラグジダ）に立って
4326 mo^{21}ho^{33}la^{33}da^{33}mo^{33}　見莫火拉達[12]　　莫火拉達(モーフオラーダー)（モホラダ）を見た
4327 mo^{21}ho^{33}la^{33}da^{33}nɯ^{33}　莫火拉達呢　　莫火拉達では
4328 t‘o^{55}li^{33}bo^{33}dʑi^{44}tsu^{33}　上方有高山　　上のほうには高い山があり
4329 o^{55}li^{33}lo^{33}d‘u̠^{21}no^{55}　下方有深谷　　下のほうには深い谷がある
4330 dz‘ɿ^{33}dzu^{33}p‘u^{21}ma^{21}ŋɯ^{33}　不宜君來住　　王の住まいには相応しくない
4331 i^{33}tʂ‘ɯ^{33}t‘i^{55}ma^{21}ti^{21}　我不遷於此　　私はここに移住しない
【三人称「君」（王）が一人称「我」（私）に転じている】
4332 mo^{21}ho^{33}la^{33}da^{33}hi^{55}　莫火拉達立　　莫火拉達(モーフオラーダー)（モホラダ）に立って
4333 tɕa^{33}tɕɿ̠^{33}ʑi^{33}da^{33}mo^{33}　見甲紙以達　　甲紙以達(ジャーチーイーダー)（チャチュジダ）を見た

4334 tɕa^{33}tɕɿ̠^{33}ʑi^{33}da^{33}nɯ^{33}　甲紙以達呢　甲紙以達では

4335 ni^{21}ɖɿ^{33}i^{44}ts'ɿ̠^{33}p'u̠^{33}　彝風往下吹[13]　イ族の風（北風）が下へ吹き

4336 xɔ^{33}ɖɿ^{33}o^{55}g'u̠^{55}p'u̠^{33}　漢風往上吹　漢族の風（南風）が上へ吹く

4337 dz'ɿ^{33}dzu^{33}p'u^{21}ma^{21}ŋɯ^{33}　不宜君來住　王の住まいには相応しくない

4338 i^{33}tʂ'ɯ^{33}t'i^{55}ma^{21}ti^{21}　我不遷於此　私はここに移住しない

古事記への視点

■三人称と一人称の入れ替わり現象

4330句、4337句では三人称「君」（王）だったが、4331句、4338句では一人称「我」（私）に転じている。これらは4370句から再び三人称「君」（王）に戻るが、このように口頭の叙事歌の中で三人称と一人称が入れ替わる現象は、それほど稀なことではないと考えてよさそうだ。すると、『古事記』（神代記）のヤチホコの神の「神語（かむがたり）」で、「八千矛（やちほこ）の　神（かみ）の命（みこと）は　八島国（やしまくに）　妻（ま）枕きかねて……押（お）そぶらひ　我（わ）が立たせれば　引（ひ）こづらひ　我が立たせれば……」というふうに、同じ一つの歌の中で「八千矛（やちほこ）の神（かみ）の命（みこと）」という三人称的呼び方が「我（わ）」という一人称に転じているのも、同じ現象だと考えていいだろう。

4339 tɕa^{33}tɕɿ̠^{33}ʑi^{33}da^{33}hi^{55}　甲紙以達立　甲紙以達（ジャーチーイーダー）（チャチュジダ）に立って

4340 dʑa^{21}gu^{21}ka^{33}lo^{33}mo^{33}　見甲谷甘洛[14]　甲谷甘洛（ジャーグーガンルオ）（ジャグカロ）を見た

4341 dʑa^{21}gu^{21}ka^{33}lo^{33}nɯ^{33}　甲谷甘洛呢　甲谷甘洛は

4342 ts'æ^{33}dʑ'ɛ^{33}fu^{33}sɿ^{33}dɯ^{33}　野鹿磨角處[15]　鹿が角を磨いている所であり

4343 ȵi^{21}ti^{21}dʐɿ^{33}t'i^{55}dɯ^{33}　野猪磨牙處　猪が牙を磨いている所である

4344 dz'ɿ^{33}dzu^{33}p'u^{44}ma^{21}ŋɯ^{33}　不宜君來住　王の住まいには相応しくない

4345 i^{33}tʂ'ɯ^{33}t'i^{55}ma^{21}ti^{21}　我不遷於此　私はここに移住しない

【三人称「君」（王）が一人称「我」（私）に転じている】

4346 dʑa^{21}gu̠^{21}ka^{33}lo^{33}hi^{55}　甲谷甘洛立　甲谷甘洛（ジャーグーガンルオ）（ジャグカロ）に立って

4347 p'o^{21}ho^{33}la^{33}da^{33}mo^{33}　見頗火拉達　頗火拉達（ポーフオラーダー）（ポホラダ）を見た

4348 p'o^{21}ho^{33}la^{33}da^{33}nɯ^{33}　頗火拉達呢　頗火拉達では

4349 ha^{55}li^{33}zu^{21}dzu̠^{33}nɔ^{33}　上方杉林深　上のほうには深い杉林があり

4350 dʐɿ̠^{21}li^{33}ho^{55}tæ^{33}tu^{33}　下方霧層層　下のほうには濃い霧が漂っている

4351 dz'ɿ^{33}dzu^{33}p'u^{44}ma^{21}ŋɯ^{33}　不宜君來住　王の住まいには相応しくない

4352 i^{33}tʂ'ɯ^{33}t'i^{55}ma^{21}ti^{21}　我不遷於此　私はここに移住しない

【三人称「君」（王）が一人称「我」（私）に転じている】

4353 p‘o^{21}ho^{33}la^{33}da^{33}hi^{55}　頗火拉達立　頗火拉達（ポホラダ）に立って
4354 ɕi^{44}dz‘i^{33}la^{33}da^{33}mo^{33}　見西則拉達　西則拉達（シジラダ）を見た
4355 ɕi^{44}dz‘i^{33}la^{33}da^{33}nɯ^{33}　西則拉達呢　西則拉達では
4356 tɕo^{55}nɔ^{21}ɔ^{44}pa^{33}ndo^{33}　雄鷹蛙爲食　雄鷹が蛙を食って
4357 bo^{44}o^{33}gu^{33}ma^{33}tʂo^{55}　汚染[16]九座山　九つの山は穢れた
4358 mu^{33}nɔ^{33}ts‘o^{33}sı^{33}ndo^{33}　黒鳥飲人血　黒い鳥が人の血を飲んで
4359 ɖo^{21}tɕ‘u^{33}gu^{33}ma^{33}tʂo^{55}　汚染九箇圏　九つの地域が穢れた
4360 k‘ɯ^{33}nɔ^{33}ts‘o^{44}ʂɯ^{33}dzɯ^{33}　黒狗喫人肉　黒い犬が人の肉を食って
4361 li^{21}ʑi^{33}gu^{33}ma^{33}tʂo^{55}　汚染九箇屋　九つの家が穢れた
4362 ha^{33}nɔ^{33}mu^{33}ku^{33}k‘ɯ^{21}　烏鴉吸煙火　カラスが煙を吸って
4363 zu^{21}ho^{33}gu^{33}p‘u^{21}tʂo^{55}　汚染九片杉　九つの地域の杉林が穢れた
4364 ɕi^{44}ndzi^{33}la^{33}da^{33}hi^{55}　西則拉達立　西則拉達（シジラダ）に立って
4365 a^{44}tʂ‘ı^{33}pi^{33}lı^{44}mo^{33}　見阿歯比爾[17]　阿歯比爾（アチュピル）を見た
4366 a^{44}tʂ‘ı^{33}pi^{33}li^{44}nɯ^{33}　阿歯比爾呢　阿歯比爾では
4367 lɯ^{33}nɔ^{33}o^{21}li^{55}mo^{33}　黒牛禿頭犂[18]　頭の禿げた黒牛で田を耕す
4368 i^{55}tʂ‘ı^{21}p‘ı^{21}dzı^{33}zi^{33}　斷柄勺爲用　柄の欠けた杓子を使う
4369 ndzı^{33}dzu^{33}p‘u^{44}ma^{21}ŋɯ^{33}　不宜君來住　王の住まいには相応しくない
4370 ndzı^{33}tʂ‘ɯ^{33}t‘i^{55}ma^{21}ti^{21}　君不遷於此　王はここに移住しない

【一人称「我」（私）が三人称「君」（王）に戻っている。以下略す】

4371 a^{44}tʂ‘ı^{33}pi^{33}lı^{44}hi^{55}　阿歯比爾立　阿歯比爾（アチュピル）に立って
4372 nɛ^{33}ʐı^{33}l̠ı^{33}dʑo^{21}mo^{33}　見諾以爾覺　諾以爾覚（ネジュルジョ）を見た
4373 næ^{33}ʐı^{33}l̠ı^{33}dʑo^{21}nɯ^{33}　諾以爾覺呢　諾以爾覚には
4374 ni^{21}zɯ^{33}la^{33}ȵi^{33}ndʐu̠^{33}　彝人來也禁　イ族が来てもいけないし
4375 xɔ^{33}zɯ^{33}la^{33}ȵi^{33}ndʐu̠^{33}　漢人來也禁　漢族が来てもいけない
4376 ndzı^{33}dzu^{33}p‘u^{21}ma^{21}ŋɯ^{33}　不宜君來住　王の住まいには相応しくない
4377 ndzı^{33}tʂ‘ɯ^{33}t‘i^{55}ma^{21}ti^{21}　君不遷於此　王はここに移住しない
4378 næ^{33}ʐı^{33}l̠ı^{33}dʑo^{21}hi^{55}　諾以爾覺立　諾以爾覚（ネジュルジョ）に立って
4379 a^{55}ho^{21}ȵi^{33}ʐı^{33}mo^{33}　見阿紅留以[19]　阿紅留以（アホニジュ）を見た
4380 a^{55}ho^{21}ȵi^{33}ʐı^{33}nɯ^{33}　阿紅留以呢　阿紅留以は
4381 p‘ı^{21}bu^{33}mu^{33}ts‘a^{33}ɖi^{55}　臀部受日曬　尻が日に焼けて

4382 vu̱^{55}dʑi^{21}ʐɿ^{33}ʂɿ^{33}dɿ̱^{55}　潮湿起水疱　　湿って水ぶくれができる

4383 ndzɿ^{33}dzu^{33}p'u^{44}ma^{21}ŋɯ^{33}　不宜君來住　　王の住まいには相応しくない

4384 i^{33}tʂ'ɯ^{33}t'i^{55}ma^{21}ti^{21}　我不遷於此　　私はここに移住しない

4385 a^{55}ho^{21}ȵi^{33}ʐɿ^{33}hi^{55}　阿紅留以立　　阿紅留以（アーホンリウイー）（アホニジュ）に立って

4386 lɯ^{21}gɯ^{21}o^{21}dʐo^{33}mo^{33}　見勒格俄着　　勒格俄着（レーグォウォチョ）（ルグオジョ）を見た

4387 lɯ^{21}gɯ^{21}o^{21}dʐo^{33}nɯ^{33}　勒格俄着呢　　勒格俄着には

4388 tu̱^{33}zɯ^{33}ga^{33}ʐɯ^{44}dɯ^{33}　千人聚集處　　千人も集まって

4389 ʐɯ^{21}nɯ^{33}ts'ɿ̱^{21}ga^{33}la^{33}　聚則到一處　　一か所に集中して居住する

4390 ŋgo^{44}nɯ^{33}ȵi^{21}di^{44}li^{33}　散則各東西　　分けると東西に散らばるので

4391 ndzɿ^{33}dzu^{33}p'u^{44}ma^{21}ŋɯ^{33}　不宜君來住　　王の住まいには相応しくない

4392 lɯ^{21}gɯ^{21}o^{21}dʐo^{33}hi^{55}　勒格俄着立　　勒格俄着（レーグォウォチョ）（ルグオジョ）に立って

4393 mu^{44}t'ɯ^{33}tu^{55}lɿ^{33}mo^{33}　見母特都爾　　母特都爾（ムーテードゥーアル）（ムトゥトゥル）を見た

4394 mu^{33}t'ɯ^{33}tu^{55}lɿ^{33}nɯ^{33}　母特都爾呢　　母特都爾では

4395 ni^{21}zɯ^{33}ʑu̱^{33}li^{33}xɔ^{33}ho^{21}mu^{33}　彝人生來會漢語

イ族は生まれつき漢語ができ

4396 xɔ^{33}zɯ^{33}ʑu̱^{33}li^{33}ni^{21}ndzu^{21}ts'u̱^{33}　漢人生來留彝髻

漢族は生まれつきイ族の髻（まげ）を結い

4397 di^{21}bo^{21}tsɿ̱^{55}ma^{21}tæ^{33}　界綫不明確　　違いがはっきりしない

4398 ndzɿ^{33}dzu^{33}p'u^{21}ma^{21}ŋɯ^{33}　不宜君來住　　王の住まいには相応しくない

4399 ndzɿ^{33}tʂ'ɯ^{33}t'i^{55}ma^{21}ti^{21}　君不遷於此　　王はここに移住しない

4400 mu^{33}t'ɯ^{33}tu^{55}lɿ^{33}hi^{55}　母特都爾立　　母特都爾（ムーテードゥーアル）（ムトゥトゥル）に立って

4401 p'u̱^{55}ʂu̱^{33}ka^{44}t'ɔ^{33}mo^{33}　見鋪史甘拖　　鋪史甘拖（プーシーガントゥオ）（プシュカト）を見た

4402 p'u^{55}ʂu̱^{33}ka^{44}t'ɔ^{33}nɯ^{33}　鋪史甘拖呢　　鋪史甘拖では

4403 kɔ^{33}kɔ^{33}ndzɿ̱^{55}pu^{33}du̱^{33}　土堅地荒涼　　土は固くて大地が荒れ果てており

4404 zɯ^{33}lɿ^{33}ʂa^{33}ʐɿ^{33}dzu̱^{33}　子孫會貧窮　　子孫は貧しくなるだろう

4405 ʐɿ^{33}dzu̱^{33}p'u̱^{55}ʂu̱^{33}dzu̱^{33}　有草衹有蒲　　草はあっても蒲（がま）しかなく

4406 k'o^{33}mu^{33}ʐɿ^{33}ma^{21}tɕ'o^{33}　不能作鋪墊　　敷物を作れない

4407 ndzɿ^{33}dzu^{33}dɯ^{33}li^{33}vu^{33}　君可居處窄　　王の住居は狭くなる

4408 nɔ^{33}dzu^{33}dɯ^{33}li^{33}dzɿ^{33}　黑彝居處寬[20]　　黒イ族の住居は広い

4409 nɔ^{33}ʂɿ^{33}lo^{55}li^{33}fu^{33}　黑彝手粗壯[21]　　黒イ族の手は丈夫である

4410 ndzɿ^{33}dzu^{33}p'u^{21}ma^{21}ŋɯ^{33}　不宜君來住　　王の住まいには相応しくない

4411 ndzɪ^{33}tʂ‘ɯ^{33}t‘i^{55}ma^{21}ti^{21}　君不遷於此　王はここに移住しない

4412 p‘u̱^{55}ʂu̱^{33}ka^{44}t‘ɔ^{33}hi^{55}　鋪史甘拖立　鋪史甘拖(プーシーガントゥオ)（プシュカト）に立って

4413 sa^{33}lɪ̱^{55}ndi^{21}p‘o^{33}mo^{33}　見撒爾迪坡[22]　撒爾迪坂(サーアルディーポー)（サルディポ）を見た

4414 sa^{33}lɪ̱^{55}ndi^{21}p‘o^{33}nɯ^{35}　撒爾迪坡呢　撒爾迪坂では

4415 t‘o^{55}ɣa^{33}mu^{33}bu̱^{33}vu^{33}　上面天空窄　上部の空は狭く

4416 o^{55}ɣa^{21}ts‘i^{33}ndʑi^{33}xo^{33}　下面鹿之室[23]　下部は鹿の棲み家になっている

4417 dʑu̱^{55}li^{33}ndi^{21}dʑi^{21}fi^{33}　中間壩寛敞　中間には広い盆地があり

4418 vo^{55}ȵi^{33}k‘a^{33}t‘i^{33}mu^{33}　野猪磨嘴處

猪が牙を磨いて（言い争いをして）いる所である

4419 ʑi^{55}k‘u^{33}tsɪ^{33}lɪ^{33}ndi^{55}　屋簷掛氷鈴[24]

軒下には氷の鈴（つらら）がぶら下がり

4420 hi^{44}k‘ɯ^{33}vɔ^{21}pæ^{33}ŋo^{55}　蒿枝彎弓弓　蓬(よもぎ)の枝は曲がりに曲がり

4421 zu^{21}zɯ^{33}tɕ‘u^{33}gɔ^{33}ga^{55}　杉樹披銀裝　杉の木は銀白色になり

4422 ʂu̱^{55}zɯ^{33}tsɪ^{33}lɪ^{33}pɪ^{21}　栢樹帶鈴鐺

コノテガシワの木には氷の鈴がぶら下がり

4423 tsa^{33}bɪ^{21}ɔ^{33}væ^{33}ndi^{55}　土塊似開花

土の塊りに花が咲いているみたいだ

4424 ȵo^{21}mu^{33}dza^{33}ma^{21}ɣɯ^{21}　勞作無収穫　耕作しても収穫が無く

4425 ʂɪ^{33}k‘ɔ^{33}k‘a^{33}ts‘ɪ^{33}ʐɪ^{33}　勇士漱口水[25]

勇猛な者が口をすすぐ水は（汚いので）

4426 ndzɪ^{33}ndo^{33}ʐɪ^{33}ma^{21}ŋɯ^{33}　不配君來飲　王が飲むのに相応しくない

4427 ndzɪ^{33}dzu^{33}p‘u^{21}ma^{21}ŋɯ^{33}　不宜君來住　王の住まいには相応しくない

4428 ndzɪ^{33}tʂ‘ɯ^{33}t‘i^{55}ma^{21}ti^{21}　君不遷於此　王はここに移住しない

4429 sa^{33}lɪ̱^{55}ndi^{21}p‘o^{33}hi^{55}　撒爾迪坡立　撒爾迪坂(サーアルディーポー)（サルディポ）に立って

4430 sɪ̱^{33}k‘æ^{33}la^{33}da^{33}mo^{33}　見四開拉達　四開拉達(スーカイラーダー)（スケラダ）を見た

4431 sɪ̱^{33}k‘æ^{33}la^{33}da^{33}nɯ^{33}　四開拉達呢　四開拉達は

4432 sɪ̱^{33}k‘æ^{33}vo^{55}lɯ^{21}t‘u̱^{21}　四開如猪槽　四開拉達は豚の餌桶の如くであり

4433 o^{44}ȵi^{33}o^{33}a^{21}ndi^{55}　既無所謂首　頭も無いし

4434 ɣa^{44}ȵi^{33}ɣa^{33}a^{21}ndi^{55}　也無所謂尾　尾も無い

4435 ndzɪ^{33}dzu^{33}p‘u^{44}ma^{21}ŋɯ^{33}　不宜君來住　王の住まいには相応しくない

4436 ndzɪ^{33}tʂ‘ɯ^{33}t‘i^{55}ma^{21}ti^{21}　君不遷於此　王はここに移住しない

4437 sɿ̱^{33}k‘æ^{33}la^{33}da^{33}hi^{55}　四開拉達立　四開拉達（スーカイラーダー）（スケラダ）に立って

4438 tɕo^{55}t‘u̱^{33}mu^{33}gu̱^{33}mo^{33}　見糾突母古　糾突母古（ジウトゥームーグー）（チョトゥムグ）を見た

4439 tɕo^{55}t‘u^{33}mu^{33}gu̱^{33}nɯ^{33}　糾突母古呢　糾突母古は

4440 bɿ^{33}zɿ^{33}mo^{21}ŋgɯ^{21}dɯ^{33}　兇鬼[26]開會處　悪鬼が会議を開く所である

4441 o^{33}k‘æ^{33}lo^{55}p‘ɔ^{33}tsɿ̱^{33}　砍頭握於掌　狩り取った頭を掌に持ち

4442 ni^{21}ɖɿ^{33}la^{44}ȵi^{33}t‘i^{55}　彝風也來吹　イ族の風（北風）も吹き

4443 xɔ^{33}ɖɿ^{33}la^{44}ȵi^{33}t‘i^{55}　漢風也來吹　漢族の風（南風）も吹く

4444 zɯ^{33}si^{55}lo^{55}ts‘ɿ^{33}ʐɿ^{33}　殺人洗手水　人を殺したあと手を洗った水は

4445 ndzɿ^{33}ndo^{33}ʐɿ^{33}ma^{21}ŋɯ^{33}　不配君來飲　王が飲むのに相応しくない

4446 ndzɿ^{33}tʂ‘ɯ^{33}t‘i^{55}mu^{21}ti^{21}　君不遷於此　王はここに移住しない

4447 tɕo^{55}t‘u̱^{33}mu^{33}gu̱^{33}hi^{55}　糾突母古立　糾突母古（ジウトゥームーグー）（チョトゥムグ）に立って

4448 li^{21}mu^{33}tɕɔ^{33}dʑo^{21}mo^{33}　見利母交覺[27]　利母交覚（リームージャオジュエ）（リムチョジョ）を見た

4449 li^{21}mu^{33}tɕɔ^{33}dʑo^{21}nɯ^{33}　利母交覺呢　利母交覚では

4450 dʑu̱^{55}li^{33}t‘ɯ^{33}ti^{33}dzu̱^{33}　山腰長獨松

山の中腹に生えているのは松が一本だけで

4451 ni^{21}ɖɿ^{33}la^{44}ȵi^{33}ndʐu̱^{55}　彝風吹也氷　イ族の風（北風）が吹いても氷になり

4452 ʂɔ^{33}ɖɿ^{33}la^{44}ȵi^{33}ndʐu̱^{55}　漢風吹也氷　漢族の風（南風）が吹いても氷になる

4453 mu^{33}ʂɿ^{33}ɣa^{55}bu̱^{33}dzɿ^{33}　弱馬駕鞍騎　弱い馬に鞍を置いて乗る

4454 p‘u̱^{21}da^{33}ȵi^{33}p‘u̱^{21}dzɿ^{33}　僕人也來騎　奴僕も馬に乗り

4455 si^{33}da^{33}ȵi^{33}si^{33}dzɿ^{33}　主人也來騎　主人も馬に乗る

4456 ndzɿ^{33}dzu^{33}p‘u^{21}ma^{21}ŋɯ^{33}　不宜君來住　王の住まいには相応しくない

4457 ndzɿ^{33}tʂ‘ɯ^{33}t‘i^{55}ma^{21}ti^{21}　君不遷於此　王はここに移住しない

4458 li^{21}mu^{33}tɕɔ^{33}dʑo^{33}hi^{55}　利母交覺立　利母交覚（リームージャオジュエ）（リムチョジョ）に立って

4459 li^{21}mu^{33}tʂɿ^{21}hi^{33}mo^{33}　見利母竹核　利母竹核（リームーチューフー）（リムチュヒ）を見た

4460 li^{21}mu^{33}tʂɿ^{21}hi^{33}mu^{33}　利母竹核呢　利母竹核では

4461 ts‘ɿ̱^{21}hɔ^{33}vi^{21}ts‘i^{33}dzɿ^{33}　一夜宴十客[28]　一晩で十人にご馳走する

4462 k‘u̱^{55}ti^{33}ɣɯ^{21}hi^{55}ȵi^{33}　年内可有皿　年に（何回か）なら皿を出せるが

4463 æ^{33}ti^{33}ɣɯ^{21}ma^{21}hi^{55} 月内不定有　月に（何回か）なら出せるとは限らない

4464 k‘u̱^{55}ts‘i^{33}ɣɯ^{21}hi^{55}ȵi^{33}　年内可有菜　年に（何回か）なら料理を出せるが

4465 ɖɯ^{21}ti^{33}ɣɯ^{21}ma^{21}hi^{55}　月内不定有

月に（何回か）なら出せるとは限らない

4466 dza^{33}ts‘o^{33}ɣɯ^{21}hi^{55}ȵi^{33}　熱飯雖可得　　熱いご飯はあるが

4467 ʐɿ^{33}ts‘a^{33}ɣɯ^{21}ma^{21}hi^{55}　熱湯不可得　　熱いお湯はない

4468 ndzɿ^{33}dzu^{33}p‘u^{21}ma^{21}ŋɯ^{33}　不宜君來住　　王の住まいには相応しくない

4469 ndzɿ^{33}tʂ‘ɯ^{33}t‘i^{55}ma^{21}ti^{21}　君不遷於此　　王はここに移住しない

4470 ni^{21}mu^{33}tʂɿ^{21}hi^{33}hi^{55}　利母竹核立　　利母竹核(リームーチューフー)（リムチュヒ）に立って

4471 sɿ̱^{33}tɕ‘i^{33}ndʑi^{55}lɿ^{33}mo^{33}　見斯請精爾[29]　　斯請精爾(スーチンジンアル)（スチジル）を見た

4472 sɿ̱^{33}tɕ‘i^{33}ndʑi^{55}lɿ^{33}nɯ^{33}　斯請精爾呢　　斯請精爾では

4473 sɿ̱^{33}tɕ‘i^{33}a^{21}go^{33}ts‘ɿ̱^{55}　樹葉飄不盡　　木の葉が尽きることなく飛び落ちる

4474 ndʑi^{55}lɿ^{33}p‘u^{21}a^{21}ȵi^{33}　　（中国語に翻訳できない）

4475 ndzɿ^{33}dzu^{33}p‘u^{21}ma^{21}ŋɯ^{33}　不宜君來住　　王の住まいには相応しくない

4476 ndzɿ^{33}tʂ‘ɯ^{33}t‘i^{55}ma^{21}ti^{21}　君不遷於此　　王はここに移住しない

4477 sɿ̱^{33}tɕ‘i^{33}ndʑi^{55}lɿ^{33}hi^{55}　斯請精爾立　　斯請精爾(スーチンジンアル)（スチジル）に立って

4478 ʐɿ^{21}ɣa^{33}lo^{33}mo^{44}mo^{33}　見日阿洛莫[30]　　日阿洛莫(リーアールオモー)（ジュワロモ）を見た

4479 ʐɿ^{21}ɣa^{33}lo^{33}mo^{44}nɯ^{33}　日阿洛莫呢　　日阿洛莫では

4480 ho^{33}dzu̱^{33}nɔ^{33}ŋɯ^{21}ŋɯ^{21}　深林莽蒼蒼　　奥深い林が鬱蒼と茂り

4481 ni^{21}ɖɿ^{33}la^{44}ȵi^{33}zo^{21}　彝風也來吹　　イ族の風（北風）も吹き

4482 xɔ^{33}ɖɿ^{33}la^{44}ȵi^{33}zo^{21}　漢風也來吹　　漢族の風（南風）も吹く

4483 ndzɿ^{33}tʂ‘ɯ^{33}t‘i^{55}ma^{21}ti^{21}　君不遷於此　　王はここに移住しない

4484 ʐɿ^{21}ɣa^{33}lo^{33}mo^{44}hi^{55}　日阿洛莫立　　日阿洛莫(リーアールオモー)（ジュワロモ）に立って

4485 ndʑi^{55}ʑi^{33}ʂɔ^{33}nɔ^{33}mo^{33}　見精以紹諾[31]　　精以紹諾(ジンイージャオヌオ)（ジジショノ）を見た

4486 ndʑi^{55}ʑi^{33}ʂɔ^{33}nɔ^{33}nɯ^{33}　精以紹諾呢　　精以紹諾では

4487 bo^{33}dʑi^{44}tu^{33}mu^{33}dʑi^{44}　峰密疊成障　　山々が重なって聳(そび)え

4488 lɿ̱^{33}dʐɔ^{33}p‘u^{21}mu^{33}dʐɔ^{33}　石塊堆成片　　石ころがたくさん積み重なり

4489 nɔ^{33}ʐɿ^{33}la^{33}ʂɿ^{33}ts‘ɿ^{44}　江河來拌脚

川は足にまつわりついて（進むのを妨げる）

4490 ʐɿ^{33}dzu̱^{33}du̱^{55}ʂɿ^{33}dzu̱^{33}　有草爲毒草　　草があっても毒草である

4491 ni^{21}zɯ^{33}ʑu^{44}ȵi^{33}du̱^{55}　彝人中其毒　　イ族はその毒に当たり

4492 ʂɔ^{33}zɯ^{33}ʑu^{44}ȵi^{33}du̱^{55}　漢人中其毒　　漢族はその毒に当たり

4493 ts‘ɿ^{44}ȵi^{33}du̱^{55}p‘o^{33}sɿ^{33}ga^{33}bu^{33}　看來將會受毒死

見たところ、毒に当たっていずれ死ぬだろう

4494 ndzɿ^{33}dzu^{33}p‘u^{21}ma^{21}ŋɯ^{33}　不宜君來住　　王の住まいには相応しくない

4495 ndzɿ^{33}tʂʻɯ^{33}tʻi^{55}ma^{21}ti^{21}　君不遷於此　王はここに移住しない
4496 ndʑi^{55}ʑi^{33}ʂɔ^{33}nɔ^{33}hi^{55}　精以紹諾立　精以紹諾（ジンイージャオヌオ）（ジジショノ）に立って
4497 gɯ^{44}du̱^{33}hi^{55}tɕʻu^{33}mo^{33}　見格都海曲　格都海曲（グォドゥーハイチウ）(グドゥヒチュ)を見た
4498 gɯ^{44}du̱^{33}hi^{55}tɕʻu^{33}nɯ^{33}　格都海曲呢　格都海曲では
4499 gɯ^{33}zɯ^{33}tsʻu̱^{55}mu^{33}sa^{33}　日光輝燦燦　太陽がギラギラ輝き
4500 ho^{21}la^{21}tɕʻæ^{55}ɣɯ^{33}zɿ^{33}　濕疹痢疾多㉜　湿疹や下痢が多い
4501 bu̱^{55}dzu̱^{33}ma^{33}ndʑi^{44}ȵi^{33}　有草生竹根　草には竹の根が生（は）え
4502 du^{33}ndi^{55}bu^{33}zɯ^{33}ȵi^{33}　翅類有飛蟲㉝　翼のある生き物は飛ぶ虫しかいない
4503 ndzɿ^{33}dzu^{33}pʻu^{21}ma^{21}ŋɯ^{33}　不宜君來住　王の住まいには相応しくない
4504 ndzɿ^{33}tʂʻɯ^{33}tʻi^{55}ma^{21}ti^{21}　君不遷於此　王はここに移住しない
4505 gɯ^{44}du̱^{33}hi^{55}tɕʻu^{33}hi^{55}　格都海曲立　格都海曲（グォドゥーハイチウ）(グドゥヒチュ)に立って
4506 mu^{33}ndzɿ^{33}la^{55}ho^{33}mo^{33}　見母孜拉火㉞　母孜拉火（ムーズーラーフオ）（ムズラホ）を見た
4507 mu^{33}ndzɿ^{33}la^{55}ho^{33}nɯ^{33}　母孜拉火呢　母孜拉火では
4508 dzɿ^{33}mu^{33}ʂɔ^{33}hi^{55}ȵi^{33}　馬可馴來騎　馬を馴らして乗ることはできても
4509 tɕa^{33}mu^{33}ʂɔ^{33}ma^{21}hi^{55}　不可馴來馱　物を載せて運ぶことはできない
4510 ndzɿ^{33}dzu^{33}pʻu^{21}ma^{21}ŋɯ^{33}　不宜君來住　王の住まいには相応しくない
4511 ndzɿ^{33}tʂʻɯ^{33}tʻi^{55}ma^{21}ti^{21}　君不遷於此　王はここに移住しない
4512 mu^{33}ndzɿ^{33}la^{55}ho^{33}hi^{55}　母孜拉火立　母孜拉火（ムーズーラーフオ）（ムズラホ）に立って
4513 sa^{55}zɿ^{33}tʻɯ^{21}ndu̱^{21}mo^{33}　見三以特度　三以特度（サンイーテードゥー）(サジュトゥドゥ)を見た
4514 sa^{55}zɿ^{33}tʻɯ^{21}ndu̱^{21}nɯ^{33}　三以特度呢　三以特度では
4515 vo^{21}ndu^{33}tsɿ̱^{55}mo^{21}si^{21}　蘿蔔用鋤挖　鋤で大根を掘り
4516 zɿ^{33}kʻi^{55}ti^{21}sɿ̱^{55}si^{21}　舀水用鐵杵㉟　鉄の杵で水を汲むので
4517 zɯ^{33}lɿ^{33}mi^{55}si^{33}dzu^{33}　子孫有餓相　子孫が飢えるのが見える
4518 ndzɿ^{33}dzu^{33}pʻu^{21}ma^{21}ŋɯ^{33}　不宜君來住　王の住まいには相応しくない
4519 ndzɿ^{33}tʂʻɯ^{33}tʻi^{55}ma^{21}ti^{21}　君不遷於此　王はここに移住しない
4520 sa^{55}zɿ^{33}tʻɯ^{21}ndu̱^{21}hi^{55}　三以特度立　三以特度（サンイーテードゥー）(サジュトゥドゥ)に立って
4521 ʑo^{44}mu^{33}ndʑɛ^{55}lɛ^{33}mo^{33}　見有母甲乃　有母甲乃（ヨウムージャーナイ）(ゾムジェレ)を見た
4522 ʑo^{44}mu^{33}ndʑɛ^{55}lɛ^{33}nɯ^{33}　有母甲乃呢　有母甲乃は
4523 ha^{33}nɔ^{33}tɕo^{33}zɯ^{44}tɕʻi^{21}　烏鴉聚會處　カラスが集まる所である
4524 ndzɿ^{33}dzu^{33}pʻu^{21}ma^{21}ŋɯ^{33}　不宜君來住　王の住まいには相応しくない
4525 ndzɿ^{33}tʂʻɯ^{33}tʻi^{55}ma^{21}ti^{21}　君不遷於此　王はここに移住しない

4526 ʑo^{44}mu^{33}ndʑɛ^{55}lɛ^{33}hi^{55}　有母甲乃立　有母甲乃〔ヨウムージャーナイ〕(ゾムジェレ)に立って
4527 a^{55}li^{21}la^{21}va^{33}mo^{33}　見阿利拿瓦　阿利拿瓦〔アーリーナーワー〕（アリラヴァ）を見た
4528 a^{55}li^{21}la^{21}va^{33}nɯ^{33}　阿利拿瓦呢　阿利拿瓦では
4529 o^{33}li^{33}ndʑo^{55}ʂo^{33}gæ^{33}　頭乃受凍裂　頭にあかぎれができ
4530 dʑu̱^{55}li^{33}ɖı^{33}ndu̱^{21}tʂʻı^{33}　腰被風吹折　腰が風に吹かれて折れ
4531 ʂı^{44}li^{33}tsa^{33}dzɯ^{33}go^{33}　足被土食盡　足が土に埋まってしまう
4532 ndzı^{33}dzu^{33}pʻu^{21}ma^{21}ŋɯ^{33}　不宜君來住　王の住まいには相応しくない
4533 ndzı^{33}tʂʻɯ^{33}tʻi^{55}ma^{21}ti^{21}　君不遷於此　王はここに移住しない
4534 a^{55}li^{21}la^{21}va^{33}hi^{55}　阿利拿瓦立　阿利拿瓦〔アーリーナーワー〕（アリラヴァ）に立って
4535 tʻɯ^{33}dʑo^{44}la^{33}da^{33}mo^{33}　見特覺拉達[36]　特覚拉達〔テージュエラーダー〕(トゥジョラダ)を見た
4536 tʻɯ^{33}dʑo^{44}la^{33}da^{33}nɯ^{33}　特覺拉達呢　特覚拉達は
4537 tʻɯ^{33}dʑo^{44}vo^{55}lɯ^{21}tʻu̱^{21}　特覺如猪槽
特覚〔テージュエ〕は（トゥジョ）は豚の餌桶の如くであり
4538 pʻu̱^{21}ȵo^{33}vu̱^{55}ʂa^{33}ndi^{55}　田地很貧瘠　田畑が痩せているので
4539 ʂı̱^{21}ʑu^{33}dza^{33}pa^{44}dzɯ^{33}　娶妻換糧喫
娶った妻と交換して得た食料を食べる
4540 ndzı^{33}dzu^{33}pʻu^{21}ma^{21}ŋɯ^{33}　不宜君來住　王の住まいには相応しくない
4541 ndzı^{33}tʂʻɯ^{33}tʻi^{55}ma^{21}ti^{21}　君不遷於此　王はここに移住しない
4542 tʻɯ^{33}dʑo^{44}la^{33}da^{33}hi^{55}　特覺拉達立　特覚拉達〔テージュエラーダー〕(トゥジョラダ)に立って
4543 ndʑi^{55}la^{33}pu^{44}tʻɯ^{33}mo^{33}　見精拉布拖　精拉布拖〔ジンラーブートゥオ〕（ジラプトゥ）を見た
4544 ndʑi^{55}la^{33}pu^{44}tʻɯ^{33}nɯ^{33}　精拉布拖呢　精拉布拖では
4545 gu̱^{55}tu̱^{33}ʂa^{33}tɕo^{21}dʑo^{33}　麦糠當作食　麦のぬかを食料にしている
4546 a^{33}ndzi^{33}mo^{21}lı^{33}ma^{33}　阿爭氏四女　阿争〔アーチョン〕（アジ）の四人娘は
4547 nɯ^{33}dzɯ^{33}ŋa^{33}dzɯ^{33}mbu̱^{55}　你爭我抱食　我先に食べ物を争い
4548 ȵi^{33}la^{33}ȵi^{33}di^{21}dzɯ^{33}　很好喫云云　とても美味しいと言っている
4549 ga^{21}nɔ^{33}po^{44}tsʻı^{33}dzɯ^{33}　苦蕎粑來食　苦いソバの餅を食べ
4550 nɯ^{33}dzɯ^{33}ŋa^{33}dzɯ^{33}po^{55}　你爭我抱食　我先に食べ物を争っている
4551 ndzı^{33}dzu^{33}pʻu^{21}ma^{21}ŋɯ^{33}　不宜君來住　王の住まいには相応しくない
4552 ndzı^{33}tʂʻɯ^{33}tʻi^{55}ma^{21}ti^{21}　君不遷於此　王はここに移住しない
4553 ndʑi^{55}la^{33}pu^{44}tʻɯ^{33}hi^{55}　精拉布拖立　精拉布拖〔ジンラーブートゥオ〕(ジラプトゥ)に立って
4554 ȵi^{33}tɕʻi^{33}lɯ^{33}hi^{55}mo^{33}　見你請勒海　你請勒海〔ニーチンレーハイ〕（ニチルヒ）を見た

4555 ȵi^{33}tɕʻi^{33}lɯ^{33}hi^{55}nɯ^{33} 你請勒海呢 你請勒海では

4556 tʂʻɿ^{44}zɯ^{33}dʐɯ^{33}bo^{21}pæ^{33} 麂子當牲畜 ノロを家畜とし

4557 mo^{21}mo^{21}ŋga^{55}bo^{21}ni^{21} 錦鶏當家禽 ニシキドリを家禽とする

4558 ndzɿ^{33}dzu^{33}pʻu^{21}ma^{21}ŋɯ^{33} 不宜君來住 王の住まいには相応しくない

4559 ndzɿ^{33}tʂʻɯ^{33}tʻi^{55}ma^{21}ti^{21} 君不遷於此 王はここに移住しない

4560 ȵi^{33}tɕʻi^{33}lɯ^{33}hi^{55}hi^{55} 你請勒海立 你請勒海《ニーチンレーハイ》（ニチルヒ）に立って

4561 ȵu̱^{55}ŋɯ^{33}lo^{21}lo^{21}mo^{33} 見留恩洛洛[37] 留恩洛洛《リウエンルオルオ》（ニュグロロ）を見た

4562 ȵu̱^{55}ŋɯ^{33}lo^{21}lo^{21}nɯ^{33} 留恩洛洛呢 留恩洛洛には

4563 sɿ̱^{33}dzu̱^{33}tɕɿ^{33}sɿ̱^{33}dzu̱^{33} 有樹衹有桑 木があっても桑しかなく

4564 sɿ̱^{33}gu̱^{55}pu̱^{33}ma^{21}tɕʻo^{33} 不能作犂頭 鋤の柄には使えない

4565 lɿ̱^{33}dʑɔ^{33}lɿ̱^{33}su̱^{33}dʑɔ^{33} 有石有磨石 砥石《といし》はあるが

4566 tɕʻæ^{33}lɿ̱^{33}pu̱^{33}ma^{21}ɣɯ^{21} 無石可作磨[38] 挽き臼に使える石はない

4567 ndzɿ^{33}dzu^{33}pʻu^{21}ma^{21}ŋɯ^{33} 不宜君來住 王の住まいには相応しくない

4568 ndzɿ^{33}tʂʻɯ^{33}tʻi^{55}ma^{21}ti^{21} 君不遷於此 王はここに移住しない

4569 ȵu̱^{55}ŋɯ^{33}lo^{21}lo^{21}hi^{55} 留恩洛洛立 留恩洛洛《リウエンルオルオ》（ニュグロロ）に立って

4570 a^{21}næ^{21}ma^{55}ho^{33}mo^{33} 見阿涼瑪火 阿涼瑪火《アーリャンマーフオ》（アネマホ）を見た

4571 a^{21}næ^{21}ma^{55}ho^{33}nɯ^{33} 阿涼瑪火呢 阿涼瑪火では

4572 ʂu̱^{55}zɯ^{33}tɕʻu^{33}gɔ^{33}ga^{55} 栢樹着銀裝 コノテガシワの木は銀色で

4573 zu^{21}zɯ^{33}ʂɿ^{33}gɔ^{33}ga^{55} 杉樹着金裝 杉の木は金色である

4574 sɿ̱^{33}dzu̱^{33}pʻo^{55}sɿ̱^{33}dzu̱^{33} 有樹……

木はあっても……（一部中国語に翻訳できず）

4575 zɿ̱^{33}bɔ^{21}ŋgu^{33}ma^{21}tɕʻo^{33} 無樹作神枝

神枝【ビモが木の枝で作る儀礼用の呪具】に使える木はない

4576 ndzɿ^{33}dzu^{33}pʻu^{21}ma^{21}ŋɯ^{33} 不宜君來住 王の住まいには相応しくない

4577 ndzɿ^{33}tʂʻɯ^{33}tʻi^{55}ma^{21}ti^{21} 君不遷於此 王はここに移住しない

4578 a^{21}næ^{21}ma^{55}ho^{33}hi^{55} 阿涼瑪火立 阿涼瑪火《アーリャンマーフオ》（アネマホ）に立って

4579 zɿ^{33}ʂɿ^{33}tʻɯ^{21}bu^{21}mo^{33} 見以使特布[39] 以使特布《イーシーテーブー》（ジュシュトゥブ）を見た

4580 zɿ^{33}ʂɿ^{33}tʻɯ^{21}bu^{21}nɯ^{33} 以使特布呢 以使特布では

4581 ɔ^{44}pa^{33}la^{55}mu^{33}ho^{33} 蛙噪似虎嘯 蛙は虎の如く吼え

4582 bu^{21}dʐɿ̱^{21}vi^{55}mu^{33}æ^{33} 蟬鳴如猪叫 セミは豚の如く鳴く

4583 ndzɿ^{33}dzu^{33}pʻu^{44}ma^{21}ŋɯ^{33} 不宜君來住 王の住まいには相応しくない

4584 ndzɿ33tʂʻɯ33tʻi55ma21ti21　君不遷於此　　王はここに移住しない

4585 ʐɿ33ʂɿ33tʻɯ21bu21hi55　以使特布立　　以使特布（イーシーテープー）(ジュシュトゥブ)に立って

4586 ʐɿ33ʂɿ33vi55lo33mo33　見以史威洛　　以史威洛（イーシーウェイルオ）（ジュシュヴィロ）を見た

4587 ʐɿ33ʂɿ33vi55lo33nɯ33　以史威洛呢　　以史威洛では

4588 bu21di33tsʻo33mu33ku33　蟲子如人叫　　虫は人間の如く鳴く

4589 ndzɿ33dzu33pʻu21ma21ŋɯ33　不宜君來住　　王の住まいには相応しくない

4590 ndzɿ33tʂʻɯ33tʻi55ma21ti21　君不遷於此　　王はここに移住しない

4591 ʐɿ33ʂɿ33vi55lo33hi55　以史威洛立　　以史威洛（イーシーウェイルオ）(ジュシュヴィロ)に立って

4592 ʐɿ33ʂɿ33bo21kʻɯ21mo33　見以史博克[40]　　以史博克（イーシーボーケー）（ジュシュボク）を見た

4593 ʐɿ33ʂɿ33bo21kʻɯ21nɯ33　以史博克呢　　以史博克では

4594 tʻɯ21bu21ʂɯ33bi55go33　木杖鐵蹄盡[41]

木の杖の（先端の）鉄は磨（す）り減ってしまった

4595 mu33nɔ33kʻa33tsʻɿ21gæ33　黒馬蹄毛斷　　黒い馬の蹄の毛も落ちてしまった

4596 mo21ȵi33tʻi55ta33na33　母也於此病　　母親もここで病気になった

4597 tɕi55l̠ɿ21mo21du̠21dɯ33ȵi33dʑi21　既有擊母的石塊

母親（の死体）を打った石もあり

4598 l̠ɿ33tɕɔ33mo21xɯ33dɯ33ȵi33dʑi21　也有解屍的石板

（母親の）死体を切った石盤もあり

4599 mo21tʂʻɿ̠33sɿ̠33ȵi33dzu̠33　燒母柴也有　　母親（の死体）を焼いた柴もあり

4600 mo21ti21pʻu21ȵi33dʑi21　葬母地也有　　母親を葬った場所もある

4601 pʻu21xo33zɯ33sɔ33nɯ33　普夥三子呢　　普夥（プーフオ）（プホ）の三人の子は

4602 ma21ndi21lɿ33li21ndi21　不爭且來爭　　争うべきでない争いをした

4603 vi55ɕæ33ʐɿ33su33ndi21　盔甲大者爭　　兜と鎧が大きいと言って争い

4604 pʻu21ȵo33dʐɿ̠55su33ndi21　田地小而爭[42]　　田畑が小さいと言っては争った

4605 zɯ33ʐɿ33a33tʻu̠33nɯ33　長子阿突[43]呢　　長男の阿突（アートゥー）（アトゥ）は

4606 zɯ33ʐɿ33mo21tɕi21po33　“長子接母班　　「長男は母親のあとを継ぐのだから

4607 a44mo33i33si21di44　母親該歸我”　　母は私のものだ」（と言った）

4608 zɯ33ka55a33gɯ33di21ko33nɯ33　次子阿格説　　次男の阿格（アーグォ）(アグ)は言った

4609 zɯ33ɖæ33xo33dʑu̠55ndzɿ33　“次子居其中　　「次男は真ん中に住んで

4610 dʑo33ko33na33su33i33ŋɯ33di44　活著我照顧

（母が）生きていたとき私は世話をしたから

4611 i^{55}mo^{21}i^{33}si^{21}di^{44}　我母歸我焉”　母は私のものだ」

4612 zɯ^{21}ȵo^{21}dʑi^{21}mi^{55}ȵi^{33}　幼子吉咪呢　末っ子の吉咪（ジミ）は

4613 zɯ^{21}ȵo^{21}mo^{21}li^{33}lɿ̠^{55}　“幼子承母業　「末っ子は母の仕事を継ぎ

4614 zɯ^{21}ȵo^{21}p‘u̠^{21}k‘ɔ^{33}ti^{55}　幼子護竹靈[44]　末っ子が祖霊を供養するのだから

4615 i^{55}mo^{21}i^{33}si^{21}di^{44}　我母該歸我”　母は私のものだ」（と言った）

4616 p‘u^{21}xo^{33}zɯ^{33}sɔ^{33}ȵi^{33}　普夥三子呢　普夥（プホ）の三人の子は

4617 sɔ^{33}ʑɔ^{33}sɔ^{33}do^{21}hi^{21}　三人三見解　三人とも意見が別で

4618 ȵi^{21}mo^{33}dʐɿ^{33}a^{21}tsæ^{33}　兩人不一致　二人でも（意見が）一致しない

4619 tʂ‘u^{33}mo^{21}tʂ‘u^{33}ʑu^{33}xɯ^{33}　是將母屍解　それで母の死体を切ることにし

4620 k‘ɛ^{33}la^{33}sɔ^{33}dʑo^{21}ts‘ɿ̠^{55}　砍屍成三段　死体を三つに切った

4621 o^{33}a^{21}ts‘ɿ̠^{21}dʑo^{21}dʑo^{21}　頭部砍一段　頭部を一つとして切り

4622 dʑo^{21}la^{33}dʑɛ^{33}ha^{33}ndo^{21}　放於上方　上のほうに置いて

4623 zɯ^{33}zɿ^{33}a^{33}t‘u̠^{33}bɿ^{21}　給長子阿突　長男の阿突（アトゥ）に与え

4624 o^{33}p‘i^{21}næ^{33}ŋgɯ^{21}ts‘ɿ̠^{21}mu^{33}bɿ^{21}　頭部成一段而給
頭部を一つとして与えた

4625 dʑu̠^{55}ɣa^{33}ts‘ɿ̠^{21}dʑo^{21}dʑo^{21}　腰部砍一段　胴体部を一つとして切り

4626 dʑo^{21}la^{33}dʑɛ^{33}bo^{33}ndo^{21}　放於旁邊　傍らに置いて

4627 zɯ^{33}ka^{55}a^{33}gɯ^{33}bɿ^{21}　給次子阿格　次男の阿格（アグ）に与え

4628 dʑu̠^{55}p‘i^{21}næ^{33}ŋgɯ^{21}ts‘ɿ̠^{21}mu^{33}bɿ^{21}　腰部成一段而給
胴体部を一つとして与えた

4629 mu^{33}ɣa^{21}ts‘ɿ̠^{21}dʑo^{21}dʑo^{21}　尾部砍一段　下半身部を一つとして切り

4630 dʑo^{21}la^{33}dʑɛ^{33}dʐɿ^{44}ndo^{21}　放於下方　下のほうに置いて

4631 zɯ^{21}ȵo^{21}dʑi^{21}mi^{55}bɿ^{21}　給幼子吉咪　末っ子の吉咪（ジミ）に与え

4632 mu^{33}p‘i^{21}næ^{33}ŋgɯ^{21}ts‘ɿ̠^{21}mu^{33}bɿ^{21}　尾部成一段而給
下半身部を一つとして与えた

古事記への視点

■三にこだわる観念と、上・中・下三分観

「死体を三つに切る」というふうに「三」にこだわる観念は、『古事記』の典型的な例としては、ウケヒ神話（神代記）での「天照大御神、先づ建速須佐之男命の佩ける十拳剣を乞ひ度して、三段に打ち折りて、奴那登母母由良爾、天の真名井

に振り滌(すす)ぎて、佐賀美邇迦美(さがみにかみ)て、吹き棄(う)つる気吹(いぶき)の狭霧(さぎり)に成れる神の御名(みな)は……」の「三段(みきだ)に打ち折りて」にも見られる。なお、特に触れないできたが、この「勒俄(ネウォ)特依(テイ)」には世界を上・中・下に三分する考え方が頻出する。この上・中・下三分観は、『古事記』でも、「上(かみ)つ瀬は瀬速し、下(しも)つ瀬は瀬弱しとのりたまひて、初めて中(なか)つ瀬に堕(お)り……」そのほか、多数の例がある。

4633 zɿ^{33}sɿ^{33}bo^{21}k'ɯ^{21}hi^{55} 以史博克立 以史博克(イーシーボーケー)(ジュシュボク)に立って

4634 ŋgu^{33}dzu^{33}dʑɛ^{55}lɛ^{33}mo^{33} 見古祖金乃[45] 古祖金乃(グーズージンナイ)(グズジェレ)を見た

4635 zɯ^{21}ȵo^{21}dʑi^{21}mi^{55}ȵi^{33} 幼子吉咪呢 末っ子の吉咪は

4636 i^{55}mo^{21}i^{33}ndi^{21}ndo^{44} 爭得我母屍 母の死体を手に入れて

4637 ngu^{33}dzu^{33}dʑɛ^{55}lɛ^{33}hi^{55} 立古祖金乃[46] 古祖金乃(グーズージンナイ)(グズジェレ)に立って

4638 si^{21}la^{33}t'i^{55}ta^{33}tʂ'ɿ̱^{33} 將屍於此燒 死体をここで焼いた

4639 zɯ^{33}ɖæ^{33}a^{33}ŋgɯ^{33}ȵi^{33} 次子阿格呢 次男の阿格(アーグォ)(アグ)は

4640 i^{55}mo^{21}i^{33}ndi^{21}ndo^{44} 爭得其母屍 母の死体を手に入れて

4641 ŋgu^{33}dzu^{33}dʑɛ^{33}dzɿ^{44}hi^{55} 立古祖金紙

古祖金紙(グーズージンヂー)(グズジェジュ)に立って

4642 si^{21}la^{33}t'i^{55}ta^{33}tʂ'ɿ̱^{33} 將屍於此燒 死体をここで焼いた

4643 zɯ^{33}zɿ^{33}a^{33}t'u̱^{33}ȵi^{33} 長子阿突呢 長男の阿突(アートゥー)(アトゥ)は

4644 i^{55}mo^{21}i^{33}ndi^{21}ndo^{44} 爭得其母屍 母の死体を手に入れて

4645 ŋgu^{33}dzu^{33}dʑɛ^{33}ha^{33}hi^{55} 古祖金哈立 古祖金哈(グーズージンハー)(グズジェハ)に立って

4646 si^{21}la^{33}t'i^{55}ta^{33}tʂ'ɿ̱^{33} 將屍於此燒 死体をここで焼いた

4647 sɔ^{33}dʑo^{21}sɔ^{33}ga^{55}tʂ'ɿ̱^{33} 三處燒三段

三か所で(死体の)三つの部分を焼いた

4648 ŋgu^{33}dzu^{33}dʑɛ^{55}lɛ^{33}nɯ^{33} 古祖金乃呢 古祖金乃(グーズージンナイ)(グズジェレ)では

4649 mo^{21}xo^{21}mo^{21}pi^{44}dɯ^{33} 爲母作超度[47]

母のために供養(済度)の儀礼を行なった

4650 p'u^{21}xo^{33}zɯ^{33}sɔ^{33}ȵi^{33} 普夥三子呢 普夥(プーフオ)(プホ)の三人の子は

4651 dʑu̱^{55}ni^{21}ŋga^{55}ni^{21}mu^{33} 爲興旺黎姆

繁栄祈願の黎姆(リームー)(ニム)儀礼のために

4652 pi^{33}no^{21}pi^{33}ku^{33}li^{33} 是去請畢摩 ビモを招きに行った

4653 ho^{33}pi^{33}sɿ^{33}tsu^{33}ku^{33} 請昊畢史楚[48] 昊畢史楚(ハオビーシーチュー)(ホピシュツ)に頼み

4654 t‘i^{33}pi^{33}ndʐa^{55}mu^{33}ku^{33}　請提畢乍穆　提畢乍穆《ティーピーチャームー》(ティピジャム)に頼み

4655 a^{21}di^{21}pi^{44}zɯ^{33}ku^{33}　請阿迪畢徒

ビモの弟子の阿迪《アーディー》（アディ）に頼んだ

4656 a^{21}di^{21}pi^{44}zɯ^{33}ȵi^{33}　阿迪畢徒呢　ビモの弟子の阿迪は

4657 ʂu̠^{55}vɪ^{44}t‘u^{33}ʑa^{33}bɪ^{21}　栢籤筒來背[49]　コノテガシワの籤《ひご》入れの筒を背負い

4658 k‘u^{33}ɖɯ^{21}vo^{33}ʑo^{33}ndi^{55}　榈法笠來戴　儀礼用のカシワの笠を被《かぶ》り

4659 ma^{33}lo^{55}vɪ^{33}ʑu^{33}si^{44}　竹神籤來帯　竹の神聖な籤を持ち

4660 ɖɪ^{33}tɕ‘i^{44}k‘ɯ^{33}ʑu^{33}si^{21}　櫟神扇來取　櫟《くぬぎ》の神聖な団扇《うちわ》を取り

4661 pi^{33}tɯ^{44}si^{33}ʑi^{33}ɕi^{33}　到達主人家　主人の家に着いた

4662 tɕ‘u^{33}pi^{33}ga^{33}dʐɪ^{33}ȵi^{33}　白畢[50]座下方　白イ族のビモは下に座り

4663 nɔ^{33}pi^{33}ga^{33}ha^{33}ȵi^{33}　黒畢座上方　黒イ族のビモは上に座り

4664 dʐɪ̠^{55}pi^{33}ga^{33}dʑu̠^{55}ȵi^{33}　雜畢座一旁　普通のビモは傍らに座り

4665 zɪ^{33}vi^{33}sɔ^{33}gɯ^{33}xo^{21}　兇業除三次[51]　よこしまな行ないを三回祓い

4666 ŋgɯ^{33}vi^{33}sɔ^{33}gɯ^{33}xo^{21}　禍業除三次　災いを三回祓う

4667 ho^{33}pi^{33}ʂɪ^{33}tsu^{33}di^{21}ko^{33}nɯ^{33}　昊畢史楚説

昊畢史楚《ハオピーシーチュー》（ホピシュツ）が言った

4668 ʂu̠^{55}zɯ^{33}ni^{21}dʑu^{21}dæ^{33}　“栢樹作靈樁[52]　「コノテガシワで祖霊の杭《くい》を作り

4669 t‘ɯ^{33}ndʑi^{21}tʂɪ̠^{33}la^{33}hi^{33}　拔松根來繞[53]　松の根を抜いて（墓を）巡らせ

4670 mu^{33}vu^{55}ti^{55}bu̠^{33}ts‘u̠^{33}　天空鷹骨卜[54]　空を飛ぶ鷹の骨で占い

4671 dɯ^{33}vu^{55}hæ^{33}bu̠^{33}ts‘u̠^{33}　地下鼠骨卜　地下に棲む鼠の骨で占い

4672 lo^{33}ɣa^{21}la^{55}kɯ^{55}tʂɪ̠^{21}　深山虎胛占　奥山の虎の肩胛骨で占い

4673 zɪ^{21}ɣa^{33}lɯ^{33}p‘ɪ^{33}tʂɪ̠^{21}　杉林麞胛占　杉林のノロの肩胛骨で占う

4674 tɕ‘u^{33}la^{33}ʂɪ^{33}ŋgu^{33}ts‘u̠^{33}　金枝銀枝插　金の枝、銀の枝を挿し

4675 tʂ‘ɪ^{44}zɯ^{33}ʑu^{33}la^{33}k‘ɯ^{33}　捉麂子來拴[55]

ノロを捕らえて（神枝に）縛り付け

4676 lɯ^{21}zɯ^{33}ʑu^{33}la^{33}dzæ^{55}　捉麞作犧牲　ノロを捕らえて生け贄にする

4677 ʂu̠^{21}zɯ^{33}ʑo^{33}la^{33}p‘u^{21}　錦鷄作縛牲　錦鶏《にしきどり》は“縛り生け贄”にし

4678 ha^{33}zw^{33}ʑo^{33}la^{33}dzæ^{33}　竹鷄作犧牲　竹鶏《たけどり》は生け贄にする

4679 p‘u^{21}k‘ɔ^{33}ʑi^{33}dzɪ^{44}ti^{55}　靈牌掛於屋下方　祖霊の位牌を屋根の下に掛け

4680 pi^{33}lo^{21}zɪ^{33}ko^{33}tsi^{21}mo^{33}di^{44}　度入水域中[56]”

供養してから水の中へ送り込む」

4681 t‘i^{33}pi^{33}ndʐa^{55}mu^{33}di^{21}ko^{33}nɯ^{33}　提畢乍穆意見呢

提畢乍穆(ティービーチャームー)（ティピジャム）の意見では

4682 ts‘ɿ^{44}gɯ^{33}ts‘ɿ^{21}ɕi^{21}li^{33}　“如此這般呢　「もしそういうことだとすると

4683 p‘u^{21}zɿ^{33}ɣɯ^{21}hi^{55}ȵi^{33}　祖輩可得到　先祖がもらえれば

4684 p‘a^{55}zɿ^{33}ɣɯ^{21}ma^{21}hi^{55}　父輩不可得　父親の世代はもらえず

4685 p‘a^{55}zɿ^{33}ɣɯ^{21}hi^{55}ȵi^{33}　父輩可得呢　父親の世代がもらえれば

4686 zɯ^{33}zɿ^{33}ɣɯ^{21}ma^{21}hi^{55}　子輩不可得　子供の世代はもらえない

4687 li^{21}ʑi^{33}ʑo^{44}p‘ɿ^{33}tʂɿ̱^{21}　屋中羊胛占　家の中で羊の肩胛骨で占い

4688 ŋga^{21}vu^{55}ʑæ^{33}bu^{33}ts‘u^{33}　簷下鶏骨卜　軒下で鶏の骨で占い

4689 ʑæ^{33}zɯ^{33}ʑu^{33}la^{33}p‘u̱^{21}　捉鶏作縛牲　鶏を捕らえて“縛り生け贄”にし

4690 vi^{55}zɯ^{33}ʑu^{33}la^{33}dzæ^{33}　捉猪作犠牲　豚を捕らえて生け贄にする

4691 a^{21}ndʑi^{55}ni^{21}dʑu^{21}dæ^{33}　阿吉[57]作靈椿　阿吉(アージー)（アジ）で祖霊の杭を作る

4692 ma^{33}ndʑi^{44}tʂɿ̱^{33}la^{33}hi^{33}　挖竹根來繞　竹の根を掘って（墓に）巡らせ

4693 ʂu̱^{55}la^{33}ɖɿ^{33}ŋgu^{33}ts‘u̱^{33}　杉枝栢枝插　杉の枝、コノテガシワの枝を挿す

4694 ŋgo^{33}lo^{21}xa^{55}bo^{33}tʂ‘a^{33}　招來插裡屋[58]

（祖霊を）招いて（竹の根を）奥の間に挿し

4695 xo^{21}lo^{21}ʑi^{33}vu^{55}ti^{55}　作浄掛屋頂　（竹の根を)清めてから屋根の上に掛け

4696 pi^{33}lo^{21}va^{55}ko^{33}tsi^{21}mo^{33}di^{44}　度入岩室中”云云[59]

供養してから岩の洞窟の中に送り込む」と言った

4697 t‘i^{33}pi^{33}ndʐa^{55}mu^{33}tɯ^{21}　提畢乍穆起

提畢乍穆(ティービーチャームー)（ティピジャム）は立ち上がって

4698 dʑu̱^{55}ni^{21}ŋga^{55}ni^{21}mu^{33}　爲興旺黎姆

繁栄祈願の黎姆(リームー)（ニム）儀礼を行なった

4699 a^{21}ndʐɿ^{33}ʑɛ^{33}ma^{55}nɔ^{33}　阿哲[60]黒母鶏　阿哲(アーチュオ)（アジュ）部族の黒い雌鶏(めんどり)を

4700 k‘u̱^{33}sɿ̱^{33}va^{55}mu^{44}ta^{33}　作爲掃塵[61]鶏

塵を掃除する（穢れを祓う）ための鶏にする

4701 dʑi^{33}zɿ^{44}i^{55}tɕi^{21}ndi^{21}　殺敵助我親　敵を殺して親族を助ける

4702 fu̱^{33}t‘u̱^{33}i^{21}ts‘ɿ̱^{55}tso^{55}　婚姻續後代　結婚して後代につなげる

4703 ni^{21}mu^{33}i^{55}tʂɿ̱^{21}ŋgu̱^{21}　黎姆保我根[62]

黎姆(リームー)（ニム）儀礼を行なって自分の根本を保つ

4704 ni^{21}mu^{33}ts‘ɿ^{21}gu̱^{21}dʑo^{44}　黎姆之後呢　黎姆儀礼のあとに

4705 pi33mu33ȵi33dʐɯ33bɪ21　作畢給報酬　儀礼を行なったビモにお礼を出す

4706 mo21mu33ȵi33ɖa55ka55　作莫給褲穿[63]

紛争の仲裁をした人にはズボンを与える

4707 tɕʻu33ʂɪ33pi33dʐɯ33tɕʻi21　金銀爲畢酬[64]

金と銀をお礼としてビモに与えると

4708 zɯ33lɪ33gu33tsʻɿ̱55ga55　九代子孫富　九代にもわたって子孫は豊かになる

4709 vi55ɕæ33pi33dʐɯ33tɕʻi44　衣盔作畢酬　着物や鎧をビモへのお礼にすると

4710 zɯ33lɪ33tsʻɿ̱21xo33ndʐa55　子孫長得後　子孫は立派に育つ

4711 ʑi55mo21pi33dʐɯ33tɕʻi21　大刀作畢酬　大きな刀をビモへのお礼にすると

4712 zɯ33lɪ33ɖo21bo21xo33　子孫手臂粗[65]　子孫は腕が丈夫になる

4713 mu̱21ko21pi33dʐɯ33tɕʻi21　駿馬作畢酬　優れた馬をビモへのお礼にすると

4714 zɯ33lɪ33ko21ʂɪ33ʂo33　子孫行程遠　子孫は遠くまで歩けるようになる

4715 kʻɯ33mu33pi33dʐɯ33tɕʻi44　獵狗作畢酬　猟犬をビモへのお礼にすると

4716 zɯ33lɪ33n̥a33tɕi44ʂo33　子孫見聞多　子孫は見聞が広くなる

4717 tsʻɿ̱33ɣa33mo44gu̱21dʑo44　如此這般呢　こんなことがあってのち

4718 pʻu̱21xo33zɯ33sɔ33ȵi33　普夥三子呢　普夥〔プーフオ〕（プホ）の三人の子は

4719 ŋgu33dzu33dʑɛ55lɛ33hi55　古祖金乃立　古祖金乃〔グーズージンナイ〕（グズジェレ）に立って

4720 i55mu33ho33mu33mo33　見英母夥母　英母夥母〔インムーフオムー〕（イムホム）を見た

4721 i55mu33ho33mu33nɯ33　英母夥母呢　英母夥母では

4722 ma44bo33tsɪ33lɪ33ndi55　竹子掛鈴鐺　竹に鈴を掛け

4723 ʐɪ21dʑu21la33li55fu21　草桿粗如犂　草の茎は鋤のように太い

4724 vo21du̱21vi33mo21si21　蘿蔔用斧劈　大根は斧で割らなければならない

4725 ʐɪ33kʻi55tɯ21tʂɪ21si21　用棰來舀水　水を汲むのに棒を使っている

4726 ndzɪ33dzu33pʻu21ma21ŋɯ33　不宜君來住　王の住まいには相応しくない

4727 ndzɪ33tʂʻɯ33tʻi55ma21ti21　君不遷於此　王はここに移住しない

4728 i55mu33ho33mu33hi55　英母夥母立　英母夥母〔インムーフオムー〕（イムホム）に立って

4729 i55mo21dzi21mu33mo33　見英莫則母　英莫則母〔インモーゼームー〕（イモジム）を見た

4730 i55mo21dzi21mu33nɯ33　英莫則母呢　英莫則母では

4731 ndzɪ33do21lɪ33ma21n̥a33　君令民不行　王が命令しても民〔たみ〕は行なわなかった

4732 lɪ33di33ndzɪ33tɕo33ʂɪ33　賤民反君政　賤しい民が王の政治に逆らった

4733 k'ɯ33ʑɛ33sɔ33dzɿ̠33du̠21　打三對鷄犬　　鶏と犬を三匹ずつ捕らえ

4734 dʑɛ33dzɿ44li33ɣa33ti55　掛於路下方　　道の下のほうに掛けておき

4735 lɯ33ho33tʂ'ɿ21li21du̠21　打一對牛馬　　牛と馬を一頭ずつ捕らえ

4736 dʑæ33ȵɛ33li21ɣa33ti55　掛於路上方　　道の上のほうに掛けておき

4737 dʑi33si33tsɿ̠55tæ33lo44　主僕於此別　　主人と奴僕は分けられた

4738 i55mo21dzi33mu33hi55　英莫則母立　　英莫則母(インモーゼームー)（イモジム）に立って

4739 hɔ33gu̠33zɿ21nɔ33mo33　見好古以諾　　好古以諾(ハオグーイーヌオ)（ホグジュノ）を見た

4740 hɔ33gu̠33zɿ21nɔ33nɯ33　好古以諾呢　　好古以諾では

4741 p'u21ȵo33vu55ʂa33ndi55　田地很貧瘠　　田畑が痩せていて

4742 zɯ33lɿ33ʂa33ʐɿ33dzu̠33　子孫會受窮　　子孫は貧しくなる

【ここには「不宜君來住　王の住まいには相応しくない」があるはずだが脱落している。以下にもこのような事例はいくつかあるが、特に注記しない】

4743 ndzɿ33tʂ'ɯ33t'i55mo21ti21　君不遷於此　　王はここに移住しない

4744 hɔ33gu̠33zɿ21nɔ33hi55　好古以諾立　　好古以諾(ハオグーイーヌオ)（ホグジュノ）に立って

4745 sa55ku33k'ɯ33ȵa55mo33　見三古克研　　三古克研(サングーケーイエン)（サククニャ）を見た

4746 sa55ku33k'ɯ33ȵa55nɯ33　三古克研呢　　三古克研では

4747 p'u21ndʐa33ȵo33ndʐa33tsɿ33　丈田又量地　　田畑を測量した

4748 nɔ33ʐɿ33ts'ɿ̠21ɣa33ʐɿ33　大江往下流　　大きい川が下流に流れていく

4749 ndzɿ33dzu33p'u21ma21ŋɯ33　不宜君來住　　王の住まいには相応しくない

4750 ndzɿ33tʂ'ɯ33t'i55ma21ti21　君不遷於此　　王はここに移住しない

4751 sa55ku33k'ɯ33ȵa55hi55　三古克研立　　三古克研に立って

4752 t'æ33mbæ33mu33ɣa33mo33　見特別母阿　　特別母阿(テービエムーアー)（テベムワ）を見た

【ここには、特別母阿(テベムワ)という場所についてのなんらかの情況描写があるはずだが、脱落している】

4753 t'æ33mbæ33mu33ɣa33hi55　特別母阿立　　特別母阿に立って

4754 ȵa55p'u21vo21tʂ'o21mo33　見研濮維讐

研濮維讐(イエンプーウェイチョウ)（ニャプヴォチョ）を見た

4755 ȵa55p'u21vo21tʂ'o21nɯ33　研濮維讐呢　　研濮維讐では

4756 p'u̠33k'u̠33mu33dæ33dzɿ33　僕人也騎馬　　奴僕も馬に乗る

4757 bu33ʂɿ33k'ɯ33dʑi33zɿ̠55　狗與蛇爭鬥　　犬と蛇が戦っている

4758 ndzɪ33tʂʻɯ33tʻi55ma21ti21　君不遷於此　王はここに移住しない

【ここには「研濮維譬立　研濮維譬に立って／見好古熱口　好古熱口《ホグジコ》を見た」以下いくつかの句があるはずだが、次の句のように「轉至……転じて……」という表現を加えることによって省略している。以下のこのような事例についても同じ】

4759 tɕo33lo44hɔ33gu̱33zi21kʻo33hi55　轉至好古熱口立

転じて好古熱口《ハオグールォコウ》（ホグジコ）に立って

4760 vi55a21ŋa33xa55mo33　見威阿恩哈　威阿恩哈《ウェイアーエンハー》（ヴィアガハ）を見た

4761 tɕo33lo44zɪ̱21ɣa33lɪ33tɕʻo33hi55　轉至日阿爾曲立

転じて日阿爾曲《リーアーアルチウ》（ズワルチョ）に立った

4762 tʂʻɪ44ȵi33mu33ɖɪ33kɔ33　此地風禍強　ここは強風の災害がひどい

4763 mu33tʂʻɯ33o33lo44nɯ33　母車俄洛呢　母車俄洛《ムーチョウォルオ》（ムチュオロ）では

4764 mu33vu55ʂɪ33vu55dzɪ̱55　人多太擁擠　人が多くて混雑している

4765 dzɪ33mu33la55li33tʻi55　駿馬被虎咬　優れた馬が虎に食われる

4766 ɣa33ȵi44mu33ʂɯ21li33　然後去找馬　そのあと馬を手に入れても

4767 ʂɪ33pʻu̱33ʂɪ33ʑu33dzɯ33　又被虎咬食　また虎に食われてしまう

4768 vo21vi55bu̱33mu33si44

4769 ʂɪ33tɕʻo55la55ti55li33

4770 la55ndzɪ33vi55tsɪ̱21ȵi33

4771 la55o33vi55a21dʑi33

4772 vi55li33la55o33tʂʻɪ44

（中国語に翻訳できない）

4773 la55gu̱33lo33ɣa33vu33　虎逃入深山　虎は奥山に逃げ込んだ

4774 tʂʻɪ̱21kʻu̱33mu33tsʻɪ̱21hɔ33　一年復一年　一年また一年が経った

4775 i33tʂʻɯ33tʻi55ma21ti21　我不遷於此　私はここに移住しない

【4331、4338、4345、4352、4384 句と同じく、三人称「君」（王）が一人称「我」（私）に転じている】

4776 vo21a21hɔ33gu̱33ŋo21　到維阿好古　維阿好古《ウェイアーハオグー》（ヴォアホグ）に到着し

4777 vo21a21hɔ33gu̱33hi55　維阿好古立　維阿好古に立って

4778 mu33ȵɛ33ku33lɪ33mo33　見母研古爾　母研古爾《ムーイエングーアル》（ムニェクル）を見た

4779 mu33ȵɛ33ku33lɪ33hi55　母研古爾立　母研古爾に立って

4780 mu33ȵɛ33pa33tʻi55mo33　見母研巴梯　母研巴梯《ムーイエンバーティー》（ムニェパティ）を見た

4781 mu^{33}ȵɛ^{33}pa^{33}t‘i^{55}nɯ^{33}　母研巴梯呢　母研巴梯では

4782 k‘ɯ^{33}ȵɔ^{33}lɪ^{33}dʑu̠^{33}bu^{33}　狗有四隻眼　犬に眼が四つあり

4783 ts‘æ^{33}ndʑæ^{33}la^{55}li^{33}t‘i^{55}　鹿子反咬虎　鹿が逆に虎を食う

4784 tʂɪ^{21}ndʑi^{33}vi^{55}la^{33}ʑu^{33}　麃子反抓猪　ノロが逆に豚を捕まえる

4785 hi^{55}pu̠^{33}la^{33}k‘ɯ^{33}dzi^{21}　獣反吠於狗　獣(けもの)が逆に犬に向かって吠える

4786 ndzɪ^{33}dzu^{33}p‘u^{21}ma^{21}ŋɯ^{33}　不宜君來住　王の住まいには相応しくない

4787 ndzɪ^{33}tʂ‘ɯ^{33}t‘i^{55}ma^{21}ti^{21}　君不遷於此　王はここに移住しない

【一人称「我」（私）が三人称「君」（王）に戻っている】

4788 mu^{33}ȵæ^{33}pa^{33}ti^{55}hi^{55}　母研巴梯立　母研巴梯に立って

4789 nɔ^{33}zɪ^{33}p‘u^{21}ʂa^{33}mo^{33}　見諾以濮閃　諾以濮閃(ヌオイープーシャン)（ノジュプシャ）を見た

4790 nɔ^{33}zɪ^{33}p‘u^{21}ʂa^{33}hi^{55}　諾以濮閃立　諾以濮閃に立って

4791 la^{21}pa^{33}sa^{33}to^{33}mo^{33}　見拿巴三東　拿巴三東(ナーバーサンドン)（ラパサト）を見た

4792 la^{21}pa^{33}sa^{33}to^{33}hi^{55}　拿巴三東立　拿巴三東に立って

4793 dzɪ̠^{21}dzɪ̠^{21}ndi^{21}sa^{33}mo^{33}　見孜孜迪薩　孜孜迪薩(ズーズーディーサー)（ズズディサ）を見た

4794 dzɪ̠^{21}dzɪ̠^{21}ndi^{21}sa^{33}hi^{55}　孜孜迪薩立　孜孜迪薩に立って

4795 dzɪ̠^{21}dzɪ̠^{21}la^{21}dʑa^{21}mo^{33}　見孜孜拿甲　孜孜拿甲(ズーズーナージャー)（ズズラジャ）を見た

4796 dzɪ̠^{21}dzɪ̠^{21}la^{21}dʑa^{21}hi^{55}　孜孜拿甲立　孜孜拿甲に立って

4797 dzɪ̠^{21}dzɪ̠^{21}p‘u̠^{21}vu^{55}mo^{33}　見孜孜濮烏　孜孜濮烏(ズーズープーウー)（ズズプヴ）を見た

【ここからはイ族社会の生活の、理想のあり方の描写に移る】

4798 dzɪ̠^{21}dzɪ̠^{21}p‘u̠^{21}vu^{55}nɯ^{33}　孜孜濮烏呢　孜孜濮烏では

4799 ndzɪ^{33}dzu^{33}p‘u^{21}ȵi^{33}dʑi^{21}　既有君居處　すでに王の居住地があった

4800 mo^{21}dzu^{33}p‘u^{21}ȵi^{33}dʑi^{21}　也有臣住處　臣下の居住地もあった

4801 ha^{55}li^{33}bo^{33}dʑi^{44}ʑo^{33}ho^{33}p‘u̠^{21}ȵi^{33}dʑi^{21}　上方有山可養羊

上のほうには羊を飼える山があり

4802 dzɪ̠^{21}a^{21}dʑo^{21}dʑi^{21}lɯ^{33}kɯ^{21}ndi^{21}ȵi^{33}dʑi^{21}　下方有壩可鬪牛

下のほうには闘牛に使える盆地がある

4803 gu̠^{55}a^{21}ndzɪ^{33}dzu^{33}p‘u^{44}ȵi^{33}dʑi^{21}　中間有田君可住

中間には王の住める田がある

4804 dʑo^{21}ko^{33}mu̠^{21}ko^{21}dɯ^{33}ȵi^{33}dʑi^{21}　壩中可騎馬

盆地では馬に乗ることができる

4805 tsɪ̠^{33}xo^{33}vi^{55}dɪ̠^{55}dɯ^{33}ȵi^{33}dʑi^{21}　沼澤可放猪　沼地では豚の放牧ができる

4806 ʑi^{33}dʐɿ^{44}dʑo^{21}dʑi^{21}tʂʻɯ^{33}tsɿ^{33}pʻu^{21}ȵi^{33}dʑi^{21} 屋下有壩可栽秧

家の下のほうには稲の苗を植える平地がある

4807 ʑæ^{33}mu^{33}xo^{33}pʻu^{21}lo^{33}ȵi^{33}dʑi^{21} 屋側有圃可種菜

家の脇には野菜を栽培できる畑がある

4808 ŋgɯ^{21}vu^{55}ni^{33}ȵi^{33}dɯ^{33}ȵi^{33}dʑi^{21} 簷下女可座 軒下には女が座れる

4809 ba^{21}ka^{33}zɯ^{33}gɯ^{21}dɯ^{33}ȵi^{33}dʑi^{21} 院内兒可玩 庭では子供が遊べる

4810 ʑi^{33}mo^{44}vi^{21}zi^{55}dɯ^{33}ȵi^{33}dʑi^{21} 屋側可宴客

家のそばで客をもてなすことができる

4811 ʑi^{33}ha^{55}sɿ̱^{33}ʐɯ^{21}ʂu̱^{55}ba^{33}la^{33} 屋上撿柴栢跟來

家の上のほうで柴を拾うとコノテガシワが随いて来る

4812 ʑi^{33}dʐɿ^{44}ʐɿ^{33}kʻi^{55}hɯ^{33}ba^{33}la^{33} 屋下背水魚跟來

家の下のほうで水を背負うと魚が随いて来る

4813 dɿ̱^{55}la^{33}mo^{33}tsʻɿ̱^{21}ȵi^{21} 放牧的日子 放牧をしているときには

4814 sɿ^{33}ʑo^{33}si^{33}ʑo^{33}no^{21} 驅趕神綿羊 神聖な綿羊を追い走らせ

4815 dzɿ̱^{21}dzɿ̱^{21}bo^{44}o^{33}dɿ̱^{55} 放孜孜山頭 孜孜（ズズ）山の頂上に放つ

4816 sɿ^{33}lɯ^{33}si^{33}lɯ^{33}no^{21} 驅趕神奇牛 神聖な牛を追い走らせ

4817 dzɿ̱^{21}dzɿ̱^{21}di^{21}ko^{33}dɿ̱^{55} 放於孜孜壩 孜孜（ズズ）盆地に放つ

4818 sɿ^{33}tʂʻɿ̱^{55}si^{33}tʂʻɿ̱^{55}no^{21} 驅趕神山羊 神聖なヤギを追い走らせ

4819 dzɿ̱^{21}dzɿ̱^{21}va^{55}tɕa^{33}dɿ̱^{55} 放於孜孜岩 孜孜（ズズ）岩に放つ

4820 sɿ^{33}vi^{55}si^{33}vi^{55}no^{21} 驅趕神奇猪 神聖な豚を追い走らせ

4821 dzɿ̱^{21}dzɿ̱^{21}tsɿ̱^{21}ko^{33}dɿ̱^{55} 放孜孜沼澤 孜孜（ズズ）沼地に放つ

4822 ŋgɯ^{21}du̱^{33}la^{33}tsʻɿ̱^{21}ȵi^{21} 出門的日子 家を出るときには

4823 sɿ^{33}mu^{33}si^{33}mu^{33}no^{21} 牽著神奇馬 神聖な馬を牽き

4824 dzɿ̱^{21}dzɿ̱^{21}dʑo^{21}ko^{33}dzɿ^{33} 孜孜壩上騎 孜孜（ズズ）盆地で乗る

4825 kʻɯ^{33}si^{33}la^{33}tsʻɿ̱^{21}ȵi^{21} 狩獵的日子 狩猟のときには

4826 sɿ^{33}kʻɯ^{33}si^{33}kʻɯ^{33}no^{21} 牽著神獵犬 神聖な猟犬を牽き

4827 dzɿ̱^{21}dzɿ̱^{21}lo^{33}ko^{33}lɿ̱^{55} 放入孜孜谷 孜孜（ズズ）谷に放つ

4828 mo^{33}mu^{33}la^{33}tsʻɿ̱^{21}ȵi^{21} 耕作的日子 耕作のときには

4829 sɿ^{33}lɯ^{33}si^{33}lɯ^{33}no^{21} 驅趕的神牛 神聖な牛を追い走らせ

4830 dzɿ̱^{21}dzɿ̱^{21}ndi^{21}ko^{33}mo^{33} 孜孜田上犂 孜孜（ズズ）田を耕す

4831 dzɿ̱^{21}dzɿ̱^{21}pʻu̱^{21}vu^{55}nɯ^{33} 孜孜濮烏呢 孜孜濮烏（ズズプヴ）では

4832 mu̠^{21}zɯ^{33}ʂɪ̠^{21}ts'ɪ̠^{21}k'u̠^{33}　下馬兒之時　　子馬が生まれると

4833 ɣa^{55}mu^{33}gu^{33}tɕi^{33}gæ^{33}　馬鞍九付壞[66]　　馬の鞍九つが壊れる

4834 lɯ^{21}zɯ^{33}ʂɪ̠^{21}ts'ɪ̠^{21}k'u̠^{33}　下牛仔之時　　子牛が生まれると

4835 sɪ̠^{33}gu̠^{55}gu^{33}tɕi^{33}tʂ'ɪ^{33}　九付犂頭斷　　鋤九つが割れる

4836 dzɪ̠^{55}zɯ^{33}ʂɪ̠^{21}ts'ɪ̠^{21}k'u̠^{33}　山羊下仔時　　ヤギの子が生まれると

4837 dzɪ̠^{55}ts'ɪ^{33}gu^{33}ts'ɪ̠^{33}ȵi^{33}　有九鉈羊油　　ヤギの油は九塊りあり

4838 ʂɪ̠^{21}ts'ɪ̠^{33}ʑi^{55}mo^{21}t'i^{55}ta^{33}ɖi^{55}　七代在此舞刀槍[67]

第七世代はここで刀や槍を振るった

4839 hi^{55}ts'ɪ̠^{33}mu̠^{21}ko^{21}t'i^{55}dzɪ^{33}lo^{44}　八代在此騎戰馬

第八世代はここで軍馬に乗った

4840 gu^{33}ts'ɪ̠^{55}ndɯ^{21}gu̠^{21}t'i^{55}t'u̠^{33}lo^{44}　九代徳古[68]於此生

第九世代の徳古（デーグー）（ドゥグ）はここで生まれた

4841 p'u^{21}p'ɪ^{33}ʑi^{44}dɯ^{33}t'i^{55}ta^{33}lo^{44}　祖妣屋基留於此

先祖の家の基礎はここに残った

4842 zɯ^{33}lɪ^{33}dzu^{33}mu̠^{21}t'i^{55}ta^{33}ndzɪ^{21}　子孫基業於此奠

子孫の事業発展の基礎はここに定まった

古事記への視点

■巡行表現の執拗さ

この、最良の土地を求めて巡行していく執拗さには驚かされる。神々の巡行の資料としては、日本国内では沖縄県宮古島狩俣の「祓(はら)い声(ぐい)」がよく知られている。「母の神であるわたし」が、「タバリ地」に降りて「カナギ井戸の水を」口にしてみたが、「水量は多いけれども」味が薄いのでその地は選ばず、次の「クルギ井戸の水は」旨いけれども「水量は少ないので」選ばず、次の「山田井戸の水は」水量は多いが塩が混じっているので選ばず、今度は「磯井(いそがー)の地」に降りて「磯の井戸の水を」口にしてみると、水量は少ないが旨いのでこの水を神祭りに使うことにした、というものだが、これと比較したとき、この17[住む場所を探す]の通過点がいかに多いかがわかるであろう。

注

① 這句話的本義爲“尋找君的居住地”。這裡的“君”爲部落中的權力人物、區別於後來的土司。這種尋找土地的歷史其實就是涼山彝族自今滇東北、黔西北一帶遷

至涼山的歴史、卽遷徙史。而関於遷徙的原因、看起來比較複雑、因爲似乎曾有過兩次遷徙。一次就是這裡所講的這次、另一次則爲稍後的古候和曲涅二部落分兩路進入涼山的遷徙。若兩次遷徙的看法符合歴史的眞實情況、則第一次遷徙可能僅僅是爲了尋找土地、第二次則很可能爲了避戰亂。所以我們將関於避戰亂而渡金沙江的情況的描述放在後面的《祭盔祀甲》段之後、可互爲参照。但也不一定就準確無誤。

この句の実際の意味は「王の住む場所を探す」である。この「王」は部族の中の権力者のことであり、のちの土司とは違う。この種の“住む土地を探す歴史”は、実は涼山のイ族が今の雲南省の東北や貴州省の西北あたりから涼山に移動して来た歴史、すなわち移動史である。その移動の原因はとても複雑なようであるが、それは二つの移動があったらしいことに理由がある。ここで語る移動はそのうちの一回であり、別の一回の移動はのちの段【19［川を渡る］】で語る古候(グホ)と曲涅(チョニ)という二つの部族が、それぞれ別々に涼山に移ってきたことに当たる。もし二回の移動が歴史的事実だとすれば、一回目の移動は単に土地を探すため、二回目は戦乱から逃れるためであったろう。したがって、戦乱から逃れるために金沙江を渡る物語は、次の18［兜と鎧の祭祀］段のあとに入れた【19［川を渡る］】ので、参照のこと。ただし、以上の解釈は必ずしも完全に正しいとは限らない。

② 在一些文本中、從格自到普夥之間還有許多代、但不一定準確、故這裡不録。另外、有的文本認爲遷徙始於格自之子格研世、普夥三子祇是後來到了一箇叫以史博克的地方時纔出生、有的文本則認爲始於爾共尼日世、從格自到此人間有49代。

ある文献によれば、格自(キツ)から普夥(ブホ)までのあいだにはまだ多くの世代があるが、必ずしも正確とは言えないのでここには載せなかった。また別の文献では、移動は格自(キツ)の子の格研(キニャ)の世代に始まったのであり、普夥の三人の子は、のちに以史博克(ジュシュボク)（4592句参照）という場所に着いてから生まれたのだという。ある文献では、移動は爾共尼日(ルゴニズ)の世代に始まり、格自(キツ)からこの爾共尼日までのあいだには49の世代があるという。

③ 斯俄梯維和下文的斯俄恩維皆地名、爲遷徙中的路站、下文中遇到這類地名時、除知道今天相應的地域之名的我們會用註予以説明外、其條皆不再一一註明。再説関於遷徙的路站名、不同版本的記載也不盡相同、很難斷定哪種記載更爲準確、我們這裡祇好將所有出現了的地名都按大致的先後秩序記録下來、但不一定很可靠、故不必作爲信史着詩。総之、這些問題都尚待以後更進一步的研究。

斯俄梯維(スオティヴォ)と次の句の斯俄恩維(スオグヴォ)は皆地名で、移動のときに通過した場所である。以下の句にはこの種の地名が次々に出てくるが、今の地名に対応するもの以外は一々注をつけないことにする。移動の経路は文献によって違うので、どれが正しいかは断定しかねる。ここでは文献に記載されている地名を、だいたいの順番で転載するしかないが、これも必ず正しいとも言えないから、それらを本当の歴史だとすることはできない。いずれにしてもこれらの問題は、今後なお一層の研究の進展が求められる。

④　諸以平山可能就是今雲南的屏山縣。

諸以平山はおそらく今の雲南省の屏山県だろう。

⑤　打鶏犬和下文的打牛馬是彝族的宗教習俗、其目的是爲了詛盟。這裡指君與民之間的詛盟。

鶏と犬を捕らえることと、あとの句の牛と馬を捕らえることはイ族の習俗で、盟約を結ぶときの呪術である。ここは王と民のあいだの盟約の呪術を指す。

⑥　民提山有時寫作必提山、有時説爲民提懸崖、據説在今雲南省永善縣境。有些文本中記載、這次遷徙的第一站就是民提山、即從孜孜濮烏就直接到了此地。

民提山はまた必提山あるいは民提崖としている文献もあり、いま雲南省永善県境にあるという。また別の文献では、この民提山は今回の孜孜濮烏からの移動で最初に着いた場所だという。

⑦　甘兒莫波卽今涼山州雷波縣城境。

甘兒莫波は今の涼山州雷波県都あたり。

⑧　指有人帶著紅色的官帽、有人帶著灰色的官帽、互爲交雜。

幹部用の赤い帽子を被った人もいるし、灰色の帽子を被った人もいて、互いに混じり合っている。

⑨　古子平壩在今雷波縣境、與今美姑縣毗隣。

古子という平らな盆地は、今の雷波県境にあり、美姑県に隣り合っている。

⑩　精以格則在今美姑和雷波交界綫的北端。

精以格則は今の美姑県と雷波県が接している境の北側にある。

⑪　拉古以達卽今美姑縣峨曲古區一帶的河邊。

拉古以達は今の美姑県と峨曲古区あたりの川辺のことである。

⑫　莫火拉達爲今峨邊縣境、下文甲紙以達爲今馬邊縣境。這兩縣屬樂山地區。

莫火拉達は今の峨辺県境、あとの句の甲紙以達は今の馬辺県境にある。この二つの県は楽山地区に属している。

⑬　這裡的彝風指北風、下面的漢風指南風。是彝族對風的習慣稱呼、這裡按其本義譯出。

ここの「イ族の風」は北風、次の「漢族の風」は南風を意味している。ここでは、イ族の、風についての言い習わしにより翻訳した。

⑭　甲谷甘洛爲今涼山甘洛一帶。下文中的頗火拉達爲今越西縣普雄一帶、西則拉達爲越西縣城。

甲谷甘洛は今の涼山の甘洛あたり、あとの句の頗火拉達は今の越西県の普雄あたり、西則拉達は越西県の県都である。

⑮　這兩句喩指那是一箇經常發生刀兵戰事的地方。

この二句は、そこが常に戦乱が発生している場所だということを比喩している。

⑯　這裡的汚染是祇有宗教意義的汚染、指不潔。

この「汚染」は宗教的な意味での汚染の意であり、穢れているという意味である。

⑰ 阿歯比爾、今涼山州冕寧縣境。

阿歯比爾(アチュビル)は今の涼山州冕寧県境にある。

⑱ 指用無角的黑牛耕田。

角のない黒牛で田を耕すこと。

⑲ 阿紅留以卽安寧河、下文的勒格俄着爲今西昌。母特都爾爲邛海東邊一帶。鋪史甘拖爲西昌和昭覺交界處的山上。

阿紅留以(アホニジュ)は安寧川のことであり、あとの句の勒格俄着(ルグオジョ)は今の西昌市、母特都爾(ムトゥトゥル)は邛海の東側、鋪史甘拖(ブシュカト)は西昌と昭覚の境にある山である。

⑳ 黑彝爲彝族等級制中僅次於土司的一箇等級、被土司統領、但黑彝也擁有奴隷並領轄著一些半自由民。

黒イ族はイ族の身分制で土司に次ぐ階級である。土司に統率されてはいるが、黒イ族は奴隷や一部の半自由民を所有する。

㉑ 義指黑彝勢力強大、會威脅君的生活。

黒イ族は勢力が強大なので、王の生活を脅やかすだろうという意味。

㉒ 撒爾迪坡卽今昭覺縣四開區境的三灣壩子。下文四開拉達卽今四開鄉政府所在的那條溝。糾突母古也在四開和昭覺城之間。

撒爾迪坂(サルディポ)は今の昭覚県四開区にある三湾という盆地である。あとの句の四開拉達(スケラダ)は今の四開郷政府（役所）所在地にある小川であり、糾突母古(チョトゥムグ)も四開と昭覚の県都のあいだにある。

㉓ 可能指此地狹小、僅够鹿居之。或指此處鹿多。

この場所は狭くてやっと鹿が棲めるだけだという意味か、あるいはここには鹿がたくさんいるという意味か。

㉔ 以下幾句都是描述下雪時景象。氷鈴、指結氷如鈴鐺落則響聲不斷。

以下の数句は雪景色を描いている。「氷の鈴」とはつららのことで、落ちると音が絶え間なく響いて鈴のようだという意味。

㉕ 指水不乾浄、受到了汚染。

水が汚いので（口の中が）汚れたという意味。

㉖ 兇鬼、彝語稱爲“必日”、指主殺傷性事故的鬼。

悪鬼はイ語では「必日(ビジュ)」と言い、殺傷事故をもたらす鬼である。

㉗ 利母交覺卽今昭覺縣城。下文利母竹核卽今昭覺縣竹核壩子。

利母交覚(リムチョジョ)は今の昭覚県の県都である。あとの句の利母竹核(リムチュヒ)は今の昭覚県の竹核盆地のことである。

㉘ 客人太多、使人難於承受、故有下文之說、意思卽雖然一年内來幾次還可以有餐具和菜來招待、但若一月内來幾次就無法承受了。

客が多すぎると受け入れるのが難しくなるので、以下の句のように言うのである。一年に何回か来る程度なら食器と料理で接待できるが、一か月に何回も来るのなら受け入れることができなくなるという意味。

㉙ 斯請精爾、大致在今昭覺竹核到美姑大橋之間的某處、下文的日阿洛莫在今昭覺縣日哈鄉。

斯請精爾はだいたい今の昭覚の竹核から美姑の大橋のあいだのどこかにあたり、あとの句の日阿洛莫は今の昭覚県の日哈郷にあたる。

㉚ 另一些文本中描寫日阿洛莫爲“上方有鬪羊山、下面有鬪牛場中間有居住地、但將來這裡的黑彝勢力會增大、君的勢力會不斷削弱”。

別のある文献では日阿洛莫は次のように描写されている。「上のほうには闘羊山があり、下のほうには闘牛場があり、中間に居住地がある。しかし、将来ここの黒イ族の勢力が増大するだろうから、王の勢力は常に弱まっていくだろう。」

㉛ 精以紹諾卽指今美姑縣境的龍頭山脈。下文的“格都海曲”、從字面上“東方白霧”之義、可能指龍頭山的東方某地。

精以紹諾は今の美姑県境の龍頭山脈を指す。あとの句の「格都海曲」は、文字通り理解すれば「東のほうの白い霧」という意味であり、龍頭山の東方のどこかを指しているのであろう。

㉜ 濕疹痢疾、爲彝語“紅且”之意譯、彝人以爲日照很強的平壩間常使人這類病、故不願住於低山平壩。

湿疹と下痢はイ語「紅且」の意訳である。イ族は、日光の強い盆地ではそういった病気にかかりやすいと考えているので、低い山々のあいだにある盆地には住みたくないと思っている。

㉝ 指有翅的衹有飛蟲、見不到其他鳥類。

翼のあるものは飛んでいる虫だけで、ほかの鳥類は見あたらないという意味。

㉞ 母孜拉火、據說在今雲南巧家縣境。

母孜拉火は今の雲南省巧家県境にあるという。

㉟ 指此處行爲方式不很自然。

この場所での行動様式がきわめて不自然だということを意味する。

㊱ 特覺拉達在今昭覺、下文精拉布拖卽今布拖縣。

特覚拉達は今の昭覚県にあり、あとの句の精拉布拖は今の布拖県である。

㊲ 留恩洛洛據說在今金陽縣境內、下文阿涼瑪火亦然。

留恩洛洛は今の金陽県内にあるといい、あとの句の阿涼瑪火も同じである。

㊳ 上一句是指磨刀用的磨石、這一句的磨指磨子。

上の一句の「磨石」は刀を研ぐ砥石、この句の「磨」は挽き臼のこと。

㊴ 以使特布和下文以史威洛、以史博克皆在今普格縣城南面與德昌縣交界綫一帶。

以使特布とあとの句の以史威洛、以史博克は、皆今の普格県の県都の南側と徳昌県との境界あたりにある。

㊵ 有些文本說普夥三子是到了此地纔出生的。

ある文献では、普夥の三人の子はここで生まれたという。

㊶　指包著鐵殻的木杖之底部經長途跋涉也磨盡了、下文“黒馬蹄毛斷”也是此意。有的文本中這兩句話是放在到終點站孜孜濮烏時的。但我的認爲放在此也有道理、因爲在這裡普夥三子的母親也終於逝去。

長い旅を続けた結果、表面を鉄で包んだ木の杖の底も磨り減ってしまったという意味。次の句の「黒い馬の蹄の毛も落ちてしまった」も同じ意である。この二つの句は、終点の孜孜濮烏にたどり着いた場面に載せている文献もある。しかし、ここは普夥の三人の子の母親が世を去った場所なのだから、ここに置かれるのにも道理があると言える。

㊷　指弟兄間爲了爭奪財産、互有爭議。

兄弟は財産を奪い取るために互いに言い争っているという意味。

㊸　有的文本中説長子爲阿烏、次子名爲阿熱或阿祖。

ある文献では、長男は阿烏、次男は阿熱あるいは阿祖という名である。

㊹　彝族爲幼子継承制、祖靈牌放於幼子家。

イ族は末子相続制なので、祖霊の位牌は末っ子の家に置かれる。

㊺　大部分文本中將以史博克和古祖金乃這兩處混淆、故下文中所説所作皆在以史博克就作了。但“古祖金乃”是詞在彝語裡有“長有神枝的山”之義、所以在此山爲母除穢並行超度是更爲合理的。

ほとんどの文献では以史博克と古祖金乃という二つの場所が入り混じっているので、以下の句で言ったり行なったりした場所はすべて以史博克でのこととした。しかし「古祖金乃」はイ語では「神枝が生える山」という意味の語なので、この山で母のために穢れを祓い、霊を供養するのは合理的だと言える。

㊻　古祖金乃和下文的古祖金紙、古祖金哈本是同一座山名、但有方位上的區別、古祖金哈在上、古祖金乃在腰、古祖金紙在下。另據一些文本所記、這三次分別被換作海拉甘拖、海拉甲紙、海拉甲波、也是分上、中、下三箇方位。

古祖金乃とあとの句の古祖金紙、古祖金哈はもとは同じ山の名前であるが、位層としては、古祖金哈は上、古祖金乃は中間（山腹）、古祖金紙は下（麓）にあたる。別の文献では、この三層の区別が、海拉甘拖、海拉甲紙、海拉甲波に換えられており、それらにも上、中、下の位層の区別がある。

㊼　超度卽下文所説的黎姆（音譯）、爲彝族的大型宗教活動、旨在爲逝去的祖妣除穢淨體、將其超度到祖界。

「超度」とは後述の黎姆（音訳）のことであり、イ族にとっては大型の宗教儀礼のことである。亡き母のために、穢れを祓い、体を清め、その霊を先祖の世界へと送る（済度する）目的のものである。

㊽　昊畢史楚爲傳説中的天界畢摩、提畢乍穆爲下界畢摩。

伝説では、昊畢史楚は天上界のビモで、提畢乍穆は下界（人間界）のビモである。

㊾　栢籤筒、指用栢樹作成的籤筒。籤筒和下文法笠、神籤、神扇等皆爲畢摩法器。

コノテガシワの籤の筒は、コノテガシワの木で作った籤入れ筒。籤入れ筒とあとの句の笠、籤、団扇（うちわ）はすべてビモの儀礼呪具。

㊿ 白畢指白彝畢摩、黑畢指黑彝畢摩。

「白ビモ」は白イ族のビモ、「黒ビモ」は黒イ族のビモのこと。

(51) 這裡的兇業和下句的禍業皆指兇性孽業。因普夥三子之母被解屍、故須作此儀禮。

ここの「よこしまな行ない」と次の句の「災い」はすべて凶悪な罪業を指す。普（プ）夥（ホ）の三人の子が母親の死体を切り分けたので、必ずこの儀礼を行なわなければならないのである。

(52) 靈棒就是祖靈的代表物。

祖霊の杭は祖霊の象徴物である。

(53) 這句的意思是以松樹根繞匝於人頭或墳塋。這占是繞於墳塋、其目的在於招逝者之靈附於松根。

この句の意味は、松の根を人の頭あるいは墓の周りに巡らせることである。この占いは、死者の霊を招いて松の根に付着させるために、（松の根を）墓に巡らせるのである。

(54) 指以鷹的大腿骨作占卜、下文鼠骨卜同、虎胛占和麞胛占是指以虎和麞的肩胛骨占卜。

鷹の大腿骨で行なう占いのこと。次の句の鼠の骨占いも同じであり、虎の骨占い、ノロの骨占いは虎とノロの肩胛骨での占いである。

(55) 彝族畢摩作儀式時、有些牲畜祇是拴於神枝間而不殺掉、這叫拴牲、殺掉的就爲犧牲。下文縛牲即指拴於儀式中者。

イ族のビモが儀礼を行なう際には、ある家畜はただ神枝に縛り付けるだけで殺さないので「縛り生け贄」と呼び、殺すものを「生け贄」と呼ぶ。あとの句の「縛り生け贄」は、儀礼の中で「つなぐ」場合のものである。

(56) 指將超度後的祖靈送入水中。

供養の儀礼をしたあとの祖霊を水の中に送り込むことである。

(57) 阿吉是一種灌木、長著紅色的顆粒、可食用。

阿吉はある灌木の名であり、大きくなると赤い実を付け、食べられる。

(58) 指將祖先之靈招來附於竹根後插於裡屋的墻上。下句則指爲竹根作的靈作淨後將其昇到屋頂去掛。

先祖の霊を招いて竹の根に付着させ、奥の間の壁に挿すこと。次の句は、（祖霊の象徴である）竹の根を清めてから屋根の上に掛けることを意味する。

(59) 在涼山彝族畢摩史上、這是一箇著名的爭論、最後以提畢乍穆的意見較切會後代的實際而從之。関於這箇爭論、究竟應該是發生在前文已説及的史爾俄特世、還是普夥三子世呢？　從時間上來推論、並結合其時代的特點、似應屬於史爾俄特世之事、但因大多數文本中都將其與普夥三子相聯系、這裡從之。另據一些文本的記載、普夥三子世的這次爭論是發生在弟兄三人之間的、長子認爲應插金銀枝、拴熊仔、殺野猪；次子認爲應插銅鐵枝、殺麂子、拴麞子；幼子認爲應插竹枝杉枝、殺猪、拴鶏。這箇説法可能也有一定的合理性。

涼山のイ族のビモの歴史上で、これは有名な論争である。最終的には、提畢乍穆の意見が比較的にのちの世代の実状に合うのでそれに従った。この論争は、前に述べた史爾俄特【2974 句に初出】の世代のことか、それとも普夥の三人の子の世代のことであろうか。時間的観点から推測し、またその時代の特徴から考えれば、史爾俄特の世代のことだと思うが、ほとんどの文献では普夥の三人の子と関係づけているのでここではそれに従う。また、別の文献の記載によれば、普夥の三人の子についてのこの論争は、兄弟三人のあいだで起きたことだという。すなわち、長男は金の枝、銀の枝を挿し、子熊を縛り付け、猪を殺すべきだとし、次男は銅の枝、鉄の枝を挿し、ノロジカを殺し、ノロを縛り付けるべきだとし、末っ子は竹の枝、杉の枝を挿し、豚を殺し、鶏を縛り付けるべきだとした。このような語り方もある程度合理的だと思われる。

(60) 阿哲爲彝族部落名、卽著名的水西安氏土司。

阿哲はイ族の部族（部落）の名であり、有名な水西安氏の土司のことである。

(61) 掃塵、是一種除穢儀禮。

塵を掃除するとは、穢れを祓う儀礼の一種のことである。

(62) 以上三句義指殺敵是爲了幇助親人不受凌辱。婚姻是爲了繁衍後代、黎姆是爲了保住根本、祈求興旺發達。

上の三つの句は、親族が侮辱を受けないようにと手助けして敵を殺すこと。結婚は子孫を増やすためであり、黎姆儀礼を行なうのは、根本的なものを保ち、繁栄と発展を求めるためである。

(63) 這句是指有人來幇你調解糾紛卽“作莫”、就應給一件褲子給他穿、前一句指畢摩來作儀式卽“作畢”則應給以一定報酬。

この句の意味は、紛争を仲裁する人すなわち「作莫」にはズボンを一着与えねばならないということ。前の句は、「作畢」儀礼を行なうために来たビモにお礼を出さなければならないという意味。

(64) 畢酬卽給畢摩的報酬。

「畢酬」とはビモに与える報酬のこと。

(65) 寓指子孫英勇。

子孫が勇敢になることの譬え。

(66) 指馬兒強壯、很小就弄壞了鞍子。下句也指牛仔強壯、弄壞了犂頭。

子馬が丈夫すぎるので、小さいときに鞍を壊してしまうという意味。あとの句も、子牛が丈夫すぎるので、鋤を壊してしまうという意味。

(67) 這句和下句指爲爭奪生存之地而戰鬥。

この句と次の句は、生活の地を求めて戦うという意味である。

(68) 德古、是彝族中知識豐富、善辭令、能教導和治理民衆的智者。

德古は、イ族の中でも知識が豊富で、言葉に巧みで、人々を指導して治めることのできる人のことである。

[住む場所を探す]

大昔、人類が誕生して、篤慕烏烏（ジュムヴヴ）が生まれ、次に烏烏格自（ヴヴキツ）が生まれ、大いに発展して普夥（ブホ）の子が三人生まれた。普夥（ブホ）の三人の子は住む場所を探して移動して行った。孜孜濮烏（ズズブヴ）に向かって出発し、孜孜（ズズ）山に沿って斯俄梯維（スオティヴォ）に着き、斯俄恩維（スオグヴォ）に着き、斯治阿維（スジュアヴォ）に着き、拉巴三東（ラバサト）に着き、孜阿留地（ズアニョディ）に着き、諾以（ノジュ）平山（ブシュ）に着き、英莫則俄（ジモジヴォ）に着いたが、英莫則俄（ジモジヴォ）では王が命令しても民（たみ）は従わなかったので、鶏と犬を一匹ずつ捕らえて広い道に掛けて王の権威を高め、牛と馬を一頭ずつ捕らえて広い道に掛け、杉林の中にはノロとノロジカを掛けて区別し、虎と豹、錦鶏（にしきどり）と竹鶏（たけどり）も掛けて区別し、主人と奴僕、王と民の区別をつけると、やっと王の命令が行なわれるようになった。普夥（ブホ）の三人の子は田と畑を測る道具を持って田と畑を探しに行った。英莫則俄（ジモジヴォ）から民提（ミティ）山の麓に着くと、上のほうは杉林が深く、下のほうは谷が深いので、王が住むのには相応（ふさわ）しくない。ほかの人はここに移住したが、王はここに住まない。甘児莫波（カルモボ）に着くと、そこでは身分の違いが区別されず卑しい人間が騒ぎ立てて、王が苦しむ場所なので、王はここに住まない。古子（クツ）盆地に着くと、竹で笛を作り蓬（よもぎ）の枝に鈴を掛け、草の茎は矛や槍のようなので王の住まいには相応しくない。精以格則（ジジコジ）に着くと、木の杭が立ち並んでいるのでカラスも王もここには住まない。拉古以達（ラグジダ）に着くと、王の権威を押さえつける山があり、下には王の足を阻む土手があるので、王はここには住まない。莫火拉達（モホラダ）では、高い山と深い谷があるので、王はここに移住しない。甲紙以達（チャチュジダ）では、北風が下へ吹き南風が上へ吹くので、王はここに移住しない。甲谷甘洛（ジャグカロ）は、鹿が角を磨き、猪が牙を磨いている所なので、王はここに移住しない。頗火拉達（ポホラダ）では、上には深い杉林があり、下には濃い霧が漂っているので、王はここには移住しない。西則拉達（シジラダ）では、雄（おす）鷹が蛙を食って九つの山が穢（けが）れ、黒い鳥が人の血を飲んで九つの地域が穢れ、黒い犬が人の肉を食って九つの家が穢れ、カラスが煙を吸って九つの地域の杉林が穢れた。阿歯比爾（アチュビル）では、頭の禿げた黒牛で田を耕し、柄の欠けた杓子を使うので、王はここに移住しない。諾以爾覚（ネジュルジョ）にはイ族も漢族も来てはいけないし、王もここに移住しない。阿紅留以（アホニジュ）では、尻が日に焼けて水ぶくれができるので、王はここに移住しない。勒格俄着（ルグオジョ）では、千人も一か所に集中して居住するので、王の住まいには相応しくない。母特都爾(ムトゥトゥル)では、イ族は生まれつき漢語ができ、漢族は生まれつきイ族の髻(まげ)を結い、違いがはっきりしないので、王はここに移住しない。鋪史甘拖(ブシュカト)では、土は固くて大地が荒れているので子孫は貧しくなるだろうし、草は蒲(がま)しかないので敷物を作れず、また身分が上の黒イ族の住居も広いから王の住居は狭くなる。王はここには移住しない。撒爾迪坂(サルディポ)では、空は狭く、下には鹿が棲み着き、中間の広い盆地では猪が争っている所である。軒下にはつららが下がり、蓬(よもぎ)の枝は曲がり、杉の木は銀白色で、コノテガシワの木にはつららが下がり、耕作しても収穫が無く、口をすすぐ水も汚いので、王はここに移住しない。四開拉達(スケラダ)は、豚の餌桶のように中心のはっきりしない土地だから、王はここに移住しない。糾突母古(チョトゥムグ)は悪鬼が会議を開く所であり、狩り取った頭を手で持つと北風も南風も吹くし、首を狩ったあと手を洗う水を王が飲むのはよくないから、王はここに移住しない。利母交覚(リムチョジョ)では、山の中腹に生えているのは松が一本だけであり、北風が吹いても南風が吹いても凍るし、馬も良くないうえに、奴僕も主人も馬に乗るという具合なので、王はここには移住しない。利母竹核(リムチュヒ)では、一晩で十人にご馳走することもあるが常に料理を出せるわけではないし、熱いご飯はあっても熱いお湯はないので、王はここには移住しない。斯請精爾(スチジル)では木の葉が落ち続けているので、王はここに移住しない。日阿洛莫(ジュワロモ)では、林が鬱蒼と茂り、北風も南風も吹くので、王はここに移住しない。精以紹諾(ジジショノ)では、山々が聳え、石が積み重なり、川は進むのを妨げ、草は毒草ばかりだからイ族も漢族もその毒に当たっていずれ死ぬだろうから、王はここに移住しない。格都海曲(グドゥヒチュ)では、太陽がギラギラ照りつけ、湿疹や下痢が多い。草なのに竹の根が生(は)え、翼のある生き物は飛ぶ虫しかいないので、王はここに移住しない。母孜拉火(ムズラホ)では、馬は、乗ることはできても物を載せて運ぶことはできないので、王はここに移住しない。三以特度(サジュトゥドゥ)では、鋤で大根を掘り鉄の杵で水を汲むので子孫は飢えるだろうから、王はここに移住しない。有母甲乃(ゾムジェレ)はカラスが集まる所なので、王はここに移住しない。阿利拿瓦(アリラヴァ)では、頭にあかぎれができ、風で腰が折れ、足も土に取られるので、王はここに移住しない。特覚拉達(トゥジョラダ)では、田畑が豚の餌桶のように痩せているので、妻と交換して得た食料を食べるくらいだから、王はここに移住しない。精拉布拖(ジラブトゥ)では、麦のぬかが食料で、阿争(アジ)の四人娘は我先に食べ物を争い、苦いソバの餅でもとても美味しいと言っているくらいなので、王はここに移住しない。你請勒海（ニチルヒ）では、ノロを家畜としニシキドリを家禽としているくらいなので、王はここに移住しない。留恩洛洛（ニュグロロ）には、木は桑しかないので鋤の柄には使えないし、砥石（といし）はあっても挽き臼に使える石はないから、王はここに移住しない。阿涼瑪火（アネマホ）では、コノテガシワの木は銀色で杉の木は金色だから、神枝（かみえだ）に使える木はないので、王はここに移住しない。以使特布（ジュシュトゥブ）では、蛙は虎のように吼え、セミは豚のように鳴くので、王はここに移住しない。以史威洛（ジュシュヴィロ）では、虫は人間のように鳴くので、王はここに移住しない。以史博克（ジュシュボク）では、木の杖の先端の鉄は磨（す）り減ってしまい、馬の蹄の毛も落ちてしまった。母親もここで病気になり、母親の死体を打った石、切った石盤、焼いた柴もあり、母親を葬った場所もある。普夥（ブホ）の三人の子は、兜と鎧や田畑の大きさで争った。長男の阿突（アトゥ）は、「長男は母親のあとを継ぐのだから、母の遺体は私のものだ」と言った。次男の阿格（アグ）は、「次男は真ん中に住んで、母が生きていたとき私は世話をしたから、母の遺体は私のものだ」と言った。末っ子の吉咪（ジミ）は、「末っ子は母の仕事を継ぎ、末っ子が祖霊を供養するのだから、母の遺体は私のものだ」と言った。普夥（ブホ）の三人の子は、三人とも意見が別だったので、母の死体を三つに切った。頭部を上のほうに置いて長男の阿突（アトゥ）に与え、胴体部を傍（かたわ）らに置いて次男の阿格（アグ）に与え、下半身部を下のほうに置いて末っ子の吉咪（ジミ）に与えた。末っ子の吉咪（ジミ）は母の死体を古祖金乃（グズジェレ）で焼き、次男の阿格（アグ）は母の死体を古祖金紙（グズジェジュ）で焼き、長男の阿突（アトゥ）は母の死体を古祖金哈（グズジェハ）で焼いた。古祖金乃（グズジェレ）では母のために供養の儀礼を行なった。

　普夥（ブホ）の三人の子は、繁栄祈願の黎姆（ニム）儀礼のために、ビモを招きに行った。上界の昊畢史楚（ホビシュツ）と提畢乍穆（ティビジャム）に頼み、弟子の阿迪（アディ）に頼んだ。阿迪（アディ）は、コノテガシワの籤（ひご）入れの筒を背負い、カシワの笠を被（かぶ）り、竹の神聖な籤を持ち、櫟（くぬぎ）の神聖な団扇（うちわ）を持って主人の家に着いた。白イ族のビモは下に座り、黒イ族のビモは上に座り、普通のビモは傍らに座り、悪い行ないと災いを三回ずつ祓って、昊畢史楚（ホビシュツ）が言った、「コノテガシワで祖霊の杭（くい）を作り、松の根を墓に巡らせ、鷹の骨と鼠の骨で占い、奥山の虎の肩胛骨と杉林のノロの肩胛骨で占い、金の枝、銀の枝を挿し、ノロを神枝に縛り付け、ノロを生け贄にする。錦鶏（にしきどり）は“縛り生け贄”にし、竹鶏（たけどり）は生け贄にする。祖霊の位牌を屋根の下に掛け、供養してから水の中へ送り込む」。提畢乍穆（ティビジャム）が言った、「そういうことだと、先祖がもらえれば父親の世代はもらえず、父親の世代がもらえれば、子供の世代はもらえない。家の中で羊の肩胛骨で占い、軒下で鶏の骨で占い、鶏を“縛り生け贄”にし、豚を生け贄にする。阿吉（アジ）の木で祖霊の杭を作り、竹の根を墓に巡らせ、杉の枝、コノテガシワの枝を挿し、祖霊の竹の根を清めて屋根の上に掛け、供養してから岩の洞窟の中に送り込む」。

提畢乍穆（ティビジャム）は立ち上がって繁栄祈願の黎姆（ニム）儀礼を行なった。阿哲（アジュ）部族の黒い雌鶏（めんどり）を穢れ祓いの鶏にし、敵を殺して親族を助け、結婚して後代につなげる。黎姆（ニム）儀礼を行なって自分の根本を保つ。儀礼のあとにビモにお礼を出し、紛争の仲裁をした人にはズボンを与える。金と銀をビモへのお礼にすれば、九代にもわたって子孫は豊かになる。着物や鎧をビモへのお礼にすれば、子孫は立派に育つ。大きな刀をビモへのお礼にすれば、子孫は腕が丈夫になる。良い馬をビモへのお礼にすれば、子孫は遠くまで歩けるようになる。猟犬をビモへのお礼にすれば、子孫は見聞が広くなる。

そののち、普夥（ブホ）の三人の子は、古祖金乃（グズジェレ）に立って英母夥母（イムホム）を見ると、そこでは竹に鈴を掛け、草は鋤のように太く、大根は斧で割らなければならず、水を汲むのに棒を使っているので、王はここに移住しない。英莫則母（イモジム）では、王が命令しても民（たみ）は従わず、賤しい民が王の政治に逆らった。鶏と犬を三匹ずつ捕らえて道に掛けておき、牛と馬を一頭ずつ捕らえて道に掛けておいたので、主人と奴僕の区別がつけられた。好古以諾（ホグジュノ）では、田畑が痩せているから、子孫は貧しくなるので、王はここに移住しない。三古克研（サククニャ）では、田畑を測量したが、大きい川が下流に流れているので、王はここに移住しない。特別母阿（テベムワ）にも、王は移住しない。研濮維讐（ニャブヴォチョ）では奴僕も馬に乗るし、犬と蛇が戦っているので、王はここに移住しない。好古熱口（ホグジコ）にも、威阿恩哈（ヴィアガハ）にも王は移住しない。日阿爾曲（ズワルチョ）では風の災害がひどい。母車俄洛（ムチュオロ）では、人が混雑していて、良い馬が虎に食われてしまうので、王はここに移住しない。（5句分意味不明）また別の所では、虎は奥山に逃げ込んだまま野放しなので、王はここに移住しない。維阿好古（ヴォアホグ）にも、母研古爾（ムニェクル）にも王は移住しない。母研巴梯（ムニェバティ）では、犬に眼が四つあり、鹿が虎を食い、ノロが豚を捕まえ、獣（けもの）が犬に向かって吠えるので、王はここに移住しない。諾以濮閃（ノジュブシャ）にも、拿巴三東（ラバサト）にも、孜孜迪薩（ズズディサ）にも、孜孜拿甲（ズズラジャ）にも王は移住しない。

しかし、孜孜濮烏（ズズブヴ）には、王の居住地があった。臣下の居住地もあった。上のほうには羊を飼える山があり、下のほうには闘牛に使える盆地があり、中間には王の住める田があり、盆地では馬に乗ることができ、沼地では豚の放牧ができる。家の下のほうには稲の苗を植える平地があり、家の脇には野菜を栽培できる畑があり、軒下には女が座ることができ、庭では子供が遊べ、家のそばでは客をもてなすことができ、家の上のほうで柴を拾うとコノテガシワが随いて来て、家の下のほうで水を背負うと魚が随いて来る。放牧をしているときには神聖な綿羊を追い走らせ、孜孜山の頂上に放ち、神聖な牛を孜孜盆地に放ち、神聖なヤギを孜孜岩に放ち、神聖な豚を孜孜沼地に放つ。家を出るときには神聖な馬を牽いて孜孜盆地で乗り、狩猟のときには神聖な猟犬を牽いて孜孜谷に放つ。耕作のときには神聖な牛で孜孜田を耕す。孜孜濮烏では、生まれた子馬が元気すぎるので馬の鞍九つが壊れ、生まれた子牛が元気すぎるので鋤九つが割れ、生まれたヤギの子が元気すぎるのでヤギの油は九塊りも取れる。第七世代と第八世代はここで軍馬に乗り、刀や槍を振るって戦い、第九世代の徳古が生まれた。先祖の家の基礎と子孫の発展の基礎はここに定まった。

18　sɿ^{33}ɓæ^{33}si^{55}ɓæ^{33}ɖo^{55}　[祭盔祀甲]　[兜と鎧の祭祀]

4843 ts'ɿ̱^{33}ɤa^{33}mo^{44}gu̱^{21}dʑo^{44}　如此然之後　そののち

4844 p'u̱^{21}xo^{33}zɯ^{33}sɔ^{33}ȵi^{33}　普夥三子呢　普夥（プホ）の三人の子は

4845 sɿ^{33}k'ɯ^{33}si^{33}k'ɯ^{33}lɿ^{33}ts'u̱^{33}si^{21}　帯四群神犬　神聖な犬を四群れ連れ

4846 ma^{44}ni^{33}lo^{33}mo^{44}lɿ̱^{55}　馬尼洛莫放　馬尼洛莫（マニロモ）で放つと

4847 ts'ɿ̱^{21}ma^{33}a^{44}nɔ^{33}t'i^{55}ko^{33}p'o^{33}　其一竄入深山中

そのうちの一匹が奥山に逃げ込んだ

4848 p'u̱^{21}xo^{33}zɯ^{33}sɔ^{33}ȵi^{33}　普夥三子呢　普夥（プホ）の三人の子は

4849 ŋgo^{55}lɿ̱^{55}ŋgo^{55}la^{33}mu^{33}　追逐且追逐　追いに追って

4850 ŋgo^{55}lo^{21}mu^{33}ȵæ^{33}ɓæ^{33}vi^{55}ɓi^{33}　到達母研西威地①

母研西威（ムニェセヴィ）に着いた

4851 mu^{33}ȵæ^{33}ɓæ^{33}vi^{55}nɯ^{33}　母研西威呢　母研西威では

4852 sɿ^{33}mo^{55}si^{33}mo^{55}zɿ̱^{33}lɿ̱^{33}lɿ̱^{33}　神兵仙兵呼嘯嘯②

神兵と仙兵が叫び声を挙げていた

4853 sɪ^{33}ʑæ^{33}si^{33}ʑæ^{33}lɪ^{33}dʐɿ̱^{33}dʐɿ̱^{33}　神鷄仙鷄群起鳴

神鶏や仙鶏が群れになって啼いていた

4854 sɪ^{33}mu^{33}si^{33}mu^{33}æ^{33}læ^{33}ʐɯ^{33}　神馬仙馬嘶嘯嘯

神馬や仙馬が激しくいなないていた

4855 sɪ^{33}k‘ɯ^{33}si^{33}k‘ɯ^{33}dzi^{21}ɓæ^{33}ɓæ^{33}　神犬仙犬齊狂吠

神犬や仙犬が一斉に吠えていた

4856 sɪ^{33}k‘ɯ^{33}si^{33}k‘ɯ^{33}ȵi^{33}　神犬仙犬呢　　神犬や仙犬は

4857 gu^{33}ȵi^{21}dzi^{21}mu^{33}k‘ɯ^{55}　九天吠至昏　　昼は九日間、夕方まで吠え

4858 gu^{33}ho^{55}dzi^{21}mu^{33}t‘i^{33}　九夜吠至曉　　夜は九日間、明け方まで吠えた

【この「九天」「九夜」（九日九夜）という定型表現は、900、901句、1298、1299句にも見えている。これと、『古事記』の「日八日夜八夜(ひやかよやよ)」「夜(よ)には九夜(ここのよ)　日(ひ)には十日(とをか)を」などとの共通性については、901句の［古事記への視点］参照のこと】

4859 t‘u^{44}mu^{33}dzi^{21}ʂu^{44}k‘a^{33}　“你意吠狩何許物？”　　（普夥(ブホ)の三人の子が？）

「お前は何を狩ろうとして吠えていたのだ？」（と尋ねると）

4860 sɪ^{33}ɓæ^{33}si^{33}ɓæ^{33}dzi^{21}dɯ^{21}lo^{44}　“原來狩著神盔神甲吠　　（神犬と仙犬は）

「本当は神聖な兜と鎧を狩ろうとして吠えた

4861 sɪ^{33}a^{21}mu^{33}si^{33}a^{21}mu^{33}dzi^{21}dɯ^{21}lo^{44}　狩著神女仙女吠③”

神女や仙女を狩ろうとして吠えた」（と答えた）

4862 sɪ^{33}ɓæ^{33}si^{33}ɓæ^{33}n̥i^{33}dzi^{44}dzi^{44}　神盔仙甲輝燦燦

神聖な兜と鎧はきらきら輝き

4863 sɪ^{33}a^{21}mu^{33}si^{33}a^{21}mu^{33}ni^{44}ɖɔ^{33}ɖɔ^{33}　神女仙女艷灼灼

神女や仙女は燃える如くにあでやかだ

4864 p‘u̠^{21}xo^{33}zɯ^{33}sɔ^{33}ȵi^{33}　普夥三子呢　　普夥(ブーフオ)（プホ）の三人の子は

4865 ɓæ^{33}ɖo^{33}ɓæ^{33}ɓi^{44}li^{33}mo^{33}di^{44}　要去祭盔祀甲焉④

兜と鎧の祭祀を行なおうとした

4866 sɿ̱^{21}ʑu^{33}dzi^{44}ts‘u̠^{33}li^{33}mo^{33}di^{44}　要去娶妻架橋焉⑤

妻を娶り、橋を架けようとした

4867 mo^{21}læ^{33}ts‘ɿ̱^{21}ȵi^{21}nɯ^{33}　當先一日呢　　最初の日には

4868 zɯ^{33}ʐɿ^{33}a^{33}t‘u̠^{33}ɖo^{33}　長子阿突來祭祀

長男の阿突(アートゥー)が（アトゥ）祭祀を行なった

4869 ku^{33}dʑi^{33}lɿ^{33}mo^{21}ʑu^{33}ta^{33}ɖo^{33}　殺四牲來祭

家畜を四頭生け贄にして祭った

4870 ɓæ^{33}ni^{33}tsʻɿ̱^{21}tsʻɿ̱^{21}ʑu^{33}ta^{33}ɖo^{33}　紅鬚羊毛取來祭

髭(ひげ)の赤い羊の毛を取って祭った

4871 tɕʻu^{33}ʑu^{33}tɕʻu^{33}ʑu^{33}ɖo^{33}　白祭來白祭　白い物で祭りに祭った

4872 va^{33}ʂɯ^{55}tɕʻu^{33}ʑu^{33}ɖo^{33}　白公鶏來祭⑥　白い雄鶏(おんどり)で祭った

4873 ndzɿ^{33}la^{33}mo^{21}ɓæ^{33}læ^{33}ŋɯ^{44}ŋɯ^{33}　是否君臣之盔甲？

王と臣下の兜と鎧であろうか？

4874 zɯ^{33}zɿ^{33}a^{33}tʻu^{33}ɓæ^{33}ŋɯ^{44}ŋɯ^{33}　是否長子阿突甲？

長男の阿突の鎧であろうか？

4875 a^{33}tʻu̱^{33}ɓæ^{33}ŋɯ^{33}nɯ^{33}　若爲阿突甲　もし阿突の鎧であるならば

4876 ɓæ^{33}ɖo^{33}ɓæ^{33}tsʻi^{33}la^{33}　祭甲且降臨　鎧を祭ったら降臨してください

4877 a^{33}tʻu̱^{33}ɓæ^{33}ma^{21}ŋɯ^{33}　並非阿突甲　もし阿突の鎧でないのなら

4878 mu^{33}vu^{55}sɿ^{33}lɿ̱^{21}ɓæ^{33}di^{44}ŋɯ^{33}　乃爲東方神怪甲　東方の怪物の鎧である

4879 ɓæ^{33}ɖo^{33}ɓæ^{33}dʐɿ̱^{21}bo^{33}　祭甲甲消隱隱　鎧を祭ったら鎧は消えた

4880 ɤa^{33}la^{33}tsʻɿ̱^{21}ȵi^{21}mɯ^{33}　然後一日呢　次の日には

4881 zɯ^{33}ka^{55}a^{33}ŋgɯ^{33}ɖo^{33}　次子阿格來祭甲

次男の阿格(アーグォ)（アグ）が鎧の祭祀を行なった

4882 ɓæ^{33}ʂu̱^{21}tsʻɿ̱^{21}tsʻɿ̱^{21}ʑu^{33}ta^{33}ɖo^{33}　羊毛青鬚取來祭

髭の青い羊の毛を取って祭った

4883 tɕʻu^{33}ʑu^{33}tɕʻu^{33}ʑu^{33}ɖo^{33}　白祭來白祭　白い物で祭りに祭った

4884 bu^{33}na^{55}tɕʻu^{33}ʑu^{33}ɖo^{33}　白閹綿羊祭　白い去勢綿羊で祭った

4885 ndzɿ^{33}la^{33}mo^{21}ɓæ^{33}li^{33}ŋɯ^{44}ŋɯ^{33}　是否君臣之盔甲？

王と臣下の兜と鎧であろうか？

4886 zɯ^{33}ka^{55}a^{33}ga^{33}ɓæ^{33}ŋɯ^{44}ŋɯ^{33}　是否次子阿格甲？

次男の阿格の鎧であろうか？

4887 a^{33}ga^{33}ɓæ^{33}ŋɯ^{33}nɯ^{33}　若爲阿格甲　もし阿格の鎧であるならば

4888 ɓæ^{33}ɖo^{33}ɓæ^{33}tsʻi^{33}la^{33}　祭甲且降臨　鎧を祭ったら降臨してください

4889 a^{33}ga^{33}ɓæ^{33}ma^{21}ŋɯ^{33}　並非阿格甲　もし阿格の鎧でないのなら

4890 ɓæ^{33}ɖo^{33}ɓæ^{33}dʐɿ̱^{21}bo^{33}　祭甲甲消隱　鎧を祭ったら鎧は消えた

4891 mu^{44}kʻɯ^{33}sɿ^{33}ɖi^{55}ɓæ^{33}di^{44}ŋɯ^{33}　乃爲西方神怪甲　西方の怪物の鎧である

【この「4890祭甲甲消隱　鎧を祭ったら鎧は消えた／4891乃爲西方神怪甲　西方の怪物の鎧である」は、4878、4879 句にならえば、順番が逆になっている】

4892 ɣa^{33}la^{33}tsʻɿ̱^{21}ȵi^{21}ɖo^{33}　然後祭一日　　また次の日にも祭祀を行なった

4893 zɯ^{21}ȵo^{21}dʑi^{21}mi^{55}ɖo^{33}　幼子吉咪來祭祀

末っ子の吉咪（ジミ）が祭祀を行なった

4894 ɕæ^{33}tʻu^{33}vi^{55}ʂu̱^{33}tsʻɿ̱^{21}tsʻɿ̱^{21}ʑu^{33}ta^{33}ɖo^{33}　白鬚羊毛取來祭

髭の白い羊の毛を取って祭った

4895 tɕʻi^{33}pʻi^{21}dʑu̱^{55}ʂɔ^{33}ʑu^{33}ta^{33}ɖo^{33}　取用家畜來祭祀

家畜を用いて（生け贄にして）祭祀を行なった

4896 tɕʻu^{33}ʑu^{33}tɕʻu^{33}ʑu^{33}ɖo^{33}　白祭來白祭　　白い物で祭りに祭った

4897 lɯ^{33}ʂɯ^{33}tɕʻu^{33}ʑu^{33}ɖo^{33}　白閹牛來祭　　白い去勢牛で祭った

4898 ndzɿ^{33}la^{33}mo^{21}ɕæ^{33}li^{33}ŋɯ^{44}ŋɯ^{33}　是否君臣之盔甲？

王と臣下の兜と鎧であろうか？

4899 zɯ^{21}ȵo^{21}dʑi^{21}mi^{55}ɕæ^{33}ŋɯ^{44}ŋɯ^{33}　是否幼子吉咪甲？

末っ子の吉咪の鎧であろうか？

4900 dʑi^{21}mi^{55}ɕæ^{33}ŋɯ^{33}nɯ^{33}　若爲吉咪甲　　もし吉咪の鎧であるならば

4901 ɕæ^{33}ɖo^{33}ɕæ^{33}tsʻi^{33}la^{33}　祭甲請降臨　　鎧を祭ったら降臨してください

4902 ɖo^{33}a^{21}ɕi^{33}ɣa^{33}nɯ^{33}　祭盔祀甲後　　兜と鎧を祭祀したあと

4903 ɕæ^{33}tɕi^{21}ȵi^{33}tsʻi^{33}la^{33}　盔綫也掉落　　兜の糸が抜け落ちて

4904 ɕæ^{33}o^{33}ȵi^{33}gɯ^{33}la^{33}　頭盔也脱落　　兜も落ちた

4905 ɕæ^{33}mu^{33}ȵi^{33}bi^{21}la^{33}　甲尾已散落　　鎧も落ちた

4906 zɯ^{21}ȵo^{21}dʑi^{21}mi^{55}ȵi^{33}　幼子吉咪呢　　末っ子の吉咪（ジミ）は

4907 ʂɿ^{33}tɕʻi^{33}tʂɯ^{21}ɣa^{33}kʻo^{33}　張開氈子接盔甲

フェルトを広げて兜と鎧を受け取った

4908 kʻo^{33}lo^{21}da^{55}si^{44}la^{33}　接著盔甲來　　兜と鎧を受け取った

4909 ɕæ^{33}ɖo^{33}ȵi^{33}ɕæ^{33}ɣɯ^{21}　祭甲已獲甲　　鎧を祭ると鎧が手に入った

4910 ʂɿ̱^{21}ʑu^{33}ȵi^{33}ʂɿ^{21}ɣɯ^{21}　娶妻已獲妻⑦　　妻を求めると妻を得た

4911 sɿ^{33}ɕæ^{33}si^{33}ɕæ^{33}ȵi^{33}　神盔神甲呀　　神聖な兜と鎧は

4912 o^{21}ŋɔ^{33}bu^{33}ku^{33}tsi^{21}　前胸象日形　　前の胸の部分は太陽の形のようであり

4913 ɣa^{33}ȵɔ^{33}ɖɯ^{21}xo^{33}ndi^{55}　後背生月眼　後ろの背の部分には月の目がある
4914 o^{21}ŋɔ^{33}ɣa^{44}ŋɔ^{33}li^{33}　前胸後背呢　前の胸と後ろの背の部分には
4915 lɿ^{33}ts‘i^{33}hi^{55}dʑu̠^{33}bu^{33}　有四十八眼　目が四十八ある
4916 ɓæ^{33}ʐɿ^{33}ɓæ^{33}ma^{33}li^{33}　鱗甲鱗片呢　鎧の鱗（うろこ）は
4917 hi^{55}tu^{33}hi^{55}ha^{33}ma^{33}　八千八百塊　八千八百枚ある
4918 ɓæ^{33}fu̠^{21}ɓæ^{33}tɕi^{21}li^{33}　串鱗綫結呢　鱗を結びつける糸は
4919 lɿ^{33}ha^{33}hi^{55}ts‘i^{33}tɕi^{33}　四百八十根　四百八十本ある
4920 sɿ^{33}ɓæ^{33}si^{33}ɓæ^{33}li^{33}　神盔神甲呢　神聖な兜と鎧を
4921 si^{21}la^{33}dʑi^{33}du^{33}kɯ^{21}　用以撃於敵　身に着けて敵と戦い
4922 dʑi^{33}kɯ^{21}ȵi^{33}dʑi^{33}ɣɯ^{33}　殺敵也得勝　敵を殺して勝利した
4923 dʑi^{33}mo^{33}li^{21}li^{21}mbo^{33}　敵屍團團滾　敵の死体はごろごろ転がり
4924 dʑi^{33}sɿ^{33}t‘ɔ^{33}t‘ɔ^{33}ts‘i^{33}　敵血滴滴落　敵の血はぽたぽた落ちた
4925 ts‘ɿ̠^{21}ȵi^{21}bu^{33}ɣa^{33}kɯ^{21}　一日撃讐人　ある日には仇（かたき）と戦い
4926 bu^{33}kɯ^{21}ȵi^{33}bu^{33}ɣɯ^{33}　殺讐也得勝　仇を殺して勝利した
4927 bu^{33}mo^{33}li^{21}li^{21}mbo^{33}　讐屍團團滾　仇の死体はごろごろ転がり
4928 bu^{33}sɿ^{33}t‘ɔ^{33}t‘ɔ^{33}ts‘i^{33}　讐血滴滴落　仇の血はぽたぽた落ちた

4929 ts‘ɿ̠^{33}ɣa^{33}mo^{44}gu̠^{21}dʑo^{44}　如此之後呢　そののち
4930 p‘u̠^{21}xo^{33}zɯ^{33}sɔ^{33}ȵi^{33}　普夥三子呢　普夥（プーフオ）（プホ）の三人の子は
4931 sɿ^{33}ɓæ^{33}si^{33}ɓæ^{33}ga^{55}　穿甲又戴盔　鎧を着け、兜を被（かぶ）り
4932 mo^{55}tu̠^{33}mo^{55}ha^{33}sɿ̠^{21}　帯領千百兵　何千何百の兵を率いて
4933 p‘u^{33}la^{33}sɿ^{33}mo^{55}si^{33}mo^{55}no^{21}　返驅神兵和仙兵　神兵と仙兵を追い返し
4934 ka^{33}lo^{33}li^{33}p‘i^{55}ʂa^{33}　驅至甘洛領匹地⑧　甘洛領匹（ガンルオリンピー）(カロリピ)に追い払った
4935 tu^{33}zɯ^{33}si^{55}ndo^{21}lo^{44}　殺敵上千人　敵を何千人も殺し
4936 ha^{33}zɯ^{33}ʑu^{33}ndo^{21}lo^{44}　俘獲上百人　何百人もを捕虜にした
4937 mu̠^{21}ko^{21}sɔ^{33}ha^{33}tʂɔ^{33}ts‘ɿ̠^{21}ku^{33}mu^{33}ti^{55}　戰馬三百一籠套
三百頭の戦馬を一つの籠で覆い
4938 mo^{55}ʑɔ^{21}sɔ^{33}ha^{33}tɕi^{21}ts‘ɿ̠^{21}tɕi^{33}mu^{33}ti^{55}　俘兵三百一繩牽
三百人の捕虜を一本の縄で牽いて来た
4939 p‘u^{21}xo^{33}a^{33}t‘u̠^{33}ɓæ^{33}ma^{21}ɣɯ^{21}　普夥阿突未獲甲
普夥阿突（プーフオアートゥー）（プホアトゥ）にはまだ鎧がなかったので

4940 p‘u^{21}xo^{33}a^{33}t‘u^{33}t‘i^{55}ta^{33}gi^{55}　普夥阿突於此亡

普夥阿突はここで死んでしまった

4941 p‘u^{21}xo^{33}a^{33}ŋgɯ^{33}ɕæ^{33}ma^{21}ɣɯ^{21}　普夥阿格未獲甲

プーフオアーグォ
普夥阿格（プホアグ）にはまだ鎧がなかったので

4942 p‘u^{21}xo^{33}a^{33}ŋgɯ^{33}t‘i^{55}ta^{33}gi^{55}　普夥阿格於此亡

普夥阿格はここで死んでしまった

4943 p‘u^{21}xo^{33}dʑi^{21}mi^{55}dzi^{33}　祇剩普夥吉咪氏[9]

プーフオジーミー
普夥吉咪（プホジミ）だけが生き残った

4944 p‘u^{21}xo^{33}dʑi^{21}mi^{55}ts‘ɿ̠^{21}　普夥吉咪一　　第一世代は普夥吉咪

ジーミージーニー
4945 dʑi^{21}mi^{55}dʑi^{21}nɯ^{21}ȵi^{21}　吉咪吉尼二　　第二世代は吉咪吉尼（ジミジヌ）

ジーウォウェイナイ
4946 dʑi^{33}ɣɯ^{21}vo^{33}nɯ^{33}sɔ^{33}　吉俄維乃三　　第三世代は吉俄 維 乃（ジウヴォヌ）

ウェイグォワーナイ
4947 vo^{21}kɯ^{21}va^{55}nɯ^{33}lɿ^{33}　維格瓦乃四　　第四世代は維 格瓦乃（ヴォクヴァヌ）

ラーグォボーナイ
4948 la^{55}kɯ^{21}bo^{33}nɯ^{33}ŋɯ^{33}　拉格波乃五　　第五世代は拉格波乃（ラクボヌ）

ナーマーボーナイ
4949 la^{33}ma^{33}bo^{33}nɯ^{33}fu^{55}　拿瑪波乃六　　第六世代は拿瑪波乃（ラマボヌ）

チーゾンアーラー
4950 tʂɿ^{33}dzo^{33}a^{33}la^{55}ʂɿ̠^{21}　紙總阿拉七　　第七世代は紙総阿拉（チュゾアラ）

4951 ɖɯ^{21}tʂɿ^{33}tʂa^{33}vi^{55}hi^{55}　勒紙張威八

レーチーチャンウェイ
第八世代は勒紙 張 威（ルチュチャヴィ）

チャンウエイグーアル
4952 tʂa^{33}vi^{55}ku^{33}lɿ^{33}gu^{33}　張威古爾九[10]　　第九世代は張 威 古爾（チャヴィクル）

グーアル
4953 ku^{33}lɿ^{33}zɯ^{33}sɔ^{33}go^{33}　古爾三子出　　古爾（クル）には子が三人生まれ

チェンフオムーウー
4954 tʂɯ^{33}ho^{33}mu^{33}vu̠^{55}ti^{21}　陳火母烏居　　陳 火母烏（チョホムヴ）に住んだ

グーアルホウアー
4955 ku^{33}lɿ^{33}xo^{33}a^{21}go^{33}　古爾候阿出　　古爾候阿（クルホア）が生まれ

4956 mu^{33}fɿ̠^{55}mu^{33}di^{44}ti^{21}　居住於北方　　北のほうに住み

グーホウ
4957 ni^{21}a^{21}gu^{33}xo^{33}lo^{44}　乃爲古候部　　古候（グホ）部族になった

グーアルニエアー
4958 ku^{33}lɿ^{33}ȵi^{55}a^{21}go^{33}　古爾涅阿出　　古爾涅阿（クルニア）が生まれ

4959 mu^{44}k‘m^{33}mu^{33}di^{44}ti^{21}　居住於南方　　南のほうに住み

チウニエ
4960 a^{33}gɯ^{33}tɕ‘o^{55}ni^{21}lo^{44}　乃爲曲涅部　　曲涅（チョニ）部族になった

グーアルアーヂョン
4961 ku^{33}lɿ^{33}a^{33}ndzi^{33}gi^{55}　古爾阿争絶　　古爾阿 争（クルアジ）は死んだ

注

① 這裡的母研西威和前文的馬尼洛莫皆爲地名、具體在何處不詳。有些文本中則説普夥三子是從孜孜濮烏遷至母研西威、並非隨神犬至此。

母研西威と前の句の馬尼洛莫はすべて地名だが、具体的な場所は不明。ある文献によると、普夥の三人の子は孜孜濮烏から母研西威に移って来たのであり、神聖な犬に随いてここに来たのではないと言う。

② 有的文本中神兵仙兵將在馬尼洛莫出現、既無母研西威之地、也無神鷄神馬之説。

ある文献では、神兵と仙兵は馬尼洛莫に出現したのであって、母研西威という土地のことも神鶏、神馬も記載されていない。

③ 大多數文本中都無吠狩仙女之説。

ほとんどの文献には、仙女を狩ろうとして吠えたという記述がない。

④ 大多數文本中没有祭盔甲的説法、而僅僅認爲神犬在吠狩盔甲、普夥三子見到後即取之。

ほとんどの文献には、兜と鎧を祭祀するという内容がなく、わずかに、神犬が兜と鎧を狩ろうとして吠えるので、普夥の三人の子がそれを見て兜と鎧を取ったと伝えているだけである。

⑤ 大多數文本中也無這種娶妻成家之説。而彝族在講述狗的源流、盔甲源流和婚姻源流時往往將三者互相交雜、故我的認爲這種娶妻之説也是有道理的。

ほとんどの文献には、このように妻を娶って家族を作るという内容がない。しかし、イ族が犬の由来、兜と鎧の由来、結婚の由来を語る際に、しばしばそれら三者が混じり合うことがあるので、このように妻を娶る話があっても納得できると思われる。

⑥ 指用白色的公鷄進行祭祀。上句指運用潔白無瑕的東西來祭祀。

白い雄鶏を生け贄にして祭祀を行なうという意味。前の句は、真っ白で疵の無い物で祭祀を行なうという意味。

⑦ 有的文本中則認爲盔甲爲長子阿突所得、而幼子吉咪絶亡、但無長子娶妻之説。

ある文献では、兜と鎧を手に入れたのは長男阿突で、末っ子の吉咪は死に絶えたとなっているが、しかしその文献では長男が妻を娶ったとは書いていない。

⑧ 甘洛領匹在今四川涼山甘洛一帶。

甘洛領匹は、今の四川省涼山地区の甘洛あたりにある。

⑨ 有些文本中認爲由於這次戰爭、普夥阿爭者〈據説也就是幼子吉咪〉絶亡、而阿突和阿格獲勝、阿突爲後來古候部落之祖、阿格則爲曲涅之祖。也有的認爲是因爲阿突得盔甲而得以勝、幼子吉咪則因未獲盔甲而絶亡、但次子阿格既未得盔甲、何以也生存下來則無明文。但據另一些文本所記、所謂阿突和阿格乃古候部落的兩弟兄之名、所以也很難説哪種説法更爲準確、這些人名是很爲混淆不清的。在我們看來、阿突和阿格絶亡而吉咪獲勝的説法似更爲合理、因爲阿突和阿格既没有得盔甲、於戰事不利、而未得盔甲又寓示著没有娶妻、故無後代。

ある文献によると、この戦争で死んだのは普夥阿争〈末っ子の吉咪のことだともいう〉であり、阿突と阿格は勝利して、阿突はのちに古候部族の祖となり、阿格は曲涅部族の祖となったという。また別の文献では、阿突は兜と鎧を得たので勝利し、末っ子の吉咪は兜と鎧を得なかったので死に絶えたとあるが、しかし次男の阿格は兜と鎧を得られなかったのになぜ生き残ったのかの理由は述べていない。また別の文献では、阿突と阿格は古候部族の二人の兄弟の名前だとしているが、それらの人名も入り混じっているし、どちらが正しいとも言いかねる。我々は、阿突と阿格が死んで吉咪が勝利したという物語のほうがより合理的だと考えている。というのは、阿突と阿格はまだ兜と鎧を得られず戦争には不利だったし、また兜と鎧を得られないのは妻を娶らないことを示唆しているので、子孫がいないことになるからである。

⑩　有些文本中則説從吉咪繁衍出了後來著名的德布家和德施家、即阿哲部和烏撒部。再説這裡的九代譜系也不一定準確。

ある文献では、吉咪からあとに、有名な德布系と德施系、つまり阿哲部族と烏撒部族が出たとなっている。繰り返すが、ここの九代の系譜も必ずしも正確とは言えない。

[兜と鎧の祭祀]

そののち、普夥の三人の子は、神聖な犬を四群れ、馬尼洛莫で放つと、そのうちの一匹が奥山に逃げ込んだ。普夥の三人の子はそれを追って母研西威に着いた。母研西威では、神兵と仙兵が叫び声を挙げ、神鶏や仙鶏が群れになって啼き、神馬や仙馬が激しくいななき、神犬や仙犬が一斉に吠えていた。神犬や仙犬は昼は九日間、夜は九日間吠え続けたので、普夥の三人の子が「お前は何を狩ろうとして吠えていたのだ？」と尋ねると、神犬と仙犬は「神聖な兜と鎧を狩ろうとして吠えた、神女や仙女を狩ろうとして吠えた」と答えた。神聖な兜と鎧はきらきら輝き、神女や仙女はあでやかだった。

普夥の三人の子は、兜と鎧の祭祀を行なおうとし、妻を娶り、橋を架けようとした。最初の日には、長男の阿突が祭祀を行なった。家畜を四頭生け贄にし、髭の赤い羊の毛と白い雄鶏で祭った。しかし、祭ったら鎧が消えた。翌日には次男の阿格が鎧の祭祀を行なった。髭の青い羊の毛と白い去勢綿羊で祭った。しかし、鎧を祭ったら鎧は消えた。また次の日には末っ子の吉咪が祭祀を行なった。髭の白い羊の毛と白い去勢牛で祭った。すると、兜の糸が抜け落ちて兜も鎧も落ちた。吉咪はフェルトのマントを広げて兜と鎧を受け止めた。鎧を祭ると鎧が手に入り、妻を求めると妻を得た。

神聖な兜と鎧は、胸の部分は太陽の形のようであり、背の部分には月の目があり、胸と背には目が四十八ある。鎧の鱗は八千八百枚あり、鱗を結びつける糸は四百八十本ある。吉咪は神聖な兜と鎧を身に着けて敵と戦い、敵を殺して勝利した。敵の死体はごろごろ転がり、敵の血はぽたぽた落ちた。

そののち、普夥の三人の子は、鎧を着け、兜を被り、何千何百の兵を率いて神兵と仙兵を甘洛領匹に追い払った。敵を何千人も殺し、三百頭の戦馬を一つの籠で覆い、三百人の捕虜を一本の縄で牽いて来た。長男の普夥阿突と次男の普夥阿格には鎧がなかったのでこのとき死に、末っ子の普夥吉咪だけが生き残った。第一世代は普夥吉咪、第二世代は吉咪吉尼、第三世代は吉俄維乃、第四世代は維格瓦乃、第五世代は拉格波乃、第六世代は拿瑪波乃、第七世代は紙総阿拉、第八世代は勒紙張威、第九世代は張威古爾だ。

張威古爾には子が三人生まれ、陳火母烏に住んだ。古爾候阿が生まれて北に住み、古候部族になった。古爾涅阿が生まれて南に住み、曲涅部族になった。三人目の古爾阿争は死んだ。

19 li^{21}mu^{33}ŋɯ^{33}ʐɿ^{33}gu^{44} ［渡江①］［川を渡る］

4962 tsʻɿ̱^{33}ɤa^{33}mo^{44}gu̱^{21}dʑo^{44} 如此之後呢 そののち

4963 dzɿ̱^{21}dzɿ^{21}pʻu̱^{21}vu^{55}nɯ^{33} 孜孜濮烏呢
孜孜濮烏（ズズプヴ）【4253 句に初出】は

4964 ndi^{21}sa^{33}mu^{33}ma^{21}ŋɯ^{33} 不好守衛處 防御が難しい場所だが

4965 dʑo^{33}sa^{33}mu^{33}di^{44}ŋɯ^{33} 但爲好居處 住むにはいい所である

4966 ȵi^{55}xo^{33}tsʻɿ^{21}mo^{21}zɯ^{33} 涅候胞兄弟 曲涅（チョニ）、古候（グホ）兄弟は

4967 ʂɔ̱^{33}tɕʻu^{33}ʂʻɔ^{33}nɔ̱^{33}no^{21} 驅趕黑漢和白漢② 黒い漢族と白い漢族を追い出し

4968 lɿ̱^{33}vi^{55}kʻɯ^{21}dʐɿ^{21}ndʐu^{33} 囚於爾威克治③
爾威克治（ルヴィクジュ）に閉じ込めた

4969 pʻu̱^{21}zɯ^{33}pa^{33}zɯ^{33}no^{21} 驅逐濮人和巴人
濮（プ）人と巴（パ）人を追い出し

4970 ʂɿ^{21}lɿ^{21}kʻɯ^{21}dʐɿ^{21}ndʐu̱^{33} 囚於史爾克治
史爾克治（シュルクジュ）に閉じ込めた

4971 ʂɿ^{33}no^{21}zɿ^{21}dʐɿ^{44}ndʐu̱^{33} 驅蛇囚埂下 蛇を追い出して畦の下に閉じ込めた

4972 pa^{33}no^{21}di^{21}ha^{33}ndʐu̱^{33} 逐蛙囚埂上
蛙を追い出して畦の上に閉じ込めた

4973 dzɿ̠^{21}dzɿ̠^{21}ndi^{21}sa^{33}nɯ^{33}　孜孜迪散呢　孜孜迪散《ズーズーディーサン》（ズズディサ）では

4974 n̥o^{55}p'o^{21}a^{21}ndzɿ^{33}dzu̠^{33}　彼方阿哲居　阿哲《アーチュオ》（アジュ）はあちらに住み

4975 tʂ'a^{21}p'o^{55}vu^{33}sa^{33}dzu^{33}　此方烏撒居　烏撒《ウーサー》（ヴサ）はこちらに住み

4976 gu̠^{55}tu̠^{33}lɯ^{21}gɯ^{21}dzu^{33}　中間勒格居　勒格《レーグォ》（ルグ）は中間に住んだ

4977 ki^{33}o^{33}dʑo^{21}a^{21}ndzɿ^{33}dzu^{33}　壩首阿哲居　阿哲は盆地の前部に住み

4978 ki^{33}mu^{33}dʑo^{21}va^{21}sa^{33}dzu^{33}　壩尾烏撒居　烏撒は盆地の後部に住み

4979 ki^{33}dʑu̠^{55}di^{21}a^{21}ni^{21}　壩中迪阿掌印司來住　盆地の中央には迪阿《ディーアー》（ディア）が官印を持ってやって来て住んだ

4980 mu^{44}tʂ'ɯ^{33}va^{21}sa^{33}tʂ'ɯ^{33}　遷啊烏撒遷　烏撒は移動に移動した

4981 a^{21}ndzɿ^{33}gu^{33}k'u̠^{55}tu̠^{33}　阿哲抗九年④　阿哲は九年抵抗し

4982 va^{21}sa^{33}sɔ^{33}ku̠^{55}tu̠^{33}　烏撒抗三年　烏撒は三年抵抗した

4983 ɔ^{33}mu̠^{33}hi^{55}ŋga^{33}tɕ'i^{21}t'ɯ^{33}ko^{33}　烏蒙全逃亡之時

烏蒙《ウーモン》（オム）ですべて逃げたとき

4984 o^{33}a^{21}pa^{33}k'ɯ^{33}gu^{21}　先從渡口渡　まず渡し場から渡った

4985 m̥u^{33}a^{21}ɣa^{33}dza^{33}gu̠^{21}　後從阿扎⑤渡　次に阿扎《アーチャー》（ワザ）から渡った

4986 dʑu̠^{55}ɣa^{21}lɿ^{33}mu^{33}gu̠^{21}　再從爾母⑥渡　さらに爾母《アルムー》（ルム）から渡った

4987 du^{33}ndi^{55}tu̠^{33}lɿ^{21}lɿ^{21}　翅類千千數　何千種もの鳥類では

4988 ti^{55}ni^{33}di^{44}ma^{21}gu̠^{21}　雄鷹没有渡　雄鷹《おすたか》は渡らなかった

4989 ma^{21}gu̠^{21}ȵi^{33}ma^{21}dzɿ^{33}　不渡也不眞

渡らなかったというのは事実ではない

4990 ti^{55}du^{33}ʑi^{55}ʑi^{33}xo^{33}　鷹翅作針筒　鷹の羽で針入れの筒を作り

4991 a^{44}tʂ'ɿ^{33}pɿ^{21}la^{33}gu^{21}　姑娘背來渡　娘がそれを背負って渡った

4992 ts'ɿ̠^{44}ȵɿ^{33}gu̠^{21}su^{33}so^{55}　因此也算渡

したがって、渡ったとみなすこともできる

4993 bi^{55}ndi^{21}tu̠^{33}lɿ^{21}lɿ^{21}　蹄類千千數　何千種もの蹄《ひづめ》類動物では

4994 xo^{21}mo^{21}di^{33}ma^{21}gu̠^{21}　駱駝没有渡　ラクダは渡らなかった

4995 xo^{21}mo^{21}ʂɿ^{33}ga^{33}t'i^{55}ga^{33}　駱駝皮作盾　ラクダの皮で盾を作り

4996 su^{33}k'ɔ^{33}ɖi^{55}zɯ^{33}pɿ̠^{21}la^{33}gu̠^{21}　勇士帶來渡　勇士はそれを持って渡った

4997 vo^{33}ndi^{55}di^{33}ma^{21}gu̠^{21}　掌類没有渡　掌《てのひら》類動物は渡らなかった

4998 ȵu̠^{55}nu̠^{33}di^{44}ma^{21}gu̠^{21}　猴子没有渡　猿は渡らなかった

4999 ma^{21}gu̠^{21}ȵi^{33}ma^{21}dzɿ^{33}　不渡也不眞

渡らなかったというのは事実ではない

5000 ȵu̠^{55}mu^{33}ɖi^{55}zɯ^{33}si^{21}la^{33}gu̠^{21} 猴子小夥帶來渡 猿は若者が連れて渡った

5001 ʂɿ^{33}ŋɯ^{33}k'u̠^{21}ɖa^{33}di^{33}ma^{21}gu̠^{21} 肥料碳灰没有渡

肥料にする炭の灰は渡らなかった

5002 ma^{21}gu̠^{21}ȵi^{33}ma^{21}dʐɿ^{33} 没渡也不眞

渡らなかったというのは事実ではない

5003 k'u̠^{21}ɖa^{33}dza^{33}fu^{33}dʐɿ^{21}la^{33}gu̠^{21} 碳灰沾於粑上渡

炭の灰は餅に粘りついて渡った

5004 ts'ɿ^{44}ȵi^{33}gu̠^{21}su^{33}so^{55} 因此也算渡

したがって、渡ったとみなすこともできる

5005 li^{21}mu^{33}mo^{33}gu^{33}nɯ^{33} 利母美姑⑦呢 利母美姑(リームーメイグー)(リムモグ)では

5006 ts'ɿ̠^{21}ȵi^{21}mu^{33}si^{21}gu̠^{21} 一日帶馬渡 ある日馬を連れて渡った

5007 mu̠^{21}mi^{21}sɔ^{33}ha^{33}ɕæ^{33} 留三百母馬 雌馬を三百頭残し

5008 mu̠^{21}zɯ^{33}sɔ^{33}ha^{33}ta^{33} 帶三百小馬 三百頭の子馬を連れて行った

5009 ts'ɿ̠^{21}ȵi^{21}ʑo^{33}si^{21}gu̠^{21} 一日帶著綿羊渡 別の日には綿羊を連れて渡った

5010 ʑo^{21}mo^{21}sɔ^{33}ha^{33}ta^{33} 留下三百母綿羊 雌の綿羊を三百頭残し

5011 ʑo^{44}zɯ^{33}sɔ^{33}ha^{33}si^{21} 帶上三百小綿羊 子綿羊を三百頭連れて行った

5012 ts'ɿ̠^{21}ȵi^{21}vi^{55}si^{21}gu̠^{21} 一日帶猪渡 別の日には豚を連れて渡った

5013 vi^{55}mo^{21}so^{33}ha^{33}ta^{33} 留三百母猪 雌豚を三百頭残し

5014 vi^{55}zɯ^{33}sɔ^{33}ha^{33}si^{21} 帶三百小猪 三百頭の子豚を連れて行った

5015 ts'ɿ^{21}ȵi^{21}tʂ'ɿ̠^{55}si^{21}gu̠^{21} 一日帶著山羊渡 別の日にはヤギを連れて渡った

5016 tʂ'ɿ̠^{55}mo^{21}sɔ̠^{33}ha^{33}ta^{33} 留下三百母山羊 雌ヤギを三百頭残し

5017 tʂ'ɿ̠^{55}zɯ^{33}sɔ^{33}ha^{33}si^{21} 帶走三百小山羊 三百頭の子ヤギを連れて行った

5018 ts'ɿ^{21}ȵi^{21}ʑɛ^{33}si^{21}gu̠^{21} 一日帶鷄渡 別の日には鶏を連れて渡った

5019 ʑɛ^{33}mo^{21}sɔ^{33}ha^{33}ta^{33} 留三百母鷄 雌鶏(めんどり)を三百羽残し

5020 ʑɛ^{33}zɯ^{33}sɔ^{33}ha^{33}si^{21} 帶三百小鷄 三百羽の雛を連れて行った

5021 gu^{33}xo^{33}vɿ^{33}ɣa^{33}gu̠^{21} 古候左方渡 古候(グーホウ)(グホ)部族は左側から渡り

5022 tɕ'o^{55}ni^{21}ʑi^{21}ɣa^{33}gu̠^{21} 曲涅右方渡⑧ 曲涅(チウニエ)(チョニ)部族は右側から渡った

注

① 関於渡江、我們在前文的註釋中已經提及了、但渡江的原因在原本中没有明確的記載、祇是隱隱約約地顯示出似乎是因爲戰爭的原因。而各本對渡江情形的描述也不盡相同、我們這裡將牠們都採用下來以提供出更多的材料。

「川を渡る」については、17[住む場所を探す]の注①にも述べた。ただし、なぜ川を渡るのかについては原本にも明確な記載が無く、わずかに戦争に原因があったのだろうと推測できるだけである。また、川を渡るときの様子の描写は文献によってかなり違いがあるので、なるべく多くの材料を提供するためにすべてを転載することにした。

② 指黑色的漢人和白色的漢人。

黒い色の漢族と白い色の漢族を指す。

③ 爾威克治、指爾威這箇地方之外、下文史爾克治指一箇叫史爾的地方之外。

爾威克治(ルヴィクジュ)とはこの爾威(ルヴィ)という地域以外の場所、あとの句の史爾克治(シュルクジュ)は史爾(シュル)という地域以外の場所を意味する。

④ 這句以下三句顯然是指抗戰和逃亡、但戰爭的原因未明、原文中也没有直接説發生了甚麼戰爭。

この句以下の三句は、明確に抵抗戦争と逃亡のことを述べているが、その戦争の原因は明らかでなく、原本にもどういう戦争が起きたのかは記載されていない。

⑤ 阿扎可能爲地名。

阿扎(ワザ)はおそらく地名だろう。

⑥ 爾母也可能是地名。

爾母(ルム)もおそらく地名だろう。

⑦ 利母美姑即今美姑縣、但渡江不應該發生在美姑縣境。

利母美姑(リムモグ)は今の美姑県だが、しかし美姑県境で川を渡ることが生じたはずはない。

⑧ 古候、曲涅二部進入涼山的路綫不同、於此亦可見。

古候(グホ)部族と曲涅(チョニ)部族の涼山への移入経路が違っていたことが、ここからもわかる。

[川を渡る]

そののち、孜孜濮烏(ズズプヴ)は防御が難しい場所だが住むにはいい所なので、古候(グホ)、曲涅(チョニ)兄弟は、黒い漢族と白い漢族を追い出して爾威克治(ルヴィクジュ)に閉じ込め、濮(プ)人と巴(パ)人を追い出して、史爾克治(シュルクジュ)に閉じ込めた。蛇を追い出して土手（畦）の上と下に閉じ込めた。孜孜迪散(ズズディサ)では、阿哲(アジュ)は盆地の前部に住み、烏撒(ヴサ)は盆地の後部に住み、勒格(ルグ)は盆地の中央に住んだ。中央には迪阿(ディア)が官印を持ってやって来て住んだ。烏撒(ヴサ)は三年、阿哲(アジュ)は九年抵抗したあと逃亡した。烏蒙(オム)でまず渡し場から渡り、次に阿扎(ワザ)から渡り、さらに爾母(ルム)から渡った。

鳥類では雄鷹(おすたか)は渡らなかったが、鷹の羽で作った針入れの筒を娘が背負って渡った。蹄(ひづめ)類動物ではラクダは渡らなかったが、ラクダの皮で作った盾を勇士が持って渡った。掌(てのひら)類動物は渡らなかったが、猿は若者が連れて渡った。肥料にする炭の灰は、餅に粘りついて渡った。

利母美姑(リムモグ)では、雌馬を三百頭残し、三百頭の子馬を連れて渡り、雌の綿羊を三百頭残し、子綿羊を三百頭連れて渡り、雌豚を三百頭残し、三百頭の子豚を連れて渡り、雌ヤギを三百頭残し、三百頭の子ヤギを連れて渡り、雌鶏(めんどり)を三百羽残し、三百羽の雛を連れて渡った。古候(グホ)部族は左側から渡り、曲涅(チョニ)部族は右側から渡った。

20　ȵi^{55}tɕ‘o^{55}xo^{33}tɕ‘o^{55}po^{55}　[涅候互賽變]
[曲涅(チョニ)と古候(グホ)の化け競べ]

5023 ts‘ɿ̱^{33}ɣa^{33}mo^{44}gu^{21}dʑo^{44}　如此之後呢　　そののち

5024 ȵi^{55}la^{33}xo^{33}ȵi^{21}bu^{21}　涅與候兩部
曲涅(チウニエ)（チョニ）部族と古候(グーホウ)（グホ）部族は

5025 ma^{21}ndi^{21}lɿ^{33}li^{21}ndi^{21}　不爭且來爭　　争わなかったり争ったりした

5026 vo^{33}mu^{33}tɕ‘u^{33}tʂɯ^{44}ndi^{21}　爭奪皇帝銀噐起糾紛
皇帝の銀器を奪い取ろうと争いが起きた

5027 a^{33}ndzi^{33}gi^{55}dʐɯ^{33}ndi^{21}　爭奪阿爭絶業①起糾紛
阿争(アーヂョン)（アジ）の遺産を奪い取ろうと争いが起きた

5028 lo^{55}sa^{33}tu^{33}bo^{33}ndi^{21}　爭奪印章大小起糾紛
奪い取った印鑑の大小をめぐって争いが起きた

5029 nɯ^{33}dʐɿ̱^{55}ŋa^{33}zɿ^{33}ndi^{21}　你大我小而爭論
自分のほうが大物だと言い争った

5030 nɯ^{33}mu^{33}ŋa^{33}hɔ^{33}ndi^{21}　你賢我能起爭端
自分のほうが能力が高いと争った

5031 nɯ^{33}xɯ^{33}ŋa^{33}ts‘i^{33}ndi^{21}　你強我弱起爭端
自分のほうが力が強いと争った

5032 lɿ̱^{33}p‘o^{33}dʑi^{33}xo^{33}ndi^{21}　爭奪奴僕多少起紛爭
奴僕を少しでも多く奪い取ろうとして争いが起きた

5033 mu̱^{21}ko^{21}zɯ^{33}ʂɿ^{33}ndi^{21}　爭奪駿馬起爭端

良い馬を奪い取ろうと争いが起きた

5034 lo^{55}kɯ^{21}xɯ^{33}tsi^{33}ndi^{21}　爭奪兵器起紛爭

武器を奪い取ろうと争いが起きた

5035 xɯ^{33}bu^{33}dza^{33}ta^{33}ndi^{21}　肉食多少起紛爭

食肉の多い少ないをめぐって争いが起きた

5036 di^{21}bu^{33}xɯ^{33}tʂʻu^{33}ndi^{21}　爭奪田界起紛爭

田畑を奪い取ろうと争いが起きた

5037 vi^{55}mo^{21}dza^{33}bu^{33}ndi^{21}　母猪爭食起糾紛

雌豚は餌を取り合って争いを起こした

5038 ȵi^{33}ʑo^{33}xo^{33}tɕʻæ^{33}ndi^{21}　牛羊越圏起糾紛

牛や羊は家畜小屋を飛び越えようと争いを起こした

5039 ʑɛ^{33}mo^{21}zɿ^{33}tɕʻɔ^{33}ndi^{21}　母鶏弄髒水井起紛爭

雌鶏（めんどり）が井戸水を汚したことで争いが起きた

5040 ma^{21}ndi^{21}lɿ^{33}ndi^{21}dʑi^{33}　爭則互爲敵

争いが起きると互いに敵同士となった

5041 pʻu^{21}ndi^{21}ȵo^{33}ndi^{44}dʑi^{33}　爭奪田地成讐敵

田畑を奪い取ろうと敵同士になった

5042 lɿ^{33}ndi^{21}dʑi^{33}ndi^{21}dʑi^{33}　爭奪奴僕成讐敵

奴僕を奪い取ろうと敵同士になった

5043 tsu̠^{55}zɯ^{33}ho^{33}lɿ^{44}lɿ^{44}su^{33}ɕi^{33}　唆人聲嘰嘰者至

ぺちゃくちゃしゃべって唆（そそのか）す者が来た

5044 pi^{55}zɯ^{33}dʑæ^{44}tɕʻæ^{33}tɕʻæ^{33}su^{33}ɕi^{33}　吡人聲咻咻者至

ぎゃーぎゃーと人を誹（そし）る者が来た

5045 ȵi^{55}la^{33}xo^{33}ȵi^{21}bu^{21}　涅與候兩家

曲涅（チウニエ）（チョニ）部族と古候（グーホウ）（グホ）部族は

5046 ȵi^{55}tɕʻo^{55}xo^{33}dzɯ^{33}ndzi^{33}　涅欲食候家

曲涅部族が古候部族を食べようとした

5047 xo^{33}tɕʻo^{55}ȵi^{55}dzɯ^{33}ndzi^{33}　候欲食涅家

古候部族が曲涅部族を食べようとした

5048 nɯ^{33}tɕʻo^{55}ŋa^{33}tɕʻo^{55}po^{55}　你爭我趕變

互いに我先にと化け（変身し）ようとした

5049 mo^{21}li^{33}ts‘ɿ̱^{21}ȵi^{21}tɕ‘o^{55}　當先一日變　　まず（曲涅が）化け

5050 ȵi^{55}tɕ‘o^{55}xo^{33}a^{21}mo^{33}　涅變候不見

曲涅が化けて、古候には見えなくなった

5051 ɤa^{33}la^{33}ts‘ɿ̱^{21}ȵi^{21}tɕ‘o^{55}　然後一日變　　次の日には（古候が）化け

5052 xo^{33}tɕ‘o^{55}ȵi^{55}a^{21}mo^{33}　候變涅不見

古候が化けて、曲涅には見えなくなった

5053 ȵi^{55}ȵi^{33}ȵi^{55}di^{21}ŋgo^{33}　涅往一方去　　曲涅部族は一方へ行き

5054 ȵi^{55}ngo^{33}ga^{33}ha^{33}li^{33}　涅歸路上方　　曲涅部族は道の上のほうへ行った

5055 ga^{33}ha^{33}su̱^{33}lɿ̱^{33}lɿ̱^{33}　路上輕悄悄　　道の上は静かになった

5056 xo^{44}ȵi^{33}xɯ^{33}di^{21}ŋgo^{33}　候往另一方　　古候部族はもう一方へ行き

5057 xo^{33}ngo^{33}ga^{33}dʐɿ^{33}li^{33}　候歸路下方　　古候部族は道の下のほうへ行った

5058 lɿ̱^{33}ʂɿ^{33}mbæ^{33}p‘u^{21}p‘u^{21}　路下塵土揚　　道の下には砂ぼこりが立った

5059 ɤa^{33}la^{33}ts‘ɿ̱^{21}ȵi^{21}tɕ‘o^{55}　然後一日變　　次の日にまた化け

5060 ȵi^{55}tɕ‘o^{55}pi^{55}mu^{33}dʑi^{44}　涅變爲草桿　　曲涅《チウニエ》（チョニ）は草の茎に化け

5061 xo^{33}tɕ‘o^{55}lɯ^{33}mu^{33}dʑi^{44}　候變爲黃牛　　古候《グーホウ》（グホ）は黄牛に化けた

5062 lɯ^{33}la^{33}pi^{55}o^{33}ndzɿ̱^{55}　牛來咬草桿　　牛が草を食べに来たが

5063 pi^{55}p‘u̱^{33}lɯ^{33}o^{33}tsu̱^{21}　草翻擢牛眼　　草は跳ね返って牛の目を引き抜いた

5064 ts‘ɿ̱^{21}ȵi^{21}ȵi^{55}ɤɯ^{33}lo^{44}　一日涅獲勝　　この日は曲涅が勝った

5065 ɤa^{33}la^{33}ts‘ɿ̱^{21}ȵi^{21}tɕ‘o^{55}　然後一日變　　次の日にまた化け

5066 xo^{33}tɕ‘o^{55}tu^{55}mu^{33}dʑi^{21}　候變成火燒　　古候《グーホウ》（グホ）は火に化けて燃え

5067 ȵi^{55}tɕ‘o^{55}ha^{33}mu^{33}dʑi^{44}　涅變成雨降

曲涅《チウニエ》（チョニ）は雨に化けて降って来た

5068 tu^{55}dʑa^{33}p‘o^{21}ɖɯ^{21}ɖɯ^{21}　火燄響嘩嘩　　炎がぼうぼうと燃えたが

5069 ha^{33}sɿ^{33}tʂ‘a^{21}tʂ‘a^{21}gæ^{33}　暴雨淋漓降　　土砂降りの雨が降った

5070 ȵi^{21}ȵi^{21}ȵi^{55}ɤɯ^{33}lo^{44}　兩日涅獲勝　　二日目も曲涅が勝った

5071 ɤa^{33}la^{33}ts‘ɿ̱^{21}ȵi^{21}tɕ‘o^{55}　然後一日變　　次の日にまた化け

5072 ȵi^{55}tɕ‘o^{55}vi^{55}mu^{33}dʑi^{44}　涅變成爲猪　　曲涅《チウニエ》（チョニ）は豚に化け

5073 xo^{33}tɕ‘o^{55}vi^{33}ni^{33}dʑi^{21}　候變成爲豺　　古候《グーホウ》（グホ）はヤマイヌに化けた

5074 vi^{55}mo^{21}k‘a^{33}p‘o^{33}p‘o^{33}　母猪任逃竄　　雌豚は四方八方に逃げ

5075 vi^{33}ni^{33}k‘a^{33}t‘i^{55}t‘i^{55}　終讓豺狼食　　結局ヤマイヌ（とオオカミ）に食われた

5076 ts‘ɿ̱^{21}ȵi^{21}xo^{33}ɤɯ^{33}lo^{44}　一日候獲勝　　この日は古候が勝った

5077 ɣa^{33}la^{33}ts‘ɿ̱^{21}ȵi^{21}tɕ‘o^{55}　然後一日變　次の日にまた化け

5078 xo^{33}tɕ‘o^{55}ʑɛ^{33}mu^{33}dʑi^{44}　候變成爲鶏　古候《グーホウ》（グホ）は鶏に化け

5079 ȵi^{55}tɕ‘o^{55}ti^{55}mu^{33}dʑi^{21}　涅變爲雄鷹　曲涅《チウニエ》（チョニ）は雄鷹に化けた

5080 ʑɛ^{21}mo^{21}k‘a^{33}p‘o^{33}p‘o^{33}　母鶏任逃竄　雌鶏は四方八方に逃げ

5081 ti^{55}ni^{33}k‘a^{33}ndʐ‘ɿ̱^{55}ndʐɿ̱^{55}　終究爲鷹叼　結局鷹にくわえられた

5082 so^{33}ȵi^{21}ȵi^{55}ɣɯ^{33}lo^{44}　三日涅獲勝　曲涅が三回勝った

5083 ɣa^{33}la^{33}ts‘ɿ̱^{21}ȵi^{21}tɕ‘o^{55}　然後一日變　次の日にまた化け

5084 ȵi^{55}tɕ‘o^{55}ʑo^{33}mu^{33}dʑi^{44}　涅變爲綿羊　曲涅《チウニエ》（チョニ）は綿羊に化け

5085 xo^{33}tɕ‘o^{55}la^{55}mu^{33}dʑi^{21}　候變爲猛虎　古候《グーホウ》(グホ)は恐ろしい虎に化けた

5086 ȵi^{33}ʑo^{33}k‘a^{33}p‘o^{33}p‘o^{33}　牛羊任逃竄　牛や羊は四方八方に逃げ

5087 la^{55}ni^{33}k‘a^{33}t‘i^{55}t‘i^{55}　終爲猛虎食　結局虎に食われた

5088 ȵi^{21}ȵi^{21}xɯ^{33}ɣo^{33}lo^{44}　二日候獲勝　古候が二回勝った

5089 ɣa^{33}la^{33}ts‘ɿ̱^{21}ȵi^{21}tɕ‘o^{55}　然後一日變　次の日にまた化け

5090 ȵi^{55}tɕ‘o^{55}sɿ̱^{33}tɕ‘i^{33}dʑi^{21}　涅變爲樹葉　曲涅《チウニエ》（チョニ）は木の葉に化け

5091 xo^{33}tɕ‘o^{55}ʂɿ^{33}ni^{33}dʑi^{44}　候變爲黄金　古候《グーホウ》（グホ）は黄金に化けた

5092 sɿ̱^{33}tɕ‘i^{33}ʐɿ^{33}t‘o^{55}bu^{33}　樹葉浮水面　木の葉は水面に浮き

5093 ʂɿ^{33}ni^{33}ʐɿ^{33}o^{55}ȵo^{21}　黄金沈水底　黄金は水の底に沈んだ

5094 lɿ^{33}ȵi^{21}ȵi^{51}ɣɯ^{33}lo^{44}　四日涅獲勝　曲涅が四回勝った

5095 ɣa^{33}la^{33}ts‘ɿ^{21}ȵi^{21}tɕ‘o^{55}　然後一日變　次の日にまた化け

5096 ȵi^{55}tɕ‘o^{55}sɿ^{33}mu^{33}dɿu̱^{33}　涅變一棵樹　曲涅《チウニエ》（チョニ）は一本の木に化け

5097 xo^{33}tɕ‘o^{55}vi^{33}mo^{21}dʑi^{21}　候變爲斧頭　古候《グーホウ》（グホ）は斧に化けた

5098 vi^{33}mo^{21}sɿ̱^{33}k‘æ^{33}dʑi^{33}　斧將樹砍倒　斧は木を切り倒した

5099 sɔ^{33}ȵi^{21}xo^{33}ɣɯ^{33}lo^{44}　三日候獲勝　古候が三回勝った

5100 ɣa^{33}la^{33}ts‘ɿ̱^{21}ȵi^{21}tɕ‘o^{55}　然後一日變　次の日にまた化け

5101 ȵi^{55}tɕ‘o^{55}ts‘o^{33}mu^{33}dʑi^{21}　涅變成爲人　曲涅《チウニエ》（チョニ）は人間に化け

5102 xo^{33}tɕ‘o^{55}ɣo^{33}mu^{33}dʑi^{44}　候變成爲熊　古候《グーホウ》（グホ）は熊に化けた

5103 ɣo^{33}pu^{33}ts‘o^{33}ɕi^{55}la^{33}　熊欲來咬人　熊は人間を食おうとしたが

5104 ts‘o^{33}p‘u̱^{33}ɣo^{33}ʑu^{33}si^{44}　反而被人捉　かえって人間に捕らえられた

5105 ɣo^{33}no^{33}ts‘ɿ̱^{33}la^{33}nbæ^{33}　大熊被射中　大熊は矢で射られた

5106 ŋɯ^{33}ȵi^{21}ȵi^{55}ɣɯ^{33}lo^{44}　五日涅獲勝　曲涅が五回勝った

5107 ɣa^{33}la^{33}ts‘ɿ̱^{21}ȵi^{21}tɕ‘o^{55}　然後一日變　次の日にまた化け

5108 ȵi^{55}tɕʻo^{55}ȵi^{55}ɕæ^{33}vi^{55}　涅變成霧團　曲涅[チウニエ]（チョニ）は濃い霧に化け

5109 ȵi^{55}ɕɛ^{33}bo^{21}lo^{33}lo^{33}　霧團亮堂堂　霧はきらきらと明るかった

5110 xo^{33}tɕʻo^{33}xo^{33}mu^{33}dʑi^{21}　候變爲鐵礦　古候[グーホウ]（グホ）は鉄の鉱山に化け

5111 xo^{33}ga^{55}nɔ^{33}tsʻɿ̠^{21}tsʻɿ̠^{21}　候路黑暗暗　古候の道は真っ暗だった

5112 lɿ^{33}ȵi^{21}xo^{33}ɣɯ^{33}lo^{44}　四日候獲勝　古候が四回勝った

5113 ɣa^{33}la^{33}tsʻɿ̠^{21}ȵi^{21}tɕʻo^{55}　然後一日變　次の日にまた化け

5114 xo^{33}tɕʻo^{55}ti^{33}mu^{33}dʑi^{44}　候變爲雲彩　古候[グーホウ]（グホ）は雲に化け

5115 ȵi^{55}tɕʻo^{55}ɖɿ^{33}mu^{33}pʻu̠^{33}　涅變爲風起　曲涅[チウニエ]（チョニ）は風に化けた

5116 fu̠^{55}ȵi^{21}ȵi^{55}ɣɯ^{33}lo^{44}　六日涅獲勝　曲涅が六回勝った

5117 tsʻɿ̠^{33}ɣa^{33}mo^{44}gu̠^{21}dʑo^{44}　如此之後呢　そののち

5118 ko^{33}la^{33}tsʻɿ̠^{21}su^{33}ɕi^{33}　勸解之人至　仲裁の人が来た

5119 tʻa^{55}si^{55}ȵi^{55}tʻa^{55}si^{55}　“莫殺涅莫殺　「曲涅[チウニエ]（チョニ）よ、殺すな、殺すな

5120 tʻa^{55}mbæ^{33}xo^{33}tʻa^{55}mbæ^{33}　莫射候莫射　古候[グーホウ]（グホ）よ、射るな、射るな

5121 si^{55}la^{33}ɖɿ^{33}ma^{21}ŋɯ^{33}　不該互傷殘　傷つけ合ってはならない

5122 hi^{21}la^{33}ngo^{33}mo^{33}di^{44}　應該調合焉　仲良くすべきである

5123 mo^{21}mu^{33}sa^{33}tʻi^{33}ndzi^{33}　是爲調解議”　それで仲裁をする」（と言った）

5124 mo^{21}lɛ^{33}tsʻɿ̠^{21}ȵi^{21}nɯ^{33}　當先一日呢　最初の日は

5125 tʻu̠^{33}lɿ̠^{33}bo^{44}o^{33}tɕo^{44}ta^{33}hi^{21}　突而山頭來商議
突而[トゥーアル]（トゥル）山の頂上で話し合った

5126 va^{55}ni^{33}sɿ^{33}ɖi^{55}la^{33}mo^{21}mu^{33}　懸崖死領[2]來調解
崖に住む死領[スーリン]（スリ）が仲裁に来た

5127 mu̠^{21}tʂʻo^{21}gu^{21}tɕʻu^{33}dzɿ^{33}　騎著灰色馬　灰色の馬に乗って来た

5128 tsʻɿ^{44}ȵi^{33}hi^{21}ma^{21}dʑi^{21}　未能得調解　仲裁は失敗した

5129 ɣa^{33}la^{33}tsʻɿ̠^{21}ȵi^{21}nɯ^{33}　然後一日呢　次の日には

5130 tʻu̠^{33}lɿ̠^{33}bo^{33}ʂɿ^{33}tɕo^{44}ta^{33}hi^{21}　突而山足來商議　突而山の麓で話し合った

5131 no^{33}zɿ^{33}mu^{33}ndʑi^{44}la^{33}mo^{21}mu^{33}　大江母覺來調解
川に住む母覚[ムージュエ]（ムジ）が仲裁に来た

5132 ku^{33}lɿ^{33}ʂu^{33}tɕʻu^{33}dzɿ^{33}　騎著白尾驢　尻尾の白いロバに乗って来た

5133 tsʻɿ^{44}ȵi^{33}hi^{21}ma^{21}dʑi^{21}　仍未能調和　仲裁はまた失敗した

5134 ɣa^{33}la^{33}tsʻɿ̠^{21}ȵi^{21}nɯ^{33}　然後一日呢　次の日には

5135 t‘u̠^{33}lɿ̠^{33}ʐɿ^{44}ka^{33}tɕo^{44}ta^{33}hi^{21}　突而河旁來商議

突而川の川辺で話し合った

5136 sɿ^{33}zɯ^{33}a^{33}vu^{55}la^{33}mo^{21}mu^{33}　阿鳥神子來調解[3]

阿鳥（アーウー）（アヴ）神の子が仲裁に来た

5137 sɿ^{33}mu^{33}k‘ɯ^{33}n̥i^{33}dzɿ^{33}　騎赤嘴神馬　口の赤い神馬に乗って来た

5138 ɣa^{55}lɿ̠^{55}di^{21}t‘ɔ^{33}ndo^{21}　卸鞍於坎上　鞍を土手（畦）の上におろすと

5139 di^{21}t‘ɔ^{33}nɔ^{33}hɯ^{21}hɯ^{21}　坎上黑壓壓　土手の上は一面に真っ黒になった

5140 tʂo^{33}lɿ̠^{55}xo^{33}o^{33}ti^{55}　脱籠放園墻　籠をはずして垣根に置くと

5141 xo^{33}o^{33}n̥i^{44}dzo^{33}dzo^{33}　園墻紅殷殷　垣根は真っ赤になった

5142 mu^{33}lɿ̠^{55}di^{21}dʐɿ^{44}ʂa^{33}　放馬到坎下　馬を土手（畦）の下に放すと

5143 mu̠^{21}ndʑi^{33}æ^{44}tʂɿ̠^{33}tʂɿ̠^{33}　馬駒嘶嘯嘯　馬は高々といないた

5144 la^{55}tɕ‘u^{33}bo^{21}ʑi^{21}zɯ^{33}　白虎花臉兒　白い虎は獰猛で

5145 sɿ^{33}mu^{33}ts‘ɿ^{33}la^{33}t‘i^{55}　來將馬駒咬　馬を食ってしまった

5146 sɿ^{33}zɯ^{33}a^{33}vu̠^{55}ȵi^{33}　阿鳥神子呢　阿鳥（アーウー）（アヴ）神の子は

5147 dzɿ^{33}mu^{33}la^{55}t‘i^{55}vo^{44}　駿馬被虎咬

良い馬を虎に食われてしまったので

5148 a^{21}hi^{21}vo^{44}ʑi^{21}di^{44}　“不調解”云云　「もう仲裁はやめた」と言った

5149 ȵi^{55}la^{33}xo^{33}ȵi^{21}ɕu^{21}　涅與候兩家

曲涅（チウニエ）（チョニ）部族と古候（グーホウ）（グホ）部族は

5150 la^{55}tɕ‘u^{33}a^{21}ku̠^{33}dzɯ^{33}　轉恨於白虎　白い虎を恨み

5151 no^{21}lo^{21}t‘i^{55}ta^{33}ŋgo^{55}　是將虎追逐　虎を追いかけた

5152 kɔ^{33}bo^{21}sɔ^{33}tɕi^{33}tɕ‘æ^{33}　跳過三條溝　溝を三つ跳び越え

5153 la^{55}tɕ‘u^{33}bo^{21}ʑi^{21}si^{55}　將虎來射殺　虎を射（い）殺した

5154 sɿ^{33}zɯ^{33}a^{33}vu̠^{55}ȵi^{33}　阿鳥神子呢　阿鳥神の子は

5155 la^{55}si^{55}la^{55}xɯ^{33}ȵi^{33}ma^{21}dzɯ^{33}　殺虎虎肉也不食

虎を殺しても虎の肉は食べず

5156 la^{55}zɿ^{33}ȵi^{33}ma^{21}ndo^{33}　虎湯也不喝　虎のスープも飲まずに

5157 gɯ^{33}to^{33}ȵo^{33}to^{33}mi^{44}ʑi^{21}di^{44}　即要祈道焉[4]　（正しい）道を求めて祈った

5158 la^{55}sɿ^{33}lɿ^{33}kɯ^{21}vo̠^{33}　抓四把虎血　虎の血を四握りつかんで

5159 mu^{44}lɿ^{33}di^{21}ɣa^{33}p‘u̠^{55}　祭天地四方　天地の四方を祭った

5160 ts‘ɿ̠^{21}t‘o^{33}gɯ^{33}ɣa^{33}zo^{21}　一滴落日身

（血の）一滴が太陽の身体に落ちたので

5161 gɯ^{33}pʻo^{33}ti^{33}vu^{55}ho^{33}　日遁雲層間　太陽は雲の層の中に逃れた

5162 tsʻɿ̱^{21}tʻɔ^{33}ti^{33}ɣa^{33}zo^{21}　一滴入雲層　一滴が雲の層に落ちたので

5163 ti^{33}gæ^{33}lɿ^{33}vo^{21}ndo^{21}　雲散於四方　雲は四方に散ってしまった

5164 tsʻɿ̱^{21}tʻɔ^{33}ȵi^{55}ɣa^{33}zo^{21}　一滴入霧間　一滴が霧の中に落ちたので

5165 ȵi^{55}gæ^{33}bo^{44}o^{33}tɕi^{21}　霧昇繞山頭　霧は昇って山の頂上に立ちこめた

5166 tsʻɿ̱^{21}tʻɔ^{33}ha^{33}ɣa^{33}zo^{21}　一滴落雨中　一滴が雨の中に落ちたので

5167 ha^{33}gæ^{33}tsa^{33}vu̱^{55}vu^{33}　雨落入土中　雨は土の中に潜り込んだ

5168 tsʻɿ̱^{21}tʻɔ^{33}ɖɿ^{33}ɣa^{33}zo^{21}　一滴落風中　一滴が風の中に落ちたので

5169 ɖɿ^{33}gæ^{33}go^{21}o^{21}tsi^{21}　風起入山脊　風は峠へ吹いて行った

5170 tsʻɿ̱^{33}ɣa^{33}mo^{44}gu^{21}dʑo^{44}　如此過後呢　そののち

5171 la^{55}tʂɿ^{33}lɿ^{33}kʻɯ^{33}pi^{55}　取四箇虎胆　虎の胆嚢を四つ取り

5172 mu^{44}lɿ^{33}di^{21}ɣa^{33}pʻu̱^{55}　鋪散於四方　四方に撒き散らすと

5173 vo^{33}n̥i^{33}sɔ^{33}bo^{33}dʑi^{21}　下三陣紅雪　赤い雪が三回降った

5174 lɯ^{33}sɿ^{33}lɿ^{33}kɯ^{21}vɔ̱^{33}　抓四把虎血　虎の血を四握りつかんで

5175 dzɿ̱^{55}mu^{33}ka^{44}tʻɔ^{33}ʂa^{33}　鋪灑於四方　四方に撒き散らすと

5176 ha^{33}sɿ^{33}sɔ^{33}tʻu̱^{33}dʑi^{21}　下三陣雷雨　雷雨が三回降った

5177 lɯ^{33}ndzɿ^{33}lɿ^{33}bu̱^{55}tʂʻɿ̱^{55}　剥四張牛皮　牛の皮を四枚剥ぎ

5178 mu^{44}lɿ^{33}di^{21}ɣa^{33}gɔ^{33}　綳張於四方　四方に張り付けると

5179 ho^{55}dʑi^{21}bo^{44}o^{33}du^{33}　霧也上山峰　霧は峰に昇り

5180 ha^{33}dʑi^{44}mu^{33}gu̱^{33}zo^{21}　雨臨大地上　雨は大地に降った

5181 du̱^{33}zɯ^{33}du̱^{33}ȵi^{33}ʑi^{33}　禽鳥心有靈　鳥類はすばしこい

5182 tʻɯ^{33}pʻi^{21}du̱^{33}ȵi^{33}ʑi^{33}　特匹鳥有靈　特匹(テーピー)（トゥピ）鳥はすばしこい

5183 va^{55}zɯ^{33}va^{33}ȵi^{33}ʑi^{33}　家禽心有靈　家禽はすばしこい

5184 di^{21}ko^{21}va^{55}ȵi^{33}ʑi^{33}　埂間鶏有靈⑤　土手にいる鶏はすばしこい

5185 tʻɯ^{33}pʻi^{21}a^{33}dʑa^{33}ȵi^{33}　特匹阿假氏⑥　特匹阿仮(テーピーアージャー)（トゥピアジャ）は

5186 tsʻɿ̱^{33}tɕo^{33}ȵi^{55}mo^{44}hi^{55}　站在涅面前　曲涅(チウニエ)（チョニ）の前に立ち

5187 xo^{33}mi^{33}tsʻɿ̱^{33}tʻi^{33}ȵi^{55}kɯ^{33}ta^{33}　是將候名報與涅⑦
古候(グーホウ)（グホ）のことを曲涅に報告した

5188 tsʻɿ̱^{33}tɕo^{33}xo^{33}mo^{21}hi^{55}　站在候面前　古候の前に立ち

5189 ȵi^{55}mi^{33}tsʻɿ̱^{33}tʻi^{33}xo^{33}kɯ^{33}ta^{33}　來將涅名報與候

曲涅のことを古候に報告した

5190 ȵi^{55}la^{33}xo^{33}ȵi^{21}bu^{21}　涅與候兩家　　曲涅部族と古候部族は

5191 ȵi^{55}pu̠^{33}ȵi^{55}mo^{21}mu^{33}　涅部轉而調解於本部[8]

曲涅部族が態度を変えて自分のことを反省した

5192 ȵi^{55}pi^{33}a^{33}dʑa^{33}la^{33}mo^{21}mu^{33}　涅畢阿假[9]來調解

涅畢阿仮（ニエビーアージャー）（ニピアジャ）が仲裁に来た

5193 xo^{33}pu̠^{33}xɯ^{33}mo^{21}mu^{33}　候部轉而調解於本部

古候部族が態度を変えて自分のことを反省した

5194 xo^{33}pi^{33}næ^{33}ŋgɯ^{21}la^{33}mo^{21}mu^{33}　候畢黎更來調解

候畢黎更（ホウビーリーガン）（ホピネグ）が仲裁に来た

5195 o^{21}ȵi^{21}dʑi^{33}lɯ^{33}xɯ^{33}　前日殺牛爲互敵[10]

前日には牛を殺し、互いに相手を敵とした

5196 dʑi^{33}lɯ^{33}sɔ^{33}ha^{33}xɯ^{33}　殺了三百讐敵牛

敵を倒すために牛を三百頭殺した

5197 ts'ɿ̠^{21}ȵi^{33}nɔ^{33}tʂɿ^{33}tʂɿ^{33}　肺也黑黝黝　　（牛の）肺は真っ黒で

5198 si^{21}ȵi^{33}nɔ^{33}tʂɿ^{33}tʂɿ^{33}　肝也黑黝黝　　肝臓も真っ黒であった

5199 ʂɿ̠^{21}mu^{33}nɔ^{33}dzɿ̠^{55}dzɿ̠^{21}　世間黯淡淡　　世の中は薄暗く

5200 ʂɿ̠^{21}mu^{33}nɔ^{33}tʂu̠^{21}zɿ^{33}　世間黑幽幽　　世の中も真っ黒であった

5201 mu^{33}vu̠^{55}mu^{33}ku^{33}ku^{33}　天空鳴悶雷　　空では雷がごろごろと鳴り続け

5202 tsa^{33}nɔ^{33}mu^{33}hi^{21}hi^{21}　黑地陰森森　　黒い大地は不気味に薄暗く

5203 ɖɿ^{33}p'u̠^{33}ha^{33}zɿ^{33}zo^{55}　暴風卷雨滴

激しい風を伴って雨がどっと降り出した

5204 ɣa^{33}ȵi^{44}t'ɯ^{33}lɯ^{33}xɯ^{33}　後日殺牛爲合族

翌日には（二つの）部族を一つにするために牛を殺した

5205 t'ɯ^{33}lɯ^{33}sɔ^{33}ha^{33}xɯ^{33}　殺了三百合族牛

部族を一つにするために牛を三百頭殺した

5206 ts'ɿ̠^{21}ȵi^{33}vu̠^{55}tʂɿ^{33}tʂɿ^{33}　肺也烏黑黑　　肺は真っ黒で

5207 si^{21}ȵi^{33}vu̠^{55}tʂɿ^{33}tʂɿ^{33}　肝也烏黑黑　　肝臓も真っ黒であった

5208 ts'u̠^{55}dʑi^{21}ha^{33}ʂɿ^{33}ʂɿ^{33}　日光灰濛濛　　太陽の光はぼうっと薄暗く

5209 ha^{33}sɿ^{33}tʂ'a^{21}tʂ'a^{21}vi^{55}　綿雨綿綿降　　雨がびしゃびしゃ降り続けた

5210 ts'ɿ̠^{33}ɣa^{33}fu^{33}lɯ^{33}xɯ^{33}　然後[11]殺牛爲合婚　　後日婚姻のために牛を殺した

5211 fu^{33}lɯ^{33}sɔ^{33}ha^{33}xɯ^{33}　殺了三百合婚牛　婚姻のために牛を三百頭殺した

5212 ts‘ɿ̱^{21}ȵi^{33}tɕ‘u^{44}ko^{33}ko^{33}　肺也潔白白　肺は真っ白で

5213 si^{21}ȵi^{33}tɕ‘u^{44}ko^{33}ko^{33}　肝也潔白白　肝臓も真っ白であった

5214 mu^{33}sa^{33}ti^{33}a^{21}ndi^{55}　萬里無浮雲　空は見渡すかぎり雲一つなく

5215 mu^{33}lɿ̱^{55}ti^{33}ni̱^{33}gu^{44}　晴空遍彩霞⑫

晴れた空には見渡すかぎり霞が漂っていた

5216 ȵi^{55}la^{33}xo^{33}ȵi^{21}bu^{21}　涅與候兩家

曲涅《チウニエ》（チョニ）部族と古候《グーホウ》（グホ）部族は

5217 dʑi^{33}pa^{33}ȵi^{33}ma^{21}ŋɯ^{33}　不宜互爲敵　互いに相手を敵にしてはいけない

5218 t‘ɯ^{33}pa^{33}ȵi^{33}ma^{21}ŋɯ^{33}　不宜合爲族　一つの部族になってもいけない

5219 fu̱^{44}pa^{33}ŋɯ^{33}dɯ^{21}lo^{44}　原來該互婚

もともと互いに婚姻を結ぶべきだったのだ

5220 ȵi^{55}xo^{33}t‘i^{55}ta^{33}fu^{33}　涅候於此婚

ここで曲涅部族と古候部族は婚姻を結ぶことになった

5221 ma^{21}pu̱^{33}la^{33}ndʐɯ^{44}ta^{33}　發誓不反悔　約束を守ると誓いを立てた

5222 ȵi^{55}pu̱^{33}la^{33}ndʐɯ^{44}ȵi^{33}　就算涅反悔　曲涅が約束を破っても

5223 xo^{33}pu̱^{33}la^{33}ma^{21}ndʐɯ^{33}　候也不反悔　古候は約束を守り

5224 xo^{33}pu̱^{33}la^{33}ndʐɯ^{44}ȵi^{33}　就算候反悔　古候が約束を破っても

5225 ȵi^{55}pu̱^{33}la^{33}ma^{21}ndʐɯ^{33}　涅也不反悔　曲涅は約束を守る

5226 ȵi^{55}la^{33}xo^{33}ȵi^{21}bu^{21}　涅與候兩家　曲涅部族と古候部族は

5227 ʂɯ^{33}ho^{33}gu^{33}tsɿ̱^{55}ŋgɯ^{33}　九節鐵鍊爲詛盟⑬　九節《ふし》の鉄の鎖で誓いを立て

5228 tsa^{33}nɔ^{33}gu^{33}ɣa^{33}tsi^{21}　埋於黑土中　黒い土の中に埋めた

5229 ni^{21}mu^{33}lɯ^{33}hi^{55}tʂ‘ɿ^{33}　砍牛肚盟誓⑭　牛の胃袋を切って誓いを立て

5230 lɯ^{33}ndʐɿ^{33}lɿ^{33}bu̱^{55}tʂ‘ɿ̱^{55}　剥四張牛皮　牛の皮を四枚剥いで

5231 mu^{44}lɿ^{33}di^{21}ɣa^{33}gɔ^{33}　繃張於四方　四方に張り付け

5232 lɯ^{33}o^{33}lɿ^{33}ma^{33}k‘æ^{33}　砍四箇牛頭　四頭の牛の頭を切って

5233 dʑa^{33}gu̱^{33}ʂɿ^{33}ɣa^{33}tsi^{44}　埋於院子中　庭に埋めた

5234 do^{21}tsɿ^{33}ha^{33}tɕa^{55}li^{33}　傳言遞語呢　伝言のことは

5235 zɿ^{21}ȵi^{33}du̱^{55}to^{33}si^{21}　杉林魯朶來負責⑮　杉林の魯朶《ルードゥオ》（ルト）に任せた

5236 tsɿ^{44}k‘ɯ^{33}fu^{44}ka^{33}li^{33}　盟言誓語呢　誓いを立てて言ったことは

5237 nɛ^{33}ʐɿ^{33}mu^{33}ndʑi^{44}si^{21}　大江母覺來作証

川にいる母覚(ムージュエ)（ムジ）が見届け人になった

5238 ɣo33dʑu21sa55ga33li33　親規戚架呢　親戚としての決まりは

5239 ndi21tɕʻu33tsʻɿ33pʻi21si21　原野此平來監督

野原にいる此平(ツーピン)（ツピ）が監督した

5240 mo21dʐo33sa33dʐo33li33　調解之任呢　仲裁の仕事は

5241 va55ni33sɿ33ɖi55si21　懸崖死領負其責　崖にいる死領（スリ）に任せた

5242 ȵi55la33xo33ȵi21bu21　涅與候兩家

曲涅(チウニエ)（チョニ）部族と古候(グーホウ)（グホ）部族は

5243 kɯ21su33kɯ21ta33tɕa55　附加條件來盟誓

条件を付け加えて誓いを立てた

5244 sɔ33bu̠21ȵɛ33ma21dzu̠33su33kɯ21ta33tɕa55　附加三種不生毛者來盟誓

毛の生えない三種類のものを付け加えて誓いを立てた

5245 zɿ33vu̠55hɯ21ʂɿ33ȵɛ33ma21dzu̠33　水中魚兒不生毛[16]

水の中にいる魚には毛が生えない

5246 di21vu̠55ʂɿ33zɯ33ȵæ33ma21dzu̠33　坎下之蛇不生毛

土手（畦）の下の蛇には毛が生えない

5247 di21tʻɔ33pa33zɯ33ȵɛ33ma21dzu̠33　坎上青蛙不生毛

土手の上の蛙には毛が生えない

5248 ɣa33la33so33bu̠21kɯ21ta33tɕa55　然後再加三種來盟誓

また三種類のものを付け加えて誓いを立てた

5249 sɔ33bu21tɕʻu33mu21du̠33　三種不會白　三種類のものは白くならない

5250 lo33no55ɣo44zɯ33tɕʻu33ma21du̠33　深山狗熊永不白

奥山のツキノワグマは永遠に白くならない

5251 ha33nɔ33a44dʑi33tɕʻu33ma21du̠33　深林烏鴉永不白

深い林のカラスは永遠に白くならない

5252 li21ʑi33vi55mo21a44nɔ33tɕʻu33ma21du̠33　猪圈黒猪永不白

豚小屋の黒豚は永遠に白くならない

5253 ɣa33la33sɔ33bu21kɯ21ta33tɕa55　然後再加三種來盟誓

また三種類のものを付け加えて誓いを立てた

5254 sɔ33bu21nɔ33ma21du̠33　三種不會黑　三種類のものは黒くならない

5255 bo44o33ʑo33tɕʻu33nɔ33ma21du̠33　山峰白綿羊不會黑

峰にいる白い綿羊は黒くならない

5256 lo^{33}no^{55}ŋgu̠^{55}pu^{33}nɔ^{33}ma^{21}du̠^{33}　深山白鶴不會黑

奥山の白い鶴は黒くならない

5257 mu^{33}vu̠^{55}gu̠^{21}ʂ'u^{33}nɔ^{33}ma^{21}du̠^{33}　天空天鵞不會黑

空を飛ぶ白鳥（はくちょう）は黒くならない

5258 ɣa^{33}la^{33}sɔ^{33} bu̠^{21}kɯ^{21}ta^{33}tɕa^{55}　然後再加三種盟

また三種類のものを付け加えて誓いを立てた

5259 sɔ^{33}bu̠^{21}tʂɿ^{33}ma^{21}ȵi^{33}　三種沒有胆　　三種類のものには胆嚢がない

5260 xo^{33}ko^{33}mu̠^{21}mo^{21}tʂɿ^{33}ma^{21}ȵi^{33}　圏中駿馬沒有胆

馬小屋にいる良い馬には胆嚢がない

5261 lo^{33}no^{55}zɿ̠^{55}zɯ^{33}tʂɿ^{33}ma^{21}ȵi^{33}　深谷豹子沒有胆

深い谷にいる豹には胆嚢がない

5262 nda^{33}ʂɿ^{33}ʂu̠^{21}pu^{33}tʂɿ^{33}ma^{21}ȵi^{33}　蕨叢錦鶏沒有胆

蕨（わらび）の草むらにいるニシキドリには胆嚢がない

5263 ɣa^{33}la^{33}sɔ^{33}bu̠^{21}kɯ^{21}ta^{33}tɕa^{55}　然後附加三種盟

また三種類のものを付け加えて誓いを立てた

5264 ma^{21}ŋgæ^{33}sɔ^{33}bu̠^{21}kɯ^{21}ta^{33}tɕa^{55}　附加三種不假者來盟

三種類の偽物でないものを付け加えて誓いを立てた

5265 ma^{21}ŋgæ^{33}lɿ̠^{33}ma^{21}ŋgæ^{33}　不假石不假　　偽物でない石は偽物でない

5266 lɿ̠^{33}nɔ^{33}di^{33}ma^{21}ŋgæ^{33}　黑石不會假　　黒い石は偽物にはならない

5267 o^{21}ȵi^{21}nɔ^{33}tsu^{21}tsu^{21}　前日黑魆魆　　前日は恐ろしいほど真っ黒だった

5268 ɣa^{33}ȵi^{44}nɔ^{33}tsu^{21}tsu^{21}　後日黑魆魆　　翌日も恐ろしいほど真っ黒だった

5269 mu^{21}ŋgæ^{33}sɿ̠^{33}ma^{21}ngæ^{33}　不假樹不假　　偽物でない木は偽物でない

5270 o^{21}k'u̠^{33}dzu̠^{44}dɯ^{33}dzu̠^{33}　前年茂盛盛　　前の年には鬱蒼と茂っていた

5271 ɣa^{33}k'u̠^{55}dzu̠^{44}dɯ^{33}dɯ^{33}　後年茂盛盛　　次の年にも鬱蒼と茂っていた

5272 ma^{21}ŋgæ^{33}zɿ^{33}ma^{21}ŋgæ^{33}　不假水不假　　偽物でない水は偽物でない

5273 o^{21}ȵi^{21}i^{44}ts'ɿ^{33}zɿ^{33}　前日往下流　　前日は下へ流れていた

5274 ɣa^{33}ȵi^{44}i^{44}ts'ɿ^{33}zɿ^{33}　後日往下流　　翌日も下へ流れていた

5275 ts'ɿ̠^{33}ɣa^{33}mo^{44}gu̠^{21}dʑo^{44}　如此之後呢　　そののち

5276 ȵi^{55}la^{33}xo^{33}ȵi^{21}bu^{21}　涅與候兩家

曲涅(チウニエ)（チョニ）部族と古候(グーホウ)（グホ）部族は

5277 ȵi^{55}dʐɯ^{33}tu^{33}mu^{33}no^{21}　涅部趕著千數的牲畜
曲涅部族は家畜を何千頭も牽いて来た

5278 xo^{33}mo^{21}ʂɪ^{33}si^{33}ʑu^{33}　娶候女史色　古候部族の娘史色(シースォ)（シュシ）を娶った

5279 ȵi^{55}pi^{33}a^{33}dʑa^{33}bɪ^{21}　給涅畢阿假
曲涅部族の畢阿仮(ビーアージャー)（ピアジャ）の妻にした

5280 dʐɯ^{33}bɪ^{21}tu^{33}mu^{33}bɪ^{21}　給畜以千數　（古候部族に）家畜を何千頭も与えた

5281 ȵi^{55}zɯ^{33}tu^{33}pʻu^{33}ʑu̠^{33}　涅部子孫以千數
曲涅部族の子孫が何千人にもなった

5282 ȵi^{55}a^{21}zɯ^{33}gu^{33}lo^{44}　涅部有九子　曲涅部族に九人の子がいて

5283 fu^{55}tʂʻɯ^{33}mu^{33}vu̠^{55}ti^{21}　六部居東方　六人は東のほうに居住し

5284 sɔ^{33}tʂʻɯ^{33}mu^{44}kʻɯ^{33}ti^{21}　三部居西方　三人は西のほうに居住した

5285 xo^{33}dʐɯ^{33}tu^{33}mu^{33}no^{21}　候部趕著千數的牲畜
古候部族は家畜を何千頭も牽いて来た

5286 ȵi^{55}mo^{21}tɕʻu^{33}li^{44}ʑu^{33}　娶涅女曲利　曲涅部族の娘曲利(チウリー)（チュリ）を娶った

5287 xo^{33}pi^{33}næ^{33}ŋgɯ^{21}bɪ^{21}　給候畢黎更
古候部族の畢黎更(ビーリーガン)（ピネグ）の妻にした

5288 dʐɯ^{33}bɪ^{21}tu^{33}mu^{33}bɪ^{21}　給畜以千計　（曲涅部族に）家畜を何千頭も与えた

5289 xo^{33}zɯ^{33}tu^{33}pʻu^{33}ʑu̠^{33}　候部子孫以千數
古候部族の子孫が何千人にもなった

5290 xo^{33}a^{21}zɯ^{33}gu^{33}lo^{44}　候部出九子　古候部族に九人の子がいた

5291 xo^{33}zɯ^{33}tu^{33}l̠ɪ̠^{21}l̠ɪ̠^{21}　候部子孫成群群　古候部族の子孫は群れを成した

5292 gɯ^{44}du̠^{33}la^{33}ŋgɯ^{44}ti^{21}　居於日出方　日の出る方向に住んだ

5293 vɪ^{33}a^{21}gu^{33}xo^{33}go^{33}　左方古候出　左側には古候部族が出

5294 ʑi^{21}a^{21}tɕʻo^{55}ni^{21}go^{33}　右方曲涅出　右側には曲涅部族が出た

5295 ȵi^{55}zɯ^{33}tʂɪ^{33}si^{55}si^{55}　涅部子孫成片片　曲涅部族の子孫は数が少なかった

5296 gɯ^{33}dʑi^{33}la^{33}ngɯ^{44}ti^{21}　居於日落方　日の落ちる方向に住んだ

5297 gu^{33}xo^{33}gu^{33}lo^{55}sa^{33}　古候掌九印　古候部族は印鑑を九つも管理したが

5298 tɕʻo^{55}ni^{21}tsʻɪ̠^{21}lo^{55}sa^{33}　曲涅掌一印
曲涅部族は印鑑を一つしか管理できなかった

5299 gu^{33}xo^{33}gu^{33}dza^{33}tʂa^{33}　古候九頓飯　古候部族は九食も食べられたが

5300 tɕʻo^{55}ni^{21}tsʻɿ̱^{21}dza^{33}tʂa^{33}　曲涅一頓飯

曲涅部族は一食しか食べられなかった

5301 gu^{33}xo^{33}gu^{33}ni^{21}mu^{33}　古候九黎姆

古候部族は（祖先祭祀の）黎姆（リームー）（ニム）儀礼を九回行なう

5302 li^{21}ɤa^{21}mo^{33}si^{33}mu^{33}　報人口[17]之時　人口を（神に）報告する際

5303 kʻu^{33}ɤa^{21}ʐɿ^{33}di^{21}di^{21}　“苦阿以迪迪[18]”

「苦阿以迪迪（クーアーイーディーディー）（クワジュディディ）」（と唱える）

5304 tɕʻo^{55}ni^{21}tsʻɿ̱^{21}ni^{21}mu^{21}　曲涅一黎姆

曲涅部族は黎姆儀礼を一回しか行なわない

5305 li^{21}ɤa^{21}mo^{33}si^{33}mu^{33}　報人口之時　人口を報告する際

5306 kʻu^{33}ɤa^{21}no^{33}ɤo^{21}ɤo^{21}　“苦阿諾俄俄[19]”

「苦阿諾俄俄（クーアーヌオウォウォ）（クワノウォウォ）」（と唱える）

5307 gu^{33}xo^{33}gu^{33}tsu^{21}dzu^{33}　古候居九域

古候部族は九つの地域に住んでいるのに

5308 tɕʻo^{55}ni^{21}tsʻɿ̱^{21}tsu^{21}dzu^{33}　曲涅居一域

曲涅部族は一つの地域に住んでいるだけだ

5309 gu^{33}xo^{33}mu^{33}ndzi^{33}hi^{55}　古候立邊沿　古候部族は縁（へり）のあたりに立つが

5310 tɕʻo^{55}ni^{21}mu^{33}tʻæ^{33}du̱^{33}　曲涅站中央　曲涅部族は中央に立つ

5311 gu^{33}xo^{33}ʑu̱^{33}sɿ̱^{21}dʐɿ̱^{33}　古候知識多　古候部族は知識が多いが

5312 tɕʻo^{55}ni^{21}ʑu̱^{33}hæ^{33}ʑi^{33}　曲涅心有靈　曲涅部族は気が利くだけだ

5313 gu^{33}xo^{33}mu^{33}dza^{33}tʂa^{33}　古候餵馬食　古候部族は馬に餌を食わせるが

5314 tɕʻo^{55}ni^{21}mu^{33}ʐɿ^{33}to^{44}　曲涅侍馬飲[20]　曲涅部族は馬に水を飲ませるだけだ

注

① 絶業是指有人絶嗣後留下的遺産。

「絶業」は、後継ぎのいない死者の遺産のこと。

② “死領”、是一種居於懸崖間的神靈名、下文“母覺”爲江河間的神靈。有的文本中則說在突而山頭是達吉神子來調解、在突而山足是母史乍惹來調解。

「死領（スリ）」は崖に住む一種の神の名前で、のちの句の「母覚（ムジ）」は川に住む神である。ある文献では、突而（トゥル）山の頂上では達吉（ダジュ）神の子が仲裁し、突而山の麓では母史乍惹（ムシュジャズ）が仲裁したとしている。

③ 有些文本中說來調解者名阿各神子。

ある文献では、仲裁に来た者は阿各(アグ)神の子だったとしている。

④　祈道即祈求公道、祈求神靈來到判斷是非。

「道を求めて祈る」とは、正しい道を求めて、神霊に是非を判断してもらうことである。

⑤　這句和前面三句的意義模糊、這裡的譯文不一定準確。

この句と前の三句の意味ははっきりしないので、これらの中国語訳は必ずしも正確とは言えない。

⑥　特匹阿假、可能是人名。

特匹阿仮(トゥピアジャ)はおそらく人名だろう。

⑦　指將候部的情況和態度通報於涅部、下面第二句之意同。

古候(グホ)部族の情況と態度を曲涅(チョニ)部族に知らせることである。次の次の句の意味も同じ。

⑧　指已知道了事情的利害関係、轉而反悔自身的不對、自己認爲自己内部作工作。

出来事の利害関係がわかったので、自分の悪かったところを反省して、みずから自己の内部を認識するようにすることを意味する。

⑨　涅畢阿假、爲曲涅部落之人名、下面候畢黎更爲古候部落的人名。

涅畢阿仮(ニピアジャ)は曲涅(チョニ)部落の人の名であり、のちの句の候畢黎更(ホビネグ)は古候(グホ)部落の人の名である。

⑩　此句意指發誓互相爲敵而殺牛。

この句は、互いに相手を敵にすると誓って牛を殺したという意味である。

⑪　有的文本中將這三次殺牛的時間説成爲早晨、中午、下午、相對於這裡的前日、後日、然後。

ある文献では、この「前日」「翌日」「後日」の三回の牛殺しを、「朝」「昼」「午後」のことだとしている。

⑫　這裡的好天氣與前面的壞天氣相比截然不同、預示著婚姻牛殺得對。

ここで言う「良い天気」は、前の句の「悪い天気」と比べるとはっきり違っていて、婚姻のための牛を殺したのは正しいということを示している。

⑬　彝族的一種古老的詛盟方式、將鐵鍊砍成九節埋於土中、砍時誦相應的賭呪發誓之辭。

イ族の誓いを立てる古くからの儀礼であり、鉄の鎖を九つに切って土の中に埋めると同時に、切るときには誓いを立てるための特別の呪文を唱える。

⑭　砍牛肚是一種高層次的盟誓方式、經誦盟誓辭後用刀將一塊牛肚砍成四半埋於土中。

牛の胃袋を切るのはレベルの高い盟約の方法であり、誓いの呪文を唱えたあと刀で牛の胃袋を四つに切り、土の中に埋める。

⑮　這裡的“魯朶”爲杉林間的神靈、下文“此平”爲原野間的神靈、“母覺”和“死領”見前面註。

この「魯朶」は杉林の中にいる神霊で、のちの句の「此平」は野原にいる神霊である。「母覚」と「死領」は注②参照のこと。

⑯　其義指祇要魚兒不生毛就不該反悔、以下各句皆按此理解。

魚に毛が生えないかぎり約束を破ることはない【魚に毛が生えるということはあり得ないことだから、約束が破られることも絶対にない】という意味。以下の各句もこのように理解すればよい。

⑰　“報人口”、是畢摩作儀式時的一項儀禮、將主人家的人丁報告給神靈。

「人口を報告する」とは、ビモが法事儀礼を行なう際の儀礼の一つで、主人の家の家族数を神に報告することである。

⑱・⑲　這兩句爲音譯、畢摩在作儀式時要看主人家是古候部的人還是曲涅部的人分別念不同的兩句話、絶對不能搞錯。

この二つの句は音訳である。ビモが法事儀礼を行なう際には、主人側が古候部族か曲涅部族かを見分けてこの異なる二つの句を唱えるのであり、絶対にそれを間違えてはならない。

⑳　餵馬食、侍馬飲的説法的眞正意義比較模糊、也許是指涅候兩部一起渡金沙江進入涼山的路上的情景。

馬に餌を食わせ、馬に水を飲ませるという句の本当の意味ははっきりとしないが、もしかすると、曲涅部族と古候部族が金沙江を渡って涼山に入って来る途中でのことかもしれない。

[曲涅と古候の化け競べ]

そののち、曲涅部族と古候部族のあいだには、皇帝の銀器を奪い取ろうと争いが起き、古爾阿争【4961句参照】の遺産を奪い取ろうと争いが起きた。奪い取った印鑑の大小をめぐって争いが起き、自分のほうが大物だと争い、自分のほうが能力が高い、力が強いと争った。奴僕を少しでも多く奪い取ろうと争い、良い馬を奪い取ろう、武器を奪い取ろう、食肉の多いほうを取ろう、田畑を奪い取ろうと争いが起きた。雌豚は餌を取り合って争い、牛や羊は家畜小屋を飛び越えようと争い、雌鶏が井戸水を汚したと争って、互いに敵同士となった。唆す者や誹る者も来た。

曲涅部族が古候部族を食べようとし、古候部族も曲涅部族を食べようとして、互いに我先にと変身しようとした。まず曲涅が化けると古候には見えなくなり、古候が化けると曲涅には見えなくなった。曲涅が行った道の上のほうが静かになり、古候が行った道の下のほうには砂ぼこりが立った。次の日には、曲涅が草の茎に化けると、古候は黄牛に化けて草を食べようとしたが、草が跳ね返って牛の目を引き抜いたので曲涅（チョニ）の勝ちだった。次の日に古候（グホ）が火に化けると、曲涅（チョニ）は雨に化けて降って来て火を消したので、また曲涅（チョニ）の勝ち。次の日にまた曲涅（チョニ）が豚に化けると、古候（グホ）はヤマイヌに化けて豚を食ってしまったので、この日は古候（グホ）が勝った。次の日に古候（グホ）が鶏に化けると、曲涅（チョニ）は雄鷹に化けて食ったので、曲涅（チョニ）の三回目の勝ち。次の日に曲涅（チョニ）が綿羊に化けると、古候（グホ）は恐ろしい虎に化けて綿羊を食ってしまったので、古候（グホ）の二回目の勝ち。次の日に曲涅（チョニ）が木の葉に化けると、古候（グホ）は黄金に化けたが、木の葉は水面に浮き、黄金は水の底に沈んだから、曲涅（チョニ）の四回目の勝ち。次の日に曲涅（チョニ）が一本の木に化けると、古候（グホ）は斧に化けて木を切り倒したので、古候（グホ）の三回目の勝ち。次の日に曲涅（チョニ）が人間に化けると、古候（グホ）は熊に化けて人間を食おうとしたが、かえって人間に矢で射られたので、曲涅（チョニ）の五回目の勝ち。次の日に曲涅（チョニ）が濃い霧に化けてきらきら光っていると、古候（グホ）は鉄の鉱山に化けて真っ暗になったので、古候（グホ）の四回目の勝ち。次の日に古候（グホ）が雲に化けると、曲涅（チョニ）は風に化けたので、曲涅（チョニ）の六回目の勝ちとなった。

そののち、仲裁人が来て、「曲涅（チョニ）よ、殺すな、古候（グホ）よ、射るな。傷つけ合ってはならない、仲良くしなさい、私が仲裁をする」と言った。最初の日は突而（トゥル）山の頂上で話し合った。崖の精霊死領（スリ）が灰色の馬に乗って仲裁に来たが、失敗した。次の日には突而（トゥル）山の麓で話し合った。川の精霊母覚（ムジ）が尾の白いロバに乗って仲裁に来たが、また失敗した。次の日には突而（トゥル）川の川辺で話し合った。阿烏（アヴ）神の子が口の赤い神馬に乗って仲裁に来た。鞍を土手（畦）の上におろすと土手の上は一面に真っ黒になり、籠を垣根に置くと垣根は真っ赤になり、馬を土手の下に放すと馬は高々といなないたが白い虎に食われてしまった。阿烏神の子は良い馬を虎に食われてしまったので、「もう仲裁はやめた」と言った。

曲涅（チョニ）部族と古候（グホ）部族は、白い虎を恨み溝を三つ跳び越えて追いかけ、虎を射（い）殺した。阿烏（アヴ）神の子は殺した虎を食べず、正しい道を求めて祈った。虎の血を四握りつかんで天地の四方を祭った。虎の血の一滴が太陽の身体に落ちたので、太陽は雲の層の中に逃れた。一滴が雲の層に落ちたので、雲は四方に散ってしまった。一滴が霧の中に落ちたので、霧は山の頂上に立ちこめた。一滴が雨の中に落ちたので、雨は土の中に潜り込んだ。一滴が風の中に落ちたので、風は峠に向かって吹いた。そののち、虎の胆嚢を四つ取って四方に撒き散らすと、赤い雪が三回降った。虎の血を四握りつかんで四方に撒き散らすと、雷雨が三回降った。牛の皮を四枚剥いで四方に張り付けると、霧は峰に昇り、雨が大地に降った。

特匹鳥（トゥピ）も鶏もすばしこい。特匹阿仮（トゥピアジャ）が曲涅（チョニ）の前に立って古候（グホ）のことを報告し、古候（グホ）の前に立って曲涅（チョニ）のことを報告した。曲涅（チョニ）部族が態度を変え、曲涅（チョニ）部族の涅畢阿仮（ニピアジャ）が仲裁に来た。古候（グホ）部族も態度を変え、古候（グホ）部族の候畢黎更（ホビネグ）が仲裁に来た。前日には牛を殺し、互いに相手を敵とし、敵を倒すために牛を三百頭殺した。牛の肺も肝臓も真っ黒で、世の中も真っ暗だった。空では雷が鳴り続け、大地は不気味に薄暗く、激しい風を伴って雨がどっと降って来た。翌日には二つの部族を一つにするために牛を三百頭殺したが、牛の肺も肝臓も真っ黒で、太陽は薄暗く、雨が降り続けた。しかしその翌日、婚姻のために牛を三百頭殺すと、牛の肺も肝臓も真っ白で、空は雲一つなく晴れ渡り、霞が漂った。曲涅（チョニ）部族と古候（グホ）部族は敵対してはならないし、一つの部族になってもいけない。もともと互いに婚姻を結ぶべきだったのだ。このときから曲涅（チョニ）部族と古候（グホ）部族は、婚姻を結ぶことになった。約束を守ると誓いを立て、曲涅（チョニ）が約束を破っても古候（グホ）は約束を守り、古候（グホ）が約束を破っても曲涅（チョニ）は約束を守る。二つの部族は、誓いの鉄鎖を土の中に埋めた。牛の胃袋を切って誓いを立て、牛の皮を四枚剥いで四方に張り付け、四頭の牛の頭を切って庭に埋めた。誓いの言葉を相手に伝える役は、杉林の精霊魯朶（ルト）に任せた。誓った言葉は、川の精霊母覚（ムジ）が見届け役になった。親戚付き合いの決まりは、野原の精霊此平（ツビ）が監督した。仲裁の仕事は、崖の精霊死領（スリ）に任せた。

曲涅（チョニ）部族と古候（グホ）部族は、毛の生えない三種類のものを付け加えて誓いを立てた。魚にも、蛇にも、蛙にも毛が生えない。また、白くならない三種類のものを付け加えて誓いを立てた。ツキノワグマも、カラスも、黒豚も永遠に白くならない。また、黒くならない三種類のものを付け加えて誓いを立てた。白い綿羊も、白い鶴も、白鳥（はくちょう）も黒くならない。また、胆嚢がない三種類のものを付け加えて誓いを立てた。良い馬にも、豹にも、錦鶏（にしきどり）にも胆嚢がない。また、偽物でない三種類のものを付け加えて誓いを立てた。石も、木も、水も偽物でない。

そののち、曲涅（チョニ）部族の畢阿仮（ピアジャ）が家畜を何千頭も牽いて来て、古候（グホ）部族の娘史色（シュシ）を娶った。曲涅（チョニ）部族には九人の子ができ、六人は東のほうに、三人は西のほうに居住して、子孫が何千人にもなった。古候部族の畢黎更が家畜を何千頭も牽いて来て、曲涅部族の娘曲利を娶った。古候部族には九人の子ができ、日の出る方向に群れを成して居住して、子孫が何千人にもなった。

左側には古候部族が向かい、右側には曲涅部族が向かった。曲涅部族の子孫は数が少なく、日の落ちる方向に住んだ。古候部族は印鑑を九つも管理したが、曲涅部族は印鑑を一つしか管理できなかった。古候部族は九食も食べられたが、曲涅部族は一食しか食べられなかった。古候部族は祖先祭祀の黎姆儀礼を九回行なうが、曲涅部族は一回しか行なわなかった。神に人口を報告する際に、古候部族は「苦阿以迪迪」と唱えるが、曲涅部族は「苦阿諾俄俄」と唱える。古候部族は九つの地域に住んでいるのに、曲涅部族は一つの地域に住んでいるだけだ。古候部族は縁のあたりに立つが、曲涅部族は中央に立つ。古候部族は知識が多いが、曲涅部族は気が利くだけだ。古候部族は馬に餌を食わせるが、曲涅部族は馬に水を飲ませるだけだ。

21　ts‘ɿ̱^{33}ɣa^{33}bu^{33}ts‘ɿ̱^{55}ŋɯ^{33}　［歴史譜系①］［歴史の系譜］

gu^{33}xo^{33}ts‘ɿ̱^{55}　古候譜　古候の系譜

5315 p‘u̱^{21}xo^{33}mu^{33}nɔ^{33}go^{33}　普夥母諾出②　普夥母諾（プホムノ）が生まれ

5316 mu^{33}nɔ^{33}xɯ^{33}dzɿ̱^{55}go^{33}　母諾很孜出　母諾很孜（ムノフズ）が生まれ

5317 xɯ^{33}dzɿ̱^{55}xɯ^{33}dɯ^{21}go^{33}　很孜很徳出　很孜很徳（フズフドゥ）が生まれ

5318 xɯ^{33}dɯ^{21}xɯ^{33}lo^{33}go^{33}　很徳很洛出　很徳很洛（フドゥフロ）が生まれ

5319 xɯ^{33}lo^{33}k‘ɯ^{21}bu^{21}go^{33}　很洛克布出　很洛克布（フロクブ）が生まれ

5320 k‘ɯ^{21}bu^{21}k‘ɯ^{33}ma^{33}go^{33}　克布克馬出　克布克馬（クブクマ）が生まれ

5321 k‘ɯ^{33}ma^{33}mu^{33}vu^{55}go^{33}　克馬母烏出　克馬母烏（クマムヴ）が生まれ

5322 xo^{33}p‘u^{33}mu^{33}a^{21}vu^{55}　候祖慕雅臥③
古候（グホ）部族の先祖は慕雅臥（ムアヴ）であり

5323 mu^{33}a^{21}vu^{55}nɯ^{33}ts‘ɿ̱^{21}　慕雅臥乃一　慕雅臥が第一世代

5324 vu^{55}lo^{21}lo^{21}nɯ^{33}ȵi^{21}　臥洛洛乃二　臥洛洛（ヴロロ）が第二世代

5325 lo^{21}lo^{21}bo^{33}nɯ^{33}sɔ^{33}　洛洛波乃三　洛洛波（ロロボ）が第三世代

5326 bo^{33}a^{21}ŋɯ^{33}nɯ^{33}lɿ^{33}　波阿恩乃四　波阿恩（ボアグ）が第四世代

5327 ŋɯ^{33}a^{21}xo^{33}nɯ^{33}ŋɯ^{33}　恩阿紅乃五　恩阿紅《エンアーホン》（グアホ）が第五世代

5328 xo^{33}a^{33}t'u^{33}nɯ^{33}fu^{55}　候阿突乃六　候阿突《ホウアートゥー》（ホアトゥ）が第六世代

5329 ndzɪ̠^{33}ʑi^{21}xo^{33}a^{33}t'u̠^{33}　候阿突爲君　候阿突は王に

5330 mo^{21}ʑi^{21}xo^{33}a^{33}gu^{33}　候阿格爲臣　候阿格《ホーアーグォ》（ホアグ）は臣下に

5331 pi^{33}ʑi^{21}xo^{33}a^{33}vu̠^{33}　候阿烏爲畢[4]　候阿烏《ホウアーウー》（ホアヴ）はビモになった

5332 xo^{33}a^{33}t'u̠^{33}li^{33}zɪ^{33}　候阿突之世　候阿突《ホウアートゥー》（ホアトゥ）の世には

5333 zɪ^{44}nɯ^{33}ŋɯ^{33}ku^{33}ndzɪ^{33}

5334 ʐɪ^{33}nɯ^{33}ts'i^{33}ho^{33}dzɪ^{33}

5335 tɕa^{55}nɯ^{33}ŋɯ^{33}di^{21}t'u̠^{33}

5336 di^{21}po^{33}go^{33}lo^{44}li^{33}

5337 va^{55}n̥i^{33}n̥i^{33}ɣa^{33}ʐɪ^{33}　（中国語に翻訳できない）

5338 ʂɪ^{33}ndi^{55}ts'ɪ̠^{21}vo^{33}p'u^{33}

5339 vo^{33}du̠^{33}ʂɪ^{33}ȵi^{33}k'u̠^{33}

5340 vo^{33}o^{21}dzu^{21}ȵi^{33}k'u^{33}

5341 lɯ^{33}gɯ^{33}zɪ̠^{55}vi^{33}bo^{33}

5342 ȵi^{33}zɪ^{33}vɪ^{33}p'i^{55}la^{33}ʑi^{44}nɯ^{33}　到達大江邊之時[5]　大きな川にたどり着いて

5343 gu^{33}xo^{33}dzɪ̠^{55}tʑi^{33}ʐɪ^{33}　古候皆過江　古候部族はみな川を渡った

5344 xo^{33}a^{33}t'u^{33}ma^{33}tʂɪ̠^{21}　候阿突未渡　候阿突《ホウアートゥー》（ホアトゥ）は渡らなかった

5345 lo^{21}lo^{21}ho^{33}k'ɯ^{33}ndo^{21}　達洛洛夥克[6]　洛洛夥克《ルオルオフオケー》（ロロホク）に着いた

5346 a^{44}tʂ'ɪ^{33}ȵo^{21}mu^{33}la^{33}di^{44}la^{33}ma^{21}na^{33}　姑娘不願來勞作
娘たちは働こうとしなかった

5347 ha^{55}ha^{33}kɯ^{21}dzi^{21}tʂ'o^{21}　沿著山脊哈哈笑
山の斜面でアハハと大笑いしていた

5348 a^{44}mo^{33}ni^{21}mu^{33}la^{33}di^{44}la^{33}ma^{21}na^{33}　母親不願來黎姆
（祖先祭祀の）黎姆《リームー》（ニム）儀礼をしようとしなかった

5349 sɪ̠^{33}o^{33}sɪ̠^{33}t'o^{55}gɯ^{21}　爬樹玩樹枝[7]　木に登って木の枝で遊んだ

5350 sɪ^{33}o^{33}ti^{55}vo^{33}zo^{21}　達斯俄梯維[8]　斯俄梯維《スーウォティーウェイ》（スオティヴォ）に着いた

5351 sɪ̠^{33}o^{33}ti^{55}vo^{33}tʂ'ɯ^{33}　斯俄梯維起　斯俄梯維を出発し

5352 sɪ̠^{21}nda^{55}a^{21}vo^{21}zo^{21}　達斯達阿維　斯達阿維《スーダーアーウェイ》（スダアヴォ）に着いた

5353 sɪ̠^{21}nda^{55}a^{21}vo^{21}tʂ'ɯ^{33}　斯達阿維起　斯達阿維を出発し

5354 la^{21}pa^{33}sa^{33}to^{33}zo^{21}　達拉巴三東　拉巴三東《ラーバーサンドン》（ラパサト）に着いた

5355 la^{21}pa^{33}sa^{33}to^{33}tʂ'ɯ^{33}　拉巴三東起　　拉巴三東を出発し

5356 vo^{21}vɪ^{33}ʂu̱^{55}li^{55}zo^{21}　達俄日書利　　俄日書利（ヴォヴシュリ）に着いた

5357 vo^{21}vɪ^{33}ʂu̱^{55}li^{55}tʂ'ɯ^{33}　俄日書利起　　俄日書利を出発し

5358 gɯ^{44}du̱^{33}ho^{33}k'ɯ^{33}zo^{21}　達格都夥克　　格都夥克（グドゥホク）に着いた

5359 gɯ^{44}du̱^{33}ho^{44}k'ɯ^{33}tʂ'ɯ^{33}　格都夥克起　　格都夥克を出発し

5360 ʑo^{44}t'ɯ^{33}dʑi^{55}læ^{33}ndo^{21}　達有特精來　　有特精来（ゾトゥジレ）に着いた

5361 ʑo^{44}t'ɯ^{33}dʑi^{55}læ^{33}tʂ'ɯ^{33}　有特精來起　　有特精来を出発し

5362 mu^{33}ȵi^{33}xo^{33}vi^{55}zo^{21}　達母尼火威　　母尼火威（ムニホヴィ）に着いた

5363 mu^{33}ȵi^{33}xo^{33}vi^{55}tʂ'ɯ^{33}　母尼火威起　　母尼火威を出発し

5364 mu^{33}ȵi^{33}ku^{33}lɪ^{33}zo^{21}　達母尼古爾　　母尼古爾（ムニクル）に着いた

5365 mu^{33}ȵi^{33}ku^{33}lɪ^{33}tʂ'ɯ^{33}　母尼古爾起　　母尼古爾を出発し

5366 ȵæ^{33}næ^{33}p'u̱^{55}ʂu̱^{33}zo^{21}　達研尼鋪熟　　研尼鋪熟（ニェネプシュ）に着いた

5367 ȵa^{33}næ^{33}p'u̱^{55}ʂu̱^{33}tʂ'ɯ^{33}　研尼鋪熟起　　研尼鋪熟を出発し

5368 i^{55}mo^{21}dzi^{21}vo^{21}zo^{21}　達英莫則維　　英莫則維（イモジヴォ）に着いた

5369 i^{55}mo^{21}dzi^{21}vo^{21}nɯ^{33}　英莫則維呢[9]　　英莫則維では

5370 vu̱^{55}lɪ̱^{33}lɪ̱^{33}ɣa^{33}ŋgo^{33}
5371 sa^{33}lɪ̱^{55}mi^{21}ʑu̱^{33}dɯ^{33}　}（中国語に翻訳できない）

5372 ndzɪ^{33}ndo^{21}lɪ^{33}ma^{21}na^{33}　君令民不行

王が命令しても民は行なわなかった

【以下、5372～5377句は、4270～4275句と完全に同じ。これに類似の例はいくつかあるが、一々明示しない。口頭伝承では普通に起きる現象だとだけ述べておく】

5373 k'ɯ^{33}ʑɛ^{33}ts'ɪ̱^{21}dzɪ̱^{33}ndu̱^{21}　打一對鷄犬　　鶏と犬を一匹ずつ捕らえ

5374 ʂa^{33}ga^{33}ga^{33}dzɪ^{33}ti^{55}　掛大路下方　　広い道の下ほうに掛けておき

5375 ndzɪ^{33}ku^{33}ndzɪ^{33}li^{21}du̱^{33}　重振君之勢　　王の権威を高めた

5376 ho^{33}lɯ^{33}ts'ɪ^{21}dzɪ̱^{33}ndu̱^{21}　打一對牛馬　　牛と馬を一頭ずつ捕らえ

5377 ʂa^{33}ga^{33}ga^{33}ha^{33}ti^{55}　掛大路上方　　広い道の上に掛けておき

5378 ndzɪ^{33}ku^{33}ndzɪ^{33}li^{21}o^{55}ŋgu̱^{55}tʂ'ɪ̱^{21}mo^{33}di^{44}　要將君威昇上去也焉

王の権威を高めようとした

5379 zɪ̱^{21}ho^{33}gu^{33}ɣa^{33}ti^{55}　掛於杉林中　　杉の林の中に掛けておき

5380 tʂ'ɪ^{33}a^{21}lɯ^{33}la^{33}ti^{55}　麂與麞來掛[10]　　ノロとノロジカを掛けておき

5381 zɿ̠^{55}a^{21}la^{55}la^{33}ti^{55} 虎與豹也掛 虎と豹も掛けておき

5382 ʂu^{33}a^{21}ha^{33}la^{33}ti^{55} 錦鶏竹鶏掛 錦鶏と竹鶏を掛けておいた

5383 dʑi^{33}a^{21}si^{33}di^{21}ti^{55} 要分主與奴來分 主人と奴僕は分けられねばならない

5384 gu̠^{21}a^{21}vu^{33}di^{21}ti^{55} 雁與鳥來分 雁はほかの鳥から区別された

5385 ndzɿ^{33}ndo^{21}lɿ^{33}na^{33}lo^{44} 君令民是行 民は王の命令を聞くようになった

5386 ɕi^{33}t'ɯ^{33}bu̠^{33}t'ɯ^{33}t'i^{55}ta^{33}tsi^{21} 盟誓賭呪於此盟
このとき自分の命にかけて誓いを立て、盟約を結んだ

5387 dʑi^{33}si^{33}ka^{55}tsɿ̠^{33}t'i^{55}ta^{33}tsɿ̠^{55} 主奴関係於此分
このとき主人と奴僕の関係は区別され

5388 dʑi^{33}di^{33}si^{33}di^{33}t'i^{55}ta^{33}xo^{33} 強者弱者於此別
このとき強者と弱者が区別された

5389 lo^{21}lo^{21}ho^{33}k'ɯ^{33}nɯ^{33} 洛洛夥克呢 洛洛夥克（ロロホク）は

5390 gu^{33}xo^{33}zɯ^{33}gu^{33}ga^{44}dʑæ^{33}dɯ^{33} 古候九子分路處[11]
古候（グホ）部族の九人の子が分かれた場所である

5391 gu^{33}xo^{33}ŋɯ^{21}a^{21}go^{33} 古候恩啊出 古候恩啊（グホグア）が生まれ

5392 pu^{33}lɿ̠^{33}fi^{33}k'ɯ^{33}ti^{21} 居於布爾分克[12]地 布爾分克（プルフィク）に住んだ

5393 ts'æ^{33}ndʑæ^{33}ni^{21}zɯ^{33}lo^{44} 是爲彩接掌印司[13]
（彼は）官印持ちの彩接（ツェジェ）土司となり

5394 tɕu^{33}di^{33}vo^{44}xo^{33}li^{33} 所轄領域呢 管轄する領地は

5395 o^{44}li^{33}va^{55}ʂu^{33}li^{33}k'ɯ^{33}tsɿ̠^{21} 前邊到達瓦書利克地
前方は瓦書利克（ヴァシュリク）まで

5396 mu^{44}li^{33}tɕa^{33}tʂɿ̠^{33}ʑɿ^{33}vu̠^{55}tsɿ̠^{21} 後面到達假紙以烏地
後方は仮紙以烏（チャチュジュヴ）まで

5397 vɿ^{21}ndzi^{21}ho^{33}ȵa^{55}tsɿ̠^{21} 左方傍山頭 左のほうは山の頂上まで

5398 ʑi^{21}ndzi^{21}ho^{33}ʂɿ^{33}tsɿ^{44} 右方靠山脚 右のほうは山の麓までであった

5399 gu^{33}xo^{33}lɿ^{33}zɯ^{33}go^{33} 古候爾惹出 古候爾惹（グホルズ）が生まれ

5400 ngu^{33}dʑæ^{33}ŋi^{21}zɯ^{33}lo^{44} 是爲古吉掌印司
官印持ちの古吉（グジェ）土司となり

5401 ka^{33}dʑæ^{33}ka^{33}mu^{33}ti^{21} 居於甘假甘母地
甘仮甘母（カジェカム）に住んだ

5402 tɕu^{33}di^{33}vo^{44}xo^{33}li^{33} 所轄領域呢 管轄する領地は

5403 o^{44}li^{33}a^{21}di^{21}bo^{33}ha^{55}tsɿ̠^{21}　前方直達阿迪山之上

前方は阿迪（アディ）山の頂上まで

5404 mu^{44}li^{33}ma^{33}vi^{55}bo^{33}ko^{33}tsɿ^{44}　後方直達馬威山峰上

後方は馬威（マヴィ）山の峰までであった

5405 gu^{33}xo^{33}dzɿ^{21}dzɿ^{21}go^{33}　古候孜孜出　　古候孜孜（グホズズ）が生まれ

5406 bo^{33}p'u^{33}ni^{21}zɯ^{33}lo^{44}　是爲波普掌印司

（彼は）官印持ちの波普（ボプ）土司となり

5407 næ^{33}ʐɿ^{33}ka^{33}dʑæ^{33}ti^{21}　居於尼以甘吉地

尼以甘吉（ネジュカジェ）に住んだ

5408 tɕu^{33}di^{33}vo^{44}xo^{33}li^{33}　所轄領域呢　　管轄する領地は

5409 o^{44}li^{33}pa^{33}ȵo^{21}læ^{33}vu̠^{35}tsɿ̠^{21}　前方到達巴留乃烏地

前方は巴留乃烏（パニョレヴ）まで

5410 mu^{44}li^{33}pa^{33}t'i^{55}bo^{33}ko^{33}tsɿ̠^{21}　後方直達巴梯山頭上

後方は巴梯（パティ）山の頂上までであった

5411 gu^{33}xo^{33}va^{55}ni^{21}go^{33}　古候瓦尼出　　古候瓦尼（グホヴァニ）が生まれ

5412 mo^{21}o^{33}dʑi^{21}t'a^{33}ti^{21}　居於莫歐吉塔地　　莫欧吉塔（モオジタ）に住んだ

5413 a^{21}tʂo^{21}ni^{21}zɯ^{33}lo^{44}　是爲阿著掌印司

（彼は）官印持ちの阿著（アチョ）土司となった

5414 tɕu^{33}di^{33}vo^{44}xo^{33}li^{33}　所轄領域呢　　管轄する領地は

5415 o^{44}li^{33}ho^{33}ti^{55}mu^{33}gu̠^{33}tsɿ̠^{21}　前方到達夥氐母古地

前方は夥氐母古（ホティムグ）まで

5416 mu^{44}li^{33}ʂɿ^{21}lɿ̠^{21}bo^{33}o^{33}tsɿ̠^{21}　後方到達史爾山峰上

後方は史爾（シュル）山の峰までであった

5417 gu^{33}xo^{33}va^{55}ndʐa^{55}go^{33}　古候瓦張出　　古候瓦張（グホヴァジャ）が生まれ

5418 ma^{33}ho^{33}dʑi^{21}t'a^{33}ti^{21}　居於馬夥吉牠地　　馬夥吉牠（マホジタ）に住んだ

5419 ha^{33}la^{33}ni^{21}zɯ^{33}lo^{44}　是爲哈拉掌印司[14]

官印持ちの哈拉（ハラ）土司となった

5420 tɕu^{33}di^{33}vo^{44}xo^{33}li^{33}　所轄領域呢　　管轄する領地は

5421 o^{44}li^{33}ha^{33}ti^{55}dʑa^{21}gu̠^{21}tsɿ̠^{21}　前方到達哈氐壩

前方は哈氐（ハティ）盆地まで

5422 mu^{44}lɿ^{33}ka^{55}lɿ^{21}mo^{21}bo^{33}ɕi^{33}　後方到達甘洛雷波界

後方は甘洛雷波（カルモボ）までであった

5423 gu^{33}xo^{33}ti^{55}ti^{33}go^{33}　古候氏氏出　　古候氏氏（グホティティ）が生まれ

5424 la^{21}tɕa^{21}ni^{21}zɯ^{33}lo^{44}　是爲拿甲掌印司

官印持ちの拿甲（ラチャ）土司となった

5425 tɕa^{33}ȵa^{55}p'u̱^{21}vu^{55}ti^{21}　居於假研普烏地

仮研普烏（チャニャプヴ）に住んだ

5426 tɕu^{33}di^{33}vo^{44}xo^{33}li^{33}　所轄領域呢　　管轄する領地は

5427 o^{44}li^{33}ȵu̱^{55}lo^{33}bo^{33}ko^{33}tsɿ̱^{21}　前方到達留洛山　　前方は留洛（ニュロ）山まで

5428 mu^{44}li^{33}ti^{44}ts'i^{33}bo^{33}vu̱^{35}tsɿ̱^{21}　後方到達氏蒼山

後方は氏蒼（ティチ）山までであった

5429 gu^{33}xo^{33}ti^{55}zɯ^{33}go^{33}　古候氏惹出　　古候氏惹（グホティズ）が生まれ

5430 di^{21}po^{33}ka^{44}p'a^{33}ti^{21}　居於迪波甘帕地　　迪波甘帕（ディポカパ）に住んだ

5431 gu̱^{33}dzu̱^{33}ni^{21}zɯ^{33}lo^{44}　是爲古祖掌印司

官印持ちの古祖（グズ）土司となった

5432 tɕu^{33}di^{33}vo^{44}xo^{33}li^{33}　所轄領域呢　　管轄する領地は

5433 o^{44}li^{33}ti^{55}ho^{33}læ^{33}vu̱^{55}tsɿ̱^{21}　前方到達氏紅乃烏地

前方は氏紅乃烏（ティホレヴ）まで

5434 mu^{44}li^{33}mo^{21}ȵi^{21}ʑo^{33}ho^{33}ɕi^{33}　後方到達莫尼有火地

後方は莫尼有火（モニゾホ）までであった

5435 gu^{33}xo^{33}vi^{55}tʂo^{21}go^{33}　古候威著出　　古候威著（グホヴィチョ）が生まれ

5436 t'a^{33}t'a^{33}lo^{33}mo^{44}ti^{21}　居於塔塔洛莫地　　塔塔洛莫（タタロモ）に住んだ

5437 si^{33}tɕ'u^{33}ni^{21}zɯ^{33}lo^{44}　是爲色曲掌印司

官印持ちの色曲（シチュ）土司となった

5438 tɕu^{33}di^{33}vo^{44}xo^{33}li^{33}　所轄領域呢　　管轄する領地は

5439 o^{44}li^{33}ɖɿ^{33}du̱^{33}ȵu̱^{33}lo^{33}ɕi^{33}　前方到達爾度了洛地

前方は爾度了洛（ルドゥニュロ）まで

5440 mu^{44}li^{33}hi^{55}ts'i^{33}bo^{33}ko^{33}ɕi^{33}　後方到達海才山

後方は海才（ヒチ）山までであった

5441 gu^{33}xo^{33}ma^{44}bu̱^{33}go^{33}　古候馬布出　　古候馬布（グホマブ）が生まれ

5442 ho^{55}sa^{33}bo^{33}vu̱^{55}ti^{21}　居於夥散山之下　　夥散（ホサ）山の麓に住んだ

5443 ma^{44}bu^{33}ni^{21}zɯ^{33}lo^{44}　芒布掌印司　　官印持ちの芒布（マブ）土司だ

5444 tɕu^{33}di^{33}vo^{44}xo^{33}li^{33}　所轄領域呢　　管轄する領地は

5445 o^{44}li^{33}xɯ^{21}ni^{21}bo^{33}ko^{33}tsɿ̱^{21}　前方到達赫尼山　　前方は赫尼《フォニー》(フニ)山まで

5446 mu^{44}li^{33}sa^{33}ndi^{21}bo^{33}ko^{33}ɕi^{33}　後方到達散迪山

後方は散迪《サンディー》（サディ）山までであった

5447 gu^{33}xo^{33}kɯ^{33}zɿ̱^{55}go^{33}　古候格日出　　古候格日《グーホウグォリー》（グホクズ）が生まれ

5448 a^{21}di^{21}ni^{21}zɯ^{33}lo^{44}　是爲阿迪掌印司

官印持ちの阿迪《アーディー》（アディ）土司となった

5449 a^{21}di^{21}bo^{33}p‘u^{33}ti^{21}　居於阿迪波普地　　阿迪波普《アーディーボープー》(アディボプ)に住んだ

5450 tɕu^{33}di^{33}vo^{44}xo^{33}li^{33}　所轄領域呢　　管轄する領地は

5451 o^{44}li^{33}zɿ̱^{55}ho^{33}bo^{33}ko^{33}tsɿ̱^{21}　前方到達日夥山　　前方は日夥《リーフオ》(ズホ)山まで

5452 mu^{44}li^{33}mo^{21}ȵi^{21}ʑo^{33}ho^{33}tsɿ̱^{21}　後方到達莫尼有夥地

後方は莫尼有夥《モーニーヨウフオ》（モニゾホ）までであった

5453 gu^{33}xo^{33}tʂu^{21}lɿ^{21}go^{33}　古候注爾出　　古候注爾《グーホウヂューアル》（グホチュル）が生まれ

5454 di^{21}ɣo^{33}ni^{21}zɯ^{33}lo^{44}　是爲迪俄掌印司

官印持ちの迪俄《ディーウォ》（ディウォ）土司となった

5455 a^{33}lɿ^{33}ȵi^{33}dʐɿ^{21}ti^{21}　居於阿利尼紙地　　阿利尼紙《アーリーニーヂー》（アルニジュ）に住んだ

5456 tɕu^{33}di^{33}vo^{44}xo^{33}li^{33}　所轄領域呢　　管轄する領地は

5457 o^{44}li^{33}ma^{21}ma^{21}ho^{33}k‘ɯ^{33}ɕi^{33}　前方到達馬馬峰　　前方は馬馬《マーマー》(ママ)峰まで

5458 mu^{44}li^{33}ma^{33}dʐo^{33}lɿ̱^{33}ha^{33}ɕi^{33}　後方到達馬著爾哈地

後方は馬著爾哈《マーヂョアルハー》（マジョルハ）までであった

5459 ts‘ɿ^{44}nɯ^{33}hi^{44}tæ^{33}gu^{33}xo^{33}ŋɯ^{33}　此乃遠方的古候[15]

これは遠隔地の古候部族のことであった

5460 gu^{33}xo^{33}tʂu^{21}lɿ̱^{21}ts‘ɿ̱^{21}　古候注爾一　　第一世代は古候注爾《グーホウヂューアル》(グホチュル)

5461 tʂu^{21}lɿ^{21}tʂu^{21}ȵa^{33}ȵi^{21}　注爾注研二

第二世代は注爾注研《ヂューアルヂューイエン》（チュルチュニャ）

5462 tʂu^{21}ȵa^{33}di^{21}li^{21}sɔ^{33}　注研迪利三

第三世代は注研迪利《ヂューイエンディーリー》（チュニャディリ）

5463 di^{21}li^{21}di^{21}ɣo^{33}go^{33} 迪利迪俄出　迪利迪俄《ディーリーディーウォ》(ディリディウォ)が生まれた

5464 di^{21}ɣo^{33}zɯ^{33}gu^{33}go^{33}　迪俄九子出

迪俄《ディーウォ》（ディウォ）には九人の子が生まれた

5465 ts'ɿ44li33k'u44tæ33gu33xo33ŋɯ33　此乃附近的古候[16]
これは近くの古候部族のことであった
5466 di21ɣo33mu33mu33go33 迪俄母母出　迪俄母母(ディウォムム)が生まれた
5467 a33ni21ni21zɯ33lo44　阿黎[17]掌印司　官印持ちの阿黎（アニ）土司だ
5468 di21ɣo33mu33ka55go33 迪俄母甘出　迪俄母甘(ディウォムカ)が生まれた
5469 t'ɯ33dʑo44ni21zɯ33lo44　特覺掌印司　官印持ちの特覚(トゥジョ)土司だ
5470 di21ɣo33mu33dzɿ33go33　迪俄母自出
迪俄母自（ディウォムジュ）が生まれた
5471 lo33o44ni21zɯ33lo44　洛歐掌印司　官印持ちの洛欧（ロオ）土司だ
5472 di21ɣo33bi55zɯ33go33 迪俄兵惹出　迪俄兵惹(ディウォビズ)が生まれた
5473 t'ɯ33tsɿ̱21ta55tsɿ̱21ni21zɯ33lo44　特自當自掌印司
官印持ちの特自当自（トゥツタツ）土司だ
5474 di21ɣo33i55a21go33　迪俄英阿出　迪俄英阿(ディウォイア)が生まれた
5475 bu33di21ni21zɯ33lo44　布迪掌印司　官印持ちの布迪（ブディ）土司だ
5476 di21ɣo33bɿ33a21go33　迪俄必啊出　迪俄必啊(ディウォブア)が生まれた
5477 bu33vu̱55ni21zɯ33lo44　布烏掌印司　官印持ちの布烏（ブヴ）土司だ
5478 di21ɣo33o33a21go33　迪俄歐啊出
迪俄欧啊（ディウォオア）が生まれた
5479 bu21ɖɿ21ni21zɯ33lo44　布爾掌印司　官印持ちの布爾（ブル）土司だ
5480 di21ɣo33a33ʑi21go33　迪俄阿一出　迪俄阿一(ディウォアジ)が生まれた
5481 tɕ'i55sa33nɔ33xo21lo44　爲青撒黒彝　それは青撒(チサ)の黒イ族になった
5482 di21ɣo33tɕ'u33li44go33 迪俄曲利出　迪俄曲利(ディウォチュリ)が生まれ
5483 tɕ'u33li44tɕ'u33ɣa33go33　曲利曲阿出　曲利曲阿(チュリチュワ)が生まれ
5484 tɕ'u33ɣa33p'o21ɖɯ21go33　曲阿頗勒出　曲阿頗勒(チュワポル)が生まれ
5485 p'o21ɖɯ21zɯ33ŋɯ33go33　頗勒五子出
頗勒（ポル）には五人の子が生まれた
5486 p'o21ɖɯ21a33dzɿ̱55a55li21ni21zɯ33go33　頗勒阿孜阿利掌印司
官印持ちの頗勒阿孜阿利（ポルアズアリ）土司だ
5487 p'o21ɖɯ21bu̱55gu33zɿ33ho44ni21zɯ33go33　頗勒布谷以火掌印司
官印持ちの頗勒布谷以火（ポルブグジュホ）土司だ
5488 p'o21ɖɯ21o33mu̱33tsɿ̱21tɕ'u33ni21zɯ33go33　頗勒歐母自曲掌印司

官印持ちの頗勒欧母自曲《ポーレーオウムーズーチウ》（ポルオムツチュ）土司だ

5489 p‘o^{21}ɖɯ^{21}a^{21}vo^{21}hi^{55}læ^{33}ni^{21}zɯ^{33}go^{33} 頗勒阿俄海來掌印司
官印持ちの頗勒阿俄海来《ポーレーアーウォハイライ》（ポルアヴォヒレ）土司だ

5490 p‘o^{21}ɖɯ^{21}hi^{55}la^{33}a^{33}tu^{33}ni^{21}zɯ^{33}go^{33} 頗勒海拿阿都掌印司
官印持ちの頗勒海拿阿 都《ポーレーハイナーアードゥー》（ポルヒラアトゥ）土司だ

tɕ‘o^{55}ni^{21}ts‘ɿ̱^{55} 曲涅譜 曲涅の系譜

5491 p‘u̱^{21}xo^{33}hi^{55}ts‘ɿ̱^{21}ts‘ɿ̱^{21} 普夥海次一 第一世代は普夥海次《プーフオハイツー》（プホヒツ）

5492 hi^{55}ts‘ɿ^{21}ts‘ɿ^{33}vu̱^{55}ȵi^{21} 海次此烏二 第二世代は海次此烏《ハイツーツーウー》（ヒツツヴ）

5493 ts‘ɿ^{33}vu̱^{55}hi^{55}ɕæ^{33}sɔ^{33} 此烏海憲三 第三世代は此烏海 憲《ツーウーハイシエン》（ツヴヒセ）

5494 hi^{55}ɕæ^{33}li^{21}mo^{21}lɿ^{33} 海憲利莫四 第四世代は海 憲 利莫《ハイシエンリーモー》（ヒセリモ）

5495 li^{21}mo^{21}vu̱^{55}a^{33}ŋɯ^{33} 利莫烏阿五 第五世代は利莫烏阿《リーモーウーアー》（リモヴア）

5496 vu^{55}a^{33}a^{21}ɖɿ^{33}fu^{55} 烏阿阿爾六 第六世代は烏阿阿爾《ウーアーアーアル》（ヴアアル）

5497 a^{21}ɖɿ^{33}a^{33}la^{55}ʂɿ̱^{21} 阿爾阿拉七 第七世代は阿爾阿拉《アーアルアーラー》（アルアラ）

5498 a^{33}la^{55}a^{33}ŋɯ^{33}hi^{55} 阿拉阿恩八 第八世代は阿拉阿恩《アーラーアーエン》（アラアグ）

5499 a^{33}ŋɯ^{33}a^{33}tɕ‘o^{33}gu^{33} 阿恩阿曲九 第九世代は阿恩阿曲《アーエンアーチウ》（アグアチョ）

5500 a^{33}tɕ‘o^{33}a^{33}ʂɿ̱^{21}ts‘i^{33} 阿曲阿史十 第十世代は阿曲阿史《アーチウアーシー》（アチョアシュ）

5501 a^{33}ʂɿ^{21}a^{33}ga^{33}ts‘i^{44}tsɿ^{33}ts‘ɿ̱^{55} 阿史阿格十一氏
第十一世代は阿史阿格《アーシーアーグォ》（アシュアガ）であった

5502 a^{33}ga^{33}tɕ‘o^{55}ni^{21}go^{33} 阿格曲涅出 阿格曲涅《アーグォチウニエ》（アガチョニ）が生まれた

5503 ȵi^{55}p‘u^{33}mu^{33}vu̱^{55}zi^{55} 涅祖慕烏熱
曲涅部族の先祖は慕烏熱《ムーウールォ》（ムヴジ）であり

5504 ȵi^{55}a^{21}zɯ^{33}gu^{33}go^{33} 曲涅九子出 曲涅部族には九人の子が生まれた

5505 o^{33}a^{21}pa^{33}k‘ɯ^{33}gu̱^{21} 首先從渡口渡 まず渡し場から渡った

5506 ts‘ɿ̱^{21}ȵi^{21}ȵu^{33}ni̱^{33}gu̱^{21} 一日牛羊渡 最初の日には牛と羊が渡った

5507 lɯ^{33}ʂɯ^{55}ha^{33}mu^{33}tɕ‘o^{33}la^{33}gu̱^{21} 閹牛成百頭地隨著渡
去勢牛が何百頭も一緒に渡り

5508 lɯ^{33}ʂɯ^{55}bo^{21}ȵi^{33}tɕ‘o^{33}la^{33}gu̱^{21} 紅頰閹牛跟著渡
頬の赤い去勢牛がそのあとに随《つ》いて渡った

5509 ts‘ɿ̱^{21}ȵi^{21}mu̱^{21}ko^{21}gu̱^{21} 一日駿馬渡 次の日には良い馬が渡り

5510 sɿ^{33}mu^{33}k‘ɯ^{33}ui^{33}tɕ‘o^{33}la^{33}gu̱^{21} 赤嘴神馬跟著渡

口の赤い神馬がそのあとに随いて渡った

5511 dʑu̠^{55}a^{21}l̠ɿ^{33}ndzɿ^{33}gu̠^{21}　然後穿石隙而渡

そのあと岩の隙間を通って渡った

5512 tɕ'u^{33}gu̠^{21}a^{21}ʂɿ^{33}gu̠^{21}　金銀也來渡　金と銀も渡った

5513 zi^{33}du^{33}a^{21}ɣo^{21}ʂo^{33}mu^{33}gu̠^{21}　器皿無數跟著渡

無数のうつわ類がそのあとに随いて渡った

5514 m̥u^{33}ɣa^{21}vo^{21}tʂ'o^{21}gu̠^{21}　最後喫著蘿蔔渡

最後にいつも食べていた大根が渡った

5515 ɖi^{55}zɯ^{33}ha^{33}mu^{33}gu̠^{21}　小夥們也渡　若者たちも渡った

5516 ʂɿ̠^{21}ɖæ^{33}ha^{33}mu^{33}gu̠^{21}　姑娘們也渡[18]　娘たちも渡った

5517 dʑu^{55}dzu̠^{33}a^{21}ɣo^{21}ʂo^{33} 人畜無盡數　人も家畜も数えきれないほど渡った

5518 ȵu^{33}n̥i^{33}ga^{55}k'u^{33}ho^{33}　牲畜爲財富　家畜はたいせつな財産だから

5519 ho^{33}dzɿ^{33}ts'ɿ^{33}to^{33}si^{21}　不得不帶上　連れて行かないわけにはいかない

5520 tʂ'ɯ^{21}ʑo^{21}ʑo^{21}a^{33}tʂ'ɯ^{33}　逐漸地遷徙[19]　少しずつ移動して

5521 zɿ̠^{21}a^{21}bu̠^{44}du̠^{33}zo^{21}　達日阿布都　日阿布都[リーアーブードゥー]（ズアブドゥ）に着いた

5522 zɿ̠^{21}a^{21}bu̠^{44}du̠^{33}tʂ'ɯ^{33}　日阿布都起　日阿布都を出発し

5523 bu̠^{44}du̠^{33}ȵo^{21}ndi^{21}zo^{21}　達布都留迪

布都留迪[ブードゥーリウディー]（ブドゥニョディ）に着いた

5524 bu̠^{44}du̠^{33}ȵo^{21}ndi^{21}tʂ'ɯ^{33}　布都留迪起　布都留迪を出発し

5525 zɿ^{33}bo^{21}vu̠^{55}p'i^{21}zo^{21}　達以博烏匹　以博烏匹[イーボーウーピー]（ジュポヴピ）に着いた

5526 zɿ^{33}bo^{21}vu̠^{55}p'i^{21}tʂ'ɯ^{33}　以博烏匹起　以博烏匹を出発し

5527 a^{21}lɿ^{33}ndi^{21}ko^{33}zo^{21}　達阿爾迪拱　阿爾迪拱[アーアルディーゴン]（アルディコ）に着いた

5528 a^{21}lɿ^{33}ndi^{21}ko^{33}tʂ'ɯ^{33}　阿爾迪拱起　阿爾迪拱を出発し

5529 ku^{33}a^{21}lɿ^{33}mu^{33}zo^{21}　達古阿爾母　古阿爾母[グーアーアルムー]（クアルム）に着いた

5530 ku^{33}a^{21}lɿ^{33}mu^{33}tʂ'ɯ^{33}　古阿爾母起　古阿爾母を出発し

5531 sɿ^{33}k'ɯ^{33}tsa^{33}n̥i^{33}zo^{21}　達斯克喒尼　斯克喒尼[スーケーザンニー]（スクツァニ）に着いた

5532 sɿ^{33}k'ɯ^{33}tsa^{33}n̥i^{33}tʂ'ɯ^{33}　斯克喒尼起　斯克喒尼を出発し

5533 tʂɿ^{21}ŋɯ^{33}zɿ^{21}kɯ^{21}zo^{21}　達治恩日格　治恩日格[ヂーエンリーグォ]（チュグズク）に着いた

5534 tʂɿ^{21}ŋɯ^{33}zɿ^{21}kɯ^{21}nɯ^{33}　治恩日格呢　治恩日格には

5535 pi^{33}li^{33}l̠ɿ^{33}ŋɯ^{33}vi^{55}　來四箇畢摩　ビモが四人来た

5536 ȵi^{33}ʑo^{33}ts'ɿ̠^{21}dzɿ^{33}ndu̠^{21}　打一對牛羊　牛と羊を一頭ずつ捕らえ

5537 dʑæ^{33}ȵæ^{33}li^{33}ɣa^{33}ndo^{21}　掛於路上方　道の上のほうに掛けておき

5538 k'ɯ^{33}ʑɛ^{33}ts'ɿ̠^{21}dzɿ̠^{33}ndu^{21}　打一對鷄犬　鶏と犬を一匹ずつ捕らえ

5539 dʑæ^{33}dʐʅ^{33}li^{33}ɣa^{33}ndo^{21}　掛於路下方　道の下のほうに掛けておき

5540 pi^{33}bo^{21}ts'ɿ̠^{21}ɣa^{33}zɿ^{33}　請畢摩詛呪　ビモに呪文を唱えてもらった

5541 tɕ'u^{33}dzu^{33}ȵi^{33}ȵi^{21}bu^{21}　黑彝也兩家　黒イ族も二家族になり

5542 nɔ^{33}dzu^{33}ȵi^{33}ȵi^{21}bu^{21}　白彝也兩家[20]　白イ族も二家族になった

5543 ȵi^{55}ɣa^{21}zɯ^{33}gu^{33}go^{33}　曲涅九子出

曲涅（チウニエ）（チョニ）部族には九人の子が生まれた

5544 fu^{55}tʂ'ɯ^{33}mu^{33}vu̠^{55}ti^{21}　六子遷東方　六人の子は東に移って行き

5545 mu^{33}vu̠^{55}li^{33}su^{33}gi^{55}　遷東方者絶　東に移った人は絶えてしまった

5546 sɔ^{33}tʂ'ɯ^{33}mu^{44}k'ɯ^{33}li^{33}　三子遷西方　三人の子は西に移って行き

5547 mu^{44}k'ɯ^{33}li^{33}su^{33}dzu^{33}　遷西方者興　西に移った人は栄えた

5548 zɿ^{21}a^{21}lo^{33}mo^{44}nɯ^{33}　日阿洛莫呢[21]　日阿洛莫（リーアールオモー）（ジュアロモ）は

5549 ȵi^{55}a^{21}zɯ^{33}sɔ^{33}ga^{44}dʑæ^{33}ɖɯ^{33}　曲涅三子分支處

曲涅の三人の子が分かれた場所である

5550 ȵi^{55}a^{21}su^{44}zɯ^{33}zɿ^{33}　涅部之長子　曲涅部族の長男は

5551 mu^{33}vu̠^{55}sɿ^{44}ndzɿ^{33}ni^{21}　母烏斯孜掌印司

官印持ちの母烏斯孜（ムーウースーズー）（ムヴスズ）土司だ

5552 dzi^{33}i^{55}la^{21}bu^{33}ndzɿ^{33}　則英拿布爲土司[22]

則英拿布（ゼーインナーブー）（ジイラブ）は土司になった

5553 vo^{21}kɯ^{21}ho^{55}sa^{33}mo^{21}　維格夥散爲臣子

維格夥散（ウェイグォフオサン）（ヴォクホサ）は臣下になった

5554 ma^{33}ʂɿ^{33}dɔ^{33}ni^{21}pi^{33}　馬史倒黎爲畢摩

馬史倒黎（マーシーダオリー）（マシュドニ）はビモになった

5555 li^{21}mu^{33}t'ɯ^{33}ko^{33}ti^{21}　居於利母特拱[23]　利母特拱（リームーテーゴン）（リムトゥコ）に住んだ

5556 sɿ^{21}p'u̠^{55}li^{21}ndi^{21}nɯ^{33}　斯補宜地呢　斯補宜地（スーブーイーディー）（スプリディ）では

5557 mu^{33}vu̠^{55}sɿ^{44}ndzɿ^{33}ni^{21}zɯ^{33}zɿ^{33}　母烏斯孜掌印司爲大

母烏斯孜（ムーウースーズー）（ムヴスズ）は官印持ちの総領土司となった

5558 ȵi^{21}nɯ^{33}tɕ'u^{33}ŋgɯ^{33}ʂɿ^{33}ŋgɯ^{21}ʐɯ^{21}　白天收取金和銀

昼は金と銀を徴収し

5559 si^{44}nɯ^{33}tɕ'u^{33}ŋgɯ^{33}ʂɿ^{33}ŋgɯ^{21}tʂ'o^{21}　夜以金銀當食糧

夜は金と銀を食事のために使った

5560 k‘ɯ^{55}tʂ‘o^{21}lɯ^{33}gu^{33}tɕi^{33} 晩餐九頭牛 晩ご飯には牛九頭を

5561 ʂɯ^{21}tʂ‘o^{21}lɯ^{33}gu^{33}tɕi^{33} 早餐九頭牛 朝ご飯にも牛九頭を（殺し）

5562 lɯ^{33}di^{33}ȵi^{21}ka^{33}ngo^{33} 抓一條小牛 子牛を一頭捕らえて

5563 mu^{55}ɖo^{21}ts‘ɿ̠^{21}tʂ‘o^{21}mu^{33} 作午餐來用 昼ご飯のために使った

5564 ts‘ɿ^{21}dʑi^{33}lɯ^{33}gu^{33}tɕi^{33} 一頓九頭牛 一食に牛九頭

5565 ȵi^{21}dʑi^{33}ts‘i^{33}hi^{55}tɕi^{33} 兩頓十八頭 二食で（牛）十八頭

5566 sɔ^{33}dʑi^{33}ȵi^{21}tsi^{33}sɿ^{44} 三頓二十七 三食で（牛）二十七（頭）

5567 t‘i^{55}mu^{33}sɿ^{33}ɖu̠^{55}bu^{21} 梯母[24]金斗笠 梯母（ティム）という金の笠は

5568 mu^{33}vu̠^{55}su^{33}ndzɿ^{33}vi^{33} 母烏斯孜得 母烏斯孜（ムヴスズ）がもらった

5569 ȵi^{55}a^{21}su^{44}zɯ^{33}ka^{55} 涅部之次子 曲涅部族の次男は

5570 ɖɯ^{21}tʂɿ^{33}ŋɯ^{33}fu^{55}ni^{21} 勒紙安撫掌印司

官印持ちの勒紙安撫（ルチュグフ）土司だ

5571 sɿ̠^{21}kɯ^{33}vo^{21}ȵa^{55}ndzɿ^{33} 四更維研爲土司

四更維研（スクヴォニャ）は土司になった

5572 ɤa^{33}dʑa^{33}ʂu̠^{55}dzu̠^{33}mo^{21} 阿假書祖爲臣子

阿仮書祖（ワジャシュズ）は臣下になった

5573 vi^{33}mu^{33}ni^{21}zɿ^{33}pi^{33} 偉母尼日爲畢摩

偉母尼日（ヴィムニジュ）はビモになった

5574 ɖɯ^{21}tʂɿ^{33}lo^{44}mu^{33}ti^{21} 居於勒紙洛母 勒紙洛母（ルチュロム）に住んだ

5575 ȵi^{21}nɯ^{33}ȵi^{33}ŋgɯ^{21}ʑo^{33}ŋgɯ^{21}zɯ^{21} 白天収取牛和羊

昼は牛と羊を徴収し

5576 si^{44}mu^{33}ȵi^{33}ŋgɯ^{21}ʑo^{33}ŋgɯ^{21}tʂ‘o^{21} 夜以牛羊作食糧

夜は牛と羊を食事のために使った

5577 k‘ɯ^{55}tʂ‘o^{21}ʑo^{33}gu^{33}ma^{33} 晩餐九隻綿羊 晩ご飯には綿羊九頭を

5578 ʂɯ^{21}tʂ‘o^{21}ʑo^{33}gu^{33}ma^{33} 早餐九隻綿羊 朝ご飯にも綿羊九頭を（殺し）

5579 ʑo^{21}lɿ^{21}ʑo^{21}kɯ^{33}ŋgo^{33} 抓取小綿羊 子綿羊を捕らえて

5580 ma^{55}ɖo^{21}ts‘ɿ̠^{21}tʂ‘o^{21}mu^{33} 作午餐來用 昼ご飯のために使った

5581 ts‘ɿ̠^{21}dʑi^{33}ʑo^{33}gu^{33}ma^{33} 一頓九隻綿羊 一食に綿羊九頭

5582 ȵi^{21}dʑi^{33}ʑo^{33}ts‘i^{33}hi^{55} 兩頓十八隻 二食で（綿羊）十八頭

5583 sɔ^{33}dʑi^{33}ȵi^{21}tsi^{33}sɿ^{44} 三頓二十七 三食で（綿羊）二十七（頭）

5584 ȵi^{55}a^{21}su^{33}zɯ^{21}ȵo^{21}　涅部之幼子　　曲涅部族の末っ子

5585 dʑi^{33}mu^{44}zɯ^{33}sɔ^{33}go^{33}　吉母三子出[25]

吉母《ジームー》（ジム）には三人の子が生まれた

5586 ni^{21}mu^{33}li^{33}li^{33}ndzɿ^{33}　黎姆利利爲土司[26]

黎姆利利《リームーリーリー》（ニムリリ）は土司になった

5587 lɿ^{33}o^{33}ni^{21}ŋgɯ^{21}mo^{21}　爾歐黎更爲臣子

爾欧黎更《アルオウリーガン》（ルオニグ）は臣下になった

5588 ȵa^{55}a^{21}a^{21}lɿ^{33}pi^{33}　阿爾爲畢摩　　阿爾《アーアル》（アル）はビモになった

5589 a^{21}lɿ^{33}pi^{44}zɯ^{33}ȵi^{33}　阿爾畢摩呢　　阿爾ビモは

5590 ʂa^{33}ʑi^{33}k‘a^{33}vu^{33}vu^{33}　最簡陋的屋子　　一番粗末な家でも

5591 pi^{33}ȵi^{33}dɯ^{33}a^{21}ʂa^{33}　畢摩不鄙棄　　ビモはさげすんだりしなかった

5592 ʂa^{33}dza^{33}k‘a^{33}bo^{21}bo^{21}　最簡單的飯　　一番粗末な食事でも

5593 pi^{33}dza^{33}ts‘ɿ̠^{21}dzi^{33}ndzɿ^{21}　畢摩也能喫[27]　　ビモは食べられる

5594 ʂa^{33}ȵo^{21}k‘a^{33}vu^{33}vu^{33}　農務最忙碌　　農作業がどれほど忙しくても

5595 pi^{33}ȵi^{33}lɯ^{33}a^{21}ŋɯ^{33}　畢摩不是牛　　ビモは牛ではないので

5596 ʂa^{33}lɯ^{33}ts‘ɿ^{33}ŋɯ^{33}vo^{33}　衹有牛操勞[28]

牛だけがしっかり働けばいいのである

5597 ni^{21}mu^{33}li^{33}li^{33}ndzɿ^{33}　黎姆利利掌印司

黎姆利利《リームーリーリー》（ニムリリ）は官印持ちの土司であった

5598 ȵi^{21}nɯ^{33}la^{33}ŋgɯ^{21}tʂ‘ɯ^{33}ŋgɯ^{21}ʐɯ^{21}　白天收取稲和茶

昼は稲と茶を徴収し

5599 si^{44}nɯ^{33}la^{55}ŋgɯ^{21}tʂ‘ɯ^{33}ŋgɯ^{21}tʂ‘o^{21}　夜以五穀爲糧食

夜は五穀を食事のために使った

5600 k‘ɯ^{55}tʂ‘o^{21}vi^{55}gu^{33}ma^{33}　晩餐九頭猪　　晩ご飯には豚九頭を

5601 ʂɯ^{21}tʂ‘o^{21}vi^{55}gu^{33}ma^{33}　早餐九頭猪　　朝ご飯にも豚九頭を（殺し）

5602 vi^{55}tɔ^{33}vi^{55}li^{33}ŋgo^{33}　抓取半肥猪　　中くらいの豚を捕らえて

5603 ma^{55}ɖo^{21}ts‘ɿ̠^{21}dʑi^{33}mu^{33}　作爲中午食　　昼ご飯にした

5604 ts‘ɿ̠^{21}dʑi^{33}vi^{55}gu^{33}ma^{33}　一頓九頭猪　　一食に豚九頭

5605 ȵi^{21}dʑi^{33}vi^{55}ts‘i^{33}hi^{55}　兩頓十八頭　　二食で（豚）十八頭

5606 sɔ^{33}dʑi^{33}ȵi^{21}tsi^{33}sɿ^{44}　三頓二十七　　三食で（豚）二十七（頭）

5607 ȵi^{55}p‘u^{33}mu^{33}vu^{55}zi^{55}　涅祖慕烏熱

曲涅部族の先祖は慕烏熱（ムヴジ）である

5608 mu^{33}vu^{55}zɿ̠^{55}o^{33}tsʻɿ̠^{21}　慕烏日歐一　　第一世代は慕烏日欧（ムヴズオ）

5609 zɿ̠^{55}o^{33}zɿ̠^{55}ha^{33}ȵi^{21}　日歐日哈二　　第二世代は日欧日哈（ズオズハ）

5610 zɿ̠^{55}ha^{33}ha^{33}o^{33}sɔ^{33}　日哈哈歐三　　第三世代は日哈哈欧（ズハハオ）

5611 ha^{33}o^{33}ha^{33}kʻɯ^{33}lɿ^{33}　哈歐哈克四　　第四世代は哈欧哈克（ハオハク）

5612 ha^{33}kʻɯ^{33}ḍi^{55}o^{33}ŋɯ^{33}　哈克領歐五　　第五世代は哈克領欧（ハクリオ）

5613 ḍi^{55}o^{33}a^{33}tsʻɿ^{33}fu^{55}　領歐阿次六　　第六世代は領欧阿次（リオアツ）

5614 a^{33}tsʻɿ^{33}a^{33}ndi^{21}ʂɿ^{21}　阿次阿迪七　　第七世代は阿次阿迪（アツアディ）

5615 a^{33}ndi^{21}a^{33}si^{33}hi^{55}　阿迪阿色八　　第八世代は阿迪阿色（アディアシ）

5616 a^{33}si^{33}di^{21}ŋgo^{55}a^{33}hi^{55}a^{33}tu̠^{33}lɿ^{33}pʻu^{21}　阿色・迪工・阿海・阿都・爾普[29]
阿色（アシ）・迪工（ディゴ）・阿海（アヒ）・阿都（アトゥ）・爾普（ルプ）

5617 dʑi^{33}mu^{44}zɯ^{33}sɔ^{33}go^{33}　吉母三子出
吉母（ジム）には三人の子が生まれた

5618 dʑi^{33}mu^{44}o^{33}a^{21}a^{21}lɿ^{33}zɯ^{33}ʂɿ^{21}go^{33}　吉母・歐阿・阿爾七子出　　吉母（ジム）・欧阿（オア）・阿爾（アル）には七人の子が生まれた

5619 ʂɔ^{33}nɔ^{33}læ^{33}vu^{55}ti^{21}　居於紹諾來烏[30]　　紹諾来烏（ショノレヴ）に住んだ

5620 tʂɿ̠^{21}ŋgu̠^{21}a^{21}lɿ^{33}pi^{33}　治病阿爾畢[31]
阿爾（アル）のビモは病気を治すことができる

5621 a^{21}lɿ^{33}ndzɿ^{33}a^{21}dʑo^{33}　阿爾無土司　　阿爾は土司ではなかった

5622 a^{21}lɿ^{33}nɔ^{33}a^{21}dʑo^{33}　阿爾無黑彝　　阿爾は黒イ族ではなかった

5623 ga^{55}nɯ^{33}ndzɿ^{33}fu^{44}pa^{33}　富則與土司爲婚
（自分の家が）豊かだったら土司と結婚する

5624 ʂa^{44}nɯ^{33}nɔ^{33}fu^{44}pa^{33}　窮則與黑彝爲婚
（自分の家が）貧しかったら黒イ族と結婚する

5625 di^{21}po^{33}vo^{33}mu^{33}nɯ^{33}　迪波皇帝呢[32]　　迪波（ディポ）皇帝は

5626 vɿ^{44}tʻu^{33}ʂɿ^{33}lɿ̠^{33}dzɿ^{33}　打製金籤筒　　金の籤筒を作って

5627 a^{21}lɿ^{33}la^{55}dzi^{33}ti^{55}　賜阿爾拉則[33]　　阿爾拉則（アルラジ）に与えた

5628 dʑi^{33}mu^{44}o^{33}a^{21}a^{21}dʐa^{33}go^{33}　吉母・歐阿・阿張出
吉母（ジム）・欧阿（オア）・阿張（アジャ）が生まれた

5629 a^{21}dʐa^{33}zɿ^{33}gu^{33}zɿ^{33}tɕʻu^{33}ni^{21}ti^{21}　阿張・以古・以曲・尼迪　　阿張（ア

ジャ）・以古（ジュグ）・以曲（ジュチュ）・尼迪（ニティ）

5630 ʂa^{33}ni^{55}a^{33}dʐʅ̱^{33}mu^{33}kʻɯ^{33}zɯ^{33}sɔ^{33}go^{33}　閃尼・阿紙・母克三子出

閃尼（シャニ）・阿紙（アジュ）・母克（ムク）という三人の子が生まれた

5631 mu^{33}kʻɯ^{33}sɿ^{33}zɯ^{33}ȵi^{33}　母克神子呢　母克（ムク）子神は

5632 sɿ^{33}mu^{33}kʻɯ^{33}n̥i^{33}dzɿ^{33}　騎赤嘴神馬　赤い口の神馬に乗って

5633 mu^{33}ndʐʅ^{33}vu̱^{55}ɣo^{33}vo^{33}　飛行於天空　空を飛んで行った

5634 mu^{55}mu^{33}kʻɯ^{21}ʐʅ^{33}po^{21}　《教育經典》源於此[34]

「教育経」の源はここにある

5635 mu^{33}kʻɯ^{33}ʂu̱^{55}ha^{33}go^{33}　母克書哈出　母克書哈（ムクシュハ）が生まれ

5636 li^{21}mu^{33}mo^{33}gu^{33}ti^{21}　居於利母美姑[35]　利母美姑（リムモグ）に住んだ

5637 mu^{33}kʻɯ^{33}tʻɯ^{33}kʻo^{33}go^{33}　母克特口出　母克特口（ムクトゥコ）が生まれ

5638 tʻɯ^{21}kʻo^{33}ʐʅ^{44}lo^{33}ti^{21}　居於特口以洛　特口以洛（トゥコジュロ）に住んだ

5639 mu^{33}kʻɯ^{33}ga^{44}dɔ^{33}go^{33}　母克趕倒出　母克趕倒（ムクガド）が生まれ

5640 tɕo^{55}tʻu̱^{33}mu^{33}gu̱^{33}ti^{21}　居於昭通地區　昭通（チョトゥ）地区に住んだ

5641 mu^{33}kʻɯ^{33}ʂɿ^{33}ni^{44}go^{33}　母克史黎出　母克史黎（ムクシュニ）が生まれ

5642 ʂa^{33}ma^{55}mo^{33}gu^{33}ti^{21}　居於沙馬美姑　沙馬美姑（シャマモグ）に住んだ

5643 dʑi^{33}mu^{44}lɿ̱^{33}ʑi^{21}a^{33}ti^{55}go^{33}　吉母・爾一・阿氏出

吉母（ジム）・爾一（ルジ）・阿氏（アティ）が生まれ

5644 ʐʅ^{21}ɣa^{33}lɿ^{33}mu^{33}ti^{21}　居於日阿爾母　日阿爾母（ジュワルム）に住んだ

5645 a^{33}ti^{55}ni^{21}ʐʅ̱^{33}mu^{33}　阿氏取淨水[36]　阿氏（アティ）で清い水を汲んだ

5646 a^{33}ti^{55}si^{33}tsi^{33}ʐʅ^{33}ndzi^{33}ʐʅ^{44}vu^{33}go^{33}　阿氏・色爭・以則・以烏出　阿氏（アティ）・色爭（シチ）・以則（ジュジ）・以烏（ジュヴ）が生まれ

5647 hɔ^{33}gu̱^{33}tɕɔ^{33}dʑo^{21}ti^{21}　居於好古昭覺

好古昭覚（ホグチョジョ）に住んだ

5648 a^{21}ʂɿ^{33}zɯ^{33}fu^{55}lo^{44}　是爲阿史六子　阿史（アシュ）の六人の子であった

5649 dʑi^{33}mu^{44}bo^{21}ho^{21}hɔ^{33}dʐʅ̱^{33}go^{33}　吉母・波紅・好支出

吉母（ジム）・波紅（ボホ）・好支（ホジュ）が生まれ

5650 hɔ^{33}dʐʅ̱^{33}lɿ^{33}ŋɯ^{33}go^{33}　好支爾恩出　好支爾恩（ホジュルグ）が生まれ

5651 pu^{44}tʻɯ^{33}tʻɯ^{33}mu^{33}ti^{21}　居於布拖特母

布拖特母（プトゥトゥム）に住んだ

5652 bo^{21}ho^{21}ba^{21}ha^{21}næ^{33}gɯ^{33}zɯ^{33}ʂɿ̠^{21}go^{33}　波紅・巴哈・尼格七子出

波紅（ボホ）•巴哈（バハ）•尼格（ネグ）には七人の子が生まれた

5653 næ^{33}gɯ^{33}sa^{55}tʂɿ^{33}sa^{55}ȵa^{33}go^{33}　尼格・三紙・三研出

尼格（ネグ）・三紙（サチュ）・三研（サニャ）が生まれた

5654 ni^{21}ʑi^{21}ma^{55}hæ^{33}lo^{44}　乃爲馬海掌印司

馬海（マヘ）の官印持ちの土司になった

5655 næ^{33}gɯ^{33}p'u^{21}si^{33}ndzɿ^{33}si^{33}ndzɿ^{33}tʂ'o^{21}　尼格・普色・兹色・兹讐

尼格（ネグ）・普色（プシ）・兹色（ズシ）・兹讐（ズチョ）

5656 lɿ^{33}ʂɿ^{33}pi^{33}dzɿ^{33}ʂu^{21}pu^{33}zɯ^{33}sɔ^{33}go^{33}　爾石・比子・屬補三子出　爾石（ルシュ）•比子（ピズ）•属補（シュプ）には三人の子が生まれた

5657 ʂu̠^{21}pu^{33}o^{21}k'o^{33}go^{33}　屬補俄口出

属補俄口（シュプオコ）が生まれ

5658 tʂɿ̠^{21}hi^{33}mo^{55}si^{33}lo^{44}　乃爲治海莫色家　治海莫色(チュヒモシ)家となり

5659 ni^{21}mu^{33}tʂɿ^{21}hi^{33}ti^{21}　居於利母竹核　利母竹核（ニムチュヒ）に住んだ

5660 ʂu̠^{21}pu^{33}ȵi^{33}ʑi^{21}go^{33}　屬補尼一出

属補尼一（シュプニジ）が生まれ

5661 ni^{21}mu^{33}li^{33}li^{33}lo^{44}　乃爲利母利利家　利母利利（ニムリリ）家となり

5662 ȵi^{33}zɿ^{33}lɿ̠^{33}dʑo^{21}ti^{21}　居於尼以爾覺　尼以爾覚(ニジュルジョ)に住んだ

5663 ʂu̠^{21}pu^{33}o^{33}ti^{33}go^{33}　屬補歐氐出

属補欧氐（シュプオティ）が生まれ

5664 pi^{33}lɿ^{33}ni^{22}zɯ^{33}lo^{44}　乃爲比爾掌印司

比爾（ピル）の官印持ちの土司になり

5665 a^{44}tʂ'ɿ^{33}pi^{33}lɿ^{44}ti^{21}　居於阿恥比爾　阿恥比爾（アチュピル）に住んだ

5666 næ^{33}gɯ^{33}la^{55}p'ɿ^{33}zɯ^{33}sɔ^{33}go^{33}　尼格・拉匹三子出

尼格（ネグ）・拉匹（ラピ）には三人の子が生まれた

5667 la^{55}p'ɿ^{33}di^{21}ɣo^{33}zɯ^{33}ȵi^{21}go^{33}　拉匹・迪俄二子出

拉匹（ラピ）・迪俄（ディウォ）には二人の子が生まれ

5668 ba^{33}tɕ'i^{55}a^{44}ʑi^{33}zɯ^{33}lɿ^{33}lo^{44}　乃爲巴且家子孫

それは巴且（バチ）家の子孫となった

5669 la^{55}p'ɿ^{33}a^{44}hæ^{33}go^{33}　拉匹阿海出　拉匹阿海（ラピアへ）が生まれ

5670 sɿ^{33}o^{33}kɯ^{55}dʑi^{33}lo^{44}　乃爲斯歐格吉家　斯欧格吉（スオクジ）家となり

5671 mɔ^{33}go^{55}læ^{33}vu^{55}ti^{21}　居於卯工乃烏　　卯工乃烏《マオゴンロンウー》（モゴレヴ）に住んだ

5672 la^{55}p'ɪ^{33}ʂɔ^{33}tɕ'u^{33}go^{33}　拉匹紹曲出
拉匹紹曲《ラーピーシャオチウ》（ラピショチュ）が生まれ

5673 ʂɔ^{33}nɔ^{33}læ^{33}vu̱^{55}ti^{21}　居於紹諸乃烏　　紹諸乃烏《シャオヌオロンウー》（ショノレヴ）に住んだ

5674 næ^{33}gɯ^{33}ŋga^{33}bu^{21}go^{33}　尼格・更布出
尼格《ニーグォ》（ネグ）・更布《ガンブー》（ガブ）が生まれた

5675 ŋga^{33}bu^{21}ʂɔ^{33}ko^{21}go^{33}　更布・紹共出
更布《ガンブー》（ガブ）・紹共《シャオゴン》（ショコ）が生まれた

5676 nɔ^{33}ʐɪ^{33}no^{55}p'o^{21}ti^{21}　居於江對面㊲　　川の向こう側に住んだ

5677 næ^{33}gɯ^{33}tʂ'o^{21}mo^{21}go^{33}　尼格・讐莫出
尼格《ニーグォ》（ネグ）・讐莫《チョウモー》（チョモ）が生まれ

5678 go^{21}lo^{33}la^{33}da^{33}ti^{21}　居於共洛拉打　　共洛拉打《ゴンルオラーダー》（ゴロラダ）に住んだ

5679 næ^{33}gɯ^{33}nɔ^{33}kɯ^{21}go^{33}　尼格・諾更出　　尼格《ニーグォ》（ネグ）・諾更《ヌオガン》（ノク）が生まれ

5680 sɪ̱^{21}ka^{33}ʐɪ^{33}vu̱^{55}ti^{22}　居於四趕以烏　　四趕以烏《スーガンイーウー》（スカジュヴ）に住んだ

古事記への視点

■口頭性が強いのに系譜は詳細を極める

以上のように、系譜の伝承は詳細を極める。イ族はイ文字を持ったとはいえ、ビモがこれを唱えるときは暗誦が原則だから、文字の系譜と比較すれば至る所に混乱があって正確さという点では劣るが、それでもなお系譜を伝えようとする情熱は極めて強い。従来は、「神話」と言えば物語形式の部分を思い浮かべるのが普通だったが、ムラ段階の生きている神話では、系譜もまた重要な部分であったことがわかる。文字文化社会で系譜が文字記録の積み重ねで詳細になるのは理解できるにしても、無文字を原則とする口頭神話の系譜がここまで詳細になる理由を説明するには、また新たな視点が必要となるかもしれない。

ただしこの系譜では、漢族の中央政府に任命された「土司」についての記述が多いことからわかるように、〈国家〉段階の系譜意識の混入が見られる。したがって、ムラ段階の系譜を引きずりつつも〈国家〉段階の系譜である『古事記』の系譜の構造の解明には、ムラ段階の系譜と〈国家〉段階の系譜の違い、無文字の口誦の系譜と文字の系譜との違いなども検討しなければならないだろう。

注

① 歴史譜系、彝族稱爲“布此”。從嚴格的意義上講、“布此”並不屬於“勒俄”的範疇。但也經常並稱爲“布此勒俄”、從這種意義上講、所有関於歴史的譜系又都可以包含於“勒俄”之中。大部分的《勒俄特依》中都収有不少的歴史譜牒、但主要是古候、曲涅二部最初起源時的譜系、至於後來枝椏式地分衍出來的無盡的譜系、“勒俄”中一般不多講、所以我們這裡也衹収録涅、候二部主幹式的譜系。

「歴史の系譜」はイ語では「布此（ブツ）」と言う。厳密な意味で言えば、「布此（ブツ）」は「勒俄（ネウォ）」の範疇に入っていない。しかし、一般には「布此勒俄（ブツネウォ）」とも言い習わされているので、その意味で言えば、歴史的な系譜に関係するものもまた「勒俄（ネウォ）」に含まれることになる。ほとんどの「勒俄特依（ネウォテイ）」には多くの歴史の系譜が載っているが、しかしそのなかの主要なものは古候（グホ）、曲涅（チョニ）部族の起源についての系譜であり、のちにそこから出た支系は数えきれないので、「布此（ブツ）」では一般にあまり触れられていない。したがってここでは、曲涅、古候部族の主な系譜だけを収録する。

② 指從濮夥繁衍出母諾這麼一箇人、爲譜系中的連名、但這裡並不一定就是父子連名、因爲譜系中往往衹記録了一些比較主要的人物而小人物可能被忽略、所以不能據此而推算年代、再説這裡的譜系記録也並不一定正確。

濮夥（プホ）から母諾（ムノ）が生まれているので系譜の中の連名ということになるが、ここでは必ずしも父子連名というわけではない。それというのも、系譜にはいつも比較的重要な人物だけが記録され、普通の人は忘れられているからである。したがって、このような系譜によって年代を計算することはできないので、繰り返すが、この系譜記録は必ずしも正確なものとは言えないのである。

③ 古候之祖爲慕雅臥、雲、貴、川三省的彝文古籍記載相同、故可作信史看詩、但再下面的譜系也不一定準確。

古候（グホ）部族の先祖は慕雅臥（ムアヴ）であり、これは雲南省、貴州省、四川省のイ族古文献でも同じであるからこの伝承は信じられると思うが、しかしそれ以後の系譜は必ずしも正確なものだとは言えない。

④ 這裡的“畢”卽“畢摩”、君、臣、畢爲彝族歴史上的社會階層。候阿突、候阿格這兩箇人名與普夥阿突和普夥阿格的名字相同、不同的文本對牠們的記載不同、可能這裡的説法更爲準確。

ここの「畢」は「畢摩（ビモ）」のことであり、王、臣下、ビモはイ族社会の歴史的な階層である。候阿突（ホアトゥ）、候阿格（ホアグ）は普夥阿突（プホアトゥ）と普夥阿格（プホアグ）のことであるが、彼らについての記載は文献によって違っている。しかし、ここに述べたものがより正しいと思われる。

⑤ 從“候阿突之世”到此句的意義比較模糊、這裡的翻譯不一定準確。大概可能是指古候部原來勢力很強、但後來因各種原因遷徙到了江邊、再渡江到涼山的一些情形。

「候阿突（ホアトゥ）の世代」からこの句までの意味がはっきりわからないので、ここまでの翻訳は必ずしも正確とは言えない【中国語への翻訳はできなかった】。おそらく、古候部族の勢力はもともと強かったのだが、のちにいろいろの原因で移動して川岸にたどり着き、その川を渡って涼山に来た状況を語っているのだろう。

⑥ 洛洛夥克、地名、待考。

洛洛夥克は地名だが、さらに調査が必要。

⑦ 以上四句指由於某種悲傷的原因或其牠的原因、女人們受到心靈傷害、不務正事、瘋狂地度日。

以上の四つの句は、なにかの悲しみあるいはそのほかの原因で女たちの心が傷つき、まともに働かないで物狂おしく暮らしているということを意味している。

⑧ 斯俄梯維、地名、這裡因上句的彝語音與這箇地名諧音、故直接說到了此地。以下皆爲地名音譯。

斯俄梯維は地名。上の句【5349 爬樹玩樹枝　木に登って木の枝で遊んだ】のイ語発音の一部分【スオ】と【斯俄梯維という地名の「斯俄」の】発音が似ているので、直接ここに着いたということにしたのである。以下の地名もすべて音訳。

⑨ 以上古候部的遷徙路綫、許多地名與前面“尋找居住地”段中的地名相同、可能有些混淆。我們在前面的註釋中已經指出、関於遷徙、各種不同的底本所載不完全相同。且到底衹有一次遷徙還是有兩次也很難斷定。這裡録下的遷徙爲古候部的路綫、曲涅部的遷徙路綫見下文。

以上の古候部族の移動ルートの多くの地名と、前の 17［住む場所を探す］段の中の地名とは同じだが、少し混乱もあるようだ。すでに前の注【17［住む場所を探す］注①】にも述べたように、移動ルートは文献によって違いがある。また移動が一回だけだったのか二回だったのかも断定できない。ここに載せたのは古候部族の移動ルートなので、曲涅部族の移動ルートについてはのちの［曲涅の系譜］（5491～5680）参照のこと。

⑩ 将麃與麞和下文的虎豹等打死後掛於樹上也是彝族的詛盟儀禮。

ノロジカとノロおよびのちの句の虎や豹を殺して樹上に掛けておくのは、イ族の盟約結び儀礼の一つである。

⑪ 這句指古候九子的分支。関於古候九子、各本所記也不完全相同、很爲混亂、這裡衹採録其中一種説法、但也不一定完全準確。

この句は古候部族の九人の子が支系に分かれたことを指す。古候部族の九人の子については文献によってかなり違っていて、かなり混乱している。ここではそれらのうちの一つだけを採録したが、これも完全に正しいとすることはできない。

⑫ “布爾分克”地名、具體在何處不詳。有的則認爲這部居於叫“烏洛洛母”的地方。下文説到轄域時提到的“瓦書利克”、“假紙以烏”等皆爲地名。

「布爾分克」は地名だが、具体的な場所は不明である。ある文献では、この部族は「烏洛洛母」に住んでいるとなっている。のちの句の「瓦書利克」「仮紙以烏」などもすべて地名である。

⑬　掌印司、彝語稱“黎維”、可能是原始部落社會中發展出來的權力人家、後受封賜印爲土司、與一般無印章的土司不同。

官印を持っている土司は、イ語で「黎維（ニヴォ）」と呼び、おそらく原始段階の村落社会から登場してきた権力者であり、のちに官印を下賜された土司であろう。官印なしの一般の土司とは違う。

⑭　有些文本認爲這一部應爲“嘎哈掌印司”。

ある文献では、「官印持ちの嘎哈（ガハ）土司」となっている。

⑮　這句話的彝語本義爲“此乃背面的古候”、而“背面”其實是指隔得很遠的地方。以上列舉了古候十一支、是收集了各家所説、而因有古候九子的説法、所以大多數文本衹收了九支。但也許古候原本就沒有九支、所謂九支衹是汎指。這裡收十一支是爲了在照顧到各家所載不同的情況下、盡量地提供出更多的東西。另據一些文本的記載、古候衹有七支：“一乃候熱火、二乃候阿突、三乃候日爾、四乃候拉恩、五乃候阿臥、六乃候阿格、七乃候迪俄”。

この句のイ語のもともとの意味は「これは背面のほうにいる古候である」だが、「背面」とは実は遠く隔てられた地方という意味である。以上に列挙した古候（グホ）部族十一支系は各文献の記載をまとめたものであるが、しかし古候（グホ）に九人の子がいるという伝承もあり、大多数の文献はただ九つの支系しか記載していない。ただしもしかすると、「古候（グホ）」のもともとの伝承も「九支系」だとしているのではなく、【九という数字で】ただ漠然とした数を指しているだけなのかもしれない。ここでは、なるべくたくさんの文献を参照しようとした結果、十一支系を転載することになった。別のある文献では、古候（グホ）には、次に示すような七支系しかないとしているものもある。

「第一世代は候熱火（ホジホ）、第二世代は候阿突（ホアトゥ）、第三世代は候日爾（ホズル）、第四世代は候拉恩（ホラグ）、第五世代は候阿臥（ホアヴ）、第六世代は候阿格（ホアグ）、第七世代は候迪俄（ホディウォ）」

⑯　附近的古候是相對於遠方的古候而言。再説関於迪俄九子的情況、也是各本所載不盡相同、比古候九子的情況更爲混亂、這裡僅録下其中的一種説法、不一定準確。

（5460～5465は）「近くの古候」が「遠隔地の古候」に向かって言った言葉である。繰り返すが、迪俄（ディウォ）の九人の子のことも各文献によって違いがあり、それは古候の九人の子のことよりもさらに混乱している。ここにはそのうちの一つだけを記録したが、必ずしも正しいとは言えない。

⑰　“阿黎”和下文“特覺”等皆爲部族名。

「阿黎（アニ）」と下の句の「特覚（トゥジョ）」などはすべて部族の名。

⑱　這裡又重新單獨地描述了曲涅部渡金沙江進入涼山的情形。

ここではまた新たに、曲涅（チョニ）部族が金沙江を渡って涼山に入ったときの状況を描写している。

⑲　這裡又録曲涅部的一些遷徙過程。

ここにもまた、曲涅（チョニ）部族の移動ルートの一つが記載されている。

⑳　指分出了黑彝和白彝、卽等級分明了。

黒イ族と白イ族が分けられて、等級がはっきり区別されたという意味。

㉑　日阿洛莫、地名、據説在今昭覺日哈鄉境内。

日阿洛莫（ジュアロモ）は地名で、今の昭覚県日哈郷内にあるという。

㉒　這裡的土司爲無印的土司、以下同。則英拿布和前面的母烏斯孜、後面的馬史倒黎爲部族名、以下同。

ここの土司は官印を持っていない土司であり、以下も同じ。則英拿布（ジイラブ）と前の句の母烏斯孜（ムヴスズ）およびあとの句の馬史倒黎（マシュドニ）は部族名であり、以下も同じ。

㉓　利母特拱、地名。下句斯補宜地也是地名、又是部族名、在今甘洛縣一帶。下文中的勒紙洛母也是地名。

利母特拱（リムトゥコ）は地名である。次の句の斯補宜地（スブリディ）も地名であり、また部族名でもあり、今の甘洛県あたりにある。あとの句（5574 句）の勒紙洛母（ルチュロム）も地名である。

㉔　梯母、這裡爲音譯、可能指皇帝的賜予物。

梯母（ティム）は（イ語発音の）音訳であり、おそらくは皇帝から賜った物を指しているのだろう。

㉕　有些地方則認爲吉母有七子、但我們以爲吉母三子的説法更爲準確。

いくつかの地域の文献では吉母（ジム）には七人の子がいたとしているが、我々は吉母の子は三人とする伝承のほうがより正しいと考えている。

㉖　黎姆利利就是涼山歷史上著名的利利宜慰司家。

黎姆利利（ニムリリ）は、涼山の歴史上有名な利利宜慰（リリリヴ）土司家である。

㉗　以上四句是指畢摩爲民衆造福、不分貧窮和富裕都一律平等看待。

以上の四つの句は、ビモが人々の幸せのためには、貧しいか豊かかを問わず平等に遇するということを意味している。

㉘　以上三句之義是卽使在最忙碌的時候也不應該勞駕畢摩、讓他専於其業。

以上の三つの句の意味は、どれほど忙しい時期でもビモには働かせず、自分の【呪的儀礼の】仕事に専心させるべきだということ。

㉙　這裡爲人名連寫。

これは人名の続け書きである。

㉚　紹諾來烏、今涼山美姑龍頭山脈下。

紹諾来烏（ショノレヴ）は、今の涼山州美姑県龍頭山脈の麓にある。

㉛　指畢摩治病。

ビモは病気を治すものだということを意味する。

㉜　迪波爲皇帝的名字或年號、具體指哪朝哪箇皇帝不詳。

迪波（ディポ）は皇帝の名前か年号であるが、具体的にどの時代のどの皇帝かはわからない。

㉝　阿爾拉則卽涼山歷史上著名的畢摩阿蘇拉則。

阿爾拉則（アルラジ）は、涼山の歴史のなかでも有名なビモ阿蘇拉則（アスラジ）のことである。

㉞　指《教育經典》出於母克神子家。

「教育経」は、母克（ムク）子神の家でできたということを指す。

㉟　利母美姑卽今美姑縣大橋一帶。

利母美姑（リムモグ）は、今の美姑県大橋あたりを指す。

㊱　指作黎姆儀式時取淨水的地方。阿氐、地名。

（祖先祭祀の）黎姆（ニム）儀礼の際に、清い水を汲む場所である。阿氐（アティ）は地名。

㊲　指金沙江對面。

金沙江の向こう側を指す。

［歴史の系譜］

古候（グホ）の系譜

普夥母諾（プホムノ）が生まれ、母諾很孜（ムノフズ）が生まれ、很孜很徳（フズフドゥ）が生まれ、很徳很洛（フドゥフロ）が生まれ、很洛克布（フロクブ）が生まれ、克布克馬（クブクマ）が生まれ、克馬母烏（クマムヴ）が生まれた。

古候（グホ）部族の先祖は慕雅臥（ムアヴ）であり、慕雅臥（ムアヴ）が第一世代、臥洛洛（ヴロロ）が第二世代、洛洛波（ロロボ）が第三世代、波阿恩（ボアグ）が第四世代、恩阿紅（グアホ）が第五世代、候阿突（ホアトゥ）が第六世代で王になり、候阿格（ホアグ）が臣下に、候阿烏（ホアヴ）はビモになった。候阿突（ホアトゥ）の世には、（9句意味不明）いろいろあって、大きな川にたどり着き、古候（グホ）部族はみな川を渡ったが、候阿突（ホアトゥ）は渡らなかった。洛洛夥克（ロロホク）に着いたが、娘たちは働こうとせず、山の斜面でアハハと大笑いしているだけで、祖先祭祀の黎姆（ニム）儀礼もしようとしなかった。木に登って木の枝で遊んだ。斯俄梯維（スオティヴォ）に着いて、斯俄梯維（スオティヴォ）を出発し、斯達阿維（スダアヴォ）、拉巴三東（ラバサト）、俄日書利（ヴォヴシュリ）、格都夥克（グドゥホク）、有特精来（ゾトゥジレ）、母尼火威（ムニホヴィ）、母尼古爾（ムニクル）、研尼鋪熟（ニェネブシュ）を経て、英莫則維（イモジヴォ）に着いた。英莫則維（イモジヴォ）では、（2句意味不明）王が命令しても民（たみ）は従わなかったので、鶏と犬を一匹ずつと、牛と馬を一頭ずつ捕らえて道に掛けておき、王の権威を高めようとした。ノロとノロジカ、虎と豹、ニシキドリと竹鶏（たけどり）も杉林の中に掛けておき、雁もほかの鳥から区別し、主人と奴僕も分けたので、民は王の命令を聞くようになった。このとき自分の命にかけて誓いを立て、主人と奴僕は区別され、強者と弱者が区別された。

洛洛夥克（ロロホク）は、古候（グホ）部族の九人の子が分かれた場所である。古候恩啊（グホグア）が生まれ、布爾分克（ブルフィク）に住み、官印持ちの彩接（ツェジェ）土司となり、管轄する領地は瓦書利克（ヴァシュリク）から仮紙以烏（チャチュジュヴ）まで、左の山の頂上から右の山の麓までだった。古候爾惹（グホルズ）が生まれ、官印持ちの古吉（グジェ）土司となり、甘仮甘母（カジェカム）に住み、管轄する領地は阿迪（アディ）山の頂上から馬威山の峰までだった。古候孜孜が生まれ、官印持ちの波普土司となり、尼以甘吉に住み、管轄する領地は巴留乃烏から巴梯山の頂上までだった。古候瓦尼が生まれ、莫欧吉塔に住み、官印持ちの阿著土司となり、管轄する領地は夥氏母古から史爾山の峰までだった。古候瓦張が生まれ、馬夥吉牠に住み、官印持ちの哈拉土司となり、管轄する領地は哈氏盆地から甘洛雷波までだった。古候氐氐が生まれ、官印持ちの拿甲土司となり、仮研普烏に住み、管轄する領地は留洛山から氐蒼山までだった。古候氐惹が生まれ、迪波甘帕に住み、官印持ちの古祖土司となり、管轄する領地は氐紅乃烏から莫尼有火までだった。古候威著が生まれ、塔塔洛莫に住み、官印持ちの色曲土司となり、管轄する領地は爾度了洛から海才山までだった。古候馬布が生まれ、夥散山の麓に住み、官印持ちの芒布土司となり、管轄する領地は赫尼山から散迪山までだった。古候格日が生まれ、官印持ちの阿迪土司となり、阿迪波普に住み、管轄する領地は日夥山から莫尼有夥までだった。古候注爾が生まれ、官印持ちの迪俄土司となり、阿利尼紙に住み、管轄する領地は馬馬峰から馬著爾哈までだった。これは遠隔地の古候部族の歴史であった。

第一世代は古候注爾、第二世代は注爾注研、第三世代は注研迪利、迪利迪俄。迪利迪俄には九人の子が生まれた。これは近くの古候部族の歴史であるが、迪俄母母が生まれ、官印持ちの阿黎土司となった。迪俄母甘が生まれ、官印持ちの特覚土司になった。迪俄母自が生まれ、官印持ちの洛欧土司になった。迪俄兵惹が生まれ、官印持ちの特自当自土司になった。迪俄英阿が生まれ、官印持ちの布迪土司になった。迪俄必啊が生まれ、官印持ちの布烏土司になった。迪俄欧啊が生まれ、官印持ちの布爾土司になった。迪俄阿一が生まれ、青撒の黒イ族になった。迪俄曲利が生まれ、曲利曲阿が生まれ、曲阿頗勒が生まれ、曲阿頗勒には五人の子が生まれた。官印持ちの頗勒阿孜阿利土司と、官印持ちの頗勒布谷以火土司と、官印持ちの頗勒欧母自曲土司と、官印持ちの頗勒阿俄海来土司と、官印持ちの頗勒海拿阿都土司だ。

曲涅の系譜

第一世代は普夥海次、第二世代は海次此烏、第三世代は此烏海憲、第四世代は海憲利莫、第五世代は利莫烏阿、第六世代は烏阿阿爾、第七世代は阿爾阿拉、第八世代は阿拉阿恩、第九世代は阿恩阿曲、第十世代は阿曲阿史、第十一世代は阿史阿格であり、阿史阿格から阿格曲涅が生まれた。

曲涅（チョニ）部族の先祖は慕烏熱（ムヴジ）であり、曲涅（チョニ）部族には九人の子が生まれた。まず渡し場から渡り、最初の日には羊と頬の赤い去勢牛が何百頭も一緒に渡り、次の日には口の赤い神馬が渡り、金と銀も渡り、無数のうつわ類がそのあとに随いて渡り、最後にいつも食べていた大根が渡った。若者たちも、娘たちも、人も家畜も数えきれないほど渡った。家畜を連れて少しずつ移動して日（ズ）阿布都（アブドゥ）に着いた。日阿布都（ズアブドゥ）を出発し、布都留迪（ブドゥニョディ）、以博烏匹（ジュボヴピ）、阿爾迪拱（アルディコ）、古阿爾母（クアルム）、斯克喈尼（スクツァニ）を経て、治恩日格（チュグズク）に着いた。治恩日格（チュグズク）にはビモも四人来ていたので、牛と羊、鶏と犬を一対ずつ道に掛け、ビモに呪文を唱えてもらった。黒イ族も白イ族も二家族になった。

曲涅（チョニ）部族の九人の子のうちの六人の子は東に移動して、絶えてしまった。三人の子は西に移動し、栄えた。日阿洛莫（ジュアロモ）は曲涅（チョニ）部族の三人の子が分かれた場所である。長男は官印持ちの母烏斯孜（ムヴスズ）土司になり、その三人の子の則英拿（ジイラ）布（ブ）は土司になり、維格夥散（ヴォクホサ）は臣下になり、馬史倒黎（マシュドニ）はビモになって利母特拱（リムトゥコ）に住んだ。斯補宜地（スブリディ）では母烏斯孜（ムヴスズ）が官印持ちの総領土司となり、昼に徴収した金と銀を夜は食事のために使った。晩ご飯に牛九頭を、朝ご飯にも牛九頭を殺し、昼ご飯には子牛を殺した。一食に牛九頭、二食で十八頭、三食で二十七頭だ。金の笠も母烏斯孜（ムヴスズ）がもらった。

次男は官印持ちの勒紙安撫（ルチュグフ）土司になり、その三人の子の四更維研（スクヴォニャ）も土司になり、阿仮書祖（ワジャシュズ）は臣下になり、偉母尼日（ヴィムニジュ）はビモになって勒紙洛母（ルチュロム）に住んだ。勒紙安撫（ルチュグフ）土司は、昼に徴収した牛と羊を夜は食事のために使った。晩ご飯に綿羊九頭を、朝ご飯にも綿羊九頭を殺し、昼ご飯には子綿羊を殺した。一食に綿羊九頭、二食で十八頭、三食で二十七頭だ。

末っ子の吉母（ジム）は、三人の子の黎姆利利（ニムリリ）が土司になり、爾欧黎吏（ルオニグ）は臣下になり、阿爾（アル）はビモになった。阿爾（アル）ビモは、粗末な家でもさげすんだりせず、粗末な食事でも食べられる。しかし、農作業がどれほど忙しくても、ビモは働かない。黎姆利利（ニムリリ）は官印持ちの土司だったので、昼に徴収した稲と茶と五穀を夜は食事のために使った。晩ご飯に豚九頭を、朝ご飯にも豚九頭を殺し、昼ご飯には中くらいの豚を殺した。一食に豚九頭、二食で十八頭、三食で二十七頭だ。

曲涅（チョニ）部族の先祖は慕烏熱（ムヴジ）である。第一世代は慕烏日欧（ムヴズオ）、第二世代は日欧日（ズオズ）哈（ハ）、第三世代は日哈哈欧（ズハハオ）、第四世代は哈欧哈克（ハオハク）、第五世代は哈克領欧（ハクリオ）、第六世代は領欧阿次(リオアツ)、第七世代は阿次阿迪(アツアディ)、第八世代は阿迪阿色(アディアシ)で、阿色(アシ)・迪工(ディゴ)・阿海(アヒ)・阿都(アトゥ)・爾普(ルプ)と続いた。

末っ子の吉母(ジム)には三人の子が生まれ、吉母(ジム)・欧阿(オア)・阿爾(アル)には七人の子が生まれ、紹諾来烏(ショノレヴ)に住んだ。阿爾(アル)ビモは病気を治せるが、土司にはならず、黒イ族でもなかった。自分の家が豊かだったら土司と結婚すればいいし、貧しかったら黒イ族と結婚すればいい。迪波(ディボ)皇帝は、金の籤(ひご)筒を作って阿爾拉則(アルラジ)(阿爾(アル)ビモ)に与えた。

吉母(ジム)・欧阿(オア)・阿張(アジャ)・以古(ジュグ)・以曲(ジュチュ)・尼迪(ニティ)と続き、さらに閃尼(シャニ)・阿紙(アジュ)・母克(ムク)という三人の子が生まれた。母克(ムク)子神は、赤い口の神馬に乗って空を飛んで行き、「教育経」を残した。母克(ムク)子神から母克書哈(ムクシュハ)が生まれて利母美姑(リムモグ)に住んだ。母克特口(ムクトゥコ)が生まれて特口以洛(トゥコジュロ)に住んだ。母克趕倒(ムクガド)が生まれて、昭通(チョトゥ)地区に住んだ。母克史黎(ムクシュニ)が生まれて沙馬美姑(シャマモグ)に住んだ。阿史(アシュ)の六人の子として、吉母(ジム)・爾一(ルジ)・阿氏(アティ)が生まれて、日阿爾母(ジュワルム)に住み、阿氏(アティ)で清い水を汲むと、阿氏(アティ)・色争(シチ)・以則(ジュジ)・以烏(ジュヴ)が生まれて、好古昭覚(ホグチョジョ)に住んだ。これら六人は、阿史(アシュ)の六人の子でもあった。

吉母(ジム)・波紅(ボホ)・好支(ホジュ)が生まれ、好支爾恩(ホジュルグ)が生まれ、布拖特母(ブトゥトゥム)に住んだ。波紅(ボホ)・巴哈(バハ)・尼格(ネグ)には七人の子が生まれた。尼格(ネグ)・三紙(サチュ)・三研(サニャ)が生まれ、馬海(マヘ)の官印持ちの土司になった。尼格(ネグ)・普色(ブシ)・茲色(ズシ)・茲讐(ズチョ)が生まれ、爾石(ルシュ)・比子(ビズ)・属補(シュブ)に三人の子が生まれた。属補俄口(シュブオコ)が生まれ、治海莫色(チュヒモシ)家となって利母竹核(ニムチュヒ)に住み、属補尼一(シュブニジ)が生まれ、利母利利(ニムリリ)家となって尼以爾覚(ニジュルジョ)に住み、属補欧氏(シュブオティ)が生まれ、比爾(ビル)の官印持ちの土司になり、阿恥比爾(アチュビル)に住んだ。尼格(ネグ)・拉匹(ラビ)には三人の子が生まれ、拉匹(ラビ)・迪俄(ディウォ)には二人の子が生まれ、巴且(バチ)家の子孫となった。拉匹阿海(ラビアヘ)が生まれ、斯欧格吉(スオクジ)家となって卯工乃烏(モゴレヴ)に住んだ。拉匹紹曲(ラビショチュ)が生まれ、紹諾乃烏(ショノレヴ)に住み、尼格(ネグ)・更布(ガブ)・紹共(ショコ)が生まれた。川の向こう側に住み、尼格(ネグ)・讐莫(チョモ)が生まれ、共洛拉打(ゴロラダ)に住んだ。尼格(ネグ)・諾更(ノク)が生まれ、四趕以烏(スカジュヴ)に住んだ。

［補］

「勒　俄　特　依」

イ文字表記：摩瑟磁火（モソツホ）

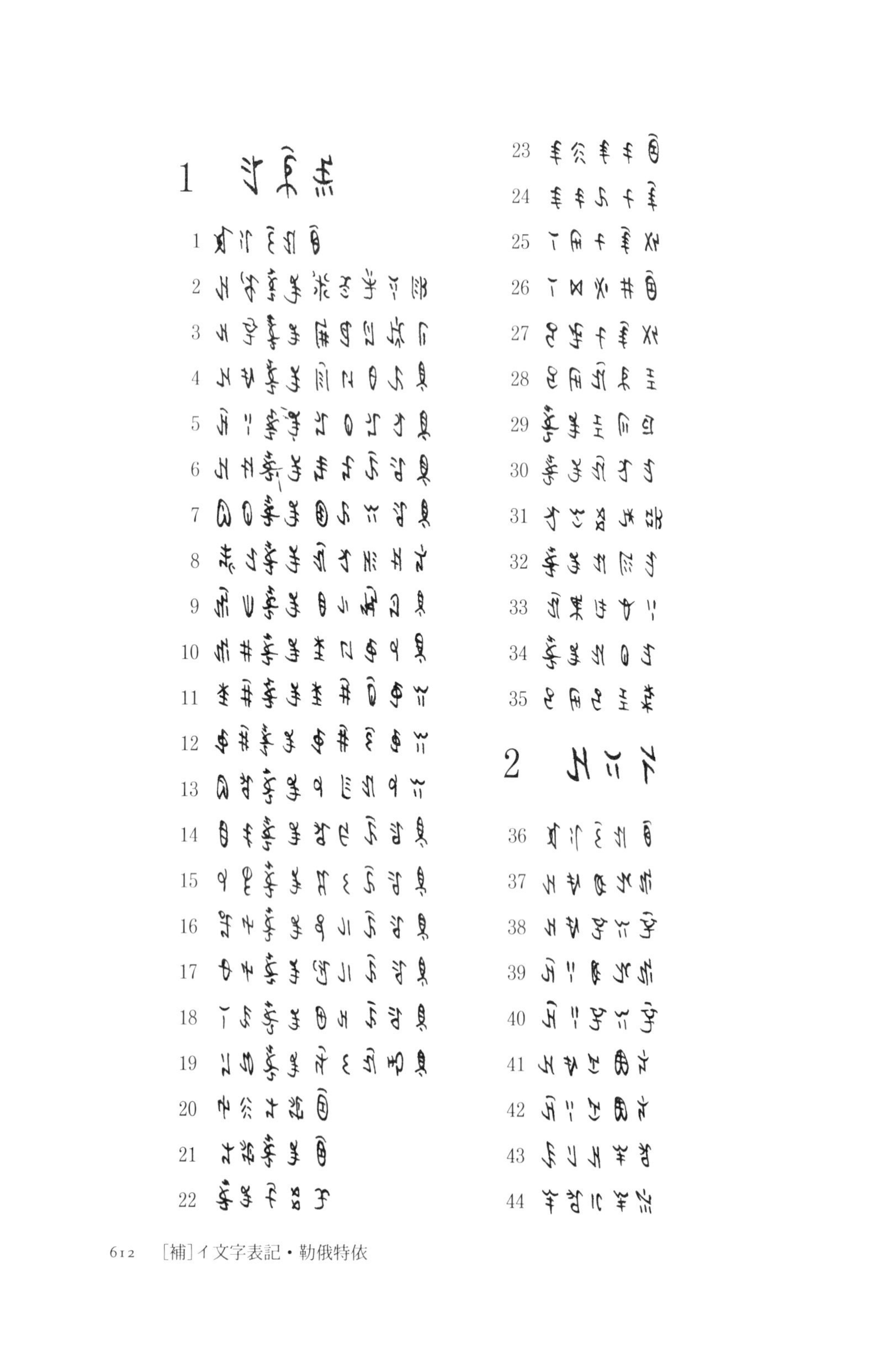

1

1

2

3

4

5

6

7

8

9

10

11

12

13

14

15

16

17

18

19

20

21

22

23

24

25

26

27

28

29

30

31

32

33

34

35

2

36

37

38

39

40

41

42

43

44

45

46

47

48

49

50

51

52

53

54

55

56

57

58

59

60

61

62

63

64

65

66

67

68

69

70

71

72

73

74

75

76

77

78

3

79

80

81

82

83

84

85

86

87

88

89

90

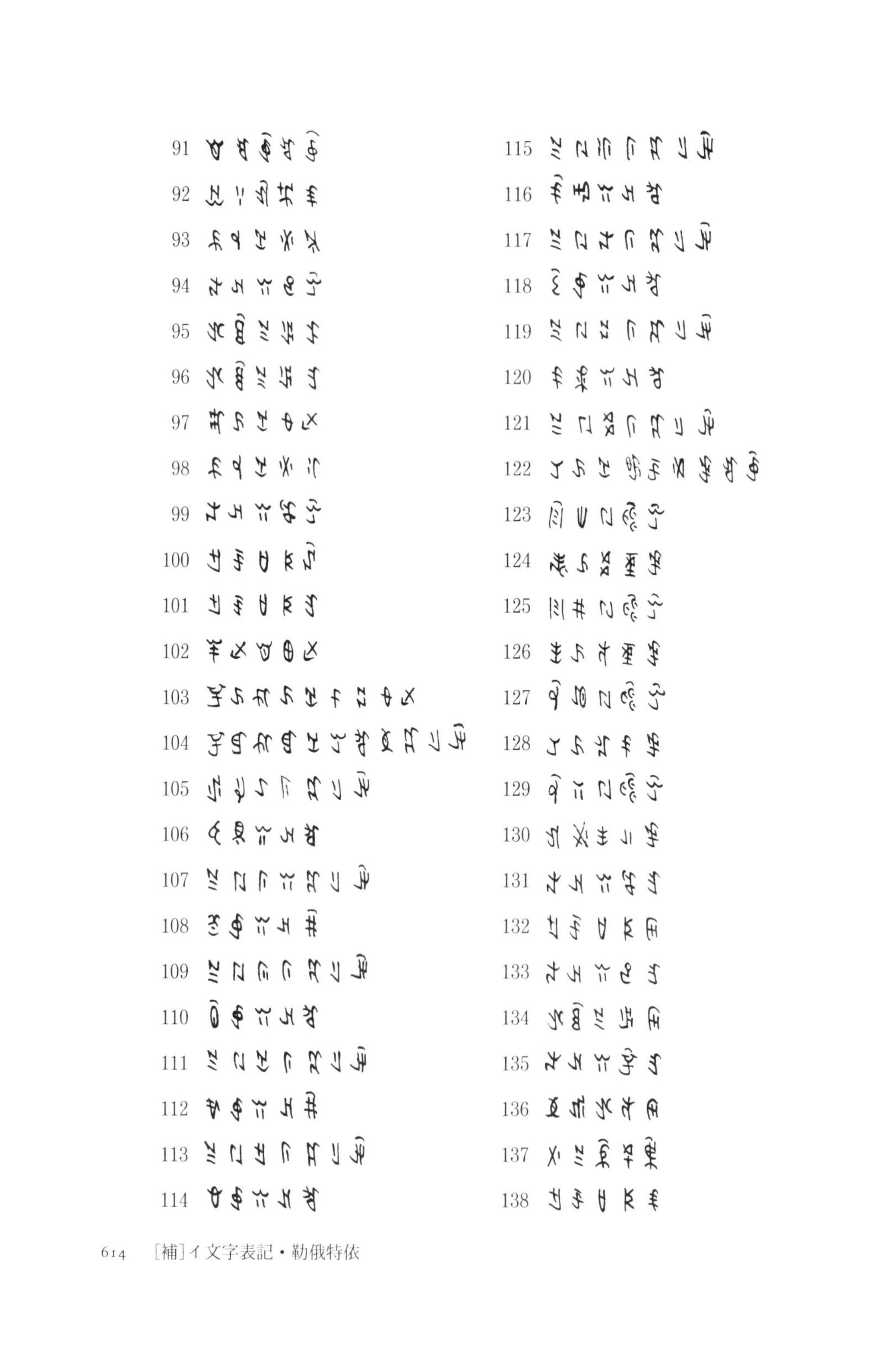

91

92

93

94

95

96

97

98

99

100

101

102

103

104

105

106

107

108

109

110

111

112

113

114

115

116

117

118

119

120

121

122

123

124

125

126

127

128

129

130

131

132

133

134

135

136

137

138

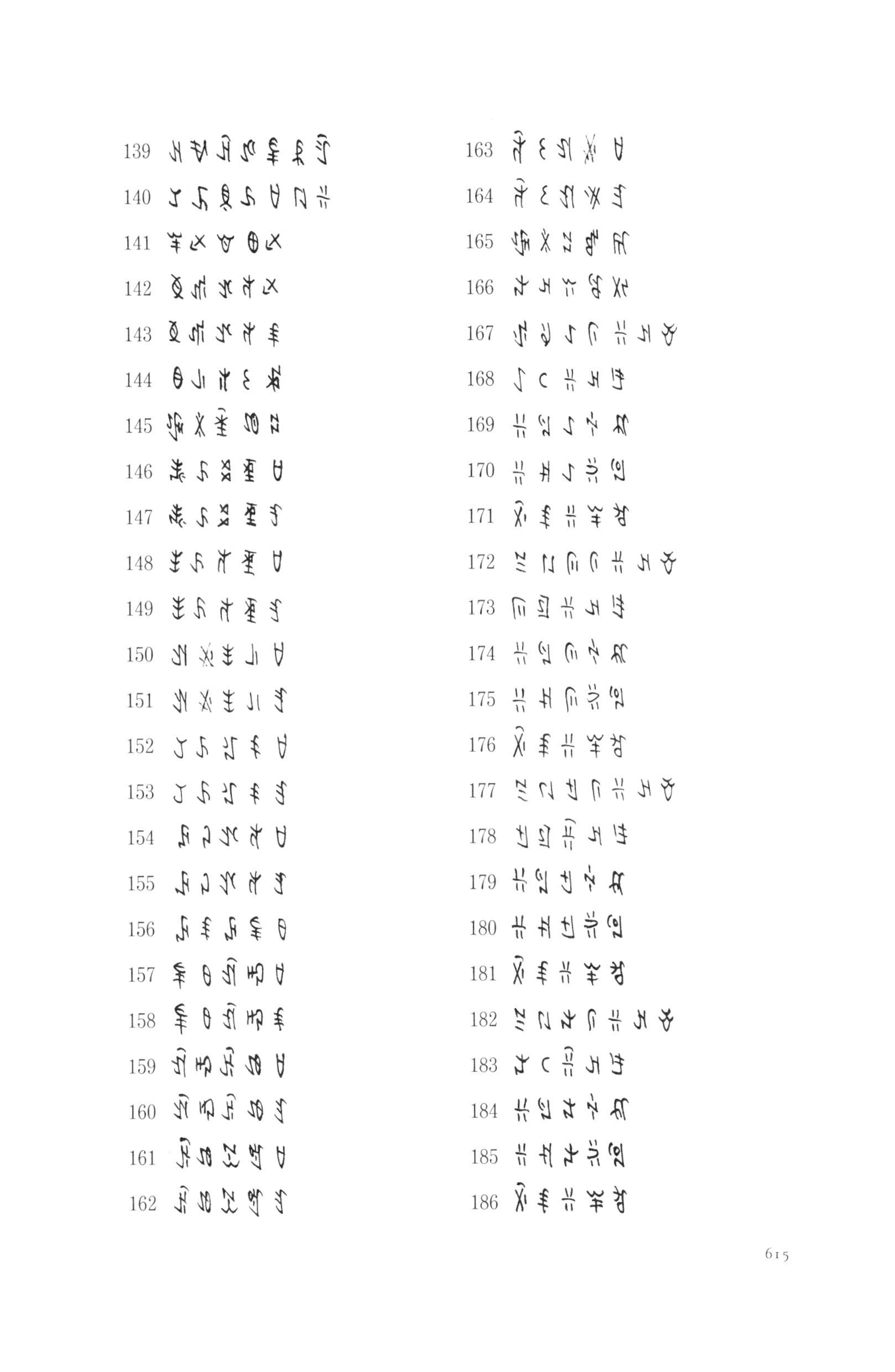

139

140

141

142

143

144

145

146

147

148

149

150

151

152

153

154

155

156

157

158

159

160

161

162

163

164

165

166

167

168

169

170

171

172

173

174

175

176

177

178

179

180

181

182

183

184

185

186

187

188

189

190

191

192

193

194

195

196

197

198

199

200

201

202

203

204

205

206

207

208

209

210

211

212

213

214

215

216

217

218

219

220

221

222

223

224

225

226

227

228

229

230

231

232

233

234

235

236

237

238

239

240

241

242

243

244

245

246

247

248

249

250

251

252

253

254

255

256

257

258

259

260

261

262

263

264

265

266

267

268

269

270

271

272

273

274

275

276

277

278

279

280

281

282

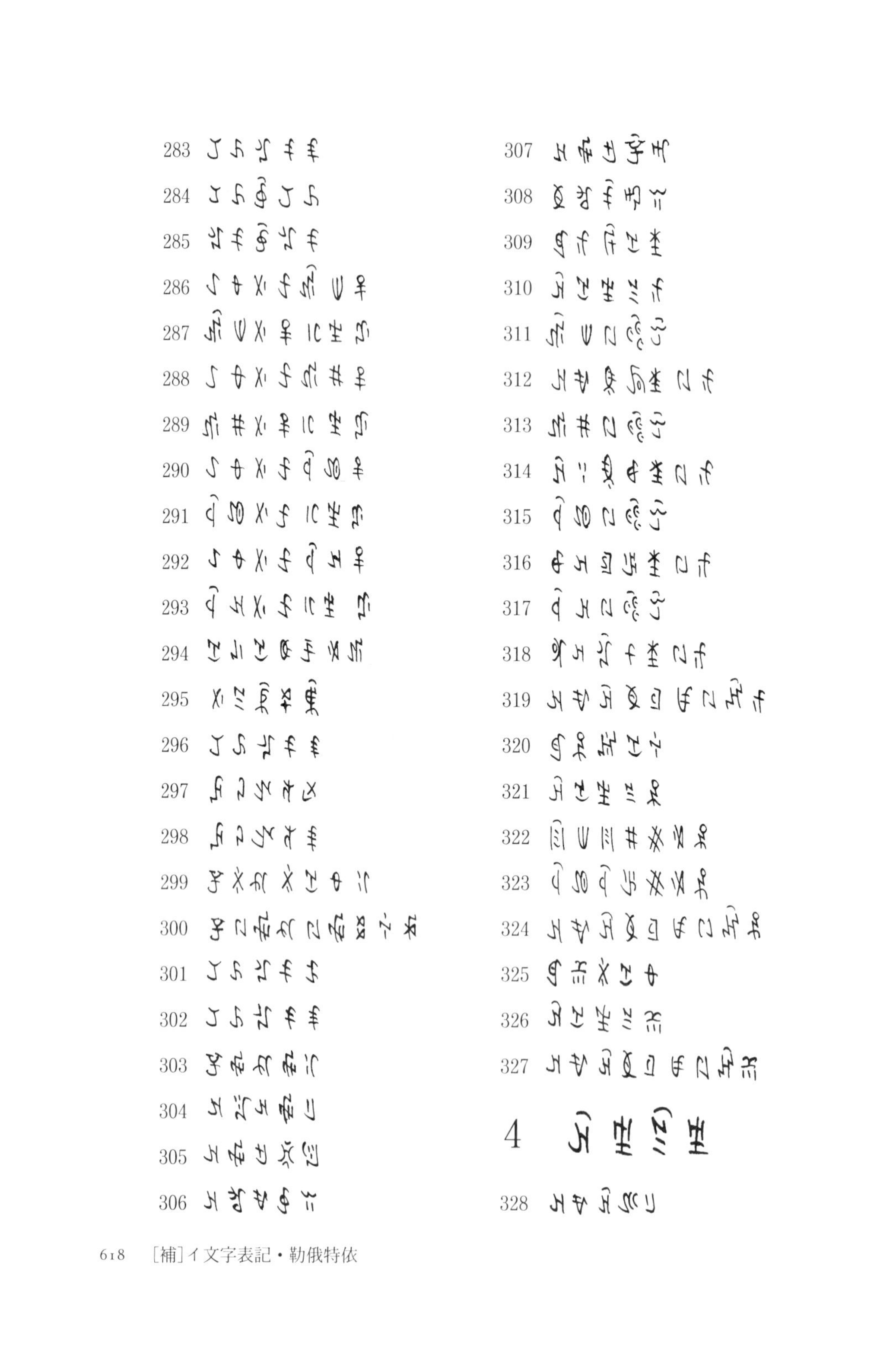

283

284

285

286

287

288

289

290

291

292

293

294

295

296

297

298

299

300

301

302

303

304

305

306

307

308

309

310

311

312

313

314

315

316

317

318

319

320

321

322

323

324

325

326

327

4

328

329

330

331

332

333

334

335

336

337

338

339

340

341

342

343

344

345

346

347

348

349

350

351

352

353

354

355

356

357

358

359

360

361

362

363

364

365

366

367

368

369

370

371

372

373

374

375

376

377

378

379

380

381

382

383

384

385

386

387

388

389

390

391

392

393

394

395

396

397

398

399

400

401

402

403

404

405

406

407

408

409

410

411

412

413

414

415

416

417

418

419

420

421

422

423

424

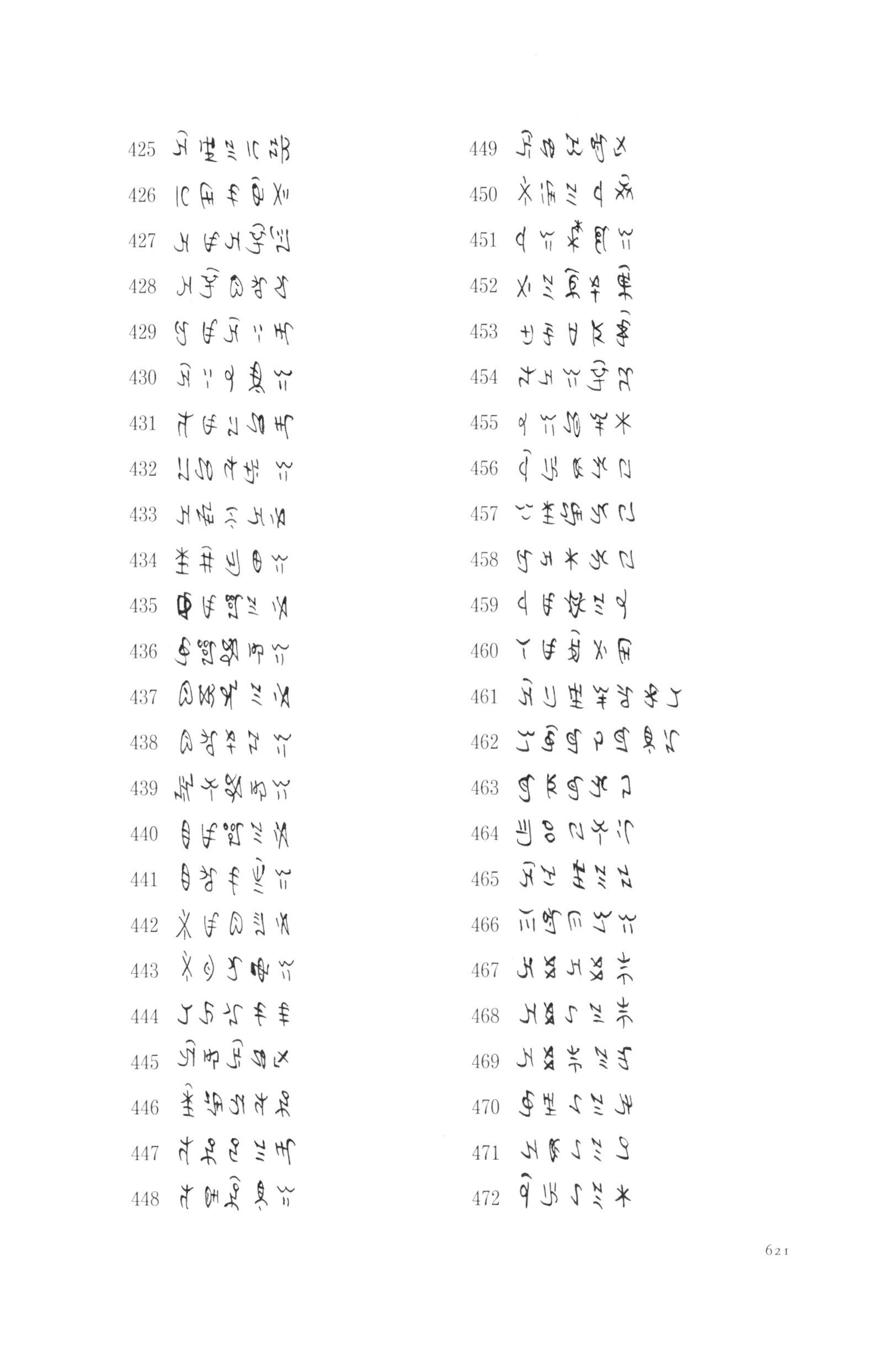

425
426
427
428
429
430
431
432
433
434
435
436
437
438
439
440
441
442
443
444
445
446
447
448
449
450
451
452
453
454
455
456
457
458
459
460
461
462
463
464
465
466
467
468
469
470
471
472

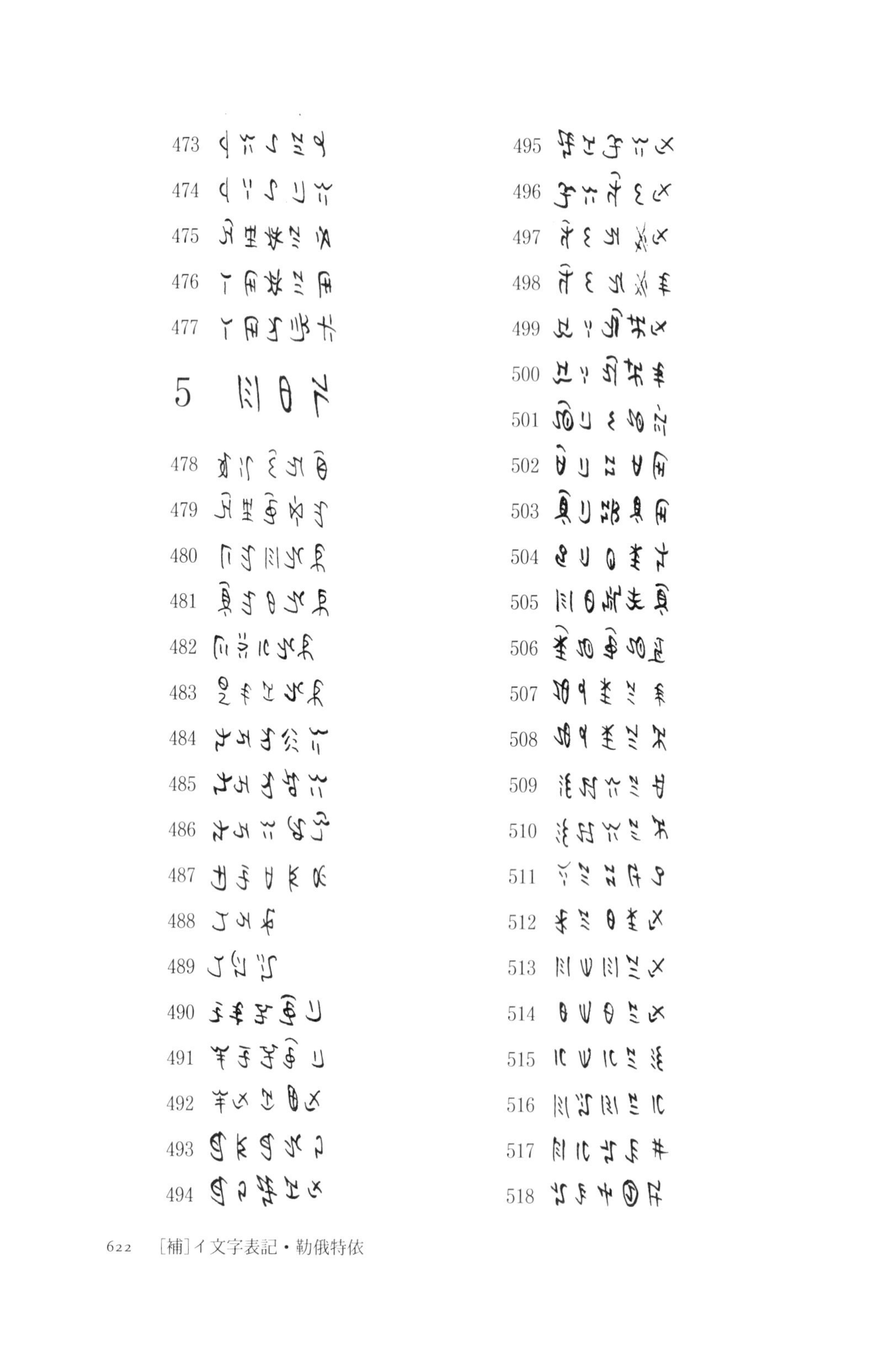

473 [illegible]

474 [illegible]

475 [illegible]

476 [illegible]

477 [illegible]

5 [illegible]

478 [illegible]

479 [illegible]

480 [illegible]

481 [illegible]

482 [illegible]

483 [illegible]

484 [illegible]

485 [illegible]

486 [illegible]

487 [illegible]

488 [illegible]

489 [illegible]

490 [illegible]

491 [illegible]

492 [illegible]

493 [illegible]

494 [illegible]

495 [illegible]

496 [illegible]

497 [illegible]

498 [illegible]

499 [illegible]

500 [illegible]

501 [illegible]

502 [illegible]

503 [illegible]

504 [illegible]

505 [illegible]

506 [illegible]

507 [illegible]

508 [illegible]

509 [illegible]

510 [illegible]

511 [illegible]

512 [illegible]

513 [illegible]

514 [illegible]

515 [illegible]

516 [illegible]

517 [illegible]

518 [illegible]

519

520

521

522

523

524

525

526

527

528

529

530

531

532

533

534

535

536

537

538

539

540

541

542

543

544

545

546

547

548

549

550

551

552

553

554

555

556

557

558

559

560

561

562

563

564

565

6

566

567

568

569

570

571

572

573

574

575

576

577

578

579

580

581

582

583

584

585

586

587

588

589

590

591

592

593

594

595

596

597

598

599

600

601

602

603

604

605

606

607

608

609

610

611

612
613
614
615
616
617
618
619
620
621
622
623
624
625
626
627
628
629
630
631

7

632
633
634
635
636
637
638
639
640
641
642
643
644
645
646
647
648
649
650
651
652
653
654
655
656
657

658

659

660

661

662

663

664

665

666

667

668

669

670

671

672

673

674

675

676

677

678

679

680

681

682

683

684

685

686

687

688

689

690

691

692

693

694

695

696

697

698

699

700

701

702

703

704

705

706

707

708

709

710

711

712

713

714

715

716

717

718

719

720

721

722

723

724

725

726

727

728

729

730

731

732

733

734

735

736

737

738

739

740

741

742

743

744

745

746

747

748

749

750

751

752

753

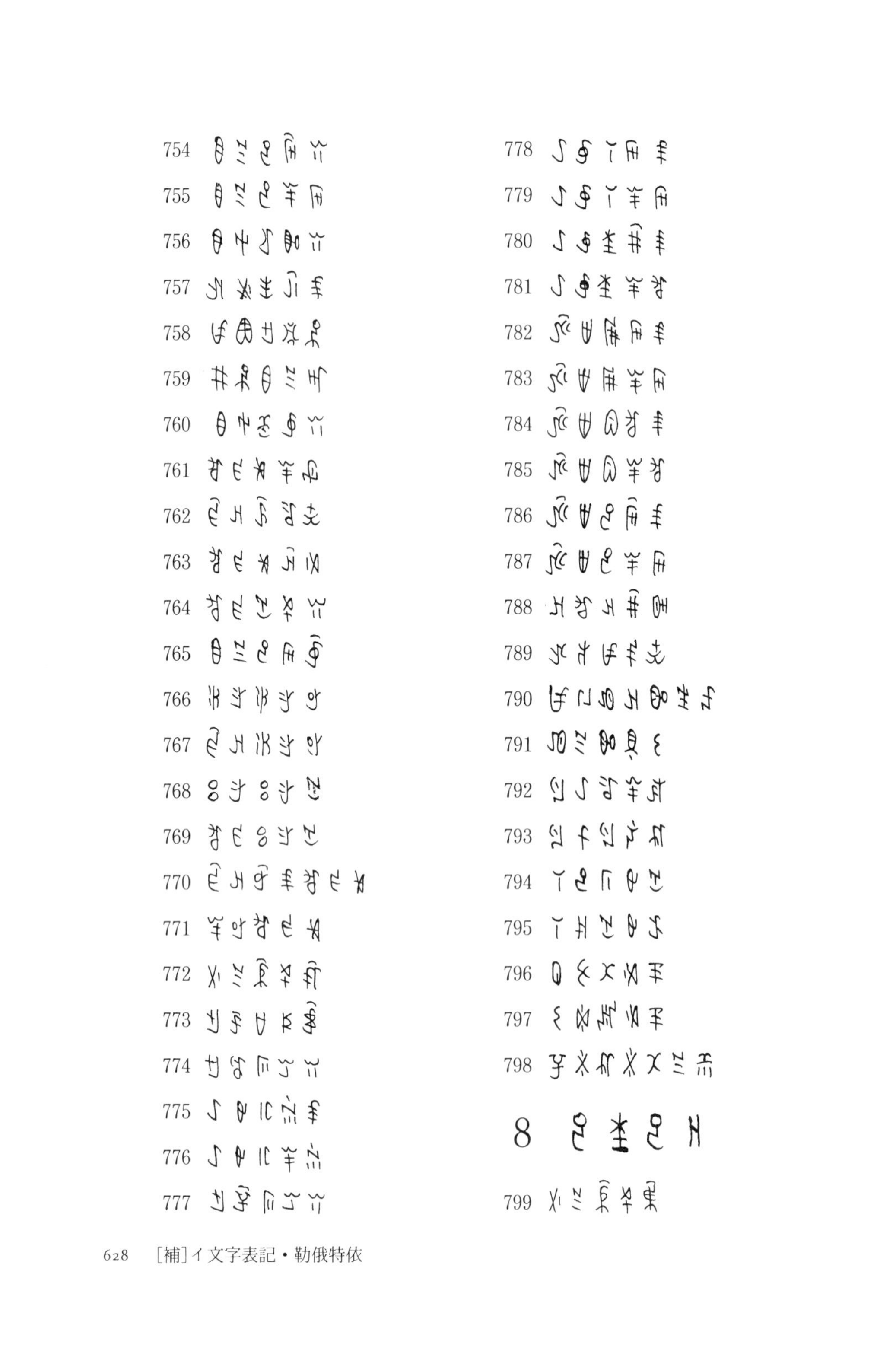

754

755

756

757

758

759

760

761

762

763

764

765

766

767

768

769

770

771

772

773

774

775

776

777

778

779

780

781

782

783

784

785

786

787

788

789

790

791

792

793

794

795

796

797

798

8

799

800
801
802
803
804
805
806
807
808
809
810
811
812
813
814
815
816
817
818
819
820
821
822
823
824
825
826
827
828
829
830
831
832
833
834
835
836
837
838
839
840
841
842
843
844
845
846
847

848

849

850

851

852

853

854

855

856

857

858

859

860

861

862

863

864

865

866

867

868

869

870

871

872

873

874

875

876

877

878

879

880

881

882

883

884

885

886

887

888

889

890

891

892

893

894

895

896

897

898

899

900

901

902

903

904

905

906

907

908

909

910

911

912

913

914

915

916

917

918

919

920

921

922

923

924

925

926

927

928

929

930

931

932

933

934

935

936

937

938

939

940

941

942

943

944
945
946
947
948
949
950
951
952
953
954
955
956
957
958
959
960
961
962
963
964
965
966
967
968
969
970
971
972
973
974
975
976
977
978
979
980
981
982
983
984
985
986
987
988
989
990
991

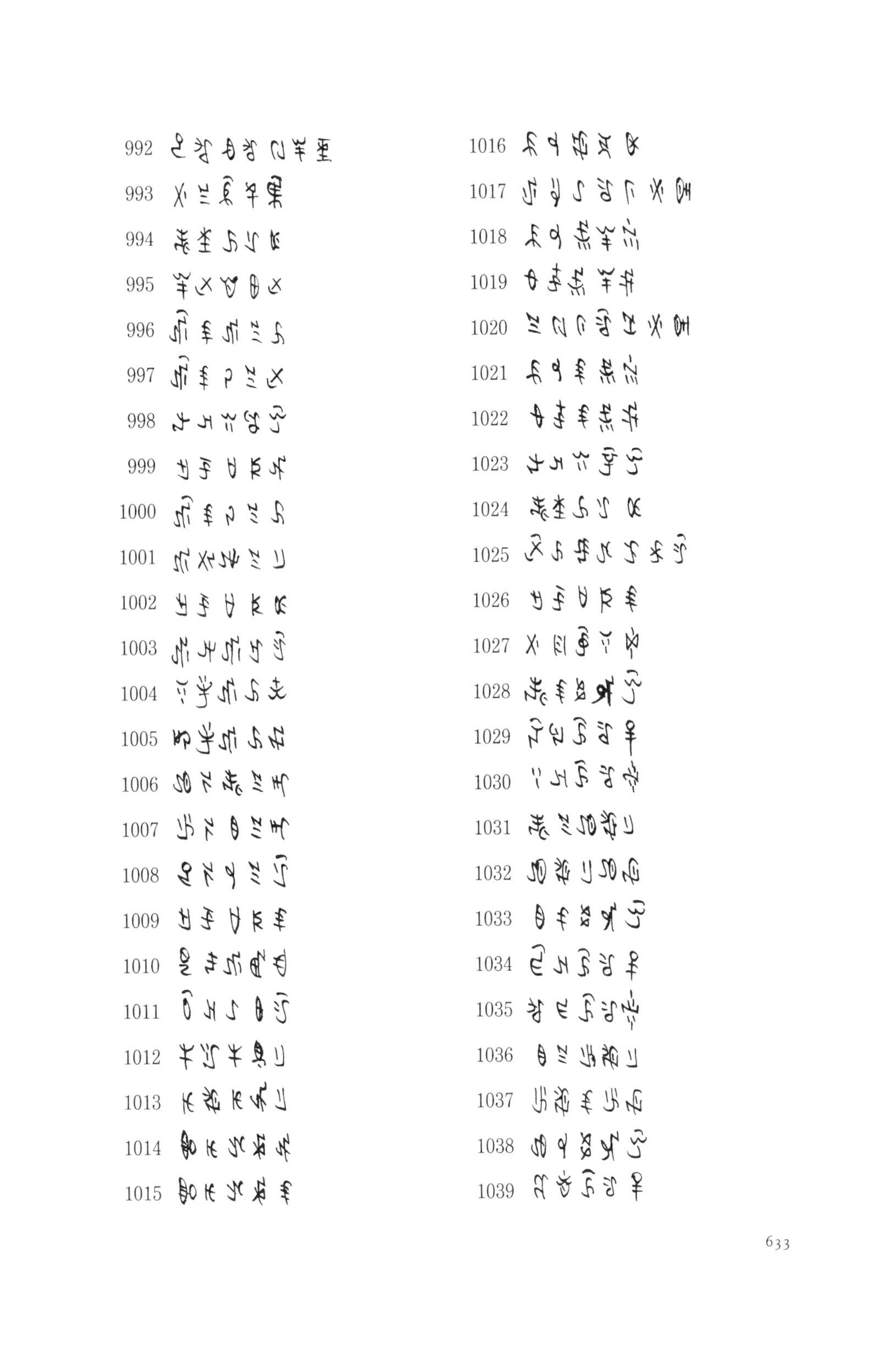

992

993

994

995

996

997

998

999

1000

1001

1002

1003

1004

1005

1006

1007

1008

1009

1010

1011

1012

1013

1014

1015

1016

1017

1018

1019

1020

1021

1022

1023

1024

1025

1026

1027

1028

1029

1030

1031

1032

1033

1034

1035

1036

1037

1038

1039

1040

1041

1042

1043

1044

1045

1046

1047

1048

1049

1050

1051

1052

1053

1054

1055

1056

1057

1058

1059

1060

1061

1062

1063

1064

1065

1066

1067

1068

1069

1070

1071

1072

1073

1074

1075

1076

1077

1078

1079

1080

1081

1082

1083

1084

1085

1086

1087

1088

1089

1090

1091

1092

1093

1094

1095

1096

1097

1098

1099

1100

1101

1102

1103

1104

1105

1106

1107

1108

1109

1110

1111

1112

1113

1114

1115

1116

1117

1118

1119

1120

1121

1122

1123

1124

1125

1126

1127

1128

1129

1130

1131

1132

1133

1134

1135

1136

1137

1138

1139

1140

1141

1142

1143

1144

1145

1146

1147

1148

1149

1150

1151

1152

1153

1154

1155

1156

1157

1158

1159

1160

1161

1162

1163

1164

1165

1166

1167

1168

1169

1170

1171

1172

1173

1174

1175

1176

1177

1178

1179

1180

1181

1182

1183

1184
1185
1186
1187
1188
1189
1190
1191
1192
1193
1194
1195
1196
1197
1198
1199
1200
1201
1202
1203
1204
1205
1206
1207
1208
1209
1210
1211
1212
1213
1214
1215
1216
1217
1218
1219
1220
1221
1222
1223
1224
1225
1226
1227
1228
1229
1230
1231

1232

1233

1234

1235

1236

1237

1238

1239

1240

1241

1242

1243

1244

1245

1246

1247

1248

1249

1250

1251

1252

1253

1254

1255

1256

1257

1258

1259

1260

1261

1262

1263

1264

1265

1266

1267

1268

1269

1270

1271

1272

1273

1274

1275

1276

1277

1278

1279

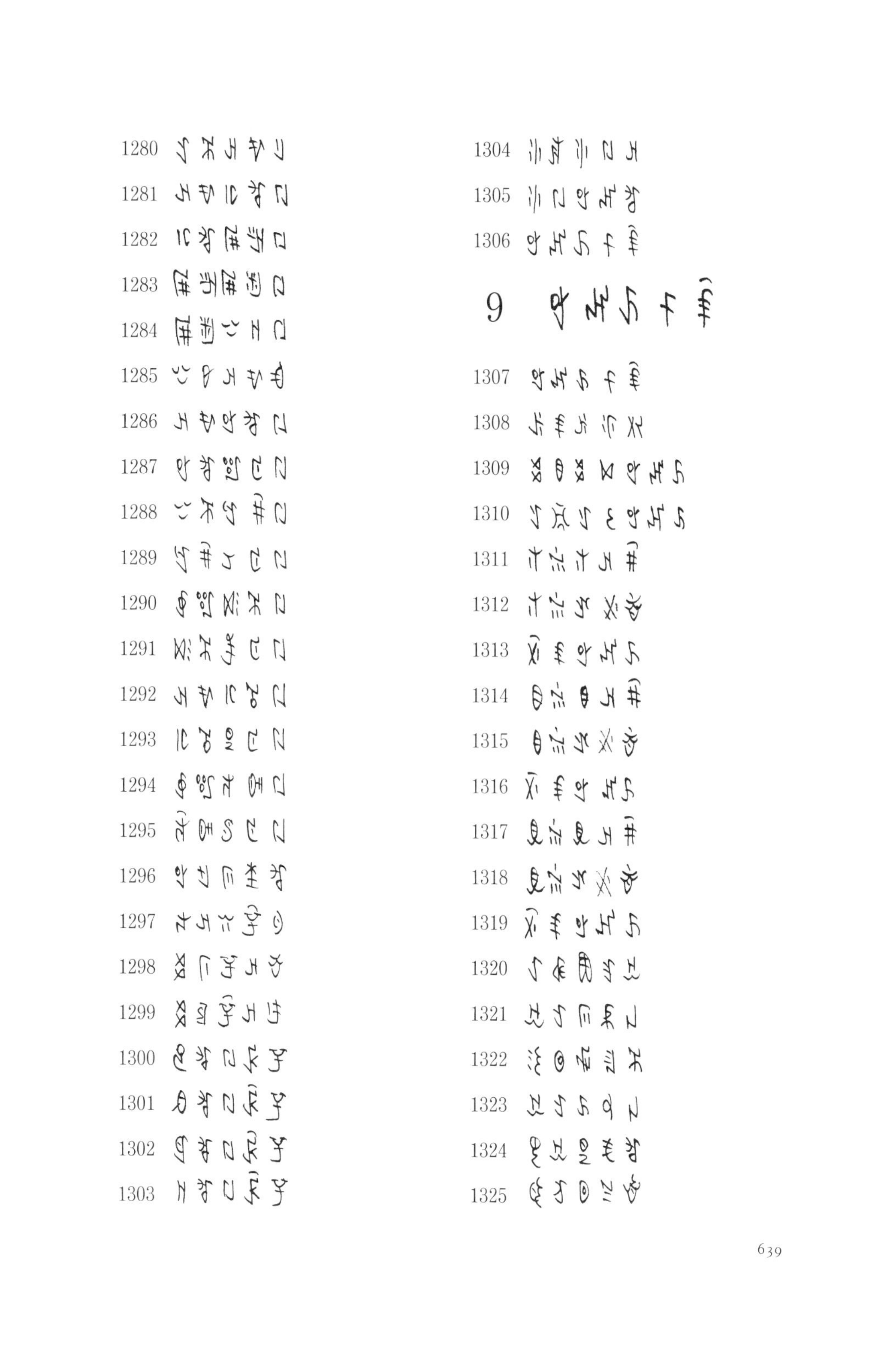

1280

1281

1282

1283

1284

1285

1286

1287

1288

1289

1290

1291

1292

1293

1294

1295

1296

1297

1298

1299

1300

1301

1302

1303

1304

1305

1306

9

1307

1308

1309

1310

1311

1312

1313

1314

1315

1316

1317

1318

1319

1320

1321

1322

1323

1324

1325

1326

1327

1328

1329

1330

1331

1332

1333

1334

1335

1336

1337

1338

1339

1340

1341

1342

1343

1344

1345

1346

1347

1348

1349

1350

1351

1352

1353

1354

1355

1356

1357

1358

1359

1360

1361

1362

1363

1364

1365

1366

1367

1368

1369

1370

1371

1372

1373

1374

1375

1376

1377

1378

1379

1380

1381

1382

1383

1384

1385

1386

1387

1388

1389

1390

1391

1392

1393

1394

1395

1396

1397

1398

1399

1400

1401

1402

1403

1404

1405

1406

1407

1408

1409

1410

1411

1412

1413

1414

1415

1416

1417

1418

1419

1420

1421

1422

1423

1424

1425

1426

1427

1428

1429

1430

1431

1432

10

1433

1434

1435

1436

1437

1438

1439

1440

1441

1442

1443

1444

1445

1446

1447

1448

1449

1450

1451

1452

1453

1454

1455

1456

1457

1458

1459

1460

1461

1462

1463

1464

1465

1466

1467

1468

1469

1470

1471

1472

1473

1474

1475

1476

1477

1478

1479

1480

1481

1482

1483

1484

1485

1486

1487

1488

1489

1490

1491

1492

1493

1494

1495

1496

1497

1498

1499

1500

1501

1502

1503

1504

1505

1506

1507

1508

1509

1510

1511

1512

1513

1514

1515

1516

1517

1518

1519

1520

1521

1522

1523

1524

1525

1526

1527

1528

1529

1530

1531

1532

1533

1534

1535

1536

1537

1538

1539

1540

1541

1542

1543

1544

1545

1546

1547

1548

1549

1550

1551

1552

1553

1554

1555

1556

1557

1558

1559

1560

1561

1562

1563

1564

1565

1566

1567

1568

1569

1570

1571

1572

1573

1574

1575

1576

1577

1578

1579

1580

1581

1582

1583

1584

1585

1586

1587

1588

1589

1590

1591

1592

1593

1594

1595

1596

1597

1598

1599

1600

1601

1602

1603

1604

1605

1606

1607

1608

1609

1610

1611

1612

1613

1614

1615

1616

1617

1618

1619

1620

1621

1622

1623

1624

1625

1626

1627

1628

1629

1630

1631

1632

1633

1634

1635

1636

1637

1638

1639

1640

1641

1642

1643

1644

1645

1646

1647

1648

1649

1650

1651

1652

1653

1654

1655

1656

1657

1658

1659

1660

1661

1662

1663

1664

1665

1666

1667

1668

1669

1670

1671

1672

1673

1674

1675

1676

1677

1678

1679

1680

1681

1682

1683

1684

1685

1686

1687

1688

1689

1690

1691

1692

1693

1694

1695

1696

1697

1698

1699

1700

1701

1702

1703

1704

1705

1706

1707

1708
1709
1710
1711
1712
1713
1714
1715
1716
1717
1718
1719
1720
1721
1722
1723
1724
1725
1726
1727
1728
1729
1730
1731
1732
1733
1734
1735
1736
1737
1738
1739
1740
1741
1742
1743
1744
1745
1746
1747
1748
1749
1750
1751
1752
1753
1754
1755

1756

1757

1758

1759

1760

1761

1762

1763

1764

1765

1766

1767

1768

1769

1770

1771

1772

1773

1774

1775

1776

1777

1778

1779

1780

1781

1782

1783

1784

1785

1786

1787

1788

1789

1790

1791

1792

1793

1794

1795

1796

1797

1798

1799

1800

1801

1802

1803

1804
1805
1806
1807
1808
1809
1810
1811
1812
1813
1814
1815
1816
1817
1818
1819
1820
1821
1822
1823
1824
1825
1826
1827
1828
1829
1830
1831
1832
1833
1834
1835
1836
1837
1838
1839
1840
1841
1842
1843
1844
1845
1846
1847
1848
1849
1850
1851

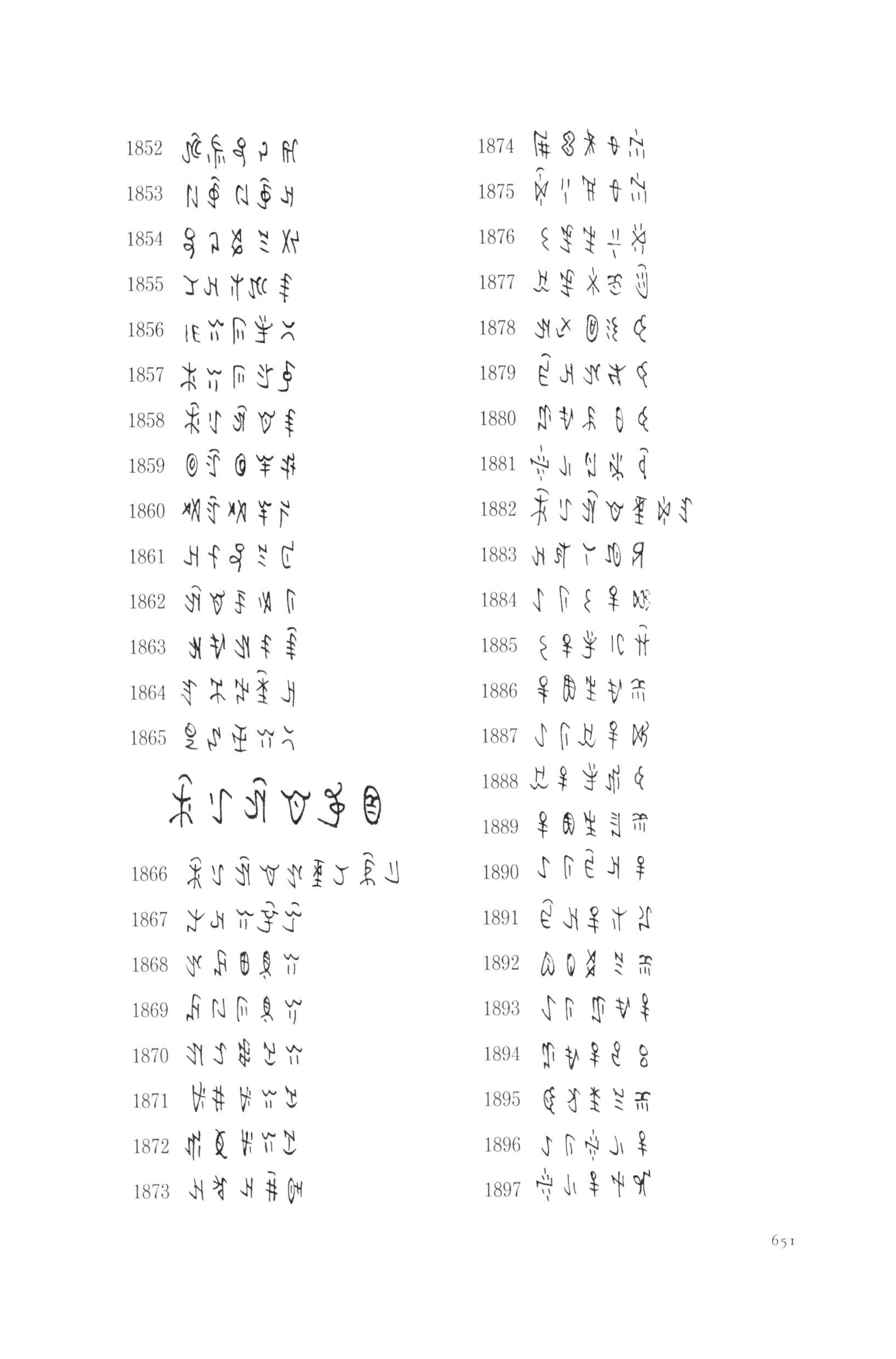

1852

1853

1854

1855

1856

1857

1858

1859

1860

1861

1862

1863

1864

1865

1866

1867

1868

1869

1870

1871

1872

1873

1874

1875

1876

1877

1878

1879

1880

1881

1882

1883

1884

1885

1886

1887

1888

1889

1890

1891

1892

1893

1894

1895

1896

1897

1898

1899

1900

1901

1902

1903

1904

1905

1906

1907

1908

1909

1910

1911

1912

1913

1914

1915

1916

1917

1918

1919

1920

1921

1922

1923

1924

1925

1926

1927

1928

1929

1930

1931

1932

1933

1934

1935

1936

1937

1938

1939

1940

1941

1942

1943

1944

1945

1946

1947

1948

1949

1950

1951

1952

1953

1954

1955

1956

1957

1958

1959

1960

1961

1962

1963

1964

1965

1966

1967

1968

1969

1970

1971

1972

1973

1974

1975

1976

1977

1978

1979

1980

1981

1982

1983

1984

1985

1986

1987

1988

1989

1990

1991

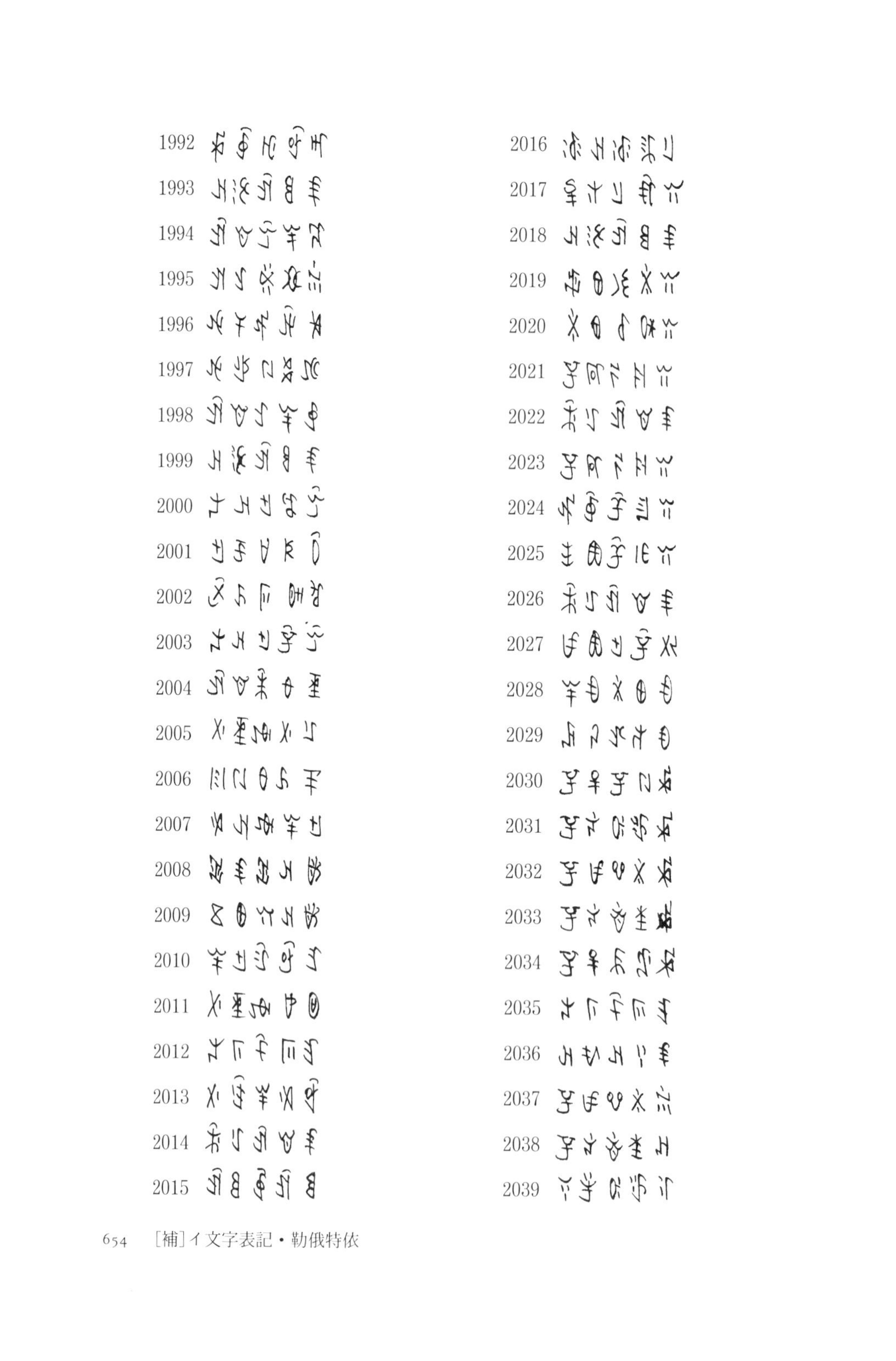

1992

1993

1994

1995

1996

1997

1998

1999

2000

2001

2002

2003

2004

2005

2006

2007

2008

2009

2010

2011

2012

2013

2014

2015

2016

2017

2018

2019

2020

2021

2022

2023

2024

2025

2026

2027

2028

2029

2030

2031

2032

2033

2034

2035

2036

2037

2038

2039

2040

2041

2042

2043

2044

2045

2046

2047

2048

2049

2050

2051

2052

2053

2054

2055

2056

2057

2058

2059

2060

2061

2062

2063

2064

2065

2066

2067

2068

2069

2070

2071

2072

2073

2074

2075

2076

2077

2078

2079

2080

2081

2082

2083

2084

2085

2086

2087

2088

2089

2090

2091

2092

2093

2094

2095

2096

2097

2098

2099

2100

2101

2102

2103

2104

2105

2106

2107

2108

2109

2110

2111

2112

2113

2114

2115

2116

2117

2118

2119

2120

2121

2122

2123

2124

2125

2126

2127

2128

2129

2130

2131

2132

2133

2134

2135

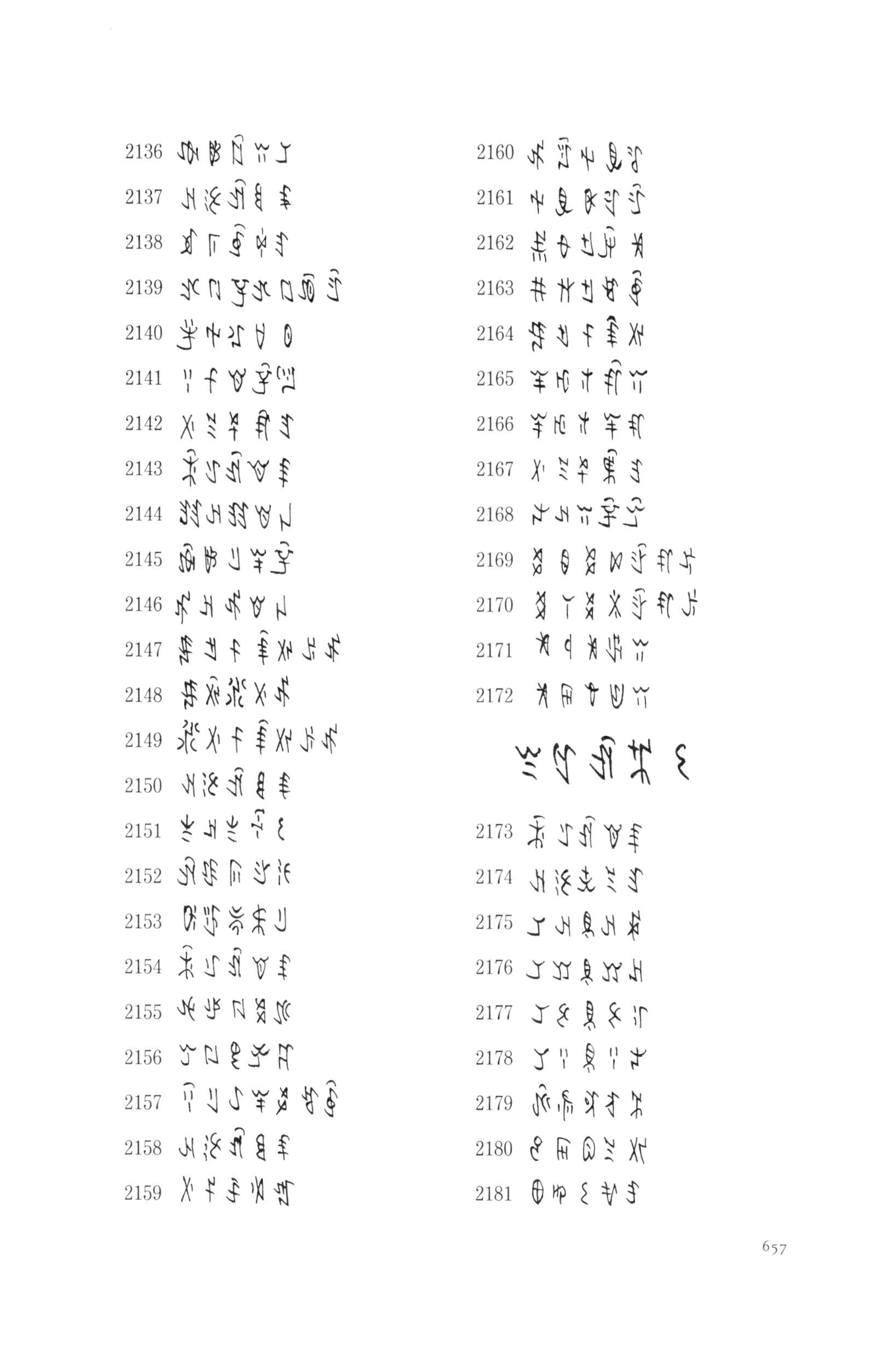

2136

2137

2138

2139

2140

2141

2142

2143

2144

2145

2146

2147

2148

2149

2150

2151

2152

2153

2154

2155

2156

2157

2158

2159

2160

2161

2162

2163

2164

2165

2166

2167

2168

2169

2170

2171

2172

2173

2174

2175

2176

2177

2178

2179

2180

2181

2182

2183

2184

2185

2186

2187

2188

2189

2190

2191

2192

2193

2194

2195

2196

2197

2198

2199

2200

2201

2202

2203

2204

2205

2206

2207

2208

2209

2210

2211

2212

2213

2214

2215

2216

2217

2218

2219

2220

2221

2222

2223

2224

2225

2226

2227

2228

2229

2230
2231
2232
2233
2234
2235
2236
2237
2238
2239
2240
2241
2242
2243
2244
2245
2246
2247
2248
2249
2250
2251
2252
2253
2254
2255
2256
2257
2258
2259
2260
2261
2262
2263
2264
2265
2266
2267
2268
2269
2270
2271
2272
2273
2274
2275
2276
2277

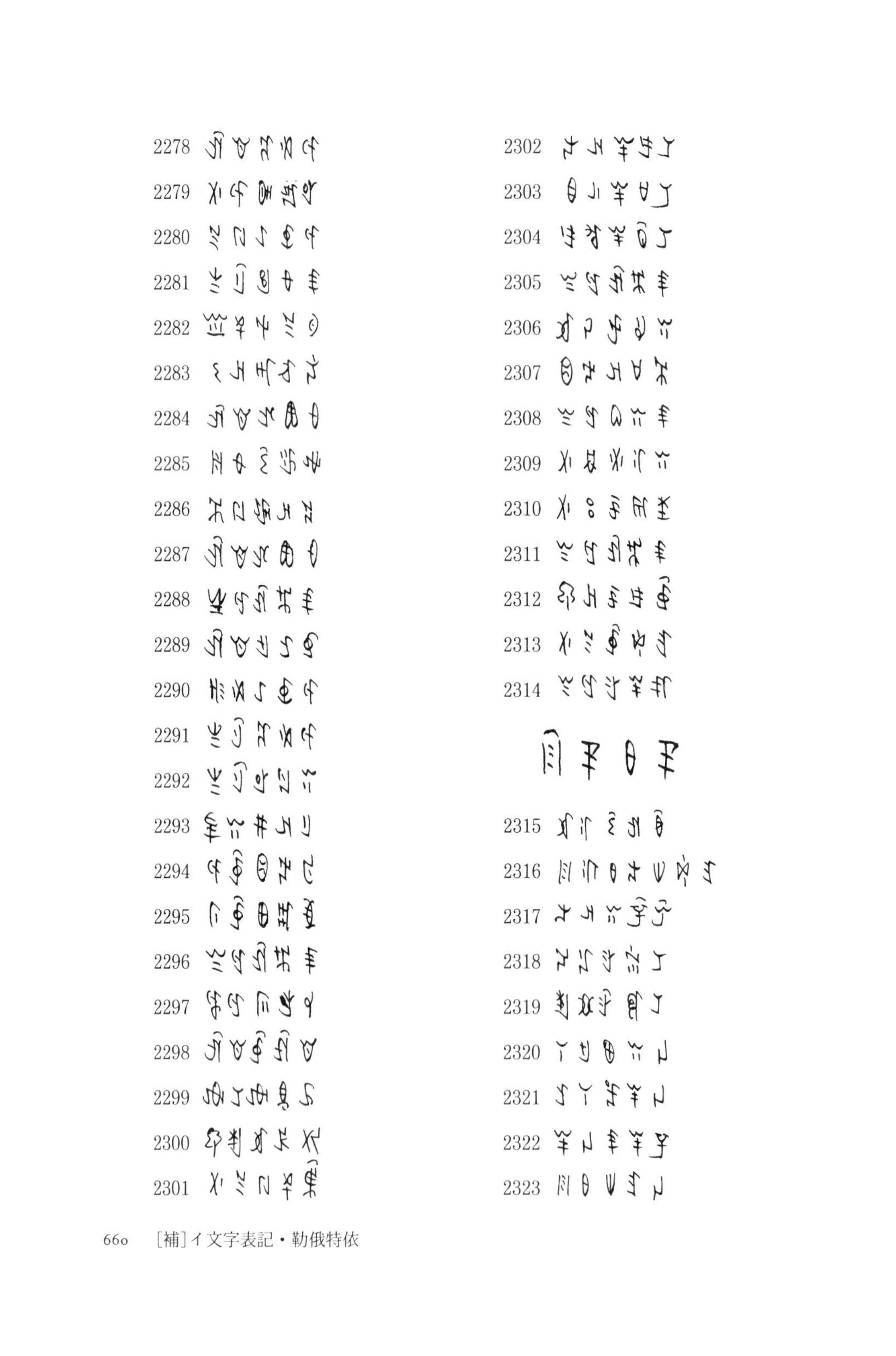

2278

2279

2280

2281

2282

2283

2284

2285

2286

2287

2288

2289

2290

2291

2292

2293

2294

2295

2296

2297

2298

2299

2300

2301

2302

2303

2304

2305

2306

2307

2308

2309

2310

2311

2312

2313

2314

2315

2316

2317

2318

2319

2320

2321

2322

2323

2324

2325

2326

2327

2328

2329

2330

2331

2332

2333

2334

2335

2336

2337

2338

2339

2340

2341

2342

2343

2344

2345

2346

2347

2348

2349

2350

2351

2352

2353

2354

2355

2356

2357

2358

2359

2360

2361

2362

2363

2364

2365

2366

2367

2368

2369

2370

2371

2372 [illegible]
2373 [illegible]
2374 [illegible]
2375 [illegible]
2376 [illegible]
2377 [illegible]
2378 [illegible]
2379 [illegible]
2380 [illegible]
2381 [illegible]
2382 [illegible]
2383 [illegible]
2384 [illegible]
2385 [illegible]
2386 [illegible]
2387 [illegible]
2388 [illegible]
2389 [illegible]
2390 [illegible]
2391 [illegible]
2392 [illegible]
2393 [illegible]
2394 [illegible]
2395 [illegible]
2396 [illegible]
2397 [illegible]
2398 [illegible]
2399 [illegible]
2400 [illegible]
2401 [illegible]
2402 [illegible]
2403 [illegible]
2404 [illegible]
2405 [illegible]
2406 [illegible]
2407 [illegible]
2408 [illegible]
2409 [illegible]
2410 [illegible]
2411 [illegible]
2412 [illegible]
2413 [illegible]
2414 [illegible]
2415 [illegible]
2416 [illegible]
2417 [illegible]
2418 [illegible]
2419 [illegible]

2420 [illegible]

2421 [illegible]

2422 [illegible]

2423 [illegible]

2424 [illegible]

2425 [illegible]

2426 [illegible]

2427 [illegible]

2428 [illegible]

2429 [illegible]

2430 [illegible]

2431 [illegible]

2432 [illegible]

2433 [illegible]

2434 [illegible]

2435 [illegible]

2436 [illegible]

2437 [illegible]

2438 [illegible]

2439 [illegible]

2440 [illegible]

2441 [illegible]

2442 [illegible]

2443 [illegible]

2444 [illegible]

2445 [illegible]

2446 [illegible]

2447 [illegible]

2448 [illegible]

2449 [illegible]

2450 [illegible]

2451 [illegible]

2452 [illegible]

2453 [illegible]

2454 [illegible]

2455 [illegible]

2456 [illegible]

2457 [illegible]

2458 [illegible]

2459 [illegible]

2460 [illegible]

2461 [illegible]

2462 [illegible]

2463 [illegible]

2464 [illegible]

2465 [illegible]

2466 [illegible]

2467 [illegible]

2468

2469

2470

2471

2472

2473

2474

2475

2476

2477

2478

2479

2480

2481

2482

2483

2484

2485

2486

2487

2488

2489

2490

2491

2492

2493

2494

2495

2496

2497

2498

2499

2500

2501

2502

2503

2504

2505

2506

2507

11

2508

2509

2510

2511

2512

2513

2514
2515
2516
2517
2518
2519
2520
2521
2522
2523
2524
2525
2526
2527
2528
2529
2530
2531
2532
2533
2534
2535
2536
2537
2538
2539
2540
2541
2542
2543
2544
2545
2546
2547
2548
2549
2550
2551
2552
2553
2554
2555
2556
2557
2558
2559
2560
2561

2562

2563

2564

2565

2566

2567

2568

2569

2570

2571

2572

2573

2574

2575

2576

2577

2578

2579

2580

2581

2582

2583

2584

2585

2586

2587

2588

2589

2590

2591

2592

2593

2594

2595

2596

2597

2598

2599

2600

2601

2602

2603

2604

2605

2606

2607

2608

2609

2610

2611

2612

2613

2614

2615

2616

2617

2618

2619

2620

2621

2622

2623

2624

2625

2626

2627

2628

2629

2630

2631

2632

2633

2634

2635

2636

2637

2638

12

2639

2640

2641

2642

2643

2644

2645

2646

2647

2648

2649

2650

2651

2652

2653

2654

2655

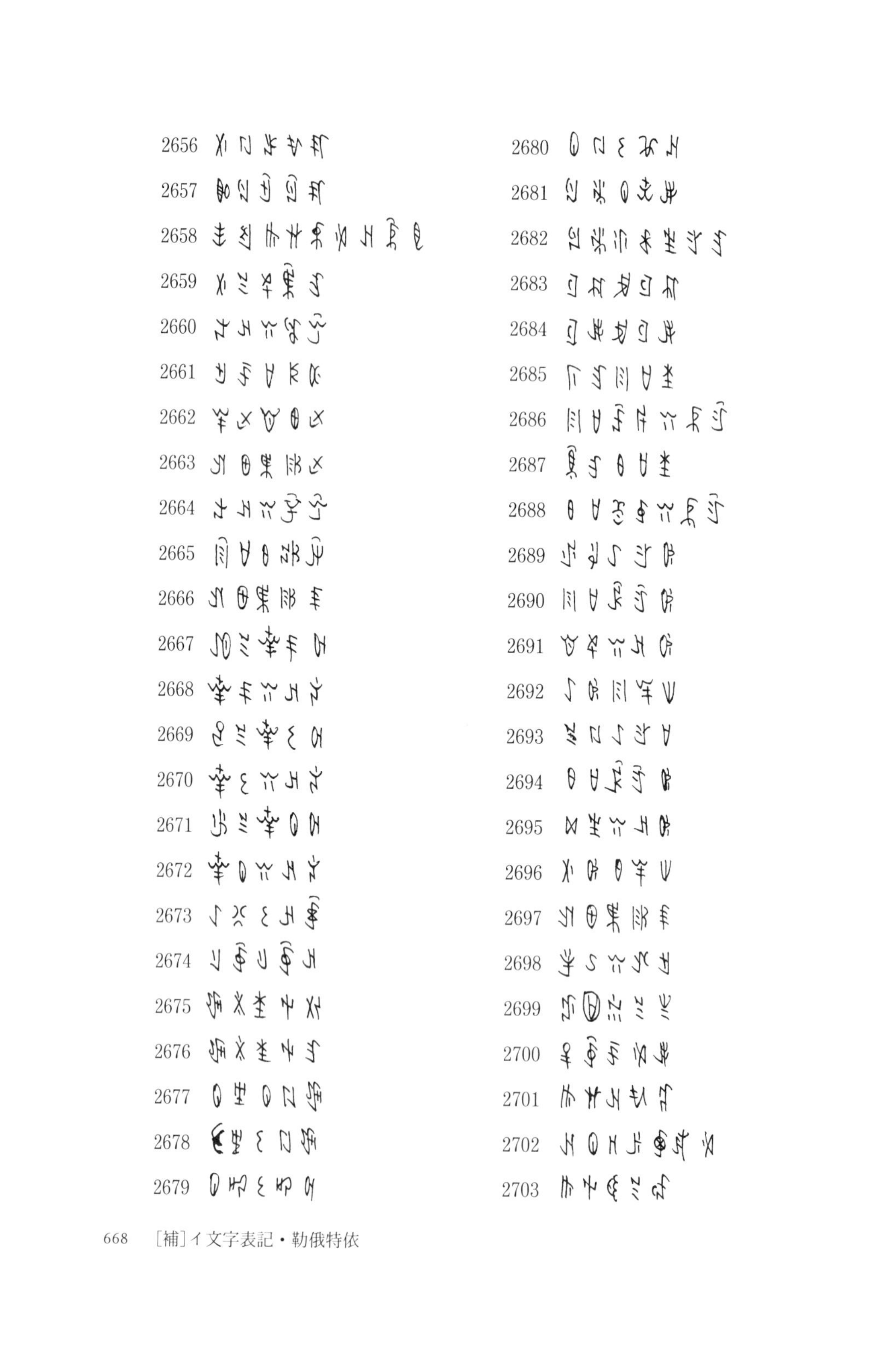

2656

2657

2658

2659

2660

2661

2662

2663

2664

2665

2666

2667

2668

2669

2670

2671

2672

2673

2674

2675

2676

2677

2678

2679

2680

2681

2682

2683

2684

2685

2686

2687

2688

2689

2690

2691

2692

2693

2694

2695

2696

2697

2698

2699

2700

2701

2702

2703

2704 [illegible]
2705 [illegible]
2706 [illegible]
2707 [illegible]
2708 [illegible]
2709 [illegible]
2710 [illegible]
2711 [illegible]
2712 [illegible]
2713 [illegible]
2714 [illegible]
2715 [illegible]
2716 [illegible]
2717 [illegible]
2718 [illegible]
2719 [illegible]
2720 [illegible]
2721 [illegible]
2722 [illegible]
2723 [illegible]
2724 [illegible]
2725 [illegible]
2726 [illegible]
2727 [illegible]
2728 [illegible]
2729 [illegible]
2730 [illegible]
2731 [illegible]
2732 [illegible]
2733 [illegible]
2734 [illegible]
2735 [illegible]
2736 [illegible]
2737 [illegible]
2738 [illegible]
2739 [illegible]
2740 [illegible]
2741 [illegible]
2742 [illegible]
2743 [illegible]
2744 [illegible]
2745 [illegible]
2746 [illegible]
2747 [illegible]
2748 [illegible]
2749 [illegible]
2750 [illegible]
2751 [illegible]

2752

2753

2754

2755

2756

2757

2758

2759

2760

2761

2762

2763

2764

2765

2766

2767

2768

2769

2770

2771

2772

2773

2774

2775

2776

2777

2778

2779

2780

2781

2782

2783

2784

2785

2786

2787

2788

2789

2790

2791

2792

2793

2794

2795

2796

2797

2798

2799

2800

2801

2802

2803

2804

2805

2806

2807

2808

2809

2810

2811

2812

2813

2814

2815

2816

2817

2818

2819

2820

2821

2822

2823

2824

2825

2826

2827

2828

2829

2830

2831

2832

2833

2834

2835

2836

2837

2838

2839

2840

2841

2842

2843

2844

2845

2846

2847

2848

2849

2850

2851

2852

2853

2854

2855

2856

2857

2858

2859

2860

2861

2862

2863

2864

2865

2866

2867

2868

2869

2870

2871

2872

2873

2874

2875

2876

2877

2878

2879

2880

2881

2882

2883

2884

2885

2886

2887

2888

2889

2890

2891

2892

2893

2894

2895

2896

2897

2898

2899

2900

2901

2902

2903

2904

2905

2906

2907

2908

2909

2910

2911

2912

2913

2914

2915

2916

2917

2918

2919

2920

2921

2922

2923

2924

2925

2926

2927

2928

2929

2930

2931

2932

2933

2934

2935

2936

2937

2938

2939

2940

2941

2942

2943

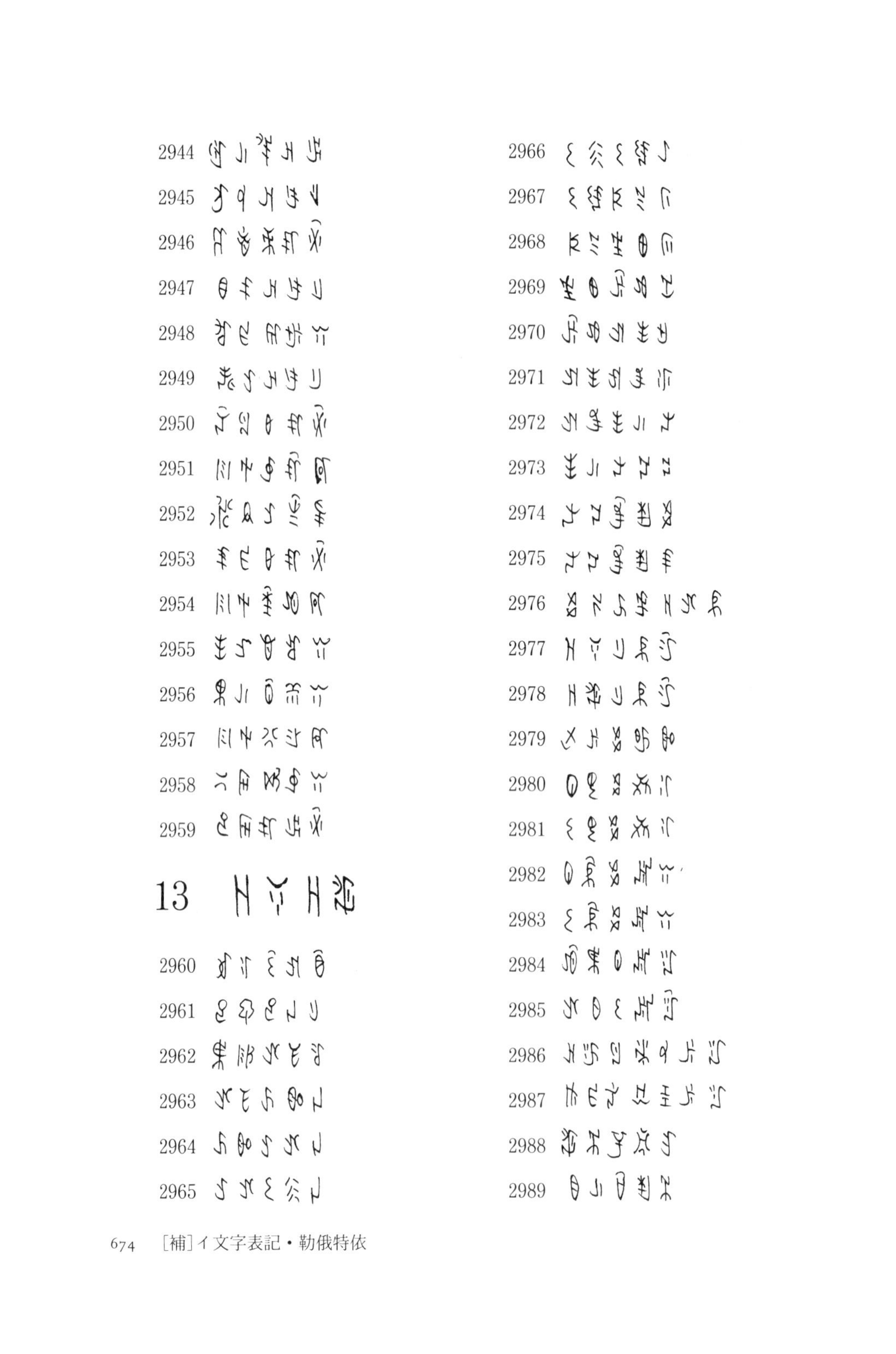

2944

2945

2946

2947

2948

2949

2950

2951

2952

2953

2954

2955

2956

2957

2958

2959

13

2960

2961

2962

2963

2964

2965

2966

2967

2968

2969

2970

2971

2972

2973

2974

2975

2976

2977

2978

2979

2980

2981

2982

2983

2984

2985

2986

2987

2988

2989

2990

2991

2992

2993

2994

2995

2996

2997

2998

2999

3000

3001

3002

3003

3004

3005

3006

3007

3008

3009

3010

3011

3012

3013

3014

3015

3016

3017

3018

3019

3020

3021

3022

3023

3024

3025

3026

3027

3028

3029

3030

3031

3032

3033

3034

3035

3036

3037

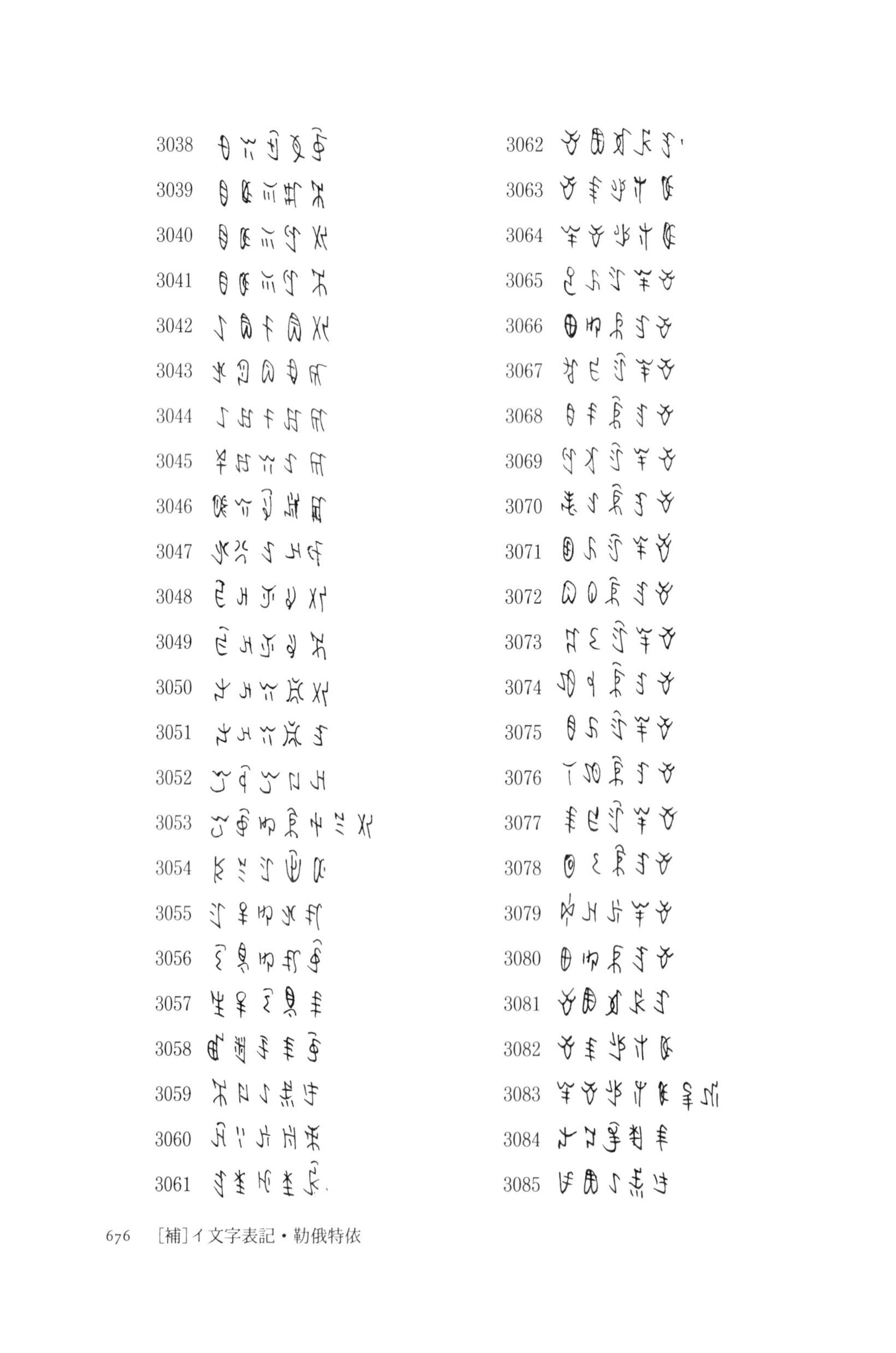

3038

3039

3040

3041

3042

3043

3044

3045

3046

3047

3048

3049

3050

3051

3052

3053

3054

3055

3056

3057

3058

3059

3060

3061

3062

3063

3064

3065

3066

3067

3068

3069

3070

3071

3072

3073

3074

3075

3076

3077

3078

3079

3080

3081

3082

3083

3084

3085

3086

3087

3088

3089

3090

3091

3092

3093

3094

3095

3096

3097

3098

3099

3100

3101

3102

3103

3104

3105

3106

3107

3108

3109

3110

3111

3112

3113

3114

3115

3116

3117

3118

3119

3120

3121

3122

3123

3124

3125

3126

3127

3128

3129

3130

3131

3132

3133

3134

3135

3136

3137

3138

3139

3140

3141

3142

3143

3144

3145

3146

3147

3148

3149

3150

3151

3152

3153

3154

3155

3156

3157

3158

3159

3160

3161

3162

3163

3164

3165

3166

3167

3168

3169

3170

3171

3172

3173

3174

3175

3176

3177

3178

3179

3180

3181

3182

3183

3184

3185

3186

3187

3188

3189

3190

3191

3192

3193

3194

3195

3196

3197

3198

3199

3200

3201

3202

3203

3204

3205

3206

3207

3208

3209

3210

14

3211

3212

3213

3214

3215

3216

3217

3218

3219

3220

3221

3222

3223

3224

3225

3226

3227

3228 [illegible]

3229 [illegible]

3230 [illegible]

3231 [illegible]

3232 [illegible]

3233 [illegible]

3234 [illegible]

3235 [illegible]

3236 [illegible]

3237 [illegible]

3238 [illegible]

3239 [illegible]

3240 [illegible]

3241 [illegible]

3242 [illegible]

3243 [illegible]

3244 [illegible]

3245 [illegible]

3246 [illegible]

3247 [illegible]

3248 [illegible]

3249 [illegible]

3250 [illegible]

3251 [illegible]

3252 [illegible]

3253 [illegible]

3254 [illegible]

3255 [illegible]

3256 [illegible]

3257 [illegible]

3258 [illegible]

3259 [illegible]

3260 [illegible]

3261 [illegible]

3262 [illegible]

3263 [illegible]

3264 [illegible]

3265 [illegible]

3266 [illegible]

3267 [illegible]

3268 [illegible]

3269 [illegible]

3270 [illegible]

3271 [illegible]

3272 [illegible]

3273 [illegible]

3274 [illegible]

3275 [illegible]

3276

3277

3278

3279

3280

3281

3282

3283

3284

3285

3286

3287

3288

3289

3290

3291

3292

3293

3294

3295

3296

3297

3298

3299

3300

3301

3302

3303

3304

3305

3306

3307

3308

3309

3310

3311

3312

3313

3314

3315

3316

3317

3318

3319

3320

3321

3322

3323

3324

3325

3326

3327

3328

3329

3330

3331

3332

3333

3334

3335

3336

3337

3338

3339

3340

3341

3342

3343

3344

3345

3346

3347

3348

3349

3350

3351

3352

3353

3354

3355

3356

3357

3358

3359

3360

3361

3362

3363

3364

3365

3366

3367

3368

3369

3370

3371

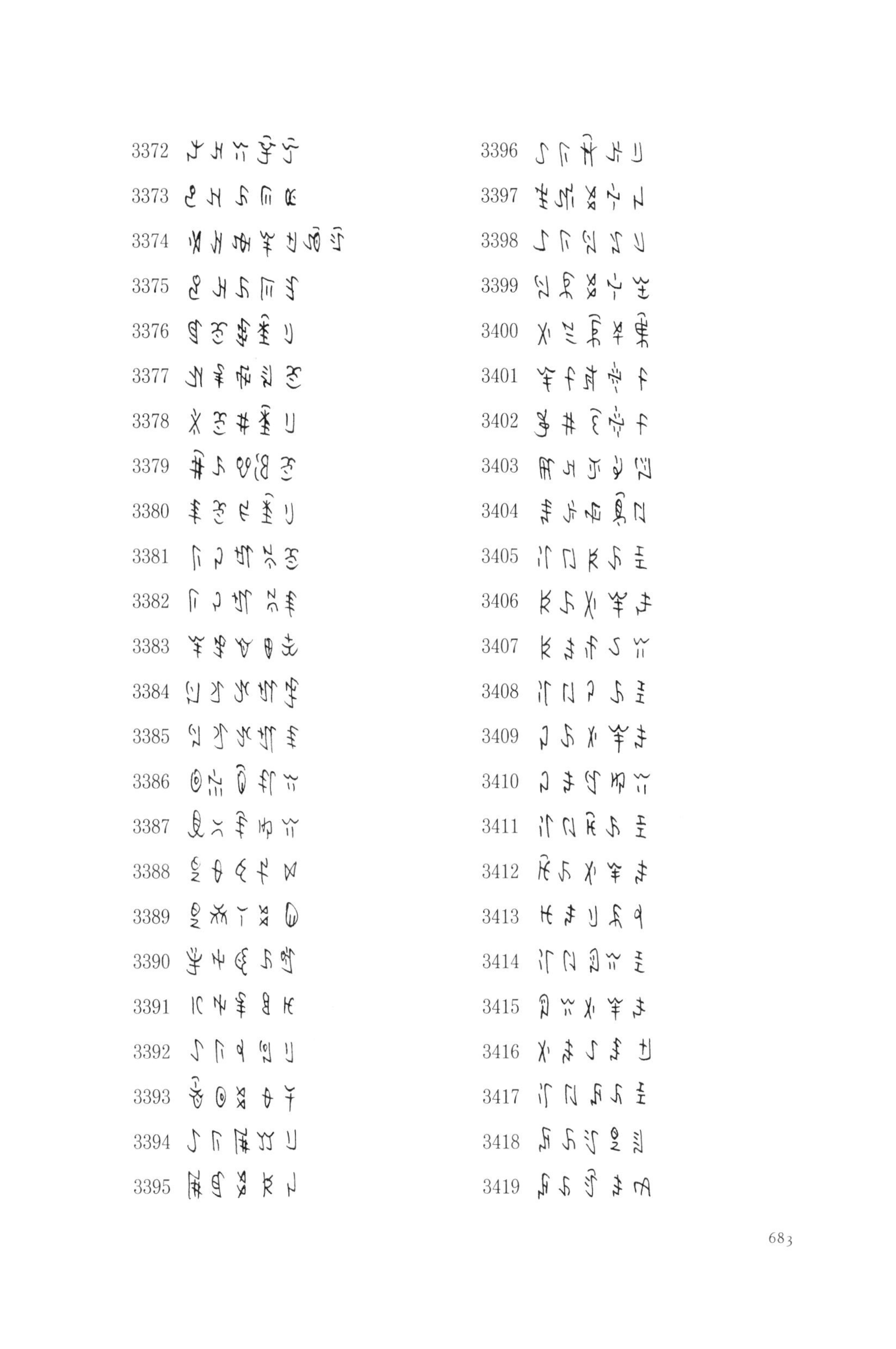

3372

3373

3374

3375

3376

3377

3378

3379

3380

3381

3382

3383

3384

3385

3386

3387

3388

3389

3390

3391

3392

3393

3394

3395

3396

3397

3398

3399

3400

3401

3402

3403

3404

3405

3406

3407

3408

3409

3410

3411

3412

3413

3414

3415

3416

3417

3418

3419

3420

3421

3422

3423

3424

3425

3426

3427

3428

3429

3430

3431

3432

3433

3434

3435

3436

3437

3438

3439

3440

3441

3442

3443

3444

3445

3446

3447

3448

3449

3450

3451

3452

3453

3454

3455

3456

3457

3458

3459

3460

3461

3462

3463

3464

3465

3466

3467

3468

3469

3470

3471

3472

3473

3474

3475

3476

3477

3478

3479

3480

3481

3482

3483

3484

3485

3486

3487

3488

3489

3490

3491

3492

3493

3494

3495

3496

3497

3498

3499

3500

3501

3502

3503

3504

3505

3506

3507

3508

3509

3510

3511

3512

3513

3514

3515

3516 [illegible]
3517 [illegible]
3518 [illegible]
3519 [illegible]
3520 [illegible]
3521 [illegible]
3522 [illegible]
3523 [illegible]
3524 [illegible]
3525 [illegible]
3526 [illegible]
3527 [illegible]
3528 [illegible]
3529 [illegible]
3530 [illegible]
3531 [illegible]
3532 [illegible]
3533 [illegible]
3534 [illegible]
3535 [illegible]
3536 [illegible]
3537 [illegible]
3538 [illegible]
3539 [illegible]
3540 [illegible]
3541 [illegible]
3542 [illegible]
3543 [illegible]
3544 [illegible]
3545 [illegible]
3546 [illegible]
3547 [illegible]
3548 [illegible]
3549 [illegible]
3550 [illegible]
3551 [illegible]
3552 [illegible]
3553 [illegible]
3554 [illegible]
3555 [illegible]
3556 [illegible]
3557 [illegible]
3558 [illegible]
3559 [illegible]
3560 [illegible]
3561 [illegible]
3562 [illegible]
3563 [illegible]

3564

3565

3566

3567

3568

3569

3570

3571

3572

3573

3574

3575

3576

3577

3578

3579

3580

3581

3582

3583

3584

3585

3586

3587

3588

3589

3590

3591

3592

3593

3594

3595

3596

3597

3598

3599

3600

3601

3602

3603

3604

3605

3606

3607

3608

3609

3610

3611

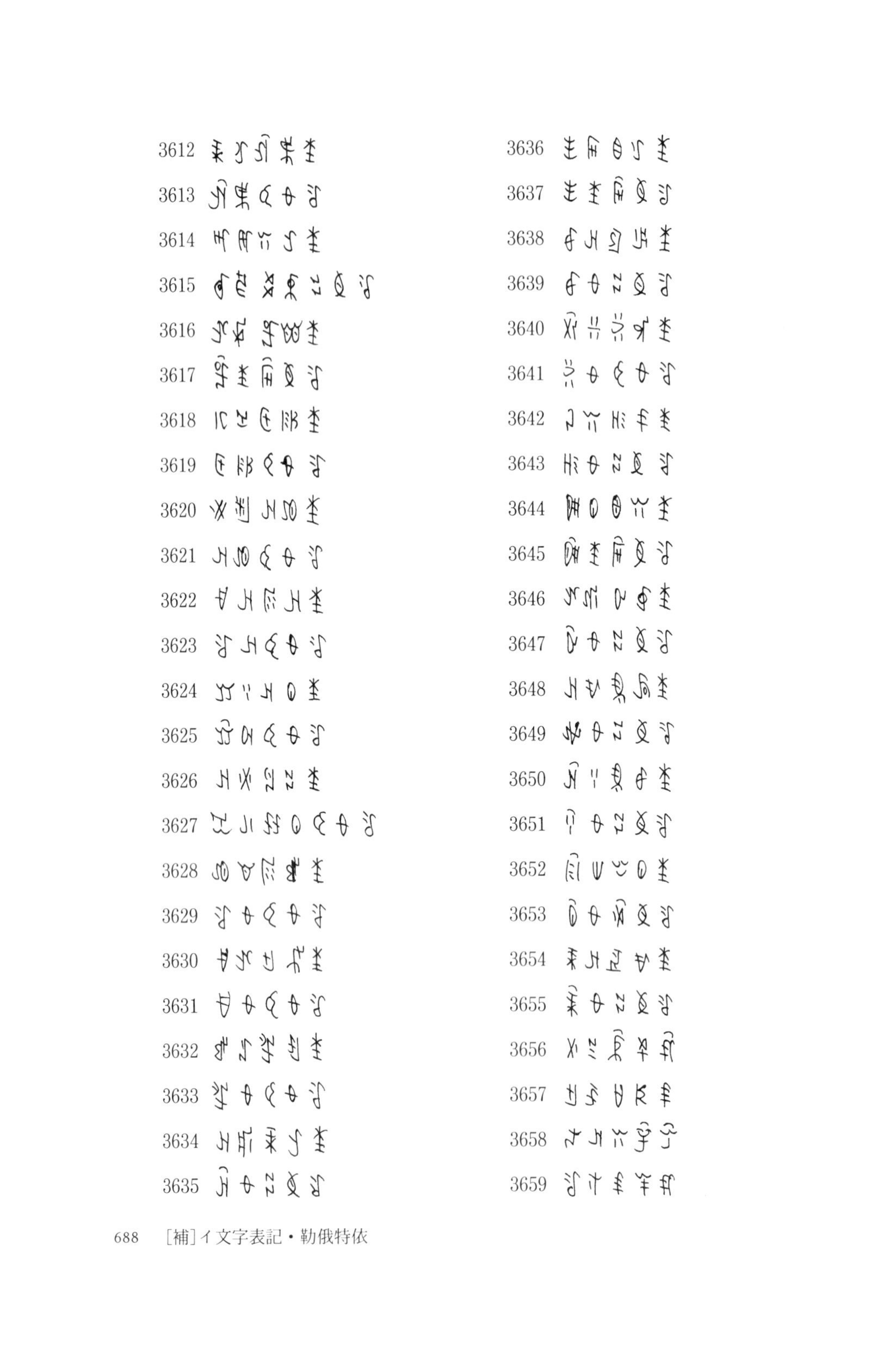

3612

3613

3614

3615

3616

3617

3618

3619

3620

3621

3622

3623

3624

3625

3626

3627

3628

3629

3630

3631

3632

3633

3634

3635

3636

3637

3638

3639

3640

3641

3642

3643

3644

3645

3646

3647

3648

3649

3650

3651

3652

3653

3654

3655

3656

3657

3658

3659

3660 [illegible]
3661 [illegible]
3662 [illegible]
3663 [illegible]
3664 [illegible]
3665 [illegible]
3666 [illegible]
3667 [illegible]
3668 [illegible]
3669 [illegible]
3670 [illegible]
3671 [illegible]
3672 [illegible]
3673 [illegible]
3674 [illegible]
3675 [illegible]
3676 [illegible]
3677 [illegible]
3678 [illegible]
3679 [illegible]
3680 [illegible]
3681 [illegible]
3682 [illegible]
3683 [illegible]
3684 [illegible]
3685 [illegible]
3686 [illegible]
3687 [illegible]
3688 [illegible]
3689 [illegible]
3690 [illegible]
3691 [illegible]
3692 [illegible]
3693 [illegible]
3694 [illegible]
3695 [illegible]
3696 [illegible]
3697 [illegible]
3698 [illegible]

15 [illegible]

3699 [illegible]
3700 [illegible]
3701 [illegible]
3702 [illegible]
3703 [illegible]
3704 [illegible]
3705 [illegible]

3706

3707

3708

3709

3710

3711

3712

3713

3714

3715

3716

3717

3718

3719

3720

3721

3722

3723

3724

3725

3726

3727

3728

3729

3730

3731

3732

3733

3734

3735

3736

3737

3738

3739

3740

3741

3742

3743

3744

3745

3746

3747

3748

3749

3750

3751

3752

3753

3754

3755

3756

3757

3758

3759

3760

3761

3762

3763

3764

3765

3766

3767

3768

3769

3770

3771

3772

3773

3774

3775

3776

3777

3778

3779

3780

3781

3782

3783

3784

3785

3786

3787

3788

3789

3790

3791

3792

3793

3794

3795

3796

3797

3798

3799

3800

3801

3802

3803

3804

3805

3806

3807

3808

3809

3810

3811

3812

3813

3814

3815

3816

3817

3818

3819

3820

3821

3822

3823

3824

3825

3826

3827

3828

3829

3830

3831

3832

3833

3834

3835

3836

3837

3838

3839

3840

3841

3842

3843

3844

3845

3846

3847

3848

3849

3850

3851

3852

3853

3854

3855

3856

3857

3858

3859

3860

3861

3862

3863

3864

3865

3866

3867

3868

3869

3870

3871

3872

3873

3874

3875

3876

3877

3878

3879

3880

3881

3882

3883

3884

3885

3886

3887

3888

3889

3890

3891

3892

3893

3894

3895

3896

3897

3898

3899

3900

3901

3902

3903

3904

3905

3906

3907

3908

3909

3910

3911

3912

3913

3914

3915

3916

3917

3918

3919

3920

3921

3922

3923

3924

3925

3926

3927

3928

3929

3930

3931

3932

3933

3934

3935

3936

3937

3938

3939

3940

3941

3942

3943

3944

3945

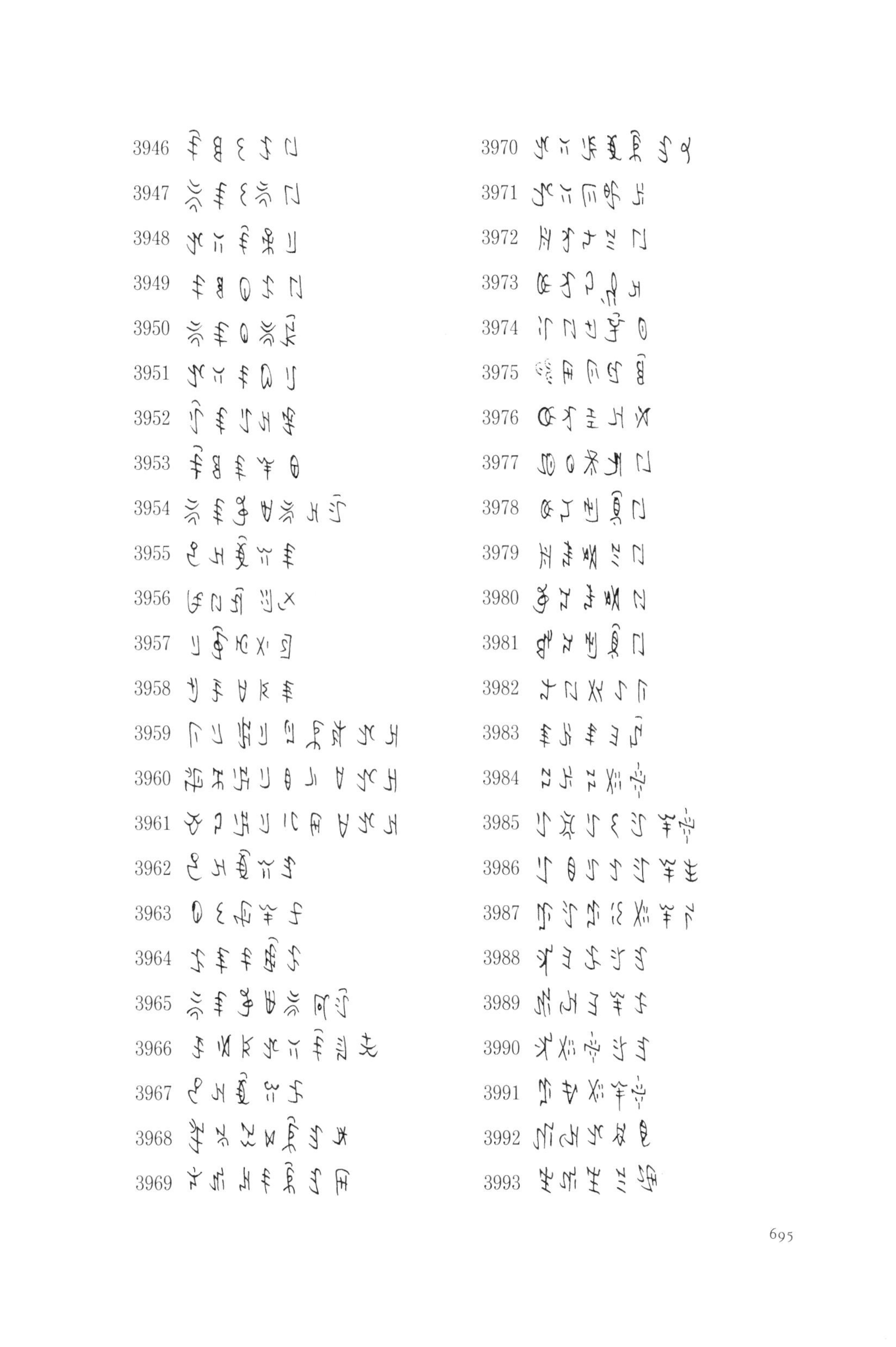

3946

3947

3948

3949

3950

3951

3952

3953

3954

3955

3956

3957

3958

3959

3960

3961

3962

3963

3964

3965

3966

3967

3968

3969

3970

3971

3972

3973

3974

3975

3976

3977

3978

3979

3980

3981

3982

3983

3984

3985

3986

3987

3988

3989

3990

3991

3992

3993

3994

3995

3996

3997

3998

3999

4000

4001

4002

4003

4004

4005

4006

4007

4008

4009

4010

4011

4012

4013

4014

4015

4016

4017

4018

4019

4020

4021

4022

4023

4024

4025

4026

4027

4028

4029

4030

4031

4032

4033

4034

4035

4036

4037

4038

4039

4040

4041

4042

4043

4044

4045

4046

4047

4048

4049

4050

4051

4052

4053

4054

4055

4056

4057

4058

4059

4060

4061

4062

4063

4064

4065

4066

4067

4068

4069

4070

4071

4072

4073

4074

4075

4076

4077

4078

4079

4080

4081

4082

4083

4084

4085

4086

4087

4088

4089

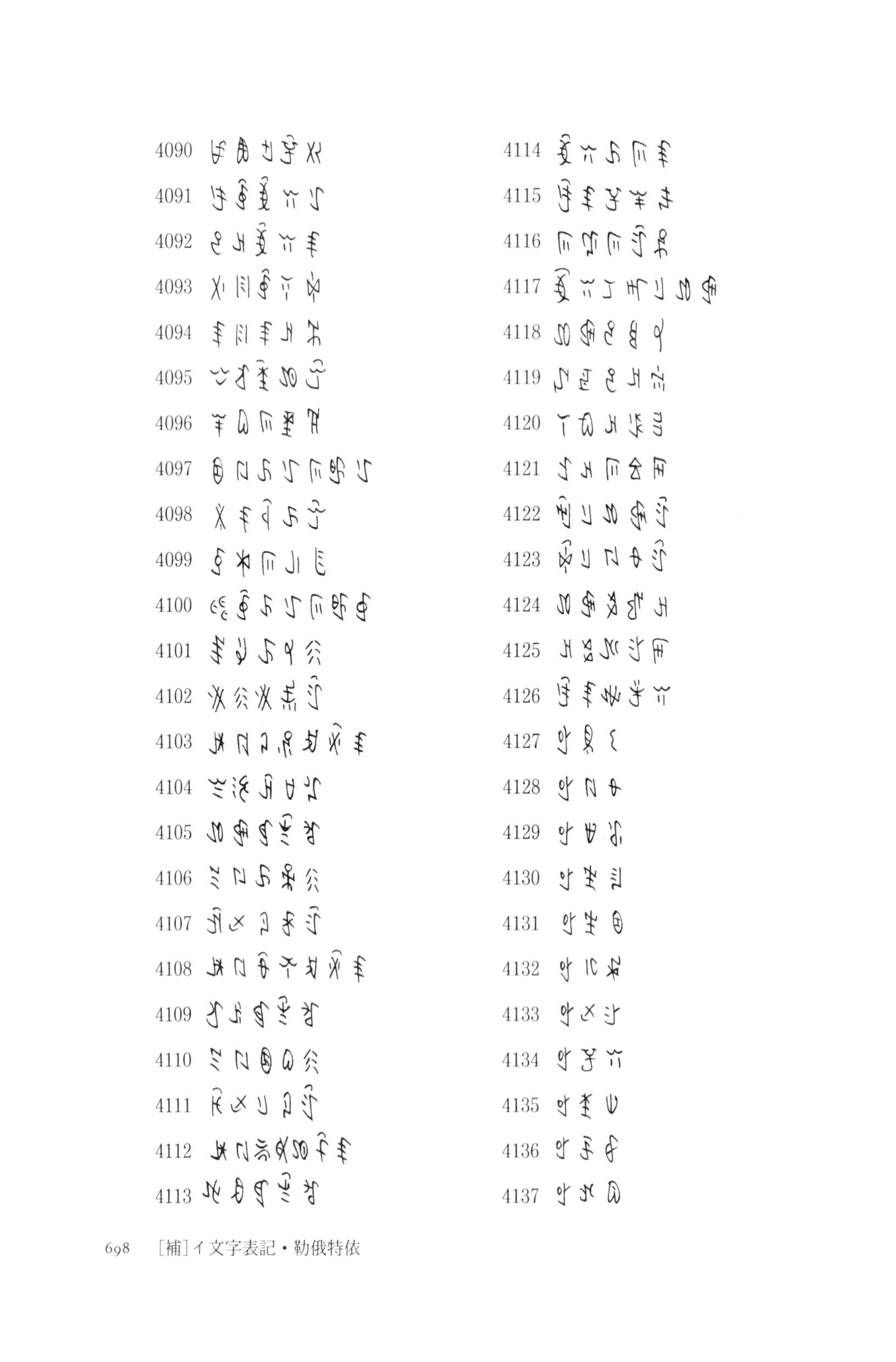

4090

4091

4092

4093

4094

4095

4096

4097

4098

4099

4100

4101

4102

4103

4104

4105

4106

4107

4108

4109

4110

4111

4112

4113

4114

4115

4116

4117

4118

4119

4120

4121

4122

4123

4124

4125

4126

4127

4128

4129

4130

4131

4132

4133

4134

4135

4136

4137

4138 [illegible]

4139 [illegible]

4140 [illegible]

4141 [illegible]

4142 [illegible]

4143 [illegible]

4144 [illegible]

4145 [illegible]

4146 [illegible]

4147 [illegible]

4148 [illegible]

4149 [illegible]

4150 [illegible]

4151 [illegible]

4152 [illegible]

4153 [illegible]

4154 [illegible]

4155 [illegible]

4156 [illegible]

4157 [illegible]

4158 [illegible]

4159 [illegible]

16 [illegible]

4160 [illegible]

4161 [illegible]

4162 [illegible]

4163 [illegible]

4164 [illegible]

4165 [illegible]

4166 [illegible]

4167 [illegible]

4168 [illegible]

4169 [illegible]

4170 [illegible]

4171 [illegible]

4172 [illegible]

4173 [illegible]

4174 [illegible]

4175 [illegible]

4176 [illegible]

4177 [illegible]

4178 [illegible]

4179 [illegible]

4180 [illegible]

4181 [illegible]

4182

4183

4184

4185

4186

4187

4188

4189

4190

4191

4192

4193

4194

4195

4196

4197

4198

4199

4200

4201

4202

4203

4204

4205

4206

4207

4208

4209

4210

4211

4212

4213

4214

4215

4216

4217

4218

4219

4220

4221

4222

4223

4224

4225

4226

4227

4228

4229

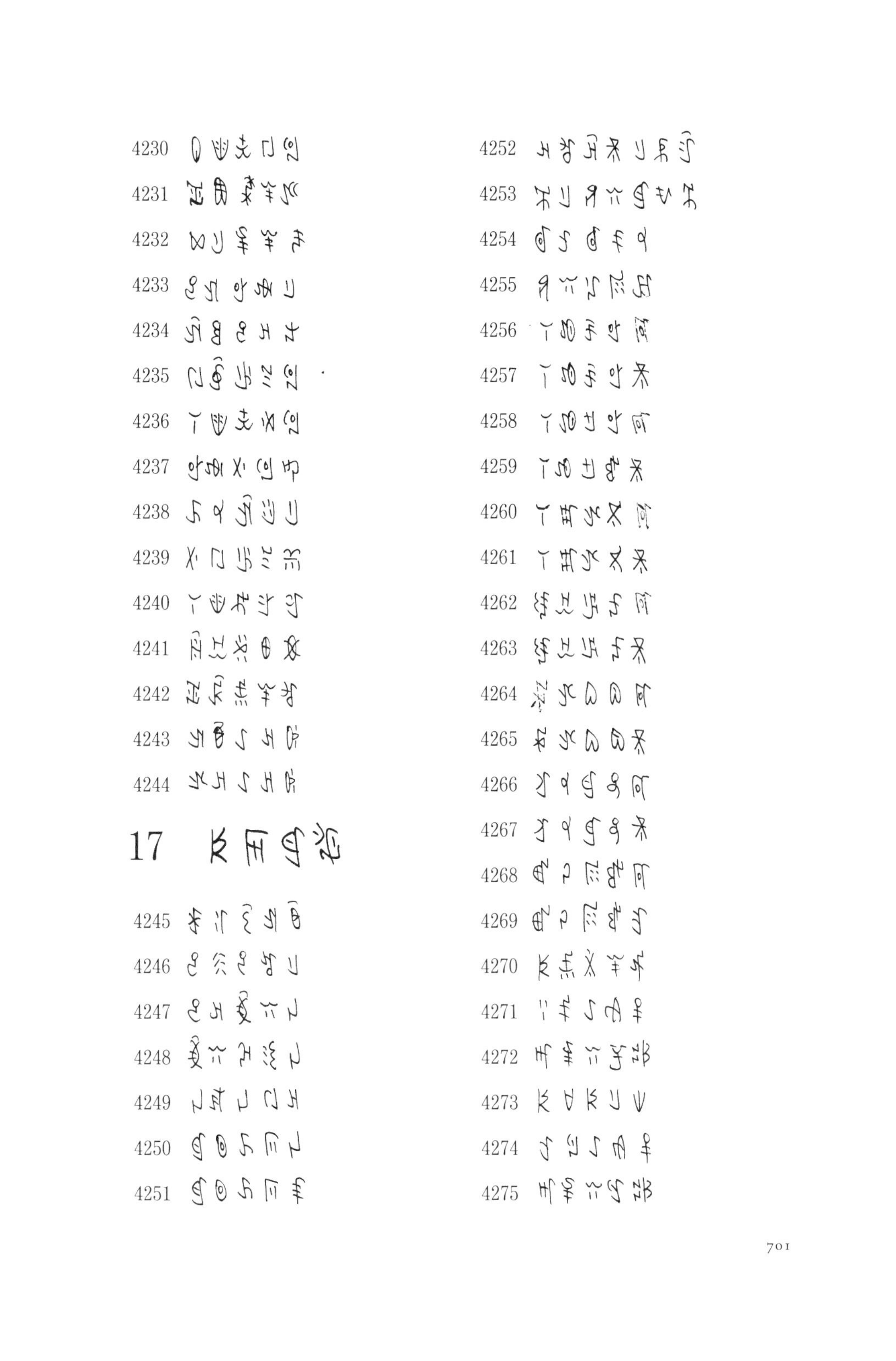

4230

4231

4232

4233

4234

4235

4236

4237

4238

4239

4240

4241

4242

4243

4244

17

4245

4246

4247

4248

4249

4250

4251

4252

4253

4254

4255

4256

4257

4258

4259

4260

4261

4262

4263

4264

4265

4266

4267

4268

4269

4270

4271

4272

4273

4274

4275

4276

4277

4278

4279

4280

4281

4282

4283

4284

4285

4286

4287

4288

4289

4290

4291

4292

4293

4294

4295

4296

4297

4298

4299

4300

4301

4302

4303

4304

4305

4306

4307

4308

4309

4310

4311

4312

4313

4314

4315

4316

4317

4318

4319

4320

4321

4322

4323

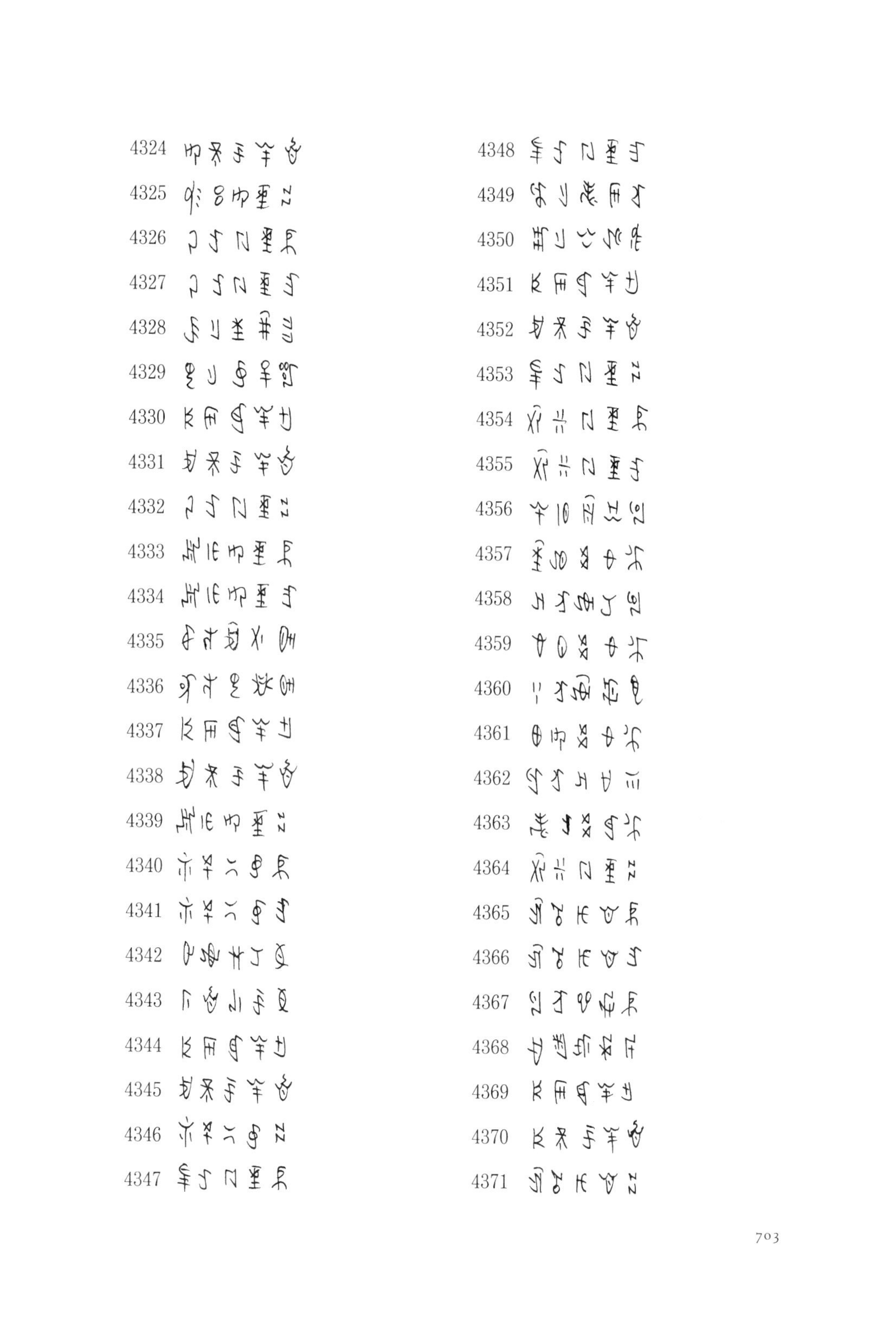

4324

4325

4326

4327

4328

4329

4330

4331

4332

4333

4334

4335

4336

4337

4338

4339

4340

4341

4342

4343

4344

4345

4346

4347

4348

4349

4350

4351

4352

4353

4354

4355

4356

4357

4358

4359

4360

4361

4362

4363

4364

4365

4366

4367

4368

4369

4370

4371

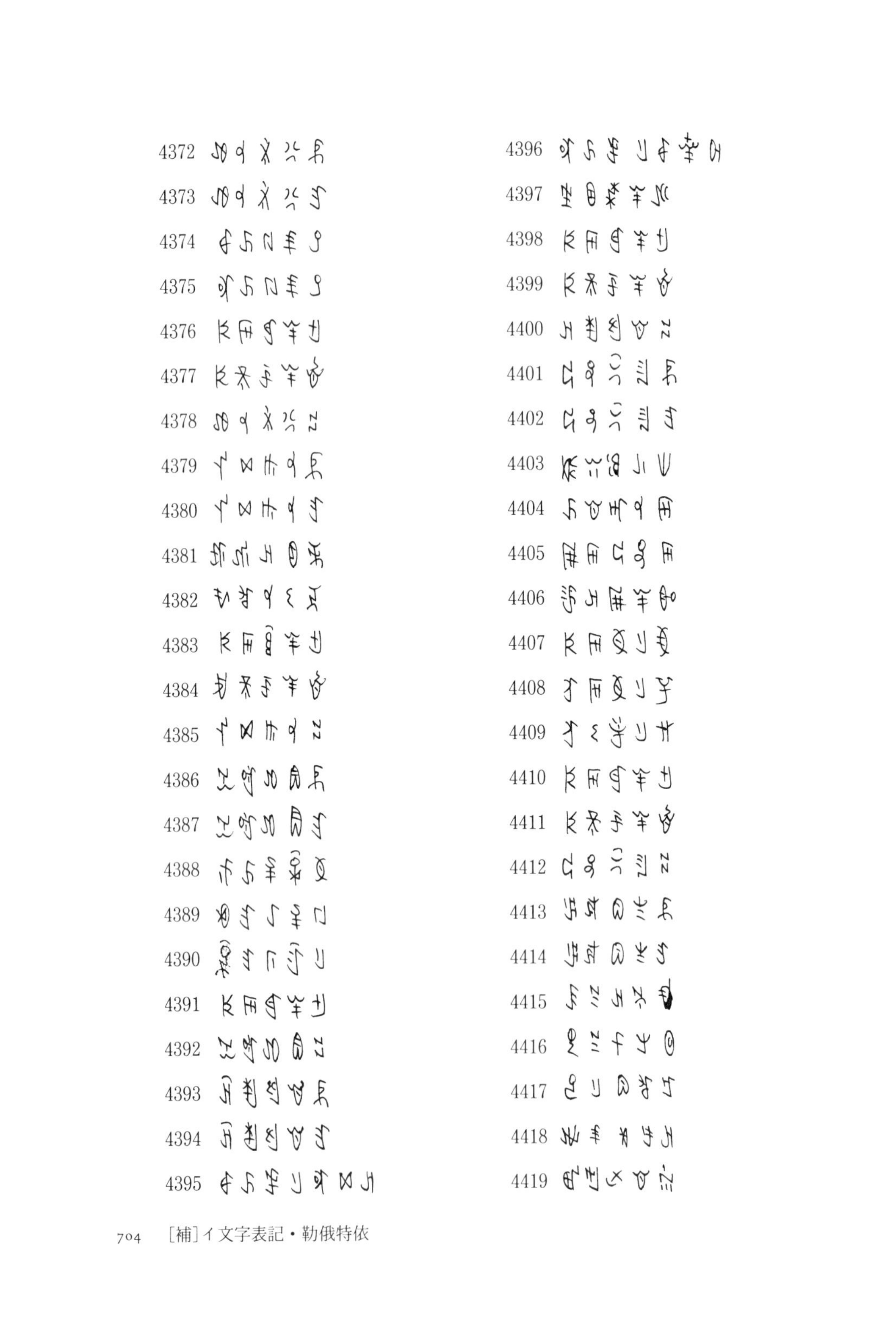

4372

4373

4374

4375

4376

4377

4378

4379

4380

4381

4382

4383

4384

4385

4386

4387

4388

4389

4390

4391

4392

4393

4394

4395

4396

4397

4398

4399

4400

4401

4402

4403

4404

4405

4406

4407

4408

4409

4410

4411

4412

4413

4414

4415

4416

4417

4418

4419

4420

4421

4422

4423

4424

4425

4426

4427

4428

4429

4430

4431

4432

4433

4434

4435

4436

4437

4438

4439

4440

4441

4442

4443

4444

4445

4446

4447

4448

4449

4450

4451

4452

4453

4454

4455

4456

4457

4458

4459

4460

4461

4462

4463

4464

4465

4466

4467

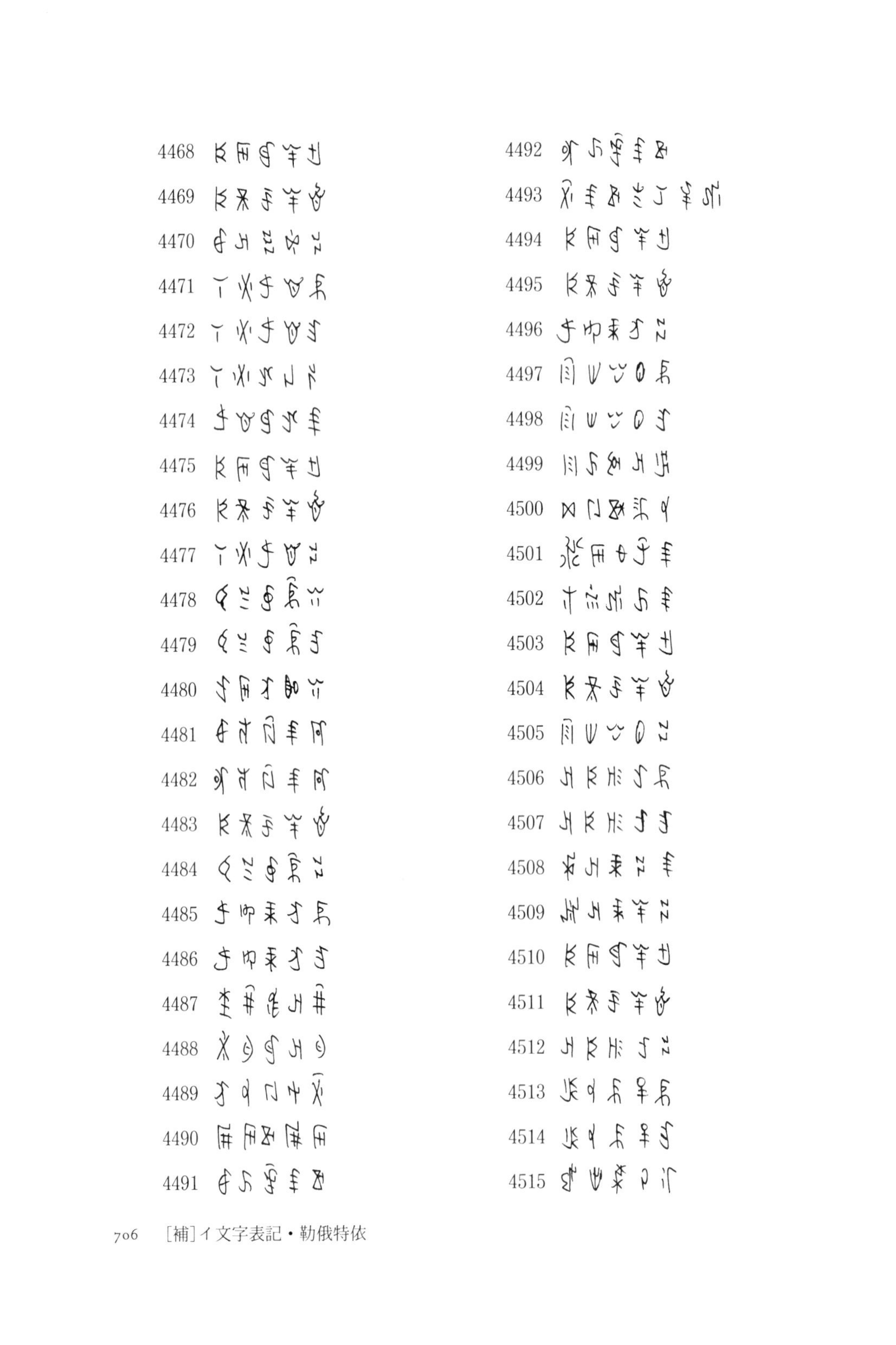

4468

4469

4470

4471

4472

4473

4474

4475

4476

4477

4478

4479

4480

4481

4482

4483

4484

4485

4486

4487

4488

4489

4490

4491

4492

4493

4494

4495

4496

4497

4498

4499

4500

4501

4502

4503

4504

4505

4506

4507

4508

4509

4510

4511

4512

4513

4514

4515

4516

4517

4518

4519

4520

4521

4522

4523

4524

4525

4526

4527

4528

4529

4530

4531

4532

4533

4534

4535

4536

4537

4538

4539

4540

4541

4542

4543

4544

4545

4546

4547

4548

4549

4550

4551

4552

4553

4554

4555

4556

4557

4558

4559

4560

4561

4562

4563

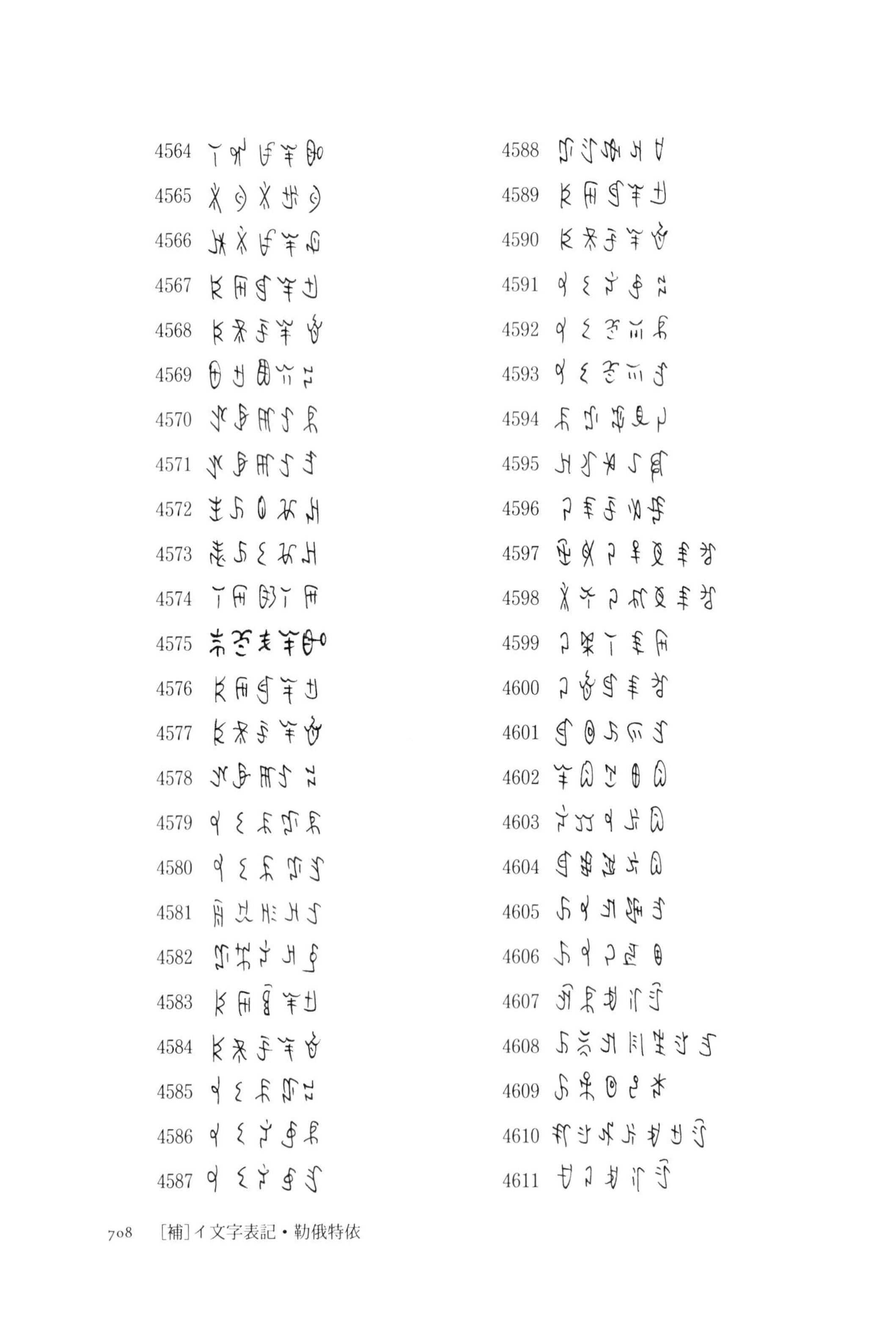

4564

4565

4566

4567

4568

4569

4570

4571

4572

4573

4574

4575

4576

4577

4578

4579

4580

4581

4582

4583

4584

4585

4586

4587

4588

4589

4590

4591

4592

4593

4594

4595

4596

4597

4598

4599

4600

4601

4602

4603

4604

4605

4606

4607

4608

4609

4610

4611

4612

4613

4614

4615

4616

4617

4618

4619

4620

4621

4622

4623

4624

4625

4626

4627

4628

4629

4630

4631

4632

4633

4634

4635

4636

4637

4638

4639

4640

4641

4642

4643

4644

4645

4646

4647

4648

4649

4650

4651

4652

4653

4654

4655

4656

4657

4658

4659

4660

4661

4662

4663

4664

4665

4666

4667

4668

4669

4670

4671

4672

4673

4674

4675

4676

4677

4678

4679

4680

4681

4682

4683

4684

4685

4686

4687

4688

4689

4690

4691

4692

4693

4694

4695

4696

4697

4698

4699

4700

4701

4702

4703

4704

4705

4706

4707

4708

4709

4710

4711

4712

4713

4714

4715

4716

4717

4718

4719

4720

4721

4722

4723

4724

4725

4726

4727

4728

4729

4730

4731

4732

4733

4734

4735

4736

4737

4738

4739

4740

4741

4742

4743

4744

4745

4746

4747

4748

4749

4750

4751

4752

4753

4754

4755

4756

4757

4758

4759

4760

4761

4762

4763

4764

4765

4766

4767

4768

4769

4770

4771

4772

4773

4774

4775

4776

4777

4778

4779

4780

4781

4782

4783

4784

4785

4786

4787

4788

4789

4790

4791

4792

4793

4794

4795

4796

4797

4798

4799

4800

4801

4802

4803

4804

4805

4806

4807

4808

4809

4810

4811

4812

4813

4814

4815

4816

4817

4818

4819

4820

4821

4822

4823

4824

4825

4826

4827

4828

4829

4830

4831

4832

4833

4834

4835

4836

4837

4838

4839

4840

4841

4842

18

4843

4844

4845

4846

4847

4848

4849

4850

4851

4852

4853

4854

4855

4856

4857

4858

4859

4860

4861

4862

4863

4864

4865

4866

4867

4868

4869

4870

4871

4872

4873

4874

4875

4876

4877

4878

4879

4880

4881

4882

4883

4884

4885

4886

4887

4888

4889

4890

4891

4892

4893

4894

4895

4896

4897

4898

4899

4900

4901

4902

4903

4904

4905

4906

4907

4908

4909

4910

4911

4912

4913

4914

4915

4916

4917

4918

4919

4920

4921

4922

4923

4924

4925

4926

4927

4928

4929

4930

4931

4932

4933

4934

4935

4936

4937

4938

4939

4940

4941

4942

4943

4944

4945

4946

4947

4948

4949

4950

4951

4952

4953

4954

4955

4956

4957

4958

4959

4960

4961

19

4962

4963

4964

4965

4966

4967

4968

4969

4970

4971

4972

4973

4974

4975

4976

4977

4978

4979

4980

4981

4982

4983

4984

4985

4986

4987

4988

4989

4990

4991

4992

4993

4994

4995

4996

4997

4998

4999

5000

5001

5002

5003

5004

5005

5006

5007

5008

5009

5010

5011

5012

5013

5014

5015

5016

5017

5018

5019

5020

5021

5022

20

5023

5024

5025

5026

5027

5028

5029

5030

5031

5032

5033

5034

5035

5036

5037

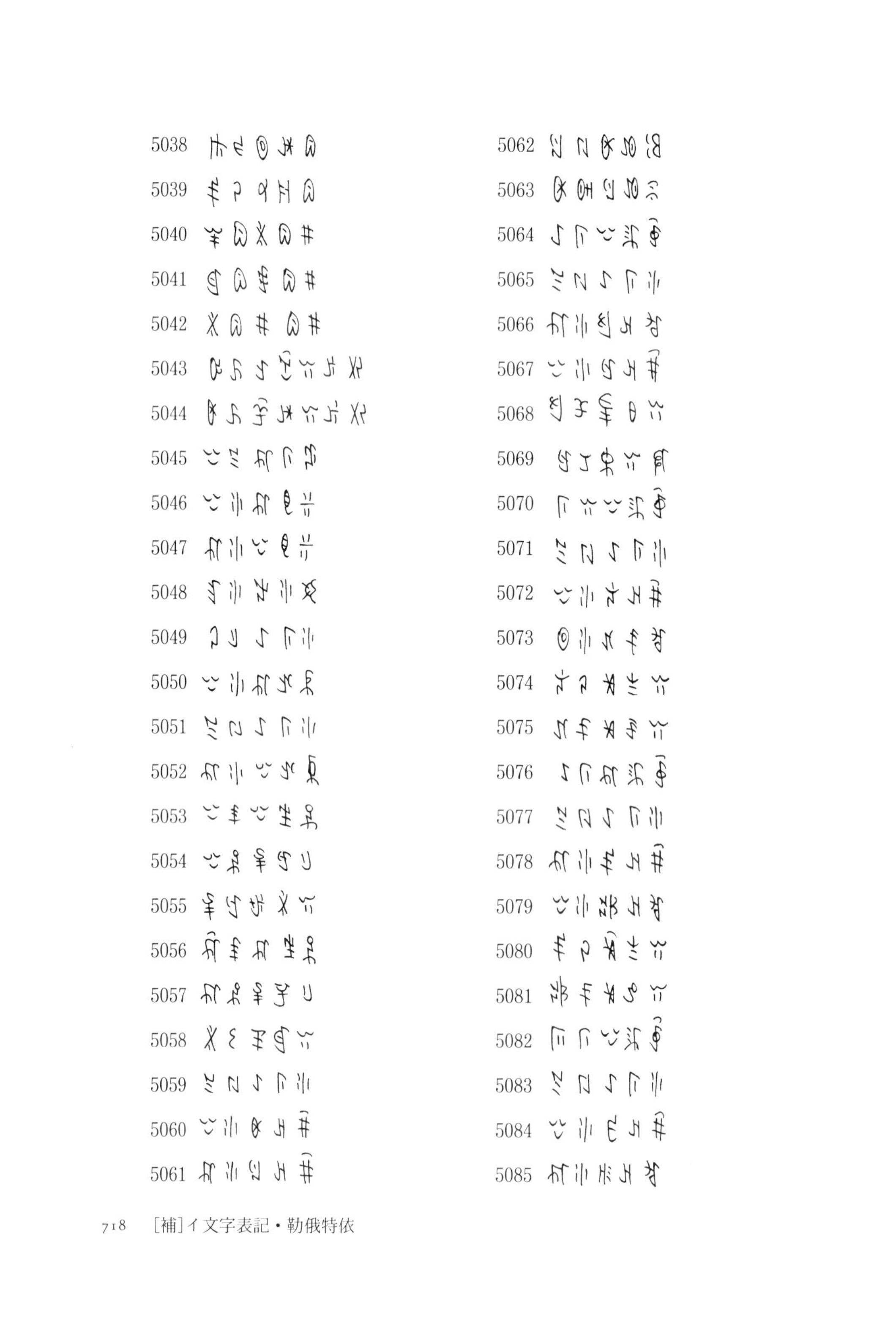

5038

5039

5040

5041

5042

5043

5044

5045

5046

5047

5048

5049

5050

5051

5052

5053

5054

5055

5056

5057

5058

5059

5060

5061

5062

5063

5064

5065

5066

5067

5068

5069

5070

5071

5072

5073

5074

5075

5076

5077

5078

5079

5080

5081

5082

5083

5084

5085

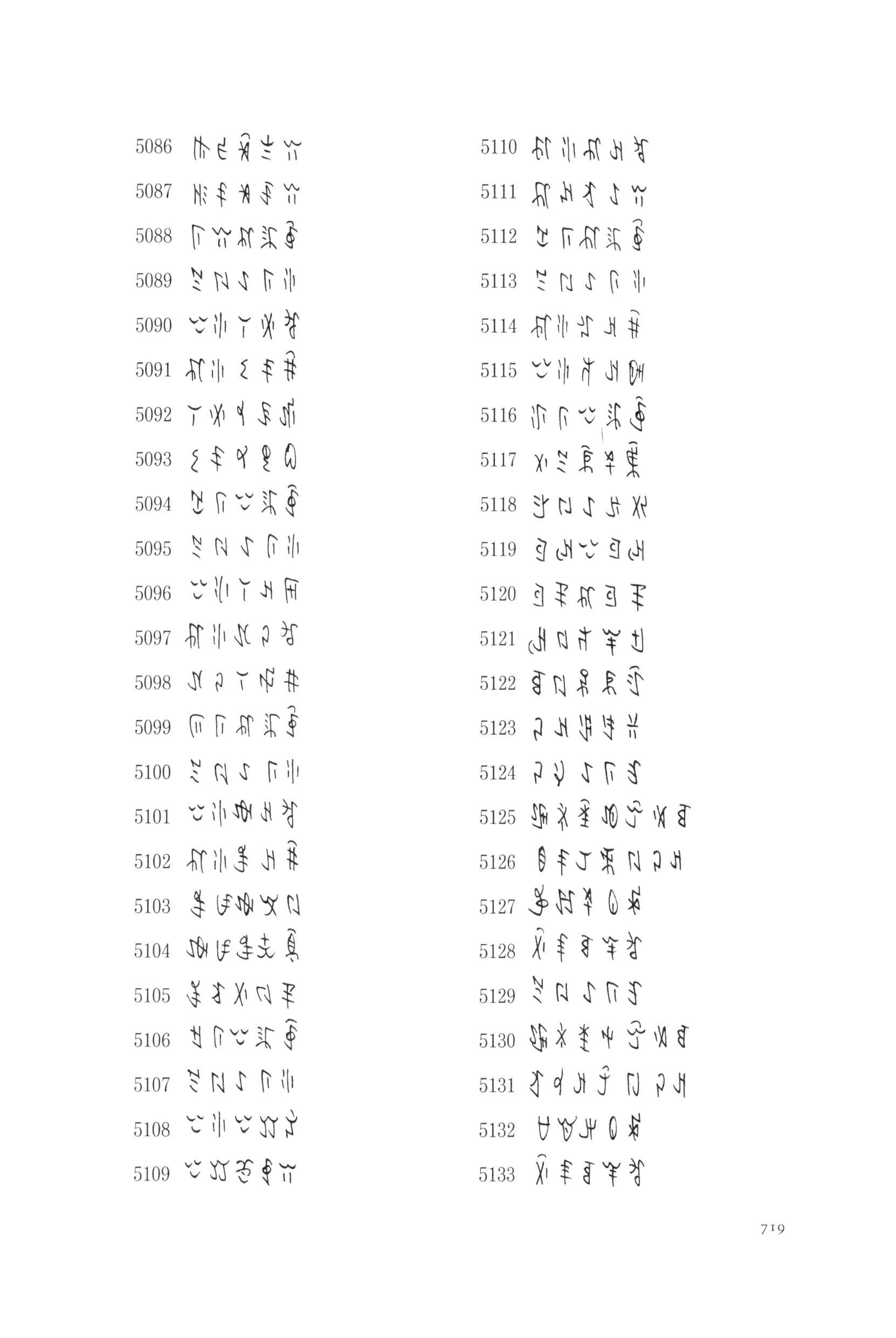

5086

5087

5088

5089

5090

5091

5092

5093

5094

5095

5096

5097

5098

5099

5100

5101

5102

5103

5104

5105

5106

5107

5108

5109

5110

5111

5112

5113

5114

5115

5116

5117

5118

5119

5120

5121

5122

5123

5124

5125

5126

5127

5128

5129

5130

5131

5132

5133

5134

5135

5136

5137

5138

5139

5140

5141

5142

5143

5144

5145

5146

5147

5148

5149

5150

5151

5152

5153

5154

5155

5156

5157

5158

5159

5160

5161

5162

5163

5164

5165

5166

5167

5168

5169

5170

5171

5172

5173

5174

5175

5176

5177

5178

5179

5180

5181

5182

5183

5184

5185

5186

5187

5188

5189

5190

5191

5192

5193

5194

5195

5196

5197

5198

5199

5200

5201

5202

5203

5204

5205

5206

5207

5208

5209

5210

5211

5212

5213

5214

5215

5216

5217

5218

5219

5220

5221

5222

5223

5224

5225

5226

5227

5228

5229

5230

5231

5232

5233

5234

5235

5236

5237

5238

5239

5240

5241

5242

5243

5244

5245

5246

5247

5248

5249

5250

5251

5252

5253

5254

5255

5256

5257

5258

5259

5260

5261

5262

5263

5264

5265

5266

5267

5268

5269

5270

5271

5272

5273

5274

5275

5276

5277

5278

5279

5280

5281

5282

5283

5284

5285

5286

5287

5288

5289

5290

5291

5292

5293

5294

5295

5296

5297

5298

5299

5300

5301

5302

5303

5304

5305

5306

5307

5308

5309

5310

5311

5312

5313

5314

21

5315

5316

5317

5318

5319

5320

5321

5322

5323

5324

5325

5326

5327

5328

5329

5330

5331

5332

5333

5334

5335

5336

5337

5338

5339

5340

5341

5342

5343

5344

5345

5346

5347

5348

5349

5350

5351

5352

5353

5354

5355

5356

5357

5358

5359

5360

5361

5362

5363

5364

5365

5366

5367

5368

5369

5370

5371

5372

5373

5374

5375

5376

5377

5378

5379

5380

5381

5382

5383

5384

5385

5386

5387

5388

5389

5390

5391

5392

5393

5394

5395

5396

5397

5398

5399

5400

5401

5402

5403

5404

5405

5406

5407

5408

5409

5410

5411

5412

5413

5414

5415

5416

5417

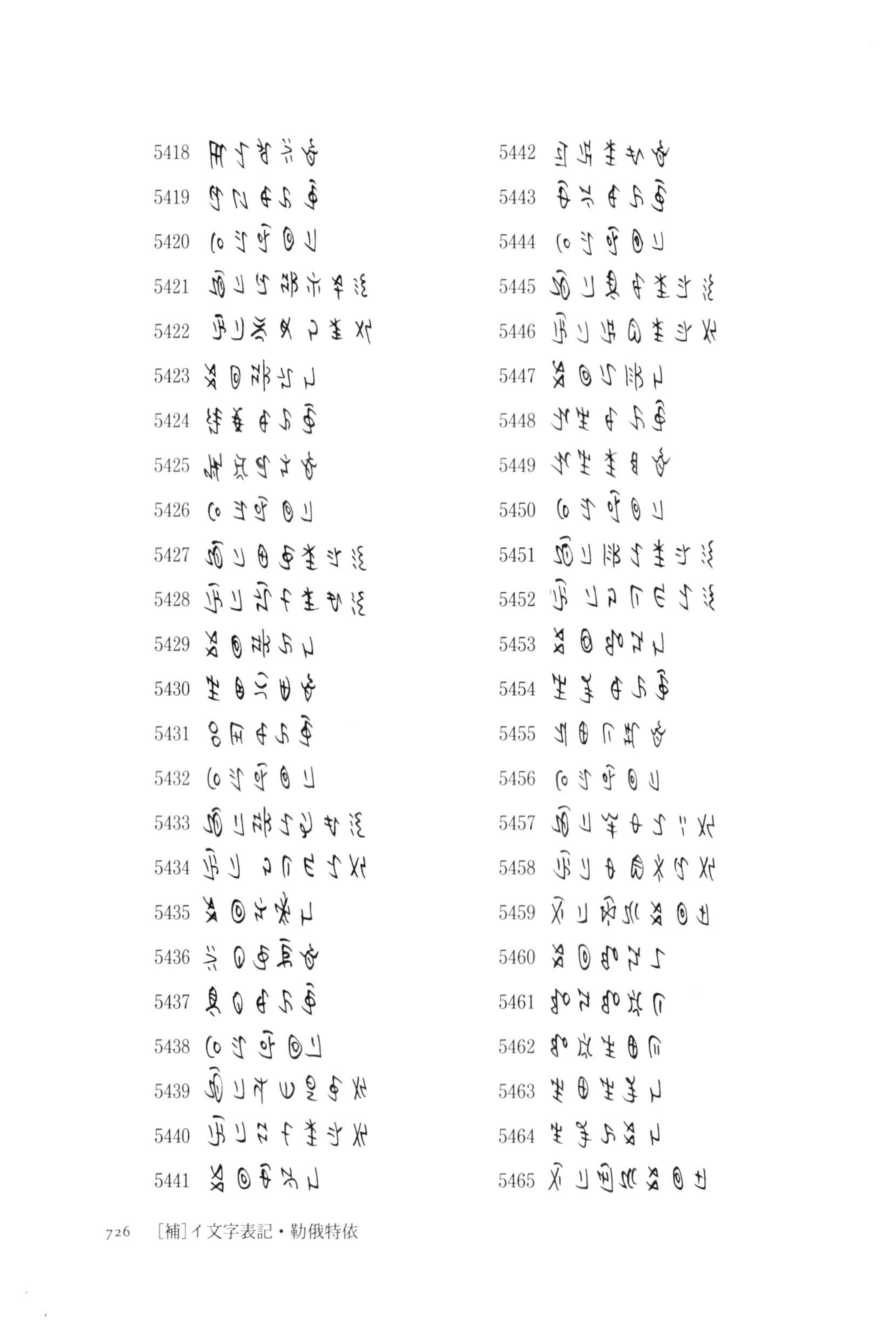

5418
5419
5420
5421
5422
5423
5424
5425
5426
5427
5428
5429
5430
5431
5432
5433
5434
5435
5436
5437
5438
5439
5440
5441
5442
5443
5444
5445
5446
5447
5448
5449
5450
5451
5452
5453
5454
5455
5456
5457
5458
5459
5460
5461
5462
5463
5464
5465

5466

5467

5468

5469

5470

5471

5472

5473

5474

5475

5476

5477

5478

5479

5480

5481

5482

5483

5484

5485

5486

5487

5488

5489

5490

5491

5492

5493

5494

5495

5496

5497

5498

5499

5500

5501

5502

5503

5504

5505

5506

5507

5508

5509

5510

5511

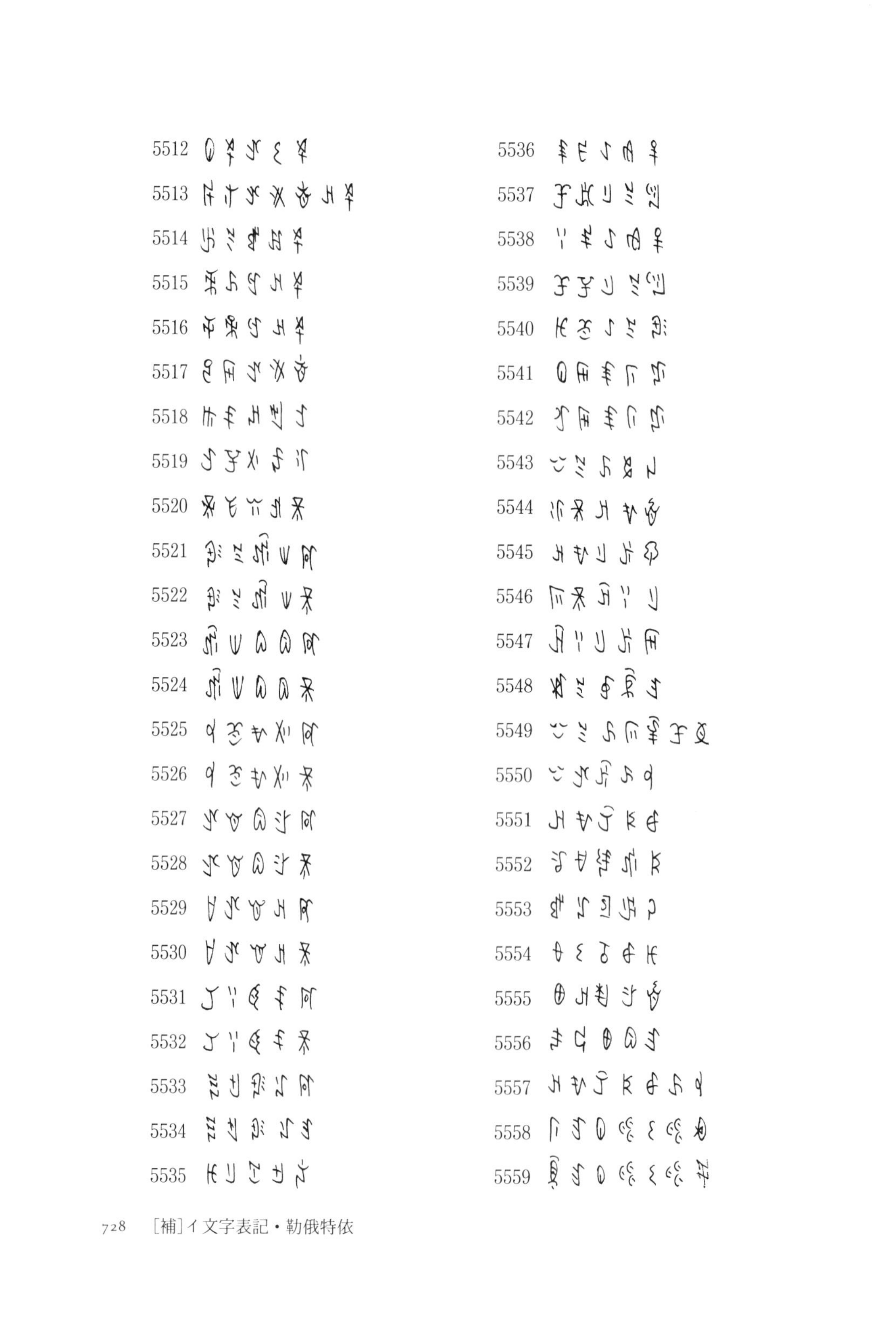

5512

5513

5514

5515

5516

5517

5518

5519

5520

5521

5522

5523

5524

5525

5526

5527

5528

5529

5530

5531

5532

5533

5534

5535

5536

5537

5538

5539

5540

5541

5542

5543

5544

5545

5546

5547

5548

5549

5550

5551

5552

5553

5554

5555

5556

5557

5558

5559

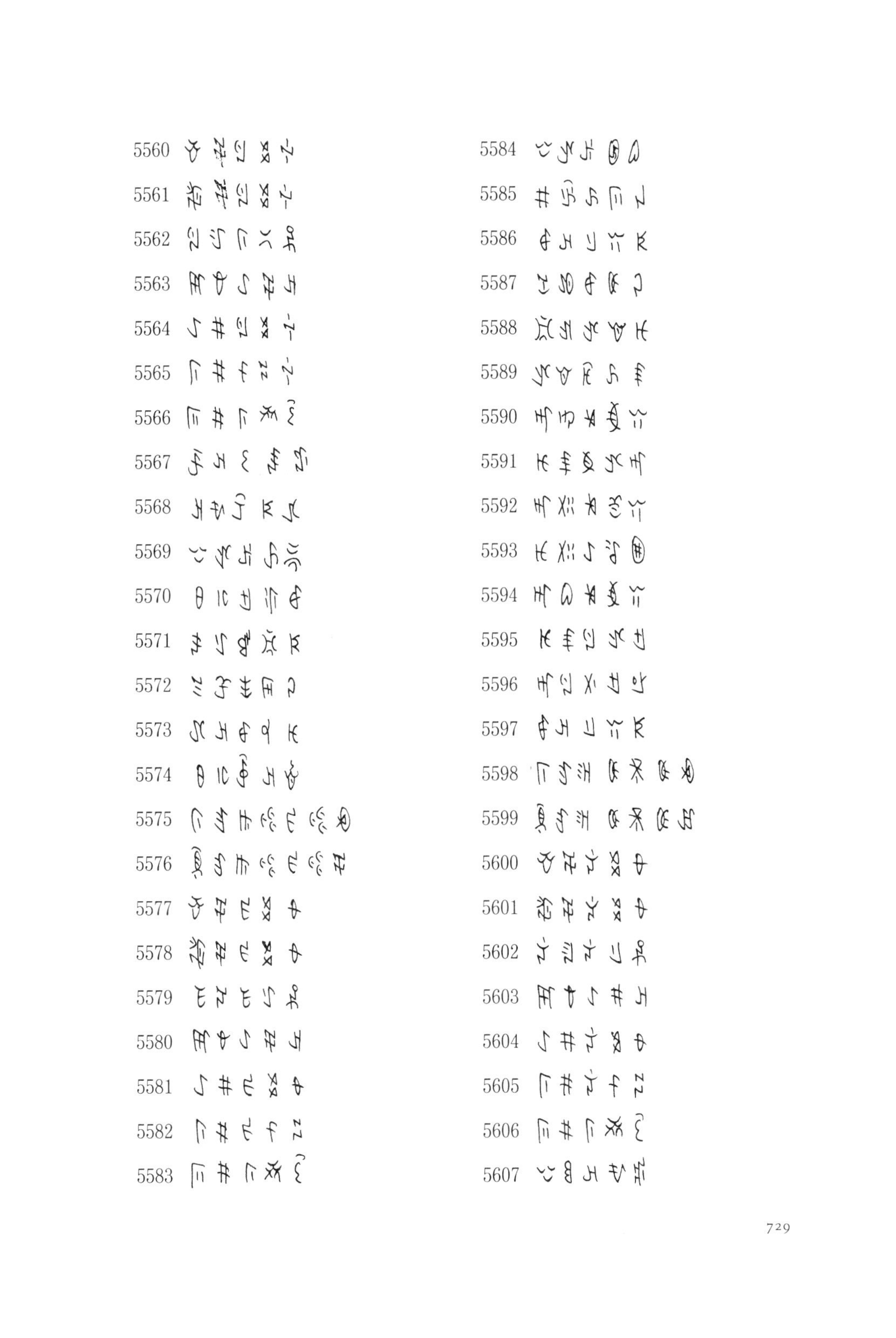

5560

5561

5562

5563

5564

5565

5566

5567

5568

5569

5570

5571

5572

5573

5574

5575

5576

5577

5578

5579

5580

5581

5582

5583

5584

5585

5586

5587

5588

5589

5590

5591

5592

5593

5594

5595

5596

5597

5598

5599

5600

5601

5602

5603

5604

5605

5606

5607

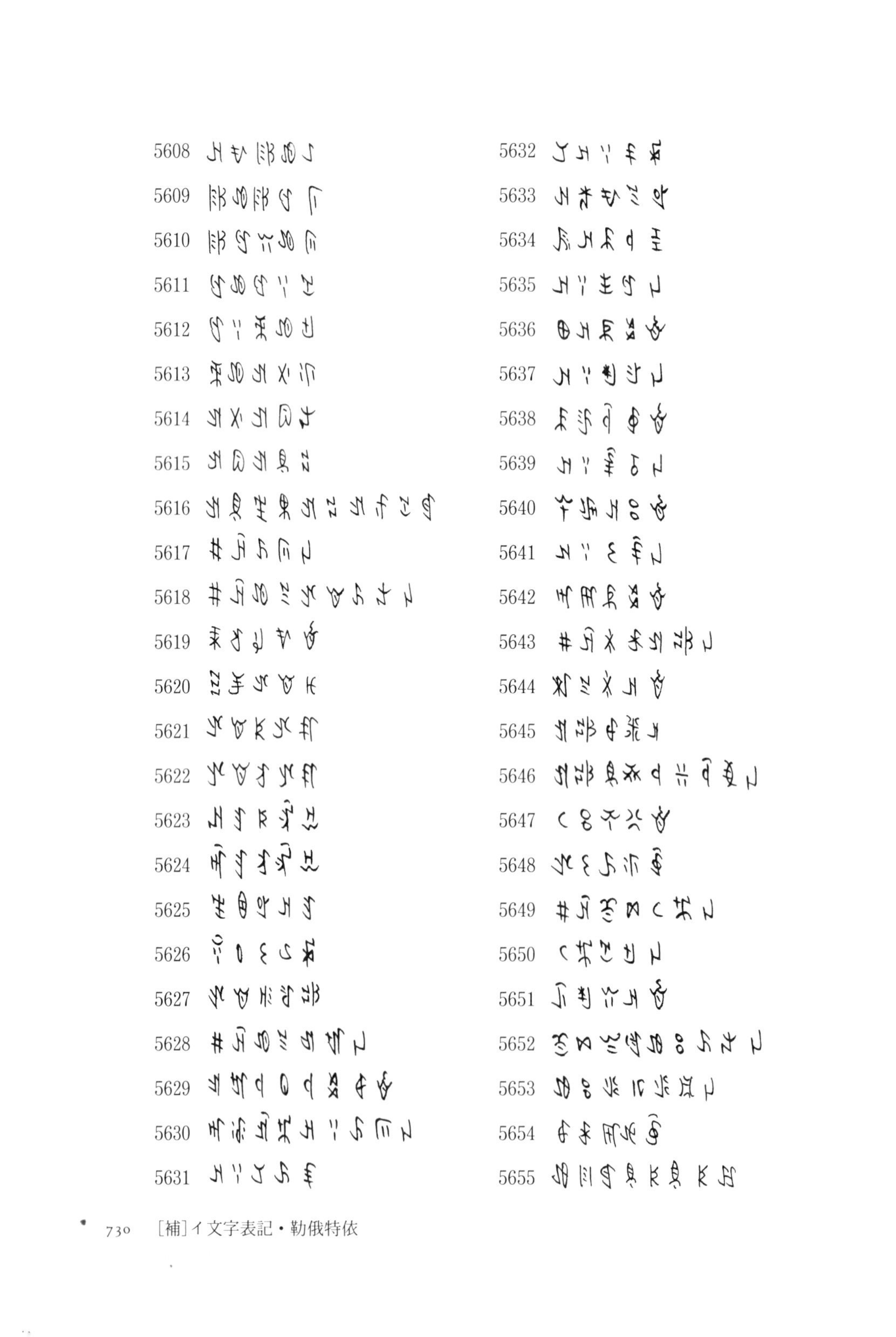

5608

5609

5610

5611

5612

5613

5614

5615

5616

5617

5618

5619

5620

5621

5622

5623

5624

5625

5626

5627

5628

5629

5630

5631

5632

5633

5634

5635

5636

5637

5638

5639

5640

5641

5642

5643

5644

5645

5646

5647

5648

5649

5650

5651

5652

5653

5654

5655

5656

5657

5658

5659

5660

5661

5662

5663

5664

5665

5666

5667

5668

5669

5670

5671

5672

5673

5674

5675

5676

5677

5678

5679

5680

工藤　隆（くどう　たかし）

1942年栃木県生まれ。東大経済学部卒業、早大文学研究科大学院（演劇専修）前期課程卒業、同後期課程単位修得修了。日本古代文学・演劇学研究家、作家。大東文化大学文学部日本文学科教員（日本古代文学担当）。1995.4～1996.3中国雲南省雲南民族学院・雲南省民族研究所客員研究員。

［著書］『日本芸能の始原的研究』（三一書房、1981）『劇的世界論』（花林書房／発売・北斗出版、1984）戯曲集『黄泉帰り』（花林書房、1984）『演劇とはなにか―演ずる人間・演技する文学』（三一書房、1989）『大嘗祭の始原―日本文化にとって天皇とはなにか』（三一書房、1990）『祭式のなかの古代文学』（おうふう、1993）『古事記の生成』（笠間書院、1996）小説『新・坊っちゃん』（三一書房、1996）『歌垣と神話をさかのぼる―少数民族文化としての日本古代文学』（新典社、1999）『ヤマト少数民族文化論』（大修館書店、1999）『中国少数民族歌垣調査全記録1998』（共著、大修館書店、2000）『中国少数民族と日本文化―古代文学の古層を探る』（勉誠出版、2002）『声の古代―古層の歌の現場から』（編著、武蔵野書院、2002）

＊本書は大東文化大学研究成果刊行助成金を受けた刊行物である。

四川省大涼山イ族創世神話調査記録（しせんしょうだいりょうざんいぞくそうせいしんわちょうさきろく）

NDC382　762p　22cm

初版第1刷――2003年7月15日

著者――工藤　隆（くどう　たかし）
発行者――鈴木一行
発行所――株式会社大修館書店
〒101-8466 東京都千代田区神田錦町3-24
電話03-3295-6231（販売部）03-3294-2353（編集部）
振替00190-7-40504
［出版情報］http://www.taishukan.co.jp

装丁者――井之上聖子
印刷所――モリモト印刷
製本所――難波製本

ISBN4-469-29087-4　Printed in Japan